于友先
出版工作选集

上

于友先｜著

人民出版社

责任编辑:周果钧

封面设计:肖　辉　王欢欢

图书在版编目(CIP)数据

于友先出版工作选集/于友先 著. —北京:人民出版社,2020.11
ISBN 978－7－01－021112－1

Ⅰ.①于…　Ⅱ.①于…　Ⅲ.①出版工作-中国-文集　Ⅳ.①G239.2-53

中国版本图书馆 CIP 数据核字(2019)第 158082 号

于友先出版工作选集
YU YOUXIAN CHUBAN GONGZUO XUANJI

于友先　著

人民出版社 出版发行
(100706　北京市东城区隆福寺街 99 号)

北京新华印刷有限公司印刷　　新华书店经销

2020 年 11 月第 1 版　2020 年 11 月北京第 1 次印刷
开本:710 毫米×1000 毫米 1/16　印张:65.75
字数:1050 千字

ISBN 978－7－01－021112－1　定价:180.00 元(上、下)

邮购地址 100706　北京市东城区隆福寺街 99 号
人民东方图书销售中心　电话 (010)65250042　65289539

编辑说明

本书精选于友先同志在任新闻出版署署长近 8 年期间（1993 年 5 月—2000 年 9 月）、任中国出版工作者协会主席 11 年多期间（2000 年 10 月—2011 年 5 月）以及退休后撰写的关于新闻出版业发展的论述 119 篇。选入本书的文稿均对我国新闻出版业 20 多年间各方面重点工作、整体发展状况、宏观发展轨迹以及各个阶段重要决策和指导方针等具有代表性体现和研究，对于人们了解我国新闻出版业改革开放以来各方面发展的历史都具有重要的史料价值。

于友先同志任新闻出版署署长之初，通过对当时全国新闻出版业发展状况的调研，综合新闻出版署各司局的调研结果及新闻出版署党组成员共同讨论总结的问题，提出了新闻出版业的发展"从规模数量增长的阶段向优质高效的阶段转移"的工作思路。"这是第一次鲜明地、有意识地把这个观点作为全国新闻出版工作的指导思想明确提出来的。"[1] 在他任署长期间一直致力于这项工作的落实，并取得了积极而丰硕的成果。"阶段性转移"也成为新闻出版业改革发展具有转折意义和正确发展方向的重要历史阶段。因而本书将于友先同志关于"实现新闻出版业阶段性转移"的文稿作为重点，以彰显其历史价值和我国新闻出版业改革开放的时代特色。

本书按照史料性和学术性分为上、下两卷。上卷《出版改革与管理》主要突出史料性，其中根据于友先同志的工作特点和管理范围又将文稿分为

---

[1]　杨牧之著：《最喜今生为书忙》，中华书局 2015 年版，第 254 页。

《出版改革》《出版管理》《版权工作》及《少儿出版》四部分；下卷《出版建设与发展》主要突出学术性，选文为于友先同志任新闻出版署署长期间、任中国出版工作者协会主席期间以及退休后撰写的关于新闻出版业队伍建设和新闻出版业各方面发展的总结及研究成果，其中根据其专业研究范围又分为《出版职业道德建设》《出版人才培养》《出版产业》《出版发展》四部分。收录本书的文章多数为首次公开面世。本书文稿的排序是在每卷的各个部分里按照时间先后顺序编排；其中查不到原文最初时间的，以在报刊发表的时间为序。

选入本书的文稿，在编辑过程中为突出重点和避免重复，对有些文稿的部分内容进行了删节，这些删节和个别文字的修改均经于友先同志确认。于友先同志还对编入本书的文稿进行了逐篇审定。

本书编辑对文中涉及的个别人物、专有名词等做了简要注释。对其中相同的专有名词只在每卷首次出现时做注释，再次出现时只注明首次出现的页码；对在同一篇中多次出现的专有名词，只在该篇第一次出现时标注一次。对文中提到的老一辈党和国家领导人、新闻出版署当时的领导同志以及老一辈著名出版家（如张元济、叶圣陶、邹韬奋等）、一些知名作家（如鲁迅、沈雁冰、巴金等）和其他领域的知名人物没有加注释。

本书多篇文章的标题为中国出版年鉴杂志社社长郝文勉同志所加，并经于友先同志确认。

本书编辑

2020 年 9 月 25 日

目　录

上　出版改革与管理

一、出版改革

二、出版管理

三、版权工作

四、少儿出版

下　出版建设与发展

一、出版职业道德建设

二、出版人才培养

三、出版产业

四、出版发展

上

出版改革与管理

一、出版改革

坚持方向，深化改革，实现新闻出版业的阶段性转移*

这次会议是新闻出版署领导班子调整后，第一次同各地负责同志一起研讨工作，在新的形势下，共议大事、共襄盛举，推动新闻出版业的阶段性转移①，这是一次不同寻常的聚会。新班子需要学习各地的长处，需要得到同志们的支持和帮助。我们十分珍惜这个机会，这次聚会应该有一个比较好的成果。

下面，我先就党的十四大以来的新闻出版工作做一简短回顾，以使我们的工作与过去的努力相衔接，与新的形势、新的任务相衔接。

一、党的十四大以来的工作回顾和当前的形势

这次会议是在党的十四届三中全会做出《中共中央关于建立社会主义市场经济体制若干问题的决定》的背景下召开的，这次会议又是作为全国

---

* 这是于友先同志任新闻出版署署长后，在 1994 年 1 月 25 日召开的全国新闻出版局长会议上所做的工作报告的主要内容。就是在这次会议上，于友先同志首次向全国新闻出版局长提出"新闻出版业面临着'阶段性转移'"。"阶段性转移"是于友先同志在对全国新闻出版业发展状况调研的基础上提出的，并经新闻出版署党组成员共同研究确定、报上级领导同意的新闻出版业改革方向。

① 新闻出版业的阶段性转移包括三个方面：①从发展阶段来说，新闻出版业从实际存在的以规模数量的增长为主要特征的阶段向以优质高效为主要特征的阶段转移；②从管理手段的角度来说，新闻出版业从具体的行政管理为主转向宏观的依法行政为主；③从体制改革的角度来说，新闻出版业从传统的事业管理为主转向产业管理为主，并进一步探索建立现代企业制度。这三个转移的中心，是新闻出版业从规模数量的增长向优质高效的转移。

宣传思想工作会议的套会召开的。结合新闻出版工作的实际，贯彻落实全国宣传思想工作会议的精神和要求，是这次会议的重要任务。

一个是中央经济工作会议，一个是中央宣传思想工作会议；一个是侧重深化改革，加快建设社会主义市场经济的进程，一个是加大思想宣传力度，更加卓有成效地为党在新时期的总任务服务。这是一篇大文章的两个部分、两个方面，充分体现了党中央"两手抓，两手都要硬"的方针。中央两个会议的召开，为我们国家各个领域、各行各业的工作，提出了新的要求。

新闻出版部门，是我们国家精神生产的重要部门。新闻出版工作肩负着组织精神生产，并将精神产品物化，使之进入流通领域，通过市场和交流实现社会效益和经济效益的重任。将精神生产与物质生产、社会效益和经济效益如此具体地不可分割地联结在一起，既受精神生产规律的制约，又受物质生产规律的影响，是新闻出版业的一个重要特点。这就从根本上决定了新闻出版业的发展必然与经济体制的变革和经济发展的阶段相一致、与社会主义精神文明建设的需求和进程相一致，新闻出版业的发展变化必然与整个社会主义事业的发展进步联系在一起。

新闻出版业，特别是出版业，在经过十几年的迅猛发展以后，正在经历着重大转折：从发展阶段来说，新闻出版业正从实际存在的以规模数量的增长为主要特征的阶段向以优质高效为主要特征的阶段转移；从管理手段的角度来说，新闻出版业正从具体的行政管理为主转向宏观的依法行政为主；从体制改革的角度来说，新闻出版业正从传统的事业管理为主转向产业管理为主，并进一步探索建立现代企业制度。这三个方面的转移，都是很艰难的，是一个复杂的工程，会有先后，各有侧重，却又是内在地联结在一起的，互相制约、互相影响。这三个转移的中心，是新闻出版业从规模数量的增长向优质高效的转移。在新的形势下，新闻出版业如何贯彻中央两会的精神，如何通过深化改革更有成效地推动这三个方面的转移，特别是从规模数量的增长向优质高效转移，就成为我们这一次会议讨论的重要课题。

党的十四大以来，新闻出版部门在抓繁荣、抓发展方面取得了新的进展。我们出色地完成了《邓小平文选》第三卷的出版发行任务，截至1月14日，全国共出版发行2130万册；成功地组织了纪念毛泽东诞辰

100 周年有关出版物的编辑、出版和发行工作；检查和落实了《"八五"国家重点图书出版规划》的项目和第二个辞书规划的项目；与中宣部联合表彰了 15 家坚持正确方向、出书质量好的出版社；举办了"1978—1993中国报刊发展成就博览会"；圆满组织了《中国大百科全书》完成庆典活动，江泽民总书记和李鹏总理专门接见了参加庆祝会的全体专家学者和出版、印刷、发行工作者；举办了首届"国家图书奖"，135 种图书获得了奖励和荣誉；在有关部门支持下，国家给予我们多项有利于新闻出版事业发展的优惠政策。

在深化新闻出版体制改革方面，我们在一些单位进一步完善了社长负责制；推动一些单位实行岗位责任制和聘任制；试办图书批发市场，放开一般图书批发折扣；在促进劳动、人事分配三项制度的改革①方面做了大量工作；加强了对外合作出版与交流。

在加强法规建设、查处违纪违规行为方面，对于过去的法规进行了初步清理，并结合清理，实事求是地提出了改进法规建设的意见和建议；对《出版法》起草小组人员进行了必要调整，重新报送了修改《出版法》（草案）的意见；出台了《出版单位的主办单位和主管单位职责的暂行规定》等一系列法规性文件；查处了违纪违法的二十几种图书和内容格调低下、出卖刊号的报刊；与中宣部先后联合发出关于禁止"有偿新闻"和"买卖书号"的通知，产生了积极影响，取得了成效；根据国务院办公厅的规定，对在京举办新闻发布会实行登记制度。

在新闻出版队伍的建设方面，组织了新闻出版队伍思想状况调查，并提出加强培训工作的规划。

"扫黄"工作取得新的进展。各地根据实际情况，认真贯彻中央电话会议精神，适时部署"扫黄"集中行动，突出抓了重点地区和重要环节，抓查处大案要案，依法对犯罪分子进行查办；经常性管理工作得到进一步加强，逐步建立和健全了规章制度，充实加强了管理工作机构；对于"扫黄"

---

① 1993 年 3 月 2 日—4 日新闻出版署直属企业三项制度改革工作会议在上海举行。劳动、人事、分配三项制度是指劳动用工制度、干部人事制度、工资分配制度；劳动、人事、分配三项制度的改革简称"三项制度改革"。

工作的检查已逐步形成制度。

党的十四大以来，各地新闻出版部门进行了大量艰苦细致卓有成效的工作，在深化改革方面，各有路数、各有成果；广大新闻出版工作者在宣传党的理论、路线、方针和政策，特别是邓小平同志关于建设有中国特色社会主义理论方面、在反映和讴歌人民群众变革现实的伟大实践以及传播积累人类文明成果方面，进行了创造性的劳动，在过去的一年里，又有新的突破。这里不再一一列述。

对于党的十四大以来新闻出版工作的新进展进行回顾，是为了从总体上把握住新闻出版工作的进程，在此基础上进行新的策划，继续拓展新闻出版工作的新局面。新局面如何拓展，在这次会议之前，我们曾请各地新闻出版部门进行调查研究，先后收到有关调研报告 36 份。这些报告提供了丰富的实际情况，总结了改革与繁荣的经验，有些报告很有分量。根据大家提供的情况和思路，根据新闻出版事业的发展实际，下面，我想集中地谈谈在新的形势下，如何进一步提高出版物的质量和效益，以推动和实现新闻出版业的阶段性转移。我的概括和总结是否妥当，请大家讨论。

二、新闻出版业面临着"阶段性转移"

伴随改革开放的进程，十几年来，我国新闻出版业得到长足发展、迅猛发展，据联合国教科文组织的统计数据显示，在出版规模和品种上，我国已跃居世界前列。新闻出版业的空前发展深刻影响了我们国家的精神面貌，为推动改革开放和经济建设发挥了重要作用。

同时，我们也感到，新闻出版业，特别是出版业，正在经历着重大转折，即一个"阶段性转移"。正如前面所说，转移的中心是从实际存在的以规模数量的增长为主要特征的阶段转向以优质高效为主要特征的阶段。这一"阶段性转移"是由以下两个方面的原因决定的：一方面，两个文明的建设对于新闻出版业的要求越来越高，不提高质量和效益，难以胜其重任，难以进一步强化其为两个文明服务的力度和强度；另一方面，新闻出版业面向市场之后，不提高质量和效益，不走内涵发展的道路，便缺少竞争能力，难以生存和发展。新闻出版业已经发生并将继续推进的这种"阶段性转移",大体上与我们国家改革开放的整个进程同步,与经济建设从数量增长型向经济效益型转变同步。新闻出版业的发展有自己的特殊性和复杂性,与经济建设中的情况并不完全相同,但它正在发生的由规模数量的增长到优质高效的转变,则是大致相同的。这一"阶段性转移",从战略上说,是进一步调整和增强新闻出版力量,以酝酿更大的突破,继续开拓我国新闻出版业的新局面。我们必须清醒地意识到新闻出版业正在发生的这个转变,重视这个转变,创造条件尽快地推进这个转变。新闻出版业,领域广阔,千头万绪,需要我们付出精力和心血的事情很多,但从总体上、宏观上说,这是至关紧要的具有战略意义的大事。

为了研究这个问题,我请计财司的同志搞了个统计资料。从这个材料中可以看出,十几年来,我国新闻出版业大发展的一些基本情况。请大家讨论一下,看是不是这个问题,我们如何面对这个正在发生着的阶段性转变,应该怎样进一步推动这个转变、实现这个转变。

十几年中,我们国家的报纸从 1978 年的 186 种发展到 2000 多种(还不包括内部报纸 5000 多种);期刊从 930 多种发展到 7000 多种(还不包括内部刊物近万种);出版社从 105 家发展到 540 多家,年出书品种由 1 万多种猛增到 9 万多种;音像出版单位从 1 家发展到 200 多家,另有配书出带的图书出版社 94 家。这样一种发展速度和规模,一方面,说明事业兴旺发达,说明新闻出版工作者的巨大奉献;另一方面,也可看出,这种规模和速度对于我们国家的人力、物力、财力、精神生产能力,都是超负荷的。以图书为例,年产 9 万种图书,其中不乏精品,不乏传世佳作,但是,从总体上看,占相当数量的是平庸之作、是交叉重复出版。成语词典,出到 70 多种;关于《周易》的出版物,出版 60 多种,可见重复出版之严重。至于"不好不坏,又多又快"问题,更是早为人知。由于规模数量发展太快,配套的政策法规跟不上,管理跟不上,体制转变跟不上,组织精神生产的其他条件跟不上,必然地影响质量和效益。

规模数量发展过快,质量效益跟不上的情况,在一个时期内是很难避免的。前些年规模数量的增长,一方面是适应了填补书荒的惯性,另一方面是适应了经济建设的快速发展以及快速发展中涌现的许多被分割开的书、报、刊市场的重复需求。即使反复强调质量、强调效益，也难与过热的数量发展相抗衡。近几年新闻出版局长会议的主题都是强调减少品种，调整结构，多出好书。几年中，新闻出版部门围绕提高质量做了大量工作，使局面大有改观。但也不容讳言，从总体上、从实际存在的状况上概括，这些年，新闻出版业的发展，仍然属于总量增长阶段。这种想控制而难以控制的状况，在某些西方国家的经济起飞阶段，也曾经出现过。对于规模数量增长阶段，我们不能肤浅地认为，只要数量，不要质量；更不能认为，只有数量，没有质量。实际上，规模数量增长阶段和优质高效阶段是两个交叉相连的发展阶段。规模数量增长阶段，也有效益和质量，但以规模数量增长为主要特征；优质高效阶段，也有规模和数量，但以优质高效为主要特征。

新闻出版业实现从规模数量增长向优质高效的更大转变，必须具备主观努力和客观现实两个方面的条件。

目前我们所具备的客观条件是：

首先，已经具备实现这一重要转移的大环境。前面已经说过，新闻出版业所面临的这种"阶段性转移"，大体上与我们国家改革开放的整个进程同步，与经济建设从数量增长型向经济效益型转变同步。《中共中央关于建立社会主义市场经济体制若干问题的决定》中特别提到总量平衡、优化结构、健康发展的问题，特别提到农村经济发展的新阶段是以"调整结构、提高效益为主要特征"的。近两年来，"国家经济质量意识"越来越成为比较普遍的经济意识，重视经济速度、忽视经济质量，习惯扩大外延，忽视内涵发展、忽视质量效益的倾向有所改变。人民群众呼唤质量，党和国家要求质量，规定"质量年"，组织"质量万里行"等，都反映了经济建设从总量增长到优质高效转变的大环境已经形成。这是推动新闻出版业实现"阶段性转移"的大好时机。

其次，人们普遍意识到新闻出版业提高质量和效益的重要性、迫切性。社会呼吁提高质量，克服平庸，扫荡文化垃圾；新闻出版部门，已经意识到了问题的严重性，并已着手解决有关方面的问题。马克思主义的一个重要观点是，当人们普遍意识到问题的严重性时，同时也就具备了解决这个问题的群众基础和客观条件。

再次，一些单位和地区，在面向市场、适应市场、形成自己的运转机制和经营机制方面已经做了一些有益的探索，在提高质量和效益方面积累了一些经验。由于领导部门的倡导和工作，广大新闻出版工作者的努力，新闻出版业从规模数量的增长向优质高效的转变，实际上已经开始，只是我们没有明确地去概括它，没有用更大的力度去呼唤它、推动它。

实现新闻出版业从规模数量的增长到优质高效的更大幅度的转变，具备上述条件，还是很不够的，还需要我们付出更大的多方面的努力。这里需要方向的引导、法律的保证，需要从深化改革中寻找出路，以更加充分地运用党和国家的力量，并使之与市场的力量协调起来，建立一种既适应社会主义市场经济发展，又适应精神文明建设需要，同时又符合新闻出版业自身发展规律的管理体制和经营运作机制。

丁关根同志在接见新闻出版署新领导班子，设计新闻出版署的工作时，特别强调要"坚持方向，依法管理，深化改革，促进繁荣"，这是丁关根同志代表党中央对于新闻出版署的工作提出的基本要求，也是推动新闻出版业由数量增长阶段向优质高效阶段转变的一个非常重要的指导思想。下面，我着重就这四个方面的问题，谈一点意见。

三、坚持方向，引导转移，更加优质高效地为人民服务、为社会主义服务

提高质量和效益首先有个方向问题。方向是灵魂，是质量中的质量。方向错了，既谈不上质量也谈不上效益。我们是在方向正确的前提下谈质量、谈效益的，也只有方向正确，才可能是我们所需要、所提倡的质量和效益。

在高度集中的计划经济的条件下，新闻出版业主要靠党政领导部门的直接管理，方向问题比较容易把握；在新闻出版业面向市场、适应市场的条件下，如何把握方向问题，就成为值得重视、值得研究的课题。我们这里所强

调的方向，首先是政治方向，同时也包含思想品位和文化品格的问题。这三个方面，是互相关联、很难分开的。只是为了讨论的方便，我把它分成三个方面，并分别提出一些要求，供大家讨论。

第一，关于政治方向。我们国家现阶段最大的政治，就是坚持以邓小平同志关于建设有中国特色社会主义理论为指导思想，贯彻落实好党的基本路线，建设有中国特色的社会主义。新闻出版工作最根本、最重要的任务，就是为实现党的总任务、总目标提供精神动力、智力支持、思想保证和良好的舆论环境。信念不容动摇，路线不容干扰，稳定团结的大局不容破坏。为人民服务、为社会主义服务的内容非常广泛和丰富，但是，坚持正确的政治方向，是最大的为人民服务、为社会主义服务。始终坚持正确的政治方向，我们就能更好地实现新闻出版工作的质量和效益；如果在政治方向上出了偏差，其损失就不是一般的质量和效益问题。同志们可以想一下，一个《脑筋急转弯》，一个《大兵营挽歌》，给我们在政治上和经济上带来多大的损失。前车之鉴，不可不取。这里给我们的教训是，即使出1万种好书，只有1本书政治方向有问题，也可能造成大的损失，可见政治方向之重要。我这里要特别强调一下稳定问题。邓小平同志说："中国的问题，压倒一切的是需要稳定，没有稳定的环境，什么都搞不成，已经取得的成果也会失掉。"新旧体制转轨，利益关系调整，存在着不稳定因素，这是必然的，但又是应该引起注意的。今年是10多年来改革措施出台最多、力度最大的一年，新闻出版工作一定要坚持团结、稳定、鼓劲，正面宣传为主的方针，为改革开放创造宽松和谐的环境。丁关根同志特别提醒我们，对于涉及民族关系、宗教信仰等社会敏感问题的报道和著作，一定要持慎重态度；对于现任和曾任党和国家主要领导人的工作和生活情况的报道和著作，要严格按照中央有关规定执行。

第二，关于思想情操、思想品格导向。社会主义的新闻出版事业，承担着为培养有理想、有道德、有文化、有纪律的社会主义新人服务的重任，必须为人们提供最先进、最美好、最健康的思想文化成果。改革开放和市场经济的发展，给我们带来了生机和活力；同时，海外来风和金钱驱动也使一些人感染上了享乐主义、拜金主义和极端个人主义。为了进一步推动改革开放，为了抵御不健康的社会风气的侵蚀，新闻出版业应该提供更多更好的精神产品、更加强大的催人奋进的精神力量。广大新闻出版工作者在这方面做出了重大贡献。我们可以列举成千上万的好书、好报、好文章来描述这个谁也无法否认的事实。但也有极少数的单位和个人，为了金钱不惜出版宣扬拜金主义、享乐主义和极端个人主义的出版物和一些低级庸俗的出版物。去年查禁的几十种裸体画册，还有为数不少的打擦边球的低级庸俗出版物，都是出于正式的出版社之手。由于思想情操导向发生问题所导致的质量滑坡，导致的对于广大读者，特别是青少年读者心灵的污染和伤害，哪怕是极个别出版单位，其教训也是深刻的。

第三，关于文化品位。把文化品位和方向问题连在一起，是因为，不管是政治导向，还是思想导向，没有一定的文化品位，是无法实现的，只能流为一句空话。出版物文化品位的高低直接影响新闻出版业上档次上台阶，影响我们国民素质进一步提高，在这个意义上，也应该把文化品位问题作为重要问题提出来。我们把新闻出版业从规模数量增长阶段向优质高效阶段转变作为报告的题目、工作的纲领，就是把优质高效作为新阶段的奋斗目标。

事物发展的规律是：不塞不流，不止不行。一切出版活动都要有正确的导向，力戒非科学伪科学的东西，力戒不健康的低级庸俗的东西，力戒干扰人们正确视听的东西，尤其力戒色情淫秽、凶杀暴力等严重危害人们特别是青少年身心健康的东西。提倡什么、反对什么，支持什么、限制什么，在新闻出版工作中，必须旗帜鲜明。

前面已经说过，方向问题不是一个简单的政治口号，而是政治、思想、情操、品位的综合体现，解决方向问题也不是只靠立场和觉悟就能奏效的，这里涉及综合素质综合运作的能力。解决方向问题，要求我们处理好经济效益和社会效益的关系；主旋律和多样化的关系；马克思主义指导和最大限度地吸收人类先进思想文化成果，继承和发扬民族优秀文化传统的关系；以及处理好高精尖和通俗化的关系等问题，只有在这些关系的处理中卓有成效地坚持政治方向、思想导向、文化品位，才算真正坚持方向。

四、依法管理，保障转移，为实现优质高效
创造公平竞争、健康有序的环境

在新的历史条件下，新闻出版工作进一步实现阶段性转变，在很大程度上要通过建立健全法制、加强依法管理来实现。通过依法管理，保护健康力量，打击违法行为，为公平竞争、优胜劣汰创造条件，为优质高效地发展新闻出版业创造健康有序的环境。

市场经济，从某种意义上说，就是法治经济。在计划经济的条件下，我们对于新闻出版事业的管理，主要通过党政领导部门的直接管理来实现。随着社会主义市场经济的发展，新闻出版工作越来越成为比较普遍的社会活动，市场经济和价值规律越来越影响和制约新闻出版业的发展，单纯地依靠党的纪律和具体的行政管理已经很不够了。在市场经济的条件下，依法管理，将越来越显示其重要作用。依法管理的问题主要抓好三个环节：一是立法；二是执法；三是守法。

这些年来，新闻出版立法工作取得很大进展。新闻出版署受国务院委托，着手起草的《中华人民共和国出版法》已经到了16稿，已列入本届人大常委会的重要立法项目，力求在今年完成立法程序；《中华人民共和国新闻法》也正抓紧进行调查研究，已修改到第11稿，力求在"八五"计划内完成立法程序。在这些大法没有出台之前，我们先后制定了诸如《报纸管理暂行规定》《期刊管理暂行规定》《印刷行业管理暂行办法》等一系列行政规章。另外，《中华人民共和国著作权法》及其实施细则已正式生效。党中央和国务院对于新闻出版立法非常重视，在中央宣传思想工作领导小组拟定的36项立法规划中，由新闻出版署牵头承担起草任务的法规就有12项，协同其他单位起草的7项。

但是，应该说，我们的立法执法工作远远落后于实际，这一方面是因为，过去在这方面的积累太少，一下子很难适应；另一方面，立法也需要实际的发展，需要从实践中提炼，不能事先立出一个法来去制约发展着变化着的现实。不管怎么说，立法工作滞后于客观实际的状况，给我们带来很多麻

烦、很大困难。近几年，非法出版活动的猖獗，不仅严重扰乱了书、报、刊和音像市场，破坏了文化环境和文化生态，而且冲击了正常的新闻出版秩序，冲击了我们的编辑环节和出版、印刷、发行环节，造成了一定规模的"体外循环"，成为危害很大的"公害"。

这里有立法滞后、立法不全的问题，也有执法力量薄弱、执法不严的问题。这些年来，我们破获了一些大案要案，有些地区，如江苏、河北、北京等省市，取得了比较突出的成果，积累了一定的经验。但从总体上看，执法不力的状况亟待转变。要建立健全行政执法的规章制度，加强行政执法的监督检查，建立和充实行政执法队伍。

在一些重要的全国性的法规没有出台以前，各地区应一如既往地根据各自情况，制定地方法规，依照已经制定的地方法规，先管起来。这些年来，地方立法有重大进展，绝大多数省、自治区、直辖市制定了有关新闻出版的地方性法规。地方立法工作的进展，使无法可依的情况有了很大改观，同时也为今后的立法工作积累了经验、提供了条件、奠定了良好的基础。另外，国家已经出台或即将出台的一些规范市场活动的重要法律，如《反不正当竞争法》《公司法》《产品质量法》等，对于新闻出版业的企业活动有着极其重要的规范作用，希望从事管理工作的同志认真学习、研究和运用这些法规，提高我们的管理水平。

要加强对于新闻出版从业人员的遵纪守法教育，继续抓好新闻出版系统"二五普法"工作。

五、深化改革，加速转移，进一步
形成优质高效的运行机制

十几年来，新闻出版改革的基本走向，是逐渐摆脱计划经济模式的束缚，朝着适应社会主义市场经济的方向发展。伴随着我国社会主义市场经济孕育、形成和发展的过程，新闻出版改革在全方位展开。

在新旧体制转轨过程中，新闻出版工作也遇到许多新情况、新问题、新矛盾。大家反映比较集中的问题是：出版物总量增加与质量效益的提高

不协调；书、报、刊及音像市场日趋活跃，但无序竞争却日趋严重；批发渠道大大拓宽，但主渠道流通不畅，对其他渠道管理不力；出版单位经营日趋灵活，但缺乏自律、缺乏制约等。这些问题，只能通过深化改革来逐步解决。

究竟如何深化改革？针对实际情况和各地经验，大体上可以将其概括成四个方面，即：进一步转换出版单位的经营机制；培育和发展图书市场体系；加强和改善宏观管理；依靠科技进步，推动新闻出版事业的发展。

（一）进一步转换出版单位的经营机制

事业单位按企业管理，并且进一步加大企业管理分量，建立与社会主义市场经济发展相适应的经营机制，以增强出版单位在市场经济中的应变能力、竞争能力、自我发展能力和科学管理能力，这是出版单位深化改革的重要任务。

出版单位的改革，要逐步确立出版法人制度。需要国家补贴支持的，按事业单位管理，大多数按企业管理。不管是事业还是企业，都要确立法人制度，严格界定法人责任，使他们有职有权。对违法乱纪者严惩不贷，对守法尽职者大力支持。

转换出版单位经营机制，要把劳动、人事、分配三项制度的改革作为突破口，以利于其他改革措施的出台。这三项制度的改革已经提出多年，现在的问题是要加快落实。通过三项制度的改革，逐步推行全员聘任制，优化组合，择优上岗，做到干部能上能下、职工能进能出；逐步实行工效挂钩，合理拉开收入差距，真正体现按劳分配的原则；完善以提高出版物质量为中心的多种形式的责任制。通过三项制度的改革，在出版单位形成激励机制，激励工作人员的开拓创造和敬业精神。

建立新闻出版集团，是一些省市在新闻出版改革中的新探索。它有助于巩固和扩大产业规模，集中力量办大事，以整体优势参与市场竞争；有助于加强管理，引导舆论。组建集团的试点要从实际情况出发，从新闻出版单位的自觉自愿出发，以产权联结为主要纽带，是利益的结合而不是依靠行政力量的撮合。各地情况不同，不能强求一律。随着新闻出版改革的深化，会涌现一批以产权联结为主要纽带的各类新闻出版集团，在促进产业结构调整，提高效益和质量上，发挥更大的作用。

（二）培育和发展图书市场体系

目前，出版业的许多矛盾集中地反映在发行环节上。发行体制的改革是深化出版改革的关键。当前最重要的是进一步搞活流通，创造公平竞争的市场环境，形成全国统一的、开放的、有序竞争的图书大市场。

发行体制改革的重点，是搞活新华书店的经营机制。新华书店，是我国图书发行的主渠道，几十年来为我国出版发行事业做出了重大贡献。改革开放以来，放开发行渠道以后，新华书店系统，仍然承担着绝大部分图书的发行任务，承担着为广大农村边疆发送图书的重任。但是，随着改革开放的深入和社会主义市场经济的发展，新华书店的经营遇到新的问题、新的困难，亟须通过深化改革解决。

新华书店的改革要从三个方面展开：一是试行发行代理制，以此搞活批发环节，拓宽批发渠道，切实发挥主渠道在图书流通中的作用；二是进行购销形式的改革，允许经销、寄销、包销等各种形式并存；三是推进新华书店产权制度改革，以搞活新华书店的经营机制。近几年来，各地所采取的承包、租赁、股份合作、国有民营等方面的试验，都是搞活基层书店的有益探索。

积极促进跨地区图书批发市场的建立，重视在不发达地区建立批发市场。同时要大力发展图书销售网点。报纸、刊物的发行，在支持完善邮发这一主渠道的同时，也应允许和支持进行多渠道发行的探索。

对于集、个体发行要加强管理和引导，促进其以行业协会等形式自教自律，鼓励他们在活跃图书市场中发挥积极作用。

（三）加强和改善宏观管理

加强和改善新闻出版管理部门的宏观管理，是新闻出版改革的重要问题。在新的形势下，新闻出版管理部门，亟须转变管理职能，从烦琐的行政事务中摆脱出来，把主要精力用在宏观调控上，下大力研究和解决新旧体制转轨时期出现的新情况、新问题，力争在理论、政策、法规、体制等方面都能迈出新的步伐，以保证新闻出版工作适应社会主义市场经济的发展，保证新闻出版业由规模数量增长阶段向优质高效阶段转移的顺利进行。

加强理论建设，探讨新闻出版事业的发展规律，是加强宏观管理的一个重要环节。新闻出版业当前所面临的问题，有些是新情况，有些是老问题，不管是新的还是老的，都需要进行理论上的研究，都有一个理论建设问题。在行政管理部门，尤其是这样。面对新闻出版业这一重要的精神生产领域，面对经济转轨给新闻出版业所带来的这一错综复杂的局面，没有理论的指导，就没有从宏观上透视全局、驾驭全局的能力，是很难开展工作的。而我们恰恰是在这些方面，缺乏必要的理论准备。对于新闻出版业的管理缺乏理论研究，对于新闻出版业自身的发展特别是出版业的发展规律缺乏理论研究，对于"发展"和"改革"究竟给新闻出版业带来哪些"机遇"和"问题"缺乏理论研究，这种状况，实际上已经在影响以至阻碍着我们事业的发展。我们不能"以己昏昏，使人昭昭"，也不能老是向上边讨办法、讨主意。我们要更加重视调查研究和理论建设工作，以提高我们分析形势、解决问题的能力。调查研究和理论建设是不可分割的，一方面我们要认真学习邓小平同志关于建设有中国特色社会主义的理论，针对新闻出版改革和发展中的实际问题，加强调查研究；另一方面要在理论的指导下进行探索和试验，在探索和实践中，不断地提炼上升到理论。

新闻出版工作宏观调控的重点是：抓导向、抓总量、抓结构、抓效益。

宏观管理的手段要多样化。我们在长期的行政管理中积累了丰富的经验，但在社会主义市场经济条件下，单靠行政管理是很不够的，还要学会运用经济的、法律的、舆论的手段，特别是要运用法律手段进行管理，力争在宏观管理方面迈上一个新台阶。

（四）依靠科技进步，推动新闻出版事业的发展

科学技术是第一生产力。新闻出版业作为信息产业的重要组成部分，必须在出版手段和业务管理现代化方面多下功夫。要通过技术改造，加快编辑、排版、制版、印刷、装订以及管理的现代化，从而提高产品档次、提高劳动生产率、提高管理水平、提高质量和效益。技术改造应分别轻重缓急，坚持高起点，坚持技术开发、技术引进、技术改造相结合，特别重视运用电子技术，解决影响新闻出版事业发展的关键技术问题。

18

六、促进繁荣，实现转移，为社会提供丰富
多彩的高品位高质量的精神产品

实现新闻出版业从规模数量增长到优质高效的转移，最终的标志是繁荣。繁荣的主要标志是新闻出版业的总供给与人民群众和社会发展的总需求大体平衡，书、报、刊的结构应该大体合理；繁荣不只是数量上的增长，更应是质量上的不断提高，它要有一定的规模和数量，更要有建立在一定的规模和数量上的质量。

（一）从各方面做好工作是促进繁荣的前提

促进繁荣，要重在建设，无论是管理部门还是新闻出版单位，都要以建设为出发点和落脚点。这是一个长期艰巨的任务，要作为系统工程来抓。对此，要制定长远整体规划，又要有目前切实可行的工作方案，扎扎实实地抓下去。在具体操作上，指导思想要明确，重点要突出，任务目标要具体，可操作性要强，效果预测要明显。新闻出版署正在抓紧"'八五'规划"的贯彻落实，"'九五'规划"也将着手制定。这是组织我们国家精神生产的大事，需要动员全国的力量，不只是新闻出版力量，而是整个编著力量，甚至整个精神生产的力量。

促进繁荣，要克服平庸。平庸的作品多了，不仅空耗人力、物力、财力、精力，影响整个事业上档次上台阶，还会降低国民素质。丁关根同志提出要我们抓导向、抓总量、抓结构、抓效益，就是要我们克服平庸，上台阶、上档次。

繁荣不是挂在嘴上，要摆到市场上，摆到书店的书架上，送到读者手中。几年来，李铁映同志一直倡导"书架工程"，要求100家大书店的书架上，经常备有1000种好书，古今中外的名著。如果在这个问题上有所突破，图书市场的面貌就会大为改观！

要办好各类书、报、刊和音像制品的展览，包括国际展出、国内展出，要作为促进繁荣的重要手段，精心设计，以进一步发挥它的作用，特别是获奖出版物、各类优秀出版物，要集中展出、分类展出，有的要重印、要精

装、要大张旗鼓地宣传，让全国全世界都知道，通过大批优秀出版物，更好地让社会了解新闻出版界，让世界了解社会主义的中国。

另外，国内展出可以和国际展出相结合，把国内展出中的精品选出展示。对外开放是双向的，海外的好东西要引进，我们自己的好书、好的出版物，要让全世界知道、向全世界介绍。我们国家的好东西多得很，在世界几大文明古国中，中华文化源远流长，显示了独特的生命力。我们完全有条件有能力走向世界，关键在于眼界和魄力，关键在于解放思想。

关于出版基金的建立和使用，在现阶段，对于繁荣出版是一个重要改革措施。如何进一步用好基金，多出好书、多出有学术价值的书，需要研究。山东科技出版社、上海的几家出版社，还有重庆出版社，运用出版基金组织了水平很高的编委会，出版了一批很有价值的学术著作；最近，山东教育出版社正酝酿成立教师出版基金，用于教师科研成果的出版。他们的经验值得借鉴。对于出版基金的使用，希望有总结、有交流、有规范、有设想。

在促进繁荣问题上，当前要有计划地抓好以下几项工作：

第一，继续做好《邓小平文选》第三卷的出版发行工作。做好各种文本的翻译出版工作，妥善处理海外版权转让问题。

第二，努力出好研究建立社会主义市场经济体制的学术论著和通俗读物，组织好总结15年来改革开放经验和成就的出版物。注意介绍国外各种类型、各种模式的市场经济形态和运行的规律，借鉴和吸收国外的经验。

第三，出好宣传爱国主义、集体主义、社会主义主旋律的优秀出版物。旗帜鲜明地反对拜金主义、极端个人主义和腐朽的人生观、道德观、价值观。选择深受广大青少年喜爱的100种优秀图书，集成文库，作为培养"四有"新人①的教材。

第四，大力出版科学技术图书，更加自觉地为提高全民族科学技术水平服务。科技出版部门要立足本专业，面向大科技，重视抓好科普读物的出版，建立迅速、准确、周密的中外科技信息网络，加强国际科技出版交流。

---

① "四有"新人，即"有理想、有道德、有文化、有纪律"的新人。"四有"新人是由1980年5月26日中共中央副主席邓小平给《中国少年报》和《辅导员》杂志的题词演变而来的，1985年全国共青团思想政治工作会议上正式提出。

第五，重视文化建设和文化积累。不只是传统文化，包括外来文化，包括中外文化交流的重要成果，都要适时地、积极地组织筛选和出版，以推动有中国特色的社会主义文化事业的发展繁荣。

第六，对于大众文化，或者说通俗文化，必须予以足够的重视。我们国家的读者群是一个金字塔结构，通俗文化的读者即金字塔的塔底，有几亿人。随着社会主义市场经济的发展和人们文化素质的提高，这个读者群也在发展和提高。要组织好大众文化、通俗文化的出版发行，以提高其质量，满足人民群众日益增长的精神文化需求。

第七，进一步提高报纸、刊物的质量。在新的形势下，如何做好报纸、刊物的管理工作，鼓励进行多方面的探索。

（二）队伍问题仍然是促进繁荣的核心问题

新闻出版业，能不能繁荣，能不能向优质高效发展，关键在队伍。新闻出版事业对于队伍有着特殊的要求，它不仅要学有专长，而且要有品格和境界；不仅要有从事精神生产的能力，还要有组织精神生产的能力；不仅要了解国内外精神文明成果，还要了解国内外市场行情。

新闻出版队伍的状况，从总体上说是好的，是一支不断发展壮大着的队伍，不然就无法解释新闻出版业这些年的蓬勃发展。但又由于发展过快，队伍的数量和质量，都有些跟不上。另外，这支队伍目前受到很大冲击，编、印、发各个环节，都在遭受冲击，主要是因为利益驱动。对此，一方面，要加强法治，打击非法出版，治理"体外循环"；另一方面，队伍内部要进行改革，增强发展能力。更重要的，要对队伍进行培养，特别要注意培养队伍的政治素质。当前最重要的就是要组织大家学好邓小平同志关于建设有中国特色社会主义的理论，这个理论是从总体上把握时代、把握历史进程，高屋建瓴又密切联系实际的理论，掌握这个理论，就比较容易开阔思路、通观全局。

队伍的建设，关键是领导班子的建设。领导班子中，关键又是第一把手，一定要选准第一把手。领导班子建设中的一个重要问题是廉政建设，一定要按中央有关规定切实抓好。

提交这次会议讨论的，还有一个《关于深化改革、繁荣出版事业的若干意见》，这是中宣部和新闻出版署共同草拟的。今年，是中共中央国务院发出《关于加强出版工作的决定》10周年。10年来，我国新闻出版事业发生了重大变化，取得了重大成就，也出现了许多新情况、新问题。对于新形势下的出版事业的发展，应当有一个规划，对于这些年出现的新情况新问题，应该有一个回答。

新闻出版事业是我们国家的精神文明建设的重要部门，中央领导同志反复强调，这个部门的工作，越来越显得重要、越来越发挥重大作用；这个部门，只能加强，不能削弱。越是这样，我们越是要加强责任感、使命感，兢兢业业、扎扎实实地把我们的工作做好。我们正处在由计划经济向社会主义市场经济变革的历史关头，我们新闻出版工作者正站在精神文明建设的一个重要环节、重要舞台上。面对新闻出版业从以规模数量增长为主要特征的阶段向以优质高效为主要特征的阶段转移，一方面我们感到非常艰难，另一方面又感到非常自豪。我们务必珍惜这个历史机遇，珍惜党和人民对我们的信任和重托，解放思想，实事求是，竭尽全力，进行创造性的工作，把新闻出版事业推向一个新的发展阶段。

总结经验，深化改革，
促进图书发行事业健康发展*

当前，我国的政治、经济形势很好，各项改革正在顺利进行。党中央提出的"抓住机遇，深化改革，扩大开放，促进发展，保持稳定"的工作大局，已经成为全国人民的共识。这一新的形势，向新闻出版工作者提出了更高的要求。在全国宣传思想工作会议上，江泽民同志提出的宣传思想工作所要坚持的"一个根本指针，四项主要任务"，亦即以邓小平同志建设有中国特色社会主义理论和党的基本路线为指针，"以科学的理论武装人，以正确的舆论引导人，以高尚的精神塑造人，以优秀的作品鼓舞人"，都与新闻出版工作有着十分直接的关系，是搞好新闻出版工作的重要指针和根本任务。丁关根同志要求新闻出版工作"坚持方向，依法管理，深化改革，促进繁荣"。要通过抓导向、抓总量、抓结构、抓效益，实现有效管理，为维护党和国家的大局发挥积极作用。既要繁荣发展，又要切实管住；既要满足需要，更要积极引导。要求新闻出版部门负责同志要增强责任意识、宏观意识、管理意识、调查研究意识，不断提高领导水平。

1993 年新闻出版工作的重点是定思路、抓导向，1994 年工作的重点则是立规矩、建机制。在出版工作的编、印、发三个重要环节上，要分别采取加强管理、深化改革的措施，以实现"既要繁荣发展，又要切实管住"的目标。发行环节应该采取一些什么措施，需要集思广益，提出问题并解决问题。

---

* 此篇原载《中国出版》1994 年第 11 期。

23

一、进一步发挥主渠道作用

新华书店是我国图书发行的主渠道，不管是批发还是零售，都是主渠道。多年来，新华书店的广大干部职工充分发挥了骨干作用，保证了出版事业的繁荣与发展。改革开放 16 年来，我国的出书品种从 1 万余种增加到 9 万余种，总印数从 37 亿册增加到 64 亿册。而同一时期，新华书店的网点增长幅度很小，发货量大幅度增加，而供销手段的提高却相对滞后，这样一种矛盾是如何克服的？主要是靠新华书店同志们高度的政治责任感和积极进取的工作精神。

发行改革在我国出版体制的改革中起步最早。10 多年来，"一主三多一少"① 的格局逐步形成。发行体制改革所取得的进展是有目共睹的，其中一个最显著的标志就是在日益激烈的图书市场竞争中，新华书店依然保持了在全国图书市场占主导地位的经营规模和利润水平。1993 年，全国新华书店系统销售图书 62 亿册，占全国图书销售册数的 95%；图书销售金额 100 亿元，占全国图书销售金额的 80%。新华书店已经形成辐射全国的发行渠道，有成龙配套的仓储发运系统，1993 年全国新华书店的发行网点已经达到 1.2 万余处；实现销售利润占全国出版系统利润总额的 30%；固定资产也占全国出版系统固定资产总额的 30%。1992 年，新华书店总店以及江苏、山东、湖南、四川、河南、河北、安徽省店和上海市店，进入了全国 500 家最大服务企业的行列；1993 年，在《邓小平文选》第三卷的发行工作中，充分显示了新华书店这支队伍的能量和威力，是一支关键时刻能够拉出去打硬仗的队伍。在中小学教材的发行工作中，新华书店在较长的一个时期做到了邓小平同志提出的"人手一册，课前到书"的要求。几年来，虽然干扰越来越大、困难越来越多，但大多数地区还是千方百计保证了课前到书。

新华书店的主渠道作用在社会主义市场经济的条件下应该而且也能够得

---

① "一主三多一少"，即以国营新华书店为主体，多种流通渠道、多种经济成分、多种购销形式，少流通环节。

到更加充分的发挥。这是因为，经过半个多世纪的艰苦创业，我们有了一支很好的发行队伍，建立了有效的图书发行网络，具有任何渠道都难以望其项背的仓储和发运手段；许多门市处于黄金地段；在广大读者中享有较高的声誉，拥有广大的市场；党和政府将一如既往地给予扶植和支持；再加之发行体制改革已进行了10多年，积累了丰富的经验，在社会主义两个文明建设中功不可没，值得广大新华书店的同志们引以为自豪。在建立社会主义市场经济的过程中，新华书店优势犹存，但还有许多优势没有发挥出来。要看到，新华书店是高度集中的计划经济痕迹比较重的一个部门，现在出现的一些经营困难，有外部因素的干扰，也有长期吃"保险饭、大锅饭"，在竞争中缺乏活力和应变能力的问题。新华书店的同志们要认真学习邓小平同志关于建设有中国特色社会主义理论，结合实际，解放思想，特别要注意按照出版事业自身发展的规律来总结这些年来发行体制改革的经验，在改革中找出路，以改革求发展。

图书发行是连接出版与读者的流通环节，是出版工作的中间环节。出版工作的许多问题比较集中地反映在发行环节，出版工作的经济效益和社会效益都必须通过这一环节来实现。党的十四届三中全会决定指出："国有流通企业要转换经营机制，积极参与市场竞争，提高经济效益，并在完善和发展批发市场中发挥主导作用。"在精神产品的生产和交换中，国有流通企业的主渠道作用尤其重要。对于一般商品来说，进入市场的标准相对比较单一，即看其物质质量是否合格就行了；而图书以及其他出版物，作为一种特殊商品，能否进入市场，以何种方式、多大范围进入市场，不仅有物质质量的标准，而且有政治质量、文化质量的标准，这与一般商品的流通有着很大的区别。社会主义国家的公有制性质决定了图书总批发权必须掌握在国有图书批发企业手中。

这里有一个如何看待集、个体书商参与出版物的发行问题。对这一问题，需要历史地看、实事求是的看。应该说，集、个体书商参与图书发行，是我们实行"一主三多一少"的发行体制改革的产物。多年来，大多数集、个体发行者，走街串巷，摆摊设点，弥补了新华书店发行网点的不足，加快了出版物的流通，方便了城乡群众，其积极意义不应该否定。因其没有

"铁饭碗"可端，灵活的经营手段和机制，使其充满了活力；同时，对新华书店的改革带来了压力，起到了一定的促进作用。可以肯定地讲，再回到新华书店一统天下的局面是不可能的了。但是，集、个体发行只能是国有发行主渠道的有益补充，不应该喧宾夺主，更不应该取而代之。根据这个道理，总批发权只能掌握在国有批发企业手中。当前，图书出版工作的问题较多，添乱的事情时有发生，原因是多方面的。其中，图书批发环节失控，是一个重要原因。

实际情况比我们想象的也许更严重些。一些名为集体实为个体的书商不仅取得了图书的二级批发权，甚至不少在从事总批发的业务，一个受他们直接控制的发行渠道和网络已经形成。不法书商通过买书号，使不少出版活动在管理机关和管理制度的控制之外堂而皇之地进行着"体外循环"。我们采取很多措施禁止"买卖书号"，防止坏书出笼，而握有批发权、控制着一定发行网络的不法书商则是书号买卖活动最大的外部拉动力量，许多坏书就是假他们之手而炮制出来的。对于禁止"买卖书号"，我们要采取双管齐下的办法，对出版社要加强自律、加强管理；在发行环节，要坚决制止集、个体书商从事图书总批发业务，对经批准从事二级批发的集体发行单位要加强管理，一旦发现其有买书号出书行为的，就要取缔其二级批发权。

在"买卖书号"问题上，新华书店也有需加强自律的问题。现在，新华书店的个别发货店，也在买书号出书，也搞回扣，也在学不法书商的一些坏招术。新华书店作为我国出版物发行行业的主渠道，不是自封的，而是多少代人艰苦努力的结果。主渠道不仅仅指在经营规模和利润水平上占主导地位，更重要的是指具有一贯地坚持党的出版方针、一贯地把社会效益放在首位这样一种光荣的传统。江泽民同志在为新华书店的题词中提出要"继承和发扬新华书店的光荣革命传统"，如果把这样的传统丢掉了，我们还有资格称自己是主渠道吗？关于主渠道的真正内涵以及主渠道责任和使命的问题，我希望在全国新华书店系统也应该开展一次讨论。

目前，新华书店在经营中也遇到了一些困难。比较突出的问题：一是流动资金紧张，再加之实行新税制以后，因增值税而引发减利因素增加，许多书店经营有些难以为继；二是货款结算中的"三角债"越来越多；三是部分书店库存增加，占有资金较多，再生产能力受限；四是图书网点建设发展缓慢，一部分大中城市新华书店门市被挤占，店面萎缩。我们非常关心新华书店存在的困难，在党中央、国务院有关部门的支持下，县和县以下销售图书增值税的问题、所得税返还的问题已经解决。

目前在新华书店系统，"埋怨"这样一种思想情绪比较普遍。比如：埋怨"党政工青妇，出书又卖书"，埋怨教育部门插手教材发行工作搞乱了多年来行之有效的教材发行秩序，埋怨集、个体书商进行不正当竞争，埋怨出版社的自办发行是吃了肥肉留下骨头，等等。有这样的一些埋怨情绪是可以理解的，有些问题的确存在，需要严肃认真地解决。事实上，各级新闻出版管理部门一直在采取措施，努力协调，力求加以解决。对新华书店来说，光埋怨不行，要正视困难，积极主动地去克服困难。应该承认，新华书店现在所面临的竞争，确实有许多属于不平等竞争，这要通过加强执法来解决，书店的同志也要学会运用社会主义市场经济的有关法律武器，如运用《反不正当竞争法》等来维护自己的权益。另一方面，我们也要看到，有一些是属于市场经济条件下出现的正常竞争，只有改进工作，去适应竞争。比如，有的书，在新华书店的征订数就是上不去，连最低开机的印数都达不到，出版社搞自办发行，发行数要高得多。在很多情况下，出版社不是不想依靠主渠道，而是感到用不上，只好另辟蹊径。因此，埋怨不行，光埋怨别人更不行。出路只能在改革，改进我们的工作方法，改革内部的经营机制、管理机制、激励机制。

二、深化发行体制改革

下一步如何深化发行体制改革？我想提出几点意见：

（一）加快新华书店内部经营机制的改革

这是发行体制改革的一个非常重要的内容：新华书店既要坚持把社会效益放在首位，但图书营销又必须遵循市场法则和价值规律，必须面向市场苦练内功。现在，不少新华书店内部经营管理的水平不高，投入产出率低；人浮于事，干好干坏一个样，缺乏竞争和激励，这都需要通过加快"三项制度改革"① 来解决。1994 年，全国出版企业由承包经营责任制过渡到"税利分流"，重新在全行业推行目标管理责任制。新华书店在推行目标管理责任制的时候，要把重点放在扩大一般图书的销售量、降低成本费用、加快资金周转、提高经济效益、扩大图书市场占有率上。中心城市店尤其要发挥其辐射作用。新华书店在深化改革中要把转换经营机制放在重要位置上，转换经营机制的目标是：发货店要形成强有力的融资功能、投资功能和信息服务功能，形成规模效益，切实在图书批发市场占据主导地位；基层店要搞活经营、搞活流通，最大限度地增加销售品种，占领当地的图书市场。购销形式的改革，是转换经营机制的一个重要内容。实践越来越显著地表明，单一的"目录征订"已经无法适应出版事业迅速发展的需要，订数萎缩、"体外循环"等问题无一不与此有关，要通过积极地推行图书发行代理制和寄销等多种购销形式，有效地解决这个问题。

（二）有步骤、有组织地建立现代企业制度

党的十四届三中全会的《决定》指出："建立现代企业制度，是发展社会化大生产和市场经济的必然要求，是我国国有企业改革的方向。"现代企业制度包含三个方面的内容：一是企业法人制度；二是有限责任制度；三是科学的企业组织制度。具体到出版行业来讲，要进行一定的分解：出版社由于是精神产品的直接生产者，而图书对于社会发展和社会稳定又具有很强的舆论支持作用。因此，出版社要继续坚持国有国营的原则；国有的骨干图书批发企业由于承担着重要的社会责任和政治责任，一般也要实行国有国营，个别的经过严格审批程序，可在国家控股的前提下，探索用"公司制"的方式进行试点；基层店，主要是指销售店则可以进行有限责任制或股份制的改革。在图书发行企业推行现代企业制度的改革，对于确保新华书店在图书发行领域主渠道的地位有很重要的意义。进行这样的改革，有利于实现政企职责分开，有利于规范经营行为，有利于国有资产增值保值，有利于优化产业结构，最终将有利于扩大图书发行生产力、繁荣出版事业。

---

① 见本卷第 7 页注①。

建立现代企业制度要与转换经营机制紧密地结合起来，建立现代企业制度是目标，而转换经营机制是基础。1994 年要通过转换经营机制，抓好清产核资，为逐步推行现代企业制度打好基础。

（三）积极推行新华书店的连锁经营

商业连锁经营是发达国家商业流通中的一种行之有效的经营形式，欧、美、日等国家和地区图书销售行业中的零售店几乎都采取连锁经营的形式。连锁经营的实质是把现代化工业大生产的原理运用于商业零售环节，有助于实现图书品种、服务、店名、店貌的标准化，图书采购、配送、销售、经营决策等职能的专业化，信息汇集、广告宣传、员工培训、管理规范的统一化。标准意义上的连锁经营要求做到七统一：统一进货，统一价格（折扣），统一库存，统一核算，统一管理，统一商号，统一服务规范。从类型上看，现行的连锁经营可分为 3 种方式，即正规连锁、自由连锁和特许连锁。国有新华书店发行网络的 1 万多个门市遍布城乡，书店内部发运、结算等都有章可循，店名、店貌统一，一些三权①没有下放的省、自治区、直辖市已经初步具备图书销售的标准化、统一化，即使三权已经下放的地区，也可以以多种形式实行连锁经营。许多外国同行都认为很有条件和基础搞连锁经营。新华书店实行连锁经营，是建立全国统一、开放、竞争、有序的图书市场的重要举措，是不断扩大图书市场占有量的有效途径，一定要坚决地、有步骤地进行试点的推广。实行连锁经营，对于克服新华书店目前面临的许多困难也有对症下药的功效。现在是新华书店进行连锁经营的有利时机，图书销售中的买方市场已经形成。在"卖方市场"的条件下，出版社由于掌握着货源，因而是书店要更多地依靠于出版社；而现在，由于书店掌握着销售通路，出版社已反过来要更多地依靠书店；在多渠道竞争的格局中，许多分散的新华书店已经有了联合的愿望，一些新华书店因为面临门市被挤占的威胁，希望加入实力较强的发行集团。新华书店的连锁通路优势十分明显，主要表现在：①地域性的新华书店实行连锁经营，有利于提高图书流通效率，各连锁店由于商流、物流、信息流的控制决策相对集中，可以形成合

---

① 三权：指人、财、物三方面的权力。

力，产生规模效益；②连锁集团有条件进行大规模、高效益的广告宣传和进货、配送等项业务；③连锁店的分散资金可按协议集中调动，产生高于分散使用的效益。总之，连锁可以扩大新华书店的图书市场占有量，有利于提高服务质量，城市店首先应该大胆推行。但发达国家的实践也表明，连锁经营由于高度统一，各分店的积极性难以充分发挥。我们的新华书店在推行连锁经营的时候，要注意避免出现这样的问题，尤其要避免出现区域垄断。我们要鼓励图书发行行业，包括出版社的自办发行普遍地推行连锁经营，专业出版社可以建立销售专业图书的连锁店，形成良好的市场竞争环境，以竞争促繁荣。在社会主义市场经济条件下，编、印、发存在着相互依存、相互支持的关系。市场经济当然要有竞争，但随着统一大市场的逐步建立，一个生产流程各环节之间的相互依存和相互支持的关系也会越来越明显。要通过竞争，按照市场经济的规律，建立起社、店、厂之间的新型关系，形成合力，共同开发并占有图书市场。看不到这种关系，搞窝里斗，只能几败俱伤，让别人渔利。对这一点，哪个地区或部门觉悟得早，及时采取措施调整关系，工作就会早主动；反之，觉悟得越晚，工作就会越被动。

（四）努力扩大农村图书销售

新华书店长期承担着向广大农村和边疆地区发送图书的重任。近几年来，新华书店坚持面向农村，扩大发行阵地，进一步拓展了农村图书销售市场。1993年，新华书店的农村图书销售额达43.6亿元，农村销售图书与城市销售图书的比重由1989年的43.7%上升为48.0%。但要看到，当前农村图书发行工作的现状与全党高度重视农业和农村工作的要求还有很大距离，突出的问题是农村供销社销售图书的网点每年以2000处的速度锐减，直接影响了图书在农村市场的销售量和覆盖率；另一个问题是向农村和边远地区发货的费用增加，一些出版社和书店已经基本不向农村和边远地区发征订单、发书。我国农村经过10多年的改革，经济有了很大的发展，科技兴农日益深入人心，农村对各类图书的需求呈不断上升的趋势，这已与农村图书发行网点逐步减少的现状形成了尖锐的矛盾。新华书店有责任解决好这个矛盾，当前首先要巩固农村图书发行阵地，加强新华书店农村图书发行网点建设；建立健全省市级店农村图书发行机构，在继续充分发挥新华书店和供销社这个农村图书发行主渠道作用的同时，建立以乡镇企业为依托的多种形式的发行网络，从战略的高度重视这一问题。

（五）努力拓展城市图书市场

城市新华书店是重要的文化设施、精神文明建设的窗口。一个城市新华书店的建设如何，在某种意义上是这个城市经济、文化、科学发展的标志之一。繁华地段一定要有新华书店的大门市部。对此，1991年，国家计委、建设部与新闻出版署发过专门的文件，现在看来执行得情况不理想。城市店要发挥主动精神，克服各种困难，扩大城市的图书发行。城市新华书店要适应社会主义市场经济的发展，增强阵地意识、市场意识。阵地意识就是要把城市店办成社会主义精神文明建设的重要阵地；市场意识则要求城市店积极参与竞争，并在竞争中居于主导的地位，培育并占领城市图书市场。在办好综合书店的同时，要注意办好各种专业书店，方便读者，促进销售。

（六）建立健康有序的图书市场体系

在社会主义市场经济条件下，出版事业健康发展的一个基本前提就是要建立与社会主义市场经济相适应的图书市场体系。这样的图书市场体系能否建立，新华书店有着举足轻重的作用。新华书店要通过自己的示范带头作用，体现公平竞争的原则，实现两个效益①的统一。前一个时期，不少地方依托新华书店建立了图书批发市场，这对于促进图书流通起了很好的作用，但也存在缺乏管理的问题。一些批发市场集中了许多集、个体书商，批发图书的内容没有经过严格审查，有问题的图书也在那里批发。新华书店建立的批发市场不能成为坏书的集散地，要加强管理，管理工作行政机关要做，新华书店经过行政授权，也有责任做好这项工作。新华书店有责任向新闻出版管理机关提供出版物市场的动向和有关信息，在出版物市场监控体系中发挥积极作用。

（七）做好科技进步工作

在激烈的市场竞争中，新华书店科技进步的问题就显得越来越迫切。在这个问题上，各级领导干部要把眼光放长远些，要舍得投入。建立新华书店

---

① 两个效益：指社会效益和经济效益。

系统信息通讯网络对于加快出版社、发货店、销货店之间的业务数据传递，改变落后的运营方式和征订、发行手段都有不可低估的作用。新华书店总店提出的建立电子邮件信息网络也是一件有远见的举措。运用科技投入来增强实力，我们才有可能在图书市场真正占据主导地位。到目前为止，我们在这方面与其他渠道相比还有一些优势，这种优势只能强化，不能削弱。

新华书店有着辉煌的过去，但这并不能保证就一定会有辉煌的未来，辉煌的未来存在于我们这一代人的努力争取之中。让我们共同努力，重振新华书店的雄风，迎接辉煌的未来。

扎实工作，服务大局，进一步推动
新闻出版业的阶段性转移 *

　　1995 年 1 月 12 日上午，江泽民同志主持中央政治局常委会议，听取了新闻出版署党组《关于进一步加强和改进出版工作的报告》。李鹏、乔石、李瑞环、朱镕基、刘华清、胡锦涛同志出席了会议。丁关根、李铁映同志列席了会议。列席会议的还有曾庆红、徐惟诚、刘奇葆同志。我和桂晓风、谢宏、梁衡同志参加汇报。这次中央政治局常委会议审议并原则通过了新闻出版署党组的报告。中央领导同志听了新闻出版署党组的汇报后做了重要指示。中央认为：新闻出版工作是一项非常重要的事业，事关社会风气、民族素质的提高和下一代的成长；要进一步加强和改进出版工作，各级领导都要关心和支持出版工作，加强对出版工作的领导；出版物是特殊商品，不能完全交给市场去调节；要抵制和扫除黄色、腐败的东西，让优秀的出版物占领市场。

　　这次会议的主要议题是：贯彻落实经中共中央政治局常委会议审议批准的《关于进一步加强和改进出版工作的报告》（以下简称《报告》）；根据《报告》的精神，总结 1994 年的工作，讨论并制订 1995 年工作要点；交流深化出版改革的经验；修改提交大会讨论的几个文件。下面，我着重围绕新闻出版署党组给中央的《报告》做一点说明，介绍一些情况，回顾一下去年的工作，谈谈今年的设想。

---

　　* 这是于友先同志 1995 年 1 月 18 日在全国新闻出版局长会议上所做的工作报告的主要内容。

一、关于《报告》起草的经过和几点说明

（一）起草《报告》的起因、设想和情况

1983 年，中共中央、国务院做出了《关于加强出版工作的决定》，有力地促进了我国出版事业的发展，成为十几年来指导出版工作的重要文件。

10 多年过去了，我国出版业发生了重大变化，无论规模数量还是社会影响，都与 10 多年前大不相同，出现许多新情况、新问题。为了进一步推动出版事业的发展，在新的形势下，更有成效地为党和国家的大局服务、为两个文明建设服务，我们回顾和总结了 10 多年来的出版工作，分析了发展态势，研究了社会主义市场经济条件下出版工作的基本思路和原则，提出了进一步深化改革、繁荣出版的具体目标和措施。

起草这个报告，起始于 1993 年下半年。当时，刚刚调整后的署党组为了更好地承前启后，对于过去的出版工作，特别是 1983 年以来的出版工作进行了回顾，迫切感到在社会主义市场经济条件下如何做好出版工作，需要进一步明确一些基本原则、基本思路。中宣部出版局的同志也在研究这个问题，非常重视这个问题，认为有必要起草一个关于深化改革、繁荣出版的意见报送中央，以期得到中央的指示，以便我们在新的形势下有所遵循。根据中宣部领导的意见，两家联合组成了写作班子，开始起草《关于深化改革、繁荣出版的若干意见》。这个意见的初稿，曾经提交去年的全国新闻出版局长会议讨论。应该说，当时的稿子是不成熟的，去年的那个时候，还没有提供现在这样的条件。经过一年的工作实践，通过出版界全体同志的共同努力和探索，帮助我们想清了很多问题，特别是全国宣传思想工作会议之后，新闻出版工作的指导方针和工作思路更加明确，广大新闻出版工作者积极努力，加大了改革力度和管理力度，新闻出版工作呈现出健康发展的局面。去年一年，丁关根同志重点抓出版工作，为我们设计总体思路和工作方针，设计宏观管理体系和有关机制，到新闻出版局长座谈会上做重要讲话，部署和指挥"扫黄打非"斗争，为我们最终完成给中央的报告阐明了观点和思路。《报告》的题目和写法几经变更。最后报送中央的《报告》，是根据丁关根

同志在全国新闻出版局长座谈会上的讲话精神设计和起草的。前面说过，这个报告的写作班子也是由中宣部出版局和新闻出版署两家组成，报告的行文，从头到尾都是两家的口气。在提交中央政治局常委会审议之前，才确定以新闻出版署党组的名义给中央写报告。为了起草这个《报告》，我们曾向各地印发调查表，征询意见，先后邀集部分局长、社长座谈修改《报告》讨论稿，各地出版界的同志在工作实践中的创造和探索也给我们很多帮助和启发。从这个意义上说，《报告》是出版界同志们共同调研、共同实践的成果，是集体智慧的结晶。

（二）关于《报告》的几个重要内容

署党组的《报告》共分七个部分：①出版事业的发展态势和面临的问题；②在新的形势下出版工作的基本思路和工作方针；③因势利导，深化改革；④加强宏观管理，健全宏观管理体系；⑤努力促进出版事业的更大繁荣；⑥深入持久地开展"扫黄打非"；⑦加强领导和队伍建设。

对于《报告》的内容，提请大家注意以下几个方面：

第一，关于出版事业的发展态势和面临的问题。这是起草《报告》的"起因"，也是这个报告立论的根据。十几年来，我们国家的改革开放事业取得了重大成就，给出版事业的发展带来了机遇、注入了活力。出版工作组织精神生产、影响舆论、服务大局的作用越来越突出，越来越受到党和政府的重视；社会主义市场经济的发展，进一步拓展了人民群众的文化需求，开辟了更加广阔的出版物市场；社会主义市场经济的运行机制不断地给出版行业的改革提供借鉴，对于出版业的繁荣发展提供新的动力。

在社会主义的改革开放事业取得重大进展、重大成就的背景下，《报告》提出了出版事业在自己的发展过程中所存在的四个方面的关系和问题。就这四个方面的关系和问题进行了简明概括，作为对全局、对整个出版事业的把握，并从中引出在新的形势下，出版工作的基本思路和工作方针。

这四个方面的关系和问题是：由于出版事业迅猛发展所产生的规模数量和质量效益之间的关系，由计划经济向市场经济转变所带来的出版事业的经济效益和社会效益之间的关系，现代科学技术的发展和新型出版载体的出现对于出版业的推动和由此带来的新课题之间的关系，放开搞活与加强管理之间的关系。这四个方面的关系和矛盾，不是孤立存在，而是互相影响、互相交叉，造成很复杂的局面。如果驾驭得好，可以推动出版事业发展；如无能力驾驭，或驾驭不好，则可能使我们陷入困境。这四个方面的关系和矛盾又都是发展和前进中的关系和矛盾，是在出版事业取得重大成就的背景下出现的关系和矛盾。规模数量的发展，经济体制的变革，技术手段的进步，方针政策的调整都是一种进步。因此，《报告》在概括发展态势时用了这样一段文字："总的态势是，变革推动发展，发展又出现问题，问题影响着发展，解决发展中的问题，只能往前走，靠深化改革来解决。"这就给整个报告奠定了一个基调：形势严峻，任务繁重，前途乐观。

规模数量和质量效益之间所存在的矛盾和问题，成为我们加强宏观管理，提出控制总量、提高质量、促进"阶段性转移"① 的重要根据。就像中央领导所说，数量太多、品种太多、出版社太多，管不了，也管不好。其实，不只图书，2000 多家报纸，近 8000 种刊物，300 多家音像出版社，5000 多家书报刊印刷厂，加上其他厂子共 10 万家，确实难管。主要是队伍的培养跟不上，管理跟不上，到头来，必然影响出版物的整体质量和效益。

从计划经济向市场经济的转变，既给我们带来了新的机遇和活力，又给我们带来了许多深层次的问题。对于经济建设是个难题，对于精神生产、精神文明建设更是个难题。这个问题影响出版事业的各个环节、各个方面，这种情况将会贯穿一个很长的历史时期。由此引出在新的条件下坚持方向，坚持两个效益②统一，坚持深化改革的问题。这是出版工作所面临的所有困难中的"难中之难"。

现代科技对于出版业的推动和由此带来的新课题，不仅仅是技术问题，同样涉及内容、涉及出版物的传播功能、涉及对于整个事业的规划和管理，特别是电子出版业的崛起，我们不能坐视，必须以足够的精力和热情去扶持它，又必须采取更加强有力的手段去驾驭它、引导它、管理它。

关于放开搞活与加强管理的关系，是计划经济向市场经济转变派生的一

---

① 见本卷第 5 页注①。
② 见本卷第 31 页注。

个问题。与前面几对关系不同，前几对关系和矛盾，是客观情况的发展所造成的一种态势，而这对关系和矛盾的两个方面，却是主观设计问题：放开搞活是主观设计，加强管理也是主观设计。这里提出的问题是，主观的设计，主观的努力，如何更符合实际，更有力地推动出版事业的发展。

第二，关于在新的形势下出版工作的基本思路和工作方针。这是《报告》的第二个问题，原来是以"出版工作的指导思想和基本原则"做题目，后来考虑，"指导思想"和"基本原则"都是早就确定了的，只能去抄文件，不好发挥。改成基本思路和工作方针后，更容易将中央精神与实际情况结合起来。

前面已经说过，基本思路和工作方针是从发展态势和面临的问题中引申出来的。简单概括，基本思路就是建立一种体制和机制，推动"阶段性转移"；工作方针就是"一手抓繁荣，一手抓管理"。

为了保证基本思路的实现，《报告》选择了六个"支撑点"。这六个"支撑点"是：方向、质量、体制、管理、科技，以及"解放思想，实事求是，重在建设"的思想路线。"一手抓繁荣，一手抓管理"，是保证实现基本思路的"工作方针"。对于"两手抓"的辩证关系，《报告》进行了简要概括。

对于这一章，应该把握两个"重点"，一个是坚持以邓小平同志建设有中国特色社会主义理论为根本指针，这是属于"方向"性、"灵魂"性的指导方针，贯穿整个报告、整个事业。《报告》特别强调，新的历史时期的出版事业，是有中国特色社会主义事业的重要组成部分，我们的所有努力和探索，都要在建设有中国特色社会主义理论的指导下进行。另外一个应该把握的"重点"就是，《报告》所概括的"基本思路"，既尽快建立适应社会主义市场经济体制和精神文明建设要求，又符合本行业自身发展规律的出版管理体制和运行机制，推动出版业实现"阶段性转移"。对于进行"阶段性转移"，大家已经取得共识；对于建立符合三个方面要求的管理体制和运行机制，经过几年的讨论，也已取得共识。现在的问题是，这样的管理体制和运行机制，究竟是什么样子，能不能尽快建立起来，需要我们继续进行探索。

第三，关于深化改革。这是起草报告时难度最大的一个部分。前面说过，经济领域的深化改革难度很大，出版领域里的深化改革难度更大。因此，《报告》很难在出台措施方面多做文章，而是着重强调了深化改革的目标、原则和侧重点。深化改革的原则是，"五个有利于"；深化改革的目标是，建立符合三方面要求的管理体制和运行机制；深化改革所侧重的思路是，培育市场、规范市场、适应市场，以推动出版改革的整体进展、分类指导、重点突破、配套进行。一个"目标"、一个"原则"、一个"侧重点"，提出这三点，不仅有助于深化改革，也有助于回过头来反思过去几年出版体制改革的得失。

这里顺便向大家通报一个情况。在这之前，我们曾向各地发过一个通知，要求就发行改革做些调查，作为今年新闻出版局长会议的主要议题；后来，就这个问题又分头征求过部分新闻出版局长的意见，同志们认为，"阶段性转移"的题目要抓住不放，重点放在发行改革上，而发行改革不应只是发行部门的事，编、印、发各个环节都应该围绕培育市场、规范市场、引导市场进行改革。这个意见是很好的，在我们给中央的《报告》中，将这个很有价值的意见写进了深化改革的第三条。没有将发行改革作为今年会议主题的主要原因是，由于有了给中央的《报告》，有了中央政治局常委会对于《报告》的重要指示，我们当前一个重要任务，就是学习领会中央领导的重要指示，贯彻落实经中央批准的这个《报告》。不把发行改革作为今年的会议主题，并不意味着这个问题不重要。

第四，关于加强宏观管理，建立健全宏观管理体系。从本质上看，加强宏观管理，建立健全宏观管理体系，也属于改革的范畴，属于出版管理体制的改革。由于这部分自成体系，分量较重，在给中央的《报告》中单列一章。

新闻出版业迅猛发展，数倍、十数倍、数十倍地发展，不只是数量，还有高科技多媒体的发展，使得出版业立体的发展，越来越难以驾驭和管理。而我们的管理体制和管理观念却一时很难摆脱高度集中计划经济时期的模式，习惯于党政领导部门的直接管理、具体管理，这是很不够的。

对于建立宏观管理体系，一年来，我们在丁关根同志的具体指导和具体设计下，取得了明显的进展。需要强调的是，建立宏观管理体系的七个机制，虽然是从全局提出问题，实际上也是对各省局工作的要求，对各地出版印刷发行部门的要求。因为这是一个"体系"、一个"系统"、一张大的"网络"，缺了哪个环节、哪个部门、哪个地区，都会导致整个系统的失效。事业、命运、功能，都把我们拴在一起了，希望大家能够同心协力把这个体系和机制完善起来、成熟起来、把工作做好。在这个问题上各地都做了努力，但是发展极不平衡，今年的工作要点中提出，准备逐项落实、逐级落实。

第五，关于繁荣。说得全一点，是健康繁荣。《报告》在繁荣问题上，没有像过去那样具体罗列一系列出版工程，而是提出了一个繁荣的"目标"，看似虚了一点，但会引起大家的注意和兴趣。因为它勾画出一个空间，一个到本世纪末的繁荣空间，这个空间同时也是一个思路。主要想使出版界的同志明确，出版繁荣的内容极为丰富，层次很多、范围很广，基本原则是满足人民群众精神文化生活的需要，集中反映人民群众的优秀精神成果，完成出版业从规模数量的增长向优质高效的阶段转移。

《报告》在繁荣目标之后所列的一些内容，更需要通过同志们的实践来丰富和充实。

第六，关于加强领导和队伍建设。这也是老生常谈了，但是，经过十几年改革开放的实践，今天谈这个问题，包含的内容与以前大不相同。在给中央的《报告》中我们也提到："出版工作既是精神生产，是我们党意识形态工作的重要组成部分，又要面向市场，受价值规律的影响和制约；把握和驾驭这个事业的发展，需要党的坚强领导。出版事业的发展规模越来越大，影响越来越深远，管理越来越困难，对于出版业的要求越来越高，新闻出版管理部门的行业管理职能和社会管理职能都亟待加强。现在各地存在的普遍问题是：管理部门职能薄弱，管理体制不顺，管理手段缺乏……""各级党委和政府要重视出版工作，应该将两个文明的建设'一起设计'，把抓出版工作作为'两手抓，两手都要硬'的重要内容，作为两个文明建设的武器、杠杆和力量，摆上议事日程。""加强新闻出版署对全行业的宏观管理职能，要在机构设置、人员编制等方面加以落实。各省、自治区、直辖市的新闻出版管理机构，只能加强，不能削弱，并保持人员机构的相对稳定。出版管理任务较重的地区，要从实际出发，建立和充实出版管理机构。"

这些内容主要是要求各级党委和政府重视出版工作。而我们自身也要加强自己、提高自己、严格要求自己。这个领域的事，还得靠我们自己去解决。自身队伍建设、自身领导班子的加强，都应该有新的努力、新的办法。在给中央的《报告》和《新闻出版署1995年工作要点》里，都有相关的内容，希望能够引起大家的关注。

关于给中央的《报告》，我先讲这么多，算是我的一个发言。同志们还要讨论这个《报告》，贯彻落实这个《报告》，会有一些新的、精彩的意见，希望能有时间交流。

下面，我们简短地回顾一下1994年的工作，讲一点1995年的工作思路和工作安排，供同志们参考。

二、关于1994年的新闻出版工作

党中央、国务院对新闻出版工作非常重视。去年一年，江泽民同志和中央政治局的其他领导同志对新闻出版工作多次做了重要批示。去年7月18日，江泽民同志就查处《军事世界风云录》一书所做的重要批示，要求我们"下苦功夫""追根究底，穷追猛打"，并"找到杜绝这些事件不断发生的有效措施"。我们理解，江泽民同志的这个重要批示，不仅对"扫黄打非"工作有着非常重要的指导作用，贯彻这个批示，对于整个新闻出版工作，尤其是对于加强新闻出版管理工作，是一个重要转机。去年8月31日，丁关根同志在全国新闻出版局长座谈会上做了长篇重要讲话，对新闻出版工作的指导方针和基本经验进行了概括和总结，提出了进一步加强和改进新闻出版工作的指导性意见。12月26日，李铁映同志与新闻出版署党组座谈，对新闻出版署的工作给予充分肯定和鼓励，并对今后的工作讲了重要意见。1994年是我们出版界多年来最忙碌、最紧张的年份之一，但由于有了党中央、国务院和中央宣传思想工作领导小组、中央宣传部非常具体、非常及时的指导和高度重视，我们工作起来心中有数。可以说，这也是我们情绪饱满、心情舒畅的一年。

丁关根同志在评价去年的工作时指出，1994 年的新闻出版工作是有成绩的，主要体现在几个方面：①新闻出版署转变职能有成效，抓大事、议大事，工作思路更清晰了，按照"坚持方向，依法管理，深化改革，促进繁荣"的要求开展工作，推动新闻出版业实现从以规模数量的增长为主要特征的阶段向以优质高效为主要特征的阶段转移是成功的。②在总结实践经验的基础上，初步建立了宏观管理体系，使许多工作有章可循。③抓紧了《出版法》的立法工作，已经提交全国人大常委会审议。有了《出版法》，各项工作就有法可依了。④认真贯彻江泽民同志提出的"下苦功夫""追根究底，穷追猛打"的重要批示，"扫黄打非"加大了力度，并取得了明显的效果，达到了预定的阶段性目标，管理工作初步扭转了被动的局面。⑤去年确实推出了一批好书，满足了人民群众对精神文化的需要。丁关根同志要求，今年继续下大气力抓质量、抓繁荣，使新闻出版工作繁荣健康发展。新闻出版工作一年来之所以能够取得这样的进展，主要是由于党中央和国务院领导同志、中央宣传思想工作领导小组和中央宣传部的强有力的领导和支持。

1994 年的工作基本上是按年初确定的指导思想和工作思路展开的，有了丁关根同志简明扼要的评价，我再通报几件具体工作：

1. 《邓小平文选》一、二、三卷的出版发行工作取得重大成绩，确保了及时足量供应。迄今为止，一、二卷已各发行 840 多万册，三卷已发行 2400 万册。

2. 对《"八五"国家重点图书出版规划》①执行情况进行了检查分析，帮助有关出版单位制定措施，如期完成规划任务。截至 1994 年底，"'八五'规划"已完成 67%，到 1995 年底，预计将完成 94%。

3. "书架工程"已正式启动。"书架工程"采取寄销的办法，由社店双方共同备货、定点销售，第一步在全国选定 10 个大城市新华书店的中心门

---

① 这一规划在当时的表述不一致，有的表述是《国家"八五"重点图书选题规划》，有的表述是《国家"八五"重点图书出版规划》，还有的表述是《"八五"国家重点图书出版规划》；在当时出版的书上后两种表述形式都有。本书统一到《"八五"国家重点图书出版规划》。

市部定点挂牌销售。

4. 初步建立了出版物的评奖体系。首届"国家图书奖"共评出十一届三中全会以来的 135 种图书，受到了国内外关注；一批图书在"五个一工程"的表彰中榜上有名；设立了中国辞书奖；与中宣部共同表彰了两批共 30 家优秀出版社。

5. 严格控制新建出版单位。1994 年净增报纸 68 种，比去年少批了 190 余种；净增社科类期刊 89 种，比去年少批 160 余种，自然科学期刊新批 240 种；出版社新批 11 家；音像出版社 1 家未批。为了解决出版单位"只生不灭"的问题，采取"停一办一"的措施，推动了报刊结构的调整，取得了明显成效。去年共停办报纸 38 种，社科期刊 25 种，自然科学期刊 24 种。

6. 对出书总量进行控制。从实施的情况看，比较平稳，未出现大的问题和矛盾，图书品种急速增长的势头被遏制。

7. 整顿内部报刊取得新进展。7 月 20 日，中宣部、新闻出版署、国家工商局、邮电部下发了《关于加强内部报刊管理的通知》，停止审批内部报刊，近 2000 家不符合要求的内部报刊被停止出版。我们在整顿内部报刊的同时，把 30 余种主要由群众自费订阅的晚报和广播电视报转为了公开发行的报纸。

8. 狠抓图书质量检查。对中央级出版社和署直属出版社进行了图书质量抽查；对大型工具书、古文今译类图书的质量进行了检查；对一些出书质量低劣的出版社进行了处罚，在出版界引起震动。

9. 加强了对挂历出版发行工作的管理，取得了明显的成效。挂历的出版发行这几年出现了严重的混乱，基本上被书商控制了。为了整顿挂历市场，在 5 月份的上海新华书店会议上就提出了要求；8 月份在对印刷行业进行检查时又将挂历作为一项内容，重申了国务院关于禁止公费购买挂历的规定；与中宣部共同研究，并经国家计委同意，出台了限价措施。从具体执行的情况看，效果比预期明显要好。社会各界都反映挂历市场有明显的改变。

10. 加强行政执法，建立年检制度。根据违规违纪的情节轻重，去年共停业整顿 6 家出版社，对若干出版社做了行政或经济处罚；撤销或停办 11 家期刊，对 20 家期刊进行了行政或经济处罚。将年检与日常管理结合起来，对违规违纪单位分别情况予以处分。

11. 改进管理工作，健全审读制度，尽可能及早发现问题并将其制止在萌芽状态。图书管理确立了"抓选题，注意从论证入手；抓质量，主要从审读入手；抓管理，从岗位责任制入手"的工作原则，比较准确地把握了在市场经济条件下，图书生产流程的动态特征以及防患于未然的基本规律。报刊管理把审读与管理紧密结合起来，及时发现问题主动查处。图书审读，注意在编辑加工过程中发现问题处理问题，《中国政治神经》《中国知青营》《公妻》等几部有严重政治问题的书稿，就是在编辑加工过程中被审读人员发现，报请新闻出版署后被制止的。

12. 新闻出版法制建设的步伐明显加快。我署代国务院起草的《中华人民共和国出版法》（草案）已在人大常委会第一次审议，开始着手进行有关《出版法》实施细则的起草工作。与此同时，制定了一批新的行政规章，如《关于防止在出版物中泄露国家秘密的通知》《关于对军事题材出版物加强管理的通知》《关于对证券、期货专业报纸和期刊加强管理的通知》《关于禁止在我境内与外资合办报纸、期刊和出版社的通知》《关于对书号使用总量进行宏观控制的通知》《音像出版管理暂行规定》《音像复制管理暂行规定》《关于新闻出版系统内部审计工作规定》等等。去年，新闻出版署共出台各种行政规章20余件，是历年来行政规章出台最多的一年。正在起草或征求意见的还有10余件。

13. 开始实施新批图书、报纸、期刊、音像出版单位开业前社长、总编辑（主编）培训制度。并于去年8月举办了1994年第一期新批报纸、期刊总编辑培训班；1994年下半年新批报纸、期刊总编辑（主编）培训班将于今天结业。制定了出版、印刷、发行行业72个岗位规范，正逐步实行持证上岗制度。

14. 加强信息工作。建立了书、报、刊市场动向观察网络、图书出版编目管理网络、新书出版信息网络。在各省新闻出版局建立信息联络站，开通了全国"扫黄打非"信息计算机网络中心站。

15. 组织了农村图书下乡工作，配合扶贫委员会组织了"万村书库"工程。

16. 确立了新闻出版署为 CD 生产线的归口管理部门，对 CD 生产线组织了两次规模较大的调查研究，并在此基础上开始了对 CD 的清理整顿。

17. 确立了新闻出版署是图书进出口归口管理部门。对进口图书渠道进行了清理整顿；加强了图书出口工作，成立了出口委员会。

18. 版权管理体制基本理顺，版权行政管理逐步规范化、制度化。颁布了《关于在查处著作权侵权案件中发挥公证作用的联合通知》《关于〈对侵犯著作权行为行政处罚的实施办法〉的通知》《关于对复制境外音像制品委托合同进行登记的通知》等；在打击侵权盗版方面，加强了执法力度；国家版权局派代表参加了七轮中美知识产权谈判。

去年一年，各地区、各部门在推动"阶段性转移"的工作中都取得了进展。都有自己的创造，这里不再一一列举。

三、关于 1995 年的工作设想

按照丁关根同志的意见，新闻出版署前年的工作是"定思路，抓导向"；去年是"立规矩，建机制"；今年是，"继续下气力抓质量，抓繁荣，使新闻出版工作繁荣健康发展"。《新闻出版署 1995 年工作要点》已经印发给大家征求意见，下面我讲几点意见。

（一）实现"阶段性转移"的工作思路不变

实现新闻出版业的阶段性转移是符合中央抓质量、抓繁荣的要求的，也是大家的共同意见。新闻出版署党组给中央的报告中，将"阶段性转移"作为本世纪末之前要完成的任务。"阶段性转移"结束，新闻出版业就进入常态发展。规模数量较大，质量效益较差，是非常态发展。但是，这个阶段不可逾越，这是一个过程。我们的任务是，创造条件尽量缩短这个过程。因此，新的一年的工作，仍然是加大改革力度和管理力度，促进"阶段性转移"。

（二）加强调查研究，深化出版改革

给中央的报告，中央批准了，但这不意味着可以松一口气了，恰恰相反，《报告》所提出的任务，要一件一件落实。给大家交个底，《报告》关于形势的严峻、情况的复杂、任务的艰巨，论述是充分的；但是，如何面对形势，深化改革，这一段相对薄弱，底气不足。我们既不能坐着苦想，也不能坐着苦等，需要到实践中去调查、去实践、去探索。从总体上说，对于社会主义市场经济的发展给新闻出版工作带来的新情况、新问题，我们的认识还不是很够，制定政策和措施的针对性还不是很强，必须加强调查研究工作。新闻出版署和各省局都要把调研工作放在十分重要的位置。搞好调查研究，关键是要有计划、有目的、有组织，把调研题目与加强管理、深化改革、促进繁荣的现实问题紧密结合起来。去年，各省局向署里提交了大量调查报告，对署里制定政策、出台措施很有帮助，但一些地区的报告研究与分析不够，希望今年在调研质量方面有所提高。

（三）关于整体推进、分类指导、重点突破、配套进行

新闻出版领域的改革已经进行了几年，成绩很大，但也应该承认，整体性的统盘考虑、统盘设计不够。一些同志提出，出版改革应围绕培育市场"整体推进、分类指导、重点突破、配套进行"，这是有道理的。出版改革涉及编、印、发许多环节，研究出版体制改革，不能局限于一个环节。我们国家的经济体制改革已经进入"整体推进、分类指导、重点突破、配套进行"的阶段，这样一种战略设计同样适用于出版体制的改革。比如，研究发行体制改革，就不能就发行谈发行，而是要把发行问题与选题、编辑、市场、政策、体制等问题结合起来统一考虑。金盾出版社的改革之所以有可资借鉴的地方，就在于把编、印、发几个环节的改革和体制改革统盘设计，形成了编、印、发的协调发展，形成了编、印、发一条龙。只有形成一条龙，才是有生命的，才能够舞动起来、飞腾起来。这次局长会专门邀请了金盾出版社的代表出席，就是请他们介绍一下有关思路和经验。

图书发行体制改革是当前出版改革的中心环节，有关要求和步骤在给中央的《关于进一步加强和改进出版工作的报告》和《新闻出版署1995年工作要点》中都有比较明确的概括；另外，还专门草拟了《关于深化图书发行体制改革的意见》，请大家讨论。但是，3个文件加起来，突破性的改革措施没有几条。这是一个很大的问题。我们说："变革推动发展，发展又带来问题，问题影响着发展，解决发展中的问题，只能靠深化改革来解决。"

深化改革的中心环节是发行体制改革，而发行体制改革却又没有几条。请大家研究一下，发行体制改革的关键是什么，各地有什么经验、什么突破、什么问题。不是都组织了调查研究吗？能不能把大家的经验集中起来、智慧集中起来、精力集中起来，在这个环节上组织一次"攻坚战"。

（四）让古今中外的优秀出版物占领市场

这是在听取署党组的汇报时，中央领导同志特别强调的。这就要出版优秀出版物、宣传优秀出版物、推销优秀出版物。过去出版界有个提法，叫"多出书，快出书，出好书"。根据"阶段性转移"的要求，署党组对抓出版繁荣提出了这样的总体要求，即多出好书，不出坏书，少出平庸书。今年，各项工作都要力争体现这样的要求。出版繁荣要真正取得主动权，不只是靠权力、靠嗓门、最终还得在市场上取胜、在市场上取得主动权。这就要研究，出什么最好、最有吸引力。少出一点平庸的、乱七八糟的，把精力、财力、物力用在出版优秀出版物上，特别是优秀的少儿出版物、通俗出版物、科技出版物。这不只是满足人民群众精神文化需求的问题，也是在思想文化上的一场争夺战。大家知道，高科技的迅猛发展对于新闻出版传媒的巨大影响，对于思想文化交流的巨大推动，使得信息传播越来越冲破过去的屏障，使我们面临着思想文化上的争夺、思想文化上的渗透、思想文化上的交锋，形势非常严峻。没有优秀的出版物，其他环节，其他方面的努力都是空话。希望各地新闻出版部门精心设计、精益求精，在出版物的重版率、出口率、获奖率上，在印数和档次上，来一个竞赛，以争得真正的繁荣、争取更多的国内外读者。

（五）关于"扫黄打非"

中央政治局常委会1995年工作要点指出：要坚持不懈地进行"扫黄打非"。1995年的"扫黄打非"，要继续贯彻江泽民同志提出的"下苦功夫""追根究底，穷追猛打"的方针，巩固和发展去年集中行动的成果，在"持久"和"深入"上下功夫。对重点整治的几个非法出版物集散地，要落实防止回潮的措施；要进一步落实机构、人员、编制和经费；要进一步落实整治出版物市场秩序的"二十四字措施"，即：控制进口，把住印刷，批发进场，售前送审，书摊归市，鼓励举报。

　　我们面临着一些困难，同时，也面临着前所未有的机遇和条件，比较起来，困难是可以克服、可以战胜的，机遇和条件是主导方面，必须抓住，不失时机地迎难而上。我们现在最好的条件是党和国家越来越重视新闻出版工作，各地党委、政府也越来越重视新闻出版工作，人民群众越来越关注新闻出版工作。1983 年中共中央、国务院《关于加强出版工作的决定》中说："社会主义现代化建设的新形势，把出版工作推到我党我国历史上前所未有的重要地位。"在当时是如此，在今天更是如此。什么时候，中央政治局常委会讨论过出版工作？什么时候有那么多省市主要领导过问新闻出版工作？这说明，新闻出版工作越来越重要、越来越不可小觑。我们应该更清醒地意识到我们所面临的机遇和挑战，更热情地去争得社会各方面的支持，以推动新闻出版事业的更大发展。

总结"八五"，规划"九五"，努力推进新闻出版业的阶段性转移*

这次会议的主要任务是学习贯彻党的十四届五中全会和全国宣传部长会议精神，贯彻落实党中央关于新闻出版工作的一系列重要指示精神，总结回顾新闻出版工作在"八五"期间取得的进展和经验，研究部署"九五"时期的主要工作，讨论制定"治散治滥"的措施，努力推进新闻出版业的阶段性转移①。党中央和国务院的领导同志对这次会议非常重视，丁关根同志做了重要指示，李铁映同志做了书面讲话，这是对我们会议的关心和支持；同时也对我们提出了很高的要求，我们要很好地传达贯彻。我代表署党组先讲几点意见。

一、深入学习贯彻党的十四届五中全会和全国宣传部长会议精神

党的十四届五中全会是我国社会主义现代化建设进程中一次十分重要的会议，全会以邓小平建设有中国特色社会主义理论和党的基本路线为指导，提出了今后 5 年和 15 年国民经济和社会发展的奋斗目标、指导方针、主要任务和重大的政策措施，做出了我国现代化建设跨世纪的中长期战略部署。

党的十四届五中全会要求全党"要积极探索在社会主义市场经济条件

---

* 这是于友先同志 1996 年 3 月 19 日在全国新闻出版局长会议上所做的工作报告的主要内容。

① 见本卷第 5 页注①。

下，搞好精神文明建设的新思路、新办法，逐步形成有利于社会主义现代化建设的舆论力量、价值观念、道德规范和文化条件。"党的十四届五中全会关于加强精神文明建设的重要精神，对于在社会主义市场经济条件下做好新闻出版工作具有十分重要的指导意义。

党的十四届五中全会提出要实现两个具有全局意义的根本性转变①，对于我们深化改革，努力推进新闻出版业的阶段性转移，建立有中国特色社会主义的出版体制，具有很强的推动作用。

今年的全国宣传部长会议，总结了宣传思想工作 3 年来的经验，规划了今后 5 年的目标任务。会议提出，在深化改革、扩大开放和建立社会主义市场经济体制这一新的形势下，对宣传思想工作提出了更高的要求。会议确定宣传思想工作今后 5 年的指导思想是：在党中央领导下，坚持以邓小平建设有中国特色社会主义理论为根本指针，坚持党的基本路线和基本方针，遵循宣传思想工作的基本思路，贯彻中央批转的《关于十四大以来宣传思想工作基本情况和今后五年工作设想的报告》（以下简称中宣部的《报告》），"以科学的理论武装人，以正确的舆论引导人，以高尚的精神塑造人，以优秀的作品鼓舞人"，统一思想、齐心协力、奋发进取、讲求实效，更好地为人民服务、为社会主义服务、为全党全国工作大局服务。这一指导思想也是今后 5 年统揽新闻出版工作的总纲，是实现我们各项工作目标的根本保证。

我们这次会议将进一步安排学习《中央政治局常委会议听取中宣部工作汇报时的重要指示精神》和中宣部的《报告》。同志们已经初步学习了这两个重要文件，还要进行深入的学习，要深刻地认识中央的一系列重要指示精神对做好新闻出版工作的重大指导意义。

江泽民同志在党的十四届五中全会和全国宣传部长会议上都强调了"一定要讲政治"的问题。我们在学习贯彻两个会议精神的时候，要特别重视这个问题。坚持以经济建设为中心要坚定不移，但并不是说，其他工作就不重要了，更不是说，经济搞上去了，其他各项工作就会自然而然地上去。

---

① 党的十四届五中全会提出的两个具有全局意义的根本性转变：一是经济体制从传统的计划经济体制向社会主义市场经济体制转变；二是经济增长方式从粗放型向集约型转变。简称"两个根本性转变"。

我们是在改革开放的条件下进行社会主义现代化建设，门打开了，不可以也不可能再关上。中央提出"一定要讲政治"，就是要求全体党员，特别是各级领导干部要在纷繁复杂的情况下保持清醒的头脑，坚持坚定正确的政治方向，与党中央保持高度一致。没有坚强的政治保证，有中国特色的社会主义是不可能建成的。新闻出版工作是党的意识形态工作的重要组成部分，为社会主义现代化建设提供政治保证是新闻出版工作的基本任务之一。在一些事关政治方向、国家利益、民族团结的问题上，在处理社会效益和经济效益关系时，要有高度的政治鉴别力和政治敏锐性。点多线长、可控程度低是新闻出版管理工作面临的客观现实，要做好工作，必须增强讲政治的自觉性。由于有问题的出版物一旦进入市场就难以消除其恶劣影响，管理工作要立足于把问题发现并解决在萌芽状态，努力形成一套有效的可控机制。

二、"八五"期间新闻出版工作的基本回顾和总结

"八五"期间的新闻出版工作是按照党中央关于宣传思想工作的基本原则、基本方针、基本思路来设计和开展的。党的十四大以后，新闻出版工作面临极好的发展机遇，党中央、国务院十分重视包括新闻出版工作在内的宣传思想工作；社会主义市场经济体制的逐步建立给新闻出版工作注入了活力，经济、科技和文化的发展形成了巨大的出版物市场；宏观管理体系的逐步确立，使各项工作正朝着更加健康有序的方向发展。新闻出版工作提高到了新的水平，迈上了新的台阶。

第一，服从服务于全党全国工作大局，努力提供健康有益的精神食粮。为了完成党中央提出的用邓小平建设有中国特色社会主义理论武装全党、教育干部和人民的任务，我们以较高的编校印装质量，及时足量地出版、印制、发行了《邓小平文选》第三卷和增订版第一、二卷；编辑、出版、发行了《邓小平同志建设有中国特色社会主义理论学习纲要》等一系列重要的理论学习读物；以较高的质量出版、印制、发行了5年间党和国家重要文件和文献，基本满足了"八五"期间全国人民政治学习和理论学习的需要。在资金偏紧、纸张缺乏的情况下，保证了大中专和中小学教材"课前到书，

人手一册"这一严肃政治任务的完成。特别需要指出的是，通过学习和实践，广大新闻出版工作者服从服务于全党全国工作大局的自觉性明显增强。这是非常重要、非常可喜、非常可贵的。

以落实《"八五"国家重点图书出版规划》等一系列重要的出版规划为核心，组织实施了多门类、多层次的出版繁荣工程。《中国大百科全书》《汉语大词典》等对促进社会全面进步有重大和深远影响的重点工程相继完成；《"八五"国家重点图书出版规划》完成了95%以上；受到中央领导同志关注的"书架工程""中国动画图书工程""送书下乡活动"等已经启动，其重要和深远的影响将会日益显现出来；进行爱国主义、集体主义、社会主义教育，紧密结合经济建设和科技工作实际的通俗读物与普及读物大量出版，体现主旋律的出版物在出版物市场上占有主导地位；"国家图书奖"等书、报、刊、音像出版物的重要评奖活动为繁荣新闻出版事业发挥了很好的导向作用；各级、各类出版基金的建立，为促进和发展高质量的出版和学术科研活动发挥了积极的作用。在党中央、国务院和国家有关部门的关心和支持下，出版经济政策有了很大的改善，增强了出版业的自我发展能力。

第二，新闻出版业的阶段性转移取得明显进展。经过两年多来的实践，全国新闻出版系统已经就"阶段性转移"达成了广泛的共识，各项工作都有了一些新的设计、新的探索、新的做法，取得了比较明显的进展。书、报、刊、音像及电子出版单位，书刊印刷企业、集体二级批发单位过快增长的速度明显回落；图书品种在1978年以来持续快速增长之后，1995年比1994年下降了0.2%；出书结构开始趋于优化，新出书品种下降13.2%，图书再版率达到了41.6%，重印书增长26.4%；全国出版物总印张达到了728亿印张，比1990年增长了57.0%。《报纸质量管理标准》《社科期刊质量管理标准》《图书质量管理规定》《书刊印刷产品质量监督管理暂行办法》等相继出台并逐步实施，构成了有规范、能量化、可操作的新闻出版质量保障体系，促使新闻出版单位争优秀、保良好，达标升级，把更多的精力用在提高质量和效益上，全行业的质量意识普遍提高。新闻出版单位的内部审计制度和主要负责人离任审计制度相继建立，新闻出版单位内部的运行机制更加规范化。根据中央的要求，加强了新闻出版队伍建设，从业人员的政治素质和业务素质有了提高，新闻出版单位主要领导岗位的培训制度，持证上岗制度，新批新闻出版单位开业前社长、总编辑培训制度相继建立，取得了积极的成果。各级、各类、各种形式的培训活动广泛开展，新闻出版队伍素质提高，责任心明显增强。

第三，宏观管理体系正在逐步建立，管理工作开始摆脱比较被动的局面。以掌握"三大措施"，健全"七种机制"为主要内容，形成了一套更加有效的管理制度、管理程序，强化了管理手段，新闻出版的宏观管理体系正在逐步建立。书、报、刊、音像及电子出版物的管理，都有了比较明确的规范；尽管管理的有效程度与实际状况相比还存在相对滞后的问题，还有疏漏之处，但管理机制已经开始发生效力，遇有各种问题，特别是遇有突发事件时，基本上可以按程序、有步骤地及时予以处置，工作的主动性明显增强。

第四，新闻出版法制建设取得了较大的进展。《出版法》已经提交全国人大常委会审议。在注重实体法建设的同时，也加强了程序法和程序性条款的制定工作。总结经验，堵塞漏洞，建章立制，提高了管理工作的法制化水平。5 年间，新闻出版署颁布了加强书、报、刊、音像及电子出版管理的条例和规章 207 件。与此同时，地方新闻出版立法工作也取得了很大的进展，增强了管理工作的规范性和权威性。行政复议工作全面展开，提高了依法行政的准确性；"二五"普法工作顺利完成，在许多地区和许多单位收到了很好的效果。

第五，"扫黄打非"工作提高到了新的水平。由于党中央、国务院的高度重视和关心，社会各界的广泛关注和支持，"扫黄打非"工作取得了很大成绩，开创了新的工作局面，影响力和震慑力越来越强。每次集中行动都实现了中央提出的阶段性目标，净化了社会文化环境，密切了党和政府与广大群众的联系，增强了人民群众对于治理社会丑恶现象的信心和决心。经常性管理工作更加受到各级党委和政府的重视，在许多地方，"扫黄打非"工作的机构、经费、人员、装备都得到了加强。打击侵权盗版活动，有力地配合了国际政治和经贸斗争，保护了著作者和出版单位的正当权益。

第六，地方新闻出版工作取得很大成绩。"八五"期间，地方新闻出版工作受到了党委和政府的高度重视，加上各地同志的努力工作，有了很大的发展。许多省、自治区、直辖市的新闻出版管理机构更加健全，职能增加，是有权威、有效率的。两届"国家图书奖"，地方出版社显示了很强的实力，第二届评奖中地方出版社获奖已经超过了中央和国家机关所属出版社。地方的书、报、刊、音像及电子出版单位已成为出版繁荣的一支非常重要的力量。"八五"期间，地方新闻出版系统的综合实力普遍增强，上海、江苏、河南、山东、湖南、河北、浙江等省市新闻出版系统实现利润已过亿元；江苏、山东、四川等省新华书店系统图书流转额已经超过 20 亿元。

从总结规律的角度看，在社会主义市场经济体制逐步建立的过程中，新闻出版工作要特别注意正确处理好以下几种关系：

一是社会效益与经济效益的关系。处理好新闻出版工作中的社会效益与经济效益关系的重要性在市场经济条件下更加突出了。我们既要看到解决这个问题的迫切性，也要看到长期性和复杂性。在处理两个效益的关系时，最基本的准则是要把社会效益放在首位，这一点任何时候都不能动摇，要牢固树立讲社会效益就是讲政治的观念。在社会主义制度和社会主义市场经济条件下，两个效益总的来讲是能够做到有机统一的，"统一"是主流，是普遍现象，但需要积极努力，艰苦工作才能实现。在坚持正确方向的前提下，要最大限度地运用市场经济的有效机制，实现出版产业的经济效益，实现两个效益的有机统一。两个效益的辩证关系决定了良好的经济效益也是社会效益得以实现的坚实基础。

二是繁荣与管理的关系。"一手抓繁荣，一手抓管理"是新闻出版事业最重要的工作方针。新闻出版繁荣既是一个国家现代化的重要内容，也是社会全面进步的必然要求；既是事业健康发展的标志，也是产业兴旺发达的标志。促进繁荣是新闻出版工作永恒的主题。繁荣既要靠充分调动广大新闻出版工作者的积极性，发挥才智、艰苦工作、敬业奉献，也要依靠各级领导和管理部门规划组织、增加投入。新闻出版事业的繁荣是精神文明建设系统工程的重要内容，需要全社会的理解、关心、支持。加强管理，是为了发展和巩固社会主义的意识形态，是促进新闻出版事业健康繁荣发展的内在要求和重要保证。管理保证导向，管理提供服务，管理促进出版生产力的发展。管理工作要立足于使出版物市场主旋律鲜明有力、健康向上。在新的历史条件下加强管理，要通过建立宏观管理体制，努力做到管而不死、不散不滥、有堵有疏。我们现在出台的许多管理措施，无论在针对性、有效性还是可操作性上，与过去相比都有了很大的改进，但还需要进一步完善。对此，我们要有正确的认识，要充满信心。

三是质量与数量的关系。数量增长过快，不仅国家的财力难以承受，而且从业人员的素质和管理水平跟不上，就会严重地影响出版物的质量。必须坚持"控制总量，调整结构，提高质量，增进效益"的原则，多出好书，不出坏书，少出平庸书。要加快出版业经济增长方式的转变，合理调整产业结构和生产布局，注意编、印、发、科、供、贸等的合理配置，协调发展。要积极审慎地进行报业集团和出版、印刷、发行集团的试点，提高规模经营能力，增强规模效益。

四是改革与发展的关系。我们国家已经进入经济快速稳定发展和建立社会主义市场经济体制这样一个新的历史时期，改革不适应生产力发展的出版体制，是促进新闻出版事业健康繁荣发展的根本途径。新闻出版工作在市场经济条件下遇到的新情况、新问题，有许多是需要通过体制改革来解决的。"发展才是硬道理"，高度发达的新闻出版业，有利于社会主义意识形态的巩固和发展，有利于社会的全面进步。改革促进发展，发展呼唤改革，改革与发展紧密结合是新闻出版事业健康繁荣发展的重要保证。

五是运用高新技术和加强有效管理的关系。新闻出版业历来是运用最新科技非常迅速、广泛的行业，要努力运用高新技术武装新闻出版业，提高编辑、印制、发行工作的科技化程度，还要重视研究开发像电子出版物这样的新型媒体。我们同时也要清醒地看到，高新技术的发展，给新闻出版管理工作带来了严峻的挑战，对新型传媒中夹杂着的精神垃圾，不能简单地沿用管理纸介质出版物的方法和手段，要加强学习、增强本领，提高管理的有效性。

"八五"期间，我国的新闻出版业基本保持了与国民经济同步发展的水平，各项产业发展的指标呈全面增长的良好态势。

1995年图书的总印数达到了62.6亿册，比1990年增长11.00%；图书总印张315亿张，比1990年增长35.60%。

1995年报纸总印数267.85亿份，比1990年增长26.80%；报纸出版总印张345.28亿张，比1990年增长88.88%；全国每千人平均每天拥有报纸数为61份，比1990年增长17.30%。

1995年期刊总印数23.79亿册，比1990年增长35.25%；期刊出版总印张66.49亿张，比1990年增长38.23%；全国每人平均年拥有期刊2册，比1990年增长17.40%。

1995年全国出版录音制品7065种，发行9800万盒（盘）；出版录像制品4634种，发行463万盒（盘）。

1995年国家和省级定点书刊印刷企业的排字能力达265亿字，比1990年增长116.70%；印刷能力达3910令，比1990年增长20.00%；书刊印刷中照排能力达130亿字，占年排字总量的50.00%；书刊胶印能力达2510万令，占全部总印量的64.00%；彩色印刷能力达7210万令，比1990年增长157.5%；书刊印刷周期缩短到平均100天以内。

1995年，全国图书销售流转额（按国家商品流通企业统计口径）达350亿元，其中：用于社会消费的净销售额180亿元，比1990年增长134.60%；新华书店网点1.3万处，比1990年增长8.30%；全国年人均购书15元，比1990年增长130.00%。

总的来看，"八五"期间的新闻出版工作服从服务于全党全国工作大局，努力宣传和体现党和国家的路线、方针、政策，认真贯彻中央关于新闻出版工作的一系列重要指示精神，保持和发展了积极、健康、向上的态势，为新闻出版事业在"九五"期间更加健康繁荣发展奠定了一个良好坚实的基础。

在回顾和总结经验的同时，我们也要清醒地看到，新闻出版工作与党和人民的要求相比，还存在不小的差距，在社会主义市场经济体制逐步建立的过程中，还有许多不适应的地方和方面：新闻出版单位的总量和图书品种的控制还缺乏有效的机制，已经达到的控制水平还有脆弱性，稍不注意就可能突破；出版物的整体质量还不够高，反映主旋律的精品还不够多，低水平重复出版、编校印装质量低劣的问题还不少；新闻出版法制体系还需要进一步健全和完善，执法不严的问题还比较突出；新闻出版队伍的整体素质还不适应加强和改进工作的要求，许多工作还只是立了项，起了头，需要进一步落实和完善；新闻出版的宏观管理体系需要进一步完善和巩固，管理制度和措施要持之以恒地抓落实；出版物市场某些方面的无序状况还没有从根本上扭转，需要加强引导和管理，"扫黄打非"的任务还相当艰巨；对在高新技术条件下如何做好新闻出版管理工作，无论是思想准备和人才技术准备都不足，有效的管理办法还不多；出版物的进出口管理还存在许多亟待改进的地方，中国出版走向世界的步伐还应该进一步加快……。正如丁关根同志在全国宣传部长会议上的讲话中所说："归结起来，还是要讲：形势喜人又逼人，工作好做又难做；做了大量工作，还有大量工作要做。面对经济社会发展对宣传思想工作和精神文明建设提出的新的更高要求，面对复杂多变的国际形势和高科技迅速发展带来的机遇和挑战，我们要进一步增强责任感、使命感、紧迫感。务必谦虚谨慎、戒骄戒躁、居安思危、励精图治，务必团结协作、开拓进取、埋头苦干、讲求实效，把宣传思想工作继续推向前进。"我们要按照丁关根同志的要求努力工作，把新闻出版工作继续推向前进。

三、努力推进新闻出版业实现"阶段性转移"

中央政治局常委会在听取中央宣传部工作汇报时所做的重要指示中指出："必须一手抓繁荣，一手抓管理，加强宏观调控，治理文化市场，促进新闻出版业走内涵发展为主的路子。"经党中央批准的《1996年宣传思想工作要点》指出：要"认真落实中央关于加强和改进出版工作的指示精神，把握正确导向，完善管理机制，进一步推动出版事业的发展由数量规模增长向质量效益提高转移。"

通过学习中央关于新闻出版工作的一系列重要指示和党的十四届五中全会精神，署党组认为：一方面，"阶段性转移"这一工作思路是符合实现"两个根本性转变"① 要求的；另一方面，中央的重要指示精神和党的十四届五中全会提出的"两个根本性转变"为继续推动新闻出版业的阶段性转

---

① 见本卷第49页注①。

移提供了坚实的理论基础，提出了明确的工作要求和目标，深化了我们对
"阶段性转移"的认识，增强了信心。

新闻出版业的阶段性转移有两个主要的方面：一是通过深化体制改革，
基本建立有中国特色社会主义的出版体制；二是加快经济增长方式的转变，
走优质高效的健康繁荣发展之路。

实现出版产业的经济增长方式从粗放型向集约型的转变是"阶段性转
移"的重要目标。从我国出版产业的现状来看，粗放型增长的特征是很明
显的。从 1978 年到 1995 年，我国出版社从 105 家增加到 563 家，增长了
436%；而反映出版生产实物量的总印张数不过从 135 亿印张增加到 315.41
亿张，增长了 134%；总印数从 37 亿册增加到 62.6 亿册，增长了 69%。这
样的统计显示，这一时期，在出版产业经济增长中，生产要素的扩张要大于
生产效率的提高。出版产业应该说受计划经济的影响是很重的，就拿图书生
产来讲，1995 年全国销售图书的流转额为 350 亿元，其中仍然是按严格的
政策性产品来计划价格、计划调拨、计划供应的中小学教材的总流转额为
112 亿元，占全年图书销售总流转额近 1/3。像出版这样计划产品占有较大
比重的行业，在国民经济的总体格局中已经不多了。由于国家实行的是出版
权专有政策，专有所带来的利润在很大程度上掩盖了不少出版单位经营的低
水平。我们要看到，其他行业的资本为寻求平均利润率正在向出版业流动和
转移。随着对外开放的进一步扩大，中国的出版物市场终究不可避免地要成
为世界出版物市场的有机组成部分，以我们现有的经营管理水平和生产效
率，是难以与国际上那些著名的出版集团抗衡的。中国出版走向世界，就是
要到世界出版物市场上去与德国的贝塔斯曼、美国的时代华纳、日本的讲谈
社等世界著名的大集团、大公司竞争。这既是数量与价格的竞争，更是质量
与效益的竞争，这是关系到中国的出版物能否占有国际市场的问题。出版产
业在国际、国内所遇到的现实挑战，明确无误地昭示，我们已不可能再按过
去的管理体制和运行机制来迎接挑战了。出路就在于坚持深化出版体制改
革、坚持通过"阶段性转移"实现增长方式的转变，用集约化的经营方式
来迎接挑战、用优质高效来迎接挑战。

去年第三季度，署党组在青岛、大连、成都召开了 3 期新闻出版局长研

讨会，许多同志在会上介绍了很好的思路、做法和经验。党的十四届五中全会的召开，为我们规划和设计好"阶段性转移"明确了指导思想、基本原则和工作目标，提出了更高的要求。为了更好地指导全国新闻出版业的阶段性转移，在认真总结各地经验和充分调查研究的基础上，署党组组织起草了6个文件提交这次局长会议讨论，这6个文件就是《新闻出版事业"九五"计划及2010年长远发展规划》《新闻出版业阶段性转移的目标体系》《培育和规范图书市场的若干意见》《关于积极探索建立有中国特色社会主义出版体制的若干意见》《"九五"国家重点图书出版规划》①《关于出版业治散治滥的初步方案》。这6个文件力求紧紧围绕着"阶段性转移"这个主题，对"九五"时期的"阶段性转移"工作进行规划和部署。这次会议主要是讨论和修改这6个文件，会前已将征求意见稿发给了大家，会议安排了比较充分的时间供同志们讨论和修改，请与会同志充分地发表意见。

建立"阶段性转移"的目标体系，是深化"阶段性转移"的需要。有了一个科学的目标体系，就能使新闻出版战线的同志们对"阶段性转移"的基本趋势、基本目标做到胸中有数，更加主动地开展工作。提出新闻出版工作量化的目标体系，是一项开创性的工作，难度很大，有些方面难以像其他产业部门的指标那样量化，有的发展态势也难以通过数学模式或数理分析提出比较精确的预测，但是出版毕竟是一个产业，许多方面是能够量化的。建立目标体系是一个不断接受信息反馈、不断校正立项方案和具体指标的过程，要反复经历从实践中来到实践中去，才能日臻完善。提交会议讨论的《新闻出版业阶段性转移的目标体系》主要是从新闻出版署指导全国工作的角度来提出问题，不可能搞得很细、很具体。各地、各部门、各单位还要结合自己工作的实际，提出并建立目标体系。我们希望能够建立起一个从上到下、从宏观到微观的目标体系。这个目标体系不是单纯的统计数据的汇集，而是一个对象和目标都比较清晰具体，带有一定评价功能的体系；不是单一状态和单一结构的，而是复合状态和复合结构的体系；是系统与子系统之

---

① 这一规划在当时的表述不完全一致，有的表述是《国家"九五"重点图书选题规划》，有的表述是《国家"九五"重点图书出版规划》，还有的表述是《"九五"国家重点图书出版规划》；在当时出版的书上后两种表述形式都有。本书统一到《"九五"国家重点图书出版规划》。

间、子系统与子系统之间有机联系的体系。这样一个目标体系的建立需要全国新闻出版界的共同努力。

改革是"阶段性转移"最根本的动力，只有深化出版体制改革，"阶段性转移"才能达到预期的目标。提交会议讨论的《培育和规范图书市场的若干意见》，主题就是改革。图书发行体制改革已经进行了10多年，积累了许多好的经验和好的做法，但还缺乏总体设计。这个文件力求从指导思想、建立和完善市场网络体系、建立新型购销关系、建立市场规则、转换国有书店经营机制、加强农村发行和发行业的科技进步等事关发行体制改革全局的方面提出要求和目标。现在这个文件能不能达到总体设计的要求，指导性和针对性强不强，请同志们讨论。

繁荣是新闻出版业阶段性转移的重要内容。促进繁荣的举措很多，做好规划是最主要的措施之一。抓繁荣工作的实践证明，凡是列入各种规划的项目，都得到了各级党委、政府的高度重视和大力支持，调动了知识界、学术界及出版单位的积极性，组织有力，投入充分，编校印装质量都较高。提交会议讨论的《"九五"国家重点图书出版规划》是新闻出版工作最重要的繁荣规划之一，完成这个规划是"阶段性转移"的一个重要目标。《"九五"国家重点图书出版规划》一旦确立，就要认真组织实施，提供各种保障条件，高质量地如期完成。

建立有中国特色社会主义的出版体制，是"阶段性转移"的目的。署党组曾经在新出版体制前面加了三句话做定语，即：适应社会主义市场经济体制，符合社会主义精神文明建设需要，体现出版工作自身发展规律。提交会议讨论的《关于积极探索建立有中国特色社会主义出版体制的若干意见》力求对这三句话做比较明确的阐述和概括。这个文件更多的是在理论上做一些研究和探索，既有对现行管理体制和运行机制中符合新体制要求的规范和做法的肯定，也有对出版业发展趋势的分析和预测。由于新的出版体制正在逐步建立的过程中，现在来提出新体制的基本框架，理论分析和研究的成分会多一些，准确与否，既需要大家进行充分的讨论，更需要实践检验。

下面，我着重谈一谈新闻出版工作"治散治滥"的问题。中宣部的《报告》中指出："近十多年来，新闻出版单位的数量增长过快，在满足人们精神文化需要方面发挥了作用。但是，总量过多，结构失衡，重复建设，资源浪费，散、滥现象十分突出。"中央政治局常委会在听取中宣部汇报时所做的重要指示中就此提出了明确的要求："应当采取有力措施，治理新闻出版业中的散、滥现象。"散和滥都是片面追求规模数量的结果，是质量效益不高的表现。"治散治滥"完全符合新闻出版工作的实际，一语中鹄，对新闻出版业的阶段性转移提出了更高和更加明确的要求。我们要在深化"阶段性转移"的过程中，解决实际存在着的散和滥的问题。提交会议讨论的《关于出版业治散治滥的初步方案》是按照全国宣传部长会议的要求起草的。署党组在总结《奇异的性婚俗》（以下简称《奇》）一案暴露出来新闻出版管理工作存在的问题时，从出版物的进口管理到编辑、印制、发行以及市场管理，总结了10个方面的问题，主要是有法不依、执法不严，当然管理制度上也有漏洞。这次印发了罪犯陈建国的交代作为会议的参阅材料，从陈犯的交代中，我们可以清楚地看到，管理工作中的疏漏之处是怎样为不法活动大开方便之门的。陈建国等人的犯罪活动，从反面对我们各级管理部门的工作进行了一次检验，暴露出了许多问题。只要一个关口认真负起责任，《奇》书就难以出笼，至少不会造成那么大的恶劣影响，以至于惊动中央领导同志过问此事。各地新闻出版管理部门，无论与《奇》案有无直接关系，都要很好地总结教训、堵塞漏洞、改进工作。

"治滥"就要严格控制出版单位总量的增长。我们正处在计划经济体制向社会主义市场经济体制过渡的时期，对新建书、报、刊、音像及电子出版单位实行的是与国家的政治、经济和文化发展阶段相适应的审批制，加之目前新闻出版的法制体系还不健全，出版物生产者和经营者的自律能力还很不强，批那么多的单位，既违背客观规律，又徒增工作的难度。中央已经确定了书、报、刊出版单位的审批不突破总量的原则。署党组决定，"治散治滥"期间，一律停止审批新建书、报、刊、音像及电子出版单位，内部报刊的审批也一律暂停。"治散治滥"工作的确难度很大，尤其是同志们处在第一线，要把总量控制住，软了不行。总之，小道理要服从大道理，局部利益要服从全局利益，否则就刹不住过多过滥继续发展的势头。

四、认真规划"九五"，开好头，起好步

　　新闻出版工作环节、门类很多。各个环节、各个门类，各地区、各单位都要认真制定好"'九五'规划"。搞好规划是开好头、起好步的关键，各级领导同志要高度重视，亲自抓这项工作。规划搞好了，我们就能做到胸中有数、心中有底。新闻出版行业搞各种规划已经多年，但规划在日常工作中不如经济部门那样具有严肃性和权威性，常常是规划搞出来就束之高阁，用来督促检查工作做得很不够。精神产品的生产的确难以事事都按规划来做，但不尊重规划，随意性大，会使各项工作忙乱无序，把握不住重点。制定规划非常重要，执行规划更加重要。新闻出版业是一个高新技术的武装程度越来越高的行业，领导和推动这样一个产业的发展，必须进一步增强决策的科学性和预见性，进一步提高领导水平和管理水平。随着社会主义市场经济体制的逐步确立，在保证正确导向的前提下，管理工作必须更加重视定量和数理分析，注重统计分析和研究，看表格、用公式、做计算等我们过去很不习惯的管理手段和方式必须逐渐熟悉和掌握。形势要求我们无论从内容到形式，从管理方式到管理程序上都要借鉴产业部门的要求来运作。

　　我国新闻出版业在"九五"时期的改革与发展，有两个需要解决的重要课题。从改革的角度讲，就是要通过"阶段性转移"，基本确立有中国特色社会主义的出版体制；从发展的角度讲，要通过实现经济增长方式的转变使出版产业的综合实力进一步增强，在国民经济总体格局中居于更加引人注目的地位，同时，要更好地推动中国出版走向世界，至少要在世界华文出版界占有更加重要的地位。我们要很好地研究和回答这两个课题。

　　今年是"九五"的第一年，做好今年的工作，对于巩固和发展"八五"期间取得的进展，保持健康繁荣发展的势头，顺利完成"九五"时期的各项工作，具有重要意义。关于今年的工作，在《新闻出版署1996年工作要点》中已经部署得比较明确、比较具体了，请各地结合实际情况，认真抓落实。在这里我再强调几个问题：

　　第一，提高质量，多出精品，抓好重点工程。抓出版物质量的工作虽然

有了一个良好的开端，但任务还十分艰巨。书、报、刊、音像出版物都要进行质量大检查，图书、报纸和期刊都有了质量管理标准，要认真抓落实。长篇小说、少儿读物和农村读物的出版工作，不能有丝毫的松懈。"中国动画图书工程"社会反响很好，但后续工作要跟上，不断提供具有中国风格和中国气派、为青少年读者所喜爱的精品。"中国出版成就展"已列入中宣部和署里的1996年工作要点，现在已进入关键时期，请各省局高度重视这项工作，向中央和全国人民展示宣传思想工作3年上台阶和新闻出版工作"八五"期间特别是"阶段性转移"取得的成绩。

第二，把握正确导向，完善管理机制。新闻出版工作近年来总的说来导向把握是好的，但我们也要清醒地看到，"险情"还是不断，已经具有的宏观调控能力基础还相当脆弱，必须加大管理力度，巩固已有成果，提高工作水平。今年管理工作的重点是"治散治滥"，各地要先进行调查研究，摸清底数，中央的"治散治滥"方案一旦下达，要坚决贯彻执行。要认真贯彻落实国务院办公厅《关于坚决取缔非法出版活动的通知》，坚决禁止"买卖书号、报号、刊号、版号"。出版社承包到编辑室，特别是承包到编辑个人，弊病已非常明显，既不利于走集约化经营的道路，还为"买卖书号"提供了机会，甚至导致坏书出笼，要采取坚决措施，予以纠正。书刊印制和发行的委托书制度是加强管理、堵塞漏洞的重要措施，要认真贯彻落实。《电子出版物管理暂行规定》已经正式颁布，各地新闻出版管理部门要按照规定的要求，从一开始就要使管理到位，确保出版工作的这个新领域健康繁荣发展。

第三，深化图书发行体制改革，治理整顿出版物市场。图书发行体制改革应该说酝酿和准备已经比较充分，需要尽快出台总体设计，整体推进，重点突破，配套进行。集体书刊二级批发单位现在是过多过滥，必须采取有效措施，予以整顿、压缩、清理。今后集体二级批发单位原则上只设在省会城市及计划单列市，按城市人口一定比例来进行总量控制，重新核发二级批发许可证。这项工作有相当的难度，要认真做好。据了解，有的集、个体书商已经准备改变策略，以所谓的入股、建集团的形式，数家合用一个证。关于严格管理各种订货会，也出现"上有政策，下有对策"的问题。要密切注意这些动向，有针对性地制定管理办法。国有书店要进一步加强自律，真正发挥主渠道的骨干和示范作用。

第四，加强队伍建设和优秀人才培养。要认真按照"政治强、业务精、纪律严、作风正"①的要求，抓好队伍建设。各项已经建立的制度和措施，要继续贯彻落实，新的举措要尽快出台。要通过各种培训，提高从业人员的政治意识、大局意识、把关意识、服务意识和业务水平。中宣部和新闻出版署将在今年开展"中国百佳出版工作者"和"优秀出版单位"的评选活动，要认真做好这项工作。

第五，加大反腐倡廉工作的力度。要认真贯彻落实十四届中纪委六次全会精神，深入开展反腐败斗争，坚持反腐败斗争三项工作格局②不变，认真落实中央关于领导干部廉洁自律的各项规定。新闻出版既是一个精神产品生产部门，也是一个经营部门，经济活动不少；新闻出版管理部门掌握的审批权很多；新闻出版行业也有明显的不正之风，这些都是我们在反腐败斗争中应该注意的特点，要有针对性地制定反腐倡廉的制度和措施。新闻出版系统近年来出现的一些问题都与管理松懈有关，内外勾结已经成为"制黄贩黄"和非法出版活动的一个重要特点。各级领导要严格责任制，管好、带好队伍。

党中央已经确定，十四届六中全会将集中研究精神文明建设的问题，其中主要是思想道德、文化建设的问题。全会将规划今后 5 年和 15 年精神文明建设的目标、任务、重要政策和主要措施。这是全党工作的一件大事，是宣传思想战线的一件大事，必将对新闻出版工作产生极大的推动作用。我们要抓住时机，加大工作力度，积极努力地开展工作，不仅丝毫不能添乱，而且要多提供优秀的出版物，努力净化出版物市场，以新的气象、新的面貌迎接全会的召开。

我到新闻出版署工作已近 3 年了，在努力完成中央交与的各项任务的过程中，与在座的同志们休戚相关、甘苦共尝、心心相通，大家对我的工作给

---

① 江泽民 1996 年 9 月 26 日《在人民日报社考察工作时的讲话》中提出："努力培养一支政治强、业务精、纪律严、作风正的新闻队伍"。

② 反腐败斗争三项工作格局是 1993 年中央纪委二次全会根据中央部署确定的。三项工作格局，即领导干部廉洁自律、查办违纪违法案件、纠正部门和行业不正之风。

予了充分的理解、支持和帮助，对此，我是铭感于心的。近3年来，就如何做好社会主义市场经济条件下的新闻出版工作，特别是如何做好管理工作，我有一些切身的体会，也可以说是党组同志的感受，想与同志们交流一下。

要讲政治，心系大局。在任何情况下，都要在思想上、政治上同党中央保持一致，坚持以邓小平建设有中国特色社会主义理论为一切工作的根本指针，坚持党的基本路线、基本方针，正确处理改革、发展、稳定的关系。全党全国的工作大局维系着中华民族的根本利益，是在今天这样的国际、国内政治经济条件下实现国家现代化的根本保证。改革开放到现在已经18年了，这是从1840年以来，我们的国家从未有过的专心致力于经济建设的18年，是社会高速发展、全面进步的18年。而一切成就的取得都得益于有了"一个中心，两个基本点"的基本路线，得益于社会的长期稳定。新闻出版工作者要向广大人民群众更好地宣传、阐释这一工作的特殊重要性，充分发挥书、报、刊、音像及电子出版物影响和组织舆论的作用；同时要自觉地维护大局，时时、处处、事事心系大局，绝不给大局添乱。

党中央非常强调大政方针已定，关键是狠抓落实。抓落实，就是不能心神不定、左顾右盼，而是要在党中央已经确定的大政方针的大框架内充分发挥主观能动性，切忌另想一套。抓落实，就是要扎到工作中去，深入到实际中去，少说多做。关于新闻出版工作的大政方针，署党组曾经做过归纳，我们应该据此来抓落实，不改变目标、不切换镜头，把各项工作扎扎实实地推向前进。

要加强学习，深入调研，善于发现并掌握规律。现在形势发展很快，新理论、新事物层出不穷，不加强学习就会丧失领导的资格。要认真学习马列主义和毛泽东思想，特别要刻苦学习邓小平同志的理论，学习党中央的一系列重要指示精神；学习经济理论和科学技术知识；学习文学、历史、哲学；学习一切有益于陶冶性情、砥砺思维的知识。科学决策必须以了解和把握客观实际为基础，所以要练好调查研究的基本功。调研工作要为决策服务，要有的放矢，要透过表象深入下去。调研工作不仅要安排政策研究部门来做，也要亲自抓、亲自做，每年最好有一两次专题的调研活动，这对于提高工作水平是极有益的。加强学习，深入调研的目的还是为了更好地总结经验教训，掌握事物发展的规律。总结工作，寻求规律是重要的领导艺术。我们对计划经济条件下做新闻出版工作的规律是比较熟悉的，但对社会主义市场经济条件下新闻出版工作规律性的认知和掌握都还很不够，工作比较被动，主要是由于规律性的认识不多，因而有针对性的办法就不多。规律性的认识来自于不断地总结经验和汲取教训。我们一旦掌握了事物发展的规律，就会由必然王国走进自由王国，无论是促繁荣还是抓管理，都会得心应手。

要任劳任怨，甘当苦力。新闻出版工作战线长、可控程度低，容易出问题，因而责任大，关注的方面也多。在日常工作中要居安思危，遇到紧急的突发事件又要谋断果敢、举重若轻，无论是面对荣誉，还是面对批评，既不能盲目乐观，更不能怨天尤人，要首先想到自己的工作与党和人民的要求相比还有多大的差距，自己的主观努力够不够，工作的客观效果究竟好不好。要做好新闻出版工作还必须主动协调好上下左右的关系，以大局为重，以事业为重。新闻出版工作必须置于党委、政府和党委宣传部门的领导之下，要主动地争取领导，正确把握中央的精神和领导的意图，增强工作的主动性。新闻出版与文化、广电、工商、公安、邮电、海关等部门虽然分工不同，但大目标是完全一致的，要主动加强与兄弟部门的合作，做好协调工作也是增强工作权威，改善工作环境的重要条件。

要知人善任，广交朋友。要全面贯彻干部"四化"的方针，对坚决执行党的基本路线、事业心和责任心强、政绩突出、群众公认的干部，要大胆提拔使用。对待干部只要主流和本质是好的，就要尽可能地安排到最能扬其所长、发挥作用的岗位上去。新闻出版界人才荟萃、知识分子密集，要善于在他们中间交朋友。交朋友要交诤友和挚友，平时能直言讽谏，关键时候能鼎力相助。

我们已经进入"九五"，新闻出版工作任重道远。新的形势、新的任务、新的机遇、新的挑战催人奋进，我们一定要在党中央领导下，齐心协力、奋发进取，埋头苦干、讲求实效，取得更大的成绩，做出更大的贡献。

新闻出版业如何实现
"两个根本性转变"*

1993 年，全国宣传思想工作会议之后，根据中央的重要指示精神，新闻出版署党组提出：要努力推动新闻出版业由以规模数量增长为主要特征的阶段向以优质高效为主要特征的阶段转移。通过两年多的实践，我们感到，这一工作思路是符合党的十四届五中全会提出的实现"两个根本性转变"①要求的；同时，"两个根本性转变"的要求，为我们更好地实现这一工作思路提供了坚实的理论指导和明确的工作目标。当前，新闻出版业面临两项任务：一是要逐步建立适应社会主义市场经济体制，符合社会主义精神文明建设要求，反映出版工作自身发展规律的新的出版体制；二是要加快经济增长方式的转变，提高出版业的规模经营能力和集约化程度，提高出版物的整体质量。

一、创建有中国特色社会主义出版体制

实现由传统的计划经济体制向社会主义市场经济体制转变，是我国经济体制改革的根本任务。出版业作为一个古老而又新兴的行业，必须在这个转变中找准自己的位置，发挥应有的作用。由于出版业既涉及精神生产又涉及物质生产，这就使其在"两个根本性转变"中与其他行业相比更具有特殊

---

　*　此篇原载《人民日报》1996 年 8 月 20 日。

　①　见本卷第 49 页注①。

性和复杂性。

我国的出版业是我们党的意识形态工作的重要组成部分，对提高全民族的政治、文化和科技素质，对形成文明高尚的社会风气，对下一代的健康成长，都有着直接而重要的作用，在我国现代化建设和社会全面进步中负有十分重要的责任。因此，坚持以邓小平理论和党的基本路线为指导，坚持为人民服务、为社会主义服务、为全党全国的工作大局服务，坚持"以科学的理论武装人，以正确的舆论引导人，以高尚的精神塑造人，以优秀的作品鼓舞人"，是我们改革出版体制必须坚持的基本原则。创建有中国特色社会主义出版体制，必须充分体现党对意识形态工作的要求、充分保证出版工作在社会主义精神文明建设中发挥重大作用。

改革开放为我国出版业的繁荣发展注入了生机与活力，国家在财政、税收、物价、流通、金融、外贸和外汇等方面的体制改革，为出版业更好地引进市场机制创造了条件。社会主义现代化建设的发展，使得广大读者的阅读需求急剧增长，形成了巨大的出版物市场，出版业的发展有了前所未有的良好机遇。在改革与发展的过程中，我们应清醒地看到，如果不积极探索新的思路，改变目前出版单位的部门所有和出版物市场被行政分割的状况，出版体制改革便难以推进。因此，出版体制的改革，必须要适应社会主义市场经济的发展，充分发挥出版工作"武装""引导""塑造""鼓舞"人民群众功能的因素，增强出版业的综合效益。

在我国众多的行业中，像出版业这样既要遵循精神生产规律，又要遵循物质生产规律，是不多见的。这是我国出版业的一条重要的自身发展规律，有中国特色社会主义出版体制，必须将两种生产规律有机地统一起来，使社会效益和经济效益能够有机地统一起来。任何时候都要把社会效益放在首位，这一点绝不能动摇，出版业要牢固树立讲社会效益就是讲政治的观念。在社会主义制度和社会主义市场经济条件下，两个效益总的来讲是能够做到有机统一的；"统一"是主流，是普遍现象，但需要通过人们的主观努力和艰苦工作才能实现。在坚持正确方向的前提下，要最大限度地运用市场经济的有效机制，实现出版业的经济效益，实现两个效益的有机统一。

二、出版业要加快经济增长方式的转变

在现代信息社会中，出版业的发达程度在某种意义上已经成为衡量一个国家现代化程度的重要标志。从发展的角度来看，经济发达国家不一定每一个产业都十分发达，但无一例外的都有一个功能齐备、体系完整的出版产业。在一些发达国家，如美国、德国，出版业已经成为国民经济体系中的支柱性产业。增强规模经营能力，提高集约化程度，是发达国家发展出版业的重要通则。中国的出版业要实现长远的发展，在国民经济体系中居于更加引入注目的地位，必须加快经济增长方式的转变。

从我国出版业的现状来看，粗放型增长的特征是很明显的。从1978年到1995年，我国出版社从105家增加到563家，增长了436%；而反映出版生产实物量的总印张数不过从135亿印张增加到315.41亿印张，增长了134%；总印数从37亿册增加到62.6亿册，增长了69%。可见，这一时期出版业生产要素的扩张要大于生产效率的提高。在出版业中，计划产品所占的比重较大，就拿图书生产来讲，1995年全国销售图书的流转额为350亿元，其中按严格的政策性产品来计划价格、计划调拨、计划供应的中小学教材的总流转额为112亿元，占全年图书销售总流转额近1/3。国际出版市场上的竞争，既是数量与价格的竞争，更是质量与效益的竞争。出版业在国际、国内所遇到的现实挑战，明确无误地昭示：在社会主义市场经济条件下，出版业不可能再按过去的管理体制和运行机制来迎接挑战了。出路就在于深化出版体制改革，实现经济增长方式转变，用集约化经营方式和优质高效来迎接挑战。

从出版业的结构来看，出版、印刷、发行、物资供应四个环节发展很不平衡，突出表现在低水平书刊印刷生产能力严重过剩，高水平书刊印刷生产能力不足和全国统一大图书市场建设缓慢，特别是城乡图书发行网点建设严重落后于出版业的发展和人民群众物质文化生活的需求。出版业结构不合理是出版业发展中的深层次矛盾，是出版业实现经济增长方式转变需要研究解决的重要问题。在出版业经济增长方式转变的过程中，我们还要下大气力来加强图书市场建设，在净化出版物市场、规范流通秩序和完善市场规则的同时，以便民、利民、营造良好的购书、读书环境为目标，注意解决图书发行中重批发、轻零售，重课本发行、轻一般图书发行，重大型批销中心和书城建设、轻零售网点建设等问题。

三、切实发展我国的多媒体出版事业

实现经济增长方式由粗放型向集约型转变，对正在由纸介质出版向多媒体出版发展的中国出版业来讲，是至关重要的。现在，多媒体出版已成为一个十分热门的话题。有一种观点认为，纸介质出版物将成为"明日黄花"，我以为这未免过于"武断"或者"悲观"。在中国这样一个人口众多、幅员辽阔、计算机普及率还不高的国家里，纸介质出版物将会在很长的时期内仍是出版业的主导产品。即使随着经济的发展，计算机普及率的提高，单就编辑和复制的便捷廉价，阅读和携带的方便而言，纸介质出版物仍有别的任何介质出版物所无法替代的优势。大力发展和繁荣纸介质出版物仍然是我国出版业的一项长期的战略任务。

著名的未来学家托夫勒曾经预言过信息时代的种种特征，但却对多媒体出版对信息革命的决定性影响估计不足。信息革命中最具深远影响的是多媒体革命。现在，纸介质媒体在出版业中一统天下的局面正在发生急剧的变化，磁、光、电等新媒体不断出现，并迅速产业化。建立出版资源数据库可以说是多媒体革命的关键，因为有了数据库，出版资源在多媒体之间的转换就是非常容易的事情。当前，在多媒体革命中，最引人注目的是网络出版；在网络上各种数据化了的出版资源能够便宜、快捷地被用户所获取，一个覆盖面和传播力十分惊人的网络出版系统正处在快速建立的过程之中。在发达国家，网络出版的发展已有了相当的规模。然而，多媒体出版与纸介质出版相比，具有投入高、风险大的特点。任何单位如果没有很大的规模经营能力，是难以进行多媒体出版的。现在，在美国的多媒体出版中，扮演主角的恰恰是那些资金和技术力量雄厚的大公司。不走集约化经营之路，形不成规模效益，就难以在多媒体出版的时代站住脚跟。要发展中国的多媒体出版事业，充分发挥纸介质出版单位的积极性和创造性固然是非常重要的，但要在坚持国有国营的前提下，注意发挥资金和技术力量较强的行业和单位的积极性，使之迅速形成规模经营能力，不仅要占领国内市场，还要到国际市场上去争得一席之地。

能否实现"两个根本性转变"，已经成为新闻出版工作在社会主义市场经济条件下能否继续健康繁荣发展的核心问题。我们要增强紧迫感和责任感，把实现"两个根本性转变"作为新闻出版工作跨世纪的工程。

关于制定《"九五"国家重点
图书出版规划》的说明 *

一、制定规划的背景和规划所要达到的目标

从总体上看，我国出版事业已进入历史上发展的最好时期。改革开放以来，我国通过长达17年的积极探索和努力，成功地走出了一条建设有中国特色社会主义的道路。社会主义市场经济体制正在逐步建立。正如《中共中央关于制定国民经济和社会发展"九五"计划和2010年远景目标的建议》指出："我国经济发展、政治稳定、民族团结、社会进步的良好态势将长期保持，进一步改革开放会激发出新的发展活力，广阔的国内市场和较高的积累能力蕴藏着巨大的发展潜力。虽然在前进中还存在着一些矛盾和困难，但总的说来，今后15年仍有充分条件继续实现经济的较快增长和社会的全面进步。"这样一个良好的、稳定的社会环境，给出版事业的发展提供了宝贵的机遇，我们应当抓住机遇，通过规划的制定和实施，推动出版事业在本世纪末有一个较大发展。

从出版工作自身的发展来看，改革开放以来，出版工作坚持以邓小平建设有中国特色的社会主义理论为指针，坚持为人民服务、为社会主义服务、为全党全国工作大局服务，出版了一大批紧密围绕党的中心工作，宣传建设有中国特色和社会主义理论以及为国家经济、科技、文化、教育等方面服务

＊ 这是于友先同志1996年10月25日关于制定《"九五"国家重点图书出版规划》所做说明的主要内容。

的图书，出版了一批弘扬中华民族优秀文化传统的图书。与此同时，出版事业自身也得到很大发展，形成了一定的规模，积聚了一定的出版实力。

特别是改革开放 17 年来的实践，使出版工作比以往任何时候都更加明确了自己的使命和责任。经中共中央政治局常委会议审议批准的新闻出版署党组《关于进一步加强和改进出版工作的报告》总结了改革开放以来，出版工作进行的探索和取得的成绩，分析了出版工作面临的形势与任务，进一步明确了出版工作在社会主义精神文明建设中所肩负的责任和出版工作的指导思想，提出了"使整个出版业的发展从以规模数量的增长为主要特征的阶段向以优质高效为主要特征的阶段转移"的工作思路。这一思路，不仅在于它完全符合党的十四届五中全会提出的实现"两个根本性转变"① 的战略目标，更重要的是它符合出版的实际，反映了出版工作进一步发展的内在规律和客观要求，指明了进一步发展的道路。

同时我们必须清醒地看到出版工作存在的困难和不足，看到出版工作与党和国家的要求存在的差距。出版工作是精神文明建设的重要领域，在坚持不懈地宣传党的方针政策，提供良好的舆论环境、智力支持等方面，稍有松懈，就可能造成负面社会效果，这方面的问题尚没有完全解决好。在经营方式上，按现代化生产的标准衡量，还相当粗放。在出书方面，质量滑坡问题虽有缓解与好转，但问题仍然存在，平庸书和重复出版问题仍然比较突出。

制定《"九五"国家重点图书出版规划》，正值《"八五"国家重点图书出版规划》基本完成之时。"'八五'规划"是中华人民共和国成立以来首次制定和实施的国家综合性重点图书出版规划，依靠各地方、各部门和全国出版社的共同努力，列入规划的 1169 种重点图书选题到 1995 年底完成了 95%，说明这个规划的制定是符合实际的，实施是比较成功的。《"八五"国家重点图书出版规划》的实施，产生了重大的社会效益。首先，起到了示范和导向作用。在国家规划的带动下，各地、各部门和各出版社乃至各编辑部，都确定了一批自己的重点图书，使重点图书的出版由上而下分层次，形成了网络，这个网络，反映了出版工作的重点和主流，对全国出版工作起

---

① 见本卷第 49 页注①。

到了良好的带动和导向作用。其次，列入《"八五"国家重点图书出版规划》的图书出版后，读者反映好，有很多图书在重要的图书评奖活动中入选，说明这个规划也是抓精品图书出版的重要措施。但是，今天回顾《"八五"国家重点图书出版规划》的制定，当时由于认识和经验的不足，"'八五'规划"的制定也存在一些缺憾。比如，出版社在报送选题时存在着一定的盲目性，有的社追求规模和数量，报送的项目质量上受影响；《"八五"国家重点图书出版规划》的制定主要采取"自下而上"的办法，好处是从实际出发，集思广益，完成计划有基础，但单靠自下而上还不够，还应该有一些由"上面"，也就是出版工作主管部门提出来的重大选题，发下去，组织大家完成，以便于更好地发挥规划的导向作用。今天，我们制定《"九五"国家重点图书出版规划》的时候，应该充分吸收《"八五"国家重点图书出版规划》制定和实施的经验，注意克服其不足。

1996—2000 年是本世纪的最后 5 年，是实现本世纪末国家经济和社会发展战略目标的关键的 5 年，也是实现出版工作由以规模数量增长为主要特征向以优质高效为主要特征的阶段转移的关键的 5 年。因此，制定《"九五"国家重点图书出版规划》具有重要意义。应当力求通过规划的制定与实施，使出版工作为人民服务、为社会主义服务、为全党全国工作大局服务的宗旨得到全面地落实，要通过《"九五"国家重点图书出版规划》的制定与实施，使本世纪内反映国民经济和社会发展的各个方面的最重要内容的图书得到出版，并由此带动各地方、各部门、各出版社在"九五"期间重点图书的出版工作，以形成强大的出版精品图书的引导机制，使精品图书的出版形成系统、形成网络，成为出版工作中的主导力量。要通过《"九五"国家重点图书出版规划》的制定与实施，全面推进和提高图书的整体质量，并在出版"九五"国家重点图书的过程中，探索出版业经济增长方式由粗放型向集约型的转变。还要把出版"九五"国家重点图书与出版队伍的培养、人员素质的提高联系起来，二者相辅相成，相互促进，通过《"九五"国家重点图书出版规划》的实施，提高并带动出版队伍整体素质的提高，发现和培养跨世纪的出版人才。

《"九五"国家重点图书出版规划》的实施将推动出版事业的发展，

将展示我国出版事业经过改革开放之后，在实现"两个根本性转变"过程中所焕发出来的能量与实力，总结 20 世纪，开拓 21 世纪的中国出版业。

二、制定规划的指导方针和原则

坚持以邓小平同志建设有中国特色的社会主义理论为根本指针，坚持党的基本路线；坚持为人民服务、为社会主义服务、为全党全国工作大局服务；坚持"百花齐放，百家争鸣"；坚持"以科学的理论武装人，以正确的舆论引导人，以高尚的精神塑造人，以优秀的作品鼓舞人"。

认真研究我国经济和社会发展的态势，根据《中共中央关于制定国民经济和社会发展"九五"计划和 2010 年远景目标的建议》所提出的目标、方针和重点，确定"九五"国家重点图书选题。制定《"九五"国家重点图书出版规划》，一方面，要充分吸取各部门、各行业制定国家"'九五'规划"的思路和经验；另一方面，要充分反映科技、文化、教育等领域的成果，要把国民经济和社会各方面的重大科研规划与制定《"九五"国家重点图书出版规划》衔接起来，充分体现出版工作要为改革开放和经济建设服务的意识，充分发挥出版工作在传播科学文化和知识、提高国民素质、推动生产力发展方面所具有的重要作用。

列入《"九五"国家重点图书出版规划》的选题，要坚持社会效益第一的原则。既要紧密结合当前经济和文化建设的实际需要，又要注重基础科学研究和文化积累；既要注重在内容上进行集体主义、爱国主义和社会主义教育，弘扬时代主旋律，又要注意形式上的生动活泼和多样化；既要注意下功夫抓一批学科建设方面的重大骨干工程，又要下大力气抓一批结合生产和生活、为广大人民群众所喜闻乐见的通俗读物，尤其是面向工人、农民、干部和青少年的科学普及性读物。

《"九五"国家重点图书出版规划》是一个世纪之交的规划，制定《"九五"国家重点图书出版规划》要充分体现总结过去、立足现实、面向未来的特点。进入 20 世纪以来，各学科学术思想发展经历了百年的历程，积累了一定的科学文化成果，很有必要进行总结；我国的社会主义建设也将走完半个世纪的历程，需要以邓小平同志建设有中国特色的社会主义理论为指导进行理论上的分析和总结，特别是对改革开放以来的社会主义建设和社会发展进行分析和总结，进而指导当前和以后的社会主义实践。要立足现实，努力为实现我国在本世纪的战略目标服务，对那些关系到国民经济和社会协调发展的重大现实理论问题，要予以特别的重视与关注，以充分发挥出版为社会主义建设服务、为现实生活服务的重要作用。同时，制定《"九五"国家重点图书出版规划》，还要面向 21 世纪，要根据《中共中央关于制定国民经济和社会发展"九五"计划和 2010 年远景目标的建议》精神，力求"'九五'规划"的实施与 2010 年远景目标的实现有一个良好的衔接，努力为本世纪我国经济和社会的发展提供服务，也为出版工作迈向下一个世纪打下良好的基础。

制定《"九五"国家重点图书出版规划》，在方法上采取"自下而上"与"自上而下"相结合的原则。根据《"八五"国家重点图书出版规划》制定和实施的情况看，"自下而上"能够广泛地调动出版部门的积极性，使规划的实施有较高的实现率。出版部门一方面根据国家的需要并遵循一定的方针、原则提出重点选题，一方面还要根据出版社自身的条件和能力进行一定的可行性论证，由此，就保证了选题立项以后的运作。这是《"八五"国家重点图书出版规划》顺利实施并按期完成的经验和基础。制定《"九五"国家重点图书出版规划》，在总结、吸收这一经验的基础上，强调"自下而上"与"自上而下"的结合。"自下而上"的选题产生方式有它的不足之处，主要是由于出版社的条件和视野以及其他一些原因，对一些国民经济和社会发展中所急需的项目，可能会有遗漏，特别是对于一些综合性的重大项目，需要从国家角度提出来并组织一批出版社共同实施的，"自下而上"的选题产生方式就显出局限性。因此，在做好自下而上工作的同时，吸收社会科学五大理论研究基地、社科规划办的研究项目以及根据国家经济和社会发展的实际，组织各方面专家，多方分析论证，提出一批"自上而下"的重要项目，进一步充实、完善《"九五"国家重点图书出版规划》，使规划真正反映和体现出我国出版事业的发展水平。

三、制定规划的过程

（一）申报阶段

为了做好《"九五"国家重点图书出版规划》的制定工作，新闻出版署于 1995 年 3 月 15 日（新出图〔1995〕235 号）发出通知，要求各地、各部门、全国各出版社认真做好申报工作，"通知"提出了制定规划的指导思想和基本原则，提出了需要予以特别重视的方面和内容，对规划的结构做了说明，通知还就申报的方法以及在申报《"九五"国家重点图书出版规划》项目的同时，制定本地区、本部门和各出版社的"九五"重点图书出版规划，提出了要求。党的十四届五中全会召开后，我署又通知要求各地、各部门、各出版社根据十四届五中全会精神，做好申报"九五"重点图书项目的补充与调整工作。

各地新闻出版局、各部委出版社主管部门和全国各出版社，对这项工作十分重视。很多地方，由省新闻出版局、出版社的一把手亲自抓国家"'九五'规划"的申报与本省"'九五'规划"的制定工作，集体讨论，多次论证。许多出版社为提出并设计好"九五"重点图书选题，深入科研机关、院校，认真听取各方面的意见，在做了大量论证工作的基础上，慎重提出申报项目。各地新闻出版局和出版社主管部门，对各自所属出版社申报的项目从导向、需求、思想文化价值、投入等各方面进行了严格论证。为了做好论证工作，有些省新闻出版局局长亲自带队到北京有关部门、科研单位求教、论证、听取意见。在出版社充分酝酿、讨论、筛选、申报然后各地、各部门综合平衡、反复论证的基础上，到 1995 年底，共报送列入《"九五"国家重点图书出版规划》项目 2015 个。

做好"自上而下"提出"九五"重点选题工作。为了调动多方面的积极性，使规划能够反映我国在"九五"期间的发展态势，更好地为改革开放和经济建设服务，并能充分体现出版工作在"九五"期间所要抓的重点项目，新闻出版署和中宣部出版局派出规划制定人员先后走访了国家科委、中国科学院、自然科学基金会、全国科协、中国科普作协、社科院、全国哲学社会科学规划办、中央党校、中国作协、有关高校及科研单位，了解"九五"期间国家在科研、教学等领域的重点，以及国家"八五"科研和教学成果。在深入调研的基础上，新闻出版署和中宣部出版局根据国家有关部门、科研院校及专家的意见，规划制定人员经过平衡、比较，整理出拟列入《"九五"国家重点图书出版规划》的各类选题180种。

由"自下而上"和"自上而下"两方面共产生选题2195种。

（二）论证阶段

这一阶段主要做了两方面的工作。1996年1月，新闻出版署规划制定人员对申报的2195种选题进行初选工作。初选工作根据规划的规模和重点，进行了初步的筛选，共选出重点项目1323种；1996年1月下旬至3月上旬，新闻出版署和中宣部出版局组织进行分类的论证工作。这一阶段共召开各种类型的专家论证会14次，听取专家们对初选的1323种重点选题项目的意见。

（三）形成讨论稿

3月上中旬，规划制定人员根据论证会议的意见和建议，对入选的重点选题再次进行调整，确定重点选题1269种，并由此形成《"九五"国家重点图书出版规划》（讨论稿）。

（四）调整阶段

《"九五"国家重点图书出版规划》（讨论稿）送交1996年全国出版局长会议讨论，之后，根据一些省局、出版社补报选题的情况，对《"九五"国家重点图书出版规划》又做了适当调整，特别是中共中央《关于加强社会主义精神文明建设若干重要问题的决议》公布后，新闻出版署与中宣部出版局又一次对《"九五"国家重点图书出版规划》进行了补充和调整。主要是：突出规划的重点，将"马克思主义研究"部分由原来的10个项目增加到34个。在重大工程项目中增加了"建设有中国特色社会主义理论体系研究书系"。增补了一批研究有中国特色的社会主义理论，或用这一理论为指导，坚持理论联系实际，为党和政府决策服务，研究当前改革开放和现代化建设的重大理论与实践问题的选题，增补了一批坚持爱国主义、集体主义、社会主义教育，加强社会公德、职业道德、家庭美德建设和引导人们树立正确的世界观、人生观、价值观方面的选题。这一部分选题有 84 个，占社科类图书的 23.8%。另外，还对《"九五"国家重点图书出版规划》各门类及和地区分配项目做了调整，使之更趋合理。

四、规划的概况与结构

《"九五"国家重点图书出版规划》共列入选题 1200 种（丛书、套书为 1 种）。包括 382 家出版社，占全国出版社总数的 70%。

《"九五"国家重点图书出版规划》（讨论稿）的主体结构由基础部分和 4 个子系统组成，并少量列入电子版、盲文版图书。

基础部分：963 种占 80.2%。其中：社会科学类 353 种，科学技术类 299 种，文学艺术类 181 种，专题类（包括教育类、古籍整理类和少数民族文字类图书数民族文字类图书）130 种。

4 个子系统中，重大工程子系统 8 种，通俗读物子系统 58 种，科普读物子系统 74 种，少儿读物子系统 85 种。

另有：电子版图书 7 种，盲文版图书 5 种。

五、关于规划的几点说明

（一）规划的规模与结构问题

《"九五"国家重点图书出版规划》的总规模为 1200 种，与"'八五'规划"的规模大体相当。"'八五'规划"列选 1030 种，又经过一次调整补充，达到 1169 种。1200 种重点图书如果按照卷册计算，将不低于 1 万卷册，这样一个规模，大概占我国"九五"期间出版新书品种总数的 3‰。由国家组织来抓重点图书，这样的比例和规模是适度的。太多，力量达不到，难以确保国家重点图书的质量，也会对各地、各部门、各出版社制定的重点图书产生一定的冲击；太少，几百本，形不成一定的规模，同时，重点选题也很难全面兼顾到国民经济和社会发展的各行业、各方面的需要。

关于结构。规划在制定开始，对结构问题做了认真的研究。结构问题，实际上是规划如何突出重点合理布局的问题。制定国家"'八五'规划"时，也曾对规划的重点提出明确要求，但是，把全国申报的项目汇总以后看，仍感到有些方面比较欠缺，如通俗读物、面向农村的读物等等，后来又专门发文提出要求，对规划缺少的方面进行了补充。虽然这样，从"'八五'规划"的整体看，仍存有不足。"'九五'规划"，把学科部分作为基础部分，规定这一部分选题占规划的80%左右，保证了各学科选题的覆盖面以及基础理论和学术研究著作的一定比例。同时，设置了4个子系统。在4个子系统中，有3个是属于通俗普及读物规划，为何要这样做，基于如下考虑：①为人民服务是出版工作的根本宗旨。我国有12亿人口，其中8亿多人口是中等文化程度以下的，为人民服务，首先就要考虑到8亿多中等文化程度以下读者的需求，否则，为人民服务便落不到实处。但在具体出版活动中却往往容易忽视这一块。"'九五'规划"要起导向和带动作用，必须把这一块突出出来。②现在图书市场上还缺少这方面的读物。通俗的、普及的、雅俗共赏的书，看似简单，其实难搞，这样的读物又具有广大的读者。如果不能充分提供这些优秀读物，不用这些优秀读物占领市场，坏书就不会被挤出市场。③普及科学知识是提高国民素质的重要手段。国民素质的高低，是一个国家有无发展潜力的主要标志。中央提出科教兴国战略，把致力于提高国民素质放在十分重要的位置。"'九五'规划"应当在出版工作中认真落实这一精神，多出一些优秀的科普读物。

3个通俗、普及的子系统，共列入选题217种，占规划选题总数的18%，使这几个方面的重点得到切实保证。

（二）关于规划的基础部分

规划的基础部分共列入选题963种，占规划中选题总数的80.2%。基础部分是规划的主体，这部分突出反映了一些重要方面和内容，特别是：

——邓小平同志建设有中国特色的社会主义理论以及有关的研究、学习、宣传方面的著作，包括马列经典、毛泽东著作和老一辈无产阶级革命家的著作。例如：由龚育之等著、中共中央党校出版社安排的《邓小平建设有中国特色社会主义理论的基本问题》，从宏观和整体上对邓小平建设有中国特色社会主义作为一个科学体系进行研究，针对这一理论中某些比较普遍而又重大的问题，做出科学、准确的说明，并就当代中国发展中的一些重大现实问题，以邓小平对这些问题的战略思想为指导，进行深入研究，在理论与实践的结合上，提出自己的思路和对策。在这方面，于幼军等人的"邓小平理论与广东实践研究丛书"，冷溶等人的《邓小平新时期思想史》，侯树栋等人的"邓小平新时期军队建设思想研究丛书"等，都很有特点和分量。"九五"期间，新版《马克思恩格斯全集》将继续出版，8卷本《毛泽东文集》将于1997年出齐。

——以经济建设为中心，坚持改革开放，推动社会进步，促进科学技术尽快转化为现实生产力的著作。以经济类图书为例，基础部分共收入经济类选题75种，占基础部分社科类的21.2%，在数量上占有突出位置。从这类图书反映的内容来看，许多是我国经济和社会发展中急需做出回答的重大现实理论问题。比如：史晋川等著、杭州大学出版社安排的《经济增长与反通货膨胀政策的比较研究》，通过研究经济增长与通货膨胀的一般关系，阐明通货膨胀对经济增长过程带来的扼制作用，提出反通货膨胀的政策性建议。中国社科院经济所的重大研究项目《中国第三步战略的整体构想》，将由北京出版社安排出版，该书将对作为第三步战略起点的本世纪末我国经济发展规模和水平进行预测，将对21世纪前半期世界经济技术发展趋势进行分析，对21世纪前半期我国人力资源、经济资源、自然资源进行评估，然后研究提出第三步战略的重点、对策以及各项政策的制定。又如：康晓光等著、广西人民出版社安排的《中国的贫困与反贫困战略研究报告》，李占祥著、中国人民大学出版社安排的《国有大中型企业活力研究》，等等。在这方面，科技图书占有相当重要的位置。在基础部分，共列入科技类选题299种，占基础部分的31.0%，占规划全部的25.0%，充分反映和体现了贯彻"科教兴国"和"科技是第一生产力"的指导思想。科技类选题包括了数学、物理、生物、地球科学、建筑、铁路、交通、石油、化工、轻工、能源、冶金、机械、农业、医药、计算机、航天、信息等，特点是数量大、门类多，反映了最新学科的最新发展。

——反映现实社会生活、弘扬主旋律、鼓舞人民群众奋发向上的优秀文学作品，尤其是反映时代精神风貌的长篇小说创作。近年来，长篇小说创作在历史领域和人物传记方面较为突出，反映现实社会生活的题材较少。根据中央抓长篇小说、少儿读物创作与出版的精神，"'九五'规划"在申报期间重点突出地向各地、各部门和出版社提出建议，希望对这一部分予以重视和支持。从规划基础部分列入的长篇小说看，是比较令人满意的，列选的长篇小说数量明显高于"'八五'规划"，特别是在创作题材方面，现实生活题材的选题又高于历史题材的选题，而且这些现实题材的长篇小说多数将出自名家之手。海峡文艺出版社安排的"中国小说名家新作丛书"，将取材于现实社会生活，反映改革开放中的矛盾与冲突，在立意和观点上体现社会主义的主旋律；刘心武、张炜等人编、上海文艺出版社安排的"小说界文库"，"九五"期间计划出版陆天明反映百年上海变迁的《八屯》（暂名），乔雪竹反映深圳特区改革开放的《城与夜》，韩少功反映当代城市题材的《太阳城》，刘玉堂反映来华外商与中国企业家之间故事的《乡间别墅》等。解放军文艺出版社将组织、调动军内专业作家和业余作者，立足军营，着眼于当代军营生活、部队建设，安排出版"当代军事题材长篇小说"（28部）。张贤亮、何士光主编、四川文艺出版社安排的"中国西部文学丛书"，将出版反映西北风貌和现实生活一批长篇小说，包括：张贤亮的《贺兰辞章》，何士光的《灵犀》，扎西达娃的《叩问西藏》，周涛的《放牧长城》，等等。

基础部分比较全面地反映了国家在各行业、各学科、各领域的发展重点及态势，在突出重点的同时，较好地兼顾了各学科、各方面的需要。这一部分总量虽占规划的80%，看来数量不少，且门类很多，覆盖面甚大，在基础部分下面，仅分出学科大类就达40个。规划制定时力求做到既突出重点、不搞平均主义，又要兼顾到各方面的需要。同时，在制定基础部分的规划时，还注意了基础理论与应用、推广方面、文化积累与为现实服务方面、大部头与小册子之间的关系。从申报的情况看，基础理论的选题较少，这些年大家能够比较自觉地抓一些有应用、推广价值的选题，基础理论研究比较冷落。我们认为，一个国家、一个民族，从长远发展的角度看，对基础理论研究应该予以加强，在"'九五'规划"制定中，尽量保留这方面的选题，但从入选的比例上看，仍嫌少一些。在文化积累和为现实服务的关系上，体现在选题方面，我们对有很高文化积累价值的选题予以保留，同时，对一些虽有一定的文化积累价值，但是重复较多，或者根据我们的出版实力，不一定马上安排的项目进行了压缩、调整，以便尽可能多安排一些属于现实理论和实践方面的选题。压缩、调整的选题出版社仍然可以根据自己的条件决定是否出版，只是不列入《"九五"国家重点图书出版规划》，以体现"'九五'规划"的导向。关于大部头和小册子的关系问题，规划（含 4 个子系统）中，30 万字以下的书占 70% 以上，有些书看来规模大，但大多数是丛书、套书，而丛书、套书中的每一册又都是一些规模不大的专著，考虑到丛书、套书更能体现出版者在某方面的意图，考虑到这是一个中期规划，丛书、套书多一些应是可以的，这类书不宜按单本的大部头看待。这是一方面。另一方面，规划也根据需要，保留了一定的大部头。例如：三联书店安排的《人类史》（7 卷本）7000 万字，江苏教育出版社安排的《汉代汉语方言大词典》1800 万字，上海古籍出版社安排的《敦煌吐鲁番文献集成》6 万页，等等。

（三）关于 4 个子规划

——重大工程出版规划。该规划共收入重大工程项目 8 种，占国家"'九五'规划"的 6.6%。设立这个规划，目的是使一些重大的科学文化工程能够在国家的推动下，组织一批出版社共同实施。在"八五"期间，出版了一些重大工程项目，如《中国大百科全书》《汉语大字典》《汉语大词典》《中国美术全集》等等，这些书的出版实际上在"八五"之前就开始运作了，它们代表的不仅是"八五"的成果，也可以说是中华人民共和国成立以来特别是改革开放以来出版方面所取得的重大成果。应该与此衔接，在这些重大项目之后，继续抓一些于国家、于文化建设有重大影响的工程，这是设立此规划的由来。"建设有中国特色的社会主义理论体系研究书系"作为第一个项目，这个项目由中宣部组织有关权威部门的同志编写。其中有中央财经领导小组的《邓小平社会主义经济建设理论》、宋德福的《邓小平人才理论》、田增佩的《邓小平外交思想》、郑克扬的《邓小平党的建设理论》、中宣部的《邓小平精神文明建设建设理论》等。"当代青年科普文库"，根据中央《关于加强科普工作的决定》和刚刚闭幕的全国科普工作会议精神，提出搞一套为当代青年设计，面向现代、面向 21 世纪的大型科普文库，该文库以传播普及自然科学技术知识为主，以交叉科学、社会科学知识为辅，注意科学知识与科学精神和科学方法的结合，共分为：科技入门、高新技术、物质世界、自然奥秘等 12 个系列，这套书是我国第一套大型系列科普文库。又比如："大中华文库"，根据中央关于让世界了解中国的精神，将精选中华文明进程中的优秀代表作《诗经》《论语》《道德经》《左传》《战国策》等翻译成外文系统出版。中华人民共和国成立以来，我国翻译出版了几乎所有的外国名著，有的名著出版了 10 多个版本，但是我国的文化精萃却鲜为外国人了解，到目前，尚无一套系统的能够基本反映中华民族优秀文化精萃的外文版图书，"大中华文库"的出版，将改变这一状况。

——通俗读物出版规划。该规划共列入 58 种，占规划总数的 4.8%。通俗读物主要是指面向社会生活实际、人民群众精神文化生活所需求的文学艺术、社会科学方面的普及性读物。近年来这类读物出了一些，但一方面重视不够，数量还不多；另一方面，缺乏优秀的、雅俗共赏的通俗读物。《"九五"国家重点图书出版规划》将它单列出来，意图是得到各方面的重视，也使这类读物有一定数量和质量上的保证。从列入的情况看，有不少好的选题，如："新农民丛书"，向农民灌输正确的观念和必备的知识，法制、道德观念，商品、休闲知识，等等；"文学 ABC 丛书"，由著名学者撰写，内容包括文艺理论、创作、鉴赏等方面的入门知识等。但是，从整体看，选题还较单薄，有些选题通俗读物的特点不突出。

——科普读物出版规划。此规划共列入 74 种，占规划总数的 6.1%。1994 年以来，中央先后下达了《关于加速科技进步的决定》和《关于加强科普工作的决定》，并在今年召开了全国科普工作会议。中央对科普工作的重要性予以充分的肯定，国家"'九五'规划"中设立科普读物子规划，就是要加强这类读物的出版，贯彻中央的精神。从入选的选题情况看，覆盖面较大，涵盖了科学知识、实用技术知识、高新技术和生物技术知识以及新学科的知识，如"天文科普丛书""三极考察丛书""现代农业技术教育丛书"等等。以往出版科普读物，只重视普及知识，忽视科学方法、科学精神、科学思想方面的教育，此规划对这方面的不足，进行了加强。

——少儿读物出版规划。此规划共列入85种，占规划总数的7%。1995年，中央提出抓长篇小说、少儿读物的出版，中宣部、新闻出版署专门召开会议，并着手制定全国少儿读物（含动画工程）出版规划，同时，将此规划纳入《"九五"国家重点图书出版规划》之中，使之作为"'九五'规划"中的一个子规划。从列入的这批选题看，重点突出、题材多样、贯穿着对少年儿童进行爱国主义和革命历史教育的主线，表现方式也多种多样。比如："延安精神永放光芒丛书"，针对少年儿童不同的年龄层次，分别以儿歌、故事、史话、笔谈等不同形式表现延安精神的永恒魅力。我们认为，这个子规划选题比较整齐，整体水平比较理想。

（四）关于翻译图书和民族图书

近几年来，翻译图书的出版滑坡严重。我国加入版权公约组织后，再出版翻译作品，首先要取得对方的授权，这是原因的一个方面。从专业的翻译人才看，也出现滑坡现象，由于翻译工作艰难而相应的报刊比较低，有些好的稿子，即便取得了授权，也很难找到理想的译者。考虑到这些方面的原因，在制定"'九五'规划"时，对翻译图书尽量给予倾斜和支持。规划中列入翻译类选题35种，达280卷册，这个总数虽然仍少了些，但已表现出好的势头。比如：上海远东出版社安排的10卷本"政策科学译丛"，将为改革科学在我国的发展以及科学决策提供有价值的资料；中国人民大学出版社安排的"经济科学译丛"，自1996年起，将每年出版2种，该译丛将有助于了解国外经济科学理论发展的最新概况；中央编译出版社安排的"新世纪学术译丛"（20种），内容涵盖哲学、政治、经济、历史、文化、宗教等，将收入20世纪八九十年代以来当代外国著名思想家哈贝马斯、德里达、福柯等人的学术代表作；漓江出版社安排的"欧美汉学名著译丛"（20种），将翻译出版八九十年代海外汉学家关于中国文化的研究成果。

1996年我署与中宣部和国家民委联合召开了民族出版工作会议，"'九五'规划"要进一步落实党的民族政策，增加民族图书的比重。"'八五'规划"中，民族类有27个项目，占全部的2.3%；"'九五'规划"，民族类有57个项目，占全部的4.8%，提高了2.5个百分点。

六、关于实施规划的几点措施

第一，《"九五"国家重点图书出版规划》列入选题1200种，近万卷，涉及30个省、自治区、直辖市、76个中央部委，几百家出版社，是一项规模宏大的出版工程。它的实施出版，不仅体现着国家的综合出版能力，也体现着一个地区、一个出版部门的出版实力和水平，具有很高的导向和推动作用，对此，必须在认识上予以高度重视，切实抓好这项工作。

第二，实施规划要做到五落实。一要落实抓规划的领导人员。班子里应有专门人员抓此项工作。二要做到编辑队伍落实。要选择思想素质、业务素质强的人来负责"九五"重点图书的编辑出版发行工作。三要做到作者落实。作者是书稿质量的关键，一定要选择合适的作者来完成撰写工作，如果不能落实合适的作者，难以保证出书的质量和水平。四要保障重点项目的资金安排，做到资金落实。安徽、河北、广东等地区在抓"'八五'规划"时，对重点图书给予经济上的支持，起到了很大的推动作用。五要时间落实。要按照规划提出的时间进度，安排各项编辑出版业务，保证按期完成任务。

第三，保证编校质量。对列入规划中的重点图书项目，必须按照《图书质量管理规定》的要求，保证达到合格以上水平，争取编校质量达到优秀和良好水平。

第四，及时进行必要的调整。为了保证《"九五"国家重点图书出版规划》的顺利实施，同时保证列入规划的重点项目在出版后能够达到预期水平，需建立重点选题项目能上能下的机制。根据情况，对那些达不到国家项目的选题或图书进行及时调整，取消其重点图书项目称号。同时，根据国民经济和社会发展的需求，增补一些重点图书项目。调整和增补均通过论证后以文件形式公布。

第五，从1997年始，每年秋季对规划的实施情况进行一次全面检查，及时通报规划的进展情况，并根据检查的情况，采取必要的措施。

认真贯彻党的十五大精神，把新闻出版事业向新世纪全面推进[*]

一、党的十四大以来的新闻出版工作

党的十四大以来的 5 年，全国新闻出版系统认真贯彻落实党的十四大提出的各项要求，定思路、抓导向、建机制，立规矩，"一手抓繁荣，一手抓管理"，把新闻出版法制建设放在突出位置，推进新闻出版业实现"阶段性转移"①，深化出版体制改革，进一步促进中外交流，扩大对外开放，各项工作取得了十分明显的进展，新闻出版工作上了一个新的台阶。

（一）党的十四大以来新闻出版工作的发展

第一，服从服务于全党全国工作大局。5 年来，新闻出版工作始终坚持以经济建设为中心，为两个文明建设创造良好的舆论环境和文化氛围，努力围绕党和国家工作大局来设计、来展开、来推进。新闻出版工作坚持方向，把社会效益放在首位，书、报、刊、音像及电子出版的印制、发行工作中基本上没有出现干扰大局、带倾向性的问题。通过"治散治滥"，调整出版结构，加大了管理力度。坚持"扫黄打非"，强化市场监管，出版物市场无序化的状态有所改观。新闻出版的宏观管理体系已经初步建立。

第二，推进新闻出版业的阶段性转移，事业更加繁荣，产业更加发展。1994 年，新闻出版署党组在总结经验的基础上，提出了推动新闻出版业实

＊　这是于友先同志 1998 年 1 月 15 日在全国新闻出版局长、版权局长会议上所做的工作报告的主要内容。

①　见本卷第 5 页注①。

现从以规模数量为主要特征的阶段向以优质高效为主要特征的阶段转移的工作思路。建立有中国特色社会主义的出版体制，实现出版产业经济增长方式的转型，这些"阶段性转移"的核心内容，是符合党的十四届五中、六中全会和党的十五大精神的。这个工作思路符合党中央关于精神文明建设和经济体制改革一系列重大战略部署，符合改革与发展的大趋势和出版产业自身发展规律。这一工作思路的提出，使近年来的改革与发展不仅有了连续性，而且还能够根据形势的发展不断提出新的内容和更高的要求。在"阶段性转移"的进程中，出版物的质量保障体系逐步建立，全行业的质量意识明显提高；在顺利完成"'八五'规划"的基础上，制定并实施了"'九五'规划"。出版产业发展的重要指标呈现全面增长的态势：1979—1992年的13年间，我国图书品种的年均增长率是13.75%，而党的十四大以来的5年间图书品种的平均增长率下降到4.13%；13年间，全国图书销售增长是年均17.25%，5年间则为40.81%；13年间，全国出版系统利润增长年均为12.35%，而5年间则为15.10%；13年间，全国出版物的总印数和总印张数年均增长分别为3.45%、3.85%，5年间分别为3.10%和6.50%；5年间，图书重版率增长很快，1992年，全国图书重版率为36.90%，1997年则达到45.30%。

第三，新闻出版法制建设取得重大进展。5年间，李鹏总理分别签署了《音像制品管理条例》《出版管理条例》和《印刷业管理条例》，新闻出版行政管理已经形成基本的法规体系。5年间，为了从单纯以行政手段管理为主转到依法管理为主，新闻出版署颁布了管理规章165件，如《电子出版物管理规定》《出版物印刷管理规定》《内部资料性出版物管理办法》《新闻出版系统内部审计工作规定》《新闻出版企业法定代表人离任审计工作规定》《图书、期刊、音像制品和电子出版物重大选题备案办法》《出版管理行政处罚实施办法》《图书质量保障体系》《新闻出版统计管理办法》等。5年来，各地新闻出版管理部门根据有关法规和规章的精神，加快了制定地方性管理法规的步伐，北京市颁布了《北京市图书、报纸、期刊、电子出版物管理条例》、天津市颁布了《电子出版物管理条例》，黑龙江、四川等省也正在起草或修订有关的管理条例。在总结"二五"普法经验的基础上，全国新闻出版系统"三五"普法工作已全面展开。

第四，出版体制改革进一步深化。新闻出版系统适应社会主义市场经济发展的要求，改革管理体制和经营机制，增强了自主经营和自我发展能力。出版单位内部经营管理机制改革进展顺利，以人事、分配制度为重点，建立以提高出版物质量为中心的多种形式的目标管理责任制。调整出版经济政策取得重大进展，为出版产业健康繁荣发展奠定了坚实的基础。发行体制改革在经过了"一主三多一少"① 和"三放一联"② 阶段后，进入培育和规范全国统一、活跃、有序大市场的阶段。开始对全国性出版物批发体系进行总体布局，进行了组建发行集团的试点，图书批销中心的建设起步较快，稳定发展。代理制已在全行业取得广泛共识，专项代理、区域代理和总代理已广泛推行，有力地促进了购销形式的改革。连锁经营正在抓规范、上规模，已逐渐从城市发展到广大农村。发行工作的科技含量不断增加。对外合作出版的水平有所提高，对外交流的力度加大，我国出版物进入国际出版物市场的渠道不断拓宽。

第五，运用高新技术武装新闻出版业的步伐明显加快。"金版工程"开始实施，全国新闻出版管理信息网络系统控制中心的建设取得重要进展，全国出版物发行信息网络系统已正式启动，与部分省市实现了远程数据交换。北京、上海、广东三大国家光盘生产基地建设成绩显著，光盘产业外资比重过高的状况已明显改观。出版物印刷业基本采用了激光照排；大部分出版社建立了照排系统或采用桌面出版系统，运用计算机进行编辑工作已比较普遍。我署主持和支持的人民日报社、新华社、经济日报社、光明日报社、中国青年报社、文汇报社等12家报社的技术改造全部启动，一些已通过验收。

（二）1997 年新闻出版工作取得的成绩

1997 年是我们党和国家历史上非常重要而又极不平凡的一年。新闻出版工作贯彻党的十四届六中全会精神，加强管理、实施精品战略、促进繁荣，取得明显成绩。这一年，全国新闻出版工作者与全国人民一道，经历了

---

① 见本卷第 24 页注①

② "三放一联"，即放权承包，搞活国营书店；放开批发渠道，搞活图书市场；放开购销形式和发行折扣，搞活购销机制；大力发展横向联合。

敬爱的邓小平同志不幸逝世、香港回归祖国和党的十五大胜利召开，根据中央的统一部署，积极工作，圆满地完成了各项任务。

第一，围绕大局，做好工作。敬爱的邓小平同志不幸逝世，新闻出版工作者与全国人民一样深深地陷入了失去这位世纪伟人的悲痛之中。全国各有关出版、印刷、发行单位和管理部门的同志发扬连续作战的作风，表现出一种特别能战斗的精神，仅用了8天的时间，即在全国发行各种开本的《邓小平像》347.4万幅；两周内发行《敬爱的邓小平同志永远活在我们心中》212.4万册，及时足量地满足了全国人民深切怀念邓小平同志和深入学习邓小平理论的需要。

为了精心设计和安排好有关香港回归的出版工作，各级管理部门有针对性地安排了一批重点选题，并且撤销了50种内容重复的选题。人民出版社的《香港新纪元》、世界知识出版社的《香港的昨天、今天和明天》等12种重点图书受到社会各界的广泛好评。

江泽民同志在党的十五大上所做报告在《人民日报》刊载的当天即正式出版、发行，创造了此项工作新的历史纪录。经过全国各有关出版、印刷、发行部门同志的共同努力，到目前为止，报告的单行本和党的十五大文件汇编本已发行3000多万册，为全党全国人民深入学习贯彻党的十五大精神提供了有力的支持。

第二，抓繁荣工作有了新的成效。商务印书馆建馆100周年和新华书店成立60周年纪念活动取得圆满成功；《"九五"国家重点图书出版规划》"1200工程"① 正式颁布实施；五大少儿动画出版基地建设进展顺利；第三届"国家图书奖"评奖工作已于年内完成；《"九五"国家重点音像制品出版规划》已编制完成；电子出版物数量增长很快，制作水平和质量明显提高；"全国百强社科期刊"已经评定，"社刊工程"得到了出版界和有关方面的高度重视；第八届全国书市取得圆满成功。

第三，出版体制改革向纵深发展。党的十五大之后，全国新闻出版界思

---

① "1200工程"：指列入《"九五"图家重点图书出版规划》的1200种重点图书项目，简称"1200工程"。

想活跃，积极开展出版体制改革的调研活动。新闻出版署先后召开了人民出版社工作会议、两次局长研讨会、图书发行体制改革研讨会、出版理论研讨会，集中研讨事关改革与发展的若干重大问题，取得了积极的思想成果。报业兼并改革稳步进展，广州日报报业集团的试点已进入第二年，为进一步扩大试点积累了经验。出版集团和发行集团的试点工作已进入调研和制定方案的阶段。

第四，以"治散治滥"为契机，加大管理力度。按照中央的统一部署，书、报、刊和音像的"治散治滥"工作达到了预定的阶段性目标。管理工作的力度进一步加大，依法处罚了一批严重违规的书、报、刊、音像及电子出版单位。

第五，"扫黄打非"工作战果显著。深挖地下光盘生产线斗争的胜利不仅净化了国内出版物市场，而且有力地配合了国际政治和经贸斗争，进一步确立了我国政府保护知识产权的应有形象。

第六，队伍建设力度加大，反腐倡廉扎实推进。全国新闻出版系统跨世纪人才工程已经正式启动。制定了《出版行业跨世纪人才工程纲要》和《出版行业职工教育培训三年规划》，使这项工作步入了规范化、科学化的轨道。全国29个省、自治区、直辖市新闻出版系统开展了岗位培训工作，共举办培训班133期，参训人员达7980人次。

为贯彻落实十四届中纪委八次全会和国务院第五次反腐败工作会议精神，召开了全国新闻出版系统纪检监察工作会议，结合新闻出版系统反腐败斗争的特点和重点，部置了有关工作。各级纪检监察部门坚持反腐败斗争的三项工作格局①，着力于建机制、查大案、抓教育，工作取得了明显的进展。

总体上讲，1997年的新闻出版工作在党中央领导下，高举邓小平理论伟大旗帜，坚持党的基本路线、基本方针，服从服务于全党全国工作大局，是深化改革的一年、优秀作品不断涌现的一年、繁荣发展的一年、管理力度不断加大的一年、继续推进"阶段性转移"的一年。

---

① 见本卷第 63 页注②。

二、认真学习贯彻落实党的十五大精神，
全面加强和改进新闻出版工作

1998 年新闻出版工作的总体要求和工作目标是，在党中央领导下，高举邓小平理论的伟大旗帜，服从服务于全党全国工作大局，按照党的十五大提出的各项要求，全面加强和改进工作。继续推进新闻出版业的阶段性转移，进一步深化出版体制改革，保持和发展新闻出版工作良好的态势。今年的工作方针是，解放思想，实事求是，抓住机遇，开拓进取；把加强管理作为全面加强和改进新闻出版工作的重点，把优化结构作为深化出版体制改革的重点，把提高质量作为推进"阶段性转移"的重点。

新闻出版工作者要认真学习邓小平理论和党的十五大精神。通过学习，切实掌握邓小平理论的精髓，特别要注意掌握实事求是的思想路线，学习邓小平同志一切从实际出发、一切从中国的基本国情出发，按照三个"有利于"① 的标准分析问题、总结经验、指导实践的立场、观点和方法。各种出版物是全党和全国人民深入学习、研究邓小平理论，使用最为广泛和频繁的媒体，要以高度的政治责任心，通过多种媒体做好宣传、阐释邓小平理论出版物的编辑、印制、发行工作。

社会主义初级阶段是逐步摆脱不发达状态、基本实现社会主义现代化的历史阶段。在这个历史阶段中，我们要实现国家的工业化、国民经济的信息化和经济体制的市场化、现代化，实现人民生活从小康到中等发达水平的历史性飞跃。社会主义初级阶段的历史任务和基本特征体现在新闻出版工作上，表现为以下五个方面的基本特点和基本规律：

第一，新闻出版工作必须高举邓小平理论的伟大旗帜，坚持正确的政治

---

① 三个"有利于"是 1992 年初邓小平视察南方时提出的。他针对一段时期党内和国内不少人在改革开放问题上迈不开步子，不敢闯，以及理论界对改革开放性质的争论，指出："要害是姓'资'还是姓'社'的问题。判断的标准，应该主要看是否有利于发展社会主义社会的生产力，是否有利于增强社会主义国家的综合国力，是否有利于提高人民的生活水平。"从此，三个"有利于"成为人们衡量一切工作是非得失的判断标准。

方向和舆论导向。传播符合历史唯物主义、辩证唯物主义，推动社会主义物质文明和精神文明进步的社会信息，是新闻出版事业的使命和责任所在。邓小平理论是当代中国的马克思主义，是中华民族伟大复兴的精神支柱，是我国社会主义现代化建设的行动指南，宣传、传播邓小平理论，是新闻出版部门最突出、最重要的工作。由于我国已经进入改革攻坚和社会全面进步的关键时期，保持党和国家对社会基本舆论的总体把握意义重大。各种出版物对于形成和影响社会基本舆论至关重要，必须坚持正确的政治方向和舆论导向。一切违背党的基本路线和邓小平理论的思想和言论，不仅不能予以传播，而且必须坚决予以抵制。

第二，新闻出版工作担负着为现代化建设和国民素质提高提供强大出版支持的历史性任务。党的十五大对我国社会主义现代化建设做出了跨世纪部署，我们的国家到 2010 年将全面进入小康社会，这意味着我国社会的信息流动量和流动频率将会出现倍增，意味着我国人民对出版物需求量和消费量将会出现倍增，这两个倍增勾勒出了作为信息传播业新闻出版工作的历史使命。马克思曾经深刻指出，人是一切社会关系的总和。社会运动从本质上讲是人的精神生活和物质生活素质不断提高的历史。信息传媒服务于精神文明建设和物质文明建设的价值，必须通过对人的作用来体现。各种出版物是人们学习知识、掌握技能、陶冶情操、提高生活质量最重要的信息载体，新闻出版工作的宣传功能、教育功能、娱乐功能和文化积累功能最终都要通过是否对国民素质提高提供强大的出版支持来反映。

第三，出版生产力与人民群众不断增长的精神文化需求相比，将长期处于一种不适应的状态，必须坚持"发展才是硬道理"，坚持走质量效益发展之路。新闻出版事业是有中国特色社会主义文化的重要组成部分，新闻出版作为信息传播业是综合国力的重要标志。在社会主义初级阶段，出版生产力与不断增长的旺盛需求相比，总是处于一种不适应的状态，既有量的不适应，更有质的不适应。努力促进事业进步和产业发展，以满足社会全面进步所提出的各种需求，是一项长期的战略性任务。必须坚持有质量地发展、有效益地发展。出版产业的发展不能以牺牲质量和效益为代价，真正的繁荣应该是质量与效益的有机统一。

第四，社会主义市场经济和高新技术的发展给新闻出版业提供了极好的发展机遇，也给新闻出版管理提出了严峻的挑战。社会主义市场经济为出版产业遵循自身规律发展壮大开辟了广阔的天地，中国出版产业必须走不均衡发展之路，通过调整结构提高集约化程度，努力改变部门所有、条块分割，形成统一、活跃、有序的全国大市场。高新技术在出版业的广泛应用，使出版的媒体形态更加丰富、技术手段更加先进、新的经济增长点不断出现。在继续发展纸介质出版物的同时，要不断提高磁、光、电媒体出版物的制作水平，增强多种媒体综合经营能力。在市场经济条件下，由于出版活动越来越社会化，新闻出版执法和监管职能日益突出，管理的难度日益增大。高新技术的发展给管理工作不断提出新课题，不熟悉的工作和领域逐渐增多。管理规范的相对固定性与变动不居的客观现实相比，不适应的问题将长期存在，管理工作的复杂性和艰巨性将长期存在。有针对性立法的难度大，有效执法的难度更大。必须非常注意研究新情况、新问题，力求做到对倾向性问题能够心中有数，防微杜渐，未雨绸缪。

第五，建立有中国特色社会主义的新闻出版体制，需要稳中求进。社会主义初级阶段是建立和完善社会主义市场经济体制的阶段，新老体制的交替和更迭、磨合与完善都需要一个长期的过程。新闻出版工作既要遵循精神生产规律，又要遵循物质生产规律；出版体制改革既是政治体制改革也是经济体制改革的有机组成部分，推进和深化出版体制改革，必须同时兼顾两种规律和两种改革。两种规律、两种改革要求我们正确认识和处理好出版体制改革与社会稳定和社会承受度之间的辩证关系。深化出版体制改革，必须坚持以邓小平理论为指导，坚持党的基本路线，服从服务于全党全国工作大局，有利于发挥新闻出版工作者的积极性，有利于促进事业的繁荣发展，有利于加强和改善党的领导。要坚持把社会效益放在首位，力求实现社会效益同经济效益的统一，坚决反对"一切向钱看"、见利忘义的思想和行为。

以上几点，反映的是署党组通过学习党的十五大精神迄今为止的认识水平，肯定有不全面、不准确之处。正确认识新闻出版工作在社会主义初级阶段的基本特点和基本规律，是一项非常重要的基础理论工作，对于指导新闻出版业改革与发展的实践意义重大，希望全国新闻出版系统的同志们都来关心和参与这项工作。

三、"加强管理，优化结构，提高质量"，把新闻　　出版工作提高到一个新水平

党的十五大报告指出："对新闻出版业要加强管理，优化结构，提高质量。""加强管理，优化结构，提高质量"三句话的要求是一个有机的整体，涵盖了社会主义市场经济条件下新闻出版工作的方方面面，既提出了明确要求，又指明了努力方向。新闻出版工作无论是"一手抓繁荣"还是"一手抓管理"，无论是推进"阶段性转移"还是深化出版体制改革，都必须用这三句话的要求来提纲挈领。全国新闻出版系统的同志一定要正确理解这三句话要求的深刻含义和内涵的辩证关系，把新闻出版工作提高到一个新的水平。

（一）把加强管理作为全面加强和改进新闻出版工作的重点

加强管理在新闻出版工作全局中居于十分重要的位置，是党和国家赋予的重要职责，是坚持正确方向的重要保证。新闻出版工作任何时候、任何情况下都必须坚持正确的方向，这是绝对不能动摇或存有疑虑的政治原则。越是强调发展、越是改革开放，越要坚持正确的方向、越要加强管理。出版物的内容或者出版物市场的主流如果在方向上出了问题，干扰了大局，对我们的工作任何时候都是"一票否决"。改革开放以来，新闻出版工作总的发展态势是健康向上的，然而也曾出现过起伏，有时正处于发展与改革的很好时机，由于一些新闻出版单位没有把握好正确的导向，出版物市场上出现了一些带倾向性的问题，使我们不得不在一段时间里集中精力进行治理整顿，使发展与改革不得不在一定程度上受到影响。对于历史的经验教训，我们应该牢牢记取。

加强新闻出版法制建设对于加强管理至关重要。在继续加强立法工作的同时，要特别注意依法管理，加大执法监管的力度。要集中力量在全系统认

真普及三个条例以及与新闻出版管理工作有关的法律、法规知识,建立规范化的行政执法规则和程序。为了在新闻出版管理工作中正确执行《中华人民共和国行政处罚法》,新闻出版署颁布了《出版管理行政处罚实施办法》,这是一个提高新闻出版执法水平的重要规章,各地要结合实际很好地贯彻落实。局长会后我们将召开全国新闻出版法制工作会议,着重研究加强和改进行政执法工作的问题。

新闻出版管理需要进一步改进和完善,这是加强管理的重要内容。新闻出版行政管理工作在较长的时期是以计划经济条件下的新闻出版业为对象的,从一定意义上讲,至今还带有一定的计划经济痕迹。具体而言,表现为直接管理手段强,间接调控能力弱;动用行政手段较自如,运用综合手段不熟练。所有这些,都需要在加强管理的过程中予以改进。要充分调动出版界行业协会的积极性,使业务和宗旨相同或相近的各种专业协会能够在中国出版工作者协会的组织领导下更好地开展工作,团结协调,形成合力。

加强新闻出版单位内部经营管理是加强管理的重要内容。经营管理水平低、成本高、消耗大是我国书、报、刊、音像及电子出版单位、发行和印制企业的通病。要在出版单位内部全面推行企业化管理,加强内部经营管理,降低成本,减少消耗,切实提高经济效益。要加快人事用工和分配制度改革的步伐,新闻出版系统与全国许多行业相比,这些方面的改革不是快了,而是比较落后;现在一些出版单位人浮于事的现象相当严重,进人时讲情面、看关系,使得一些人进来后难以管理,要通过建立择优录用的制度和能上能下、能进能出的机制予以解决。

（二）把优化结构作为深化出版体制改革的重点

结构是体制的重要组成部分,建立有中国特色社会主义的新闻出版体制,必须建立与新体制要求相适应的产业结构、产品结构、分配结构、价格结构等等。朱镕基同志在中央经济工作会议上指出:"随着科学的发展、技术的进步和国际经济结构重组趋势的迅速发展,国有经济特别是传统产业的结构调整和优化必然加快。"调整结构是深化出版体制改革最重要、最艰巨的任务。要加快对我国出版结构的战略性调整,努力推进新闻出版业的

"两个根本性转变"①，把新闻出版工作良好的发展势头保持下去。

在计划经济条件下，我国的出版物市场与其他商品市场一样，长期处于卖方市场，出版体制中的结构性矛盾往往被过旺的需求所掩盖。经过10多年的发展；总体上讲，我国出版物的买方市场已经基本形成。当卖方市场向买方市场转化以后，虚假的需求逐步消失，结构性的矛盾便显露出来。今天我们比任何时候都清楚地看到，我国出版产业均衡发展、多种媒体综合经营能力弱的产业结构、教材在出版总量和利润中比例过高的产品结构、缺乏有效调控的价格结构、平均主义痕迹较重的分配结构等，已经严重地影响和制约着事业的进步和产业的发展。出版物市场性质出现的变化为我们进行结构调整提供了比较良好的外部环境。我们必须抓住机遇，深化改革，使结构调整取得实质性进展。

中国出版业在与国外出版业增进交往与交流的同时，所面临国外出版资本扩张的挑战将更加严峻。中国出版要走向世界，国外的出版资本也千方百计想要进入中国的出版物市场。随着时间的推移，这种竞争将日益严峻。近年来，境外敌对势力从来没有放弃过对我国的文化渗透。在我国周围的一些地方，已经形成内容反动、淫秽色情出版物的集散地，给我国的社会政治稳定带来严重的危害。相形之下，目前我国出版产业无论是抵御渗透，还是参与竞争的能力都不强，机制和实力还存在明显的差距。

以上谈到的中国出版产业所面临国内和国际两种挑战，既构成了深化出版体制改革的客观环境，也为深化出版体制改革破了题。在我国的经济体制改革进入攻坚阶段、许多行业由于结构性制约而全行业亏损的情况下，出版产业仍然保持了较快的增长速度和较高的利润水平。因此，一些同志经常议论中国出版业改革的动力何在？我认为，动力就来自上面谈到的两种挑战。我国近代改革先驱康有为针对变革曾经这样讲过："若泥守不变，非独久而生弊，亦且滞而难行。"新闻出版系统的同志对深化出版体制改革一定要有紧迫感。署党组认为，深化出版体制改革要以提高出版产业集约化程度为重点，以促进兼并与联合为突破口。这是在认真分析和研究了中国出版产业所

---

① 新闻出版业的"两个根本性转变"：一是出版体制改革；二是推进出版物整体质量。

面临两种挑战后形成的基本思路。

由于长期计划经济的影响，我国出版产业均衡发展的特征是很明显的。全国绝大多数省、自治区、直辖市的出版结构基本上是一个模式：人民社、文艺社、少儿社、教育社、科技社、美术社、古籍社，沿海地区如此，内陆地区也如此；发达地区如此，不发达地区还是如此。中央国家机关200多个部门，基本上是一报、一刊、一社的模式。由于出版经济和出版消费的不可分割性，从产业发展内在规律上讲，布局结构一定是不均衡的。美国、德国、日本就是以几个出版基地辐射区域或全国市场的。我们需要通过结构性调整，推动建立若干个辐射全国市场或区域市场的出版基地，以及依托于出版基地的发行中心；推动培育出若干家年销售十几亿或几十亿的大型或超大型的出版集团。新闻出版署直属单位组建出版集团的调研论证和方案起草工作要加快进行。中宣部和新闻出版署正在制定组建报业集团、出版集团和发行集团的方案，方案一旦确定，就要坚决而审慎地实施。报业集团、出版集团和发行集团不应是行政管理体制的翻牌，而要能跨行业、跨地区，直至跨国经营。通过兼并与联合实现低成本扩张是培育大型或超大型出版集团的一个重要途径，既应该进行纵向的兼并与联合，也要进行横向的兼并与联合。出版产业要做大，并不是所有的单位都要做大。要处理好规模效益和效益规模的关系，大有大的优势，小有小的特点。中国出版产业既需要通过强强联合形成大型集团，也需要若干个机制灵活、特点鲜明、小而精、小而优、小而特的出版单位。大多数地区不可能也不应该形成全方位、全门类的出版产业体系，不应追求自成体系。出版产业的发展必须坚持有所为、有所不为，有进有退。要以资产为纽带，促进地区间的密切联合、优势互补和互惠互利，实现多层次和多形式的联合。边疆少数民族地区的新闻出版工作承担着维护民族团结、发展民族经济的重任，是党和国家的一项重要事业，需要加大投入、予以扶持，以保证其按照事业发展的规律健康发展。

在调整产品结构的时候，要特别注意积极培育新的经济增长点，盘活存量资产，为出版产业跨世纪的发展增强后劲。在计划经济条件下，由于比较多地从宣传功能的角度来考虑书、报、刊、音像出版单位的设置，造成了出版媒体间的实际割裂。这种状况需要逐步改变。数字化技术的发展，使得出版资源在多种媒体间的多元开发更加便捷。有效地实现出版资源在多种媒体间的有效利用，最大限度地发掘出版资源的内在价值，不断提高多种媒体的综合经营能力，是现代出版产业的一个特征。提高多种媒体的综合经营能力一定要与培育大型或超大型出版集团结合起来。必须按照新的思路和新的方法来培育新的经济增长点，不能再形成和强化新的结构性矛盾。我们现在进行的结构调整难度在于，主要是对存量进行调整，涉及的是部门利益和地区利益。要做到调研深入，问题吃准，工作细致，方案周全，循序渐进，分步实施。

深化出版体制改革要以发行体制改革为重点，这是因为有中国特色社会主义的出版体制最终要通过市场来体现和检验。党的十五大报告明确提出："建立现代企业制度是国有企业改革的方向"，这也是国有图书发行企业改革的方向。要认真按照"产权清晰、权责明确、政企分开、管理科学"的要求，对发货店进行规范的公司制改造，对新华书店进行战略性的重组，抓好大的，放活小的。抓大就是要建立若干家以资本为纽带，具有较强竞争力，能够跨地区、跨行业、跨所有制结构，直至跨国经营的大型发行集团。放小就是要通过改组、联合、兼并、连锁、租赁、承包、国有民营等形式搞活销货店。大型发行集团不是某个省级店简单地向外省区市场的扩张，而应该是多个省级发货店、若干出版社、其他经济成分等出资组建的有限责任公司或股份有限公司，必要的时候可授予租型权，条件成熟的可以上市融资。发行集团，是一定经济区域内一般图书的仓储中心、发运中心、结算中心和信息中心。从产品结构上讲需要将教材与一般图书分账核算。教材的发行应根据《出版管理条例》，由省级新闻出版行政管理部门指定的教材发行公司来承担。"课前到书，人手一册"，是邓小平同志对新闻出版部门提出的政治任务。《出版管理条例》所确定的教材编审、出版、印刷、发行体制，是落实邓小平同志指示的重要制度保证。各省、自治区、直辖市新闻出版局要高度重视这项工作，不可有丝毫懈怠。

建立统一、活跃、有序的出版物市场是发行体制改革的目标。要推动出版物市场主体的逐步形成。在社会主义市场经济条件下，凡依照《出版管理条例》经批准进入出版物市场的所有法人和自然人都是图书发行业的经营者，都要依法进行管理。要建立全行业通行的交易规则，加大规范市场的力度。

出版体制改革必须有领导、有秩序地进行。党和国家对于新闻出版工作指导思想、基本原则和工作方针必须严格遵循，《出版管理条例》《音像制品管理条例》和《印刷业管理条例》等法规所确定的新闻出版管理的基本制度必须严格遵守。在深化出版体制改革时，要切实加强领导，防止一哄而起。直接关系意识形态工作的书、报、刊、音像及电子出版单位，如确需要进行股份制的试点，可采取本系统内国有企事业法人参股的办法，暂不吸收其他行业和社会资金及外资入股；组建集团必须坚持自愿的原则。在深化出版体制改革中，凡涉及重大问题，要向新闻出版署请示报告；凡属对现有法规和政策有所突破的，署里还要向中宣部，直至党中央、国务院请示报告，经批准方可进行。

（三）把提高质量作为推进"阶段性转移"的重点

提高质量和效益，走内涵发展的道路，是出版产业健康繁荣发展一条基本的内在规律，也是继续推进新闻出版业阶段性转移的重点。

根据党的十五大做出的社会主义现代化建设跨世纪的战略部署，我们按照"加强管理，优化结构，提高质量"的要求，修订了《新闻出版业2000年及2010年发展规划》（以下简称《规划》）。继续推进"阶段性转移"，不断提高质量和效益，《规划》中的许多产业发展的重要指标，都是按照这样的思路和要求来确定的。我们将在认真吸收这次会议大家讨论意见的基础上，尽快颁布实施。

经过几年来的努力，书、报、刊、音像及电子出版物的编辑、印制工作的质量保证或监督体系已经基本确立，《图书质量保证体系》《报纸质量管理标准》《社科期刊质量管理标准》《书刊印刷产品质量监督管理暂行办法》等所建立的质量管理规范是出版物质量保证体系的重要组成部分。各级新闻出版管理部门要提高对质量管理的认识，把出版产业各门类、各环节的质量管理，置于社会管理同样重要的地位。

提高出版产业科技含量和科技贡献率是提高质量，增进效益的根本动力。新闻出版署组织实施的"金版工程"是利用国家的公共信息传输线路，连接新闻出版行业内不同取向、不同内容、各具特色的大型数据库，实现新闻出版管理和业务数据网络化的信息工程。希望各地区、各部门高度重视这项工作。要用足用好出版经济政策，按照质量效益优先的原则确定投资方向，为出版产业持续、稳定、快速发展提供后劲。要加大科技投入，提高编采手段的现代化水平，提高印刷装备的技术水平，确保课本及重要文献的印装水平。通过光盘生产布局的结构调整，若干省已经建立了光盘生产企业，要高度重视这项科技含量较高的工作，配备好合格的企业领导班子，注意开拓市场，努力实现两个效益①的有机结合。

提高新闻出版从业人员的政治素质和业务素质是提高质量、增进效益的根本保证。加强学习是全面提高素质的重要途径。在深入学习邓小平理论的同时，还要学习现代科技、市场经济、法律等知识。要非常注意学习和研究市场经济问题，既要学习和研究市场经济的一般知识和一般规律，还要注意学习和研究新闻出版业在"两个根本性转变"的过程中，结构调整的特点、方式和运行规律。署党组已决定在今年上半年举办1期局长研讨班，学员主要是1997年以来新任局长的同志。通过研讨与培训相结合的方式，使同志们更快地进入角色，提高驾驭全局工作的能力。

要进一步加强党风廉政建设，深入开展反腐败斗争。开好全国新闻出版系统第四次纪检监察工作会议。反腐倡廉工作要紧密联系新闻出版工作的实际，突出重点、加大力度、狠抓落实，努力取得反腐败斗争的新成效。要加强审计队伍和机构建设，以财务收支审计为基础，经济责任审计为主线，经济效益审计为中心，加强新闻出版审计监督工作。

四、认清形势、明确责任，做好版权管理工作

江泽民同志在党的十五大的报告中指出：要"实施保护知识产权制度"。在召开全国新闻出版局长会议的同时，召开全国版权局长会议，是多年来从未有过的，充分表明在社会主义市场经济条件下，版权管理工作的重

---

① 见本卷第31页注①。

要性日益突出，需要把版权管理工作与新闻出版工作一同规划和部署。我在这里先讲两点意见。

（一）认请形势、明确责任

版权管理重要性日益突出，是与知识经济的发展密切相关的。知识经济是以知识为原动力的一种新的经济形态。在这种经济形态中，知识成为比原材料、资本、劳动力、汇率等经济杠杆更加重要的经济因素。知识经济概念的确立，标志着人们对知识与经济社会全面进步之间关系的认识大大深化了。多年来，按照人们的传统思维，汽车、房地产、汇率等是拉动消费、刺激生产的主要动力。而现在，比尔·盖茨成为世界首富；英特尔公司的总裁葛瑞夫当选为《时代》杂志的风云人物；VCD 这个名词一夜之间妇孺皆知，在中国已达到 2000 万台的家庭拥有量，预计本世纪末将达到 5000 万台。这就是知识经济的力量所在。知识经济源于人的智力创造活动，如果这种智力创造活动得不到法律的保障，就会受到抑制、就会枯竭。书、报、刊、音像及电子出版、艺术表演、广播影视、广告、信息软件等传播业，是版权管理最主要的规范对象，也是知识经济最重要的组成部分。版权管理工作正是给人们在这些方面的智力创造活动提供一种法律的、行政的和经济的良好环境。随着信息化时代的到来，国与国之间综合实力的竞争越来越表现为知识经济力的竞争，如果我们的版权管理不能给我国知识经济力提供健康发展的良好环境，我们就可能在未来的竞争中落伍。从这一点讲，把版权管理重要性提高到任何程度都不过分。

与知识经济的时代特征相联系，西方敌对势力在继续对我实施"西化""分化"战略的时候，也把版权问题作为长期利用的突破口。美国政府不断挥舞所谓"301 特别条款"，给中美两国政治和经贸关系制造麻烦，其既有按照美国的利益建立国际经济秩序的意图，更有对我进行"西化"和"分化"的企图。可以肯定地讲，与美国的这场斗争，既是经贸斗争，也是政治斗争。版权管理首当其冲地承担着很重要的责任。

在社会主义市场经济体制逐步建立的过程中，知识经济生产从无序到有序是一个不可逾越的过程，但无序状态如果无限期地延续下去，将给我国的经济、文化、科技等事业的发展带来不可估量的损失。近年来，盗版猖獗已成为我国国产文艺录像带投资和产量锐减公认的原因之一。这从一个反面教材的角度提醒我们，不加大打击侵权、盗版的力度，不严格执法，会带来什么样的严重恶果。在知识经济时代，一个民族的精神创造活动因侵权盗版的猖獗而萎缩、而窒息，无异于宣布这个民族将从未来的国际竞争的擂台赛场上自动弃权。作为一个版权管理工作者，应该时刻以此来警醒自己。

（二）进一步提高版权管理工作的水平

新闻出版工作重要，版权工作也同样重要，既当好新闻出版局局长，又当好版权局局长，才能算是一个合格的局长。版权管理与新闻出版管理合署办公，是历史形成的，但版权管理与新闻出版管理之间，不是从属和依附的关系，而是相辅相成、相互促进的。这一点，无论是作为新闻出版局局长，还是版权局局长都要非常明确。由于新闻出版管理所规范的内容是版权管理的重要方面，现在这种合署办公的体制应该有利于新闻出版系统严格、模范地遵守著作权法。要求别人严格遵守《著作权法》，必须首先要求新闻出版业严格遵守。新闻出版署和国家版权局已联合发文，要求把报刊社执行著作权法的情况纳入年检，对执行著作权法不符合要求的，不予通过年检。

打击盗版是版权行政管理机关的重要职责。我们一定要采取一些行之有效的措施，狠狠打击盗版者的嚣张气焰，真正为保护权利人的利益，为促进知识经济的发展做点实事。国家版权局要建立全国反盗版同盟，其总体考虑是在全国范围内利用版权行政管理部门的执法力量和知识经济界的积极参与，通过反盗版信息的收集和反馈，建立一套发现、鉴定、处罚盗版的有效机制，增强打击盗版活动的快速反应能力。

要高度重视版权贸易工作。现在我们每年从国外，主要是美国、欧洲和日本引进版权在千余种以上，但党的十四大以来的5年间，我们对外国的版权输出不到400种。这虽然有一定的客观原因，但与一个文化大国和文明古国的地位很不相称。这主要是由于缺乏规划、缺乏组织、缺乏人才。提高版权贸易的效率要从规划、组织、人才三个方面下功夫，各级版权管理部门要认真研究这个问题，指导有关的出版单位切实改进这方面的工作。

抓住机遇，努力工作，
加快发展，有所作为*

这次全国新闻出版局长座谈会是列入《新闻出版署 1998 年工作要点》，并经李岚清同志批准召开的。会议的主题是：认真贯彻中共中央《关于在全党深入学习邓小平理论的通知》及"学习邓小平理论工作会议"和全国宣传部长座谈会精神，传达贯彻李岚清同志、丁关根同志近期对新闻出版工作的重要指示精神；研究制定加强对有关重大选题出版物管理的措施；通报经国务院确定的新闻出版署（国家版权局）职能配置、内设机构和人员编制的有关情况；总结上半年工作，部署下半年工作。有的局长同志谈道，参加座谈会有三个收获：一是从全局的角度了解了署里"三定"① 的有关情况，有助于地方新闻出版管理机构的稳定和积极主动地开展工作；二是交流和沟通了各地在促进发展、深化改革方面取得的进展和积累的经验；三是对下半年的工作思路更加清晰和明确。总之，座谈会是有收获和成功的。会议就要结束了，我代表署党组就以下四个问题谈一些意见。

一、认真贯彻中央《关于在全党深入学习邓小平
理论的通知》精神，在全国新闻出版系统
兴起学习、宣传邓小平理论的新高潮

中共中央 6 月 24 日做出了《关于在全党深入学习邓小平理论的通知》

---

* 这是于友先同志 1998 年 8 月 8 日在全国新闻出版局长座谈会上讲话的主要内容。此标题为编者所加。

① "三定"，即定机构、定编制、定职能。

（以下简称"中央《通知》"），7月17日至19日，经中央批准，中组部和中宣部又主持召开了"学习邓小平理论工作会议"，江泽民同志在会议的讲话中指出："我们党有一条宝贵经验，就是每当革命和建设处在重大历史关头，总是特别重视理论指导，总是结合不断发展的实际加强党员、干部的理论学习。"我们要从这样的高度来理解和把握中央做出这一决策的重大现实意义和深远历史意义。今天，我们的国家正处在历史发展的又一个重要关头。党的十五大制定了我国跨世纪的战略目标，九届人大一次会议又将这一跨世纪的宏伟纲领以国家意志的形式确定了下来。今年上半年，我国各项改革推进的力度很大。"科教兴国"战略正在全面实施；大中型国有企业改革、政府机构改革、金融体制改革、粮食流通体制改革、住房制度改革等整体推进，广度和深度是以往任何时期都不能相比的；再就业工程全面启动，涉及面和影响面也是前所未有的。去年下半年以来，亚洲一些国家相继爆发了迅猛而又全面的金融危机，在好几个国家中已经引发了严重的社会和政治危机。如此严峻的国际国内经济环境，是改革开放20年来还从未遇到过的。面对错综复杂的形势，党中央根据邓小平理论的立场、观点和方法，战略、策略和谋略，审时度势、因势利导，使得原本不利的形势正朝着越来越有利于我们的方向发展。人民币不贬值，有力地树立了中国对国际事务负责任、守信用、重情谊的大国形象。我国经济的勃勃生机与周边国家的货币贬值、经济衰退形成了极为鲜明的对比。我们党能够在国际风云变幻中众志成城、坚如磐石，党中央能够指挥若定、游刃有余，就在于我们有了当代中国的马克思主义——邓小平理论。这是我们党能够克服一切困难，从胜利走向胜利最大的政治优势。

中央《通知》明确提出："深入学习邓小平理论，必须同学习党的十五大报告紧密结合，在对邓小平理论的科学认识上，在运用邓小平理论解决实际问题的能力上，在改造主观世界的自觉性上都有新的提高，努力使学习和工作达到党的十五大要求的新水平。"把学习邓小平理论与学习贯彻落实党的十五大精神紧密结合起来，我们的学习才能提高到一个新的水平。新闻出版系统的党员、干部对此要有充分的认识和高度的自觉性。中央《通知》特别强调要"进一步加强对邓小平理论的研究和宣传"，明确指出，要"紧紧围绕全党全国工作大局和一个时期的工作重点，针对干部群众普遍关心的热点问题和学习中的难点问题，全面、正确地宣传邓小平理论，做好解疑释惑、统一认识的工作。进一步发挥党报、党刊、国家通讯社、广播电台、电视台和重要出版单位在理论宣传中的主导作用"。我们要认真落实中央《通知》的要求，使出版单位在宣传中切实发挥主导作用。党的十五大之后，新闻出版署便着手策划了"邓小平理论研究书系"，参与这套书系的有全国23家出版社的42种选题，据了解，完稿的已有70％。这套书系的出版正值全党贯彻落实中央《通知》精神之际，时机很好，意义重大。《"九五"重点图书出版规划》《"九五"国家重点音像制品出版规划》和《"九五"国家重点电子出版物出版规划》中，研究和宣传邓小平理论的出版物占有很重的分量和相当的比例，使这些出版物高质量出版并及时与读者见面，也是我们贯彻落实中央《通知》精神的具体行动。承担这些出版任务的省局要切实负起责任，落实编辑、落实资金、落实进度。总之，要通过我们的努力工作，使书、报、刊、音像及电子出版物等多种媒体的出版物在研究、宣传邓小平理论的工作中，发挥积极而又重要的作用。

二、认真学习贯彻中央领导同志近期关于加强和改进新闻出版工作的重要指示精神

会议开幕的当天，已经向同志们传达了李岚清、丁关根同志的重要讲话精神。我们一定要认真学习领会中央领导同志重要讲话精神的深刻内涵，这对于我们在当前的历史条件下做好新闻出版工作至关重要。

李岚清同志首先对新闻出版工作给予了充分的肯定，指出：新闻出版工作非常重要，是社会主义精神文明战线的重要方面。你们的工作对精神文明建设作用很大，繁荣出版事业取得的成绩很大。新闻出版的把关总体是好的、主流是好的。的确，听了李岚清同志讲这番话，我与参加汇报会的同志们都深受鼓舞和鞭策，同时也感到我们的工作离党和人民的要求还有不小的差距，需要加强和改进的方面还不少。李岚清同志是从社会主义精神文明建设的全局出发来看待新闻出版工作不可替代的重要作用的。李岚清同志曾经

说过，一些过去在计划经济条件下不那么重要的部门，在市场经济条件下，重要性日益显现出来。新闻出版工作的重要性也的确是在建立市场经济体制的过程中日益显现出来的。正因为如此，李岚清同志在讲话时明确指出：在这次国务院机构改革中，新闻出版署不能动，这体现了你们的重要性。李岚清同志的这一重要讲话精神，希望同志们回去后很好地向党委、政府传达。新闻出版工作只能加强，不能削弱，这也是中央政治局常委 1995 年初在听取署党组汇报时明确指出的。正是由于党中央、国务院的关心和重视，党的十四大以来，新闻出版工作的地位明显得到加强，作用日益显现出来。这些年来，新闻出版工作的社会影响力和知名度大大提高了，这首先是中央重视和支持的结果，其次是我们所处时代的新特点把新闻出版工作推到了前所未有的重要地位。这个新特点就是我国正在全面进入小康社会和知识经济时代的到来。知识经济时代最重要的资源就是人们所认识和掌握的知识。培根早就说过"知识就是力量"，但知识的传播如果没有出版这种手段，知识的更新和积累如果没有出版作为支持系统，知识所蕴藉的力量就不可能被人们所掌握。人类曾经历过农业经济和工业经济时代，在历次经济形态的交替中，出版业从来都没有被新的经济形态所淘汰，而始终都被新的经济形态赋予新的功能和新的形式。知识经济时代将有力地证明，如果没有一个功能齐备、体系完善、技术先进、机制灵活的现代出版业，知识经济就不可能确立和发展。出版业在知识经济时代已经不再是一种简单的社会支持系统，而正在成为由新的经济形态赋予更加重要社会功能的独立产业体系。

在向小康社会全面迈进的过程中，党中央、国务院把"科教兴国"战略提到并置于前所未有的重要地位，这给出版业的发展提供了前所未有的极好机遇。经过党的十一届三中全会 20 年来的改革与发展，新闻出版业已经从一个基本靠国家财政支持、品种单一、规模很小的行业，发展成为门类相当齐全、规模迅速扩张、实力显著增强、潜力更加巨大的新兴产业。中国社会科学院制定的《小康社会指标体系及 2000 年目标的综合评价》中，把出版物的人均消费水平作为全面进入小康社会的重要标志之一。《小康社会指标体系及 2000 年目标的综合评价》显示，在全面进入小康社会时，我国的图书消费将达到人均 7 册，每百人每天拥有的报纸将达到 7.5 份。1978 年，我国的图书人均年消费为 3.9 册，经过 20 年的发展，1997 年已达到 5.9 册；1978 年我国每百人每天拥有报纸 3.6 份，1997 年已达到 6.4 份。这一方面表明，20 年来，出版产业的发展是巨大的和坚实的，但另一方面更表明，出版产业在全面进入小康社会之际，市场潜力是巨大的，发展前景极其光明。李岚清同志指出新闻出版部门很重要，这与这个行业所蕴藉的巨大发展潜力以及将会对国家做出的更大贡献有着直接的关系。

李岚清同志对深化出版体制改革非常关心，指出：为了适应建立社会主义市场经济体制的需要，新闻出版业从一个高度计划经济的行业，转变了观念，进行了改革，由生产型转向了生产经营型。这个转变是很大的，当然也还有进一步的文章可做。李岚清同志的这一指示非常具有针对性。出版业由生产型向生产经营型的转变成绩是巨大的，意义是深远的，但我们必须清醒地认识到从全行业整体上讲，这种转变还没有到位。不少出版单位经营管理的水平和层次都很低，可以说是相当粗放，只不过目前还被垄断利润所掩盖罢了。与许多行业相比，出版行业的内部机制改革应该说已经相当滞后了，吃"大锅饭"、人浮于事、能进不能出和能上不能下的情况相当严重。李岚清同志是从正面讲"还有进一步的文章可做"，但我们必须看到问题的严重性，增强紧迫感和危机感。

李岚清同志明确指出，深化改革首先要"治散治滥"。把新闻出版业整合好了，我们就便于管理了。集约化一方面符合经济规律，另一方面有利于管理。出版体制改革要以提高集约化程度为重点。用辩证法看问题，"治散治滥"就是改革，其着眼点在于调整和优化结构。调整和优化结构的最终目的是要提高出版产业的集约化程度。用这样的思路来整合出版产业，将有利于新闻出版业的繁荣健康发展。

李岚清同志的重要指示，署党组还要抽出专门的时间来学习、讨论，提出在新闻出版系统认真贯彻落实的意见措施。

8 月 6 日上午，中宣部副部长龚心瀚同志传达了丁关根同志在全国宣传部长座谈会上的重要讲话，并就贯彻落实关根同志讲话谈了重要的意见。丁关根同志讲话的一个重要内容是分析了当前宣传思想工作的形势，提出了任务，重点部署了隆重纪念党的十一届三中全会 20 周年和向中华人民共和国成立 50 周年大庆献礼的有关工作，这些工作都与新闻出版工作关系密切。我们要在贯彻落实中共中央 12 号文件的过程中，把丁关根同志提出的工作要求贯穿进去，保证完成中央交与的各项任务。纪念党的十一届三中全会、真理标准讨论 20 周年和迎接 50 周年，这两项重要活动对新闻出版工作来讲，政治性和政策性都非常的强。我们一方面要大量地推出基调鲜明、题材广泛、形式多样，站得住、叫得响、传得开，思想性艺术性俱佳、读者喜闻乐见的精品；另一方面又要保证出版质量，防止给全党全国工作大局添乱。前一段时间，有的出版物违背了中共中央《关于建国以来党的若干历史问题的决议》精神，违背邓小平同志明确提出的"不争论"的指示精神，社会效果很不好。各级新闻出版管理部门，尤其是省级新闻出版管理部门是选题管理的一个重要层次，要切实负起责任，严格把关，守土有责。切实保证有关出版物中思想、内容不出问题，不给大局添乱。各级管理部门要加强对出版物市场的动态分析，对容易引起争论的图书和报刊文章，要注意不炒热、不纠缠、不转载，不给错误言论提供传播阵地。

三、抓住机遇，努力工作，加快发展，有所作为

6 月 25 日，国务院正式下发了《国家新闻出版署（国家版权局）职能配置内设机构和人员编制规定的通知》。这个通知已经转发各省局，有关情况大家都已经知道了。需要引起大家注意的是这次"三定"将印刷业的监督管理作为新划入的职能，交由新闻出版署负责，也就是说，对整个印刷行业的监督管理将由新闻出版管理部门负责。根据《印刷业管理条例》，新闻出版管理部门对出版物印刷和其他印刷品的管理职能是明确的，而对包装装潢，《印刷业管理条例》规定由国务院指定的部门负责管理；《印刷业管理条例》颁布一年多来，这一点一直没有明确。这次国务院"三定"，已经将职能划分得非常明确了，整个印刷行业，包括包装装潢业都由新闻出版管理部门负责监督管理。如果说整个新闻出版管理是点多、线长，可控程度低的话，在印刷业管理中这个特点就更突出和明显了。全行业归口管理，看似权力很大，但由于可控程度低，管理的责任和风险也很大。正是基于此，对于

印刷全行业的监督管理权，署里从来没有去争过。但现在国务院将全行业的监督管理权明确赋予新闻出版管理部门，就不再是一个争与不争、让与不让的问题，而是需要我们迎着困难上，认真调查研究，研究科学合理地制定管理原则和工作思路，建立行之有效的管理机制。据了解，全国曾经有13个省、自治区、直辖市是由新闻出版局归口管理印刷行业的，《印刷业管理条例》颁布后，情况发生了较大的变化，现在由当地政府明确规定由新闻出版部门对全行业实行监督管理的只有北京、广东、江苏、四川和湖北五省市，有的省虽然还没有明确划出去，但政府好像已有明确意向。这种变化是由于过去体制不顺造成的。现在整个印刷行业已由新闻出版署管理，各省、自治区、直辖市新闻出版局要充分利用地方机构"三定"的时机，向省委、政府陈述理顺体制、加强管理的重要性和必要性，为新闻出版管理部门管住、管好这个行业创造条件。

如果体制理顺了，各省局必须下决心转变职能，沿用过去习惯的管理方式，既管不住，也管不好。我们的工作应主要是制定行业规划、产业政策和技术标准，把握结构布局，查处违规单位，至于对全行业的日常管理，要更多地依靠地、市新闻出版管理部门，更多地依靠公安、工商管理部门。关于加强对印刷全行业管理的问题，署里还要召开工作会议，我在这里只是提醒大家要关注这个问题，及时开展调查研究，把问题设想在前面，把工作做在前面，迎着困难上，努力做出成绩。

这次国务院机构改革是贯彻落实党的十五大精神的重要举措，新闻出版署党组是坚决拥护的。党组意见一致，态度明确：要坚决与党中央保持一致，要坚决服从大局。朱镕基总理曾经讲过，党中央确定了"科教兴国"的战略，可前些年贯彻落实得不够好，原因在于没有钱，而钱到哪去了呢？一是重复建设；二是行政机关人员太多，把钱都吃光了。有些地方的财政已经成了吃饭财政。总理已经把问题的严重性和危害性讲得再明白不过了。机构精减、职能转变，已经成为关乎现代化建设成败的重大问题。是否拥护和支持机构精减、职能转变、公务员分流，是对一个共产党员的政治觉悟的考验。这次国务院机构改革，新闻出版署职能没有减少，而人员减少了47%，今后工作的难度是可以想见的。署党组一致认为，今后的工作再难，我们也要做到在现有编制的条件下只能加强、不能削弱，无非是更加科学合理地进行职位、职能的配置，改进管理方式和工作作风，提高工作效率。

这次座谈会上，大家对地方机构改革的问题议论很多，也非常关注，这是很正常，也是很自然的。有的同志在发言中谈道，新闻出版署成建制地保留下来，对于面临机构改革的地方新闻出版管理部门意义重大。同志们对署里提出了一些要求，寄予了相当的希望。在这个问题上，我们的目标是完全一致的，从社会主义现代化建设和精神文明建设的全局出发，从国家长治久安、稳定发展的大局出发，需要有一个健全、完备，有能力，也有条件行使法律、法规赋予职能的新闻出版管理体系。另外，对于地方的机构改革，新闻出版署只能在不越位的情况下一起做工作，不能干预地方的机构改革。关键是在座的同志们要积极主动地开展工作，多做工作，善于工作，做好工作。

新闻出版管理只能加强，不能削弱，一个重要的原因在于这是一项在国家权力体系中需要不断加强的社会监管工作。削弱行业管理部门、加强社会监管部门是这次国务院机构改革的一个重要目标。党的十五大之后，署党组就多次研究要在机构改革中找准新闻出版管理部门的位置。把新闻出版管理工作定位为社会监管工作，是有着充分的实践依据的。随着新技术在出版领域的广泛运用，随着社会的信息流动频率和消费量的倍增，出版活动的社会化程度越来越高。过去的出版活动必须也只能通过专业的编辑、印制和发行单位来进行，行政管理基本上是一种行业管理。现在的出版业，涵盖了报纸、期刊、图书、音像制品和电子出版物等众多媒体，并已经遍及城乡各个角落。仅从技术的角度而言，出版流程已经可以不通过专门的编、印、发单位而由公民独自完成，出版活动已经进入了家庭。今天的新闻出版管理工作，面对的是越来越普及化和社会化的出版活动，已经成为一种名副其实的社会监管工作。出版媒体形式多样、出版单位类别、层次不一，总闸效应难以发挥。出版物一旦进入市场，要想再挽回影响就十分困难，必须立足于把问题解决在萌芽状态。这些都是我们工作的难点所在，反过来说，也是我们工作的特点所在，是新闻出版管理部门不仅应该存在，而且需要进一步加强的重要客观依据。有的省局长期以来，九分精力在"脚下"，一分精力在

"天下"，长于行业管理，疏于社会管理，自然难以得到党委政府的进一步重视和支持。因此，在这次地方机构改革中，建议同志们首先注意转变职能，在社会管理的问题上把文章做足、做够。

随着知识经济时代的到来和全面进入小康社会，新闻出版业面临极好的发展机遇。现在许多省市的领导都把迎接知识经济、建立知识经济体系作为本省区发展战略的重要目标，但如果缺乏功能强大、体系完备的出版产业，可以肯定地说，知识经济是难以建立起来的。从发展学的角度看，当一个国家处于从温饱型向小康型过渡的时期，出版产业往往成为一个新的经济增长点；当这个国家全面进入小康社会并逐步向富裕型转变的时候，随着恩格尔系数的降低，出版消费会持续增长，出版产业也会逐渐成为社会的支柱性产业。日本社会在由温饱型向小康型、再由小康型向富裕型的过渡阶段出版物消费的序列变化是很能说明这个问题的。1965 年，日本每个家庭的阅读和娱乐消费支出为 3400 日元，低于服装、鞋子及住房的消费支出；1980 年，日本阅读和娱乐消费的支出增长到 2 万日元，超过了服装和鞋子的消费支出；到 1995 年，日本阅读和娱乐的消费支出达到 3.3 万日元，超过了住房的支出，仅次于食品、交通和通信的消费支出。这表明经济越发展、社会越发达，出版物的消费量就会越大，需求也会日益旺盛。我国出版产业虽然一直保持着高于国民经济平均增长率的高速度，但出版物的人均消费量依然很低。例如，1995 年我国每千人每天拥有报纸约为 60 份；而据联合国教科文组织统计，1995 年每千人每天拥有报纸量，日本为 576 份、英国为 351 份、美国为 228 份。就是与一些发展中国家相比，我们的差距也是显而易见的，1995 年保加利亚每千人每天拥有报纸量为 209 份、波兰为 141 份、阿根廷为 138 份、墨西哥为 113 份。差距就是潜力。我们一定要充分意识到出版产业巨大的发展潜力，坚持"发展才是硬道理"，抓住目前极好的发展机遇，义无反顾地加快发展。前一段时间，辽宁、安徽的党委、政府明确提出要把出版产业作为支柱性产业来发展，这在过去也是不可想象的。一个行业、一个部门的重要性往往体现在它的不可替代性，而这种不可替代性又是由其存在的价值和发展的潜力来集中体现的。如果通过我们的宣传工作，通过我们已经具备的实力和将要发挥潜力的充分展示，使党委、政府意识到新闻出版工作在本省区经济发展和社会全面进步中所具有独特的、不可替代的作用，那么我想，无论机构改革的结局如何，这个省区的新闻出版工作都会如中央多次强调的"只能加强，不能削弱"了。

各地的情况有所不同，产业发展战略也不尽相同，但可以肯定地说，没有一个地方的党委、政府会在机构改革中有意削弱出版产业的。而出版产业能否繁荣健康发展，确定什么样的管理体制和发展模式是至关重要的。对于这一点，我们不去做工作，就没有人会去为我们做这个工作了。我们是从事这项工作的，也是专门研究这项工作的，对新闻出版工作的基本规律和行业特点，理应比别的部门认识深刻。从这个角度讲，积极地做工作至关重要。

四、在总结上半年工作的基础上，努力完成全年的工作任务

今年是全面贯彻落实党的十五大精神的第一年，全国新闻出版战线的同志们按照署党组年初提出的"把加强管理作为全面加强和改进新闻出版工作的重点，把优化结构作为深化出版体制改革的重点，把提高质量作为推进'阶段性转移'[①] 的重点"的要求，努力工作，开拓进取，各项工作都有了新的进展。前不久，我们召开了总结半年工作的署务会议。通过总结半年工作，党组认为，在机构改革影响面很广、难度很大的情况下，署机关的全体同志人心不散、秩序不乱、工作不断，做到了时间过半、任务过半，是很不容易的。充分表明署机关的全体同志是有着高度政治觉悟，关键时候经得起考验的。今年以来，新闻出版工作的任务繁重，各地新闻出版部门的同志认真按照年初局长会议提出的要求和确定的目标努力工作，改革与发展整体推进，工作态势积极向上。归纳起来，主要表现为以下几个方面：

第一，服从服务于全党全国工作大局。今年仍然是党和国家的大事之年，新闻出版工作紧密围绕全党全国工作的大局，强化服务和服从意识，及时推出了一大批有助于广大读者理解和把握大局的各类出版物，包括宣传阐

---

① 见本卷第5页注①。

述党的十五大和九届人大一次会议精神的读物，宣传研究国有企业改革、金融体制改革、再就业工程、粮食流通体制改革、住房制度改革等的有关读物，宣传普及"科教兴国"战略、着力于提高国民素质的有关读物，等等。可以说，出版界紧跟党中央、国务院的战略部署，不仅是及时的，而且是有较高质量、有明显效果的。围绕中心工作，策划并组织实施了"邓小平理论研究书系""辉煌五十年"大型多媒体光盘。上半年我们加强了对出版形势和发展趋势的动态分析，及时发现了少数出版物有可能挑起争论、干扰大局的苗头，采取有针对性的措施，将问题及时稳妥地处置在萌芽状态。在"扫黄打非"集中行动取得阶段性成果的基础上，在九届人大召开和克林顿访华前夕，对全国出版物市场进行了专项治理，营造了良好的社会舆论氛围。

第二，抓繁荣的工作有新的和明显的进展。以实施图书、音像和电子出版物的3个《"九五"国家重点出版规划》和"三刊工程"① 为主要内容的抓繁荣工作顺利进行。《"九五"国家重点图书出版规划》年内有望完成60%，这对于"'九五'规划"的如期完成意义重大；《"九五"国家重点电子出版物出版规划》编制完毕，并开始实施，这项全新的工作应该说开局很好。以"三刊工程"为核心内容的期刊促繁荣工作不仅为出版界和文化界所认可，而且有力地促进了期刊调整和优化结构的工作，促进了期刊业的集约化。全国地方报纸评定了100家管理先进单位，开启了新闻出版管理部门报纸管理工作的新领域。

第三，深化出版体制改革稳步推进。深化出版体制改革是新闻出版业繁荣健康发展的根本动力，署党组的这一指导思想始终是明确和坚定的。去年8月，我在北戴河向丁关根同志汇报了深化出版体制改革的一些设想，得到了关根同志的肯定和支持。党的十五大之后，署党组连续召开了两次局长研讨会和一次图书发行体制改革研讨会。去年11月下旬，丁关根同志主持召开了"新闻出版、广播影视改革座谈会"，明确了扩大新闻出版改革试点的基本原则和工作思路，试点得以在更高的层次和更广的范围内展开。在总结广州日报社试点成功经验的基础上，上半年我署先后批准组建了由南方日报

---

① "三刊工程"，即"百刊工程""社刊工程""署刊工程"。详见本卷第242—244页。

社、羊城晚报社、光明日报社、经济日报社和文汇新民联合报业集团，对提高我国报业的集约化水平迈出了重要的一步。发行集团的试点工作有规划、有组织地进行，四川、广东、北京、辽宁、江西、新华书店总店等已经摸索、总结出了一些很有价值的思路，目前，正在集中就如何有效地实现跨地区、跨行业经营的问题进行研讨和探索。山东、江西、辽宁等省正在原有出版集团的基础上积极探索建立新的机制，广东、上海也在按照新机制提出组建出版集团的方案。

第四，出版产业的综合实力进一步得到增强。今年上半年，我国出版产业的经济运行状况良好，图书的重版率达到49.59%，创中华人民共和国成立以来的最好水平，也是"阶段性转移"稳步推进的证明。全国新闻出版系统共实现销售收入328.61亿元，占1997年全年销售收入（614.09亿元）的53.51%，有19个省区的销售收入超过了去年的50.00%。全国新闻出版系统共实现利润23.19亿元，占去年利润（37亿元）的62.66%，据估计，今年有望实现利润44亿元左右，约比去年增长18.92%，仍是2位数的增长速度。在取得的成绩中，值得指出的是，今年上半年，图书定价的增长幅度持续下降。上半年，全国图书平均每印张定价1.052元，增幅为2.73%，而1997年的定价增幅为6.67%。这表明，图书定价正受到市场机制的合理调节。今年以来，关于出版物市场疲软的说法不少，有的论者甚至将出版物市场的疲软与国民经济生活中可能出现的通货紧缩现象联系起来，滋生了一种悲观的情绪。应该承认，今年以来，一些出版发行单位的确出现期货交易平淡、订货实现率低、库存积压严重等问题，应该如何看待这个问题呢？回顾一下历史，从80年代以来，许多年份都有人讲疲软，但够得上图书市场疲软的大约只有两个时期，即1986年前后和1990年前后。这两个疲软期一个突出的现象就是图书出版的实物量下降。1985年我国图书的总印数曾达到66.73亿册，1986年急剧下滑到52.03亿册；1989年全国图书的总印数为58.64亿册，1990年则下降至56.36亿册。导致这两个时期销售下降的原因很多，但书价涨幅过高是一个重要的原因。而今年的情况与这两个时期明显不同。1—6月份与去年同期相比，图书市场仍然保持了稳中有升的态势。去年4、5、6三个月，全国图书总销售分别为49.1亿元、33.6亿元和29.8亿元，而今年同期则分别为51.8亿元、37.3亿元和31.2亿元，分别高于去年同期5.50%、11.01%和4.77%。今年二季度，全国图书的总印数比第一季度增长了0.92%，总印张数增长了6.26%，出版物实物量是稳中有升的态势。值得注意的是这种良好的势头是在书价涨幅已经明显回落时出现的，可以说总体上讲，出版产业的经济运行是正常的和健康的。虽然有些出版社反映市场疲软，但也有不少出版社认为销售不错、需求很旺。这种几家欢喜几家愁反映了什么问题呢？我认为，恰好说明出版市场的不均衡发展原理这只"看不见的手"正在起作用，市场规律使得出版产业的分化正在加剧。那些拥有质优价廉、适销对路图书的出版社受到市场的青睐，而一些生产质次价高、完全不对市场路数图书的出版社正在受到市场的排斥。目前出版社自办发行的库存已达100多亿元，如果有人对这些图书做一个定量分析，相当部分会是那些受到市场排斥的图书。如果说疲软，我看主要是这部分书在疲软。当然，近一个时期以来，出版物市场受到非法出版物的冲击越来越严重，被非法出版物挤占了不小的市场份额，也是一些出版单位经营困难的重要原因。我们一定要加强打击非法出版活动的力度，不能任其继续猖獗下去。

特别需要指出的是，今年入夏以来，我国的南方各地水灾频仍，广西、福建、江西、湖北、湖南等地的新闻出版部门遭受严重损失。有关省区新闻出版系统的干部职工奋起抗灾，为确保秋季教材"课前到书、人手一册"付出了艰苦的努力，目前正在为恢复生活与生产继续拼搏。为了向受灾地区新闻出版系统的同志表示慰问，署党组决定拨出100万元专款，同时将对抗洪救灾中涌现出来的先进单位和个人进行嘉奖和表彰。

今年时间已过三分之二，下半年的工作"时间紧、任务重"，除按年初局长会议确定的总体要求和工作目标继续推进外，要注意坚持正确导向，加强管理、优化结构、提高质量、促进繁荣，特别要注意在多出优秀出版物上下功夫。

首先，以多出优秀出版物为中心来促繁荣。要继续组织出版一批深入宣传和研究邓小平理论、宣传党的十五大精神的出版物；做好纪念党的十一届三中全会、真理标准讨论20周年专题出版物的组织协调工作；继续抓好长篇小说和优秀少儿读物的出版工作，组织召开好第五次全国少儿读物出版工作会议。今明两年，新闻出版部门的一项重要工作就是要围绕向中华人民共和国成立50周年大庆献礼推出一批优秀出版物，使出版物市场上呈现欢乐喜庆、昂扬向上、团结奋进的基调和氛围，把迎接50周年大庆作为实施"精品战略"的极好机遇，以大量优秀出版物满足人民群众喜庆盛大节日的精神文化需求。要在保证质量的前提下，加快推动图书、音像和电子三个"'九五'重点出版规划"的实施，力争一大批列入规划的出版物能够在50周年大庆前推向市场，与读者见面。8月底，北京国际图书博览会将隆重举行，这次博览会是由我署主要负责筹办的，各省局要高度重视参展工作，确保这次博览会办得圆满成功。第九届全国书市10月将在西安举办，要进一步完善和加强全国书市面向中西部、面向农村的功能和作用。有的同志提出要不要在50年大庆时搞出版成就展。对50年大庆中央很重视，会有统一安排和周密部署，新闻出版系统要服从统一部署和安排。

在这里我想再着重谈一谈抓好重点选题的问题。参加这次座谈会的有不少新任局长的同志，作为多年从事新闻出版工作的体会，我认为管理工作要从抓选题入手，要把抓选题作为当局长的重要工作。出版在知识经济时代，它的资源从总体上讲就是孕育于选题之中，出版物的知识含量、价值高低，都在选题策划和编辑加工的过程中体现出来；从意识形态把关的角度讲，选题既是最初的防线，也是最后的防线。选题工作做好了，我们的各项工作就有了进一步开拓发展的基础。图书、音像和电子出版物的三个"'九五'重点出版规划"，是"九五"期间繁荣出版事业的骨干工程，把这三个规划抓好了，新闻出版的繁荣就有了坚实的基础，我们的心里就有底、有数了。在前年的局长会上我曾讲过，第一年是选好种、播好种；第二年正好是牛年，牛马年好耕田，要精耕细作；今年是第三年，既是出成果的一年，是收获年，也是决定性的一年。5年规划看3年，3年决定5年。据署图书司掌握的情况，今年"1200工程"① 有望完成60%，应该说发展是正常的。但从已经实施过的"'七五'规划"和"'八五'规划"看，留在后两年的选题较之前3年完成的选题，一般讲难度更大、工作量更大，稍一松懈，就会成

---

① 见本卷第89页注①。

为"胡子工程"①，难以如期完成。各省局都承担着三个"'九五'规划"的部分选题，还要继续在作者、稿件、编辑、进度、质量、领导等六个方面抓落实，工作绝不能松劲。新任局长的同志都要亲自抓几个选题，这是党组给大家提出的一项明确要求。

其次，围绕大局，把握导向，提高管理水平和引导水平。把握新闻出版工作的舆论导向不能有丝毫的麻痹、丝毫的松懈。要加强对出版倾向和市场动向的动态研究，及早发现问题、防患于未然。各级管理部门要严把选题关，这段时间尤其要对反映党史、政史、军史等重大历史问题的选题加强管理，把管理的要求落实到每个出版单位、每个编辑人员，力争不留死角。要注意对出版选题加强引导，改进工作方法，通过多种形式及时向出版单位打招呼、提要求，做好解释和说服工作，要力争通过选题管理把问题解决在萌芽状态。

再次，加强调查研究，扎实推进出版体制改革。出版体制改革正在不断深化，已经到了会在某些方面有所突破的阶段。要加强调查研究工作，尽可能地把问题把握准确，使提出的方案更有针对性和可操作性。当前要在促进出版、发行集团实现跨地区、跨行业经营方面多做探索、多积累经验，使这方面的改革要求得以切实推进。在深化体制改革时，凡涉及对原有政策有所突破的，必须请示报告，经批准后方可施行。今后凡是组建出版集团、发行集团须报经新闻出版署批准；新闻出版系统在发行和印制行业的改革试点如确需上市融资，也需先报经新闻出版署批准，否则中国证监会将不予受理。在这里我想再强调一下增强深化改革紧迫性、增强忧患意识的问题。随着世界经济一体化进程的加快和中国经济稳步地融入国际经济体系，出版产业面临的挑战将更加严峻。在我国加入世界贸易组织（WTO）以后，出版业所面临的形势肯定会发生变化，竞争将更加激烈。如何在未来的竞争条件下，保持我国民族出版产业的主体和主导的地位，是我们这一代出版人（新闻出版工作者）必须正视和回答的问题。我们谁也承担不起在未来的竞争中，丧失掉民族出版产业主体和主导地位的历史责任。因此，必须加快改革的步

---

① "胡子工程"，指拖拖沓沓，不能按期完工，或者因为某种原因而迟迟不能完成的工程。

伐，以提高集约化程度和规模经营能力为重点，扎扎实实地推进改革。新闻出版署今年上半年在直属单位改革方面力度很大。我们分别确定了以组建中国美术出版总社作为在出版领域的改革试点，以中国印刷总公司企业重组作为在印刷领域的改革试点，以新华书店总店与北京市新华书店进行资产重组、组建股份有限公司作为在发行领域的试点；与此同时，我们还组建了中新联光盘有限公司，这是一个按现代企业制度的要求，采用高新技术、运用新机制运行的改革试点。通过这 4 个改革试点，最终要建立中国出版集团总公司。中国出版集团总公司一是要与另外几个出版、发行集团的试点单位一道，在全国出版物市场上起主导的作用，再就是要做好与国外大的出版集团进行竞争的充分准备。就我们现在达到的水平和拥有的实力而言，还难以与他们在一个水平线上竞争。去年世界排名前 5 位出版集团的经营规模是这样的：时代华纳集团 246 亿美元、迪斯尼集团 224 亿美元、贝塔斯曼集团 224 亿马克、默多克新闻集团 126 亿美元、维康集团 115 亿美元。而我国 1997 年出版社总定价最高的是江苏教育出版社 5.9 亿元；山东省出版集团的总销售为 55 亿元。当然，由于比价等原因，的确存在许多不可比的因素，但无论从集约化程度还是规模经营能力上讲，我们与这些大集团的差距都是显而易见的。值得强调的是，在先进技术运用和经营管理水平方面，我们的差距也许更大，也就是说，软硬件方面的差距都很大。要缩小差距，出路就在于深化改革，尽快地壮大我们的实力。将来国际出版集团到中国来与我们竞争，首先不会与我们比赚钱，而是要与我们比赔钱，没有强大的实力和灵活的机制，要不了几个回合就得败下降来。一方面深化改革，一方面加快发展，我们才有可能在未来的竞争中立于不败之地。

认清形势，强化管理，改革攻坚，加快发展，迎接 21 世纪新的挑战[*]

回顾 1999 年，新闻出版工作以邓小平理论和党的十五大精神为指针，在党中央的坚强领导下，围绕全党全国工作大局，在庆祝中华人民共和国成立 50 周年和澳门回归祖国的两大庆典活动中，在三场大的政治斗争中，讲政治、守纪律、精神振奋、团结战斗，唱响主旋律、打好主动仗，为全党全国的工作大局提供了有力的思想舆论保证，新闻出版队伍也得到了锻炼和提高。按照中央统一部署，新闻出版署和各省新闻出版局如期开展并顺利完成了"三讲"教育活动，收到了良好的效果；出版、发行及报业集团的试点工作有了新的进展，进一步带动了新闻出版改革的深化。

经过广大新闻出版工作者的辛勤努力、扎实工作，新闻出版业取得了进一步发展。据统计，1999 年全国共出版新书 8.17 万种、重印书 6.05 万种，与 1998 年实际出版数字相比，新书品种增长 9.3%，增长幅度比上年下降 2.9 个百分点，重印书品种增长 8.2%，增长幅度比上年增加 3.8 个百分点；1999 年共出版图书 73 亿册、383.4 亿印张，与 1998 年实际出版数字相比印数增长 0.9%、印张增长 2.6%。1999 年共出版期刊 28.5 亿册、90 亿印张，与 1998 年相比印数增长 14.2%、印张增长 17.4%；出版省级以上报纸 200.6 亿份、383.9 亿印张，与 1998 年相比印数增长 2.8%、印张增长

---

* 这是于友先同志 2000 年 1 月 21 日在全国新闻出版局长会议上所做的工作报告的主要内容。

12.1%。1999年全国新闻出版系统内单位共实现销售收入642.1亿元，比1998年增长4.3%；实现利润51.5亿元，比1998年增长15.7%。经济效益不断提高，经济实力进一步增强，我国新闻出版业继续呈现出欣欣向荣的繁荣景象。

2000年是世纪交替之年，也是完成"九五"计划和本世纪重要奋斗目标的最后一年，我国将向实施现代化建设第三步战略目标迈进，做好今年的各项工作，具有承前启后的重要意义。在这事关中华民族伟大复兴的关键时期，新闻出版工作肩负着党和人民赋予的神圣而又艰巨的历史使命。我们必须以高度的历史责任感和时代紧迫感，以高昂的斗志，尽心竭力做好新闻出版工作，为国家的繁荣、民族的昌盛做出我们最大的努力和贡献。

下面，我代表署党组就面对新世纪如何做好新闻出版工作讲几点意见：

一、认清形势、明确任务，加快发展、迎接挑战

认清形势、明确任务，就是要面向新的世纪，把思想统一到中央关于当前国际国内形势的分析判断以及由此确定的方针政策和任务上来，无论遇到什么复杂情况，都要正确把握前进方向，始终遵循党的基本理论、基本路线、基本纲领，牢牢把握经济建设这个中心，坚持改革开放和四项基本原则，善于把当前任务和长远任务结合起来，坚定不移地实现我们的既定目标。根据中央的这个要求，通过对当前国际国内形势的分析，通过对新闻出版业在新的形势下出现的新情况、新问题的分析，我们认为，面对新的世纪，我国新闻出版业面临着一系列新的挑战：

第一，知识经济对新闻出版业提出了更高的要求。随着新世纪的到来，人类社会将逐步进入信息时代，知识经济已初见端倪。知识经济是一种建立在知识和信息的生产、传播、交换、积累和运用基础上新的、更加先进的经济形态。知识经济对肩负着传播、积累、开发科技文化知识使命的新闻出版业提出了更高的要求。新闻出版是科技、教育、文化事业发展进步不可缺少的重要基础条件，新闻出版业的发展水平和素质，不仅直接关系到"科教兴国"战略的顺利实施，国民素质的普遍提高还将直接影响到国民经济的

持续健康发展。新闻出版业只有加快改革和发展，才能适应知识经济时代的新形势、新要求，才能承担起党和人民赋予的神圣使命。

第二，世界范围内科技进步突飞猛进，对我国新闻出版业产生了革命性影响。我国高科技应用、多种媒体出版物的开发与国际先进水平还存在较大差距。发达国家新闻出版业的生产、经营、管理早已基本实现计算机化和网络化，而我国相当一部分出版单位还在手工处理纸张稿件，绝大部分基层书店还靠手工登录台账和以卡片来保证业务的运转，编、印、发、供各个环节，能够实现全程计算机网络化的单位很少。这种状况，一方面制约了劳动生产率、产品质量和服务质量、经营管理水平以及经济效益的提高，另一方面也使我国丰富的出版资源得不到充分的开发和利用。我国正式出版的电子出版物，无论在品种上、质量上，还是在所使用的技术手段上，都与发达国家存在着明显的差距，市场竞争力还很弱。

互联网的发展将改变人类的生活方式和工作方式。数字化和网络化的广泛应用，将对出版活动的编辑、制作、复制、销售和管理等各个环节都带来不可预料的变化，电子商务的发展将使出版物市场根本改观。这种变化已经迫在眉睫，而我们的思想准备、物质准备都不足。

第三，国内社会资本和境外资本以多种方式介入新闻出版领域，对我国新闻出版业管理体制和运行机制产生了不小的冲击和影响。由于目前我国建立新闻出版机构仍实行审批制，通过正常的审批渠道要想介入新闻出版领域是比较难的。在对内对外越来越开放的形势下，通过资本渠道介入新闻出版，成为一个新的动向。我国加入世界贸易组织（WTO）越来越逼近，加入世界贸易组织以后，我国出版业将面对直接或间接的冲击，这种态势可能还将进一步扩大。这里不仅有经济问题，也有政治问题。对此，我们既不能熟视无睹，又不能武断处置，而要根据党的十五大精神，在国家改革发展总格局的要求下，深入调查研究，未雨绸缪，找出行之有效的办法与对策。

第四，教育体制改革的深入发展，教材、教辅读物的出版面临重大调整。多年来，出版部门把教材、教辅读物的出版印刷发行作为一项政治任务来完成，形成了一套行之有效的工作机制和保障体系，确保了中央要求的"课前到书，人手一册"，功不可没。由于中小学课本集中发行，量又大，尽管实行国家定价，仍有较高的利润率，因此逐渐成为出版部门发展的一个重要支柱。教材、教辅读物的出版要适应从应试教育向素质教育的转变，这不仅是出版部门自身发展的需要，也是对教育改革的有力支持。各地新闻出版部门要在省委省政府的领导下，积极稳妥地采取措施，以适应教育改革的深入发展。

第五，新闻出版业的改革处在攻坚阶段，发展进入关键时期，各种矛盾更加尖锐复杂。"八五"以来，我国新闻出版业的规模、效益和实力有了较大程度的提高，上了一个新的台阶。但管理体制、运行机制都还远远不能适应社会主义市场经济体制的要求，发展的基础仍然比较脆弱，各种矛盾越来越尖锐，主要表现在以下几个方面：

首先，现有出版体制不能适应改革开放的发展要求，必须加快改革步伐。目前，全国大多数图书、报纸、期刊、音像、电子出版物出版单位还不能真正成为自主经营、自负盈亏并以其全部法人财产独立承担民事责任的法人实体和市场竞争主体。由于体制上的制约，许多印刷、发行单位还没有根据社会主义市场经济的要求建立现代企业制度，很难从根本上转变经营机制。经营管理粗放落后、水平低下，融资手段和渠道单一，积累和投入不足等问题得不到有效解决，大大降低了在市场中竞争、生存的能力，阻碍了出版业的进一步改革和发展。

其次，新闻出版部门经营规模小，集约化程度低，资源分散，配置不合理，形不成规模经济效益。到 1998 年底为止，全国虽有 1.1 万家各种出版物出版单位，18.5 万家印刷企业（其中国家级和省级定点书刊印刷企业1182 家），60 家光盘复制企业，8 万多个图书发行网点（其中新华书店系统发行网点 13126 个），但资产上亿元、具有较强经济实力和竞争能力的单位却寥寥无几。新闻出版单位"大的不强，小的不活"，资源浪费、经营效益低下的现象大量存在。在现有的统计范围内，1998 年全国新闻出版行业亏损单位占 40.0%，亏损总额达 10.5 亿元，亏损额占盈利单位利润总额的8.0%。其中，报纸出版单位的亏损面高达 51.0%，音像出版单位亏损面达40.0%，期刊出版单位的亏损面达 38.0%，图书出版单位的亏损面达12.3%。国家级和省级定点书刊印刷企业亏损面达 41.0%，亏损单位亏损额占盈利单位利润总额的 53.0%。国有书刊印刷企业生产任务严重不足，设备平均开工率只有 60.0% 左右。由于资金严重匮乏，无力进行更新改造，大批设备老化，与国际先进的印刷设备和技术的差距不但没有缩小，近年来还在继续扩大。

再次，图书发行体制存在的矛盾和问题，制约着出版业的进一步发展。近几年来，图书发行体制改革取得了一些新的进展，但深层次的矛盾和问题依然存在，适应社会主义市场经济的购销体制、社店关系还没有形成，信息不通、物流不畅的问题十分突出，市场失范现象严重存在。

综上所述，新闻出版业的改革发展又到了一个非常重要的历史阶段，或者说又到了将要有所突破的前夕。在新形势下，如何保证党和国家通过出版物对社会意识形态领域进行正确的引导和总体把握；如何在保证正确的舆论导向前提下，适应社会主义市场经济的要求，发展、壮大新闻出版产业；如何在扩大开放的情况下，保持民族新闻出版产业的主导和主体地位，把中国的文化推向世界。正确回答并处理好这些问题，是对我们的严峻考验。深刻认识新闻出版产业的本质属性和内在发展规律，建立起既适应社会主义市场经济体制，又符合社会主义精神文明建设要求，反映新闻出版工作内在规律的管理体制和运行机制，加快新闻出版业的发展，尽快完成新闻出版产业结构的调整和升级，全面提高综合实力和竞争能力，保持健康、快速的发展态势，已经成为我国新闻出版业当前和今后一个时期内的紧迫任务。

二、以高度的政治责任感，始终 把加强管理摆在重要位置

在世纪之交新闻出版业改革和发展的关键时期，新闻出版管理居于十分重要的地位。最近，国务院要求所属各部门都要在加强管理上真正下大功夫，从严要求、从严治政，切实加强管理。在党中央、国务院的领导下，如何加强管理，统揽新闻出版工作全局，坚定不移地为全党全国工作大局服务，各级新闻出版管理部门将面临新的考验，无论形势多么复杂，任务多么繁重，我们都要始终胸怀全局，头脑清醒，时刻牢记党和政府赋予我们的管

理职责，坚定信心、把握规律，保持并不断推进新闻出版管理工作的良好态势。

第一，加强管理是我们新闻出版管理部门的职责所在，是基本职责，对这一点我们不能有丝毫含糊。新闻出版工作是宣传思想战线的重要组成部分，在全党全国的工作大局中，首要的任务是提供良好的舆论环境和思想保证，确保不添乱。而要做到这一点，在各种思想文化相互激荡的今天，并不容易，我们的任务很艰巨，责任很重大。有的局长这几年花了很大的精力抓经济增长，这没有错，但千万不能放松管理。放松管理，一旦出了问题，就可能给全党全国工作大局添乱，给党和国家的事业造成损失。对此，我们必须增强政治意识、责任意识，从巩固党的执政地位，完成党在新时期的历史任务的高度，始终保持良好的精神状态和革命斗志，坚持不懈抓管理。要认真学习贯彻江泽民同志关于宣传思想工作的重要批示精神和《中共中央关于加强和改进思想政治工作的若干意见》，把加强管理的各项措施落实到位，做到尽职尽责、尽心尽力。

第二，加强管理一定要以讲政治为核心。在社会主义市场经济条件下，新闻出版部门"承担着牢牢把握正确导向，为改革开放和现代化建设提供思想舆论保障的政治责任"。回顾近年来的实践，有一条重要经验我们要牢牢记取，就是一定要着眼于政治抓管理，只有增强政治敏感性和政治鉴别力，才能抓好新闻出版管理工作。当今国际国内思想政治领域的矛盾和斗争、经济技术领域的剧烈竞争，相互交错，在我们的新闻出版工作和各类出版物中都有不同程度的反映和表现，给管理工作带来大量新情况、新问题。我们必须从政治和战略的高度敏锐地把握新闻出版业的发展趋势，善于从政治上、全局上观察问题，保持高度的政治警觉，见微知著，防微杜渐。近一个时期以来，新闻出版署在审读中发现，出版物中的政治性错误逐渐多了起来，我们对这种倾向性、苗头性问题，要密切关注，决不能掉以轻心。要有针对性地制定工作预案，发现严重问题要及时报告，并坚决果断地予以处理。小报小刊要引起高度重视，这上面的问题不少，要管住、要严管，不能像有的同志说的，"大报管导向，小报靠市场"。这是不对的，小报小刊也有导向问题，不能登那些乱七八糟的东西。

第三，加强管理要强化阵地意识，努力繁荣社会主义出版事业。对此，中央领导同志对我们提出了明确要求。我们要认真贯彻落实《中共中央关于加强和改进思想政治工作的若干意见》坚持"以科学的理论武装人，以正确的舆论引导人，以高尚的精神塑造人，以优秀的作品鼓舞人"。要引导出版单位多出内容健康向上、艺术品位高的作品，多出思想性强、有重要学术价值的作品，多出宣传科学知识、科学思想、科学精神和科学方法的科普作品，用积极健康、丰富多彩的精神产品占领文化阵地和市场。为此，我们正在制定《"十五"国家重点图书出版规划》，在规划中要体现这个精神和要求。中央领导同志还提出，在出版工作中要坚持勤俭办事、注重实效。出书要考虑人民群众的实际需要，让普通百姓买得起、看得懂、用得上，防止和克服铺张浪费、形式主义等不良现象。中央领导同志批评指出，现在有的书包装越来越豪华、形式越来越"古怪"、价格越来越昂贵，有的甚至出金箔书、丝绸书、竹简书，这是一种奢靡之风。在精神产品生产中，此风不可长。请大家一定重视这个问题。

中央关于实施西部大开发的发展战略，对我们提出了一个新的课题，对发展新闻出版业有机遇、有挑战，我们要积极主动地做好调查研究工作，在新闻出版工作方面做好配合、做好服务，为西部大开发贡献我们的力量。

第四，加强管理一定要全面体现政府机构改革的精神和原则。新闻出版管理体制在计划经济下形成的政企不分、政事不分或"局社合一"的体制，是历史形成的，对新闻出版事业的发展也确实发挥了重要作用。但是，随着改革的深入，这种体制已经越来越不能适应社会主义市场经济的要求、不能适应新闻出版业改革发展的要求，已经明显地影响到公正执法和管理的有效性。为了正确有效地履行职能，对这种体制必须积极稳妥地进行改革，政企分开、政事分开、局社分离势在必行。这就要求新闻出版管理部门的职能必须切实转变到对新闻出版业的宏观调控、社会管理和服务上来，进一步强化行政监管职能，加强依法行政、严格执法，在新闻出版工作的全局中始终掌握主动权，保证新闻出版事业的健康发展。在机构改革问题上，中央领导同志对新闻出版管理机构已经讲了非常明确的意见，各地要结合实际情况，在当地党委政府的领导下，积极稳妥地进行。我们相信，只要我们坚决按照中央的要求进行机构改革、职能转变，最终一定能加强新闻出版管理，促进新闻出版事业发展。

第五，加强管理一定要把"扫黄打非"作为重要任务。开展"扫黄打非"斗争已经10年了，6年前，江泽民同志就做出了关于"追根究底，穷追猛打，然后找到杜绝这些事件不断发生的有效措施"的重要批示。在党中央、国务院的高度重视下，在各级党委和政府的领导下，在有关部门的共同努力下，"扫黄打非"工作不断深入，成效显著，已经形成一个态势良好的工作格局。但是，必须清醒地认识到，由于非法出版物越来越成为国内外敌对势力与我们争夺思想文化阵地的重要工具，成为不法分子牟取暴利的重要手段，因此，"扫黄打非"工作面临更加复杂的局面，任务更加艰巨。要从根本上扭转这种局面，必须从"讲政治"的高度看问题，从规律层面进行理性思维，从制度和机制上着手采取措施。在查处"法轮功"的斗争中，深挖"法轮功"非法产业、深挖其经济犯罪问题，给了我们一个重要启示，我们要从经济根源上来分析"制黄"、"贩黄"、盗版、走私和非法出版的违法犯罪活动屡禁不止的根本原因。一方面要坚持"扫黄打非"以来行之有效的工作格局，新闻出版管理部门要责无旁贷地把"扫黄打非"工作作为加强管理的基本任务和重要职责，同时，要紧紧依靠公安、工商、海关等部门强有力的执法手段，目标统一、分工明确，加强协作、综合治理；另一方面要通过法律程序，加大对非法出版犯罪的经济处罚力度，彻底摧垮其经济基础，起到釜底抽薪的作用。

"扫黄打非"，事关全党全国工作大局，事关社会主义精神文明建设，事关新闻出版事业健康发展，全党重视，百姓关注，必须坚持不懈地打下去。我们既要充分估计困难，又要增强正义必将战胜邪恶的信心。"扫黄打非"是一项长期的、复杂的系统工程，不能急，也不能等；不能企图速战速决，也不能无所作为。要树立打防结合、标本兼治、长期作战的战略思想。同时要深入研究问题，认真总结经验，逐步完善法规，不断有所创新，不断有所前进，努力开创"扫黄打非"工作的新局面。

第六，加强管理还要推动行业提高经营管理的整体素质和水平。积极支持、促进出版企事业单位转换经营机制，进一步增强其自主经营、自我积累、自我发展的能力和市场竞争力，是新闻出版管理部门的一项重要工作，要找准切入点，积极推动。改革开放 20 年来，新闻出版行业经营观念和经营机制，由生产型向生产经营型和管理效益型转变方面，取得了可喜进步。但是出版企事业单位内部经营管理粗放的状况还没有得到根本扭转。要采取积极的政策措施，促进新闻出版行业进一步改善经营、提高效益。出版单位和国有印刷发行企业要加强以财务成本管理为中心的各项管理，落实各项改革措施，认真引进、建立和完善现代企业制度，确保国有资产保值增值。

第七，加强管理要加强法制建设，依法行政、依法管理。依法治国，是党领导人民治理国家的基本方略。依法行政是依法治国的重要组成部分，为此，去年 11 月 8 日国务院做出《关于全面推进依法行政的决定》，要求各级政府和政府各部门要统一思想、更新观念，认清自己的历史责任，带头依法行政。要加强政府法制建设，全面推进依法行政；要进一步加强立法工作，切实提高政府立法质量；要加大行政执法力度，确保政令畅通；要强化行政执法监督。我们要认真贯彻落实国务院这个决定的要求，针对新闻出版活动的社会化程度高和管理对象复杂的情况，不断完善新闻出版法规体系，充分运用法律手段，确保新闻出版工作的正确方向。

三、改革攻坚，加快"整合"，推进
新闻出版业跨世纪发展

经过 20 多年的改革发展，新闻出版业的管理体制与运行机制已发生了重大的转变，成果有目共睹，进步相当显著。但是，新闻出版业的改革与国民经济体制的整体改革相比，许多方面滞后，也是十分明显的。一些长期困扰、制约新闻出版业进一步发展的深层次矛盾，焦点、难点问题，有的突破了一些，未深化下去；有的一时还难以突破。面临新的形势、新的挑战，新闻出版业的改革处于一个攻坚与突破的关键时期。随着我国改革开放的步伐加快，整个国民经济为了适应世界经济全球化、信息一体化的发展趋势，产业结构的调整、重组力度加大，"科教兴国"战略也在加速实施。新闻出版业不能只满足于现有的改革成果、改革进度，不能只看到自身纵向的发展变化，看不到国际国内形势催人、形势逼人。另一方面，经过20多年的摸索，我们对新闻出版业的本质属性、功能、作用的认识已经上升到一个新的高度，在如何确保正确的政治方向，坚持以社会效益为最高准则，加强管理、优化结构、提高质量等方面都积累了宝贵的经验；以出版集团、发行集团的试点为契机，带动出版体制改革，加快出版产业结构调整也取得了积极进展。我们要抓住有利契机，开拓进取，知难而进，以只争朝夕的紧迫感、使命感，发起一场出版改革的攻坚战，力求在一些难点、焦点问题上有所突破，推动新闻出版业的改革跃上一个新的台阶。

改革攻坚要以"整合"为重要手段。近年来，中央领导同志在有关讲话中多次强调新闻出版业要加快"整合"，这既为我们明确了战略目标，又为发展新闻出版业指出了工作思路和工作方法。在去年的全国新闻出版局长会议上，我代表署党组提出了大力推进新闻出版业战略性整合的一些设想，并做了一些工作。党的十五届四中全会提出的国有企业改革和发展的主要目标和指导方针，对推进新闻出版业的改革和发展有很强的指导意义，特别是从战略上调整国有经济布局和改组国有企业的指导方针，对新闻出版业进行战略性整合非常有针对性，为我们推进改革创造了极为有利的条件。

随着改革的深入发展，新闻出版业的结构性弊端明显，产业内部资源配置不合理十分严重。从宏观上看，各地区、各部门新闻出版机构布局的同构性造成了日益严重的贸易壁垒，地区间分工与协作淡化，使得低水平重复出版、资源浪费非常严重。流通领域垄断经营与过度竞争并存，远没有形成合理、适度的市场竞争环境。从微观上看，出版单位、发行企业内部经营管理水平还不高，专业化、规模化经营能力弱，集约化水平低，既难以加速发展，更难以迎接未来的挑战。所有这一切都说明，新闻出版业正酝酿着全面而又深刻的整合。

新闻出版业面临的整合问题，与整个国有经济和国有企业的发展进程是一致的，与国有经济布局的调整和国有企业的重组问题是类似的。整合是当前新闻出版业改革发展的一个提纲挈领的"关键点"。我们进行战略性整合，既是20年来改革发展的继续，又是"阶段性转移"①的深化和提高。可以预见，通过整合，新闻出版业的发展将实现从量变到质变的飞跃。推进整合要明确以下几个问题：

关于整合的基本方针。要以党的十五大和十五届四中全会精神为指针，根据中央的有关方针政策，从有利于加强党对新闻出版业的领导出发，尊重新闻出版业的特点和社会主义市场经济的客观规律，坚持解放思想、实事求是，改革创新、开拓进取，以点带面、稳步推进。

关于整合的目标。整合要以增进新闻出版产业的综合实力和整体竞争力，增强承受和抵御风险的能力，提高新闻出版业的创新能力为目标。把提高、增进这四"力"作为整合的目标，集中体现了我国社会主义新闻出版事业的指导方针和基本任务，反映了新闻出版业改革发展20年来的基本经验和迎接跨世纪挑战的要求，具有丰富的内涵。

关于整合的方向。通过新闻出版产业布局和结构的调整与重组，优化产业结构，核心是着力发展具有专业化、规模化和集约化经营能力的大型报业集团、出版集团、发行集团，促进新闻出版产业内部形成新的分工协作体系。在整合的过程中要充分尊重市场经济的客观规律和新闻出版产业的自身发展规律，善于总结经验，特别是近几年组建报业集团、出版集团、发行集团的经验。调整与重组的办法须多样化，而且要体现灵活性、适应性。

下面我就以"整合为手段，改革攻坚，推进新闻出版业跨世纪发展"谈几点初步设想，供大家讨论。

第一，要以贯彻落实中共中央办公厅、国务院办公厅《关于调整中央国家机关和省、自治区、直辖市厅局报刊结构的通知》（中办发〔1999〕30号，以下简称中央"两办"30号文件）为契机，推进报刊结构的调整和优化。这项工作正在进行，难度很大，碰到各方面的困难，在座的各位局长都做了大量工作，有的甚至受了很大委屈，这些我们都能理解，但这件事情必须做好。通过第一阶段的调整，至少要达到三个方面的目的：一是壮大党报

---

① 见本卷第5页注①。

的实力；二是强化"社刊工程"；三是提高报刊整体质量，使之更适合社会主义精神文明建设的需要、适合读者的需要。在调整的过程中，有一个现象要引起注意，有的报刊按文件规定，原来的主办单位不能办了，千方百计在找新的主办单位，有的新闻出版局的同志也帮助找。这可能会出现一个问题，有的该压缩的报刊保留下来了，有的把大量债权和人员转移了，使接办的单位一开始就背上沉重的包袱。我们要严格按文件规定执行，该停办的要坚决停办。

第二，下决心实行"政企分开""局社分离"，构建新型的新闻出版管理体制与运行机制。新闻出版业发展到今天，改革进展到今天，政企分开、局社分离的问题已经无可选择地摆在我们面前。政企分开、局社分离，符合中央的整体改革思路，有利于新闻出版管理部门把主要精力放到抓政治导向、抓宏观调控、抓发展规划上来，促使其管理职能与方式逐步转到依法管理、执法监督上来；有利于激活出版发行单位的管理机制与经营机制，使他们真正成为自主经营、自负盈亏的法人实体和市场主体。局社合一的体制在许多地方运行多年，牵动面较大，改变这种体制有个过程，要尽可能做到平稳过渡。实行政企分开、局社分离的方式、模式，要结合各地实际，稳步推进。

第三，以组建出版、发行集团试点工作为契机，盘活业内资产，实现新闻出版业的联合与重组。组建报业集团、出版集团、发行集团现在还只是进行试点，作为中央抓的试点目前不再扩大，今年我们要集中力量抓好试点工作。试点工作的重点首先要在跨地区、跨媒体经营上有所突破，为加快新闻出版业的发展创造有利的政策环境。条件具备的印刷、发行集团，应鼓励积极进行跨地区、跨行业、跨所有制经营的尝试，通过联合、兼并、改组、改造，积极进行扩大融资渠道和经营规模的探索。推动出版业跨地区经营，形成全国统一、开放、竞争、有序的大市场，你来我往，互相促进，实现新闻出版业的南北互动、东西合作，提高出版业的产业活力与竞争实力，以应对来自各方面的日益严峻的挑战。

组建中国出版集团，也是具有战略意义的重大举措，对新闻出版业的整合能起到巨大的促进作用，中央领导同志指示我们要加快操作。中国出版集团组建的意义在于：①可以通过对"国家队""老字号"出版资源的优化配置与资产重组，对整个新闻出版产业的整合起到拉动、催化的作用，以产生全局性的示范效应；②体现党和国家对出版管理体制与管理方式的重大转变；③起到"试验田"的作用。中宣部和新闻出版署通过直接抓中国出版集团的试点，有利于指导面上的工作。此项工作已先后进行了两年的筹备，迈出了三大步。去年我们已经制订了一个初步实施方案，还要根据党的十五届四中全会精神，进行进一步的论证和完善。我们已下决心要集中力量做好这件事。

与其他领域的企业集团相比，新闻出版业组建集团，具有鲜明的社会主义意识形态性质。要着力回答和解决好这样几个关键问题：①如何从管理体制上确保党对新闻出版业的领导；②如何形成有利于新闻出版工作坚持党性原则、把握正确舆论导向的工作机制；③如何将建立法人治理结构与坚持党管干部的原则相统一；④如何始终坚持把社会效益放在首位。要解决好这几个问题，就要在国家关于组建企业集团的一般原则的基础上，从产权关系、法人治理结构等方面设计出符合新闻出版业特点的、约束力强、管理规范的模式来。

第四，进一步加大图书发行体制改革力度，建立规范的图书生产流通体系。图书发行体制改革虽然已经取得了很大进步，但是，适应社会主义市场经济体制的高效、规范的图书生产流通体系还没有真正形成，其中的规律性东西还没有真正掌握。近年来，一般图书印数下降，库存压力加大，1998年全国出版社图书库存码洋206亿元，去年又增加了几十亿元，有的一个出版社的库存就有几千万元，甚至上亿元，这个问题已经到了极端严重的地步。理顺图书的生产流通体系，规范市场行为，尊重客观规律，构建社店之间相互合作、相互依存、互惠互利的新型关系，是下一步图书发行体制改革攻坚的重要课题。

第五，采取有力、有效的措施，大力开拓农村出版物市场。把开拓农村出版物市场作为改革攻坚的问题提出，是因为这个问题既关系国家的大局，又关系出版业的发展，必须进行改革攻坚。对于开拓农村出版物市场，要讲政治，要站得高、看得远。农村市场的突出矛盾，一在渠道，二在体制，三在品种。这几个问题解决了，农村出版物市场就能释放出巨大的潜力。开拓农村出版物市场，要本着灵活、求实、创新的精神，解放思想，实事求是，一切有利于开拓农村出版物市场的组织形式与运作模式都可以尝试。出版发行部门要转变观念，深入农村，了解农民，为农民着想，为农村的经济发展和精神文明建设着想，优化农村读物的品种结构，丰富农村出版物市场。今年我们将召开农村图书出版发行工作会议，专题研究这个问题。

第六，深化行业内部管理体制与运行机制改革。新闻出版行业由于多年来经济效益普遍还可以，内部管理体制与运行机制改革滞后的问题十分突出，"三项制度改革"① 远没有到位。要切实推进以财务管理、成本核算为中心的管理体制和运行机制的改革，改变行业内部管理粗放、经营粗放的状况。要积极借鉴、引进、建立现代企业制度的有益经验，在坚持社会效益第一的前提下，提高管理效益，追求经济效益的最优化。要采取各种政策措施，实现人才的合理引进与流动机制，大力开发、利用好人才资源。在分配制度上，在有些部门、有的单位、有的项目上，可以视具体情况摸索按生产要素分配的新办法、新思路。要利用调整教材、教辅读物出版结构的时机，进一步优化图书出版结构，逐步改变倚重教材教辅的状况。要从生存与发展的战略高度，提高一般图书的市场占有率，制定本地区、本单位图书出版的品牌发展战略。

在改革攻坚中，要增强创新意识。创新主要包括观念创新、管理创新、技术创新、文化创新等。观念创新是第一位的。观念创新要紧紧围绕社会主义市场经济体制下建立有中国特色的新闻出版管理体制、运行机制，加快新闻出版产业发展的目标展开，提高对新闻出版意识形态规律和产业发展规律的认识和把握。从发展的观点来看，有的事过去不能做不等于现在不能做，现在不能做不等于将来不能做，看问题应当有超前意识、有前瞻性；有的问题总体上不允许不等于局部也不允许，普遍推开不行不等于进行试验也不行，处理问题要从实际出发、坚持实事求是。当然，在改革中突破现有规定的，都要"按章报批"。

---

① 见本卷第7页注①。

四、跨世纪的改革与发展，需要培养造就一大批职业化的专业人才

人才问题事关事业的兴衰成败。大家都知道人才重要，人才难得，下个世纪的竞争是人才的竞争，但是，如何培养人才、选拔人才、使用人才，许多同志还想得不多、想得不深。在世纪之交我国新闻出版业发展的关键时期，人才问题再一次突现出来。

新闻出版业的专业人才问题，在世界各国包括欧美发达国家都不同程度地存在。在西方新闻出版专业正规教育也很不发达，最近几年经济、文化与科技的飞速发展，使得整个新闻出版界对专业人才的需求显得措手不及。如今，新闻出版业站到了数字化技术发展和应用的前沿，人才不适应成为制约新闻出版业发展的突出问题。新闻出版部门原本就是知识型的行业，今天知识密集度更高、智能化程度更高，传统的劳动密集型图书批发业和零售业，也因为信息技术的应用而成为知识技术含量相当高的行业，更不用说以数字技术支撑的网上书店了。"按需印刷""网上出版""电子书"等等，无不渗透着高新技术。与此同时，世界新闻出版业的兼并频繁程度和竞争激烈程度，一点不亚于其他行业，依赖高新技术已成为这个行业发展的重要特征。凡此种种，都与新闻出版业的教育准备和人力资源储备不足形成巨大的反差。

在我国，这个问题显得尤为严峻。一方面，我们需要培训、学习和更新的东西很多，除要掌握新闻出版业新技术，适应新变化外，还要学习市场经济的基本知识，如经营、营销和管理等；另一方面，我们现行的新闻出版教育严重滞后，长期以来缺乏系统的教材，已经出版的一些教材，其体系和知识也已相当陈旧，不仅不能反映世界新闻出版业的最新发展，就连国内新闻出版业的改革形势也跟不上。尽管这些年来，我们在岗位培训、职业技术教育、持证上岗等方面成效显著，但总体上说还没有建立起一套适应性强、知识更新快的出版专业化培训教育体系。目前我国新闻出版专业人才资源的供给远远不能满足新闻出版业知识技术含量高、组织化程度高、专业集中度

高、竞争程度高以及国际化程度高的发展趋势的需要。因此，在相当长的时间内，新闻出版专业人才，特别是经营管理人才和掌握高新科技的人才，将是新闻出版业的稀缺资源，这个因素也将成为我国新闻出版业向现代化转型的最大制约。因此，加紧实施新闻出版业跨世纪人才工程、优化人才结构，成为当务之急。

跨世纪人才工程的实施，首先应当高度重视现代产业发展专业化和从业人员职业化的发展大趋势。比如，过去许多新闻出版单位的行政管理与经营管理没有严格的区分，管理人员都是"通用"的。其实行政管理与经营管理是两门不同的学问，都有不同的职业要求。随着竞争加剧，对行政管理和经营管理的要求都更高了，对管理人员必然就提出了职业化的要求。专业化是产业发展的高级阶段，而职业化人才则是产业专业化的必然要求。培养与现代新闻出版业相适应的专业化人才，"政治强、业务精、纪律严、作风正"是职业化的题中应有之义，坚持政治家办报、政治家办出版，应是我国新闻出版业从业者的基本要求。其次是应当有步骤有计划地采取一系列措施，保障新闻出版专业人才的培养和流动，最大限度地开发、利用好现有的人才资源。应当着手建立新闻出版专业人才数据库，制定新闻出版专业人才的职业标准及测评体系，创造公平的竞争上岗环境和条件，使新闻出版单位的人才库成为一潭流动的活水。应当解放思想、打开思路，积极培养和吸收高级专业人才。比如，一些大型出版发行集团，可以考虑到国外引进智力、聘用人才，选派有发展潜质的年轻人到国外学习先进的管理经验，扩大与国内大学合作培养新闻出版专业 MBA 的规模。新闻出版部门还要采取有效措施，创造条件，留住人才。应当及时总结国内外新闻出版业的新经验、新知识、新成果，更新现行新闻出版培训教育教材，尽快改变国内大学新闻出版专业教育观念滞后、知识陈旧的状况。

今年是世纪交替之年，中央对做好今年的工作十分重视，对新闻出版工作也提出了明确要求。总的是要坚持"一手抓繁荣，一手抓管理"；具体强调了四个方面的工作：一是组织优秀精神产品的生产；二是深化新闻出版领域的体制改革；三是切实加强管理；四是坚持不懈地开展"扫黄打非"斗争。这就是我们今年工作的指导思想和基本要求。

关于深化我国出版改革的几点建议[*]

改革开放以来，我国的社会主义文化建设事业同其他各行各业一样，取得了巨大成就，进入了一个空前繁荣的历史时期。到 2003 年，我国的图书年出版量已从 20 世纪 80 年代初的 2 万多种，发展到 19.03 万种，总印数 66.70 亿册。

党的十六大以来，党中央站在战略和全局的高度，对新闻出版和文化建设提出了明确要求，做出了一系列重要部署。为了更好地贯彻党中央的指示，推动新闻出版事业实现跨越式发展，结合我国当前出版领域的实际，我提出四点不成熟的意见和建议。

一、关于国有出版社

（一）存在的主要问题

1. 出版社数量偏少。

一个国家，经济的发展和文化发展是相互促进的。改革开放以来，我国的经济有了很大的发展，群众文化需要日益增长，但出版社数量却没有随着经济的发展而增加。

试以下列两组数据为例：

其一，出版社出书品种猛涨，与其实际编印出版能力不相符，为维持高增长率，导致变相"买卖书号"的现象屡禁不止。

---

* 这是于友先同志 2004 年 6 月 10 日撰写的文章。

1980 年时全国有出版社 192 家，年出书 21621 种，平均每社年出书 112 种；

1990 年时全国有出版社 501 家，年出书 80224 种，平均每社年出书 160 种；

2000 年时全国有出版社 565 家，年出书 143376 种，平均每社年出书 253 种；

2003 年时全国有出版社 570 家，年出书 190391 种，平均每社年出书 334 种。

在 23 年中，每个出版社年出书品种整整增加了 2 倍，这是出版社难以承担的，而为了维持每年的高增长率却又不得不承担。适度增加出版社的数量，是减少出版社超负荷的一个可行办法。

其二，从另一方面看，又有大量高水平的出版资源未被充分利用。

通过向教育部办公厅了解，经过调整以后，全国现有正规高等院校 1071 所，建有高校出版社的仅有 98 家，只占高校总数的 9.2%。从已建的高校出版社出书情况看，相当一批出版社已发挥出高校人力资源强、出版资源丰富、出书质量高的优势，形成了品牌效应。一些高校出版社除出版教材和为高校服务的科研著作外，还大量出版了面向社会的高水平著作，如清华、北大、人大的出版物都享誉社会，近几年新崛起的广西师大、陕西师大、东北财经大学出版社等都出版了大批学术含量很高的著作，受到读者的欢迎。高校建立出版社的潜力很大，有可能成为今后一段时间新的出版增长点。

据有关资料，美国有 2.1 万多家出版社，日本有近 5000 家出版社，法国有 4000 多家出版社，英国有 2400 多家出版社，德国有 3000 多家出版社，荷兰只有 1000 多万人口，却有 560 多家出版社。我国台湾省 2000 多万人口，有 7000 多家出版社，而大陆 13 亿人口，经济发展很快，目前只有 570 家出版社，远远不能满足群众日益增长的文化需要，同时这也是出现大量盗版图书和非法出版物的原因之一。

2. 一些出版物质量偏低。

据统计，从目前出版物市场查处的情况看，除一些非法出版物之外，有不少有问题的图书都是国有出版社正式出版物。据统计，北京市从 2001 年到 2003 年，不具有出版资格的单位出版的非法出版物共 2143 种；国有出版社出版的有严重问题或有问题的出版物达 1332 种。2004 年头三个月，又出现了《往事并不如烟》《中国农民调查》《少女之心》等书。据北京市"扫黄打非"办公室对 2004 年 3 月的 632 种出版物的审查，发现一号多用、宣传封建迷信和有色情描写等有问题的书有 49 种，涉及国有出版社 33 家。

3. 出版体制老化。

一是目前出版单位的布局、结构、数量不是由市场决定的，而是在计划经济体制下形成的，因而形成了分布均衡、规模小型、经营单一、效益低下，造成了一方面国有出版资源大量闲置，另一方面出版物的数量与质量都不能满足人民群众的需求。

二是国有出版单位受到审批制及主管主办单位的保护，几十年来，实行"铁饭碗"，无进无出、无生无死，没有形成竞争机制，造成了出版单位"大的不强，小的不活""弱的不死，强的不大""优者不胜，劣者不汰"。

三是出版物发行放开后，下游销售渠道畅通，但由于上游出版渠道单一，体制老化，从而更加剧了国有出版社与民营书商的"合作"，加剧了国外文化产品的大量涌入，加剧了图书的盗版、盗印和非法出版，加剧了图书市场的混乱。

（二）改革的思路

1. 改制。

政企、政事、管办彻底分开，取消出版单位主管主办部门，除人民出版社等少数社外，出版企业完全进入市场化经营。改制要加快进行。

2. 改造。

对现有的出版企业进行兼并、改组、改造，实行结构调整、资产重组，搞真正的公司化管理、规模化经营。出版社的机制也可考虑重新组建，如出版社主要从事策划、组稿、编辑、营销。将出版这一块实行社会化经营，单独组建出版公司，属于纯技术型的公司，承担装帧设计与出版、印务工作，以减少出版社中纯属出版技术性工作这一部分的重复建设。

3. 改革。

必须打破在长期计划经济体制下的思维定式，对现有的出版管理理念、管理模式、管理方法进行改革。比如，通过细化出版管理条例，有计划地增加出版社的数量。再比如，可以制定以下 3 项制度：

一是出版企业准入与退出制——凡符合出版管理条例的企业经过审查可以进入出版领域，也就是企业准入制度；凡违犯这些条例的企业要退出出版领域。坚决打破出版企业"铁饭碗"，形成竞争机制。

二是社长、总编责任追究制——权力下放，责任到社。社长、总编辑是出版物的第一责任人，出版物出现问题，要追究社长、总编辑的责任。

三是编辑人员淘汰制——广开才路、竞争上岗，择优聘用、优胜劣汰，以提高编辑人员的政治和业务素质。

4. 监管。

首先，书号实行实名制，所有的出版物必须上网登记，向社会公开，便于读者和管理部门监管。

其次，制定更为详细的处罚规定，包括对出版企业公布不良记录、罚款，直至取消其出版资格。

二、关于民营书业

改革开放以来，不少民营书业不仅进入图书发行行业，而且已涉足出版领域。他们采取与国有出版社合作、变相购买书号和"××出版社第×编辑室"等多种形式，从组稿、编辑到印刷、销售，形成了一整套完整的出版流程。据粗略统计，这样的民营书商在北京有数千家，全国数万家。资本最雄厚的达数亿元，员工上千人，有自己的出版研究院、人才资源中心和薪金制度等。民营书业出书范围各有侧重，有的专门出版教材教辅读物，有的专门出版儿童读物，有的专门出版文艺类书籍等。一般做法是从出版社取得书号，自己组稿，编、印、发一条龙。他们获得的利润，除交一部分给提供书号的出版社之外，完全用于自我消费、自我发展，不向国家交税。这对国家来说是一个很大的损失，同时也容易滋长腐败。

目前，对民营书业如何采取科学方法，加以规范和引导，有三点想法：

第一，对民营书业目前的状况进行全面的、深入的、系统的调查。对所有的民营书业进行登记，以掌握民营书业确切的数量、资本及经营情况。

第二，可以借鉴 20 世纪 50 年代我们党对私营工商业进行社会主义改造，实行"公私合营"的方式，制定办法，对民营书业进行"整顿、规范、提高"，在出版领域进行"公私合营"。吸收非公有制资本，增强文化发展的实力。例如，可以制定严格的"合营"规定，包括：民营书业可以参股，但不能对出版企业进行控股；不能担任出版企业主要领导；不能干预出版方向等。逐步改造、规范民营书业的出版行为。

第三，也可以设立专门管理机构，对民营书业的出版活动进行资质认定，对其拟定的出版选题、内容进行审定，经专项审批后可授予其出版权，也就是说，将出版物的审定和出版分开进行。

这样做既吸纳了一批资质较好又有实力的民营出版资本，吸纳了大量民营出版人才，同时又有助于改变出版领域的混乱局面，形成良好的发展势头。

三、关于"扫黄打非"

（一）"扫黄打非"面临的情况

第一，非法出版物数量剧增。北京市从 1998 年起，每年查处的非法出版物以百万件增加。即 1998 年为 200 万件，1999 年为 323 万件，2000 年为 421 万件，2001 年为 578 万件，2002 年为 690 万件。

第二，淫秽色情出版物数量剧增。仅 2003 年 3 月 4 日、5 日两天，广东省就查获淫秽色情光盘 640 万张。

第三，查处难度加大。一是"黄"的出版物由传统的单一媒体——书，向期刊、CD、VCD、DVD 和网络传播等多媒体、立体化发展，而且往往打着"人体科学""人体美学""性科学"等名义出版。二是一些有严重问题的书往往是国有出版社的正式出版物。这些书既不是"黄"的，又不是"非法"出版，查处的法律依据不足，难度加大。三是收容、遣送取消以后，对街头游商既不能罚款，又不能拘留，造成了对游商查处难、布控难、治理难等问题。

四是非法出版活动利用高科技手段和现代化工具，如电子传版、网络下载、光盘刻录等，向团伙化、网络化、规模化、专业化及境内外勾结方向发展。

（二）解决的思路

第一，成立一支有一定规格、一定规模，装备精良、反应迅速的专业化队伍。"扫黄打非"15年来，已形成了一套好的工作思路、好的领导体制，但队伍力量比较薄弱，人员少、设备差，制度不健全，在此基础上应进一步加强、完善、充实，使之能够成为新形势下的文化市场监管的专门机构和队伍。

第二，为"扫黄打非"立法。美国1842年就制定了《反猥亵法》，禁止淫秽图片和出版物流向美国；英国1857年就制定了《淫秽出版物法》，对淫秽出版物的鉴别处罚及"黄"与非"黄"的界限做了明确规定。原西德1947年制定了《传播危害青少年之文学作品法》，对打击淫秽出版物做了法律上的规定。我国应尽快制定相关法律，把"扫黄打非"纳入法制化轨道，特别是《行政许可法》颁布和收容取消后，"扫黄打非"法律依据不足、行动困难，立法显得更加迫切。

四、几点建议

第一，成立专门的出版体制改革研究机构。由新闻出版总署领导牵头，组织专门人力，集中精力对出版业改革的宏观思路、根本措施和具体办法进行研究，特别是对国有出版企业的改革、民营书业的管理进行全面的、深入的、系统的调查研究，为中央决策提供依据。

第二，在"扫黄打非"领导小组办公室的基础上，成立独立的市场监管部门。目前各省的新闻出版局既是制定规则的，又是执行规则的，同时又是监管规则落实的；既是负责出版物繁荣的，又是负责市场监管的。这种立法与执法一体、繁荣与监管同抓的体制不利于出版事业的健康发展。

第三，加快干部人事制度改革。与中央其他部委相比，新闻出版总署恢复较晚，人员来自各个方面，目前的干部素质参差不齐，必须下大力气对现有干部进行培训，不断提高素质。在全国范围内挑选一些政治强、业务精、品质好、年轻有为的干部充实到重要岗位，增加新鲜血液。

第四，应考虑加快制定出台《出版法》，把出版纳入法制化轨道。美国1790年、法国1793年就制定了版权法，法国1881年就制定了《出版自由法》。

努力实现我国新闻出版
业的阶段性转移*

党的十一届三中全会召开至今已整整 30 年了。30 年来，改革开放的春潮给我们的国家带来了勃勃生机，同时，也给新闻出版业带来了翻天覆地的变化。作为一个老新闻出版工作者，由衷地感到振奋和喜悦。回望昨天，心潮起伏，最难忘的是在 20 世纪 90 年代，全国广大新闻出版工作者，在党中央、国务院改革路线的正确指引和大力支持下，展开了实实在在的"阶段性转移"① 工作，"阶段性转移"即在那一个时期采取的推动新闻出版业由规模数量增长阶段向优质高效阶段转变的一个重要的工作思路。此思路推出并实施仅几年的时间，我国的新闻出版业就呈现了战略性转移的生动局面。我作为这项工作的亲历者，既感到荣幸，同时又每每受到启发。

一、"阶段性转移"的思考并推出

改革开放 15 年之后，新闻出版事业在党的新闻出版工作方针的指引下，进行了深入的改革，新闻出版体制逐步摆脱计划经济的模式，已基本上完成了由生产型向生产经营型的转变。新闻出版业的实力大为增强，在社会主义物质文明和精神文明建设中发挥着越来越重要的作用。至 1993 年，全国已

  ＊ 此篇原载《亲历新中国出版六十年》，河南大学出版社 2009 年版。
  ① 见本卷第 5 页注①。

有出版社 543 家，是 1978 年 105 家的 5.17 倍，平均每年增长 12.50%。全国公开发行的报纸种数已达 2039 种，超过了美国的 1600 多种，是 1978 年 186 种的 10.96 倍，平均每年增长 18.70%。此外还有内部报纸 5000 余种。全国公开发行的杂志有 7500 种，是 1978 年 930 种的 8.06 倍，平均每年增长 14.95%。此外还有内部期刊约 1 万种。

1993 年 5 月，我调任新闻出版署署长。上任伊始，到有关出版单位调研、了解情况，并多次召开座谈会，听大家的意见和建议。在研究起草 1994 年全国新闻出版局长会议文件时，萌生"阶段性转移"的工作思路，并与起草文件班子的同志们一起对之进行了认真思考。

大家认为，新闻出版业的大力发展也出现了一些新的矛盾，透视出需要解决的问题。例如：新闻出版单位增长过快、过猛，缺少优秀的经营管理和编辑专业人员，致使书、报、刊出版质量参差不齐的现象日益突出；出版社追逐经济效益，抢热门选题，造成严重的重复交叉出版现象；追求数量，致使相当数量的出版物质量不高，低层次重复；在新闻出版事业发展中，追求大而全、小而全；尤其不可忽视的是，在这种追逐数量、不重视质量效益的情况下，助长了新闻出版领域里的"拜金主义思想"，以致出现"买卖书号""有偿新闻"等行为，影响了出版事业健康、有序地发展。同时，从大的环境来看：一方面，两个文明的建设对于新闻出版业的要求越来越高，不提高质量和效益，难以胜其重任、难以进一步强化其为两个文明服务的力度和强度；另一方面，新闻出版业面向市场之后，不提高质量和效益，不走内涵发展的道路，便缺少竞争能力，难以生存和发展。这就需要尽快建立一种既适应精神文明建设要求，又适应社会主义市场经济发展需要，同时又符合新闻出版业自身发展规律的管理体制和经营运作机制。于是，在 1994 年 1 月召开的全国新闻出版局长会议上，我代表署党组把"阶段性转移"推了出来。我当时在全国新闻出版局长会议上做的报告题目就是《坚持方向、深化改革，实现新闻出版业的阶段性转移》，在这个报告中我讲了几点：①新闻出版业面临着"阶段性转移"；②坚持方向，引导转移，更加优质高效地为人民服务、为社会主义服务；③依法管理，保障转移，为实现优质高效创造公平竞争、健康有序的环境；④深化改革，加速转移，进一步形成优质高效的运行机制；⑤促进繁荣，实现转移，为社会提供丰富多彩的高品位高质量的精神产品。一句话，新闻出版业的发展要从以规模数量增长为主要特征的阶段向以优质高效为主要特征的阶段转移。1994 年全国新闻出版局长会议之后，全国出版界普遍认真地学习、深入地理解会议精神，达成共识，积极行动起来，采取有效措施实现和进一步推进新闻出版业的"阶段性转移"。

二、采取有效措施，实实在在开展"阶段性转移"

"阶段性转移"提出之后，得到全国新闻出版界的普遍拥护和支持。实践证明，"阶段性转移"顺应了我国新闻出版业繁荣发展的潮流，符合党中央、国务院改革开放的政策精神，它实际上成为一个"历史性任务"。那几年，我们围绕"阶段性转移"建章立制，采取措施，不断调整、不断创新，实实在在、卓有成效地开展"阶段性转移"工作。

（一）加大图书质量检查力度

按照从规模数量增长向优质高效转移的工作思路，我们的图书出版以提高出版物质量为中心，真正达到优质高效，一个重要的措施就是图书质量大检查。通过检查发现问题，解决问题，提高质量。"阶段性转移"开展以来，图书质量大检查时刻都没有放松。我到署里工作之后，1993 年 10 月到 1994 年 1 月，对在京的 20 家出版社的 23 种图书编校质量进行检查，结果除 3 种图书是合格品外，其余 20 种均为不合格品，占被检查图书的 87%。这表明，图书编校质量存在严重的问题。1994 年 3—4 月，又组织有高级职称的古籍专业工作人员，对 9 家出版社的 9 种大型古籍今译图书进行检查，结果是均不合格品，实在令人震惊！之后，对新闻出版署 16 家直属出版社出版的 32 种图书质量进行检查，结果是优秀品 1 种，良好品 2 种，占被查图书总数的 9%；7 种为合格品，占被查图书总数的 22%；22 种为不合格品，占被查图书总数的 69%。这说明图书质量问题十分严重。几次图书质量检查，引起社会和出版界的关注，认为这是提高图书质量的重要措施。许多省新闻出版局对本地区出版的图书进行了质量检查。各地在检查之后，分别不同情况进行了表扬、批评和处罚，图书质量意识得到加强；同时普遍认识到，没有优良的质量，就不能很好地为社会主义精神文明和物质文明建设服务。不合格图书，不仅败坏出版社形象，而且误人子弟、损害读者利益。因此，要正确处理数量和质量的关系，始终重视质量问题，正确处理社会效益和经济效益的关系，下大力气提高队伍素质，保证图书质量的稳步提高。

1995年4月11日，新闻出版署发出《关于进行全国图书质量大检查的通知》。这次图书质量检查的重点是图书的编校质量，检查的范围是：全国出版社1994年新版图书（以版权页为准）；检查工作由新闻出版管理部门和各出版社的主管部门负责组织实施，军队出版社由总政宣传部负责组织实施；检查工作分普查阶段和抽查阶段两个阶段进行。各地新闻出版局按照新闻出版署通知要求认真组织对图书质量的检查。上海市、陕西省、湖南省、江西省、广西壮族自治区等新闻出版局针对本地区出版社的情况，针对检查中发现的问题制订进一步提高图书质量的措施，表扬一批优质图书，对出版不合格图书的单位进行了处罚。新闻出版署1995年度对全国出版社1994年的新版图书质量大检查的结果表明：与前几次检查相比，图书整体质量呈现回升和提高趋势，但仍然有许多图书的编校质量达不到合格标准。在这次检查工作的普查阶段，共检查出版社520家，占全国出版社总数的92.70%，检查图书1407种。查出优质品图书（差错率在1/80000—1/40000）153种，占被查图书总数的10.87%；良好品图书（差错率在1/40000—1/20000）189种，占被查图书总数的13.43%；合格品图书（差错率在1/20000—1/10000）493种，占被查图书总数的35.04%；不合格品图书（差错率超过1/10000）572种，占被查图书总数的40.65%。普查1407种图书的整体合格率为59.35%。在抽查阶段，新闻出版署共检查了5个省、自治区的10家出版社和北京地区的25家中央级出版社的35种图书。查出良好品图书1种，占检查总数的2.86%；合格品图书6种，占检查总数的17.14%；不合格品图书28种，占检查总数的80.00%。抽查35种图书的整体合格率为20.00%。新闻出版署对16家直属出版社出版的32种图书的编校质量做了检查。检查结果：优秀品1种、良好品2种，优秀品和良好品占被查图书总数的8.57%；7种为合格品，占被查图书总数的21.88%，22种为不合格品，占被查图书总数的 68.75%。检查结果说明，由于没有严格坚持必要的编校制度或编校工作不够认真，新闻出版署直属出版社的大多数被查图书的编校质量不合格，问题十分严重。新闻出版署 1995 年 3 月 2 日发文决定对 16 家直属出版社出版的 32 种图书，分别不同情况给予表扬、批评和处罚。

新闻出版署从 1993 年到 1995 年，先后进行了 3 次分类或分系统的图书质量检查工作，并在检查之后向全国公布了处理决定。1995 年开展的"全国图书质量大检查"，是新闻出版署布置的第四次，也是中华人民共和国成立以来开展的第一次大规模图书质量检查活动。这次检查的结果大体上反映了目前我国图书出版质量滑坡的实际情况，是当时出版界面临的各种问题的综合反映。因此，必须从以下方面加强综合治理：①各级主管部门及出版社应切实加强对质量工作的领导，坚持质量第一的原则，形成"讲求质量为荣，不讲质量为耻"的风气；②建立并完善图书质量管理机制，严格实行"三审制""三校制"，凡取消校对科的出版社必须重新设立，并由相应职称的专业人员担任校对工作；③充实、调整、培训编校队伍，尽快实行工作考核基础上的资格证书和持证上岗制度；④各省、自治区、直辖市新闻出版局和中央级出版社的主管部门均应建立经常性的图书质检制度，各出版社也应成立由总编辑主持的图书质检机构，对检查的图书给予奖惩；⑤严格控制图书协作出版，严禁"买卖书号"。

（二）加强审读，在全国建成审读网络

图书质量问题，不仅仅是编校质量、译文是否准确、古籍整理方法是否规范等问题，更重要的是内容质量。图书出版要为社会主义现代化建设提供精神动力、智力支持和良好的舆论环境，为两个文明建设服务。为此，努力抓好导向，加强审读，多出内容健康向上的好书，是图书出版"转移"的根本目标。出版管理部门在抓导向、弘扬主旋律、加强引导方面做了许多工作。通过有关会议，及时向出版单位传达中央关于出版工作重要精神，这对正确把握出版导向、促进出版繁荣，为改革开放和现代化建设创造良好的舆论环境，起到了积极的作用。通过个别谈话，对有问题的出版单位及时打招呼，统一认识，制止了不良倾向的发展和坏书的出版。图书出版管理确立了主要从审读入手抓质量的原则。建立健全审读制度，加强审读工作，表扬好的、批评坏的，并尽可能及早发现问题，将其制止在萌芽状态。1994 年4 月,新闻出版署召开全国图书审读工作会议，建立了全国图书审读网。一些已经出版的坏书，通过审读，提出处理意见，这对于净化图书市场、提高图书质量，有很大的促进作用。

为了做好图书审读工作，新闻出版署曾专门召开过两次全国图书审读工作会议，在出版单位和各地出版局逐步形成了图书审读网络。为了加强图书审读工作，2000 年又进一步采取措施，健全有关制度，调整和充实了审读队伍。新闻出版署 8 月在太原召开了第三次全国图书审读工作会议。交流了几年来全国图书审读工作的经验，分析了当前审读工作面临的形势，布置安排下一步图书审读工作的任务，进一步强化了全国图书审读网络的功能。

1998 年，是加强期刊审读、加强期刊出版管理力度最大的一年。当年期刊审读采取了两条措施：一是提高审读的综合分析能力，每隔一段时间及时进行综合分析，提出问题、原因及采取的对策；二是根据期刊出版的新情况，把市场调查与对有关期刊进行重点审读结合起来。抓"大"管"小"，建章立制，切实解决期刊出版的倾向性问题。在抓"大"同时，署报刊司及时起草下发了《关于重申从严控制审批增刊的通知》《关于目前期刊出版有关问题的通知》等，对增刊、遵守办刊宗旨、坚持一刊一号、增加主办单位和改变刊期必须报批、遵守刊载性知识的规定、期刊主管主办单位履行职责、海外报刊不得在内地自行征订发行等问题，都重申或做出了明确规定。

（三）对出版社进行年检登记

为实现"阶段性转移"的目的，新闻出版署利用对出版社年检登记的机会，总结工作，争优达标。1994 年底，新闻出版署发出通知，要在 1995 年开始对出版社进行年检登记。除新建社外，全国 550 家出版社在主管部门的领导下开展了这项工作。新闻出版署在主管部门工作的基础上，批复 540 家年检登记，并在主管部门申报的基础上，评出良好出版社 129 家。这是对出版社进行年检登记的第一次，出版单位都很重视。1997 年的年检工作，除了对各图书出版社进行常规检查以外，还重点检查了是否存在"买卖书号"、超专业分工出书、违反专题报批的有关规定、忽视质量和三审制的管理等方面的问题，这些与图书出版业治理工作的重点相一致。在 1997 年出版社年检工作中，全国 558 家出版社提交了年检报告，到年底，有 546 家出版社已通过了年检，占出版社年检总数的 98%。在年检工作中，还重点总结了出版社在推进"阶段性转移"过程中的经验和成绩。

年检的力度也不断加大。1999 年参加年检的出版社共 564 家（新成立的两家出版社除外），大体分三个阶段进行：第一阶段出版社进行自查，主管部门验收；第二阶段由新闻出版署对年检报告和出版社情况进行审核，办理年检登记批复；第三阶段由出版单位持批复件到当地省级新闻出版局办理登记换证手续。出版单位和主管部门对年检工作非常重视，通过年检，查找出版单位存在的问题，及时采取整改措施。这次年检，检查核实了 22 家出版单位"买卖书号"的问题，对存在各类问题的 23 家出版社进行了处罚。1999 年新闻出版署对全国 45 家优秀出版社进行检查。从抽查结果看，合格以上的 35 种，其中优质品 4 种，良好品 12 种，合格品 19 种，整体合格率为 78%。

1998 年对音像出版单位和复制单位进行了年检审核登记工作。全国原有音像出版单位共 296 家，其中音像出版社 206 家，图书出版社音像部 90 家，通过对其组织机构、出版规模、内部管理、资金运营、遵守规章等情况的全面考核，通过年检的单位共 293 家（音像出版社 205 家，图书出版社音像部 88 家）。

（四）宏观调控书号，禁止"买卖书号""买卖版号"

实践使我们认识到，控制书号总量是实现"阶段性转移"的重要手段。优化选题，控制品种，提高质量，要有宏观调控，很重要的是要有出版工作者的自觉。在质量意识、精品意识增强的情况下，这种控制是能够得到出版单位的理解和支持的。当然，也发现有某些出版单位，不能按规定管理书号，向书商出卖书号。1995 年，在前一年对书号调控的基础上，继续对书号使用总量进行宏观调控。

严禁"买卖书号"是图书出版业"治散治滥"工作的主要任务。1997年 4 月，新闻出版署在查实某出版社卖书号出版有严重政治错误和泄密问题的图书之后，根据《出版管理条例》，撤销了这家出版社。之后，认真分析了当前图书出版业"买卖书号"的新情况与新苗头，针对其手法变化多端、隐蔽性强等特点，在摸清基本情况、进行调查取证后，对在出书和管理方面存在较严重问题的 12 家出版社进行了查处，并根据不同情况给予停业整顿或缓期登记处分。查处一批有严重问题的图书。1997 年，先后审读查处了有各种问题的图书近 50 种：一是有政治性问题的图书；二是有民族宗教问题的图书；三是宣扬封建迷信和伪科学的图书；四是违反专题报批的规定，不报批就出版的图书；五是存在严重质量问题的图书；六是格调低下，内容不健康的图书。

1999 年加大了对"买卖书号"的查处力度，先后给予 7 家出版单位停业整顿的处分。同时，查处了一批违反国家出版方针政策、内容存在严重问题的图书，主要有：一是宣扬愚昧迷信的伪科学、世纪末大灾难的图书；二是借回顾历史之名，宣传严重错误观点、突破党的两个历史问题《决议》①的图书；三是存在宗教问题的图书；四是严重违反出版管理规定，特别是重大选题备案的图书。2000 年采取了切实有效的查处"买卖书号"的措施：一是部署在全国出版单位开展对"买卖书号"问题的全面清理和自查。2000 年 3 月 6 日，新闻出版署发出了《关于清理和检查"买卖书号"的通知》，要求全国各出版社对 1997 年 1 月以来的出书情况进行一次全面清理，检查是否存在"买卖书号"问题。二是先后派出 16 个检查组，对北京、东北、华东、西北和中南 5 个地区的 29 家出版单位进行了抽查，使查处"买卖书号"的工作得到进一步落实。三是加大了处罚力度。2000 年因"买卖书号"问题，有 1 家出版社被撤销，11 家出版社受到停业整顿的处理，7 家出版社受到整顿的处分。四是建立和完善举报制度，落实出版单位社长、总编负责制。

禁止"买卖版号"。1995 年 1 月 25 日，中宣部和新闻出版署联合下发《关于禁止"买卖版号"的通知》，是加强音像出版管理的重要标志。1995 年 12 月 21 日，新闻出版署主持召开了全国音像出版工作会议，这是新闻出

---

① 两个历史问题《决议》：指 1945 年中国共产党六届七中全会通过的《关于若干历史问题的决议》和 1981 年中国共产党十一届六中全会通过的《关于建国以来党的若干历史问题的决议》。

版署归口管理音像出版业以后召开的第一次全国音像出版工作会议，会上我做了《"一手抓繁荣，一手抓管理"，促进我国音像出版事业健康有序发展》的报告，要求各音像管理部门和出版单位要结合实际，认真落实；同时针对音像出版工作存在的流通秩序混乱、盗版问题严重、"买卖版号"屡禁不止等问题，强调音像管理部门要加强宏观管理，为音像出版单位提供良好的发展环境。

（五）出台图书、报刊、音像和电子出版工作管理措施，集中治理散、滥现象

1995 年，针对出版物中存在的问题，制定了有关管理规定。所谓"挂历大战"，是一个多年来一直存在、引人注目、多次发文又没有彻底根治的问题，在社会各界广泛呼吁下，新闻出版署在调查研究的基础上，发出了综合性的《关于出版挂历的管理规定》和关于最高限价的规定，在出版、印制、发行、购买等各方面做了规范，终于使挂历的出版发行走上有序轨道。新闻出版署还发出《关于出版反映党和国家主要领导人工作和生活情况画册的通知》，规范了这类图书的出版。针对社会上滥印"名录"的问题，新闻出版署还发布了《关于加强名录类图书出版管理规定》。绝大多数出版社能按照出版管理规定开展出版工作。但也有少数单位违反规定，或出版了内容不健康的图书，或出卖书号，受到了查处。

1997 年出台两项重要管理措施。一是《图书质量保障体系》，经过两年多的调研、起草和讨论、征求意见，《图书质量保障体系》于 1997 年 6 月 27 日批准实施。《图书质量保障体系》前后共修改 10 余稿，参与讨论和征求意见的出版界人士普遍认为，《图书质量保障体系》是在全面总结和听取了中华人民共和国成立以来，特别是改革开放以来，图书出版、行政管理工作的经验、教训的基础上，第一次全方位、系统地从图书出版、行政管理、社会监督的全过程，对有关保障图书质量的法规、规定、制度、办法等进行清理、归纳，使之更趋规范化、科学化和系统化。《图书质量保障体系》的颁布与实施，对于实现新闻出版业的阶段性转移，提高图书出版整体水平，促进社会主义出版事业长期繁荣、健康的发展具有重要意义。二是实行重大选题备案制度，根据《出版管理条例》中"重大选题备案制度"的要求以

及授权新闻出版署具体解释的情况，《图书、音像制品、电子出版物重大选题备案办法》（以下简称《办法》）已下达实施。《办法》规定，凡涉及国家安全、社会安全等方面的选题；可能对国家的政治、经济、军事、民族、宗教问题等产生较大影响的选题，均属重大选题范围。安排这类选题，必须报新闻出版署备案，未经备案的不得出版发行。新闻出版署自受理备案之日起30日内，对备案的重大选题予以答复或提出意见，逾期未答复或提出意见，备案即自动生效。

长期以来，我国报纸很少有因经营不良、管理混乱或违反规定而停刊的，形成了"只生不死"的不正常现象。1994年，实施"阶段性转移"，这一局面有所改变，全国共有38家报纸停刊，有11种期刊因为出卖刊号、严重违反办刊宗旨等原因而受到撤销期刊登记的处分，这在报业史上尚属少见。1995年，在各地新闻出版管理部门评优的基础上，新闻出版署制定并颁布我国《社会科学期刊质量标准》（试行）和《社会科学期刊质量评估办法》。按照这一标准，首次在我国社会科学的学术理论、时事政治、综合文化生活、教学辅导4类期刊中，进行全国性的优秀社科期刊评比活动，共评选出上述4类获优秀奖期刊21种，获优秀提名奖期刊48种。1995年制定并颁布《关于出版少年儿童期刊的若干规定》《报刊社社长总编辑（主编）任职条件的暂行规定》《关于加强文摘类报刊管理的通知》等管理规章。新闻出版署于1997年初下发了《关于报业治理工作的通知》，对报纸"治散治滥"工作的时间、任务、方法、步骤等做了具体部署，提出取消内部报纸，转化为内部资料；压缩行业报纸和质量低劣的报纸；在总量持平的情况下，通过治理和调整结构，加强党报主阵地，增强国家主导出版单位的规模经营能力。随着全国报业治理工作的全面展开和顺利进行，到1997年底，全国大部分省（自治区、直辖市）已经完成或基本完成转化内部报纸、压缩行业报纸的任务，共计压缩公开发行报纸227种，占全国报纸总量的10.4%；转化内部报纸4356种，占原有内部报纸总数的67.5%。截至1998年底，全国报业治理任务大致完成，共计压缩公开发行报纸300种，占全国报纸总量的13.6%。1998年是我国报业实施由规模数量增长向优质高效"阶段性转移"的关键一年。我国报业经过治理和发展，报业散、滥势头受到有效遏制，报业结构得到明显优化，报纸质量得到显著提高，报业两个效益①均得到明显增强，我国报业步入繁荣和健康发展之路。

针对报纸出版活动中存在的问题及报业竞争中出现的无序竞争现象，新闻出版行政管理部门和一些行业组织在 1999 年出台了一系列规章、公约，并采取有效措施，加强自身建设，规范报业市场。其中最主要的有：1999 年 7 月 8 日新闻出版署颁布的《报刊刊载虚假、失实报道处理办法》（新出报刊〔1999〕859 号），使新闻出版行政管理部门对无具体损害对象又容易造成不安定社会影响的虚假新闻、失实报道有了处罚依据。1999 年 8 月 16 日新闻出版署发出的《关于非新闻出版机构不得从事与报刊有关活动的通知》（新出报刊〔1999〕1030 号），强调非新闻出版机构不得从事与报刊有关活动，只有经国家批准设立的新闻出版机构，有权依法从事新闻出版、采访、报道等活动。

我国音像事业的出版、复制、发行初具规模，生产能力逐年上升。在音像发行市场方面，经过治理整顿和"打非扫黄"，也初见成效，出现了新的面貌。新闻出版署为贯彻国务院颁布的《音像制品管理条例》，于 1994 年 12 月召开了全国音像出版复制管理工作会议。会议讨论了新闻出版署根据《音像制品管理条例》草拟的《音像制品出版管理暂行规定》《音像复制管理暂行规定》《关于加强和改进音像制品编码管理的通知》《关于音像出版、复制单位重新办理审核登记手续的通知》4 个文件，这几个文件的贯彻实施，对加强知识产权的保护，促进我国音像事业健康有序地繁荣和发展具有重要的意义。1996 年 3 月，新闻出版署颁发了《关于实施〈电子出版物管理暂行办法〉若干问题的通知》。要求各地新闻出版局对辖区内电子出版物生产经管活动进行一次全面清理。根据中共中央办公厅、国务院办公厅《关于加强新闻出版广播电视业管理的通知》（以下简称中央"两办"《通知》）精神，新闻出版署先后下发了 4 个文件，即《关于音像出版复制业治理工作的通知》《关于重新审定出版社出版进口文艺类音像制品资格的通知》《关于 1997 年音像出版单位审核登记的通知》和《关于清理音像复制

---

① 见本卷第 31 页注①。

业和审核登记音像复制单位的通知》。

我国书刊市场迅速发展，在繁荣社会主义出版事业、满足人民群众的精神文化需求，发挥了积极作用。但也出现了一些问题，在一些书刊市场，格调不高、粗制滥造及宣传色情、暴力和封建迷信的出版物时有出现，无照经营或超范围经营问题比较严重。为此，新闻出版署于 1995 年 5 月发出了《关于加强书刊市场管理的通知》，实行批发进场、零售归市和售前送审制度，要求除新华书店、出版社可直接进行批发业务外，其他批发单位必须进场开展批发业务；不论是批发还是零售，凡进入市场销售的书刊须经当地书刊市场管理部门审查批准。为规范出版社自办发行行为，1995 年新闻出版署颁发了《关于出版社建立图书发行机构的暂行规定》，明确出版社承担总发行业务的机构只能发行本版图书，且不得以任何形式转由个人或其他单位经营，而出版社建立的集体性质发行单位，不得承办总发行业务。图书发行体制改革出现整体推进、重点突破的良好势头，图书发行工作稳步前进。1996 年 6 月 1 日，新闻出版署发布了《关于培育和规范图书市场的若干意见》，从加强图书市场建设的八个方面，提出了下一阶段深化发行体制的目标和要求。它的鲜明特征就是把发行改革从指导思想上定位在市场上，强调运用社会主义市场经济的规律培育和规范图书市场，从整个出版产业的高度来进行总体设计。以此为标志，我国图书发行体制改革步入整体推进、重点突破、配套改革的深层次发展轨道。

（六）评选和表彰优秀出版单位，发挥先进典型的示范和引导作用

为了认真总结出版单位在社会主义市场经济条件下深化改革，多出好书的经验，1994 年，中宣部和新闻出版署表彰了 30 家优秀出版社，推广他们的经验，起到了良好的示范作用。出版的繁荣不仅表现在图书出版数量上，更重要的体现在图书质量上。1993 年开始评选的"国家图书奖"，是中华人民共和国成立以来规模最大、规格最高的图书奖。参加评选工作的评委共72 人，有 400 家出版社，从 1980 年到 1992 年出版的 50 余万种新版图书中推荐、申报 1105 种图书参评，评选结果有 135 种图书获奖。这些书体现了党的十一届三中全会以来我国图书出版业所取得的巨大成绩，受到国内外的

广泛关注。与此相衔接的不同类别图书专项评奖也在进行，如少儿读物评奖、科技图书评奖等。"五个一工程"中的图书评奖，也受到极大的重视。这些评奖工作对鼓励优秀图书出版，是一种有益的引导。真正把高质量的好书评出来，就会起到树立典型、促进出版繁荣的作用。

举办首届"国家期刊奖"、第二届"全国百种重点社科期刊"评比工作。首届"国家期刊奖"的评选，共评出获"国家期刊奖"的社科期刊49种，科技期刊64种；获"国家期刊奖"提名奖的社科期刊23种，科技期刊22种。同时评出108种第二届"全国百种重点社科期刊"。为了鼓励优秀音像和电子出版物的出版，表彰有贡献的出版单位，经中宣部批准，新闻出版署决定举办"国家音像制品奖"和"电子出版物奖"评奖活动，每两年举办一次。"国家音像制品奖"和"电子出版物奖"为全国音像和电子出版物的政府奖，体现国家对音像和电子出版物发展的导向作用。1999年6月，新闻出版署下发了《关于举办首届国家音像制品奖评奖活动的通知》，确定了评选范围为首届"全国优秀文艺音像制品奖"、第五届及第六届"全国优秀科技音像制品奖"、首届及第二届"全国优秀教育音像制品奖"中获一等奖的作品，列入《"九五"重点音像制品出版规划》和列入"庆祝建国50周年重点音像出版物选题目录"的音像制品。10月，组织了"首届国家音像制品奖"的评选，在社科、文艺、科技和教育4大门类中共有53部作品获奖，其中《新中国大阅兵》等19部作品获国家奖，《我爱国旗》等34部作品获提名奖。1999年6月，新闻出版署颁发了《国家电子出版物奖评奖办法》，部署首届"国家电子出版物奖"评选工作。"国家电子出版物奖"按社科、科技、文艺、古籍、少儿、教育、娱乐、参考及工具8个门类进行评选。每届设"国家电子出版物奖"10名，提名奖20名。此外，新闻出版署和中国科协还共同举办了第六届"全国优秀科技音像制品奖"的评选。音像和电子出版物的评奖已逐步走向正轨，通过评选优秀音像制品和电子出版物，对鼓励先进，多出精品、弘扬时代主旋律、促进音像和电子出版事业的繁荣有着重要意义。为实施精品战略、推动并鼓励优秀音像制品和电子出版物的出版，2000年1月新闻出版署评出了首届"国家电子出版物奖"，并在6月与教育部共同举办了第三届"全国优秀教育音像制品奖"评选。

（七）举办大型书展

"阶段性转移"的根本在于提高出版物整体质量，因此我们在 1996 年举办了"中国出版成就展"和"中国少儿出版物成就展"两次大型展览，以此总结出版成就，影响和促进"阶段性转移"的深入开展。由新闻出版署主办的中华人民共和国成立以来出版系统规模最大、规格最高的"中国出版成就展"，于 1996 年 7 月 13 日至 17 日在北京隆重举办。中国出版成就展的主题是：繁荣出版、服务大局。它全面系统地反映了我国出版工作在邓小平同志建设有中国特色社会主义理论指引下取得的丰硕成果。1996 年 7 月 13 日上午在展览馆隆重开幕，中共中央政治局委员、国务委员李铁映出席开幕式。全国人大常委会副委员长布赫、全国政协副主席钱伟长为中国出版成就展剪彩。这次出版成就展，有来自全国各省、自治区、直辖市、中央各部门所属出版单位和解放军系统的 45 个展团、540 家出版社参展，展出图书 38281 种，59497 册；期刊社 2394 家，4290 种，9276 册；音像社 143 家，参展制品 3099 种；电子出版物 180 种。这些出版物都是"八五"期间出版的重点图书、获"国家图书奖"和"五个一工程"奖、优秀期刊奖等奖励的精品。1996 年 7 月 15 日晚，中共中央总书记、国家主席江泽民，中共中央政治局常委、全国人大常委会委员长乔石，中共中央政治局常委、中央军委副主席刘华清，观看了中国出版成就展。16 日晚，中共中央政治局委员、书记处书记、中宣部部长丁关根，全国人大常委会副委员长王光英，全国政协副主席万国权等参观了中国出版成就展。7 月 17 日展览结束前，部分省、自治区、直辖市新闻出版局局长畅谈中国出版成就展。大家一致认为，这次出版成就展规模宏大、精品纷呈、效果很好。通过展览大家互相交流学习，找到了差距，明确了今后出版工作的方向，增强了信心，认为中国出版成就展对"阶段性转移"工作是一个推动。由中宣部和新闻出版署联合主办的中国少儿出版物成就展，1996 年 10 月 2 日至 5 日在北京展览馆举办。在 10 月 2 日的开幕式上，全国人大常委会副委员长布赫、全国政协副主席万国权出席并剪彩。10 月 3 日晚上，中共中央政治局委员丁关根观看了展览，前来观看展览的还有王光英、布赫、铁木尔·达瓦买提、彭佩云、钱伟长、何鲁丽等。10 月 4 日晚上，中共中央政治局常委、全国人大常委会委员长乔石，中共中央政治局委员李铁映、邹家华等党和国家领导人，观看了中国少儿出版物成就展，他们对我国少儿出版事业呈现的崭新面貌和取得的成就表示赞赏。这次展览集中展示党的十一届三中全会以来，特别是"八五"期间我国少儿读物出版的成就。来自中央和各省、自治区、直辖市的26个少儿出版社、100多家少儿报刊，以及近80家有少儿出版业务的综合出版社、100多家音像电子出版单位，共组成29个展团参展。此次的展品包括少儿图书、少儿类报纸、期刊、音像制品和电子出版物等2万余种。本次展览从总体上看举办得很成功，获得了各界的肯定，产生了深远的影响。在展览即将结束之时，许多家长都反映展期太短，孩子们意犹未尽，希望此类活动能常办常新，陪伴着一代又一代的孩子走向明天。除北京以外，上海、天津、武汉、西安、广州、沈阳、成都七大城市在10月2日同时举行中国少儿出版物成就展的分展，为我国亿万少年儿童献上一份精美的礼品与亲切的致意。

三、深化认识，专题研究，不断把
"阶段性转移"引向深入

搞好我国新闻出版业的阶段性转移，需要在推进过程中不断地总结探索，逐渐上升到理性认识，这样才能为之倾注鲜活的力量，持久地进行下去。我们主要从以下几个方面推进新闻出版业阶段性转移的深入进行：

（一）获得党中央、国务院领导同志的支持

在1994年"阶段性转移"工作推出之后并取得一定成效的基础上，1995年1月6日，新闻出版署党组向党中央、国务院呈报《关于进一步加强和改进出版工作的报告》，报告有七部分内容：①出版事业的发展态势和面临的问题；②在新的形势下出版工作的基本思路和工作方针；③因势利导，深化改革；④加强宏观管理，建立健全宏观管理体系；⑤努力促进出版事业的更大繁荣；⑥深入持久地开展"扫黄打非"；⑦加强领导和队伍建设。1995年1月12日，江泽民总书记主持中央政治局常委会会议，我代表新闻出版署党组就关于进一步加强和改进出版工作向会议做了汇报。会议对

在社会主义市场经济条件下做好出版工作做了重要指示,指出:出版工作是一项非常重要的事业,事关社会风气、民族素质的提高和下一代的成长,要进一步加强和改进出版工作;出版物是特殊商品,不能完全交给市场去调节;要抵制和扫除黄色、腐败的东西,让优秀的出版物占领市场。1995年4月12日,中共中央办公厅、国务院办公厅发的厅字〔95〕14号文件,转发新闻出版署党组《关于进一步加强和改进出版工作的报告》。中央"两办"《通知》称,这个报告已经中央原则同意。这个报告提出了建设有中国特色社会主义出版事业的基本思路,重申"一手抓改革,一手抓管理"的工作方针;还对深化出版改革、加强宏观管理、繁荣出版事业、加强队伍建设、加强党的领导等重要问题提出了系统的意见。中央"两办"转发的这个报告是继1983年党中央、国务院《关于加强出版工作的决定》之后又一个全面指导出版业改革和发展的重要文件。党中央、国务院的重要指示给我们的"阶段性转移"工作增添了很大的信心和力量,因此在1995年我们就考虑如何进一步推动"阶段性转移",及时地总结研究,发现问题,采取更加得力有效的措施解决问题,以使转移工作上一个新台阶。

1997年、1998年两年的全国新闻出版局长会议,中央领导同志的讲话给我们很大鼓舞,我们加深认识,把"加强管理,优化结构,提高质量"作为深化"阶段性转移"的重点。1997年的全国新闻出版局长会议1月18日至22日在北京举行。22日下午,国务委员李铁映出席全国新闻出版局长会议闭幕式。他指出,多出好书、不出坏书、坚持精品战略,是新闻出版战线的一项重要任务。所有出版单位,都要不出坏书,不出损害社会、损害青少年心灵、给国家造成危害的书。李铁映强调,当前要认真贯彻中央"两办"《通知》精神,做好"治散治滥"工作,管理好书报刊市场。要坚持中央制定的社会主义出版方向和关于精神文明建设的一系列方针政策,要适应社会主义市场经济体制的要求,要遵循出版工作的自身规律,要全面研究和探索有中国特色的社会主义文化市场体制。他在询问了有关出版企业的规模、效益后明确指出,直属的"国家队",经营和规模还这么小,怎么应付市场的风浪,更谈不上远渡重洋走向世界。他非常形象地说,众多的小舢板,不可能远渡重洋,更经不住大风大浪,只有组成大的联合舰队,才能远渡重洋、乘风破浪。他提出，出版战线要深化体制改革，必须建立坚持两个效益的、新的、大型的国有出版集团。现在世界上出现新的一轮大型企业的兼并与联合，我们的出版企业也要联合成大的航空母舰，成为市场主体，才能适应市场的变化。他说，造大船、创名牌是国有企业的共同任务，我们要抓住机遇，乘势而上，努力发展壮大自己。

1998 年的全国新闻出版局长会议 1 月 15 日至 18 日在北京举行。1 月 15 日上午，出席全国新闻出版局长会议的全体代表在列席全国宣传部长会议时，听取了丁关根同志的重要讲话。下午受到江泽民等党和国家领导人的接见，聆听了江泽民同志的重要讲话。党的十五大报告中提出的"加强管理，优化结构，提高质量"这三句话是一个有机的整体，涵盖了社会主义市场经济条件下新闻出版工作的方方面面。新闻出版工作无论是"一手抓繁荣"，还是"一手抓管理"，无论是推进"阶段性转移"，还是深化出版体制改革，都必须用这三句话的要求来提纲挈领。我们要正确理解三句话要求的深刻含义的辩证关系，把新闻出版工作提高到一个新的水平。1998 年我们制定的工作方针是：解放思想、实事求是、抓住机遇、开拓进取，把加强管理作为全面加强和改进工作的重点，把优化结构作为深化出版体制改革的重点，把提高质量作为推进"阶段性转移"的重点。并且认识到社会主义初级阶段新闻出版工作所具有的五个方面的基本特点和基本规律：一是新闻出版工作必须高举邓小平理论的伟大旗帜，坚持正确的政治方向和舆论导向；二是新闻出版工作担负着为现代化建设和国民素质的提高提供强大出版支持的历史性任务；三是出版与人民群众不断增长的精神文化需求相比，将长期处于一种不适应的状态，必须"坚持发展才是硬道理"，坚持走质量效益之路；四是社会主义市场经济和高新技术的发展给新闻出版业提供了极好的发展机遇，也给新闻出版管理提出了严峻的挑战；五是建立有中国特色社会主义的新闻出版体制，需要稳中求进。

"阶段性转移"实施以来，已取得了重要成果。主要表现在：新闻出版法制建设取得突破性进展，新闻出版持续繁荣发展，新闻出版管理得到有效加强，新闻出版体制改革不断深入，新闻出版业运用高新技术的能力明显增强，新闻出版队伍建设成绩明显，出版生产力得到空前解放。面对 21 世纪，新闻出版业阶段性转移要向更高更新的阶段发展，我们明确了加速向现代出版产业转变的重要课题。2000年1月18日，新闻出版署党组就召开全国新闻出版局长会议情况向中央政治局常委、国务院副总理李岚清汇报，李岚清对新闻出版工作近年来的发展和成绩给予充分肯定，并做出重要指示。

中央领导同志的关心支持，使我们更加认识到各级新闻出版机构，是宣传思想工作和精神文明建设的重要部门，在社会主义市场经济条件下，承担着"一手抓繁荣，一手抓管理"的重要任务，承担着为改革开放和现代化建设提供思想舆论保障的政治责任。为了正确有效地履行职能，新闻出版部门必须实行政企分开，推动新闻出版业在改革中健康发展。在地方机构改革中，新闻出版部门不能取消，其政府机构性质也不能改变。多出内容健康向上、艺术品位高的作品，多出思想性强、有重要学术价值的作品，多出宣传科学知识、科学思想、科学精神和科学方法的科普作品，用积极健康、丰富多彩的精神产品占领文化阵地和市场。社会主义市场经济实质上包括两个市场，即物质产品市场和精神产品市场，这两个市场建设得好不好，都直接关系到社会主义事业的全局。越是改革开放和发展市场经济，越要加强新闻出版管理，决不能放松对精神产品的编辑、生产、销售的监督和依法管理。所有新闻出版单位要坚持把社会效益放在首位，力求社会效益与经济效益的统一。坚决反对唯利是图、见利忘义的行为，使社会主义文化市场在保持繁荣的同时不断得到净化。

（二）在历年的全国新闻出版局长会议上强调

我在新闻出版署工作的几年间，始终把"阶段性转移"工作放到十分重要的位置来抓，每年的局长会议上，我所做的工作报告都大力强调这项工作。如前所述，1994年的局长会议上正式推出"阶段性转移"，此后几年的局长会议都从不同角度进行阐发。1995年1月18日，全国新闻出版局长会议在北京召开。这次会议的主要议题是贯彻落实经中共中央政治局常委会议审议批准的《关于进一步加强和改进出版工作的报告》，讨论并制订1995年工作要点。我以《扎实工作，服务大局，进一步推动新闻出版业的阶段性转移》为题向大会做报告。与会代表围绕学习中央指示，贯彻报告精神，努力开拓出版工作的新局面，展开了热烈的讨论。全体代表深受鼓舞和教育。大家认识到，中央如此重视出版工作，说明这项事业在发展社会主义市场经济的今天显得越来越重要、越来越事关全局。新闻出版事业的发展规模越来越大，影响越来越深，管理越来越困难，要求也越来越高，新闻出版管理部门的行业管理职能和社会管理职能都亟待加强。要切实解决目前各地存在的管理部门职能薄弱、管理体制不顺、管理手段缺乏等问题，以适应社会的发展和环境的变化，实现中央对加强出版工作的要求。大家认为，我们应准确地把握出版工作的发展态势和面临的问题，即四个方面的关系：①由于出版事业迅猛发展所产生的规模数量和质量效益之间的关系；②由计划经济向市场经济转变所带来的出版事业的经济效益与社会效益之间的关系；③现代科学技术的发展和新型出版载体的出现对出版业的推动和由此带来的难题；④放开搞活与加强管理之间的关系。从对这四个方面的关系和问题的简明概括和宏观把握中，引出了在新的形势下出版工作的基本思路和工作方针，这就是，尽快建立既适应社会主义市场经济体制和精神文明建设要求，又符合自身发展规律的出版管理体制和运行机制，推动整个出版业实现从以规模数量的增长为主要特征向以优质高效为主要特征的阶段转移。"一手抓繁荣，一手抓管理"，通过改革强化管理，通过改革促进繁荣。我谈到1995年新闻出版工作的设想，即实现"阶段性转移"的工作思路不变，新一年的工作仍然是加大改革力度和管理力度，促进这个转移。要有计划、有目的、有组织地搞好调查研究，把调研题目与加强管理、深化改革、促进繁荣的现实问题紧密结合起来；出版改革要整体推进、重点突破、配套进行。深化改革的中心环节是发行体制改革，要集中力量和智慧，在这个环节上组织一次"攻坚战"。要大力出版优秀出版物、宣传优秀出版物、推销优秀出版物，让优秀出版物占领市场；要多出好书、不出坏书、少出平庸书。更有意义的是，1995年4月10日—13日，中华人民共和国成立以来第一次全国版权局长会议在北京召开。中共中央政治局委员、国务委员李铁映到会并做了重要讲话，中央书记处书记任建新为大会发来了贺信，国务委员、国务院知识产权办公会议主持人宋健为会议做了书面讲话。

1996年3月19日，在南京召开的全国新闻出版局长会议上，我代表署党组在会上做了题为《总结"八五"，规划"九五"，努力推进新闻出版业的阶段性转移》的工作报告。中共中央政治局委员、国务委员李铁映为会议发来书面讲话认为，新闻出版的宏观管理体系逐步建立，出版事业的综合实力明显增强，新闻出版业的阶段性转移取得了较大进展，并对新闻出版工作寄予厚望。因此，在会议上我们要求特别注意正确处理好社会效益和经济效益的关系，繁荣与管理的关系，质量与数量的关系，改革与发展的关系，运用高新技术和加强有效管理的关系。但也应看到新闻出版工作存在的一些差距和问题，强调要认真落实中央关于新闻出版工作的一系列重要指示和党的十四届五中全会精神，进一步推动出版事业的发展由规模数量增长向优质高效转移。改革是"阶段性转移"最根本的动力，繁荣是新闻出版业阶段性转移的重要内容，建立有中国特色的社会主义出版体制，是"阶段性转移"的目标。我又从"提高质量多出精品，抓好重点工程""把握正确导向，完善管理机制""深化图书发行体制改革""加强队伍建设和优秀人才培养""加大反腐倡廉工作力度"五个方面做了强调。

1997年10月28日至30日、11月6日至8日，全国新闻出版局长研讨会分别在长沙、贵阳召开。会议的主题是：贯彻党的十五大精神，进一步深化新闻出版业改革。与会代表围绕新闻出版工作如何高举邓小平理论伟大旗帜，为国民素质的提高服务、为实现跨世纪的战略部署做出应有贡献；如何深化新闻出版业的阶段性转移；如何深化出版改革，促进新闻出版业的可持续发展；如何实现规模化、集约化经营，组建出版产业集团；如何打破图书贸易壁垒，建立统一、开放、有序的图书大市场等议题进行了深入的探讨。通过研讨会，我们更加明确了一定要坚持正确的政治方向；新闻出版工作要服从服务于全党全国工作大局，把为提高国民素质服务作为工作的主题和目标；要进一步深化"阶段性转移"，正确认识并总结出版产业发展的自身规律，调整好产业结构，有针对性地加强和改进工作；要深化出版体制改革，建立适应社会主义市场经济体制的新的运行机制；要坚持"发展才是硬道理"，实现出版产业的跨越式发展。

1999年1月23日至26日，在北京召开的全国新闻出版局长会议上，特别提出以改革的精神全面贯彻落实"加强管理，优化结构，提高质量"三句话的要求，改革管理体制，调整和优化出版结构，改革运行方式，把跨世纪的新闻出版工作提高到一个新水平。要加大新闻出版体制的改革力度，大力推进新闻出版业战略性整合，所谓"整合"，就是要对不适应建立社会主义市场经济体制的产业结构、组织结构、生产布局结构等进行战略性调整和重组，提高出版业的集约化程度，扩大规模经营；要理顺管理体制，提高管理水平；要调整产品结构，拓展新兴媒体市场；要加紧实施新闻出版业跨世纪人才工程，优化人才结构。

在 2000 年的全国新闻出版局长会议上，特别突出了两大主题：一是把加强管理摆在首位；二是改革攻坚，加快"整合"。尤其"整合"问题，是建立现代出版产业的关键。以战略"整合"为重要手段，发起一场出版改革的攻坚战，力求在一些难点、焦点问题上有所突破，推动新闻出版业的改革跃上一个新的台阶。"整合"是当前新闻出版业改革发展的一个提纲挈领的"关键点"，进行战略整合，既是 20 年来改革发展的继续，又是"阶段性转移"的深化和提高。会上我谈了几点意见：①以贯彻落实中共中央办公厅、国务院办公厅 30 号文件为契机，推进报刊结构的调整和优化；②下决心实行"政企分开""局社分离"，构建新型的新闻出版管理体制与运行机制；③以组建一批实力雄厚的出版、发行集团为契机，盘活业内资产，实现新闻出版业的开放与联合，集团的试点要在跨地区、跨媒体经营上有所突破，提高新闻出版业的产业活力与竞争实力；④进一步加大图书发行体制改革力度，建立规范的图书生产流通体系；⑤采取有力、有效的措施，大力开拓农村出版物市场，一切有利于开拓农村出版物市场的组织形式与运作模式都可以尝试；⑥深化行业内部管理体制与运行机制改革，切实推进以财务管理、成本核算为中心的管理体制和运行机制的改革，积极借鉴、引进、建立现代企业制度的有益经验。我们现行的新闻出版教育相对滞后，在相当长的时间内，新闻出版专业人才，特别是经营管理人才和掌握高新科技的人才，将成为我国新闻出版业向现代化转型的最大制约。因此，加紧实施新闻出版业跨世纪人才工程，优化人才结构，成为当务之急。

（三）对"阶段性转移"及时开展研讨

为了认真总结和分析"阶段性转移"的实践，更好地推动新闻出版业实现"阶段性转移"，新闻出版署党组于 1995 年 7 月 28 日至 8 月 2 日、8

月 20 日至 8 月 24 日、9 月 11 日至 9 月 15 日，分别在青岛、大连、成都召开了 3 期新闻出版局长研讨会。这 3 期研讨会我都主持参加了，其他副署长、党组成员各参加了 1 期研讨会。研讨会认真学习了邓小平同志关于新闻出版工作的一系列重要论述，力求用小平同志的立场、观点和方法来研究、分析新闻出版工作在社会主义市场经济条件下出现的新情况、新问题。会议认为，推动新闻出版业实现由以规模数量的增长为主要特征向以优质高效为主要特征的阶段转移的工作思路，符合国家社会经济发展到现阶段讲求质量效益的总要求，符合新闻出版事业健康繁荣发展的内在规律和客观实际。"阶段性转移"针对在社会主义市场经济逐步建立过程中我国出版业所面临的许多重大问题，提出了一个能够提纲挈领、统揽全局的工作目标，对解决新闻出版工作伴随市场经济而出现的新情况、新问题都有很强的指导作用。"阶段性转移"是建立有中国特色社会主义新的出版体制的一个必经阶段。研讨会总结、分析了"阶段性转移"给新闻出版业带来的一些变化，认为突出表现在以下几个方面：①政治方向更加明确，努力服从服务于全党全国工作大局；②出版物总量已经有所控制，质量和效益都有所提高，特别是抓精品的意识增强，精品的数量增加；③新闻出版法制建设取得了明显的进展，建章立制步伐加快，执法力度加大；④宏观管理体制已经有了雏形，管理力度明显加强；⑤队伍建设和人才培养受到高度重视，各地、各单位狠抓落实，初步形成了制度，上了轨道；⑥出版经济政策正在逐步得到落实，出版产业结构调整正在稳步进行；经营管理意识增强，经济效益有所提高；⑦科技意识增强，高新技术武装出版业的程度提高，新载体的出版物发展迅速；⑧出版改革，特别是图书发行体制改革已经积累了许多很好的做法和经验，图书市场日趋活跃；⑨中国出版业走向世界的步伐加快，国际出版交流日趋活跃；⑩"扫黄打非"工作正向纵深发展，经常性管理得到切实加强，力度大了、办法多了、效果明显了。会议认为，经过一年多来的实践，尽管各地的发展还不平衡，但都在原有的工作基础上有了较大的进展。全国出版界的思想认识已经基本统一到了"阶段性转移"的工作思路上来了；认识在深化，实践在发展，效果越来越明显。这种认识的深化和发展趋势，对于正在进入社会主义市场经济体制的中国出版界来讲，是非常重要的。可以说，通过对"阶段性转移"的认识和认同的过程，使大家对建立新的出版体制，坚定了信心，明确了目标，对促进新闻出版事业健康繁荣发展产生了积极而又重大的影响。

为促进出版业进一步向优质高效转移，1995 年 8 月 14 日，《新闻出版报》与新闻出版署办公室邀集部分出版部门、出版单位负责人，举行了"深化'阶段性转移'"研讨会。研讨会围绕"阶段性转移"的成果、经验，以及进一步深化转移的关键问题及其难点与对策而进行。与会同志在发言中认为，1994 年初新闻出版署党组提出"阶段性转移"的战略目标后，我国出版业在"转移"中得到了繁荣与发展，出版界出现了可喜的变化。主要是坚持"一手抓繁荣，一手抓管理"的指导思想和目标越来越明确，工作思路越来越清晰，宏观管理力度有所加强，高质量、高品位的图书越来越多，图书品种盲目增长趋势得到抑制，迎合低级趣味和"不好不坏"的平庸书明显下降，发行体制改革逐步深入，图书销售出现良好势头。与会者指出，实践证明，"阶段性转移"是具有战略意义的目标，它反映了我国出版业现阶段发展的客观要求。当前应深化认识、抓住关键、巩固成果、加速转移。有同志提出，当前关键是继续抓好优质、高效和人才培养三个中心环节，把握好图书品种与编辑力量的协调发展，对深化"转移"做到思想重视与措施得力相配套。要以很大的精力用到重点图书的编辑出版上，同时要下大力抓好一般图书的出版发行。大家认为，通俗读物的精品意识、整体规模经营意识在"阶段性转移"中应引起足够重视。与会者强调"阶段性转移"战略口号的提出，不是权宜之计，更不是"临时性转移"，它是中国出版业克服弊端、有序发展，真正繁荣，走向世界这一终极目标的必行之策、必经之路。

从 1994 年开始至 2000 年，"阶级性转移"开展了整整 7 年。全国新闻出版工作者为之付出了巨大努力。可喜的是，新闻出版人构筑了创造优质高效的"转移"意识，并把这个"转移"意识变成一种习惯。

二、出版管理

古籍出版要精[*]

很高兴参加这次在郑州举行的全国古籍整理出版工作座谈会。借此次开会的机会，可以了解一些全国古籍整理出版方面的问题和经验。

刚才张文彬同志讲了很好的意见，他不仅是宣传部长，还是这方面的专家。我认为古籍整理出版工作非常重要。在座的都是搞古籍整理的，在古籍整理出版工作方面都取得了很多成绩。古籍整理出版工作属文化积累性质，是弘扬中华民族文化的，担负着非常繁重的任务。因为中国的古籍浩如烟海，对此加以整理出版是我们面临的重要任务。如果不抓紧这一工作，有很多的古籍就会散失、丢掉，这对民族、对后代可以说是一种犯罪。可是过去有的地方往往把古籍整理这一块当成软任务，而实际上是个硬任务，因为这带有抢救性质，要不失时机地抓紧，时不我待。还有，我看在座的同志年龄比较大的人多，古籍整理这一块还有个怎么能够后继有人的问题。刚才文彬同志也谈到古籍整理人才的培养问题。这都带有紧迫性，应该有紧迫感，要抓紧。

古籍整理的面很大，但是我的看法，古籍出版要精，到我们编辑出版这个环节应该精。如果每个古籍出版社一年能出一两部比较好的书，我看效益也不一定差，要把力量放在出好书上。但有的同志说，古籍整理从整体上来讲，是出一本赔一本。这个情况我也了解，一般来说是这样，所以才导致争相出版什么明清小说、言情小说之类的图书来弥补出版经费的不足，拿这些书来补贴。如果长期这样下去，被这些书给淹没了，恐怕你这个古籍出版社

---

* 这是于友先同志 1993 年 10 月 4 日在全国古籍整理出版工作座谈会上的讲话。

的牌子要倒了。所以说古籍出版社的精力主要应放在出精品上。这个想法，供同志们参考。

再一点，我拜托参加这个座谈会的各位，希望你们在座谈中把当前古籍整理出版方面的问题，在编辑、出版、发行方面遇到些什么突出困难，都要理一理。另外也希望你们提出一些建设性的意见，面对这种情况该怎么办，希望上级帮助我们做些什么，如体制问题如何厘顺，这需要国务院来做出决定。你们需要新闻出版署做些什么、要求些什么政策，希望各个省的省政府做些什么、要求省里有些什么政策，都应该提出来。你们座谈当中，也要把一些省的好办法和经验交流一下，便于各个省的古籍出版社汇报给领导参考。有的省是做得不错的，对古籍整理这一块一年补助五六十万元、30 万元、20 万元。过去，我们河南做得不够，今年还可以，给了 2 万元，也是寥寥的。河南的出版基金快建立起来了，各省的也建立起来了，只要是列入国家出版规划的应该有一些补贴，这样我们就好办一些。总而言之，你们需要有一些什么政策、有什么高招儿和好的建议都可以提出来。

我到署里这几个月搞了些调查研究，最突出的感受是，新闻出版事业要发展、繁荣，不改革不行，我们要从改革当中找出路。从出版到发行都要改革，要从深化改革中找出路。既要改革，又要有配套政策。只有这样，我们这一块才能真正适应社会主义市场经济体制的需要和符合社会主义精神文明建设的要求，并随着经济的发展而发展。

在繁荣出版方面，今年署里采取了几个措施：一是举办报刊博览会，改革开放 15 年的报刊博览会。博览会在北京召开震动很大，总的来讲不错，开幕式很壮观，人很多，观众很踊跃。二是要表彰一批出版社。三是举办国家级优秀图书评奖。希望古籍出版这一块有一些好书得奖。我们准备把这次图书评奖搞得隆重一点、搞得好一点，以扩大优秀图书的影响。以上措施就是抓正面的导向，希望咱们全国古籍出版社今后要多出一些好书。

我们古籍出版这一块还应该发挥的优势是扩大对外交往。要搞世界文化交流，让我们好的古籍书出去。真正有价值的书，世界各大图书馆都需要珍藏。这一类的精品，书价定得高高的，也有人愿意要，愿意收藏。古籍出版社的出路一是要抓自身的改革，另外上面争取给一些政策，但最主要的是古籍出版社要发挥各自的优势，办出自己的特色来。一个出版社生命力要强，没有自己的特色不行。我是干过十几年编辑工作的，对这方面有切身体会。一个出版社办不出自己的特色来，你这个出版社就白办了。古籍出版社本身有我们的专业特色，这不用说了，但全国有这么多的古籍出版社，都应当有各自的特色，这就需要有点本事。不然的话，人家出什么，你也跟着出什么，这样不行。都随着风走，这样的出版社是办不好的。

还有一个问题，我建议你们也研究一下，就是在"扫黄"和取缔盗版盗印等非法出版活动方面采取措施。现在这一块有这么个问题，真正有了好的书，马上就有盗版盗印的，所以下一步要加强对版权和出版秩序的管理。现在我们已经有了版权的法规，但在实施过程中还有大量的工作要做。现在有些出版社不会用法规，不大会依法保护自己的权益。

这次全国古籍整理出版工作座谈会由国务院古籍整理出版规划小组牵头、中州古籍出版社承办，召集同类出版社在一起交流情况、交流经验，相互学习、相互启发，这个办法不错。我希望这个会能够开得好、开得有成效；同时希望你们将这次会议研究的主要问题和意见形成会议纪要，把经验、问题和会议的成果写进去。最后，祝座谈会圆满成功、祝全国古籍出版社今后有一个好的发展。

定思路，抓导向，立规矩，建机制，努力做好新闻出版管理工作*

　　江泽民同志在年初召开的全国宣传思想工作会议上指出：宣传思想工作要以邓小平同志建设有中国特色社会主义的理论和党的基本路线为指针，"以科学的理论武装人，以正确的舆论引导人，以高尚的精神塑造人，以优秀的作品鼓舞人"。这"四项主要任务"与新闻出版工作都有着十分直接而紧密的联系，提出了新闻出版工作的根本性任务。今年以来，新闻出版署主要是围绕"一个根本指针，四项主要任务"来调整和部署工作。在这里，我先向同志们介绍一下新闻出版署的内部机构设置和主要职责。新闻出版署成立于 1987 年初，与国家版权局是一个机构两块牌子；在版权管理上，国家版权局对内对外单独行使职权。新闻出版署是国务院直属机构，受国务院委托，主管全国的新闻出版事业和著作权管理工作。其主要职责是：

　　1. 起草制定新闻、出版、著作权的法律、行政规章和新闻出版业的方针政策，制定新闻、出版、著作权规章和管理措施，组织或监督实施。

　　2. 制定新闻出版行业（含出版、印刷、发行等）发展战略、总体布局、中长期发展规划和年度计划，并指导实施。

　　3. 审批新建出版社，新办报纸、期刊、音像和电子图书、电子报刊出版单位；审批著作权集体管理、代理、合同仲裁等机构；审批建立出版单位总发行单位和新闻出版三资企业。

---

　　*　这是于友先同志 1994 年 7 月 1 日在第五期全国宣传干部培训班上讲话的主要内容。

4. 组织审读各类出版物（含图书、报纸、期刊、电子图书、电子报刊等），查处违禁出版物。

5. 管理全国出版物市场，制定出版物市场管理规定、条例，查处违规行为和非法出版活动。

6. 根据国务院有关规定，管理全国音像事业。

7. 管理新闻出版和著作权方面的对外交流与合作，会同有关部门管理协调出版物的进出口贸易。

8. 管理全国著作权工作，代表国家处理涉外版权关系，负责查处在全国有重大影响的著作权侵权案件和涉外侵权案件。

9. 制定书、报、刊市场及"扫黄打非"工作的政策和规定、年度计划和中长期规划，并指导实施；协调有关部门在"扫黄打非"工作中的统一行动；协调全国"扫黄打非"工作中大案要案的查处工作。

10. 参与制定国家对新闻出版业的经济政策和各种经济调节措施。

11. 制定新闻出版业科技发展规划和标准化规划，并指导实施，协调管理新闻出版行业科研和书报刊印刷工作。

12. 承办国务院授、交办事宜。

我署内设：办公室（政策法规司）、图书司、报纸司、期刊司、音像司、发行司、技术发展司、计划财务司、人事教育司（挂"'扫黄打非'办公室"牌子）、版权司、对外合作司、直属机关党委、中纪委驻署纪检组、审计署驻署审计局等机构。我署有直属单位 38 个，干部、职工 17000 多人（包括离退休干部、职工 4000 多人）。

一、新闻出版工作的主要思路

（一）努力实现新闻出版业的阶段性转移[①]

1993 年一年，根据丁关根同志的要求，新闻出版工作主要是定思路、抓导向。经过广泛的调查研究，署党组在今年初召开的全国新闻出版局长会

---

① 见本卷第 5 页注①。

议上提出，新闻出版业，特别是出版业在经历了十几年的迅猛发展，我们国家的报纸从 1978 年的 186 种发展到 2040 种（截至 1993 年底），另有内部报纸 6400 多种；期刊从 930 种发展到 7596 种，另有内部期刊 1 万多种；出版社从 105 家发展到 543 家，出书品种由 1 万多种猛增到 9 万多种；音像出版单位从广电部所属的中国唱片总公司 1 家发展到 204 家，另有配书出磁带的图书出版社 94 家。据不完全统计，全国出版行业固定资产原值已达 40 亿元，利润 15 亿元，上交所得税 5 亿元，人均创利 5000 元。新闻出版业发展到现在正在面临着重大转折：从发展阶段来说，新闻出版业正从实际存在的以总量增长为主要特征的阶段向以优质高效为主要特征的阶段转移；从管理手段的角度来说，新闻出版业正从具体的行政管理为主转向宏观的依法行政为主；从体制改革的角度来说，新闻出版业正从传统的事业管理为主转向产业管理为主，并进一步探索建立现代企业制度。提出这样一个工作思路，既是为了把新闻出版事业过快的发展速度控制住，使之与国民经济的发展水平协调起来，更重要的是为了调整结构、提高质量、加强管理、深化改革、促进繁荣。

（二）建立有效机制，努力改变新闻出版管理工作的被动局面

新闻出版工作，特别是出版工作近几年出现了一些严重干扰党和国家工作大局的问题。比如：《脑筋急转弯》（四川美术出版社出版）、《中国军队能否打赢下一扬战争》（西南师范大学出版社出版）、《大兵营的挽歌》（北岳文艺出版社出版）等，在局部地区引起了程度不同的社会不稳定；"裸体画册""有关党和国家主要领导人的出版物"中存在的不健康倾向等问题也受到了社会各界的批评。新闻出版管理部门在处理类似问题的时候，则由于信息不灵，情况不明，手段有限，管理体制不顺，处置迟缓，显得十分被动。丁关根同志及中央宣传思想工作领导小组、中央宣传部在去年抓新闻舆论导向和禁止"有偿新闻"取得成效的基础上，今年集中精力抓出版管理工作，要求切实改变管理工作的被动状况。

管理工作出现被动状况的原因是多方面的，主要原因是，在社会主义市场经济条件下，原有的管理体制、制度和机构显得很不适应。表现为：管理制度与实际情况的脱节越来越明显。比如：管理制度规定不允许私人或同人

创办书、报、刊、音像出版单位，但一些通过"挂靠"而获准创办的书、报、刊、音像出版单位实际具有较重的同人化色彩，主管部门只象征性地收取一定的管理费，人、财、物都无权或不能过问，这一层次上的管理工作没有落实；新闻出版管理机构和管理方法明显不适应管理工作越来越社会化的要求，面对单位众多、头绪甚多的新闻出版战线，新闻出版管理机构体制不统一，力量薄弱；在管理部门内部，工作重点仍以审批新建单位和发现问题再去查处为主，表现了较多的计划经济体制下的管理特征；出版物市场已由过去新华书店和邮局发行部门一统天下发展为多条渠道、多种经济成分并存的新格局，对这样一个新格局，还缺乏有针对性的管理机制，而不法书商则利用管理空档，兴风作浪，成为坏的出版物主要的传播途径，对他们的活动规律和有关情况管理部门不甚明了；非法出版活动日趋猖獗，一个政府目前没有有效控制的书、报、刊、音像发行网络已经基本形成；书报刊印刷生产能力盲目扩张，归口管理迟迟没有确定。所有这些问题都比较集中地展示在遍布城乡的个体书摊上，合法出版物与非法出版物并存，或有严重政治问题、或格调低下的书、报、刊、音像制品为数不少。这种局面不切实改变，就会严重干扰党和国家的工作大局。因此，如何使新闻出版管理工作居于主动位置是我们工作重点中的重点。

（三）进一步深化新闻出版体制改革

新闻出版事业的健康发展离不开改革，新闻出版管理工作要扭转被动局面，同样离不开改革。深化体制改革的目标是：建立适应社会主义市场经济体制，符合社会主义精神文明建设要求，反映行业自身发展规律，实行以自主经营、自负盈亏、自我发展、自我约束为主的新体制。

建立新体制，要求我们切实转变新闻出版行政管理机关的职能，把主要精力真正放在抓宏观调控上。要实现宏观调控，就要按照丁关根同志提出的抓导向、抓总量、抓结构、抓效益的要求来设计和开展工作。抓导向，就是要确保书、报、刊、音像出版单位的正确方向；抓总量，就是要使新闻出版事业的发展规模和发展速度与社会主义现代化建设的需要相适应，与国民经济所能提供的物质支持相适应，与宏观调控的能力和手段相适应；抓结构，就是要使书、报、刊、音像出版物的布局和结构突出主旋律，满足不同层次读者健康向上的精神需求；抓效益就是要在坚持以社会效益为最高准则的前提下，努力实现两个效益①的统一，不断增强新闻出版单位的自我发展能力。

建立新体制要求我们在书、报、刊、音像出版的编、印、发及技、供、贸诸环节，按照社会主义市场经济和社会主义精神文明建设有机统一的原则深化改革，为现代化建设提供强大的精神动力、智力支持、良好的文化舆论环境。

二、1994 年上半年的新闻出版工作

根据丁关根同志的指示，1994 年的新闻出版管理工作主要是定规矩、建机制。要通过建立良好的管理机制，做到既要繁荣发展，又要切实管住；既要满足需要，更要积极引导。努力改变管理的被动状况，保证不再出现类似《脑筋急转弯》那样的严重问题。上半年，我署各有关业务司分别召开了"全国报刊管理工作会议""全国报纸周末版座谈会""全国图书审读工作会议""部分省市书报刊信息员会议""全国书刊印刷工作座谈会""全国新华书店城市图书发行工作研讨会""全国图书进出口工作座谈会""全国新闻出版局办公室主任会议"。这些会议围绕实现新闻出版业的阶段性转移、扭转管理工作的被动局面、深化体制改革等问题，制定了工作措施，主要在四个方面加强和改进工作：

（一）努力提高书、报、刊、音像出版物的质量，推动更多的优秀出版物问世

提高质量是实现新闻出版业阶段性转移的关键，我们的工作成果主要是以能否促进新闻出版事业的繁荣来检验的，而新闻出版事业的繁荣，要以众多的高质量的优秀出版物来体现。提高出版物的质量，一直是我们工作的中心，做不好这项工作，我们就难以承担起"武装""引导""塑造""鼓舞"人民群众的重任。这半年，各级新闻出版部门抓质量主要是通过抓导向、抓

---

① 见本卷第 31 页注①。

典型来实现的。年初，中宣部、新闻出版署表彰了15家坚持正确的出版方向，出版物质量一直保持较高水平的出版社。当"买卖书号"在一些出版社中蔓延，出版秩序比较混乱的情况下，树立这样一批标兵，扬清激浊，在全国出版界引起了强烈的反响。我们还举办了首届"国家图书奖"，全国出版界都积极选送好书，参加评审。从报来的1105种参评图书中，经过具有极高权威性的评委们严肃认真地评议，评出了135种具有很高学术和编校水准的精品，表彰了一批勤于奉献、为祖国的文化出版事业做出杰出贡献的编辑。这次评奖对我国图书出版整体质量的提高，已经并将继续产生难以估量的激励作用，现在，各地区、各部门、各出版社都把荣获"国家图书奖"当作自己的主要工作目标，工作措施已经制定并逐步落实。可以预计，到1995年第二届"国家图书奖"揭晓的时候，一定会有一批令人振奋的文化精品展现在人们面前。体现我国出版物水平的《"八五"国家重点图书出版规划》已经进入了第四个年头，完成情况令人鼓舞。继去年《中国大百科全书》74卷本工程完成后，今年又完成了《汉语大词典》工程，江泽民总书记、李鹏总理、丁关根同志、李岚清同志、李铁映同志出席了在京举行的庆祝大会，江泽民总书记还在会上做了重要讲话，给全国出版界很大的鼓舞。据署图书司了解，《"八五"国家重点图书出版规划》已经完成60%；《"九五"国家重点图书出版规划》也已着手制订。

今年上半年，我们加强了对各出版社1994年图书选题的审读和论证分析，并针对具体情况，提出了指导性意见。比如，明年是世界反法西斯战争胜利50周年，在审读有关图书选题的时候，发现反映国民党抗战题材的选题过多，而对我们党领导全国人民进行伟大的抗日战争却反映不够充分。对此情况，我们做了必要的调整，并向全国通报了有关指导性的意见。在指导出版社制定好图书选题方面，管理机关主要是提出指导性意见，避免出现选题重复、盲目追逐热点。

我们特别加强了对图书质量的检查。一个时期以来，图书编校质量下降，"无错不成书"的问题更加严重。不久前，我署依据《图书质量管理规定》对北京地区的20家出版社出版的23种图书进行了抽查，达到合格要求的仅3种，优良品和良好品1种也没有。除将检查结果向社会公布以外，我署还按照规定对有关出版社进行经济处罚，并要求有差错的图书必须改正后方能进入市场。这一举措在出版界产生了较大的震动，目前，有20多个省市正在进行这样的质量检查。我们还完成了对辞书、工具书和古籍今译类图书的质量检查，正在进行总结分析。通过检查，更重要的是要帮助出版社建立起质量的内部保障机制。

为了提高报刊的质量，正在着手建立评优分级制度，在一些地区，已经进行了将期刊划分为一、二、三级的试点工作。分级结果对社会公布之后，出现了一级期刊要保持先进，三级期刊要力争晋级的现象。这对激励期刊提高出版质量已经初见成效。署有关部门正在着手制订一个能在全国施行的具体办法。此外，署报纸司已与全国报协共同商定了开展全国报纸评选优秀集体和优秀个人的办法。今后将逐步实行对报纸的政治质量、文化质量、经营质量分别定量评定，然后将结果向社会公布，此办法在一些地区试点后，也收到了好的效果。

完善年检制度，及时淘汰劣质书、报、刊、音像出版单位，是我们为保证出版物的方向和质量方面所实行的一项新措施。我们即将下发《关于出版社年检制度的通知》，在对图书出版社进行年检时，注意与日常管理紧密结合起来。要参照出版社的现实表现，根据违规记录，对个别不够办社条件，主管单位放任自流或者难以管理，屡犯严重错误的出版社，不予登记；对一些犯有错误，且改正错误不认真的出版社，视情节分别给予限制出书范围、扣减书号、撤销某个编辑室、经济处罚、暂缓登记、停业整顿等不同档次的处分。近期还将下发《报纸年检暂行办法》《期刊年检暂行办法》。过去在报刊管理中只是对申请创办报刊有比较明确具体的要求，但报刊只要获得批准，如果不犯大的错误，对其方向和质量状况如何，政府行业主管部门就很少再过问。要通过年检对报刊社的政治方向和编校质量进行全面的检查。对一些方向不端正、编校质量低下的报刊及时进行严肃处理。今年开展年检以来，已对少数期刊做了停刊处理。年检制度将有助于管理部门和书、报、刊、音像出版单位的主管单位对有关情况心中有数，发现问题能够及时处理。

在推出优秀出版物方面，首先要向同志们通报的是，《邓小平文选》第三卷出版发行已达 2700 万册；《邓小平文选》第一、二卷的修订、再版工作即将开始。我们还有计划地组织了优秀图书出版工程。比如，同团中央、国家教委共同组织了"爱国主义教育丛书"100 种，今年开始出版；为了推动图书下乡，我们已选定 300 种农村需要的图书，正在安排出版；计划已久的"书架工程"将包括 200 种优秀的常备图书，首批图书今后在 10 个大城市的新华书店中心门市部随时都能买到。为了更好地推动学术著作的出版，我们拟定了《关于恢复协作出版的通知》，进一步规范并完善协作出版，还将下发《关于开展自费出版业务的通知》，这些措施将进一步拓宽出版渠道，可以更好地利用社会资金繁荣出版事业。

（二）严格控制书、报、刊、音像出版单位的发展速度和各种出版物的总量增长

近几年来，在新闻出版事业快速发展的同时，结构性问题也越来越突出。1990 年，我国出版的图书品种比 1985 年增长了 1.76 倍，而更直接反映新闻出版事业发展水平的两项指标，即总印数、总印张却出现了负增长；报刊也同样存在类似的问题，有的报刊发行只有数百份，基本失去了作为大众传播媒介的价值。控制发展速度和总量增长已经势在必行。

我们提出新闻出版事业要实现阶段性的转移，这个转移尽管需要较长的时间才能实现，但必须从现在做起。今年新建报刊的审批原则为"基本不批，先调后批，以管定批"。图书和音像出版单位的审批要继续坚持从严控制的原则。只对少数有特殊需要并经过充分论证后才予以考虑。

出书品种增长过快，是图书质量下降的重要原因。去年，我国年出版图书已达 97000 余种，就数量来看，列世界第一位。过快增长的出书品种带来了许多消极的影响，广种薄收，使得质量滑坡；"买卖书号"，导致问题不断。我署已经下发了《关于对书号使用总量进行宏观控制的通知》，通知规定：凡表现好的出版社年度使用书号的总量不受限制；出版社使用书号，参照最近 3 年一个编辑的常规工作量，按一个编辑年发稿不超过 5 种计算；新建出版社经批准两年内，每年出书不超过 50 种；出版了有问题图书的出版社，要根据情节，减扣书号。此通知下发后，我们召开过北京地区的出版界座谈会，征求大家的意见，与会同志普遍认为这是一项实事求是、有可操作

性的措施。我们今后将不断地完善这一措施。

前一个时期，一些地区和部门有禁不止，继续以各种名义批建 CD 生产线，截至 5 月底，全国共建成 CD 生产厂 29 家，生产线 37 条，设计生产能力年产 1 亿盒盘，实际生产能力达 4000 万盒/年，致使我国的激光唱盘和视盘的生产能力远远超过国内市场的需求，而这些激光唱盘和视盘复制厂除个别经正式批准外，绝大多数为各地违犯有关规定，自行批准建设的。这种重复建设、盲目发展，不仅造成资财浪费，而且扰乱了行业秩序，损害了出版者、消费者和著作权人的合法权益。中宣部、新闻出版署、国家计委等七部委已经联合下发了文件，提出了加强管理的要求，今后，CD 生产厂均由新闻出版署按照设立音像复录单位的程序审批。

（三）采取有效措施，防止坏的书、报、刊、音像出版物进入市场

严肃处理新闻出版单位的违纪犯规问题，着眼点在于教育大多数，避免再犯类似的错误。今年上半年，我署对一些违纪犯规的新闻出版单位及时进行了严肃处理。全国公开发行的报纸已撤销或停办 6 家，期刊撤销、停办各 4 家，其中江苏省卫生厅主办的《江苏健康报》因刊登假新闻被撤销登记，江西省社科联主办的《争鸣》杂志因泄密等严重问题被撤销登记；内部报纸停办 395 家，内部期刊停办 775 家。一批有严重问题的图书被下令查禁，出版这些图书的出版单位是：作家出版社、朝华出版社、华龄出版社、西藏人民出版社、北京燕山出版社、红旗出版社、社科文献出版社、陕西摄影出版社、戏剧出版社、云南人民出版社、广西美术出版社。其中，红旗出版社已进行停业整顿，既卖书号又出版坏书的中国戏剧出版社也已停业整顿。

健全并严格审读制度是防止坏的出版物出版的有效措施。现在全国省级（含计划单列市）新闻出版局都已经建立了固定的报刊审读队伍，做到了经费、人员、审读三落实。广东省新闻出版局在审读中发现广州市委宣传部主办的《南风窗》杂志今年第 6 期拟刊登《千岛湖"3·31"惨案揭秘》，经过及时打招呼，南风窗杂志社撤销了已经排印的稿件。陕西省局在抽查 13 种期刊中，发现省信访局主办的《民情与信访》刊登了一篇《中国农民集体上访直观》，不符合近一个时期的宣传精神，已经对其提出了批评。署报

纸司还注意抓"地摊小报"的审读，发现问题便用发"报纸违规通知单"的办法，及时纠正一些报社的违纪犯规行为，署报纸司今年已发出"通知单"50 余份，大多数单位在接到通知后都引起了高度重视，立即采取了整改措施。

专题报批是对涉及党和国家重大、敏感问题的图书，也是多年来最容易出问题的一部分图书加强管理的有效制度。现需报我署专题审批的图书选题共 12 类。这些年，许多出问题的出版社就是没有认真地执行专题报批的规定。要采取有效措施，严格专题报批制度，这对于防止坏书出笼，具有很重要的作用。最近我署严肃处理了国家土地局主管的大地出版社未经专题报批，出版有政治问题的《历史的代价：文革死亡档案》《中南海风云人物沉浮录》等图书的问题，该社已被停业整顿。

进一步采取措施，坚决禁止"买卖书号"。在贯彻落实中宣部、新闻出版署《关于禁止"买卖书号"的通知》精神时，首先要求出版单位自查，并将自查结果按期报告我署；然后派出 4 批工作组到"买卖书号"比较严重的出版社进行检查，重点抽查了 12 家出版社，通过审阅全年出书目录、核对样书、审核三审记录、检查发排单、审计税单和有关账目等步骤，查实了这些出版社"买卖书号"的凭证。经过前一阶段的清查和出版单位自查，据不完全统计，全国买卖或变相"买卖书号"14502 种，其中在京出版单位 4115 种，地方出版单位 8116 种。检查和自查反映出来的问题，虽然不是全貌，但已经非常严重。近日，我署已经对"买卖书号"十分严重的北京师范大学出版社、中国海洋出版社、中国广播电视出版社、北京燕山出版社进行整顿或停业整顿。有关业务部门正就"买卖书号"的新情况制定有针对性的管理办法。

加强对内部报刊的管理在当前是一个比较突出的问题。内部报刊是一个部门为指导内部工作而编辑出版的内部出版物，按照我署颁布的报刊管理规定，内部报刊不允许刊登广告，不能交邮局发行，不能公开销售。但前一个时期，一些地区的工商行政管理部门向内部报刊颁发了广告的临时许可证，邮电部门又允许其在该地区范围内进入邮发网络，使得大量内部报刊实际上以正式报刊的面目在社会上出现，现行的报刊审批制度受到了较大的冲击。

根据丁关根同志和中宣部的指示，我署已与国家工商行政管理局、邮电部商定，即将下发重申过去对内部报刊的有关管理规定。

（四）坚持不懈地开展"扫黄打非"，严厉打击非法出版活动

加强"扫黄打非"工作。随着对国家正式出版单位管理工作的加强，非法出版活动现在又猖獗起来。据对北京地区 33 家出版社的调查，仅从 1992 年 1 月至 1993 年 10 月，这些出版社就有 36 种图书被盗印。去年底，北京市版权局对 15 个书摊进行抽查，其中有 14 个经销盗版书。当前，"扫黄打非"工作的重点就是严厉打击非法出版活动，尤其要集中力量打击那些炮制出售有反动政治内容或其他破坏社会稳定内容的非法出版物的团伙或个人。继去年在江苏镇江破获非法经营额达 300 万元的曹志新、张爱洲大案，一审判处曹犯死刑、张犯有期徒刑 15 年之后，今年我们又集中力量抓了吕平盗版案、天津鞠来宝出版淫秽图书案；日前，湖北出现的盗印《邓小平文选》第三卷一案已取得重大突破，案犯已被逮捕，正在进一步审理。河北省非法出版有反动内容的《最新消息》《热门话题》的案件也已经移交公安机关审理。6 月 3 日，我署接上海市新闻出版局报告，有人在海口发寄《六·四事件大纪实》一书的征订单，我们立即要求海南省新闻出版局与公安部门联系，侦破此案。6 月 9 日，犯罪分子刘水即在海口市落网。"扫黄打非"工作要继续以抓大案要案为突破口，着重抓提高破案率和查结率，对久拖不决的疑难案件，要尽快组织有关方面"会审"，限期结案。非法出版物中大量出现淫秽内容的书刊也值得高度注意，据四川省新闻出版局和成都市新闻出版局报告，在成都书刊市场上发现了一批非法的淫秽出版物，在许多地方的书刊市场上这类的非法出版物也不在少数，我们将采取相应的行动，严厉打击。"扫黄打非"工作目前一个突出问题是组织机构不健全。在一些地区的机构改革过程中，"'扫黄打非'办公室"被列入了非常设机构，致使这些地区的"扫黄打非"工作机构已经停止工作。"扫黄打非"工作是一项长期而又艰巨的工作，应该有专人负责，有专门的机构来办理有关事项。因此，希望各地党委、政府和党委宣传部门关心此事，做到"扫黄打非"工作机构、人员、经费三落实。

管住书报刊印刷定点和领取许可证的企业。书报刊印刷管理工作由于

体制不顺，所存在的问题比起出版和发行两个环节来更多、更严重。在现行体制尚未改变的情况下，要集中精力完善并认真执行书报刊印刷定点和颁发许可证制度。鉴于书报刊印刷能力已经超过实际需求，我署决定：停止审批新的书报刊印刷定点企业，停止颁发书报刊印刷许可证；加强对进行违法承印的有关企业的查处工作。据对22个省、自治区、直辖市的统计，近一时期已有315家印刷企业被取消定点资格、吊销许可证，有的被处以罚款。

新闻出版的信息不灵是导致管理工作处于被动的重要原因。为此，我们加强了各级新闻出版管理机关的政策研究部门，在最近召开的全国办公室主任会议上，还就畅通信息渠道的问题做了专门布置；全国新发排图书半月报表制度已经落实，正在进一步完善。各地新华书店将依据行政授权，加强对当地图书批发市场的管理，并向有关部门及时上报出版物市场的动态。

三、下一阶段的主要工作安排

今后一个时期，新闻出版工作要继续在加强管理、扭转管理工作的被动局面方面下功夫，要针对书、报、刊、音像出版工作中编辑、发行、印刷（复录）三个环节的问题采取有效措施，认真做好工作。

（一）做好书、报、刊、音像出版七个关键环节的工作

经过一年多来的调查研究，对书、报、刊、音像出版的编辑环节我们已经形成了一些比较成熟的思路，这就是把好七个关键环节：对选题的确定进行宏观指导，发现问题及时纠正；出版单位内部严格执行"三审制"，把责任落实到人；严格执行专题报批制度；严格进行书、报、刊、音像出版单位的年检、核验制度；经常进行书、报、刊、音像出版物的质量检查；对出版物进行总量控制，特别是对书号进行总量控制；加强和完善书、报、刊、音像出版的审读工作。只要把这七个环节的工作做好了，编辑环节的问题就能够及时发现并制止。对此，已经有了一些比较成形的制度和措施，今后关键是抓落实。

（二）积极推动图书发行体制改革，大力整顿出版物市场秩序

出版体制改革的重点是图书发行体制的改革。图书发行体制改革的目标是建立全国统一、开放、有序、竞争的图书市场体系。在图书发行体制改革中要充分发挥新华书店的主渠道作用。新华书店有着 50 多年的光荣革命传统，在社会主义市场经济的条件下，仍然是我国图书发行工作的主渠道。1993 年，全国新华书店发行图书 65 亿册，占全国图书发行总量的 95%；销售总金额 100 亿元，占全行业销售总金额的 80%。但随着市场经济的进一步发展，计划经济痕迹比较明显的新华书店也存在缺乏活力和竞争能力的问题，需要深化改革、重振雄风。要加快内部经营机制改革，全面推行目标管理责任制；改变单一的目录征订，试行图书发行代理制和寄销等多种购销形式；有步骤、有组织地建立现代企业制度；积极推行连锁经营；努力扩大农村图书销售；积极开拓城市图书市场；提高发行手段的现代化；建立健康有序的图书市场体系。

要整顿出版物市场秩序就必须坚决管住图书批发环节。出版物市场的问题集中反映在书刊批发环节上，一些集、个体书商不仅取得了二级批发权，实际上一直从事着总批发业务。一个受他们控制的发行渠道和网络已经形成。握有批发权并控制着一定发行网络的书商既是书号买卖活动最大的外部拉动力量，又是从事非法出版活动最黑最大的窝点，许多坏的书、报、刊就是他们一手炮制出来的。这些书商能够买到书号、刊号，就借国家正式出版单位的名义出版书刊，一旦买不到书号、刊号，便进行非法出版活动。最近我们严肃处理了河北省石家庄文联主办的内部刊物《市场文学》18 次出卖内部刊号的问题，连内部报刊号也可以买卖了，可见问题严重到何等程度。不法书商对社会稳定，对新闻出版管理工作危害甚大，如不加以遏止，"买卖书号"就仍会以各种形式不断出现，新闻出版管理工作仍会处于"按下胡芦起来瓢"的状态。图书的总批发权必须掌握在国有图书批发企业手中；要坚决清理那些名为二级批发，实际上从事着总批发业务的"假集体，真个体"的二级批发单位；对经批准从事二级批发业务的单位要加强管理，一旦发现其有"买卖书号"行为，要依法取缔其二级批发权。

（三）理顺印刷管理体制，加强对书报刊印制工作的管理

理顺印刷管理体制，加强对书报刊印刷工作的管理，是治理出版秩序的有效措施。10多年来，我国的印刷工业发展十分迅速，全国的印刷企业从80年代初的1万余家猛增至6万余家、从业人员约200万人，目前突出的问题是印刷生产力盲目发展，管理秩序十分混乱。但无论是商标、广告、包装印刷企业，许多都在从事书报刊印刷业务，在"要想发，搞印刷"的思想支配下，一些街道、乡镇印刷厂根本未经任何部门批准便从事书报刊印刷业务，加上印刷行业的归口管理部门迟迟不能确定，可以说，管理基本失控，许多中、小印刷厂大量承接非法印件，是非法出版活动屡禁不止的根本原因。根据丁关根同志的指示，我们还加快了理顺印刷管理体制的工作。印刷在我们国家一直是作为"特行"来加以管理的，但近几年来，由于全国印刷行业的归口管理部门迟迟没有确定，使得"特行"管理已经形同虚设。现在突出的问题是印刷企业多头审批，而日常管理却没有专门的部门负责，在我国现有的印刷企业中，经过各级新闻出版管理机关颁发书报刊印刷许可证和国家、省两级定点印刷企业共5185家。由于书报刊印刷与商标、包装印刷相比具有很强的政治性，且书报刊印刷在整个印刷行业又占有很大的份额，不少商标、包装印刷厂实际上也长期在从事书报刊印刷业务。因此，我们正在起草报告，建议由国务院颁布《印刷行业管理条例》，明确新闻出版部门为印刷行业的归口管理部门，把印刷管理纳入新闻出版管理工作之中，以加强对这项工作的领导。

要扭转新闻出版管理工作的被动局面，最重要的是健全新闻出版立法，把党和国家对新闻出版工作的要求通过法律规章的形式确定下来，使新闻出版工作做到有法可依、有章可循。今年以来，我们在加快起草《出版法》《新闻法》的同时，还在加快行政规章的制定方面做了许多工作，我们颁发或即将颁发《关于防止出版物中泄露国家机密的通知》《关于对军事题裁出版物加强管理的通知》《关于集团化经营审批规定的通知》《关于禁止有偿新闻的具体规定》《关于对以报纸形式出版印制品广告加强管理的通知》《关于加强证券期货报刊管理的通知》《关于协作出版期刊管理的暂行办法》《关于期刊发表有关党和国家主要领导人工作和生活文章、图片

的规定》《图书市场管理条例》《书报刊摊点管理规定》等等，还代人大常委会起草了《关于严厉惩处制作、贩卖非法出版物的犯罪分子的决定》。这些法律或行政规章的出台，将使我国的新闻出版管理的法制化提高到一个新的水平。

坚持"两手抓"的理论，
进一步繁荣新闻出版事业*

一

在社会主义现代化建设中必须坚持两手抓的方针，是邓小平同志建设有中国特色社会主义理论的重要组成部分。

在《邓小平文选》第三卷中，有很多关于"两手抓，两手都要硬"的重要论述。比如："我们现在搞两个文明建设，一是物质文明，一是精神文明。"① "搞四个现代化一定要有两手，只有一手是不行的。所谓两手，即一手抓建设，一手抓法制。"② "在社会主义国家，一个真正的马克思主义政党在执政以后，一定要致力于发展生产力，并在这个基础上逐步提高人民的生活水平。这就是建设物质文明。过去很长一段时间，我们忽视了发展生产力，所以现在我们要特别注意建设物质文明。与此同时，还要建设社会主义的精神文明，最根本的是要使广大人民有共产主义的理想，有道德，有文化，守纪律。"③ "要坚持两手抓，一手抓改革开放，一手抓打击各种犯罪活

---

* 此篇原载《中国出版年鉴》1994。

① 邓小平：《拿事实来说话》，载《邓小平文选》第三卷，人民出版社 1993 年版，第 156 页。

② 邓小平：《在中央政治局常委会上的讲话》，载《邓小平文选》第三卷，人民出版社 1993 年版，第 154 页。

③ 邓小平：《建设社会主义的物质文明和精神文明》，载《邓小平文选》第三卷，人民出版社 1993 年版，第 28 页。

动。这两只手都要硬。"① 等等。一手抓物质文明，一手抓精神文明；一手
抓经济建设，一手抓民主法制；一手抓改革开放，一手抓打击犯罪……这些
论述闪烁着辩证唯物主义的思想光辉。世界上的事物都是相互关联、相互依
存的，我们在社会主义现代化建设过程中所遇到的一系列重大问题尤其如
此。比如，坚持改革开放必须同坚持打击犯罪活动紧密结合起来，如果不严
厉惩治经济犯罪和刑事犯罪分子，不加强廉政建设，改革开放就会受到严重
的干扰；反之，不进行改革开放，不大大提高综合国力和社会的文明程度，
不改善和提高人民的生活水平，就不能从根本上防止各种犯罪活动和腐败现
象。坚持两手抓，两手都要硬，就是坚持了辩证唯物主义认识论中的两点
论。我们在现代化建设进程中必须坚持邓小平同志所倡导的两点论，这样才
能够辩证地、全面地处理各种复杂问题和矛盾，使我们的工作少出现失误、
少走弯路。

物质文明建设和精神文明建设是互为条件、相互促进的，物质文明建设
是精神文明建设的基础。我们必须紧紧抓住经济建设这个中心不放。"不坚
持社会主义，不改革开放，不发展经济，不改善人民生活，只能是死路一
条。"② 所有从事精神文明建设工作的同志，都应该牢固地树立为经济建设
和改革开放服务的思想，只有找准自己在为经济建设和改革开放服务方面的
位置，我们才能实现自己的工作价值。邓小平同志在视察南方重要谈话中科
学地提出了衡量经济建设和改革开放正确与否的标准："应该主要看是否有
利于发展社会主义社会的生产力，是否有利于增强社会主义国家的综合国
力，是否有利于提高人民的生活水平。"毫无疑问，这也是衡量社会主义精
神文明建设的唯一正确标准。

邓小平同志一贯强调社会主义物质文明建设和精神文明建设一起抓，非
常重视社会主义精神文明在现代化建设中的特殊作用。早在改革开放初期，
邓小平同志就指出："我们要在建设高度物质文明的同时，提高全民族的科

---

① 邓小平：《在武昌、深圳、珠海、上海等地的谈话要点》，载《邓小平文选》第三卷，
人民出版社 1993 年版，第 378 页。

② 邓小平：《在武昌、深圳、珠海、上海等地的谈话要点》，载《邓小平文选》第三卷，
人民出版社 1993 年版，第 370 页。

学文化水平，发展高尚的丰富多彩的文化生活，建设高度的社会主义精神文明。"① 邓小平同志还提出："建设社会主义精神文明，最根本的是要使广大人民有共产主义的理想，有道德、有文化、守纪律。"② 物质文明建设和精神文明建设两手抓，是我国社会主义现代化建设的一个显著特点。邓小平同志指出："不加强精神文明的建设，物质文明的建设也要受破坏，走弯路。光靠物质条件，我们的革命和建设都不可能胜利。"③

十几年改革开放的历史经验反复证明，什么时候我们坚持了邓小平同志一贯强调的"两手抓，两手都要硬"的方针，社会主义现代化建设的事业就会蒸蒸日上，顺利发展；什么时候偏离了这个基本方针，出现一手硬，一手软的失误，社会主义现代化建设事业就会受到干扰和破坏。我们一定要牢记邓小平同志语重心长的教诲，吸取历史的经验教训，使社会主义现代化建设事业健康稳步地发展。

二

新闻出版工作是社会主义精神文明建设的重要组成部分。做好新闻出版工作，对搞好两个文明建设，关系十分重大。新闻出版行业掌握着大众传播媒介，在现代社会中，对于传播信息，促进经济、科学文化事业发展，形成舆论，凝聚人心，稳定社会政治局面，具有特殊重要的作用。一个社会、一个国家，如果没有强大而高效的信息传播系统，没有符合历史与国情、符合现代化发展方向的社会主导性舆论，要取得现代化事业的成功是难以想象的。邓小平同志曾经说过："加强党对思想战线的领导，克服软弱涣散状态，已经成为全党的一个迫切的任务。不仅理论界文艺界，还有教育、新

---

① 邓小平：《在中国文学艺术工作者第四次代表大会上的祝词》，载《邓小平文选》第二卷，人民出版社 1994 年版，第 208 页。

② 邓小平：《建设社会主义的物质文明和精神文明》，载《邓小平文选》第三卷，人民出版社 1993 年版，第 28 页。

③ 邓小平：《在中国共产党全国代表会议上的讲话》，载《邓小平文选》第三卷，人民出版社 1993 年版，第 144 页。

闻、出版、广播、电视、群众文化和群众思想政治工作等各个方面，都有类似的或其他的迫切需要解决的问题。整个思想战线的工作都需要加强。我们要把这个问题郑重地提到全党面前，提到中央和地方各级党委的重要议事日程上来。在工作重心转移到经济建设以后，全党要研究如何适应新的条件，加强党的思想工作，防止埋头经济工作、忽视思想工作的倾向。"[1] 邓小平同志的指示有很强的指导意义。新闻出版工作只能加强，不能削弱，这已为多年来的实践所证明。现在，全国已有500多家出版社、200多家音像出版社、2000多家报社、7000多家杂志社，另外还有10多万个书刊发行网点和4000多家定点书刊印刷企业。面对发展如此迅速、规模如此巨大的新闻出版行业，只有对其进行正确的引导和有力的管理，才能使之健康发展，为改革开放和经济建设提供强大的精神动力、智力支持、舆论环境和思想保证。这是一个关系现代化建设成败的重大问题。邓小平同志正是从这样的战略高度提出要把加强包括新闻出版工作在内的思想战线的工作当作全党一个十分迫切的任务。在新闻出版战线工作的同志一定要认真领会邓小平同志的殷切期望，努力工作，大胆开拓，恪尽职守。各级党委和政府也要从这样的战略高度来加强新闻出版工作，加强新闻出版管理机构和队伍的建设，使党对新闻出版工作的领导真正落到实处。

在社会主义市场经济体制逐步建立的过程中，加强新闻出版管理工作的核心在于健全法制并严格做到依法管理。邓小平同志指出："特别要抓紧立法，包括集会、结社、游行、示威、新闻、出版等方面的法律和法规。"[2]加快新闻出版立法，是新闻出版工作当前最为迫切的任务。我们要认真研究新闻出版行业在社会主义市场经济条件下出现的新情况、新问题，广泛征求社会各界的意见，加快《出版法》《新闻法》的起草工作；同时还要加紧制定有关的新闻出版法规和规章，努力提高新闻出版管理工作的法制化水平。应通过加强依法管理，为保持新闻出版工作的正常运行和社会稳定做出应有

---

① 邓小平：《党在组织战线和思想战线上的迫切任务》，载《邓小平文选》第三卷，人民出版社1993年版，第47—48页。

② 邓小平：《中国不允许乱》，载《邓小平文选》第三卷，人民出版社1993年版，第286页。

的贡献。在社会上发现的那些以正式或非法手段出版的或有严重政治错误，或损害民族团结，或违反外交政策，或宣扬淫秽色情，或格调低下的出版物，往往会成为导致社会不稳定的因素，从而干扰经济建设和改革开放的大局。对此，一方面要加强管理，力求防患于未然；另一方面对制作和出售这类出版物的单位，要依法严加惩处，以杜绝类似事情的发生。

新闻出版既是党的意识形态工作的重要部门，同时又是国民经济体系中的一个新兴的产业部门。邓小平同志指出"发展才是硬道理"，在社会主义市场经济体制逐步建立的历史条件下，新闻出版工作同样只有发展和繁荣才是硬道理。党的十一届三中全会以来，新闻出版的改革已经迈出了很大的步伐，经营管理水平大大提高；绝大多数出版社实现了由生产型向生产经营型的转变；在图书发行环节，"一主三多一少"① 和"三放一联"② 的要求正逐步到位；定点书报刊印刷企业在技术改造的过程中，"激光照排、电子分色、胶印印刷、装订联动"的普及率越来越高，地市级以上的党委机关报已基本上告别了"铅与火"的时代。所有这一切，都是改革开放带来的，都是党和政府大力发展新闻出版事业的结果。在改革开放进入新的历史发展阶段的时候，深化改革，加快发展，还有许多工作要做。比如，出版社及报刊社的经营管理体制还需要进一步改革；出版社实行社长负责制还要进一步落实；如何建立优化图书结构，保证图书质量的机制，还是一个有待进一步研究的课题；通过什么样的途径，采取什么方式，使国有图书发行企业在图书批发环节发挥主导作用，使多种经济成分在零售环节各显身手，是我们必须花大气力才能解决的……。要通过深化改革，建立起适应社会主义市场经济体制，符合社会主义精神文明建设要求，反映出版产业自身发展规律的新的出版体制；要通过深化改革，在新闻出版行业建立起良好的运行机制和有效的管理体制。在建设有中国特色社会主义的历史进程中，新闻出版事业理应取得更大、更快的发展，为振兴中华民族做出更大的贡献。

在社会主义市场经济条件下，新闻出版工作将要长期面临的一个问题就

---

① 见本卷第24页注①。

② 见本卷第88页注②。

是如何处理好社会效益和经济效益的关系。新闻出版单位重视经营管理、重视经济效益，实际上是 10 多年改革开放带来的可喜变化：道理很简单，在新闻出版单位普遍实行自负盈亏的情况下，不重视经济效益，社会效益也难以保证。但现在的问题是，"拜金主义""一切向钱看"的影响正在严重地侵蚀着新闻出版队伍，"有偿新闻""买卖书号"等现象已经严重地妨碍着新闻出版事业的健康发展。邓小平同志就曾一针见血地指出："'一切向钱看'、把精神产品商品化的倾向，在精神生产的其他方面也有表现。有些混迹于艺术界、出版界、文物界的人简直成了唯利是图的商人。"[①] 总结这些年新闻出版管理工作的经验教训，不难看出，新闻出版行业出现的许多问题，当然有思想认识的原因，但更多的还是由于攫取利润所驱动、"拜金主义"在作祟。所以必须坚持把社会效益放在首位，在这个基本前提下实现经济效益和社会效益的统一。同时，还要从体制上、制度上采取措施，清除"拜金主义"的影响，保证新闻出版事业健康发展。

邓小平同志关于坚持"两手抓，两手都要硬"的论述，是我们做好新闻出版工作的行动指南。只要我们认真领会其精神实质，并用来指导实际工作；只要我们坚持正确的方向，依法管理、深化改革、促进繁荣，新闻出版事业的进一步发展是一定能够实现的。

---

① 邓小平：《党在组织战线和思想战线上的迫切任务》，载《邓小平文选》第三卷，人民出版社 1993 年版，第 43 页。

努力发展我国电子出版事业[*]

出版是人类文明发展史上最伟大的发明之一。近年来，随着计算机的迅速普及，大容量光盘存储设备的出现，以及多媒体技术的开发与应用，电子出版得以迅速发展，电子出版物开始大量进入家庭。电子出版物以计算机技术为依托，通过数据库进行储存，以光、电、磁等作为媒体，显示了传统纸介质出版物所不具备的许多特点，也可以说许多优点。电子出版物具有体积小、储存信息量大、检索便捷、交互性强、可用多种介质作为媒体的特点，一经问世，就受到了读者的广泛喜爱。

一

电子出版业是当今世界的一个方兴未艾的产业，只读光盘（CD-ROM）、交互式光盘（CD-I）等出版物的问世，改变了人们的阅读环境，开拓了人们的视野。目前在欧、美、日等发达国家，电子出版业已经有了相当的规模。1993 年的伦敦和法兰克福书展均专设了电子出版物展馆。据有关资料显示，1993 年，世界的 CD-ROM 的总品种为 8000 多种，1994 年就超过了 1 万种。1993 年，世界 CD-ROM 的销售额超过了百亿美元，美国就达 70 亿美元。有的专家预测，世界电子出版物的市场销售将以每年 30%—40% 的速度增长。

经过我国科研人员的艰苦努力，已经成功地解决了诸如汉字编码、汉字

---

* 此篇原载《人民日报》1995 年 8 月 8 日。

识别、汉语识别、汉字信息压缩存储和快速输送等关键技术，所有这些都表明，在我国大力发展电子出版物的技术问题都已基本解决，目前，国内已有多家公司可以编辑加工只读光盘（CD-ROM），若干家公司能够生产这类的电子出版物，新闻出版署现正在中国大百科全书出版社建立"中国百科术语数据库"，同时还将出版光盘出版物，这个数据库建立以后，将向全国出版界和广大用户提供联网服务，并与国际上有关的数据库联网。目前投入制作光盘的还有《中国大百科全书》《中国美术全集》等多部巨著。所有这一切都表明，经过我国科技工作者和出版工作者的共同努力，通过借鉴国外的技术，但更主要是依靠自己的力量，在一个不太长的时间内，中国的电子出版业已经有了一个较高的发展起点，在技术上，特别是在汉字信息处理技术上，取得了世界领先的地位。

二

应该看到，我国的电子出版是一个新兴的产业，在其发展的过程中，还存在许多问题需要认识和解决。

首先，要尽快制定包括电子出版在内的我国信息产业的整体发展战略，信息产业是一个极具前途的"朝阳产业"，对于未来世界国与国之间综合国力的竞争有着巨大的现实作用和潜在作用。目前，我国的信息产业发展虽然已经有了"三金工程"，但对由于信息网络而产生和形成的电子信息文化对社会生活的影响还缺乏深入的研究，当然也就谈不上电子出版的发展战略。这项战略需要国家有关部门通力合作，共同研究制定。

其次，电子出版物是一种高科技产品，具有高投入、高产出、高风险的特点，需要大量的投入，包括高技术人才和资金的投入，同时也还有一些技术问题需要进一步研究解决。现在我国有许多电子出版项目，就因为汉字字库的问题而难以深入开发。比如，以《汉语大词典》来讲，收汉字 2 万多个，而现有的国标码仅有汉字 6000 多个，新制定的国际标准也不能解决这个问题。除了汉字编码问题之外，目前还需要解决通用精密字库收字不足的问题，以及在电子出版物制作过程中的数据交换格式等相关标准，做到与国际标准一致，以利于开发的电子出版物走向世界。要解决这些问题，就需要国内有关部门和单位大力协同配合，联合攻关、共同投入。国家要在投资和信贷方面制定相应的优惠政策，大力扶植这一极具发展前途的新兴产业。电子出版既是一种出版活动，更是一项科研活动，各种软件的开发本身，就具有很大的风险，单靠出版单位和有关科研单位的财力是难以完成赶超世界先进水平的历史任务的，要推动电子出版事业的尽快发展，还必须广泛利用国内外的技术和资金。

三

电子出版事业的健康发展有赖于强有力的行政管理。国务院已经正式确定新闻出版署为我国电子出版行业的归口管理部门，统一管理我国的电子图书、报纸行业的科技发展规划和标准化规划并指导实施。新闻出版行政部门归口管理电子出版物这样一个格局的形成，对促进我国电子出版事业的繁荣与发展提供了重要的保证作用。

我国的电子出版在发展的过程中，还存在着一些值得我们高度关注的问题：

第一，电子出版物的管理还缺乏规范。随着新闻出版宏观管理体系的逐步建立，图书、报纸、期刊，甚至包括音像出版管理工作都已经有了一套完整或比较完整的管理制度。而电子出版物在制作、复制、发行、传送、版权保护及技术标准等方面，都与传统的印刷出版物有很大的差异，现行的主要用以管理印刷出版物的制度对电子出版物缺乏针对性，需要尽快建章立制。通过加强管理，促进电子出版业的健康繁荣发展。

第二，电子出版物的盗版和非法走私活动非常猖獗。由于电子出版物采用数字代码方式记录，极易做到完全不失真复制；由于计算机技术的普及，凡具有软件开发能力的单位或个人都极易介入电子出版物的制作和生产活动，与传统的印刷出版物相比，电子出版物更容易被盗版和复制。由于电子出版物可以通过加密、压缩、隐含等高技术进行处理，或潜藏在整机中，或以散件进口，走私极其容易。

电子出版的版权管理是行政管理的一个重要内容。电子出版物与传统出版物的版权管理有许多相通之处，但也有其独具特色之处。比如，电子出版物的开发制作要依赖于一定的软、硬件环境，要有数据资料（文字、声音、图像），要经过创意，要进行程序设计，其原始数据资料应该享有著作权，而该数据资料在经过创意加工的编辑处理之后，又产生了改编著作权，同时还有系统软件的著作权以及开发的应用程序的著作权，一部作品就可能同时产生若干种著作权需要确认和保护。对于电子出版物的版权管理来说，管理工作的量更大，难度也更大了。各级版权行政管理部门要认真研究分析电子出版物版权管理的特点，有针对性地制定管理规定。

"一手抓繁荣，一手抓管理"，促进我国音像出版事业的健康有序发展*

经中央宣传部批准，由新闻出版署主持召开的这次全国音像出版工作会议很重要，是音像出版界的一次大聚会。这是新闻出版署归口管理音像工作以来，召开的第一次全国音像出版工作会议，而且一直开到出版社社长这个层次。开这么大规模的会议，表明中宣部和新闻出版署对音像出版工作的重视和关注。这次会议的中心议题是按照"一手抓繁荣，一手抓管理"的工作方针，一方面，根据党的十四届五中全会精神，贯彻落实新闻出版署《关于制定"九五"重点音像制品出版规划的通知》，为"九五"期间音像出版事业的更大繁荣奠定比较坚实的基础；另一方面，要贯彻落实中宣部、新闻出版署《关于禁止"买卖版号"的通知》精神。这里我讲四个方面的问题。

一、认真学习党的十四届五中全会和全国经济工作会议精神，努力实现音像出版工作的"阶段性转移"①

党的十四届五中全会是我党历史上一次非常重要的会议，会议通过了《中共中央关于制定国民经济和社会发展"九五"计划和 2010 年远景目标的建议》（以下简称《建议》）。这个历史性的文献，以邓小平同志建设有中

---

* 这是于友先同志 1995 年 12 月 21 日在第一次全国音像出版工作会议上讲话的主要内容。

① 见本卷第 5 页注①。

国特色社会主义理论和党的基本路线为指导，提出了今后5年和15年国民经济和社会发展的奋斗目标、指导方针、主要任务和重大政策措施，做出了我国现代化建设跨世纪的中长期战略部署。全国经济工作会议是贯彻党的十四届五中全会精神的一次重要会议，我们一定要结合新闻出版工作，包括音像出版工作的实际，认真地学习领会、贯彻执行。

"抓住机遇，深化改革，扩大开放，促进发展，保持稳定"是新的历史时期全党全国工作的大局，服从和服务于这个大局，要求我们"一定要讲政治"，这是党的十四届五中全会精神的重要内容。在新闻出版部门工作的同志，特别是在座的同志都担负一定的领导责任，要按照党的十四届五中全会所强调的"一定要讲政治"的要求，提高从政治上看问题的自觉性，特别是提高政治上的认识力和鉴别力，自觉地与党中央保持高度一致。

坚持邓小平同志建设有中国特色社会主义的理论和党的基本路线，是"讲政治"的核心内容。我国改革开放10多年的历史经验已经充分地证明，邓小平同志建设有中国特色社会主义理论和以这个理论为指导思想而形成的党的基本路线，是唯一能够指引中国把改革开放和现代化建设不断推向前进的强大思想武器。

"讲政治"就必须与党中央保持高度一致，坚决维护党中央的权威。这不仅仅是一条政治原则、政治纪律和组织原则，也是全党全国人民的根本利益之所在。我们的国家现在正进入经济体制和经济结构转轨变型的时期，在中国这样一个多民族、地区经济发展很不平衡的国家搞现代化建设，维护中央对国家政治、经济、文化各项变革的总体部署，对保持改革、发展、稳定的良好势头是绝对必要的。改革开放到现在已经17年了。大家一定不要小看这17年，它是我国从1840年以来，从未有过的最长的社会政治经济稳定发展的时期。这17年综合国力的增长，人民生活水平的提高，社会的全面进步，都得益于社会的稳定，而党中央的权威是维系稳定的重要保证。

音像出版工作者，特别是担负一定领导责任的同志，要真正按照党的十四届五中全会要求的"一定要讲政治"，就要心系大局，全心全意地服从服务于全党全国工作大局。在建立社会主义市场经济体制的过程中，包括音像制品在内的所有出版物，对经济建设和改革开放的智力支持、精神动力的作用，影响和形成舆论以维护社会政治稳定的作用，已经越来越突出地表现出来。音像出版工作是一项重要的意识形态领域的工作，有着很强的思想性和政治性。健康向上的音像制品，能够为马克思所称的"人的全面发展"产生积极的影响，为社会的政治稳定提供思想保证和舆论环境。而政治内容有问题，格调低下甚至淫秽、色情的音像制品，就像精神鸦片一样，毒化社会空气，损害青少年的身心健康。经中央批准，1995年的"扫黄打非"冬季集中行动已经在全国范围内展开。这次集中行动主要的打击对象就是内容反动，淫秽、色情和盗版侵权的音像及电子出版物。对音像及电子出版物中的"制黄""贩黄"及盗版活动如果不加以严厉的打击，任其发展，就会造成干扰全党全国工作大局的严重后果。今年的中美知识产权谈判，一些音像出版单位从事盗版活动，授人以柄，给国际政治和经贸斗争增加了困难，这不能不说是影响大局的。服从和服务于大局，"要帮忙，不要添乱"，是音像出版工作的一项重要政治原则。

中共中央的《建议》提出了实现两个具有全局意义的根本性转变："一是经济体制从传统的计划经济向社会主义市场经济体制转变，二是经济增长方式从粗放型向集约型转变，促进国民经济持续、快速、健康发展和社会全面进步。"第一个根本性转变是指生产关系的改革，是改革战略，可以称作"体制转轨"；第二个根本性转变是指生产力发展途径、方式的重大调整，是发展战略，也可以说是"增长转型"。"体制转轨"与"增长转型"相辅相成，是改革与发展的最佳组合方式。"两个根本性转变"①，是中央在全面分析我国经济和社会发展现状及其客观趋势基础上做出的重大决策，确实标志着我们党在领导国家实现现代化的战略和策略方面已经进一步成熟。

1994年初，在北京召开的全国新闻出版局长会议上，署党组根据党的十四大和十四届三中全会精神，结合我国新闻出版业的发展实际，提出了"新闻出版事业的发展要从以规模数量增长为主要特征的阶段向优质高效为主要特征的阶段转移"的工作思路。从改革的角度看，是为了适应社会主义市场经济体制逐步建立的需要；从发展的角度看，也是希望把新闻出版业

① 见本卷第49页注①。

从简单的规模扩张引向讲求质量和效益。这一工作思路是符合党的十四届五中全会提出的"两个根本性转变"要求的。《建议》把经济增长方式的转变作为实现宏伟目标的关键，实际上是总揽全局、高屋建瓴，找到了经济生活中的许多矛盾和问题的症结所在。从我们这个行业来讲，"两个根本性转变"也有很强的针对性和指导意义。

新闻出版业的阶段性转移的工作思路，同样也是符合音像出版工作实际的。音像出版工作在"阶段性转移"的过程中，要特别注意实现经济增长方式从粗放型向集约型的转变。粗放型与集约型的本质差别在于前者主要依靠生产要素的数量扩张来实现经济的增长，也就是外延型的发展生产的道路；后者主要是依靠提高生产要素的使用效率和合理构成来实现经济增长。音像出版业作为整个出版行业的一个重要组成部分，同样需要实现从以规模数量增长为主要特征的阶段向优质高效为主要特征的阶段转移，而且这种转移也是音像出版业发展的客观要求，是不以人的意志为转移的。音像出版业面向市场之后，如果不注重提高质量和效益，不走内涵发展的道路，热衷于铺摊子、上项目，就难以在激烈的市场竞争中站稳脚跟。光盘生产企业在创办之初，由于没有进行宏观调控，致使在短短的时期内上了 37 条 CD 复制生产线，生产能力超过市场容量，最终使得无序竞争加剧，直接影响了所有光盘生产企业的效益。这说明，经济增长方式转变，对音像出版事业的健康繁荣发展是多么的必要和重要。我们要认真按照党的十四届五中全会的要求，积极地推进音像出版工作的"阶段性转移"。

二、认真做好"'九五'规划"，努力促进
音像出版业的更大繁荣

音像出版在我国虽然起步较晚，但发展速度和扩展规模非常迅速。作为一种新兴的传播媒体，它有许多纸介质传播媒体所无法匹敌的优点，因此也就达到了传统的纸介质出版物所从未有过的发展速度。目前，我国共有音像出版社 204 家，配书出版音像制品的图书出版社 97 家，自 1991 年以来，每年出版的音像制品在 5000 种以上，发行量近 2 亿盘（盒）。在复制加工方

面，现登记注册的 270 多家工厂拥有先进的制作及复制设备和技术，尤其在激光唱视盘技术的引进方面，已经形成了完整配套的生产能力。音像出版业的异军突起，为出版业提供了崭新的机遇，开拓了广阔的前景。音像出版业的发展和繁荣，必将带动和促进整个出版业的发展和繁荣。

音像事业这些年来的长足发展，主要得益于改革开放，得益于人民群众生活水平的提高，文化消费水平和消费能力的日益现代化和多样化。我国现有的录音机、激光唱机达 1.5 亿台，录像机达 3000 万台以上。多种类型的卡拉 OK 机、激光视盘机、多媒体放送机的问世，推动了音像制品的制作与出版的迅速发展。琳琅满目、形形色色的盒带、光盘被广泛使用，进入万户千家。音像出版物满足了广大人民群众工作、学习、生活、娱乐的需要，弥补了纸质出版物在表现力和感染力等方面的不足。在继承历史遗产、弘扬民族优秀文化方面，出版了一批以民族文化精品为代表的音像制品；在启迪青少年智力、提倡科教兴国方面，出版了一批有助于提高教育水平和改进教学效果的声像教材；在普及农业技术、培养致富能手方面，出版了一批农业科技方面的声像制品；在促进文化交流、丰富节目内容方面，有选择性地引进或合作出版了一批海外和港台的优秀音像制品。正式出版的大量音像制品，内容基本上都是健康有益、积极向上、为广大人民群众所喜闻乐见的。从城市到乡村，从学校到家庭，音像制品已经成为科研、教学、生活、娱乐不可缺少的一个重要载体。老一代艺术大师的传世之作，被制成音像制品，得以记录保存、流传后世，新一代艺术工作者也无一不把出盒带、出唱片、出光盘、出个人专辑作为一种追求。音像出版业已经成为两个文明建设的一支作用重大的力量。

音像出版业的繁荣是多方面的、多层次的。科技、教育类音像制品在我国音像出版业中占有十分重要的地位，质量在不断提高。第四届"优秀科技音像作品奖——科蕾奖"评选了 51 部优秀作品，反映了近年制作、出版的科技录像带的总体水平。在这次会上，我们特别邀请了清华大学音像出版社、上海外语音像出版社、中国农影音像出版社、中华医学音像出版社等单位的代表来介绍经验。从他们的经验中，我们可以真切地感受到，音像出版物出版的著名教授主讲的《BASIC 语言》，为计算机技术在我国的普及和开发产生了积极的推动作用；中华医学音像出版社出版的音带《音乐疗法》和像带《中国针灸学》（30 辑）、《中国骨伤学》（15 辑）等，为提高人民的健康水平和自我保健能力做出了积极贡献；人民教育出版社配书出版统编中学一年级英语音带每年都达 1000 万盒以上，这些音带实际上就是千万个流动的教师，与孩子们朝夕相伴，成为良师益友。文艺类音像制品在思想品位和艺术质量上也有所提高，近年出版的一批电视连续剧、胶转磁的电影录像带以及影视主题曲录音带等，为国产音像制品市场注入了新的生机和活力。中宣部和新闻出版署等部门组织出版的《中华大家唱（卡拉 OK）曲库）》是一项规模浩大的音像繁荣的"重点工程"，这套《中华大家唱（卡拉 OK）曲库》选收了中外优秀歌曲 1000 首，编为 100 个片号，同时以音带、像带、视盘和歌本 4 种形式配套出版，发行面遍布全国 30 个省、自治区、直辖市，对于扭转港台、外国歌曲独占卡拉 OK 市场的局面起了很好的作用，活跃了群众的业余文化生活。中国唱片总公司出版的《中国音乐大全》《中国戏曲大全》《中国曲艺大全》以及《中国民族器乐精品系列》，北京文化艺术音像出版社出版的《中国京剧有声大考》，上海声像出版社出版的《长征组歌》，上海音像公司出版的《中国音像大百科》，等等，都是弘扬民族优秀文化传统的精品。

配书出版音像制品的图书出版社，也是我国音像出版事业不容忽视的一支力量，近年出版了一批受群众欢迎的音像制品，如中国少年儿童出版社出版的大型历史故事系列音带《中华五千年》，对加强青少年爱国主义教育产生了积极的影响。此外，国家教委组织所属大学音像出版社联合出版的百集系列片《中华文化讲座》《中国革命史》等也受到社会的好评。通过"首届配书出版音像制品评奖"活动，评出了《敦煌古乐》《365 夜新故事》等 56 个优秀作品，对配书出版音像制品是一个很好的总结和促进。

制定《"九五"国家重点音像制品出版规划》，是促进音像出版事业进一步健康繁荣发展的重要措施。新闻出版署今年 10 月 20 日为此专门发出了通知，这个通知对制定规划的指导思想、重点内容以及有关事项都做了明确的规定，希望各音像管理部门和出版单位结合自己的实际，认真加以落实。

要提高对制定规划的重要性和必要性的认识。《中共中央关于制定国民经济和社会发展"九五"计划和 2010 年远景目标的建议》，是指导国民经济健康发展的跨世纪行动纲领，为我们展示了本世纪末下世纪初社会主义现代化的宏伟蓝图。《建议》是我们制定《"九五"国家重点音像制品出版规划》的指导原则和方针。搞好重点选题规划，是繁荣出版的重要措施。图书出版的重点选题，我们已经搞过两个"五年规划"，实践证明，凡列入规划的选题，都得到了各级党委和政府以及社会各界的高度重视，在资金、人力和物力方面都有较好的保证。目前，音像制品中的应景工作、"追星"之作、"泡沫"之作还比较多，是广大群众反映比较强烈的一个问题。这与缺乏规划不无关系。

"'九五'规划"是世纪之交的规划，要为新世纪的到来奠定基础。希望大家本着自下而上和自上而下相结合的原则，广泛听取各方面的意见，做好分析、论证工作，从实际出发，量力而行。要把需要和可能结合起来，"需要"是指经济和社会发展对音像出版工作提出的需求，"可能"是指音像出版业实际具有的能力和潜在的市场，这样制定的规划才有可行性和可操作性。制定规划时，既要脚踏实地，反对好高骛远；又要开拓进取，反对"赶时髦""一窝蜂"，在选题上重复"撞车"。从我们会前调查研究所掌握的情况看，许多出版社已经制定了很好的出版规划。比如：中国唱片总公司计划在"九五"期间减少片号 20%，集中财力加大投入，力争使该公司进入国际音像市场的产品年递增 20% — 30%。上海声像出版社"九五"期间将集中力量投入"三大工程"，即《中国音乐》《中国戏曲》和《中国歌唱家》；中国农影音像出版社"'九五'规划"中把《农民思想政治教育读本》和《农民实用技术教育读本》作为重点工程，开发系列音像制品；中国少年儿童出版社"九五"期间将充分采用 CD、LD、CD-ROM 等媒体新技术，促进幼儿认知教育……所有这些，都使我们看到了我国音像出版事业在"九五"时期繁荣发展的可喜前景。

制定"'九五'规划"只是迈出了第一步，而规划能否变为现实，关键在于真抓实干。保证规划的实现要有具体措施，要把落实措施作为规划的一个重要组成部分，定期督促检查，狠抓落实。

三、加强管理是促进繁荣的必要手段

音像出版工作必须坚持社会效益第一的原则。社会主义市场经济体制的逐步建立，给音像出版工作带来了发展的活力和动力，但也遇到了许多新情况、新问题。目前，音像出版工作存在的问题主要是，流通秩序混乱，盗版问题严重，"买卖版号"屡禁不止。

音像管理部门要加强宏观调控，规范市场秩序，为音像出版单位提供良好的发展环境。市场机制和宏观调控都是社会主义市场经济体制的重要内容，但二者各有侧重、互相补充。发挥市场机制的作用，要使经济活动遵循价值规律，适应供求变化，体现竞争原则。但目前市场发育还不够成熟，市场也存在自发性、盲目性和滞后性，政府行政管理部门对市场活动运用经济、法律和行政手段进行相应的规范和指导，进行必要的集中和平衡，都是宏观调控的基本内容。今年初中央政治局常委会听取署党组汇报工作时，中央领导同志指出，出版物是特殊商品，不能因为搞社会主义市场经济就把这个特殊商品完全交给市场去调节。这是我们在社会主义市场经济条件下，加强音像出版管理所必须遵循的基本原则。

管理是繁荣的必要手段，通过管理，能够加强音像出版单位的自身建设，使其工作程序、工作方式更加规范化、制度化。许多音像出版单位的实践都证明，这是实现两个效益①的根本保证。通过管理，能够有效地规范市场上的无序行为，打击侵权盗版活动，就是对正常出版活动的最大保护。会前在调查研究中听到许多音像出版单位的同志有这样那样的意见，许多是针对管理工作力度不够而提的。管理滞后，必然会影响繁荣。在这一点上，我们与音像出版界的同志是有共识的。

今年以来，新闻出版署、国家版权局就加强音像出版管理发了许多通知，其中有：《关于加强和改进中国标准音像制品编码管理的通知》《关于音像出版、复制单位重新办理审核登记手续的通知》《关于使用统一〈录音

---

① 见本卷第 31 页注①。

录像制品复制委托书〉的通知》《关于加强光盘母版刻录管理的通知》《关于向光盘生产厂派驻监督员的通知》,这一系列通知旨在规范行业行为,实现全国音像出版的规范化和法制化管理。

禁止"买卖版号"是我们这次会议的主要议题之一。今年10月25日中宣部和新闻出版署联合发出《禁止"买卖版号"的通知》,要求各地音像出版行政管理部门及音像出版单位的主管部门,加强管理和监督,各音像出版单位要进行检查和清理,做好自查自纠工作。音像出版中"买卖版号"的行为在性质上同图书出版"买卖书号"、期刊出版"买卖刊号"一样,都是权钱交易,将国家和人民赋予的出版权出卖了。"买卖版号"扰乱了音像出版工作的正常秩序,危害极其严重,必须坚决禁止。

"买卖版号"的事由来已久,需要进行综合治理。我国的音像出版业与纸介质出版业不同,它是伴随着录音、录像和光盘生产技术的引进而发展起来的,多年来,音像出版业的投资侧重复制生产,因而,复制生产企业不仅有较强的生产能力,还有较强的发行能力。这一点与纸介质出版业有很大的不同。一些复制生产企业通过其技术和资金的实力,通过挂版和买版号等方式,实际控制了不少的音像出版社;而一些出版社由于没有稳定的投资渠道,主要靠卖版号维持生计,这是一种客观现实,但却是不正常的,不利于音像出版事业健康繁荣发展。

"买卖版号"实质是国家专有出版权的"转移",这种转移实际产生了3个不利于音像出版事业健康繁荣发展的后果:一是出版权"转移"到非出版单位手中,甚至到了非国有单位和境外人员手中,音像出版物的政治质量难以保证,有些内容有严重政治问题的音像制品就是由此而炮制出来的。二是出版质量下降。音像出版程序严格,从组稿、审稿、定稿、灌音、录像、剪辑、审听、审看到加工成母版,质量要求很高,版号被卖出去了,规范管理、坚持"三审"制便成了空话,质量当然就难以保证。市场上许多质量低劣的音像制品就是"买卖版号"的产物。三是"买卖版号"使得出版利润大量流失,使音像出版社的自我发展能力严重削弱。中宣部和新闻出版署决定坚决禁止"买卖版号",是为了坚持正确的出版方向,促进音像出版业提高质量效益,实现"阶段性转移"的需要,出于对音像出版单位的关心和爱护。这一点，只要我们不带偏见，是完全可以达成共识的。禁止"买卖版号"是一项有利于音像出版事业健康繁荣发展的有效措施，必须坚持执行，不能打任何折扣。

加强音像出版的法制建设也是当前的一项重要工作。应该承认，相对纸介质出版物而言，对音像出版工作的管理，我们还经验不多，我们的工作才刚刚起步。管理的方法、管理的水平直接影响着管理的力度。我愿与在座的诸位一起积极研究、探讨，通过加强管理，为音像出版单位提供优质服务，推动音像出版事业的健康繁荣。音像出版物生动形象，有立体声响、有活动画面，是印刷出版物无法比拟的。由于载体和表现形式的差异决定了音像出版物在策划、选题、创作、编辑、制作、复制和发行等一系列环节上，与传统的印刷出版物有显著的不同。在管理上，我们可以参照借鉴纸介质出版物的一些管理办法，但又不能生搬硬套，一定要研究音像工作的特点，把握音像出版的规律，有针对性地制定法规，加强管理。相对纸为介质的出版，以磁、电、光为介质的音像电子出版业还十分年轻，年轻就意味着朝气蓬勃、充满希望，事业上大有潜力、大有可为；同时，年轻也意味着经验不足，需要关心扶持，需要正确引导。我们加强音像出版的法制建设，规范音像出版业的行业行为，决不是束缚大家的手脚，而是为了保证音像出版业健康有序的发展。

四、严厉打击盗版和"制黄""贩黄"活动

音像出版物的版权问题非常重要，打击音像制品盗版是今年版权行政管理部门的主要任务之一。应该看到，尽管我们做了很多工作，音像制品的盗版问题仍然很严重，音像市场上的盗版音像制品仍然很多。如果听任盗版之风盛行，精神生产的劳动成果得不到应有保护，就会严重影响我国音像事业的繁荣与发展。现在，国产的文艺节目音像制品许多出版主已经不敢投入，就是盗版活动猖獗所致。对外国音像制品的盗版已经影响到我们的国际形象，以致影响国际经贸关系和外交。这要引起我们的高度重视。

重视版权保护是国际大趋势，因为它直接影响到科技和文化的进步，影

响到经济和贸易的发展。我们加强版权保护并不是做给外国人看的，首先还是发展我们自己的经济、科技、文化，促进社会进步的需要。

一方面，我们要学会维护自己的权益。要搞清楚自己有哪些权利，如何行使这些权利，一定要注意把合同做好、做规范，体现自己的权益。当自己的权利被侵犯时，要学会通过法律手段来保护，也就是说，可以请求版权行政管理部门处理，或到法院起诉。现在我们有了音像协会，这个协会就当在维护著作权人权益、调解版权纠纷方面发挥重要作用。

另一方面，我们要自觉遵守著作权法，不做违法的事，也就是说，不侵权盗版。要认识到，付版权的费用就像买设备、买原材料、消耗能源、付工钱一样，是必要的费用，是产品成本的一部分，生产盗版的音像制品是违法的，是要负法律责任的。在防止盗版方面，今年国家版权局采取了一些措施，其中包括要求出版社在出版境外音像制品时，要将出版合同和版权授权材料报国家版权局登记并进行版权认证，以确认版权授权是否真实有效，而且，还要求出版单位在委托复制单位复制加工时，要出具经过版权行政管理部门登记的出版合同。对出版境内音像制品和电子出版物，国家版权局也将采取同样措施。因此，希望各音像出版社严格执行国家版权局的这一规定。否则造成侵权的话，国家版权局是要依法严厉处罚的。从实际情况看，确有不少出版社接受港、台等地的一些不法公司或个人的假授权，出版了侵权制品。有的确实是不知实情，有的则是见利忘义、佯装不知。结果真正的权利人找上门来，状告我们的出版社侵权。今年国家版权局处罚的几家单位就有不少是这种情况。另外，出版社还要加强内部管理，我们发现许多制作公司或个体户拿着出版社流失的加盖有出版社公章的空白委托书到处招摇撞骗，制作了大量盗版制品。如果出版社管理严格、制度健全，就不会出现这种情况。

最后，讲一讲"扫黄打非"问题。

今年冬季"扫黄打非"的重点与往年有所不同，工作重点从书刊市场转向了音像、电子出版物市场，重点是打击音像及电子出版物领域中的"制黄""贩黄"和非法出版活动。

打击重点的变化是有其客观根据的。去年冬季"扫黄打非"集中行动以来，书、报、刊市场的面貌有了较为明显的改观，没有出现大的反复和回潮。但今年以来，音像及电子出版领域中"制黄""贩黄"问题比较突出，音像电子行业的非法出版活动也日渐猖獗，"黄""毒"从境外流入境内，从沿海蔓延到内地，已经成为危害青少年身心健康、诱发犯罪、影响社会稳定的严重不安定因素。从生产环节看，部分母盘厂、复制厂大量制作淫秽VCD、CD-ROM和侵权盗版产品，一些CD厂违反规定私留模具，不刻SID码，加工和生产违法产品。部分淫秽、盗版光盘还走私到境外，给我国音像出版的声誉造成恶劣影响。从流通环节看，非法音像制品的数量呈上升趋势，载体形式多样化，不仅有录音带、录像带，还有CD、LD以及VCD。从广东等地的调查情况来看，多数经营单位未经管理部门批准，非法经营音像制品。

今年下半年以来，各地新闻出版、文化、广电、公安等部门查处的制作和贩卖盗版、淫秽音像制品和电子出版物大案，涉及5家音像制品单位，它们是：珠海金镭联激光主盘制造有限公司、潮州市新乐镭射唱碟有限公司、彩翎音像制作有限公司、苏州宝碟激光电子有限公司和海南安镭射制造有限公司。其中，珠海金镭联激光主盘制作有限公司、潮州市新乐镭射唱碟有限公司、彩翎音像制作有限公司涉及广东"7·9"要案，经有关部门查实，这3家激光唱盘及母盘生产厂非法加工盗版及淫秽、色情光盘和母盘均在百种以上，获非法收入数十万元到上百万元以上。苏州宝碟激光电子有限公司涉及深圳、苏州"11·25"案。该公司1993年曾因加工盗版光盘12.5万张，被国家版权局没收非法收入并罚款20万元。该公司不仅不吸取教训，反而变本加厉，今年以勾结深圳犯罪团伙复制盗版光盘上百万张，并加工多种淫秽、色情光盘，最近被深圳、苏州等地有关部门查获。海南安美镭射制造有限公司被查实大量非法复制盗版产品，并加工淫秽光盘（CD-ROM）6种上万张。12月8日，新闻出版署发出通知，要求广东、江苏、海南三省音像行政管理部门于12月12日前对上述5家音像复制单位做出责令停止光盘复制单位的违规事实，视情节轻重，再做进一步处罚。广东、江苏、海南三省音像行政管理部门已分别于12月11日和12日责令上述5家音像复制单位停止了光盘复制及母盘刻录业务。有关违规事实正在进一步调查之中。

南京达利激光音影制品有限公司曾大量自行复制销售激光唱盘，新闻出版署为此于今年 2 月 17 日做出了"不予办理音像复制单位审批登记"的决定，并责令该公司从 1995 年 3 月 1 日起停止生产激光唱盘。据查，该公司此后仍从事复制业务。江苏省广播电视厅已对其做出了罚款 11.5 万元、查封生产线、暂扣模具等处罚决定。12 月 8 日，新闻出版署发出通知，要求江苏省广播电视厅进一步做出行政处罚决定，并商当地外经贸管理部门和工商行政管理部门吊销该公司的外商投资企业批准证书和营业执照。12 月 18 日，江苏省有关部门已正式做出上述决定。

造成音像市场混乱的原因是多方面的，有体制的问题、管理的问题、建章制的问题、地方保护的问题，但最直接的原因是经济上的。少数不法之徒见利忘义、铤而走险，置国家政策法规于不顾，靠盗版起家，靠"制黄""贩黄"发财，而且一犯再犯、屡教不改，对这类人我们决不能心慈手软。还有一些人钻政策的空子，利用我们管理中的薄弱环节"闯红灯"，心存侥幸，对这批人我们也要从严查处。

"扫黄打非"不能一蹴而就，毕其功于一役，也不能做表现文章、搞花架子。我们要做一些深层次的研究，解决一些深层次的问题。如果说我们对于纸介质出版物的管理已经有了一套较为完备的政策法规以及比较健全的执法机构和执法队伍，但对音像电子出版物的管理则相对缺乏经验、力不从心。所以音像电子出版领域的"扫黄打非"，工作更复杂、任务更艰巨、要求更严格，既要求健全法规和管理机构，还要求有关管理人员更新知识、提高业务水平、懂得与音像电子出版有关的技术，在出版、复制、进口、批发、零售等各个环节上把关守卡、执法如山。

"扫黄打非"不是目的，它是我们繁荣音像出版事业的必要手段，对于国家的正式音像出版单位来讲，"扫黄打非"、保护版权是件大好事，把非法的打掉了、赶走了，就自然会给合法的腾出市场、留出余地，去年"扫黄打非"集中行动过后，图书订货码洋猛增就是一个很好的证明。所以，保护版权、"扫黄打非"，与我们音像出版单位的利益密切相关。我希望音像出版单位要自觉积极地参加"扫黄打非"斗争，既清理自身，又参加战斗，为我国音像出版事业的健康有序发展做出贡献。

进一步繁荣我国社会科学期刊事业 *

今天，我们在这里举行第一次全国社会科学期刊评比颁奖大会。这次评奖包括 4 类社科期刊，有 21 家期刊分别荣获"优秀社科学术理论期刊奖""优秀时事政治期刊奖""优秀综合文化生活期刊奖"，有包括教学辅导类期刊在内的 48 家期刊获"优秀期刊提名奖"，表彰他们为繁荣我国社会科学期刊出版事业，推进期刊出版事业向以优质高效为主要特征的阶段转移做出的突出成绩。这是我国期刊出版界一件可喜可贺的事情。我代表新闻出版署，向获奖单位表示热烈的祝贺，并通过你们向全国期刊工作者表示亲切的问候，向一切关心、支持我国期刊出版事业的同志们和朋友们表示衷心的感谢。

评选优秀社会科学期刊，在我国尚属首次，意义重大。目前，全国经新闻出版管理机关批准注册的期刊有 8135 种，其中社科类期刊 3800 多种。如此众多的期刊实现"阶段性转移"，任务相当繁重。评奖工作是提高质量、促进繁荣的有效手段。过去，在图书方面，我们有"国家图书奖""国家辞书奖"，这次评选优秀期刊，是期刊评奖的一个良好开端，是推进期刊出版事业"阶段性转移"的一个具体措施，也是期刊管理由抓遵纪守法到抓质量达标上等的定量管理的有益尝试，为今后在适当时机设立"国家期刊奖"打下了基础。

这次评比工作，是在中央宣传部的悉心指导下，按照新闻出版署颁布的

---

* 这是于友先同志 1995 年 12 月 22 日在首届全国优秀社会科学期刊颁奖大会上的讲话。此篇原载《中国出版》1996 年第 1 期。

《社会科学期刊质量管理标准》和《社会科学期刊质量评估办法》的有关规定，先经各省、自治区、直辖市和中央有关部委的初评、推荐，再由专家组成的评委会，分 4 个专门委员会初评，提出候选名单，最后由评委会主任、副主任、评委不记名投票确定的。由于是首次评比，为了积累经验，工作指导类、文学艺术类、信息文摘类期刊没能纳入这次评比范围，以后将逐步扩展评比范围。69 种获优秀奖、优秀提名奖的期刊，从整体上讲，基本反映了目前 4 类期刊的较高水平，在今后贯彻实施《社会科学期刊质量管理标准》和《社会科学期刊质量评估办法》、推进"阶段性转移"工作中，这些期刊将起到导向作用、示范作用、启迪作用、推动作用。获优秀奖和优秀提名奖的期刊，要珍惜荣誉、正视不足、继续探索、再创佳绩。

党的十一届三中全会以来的 17 年间，我国期刊事业经历了两个重要发展阶段。从 1978 年到 1993 年，是以规模数量增长为主要特征的阶段，期刊由 930 种发展到 7595 种，仅社科期刊就形成了学术理论、工作指导、时事政治、文学艺术、综合文化生活、教学辅导、信息文摘等 7 大类的出版结构，呈现丰富多彩、蓬勃发展的局面，为推进经济建设和改革开放，发挥了重要作用。期刊事业作为我国新闻出版事业的重要组成部分，经过十几年的快速发展以后，正经历一个重大转折，即从规模数量为主要特征向优质高效为主要特征的转变，从实际存在的数量增长型向质量效益型转变。这是新闻出版行业一个历史性的发展战略的转移。经过近两年的努力，期刊事业的"阶段性转移"已初见成效，规模数量的增长得到有效控制。1993 年以前的几年里，期刊数量是以每年 10%—14% 的增长率递增，1994 年开始"阶段性转移"的当年，社科期刊实际只增加 89 种，另有国家科委批准并经我署核准的科技期刊 240 种，全年共增加 329 种，只比上一年增长 4.35%，今年的增长率又下降到 2.00%。规模数量的有效调控，使新闻出版署及全国各省、自治区、直辖市新闻出版局及期刊的主管部门腾出精力抓质量，也为期刊社追求质量效益提供了政策导向和良好机遇，从内容到版面形式都有较大变化，总体质量呈上升势头，全国已经有约 3000 种期刊发行到 150 多个国家和地区，1994 年期发行量超百万册的期刊有 19 种，今年上升到 22 种，1994 年全国期刊年总印数达到 24 亿册。

加强法制建设、加强管理，既是期刊出版工作健康、繁荣、发展的重要保证，又是"阶段性转移"的重要内容；几年来，相继出台了《期刊管理暂行规定》《关于加强内部报纸期刊审批管理的通知》《社会科学期刊质量管理标准》和《社会科学期刊质量评估办法》《新批图书、报纸、期刊、音像出版单位开业前社长、总编辑培训制度》《报刊社社长总编辑（主编）任职条件的暂行规定》等一批行政管理规章。期刊的管理规章体系作为新闻出版宏观管理规章体系的一个子体系，已经基本形成，约束机制、责任机制、监督机制、奖惩机制，正日益发挥着明显的作用。

我们在看到繁荣发展的同时，必须看到存在的问题。有成绩，也有警报。偏离办刊宗旨的问题时有发生，有的问题是比较严重的。宣传内容方面，有些期刊追求新奇和刺激，宣扬一些错误的、腐朽的、低级趣味的、封建迷信的东西，"殖民文化"的问题也时有出现。在舆论导向上，忽视政治，已经成为值得我们认真注意的一个倾向性问题。在编辑思想、稿件选择、质量把关上，政治意识不强，执行宣传纪律不严格。从期刊的质量、效益、队伍状况、出版管理等方面看，有些问题也不容忽视。一是期刊品种多，有较大社会影响的少。二是发行量小的多，发行量大的少，据统计，1994 年平均期发量在 1000 册至 10000 册之间的有 5122 种，占期刊总数的 64.62%，平均期发量 10 万册以上的 509 种，仅占期刊总数的6.43%。三是经营亏损的多，经营盈利的少。亏损的期刊占期刊总数的41.44%，盈利的期刊仅占期刊总数的 19.42%，1994 年国家和地方财政补贴达 2.87 亿元。四是期刊品种增长快，队伍素质提高慢，实际是素质相对下降。1994 年与 1978 年比较，期刊品种增长 8.5 倍，在近 6.2 万名期刊编辑队伍中，具有大专以上学历的占 73.94%。五是内容差错率高的多，差错率低或无差错的少。仅从这次各地、各部门送评的期刊看，差错率最高的达 5.5/10000，这样的差错率是惊人的。获"优秀期刊奖"和"优秀期刊提名奖"的 69 种期刊，经抽样检查，仅有《考古》、《中国人民大学学报》、《北京大学学报》（社会科学版）差错率按规定标准属于优秀，有的差错率还比较高。在期刊行政管理上，规章制度不健全、执纪不严肃，有的甚至还出现出卖刊号、非法出版现象。这些问题，都需要我们在今后的"阶段性转移"中加以认真解决。

把握正确的舆论导向，是繁荣社会主义期刊事业的根本问题。一是要把握好政治方向。讲政治，第一位的，最重要的，是坚持以邓小平建设有中国特色的社会主义理论和党的基本路线，坚决拥护党中央的权威。二是要把握好思想导向。要贯彻团结稳定鼓劲、正面宣传为主的方针，认真完成好"以科学的理论武装人，以正确的舆论引导人，以高尚的情操塑造人，以优秀的作品鼓舞人"的"四项主要任务"。着力宣传党的理论、路线、方针、政策，努力反映现代化建设的新气象，深刻表现我们民族和人民的英雄业绩、优秀品格和精神风貌，激励人民奋发进取，让世界更好地了解中国。在学术争鸣、热点引导、舆论监督方面，题目要选好，报道要正确，引导要得体，形式要多样，观点要鲜明，是非要清晰，结论要明确，给人以启迪。三是把握好生活和行为导向。各类社会科学期刊在这方面都担负着重要的任务。在生活方面，我们是提倡艰苦奋斗、勤俭建国，还是贪图享受、讲排场图阔气？是引导量入为出适中消费，还是超越可能高消费？是营造健康的、有益的、向上的、振奋精神的生活氛围，还是低级的、颓废的、糜烂的、得过且过的生活方式？在行为举止方面，面对危害国家利益、人民利益的思想行为，是坚决纠正和制止，还是麻木不仁、随波逐流？在大事大非面前，是旗帜鲜明、理直气壮地支持正确的东西，还是模棱两可，甚至支持和纵容错误的东西？在这些方面，我们都要把握好正确的导向，讲正气，防止"误导"。在事关方向、事关原则的问题上，保持清醒的头脑和坚定的立场，充分发挥期刊的作用和功能。

期刊是意识形态领域的精神产品，与一般商品比具有其特殊性，虽然要适应社会主义市场经济的要求，但不能完全交给市场去调控。因此，坚持正确的办刊思想，也是政治；在任何时候，都要坚持社会效益第一的原则，决不能在市场经济大潮中迷失办刊方向、偏离办刊宗旨。要大力弘扬主旋律。主旋律代表着时代精神，反映着社会的主流和历史趋势。什么是主旋律，江泽民同志指出："弘扬主旋律，就是要在建设有中国特色的社会主义理论和党的基本路线指引下，大力倡导一切有利于发扬爱国主义、集体主义、社会主义的思想和精神，大力倡导一切有利于民族团结、社会进步、人民幸福的思想和精神，大力倡导一切用诚实劳动争取美好生活的思想和精神。"① 要让主旋律的内容占据期刊的主导地位。无害的是允许的，但不能让无害的、低格调的东西充斥市场、冲淡主旋律。在弘扬主旋律的思想指导下，要找准自己的位置，办出自己的特色，提倡多样化，满足人民群众多方面的、多层次的、健康有益的精神文化需求。在经营上，由依赖型转向自助型，在保证社会效益的前提下，一业为主、多种经营、量力而行，用多种经营的收入支持期刊质量的提高，逐步减轻国家和地方的财政负担。

加强管理，是促进期刊事业发展繁荣的客观需要，是坚持社会效益第一，力求社会效益、经济效益统一的内在要求，是实现党和国家对期刊事业领导的必要保证。加强管理，是依法管理和科学管理，既满足需要，又注意引导，既促进繁荣，又健康发展。我们抓期刊宏观管理，主要是抓导向、抓总量、抓结构、抓质量、抓效益，加强法规建设，向科学化、制度化迈进。途径是抓好审批、年检、持证上岗三件大事，丁关根同志称之为加强新闻出版管理的"三大法宝"。审批是期刊管理的第一道关口，直接控制期刊的总量和宏观结构，期刊的宏观管理首先从这里开始。根据"阶段性转移"的要求，对新办期刊仍然从严控制，审批的原则仍是"基本不批，先调后批，以管定批"。年检，包括日常审读。全国的期刊审读已普遍开始起来，各省、自治区、直辖市新闻出版局和新闻出版署都成立了专职和兼职的审读队伍，最近新闻出版署聘请了 11 位专家、学者，组成了重点期刊的兼职审读小组，已经开始工作，专项审读经费已经到位。通过年检、审读，该亮黄牌的亮黄牌，该亮红牌的亮红牌，严重违纪、不够条件的坚决停办，以此建立"优胜劣汰、有生有灭、分等定级"的管理机制。今年新闻出版署对 7 种违纪期刊采取了撤销登记的措施。持证上岗，是按照新闻出版署颁布的《报刊社社长总编辑（主编）任职条件的暂行规定》对新批期刊的主编进行岗前培训，对他们进行认真的考核，实行主编资格认证制度。在今年 1 月举办的新批报刊总编（主编）培训班上，有 46 名期刊主编领取了资格认证书。岗前培训是件大事，今后新闻出版署和各省、自治区、直辖市新闻出版局还

---

① 转引自《人民日报》1994 年 1 月 25 日。

将对编辑、校对、印刷、发行等6类岗位人员进行培训，取得资格认证后才能上岗，这对于提高人员素质，保证出版质量，出精品、出效益，将发挥重要作用。

加强管理的目的，是保证期刊事业的繁荣，繁荣的目标是提高质量、出精品。明年乃至今后一段时间，新闻出版署对期刊的宏观管理任务，主要是在进一步抓质量、达标上等、实行定量管理的基础上，抓"名牌"期刊，抓对全国政治、经济和精神文化生活有重要影响的重点期刊，抓内容质量好、发行量超百万的大型期刊。抓好这"三大件"，将进一步推进我国期刊事业的"阶段性转移"，促进繁荣发展。

我们要增强期刊工作的主动性和创造性，重视存在的问题，担负起新形势下党和政府交给我们的神圣使命，谦虚谨慎、扎实工作，以这次评比表彰大会为契机，激励和动员全国社会科学期刊工作者继续努力、奋发进取，进一步开创我国社科期刊事业的新局面。

新闻出版工作者一定要讲政治*

    党中央近来十分强调一个重要的精神，就是"一定要讲政治"。这对于在社会主义市场经济条件下做好新闻出版工作，具有很强的现实针对性和深远的指导意义。

    新闻出版工作是党的宣传思想工作的重要组成部分，报纸、期刊、图书、音像和电子出版物是重要的大众传播媒体，对于形成和影响社会舆论，对于科技、教育、文化发展和社会的全面进步起着非常重要的作用。新闻出版工作具有很强的政治性，一方面各种出版物对于广大干部和群众能否树立起正确的政治方向、政治立场、政治鉴别力、政治敏锐性有着很强的导向作用，另一方面各种出版物也集中体现着新闻出版工作者自身的政治方向、政治立场、政治鉴别力和政治敏锐性。新闻出版工作者一定要讲政治，是由我们所从事工作本身的性质和任务所决定的。

    新闻出版工作者"一定要讲政治"，必须特别强调牢固树立5种意识：

    第一，政治意识。以邓小平建设有中国特色社会主义理论和党的基本路线为根本指针，同党中央保持高度的一致，维护中央的权威和政令畅通，是新闻出版工作者的神圣使命，任何时候都不能动摇。这是衡量每个新闻出版工作者政治方向、政治立场最重要的标准。

    第二，大局意识。全党全国的工作大局是中国人民根本利益的最高表现，是实现国家现代化的根本保证，新闻出版工作者必须像江泽民同志所要

---

  * 此篇原载《光明日报》1996年2月10日。

求的那样："把促进改革、推动发展、维护稳定作为自己工作的准则和目标。"① 要心系大局，时时、处处、事事以大局为重，绝不给大局添乱，"大乱"和"小乱"都不能添，因为在影响大局的问题上，"乱"没有大小之分。

第三，繁荣意识。"以科学的理论武装人，以正确的舆论引导人，以高尚的精神塑造人，以优秀的作品鼓舞人"是新闻出版工作的"四项主要任务"、是新闻出版事业繁荣发展的核心内容。讲政治并不是只讲一些空洞的政治口号，而是要以多种优秀的出版物去武装、引导、塑造、鼓舞广大人民群众同心同德，共图伟业。繁荣是新闻出版事业永恒的主题。

第四，把关意识。江泽民同志在接见《解放军报》师以上干部讲话时指出："毛主席过去讲过：'搞新闻工作，要政治家办报。'这一指示精神至今仍然具有重要的指导意义。"② 政治家办报，就是要求办报的人要有政治家的鉴别力和敏锐性，否则就会如江泽民同志所讲："谬误出于口，则乱及万里之外。"③ 办报是如此，办刊物、办出版社、办新华书店、办印刷厂、办复制厂，也都应该有一种强烈的把关意识，不能让错误的东西从我们手里传向读者，贻害社会。新闻出版管理点多线长，管理难度大，问题一旦出现，影响就难以消除，这就要求我们尽最大的努力把问题解决在萌芽状态。没有高度的政治鉴别力和政治敏锐性是难以胜任的。

第五，群众意识。新闻出版工作者要把为人民服务作为根本宗旨，要时刻牢记自己是人民的公仆。要做到这一点，就必须努力使我们的出版物真正为人民群众所喜闻乐见，向人民群众提供健康向上的精神食粮，而不能见利忘义，更不能唯利是图。当社会效益与经济效益发生矛盾的时候，必须把社会效益放在首位，这是马克思主义群众观点的要求，是讲政治的要求。

---

① 江泽民：《宣传思想战的主要任务》，载《江泽民文选》第一卷，人民出版社 2006 年版，第 502 页。

② 江泽民：《在接见〈解放军报〉师以上干部时的讲话》，载中共中央文献研究室编：《社会主义精神文明建设文献选编》，中央文献出版社 1996 年版，第 598 页。

③ 转引自江泽民：《在接见〈解放军报〉师以上干部时的讲话》，载中共中央文献研究室编：《社会主义精神文明建设文献选编》，中央文献出版社 1996 年版，第 598 页。

新闻出版战线的同志，特别是担负着一定领导责任的同志，一定要结合新闻出版工作的实际，认真学习和领会党中央近来关于"一定要讲政治"的一系列重要指示精神，找差距、定措施，真正把"一定要讲政治"落实到编辑、印制、发行等项工作中去，落实到新闻出版的各项管理工作中去，使"一定要讲政治"成为一种自觉的行动，形成一套有效的机制，发挥重要的指导作用。

开创民族出版工作的新局面*

这次全国民族出版工作会议是由中宣部、国家民委、新闻出版署共同主持召开的。1981 年 11 月，国务院批转了国家民委和国家出版局①《关于大力加强少数民族文字图书出版工作的报告》。15 年后的今天，给民族出版工作带来了巨大的活力和新的发展机遇，同时也带来了新情况和新问题。

民族出版工作是传播文化科学知识，提高少数民族文化素质，推动民族地区经济发展的重要手段。对民族出版工作来说，"一定要讲政治"，把维护民族团结、维护多民族国家的统一放在一切工作的中心位置。

我们的党和国家对民族出版工作历来十分重视，从中华人民共和国成立到党的十一届三中全会以前，我国共出版 19 种民族文字的图书 3 万多种，发行 5 亿多册。从 1981 年到 1994 年间，我国共出版民族文字图书 4 万多种，发行达 5.3 亿册，少数民族文字的刊物已发展到 170 多种，增加了 7 倍。全国民族出版社从 17 家，也发展到 36 家。我国的民族出版社分别用蒙、藏、维吾尔、朝鲜、哈萨克、彝等 23 种民族文字出版图书，凡有通用文字的少数民族，基本上都能根据经济文化发展的要求，出版本民族文字多种门类的图书。例如，我国的朝鲜文出版，成为除韩国外全球最大的出版基地；蒙文的出版列世界第一。这都是党的民族政策在出版工作上的体现。

中华人民共和国成立以来，我国已用少数民族文字出版了一大批老一辈

---

* 这是于友先同志 1996 年 2 月 13 日在全国民族出版工作会议上的讲话。

① 国家出版局，当时的全称是国家出版事业管理局，直属国务院；1982 年 4 月再次并入文化部，称文化部出版事业管理局，1985 年 7 月改称国家出版局。详见下卷第 865 — 866 页：《发展繁荣我国出版业的几点思考》之《一、简要的历史回顾》。

无产阶级革命家的选集、文集、单行本著作以及宣传党和国家政治、经济等各项方针、政策、法律等方面的图书；还出版了大量农、林、牧、副方面的科普读物，挖掘、整理了大量有珍贵价值的民族文化遗产，并出版了一批研究民族宗教、历史、语言文字等方面高水平的学术著作，如民族出版社出版的维吾尔族叙事长诗《福乐智慧》（维文）；内蒙古人民出版社整理出版的被誉为蒙古族最重要诗书的 13 世纪文学名著《蒙古秘史》（蒙文）；西藏人民出版社出版的世界上最长的史诗《格萨尔王传》和凝聚着藏族人民智慧的医学百科《四部医典》；藏文古籍出版社的《西藏简明通史》等。民族出版社的图书在"国家图书奖""五个一工程奖""全国优秀民族图书奖"等多项评奖中获奖。近年来，一些优秀的民族文字图书已被翻译成英、法、德文，受到世界各国学术界的关注。为促进国际文化交流做出了贡献。

经过几年不断摸索开拓，四川民族出版社在经营上采取了目标责任制，在藏、彝族历史、文字、宗教等方面已形成规模和特色，重版书种类逐年增多，自 1992 年开始扭亏为盈，1994 年盈利 100 余万元。此外，还有贵州、辽宁、新疆、西藏、内蒙古大学等出版社都在各自不同的方面取得了进展。经过几十年的培养锻炼，各民族地区都涌现出了一些能够坚持正确的政治方向，有较高编辑、出版、发行业务水平的编辑家、出版家、发行家。

民族出版工作必须保证重点，就是要保证各民族人民需要的图书按时、高质量地出好。少数民族创造的灿烂文化和少数民族地区独具特色的风土人情，为我们提供了丰富的选题来源。据从国际图书公司了解的情况，在我国出口图书中，反映少数民族风土人情、文化、艺术类的图书占有相当比重，在国际图书市场上是相当受欢迎的。中国民族摄影艺术出版社出版的《中国少数民族风情大观》，有英、法文版，效益不错；新疆人民出版社有 250 种民族类图书打入国际市场，与国外、港台合作出版民族类图书 14 种；贵州地区的傩文化图书受到国外的欢迎，

为了大力加强民族出版工作，抓住机遇，促进全国出版工作的协调和发展，国家民委与新闻出版署多次共同研究，司马义·艾买提同志还专门听取了汇报。我们准备采取一系列扶持民族出版工作的措施，国家民委和新闻出版署计划筹集一笔不低于 1000 万元的资金，用于资助优秀民族图书的出版。

很多内地富裕地区的出版社、书店一致表示：支持边疆地区的民族出版工作。为了支持民族文字图书的出版，新闻出版署决定对民族文字图书的书号执行特殊政策。

我们呼吁社会各界，特别是地方各级政府、各有关部门，要重视、关心民族出版工作，更好地担负起繁荣发展民族出版事业的责任，为实现中华民族经济、文化的全面发展，为实现中华民族的振兴共同奋斗。

当前出版经济工作需要
研究的几个问题*

　　前不久在南京召开的全国新闻出版局长会议，提出了新闻出版事业"九五"计划及 2010 年长远发展目标。会后，全国出版系统都在认真贯彻会议精神，研究制定实现"九五"计划的措施。新闻出版系统各级计划财务部门在深化出版改革，促进出版经济发展中发挥了重要作用；在实现"九五"计划，推进新闻出版业阶段性转移①和增长方式转变中担负着重要任务。我来参加会议，主要是就出版经济工作中的一些问题进行调查研究。党的十四届五中全会提出的两个根本转变对出版业的改革与发展提出了新的要求，出版业要力争在"九五"期间，初步建立符合社会主义方向、符合社会主义市场经济要求、符合自身发展规律、有中国特色的新闻出版体制，下个世纪前 10 年基本完善定型。与此同时，要在推动新闻出版业实现"阶段性转移"的过程中，加快出版产业的经济增长方式由粗放型向集约型的转变。下面，我就转变出版产业的经济增长方式，建立符合社会主义市场经济要求的出版业经济运行机制需要研究的问题讲几点意见，供同志们研究和参考。

一、关于出版业产业政策研究

　　改革开放为出版业发展注入了生机和活力。一方面，国家财政、税收、

　　＊　这是于友先同志 1996 年 5 月 11 日在全国新闻出版局计财处长会议上讲话的主要内容。
　　①　见本卷第 5 页注①。

物价、流通、金融和外贸外汇体制改革为出版业顺利进入市场创造了条件，促进了出版业的发展。随着改革开放的进程，出版业在国民经济和社会发展中独立的产业地位越来越突出了。另一方面，在计划经济体制向市场经济体制过渡中，由于我国社会主义市场经济体制尚不完善，市场经济的盲目性、自发性、无序性对出版事业发展的负面影响也很突出。

出版经济工作不同于其他产业、行业。出版业承担的社会责任决定了要符合精神文明建设的要求，以社会效益为最高准则。同时，物质生产的规律贯穿于出版物生产、流通的全过程，这就决定了在坚持社会效益为首位的前提下要按市场经济规律办事。出版物是特殊商品，其中，党和国家的重要书、报、刊，大中专、中小学课本以及国家重点图书、重点学术著作是政策性很强的特殊商品。这种特殊性决定了不同类型的出版物以及出版业内部的编、印、发、供等各个环节的市场化程度有所不同。出版产业政策需要研究的主要问题，一是对政策性经营和商业性经营在产业政策和经济政策上要有所区别。李铁映同志在全国新闻出版局长会上的书面讲话中提出："要结合新形势的特点和各类出版物的政策性发行和商业性发行的关系，从理论上和实践上把这个问题搞清楚。"对政策性较强的出版物，国家在经济政策上应给予扶持，在产业政策上要给予保护，如国家给予出版单位的出版专有权和发行单位的某些出版物的专营权。经营政策性出版物的单位要严格按政府规定确定价格，保证按时足量供应市场，确保市场稳定、价格稳定。对商业性的出版物，要在符合党和国家的出版方针、保证质量的前提下，依靠市场调节供求关系。二是要正确处理市场调节和宏观调控的关系。一方面，要充分利用市场经济规律有利于出版业发展的因素和条件，促进出版生产力的发展；另一方面，要加强宏观调控，建立健全宏观调控体系，综合运用经济的、法律的、行政的手段调控出版物市场，特别是在目前我国出版物市场秩序和市场规划尚不健全的情况下，尤其要注意强化行政的、经济的、法律的手段，弱化市场经济对出版业发展的负面影响。三是要注意研究东西部协调发展战略。一方面，要争取财政部门对少数民族地区出版业增强投入；另一方面，要组织出版业对口支援。新闻出版署和国家民委联合召开的"少数民族出版工作会议"提出了一些搞好少数民族出版工作的政策措施。在研究《"九五"国家重点图书出版规划》时，我看到少数民族地区的图书出版选题不够多，心情十分沉重，提出要组织发达地区出版业发挥人才、资金优势，与少数民族地区出版单位合作，充分开发少数民族地区丰富的出版资源。另外，全国出版、发行单位都要认真执行新闻出版"关于向少数民族省区让发行折扣"的规定。采取多种对口支援的措施，实现少数民族地区出版业和发达地区出版业共同发展、共同繁荣。

二、关于出版业产业结构调整

从出版产业结构来看，书、报、刊、音像出版单位过多，品种过滥，低水平重复出版造成出版资源浪费严重，出版物整体质量水平不高。从出版业内部结构看，出版、印刷、发行、物资供应四个环节发展很不平衡，突出表现在书刊印刷厂低水平书刊印刷生产能力严重过剩，高水平书刊印刷生产能力不足和图书市场建设缓慢，特别是城乡图书发行网点建设严重落后于出版事业的发展和人民群众物质文化生活的需要。出版业产业结构不合理是出版业发展中的深层次矛盾，是出版业实现增长方式转变需要研究解决的重要问题。

加快出版业产业结构调整和出版企业重组，应该是"九五"出版经济工作的重点。出版业产业结构调整的重点是：①抑制出版业外延扩张的增长势头，以提高质量效益为中心，在不增加书、报、刊、音像出版单位总量的前提下，优化出版产业结构、产业布局和产品结构，促进优胜劣汰。②解决出版业编、印、发、供四个环节发展失衡和结构、布局不合理的问题。出版系统国有书刊印刷企业要在确保出版系统承担书刊印刷任务，特别是在确保政策性出版物印刷任务生产能力的前提下，按照建立现代企业制度的要求，加快转换经营机制，增强市场竞争能力和自我发展能力；加快对书刊印刷企业过于集中、生产能力过剩地区的书刊印刷产业结构调整，对国有书刊印刷企业实现重组和多元化经营，下大力气压缩一批不具备书刊印刷能力，不符合印刷管理要求的书刊印刷企业。图书发行企业的结构布局调整重点是大力发展图书发行网络，特别是零售网点。③要扶优、扶强。加快出版系统企业重组和资源优化配置，发展规模化、集团化经营，使出版系统的人、财、物以及技术装备等生产要素和出版资源在市场机制对资源配置起主导作用的情况下，按照精神文明建设的总体要求，实现优化配置。"九五"期间，要在全国建立若干个对出版物市场的持续、稳定、健康发展起重要作用并能够走向世界、参与国际市场竞争的实力雄厚的出版企业集团。

三、关于出版业的增长点

出版业的增长点在于人民群众出版物消费水平的提高和出版业经济实力的增长。我国目前全社会出版物消费水平很低，不仅不适应精神文明建设和科学、教育、文化事业发展的要求，而且在人均消费品支出中占的比例很小。1995年全国人均购书额仅15元，其中还包括课本。造成这种状况的原因是多方面的。改革开放以后，人民群众的生活水平和生活质量逐步提高，人民群众的消费结构呈多元化。但是我们也应该看到，我国出版物购买潜力很大。我们要像抓"菜篮子""米袋子"工程那样，多出好书、多发好书，为人民群众提供更多、更好的精神食粮。"九五"期间，要组织一大批精品图书出版，抓畅销书，提高重版率。要下大力气加强图书市场建设。在净化出版物市场、规范流通秩序和完善市场规则的同时，以便民、利民，营造良好的社会购书、读书环境为目标，扭转出版物发行中的"重批发，轻零售""重课本发行，轻一般图书发行""重大型批销中心、书城建设，轻零售网点建设"的状况，重点发展方便人民群众购书的零售网点，在城市加快发展连锁经营，这方面我们已经严重落后于商业部门。在农村加快发展新华书店延伸网点，恢复和发展农村供销社售书点。各级新闻出版部门的领导要充分认识到出版物市场建设的重要性，在市场经济条件下，谁占领了市场、赢得了读者，谁就抓住了增长点、就抓住了发展的机遇。

最后，我还要强调一下关于加强新闻出版系统的计划财务工作的问题。"八五"时期，在计划经济向市场经济过渡的进程中，出版系统计划财务工作任务加重，工作职能已经拓展到出版经济工作的各个方面，工作取得了很大成绩。实现新闻出版事业"九五"计划及2010年长远发展目标，推进新闻出版业阶段性转移和增长方式的转变对出版系统计划财务工作提出了更高的要求。加强计划财务工作要注意几个方面：①各级领导同志要重视计划财务工作。在今年的全国出版局长会上，我要求出版局长要重视经济工作和财务统计工作，要善于利用财务统计数据分析和把握出版工作的态势。市场经济要求我们要充分发挥计划财务部门在经营管理、经营决策中的重要作用，要调动计划财务人员的积极性，支持他们执行国家财税法规和财经纪律，履行计划财务、会计统计职责。②计划财务干部要加强政策、业务学习，特别要注意研究市场经济条件下出版经济工作运行的规律以及出版业发展中出现的新情况、新问题，主动为领导部门决策提供依据。③要加强新闻出版财务法规制度建设，尽快使出版经济工作和财会工作规范化、制度化和法制化。④要重视计划财务人员的培养和使用，要搞好财务负责人的持证上岗考核培训，加快培养计划财务高级管理人才，大型出版企业要按财政部的要求尽快配备总会计师；配备出版单位领导班子，在考虑专业结构时，一定要有懂经济、懂财务的干部。

出版系统计划财务管理部门在计划经济向市场经济过渡中已经成为出版经济工作归口管理部门，工作任务加重。从事计划财务工作的同志不仅以高度的责任心常年埋头在大量的数据、报表中辛苦工作，而且要做很多协调服务工作，要处理好国家、企业、个人三者利益关系，责任重大。

出版单位要重视校对工作*

——关于校对工作的一封信

牧之同志：

　　周奇①同志的来信及所附的两项建议很值得一读。校对工作是图书质量保证体系的一个非常重要的环节。我曾多次谈到校对是一门大学问。重不重视校对，直接反映出一个出版社的内部管理水平。周奇同志他们在抽样调查的250家出版社中，发现没有校对部门的已超过1/3，编校人员的比例为8∶1，校对人员的文化业务素质普遍偏低，等等。我看基本反映了现实情况，也说明一些出版社的基础工作薄弱。这种状况如不尽快改变，我们的图书质量保证体系就难以实施奏效。现在出版社的一些领导同志不重视校对工作，这是很让人忧虑的。校对是出版工作的一般规律，编辑和校对的工作任务和要求都有质的区别，"编校合一"是明显违背出版规律的。我不反对出版环节中的诸如版式装帧设计、校对等项工作逐步实现社会化，但什么样的人能够创办这样的社会化服务机构，也必须有资格的认证，工作质量要接受管理和监督。如果说出版体制改革，改来改去，就是把校对给"革"掉了，我以为那不叫改革。我们要积极推进出版体制改革。对出版社来讲，加强科学管理既是深化改革的基本要求，也是当务之急。特别要加强各项基础管理工作，切实改变基础管理薄弱的状况。要认识到管理也是改革的重要内容。

　　由此想到一个问题，我们机关的同志制定法规、起草文件固然是十分重

---

　　*　这是于友先同志关于"要重视校对工作"给当时的新闻出版署副署长杨牧之的信。原载《总编辑通讯》1997年第1期。

　　①　周奇，当时任中国出版工作者协会校对工作委员会主任。

要的工作任务，但深入实际，加强调查研究也的确是必不可少的工作内容。譬如，图书司的同志就应该多到出版社走一走，具体地了解一下编辑、出版的流程，出版社面临的新情况、新问题，与出版社的同志们多交朋友、多谈心。这对于我们准确地把握出版动态和发展趋势是极有好处的。有了这样的实践基础，我们在制定文件、发布政令的时候才能既知其然，又知其所以然。现在新闻出版工作的大政方针已定，"'九五'规划"也已经颁布实施，几年来我们建立的若干管理机制已经发生效力，出版管理正在步入常轨。可以说，我们现在能够抽出时间，也有时间深入下去，把工作往扎实的方面做。

以上意见，请酌。周奇同志的来信及建议，可请图书司的同志阅处。

友　先

1997 年 2 月 14 日

进一步推动出版理论研究向纵深发展*

首先，向这次获奖同志表示祝贺和感谢，从这次评奖论文看，出版工作与出版学，编辑工作与编辑学，发行工作与发行学，还有编辑出版史，编、印、发几个环节都有，涉及面很广。这些论文过去发表在报刊上，很零散，应该集中起来出本书，各种培训班可把这本集子作为教材，从而使这些科研成果更好地发挥效益。

加强出版科学研究，可以推动整个出版事业的繁荣和发展，这个工作太重要了。

我们新闻出版界面临的新情况、新问题非常多，出版科研要好好研究。从今年讲，国家有两件大事：香港回归和党的十五大的召开。我们出版界也有两件具有重要意义的事情，一个是新华书店建店 60 周年的活动，推动新华书店系统在新的历史时期发扬新华精神、继承新华书店优良传统、做好工作。新华精神是什么，新华精神在新的时期怎么发扬，要作为一个课题进行研究。第二个是商务印书馆百年庆典活动。商务印书馆 100 周年同时也是纪念现代出版 100 周年，现在这个活动还在继续。从商务印书馆百年到现代出版百年，这里面题目太多了，而且都是很大的题目。现代出版百年为什么从商务印书馆开始？商务印书馆那时就搞了股份制了，股份制是不是就标志现代出版？我们现在有很多出版社没搞股份制，是否就不是现代出版？究竟以什么为标志？所以这个题目还要做下去，看看这里有什么经验，我们应该如

＊　这是于友先同志 1997 年 5 月 27 日在第二届全国"出版科学研究优秀论文奖"颁奖大会上的讲话。此标题为编者所加。原载《出版发行研究》1997 年第 7 期。

何发扬。

新媒体的出现给新闻出版工作带来了许多新问题，原来出版界的书、报、刊加起来也就是纸介出版物、印刷出版物，现在是磁光电技术、高新技术加进来了，出现了音像出版物、光盘出版物、网络出版物等等。新媒体的出现，多媒体的应用，使出版工作面临许多新的问题，同时也带来了管理上的问题，怎么办？还有新时期的发行工作怎么办？昨天上午，出版外贸公司在这里举行网上售书新闻发布会，我们每年出版这么多的书，难道非要等到一年一次的书市？图书能不能上网，让大家坐在家里从电脑上就能看到出版社有哪些书、都在哪里。网上售书现在我们还做不到，因为我们还没有实现网上支付，而国外已经可以在网上售书了。搞网上售书，在发行系统联网，这个问题已迫切地提出来了。现在已搞了起来，先从直属单位开始给各个出版社免费上网。现代科技的发展给我们新闻出版工作带来了便利，同时从管理角度上也增加了难度和复杂性。怎么去解决？还有，在进入社会主义市场经济之后，两个效益①怎么统一，也给新闻出版工作带来很多问题。

这几年中央确定我们新闻出版工作是"一手抓繁荣，一手抓管理"，当然，抓管理也是为了促繁荣。丁关根同志非常重视出版工作，从他主持宣传思想工作以来，先抓了新闻，又抓了出版，现在正抓电影电视。这样一抓，三大块工作上路了。繁荣这一块是个大问题。江泽民同志提出抓三大件：长篇小说、少儿读物、电影。长篇小说和少儿读物与我们直接有关系，其中少儿读物现在基础比较好，还比较繁荣，好作品不少。为此，新闻出版署和中宣部共同抓了"5155工程"②，现在进展情况很好。过去出版是跟着卡通片跑，海外的卡通进来之后，跟着再出连环画。"5155工程"，先抓5个刊物，5个基地，再搞15个重点选题。在刊物上塑造既有民族特点又有时代特色，

---

① 见本卷第31页注①。

② "5155工程"，简单讲指中宣部和新闻出版署1995年起实施的中国儿童动画出版工程，即力争在二三年内建立5个动画出版基地，重点出版15套大型儿童动画图书，创办5个儿童动画（漫画）刊物。详见本卷《多出版优秀作品是时代的呼唤》之《关于少儿读物出版》第248—249页的内容。在当时出版的儿童动画图书上有的显示的是"'中国动画出版工程'重点图书"，有的显示的是"中国动画'5155'工程重点刊物"；本书中统一用"中国儿童动画出版工程"来表示。

还能让孩子们喜爱的、对孩子有吸引力的中国卡通形象；在这基础上再搞卡通片。广西接力出版社已经搞出 13 集卡通片，先让长影拍片，一集 10 万元，然后再出书。出版单位出钱拍卡通片，这是第一次。长篇小说的创作与出版现在看不太理想，这不单单是出版这一块所能解决的，还要同中国文联、作家协会协同作战。长篇小说有一个文艺指导思想、导向问题和创作思想问题。作家是人类灵魂工程师，你能写得乱七八糟吗？另外，要把优秀的作品献给人民！你写得乱七八糟的，不是优秀的，行吗？作家深入生活也存在不少问题，现在是豪华型的深入生活，作家下去住五星级宾馆，然后找人侃一下。这是深入生活呀？长篇小说，不仅历史题材多，有的导向也有些问题，有些作品把曾国藩写得好得不得了，左宗棠又上了，现在还要把现代军阀也翻案了。现代题材难写，确实不大好写，作家也有顾虑，动不动就被对号，文艺作品对什么号？儿童文学作品中的现代题材也说不好写，特别在市场经济条件下，少年儿童的思想脉搏是什么状况，作家把握不准。我们现在出的长篇小说数量不少，一年出的相当于过去一二十年出的数量，过去全国一年最多出 19 部长篇小说，现在一年出长篇小说 600 部，为什么那么多？为什么好的少？是否作家写得匆忙，我们出版社也出得匆忙？过去我在出版社编长篇小说时，先看一遍，再跟作家一起商量，然后向他提出来：正面人物立不立得住；对正面人物，情节、故事怎么设计，语言怎么表达，对反面人物怎么办，陪衬人物怎么办？反反复复和作者一起商量。这不是一年半载，而是 2 年、3 年才出来一部作品。现在是作家把稿子给你，限定你什么时候出，还一字不能改，假如出了问题就没有他的事。这次我跟丁关根同志到澳大利亚，访问一个出版社负责人，我就问他，你这本书如果有反政府倾向，出了问题怎么办，政府追究谁？他说，政府一开始要追究三个方面：追究出版社，追究作者，追究发行商。比如，书里有诽谤性内容，就犯了诽谤罪，被抓到以后，出版社马上就可开脱自己说：我跟作者签订有合同，这本书内容是否违反真实，是否诽谤人，都由作者负责。我们现在出版社与作者签的合同，仅有稿酬、印数稿酬这些东西，为什么不能增加一些这样的内容：这本书有无抄袭，抄就由作者负责；如有不真实或诽谤他人的内容就由作者个人负责。另外还要看有无违背专题报批的内容。例如，涉及民族宗教问题、涉及党和国家领导人以及涉外问题等有若干需要报批的问题。一个出版社每年出几百种书，社长、总编辑手下有那么些编辑，难免哪个编辑与作者发生矛盾，先有合同把把关，有什么不好？该审的还是要审查，先有一个合同把一把，给社长、总编辑有个主动，然后再进行三审，通过三审如还有什么不放心的话，该专题报批就专题报批。所以说要搞好出版繁荣、抓好出版管理面临的问题非常多，要好好研究。署里现在抓的不单单是今年或今后5年的工作，而是要全面贯彻落实党的十四届六中全会精神。中央文件对新闻出版工作的要求和指示从来没有像现在这么具体明确过，如"多出好作品、不出坏作品""禁止有偿新闻、买卖书号"等等，都在党的十四届六中全会《决议》里讲了的。落实"'九五'规划"，抓"1200工程"，也就是掌握1200部重点选题，把它拿下来，"'九五'规划"就有了成果。今年是关键的一年，明年是"'九五'规划"第三年，更是关键的一年，我问了一下，现在有的出版社"'九五'规划"已经完成了30%左右，如果今年弄得好，到年底可以完成40%至50%，这样经过三年实施，后面两年就有了把握。我们现在做的一方面是完成本世纪的工作，同时在为走向21世纪做准备。商务印书馆百年，1897年建馆是在上一世纪之交；现在我们又是在新的世纪之交，下一个世纪中国出版业应该做出什么贡献？我们现在要为建立中国出版集团做准备、为报业集团做准备。报业已有广州报业集团，今年准备再搞两个；期刊搞百个工程，即抓100个好的导向性期刊；还要办出版社的期刊，搞社刊工程；要搞书籍出版单位的集团。国外，期刊在出版中占的比重相当大。我们国内有些出版社办的期刊在整个出版社经济结构中的比重也相当大，有的占50%以上，有的占80%。有个出版社共300人，一个期刊30人，而在经济结构上，期刊的比重占80%。日本、美国都是如此，而我们现在有些出版社不大重视自己的期刊。我们编辑训练有素，稿源又多，编、印、发又成龙配套，为什么不把期刊办好，为什么不把期刊作为一个出版社新的经济增长点？我们想通过今年报刊整顿好好抓下去。先把出版系统的出版社期刊管起来，把有些没有挂靠单位、没有主管单位办的期刊收回来。这块应不应该由我们办，这在理论上要解决。大家都要穿衣吃饭，并不是所有的部委和别的单位都去办服装厂、服装店，办粮店。服装不是由轻工系统在办的吗？粮店还不是由粮食系统去办的吗？新闻出版这一块让我们这行业去办不是更好吗？

我们现在的工作着眼点，就要考虑下一世纪走集团化的道路。署里已有所考虑。说到底，就是要增强实力走向世界去竞争的问题。我一再讲，国外有那么多出版集团，经济上已经没有什么国界了，别的行业也如此，是世界性的。现在我们要跟人家竞争根本竞争不了的，包括发行流通这一块，没有连锁店是站不住的，一个个零售店不行。在流通里面可否搞股份，可否上市？也可研究。我们这个领域里要研究的问题非常多，无论从宏观还是微观来讲，无论从本世纪还是下世纪，都有很多课题等待我们去研究。研究问题应该开阔一下思路，因为新闻出版总是与现代科技联系在一起。希望大家在这个研究领域里扩展深化，更加广泛地多研究些新问题，进一步推动出版理论研究的开展。有了理论作为指导，就能使我们新闻出版单位的同志增强工作的自觉性，把我们的工作做得更好，把一个好的出版形势带到 21 世纪去。

坚决、稳妥地做好报刊"治散治滥"工作，促进我国报刊事业的进一步健康繁荣发展*

这次会议的主题，就是认真贯彻党的十四届六中全会精神和中共中央办公厅、国务院办公厅37号文件，按照中央的部署，坚决、稳妥地做好报刊的"治散治滥"工作。

一、报刊的"治散治滥"是一项严肃的政治任务

新闻出版工作要"治散治滥"是党中央的一项重要工作部署。1995年，中央政治局常委会议在审议出版署党组《关于进一步加强和改进出版工作的报告》时，中央领导同志就严肃地指出：现在不仅书的品种多，出版社也太多。与经济一样，搞不了这么多。所以要进行总量控制；要限制数量，提高质量。10万种书，肯定有质量不高的，所以一定得加强管理。1996年1月24日，江泽民同志在同全国宣传部长会议代表座谈时指出："现在全国广播电台、电视台、报刊，都是数以千计，有的甚至近万。这么大的数量，谁有本事能管好？出现这种情况原因很多。其中一条，就是只考虑部门利益、地方利益、小团体利益。这个问题，请中宣部、广播电影电视部、新闻出版署尽快拿出治理办法来。"李鹏同志在谈到宣传思想战线工作时指出："应当采取有力措施，治理新闻出版业中的散、滥现象。现在，报纸、刊

---

* 这是于友先同志1997年6月2日在全国报刊管理工作会议上的讲话。

物、电视台太多、太滥。""一方面我们经费紧张、纸张紧张，另一方面又造成许多浪费。""必须一手抓繁荣，一手抓管理，加强宏观调控，治理文化市场，促进新闻出版业走以内涵发展为主的路子。"丁关根同志在去年全国宣传部长会议上也指出："目前，加强宏观管理的一个重点是要治理新闻出版业中的散、滥问题。这是一场硬仗。'治散治滥'，首先要'治软'，要有硬办法。中宣部、广电部、新闻出版署要按中央要求，抓紧研究治理措施，上半年拿出方案。要严格控制报刊、出版社、电台、电视台的审批，总量不能突破。"根据中央领导同志的指示精神，中宣部、广电部和新闻出版署便开始组织专门的工作班子，着手调查研究，向中央提出具体的工作建议和方案。

有的同志可能会说，党的十一届三中全会之后，报刊繁荣发展，成就巨大，散、滥现象有没有这样突出？要不要治理？要做好"治散治滥"工作，这是需要首先解决的思想认识问题。新闻出版业的"治散治滥"工作是在整个事业取得很大繁荣的基础上开展的，是按照党的十四届五中全会提出的实现"两个根本性转变"① 以及新闻出版业阶段性转移②的要求进行的正常结构调整，既不是纠偏，更不是对过去工作的否定。我国的报纸1978年为186种，党的十一届三中全会之后，到1995年底发展到2202种。这期间平均每3天诞生1份新报纸，增长近12倍。从种类上看，1978年前，我国报纸基本上是党委机关报，现在已有文化类、生活服务类、行业报、企业报、晚报、文摘报等20余个类别，品种齐全，内容丰富，服务层次多样化。从社会效益上看，这么多报纸，绝大多数导向正确，宣传了党的方针政策，充分满足了群众政治、经济、文化、生活多方面的信息需求，促进了精神文明建设的发展。从经济效益上看，近几年报刊界的收入增长很快，成为效益引人注目的行业。我国报纸1983年恢复刊载广告，当年全国报业广告收入为0.7亿元，那时候就觉得不算少了。而去年全国报纸的广告经营额达77.6亿元，占全国广告336亿元的1/5强。报业广告收入已成为我国广告收入的

① 见本卷第49页注①。
② 见本卷第5页注①。

重要支柱。期刊也是如此，由 1978 年的 930 种增加到 1995 年底的 8135 种，增长 9 倍。有一部分期刊不仅办刊方向端正，而且形成了很大的读者市场，实现了两个效益的有机结合。在快速发展的同时，报刊的结构也出现了一些值得引起高度注意的问题，主要表现在数量发展过快，质量的提高相对滞后，结构失衡、重复建设，资源浪费严重。各单位、各行业都争着办报办刊，横向办，竖向也办，层层办。从竖向来看，部、委办了，下面省厅局也办，甚至地区的局委也办。从横向看，一个部委、一个厅局办一张报还不算，要办两张、三张，还要办杂志、办出版社。各种群众团体、协会、学会、研究会也都争着办。除此之外，还有 6400 家内部报纸，1 万家内部期刊。这种庞大失衡的报刊结构不仅严重影响着报刊功能的发挥，使得报刊市场秩序混乱，而且也大大超过了国民经济所能提供的物质保障水平，多年来，新闻、出版用纸反反复复告急，结构失衡是一个重要的原因。

我们要充分认识到报刊结构失衡的严重危害，增强做好"治散治滥"工作的自觉性和紧迫性。报刊总数过多，专业人才跟不上，势必影响到质量。报刊是政治性、业务性都很强的出版物，不是什么单位什么人都能办的。解放以来，我国新闻院系毕业生不到 3 万人，但目前新闻从业人员就达 40 多万，相当一部分缺乏专业知识和专业训练。对此大家在管理工作中都是有着深切感受的。近年的管理实践表明，一些报刊犯错误，一个重要的原因就是有关责任者政治素质和业务素质太低。卖刊号、卖版面、一号多报、打擦边球、有偿新闻等时有发生，内报、内刊违规现象更是严重。另一方面，由于结构失衡、品种重复，形不成规模经营。我们现在综合性报纸发行超过百万的只有 5 家：《人民日报》《参考消息》《羊城晚报》《新民晚报》《扬子晚报》，占全国报纸总数的 0.23%。刊物超过百万的也就 20 家，占全国期刊总数的 0.24%。国家主导的出版力量不强，就难以形成强大的舆论导向和市场导向。

报刊结构失衡，是导致发行大战、基层不堪负担的重要原因。现在我们有相当一部分报刊是由行政管理部门主办的，按市场经济的规律，这些报刊基本上没有什么读者市场，但为什么能够生存，有的日子还相当好过？根本原因就在于利用行政权力强行摊派或变相摊派，对此，基层的干部和群众苦不堪言。湖北孝感有个杨店镇，近两年财政收入的 20% 用来征订了报刊。江苏扬州的高邮市，据说每年订报刊的费用八九百万元。河北省调查了 11 个市，每个市都对报刊摊派征订意见甚大；河北省委、省政府已经把报刊摊派征订列为加重农民负担的八大项目之一。近几年每到征订季节，都会有一场发行大战，地方报刊和中央报刊抢发行，小报小刊和大报大刊抢发行。发行还给回扣，一年比一年厉害，助长了不正之风。

《中共中央关于加强社会主义精神文明建设若干重要问题的决议》（以下简称党的十四届六中全会《决议》）中强调："加强对新闻出版业的宏观调控，采取有力措施解决目前总量过多、结构失衡、重复建设、忽视质量等散滥问题，努力实现从扩大规模数量为主向提高质量效益为主的转变。"1996 年 12 月底以中共中央办公厅、国务院办公厅的名义下发了《关于加强新闻出版广播电视业管理的通知》（厅字〔1996〕37 号，以下简称中央"两办"37 号文件）。通知中关于报刊的治理，定了一个基本原则，即"重点是转化内部报刊、压缩行业报刊"，同时提出了 7 项工作要求。今年 3 月，署里又根据中央"两办"的通知精神，分别发出了关于报纸、期刊、图书、音像治理工作的 4 个具体通知，对报纸提出了 16 条要求、对期刊布置了 6 个方面的任务，总的精神是控制总量、优化结构、增进效益、提高质量；并对报纸期刊都定了优化比例，报纸为 15%，社科期刊为 10%，科技期刊为 3%。在组织领导上，中央有关部门负责同志组成了工作小组，署里成立了由我任组长的工作小组。从今年 3 月份开始，署里在辽宁、四川、湖北三省抓了试点，到福建、江西、湖南、广东、吉林、黑龙江等省做了调查了解。可以说，目前"治散治滥"工作已进入了具体实施的阶段。

二、当前"治散治滥"工作的进展情况

中央"两办"文件和新闻出版署关于报纸、期刊、图书、音像治理工作通知下发后，各省都已行动起来，先后采取措施，积极贯彻落实，总的看来，有这样几个特点：

第一，领导重视，组织落实。

各省对这次报刊治理工作在思想上都比较重视。一些省的书记、省长，如辽宁省委书记顾金池同志、省长闻世震同志，湖北省委书记贾志杰同志、省长蒋祝平同志，湖南省委书记王茂林同志等，都就报刊的"治散治滥"工作做了讲话，指出所在省报刊业存在散、滥现象的严重性和危害性，强调报刊治理工作的必要性。闻世震同志认为对报刊进行治理整顿是"完全必要的"，指出报刊业存在的散、滥现象"不仅削弱了舆论阵地作用，也有损于党和政府形象。由于散、滥而导致滥摊派，基层干部、群众意见很大，久禁不止，整顿势在必行"。贾志杰同志指出，要治理机关作风漂浮、文山会海、效率低下的顽症，必须治理机关报刊。河北省领导从减轻农民负担、解决报刊摊派问题的角度对报刊治理工作提出了许多具体意见，并要求赶在征订前完成压缩任务。湖南省委在常委生活会上，就治理散、滥问题进行讨论，并写入会议纪要，表示一定要把这一工作进行到底。

各省、自治区、直辖市成立或正在成立由省委领导亲自挂帅的领导小组，为治理工作的顺利开展提供了组织保障。各省领导小组的构成一般由省委副书记任组长，宣传部长、副省长为副组长，成员由宣传部、新闻出版局和广电厅组成。

第二，调查摸底，心中有数。

试点省扎扎实实做好调查摸底工作，保证了治理工作顺利开展，善后工作心中有数。辽宁省按中央文件要求，分门别类排出报刊结构大表，凡属"硬杠"规定必须适当压缩的，如省直"小机关报刊"、法制公安类报纸、教学辅导类期刊、地市"小机关刊"等，都制表列出详细名单及情况，一目了然。湖北省和四川省对将压缩、合并报刊的情况列表分析，详细注明被压缩理由，对这些报刊社的人员分流问题进行了分析研究，做到心中有数。四川省新闻出版局，派出专门人员到报刊发行局和有关印刷厂一一调查，详细掌握了每一家报刊的期发量和印刷量。在调查研究的基础上，辽宁、湖北、四川三省根据文件要求，都拟定了压缩报刊名单。深入的调查研究，为报刊治理工作提供了翔实可靠的依据，使我们的治理工作，不是凭印象，也不是凭感情，保证了政策的严肃性和公开性。

第三，制定方案，落实措施。

许多省都把这次报刊治理看作是优化结构、提高质量的大好时机，根据中央"两办"文件和新闻出版署制定的工作方案，从本省自治区、直辖市报刊业优化结构、调整布局的大局出发，对全省报刊进行了普遍的梳理，明确了哪些该压缩、哪些该合并、哪些该发展，制定了适合本省实际的报刊业治理的具体方案。目前多数省已经有了方案，几个试点省的方案都经过了治理领导小组讨论通过。福建省在省委负责同志的直接指导督促下，现已全部完成了压缩任务，并已开始考虑内部报刊的转化；新闻出版署已批准了他们的报告。四川省的方案也经领导小组审查通过，报到了署里。辽宁省动作也比较快，态度坚决。4 月 4 日，辽宁省召开了省委常委办公会议，通过了治理方案，确定了压缩名单；4 月 22 日，辽宁省新闻出版局又召开了地市新闻出版局长会议，传达了省委常委的决定。4 月 21 日，湖北省省委常委、宣传部长王重农牵头召开了省广电厅、新闻出版局等领导参加的会议，具体讨论了报刊业治理方案，并决定方案修改后上报省委。

从试点省的方案看，一个突出的特点是能够把中央"两办"文件和新闻出版署关于报刊治理分方案中的有关规定当作硬杠杠，态度比较坚决，工作措施比较有力度。截至 5 月底，福建压缩报纸 8 家、期刊 8 家，辽宁压缩报纸 8 家、期刊 6 家，四川压缩报纸 8 家、期刊 7 家。为兑现"停一办一"的政策，这几个省凡是报批的报刊，够条件的我们都抓紧批办。关于内部报刊治理，各试点省的做法不同，但力度都比较大；其他各省也大体有了方案。

第四，加强指导，做好表率。

这次报刊治理工作是一项高难度工作，各地新闻出版管理部门与党委宣传部门强化了工作联系制度，及时沟通情况、共同研究问题，做好指导和协调工作。省新闻出版局能否在这次治理工作中，带头"治散治滥"，发挥表率作用，是治理工作能否顺利进行的关键所在。湖北省鉴于省直机关所办报刊散、滥现象严重，且在全省所处地位重要，认为必须从领导机关抓起，首先把省直机关的问题解决好。因此，湖北省将省直机关作为重点，先解决省直机关报刊的散、滥问题。并且在这次治理中，湖北省委宣传部带头将所办的两个期刊《城市党建》和《党员生活》合并。四川省新闻出版局也带头

"治散治滥"，主动压缩了局所主管的《峨嵋》杂志。

三、通过"治散治滥"，调整布局、优化结构

这次"治散治滥"，说到底是个优化结构问题。怎么优化？文件上都讲清楚了。但优化到什么程度？需要有个量化的标准。所以我们定了个优化的比例数。从前一段的治理实践看，焦点是这个比例数。有的同志一看这个比例，就有畏难情绪，这是完全没有必要的。只要仔细分析一下你这个省报刊的现状，就会感到署里提出的优化比例是有根据、可操作的。我们定这个比例之前，做过调查，也征求过下面的意见，应该说完成任务是没有问题的。《报纸质量管理标准》《中国社会科学期刊质量标准》对各类报刊的最低发行量都有明确规定，达不到最低发行量要坚决停办。这是明文规定。就是不搞"治散治滥"，也应该依法行事。我们可以详细调查一下各级各类报刊，有多少还没有达到最低发行量。据我了解，恐怕不是个别情况。有的报刊已经办了十年八年，发行量仍是几百份、二三千份，还有什么存在的必要？仅这一条，差不多就能达到比例数。除此之外，还有几种情况也可以进行压缩：一是内容重复、数量过多、结构布局不合理的，可以压掉一批；二是从业人员不符合管理规定要求、编辑机构不健全的，可以停办或合并一批；三是违反管理规定、背离办报宗旨的，还可以停办一批；四是法制公安类的报刊，这次文件上有硬杠杠，要坚决合并，这又能压掉一批。这样算下来，按照计划实现结构优化应该说是有把握的。况且这次是坚决兑现"停一办一"政策的，不把那些质量差的拿下来，那些社会效益好、质量高的内部报刊就不能转正。

有的同志说，我那里有的报刊发行量是达不到标准，但压缩了就会缺少一个品种。这种想法，还是计划经济体制下的思路，还是搞配给制。如果按这个思路，有一座庙就得供一尊神，永远解决不了散和滥的问题。中央、国家机关共有190多个部门，部委报纸目前有207家，发行量在3万份以下的占1/3左右。有的部委所管行业总共才有四五万人，所办报刊的内容又没有广泛的社会读者群，你让他至少发行3万份，怎么说也办不到。

有的同志会说，我不申办新的报刊了，现有的报刊也不动了。我看这也不行。报刊结构调整是全国范围的事，必须有"一盘棋"的思想，否则就难以实现全国报刊结构的优化。你不申办新的可以，现有的不符合规定的必须压缩。有的同志会说，我这里的报刊本来就比其他省市少，能不能少停多办？这也不行。中央"两办"文件讲了，总量持平，不能增加。我们的政策是"停一办一"，就不能停一办二。看报刊的两个效益①，不能以种数为标准。党的十四届五中全会决议提出由粗放经营转向集约经营，署党组在1994年初就提出"阶段性转移"的方针，并得到党中央的批准，要推动新闻出版业实现由以规模数量的增长为主要特征向以优质高效为主要特征的阶段转移。"治散治滥"与实现"两个根本性转变"② 和新闻出版业阶段性转移的思路不仅完全吻合，而且是必然的结果。以后不能说谁种数多，谁就是报刊大省，应该看期发行量。你有100种报纸，发行量都是几千份、万把份，人家有50种报纸，发行量都是二三十万份，谁是报刊大省是不言而喻的。这次开会让大家带平均期发量，就是想研究一下这个问题，改变一下观念，切实把"优化"二字摆到日程上来。

关于优化结构、调整布局，有一个很重要、很现实的问题请大家讨论。这就是那些挂靠在某个单位而又影响很大的报刊，下一步归谁管？这里有一个报刊管理的理论问题。就是过去行业办报刊、办出版社的体制已经不利于在报刊界很好地实现"两个根本性转变"和"阶段性转移"，不利于新闻出版管理。所以中央"两办"37号文件中把压缩行业报刊作为这次治理的重点，并提出以后不批行业报刊。这次整顿要注意不能压缩了这个行业报刊又批另一种行业报刊。这是一个重要的思想。多年以来，我们国家的报刊，都要有一个主管单位。报刊加起来是1万多家，主管单位少说也有七八千家。主管单位的管理也是五花八门。有的是内行管，有的是外行管；有的是名为挂靠，实际上是同人报刊。有些报刊出问题的原因多在于此。这里涉及一个理论问题值得研究和讨论。在社会主义市场经济条件下，党和国家必须通过

---

① 见本卷第31页注①。
② 见本卷第49页注①。

自己主导的出版力量来形成舆论导向和市场导向，那么什么是党和国家主导的出版力量呢？各级党委和政府主办的机关报、机关刊以及省级新闻出版管理部门主办的出版单位就是这样的主导力量。因为这些单位都是由党和政府及其主管行政部门直接领导和管理，配备了较强的领导干部和业务骨干，经济政策上也给予了很多的优惠，经过多年来的发展，已经形成了出版资源和专业人才等多方面的优势。要在"治散治滥"的过程中实现报刊业的结构优化，一个重要的内容就是要增强这些国家主导的出版单位的规模经营能力和多种媒体的综合经营能力。通过"治散治滥"，那些挂靠的主管单位领导不力的报刊就得脱钩。其中一些没有什么发展前途的要压掉，而一些有发展前途的，已经在社会上有一定影响的可以考虑由前面提到的那些单位管起来。再有那些综合性的、为社会服务、为读者服务的而又有一定影响、受到群众欢迎的内部报刊要转正。转给谁主管？以往是新闻出版局费很大精力帮助它们找一个"婆婆"，结果这个"婆婆"又管不了、管不好。目前有一个现象应该引起我们的思考：那些不单是反映某个行业工作，而是面向全社会、为读者提供信息、提供服务的报刊，多数办得生气勃勃，影响越来越大。像这样的报刊，你硬要让某个厅、局、部、委主管起来，又不反映他的工作，办报的事他又不在行，他怎么管？无非是每年收一笔管理费，有的成了变相的小金库或者安排富余人员的地方。报刊与这样的主管部门之间往往还会产生种种矛盾，以至有些报刊一次又一次更换主管单位。实际上，一些办得好的，社会影响越来越大的期刊，已经和主管单位的工作没有多大关系了。今后这种情况会越来越多。面对这种新的情况，我们的管理思路也要改革。所以我们设想，在这次治理中对于那些主管单位不力随意挂靠的报刊，那些散存于社会上的有发展前途的报刊，是不是可以由省委机关报或新闻出版局接过来，在政治导向、遵纪守法上严格把关，要它们面向社会、面向市场，不花国家一分钱，不搞摊派征订，靠自身发展壮大起来。只有当国家主导的出版力量真正强大到能够主导并引导市场的时候，才能有效地抵制黄色的、擦边的、低俗的出版物，才能实现"要帮忙，不添乱"。我们要一手抓以党报为龙头的报业集团，一手抓以出版部门为主体的书刊出版集团，这样有利于加强和改善党对新闻出版业的领导，坚持正确的政治方向；有利于正确处理社会效益和经济效益的关系，有利于形成布局合理、结构优化、效益明显、富有活力的发展格局，促进新闻出版业的进一步繁荣健康发展。

关于内部报刊的治理，是今年统统取消，还是先取消一大部分，由各省自己来定。但有一条，文件上说的是 1998 年底不再有内部报刊，这是一个基本的原则。

四、通过治理，有效地推进我国报刊业健康繁荣发展

"一手抓繁荣，一手抓管理"是党中央提出的新闻出版管理工作的总方针，已经写进党的十四届六中全会《决议》。中央"两办"下发的通知，集中体现了贯彻这一总方针的精神。管理是手段，繁荣是目的。治理报刊散、滥现象，政策含量大、治理力度大、调整幅度大，应该说，这也是我国报刊行政管理的一种带有规律性的工作。治理工作搞好了，就为报刊事业的繁荣扫除了障碍、奠定了基础，治理工作本身也是繁荣的不可或缺的组成部分。

我国报业发展繁荣的基本思路是：加强报纸"主阵地"的全面建设，鼓励报纸兼并与联合，稳妥地推进报业集团的进程。

各级党委机关报，包括中央各大报纸，是我国报业的"主阵地"，对我国的经济生活、政治生活、社会文化生活，具有深刻的影响，在两个文明建设中负有重大责任。目前，我国对报业的管理，主要是两大手段：一是行政的，按照党和政府的意志，通过法律、法规、规章进行行政调控；二是经济的，按照报纸出版规律和市场规则，通过市场手段进行调控。从我们党的性质、国家的体制和社会主义市场经济实践看，在相当长的一个时期，党报不可能完全进入市场。国家必须对党报实行政策倾斜，保护和进一步发展壮大党报事业。

关于报纸的兼并与联合，首先要鼓励有条件的党报兼并一些小报，逐步为成立报业集团创造条件。要坚持一条原则、四个条件。一条原则，就是以自愿为主，不用行政手段强行捏合，不搞"拉郎配"；四个条件，是指兼并其他报刊的报纸，必须具备政治导向强、队伍业务精、财力雄厚、管理规范的优势。而具有这样条件的，都是一些党报和大报。报纸的兼并，现在已经

露出了势头，效果是很好的。到 1996 年底，全国已有《解放日报》《新华日报》《四川日报》《深圳特区报》《新民晚报》《济南日报》《青岛日报》《烟台日报》《广州日报》等 9 家报纸兼并了 12 家小报小刊。兼并之后，这 9 家报社先后对被兼并的报刊调整思路，重新进行市场定位，都取得了可喜成果。在发行量上，12 家被兼并的报刊绝大多数呈上升态势。在经济状况上，12 家被兼并的报刊全部扭亏为盈，其编采人员收入均有大幅度增长。实践证明，兼并与联合是报业由粗放经营转变为集约经营的必由之路。兼并与联合的结果，使主客体双方各得其所、相得益彰。作为兼并方，壮大了原有实力，为实现报业集团化准备了条件；作为被兼并方，则依托大报扭转颓势，改变了面貌，从而实现了办报人员和办报设备的合理流动和优化配置，促进了报纸社会效益和经济效益的结合。

随着报业的迅速发展，一些有条件的党报、大报已初步形成了集团化经营格局。通过对 10 家省报和 15 家市报的调查，我们选定广州日报社作为组建报业集团的试点。《广州日报》是中共广州市委机关报，期发量已突破 60 万份，另外还有 6 张子报，具有较大影响的传媒实力和雄厚的经济实力。《广州日报》在扎扎实实做好理论上、体制上、物质上、人才上、作风上的准备后，经报中宣部同意我署批准，于 1996 年 5 月 29 日正式挂牌运行。广州日报报业集团的成立，是中国报业发展迈向新世纪的一个重要飞跃，是中国报业改革带方向性的大事。它在中国报界引起反响，外报、外电也纷纷报道。目前，广州日报报业集团正积极探索、大胆改革、总结经验，沿着健康的道路发展。

我国期刊出版业发展繁荣的基本思路是：树立精品意识，实施精品战略和主体战略，开始"百刊工程""社刊工程""署刊工程""三刊工程"建设，从而建设起我国期刊的主体工程，以此带动和促进全国期刊整体质量的不断提高。建设"三刊工程"，是特对社科期刊提出的，国家科委期刊管理部门，可参照这样的思路，依据自然科学期刊种类、布局、结构等实际情况，提出自己的建设意见。

我国的期刊，种类和数量都多于报纸。应该肯定，从党的十一届三中全会的 930 种发展到目前的 8135 种，这是期刊出版事业发展繁荣的一个重要标志。期刊在社会、政治、经济、文化生活中的作用与报纸、图书等媒体一样都是不可替代的，而且其文化功能长于报纸，信息功能又长于图书。期刊占有市场的份额和个人自费订阅、购买的比例都大于报纸。但就期刊整体质量和办刊条件而言，要比报纸弱些。在这种情况下，抓重点期刊建设，抓发行超百万份期刊建设，抓在各领域、各学科有举足轻重影响的期刊建设，力求把这些期刊办成精品期刊，对于期刊整体质量的提高，对于期刊事业的繁荣，都具有特别重要的意义。

"百刊工程"，是指抓好全国 100 种重点社科期刊建设工程。这 100 种社科期刊，必须具备五个条件：①政治方向正确；②模范遵守党和国家有关宣传纪律和出版法规；③文化含量高，在本地区或全国、本行业、本专业、本学科领域有较大影响；④印装精美；⑤市场定位准确，发行量居同类刊物前列。目前，各省和中央有关部委已将推荐名单报到署里，这次会议之后，就要确定下来。确定名单时，也要适当考虑我国按目前划分的社科 7 大类期刊的数量比例。"百刊工程"，实际是我国期刊建设的骨干工程，基本能代表我国期刊的阵容，是我国期刊的主阵地，在中宣部的支持指导下，由署里直接抓起来，要逐步实行政策倾斜，给一些优惠出版政策，如目前能办到的兼并，组建集团，增加刊期、增刊等，优先参加国家级奖项评比等。100 种重点期刊名单确定后，准备在北京召开新闻发布会，公布名单，设专栏逐一介绍各刊的优势及办刊经验等，供全国期刊借鉴。最近，新闻出版署对全国社办期刊进行了一次普查，收到 134 份报表，出版社办到的两个效益都不错，1996 年创利润 6809.63 万元。

"社刊工程"，是指出版社所办期刊的建设工程。《读者》是甘肃人民出版社办的期刊，全社 360 多人，《读者》占 30 余人，而它的年利润却占出版社总利润的 90.0%。天津百花文艺出版社办有 4 种期刊，利润占出版社总利润的 82.6%。江西百花洲出版社办有 2 种期刊，利润占出版社总利润的 80.9%。从这几个社的情况看，办期刊的人不多，利润却占出版社总利润的 80.0% 以上，如果出版产业宏观结构调整先从产业内部微观结构调整做起，社里给期刊以应有的位置，署和局给出版社办期刊以优先批办的政策，把期刊的发展作为出版社两个效益增长的新的生长点，那么就会壮大出版社的实力、提高出版社的威望、促进出版产业宏观结构的调整。从这个意义上说，"社刊工程"也是出版社的"希望工程"。从一些发达国家情况看，都很重视社办期刊的发展。出版社的期刊产值与图书产值相比，大约是 6：4 或 7：3 的比例。一般而言，出版社的编辑力量都是较强的，大多又都是新闻出版管理部门的直属单位，政治领导力量也较强，比社会其他部门办刊条件都优越，也便于党和政府对期刊的领导和管理。目前，我们正在进行社办期刊情况调查，依据调查结果，我们将会出台有利出版社办期刊的政策。

"署刊工程"，是指新闻出版署直属期刊建设工程。加强这些期刊的建设，目的在于唤起"国家队"意识，采取切实措施，提高刊物质量，扭转目前"灯下不黑不亮"的状况，切实发挥"国家队"的作用。去年，署里搞了一次直属期刊质量检查，列出质量打分名次，对署直期刊震动很大。今年九十月份，再搞一次署直期刊质量评比，努力提高办刊质量。

多出版优秀作品是时代的呼唤[*]

参加这次"多出优秀作品工作座谈会",听了各地对优秀作品生产状况的分析、评估,特别是在抓优秀作品生产方面的经验和做法,收获很大。我有三点感想:

第一点感想:1994 年江泽民同志提出"以优秀的作品鼓舞人"等"四项主要任务",1995 年提出繁荣电影电视、长篇小说和少儿读物。对此,中宣部不是只停留于一般号召,而是抓指导、抓落实。经过两年多的努力和实践,这项工作呈现出繁荣和蓬勃向上的景象,会议抓住时机,进行深入的分析和研讨,听了座谈,很受启发、很受教育。

第二点感想:这次会议首先从分析形势入手,客观冷静地分析当前优秀作品生产的形势,正确估计和评价当前的形势,从实际出发,既充分肯定成绩,又不回避问题和矛盾,对当前的形势,包括成绩、问题和进一步加强这项工作的措施,取得了共识,体现了党的实事求是的思想路线,对今后进一步搞好这项工作十分重要。

第三点感想:这次会议使我们进一步认识到精神产品生产的责任重大,增强了使命感,特别是增强了多出版优秀作品的信心。出好优秀作品是一个涉及创作、出版等方面的系统工程,我们一定做好长篇小说、少儿读物等优秀作品的出版工作,充分发挥出版工作选择作品、引导读者、引导创作的积极作用,认真做好工作。

下面,介绍一下少儿读物和长篇小说的出版现状,我们所做的一些工作

---

　　* 这是于友先同志 1997 年 6 月 12 日在中宣部"多出优秀作品工作座谈会"上发言的主要内容。

以及进一步加强少儿读物和长篇小说出版工作的措施。

一、关于少儿读物出版

先讲有关少儿读物出版的情况。

党的十一届三中全会以来，特别是党中央提出繁荣电影电视少儿读物和长篇小说的指示后，少儿读物出版事业有了很大发展，成绩显著。

去年举办的全国少儿读物成就展，充分展示了这几年的成就。现在，全国已有少儿专业出版社29家，编辑人员达2000多人，年出书达3000多种，印数1.3亿册。少儿期刊出版方面，以少儿为读者对象的期刊有130多种，分布于全国25个省市，除汉文外，还用蒙文、维文、哈萨克文、朝文等少数民族文字出版。这几年出版了大批优秀少儿读物，包括少儿思想品德读物、少儿科普读物、少儿文学读物、少儿知识读物等等，形成了系列，数量大，覆盖面宽，质量明显提高，特别是在抓"中国儿童动画工程"（"5155工程"）方面，取得了突出的成绩，基本扭转了外国卡通连环画充斥我国少儿读物市场的局面。

（一）促进少儿读物出版繁荣的几点体会

1. 党中央和国务院高度重视和关怀少儿出版工作是推动中国少儿出版事业走向繁荣的巨大精神动力。

江泽民总书记提出抓好"三大件"[①]，少儿读物是其中之一。去年"六一"前夕，江泽民总书记又题词："出版更多优秀作品，鼓舞少年儿童奋发向上。"李鹏总理在1996年9月15日专门为中国少儿出版物成就展题词："繁荣少儿出版事业，培养祖国四有新人。"这些重要指示已成为少儿读物出版事业取得进一步繁荣发展的巨大动力。

2. 统一思想，抓落实。

从1994年到1996年，中宣部和新闻出版署连续3年开了3次全国性的少儿出版工作会议，这些会议贯彻始终的主题就是落实中央的要求，坚持正

---

① "三大件"：指长篇小说、少儿读物、电影。

确的出版导向，促进少儿出版繁荣。这3次会议每次都有实实在在的内容：第一次是1994年的天津会议。天津会议研究提出了在建立社会主义市场经济体制条件下，少儿出版繁荣发展的原则、要求。第二次是广西会议。广西会议专门研究如何制定好"九五"期间少儿读物出版规划。第三次是北京会议。北京会议强调在前两次会议的基础上抓落实，提出力争到本世纪末使我国少儿读物整体出版质量再上一个新台阶。我们从实际管理工作中深切体会到，只有这样按照中央的要求连续地、不松懈地抓下去，少儿出版事业才会有大的起色、有大的发展。

3. 抓"阶段性转移"，促进了少儿读物整体质量的提高。

1993年新闻出版署提出出版工作实现由以规模数量增长为主要特征阶段向以质量效益为主要特征阶段转移的战略部署。这一构想一经提出，立即得到了全国出版界包括少儿出版界的积极响应。经过了3年多的实践证明，方向是正确的、效果是明显的。1994年全国少儿读物出版3604种，其中新书1604种，重版书1460种。1995年出版全国少儿读物出版总数和新版书总数与上一年相比，分别下降了22.5%和16.2%，重版率达42.0%。

4. 抓规划，推动了少儿出版事业的长期繁荣。

改革开放以来，少儿出版共搞了3次规划，第一次是1978年的庐山会议①，由国家出版局②牵头制定了《部分重点少儿读物出版规划》，规划列入29种重点书。进入90年代，我们又按照中央关于加强精神文明建设和繁荣少儿读物出版的指示，制定了"'八五'规划"，其中包括少儿读物选题55种，到1995年已基本完成。那些规划中的重点图书，至今仍然是少儿读物中的精品。

1995年我们制定了《"九五"国家重点图书出版规划》"少儿读物子规划"，共85种。这是一个跨世纪的规划。为什么这么讲？一是同中央《关于制定国民经济和社会发展"九五"计划和2010年远景目标的建议》的要

---

① 1978年庐山会议：指1978年10月11日—19日国家出版事业管理局在江西庐山召开的全国少年儿童出版工作座谈会。

② 见本卷第217页注①。

求相一致；二是符合中央提出的培养跨世纪"四有"新人[①]的要求；三是比较好地适应了跨世纪的少年儿童成长的需要和特点。

5. 抓"5155工程"，提高了中国自己的儿童动画图书的市场竞争力。

1995年初，中央政治局常委在听取新闻出版署工作汇报时，对大力发展中国自己的优秀儿童动画读物、挤掉外来的动画读物做出重要指示。为尽快落实中央的指示，新闻出版署一方面要求各地图书市场管理部门对泛滥于市的引进版卡通图书进行彻底的清理，凡未报批的、侵权的、内容不好的以及非法盗印的，一律收缴。据统计，共查处、收缴这类违规卡通图书300多种，4000多万册。同时，还对10余家违规出版卡通书的出版社和不法书商进行了严肃处理。

同时，经过与中宣部一起研究、商量，1995年底决定制定和实施"中国儿童动画出版工程"，简称"5155工程"。主要内容是：力争在二三年内，通过调动和集中全国的创作、编辑、出版、销售力量，建立5个动画出版基地（东北基地、华北基地、华东基地、中南基地、西部基地，分别由辽宁少儿出版社、中国少儿出版社、上海少儿出版社、接力出版社、四川少儿出版社牵头），重点出版15套大型系列儿童动画图书，创办5个儿童动画（漫画）刊物。以此推动整个少儿读物出版事业的繁荣，满足中国少年儿童的阅读需求，经过进一步总结经验，逐步调整完善，到本世纪末，把中国儿童动画读物的创作、出版提高到一个新的水平，使具有中国特色的优秀儿童动画读物不仅占领中国市场，而且走向世界。

为把这项工程抓紧落实好，中宣部和新闻出版署于去年6月专门发出《关于制定和实施中国儿童动画出版工程的通知》，要求各地宣传部和新闻出版局对5个基地的领导管理、人才培训、资金保证、调研考察等方面要全力支持，保证工程的顺利实施。10月，又约请5个基地牵头出版社的宣传部、新闻出版局的领导，召开了一次基地工作协调会，就组织实施"中国儿童动画出版工程"进行了专题讨论。

目前工程实施进展顺利，成效显著，在全国已形成了一定影响，也引起

---

① 见本卷第20页注①。

了海外出版同行的关注。15 套重点推荐的动画图书，已有 4 种出版，接力出版社的《神脑聪仔》、浙江人美出版社的《中华少年奇才》、人民教育出版社的《中华五千年历史故事》、天津新蕾出版社的《地球保卫战》都形成较大反响，其中《神脑聪仔》和《中华少年奇才》在 1996 年荣获了中宣部"五个一工程"一本好书奖。另外在出书的同时《神脑聪仔》和《中华五千年历史故事》正在拍动画片，形成了出版与影视相结合、整体滚动发展的态势。还有 10 余种动画图书也已陆续出版，如《开心岛》《霹雳贝贝》《足球小子》等。

5 个动画刊物（《北京卡通》《中国卡通》《少年漫画》《卡通先锋》《漫画大王》）创办一年多来，已发行 80 期 500 多万份，受到越来越多小朋友的欢迎。5 个动画基地按照新闻出版署的布置，近日分别召开了工作会议，总结一年来工作的经验，研究下一步的创作出版计划。根据 5 个基地的计划，今年将有 30 多套动画图书陆续与读者见面。其中动画形象和编绘水平较突出的有《一个中国少年的英雄喜剧》《三毛大世界》《龙蝙蝠》《宝贝疙瘩丁呱呱》《东北虎动画大系》《红岩故事》《科普漫画探险系列》等。我们还将从中确定 5—10 种动画选题作为"5155 工程"的重点项目，由中宣部和新闻出版署直接抓落实。

6. 建立激励机制，调动了广大少儿出版工作者的积极性。

新闻出版署牵头会同有关部委建立了全国少儿读物出版基金，筹集资金 100 万元，用于奖励优秀少儿读物。到目前已举办了 3 届（1989 年、1992 年、1996 年）全国优秀少儿读物评奖，获奖图书共 310 种，获奖责编 500 余人。

在评选优秀、良好出版社工作中，我们也注意向少儿出版社倾斜。在被授予优秀出版社称号的 30 家社中，有 3 家是少儿社（中国少年儿童出版社、上海"少年儿童出版社"、浙江少年儿童出版社），还有 12 家少儿社被评为良好出版社，也就是说，全国的专业少儿出版社中，已有半数以上的出版社是优秀、良好出版社。可以说，这个比例在全国各类出版社中是最高的，也说明了少儿出版社取得的成绩和影响。

7. 抓对外合作交流，提高了中国少儿读物在国际市场上的竞争力。

10 多年来，在对外开放和扩大合作交流方面，少儿出版界一直走在全国出版界的最前列。

从 80 年代中期开始，我国少儿出版社就积极参加各种国际性的图书贸易活动，我署连续 8 年组织全国少儿出版社参加意大利波罗尼亚国际儿童图书博览会，此博览会是目前世界上规模最大、影响最大的少儿书展。通过书展，了解了信息，找到了差距，扩大了合作范围，获得了竞争的经验。1992 年、1994 年，我们还在北京成功地举办了两届北京国际儿童图书博览会，国外及台、港、澳地区 100 多家出版社和我国少儿出版社参加展览，已成为世界上较有影响的儿童图书博览会，进一步扩大了中国在国际少儿出版界中的影响。

（二）当前面临的主要问题

少儿出版工作取得了很大成绩，成绩是主要的，是主流，但是也要清醒地看到，我们目前取得的成绩，同党中央的要求，同广大少年儿童的期望，同 21 世纪少儿出版业的发展要求相比，还有很多不足，有些问题亟待解决。

1. 质量问题。主要表现在思想导向好、价值取向正确，而又富有知识性、趣味性的精品还不是很多；贴近当代少年儿童现实生活，为少年儿童欢迎的原创作品还不够丰富；"炒冷饭"的选题太多，重复现象还相当严重；少儿读物编校质量问题依然较突出。

2. 内容问题。1992 年，四川美术出版社的《脑筋急转弯》在全国造成了很坏的影响，也给我们整个出版工作造成了极大的被动和损失。去年，又有 3 家出版社出版了 3 种书名类似、内容格调低下的书，也被查处了。还有前几年引进版卡通书的问题：一是出得太滥；二是有些内容不健康，渲染凶杀、暴力，宣扬早恋、不健康的性意识。还有深层次的问题，许多书宣扬日本人的道德观和价值观，这对中国少年儿童的健康成长极为不利。

3. 超专业分工问题。近年来一些少儿书在质量、内容上存在问题，绝大多数是违反规定超分工出版。超分工出书也是造成编校质量差的重要原因，如去年署里搞的少儿读物编校质量检查，抽查了 5 家非少儿专业出版社出的 10 种少儿书，结果 10 种书均为不合格品。

4. 大部头豪华书过多、定价偏高的问题。对这个问题小读者和家长的意见越来越强烈，反映出我们的少儿读物出版、发行单位的群众观点太淡薄，盲目追求"轰动效应"和经济利益，忽视了中国的国情和广大群众的购买能力。

（三）进一步繁荣少儿读物出版事业的措施

1. 认真落实《"九五"国家重点图书出版规划》"少儿读物子规划"。

落实《"九五"国家重点图书出版规划》少儿读物子规划是提高少儿读物整体质量，多出精品，把一个良好的少儿读物出版工作基础带入21世纪的重要措施。我们计划在下半年对"九五"少儿读物于规划实施一年半的情况进行一次总结，对存在的问题及时解决，并根据实际情况对部分选题做出必要的调整，以适应形势发展的要求。

2. 继续做好"中国儿童动画出版工程"（"5155工程"）的实施工作。

目前，工程实施工作已全面展开，5个基地运转良好，各有关出版社热情很高，安排了很多选题。我们将与中宣部一块督促各地党委宣传部和新闻出版局，对基地的工作给予积极的支持，特别对列入15套重点推荐的动画选题，要在资金、人才和技术条件方面优先考虑、保证。我们还将协调新华书店、邮电部门积极做好重点动画图书和动画刊物的发行工作。8月将组织召开一次全国性的儿童动画创作出版研讨会，请有关专家讲课，沟通情况，交流经验。8月底，新闻出版署组织5个动画基地的骨干出版社组团，赴美国考察动画创作出版情况，掌握动态，借鉴经验，为我所用。年底，中宣部和新闻出版署拟再召开一次"5155工程"工作会议，总结近两年工作，落实明年计划。

3. 进一步做好少儿期刊出版工作。

最近几年我们和中宣部重点抓了少儿图书的出版，很有起色。我们想在今年与中宣部一块，再集中精力抓一下少儿期刊，使少儿期刊的整体水平更加适应形势发展的要求，适应跨世纪一代少年儿童的需要。为此，我们计划今年九十月份，联合召开一次全国少儿期刊工作会议。目前正在进行调研工作，已开了3次调研会。

4. 推动中国优秀儿童文学原创作品的出版。

从80年代末开始，儿童文学创作出版步入低谷。近几年，经过努力，已有所改变，取得了一些可喜成果。"九五"期间还将有一大批很有分量的儿童文学原创作品出版。为了在这个关键时期，对儿童文学的创作出版再推动一下，我们计划今年秋季在上海召开一次儿童文学出版研讨会。上海是我国重要的儿童文学创作出版基地。为中国儿童文学创作出版做出了特殊的贡献。借这块宝地对90年代以来儿童文学创作出版发展的经验教训进行总结，请儿童文学作家和全国的少儿出版社坐在一起，共商繁荣儿童文学创作出版的措施，力争在"九五"期间使儿童文学创作出版的整体水平有一个更大的提高。

5. 大力开展面向农村的少儿读物送书下乡行动。

面向农村的少儿读物出版近年有了很大起色。现在主要的问题是尽快出版一批适合农村儿童阅读的价格低廉、质量上乘的优质少儿读物。并且把大量的适合农村少儿阅读的、符合农村少年儿童需要的少儿读物发到农村去，让农村的孩子不仅买得起，而且买得到。我们准备动员全国的新华书店每年进行1到2次大规模的优秀少儿读物送书下乡行动，而且要固定下来。目前署有关部门在制定具体的实施方案。

6. 制定少儿读物出版事业跨世纪人才"百人计划"。

努力为培养跨世纪合格的"四有"新人服务，必须首先培养一批跨世纪的、符合社会主义精神文明建设要求、政治强、业务精、肯奉献的少儿读物出版业务骨干。我们打算在全国少儿出版社中，挑选100名25到35岁之间的有培养前途的编辑室主任和骨干编辑，利用二三年的时间，加以重点培养，力争到本世纪末把他们推到少儿出版社的领导岗位上，使跨世纪的全国少儿读物出版队伍的领导群体更有朝气、更符合时代的要求，使少儿读物出版事业进入21世纪后继续得到稳定发展。

7. 贯彻《出版管理条例》，加大执法力度，促进少儿出版质量的提高。

国务院颁布的《出版管理条例》，受到了少儿出版界的普遍欢迎。如何在少儿读物出版工作中认真贯彻落实《出版管理条例》的规定？我们准备有针对性地抓好三件事：

第一，坚决贯彻按专业分工出书的原则。非少儿出版社不能出版少儿书。我们计划在今年集中力量，通过"治散治滥"方案的实施，通过出版社年检登记工作，治理好超分工出少儿书的问题。并抓若干典型，严肃查处。

第二，继续抓好少儿读物的编校质量。今年计划再搞一次全国性的少儿读物编校质量大检查。争取全国少儿读物整体编校质量向去年工作会上确定的目标再前进一大步。

第三，采取有效措施，控制大部头、豪华本少儿读物的发展势头。对出版社每年安排的100万字以上的少儿丛书、套书、单本或多卷读物，加强宏观调控，严格控制数量。另外，在出版精装本的同时，必须出版平装本或简装本（当然，只出平装本，不出精装本可以），这一点，我们只对少儿读物这样要求，虽然可能有的出版社开始会有些想法，会有些困难，但这是为广大人民群众着想、为广大的少年儿童着想，只能这么做。相信出版社会理解的。

总的来看，少儿读物出版这一块，中央重视、各方支持，目标明确、措施有力，抓规划、抓队伍、抓基地建设，发展迅速、成绩显著。下一步关键是抓少儿读物整体繁荣，使少儿读物出版工作再上一个新的台阶。

二、关于长篇小说出版

下面，我介绍长篇小说的出版情况。

长篇小说内容包容量大，反映社会生活鲜明深刻，读者喜爱，被称为文艺作品中的"制高点"。党的十四大以来，在创作界和出版界的共同努力下，长篇小说的出版工作进入了历史发展的最好时期，呈现出生机勃勃、健康向上的繁荣景象。

（一）繁荣长篇小说的几项工作

为贯彻中央"以优秀的作品鼓舞人"，繁荣长篇小说的指示精神，近一二年，我们抓了以下几个方面的工作：

1. 新闻出版署和中宣部出版局于1996年春、夏季分别在福州市和兰州市连续两次联合召开繁荣长篇小说出版研讨会和全国文艺出版社社长总编辑工作会议。参加会议的20多家文艺出版社负责同志，认真学习领会中央关于繁荣长篇小说创作与出版的重要指示精神，针对当前长篇小说出版的状况、存在的问题以及出版工作如何推动长篇小说的繁荣进行了研讨，提出了长篇小说出版工作的一些重要原则，形成了共识。会议之后，新闻出版署向各地新闻出版管理部门和全国各文艺出版社转发了两次会议的纪要。

2. 抓规划。中央提出繁荣长篇小说之时，新闻出版署正在制定"1200工程"①，我们经过认真、反复的筛选、比较，综合分析选题、作者、出版社等方面的情况和条件，最后确定了109部长篇小说选题列入"1200工程"。例如：上海文艺出版社安排的反映百年上海变迁的《八屯》（暂名，陆天明著）、反映深圳特区改革的《城与夜》（乔雪竹著），北京出版社安排的"百年辉煌"长篇系列历史小说，等等。目的是通过规划，在作家和出版社的共同努力下，出版一批优秀长篇小说。

3. 确定30部长篇小说作为1996年的重点出版项目，并根据编辑加工和出版流程的情况进行跟踪管理。这30部长篇小说已出版28部，绝大多数出版以后受到社会好评，并在国内外产生了较大的影响。例如：海峡文艺出版社出版的反映经济特区火热的生活所带给人们观念的巨大变化的《金帆船》（阎欣宁著），人民文学出版社出版的《我是太阳》（邓一光著）、《人间正道》（周梅森著），湖南文艺出版社出版的《杨度》（唐浩明著），等等。

4. 组织优秀长篇小说重印再版。50年代和60年代初，改革开放以后到80年代末，这两个时期产生了一批有影响的优秀长篇小说，我们在抓长篇小说出版工作中，把重印再版优秀长篇小说也作为繁荣长篇小说创作与出版的一项举措。1995年、1996年，仅中国青年出版社、人民文学出版社、北京十月文艺出版社就组织重印再版优秀长篇小说78部。例如：中国青年出版社"三红一创"——《红岩》（罗广斌、杨益言著）、《红日》（吴强著）、《红旗谱》（梁斌著）、《创业史》（柳青著），人民文学出版社出版的《暴风骤雨》（周立波著）、《钟鼓楼》（刘心武著）、《东方》（魏巍著）、《商界》（钱石昌著），北京十月文艺出版社的《黄河东流去》（李準著）、《少年天子》（凌力著）、《混沌初开》（骆宾基著），等等。

---

① 见本卷第89页注①。

5. 组织作家、评论家和出版家对"八五"期间出版的长篇小说进行评选，初步评选出优秀作品20部。这样做的目的是对近年出版的长篇小说做一个评价、总结，同时向社会推荐宣传，这样做有利于对作家、出版社出版优秀长篇小说起到激励作用。

6. 抓长篇小说的机构和队伍建设，在一些有重要影响的文艺出版社建立或恢复长篇小说编辑部。例如：人民文学出版社、中国青年出版社、中国文联出版社、上海文艺出版社。

以上几项措施，对繁荣长篇小说起到了积极的推动作用。

（二）长篇小说出版的发展势头良好

我从历史的角度做一点分析和比较。

五六十年代，全国只有3家文艺专业出版社，共出版长篇小说90多部，平均每年出版长篇小说不过五六部。这一期间，产生了一批反映革命历史斗争和社会变革与建设的优秀作品。例如：人民文学出版社出版的《保卫延安》（杜鹏程著）、《青春之歌》（杨沫著）、《林海雪原》（曲波著），中国青年出版社出版的"三红一创"——《红日》《红岩》《红旗谱》《创业史》，等等。

"文化大革命"时期，这是文艺和出版工作的灾难时期。文艺界和出版界被列为重点批判的对象，长篇小说和创作进入"劫难"时期，长篇小说的出版基本是空白。除了浩然的《金光大道》外，基本没有什么有影响的作品。

十一届三中全会以后到80年代末，长篇小说出版有了长足的发展。1983年，长篇小说的出版首次突破100部，以后每年都在增长。出版了一批反映社会变革，受到读者欢迎的优秀长篇小说。例如：人民文学出版社的《商界》（钱石昌、欧伟雄著）、《芙蓉镇》（古华著），北京十月文艺出版社的《苍生》（浩然著）等。

90年代以后，特别是近一二年来，长篇小说的出版，全方位、多视角、多样化地展现了我国改革开放和社会主义建设中丰富多样的社会实践和生活，充分展示出长篇小说日益繁荣的大好势头。1992年全国出版长篇小说373种，1994年出版长篇小说396种，1996年出版长篇小说538种，总印数达到587万册。1996年全国出版图书11.28万种，出版文学图书9887种，出版小说总量1211种，其中出版长篇创作小说（不包括重版、港台、翻译小说）538种。文学图书总量占全国出书的8.6%，小说占文学图书的12.2%，长篇创作小说占小说的45.3%。

90年代长篇小说从总体上看，无论在数量还是质量上都上了一个新的台阶。

其中现实题材的作品日益增多，质量也有所提高；1996年反映现实生活题材的长篇小说360部，占长篇小说总数的61.3%。出现了一批有代表性的好作品，例如：反映现在经济改革现状的《大上海的沉没》（人民文学出版社 俞天白著）、《人之窝》（上海文艺出版社 陆文夫著），反映企业和工人生活的《车间主任》（山东文艺出版社 张宏森著）、《钢铁和太阳》（北京十月文艺出版社 郝敏著），反映农村改革现状的《世纪预言》（北京十月文艺出版社 许谋清著），反映青年生活新貌的《五爱街》（百花文艺出版社 木青著），等等。90年代以前，港台武侠小说、言情小说，占有相当比重。

历史题材的长篇小说有突破，呈持续繁荣好势头。首先是革命历史题材的小说是这几年的长篇小说中很有分量的部分，约占10%。虽然数量不是太多，但其篇幅引人注目。它们大多是鸿篇巨制，气势宏大，显示了一种盛世修书的革命历史家的胆略和气魄。例如：《战争和人》（人民文学出版社 王火著）、《战争启示录》（北京十月文艺出版社 柳溪著）、《新战争与和平》（武汉出版社 李尔重著）等。历史题材的长篇小说出版更是令人瞩目。90年代以来的历史小说创作，无论是选材还是内容，都有了全新的景观，其代表作有：《曾国藩》（人民文学出版社 唐浩明著）、《暮鼓晨钟》（北京出版社 凌力著）、《孙武》（解放军文艺出版社 韩静霆著）、《少年天子》（北京十月文艺出版社 凌力著）、《林则徐》（中国和平出版社 唐雪编著）、《雍正皇帝》（长江文艺出版社 二月河著）、《杨度》（湖南文艺出版社 唐浩明著）、《武则天》（山东文艺出版社 冉平著）等等，还有《浣纱王后》（中国青年出版社 杨佩瑾著）、《龚自珍》（湖南文艺出版社 寒波著）、《老子》（长江文艺出版杜 杨书案著）、《康熙大帝》（河南人

民出版社　二月河著）等等。这些小说对历史人物的刻画也颇有深度，的确做到了历史、文化和时代的有机结合，较好地弘扬了民族文化的精粹。

其他的长篇小说题材丰富多彩，具有文化历史感。这类小说体现了作家们深入生活、潜心开发生活深层底蕴的钻研精神。例如：《南方有嘉木》（浙江文艺出版社　王旭烽著），该书通过一位茶王的家庭变迁，第一次以诗史般的笔墨，记述了蕴含着深厚文化的茶的历史，具有较高的文化价值和艺术价值；还有反映乡镇企业崛起和发展的长篇小说等。

从发行情况看，90年代以来，许多现实题材的长篇小说，发行几万、十几万册已不鲜见。这还不包括前一时期累积下来的重版的数字。特别需要说明的是90年代以前，发行量大的文艺图书多半集中在武侠、言情等通俗读物上，一本琼瑶小说，就可以发行到几十万册。而90年代以后，尤其是1995年、1996年以后，通俗的言情和武侠小说发行量锐减。

90年代以来，我国还以多种文字形式向国外的读者介绍和宣传优秀的文学作品。其中，以英文和法文的语种介绍出版了优秀长篇小说60余种，发行的册数达30多万册。

（三）长篇小说出版中存在的问题

在长篇小说出版中也存在一些值得重视的情况和问题。主要是：

1. 数量增长较快，精品力作不多；内容有问题的长篇小说也偶有出现。

2. 有些出版社在安排长篇小说出版过程中，表现出一定程度的浮躁情绪。比如：争抢书稿，急于求成，缺乏一定的耐心和深入细致的工作，一些没有文艺图书出版业务的出版社也要安排出版长篇小说。

3. 在宣传、发行长篇小说过程中，缺乏客观公正的评论与介绍，存在炒作现象。

（四）进一步做好长篇小说出版工作的几点措施

要按照党的十四届六中全会《决议》和《中共中央关于进一步做好文艺工作的若干意见》的精神，进一步抓好以下几方面工作：

1. 抓"1200工程"的落实。对列入"1200工程"的109种长篇小说，要保证书稿、编辑、资金、出版时间"四落实"。并根据情况做适当调整。

2. 今年准备和作协一同再确定 30 种长篇小说重点选题。今年选题年度计划中，37 家专业文艺出版社安排长篇小说选题 405 种，从中我们根据小说的题材、作者、出版社的情况初步选择了 50 种选题，计划在大部分书稿完稿时，组织文艺出版社、作家、评论家和有关方面专家开会论证，根据书稿情况择优确定 30 部，充分发挥出版社后期介入的作用和功能，保证优秀的长篇小说在编辑、出版、印制、发行的各个环节上得到重视和加强。

3. 加强出版长篇小说的宏观调控工作。准备抓这样几个方面：

（1）为了有利于出精品、创名牌，进一步明确长篇小说的出版资格，严格按专业分工出书，没有文艺图书出版业务的出版社，不得安排出版长篇小说。

（2）扶持一些有影响的文艺出版社，使其成为出版优秀长篇小说方面的重要基地。对这些出版社安排的长篇小说，要在规划和资金上予以支持。各地上缴财政后返回的出版资金，应划拨出一定数额，重点扶持。我国的 37 家专业文艺出版社中，在出版长篇小说方面具有较大影响的有人民文学出版社、中国青年出版社、解放军文艺出版社、作家出版社、中国文联出版社、上海文艺出版社、江苏文艺出版社、北京十月文艺出版社、花城出版社、漓江出版社、海峡文艺出版社等 10 余家。这些出版社出版的长篇小说不仅在读者中有较大影响，对作家投稿也有较强的吸引力。据我们了解，一些作家在选择出版社时，第一位的因素并不是稿酬，而很重要的甚至有决定意义的是看出版社的文化品位如何以及对作品的了解程度。

（3）专业文艺出版社要设立长篇小说编辑室。长篇小说是文艺图书中十分重要的方面，虽然品种只占文学类图书的 8%，但它在鼓舞人、激励人以及满足人民群众文化需求方面起着重要的、别的图书不能替代的作用，为了切实做好长篇小说的出版工作，必须在编辑队伍和机构建设上进一步加强。

（4）安排每年重点扶持出版 10 部现实题材的长篇小说，这项工作我们和作协一块来做，发挥创作和出版两方面的优势，形成合力，促进优秀长篇小说的创作与出版。

4. 做好优秀长篇小说的挖掘与修订出版工作。不少作家、评论家认为，近年来出版的许多优秀作品，作者和出版社"打磨"不够，"缺一口气"，建议进行深度挖掘、加工、提炼，使作品上档次、上台阶。我们准备组织出版社、邀请有关专家认真论证后进行。

5. 加强对长篇小说的激励、宣传、评论和发行工作。

（1）在新闻出版署主办和"国家图书奖"评选工作中，要加大优秀长篇小说获奖的比例和分量，激励作家和出版社多创作、多出版优秀长篇小说。

（2）加强宣传、评论和正面引导。新闻出版署拟同中国作协、社科院、文化部一同抓好重点长篇小说的评论工作。现在全国有 30 多种有关图书的刊物和报纸，多数都是新闻出版系统办的，《人民日报》《光明日报》等中央大报也都设有专门的读书版或书评版，出版部门要主动积极地加强和这些媒体的联系，认真做好优秀长篇小说的宣传和推荐工作，同时，也要避免对作品无原则的炒作和不符合实际的评价与拔高。要努力培育客观、公正的书评机制，这对于正确引导出书、正确引导读者都具有十分重要的意义。

（3）做好长篇小说特别是优秀长篇小说的发行工作。1996 年全国出版图书 11. 28 万种，总印数 71. 58 亿册，其中一般图书 7. 30 万种，印数 38. 85 亿册，平均印数为 5322 册；长篇小说出版为 538 种，印教 587 万册，平均印数为 1. 09 万册。虽然长篇小说平均印数高于一般图书（指教材、教辅以外的图书），但考虑到小说的读者面等因素，还要通过加强发行工作，进一步扩大长篇小说在图书市场上的份额。

繁荣少儿读物和长篇小说的出版是新闻出版工作实施精品战略的十分重要的内容。从当前的社会环境来看，改革开放所带来的深刻的社会变革，以及由此而引起的人们思想观念、价值标准的深刻变化，为创作和出版更多更好的少儿读物和优秀的长篇小说提供了最好的机遇；党和政府高度重视，并且为精神文化产品生产提供了良好的条件，时代赋予我们重任，我们满怀信心，创作界和出版界为了一个共同的目标——繁荣少儿读物、繁荣长篇小说，携起手来，在党的十四届六中全会《决议》和《中共中央关于进一步做好文艺工作的若干意见》精神指引下，创作和出版更好更多的无愧于伟大时代的优秀作品。

大力推进民族出版事业的发展[*]

　　民族出版工作既是出版工作的重要组成部分，又是党和国家民族工作的重要组成部分，它承担着宣传马列主义、毛泽东思想和邓小平建设有中国特色社会主义理论的重任，承担着宣传党的路线、方针、国家的法律、政策的重要任务，承担着传播文化科学知识，提高少数民族地区经济发展，推动民族间文化交流的使命，民族出版对于维护我们这个多民族国家的团结和统一，促进各民族共同繁荣和共同进步具有十分重要的意义，无论是民族文字的出版物，还是供少数民族读者使用的汉文出版物，对于民族地区经济建设和改革开放的智力支持、精神动力的作用，以及由此形成的舆论对于维护社会政治稳定的作用，已越来越突出地表现出来。对于民族出版工作，我们要把它放到推动民族地区经济文化建设和社会全面发展的角度来看待它，要把它放到民族团结维护祖国统一、保证社会政治稳定的战略高度来重视它。一部好书的出版会给社会政治、经济、文化的发展做出贡献，一部坏书的出版会带来恶劣的影响，起很坏的作用。所以，我们要多出好书，坚决不出坏书，绝不添乱。

　　新闻出版署对于民族出版工作一向非常重视，特别是近几年来随着社会主义市场经济的建立和发展，对于民族出版工作面临的新的困难和问题，我们更为重视和关心，新闻出版署已把如何加快民族出版事业的发展当成出版工作的一项重要任务来抓，为此我们做了大量的工作。从 1994 年到 1995 年

<hr>

　　* 这是于友先同志 1997 年 6 月 27 日在第三届"中国民族图书奖"颁奖大会上讲话的主要内容。

新闻出版署图书司用了一年多的时间走访了东北、西北、西南等地区，对全国民族地区出版工作进行了全面细致的调查研究，掌握了大量的第一手资料，为新闻出版署制定扶持民族出版工作政策提供了可靠的参考依据。1996年1月新闻出版署与中宣部、国家民委一起在京召开了全国民族出版工作会议，会上新闻出版署提出了扶持民族出版工作的几条措施，这几条措施大部分都已落实，有的正在落实之中。①我们与国家民委一起建立的全国优秀民族文字图书出版资金经过一年多不懈努力，在全国各地出版单位的支持下，截至今年4月底，已到位和已答应捐赠的资金已达820余万元，捐助单位150余家。预计全国优秀民族文字图书出版资金今年底可以开始启动。②为支持少数民族地区文化教育事业发展，新闻出版署已多次组织全国出版社和省级新华书店开展向少数民族地区的赠书活动，如1994年9月新闻出版署向西藏自治区政府和驻藏部队捐书110.5万册，总码洋677.4万元；1996年5月新闻出版署向新疆自治区政府捐赠图书1万余册，总码洋100多万元。③向民族地区拨专款用于扶持民族出版事业，1994年我随李铁映同志在西藏、青海考察，1996年9月随铁映同志在新疆考察，其间分别拨专款用于扶持当地的民族出版事业。④在《"九五"国家重点图书出版规划》中增加了民族图书的比重，"'八五'规划"中，民族类图书有27项，"'九五'规划"中民族类图书共57项，比"八五"规划增加了1倍。⑤新闻出版署已正式发文免收民族文字图书的条码费用，民族文字图书书号不限。⑥新闻出版署已要求有关出版社适当减免民族出版社部分图书租型费。⑦重视编辑队伍建设。准备一年组织1期编辑培训班，逐步提高民族出版社队伍素质。⑧继续执行《关于调整少数民族省（区）图书发行折扣的若干规定》，凡发往少数民族省份的一般图书，出版社一律以65折向新华书店发货，发货店一律以70折向少数民族省份发货店供货。各发货店、出版社自办发行部门，必须保证少数民族省份订货、添货的需要。⑨组织新华书店和出版社到边远少数民族聚居区举行图书展销和订货活动，以满足少数民族地区读者的精神文化需要。⑩为了解决民族图书出版难的问题，两年多来，我们为民族地区出版社与沿海发达地区出版社联合出版牵线搭桥已取得了可喜的成果，如由江苏教育出版社与新疆美术摄影出版社联合出版的《新疆少数民族风情》大型画册和浙江人民出版社与西藏人民出版社联合出版的《西藏历史文化辞典》正在操作之中。

去年我们开完全国民族出版工作会议以后，在广泛征求意见的基础上，以中央宣传部、国家民委、新闻出版署三家的名义起草了《关于大力加强民族出版工作的若干意见》，已上报中共中央办公厅和国务院办公厅。这是一个为了使民族出版工作适应新的形势而制定的指导性文件，该文件必将推动民族出版事业的健康发展。

当前，全国出版形势正进入一个良性发展时期，党中央对出版工作非常重视。党的十四届六中全会关于加强精神文明建设的决议中用较大篇幅论及出版工作，这为新时期出版工作提出了新的更高的要求，出版的中心工作就是弘扬时代主旋律，多出好书、多出精品，服务大局，满足人民群众不断增长的精神文化需求。这次民族图书奖评奖活动正是实施精品战略的具体体现，也是对新闻出版实施精品战略和"阶段性转移"① 工作的一次检阅，通过评奖可以看出民族出版工作 3 年来取得了很大成绩，无论是图书的形式和内容质量都有很大提高。希望通过这次评奖能够激发民族出版社同志们的工作热情，在今后的工作中发扬成绩，弥补存在的不足，通过自身的不断努力，加强管理，调整出书结构，为推动民族出版事业的发展做出应有的贡献。

---

① 见本卷第 5 页注①。

认真贯彻中央精神，
多出优秀音像作品[*]

多出优秀音像制品，推动音像出版事业繁荣，是中央十分重视、群众非常关心的一件大事。这次座谈会的任务就是贯彻落实党的十四届六中全会精神，贯彻落实党中央、国务院领导同志关于抓音像出版繁荣的多次重要指示精神，贯彻落实不久前在哈尔滨召开的多出优秀作品座谈会精神，集中研究如何出版一大批优秀音像制品，为党的十五大召开创造良好文化环境和舆论氛围，并以此为契机，推动音像出版事业的进一步繁荣。

一、认真贯彻多出优秀作品座谈会精神

1994 年初，江泽民同志在全国宣传思想工作会议上明确提出"以科学的理论武装人，以正确的舆论引导人，以高尚的精神塑造人，以优秀的作品鼓舞人"是全国宣传思想战线的"四项主要任务"；党的十四届六中全会从战略高度提出了"实施精品战略"，促进"文化事业繁荣和发展"的要求。全国宣传思想工作会议之后，宣传思想战线把用邓小平建设有中国特色社会主义理论武装全党和把握正确舆论导向作为工作的突出着力点，在推进理论和舆论工作逐步取得主动的同时，加大了思想道德教育的力度，为了进一步落实江泽民同志提出的"四项主要任务"，中央宣传部于 6 月份在哈尔滨召开了"多出优秀作品座谈会"，丁关根同志主持了座谈会并发表了重要讲

* 这是 1997 年 7 月 9 日于友先同志在"多出优秀音像制品座谈会"上讲话的主要内容。

话。在党的十五大召开前夕，召开这样的座谈会，认真贯彻"以优秀的作品鼓舞人"的要求，有着很强的现实针对性和重要的意义。

哈尔滨会议的主题是学习贯彻党的十四届六中全会精神，学习贯彻江泽民同志在中国文联第六次全国代表大会、中国作家协会第五次全国代表大会上的重要讲话和中央《关于进一步做好文艺工作的若干意见》，更好地促进多出优秀作品的工作。

丁关根同志在哈尔滨会议上的讲话中指出，多出优秀作品，是中央的嘱托、时代的要求、人民的愿望。党的十四届六中全会以来，出现了四个方面的工作整体推进的态势，但相对看，以优秀作品鼓舞人的工作成效还不够显著。这次会议就是要认真贯彻中央精神，认清形势，明确任务，研究措施，进一步做好多出优秀作品的工作。

哈尔滨会议围绕5个专题进行了讨论：①如何认识当前多出优秀作品工作的形势；②如何提高文艺作品的质量；③如何尊重文艺规律，尊重作家艺术家的创造性劳动；④如何认识社会主义市场经济条件下文化产品生产的新情况、新特点；⑤如何加强和改善党对文艺工作的领导。

在谈到形势问题时，丁关根同志指出，多出优秀作品的工作正在积极推进，初见成效，趋势很好，文艺创作繁荣向上，优秀作品开始增多，主旋律进一步唱响；主题消极、内容晦暗、胡编乱造的创作倾向得到抑制。他还特别谈到少儿文艺出现了一批受到孩子们喜爱的作品，应当肯定。关根同志指出，既要看到形势是好的，又不能对成绩估计过高。一定要看到工作中还存在不少问题，有的问题还很复杂，解决起来也不容易。还是那句话，做了大量工作，还有大量工作要做。

在谈到提高作品质量的问题时，丁关根同志指出，质量是产品的生命，物质产品是如此，文化产品更是如此。根据当前实际，提高作品质量，要注意解决好这样几个问题：①进一步唱响时代主旋律；②增强精品意识；③深入生活，深入群众；④坚持寓教于乐、雅俗共赏。

在谈到营造有利于多出优秀作品的市场环境问题时，丁关根同志指出，如何发挥市场机制的积极作用，克服消极作用，培育和发展有利于多出优秀作品的文化市场，这是我们面临的新课题。当前一个重要问题是，要正确处理好社会效益和经济效益的关系，抵制金钱诱惑，反对见利忘义。一定要坚持社会效益为最高准则，力求经济效益与社会效益的统一。文化产品的生产既要面向市场，又不能听任市场的自发选择。要充分运用经济的、法律的以及必要的行政手段，大力扶持优秀作品的创作生产，努力形成有利于优秀作品传播的市场条件，保障优秀作品实现好的社会效益和经济效益。

在谈到提高多出好作品的领导水平问题时，丁关根同志指出，加强和改善党对文艺工作的领导，必须尊重文艺规律，充分尊重作家、艺术家的创造性劳动，发扬艺术民主。要坚持重在建设，把精力放在多出好作品上来。工作中既要防止横加干涉，又不能听之任之。即使是个人劳动含量很大的文学创作，也需要在创作思想上给以引导，在创作条件上给以帮助。现在文艺界、出版界精品意识、责任意识明显增强，优秀作品不断增多，主旋律进一步唱响。事实证明，抓与不抓大不一样，认真抓与一般抓大不一样。

丁关根同志最后还谈到了多出优秀作品的 8 条经验和做法，就是：①了解群众需求，做好生产规划，对进入市场的主要文化产品的情况要心中有数；②组织重点工程，加强指导协调，使重点工程真正成为优质工程；③采取采风、挂职及建立基地的办法，为作家、艺术家深入生活创造条件；④开好文艺通气会，办好文艺评介栏目，组织展映、展演、展播，举办作品观赏会、座谈会，加强优秀作品的宣传介绍；⑤建立作家艺术家的联系制度，通过举办研讨班、培训班及多种形式的联谊活动，使作家、艺术家能够广交朋友、沟通思想、交换意见，帮助他们解决工作、生活中的实际问题；⑥建立有效的激励机制，发挥评奖的导向作用，奖励表彰有突出贡献的作家、艺术家；⑦建立优秀作品创作基金，拓宽资金投入渠道，支持优秀作品生产；⑧配备好文艺和出版单位的领导班子，培养选拔中青年优秀文学艺术人才。

哈尔滨会议的这些重要精神，对我们进一步推进音像出版事业的繁荣有着非常重要的指导作用。可以说把我们抓音像出版繁荣方方面面的工作都论述到了，不仅提出了明确的要求，而且为我们设计了具体的工作措施和努力方向。

我们这次会议是认真贯彻哈尔滨会议的具体举措，要开好这次会议并达到预期的目的，关键是要把党中央、国务院关于抓繁荣的一系列重要指示精神学习好，把哈尔滨会议的精神学习好，真正把握精神实质，按照中央的要求来统一思想、制定措施、改进工作。

二、抓住机遇，增强责任感，大力推进音像繁荣

党的十四届六中全会《决议》，对出版工作在社会主义精神文明建设这一伟大工程中的地位和作用做出了深刻阐述，对繁荣出版事业提出了明确要求。《决议》指出，出版工作要"一手抓繁荣，一手抓管理"；要"实施精品战略"，"多出好作品、不出坏作品"；要加大管理力度，坚决禁止"买卖书号、刊号、版号"，促进文化市场健康发展，不断满足人民群众多层次、多方面的精神文化需求。贯彻落实决议精神，多出优秀音像制品，是党和人民赋予全国音像出版单位的一项神圣而又艰巨的历史性任务。

我国的音像出版业经过十几年的发展，现在已经具有相当的规模，全国共有音像出版单位295家（专业音像出版社206家，图书出版社音像部89家），复制企业248家（光盘复制企业23家，磁带复制企业225家）。在社会主义精神文明建设中，音像出版业已经是一支举足轻重的力量，特别是党的十四大以来，通过学习贯彻党中央、国务院的一系列重要指示精神，广大音像出版工作者的大局意识进一步增强，讲政治、讲学习、讲正气、讲纪律的风气进一步形成；通过认真贯彻落实《音像制品管理条例》，加大管理力度，特别是严肃处理了一批违法违规的出版、复制、发行单位，音像出版秩序一度十分混乱的状况有了明显的改观，正常的生产流通秩序正在逐步建立过程之中。总之，通过"一手抓繁荣，一手抓管理"，我国音像出版业的面貌发生了极大的变化，为进一步繁荣发展奠定了比较坚实的基础。

十几年来，音像出版界为繁荣我国社会主义的音像出版事业做出了很大贡献，出版的优秀音像制品逐年增加。1996年，全国共出版音像制品16222种，比1995年增加3025种，增长率为23.10%。其中，录音制品8916种，增长7.36%；录像制品7306种，增长49.53%。从分类情况看，国产节目13557种，占83.57%，引进节目2665种，占16.43%；文艺类9575种，占59.02%，文教科技类6647种，占40.98%。在这些音像制品中，弘扬时代

主旋律、赞颂革命光荣传统，注重文化积累、努力为两个文明建设服务的优秀音像制品占有一定比重。一大批国产文艺类、科技类、教育类音像制品的出版，显示了音像出版者对弘扬民族文化、推动科技进步和提高国民素质的追求。党的十四届六中全会以后，音像出版单位在贯彻决议精神、落实《"九五"国家音像制品出版规划》方面做出了新的努力，推出了一批新的优秀音像制品。全年1—5月，全国生产光盘4666万张，已接近去年全年5325万张的产量，其中VCD成倍增长，前5个月已生产3920万张，超过去年全年3749万张的产量，今年上半年的光盘产量会超过去年全年的光盘产量，全年光盘产量会突破1亿张。现已出版的音像制品中，不少是"'九五'规划"的重点选题，如《中国原创音乐系列》《中国戏曲系列》《中国经典民族音乐大全》《古筝名家名曲》《扬琴名家名曲》《中国古典名曲经典》《京剧经典大观》等。歌颂邓小平同志丰功伟绩的录像带《邓小平》、录音带《人民的儿子·献给小平的歌》等一批音像制品，在国内外产生了很大反响。这些事实说明，我们音像出版战线精神振奋、事业兴旺，优秀作品增多，发展趋势很好。

在肯定成绩的同时，我们也应该清醒地看到，与党和人民对音像出版的要求相比，与社会主义市场经济体制逐步建立为音像出版业提供的巨大发展机遇相比，我们多出优秀音像作品的工作还有很大差距，主要是优秀作品还不够多，优秀的音像作品无论在数量上还是质量上都还不能满足需求；音像出版业的正常秩序还需要进一步规范和巩固，落实"以优秀的作品鼓舞人"的任务还很重。用丁关根同志的话讲：做了大量的工作，还有大量的工作要做。

我们要首先认识到，繁荣音像出版，多出优秀作品是一项严肃的政治任务。社会主义的本质特征就是要充分满足人民群众日益增长的物质文化需求；多出优秀音像作品，正是社会主义本质特质的充分体现。优秀的音像作品，既代表了音像出版事业的方向，又是形成正确舆论，激励人民同心同德的思想艺术载体；出版大量的优秀音像作品，既是音像出版事业实现两个效益①有

---

① 　见本卷第31页注①。

机统一的最佳结合点，更是建设高度的社会主义物质文明和精神文明的内在需求。从国际政治斗争的大环境讲，我们面临着西方敌对势力"西化"和"分化"的直接威胁，大量内容反动荒谬、淫秽下流的音像制品正通过走私渠道有组织、有预谋地大量进入我国内地，对我国的社会主义现代化建设以及社会的全面进步造成了严重的危害。面对这种严峻的形势，我们一方面要加大打击的力度，堵塞管理漏洞；但更主要的或者说是治本的办法还是要出版更多的优秀音像作品来占领市场、引导市场。这也就是马克思所讲的：物质的力量只能用物质的力量来摧毁。

与此同时，我们还要看到，随着"扫黄打非"斗争的力度不断加大，全国音像市场得到不同程度的净化，正版音像制品正在重新夺回过去曾经被非法音像制品和走私音像制品严重挤占了的市场，优秀音像制品的市场需求明显增加。据不完全统计，在去冬今春的"扫黄打非"集中行动中，全国收缴的违禁音像制品达 650 万张。集中行动期间，广东省查获非法光盘生产线 28 条，加上集中行动前查获的 8 条，总数达 36 条。这批非法光盘生产线的日生产能力约为 70 万张，以每年 300 个生产日计算，可生产非法光盘 2 亿张以上。打掉了这批非法光盘生产线，等于腾出了很大的市场份额。如果我们不能用正版的、健康的音像制品丰富市场、占领市场，非法的音像制品还会乘虚而入、卷土重来。非法光盘生产线之所以如此活跃，原因之一，就是市场的拉动力很大。音像市场之所以一再出现反复，也与健康优秀的正版制品没有及时足量供应有关。"扫黄打非"，本身就是繁荣音像出版的重要措施，同时，只有抓好繁荣，才能真正巩固"扫黄打非"斗争的成果。关根同志最近在听取"扫黄打非"工作汇报的时候，要求我们根据市场需要，认真落实好繁荣音像出版的规划，尽快拿出一批优秀音像制品。李铁映同志在听取"扫黄打非"工作汇报时也指出，要把繁荣文化市场作为一项紧迫的任务抓紧抓好，要将我国优秀的电影、电视剧等列出目录，组织国内出版单位尽快生产出高质量的音像制品投放市场，同时有计划地进口一批国外健康、优秀的影视作品，从根本上堵塞黄源，满足人民群众日益增长的精神文化生活需要。

在目前的形势下，抓好音像出版繁荣具有特殊意义。我国对香港恢复行使主权，党的十五大即将召开，是今年我国政治生活中的两件大事。为这两件大事创造良好的文化环境和舆论氛围，是音像出版单位义不容辞的责任。围绕香港回归，音像出版单位以高度的政治责任感，精心制作出版了一批音像制品，如五洲传播出版社的《香港的昨天、今天和明天》、广东太平洋影音公司的《香港 1997，可爱的中国颂歌》、深圳激光节目出版发行公司的《百年香港金曲》、中唱总公司的《公元 1997，我走近你》、海燕音像出版社的《香港百年》、上海录像公司的《香港之最》等。这些音像制品，宣传香港回归的伟大意义，瞻望香港未来的美好前景，紧密配合了革命历史教育和爱国主义教育。现在，距离党的十五大召开的日子越来越近了，"展示新成就，迎接十五大"是音像出版界的一项重要的工作任务。同时，音像市场的旺季也已经到来，各音像出版单位要继续努力，精心组织、精心策划、精心编辑、精心制作，争取在 7、8、9 三个月抓好一批重点的音像出版工程，向党的十五大献上一份厚礼，并以此为契机，开创音像出版事业繁荣的新局面。

繁荣音像出版事业，当前正是大好时机。党的十四届六中全会后，全党全国出现了大抓社会主义精神文明建设的新局面，出现了有利于繁荣出版事业的社会条件和文化氛围，音像制品的节目源越来越丰富。据统计，我国每年大体生产 100 多部电影、8000 集电视剧、500 部长篇小说。各行各业在开展精神文明活动中需要大批优秀的、健康的音像制品来配合。随着"扫黄打非"斗争不断深入，知识产权保护日益加强，侵权盗版行为受到遏制，市场环境明显好转，正版音像制品获得了更大的市场份额。随着经济的发展和物质生活的改善，人民群众对精神文化生活的要求日益迫切，对各类音像制品的需求明显增长。随着高新科技的发展，视听传播领域正经历着一场新的技术革命，音像市场新的消费层正在形成。据有关方面提供的数字，全国的 VCD 播放机拥有量超过 1000 万台，电脑的拥有量近 1000 万台，录像机拥有量达 3000 多万台。仅仅这几个 1000 万，就需要我们提供大量优秀健康的音像制品。如果按一台多媒体电脑和 VCD 播放机各配 10 张光盘计算，全国就需要 2 亿张。这实在是一块很大的市场。现在 VCD 播放机和多媒体电脑的保有量仍在急剧膨胀，后面还有一块更大的潜在市场。迅速扩大的音像市场，给我们提供了繁荣音像出版的大好时机，也给音像出版单位提供了难得的发展机遇。音像出版单位要抓住当前的大好机遇，努力出版一大批优秀的音像制品。

为了抓好优秀音像作品的出版工作，音像出版单位要增强政治意识、大局意识、责任意识和市场意识。

增强政治意识，就是要坚持音像出版事业正确的政治方向，高举邓小平建设有中国特色社会主义伟大旗帜，在政治方向和原则问题上与党中央保持高度的一致，不容许有丝毫的动摇。

增强大局意识，就是要牢牢把握党中央提出的"抓住机遇，扩大开放，深化改革，促进发展，保持稳定"的20字方针，正确认识和处理改革、发展、稳定的辩证关系；坚持"发展才是硬道理"；坚持深化音像出版体制改革，走以改革促发展之路；时时、处处、事事自觉地维护国家的社会政治稳定。

增强责任意识，就是要把好关，坚持守土有责。把好关，最重要的是要确保音像出版权牢牢掌握在党和国家手中，严格执行出版物"三审制"，自觉抵制"买卖版号"的行为。对音像管理部门来讲，守土有责就是要尽最大的努力把有这样那样问题的出版物扼制在萌芽状态；对音像出版单位来讲，守土有责就是要努力做到多出好作品、不出坏作品。

增强市场意识，就是要在坚持正确方向的前提下，遵循价值规律，强化竞争机制。要认真研究音像市场的供需状况，研究广大读者的视听需求，使自己的音像制品形式更加多样化、内容更加丰富多彩，既要面向市场，更要引导市场，用大量的优秀音像制品提高广大读者的思想觉悟和审美情趣。

党的十四届六中全会决议中对禁止"买卖版号"的问题提出了明确的要求，为了落实六中全会的精神，今年初，中宣部和新闻出版署专门就禁止"买卖书号、刊号、版号"的问题做出了进一步的明确规定，还专门召开了电视电话会议。音像出版界要认真地贯彻执行这些规定。应该看到，音像业存在的"体外循环"严重削弱了出版单位的经济实力，也直接影响了优秀音像制品的出版。突出的问题是，出版单位向复制厂、发行商和制作单位大量"买卖版号",出卖了本来属于自己的编辑权、发行权。结果,一些复制厂掌握了从磁带生产到节目引进、内容编辑、复制加工、承担发行等整个生产流程,成了资产存量最大、生产能力最强,能够主导音像出版的综合性实体。一些集、个体发行大户把持了某些地方的市场,建立了自己的网络,不仅赚取了发行利润,还通过"买卖版号"介入出版,赚取了本来属于出版单位的出版利润。社会上出现的一些制作公司和个体制作人,在完成前期节目制作之后也直接与复制厂合作,再找出版社挂版。而一些音像出版社的策划能力和制作能力越来越弱,除了出版权力外一无所有,对制作、复制、发行等各个环节失去了应有的控制,自己的命运掌握在别人手中。这种结构性失调如果不改变,优秀音像制品的出版就难以保证,出版单位自身也难以真正发展起来。需要着重指出的是,禁止"买卖版号"的工作虽然难度很大,但只要我们加大工作力度,真抓实干,就会取得积极的成果。近年来,已经有一批音像出版单位坚持正确的出版方向,坚持国家有关出版工作的各项规定,在激烈的市场竞争中脱颖而出,形成了自己的特色和风格,在市场上打出了群众信赖的优秀品牌,同时也壮大了自身的经济实力。例如,上海声像出版社连续几年保持稳步发展势头,去年销售音带 1600 多万盒、CD 60 多万张,销售码洋达 2 亿多元。该社列入《"九五"国家重点音像制品出版规划》的三大系列:《中国歌唱家系列》《中国原创音乐系列》《中国戏曲系列》,去年又推出了新的专辑,收到了很好的社会效益和一定的经济效益。中唱总公司 5 年来平均每年出版发行新节目 577 个片号,重版节目约 1000 余个片号。近 3 年,该公司每年发行音带 1323 万盒、录像带 5 万多盒、CD 93 万张、VCD 20 万张、LD 4 万多张。中国音乐家音像出版社去年一年中就出版发行各类音像制品 174 种,其中自编节目达到 165 种。北京文化艺术音像出版社、中影公司音像出版社、上海录像公司、中国国际电视总公司等,也都出版了一批优秀音像制品。这些音像出版单位取得的成绩说明,社会主义的音像出版单位只要坚持正确的出版方向,懂得经营并善于经营,是完全能够杜绝"买卖版号",实现音像出版的良性循环的。

三、要把多出优秀音像作品的工作抓深抓实

多出优秀音像作品的工作，指导思想已经明确，具体规划已经制定，现在的关键问题是抓好落实。在抓落实上，我们要花更大的力气，采取更加切实可行的措施。

第一，落实"九五"音像制品出版规划，完成一批重点工程。《"九五"国家重点音像制品出版规划》是音像出版业制定的第一个五年规划，是世纪之交的规划，是决定我国音像业以什么面貌进入新世纪的规划。列入规划的选题涉及音像出版单位 206 家，占全国音像出版单位总数的 69.4%。规划包括基础部分和重点工程两部分，共 4 类、17 项、476 种。其中，社科类 63 种，占总数的 13.2%，分政治理论、思想道德教育、法制和经济管理 4 项；教育类 141 种，占总数的 29.6%，分教材教辅、少儿幼儿教育、德育教育 3 项；科技类 116 种，占总数的 24.4%，分科普知识、工业科技、农业科技、医疗科技 4 项；文艺类 156 种，占总数的 32.8%，分文化概论、民俗风情、乐曲歌曲、故事片、戏曲、少儿文艺 6 项。目前，新闻出版署已收到各地申报增补《"九五"国家重点音像制品出版规划》的选题近百种，其中国家教委对教育类《"九五"国家重点音像制品出版规划》申报的增补项目 20 多种已经进行了初步论证。按照出版工作的一般规律，一个五年规划能否完成，关键要看在第三年是否有一批成果出来，是否有一大批项目确实启动。因此，今明两年，是《"九五"国家重点音像制品出版规划》能否高质量如期完成的关键年。各地音像管理部门要高度重视规划的落实工作，各音像出版单位的主要领导要切实抓好本单位的项目，并主动争取主管和主办部门的支持和帮助，在人力、物力、资金上给予必要的投入和保证。从今年开始，每年年底各地音像行政管理部门及有关部门要对本地区、本部门音像出版单位落实规划的情况进行一次全面检查，随时掌握实施进度，及时上报实施情况，特别是对规划中的 18 项重点工程，要确保按期完成。在全面落实规划的同时，近期内，要抓紧安排一批重点项目，音像出版单位要加紧制作，管理部门要予以重点扶持，力争早日投放市场。

第二，尽快启动一批光盘生产线，保证重点出版项目及时生产。光盘复制紧张，是近一段时间出现的新情况。为改变这种状况，调整光盘生产行业布局，促进音像出版繁荣，经国务院批准，近期将对被关闭光盘厂的生产线和被查缴的非法光盘生产线进行处理，使之尽快形成生产能力。1995 年初至 1996 年 11 月，新闻出版署会同对外经贸和工商行政管理部门依法关闭了一批严重违反国家法律、法规的光盘生产企业，查封光盘生产线 16 条。去冬今春"扫黄打非"集中行动前后，公安、海关、工商行政管理和新闻出版等部门又相继查获并收缴了非法进口和开工的光盘生产线 36 条。本着定向安排、相对集中、有利管理、以我为主的原则，将利用这部分光盘生产线，在北京、上海、广东建立具有一定规模的国家光盘生产基地，对现有部分光盘企业进行技术改造。目前这项工作进展顺利，有关地区和部门的光盘生产基地正在积极筹建之中，有的已经进入生产线的调运阶段。将在今年第三季度形成生产能力。随着一批国家光盘生产基地的相继建立，光盘复制紧张的状况将会改变。同时，各地要加强对现有光盘生产企业的管理，完善驻厂监督员制度，确保光盘生产的正常秩序。对繁荣音像出版的重点项目，光盘生产企业必须给予重点保障。

第三，抓好音像发行工作，拓宽音像制品的流通渠道。根据《音像制品管理条例》，音像的发行工作是由国家文化行政管理部门负责的。音像出版单位要执行国家关于音像制品发行工作的法令、法规，接受领导、服从管理。做好音像制品的发行工作，是抓优秀作品的题中应有之义。流通流通，一通百通。音像出版单位是本版音像制品的总发行单位，当然要花更多的精力来研究市场、搞活流通；新华书店是国有出版物发行的主渠道，既有着优良的传统，又有遍及城乡的网络，要更加积极地参与音像发行工作，为促进优秀音像制品的传播多做工作、多做贡献。近一段时间，音像发行领域出现了一些可喜的变化，国有书店、批发市场、租赁公司和出版单位自办发行等多条国营音像发行渠道正在发挥积极作用。搞好音像发行，建立国营音像发行的主渠道，需要多方面的共同努力。音像出版单位要改变只重视前期投资、不重视后期促销的现象，积极做好自办发行工作。新华书店要发挥网点多、信誉好的优势，在音像发行上多做一些事情、多想一些办法，特别是对重点音像制品的发行要像保证重点图书发行一样，在组织上、资金上、人力物力上予以充分的保证。建立大型音像批发市场和音像租赁连锁组织，是音像发行领域中出现的新事物。广东等地新建立的音像批发市场订货踊跃、供求两旺，由中国音像协会和邮政总局联合成立的中邮音像租赁连锁组织也呈现了好的发展势头，各音像出版单位要对这些国营发行渠道的开辟给予支持。

第四，组织音像制品评奖活动，展示音像出版优秀成果。经中宣部批准，新闻出版署已设立"全国优秀音像制品奖"，下设文艺、科技、教育3个奖项。拟于明年举办的首届"全国优秀文艺音像制品奖"，将是对几年来我国优秀文艺音像制品的集中展示，是对文艺音像出版工作的一次检阅。"全国优秀教育音像出版物奖"和"全国优秀科技音像作品奖"也要继续办好。在这3项评奖活动的基础上，要搞好国家级的"全国优秀音像制品奖"评奖工作。通过评选活动，形成正确导向，推动精品战略，鼓励新人新作，促进音像繁荣。在评选优秀音像制品的同时，新闻出版署还将评选全国的优秀音像出版单位，通过评选，展示音像出版队伍的风貌，激励音像出版单位多出优秀作品。

第五，搞好"治散治滥"工作，为繁荣音像出版创造良好环境。"治散治滥"是党中央、国务院做出的一项战略部署，是坚持"一手抓繁荣，一手抓管理"方针的具体措施。按照中共中央办公厅、国务院办公厅《关于加强新闻出版广播电视管理的通知》精神，新闻出版署已经下发了《关于音像出版复制业治理工作的通知》。这次音像出版复制业的治理重点，是解决录音、录像制品复制单位管理薄弱、进口文艺类音像制品泛滥和侵犯知识产权等问题。音像出版方面的治理措施包括：继续严厉查处"买卖版号"，重新审定出版进口文艺类音像制品单位的资格，发布出版进口音像制品目录，继续控制出版单位的总量，对音像出版单位使用版号的额度实行宏观控制等。在音像复制业的治理中，要全面清理各类磁带复制厂（点），严格执行复制经营许可证制度，打击侵权盗版行为。通过"治散治滥"，促进音像出版复制业健康、有序发展，为繁荣音像事业创造良好环境。

第六，加强音像出版队伍培训，努力提高出版队伍素质。出版工作是组织、生产、传播和积累精神产品的工作，是向人民群众输送精神营养的工作，对出版队伍的素质有严格的要求。在整个出版业中，音像出版的高新技术运用程度是最高的，各种光盘本身就是高新技术产品。这种特征对音像出版队伍政治素质和业务素质的要求更高。对音像出版从业人员来讲，学习的任务很重，知识不断更新的要求更紧迫。近年来，音像出版业的队伍培训工作已经起步，取得了一些成果，但必须正视的是，我们整个行业学习的风气还很不浓厚，队伍的政治素质和业务素质与我们所承担的责任相比，还很不相称，需要采取切实措施加以改进。新闻出版署正在举办首届音像出版单位社长、总编培训班，参加培训的同志普遍感到收获很大。各省、自治区、直辖市及各音像出版单位也要采取措施，对出版队伍分层、分批、分类进行培训，包括政治素质培训、科技知识培训、业务知识培训、出版知识培训。我们还要建立广泛吸收社会上各类优秀人才的机制，进一步优化音像出版、复制、发行单位的人才结构，使我们这个科技含量较高的行业，真正成为人才荟萃、人才辈出之地。

用党的十五大精神来指导和
加强出版理论研究工作 *

改革开放以来，出版和出版科研工作均得到了很大发展，特别是从1983 年中国出版工作者协会首次召开全国性出版理论研讨会以后，有组织的出版理论研讨活动已经开展 15 年了。15 年来，中国出版工作者协会、中国出版科学研究所及中国编辑学会在各地新闻出版局、各地版协的支持下，分别召开了多次出版研讨会，组织和推动广大出版工作者、出版研究工作者、出版教育工作者以及关心出版业发展的各界人士，围绕出版业在改革和发展过程中出现的新问题开展调研活动，默默无闻地为改革和发展献计献策，有力地推动了新闻出版业的改革和发展。在此，谨向全国的出版科研工作者们表示最诚挚的敬意。

改革开放以来出版理论研究工作取得了巨大的成绩，主要表现在以下几个方面：

在基础理论研究和出版学科建设方面，出版学、编辑学、发行学、出版史学的研究从无到有，从弱到强。10 多年前，不要说出版理论研究著作极为罕见，就是出版理论研究的文章也不多。经过 10 多年坚持不懈的研究，目前，全国已经出版了数种出版学著作，编辑学专著近 50 种，发行学专著10 余种，出版史学专著近 100 种，其他出版研究著作几百种，每年发表的研究文章有 2000 余篇。10 多年前，当人们在谈到出版学、编辑学时，对出

＊　这是于友先同志 1997 年 11 月 21 日在由中国出版工作者协会、中国出版科学研究所、中国编辑学会首次联合召开的"'97 全国出版理论研讨会"上所致的开幕词的主要内容。原载《出版科学》1998 年第 1 期。

版是否有"学"、编辑是否有"学"还争论不休。今天，当人们再谈到出版学、编辑学时，已经侧重于探讨建立、完善出版学、编辑学等的学科体系等问题了。

10多年来，广大的出版研究人员加强了出版的应用理论研究，针对不同阶段出版工作面临的不同问题，开展了广泛的调研工作。如在80年代主要围绕如何缩短出版周期，解决读者买书难等问题进行研究；90年代主要围绕杜绝"买卖书号"、实现新闻出版业的阶段性转移、提高出版的质量、调整产业结构和产品结构、加强出版业的宏观管理，建立适应社会主义市场经济体制的出版体制和管理机制，制定出版的发展战略和对"扫黄打非"等进行研究，取得了一批科研成果。

在出版教育方面，出版科学研究不仅有力地推动了高等院校编辑出版专业的设置，而且使编辑出版专业的专业教材的质量不断提高，目前，全国开设出版、编辑、发行专业的高等院校已有10多所，由新闻出版署编辑出版教材领导小组主持的18部编辑出版专业高等教材即将出齐，为培养大量的高质量的编辑出版人才奠定了基础。

党的十五大是对我国社会主义现代化建设做出跨世纪部署的一次具有重要现实意义和深远历史意义的会议，会议高举邓小平理论的伟大旗帜，在一些重大的理论问题上都有新的突破和新的建树，对于我们做好出版理论研究工作有着重要的指导作用。党的十五大把邓小平理论作为我党的指导思想和旗帜，具有划时代的重大意义。做好新闻出版工作，向人民群众提供更多优秀的精神食粮，对确保邓小平理论成为我国社会主义现代化建设伟大进程中全民族的灵魂和精神支柱有着极为重要的关系。通过我们编辑出版的政治理论读物，为全党和全国人民学习、研究邓小平理论提供了充分的出版支持，充分满足不同层次读者的学习需求，是我们最重要、也是最光荣的任务。出版科研工作要紧紧围绕这项重要的工作任务来展开，为新闻出版工作更好地高举邓小平理论的伟大旗帜提供可资借鉴的理论成果。

在科学技术迅猛发展，综合国力竞争日益加剧，和平与发展成为时代主题的今天，新闻出版工作者担负着为全面提高国民素质提供强有力的出版支持的历史性责任。要通过我们所生产的出版物始终不渝地用邓小平理论武装全党，教育干部和群众；大力加强全民族以思想道德为核心的精神文明建设；更加切实地贯彻"科教兴国"战略。随着我国全面进入小康社会，各类出版物的社会需求和实际消费量将会大幅度增长，出版产业将迎来从未有过的黄金时期，要抓住机遇，加快发展，使出版产业能够以更加健康繁荣发展的姿态去迎接未来更加严峻的挑战。新闻出版工作要完成所承担的历史性任务，并抓住机遇，加快发展，都需要出版理论研究给予更多的关注和更多的支持。

党的十五大的召开为新闻出版业的健康繁荣发展提供了新的发展机遇和加速发展的外部环境，我们必须抓住机遇，乘势而上。要在推进新闻出版业阶段性转移的过程中认真落实"加强管理、优化结构、提高质量"的要求，同时，这也是新闻出版业阶段性转移进一步深化所要达到的基本的也是最重要的目标。

加强管理是党和国家赋予我们的重要职责，是新闻出版工作坚持正确方向和持续发展的重要保证，越是强调发展，越要加强管理。要在不断完善新闻出版法律法规的同时，把新闻出版法制工作的侧重点放在加强行政执法上来；改革从本质上讲是制度创新，而制度创新在很大程度上是要建立一种新的规范，加强管理与建立规范实际上是一个问题的两个方面。

优化结构是当前新闻出版业发展的重要课题。优化结构包括产业结构、产品结构、价格结构、组织结构、投资结构、所有制结构等。要实现结构优化，就要求我们更加自觉地研究和认识新闻出版产业发展的自身规律，把事关新闻出版事业健康繁荣发展的一些带有全局性的问题研究深透，不仅要找到问题的症结所在，还要提出进一步深化改革的思路，切实推进出版体制改革。要通过优化结构，逐步改变新闻出版业实际存在的小而全、大而全，重复建设、效率低下的状况，使出版产业真正实现集约化、集团化和多元化经营。

新闻出版工作始终都要注重质量，反对粗制滥造。新闻出版工作的所有门类、所有环节都有质量的要求，要全面提高质量必须建立科学的质量保障体系，建立健全各种保证机制，同时还需要在全行业形成重视质量、保证质量的意识，使提高出版物的质量成为每个从业人员的自觉行动。

新闻出版业历来是运用高新技术最广泛的行业，今天，先进科技正在深刻地改变着传统出版业的面貌，无论从媒体形态还是产业运营都已经发生了巨大的变化。出版科研工作要密切关注这种发展大势，为新闻出版业更好地运用高新技术提供强有力的理性指导。高新技术的广泛运用也给新闻出版管理工作带来了一些新情况和新问题，简单地沿用管理纸介质出版物的方法已经难以收到预期的成效。要加强在高新技术条件下实施新闻出版管理问题的理论研究工作，提高管理工作的针对性和有效性。

随着我国社会开放程度的进一步扩大，新闻出版业也必将进一步扩大开放。凡是有利于我们坚持正确方向，促进产业发展的先进的管理模式和经营方式都是应该借鉴和学习的。现在一个突出的问题是，我们对国外新闻出版业的基本状况了解不够，掌握资料的准确性和及时性都明显存在问题，进行中外新闻出版业的对比性研究更是一个薄弱的环节。它山之石可以攻玉，这是许多科学工作者所崇奉的名言，出版科研工作当然也应引此为训。

以上所及都应该是当前我们进行出版科研工作的重点问题，希望与会的同志们能够结合学习贯彻党的十五大精神，进行认真地思考和研究。在深入贯彻落实党的十五大精神的同时，加强出版科研工作有着重要的意义。出版科研工作是一项事关出版业持续发展的社会公益性事业，它对出版生产力的发展和出版队伍素质的提高具有重要的作用，因此，出版科学研究工作必须加强，出版科学研究水平也必须提高。加强出版科学研究工作、提高科研水平一是要领导重视，二是要加大投入。新闻出版系统的各级领导要为出版科学研究活动的开展创造必要的条件。开展科学研究，培养和造就高水平的科研人才，没有必要的物质条件不行。加强出版理论研究，用科学的理论来指导新闻出版工作的实践，是一件事半功倍的事情。真切地期望新闻出版行业的学习风气更浓厚一些，研究问题的风气更浓厚一些。

高举邓小平理论的伟大旗帜，
"加强管理，优化结构，提高质量"，
把新闻出版工作全面推向 21 世纪[*]

各位委员：

根据九届全国人大教科文卫委员会的要求，今天，我在这里向各位委员汇报一下新闻出版署的工作。汇报内容主要包括四个方面：一是新闻出版署的基本情况；二是党的十四大以来新闻出版署的主要工作；三是新闻出版署面向 21 世纪的工作思路；最后提两点建议。关于版权工作随后单独汇报。

一、新闻出版署经过今年的机构改革，
职能进一步完善，人员进一步精干，
责任进一步加重

新闻出版署于 1987 年 1 月成立，主要职责是主管全国新闻出版事业。国家版权局于 1985 年 7 月 25 日由国务院批准成立，与新闻出版署为一个机构两块牌子，主管全国著作权管理工作，代表国家处理涉外著作权关系；在著作权管理上，国家版权局对内对外单独行使职权。

（一）机构改革后新闻出版署（国家版权局）的主要职责

今年机构改革后，新闻出版署（国家版权局）的主要职责是：

---

[*] 这是于友先同志 1998 年 9 月 24 日代表新闻出版署向九届全国人大教科文卫委员会工作汇报的主要内容。

1. 起草新闻出版、著作权的法律、法规草案；研究拟定新闻出版业的方针政策；制定新闻出版、著作权管理的规章和重要管理措施，并组织实施和监督检查。

2. 制定新闻出版业的发展规划、宏观调控目标和产业政策并指导实施，参与拟定新闻出版业的经济政策和有关的经济性宏观调节措施。

3. 审批新建出版单位（包括图书出版社、音像出版社、电子出版物出版社、报社、期刊社等），审批出版物（包括图书、报纸、期刊、音像制品、电子出版物等）总发行单位，审批音像制品和电子出版物复制单位，审批报业集团，审批著作权集体管理和涉外代理等机构，核准新闻出版中外合资企业和中外合作企业的设立。

4. 对新闻出版活动（包括出版物的出版、印刷或者复制、发行）实施监督管理；查处违禁出版物和出版、印刷、复制、发行单位的违法违规活动。

5. 监督管理印刷业。

6. 拟定出版物市场宏观调控的政策、法规并指导实施，查处或组织查处非法出版活动和非法出版物；拟定出版物市场"扫黄打非"的方针、政策和计划并指导实施，协调出版物市场"扫黄打非"集中行动和大案要案的查处工作。

7. 负责音像制品的出版、复制管理。

8. 组织、指导教科书、党和国家重要文献及其他重点出版物的出版发行工作。

9. 管理著作权工作，组织查处在全国有重大影响的著作权侵权案件和涉外侵权案件；代表国家处理涉外著作权关系，组织参加著作权的双边或多边条约、协议的谈判、签约和国内情报所履约活动。

10. 负责新闻出版和著作权对外交流与合作的有关工作，管理、协调书报刊和电子出版物的进出口贸易。

11. 负责国家古籍整理出版规划工作。

12. 编制新闻出版业科技发展规划和标准化规划，并指导实施；组织协调新闻出版业科技工作。

13. 编制新闻出版业和著作权管理队伍建设、人才培养规划并指导实施，负责新闻出版业和著作权管理工作全国性表彰和评奖活动。

14. 承办国务院交办的其他事项。

（二）新的"三定"① 方案下新闻出版署机构、编制和职能的变化

按照新的"三定"方案，新闻出版署（国家版权局）职能司（室）从 12 个合并为 9 个，行政编制从 275 人精简为 145 人。署长兼国家版权局局长，副署长 4 名，国家版权局专职副局长 1 名；内设机构正副司长 31 名（含机关党委专职副书记 1 名）。

与 1994 年的"三定"方案相比，有如下变化：

转移的职能有：将进口音像制品的总量、结构和标准的协调工作划归文化部负责；将报纸扩版、减版、增期和期刊开本、刊期等项目变化的审批，内部期刊转化为内部资料的审批和管理，电子出版物制作单位的备案和管理，承接境外一般出版物印制的审批，图书二级批发单位的审批和管理等项职能，下放给省级新闻出版部门。将中国国际标准书号中心的工作，书号、版号和新闻记者证的发放，计算机软件和其他各类作品著作权的登记，涉外音像制品合同的登记，涉外录音录像作品著作权的认证，侵权作品的鉴定，著作权法律咨询服务等职能，分别转移给新闻出版署有关直属事业单位和社会中介组织。

增加的职能有：全国印刷业的监督管理，由新闻出版署统一组织实施；国家古籍整理出版规划工作，划归新闻出版署负责。

二、党的十四大以来，新闻出版工作上了一个新的台阶，新闻出版作为国民经济的新兴产业已具雏形

改革开放以来，在党中央和国务院的领导下，新闻出版署坚持"一手

---

① 见本卷第 103 页注①。

抓繁荣，一手抓管理"，坚决贯彻"控制总量，调整结构，提高质量，增进效益"的工作方针，为新闻出版业的发展打下了坚实的基础。党的十四大以后，新闻出版业紧紧围绕经济建设这个中心，努力实现从扩大规模数量为主向提高质量效益为主的转变，为经济建设和改革开放提供了强大的精神动力和智力支持，新闻出版工作上了一个新的台阶。

（一）为全党全国工作大局服务

近几年来，新闻出版工作始终坚持以经济建设为中心，为两个文明建设创造良好的舆论环境和文化氛围，努力围绕党和国家工作大局来设计、来展开、来推进。新闻出版工作坚持方向，把社会效益放在首位，书、报、刊、音像及电子出版工作基本上没有出现干扰大局、带倾向性的问题。通过"治散治滥"，调整出版结构，加大了管理力度。坚持"扫黄打非"，强化市场监管，出版物市场进一步改观。近5年来，全国共收缴违禁书刊5000多万册、违禁音像制品1200多万盒、违禁电子出版物170多万张，查处地下光盘生产线66条，破获"制黄贩黄"和非法出版的大案要案1400多起。

（二）推进新闻出版业的阶段性转移和事业繁荣、产业发展

1994年，新闻出版署党组在总结经验的基础上，提出了推动新闻出版业实现从以规模数量的增长为主要特征的阶段向以优质高效为主要特征的阶段转移的工作思路，我们通常把它叫作"阶段性转移"[①]。从这几年的实践来看，"阶段性转移"是符合党的十四届五中、六中全会和党的十五大精神的，并已取得显著成效，有力地推动了新闻出版业的繁荣健康发展。1979—1992年的13年间，我国年出版图书品种由17122种增长到92148种，年均增长13.82%，而近5年来图书品种的年均增长率下降到4.13%，出书品种过快增长的势头得到有效抑制；13年间，全国图书销售年均增长17.25%，而近5年来则为40.81%；13年间，全国出版物的总印数和总印张数年均增长分别为3.45%、3.85%，而近5年来分别为3.10%和6.50%；近5年来，图书重版率增长很快，1992年，全国图书重版率为36.90%，

---

① 见本卷第5页注①。

1997 年则达到 44.56%，今年上半年已达到 49.59%；经济效益近 5 年来比前 13 年年均增加了近 3 个百分点。从这些数字综合分析可以看出，新闻出版业正在向"控制总量，调整结构，提高质量，增进效益"的方向发展，"阶段性转移"的工作思路取得了显著成效。

（三）新闻出版法制建设取得重大进展

近 5 年来，我署报请国务院颁布了《音像制品管理条例》《出版管理条例》和《印刷业管理条例》，新闻出版行政管理已经形成基本的法规体系。5 年间，新闻出版署颁布了管理规章 177 件，如《电子出版物管理规定》《出版物印刷管理规定》《内部资料性出版物管理办法》《新闻出版系统内部审计工作规定》《新闻出版企业法定代表人离任审计工作规定》《图书、期刊、音像制品和电子出版物重大选题备案办法》《出版管理行政处罚实施办法》《图书质量保障体系》《新闻出版统计管理办法》等。在总结"二五"普法经验的基础上，全国新闻出版系统"三五"普法工作已全面展开。根据党的十五大提出的要求，行政执法责任制也正在建立过程中。

（四）出版体制改革进一步深化

新闻出版业为适应社会主义市场经济发展的要求，改革管理体制和经营机制，增强了自主经营和自我发展能力。出版单位内部经营管理机制改革取得进展，以人事、分配制度改革为重点，普遍建立了以提高出版物质量为中心的多种形式的目标管理责任制；调整了出版经济政策，为出版产业繁荣健康发展奠定了坚实的基础；发行体制改革已进入了培育和规范全国统一、开放、竞争、有序的大市场阶段，开始对全国性出版物批发体系进行总体布局，进行了组建发行集团的试点，已建立了一批图书批销中心。代理制已在全行业取得广泛共识，专项代理、区域代理和总代理已广泛推行，有力地促进了购销形式的改革。连锁经营正在抓规范、上规模，已逐渐从城市发展到广大农村。发行工作的科技含量不断增加，正在推广实行电脑销售和管理；对外合作出版的水平有所提高，对外交流的力度加大，我国出版物进入国际出版物市场的渠道有所拓宽。"'98 北京国际图书博览会"版权贸易洽谈达 4221 项，其中引进版权 2599 项，输出版权 1575 项，合作出版 47 项，海外图书销售额 233 万美元，都比上届有较大幅度增长，初步改变了引进与输出过于悬殊的状况。

（五）运用高新技术武装新闻出版业的步伐明显加快

全国新闻出版行业信息网络建设工程（简称"金版工程"）开始实施，全国新闻出版管理信息网络系统年底可实现全国联网，全国出版物发行信息网络系统已正式启动，与部分省市实现了远程数据交换。北京、上海、广东三大国家光盘生产基地建设成绩显著，光盘产业中方控股的问题已经得到解决。从光盘生产线的产业布局来看，广东 18 家 64 条，北京 10 家 22 条，上海 3 家 8 条，三地占现有光盘生产线的 78%；目前全国光盘年生产能力近 3 亿张，其中前述三省市生产能力约 2.35 亿张。出版物印刷业基本采用了激光照排，大部分出版社建立了照排系统或采用桌面出版系统，运用计算机进行编辑工作已比较普遍。重点书报刊印刷企业的技术改造已经基本完成，提高了书报刊印刷的科技含量。

（六）顺利完成了"治散治滥"的任务

根据 1996 年 12 月中央和国务院两办通知精神，经过两年时间的治理工作，全国书、报、刊、音像制品出版单位的"治散治滥"任务已大致完成，布局和结构得到了调整优化。到目前为止，共压缩公开报纸 266 种，占报纸总数的 12.7%；压缩公开期刊 429 种，占期刊总数的 5.3%；停办内部报纸 4746 种，占内部报纸总数的 74.0%；停办内部期刊 6165 种，占内部期刊总数的 60.1%。其余内部报纸和期刊将在 1998 年底全部完成转化。在整顿期间，停办撤销了 2 家图书出版社，还有 15 家图书出版单位被停业整顿，查处违禁图书 36 种，撤销不合时宜的选题 956 种。经过整顿，压缩了 3 家音像出版单位，现有的 120 条光盘生产线已被全部纳入管理的轨道。

总体上讲，过去几年的新闻出版工作在党中央领导下，高举邓小平理论伟大旗帜，坚持党的基本路线、基本方针，服从服务于全党全国工作大局，改革不断深化，优秀作品不断涌现，管理力度不断加大，"阶段性转移"不断推进，新闻出版业呈现良好的发展趋势。

三、按照党的十五大精神，把加强管理作为全面加强和改进新闻出版工作的重点，把优化结构作为深化出版体制改革的重点，把提高质量作为推进"阶段性转移"的重点

我国到 2010 年将全面进入小康社会，这意味着我国社会的信息流动量和流动频率将会出现倍增，意味着我国人民对出版物需求量和消费量将会出现倍增，这些情况勾勒出了作为信息传播业的新闻出版工作的历史使命。党的十五大从战略发展的高度提出了"科教兴国"和"提高劳动者素质"的历史性任务。新闻出版工作要为"科教兴国"提供强大的出版支持，包括出版物的支持和出版手段的支持。

在现代社会中，知识经济已成为一种新的经济形态。知识经济时代最重要的资源是知识，而知识的传播与积累都离不开各种出版媒体。可以这样说，如果没有一个功能齐备、体系完善、技术先进、机制灵活的新闻出版业，知识经济就不可能确立和发展起来。以出版产业为主体的传播业，在知识经济时代不仅仅是一种简单的信息载体，对社会经济的全面进步不仅仅是提供服务的功能，也就是说，不仅仅是一种社会支持系统，实际上已经成为一个独立的产业体系。

为此，新闻出版工作必须更上一层楼。党的十五大报告提出："对新闻出版业要加强管理，优化结构，提高质量。"这是对新闻出版工作提出的总要求，这三句话是一个有机的整体，涵盖了社会主义市场经济条件下新闻出版工作的方方面面，既对新闻出版工作提出了明确要求，又指明了努力方向。新闻出版工作无论是抓繁荣，还是抓管理，无论是推进以规模数量为主要特征的阶段向以优质高效为主要特征的阶段转移，还是进一步深化出版体制改革，都要用这三句话来统揽全局、提纲挈领。在今年的全国新闻出版局长会议上，新闻出版署党组明确提出："要把加强管理作为全面加强和改进新闻出版工作的重点，把优化结构作为深化出版体制改革的重点，把提高质量作为推进'阶段性转移'的重点。"下面我分别加以说明：

（一）把加强管理作为全面加强和改进新闻出版工作的重点

加强管理是党和国家赋予新闻出版工作的重要职责，是坚持正确方向的重要保证。新闻出版工作任何时候、任何情况下都必须坚持正确的方向，这是绝对不能动摇或存有疑虑的政治原则；越是强调发展、越是改革开放，越要坚持正确的方向、越要加强管理。在社会主义现代化建设的历史进程中，新闻出版业始终肩负着两方面的任务：一是为经济建设和社会全面进步提供强有力的出版支持；二是保证在社会的转轨变型时期党和国家对社会基本舆论的总体把握或者总体控制。随着社会主义市场经济体制的逐步确立，这两方面的任务不仅越来越重，而且要完成对社会基本舆论的总体控制工作的复杂性和敏感性都大大增加了。目前，我国经过正式批准出版发行的报纸2149 种、期刊 7918 种、图书出版社 565 家、音像出版单位 296 家、电子出版物出版社 41 家；也就是说，正式出版单位有 1 万多家。另有图书音像发行网点 1 万多处，书刊印刷企业 1 万多家。在这次"三定"中，国务院决定将全国印刷行业划归新闻出版部门统一管理，这就意味着要增加对十几万家各类印刷企业的管理。以上三个 1 万多家，虽然由新闻出版署归口管理，但分属不同的部门，分散于不同的地区和不同的层次，而且所有制性质也不尽相同，管理工作十分复杂。书、刊、音像销售网点的流动性很大，出版物一旦进入市场流通，要消除影响就十分困难。尽管面临这些实际困难，但新闻出版部门的同志多年来，始终是尽心尽职工作，不断强化管理，总体上没有给全党全国的工作大局添乱。

党的十四大以来，我们根据中央政治局常委会议 1995 年 7 月 12 日听取新闻出版署党组工作汇报时的明确指示，狠抓了法制建设。这些年来，我们特别注意根据管理工作中出现的各种问题，有针对性地建章立制，基本上形成了一套行之有效的宏观管理机制。今年上半年，为了贯彻"依法治国"方略，加强新闻出版行政执法，推进新闻出版法制建设，我们召开了全国新闻出版法制工作会议，会议决定，今后一个时期要以建立和实行新闻出版行政执法责任制为中心，加强和改进新闻出版行政执法工作。新闻出版署已经下发了《关于建立和实行新闻出版行政执法责任制的意见》，把行政执法的责任书制度、岗位责任制度、评议考核制度、公开制度、监督检查制度、过错责任追究制度等建立并完善起来，切实做到有法必依、执法必严、违法必究。同时，要深入开展普法教育，实施《全国新闻出版系统开展法制宣传教育的第三个五年规划》正在全国展开。在今明两年，全国新闻出版系统主要是深入学习贯彻国务院颁发的三个条例①。同时，深入学习贯彻全国人大和国务院发布的"三法一条例"②，进一步提高依法行政的观念和行政执法的水平。我们将按照"依法治国"的方略，适应新闻出版业管理方式变革的要求，不断增加新闻出版管理部门依法管理的能力。

由于我国现行的新闻出版管理是以"追惩制"和"预防制"相结合的体制，这就要求新闻出版行政管理机关的宏观调控和微观管理都不可偏废。新闻出版管理中大量微观性的工作要做，从切实加强管理的要求出发，要配备与所承担的任务相适应的队伍，并要保证这支队伍的稳定性和具有权威性；也就是说，不仅新闻出版署应当加强并保持稳定，而且各地的新闻出版管理机构也应当加强并保持稳定。地方新闻出版管理机构能否稳定，对于新闻出版工作能否得到切实加强意义非常重大，因此，我们恳切地希望人大教科文卫委员会关注一下地方机构改革中新闻出版管理部门的问题。

（二）把优化结构作为深化出版体制改革的重点

调整结构是深化出版体制改革最重要、最艰巨的任务。要加快对我国出版结构的战略性调整，努力推进出版业的"两个根本性转变"③，把新闻出版工作良好的发展势头保持下去。把优化结构作为深化出版体制改革的重点，主要考虑到目前我们所进行的出版体制改革比较集中地与体制和结构有关。我国的出版体制改革起步较早，从1982年提出进行发行体制改革开始，到现在已有16年。经过改革，出版单位实现了由单纯生产型向生产经营型的转变，经营机制进一步面向市场。但总体上讲，过去的改革还主要集中在经营机制和运行方式的层面上，新闻出版业在发展过程中，集约化程度低、

---

① 三个条例，即上面提到的《音像制品管理条例》《出版管理条例》《印刷业管理条例》。

② "三法一条例"：指《中华人民共和国行政诉讼法》《中华人民共和国行政处罚法》《中华人民共和国国家赔偿法》和《中华人民共和国行政复议条例》。

③ 见本卷第49页注①。

规模经营能力弱等问题越来越突出，在体制和结构层面上暴露出的问题也越来越明显。随着社会主义市场经济体制的逐步建立，我国出版体制存在的弊端正日益显现出来。党的十五大之后，丁关根同志主持召开了新闻出版改革座谈会，明确要扩大报业集团、出版集团和发行集团的改革试点工作；我们也连续召开了局长研讨会、图书出版发行体制改革研讨会和组建报业集团研讨会。在今年的全国新闻出版局长会议上，署党组提出，当前深化出版体制改革，要以提高出版产业的集约化程度为重点，以促进兼并与联合为突破口。

从体制的角度看，当前要把确立出版单位法人主体地位作为一个重要的问题。我国的出版产业集约化程度低，与出版单位及其主管、主办单位之间的法律关系不明确，许多出版单位实际成为行政主管部门的附属，难以自主经营有关。《出版管理条例》明确规定，我国的书、报、刊、音像及电子出版单位"经核准登记后，取得法人资格，以其全部财产独立承担民事责任"。我们要很好地贯彻这一原则，使符合条件的出版单位尽快取得法人资格。考虑到进一步深化改革的需要，出版单位的法人性质也应该多样化，有的可进行事业法人登记，有的也可以进行企业法人登记。凡做了企业法人登记的单位，与主管、主办单位之间，就应该依法明确所有者和经营者之间的责权利关系，主管、主办单位除按《出版管理条例》履行有关职责外，应该让出版单位有更多的自主经营、自我发展的权力。

为了提高出版产业的集约化程度，当前要把组建大型报业集团、出版集团和发行集团试点作为一项重要的工作，使这些集团逐步成为主导市场、引导舆论的中坚力量。在报业集团试点方面，广州日报报业集团已经积累了比较成功和有益的经验，光明日报报业集团、经济日报报业集团、南方日报报业集团、羊城晚报报业集团以及文汇新民联合报业集团试点中宣部和我署已经批准建立。我们准备在我署直属单位以及北京、上海、广东、山东等文化比较发达、出版资源比较丰富的地区组建大型出版集团试点，并依托于这些出版集团组建能够实现跨地区、跨行业、跨所有制经营的大型发行集团试点，广东、上海组建出版集团试点的方案，中宣部和新闻出版署已经听过汇报，对发行集团试点我们将按照股份有限公司的模式来组建，条件成熟的还帮助其实现上市融资。

我署直属单位拥有一批在国际国内很有影响力的老社、大社，是出版界的国家队主力之一。直属单位的改革重点是提高它们的集约化程度，并最终建立中国出版集团总公司，以形成合力，在全国出版界更好地发挥其骨干作用。为此，我们先后进行了4种类型的改革试点工作，包括组建中国美术出版总社、中国印刷总公司、北京中新联光盘有限责任公司和新华书店总店与北京市新闻出版局所属新华外文图书集团进行资本运行、企业重组的试点。

（1）组建中国美术出版总社。我署所属的人民美术出版社、中国连环画出版社、荣宝斋都是在全国乃至国际上有一定影响的专业美术出版单位。目前，这三家出版单位的资产总额12780万元，净资产8171万元，固定资产3795万元；在职职工总数为493人，各类专业技术干部247人。三家出版单位1997年图书出版总数为524种，实现利润总额约1537万元。这三家专业美术出版社虽然都已经形成了自己的出版风格，具有一定的实力，但也存在选题重复、资源浪费等问题，而且三家出版社如果仅按目前的路子发展下去，也很难做大，难以形成相当的规模效益。因此，我们设想以三家美术专业出版社的联合为契机，进行组建出版集团的先行试点。这三家出版社实现重组，可以按照现代企业制度的要求强化统一经营管理，充分发挥整体优势，增加经济实力、扩大规模、调整产业结构、开发新的经济增长点，形成以美术出版、少儿出版和荣宝斋经营的多元化业务结构与经营结构，实现规模效益，按照出版业集约化、产业化的进程，为跨世纪的持续发展创造条件。重建工作现已完成，正按新的机制开始运行。

（2）对中国印刷公司实行归并重组的改革。我署所属中国印刷公司原是承担一定行政管理职能的经营性公司。按照建立现代企业制度的要求进行归并重组的方案已经酝酿了几年，署党组经过慎重研究，今年初开始实施。归并重组后名称为"中国印刷总公司"，实行总公司制。总公司是隶属于新闻出版署的国有全资公司，为自主经营、自负盈亏的独立法人。总公司下设分公司和子公司以及控股的合资公司。总公司现在资产总额5.15亿元，净资产3.55亿元，固定资产3.42亿元，职工人数8000多人，占我署直属单位员工总数的一半左右。中国印刷总公司的发展目标是：经过归并重组改革和"九五"期间的奋斗，到 2000 年，书刊印刷将形成规模效益。主要指标：年销售收入为 2.2 亿元，年利税为 2500 万元，职工收入随经济增长而调整。产品质量争取通过 ISO9000 管理与质量保证系列标准认证。资产资金进入良性循环状态，实现国有资产保值增值。企业在生产规模、设备技术、产品质量、经济效益、职工收入等方面跻身全国印刷行业前列，成为在国内外同行中有影响、有竞争力的现代化企业。

（3）北京中新联光盘有限责任公司是由署直属单位集资兴建的股份有限责任公司，组建这个公司意在进行建立现代企业制度的探索。该公司建立近 1 年来，运转情况良好。

（4）最近，署党组又听取了关于新华书店总店与北京市新闻出版局所属新华外文图书集团进行资本运营、企业重组的汇报。新华书店总店（以下简称总店）是新闻出版署直属的中央一级图书流通企业，是全国大型服务企业之一，现有职工 1200 人，销售、仓储场地 8 万平方米，年物流吞吐能力 10 万吨。1997 年图书（音像）销售 16 亿元，图书代运代发 3 亿元，年利润总额 3050 万元，总资本 5.70 亿元，年末权益资本 2.79 亿元，资本负债率 49.00%，资金结算回款率 90.00%，被金融机构评为 AAA 级信誉等级企业。北京新华外文图书集团（以下简称市店）是隶属北京市新闻出版局的图书（音像）流通企业，由北京市新华书店、外文书店联合组建，现有职工 2800 人，销售、仓储场地 6.85 万平方米，销售网点 110 个。1997 年销售总额 10.34 亿元，利润总额 2881 万元，总资本 5.39 亿元，年末权益资本 2.5 亿元，资本负债率 57.74%（以上数据，不含西单图书大厦、王府井书店及 8 个远郊区（县）级新华书店）。总店和市店有较强的经济实力和较为广阔的发展前途，两店优势可以互联、互补、互通。双方联合，员工近 4000 人，资产总量（包括地产资源）20 多亿元，销售总额超过 30 亿元，利润总额近 5000 万元。两店地处国家政治文化中心，具有丰厚的出版资源和市场优势，与 400 多家出版社和 4000 多户市、县新华书店及非国有书店建立了较为稳定的购销关系。两店既有全国运销网络优势，又有北京市场的销售主导地位。两店的指令性、政策性商品较少，一般图书销售占年销售总额 80.00%。多年来，一般图书的批发零售额居全国发货店和大城市店领先地位。全国出版物信息网、企业网络综合信息系统、配送快运公司、图书批销中心、现代物流中心、连锁零售店、读书俱乐部、网上书店以及西单图书大厦、王府井书店、北京外语音像城等进行有效的企业重组，就能真正实现优势互补、强强联合。

（三）把提高质量作为推进"阶段性转移"的重点

质量是新闻出版工作的生命线。近年来，中央领导同志在谈到出版工作时，总是把质量问题放在十分重要的位置。我们一定要把质量问题贯穿于促繁荣和抓管理的整个工作中去，真正向人民群众提供健康有益、质量上乘的精神食粮。

为提高出版物质量，这几年来采取了一系列措施，制定了《图书质量保障体系》《报纸质量管理标准》《期刊质量管理标准》等一系列规章制度，开展了全国图书质量大检查，开展了图书、报纸、期刊质量评比活动，开展了"治散治滥"工作，为提高队伍素质，开展了岗位培训，实行持证上岗等。这些措施对提高出版物质量都起到了积极促进作用。今后的问题主要是要锲而不舍地抓下去，抓落实。我们将始终把质量问题作为事业发展的首要问题来抓。

在保证质量的基础上，还要抓产业的发展。出版产业发展潜力极大，只要国家给予必要的扶持，其发展前景是非常光明的。由于我们的国家正在全面进入小康社会，知识经济越来越成为社会中占主导地位的经济形态，出版产业的巨大发展潜力正在逐步转换为现实的出版生产力。经过党的十一届三中全会以来 20 年的发展，我国的出版业已经从一个基本上靠国家事业拨款支持的规模很小、品种单一的行业发展成为门类相当齐全、规模迅速扩张的产业。据统计，1997 年，出版产业的销售收入达 1115.6 亿元，已具备一定实力。中国社会科学院制定的《小康社会指标体系及 2000 年目标的综合评阶》中，把出版物的人均消费量作为进入小康社会的重要指标之一，其中，到 2000 年，我国的图书人均消费量要达到 7 册，每千人每天拥有报纸量要达到 75 份。1997 年我国人均图书消费已达到 5.9 册，每千人每天拥有报纸已达到 64 份。这说明，我国出版物消费量增长的潜力还很大。从西方国家的发展经验看，当一个国家进入小康社会后，出版物的消费量也会出现剧增。一般来讲，出版物的消费量和人均占有量，是一个国家现代化程度的重要标志。一个国家越发达，出版物的人均占有量和消费量就越高。我国的出版物消费量总体上讲，还处于很低的水平。就拿报纸的消费量来讲，根据联合国教科文组织的统计，1995 年每千人每天拥有报纸量，日本为 576 份、英国为 351 份、美国为 228 份；一些发展中国家 1995 年每千人每天拥有报纸量，蒙古为 88 份、泰国为 48 份、巴基斯坦为 21 份、印尼为 20 份，连越南也有 8 份；而我国 1995 年每千人每天拥有报纸仅为 59.6 份。要加快我国出版产业的发展，就需要国家给予大力的扶持。首先是在制定国民经济总体发展规划的时候，要把出版产业的发展规划纳入重点发展规划，从国家的角度，提出扶持发展的产业政策和保障措施。这些年来，国家在财政、税收等方面给了出版产业极大的支持，中发〔1996〕9 号文件更是集中体现了党中央、国务院扶持和发展新闻出版事业的要求。我们希望，一方面各地区、各有关部门要很好地贯彻落实 9 号文件的精神，另一方面在"十五"期间能够继续执行这些优惠政策。请人大教科文卫委员会给予关注。

四、两点建议

（一）建议尽快对非法出版犯罪行为的惩处做出新的司法解释

当前，非法出版活动日益猖獗，盗版、盗印活动呈进一步蔓延趋势，假冒、伪称出版单位出版的畅销书、辞书、工具书和中小学教辅用书也较前增多，充斥市场。这些非法出版物不仅印制粗糙、错漏百出，有的还夹杂有反动、淫秽色情、凶杀暴力、封建迷信等违禁内容。非法出版物的泛滥，不仅严重扰乱了出版物市场的正常秩序，而且其无形中造成的影响会危害青少年健康成长、危害"科教兴国"战略的实施、损害国家形象、破坏社会安定。特别值得注意的是，自 1997 年 5 月以来，各地陆续发现并查缴了一大批政治性非法出版物。这些政治性非法出版物制造政治谣言，妄测中国政局；攻击我党和国家领导人，攻击党的十五大和我国的现行政策；鼓吹"两个中国""一中一台"，分裂中国……政治影响极为恶劣。据了解，许多政治性非法出版物有境外反动组织和敌对势力的支持，有明显的政治目的。各地普遍认为，制作、销售政治性非法出版物活动屡禁不绝，除了印制销售非法出版物有暴利可图外，很重要的原因就在于查处这类案件目前缺乏明确的法律依据。

1997 年 10 月 1 日开始实施的新《中华人民共和国刑法》（后简称《刑法》），取消了"反革命罪"，在"危害国家安全罪"一章及其他章节中分别规定了煽动颠覆国家政权罪、侮辱罪、诽谤罪、煽动民族仇恨、民族歧视罪、出版歧视侮辱少数民族作品罪、泄露国家秘密罪，这些罪名对于打击出版领域的犯罪活动都是适用的。但是，在实践中很难对印制、销售含有其他禁载内容的非法出版物和其他非法出版活动进行定罪处罚。原来非法出版活动以"投机倒把罪"论处，新《刑法》取消了"投机倒把罪"，把它分解为若干罪名，但对非法出版活动没有做出相应的处罚规定。根据新《刑法》确定的"罪刑法定"原则，在打击非法出版活动方面形成了空档，不法分子钻法律空子，肆无忌惮地大搞非法出版活动。

为此，我们建议：①促成有关"司法解释"尽快出台，以应各地"扫黄打非"工作之急需；②除印刷、销售政治性非法出版物活动外，应把经营数额巨大、情节严重、社会影响恶劣的非法出版活动纳入刑事打击的范畴；③请司法部门抓几个非法出版典型案例，运用新《刑法》进行判决，以典型判例指导各地的工作。

（二）建议将《新闻法》《出版法》列入九届全国人大常委会五年立法规划

新闻出版署自 1987 年成立以来，按照中央的要求一直抓紧《新闻法》《出版法》的起草工作。七届、八届全国人大常委会都将"两法"列入五年立法规划，八届全国人大常委会第十次会议还曾对国务院提交的《出版法（草案）》进行了审议。由于条件还不十分成熟，国务院依法撤回议案，并于 1997 年 1 月颁布施行《出版管理条例》。考虑到"两法"涉及宪法规定的保障公民新闻出版自由权利的重要内容；同时，新闻出版管理在社会主义市场经济条件下出现了一些新的矛盾和问题，急需通过法律予以规范。因此，建议将《新闻法》《出版法》列入九届全国人大常委会五年立法规划。

以上汇报，请各位委员批评指正。

加强新闻出版统计工作，为加快出版产业化做出应有的贡献 *

新闻出版统计工作十分重要，下面，我就两个方面的问题讲一些意见：

一、要从出版产业发展的战略高度认识新闻出版统计工作的重要性

统计有三大功能：①进行统计调查和统计分析；②提供统计信息和统计咨询；③实行统计监督。统计是国家最基本的职能之一，是管理国家的重要手段和治理国家的基础工作，是认识社会的有力武器。统计对于正确决策、科学治国、保证国家机器的正常运转有着极为重要的影响和作用。

人类社会的统计活动有着几千年的悠久历史，在中国可以上溯到殷、周时代，在国外可以追溯到古埃及、古希腊、古罗马。进入近代社会后，随着产业革命和社会化大生产的发展，统计对国家的治理起着越来越重要的作用。改革开放以来，随着社会主义市场经济的确立，我国的经济实力、综合国力大大提高，社会生产力迅猛发展，社会生产方式发生了极大的变化。国内艰巨复杂的深化改革和国际上变幻莫测的激烈竞争，对国家的治理提出了更高的标准和要求。搞市场经济，就要按市场经济的规律办事，就要靠科学的预测、决策和科学的管理，就要学会用经济头脑去认识问题、分析问题和解决问题。统计数据是经济运行的晴雨表，通过它可以研究国家经济运行的

　＊　这是于友先同志 1998 年 11 月 28 日在全国新闻出版统计工作会议上讲话的主要内容。

态势、特点和原因，国家依据它可以确定和调整一段时期内的经济政策，引导国民经济健康发展。统计数据是否及时、准确、规范、科学，会直接影响到国家经济运行的方向和进程。

去年亚洲金融危机发生后，我国政府通过采取一系列重大的货币、财政等宏观调控政策和金融管理体制的深层次改革，有效地解决了经济中的薄弱环节，化解了国外金融危机的冲击，保证了我国经济的持续稳定发展，提高了我国在国际上的威望和地位，受到了世界各国的高度评价。这些举世公认的成绩的取得，与统计的贡献是密不可分的。

新闻出版统计是国家统计的一个重要组成部分，是了解我国新闻出版业发展状况和发展趋势的主要手段，新闻出版统计数据是国家制订调整各项新闻出版政策、调整新闻出版产业结构和产品结构的基本依据。新闻出版统计工作的好坏，对我国新闻出版业的发展有着重要的影响和不容忽视的作用。

我国新闻出版统计有着 49 年的光荣历史。几十年来，在各级组织和领导的大力支持帮助下，经过几代统计工作者的艰苦奋斗，新闻出版统计由小到大、由少到全，获得了很大的发展。从中华人民共和国成立初期单纯的图书出版统计，发展到今天包括图书、报纸、期刊、音像制品的出版统计，出版物国内发行统计、出版物进出口统计、书刊印刷统计、印刷物资供销统计、新闻出版企事业单位财务状况与经营成果统计等几乎覆盖了整个新闻出版行业的全方位统计。现在，全国每年近 500 万个统计数据，对各级管理部门和新闻出版企事业单位的科学管理与决策发挥了重要作用。

1994 年以来，在署党组做出的推进新闻出版业实现从以规模数量为主要特征的阶段向以段质高效为主要特征的阶段转移，也就是"阶段性转移"①，以及近年来确立新闻出版产业的地位，推进新闻出版业的结构和布局调整，"治散治滥"乃至对出版关键环节的调控等一系列重大决策中，新闻出版统计数据都是不可缺少的重要依据。几年的统计数据表明，推进"阶段性转移"和实施"精品战略"以来，各级管理部门和出版单位，注意

---

① 见本卷第 5 页注①。

总结经验，狠抓"双效"① 优秀图书选题的开发，使全国图书品种增长速度明显放慢，图书新版、重版结构逐步趋于合理，图书定价增长大幅度下降，为出版业的持续健康发展打下了良好基础。1997 年全国出版图书总品种的增长幅度比 1996 年下降了 4.8 个百分点，重印图书品种增长幅度比新版图书高出 4.3 个百分点，1997 年重版率为 44.6%，今年上半年重版率高达49.6%，创中华人民共和国成立以来最高水平；1997 年全国图书定价平均增长 6.3%，增长幅度比 1996 年下降了 18.7 个百分点，远远低于当年城镇居民人均收入 17.9%的增长幅度，1998 年上半年全国图书定价平均增长幅度比 1997 年又下降了 2.4 倍。以上数据充分证明，新闻出版署党组对新闻出版业长期发展所做出的战略决策是正确的，出版业正步入了一个良性循环的发展道路。

今年上半年，部分同志根据市场上的一些局部现象，主观臆断全国图书市场出现"疲软"，根据图书发行统计数据显示，上半年，全国图书发行系统实现总销售 303 亿元，同比增长 8.9%；实现统销售 151 亿元，同比增长9.3%，纯销售比上半年全国社会消费品零售总额增长幅度（6.8%）高出了2.5 个百分点。在图书定价增长大幅度回落的情况下，全国图书销售仍保持了 9.0%左右的增长速度，充分显示了我国图书市场的巨大潜力。事实证明，如果要说疲软的话，那些选题平庸、质次价高的图书才会疲软，而那些适应社会经济、政治、科学、文化发展需要并为广大人民群众所喜爱、适销对路的优秀图书是永远都不会疲软的。当前，知识经济初露端倪，我国社会经济、科技、教育、文化迅速发展，加之 12 亿之众的人口和亟待开发的广阔农村市场，我国新闻出版产业面临的并不是什么疲软，而是如何抓住这极为珍贵的历史机遇，加快发展、壮大的问题。在这些事关我国新闻出版业长期发展大局的重大问题上，正是因为有了关键的统计数据，才使我们能够比较准确地把握全局态势，比较客观地分析判断，较为科学地做出决策和选择。

要从出版业战略发展的高度来认识新闻出版统计工作的重要性。党的十

---

① "双效"，即社会效益和经济效益。

四大以来，新闻版署党组根据党中央、国务院的一系列战略部署，提出了"阶段性转移"的工作思路。经过 5 年多来的发展，取得了显著的成绩。面临跨世纪的发展，新闻出版业的阶段性转移不仅没有结束，而且需要向纵深发展。除了要继续完成体制转轨和增长转型的任务外，跨世纪新闻出版业的阶段性转移要研究如何完成由传统出版业向现代出版产业的转变，这就要求我们加快出版的产业化步伐。我国出版业至今仍然带有较为浓厚的计划经济痕迹，如地区间产业结构趋同、投融资功能很弱、投入产出率低、各项行业发展的数据统计和利用水平较低、多种媒体的综合经营能力不高、出版服务业的市场化不发达等等，都表明我国的出版业在很大程度上仍然属于传统出版的范畴，我们一定要抓住机遇，加速实现由传统出版向现代出版的转变。

在由传统出版向现代出版转变，加快出版产业化步伐的过程中，新闻出版统计工作担负着非常重要的使命。首先，新闻出版统计工作要加快自身的现代化步伐，提高运用高新技术，特别是通信技术、信息技术和数字技术发展的成果，加快运用计算机处理统计数据、利用网络传输统计数据。其次，为加快出版的产业化步伐提供强有力的统计支持和统计服务，也是新闻出版统计工作的重要任务。要特别注意对有关数据进行综合研究和分析，为各级领导的决策不仅要提供翔实的统计资料，而且还应提供有研究、有分析的出版产业发展的预测性报告。出版业的一些领导同志不太重视经济数据，不下功夫研究市场动态，是一个很要命的弊病。要改变这种状况，需要各级领导同志提高认识，同时也需要新闻出版统计工作者的艰苦努力，为领导机关提供及时有效的统计服务，同志们确实是任重而道远。

二、要适应出版产业化的要求，进一步 加强新闻出版统计工作

近年来，在党的方针、路线指引下，在党和国家优惠政策扶持下，经过广大新闻出版工作者的艰苦奋斗，新闻出版业的规模和经济实力迅速扩大。到 1997 年底，全国新闻出版业的总资产达到 1058.9 亿元，国有资产达到 520.5 亿元，1997 年共实现销售收入 1115.6 亿元，利润总额达 96.8 亿元。

现在，在不少地区，新闻出版业已经成了当地的利税大户，被当作了本地的朝阳产业、支柱产业、新的经济增长点。这些事实雄辩地证明，我国新闻出版业正在成为国民经济中的一个重要产业部门，并在国民经济的发展当中，发挥着越来越重要的作用。

各级领导同志务必明白，产业的运作是有其内在规律的。要加快新闻出版业的资本积累过程，要进一步促进新闻出版业的健康发展，使其能够成为我们国家的朝阳产业、支柱产业，就必须按照社会主义市场经济的规律办事，就必须符合社会主义精神文明建设的要求，就必须按照出版业自身的发展规律办事，就必须从以前习惯的定性管理向量化管理转变，学会运用统计数据来分析、研究、指导我们的工作，就必须增强管理、决策的科学性和前瞻性。这既是社会主义事业发展的客观要求，又是对我们每一位领导同志新的考验。

为了贯彻落实好党的十五大提出的"对新闻出版业要加强管理，优化结构，提高质量"的总要求，各级管理部门要尽快转变职能，加强政府的宏观管理工作，努力为新闻出版产业的发展创造良好的外部环境和条件。而要做好这一切，统计是必不可少的重要基础工作。没有可靠的统计，我们的管理就不可能做到"胸中有数"，我们的工作就不可能做到"有的放矢"。各级领导，一定要充分认识统计工作的极端重要性，尽快转变观念，把新闻出版统计工作当作大事、当作重要的基本建设来抓，抓紧、抓好、抓出成效。

这次大会，对我们过去所做的工作、取得的经验和存在的问题，进行了比较客观的分析与总结。正像计财司的工作报告中所说，几年来，我国新闻出版统计工作在建章立制、加强统计手段现代化建设，扩大统计范围以及深入开展统计分析研究，充分发挥统计咨询和统计监督职能等方面，取得了显著的进步和成果。各地区、各单位根据改革发展的新形势、新特点，充分发挥主观能动性，努力探索搞好新闻出版统计工作的规律和方法，也创造了很多先进经验。例如昨天大会介绍的：湖南省局领导高度重视、支持统计工作，依靠省统计局加大统计执法力度，提高统计数据上报率和准确性的经验；辽宁省大力推进统计网络建设，提高统计手段现代化的经验；河南省注意发挥各业务处室的作用，共同搞好统计工作的经验；浙江省加强统计分析，充分发挥统计在政府宏观管理工作中的经验以及江苏省加强新闻出版统计规章制度建设，提高统计工作质量和水平的经验。这些经验，具有很强的代表性，是对实践的很好总结。我们要把这些先进经验推广开来，使其在全国各地开花结果。

尽管新闻出版统计工作取得了一些成绩，但从产业发展的要求来看，也还存在着一些不容忽视的问题，主要是：

第一，部分领导同志对统计工作不够重视，对统计工作的重要性缺乏认识，存在着统计只是为了应付上级、是软指标的错误观念；他们对统计人员的工作条件、学习、职称待遇以及工作中所遇到的问题缺乏足够的关心和支持，对统计数据不认真进行审查把关、研究分析，使统计工作人员不安心、队伍不稳定，使统计在管理工作中难以发挥应有的作用。

第二，少数地区规章制度不健全、管理不到位、对统计工作中出现的违法、违规现象不敢严格执法，至今还存在着拒报，屡次迟报、错报统计报表以及虚报、瞒报统计数据的严重问题，处于有法不依、无章可循的落后局面。

第三，统计范围和统计指标体系适应不了社会主义市场经济和新闻出版产业发展的需要，还不能准确、全面地反映整个新闻出版产业的实际状况。近几年来，集、个体书店（摊）的发展很快，但由于没有集、个体书店（摊）的统计资料，对各级政府准确掌握新闻出版产业的总体情况，加强宏观管理与调控，促进新闻出版产业各种经济成分的共同发展造成了困难。

各级新闻出版部门的领导同志要正视工作中存在的问题，有针对性地改进和加强新闻出版统计工作，满足各级政府宏观管理的需要，促进新闻出版产业的发展。

20世纪就要过去，新的世纪充满了挑战与机遇。在这世纪之交的时刻，我们要审时度势，抓住机遇，努力加强新闻出版统计工作，全面提高统计数据的及时性、准确性、规范性、科学性，以高质量、高水准的统计工作成果，为我国新闻出版产业的改革、发展服务。当前，新闻出版统计工作的主要目标和要求有以下几点：

一是要对新闻出版统计工作加强监督管理，并积极给予支持和保障。各级领导一定要提高对统计工作重要性的认识，按照《中华人民共和国统计法》的要求，"依法"负起对统计工作的监督与管理责任，积极解决统计工作中遇到的困难和问题，关心统计人员的工作、学习和待遇；从人力、物力和财力上为新闻出版统计要做的发展提供必要的条件和保障。

二是要加强新闻出版统计队伍建设，提高其业务素质。统计工作的关键是统计队伍。没有一支工作安心、相对稳定和高素质的统计队伍，新闻出版统计工作是不可能搞得好的。各地区在明年的机构改革中，统计队伍不仅不能削弱，还要根据统计工作的发展要求，适当加强统计力量。要采取一定的方式，搞好统计人员的业务、文化知识培训和思想教育，尽快建立一支高素质的、能够适应事业发展要求的统计队伍。

三是要加强法制建设，强化依法统计。坚持和实行依法统计，推进统计工作的法制化，就是要在统计工作的各个环节和各个方面，坚持和实行依法管理，就是要做到有法可依、有法必依、执法必严、违法必究。为此，各地区、各单位一定要在1999年底前，建立和完善有关新闻出版统计的规章制度，采取各种措施广泛进行宣传，在实际工作中严格检查执行。

四是要完善统计指标体系，确保规范科学。统计指标体系，直接影响到统计数据的规范性和科学性。署计财司要在国家统计局的指导下，加强对现行统计报表制度的修订和完善工作，加快制定版权贸易和管理、出版物和各类印刷物资设备进出口、印刷物资供销以及集、个体书店（摊）出版物发行的正式统计报表制度，努力实现全方位的新闻出版行业统计。各地区要根据实际情况，充分发挥积极主动性，尽快探索出对集、个体书店（摊）进行统计的切实有效的方法，为国家宏观管理决策提供翔实可靠的统计资料。

五是运用统计信息，实现科学决策。正像统计学是一门通用的方法论科学一样，统计本身也只是一种手段而不是目的，统计只有真正发挥了其信息咨询和统计监督的职能才有意义。要鼓励各级统计部门和广大统计工作人员积极开展统计数据的分析研究，加强对新闻出版产业运行状态的监测，及时发现问题、查找原因、提出解决办法、预测发展方向和趋势，为各级领导和管理部门的管理、决策当好参谋助手，为我国新闻出版产业的持续健康发展保驾护航。

以党的十五大精神为指针，"加强管理，优化结构，提高质量"，为新闻出版业跨世纪发展奠定坚实基础*

这次全国新闻出版局长会议，主要是安排部署今年的工作，同时，大家一起来回顾总结新闻出版业改革开放 20 年的历程，并对新闻出版业跨世纪的发展进行初步的探讨。

李岚清同志对这次会议非常关心重视，我们专门向他做了汇报。岚清同志对开好这次会议以及对新闻出版业的改革发展做了极其重要的指示，明天下午还要与同志们座谈。这是这次会议的一个十分重要的内容，我们要认真学习领会，努力开创新闻出版工作的新局面。

下面我讲几点意见。

一、新闻出版业改革开放 20 年的回顾

党的十一届三中全会，是我党我国历史上的一个重大转折。20 年来，我们党团结和带领全国各族人民，在邓小平理论和党的基本路线的指引下，团结一心，艰苦奋斗，进行改革开放和社会主义现代化建设，取得了丰硕的成果，并积累了丰富的经验。在这 20 年中，我国的新闻出版业规模不断扩大，效益不断提高，综合实力不断增强，显示出强劲的发展势头，为全党全国的工作大局服务，为社会主义物质文明和精神文明建设做出了积极贡献。

---

* 这是于友先同志 1999 年 1 月 25 日在全国新闻出版局长工作会议上所做的工作报告。

（一）改革开放 20 年出版业重点工作回顾

党的十一届三中全会恢复和发展了我们党"解放思想，实事求是"的思想路线，使全党和全国工作重点转移到了以经济建设为中心的轨道上来，这是新闻出版战线拨乱反正的强大思想武器，给在"文化大革命"中遭受严重破坏的新闻出版业带来了生机。

1978 年 12 月，在江西庐山召开了少儿读物出版工作座谈会。这是一次思想解放的会议，在当时它的影响超出了少儿读物出版工作，甚至超出了出版界。随后，经党中央和国务院批准，动用了印《毛泽东选集》的储备纸，集中力量重印了 35 种中外文学名著，并出版了一大批广大读者亟须的各种读物，缓解了 10 年浩劫所造成的严重"书荒"，对文化界的解放思想也产生了积极影响。

1979 年 12 月，在长沙召开的全国出版工作座谈会，是新时期我国出版史上的一次重要会议。会议在党的十一届三中全会精神的指引下，解放思想，实事求是，调整地方出版社工作方针，大大解放了出版生产力，为出版业的发展做出了历史性贡献。从那以后，地方出版社"立足本省，面向全国"，大踏步地向前发展，在全国的出版总格局中发挥着越来越重要的作用。

1983 年 6 月，中共中央、国务院做出了《关于加强出版工作的决定》（以下简称《决定》），确定了新时期出版工作的性质、任务和指导方针，出版工作从以"阶级斗争为纲"转到以经济建设为中心的正确轨道上来。《决定》第一次明确提出了出版工作首先要注意社会效果，同时要注意经济效果，并对发展出版事业提出了一系列重要措施。直到今天，《决定》所确立的基本原则和指导方针仍对出版业的发展有着重要的指导意义。

1984 年 6 月，地方出版社工作会议在哈尔滨召开。这次会议在中国出版的改革史上也留下了浓墨重彩的一笔。会议明确提出，出版单位要由单纯生产型逐步转变为生产经营型，同时提出要适当地扩大出版单位的自主权，出版单位要实行岗位责任制。这次会议，不但促进了地方出版工作的迅速发展，而且对整个出版改革都产生了深远影响。

1988 年 4 月，中宣部和新闻出版署联合发出有关出版社和发行体制改革的文件，明确要求：在发展社会主义有计划的商品经济的条件下，必须改革政企不分，统得过死，出版单位缺乏自主权、缺乏活力的旧体制。在出版社推行社长负责制和多种形式的责任制，并根据贡献大小拉开分配差距。图书发行体制改革也由"一主三多一少"① 阶段延伸到"三放一联"② 阶段。

1992 年邓小平同志视察南方谈话发表以后，出版部门进一步解放思想，"一手抓繁荣，一手抓管理"，加快了出版体制改革的步伐，加大了促繁荣的力度。党的十四大明确提出了建立社会主义市场经济体制的目标，根据这一精神，出版业把建立符合社会主义精神文明建设需要、适应社会主义市场经济体制、反映出版业自身发展规律的新的出版体制作为这一发展时期改革的主题。根据这一要求，在大量调查研究的基础上，新闻出版署党组在1994 年初提出了推动我国新闻出版业实现从以规模数量增长为主要特征的阶段向以优质高效为主要特征的阶段转移的工作思路。这一工作思路得到了全国广大出版工作者的认同和支持，并得到了中央的肯定。这一"阶段性转移"③ 的工作思路，完全符合中央关于实现"两个根本性转变"④ 的要求。从提出"阶段性转移"至今，出版业的发展提高到了一个新的水平。

1995 年初，中共中央政治局常委听取了新闻出版署党组的工作汇报，为新闻出版业的改革发展指明了方向。同年 4 月，中共中央办公厅、国务院办公厅转发了新闻出版署党组《关于进一步加强和改进出版工作的报告》，对社会主义市场经济条件下出版工作的基本思路和原则，深化改革、繁荣出版的具体目标和措施，都做了明确的阐述。全国新闻出版系统认真贯彻落实中央领导的指示和中共中央办公厅、国务院办公厅文件精神，努力根据中央的要求，设计、开展工作，使新闻出版业出现了新的面貌。

经过 20 年的改革开放，特别是实施"阶段性转移"以来，我国的新闻出版业取得了长足的发展：

——新闻出版法制建设取得了突破性的进展。《中华人民共和国著作权

---

① 见本卷第 24 页注①。
② 见本卷第 88 页注②。
③ 见本卷第 5 页注①。
④ 见本卷第 49 页注①。

法》的实施，使著作权人和出版单位的权益得到了有力保障。《新闻法》《出版法》的起草工作进行了重要准备。国务院先后颁布了《音像制品管理条例》《出版管理条例》《印刷业管理条例》，新闻出版署先后制定颁布了一系列管理规章和规范性文件，仅党的十四大以来就有180多件，新闻出版业的诸多环节，管理行为的各个方面都有明确的规范，使新闻出版业的发展有了一个比较健全和良好的法制环境。

——新闻出版持续繁荣发展。通过实施"精品战略"带动全面繁荣，新版《毛泽东选集》、《邓小平文选》（一至三卷）、《列宁全集》中文第二版、《中国大百科全书》、《汉语大词典》、《中国美术全集》、《乾隆版大藏经》、《中国历史地图集》、《中国农业百科全书》、《机械工程手册》、《中国政治通史》、《韬奋全集》、《齐白石全集》等一批具有很高政治思想价值、文化积累价值和实用价值的优秀图书相继问世，一批在舆论导向上发挥重要作用的报刊，社会影响越来越广泛，新闻出版业呈现出繁荣景象。1998年与1978年相比较，图书品种从1.5万种增长到13万种，图书再版率从20.7%增长到44.0%，图书总印数从37.7亿册增长到72.7亿册，总印张从135.4亿印张增长到377.6亿印张；报纸品种从186种到1902种，总印数从127.8亿份到287.6亿份；期刊品种从930种到7999种，总印数从7.6亿册到24.9亿册。音像电子出版从无到有，1997年全国共出版各种录音制品1.1万种、1.5亿盒（亿张），出版各种录像制品1.2万种、5734万盒（万张），特别是《"九五"国家重点图书出版规划》《"九五"国家重点音像制品出版规划》和《"九五"国家重点电子出版物出版规划》以及"中国儿童动画出版工程"（"5155工程"）①、经营管理"百好报纸""百刊工程"和"社刊工程"的实施，标志着我国的新闻出版事业进入了精心设计、优化结构、整体推进、硕果累累的新阶段。

——新闻出版管理得到了有效加强。坚持"一手抓繁荣，一手抓管理"，通过"定思路，抓导向，立规矩，建机制"，新闻出版管理工作正在逐步由被动转为主动，无论是对出版动态的分析和预测，还是在处理复杂问

---

① 见本卷第228页注②。

题时对"度"的把握上，都有了显著的进步，形成了一些行之有效的管理"路数"。到今年，"扫黄打非"工作开展 10 周年，"扫黄打非"集中行动开展 5 年，大得人心、深得人心，已成为党和政府为广大人民群众办的实事之一。仅前 4 次集中行动，共收缴违法书刊 2932.4 万册，非法音像制品、电子出版物 3582.7 万张（其中政治性非法出版物 32.6 万件，淫秽色情出版物 275.5 万件），盗版光盘 2000 余万张，取缔非法光盘生产线 79 条。

——新闻出版体制改革不断深入。图书发行体制改革已进入建立全国统一、开放、竞争、有序大市场的阶段；出版单位在继续深化"三项制度改革"① 的同时，正在围绕确立法人制度，重视资产、资金和资本运营，通过兼并与联合实现不均衡发展，增强多种媒体综合经营能力等方面深化改革。由于各项改革措施的逐步到位，我国新闻出版业正在酝酿着深刻的整合。

——新闻出版业运用高新技术的能力明显增强。计算机已经广泛运用于书报刊的出版之中；书报刊印刷已告别了铅与火；许多新华书店已经运用计算机管理和销售，网上书店的发展迅速，特别是在发展纸介质出版物的同时，磁、光、电媒体的出版物在我国快速发展，呈现出很强的后发优势。

——新闻出版队伍建设成绩明显。已初步形成了激励人才成长的有效机制，岗位培训、持证上岗已经成为加强出版管理的重要措施之一，崇尚知识、尊重人才、鼓励学习、树立榜样，已成为出版队伍建设的新特征。1995 年以来，共举办岗位培训班 530 期，培训了领导干部 21702 人。5 届"韬奋出版奖"共评出获奖者 52 人，2 届"百佳出版工作者"评选共评出获奖者 200 人，3 届优秀中青年编辑评选共评出获奖者 254 人。

——出版生产力得到了空前的解放，出版产业的经济规模呈现出快速增长的态势。全国新闻出版行业的总利润 1997 年已达 96 亿元，总资产已达 1059 亿元，年销售收入已达 1116 亿元。

（二）1998 年新闻出版业的重点工作回顾

我们再来回顾一下 1998 年的工作。去年我们提出的工作目标是：在党中央领导下，高举邓小平理论的伟大旗帜，按照党的十五大精神，把加强管

---

① 见本卷第 7 页注①。

理作为全面加强和改进新闻出版工作的重点，把优化结构作为深化出版体制改革的重点，把提高质量作为推进"阶段性转移"的重点，解放思想、实事求是、抓住机遇、开拓进取，继续保持和发展新闻出版工作良好的态势。纵观去年全年的工作，这一目标基本达到了：

1. 贯彻落实中央《关于全党深入学习邓小平理论的通知》精神，掀起邓小平理论学习新高潮，抓了邓小平理论学习、研究图书的出版。为了抓重点并推动面上工作，新闻出版署又重点组织"邓小平理论书系"的出版工作。该书系由 23 家出版社的 42 种选题组成，目前已出版 13 种，发排 16 种，其他书稿大部分已进入出版社编辑加工阶段，4 月份可以全部完成。

2. 抗洪救灾保课本，大灾之年，全国范围内仍然做到了中小学教材"课前到书，人手一册"。我署向全国新闻出版系统发出了"课前到书、爱心捐助、人手一册"的倡议。据统计，接受办理了 2338 家海内外新闻出版单位和个人捐款，共计人民币 3314 万元，日元 55 万元。这些捐款已及时分配给受灾较重的省份。许多出版社、报刊社、新华书店、印刷厂踊跃捐款，令人感动。在此，我代表党组向大家表示深深的敬意。同时还出版了宣传中央关于抗洪救灾的重大决策、弘扬伟大抗洪精神、帮助灾区人民防病防疫的图书、图片、画册近百种，受到了灾区群众的欢迎。

3. 为迎接中华人民共和国成立 50 周年，从 211 家出版社的 694 个选题中，确定了 100 个重点选题。在音像制品方面，重点抓了"新中国舞台、影视艺术精品选"系列光盘和大型系列多媒体光盘《辉煌五十年》。

4. 继续深化出版改革，积极推动集约化、集团化的进程。去年我们批准成立了羊城晚报、南方日报、光明日报、经济日报以及文汇新民联合报业集团，加上广州日报报业集团，目前国内已有 6 家报业集团。批准成立江苏、广东、四川 3 个发行集团和上海、广东 2 个出版集团。署直属的中国美术出版总社和中国印刷总公司已开始按新体制运行，同时为组建中国出版集团做了大量前期准备工作。

5. 为纪念改革开放 20 周年，从全国 58 家出版社的 152 个选题中，确定了 30 个有关的重点选题，去年底已基本出齐。同时，还与中国出版工作者协会联合召开了中国出版改革 20 年研讨会。

6. 完成了机构改革的任务。经过这次定岗分流，署机关公务员队伍的素质有了较大提高，年龄结构、学历结构、专业结构都有了明显改善，为机关转变职能、改进工作作风、提高工作效率创造了条件。

7. 在全国出版社年检的过程中，评出 129 家良好出版社，并在此基础上与中宣部一起，评出 14 家优秀出版社（连同第一、第二两批总计 45 家）。这些优秀出版社在抓繁荣、抓管理的工作中起了带头、榜样作用。

8. 纪念周恩来同志百年诞辰，协调全国近 40 家出版社安排了 70 多种有关出版物；纪念刘少奇同志百年诞辰，协调全国近 20 家出版社安排了 40 多种有关出版物。同时还出版了一批纪念其他老一辈无产阶级革命家的有关出版物。

9. 新闻出版法制建设取得新进展。召开了全国新闻出版法制工作会议，颁发了《关于建立和实行新闻出版行政执法责任制的意见》等规范性文件。最高人民法院去年底正式出台了《关于审理非法出版物刑事案件具体应用法律若干问题的解释》，这一"司法解释"出台，既应了今年"扫黄打非"集中行动之急需，又为今后"扫黄打非"和管理工作提供了有力的法律武器。

10. "扫黄打非"成果显著。仅在去年全国"扫黄打非"集中行动中，据不完全统计，全国就收缴政治性非法出版物近百种、40 多万册，收缴走私光盘和非法音像制品 2260 多万盘，查处案件 2147 起，取缔非法出版物集散地 846 个，挖出非法光盘生产线 3 条。

（三）新闻出版业发展应坚持的大政方针

我国新闻出版业改革开放 20 年的实践，积累了十分丰富而又宝贵的经验，应当认真加以总结，从中找出带普遍性和规律性的东西，为新闻出版业跨世纪的发展提供借鉴。我们初步总结如下七点，供大家参考，希望各省局、各出版单位结合自己的情况，加以总结。

1. 坚持为全党全国大局服务。新闻出版工作要高高举起邓小平理论的伟大旗帜，始终不忘崇高使命，在政治上、思想上与党中央保持高度一致，坚持以经济建设为中心，严格遵循党和国家的大政方针、治国方略，与广大人民群众保持血肉联系，与伟大时代同呼吸、共命运、心连心，坚持正确的政治方向和舆论导向。

2. 坚持以社会效益为最高准则，力求社会效益和经济效益相统一。新闻出版工作，既要遵循精神文明建设的要求，又要遵循经济规律、市场法则，这是新闻出版工作的特殊性。在社会主义市场经济条件下，要逐步提高驾驭两个效益的能力，坚持以社会效益为最高准则，坚决反对忽视社会效益、片面追求经济效益的不良倾向，使新闻出版工作在物质文明和精神文明建设中充分发挥作用。

3. 坚持"重在建设"的方针，把抓繁荣作为永恒的主题。在抓出版繁荣中，要正确处理数量和质量的关系。出版物多样化，出版物品种、总量的增长，都要以质量为前提。建立出版物质量保障体系，严格控制出版物总量过快增长，优化出版物结构，实施精品战略，才能推出一批又一批高质量的优秀出版物，满足广大人民群众日益增长的精神文化需求。

4. 坚持加强法制建设。为了保证新闻出版业的繁荣健康发展，必须加强法制建设，把加强管理放在十分重要的位置。越是改革开放，越不能信马由缰，越要加强管理，这是新时期新闻出版业发展的重要特征。面对出版活动的社会化和管理对象的复杂化，面对出现的新情况和新问题，要建立健全新闻出版法规体系，充分运用法律的、行政的和经济的诸种管理手段，确保新闻出版工作的正确方向。

5. 坚持以改革促发展。深化改革是新闻出版业发展的根本动力。我国的新闻出版业传统的计划经济色彩比较浓重，在社会主义市场经济条件下，不改革就没有出路、不改革就不可能发展、不改革就不能有效地为经济建设服务。新闻出版改革既要遵循物质产品生产的规律，又要遵循精神产品生产的规律，推进和深化新闻出版改革，难度大、情况复杂，所以既要积极又要稳妥。

6. 坚持把提高队伍素质作为新闻出版繁荣发展的根本措施。努力提高新闻出版队伍素质，是实现新闻出版业繁荣健康发展的根本措施。要重视人才培养，改善群体结构，要坚持实施从业资格和持证上岗制度，要采取多种方式进行岗位培训，要十分重视新闻出版队伍政治素质、业务素质和职业道德水准的提高。

7. 坚持"发展才是硬道理"。抓住机遇，发展壮大社会主义新闻出版业，是今后一个时期的战略任务。社会主义现代化建设的发展，要求新闻出版业有一个大的发展。社会主义市场经济为新闻出版业遵循自身规律发展壮大开辟了广阔的天地，高新技术在新闻出版业的广泛应用，使出版物的媒体形态更加丰富、技术手段更加先进。知识经济时代的到来，要求新闻出版业发挥更大作用，新闻出版业发展前景广阔。

二、"一手抓繁荣，一手抓管理"，以优异成绩迎接中华人民共和国成立 50 周年

中央强调指出，1999 年是我们国家历史发展进程中具有特殊意义的一年。今年我们将隆重庆祝共和国诞生 50 周年，我国政府将恢复对澳门行使主权，纪念五四运动 80 周年，迎接新的世纪。同时，我们必须清醒地看到，我国改革进入攻坚阶段，发展进入关键时期，人民内部矛盾更加错综复杂，需要多做正面引导、多做解疑释惑工作；国内外敌对势力从来没有放弃过他们的图谋，"西化""分化"在新的形势下有可能出现新的表现形式和特点。因此，做好维护社会稳定的工作十分重要。

1999 年新闻出版工作的总体目标和工作思路是：在党中央领导下，高举邓小平理论伟大旗帜，继续深入贯彻落实党的十五大和十五届三中全会精神，服从服务于全党全国工作大局；以改革的精神，全面贯彻落实"加强管理，优化结构，提高质量"三句话的要求，改革管理体制，调整和优化出版结构，改革运行方式，把跨世纪的新闻出版工作提高到一个新的水平。今年工作总的要求是：高举旗帜、深化改革，加强管理、服务大局，优化结构、发展产业，提高质量、增进效益。大力开拓农村出版物市场，加大行业整合力度，加快产业发展步伐，以优异的成绩迎接中华人民共和国成立 50 周年。

（一）围绕中华人民共和国成立 50 周年大庆，营造团结奋进、昂扬向上的良好氛围，抓繁荣，出精品

抓繁荣，出精品，是新闻出版工作永恒的主题。今年抓繁荣工作要突出

重点，抓好"重头戏"。

1. 1998 年，新闻出版署在全国 211 家出版社所报的迎接中华人民共和国成立 50 周年的 694 个选题中，精选出 100 个选题，作为重点工程。各地要督促有关出版单位抓紧落实和实施，力争全部项目在今年国庆节以前完成。

2. 为全面系统地反映 50 年来我国舞台、影视艺术方面取得的辉煌成就，会同中宣部等有关部门正在组织出版"新中国舞台、影视艺术精品选"系列光盘。这套光盘总共 500 部，包括电影、电视剧、戏剧、音乐、舞蹈、曲艺、杂技 7 大艺术门类，要督促承担此项任务的音像出版单位严格按要求，精心制作，在今年 8 月底全部出齐。迎接中华人民共和国成立 50 周年的 100 个音像、电子出版物重点选题，要抓紧落实，保证质量。

3. 大型系列多媒体光盘《辉煌五十年》同样是向国庆献礼的国家重点出版工程。计划各省、自治区、直辖市分别编制 1 张。去年我署下发了《〈辉煌五十年〉编制出版方案》，希望各地按照此方案要求，如期完成任务。

4. 促进西藏与内地的合作出版，做好 26 个援助西藏图书项目的组织、协调与出版工作，抓紧实施完成。这是非常有意义的一件事，这种合作形式，受到了中宣部、中央统战部、国家民委、国务院新闻办等有关方面的高度评价。我们要再接再厉，在合作的实践中巩固提高。我们还在大家的支持下，筹集建立了少数民族出版基金，今年要启动这个基金，资助出版一批优秀少数民族图书。

5. 在国庆节前夕，各方面都要全力支持办好第十届全国书市，要支持办好第八届北京国际音像电子博览会，把出版繁荣工作推向高潮。

6. 要认真总结、借鉴 1997 年迎接香港回归、1998 年纪念改革开放 20 周年重点图书出版工作的经验，根据中央提出的要求，抓好今年纪念五四运动 80 周年、迎接澳门回归祖国等重点选题的出版工作。

7. 抓好《"九五"国家重点图书出版规划》和《"九五"国家重点音像制品出版规划》的实施工作，按要求完成规划任务。巩固报纸、期刊"治散治滥"的成果，继续优化结构，进一步做好"治散治滥"工作。

8. 认真做好评奖工作。现在出版物的品种众多，做好评奖工作可以使其中最好、最优秀、最具代表性的出版物"脱颖而出"，在出版和阅读上起到导向作用。今年要开展第四届"国家图书奖"的评选工作和第七届"五个一工程"的参评工作；举办首届"国家期刊奖"，评比第二届"全国百种重点社科期刊"；评选"全国优秀音像出版单位"和第六届全国优秀科技音像制品，举办全国优秀电子出版物的评选活动。

（二）围绕今年全党全国工作大局，进一步加强依法管理，为确保社会政治稳定服务

服务大局与谋求自身发展，一直是署党组多年来部署新闻出版工作的主线。沿着这条主线，我们在实践中对社会主义初级阶段新闻出版工作的基本规律和基本特征的认识有所提高，驾驭新闻出版工作、服务大局的知识、经验和本领不断增强。今年，我们一定要经受住各种考验，为确保社会政治稳定的大局服务，创造新业绩、积累新经验。

在新闻出版工作的全局中，要坚持"加强管理"的原则不动摇，坚持依法行政、严格执法的要求不动摇，坚持服务大局的职责不动摇，坚持正确的政治方向不动摇，坚持党和国家关于新闻出版工作的方针政策不动摇。

要加强出版物市场的日常监督管理。对出版物市场上出现的可能引发事端、影响政治稳定的情况，要及时掌握、果断处置；对出现的带倾向性的问题，要头脑清醒，依法采取有效措施，及时处理，确保不干扰党和国家的工作大局。出版单位要严格履行重大选题备案制度，严格执行"三审制"。管理部门要加强对各类重大选题计划的审核工作，提高对重大选题的宏观分析和调控能力。要高度重视对涉及重大内容出版物的审读工作，随时掌握动态，及时发现问题，尽可能把"事故"消灭在萌芽状态。要进一步加强出版物进口管理，对进口境外政治性出版物要特别注意审读把关。抓好图书出版单位的年检工作，对一些出现问题又没有很好解决问题的出版单位要进行整顿，进一步严格出版秩序，规范出版行为。要努力做到把严格执行各种管理制度、发挥各种管理机制的作用、掌握各种管理技巧有机地统一起来，突出一个"严"字，把握一个"稳"字。

要把加强管理与促进管理方式的变革结合起来。党的十五大明确提出"依法治国"是党领导人民治理国家的基本方略，把坚持党的领导、发扬人民民主、严格依法办事统一起来，从指导思想上实现了执政党领导方式和国家政权运作方式的根本转变。《音像制品管理条例》《出版管理条例》《印刷业管理条例》等法规相继颁布施行，是对新闻出版业管理方式的重大变革。要继续认真贯彻这三个条例以及新出台的《关于审理非法出版物刑事案件具体应用法律若干问题的解释》，并做好与这三个条例相关规章的修订工作。《出版管理条例》确定的出版单位主管主办负责制，是目前情况下新闻出版管理的必要手段。随着出版改革的不断深化，出现了一些新情况和新问题，对此，我们正在认真研究。在没有新的规定之前，仍要严格按《出版管理条例》的规定执行，任何主管、主办单位都不能擅自放弃责任。要继续以推行新闻出版行政执法责任制为中心，加强和改进行政执法工作。

（三）按照中央要求，进一步加大"扫黄打非"工作力度

"扫黄打非"工作不断深入，成效显著。这项工作在服务大局、净化社会风气、保护知识产权等方面都起到了积极作用，受到社会各界的普遍好评和广大群众的欢迎，在国际上也产生了良好反响。但是，由于"制黄""贩黄"和非法出版活动有着复杂的国际国内原因，有敌对势力颠覆破坏的政治背景，有暴利可图的经济诱因，非法出版活动依然十分严重，出版物市场的形势不容乐观，特别是在今年，有效打击"制黄""贩黄"和非法出版活动，更有特殊的意义。要以党的十五大关于"一手抓繁荣，一手抓管理，促进文化市场健康发展"的要求为指针，针对出版物市场出现的新情况、新问题，坚持不懈地开展"扫黄打非"斗争，加大查处大案要案的力度，加大打击政治性非法出版物的力度，加大整顿印刷企业的力度。认真组织实施中共中央办公厅、国务院办公厅转发的《中宣部、中央政法委、新闻出版署关于1999年上半年"扫黄打非"集中行动方案》，落实4项任务，打好两个战役，确保集中行动阶段性目标的实观。今年是"扫黄打非"工作开展10周年，要组织召开全国"扫黄打非"理论研讨会，把"扫黄打非"工作提高到一个新的阶段。

（四）落实党的十五届三中全会精神，大力开拓农村市场，在为"三农"服务中寻求新发展

1998年10月，党的十五届三中全会做出了《中共中央关于农业和农村工作若干重大问题的决定》（后简称《决定》），明确提出了新形势下农业和农村工作的发展目标和基本方针，对农村经济、政治、文化建设做出了全面部署和重大决定。这是党中央着眼于国内外经济、社会发展的大局做出的战略部署，为农业和农村工作跨世纪发展掀开了新的一页。新闻出版部门要认真学习宣传、深入贯彻落实这个《决定》，大力开拓农村出版物市场，在为"三农"服务中寻求新发展。

为"三农"服务是新闻出版部门的政治责任。农村的发展关系建设有中国特色社会主义全局，新闻出版工作要响应党中央的伟大号召，从战略高度自觉为科技兴农和农村社会主义精神文明建设提供强大的精神动力和智力支持，把新闻出版工作的重心向农村转移，为9亿农村人口提供健康有益、质量上乘的精神食粮，很好地满足他们的精神文化需求，支持他们更快地提高科学文化素质。

开拓农村出版物市场也是新闻出版业自身发展的需要。农村人均图书购买力虽然低于城市，但近年来农民图书消费占农民消费比例却高于城市，说明了农村出版物市场的潜在优势。随着农村经济新的发展、农村人口文化知识水平的提高和农村小城镇的发展，农村出版物市场这块"蛋糕"将会越做越大，这对出版工作来说也是一种机遇。我们要把握住这一大趋势，依托农业发展战略，开拓进取，在农村广阔的市场空间中发展壮大。

开拓农村出版物市场，要有扎扎实实的措施，要做认认真真的工作；要以改革的精神，打破旧框框，推行新办法。所有措施和政策，只要有利于农村经济社会健康发展，有利于开拓农村出版物市场，都可以去探索。许多地方已经在这方面积累了经验。面向农村的出版物应该是低价位、通俗易懂，要使农民买得起、读得懂、用得上。在这方面，金盾出版社、中国农业出版社等都创造了很好的经验。新闻出版署决定在年内搞一次"全国农民群众最欢迎的出版物"评选活动，以推动出版工作为农村服务。

开拓农村出版物市场的关键在县级新华书店。我国目前近3000个县级书店，县书店门市部一般只有3000种左右上架品种，每年出版的大部分图书根本没有与9亿农民见面的机会，这是农村图书发行的瓶颈。但是，目前许多县级新华书店在物业上、资金上、仓储上、管理手段上都还没有能力接纳更多的品种进行品种规模经营，从而既无法满足农村读者对出版物多元化、个性化的需求，县新华书店也难以发展。我们应该全力支持建设好县级新华书店，把它作为农村发行的桥头堡。同时也要继续重视加强县以下网点的建设。如果全国有1/3的县级书店上架品种增加到1万种左右，对我国的出版物市场无疑是个巨大的拓展。

新闻出版署今年将投入很大力量，对开拓农村出版物市场做深入的调查研究，摸清农村图书出版发行的状况、问题和农村对出版物需求的新变化，研究提出改进和加强农村图书出版发行工作的意见和措施。在此基础上，与中宣部联合召开农村图书出版发行工作会议，明确今后农村图书出版工作的指导思想、目标和措施，并制定为期3年的全国农村读物出版规划，全面推动农村读物的出版发行工作。当前要贯彻中宣部、新闻出版署等11个部门联合发出的《关于开展文化、科技、卫生"三下乡"活动的通知》精神，深入开展"送书下乡、服务三农"活动，并结合中华人民共和国成立50周年，组织一次向农村及边远地区赠书和促销活动，以此为契机，开拓农村出版物市场。今年的第十届全国书市将继续举办农村书市；今年还将与全国供销合作总社联合召开农村图书发行经验交流会暨表彰会，以总结经验、表彰先进。另外还要召开农村报刊工作座谈会，研究进一步扩大面向农村的报刊出版发行问题。随着这些措施的落实，农村出版物市场可望有一个新的景象。

三、以优化结构为重点，深化改革，开拓进取，把"阶段性转移"提高到一个新的水平

1994年初，署党组根据党的十四大精神和党中央、国务院的一系列战略部署，结合新闻出版业的发展状况，提出了"阶段性转移"的工作思路。经过5年来的发展，取得了显著的成效，据年度快报统计，1998年全国共

出版新版书约 7 万种，重印书约 6 万种，重版率 44.0%，总印数 72.7 亿册，总印张 377.6 亿印张。与 1994 年相比，新版书品种增长了 7.2%，重版率提高了 10.7 个百分点，总印数增长了 21.0%，总印张增长了 27.1%。1998 年全国出版期刊 7692 种，总印数 24.9 亿册，总印张 76.7 亿印张；与 1994 年相比，期刊种数增长了 9.2%，总印数增长了 12.8%，总印张增长了 20.0%。1998 年全国新闻出版系统内的企事业单位实现销售收入 615.6 亿元，实现利润 44.6 亿元，销售利润率达 7.2%，与 1994 年相比，利润增加了 32 亿元，增长幅度达 254.0%。1998 年在国际金融危机的影响不断加剧，国内遭遇历史罕见特大洪涝灾害等不利情况下，利润比 1997 年又增加了 7.6 亿元，增长 20.5%，销售利润率比 1997 年提高了 1.4 个百分点。5 年来，新闻出版业的经济实力迅速增强，经济效益显著提高，为社会主义物质文明和精神文明建设服务奠定了较坚实的物质基础，发挥了越来越重要的作用。

署党组提出"阶段性转移"的工作思路以后，就曾经着手制定"阶段性转移"的目标体系，并在 1996 年的新闻出版局长会议上讨论过。由于对目标体系的构成和目标体系的设定上还不够成熟，没有形成正式文件。实施"阶段性转移"虽然取得了显著成效，但是形势在发展，我们的认识在实践中不断提高，新闻出版业自身的发展也提出了新的要求，目前在"阶段性转移"方面还只是取得了阶段性成果。面对即将到来的 21 世纪，我国新闻出版业的阶段性转移不仅没有结束，而且需要向更高的阶段发展。除了要继续控制总量，提高质量外，以优化结构为重点，加速向现代出版产业的转变，是今后一个时期深化改革，推进新闻出版产业发展的重要目标之一。

（一）加大新闻出版体制的改革力度，大力推进新闻出版业战略性整合

随着改革的深入和新闻出版业的快速发展，出版体制方面结构性的弊端日益显露出来。受计划体制影响，全国各地区、各部门出版机构的设置趋同，使得重复出版的问题很难解决，造成资源严重浪费；出版物市场分割，影响效益的提高；新闻出版单位集约化程度低，规模经营难以形成，投入产出率不高。这些问题的存在就很难适应社会化大生产和社会主义市场经济的基本规律，不利于新闻出版业的更快发展。解决这些问题的关键就在于优化

结构，对新闻出版业实行战略性整合。

所谓"整合"，就是要对不适应建立社会主义市场经济体制的产业结构、组织结构、生产布局结构等进行战略性调整和重组，提高新闻出版业的集约化程度，扩大规模经营。当前，新闻出版业的整合主要是两个方面：一是对新闻出版单位的整合。这几年新闻出版业的"治散治滥"工作，整顿了一些管理不善、重复建设、社会效益和经济效益都不理想的新闻出版单位。通过这次治理整顿，正式报纸精减了 300 种，正式期刊精减了 443 种，这实际上也就是对新闻出版业的一种整合方式。最近我们推行的报业集团、出版集团、发行集团的试点工作，也是一种整合办法。通过兼并、联合，组建既有规模又有实力的大型、特大型新闻出版实体，实行资产重组，实现资源的有效配置、优势互补，增强竞争力，提高规模效益。二是对出版物市场的整合。建立和培育全国统一开放、竞争有序的出版物大市场，是社会主义市场经济的基本要求，也是新闻出版产业持续发展的关键。整合就是用经济的、法律的、行政的手段来打破地区封锁、部门垄断，防止地方保护主义，实行跨地区经营，形成统一开放、竞争有序的出版物市场体系。这一方面可以提高新闻出版业的规模效益和竞争实力，另一方面可以形成主导市场、引导舆论的中坚力量，推进我国新闻出版产业的健康发展。

（二）理顺管理体制，提高管理水平

多年来，我们虽然在新闻出版管理体制改革方面进行了积极的探索和尝试，并且取得了一些进展。但是出版单位与其主管主办单位之间的关系，政府机关经办出版单位参与市场竞争等方面的问题，在新形势下都需要认真研究。新闻出版单位目前管理体制的形成有其历史原因，对新闻出版业的发展也曾发挥了重要作用。但在社会主义市场经济日臻完善的今天，大家都感到这种体制越来越不适应。由于政企不分，不利于新闻出版单位积极性的发挥，不利于出版单位内部改革的进程，经营管理粗放，影响两个效益①的提高；由于政府部门直接办出版单位，利益保护，行政摊派，管理不到位的情

---

① 见本卷第 31 页注①。

况较普遍，管理效能得不到充分发挥。我们要按照党的十五大精神，继续解放思想、转变观念，认真研究社会主义市场经济规律和新闻出版业的特点，探索建立既不同于外国，也不同于一般企业的有中国特色的社会主义新闻出版管理体制。这个问题比较复杂，解决起来有相当难度，但解决这个问题又越来越紧迫。因此，我们要遵照中央提出的要求，统一思想、坚定信心、抓住机遇、知难而进。只有建立起符合社会主义精神文明建设要求和社会主义市场经济规律的管理体制和运行机制，才能增强新闻出版单位参与市场竞争的能力，在社会主义市场经济体制下更快发展。

（三）调整产品结构，拓展新兴媒体市场

出版物结构是体现新闻出版工作为人民服务、为社会主义服务的重要因素。目前，在我国出版物结构中，教材、教辅所占比重过大是一个现实问题。出版教材是我们的神圣职责，是为实施"科教兴国"战略方针提供出版支持的重要体现，今后要继续按照《出版管理条例》赋予的职责全力以赴做好。从出版物结构角度考虑，从新闻出版业的长远发展考虑，要十分重视把一般图书的出版发行搞上去，使教材教辅读物在出版物中占适当比例。当前要特别重视开发新兴媒体出版物市场。随着电子、信息、计算机等科学技术的进步，在西方发达国家，音像、电子出版物每年以10%到20%的速度增长，可见发展潜力之巨大。因此，我们的出版单位必须认清发展趋势，调整产品结构，加大对多种新兴媒体的开发和综合经营的投入，使它成为新闻出版业新的经济增长点。

一般图书的出版也有个结构问题。目前重复出版的问题较为严重，有的中外古典名著已有几十个版本，有的名人文集变着花样出，效果并不好；大而无当的书不少，一搞就是几卷、十几卷，投入很多，价值不大。关系稿、为评职称的应急作品还时有出版，而有些很有价值的学术著作、科技图书却很难安排出版。这些问题不解决，出版物的整体质量就提不高，我们所追求的两个效益统一的目标就难以实现。

（四）加紧实施新闻出版业跨世纪人才工程，优化人才结构

市场的竞争，说到底是人才的竞争。这一点在知识经济的条件下，将显得更为突出。当前，新闻出版业人才结构存在着两个方面的缺陷：一是在各

级领导干部中缺少真正懂经济、会经营、善管理的人才，直接影响到出版单位经营管理水平的提高。二是缺少既懂新闻出版专业，又能熟练掌握现代高科技知识和技能的复合型人才。现代新闻出版产业必须，也只有和现代高科技紧密结合起来，才能获得更大的发展，这已经成为不争的事实。由于缺少这种复合型人才，使得我国新闻出版业在向多种媒体拓展，提高生产、管理现代科技手段的应用方面步履维艰，跟不上国际发展的水平。因此，必须加紧开展新闻出版业跨世纪人才工程的工作，培养大批优秀的经营管理人才和复合型人才，提高出版单位的经营管理水平，努力使新闻出版业适应现代高新技术的发展。

这些年来，大家对这个问题的认识在提高，各项措施都在逐步落实到位，岗位培训、职业技术教育、持证上岗等已见成效，要坚持下去，要不断总结提高，使新闻出版从业人员的人才结构尽快适应新闻出版业发展的需要。

随着改革的不断深入发展，改革的难度和风险将会越来越大，新闻出版的各级领导干部必须高度重视，亲自抓好新闻出版体制改革工作。要组织力量，深入实际，调查研究，广泛听取各方面的意见和建议，审慎提出方案。体制改革方面的有些重要问题，还将在今年首届全国新闻出版经济工作会议上进一步进行深入研究和讨论。

四、加强学习，统一思想，为新闻
出版业跨世纪发展而努力奋斗

加强学习是实现党的十五大确定的跨世纪发展目标的必然要求，具有深远历史意义和重大现实意义。新闻出版工作要为全党全国工作大局服务好，要把充满希望、充满朝气的新闻出版业全面推向 21 世纪，就必须在新闻出版战线掀起学习高潮，大兴学习之风。

我们的学习应当是全面的、系统的。首先要学习马克思列宁主义、毛泽东思想，特别是要用邓小平理论武装自己，用党的十五大精神指导工作，同时要努力用人类社会创造的一切知识来丰富和提高自己。在认真学习哲学、政治学、经济学、法学、历史学、文学艺术和科学技术等方面知识的同时，

要注重学习反映当代世界政治、经济、文化发展的各种新知识。当前，还要自觉开展以"讲学习、讲政治、讲正气"为主要内容的党性党风教育，努力使自己成为一名忠诚于马克思主义、坚持走有中国特色社会主义道路、有历史使命感和现实责任感、让党和人民放心的合格的新闻出版业的领导者和工作者。这次会议之后，我们要立即着手策划出版一大批丰富多彩的读物，以满足高级干部、一般干部以及一般读者的学习需求，为全国的学习提供强有力的出版支持。

我们的学习应当与工作实践相结合。不断深化新闻出版改革，建设有中国特色的社会主义新闻出版事业，是一个复杂的系统工程，是一项长期的艰巨任务，改革每前进一步，都牵涉到上下左右、方方面面，都影响着新闻出版业的现实和未来。因此，我们仅仅有改革的勇气还不够，必须要有学识、有才能。要理论联系实际，把所学的知识运用到新闻出版工作实践中去，特别是运用到出版改革的实践中去，解决各种实际问题，攻克各种难点问题，以推动事业不断发展。

我们的学习应当同思考我国新闻出版业的长远发展相联系。我国出版业书写了古代近两千年灿烂的历史，凭着古老传统的滋养和西方文明的启迪，以张元济开办商务印书馆为先驱，我国近代出版业经历了艰难曲折的发展历程。今天，面临新世纪，新闻出版业作为产业的发展势头越来越明显，可以预言，我国新闻出版业在 21 世纪初、在 2010 年乃至更长时间里的大发展，取决于用产业的思路来重新塑造自身。要通过学习，放开眼界，为发展新闻出版产业多思多想、献计献策。

要做好今年的工作，我想特别强调几点：

1. 认清形势，统一思想，确立正确的工作方针和重点。认清形势，才能明确自己的任务、明确自己的位置、明确自己的职责。要把我们的思想统一到中央对于形势和任务、机遇与挑战、困难与有利条件的科学分析上来，增强政治意识、大局意识、责任意识，增强政治鉴别力和政治敏感性，善于用政治家的眼光观察形势，分析问题，大事面前不糊涂，关键时刻不动摇，始终保持政治上的清醒和坚定，兢兢业业地工作，努力为改革开放和现代化建设提供良好的舆论环境和有力的思想保证。

2. 大力抓繁荣，唱响主旋律，努力为吉庆活动营造昂扬向上的氛围。抓繁荣要胸中有全局。胸中有全局，抓繁荣才能有正确的方向，胸中有全局，才能在抓繁荣中唱响主旋律。我们要鼓实劲，要拿出一大批表现主旋律的高质量的优秀作品来，使"永恒的主题"在今年更具特色、更见成效，以实际行动迎接中华人民共和国成立50周年。

3. 加强行政管理，掌握市场动态，打好主动仗。管理工作是我们的重要职责，做好管理工作要有紧迫感和责任感，要保持旺盛的工作热情和进取精神；要抓宏观、抓导向、抓方针政策，抓调研、抓信息，见微知著、未雨绸缪，审时度势、因势利导；要突出重点、抓住关键、精心部署，把问题想在前面，把工作做在前面；要区分轻重缓急，注意工作方法，综合运用经济、法律、行政手段，该管的管住，该急的则急、该缓的则缓。只有这样，才能打好主动仗。

4. 继续深入开展报刊"治散治滥"工作。治理工作虽然取得了阶段性成果，但是，散、滥问题还没有从根本上解决，从总体上说，报刊还是太多，优化结构、调整布局的工作还有待进一步加强，治理工作任务还很重。今年对符合条件的报刊将逐步审批，但必须坚持"一个前提，两个挂钩"。"一个前提"是指省里必须要有压缩公开报刊空出来的指标；"两个挂钩"是指要跟优化报刊结构挂钩，跟全省内部报刊转化的实际情况挂钩。对治理任务没有完成的省份，先不审批。对因严重违规被撤销的刊号，不再留在省里，撤一个少一个。

5. 加大执法力度，严格政治纪律、宣传纪律，确保舆论导向。搞好新闻出版管理工作把握舆论导向至关重要，今年尤其要高度重视，特别是对事关政治方向、重大原则的问题，要旗帜鲜明、分清是非，不能听之任之。对各类出版物的审核一定要关口前移，把好关口，丝毫不能出问题。要严格遵守宣传纪律，不能把错误东西炒热，更不能让错误的东西干扰大局。有关法规和规章，都要严格执行。该管住的要管住，对不听招呼的出版单位和个人要做出处理。

6. 整顿印刷企业。印刷企业特别是小型印刷企业数量严重失控、疏于管理，是当前政治性非法出版物和书刊盗版活动、伪造票证活动屡禁不止的重要原因，要按国务院办公厅《关于进一步加强对有关出版物管理的通知》（国办发电〔1998〕252号）和新闻出版署、公安部、国家工商行政管理局《关于对全国印刷企业进行全面清理整顿的通知》（新出联〔1998〕30号）的有关要求，对全国印刷业进行一次全面清理整顿。各省、自治区、直辖市新闻出版、公安和工商部门要联合组成工作小组，负责本地区的清理整顿工作。要坚决取缔无证照的印刷厂、点，严肃查处违法违规印刷行为，依法追究犯罪印刷行为的刑事责任。所有印刷企业都要重新核证、登记，下决心大幅度压缩不符合条件和低水平重复建立的印刷企业。要通过整顿和压缩，达到控制总量、优化结构、规范经营，促进印刷企业健康发展的目的。

7. 坚持解放思想、实事求是，以改革促发展，为新闻出版业跨世纪发展奠定基础。要正确处理改革、发展、稳定的关系。稳定是压倒一切的，改革、发展都要服从稳定。推进改革要从实际出发，积极稳妥地进行。

8. 加大力度、标本兼治，进一步推动反腐败斗争的深入开展。认真贯彻十五届中纪委三次全会和国务院廉政工作会议精神，坚定不移地开展党风廉政建设和反腐败斗争。狠抓党风廉政建设责任制的落实，加大责任追究力度。坚决查处各种大案要案，把查处违反政治纪律的案件放在首要位置。要继续纠正行业不正之风，坚决查处"买卖书号、刊号、版号"行为，有效制止"有偿新闻"。

在新的一年里，我们必须更加紧密地团结在党中央周围，高举邓小平理论伟大旗帜，认真贯彻党的十五大精神，统一思想、坚定信心，抓住机遇、知难而进，团结一致、艰苦奋斗。大力弘扬新闻出版工作者无私奉献的优良传统，扎扎实实地把各项工作推向前进，为新闻出版业跨世纪发展而努力奋斗。

实现出版业跨世纪的良性发展[*]

中国出版产业经过改革开放 20 年的健康繁荣发展，正处在世纪之交的重要时期。如何实现我国出版业跨世纪的良性发展，是我们面临的一个重要课题。

跨世纪的新闻出版工作要继续深入贯彻党的十五大精神，把完成党的十五大提出的各项任务作为工作的重点和中心。党的十五大对新闻出版工作明确提出了"加强管理，优化结构，提高质量"的总要求，这"三句话"的总要求是一个有机的整体，涵盖了在大力发展社会主义市场经济的历史条件下新闻出版工作的方方面面。既是对新闻出版工作的明确要求，也是新闻出版业努力的方向；既指明了新闻出版工作的工作方法，也是新闻出版业的工作目标。只要我们认真贯彻落实"三句话"的总要求，就一定能把跨世纪的新闻出版工作提高到一个新的水平。党的十五大之后，国家新闻出版署党组就明确提出："要把加强管理作为全面加强和改进新闻出版工作的重点，把优化结构作为深化出版体制改革的重点，把提高质量作为推进'阶段性转移'① 的重点。"我们要用改革的精神来贯彻落实"三句话"的总要求，改革管理体制、改革出版结构、改革运行方式。

加强管理，在新闻出版工作的全局中有着十分重要的作用。在社会主义现代化建设的整个历史进程中，新闻出版工作始终承担着两个方面的重要任务：一是为经济建设、改革开放和我国社会的全面进步提供强大的出版支

---

*　此篇原载《人民日报》1999 年 4 月 8 日。

①　见本卷第 5 页注①。

持，为提高国民素质提供强大的精神动力和智力支持；二是要保证党和国家在社会转变时期对社会基本舆论的总体把握，为保持社会政治稳定提供良好的思想保证和舆论环境。随着高新技术的发展和出版活动越来越社会化，新闻出版管理工作所面临的工作环境和对象也越来越复杂。要做好新闻出版管理工作，必须高举邓小平理论伟大旗帜，贯彻落实党中央的战略部署，同时需要每个从事新闻出版管理工作的同志具有高度的政治责任感和政治敏感性，运用法律的、行政的和经济的诸种管理手段，严格执行各项管理制度，如重大选题备案制度等，切实加强管理，把事故消灭在萌芽状态，确保正确的出版方向和正确的舆论导向。

把优化结构作为深化出版体制改革的重点，切中了现阶段出版体制改革主要是进行结构整合之题。整合就是要对不适应发展社会主义市场经济要求的出版结构进行战略性调整和重新组合。我国出版体制存在的弊端主要是结构性的弊端。从宏观结构上讲，各地区、各部门出版机构布局的同构性造成了日益严重的贸易壁垒，使得低水平的重复出版、资源浪费非常严重；从微观结构看，我国出版单位"大的不强，小的不活"，集约化水平低，规模经营能力弱，既难以加速发展，也难以迎接未来的挑战。我们要把提高集约化水平作为对出版产业进行战略整合的重点，以实现兼并和联合作为重要的途径。当前，要继续深入开展报刊"治散治滥"工作。报刊的治理工作虽然取得了阶段性成果，但散、滥问题还没有从根本上解决。从总体上讲，报刊还是太多，优化结构、调整布局的工作还有待进一步加强。要统一思想，协同作战，下大决心，解决好这个问题。

质量是出版物的灵魂，是出版工作的生命线。近年来，中央领导同志在谈及出版工作时，总是强调要提高质量，而提高各种出版物的质量，也是广大人民群众的强烈要求。我们一定要把质量问题贯穿于抓管理和促繁荣的全部工作中去。1994年，我们提出新闻出版工作实现从以规模数量增长为主要特征向以优质高效为主要特征的阶段转移的最初动因之一，就是要提高质量，建立起各类出版物的质量保障体系。使已经建立起来的各种质量保障体系正常运行，发挥有效的作用，为广大人民群众提供更多健康有益、质量上乘的精神食粮，是我们义不容辞的责任和义务。

跨世纪的新闻出版工作要继续深化"阶段性转移",在完成既定目标的前提下,努力推进我国出版业向现代出版产业的转变,加快出版产业发展步伐,我国的出版业不仅至今带有浓厚的计划经济色彩,与之相适应,也仍然带有浓厚的传统出版的色彩。我国出版业的法人体制不明确、地区和部门间的出版结构趋同、投融资机制不健全、投入产出率低、出版服务的社会化程度不高以及多种媒体的综合经营能力很弱等等,都表明我们的出版业在一定程度上仍属于传统出版的范畴。要加快传统出版向现代出版的转变,加快出版产业发展步伐是一个有效的途径。

加快我国出版产业发展步伐,必须建立更加完备的出版法制体系。社会主义市场经济是法治经济,运作规则的法制化是出版产业良性发展的根本保证。从建立完备的法制环境的角度看,新闻出版立法工作仍然没有完成。严格执法是建立完备法制体系的重要内容,建立出版产业的法人体制是出版产业发展的基本前提。出版单位作为企业法人,与一般工商企业有着根本的区别,出版物作为精神文化产品,影响人们的精神世界和实践活动,出版企业必须以社会效益为最高准则,自觉接受党和国家对出版活动的宏观调控和约束。在这个前提下,出版企业应通过依法登记注册成为有出资者投资形成的企业法人财产权,并依法对这种财产享有独立的支配权和使用权,真正成为依法独立享有民事权利、承担民事义务的法人实体。考虑到出版产业的特殊性,在吸纳社会资金的时候,必须有选择、有规范、依程序进行。加快出版产业发展步伐必须实施不均衡发展战略,通过对出版产业的战略性整合,较大幅度地提高整个产业的集约化水平。

党的十五届三中全会明确提出全党都要支持农业和农村工作,新闻出版工作对此是大有可为的。科教兴农和科技扶贫、加强农村的社会主义精神文明建设等项工作都离不开出版支持,新闻出版系统要进一步增强为农业服务、为农村现代化服务的意识,为广大农民群众提供更多买得起、读得懂、用得上的优秀读物。从出版产业的发展来看,随着科技进步以及农民生活水平的逐步提高,农村的出版物市场正在由潜在的市场转化为现实的市场,农村读物正在成为我国出版产业新的经济增长点。我们要抓住机遇,多做工作,使出版产业在更广阔的市场中取得更大的发展。

把百种重点社科期刊建设成为重要的
宣传思想文化阵地而努力奋斗[*]

期刊是宣传科学理论、传播先进文化、塑造美好心灵、弘扬社会正气的重要阵地,进一步做好期刊出版工作,积极探索新形势下期刊出版的新机制,认真研究如何发挥期刊出版工作在加强和改进思想政治工作中的作用,对于贯彻落实"以科学的理论武装人,以正确的舆论引导人,以高尚的精神塑造人,以优秀的作品鼓舞人",促进我国的思想文化建设,都具有重要的意义。今天,我们在这里召开全国百种重点社科期刊主编的座谈会,就是为了贯彻落实中央思想政治工作会议精神,推进改革、树立品牌、加强自律,把我国期刊建设成为重要的宣传思想文化阵地。就此,我讲几点意见。

一、认真学习贯彻中央思想政治工作会议精神,
进一步明确社科期刊出版工作的重要任务

中央思想政治工作会议结束以后,新闻出版署党组联系新闻出版工作实际,站在中华民族跨世纪发展的历史高度,运用辩证唯物主义和历史唯物主义的观点和方法,深刻分析了党的思想政治工作面临的新形势、新情况,强调了思想政治工作在改革、发展和稳定的大局中具有的重要地位和作用,科学阐明了一系列带有根本性、全局性的重大理论和实践问题,明确提出了进

---

* 这是于友先同志 2000 年 8 月 23 日在全国百种重点社科期刊座谈会上讲话的主要内容。

一步加强和改进思想政治工作的方针和原则，既是开创思想政治工作新局面的纲领性文献，也是指导当前和今后相当长一个时期新闻出版工作的重要理论依据。学习贯彻中央思想政治工作会议精神是当前新闻出版战线的第一位工作，我们要认真学习、吃透精神、融会贯通，结合实际，扎扎实实地贯彻到工作中去。

期刊出版工作是党的思想政治工作的重要组成部分，发挥期刊在加强思想政治工作中的应有作用，具有特别重要的现实意义和历史意义。我们一定要以中央思想政治工作会议为契机，认真总结研究期刊出版工作的新形势、新特点，积极探索期刊出版的新形式、新机制，增强期刊内容的针对性、实效性、战斗性，更好地为全党全国工作大局服务。我想在这里重点强调一下关于坚持马克思主义的指导地位问题。

在期刊出版工作中坚持马克思主义的指导地位特别重要。如果在期刊出版工作中放弃马克思主义的指导地位，在指导思想上搞多元化，势必扰乱人心，给大局添乱，这是绝对不能允许的。

在期刊出版工作中坚持马克思主义的指导地位，要特别注意从两个方面加强工作：一是要及时总结我们党和人民群众在实践中创造的新经验和获得的新认识，有力地回答现实生活中提出的、干部群众关心的重大思想理论问题。这就是我们所说的要有针对性。二是善于运用马克思主义观点同各种思想错误观点进行积极的斗争，帮助广大群众树立正确的思想理论认识。这就是我们所说的要有战斗性。在这方面，一些期刊积累了很宝贵的经验，发挥了重要作用，但也有一些期刊在这两个方面都做得很不够，甚至存在不少问题。

坚持马克思主义的指导地位，必须坚持唱响主旋律，打好主动仗，科学生动地宣传马克思主义，引导干部群众不断克服和抵制错误的落后的腐朽的思想文化的影响与侵蚀。值得注意的是，当前个别期刊与马克思主义相违背的思想言论时有出现：有的公开鼓吹"全盘西化"，在政治上主张西方式的多党制和议会民主，在经济上主张私有化，在思想文化上主张取消马克思主义的指导地位，在价值观上主张极端个人主义；有的歪曲党和人民的奋斗历史，诋毁马克思主义，煽动对党和政府的不满；有的不负责任，宣扬色情暴力、愚昧迷信……这些问题虽然是在个别期刊上出现的，但必须引起我们的高度警觉。在事关政治方向和根本原则问题上，我们一定要旗帜鲜明、理直气壮、毫不含糊。

坚持马克思主义的指导地位，就要用马克思列宁主义、毛泽东思想、邓小平理论武装全党、教育人民。这就要求我们社会科学的各类期刊，都要用不同的方式方法努力宣传马克思主义，在出版工作中，大力弘扬理论联系实际的学风，敢于和善于分析、回答现实生活中和群众思想上迫切需要解决的问题。这是期刊出版工作的一项重要任务。

江泽民同志明确指出："大量事实证明，思想文化阵地，马克思主义、无产阶级的思想不去占领，各种非马克思主义、非无产阶级的思想甚至反马克思主义的思想就会去占领。从上到下的一切思想文化阵地，包括理论、新闻、出版、报刊、小说、诗歌、音乐、绘画、舞蹈、戏剧、电影、电视、广播、网络等等，都应该成为我们宣传科学理论、传播先进文化、塑造美好心灵的阵地，决不能给违反四项基本原则、违反改革开放政策、违反党的方针政策的错误观点，以及危害人民特别是青少年身心健康的东西提供传播渠道。"① 这是我们期刊出版工作的重要指导原则，我们要切实增强阵地意识，真正做到"守土有责"，把期刊阵地建设好。

二、以建设"百刊工程"为契机，
创建我国的品牌期刊

要把期刊阵地建设好，就要建设我国的品牌期刊。改革开放以来，我国的期刊出版事业有了很大发展，品种已经达到 800 多种，去年期刊总印数 28 亿多册，这应该说是一个不少的数。但是，从总体上看，我国期刊出版的实力还不够强，发行量大、知名度高、影响力强的大刊、名刊太少，能够到国际市场上去一比高低的期刊更是屈指可数。这种状况与我国的国际地

① 江泽民：《在中央思想政治工作会议上的讲话》，载《江泽民文选》第三卷，人民出版社 2006 年版，第 97 页。

位，与我国正在迅速增强的综合国力，与我国不断扩大对外开放的趋势，与现代化建设的实际需要很不适应。目前乃至今后一个时期，我国期刊业面临重要的挑战和发展机遇，主要表现在：

首先，期刊业的集中治理整顿为我国期刊业的繁荣发展创造了有利条件。1996 年以来，全国期刊进行了两次集中的治理整顿，取得了明显成效：一是期刊总量减少。压缩质量不高、发行量过少、品种重复的期刊 468 种，取消内部期刊 9640 种，期刊出版的散、滥问题得到基本治理，为现有期刊的生存发展营造了良好的外部环境。二是调整行政职能部门办刊结构，使长期难以解决的期刊结构重复、公款办刊订刊、行政权力摊派问题得到有效治理，为期刊进入市场公平竞争提供了有利条件。三是为数不少的期刊主编的政治意识、质量意识、市场意识、人才意识大为增强，为期刊业的发展奠定了内在基础。

其次，我国即将"入世"，为期刊业参与国际市场竞争提供了现实可能性。这对加快期刊编辑、出版、经营手段的现代化建设，加快期刊管理体制、经营机制的改革，开辟信息资源，开展对外交流等，都提出了很高的要求，这也是我国期刊业发展的动力。

党的十五大明确提出，新闻出版业要"加强管理，优化结构，提高质量"。这一要求很有针对性，为今后一个时期的新闻出版工作指明了方向。新闻出版署为贯彻落实党的十五大精神，适应形势的发展，在报刊方面制定并组织实施了"三刊工程"，即"百刊工程""社刊工程""署刊工程"。"百刊工程"就是每两年对全国的社会科学类期刊进行一次选拔评比，评出100 种左右重点期刊，为全国社会科学类期刊树立榜样，以激励我国期刊创出优秀品牌。"社刊工程"就是鼓励扶植出版社办期刊，把社办期刊作为新闻出版业的一个新的增长点。"署刊工程"就是管好新闻出版署直属的几十家期刊，采取各种措施促使这些期刊提高质量，成为新闻出版署直属出版单位的"形象工程"。"三刊工程"可以说是新闻出版署贯彻党的十五大精神、推进"阶段性转移"① 的重点建设工程，是新闻出版署在繁荣社会主义期刊

---

① 见本卷第 5 页注①。

出版事业、全面提高我国期刊出版质量方面所采取的一项重大的战略性措施，也是一项跨世纪工程。其中"百刊工程"已经评选了两届，通过政府的权威性评比，这些重点期刊已经逐步成为我国社会科学期刊的示范性刊物，成为代表我国社会科学期刊水平的精品，成为检阅我国期刊出版成果的重要窗口。1999年底，新闻出版署在第二届全国百种重点社科期刊评选的基础上，进行了"国家期刊奖"的评选，并于今年初颁发了"国家期刊奖"，在全国期刊界产生了很大影响。

通过评比、评选，创建品牌期刊的机制逐步形成，我国的品牌期刊已经呼之欲出，或者说已经在读者心目中树立起来。现在，我们在这里召开全国百种重点社科期刊主编的座谈会，就是要给大家再加一把油、烧一把火，进一步加深大家对创品牌的意识，在期刊界形成争创优秀品牌的局面。入选"百刊工程"的期刊，可以说都已经具备了创品牌的条件，有的已经成为优秀品牌，有的也许离优秀品牌只有一步之遥。但是，优秀品牌不是靠谁封的，而是在竞争发展中自然形成的。希望大家再努一把力，加强自律，改革创新，在现有的基础上进一步发展、壮大，争创名牌，勇于跻身世界名刊行列，勇于加入国际范围内的竞争。我们期待着你们成功。

三、改革创新，建设我国品牌期刊的强劲"方阵"

在全国4000多种社会科学类期刊中，只有108种期刊获得"全国百种重点社科期刊"的殊荣，这对你们来说是件很不容易的事情，是你们刊社的骄傲，是读者、市场对你们辛勤劳动的回报，也是对你们期刊主编、对刊社全体同志工作业绩的充分肯定。但是，我们必须清醒地看到，品牌是要受读者、市场检验的，你们当中的有的期刊还只是在某一领域、某一读者层面有一定的影响力，而且现在的发行量也还包含了很多非市场的因素，要真正成为中国期刊的名牌，仍然要付出很大的努力。我们不但要有品牌期刊，而且要建设我国品牌期刊的强劲"方阵"，这是摆在我们面前的一项十分艰巨的任务。

首先要多创品牌，并且保持品牌优势。我国期刊在发展中已经出现了像

《半月谈》《故事会》《读者》《知音》《家庭》等一批期发行量超过百万册的品牌期刊。尽管与发达国家相比，还没有像《读者文摘》那样期发行量超千万册的期刊，但用发展的眼光看，这只是时间问题。我们评选全国百种重点社科期刊，就是要在全国社会科学期刊中为树立著名期刊品牌打基础。入选的期刊在这个意义上称得上是期刊中的名优产品。但是，重点期刊、大刊，不等同于就是名刊、就是品牌期刊。看一个刊物是否具有品牌效应，起码要有这样几个重要因素：一是要经得起读者的检验。某一期刊被读者普遍认同，就像读者一到报摊前先问《知音》《故事会》《读者》有没有，不看内容，先问牌子，掏钱就买。有的刊物，在读者中是享有很高信誉的，父传子、子传孙，教育培养了几代人，成为人们不可或缺的精神食粮。二是要经得起市场的考验。就是要看你的刊物的发行量是否能在市场上占有一定的份额，要有相对稳定的、比较大的发行量，要有不断攀升的发行量。三是要有很好的社会效益，要代表先进文化的发展方向。这是根本，是能否成为品牌期刊的关键因素。期刊拥有广大读者，是传达党和政府声音、反映群众呼声的重要渠道，具有广泛的社会影响力。所以，我们的刊物一旦在政治上出现偏差，在提倡什么和反对什么方面出现谬误，在情趣格调上出现问题，就会严重误导读者，而且发行量越大负面影响越大。所以中央提出，要政治家办报、办出版。有一种情况值得警惕，就是有的刊物为了扩大发行量，获得所谓的"轰动效应"，刊登一些不该刊登的内容，以致出现严重的政治错误，这是绝对不能允许的。这三个因素是相互联系的，缺一不可。只要我们把握得好，又肯去实践、去创造、去坚持不懈地探索，就有希望树立品牌。

期刊创出名牌不易，保持名牌更难。我们在评选第二届全国百种重点社科期刊时，上一届入选的期刊就有 36 种由于种种原因落选了，可见一个期刊要保持好的发展势头是多么的不容易。例如，有一种刊物，在初评、复评时，得票数一路领先，定评时查出该刊有一期刊登的广告格调低下，结果从"国家期刊奖"的提名奖名单上被拉了下来。这说明了我们的评奖是严格认真的，更说明保持荣誉与建立荣誉一样，都很不容易，一着不慎，稍有大意，就可能自己砸了牌子。全国百种重点社科期刊每 2 年评选一次，"国家期刊奖"每 3 到 4 年评选一次，实行滚动评选，目的是形成一种竞争机制，鼓励名牌期刊不断发展进步，保持品牌；激励更多的期刊后来居上，争创一流，赶上和超过原来的名牌，创建新的名牌期刊。通过两次评比，已经取得了一定的成效。保持品牌，而且创造条件在原有的基础上实现持续发展，是名牌期刊必须认真研究的问题，在这方面，不少期刊已经有了一些成功的经验。

要保持品牌，就要在代表先进文化的前进方向上下功夫、做文章，紧紧跟上时代发展的步伐，在期刊定位方面进行研究，使期刊具有鲜明的时代特征。比如，党建类期刊就要研究新时期党的建设和政治思想工作的特点，使党建类期刊真正成为党的建设的重要工具。学术理论类期刊要坚持正确的指导思想，密切跟踪、了解国内外本学科、本专业最新的学术研究成果，并及时地反映出来，成为具有权威性的学术期刊。时事政治类期刊，要密切联系国家政治、经济、文化的发展趋势，准确、及时地反映党和政府的方针政策，正确引导读者认清形势，提高读者的政治敏锐性和政治鉴别力，激励读者投身社会主义现代化建设。文化生活类期刊要及时了解广大读者的阅读需求，善于从人们的日常生活中发掘出能够弘扬中华民族优秀文化传统的、具有真善美内涵的内容，以春风化雨、润物无声、寓教于乐、潜移默化的方式感染读者、熏陶读者，提高整个民族的文化素质。总之，作为衡量大刊、名刊是否能够保持自己品牌的标准，就是看其导向是否正确、是否能够跟上时代，能否不断创新，以自己独特的定位、健康向上的内容为社会主义精神文明建设做出应有的贡献。

其次要充分发挥品牌期刊的优势和影响力。作为名牌期刊，要充分认识品牌的作用，并善于利用自己的品牌优势，把品牌的潜力充分发掘出来，不断扩大品牌的影响力。著名的品牌期刊是一种无形资产，对读者有巨大的影响力，是用优秀的思想文化占领市场的重要途径，特别是一些办刊历史久的著名期刊，在几代读者中都产生过较大的影响，这是最宝贵的财富，一定要珍惜，要保持并努力扩大这些期刊的作用。我们应该看到，我国期刊出版的历史并不算太长，具有品牌影响的期刊还不多，这当中的原因比较复杂，有的办刊观念陈旧，仍沿用计划经济时期国家出钱我办刊、不问效益的办刊模式，束缚了其走向市场的手脚，跟不上时代发展；有的缺乏竞争意识、创新意识，不思进取，缺少激励机制；有的办刊队伍建设跟不上……这些都是品牌期刊少，或一些过去的大刊名刊风光不再的原因。我们要认真总结经验教训，借鉴国外办刊的经验，以创新精神创品牌。我们期待着涌现出更多的品牌期刊，形成强劲的品牌期刊"方阵"。我们了解到，有的期刊正在组织专家研讨论证，对期刊的发展目标进行规划和设计；有的期刊用优惠的政策吸引优秀的办刊人才，增强期刊的竞争实力；有的期刊主编抓紧给自己"充电"，到国内外调研、进修，提高办刊水平。这些都说明大家有决心、有信心创建更多的名牌期刊。

扩大品牌期刊的影响力，还包括尽可能地增加品牌期刊的发行量，使得导向正确、文化含量高、读者喜欢的优秀期刊占有最大的市场份额，把那些内容不够健康、质量不高的小报小刊或非法出版物挤出市场。近几年来，几家优秀的文化生活类期刊缩短刊期，把月刊改成半月刊，发行量成倍增长。这些期刊对市场的占有率越大，质量不高的期刊的占有率就越小。我们支持大刊、名刊充分利用自己的实力和充足的出版资源不断地把自己的"蛋糕"做大，在激烈的市场竞争中获得不断的发展，在稳定市场份额的同时不断开拓新的市场，从而取得更好的社会效益和经济效益。

再次要形成多层次的品牌期刊。各省、自治区、直辖市都要有自己的品牌期刊。地方品牌期刊是国家品牌期刊的基础，要力求使地方创立品牌与国家创立品牌的工作有机地、紧密地结合起来，形成互动的、充满活力的创品牌体系，这样我国创立期刊品牌的工作就会更加卓有成效。我们设想，经过5年的努力，以现有的名刊大刊做基础，各省能在这个基础上创建出1—3个在当地有较大影响的品牌期刊，这样每两年一届的全国百种重点社科期刊的质量就会大为提高。在这个基础上，在全国创建100种著名社科期刊，再产生100种著名科技期刊，在这200种期刊中，争取有10—20个在世界都有影响的大型品牌期刊，我国期刊出版的实力就会形成气候，就会在国际竞争中形成中国期刊的强劲"方阵"。因此，各省、自治区、直辖市、中央各部委要把创立期刊品牌工作提到日程上来，加以关注和扶植。

四、加强自律，当好全国期刊的"排头兵"

全国百种重点社科期刊在社会上有比较大的影响，在同类期刊中属于社会效益和经济效益都比较好的。作为管理部门，我们对大家寄予殷切期望，同时也提出更严格的、更高标准的要求，这就是要求大家从多方面在全国期刊中起到榜样作用和示范作用，成为全国期刊的"排头兵"。

要把握正确的舆论导向。讲政治，把握正确的舆论导向，这是期刊出版工作的首要任务。我们必须明确，我国的期刊不是个人私有财产，不能成为谋取个人或团体利益的工具，它是党的重要思想文化阵地和重要舆论工具。期刊社的负责人，是党组织委派到期刊社去主持工作的，他首先要对所办期刊的舆论导向负责。所以期刊社的负责人一定要讲政治，要有阵地意识、责任意识，要对每期刊物的内容严格把关，按照政治家办刊的要求，使期刊坚持正确的政治导向，为社会主义精神文明建设服务。在这方面，不少期刊有成功的经验，也有过失误的教训，大家要认真进行总结。社会主义的期刊阵地要牢牢地掌握在党和人民的手里，使期刊内容真正代表先进文化的前进方向，紧密围绕党的中心工作，为国家的大局服务，这一点是任何时候都不能动摇的。

要形成科学有效的管理体制和运行机制，在新的历史时期从事期刊出版工作，也要依靠体制创新。在计划经济向市场经济转变过程中，体制是带根本性的，只有体制转变，才能适应市场经济的环境。以前，很多办刊人员把工作的重点放在选择期刊的定位和报道内容上，这当然很重要，但不在管理体制和运行机制上进行改革探索，是很难取得成功的。改革和探索要有利于坚持正确的舆论导向，有利于调动职工群众的积极性，有利于对市场的适应性，有利于增进两个效益①。最近有关部门又出台了关于事业单位体制改革的文件，希望大家结合自己的实际情况，抓住当前有利时机，积极推进改革。近年来，不少期刊社在探索建立科学合理有效的内部管理体制和运行机

---

① 见本卷第 31 页注①。

制方面，在增强职工群众市场意识、注重期刊营销和开拓广告市场方面积累了一些好的经验。我们希望这些期刊继续努力，为我国期刊在社会转型期的发展探索出新的路子来。

要始终不断地加强办刊队伍建设。一些期刊之所以能成为大刊、名刊，是因为他们有一支高素质的办刊队伍，拥有高水平的主编，高素质的采编、管理、广告、营销人员，这是成功期刊的坚实支柱。有的期刊社提出，要下决心培养一批有强烈政治责任感，有敏锐市场意识，能策划、会经营的名编辑，我很赞赏他们的这种认识。要靠人品树立"刊品"，靠"刊品"树立品牌。期刊社要把不断提高全体从业人员政治素质、业务素质、职业道德的工作作为期刊持续发展的重要举措常抓不懈，只有你的办刊人员是同类期刊中最优秀的，你的刊物才有可能成为同类期刊中最优秀的。在培养优秀办刊人才、吸引优秀办刊人才方面，要大胆地迈开步子、转变观念、打破常规、引进竞争和激励机制。在这方面，你们也应该给全国期刊带个好头。

要加强自律，严格遵守宣传出版纪律。作为全国的重点期刊，一定要更加严格地要求自己，严格遵守宣传出版纪律。我前面所说的讲政治，不是一句空话，讲政治就包括遵守党和政府的方针政策、法规规章，这是国家意志的体现，是舆论导向的反映，是营造良好出版环境的重要条件。但是，当前违纪违规现象还比较严重，买卖刊号或变相买卖刊号问题，一号多版、一号多刊问题，封面标识混乱问题等，严重扰乱了期刊出版秩序、市场秩序，给非法出版活动以可乘之机，给期刊业的健康发展带来严重隐患。所以，全国重点期刊必须是遵守出版法规规章的模范，给全国期刊规范管理带好头。

加强自律，就是要认真组织干部职工学习党和国家的各项方针、政策、法规，了解、熟悉新闻出版的各项法规规章，依法办事。首先要知法、懂法。我们在日常管理工作中发现，很多出版单位出现这样那样的问题，有的的确是在不知道有关规定的情况下犯的错误，但是不知道也不能原谅，因为你干这一行就要懂得这一行的规矩。作为期刊出版的从业人员和各级负责人，应当对业内的有关政策、法规、规章、技术要求都了如指掌，才称得上是合格的主编、编辑，记者。根据中央关于加强新闻出版管理的要求，不断有新的规章规定出台，而且规定得越来越具体，大家一定要重视学习、熟悉新的规定。一方面我们要加强法规培训，另一方面各期刊社自己要组织法规培训。今后凡新进入期刊社的，首先要学习新闻出版法规。所谓熟悉业务，就应包括熟悉有关法规。

加强自律，要在期刊社内部加强建章立制，使每一个人都知道，什么环节应该遵守什么规矩，出现错误要承担什么责任，违反规定会受到什么处罚，增强大家的责任意识。同时，有了规定就要严格执行，尤其是领导干部要带头执行。只要大家都能遵纪守法、按章办事，期刊业的繁荣发展就会有一个良好的环境。

增强阵地意识，严把出版关口*

第三次全国图书审读工作会议，是在重要时期召开的一次会议。今年5月，江泽民同志在视察广东省高州市等地时提出了"三个代表"的重要思想①；6月，中央又专门召开了思想政治工作会议，江泽民同志在会上发表重要讲话。江泽民同志"三个代表"的重要思想和他在中央思想政治工作会议上的重要讲话，对于我们在新形势下做好新闻出版工作，具有根本性的指导意义。

当前新闻出版形势总体是好的，但是，在出版工作中仍存在着一些薄弱环节，在个别出版物中还时常出现一些这样或那样的问题，存在着一些不协调的声音。出版工作认真贯彻落实江泽民同志"三个代表"的重要思想，要从两方面入手：一方面是多出精品，推进繁荣。坚持先进文化的前进方向，就要多出优秀的精神产品，满足人民群众日益增长的精神文明需要。另一方面是进一步增强出版工作的政治意识、大局意识、责任意识、把关意识，增强阵地意识，绝不能给违反四项基本原则、违反改革开放政策、违反党的方针政策的错误观点，以及危害人民特别是青少年身心健康的东西提供传播渠道。从某种意义上来说，这是更为基础、更为重要的任务。如果我们守不住自己的阵地，又怎么能集中精力出精品、抓繁荣呢？我们这次审读会议就是在这样一个背景下召开的，这次审读会议也是一次集中学习的会议。

  ＊　这是于友先同志 2000 年 8 月在太原召开的第三次全国图书审读工作会议上的讲话摘要。原载《中国出版》2000 年第 10 期。

  ①　"三个代表"重要思想是江泽民同志 2000 年 2 月 2 日在广东省考察工作时，从全面总结党的历史经验和如何适应新形势新任务的要求出发，首次对"三个代表"重要思想进行了比较全面的阐述。"三个代表"的具体内容是：中国共产党要始终代表中国先进生产力的发展要求、中国先进文化的前进方向、中国最广大人民的根本利益。

增强阵地意识，要解决的问题就是如何把好关，不给错误有害的东西提供出版传播的渠道。

关于图书审读工作，我总的一个想法，是图书审读工作要围绕着出版工作唱响主旋律、打好主动仗，积极主动地开展工作。唱响主旋律、打好主动仗是党中央对宣传思想工作的总体要求。审读工作要围绕中央的这一要求开展工作。

由于审读工作在出版工作中的特殊地位和重要作用，出版工作能不能按照中央要求，唱响主旋律，打好主动仗，审读工作举足轻重，至关重要。我着重强调以下几点：

一、必须牢固树立马克思主义、毛泽东思想和邓小平理论在审读工作中的指导地位

马克思主义、毛泽东思想和邓小平理论是指导我国革命、建设和改革开放取得胜利的思想理论基础。但是，近年来，由于国际、国内环境的变化，出现了一些这样、那样的错误观点与言论。例如：把马克思主义说成是社会科学研究中的一种学说、一个流派；既然马克思主义是一种学说、一个流派，那么在学术研究中各学说、各流派都是平等的，都应有自己的一席之地。这就从根本上否定了马克思主义在意识形态领域的指导地位。这些错误观点与言论，一方面竭力表现出"公正""客观"的样子，一方面千方百计寻找出版和传播的渠道。一些出版物把关不严，出现问题，应当引起我们的深思和警觉。在审读工作中要防止以任何形式出现的淡化马克思主义指导地位的倾向。马克思主义、毛泽东思想、邓小平理论在审读工作中的指导地位，首先要在认识上自觉接受，在思想信念上坚定不移，才能够在具体的审读工作中认真贯彻、认真执行。

二、审读工作必须"讲政治"

出版工作是意识形态的领域，本身的政治性是很强的。江泽民同志在视

察人民日报社时提出了"政治家办报"的要求,我们的出版工作者,也应当主动地按照这个标准来衡量、来要求。审读工作是在出版工作中政治性最强的环节,出版工作讲政治,最直接地体现在审读工作中。负责审读工作的同志,必须认清自己肩上的担子与责任,要学会善于从政治上、全局上观察问题和思考问题,必须坚定地着眼于从政治上解决问题和处理问题。如何具体地在审读工作中体现讲政治的要求?我认为:

第一,审读工作必须严格遵循和执行党的两个决议精神,即:中共中央《关于若干历史问题的决议》和《关于建国以来党的若干历史问题的决议》精神,必须认真执行党和国家的各项政策和规定,任何人都不能以任何理由随意突破、随意发挥。

第二,审读工作要保持高度的政治警觉性,要有政治敏锐性和政治鉴别力,对出版工作中或书稿中表现和反映出来的问题,要善于从纷纭复杂的现象入手,认真思考、分析,抓住事物的本质。

第三,审读工作讲政治,就必须处理好社会效益与经济效益的关系,坚持把社会效益放在首位的原则。审读工作是出版工作中政治性最强最突出的环节,在审读工作中能否坚持社会效益第一的原则,是出版工作能否坚持社会效益第一原则的前提和保证。党的十四届六中全会指出,建设有中国特色的社会主义文化,既要符合社会主义精神文明建设的原则,又要发挥社会主义市场经济的积极作用,还要体现社会主义文化发展的内在规律,这三者之间的关系不是平行并列的。符合社会主义精神文明建设的原则是前提,只有在此情况下,才能考虑其他两方面的要求。在审读工作中,有的书稿思想观点有问题,或内容格调不高,但可能有一定的市场,应当怎样处理?处理不好,一般来讲,并不是我们负责审读工作的同志缺乏判断能力,而是在处理社会效益与经济效益的关系上,没有真正坚持社会效益第一的原则,反而让社会效益迁就于经济效益。

第四,审读工作讲政治,必须牢固树立大局意识。出版工作的根本宗旨是为人民服务,为社会主义服务,为全党全国的工作大局服务。服从、服务于全党全国的工作大局是衡量出版工作的根本标准,也是衡量审读工作的根本标准。当前,党的中心工作是坚持以经济建设为中心,其中最重要的是发展社会生产力的问题，江泽民同志"三个代表"的重要思想，深刻阐明了党要始终成为中国先进生产力的代表这个马克思主义的根本原则。出版工作和审读工作要为大局服务，首先要维护好安定团结的社会局面，维护国家和社会的稳定，如果人心搞乱了，社会搞乱了，就势必会影响到以经济建设为中心这个大局。因此，体现在审读工作中的大局意识，应当切实把握好书稿的思想倾向和实际效果，使我们的出版物能够凝聚人们思想、鼓舞人们斗志、增强人们信心和信念，发挥社会意识对社会存在的积极的促进作用，在审读工作中要抵制和消除各种不利于稳定的错误思想、观点，以及削弱人们斗志、涣散人们思想的各种流言蜚语。审读工作的大局意识还应当处理好全局和局部的关系，反对地方主义和本位主义。

三、树立阵地意识，加强阵地建设

江泽民同志在中央思想政治工作会议上的讲话中强调指出："大量事实证明，思想文化阵地，马克思主义、无产阶级的思想不去占领，各种非马克思主义、非无产阶级的思想甚至反马克思主义的思想就会去占领。"① 从上到下的一切思想文化阵地，包括理论、新闻、报刊、小说、诗歌、音乐、绘画、舞蹈、戏剧、电影、电视、广播、网络等等，都应成为我们宣传科学理论、传播先进文化、塑造美好心灵的阵地，绝不能给违反四项基本原则、违反改革开放政策、违反党的方针政策的错误观点，以及危害人们特别是青少年身心健康的东西提供传播渠道。新闻出版单位是社会主义精神文明建设的重要阵地，是我们党的宣传文化的重要阵地。既然是阵地，就要求我们强化阵地意识，加强阵地建设，切实去管好它，落实中央"守土有责"的指示精神。

关于守好阵地，我讲两点意见：

---

① 江泽民：《在中央思想政治工作会议上的讲话》，载《江泽民文选》第三卷，人民出版社 2006 年版，第 97 页。

第一，能不能守好阵地，首先取决于我们能不能牢固树立阵地意识。树立阵地意识，这是由我们的出版性质所决定的。我国新闻出版管理体制是审批制，不是登记制，社长、总编，每一位负责审读工作的同志是要代表国家去把关的，要时刻想着党和国家的利益，时刻维护党和国家的利益，这里面不能有个人的偏好和随意性。

第二，要切实加强阵地建设。关于审读工作的阵地建设，在第一次全国审读工作会议之后取得了很大进展：制定完善了图书审读制度，建立了审读队伍，有的省专门组建了审读室负责这项工作，没有组建审读室的其他地方和部门也在人员配备等方面进一步加强了这项工作；我们的审读工作还得到了中央有关部门的大力支持。这为我们做好图书审读工作提供了很好的条件。加强审读工作的阵地建设，必须引起各级新闻出版部门主要负责同志的高度重视，在当前地方正在进行机构改革的情况下，这项工作根据它所肩负的任务和所承担的责任，只能加强，不能削弱，要尽可能在人员、编制、资金等方面给予优先考虑。审读工作的阵地建设工作还要在现在的基础上进行总结，要从常发生问题的个案中，归纳、总结、摸索出一些带有规律性的东西，使加强阵地建设更具有针对性和操作性。

四、审读工作的"把关"意识

党的十五大对新闻出版业提出了"加强管理，优化结构，提高质量"的要求，三句话中的第一句话就是"加强管理"，对于审读工作而言，最本质的要求就是把关。我们要高度重视精神产品的生产和管理问题，特别是在社会主义市场经济条件下，精神产品的生产和管理问题尤为重要。从国际环境看，美国为首的西方国家，一方面积极推行经济全球化、贸易一体化战略；另一方面，它们始终不放弃对我国实行"西化"和"分化"的政治图谋，在思想文化领域推行其价值观念和政治主张。对此我们必须保持高度的警觉，特别是我们负责图书审读工作的同志，更应当保持高度的政治敏感性。从国内环境看，正如江泽民同志在新形势时所指出的，社会生活出现了"三个多样化"：一是经济成分和经济利益多样化；二是社会生活方式多样化；三是社会组织形式多样化。我们现在处在社会主义初级阶段，人们的思想文化素质从整体上看还不高，一些封建残余和愚昧落后的思想观念将与先进的思想观念长期并存。我们现在又是处于社会转型时期，在由计划体制向社会主义市场经济转变过程中，由于人们利益关系的变化，人们思想活跃，各种观念大量涌现，正确的思想和错误的思想相互交织，进步的观念与落后的观念相互影响，特别是市场经济活动存在的弱点及其带来的消极影响，反映到人们思想中，容易诱发自由主义、拜金主义、享乐主义和利己主义。实行对外开放，有利于开阔眼界，增长见识，活跃思想，但资本主义的价值观念、政治主张也会乘机而入，进行渗透。存在决定意识是马克思主义的基本原理，由于社会环境、社会存在发生的种种变化，必然在人们思想上有多种反映。这与我们出版工作有着特殊的密切联系。一方面，这些思想观念上的反映一定要通过一定的渠道表现出来，传播出去，而出版就是表现与传播这些思想观念和观点的最普遍、最重要的渠道；另一方面，出版工作在客观上就成为这些思想和观念能否传播出去的总关口。能否把好这个关口，出版工作责任重大。作者有写作的自由，但是出版不能想出版什么就出版什么。哪些能出版，哪些不能出版，哪些在什么时机出版，怎样把好这个关口，要靠我们的审读工作。学术研究有自由，出版有纪律，不管社会上有什么思想观念，但是审读工作不能跟在后面人云亦云，随波逐流。它有千变万化，我有一定之规。要严格按政策、规定把好关。

当前，我们要特别注意以下几点：

第一，我国即将加入世界贸易组织（WTO）。加入 WTO 以后，虽然我们坚持出版单位的审批制度不变，外国人不得在我们国内开办出版社，但是，我们承诺在印刷、发行（主要是零售与批发）方面允许外资进入，这必将对我国的出版业带来冲击，这对出版是一个新的挑战。同时，加入 WTO 以后，我们同外界的联系更直接、更广泛，其中，既有先进的管理经验值得我们借鉴，也有资本主义价值观和腐朽思想渗透的问题。对此，我们要有足够的认识。

第二，我国现在正处于转型时期，生产方式、生活方式以及人们的利益关系发生了很大变化。思想、文化领域的各种观点的活跃程度是前所未有的，而出版工作也不是世外桃源，有些同志思想准备不足，而有些同志则在思想上受到各种思想观念的影响。这也是容易出现问题的一个原因。

第三，去年以来，各地都在搞机构改革，对管理工作、审读工作是很有影响的。有些地方的管理队伍，思想不稳定、不专一。这种状况也是出现问题的一方面原因。

因此，审读工作在这样一个特殊时期，更要特别注意，慎重从事，严格把关。

坚守图书质量的最后防线*

第六届全国校对理论研讨会经过半年的紧张筹备，今天隆重开幕了，来自全国各地 21 个省、自治区、直辖市的 83 家出版社和 15 家中央部门出版社的 100 多位校对工作者齐聚一堂，研讨现代校对的理论与实践，谋划图书编校质量保障的大计，这是很有意义的事。借这个机会，我代表中国出版工作者协会，向你们并通过你们向全国广大校对工作者表示敬意。你们埋头苦干、甘于寂寞、任劳任怨，以对读者负责、对社会负责的态度，坚守图书质量保障的最后防线。你们是出版战线真正的无名英雄！

校对是图书出版生产流程的重要工序，它处在编辑工作完成之后、印制开机之前这样一个特殊环节，负有将一切差错消灭在图书出版之前的特殊使命，正如鲁迅所说的，校对的责任是和创作的责任一样重大。

如果把保障图书质量比作阻击战，那么图书质量保障体系就有两道防线：第一道防线由编辑把守，他们以作者原创作品为对象，通过审读加工，清除书稿中的差错；第二道防线由你们校对把守，你们以编辑发排文本为对象，通过"校异同"，消灭排版错漏，保证编辑发排文本不错不漏地转换成印刷文本；再通过"校是非"，发现并协助编辑改正编辑发排文本中遗留的差错。你们后面没有第三道防线了，你们把守的是最后防线。编辑工作的错漏、排版工作的错漏，都要由你们来改错补漏；校对工作如果失检了，就无可挽回地成为图书成品中的错误。可以说，图书的编校质量在一定程度上是校对的质量。校对工作的质量，关系着图书的命运。所以列宁强调指出：

---

* 这是于友先同志 2006 年 9 月在第六届全国校对理论研讨会上的讲话。

"最重要的出版条件是校对得很好，做不到这一点根本用不着出版。"本届研讨会把"守住图书质量保障最后防线"作为主题，鲜明地体现了校对在出版工作中的重要地位和校对工作者的神圣使命。

在我们出版界，对校对工作的重要意义的认识还不一致，确实存在你们批评的"重编轻校"的倾向，"校对是简单劳动""校对不创造财富"之类的错误观点还在流行。你们背负着"将一切差错消灭在图书出版之前"的重要使命，超负荷地辛勤工作，却得不到应有的支持和尊重。但是，你们不畏重负、忍受委屈、埋头苦干、排除干扰，坚守最后防线，最大限度地消灭差错，这种宝贵品格，值得出版界乃至全社会的尊敬。

我历来认为，校对是一门大学问。因为校对负有特殊的使命，校对工作有着不同于编辑工作的特殊规律。校对既要消灭排版造成的错漏，又要发现原稿中的错漏。校样上、原稿中的差错涉及面非常广，中国版协校对工作委员会将它们归纳为 10 个类型，有文字差错、词语错误、语法错误、标点符号用法错误、数字用法错误、版面格式差错、事实性错误、知识性错误和政治性错误，要发现并改正这些错误，必须具备相当的语言文字功底、广博的知识积累、敏锐的政治嗅觉和善于质疑与排疑的分析判断能力，还要掌握校样、原稿的出错规律，掌握各种校对方法，并且具备娴熟的校对操作技术。世界上哪里有这样的"简单劳动"？《图书校对工作规程》对校对的定位是正确的：校对是特殊的编辑工作，是学识性、文字性的创造性劳动。

现代企业提倡"诚信为本"。诚信的核心内容就是产品优质，在一定意义上说，产品的质量就是企业的生命。我们出版企业是内容产业，我们生产的图书是精神产品，是作用于人的精神世界的，具有启迪思想、陶冶情操、增长知识、塑造灵魂的作用。因此，图书生产更应强调质量。一个不讲质量的出版社，不可能生产优质的精神产品，不可能创造良好的品牌形象，不可能赢得读者的信赖，当然不可能在市场竞争中争得一席之地，也就无从谈起什么"创造利润"了。校对同编辑一样，也是出版社利润的创造者。"校对不创造利润"的观点显然是错误的。

图书的质量有 4 项：一是内容质量；二是编校质量；三是设计质量；四是印制质量。4 项质量里，起决定作用的是内容质量和编校质量。图书本身不过是一种物质载体，其价值在于负载的思想文化信息。而图书里的思想文化信息是通过文字符号表达的，因此，要求文字符号准确完整。文字符号的错漏，会使思想文化信息失真或残缺，而失真的、残缺的信息是没有价值的。在出版物中，有时一字一符的错误，都会直接影响图书传播知识、传承文化的功能，甚至会贻误读者、危害社会。这种因字符错漏而造成的信息失真或残缺，就是编校质量问题。可见编校质量与内容质量虽然有区别但关系十分密切。我们评选优秀图书，为什么要先查编校质量？为什么编校质量不合格就一票否决了评优的资格？为什么编校质量不合格的图书就是不合格品？其道理就在于此。

我在前面说了，编辑和校对，是图书质量保障的两道防线，虽然目的一致，但各自的具体任务不同，实现目的的方法也不同，相互不能取代，编辑取代不了校对，校对也取代不了编辑，应该各自恪守职责、各自发挥优势，从而形成合力，才能确保图书的编校质量。现在有两种不正确的做法：一种是"编校合一"，让编辑取代校对，承担校对的职能；一种是"校编合一"，让校对承担编辑应承担的文字加工的任务。这两种做法之所以不正确，是因为都违反了编校工作的客观规律，也不符合人力资源优化整合的现代企业管理原则。编校分工是出版现代化的客观需要。专则精，合则粗，编校皆专皆精，优势互补，工作效率就高，工作质量就好，图书质量就有保障。"编校合一"或者"校编合一"，取消编校的专业分工，其结果必然是编不好也校不好。这是再简单不过的道理。具有一定规模的出版社，都应当设置专业校对机构，配备足够专职校对人员，担负全社书刊的校对工作，这是国家行政法规《图书质量保障体系》的明文规定。校对研究委员会研究过，编校人员配备的科学比例是编3校1。实践也证明，凡是按照这个比例配备校对人员的出版社，图书的编校质量都比较高。广西接力出版社和辽宁东北财经大学出版社是两个典型，他们都十分重视校对队伍建设，校对人员数量足、素质高，所以他们出版的图书，做到了百分之百的合格。中央美术出版社也是一个典型，他们一度撤销了校对科，把校对人员分到编辑室，结果图书编校质量迅速下滑；出版社领导班子吸取教训，重新集聚校对人才，组建校对机构，并且将校对机构从科级升格为处级。由于决策正确，图书质量迅速提高。由于种种原因，要求每家出版社都按照编3校1的比例配备校对人员不大现实，而且即使按此比例配备校对人员，也难以承担日益增多的书稿的校对任务。接力等出版社在加强专业校对队伍的同时，建立稳定的适合本社需要的社外校对队伍，作为本社专业校对力量不足的补充。这种做法是可取的。他们的经验告诉我们：第一，利用社外校对力量，弥补本社校对力量的不足，是可行的，但必须建立稳定的社外校对队伍；第二，绝对不能完全依赖社外校对，必须建立本社的专业校对队伍；校对主体多元化必须与专业化相结合，并且以专业校对为核心。校对是智能性很强的工作，又是需要严密组织、严格监控的工作，没有统一的组织管理，没有专业人才作为骨干，没有严格的质量监控，校对质量是没有保证的。校对的质量应成为我们决策的依据，也是检验决策的唯一标准，任何做法，任何改革，都要接受这个标准的检验。

"无错不成书"的原因是什么？主要是编校工作粗疏，而导致编校工作粗疏的原因是急功近利。宋原放先生在《中国出版史》中分析明代出版功过时指出："是急功近利，使坊间书肆发达起来，造福文化；又是急功近利，使坊间书肆邪出正道，给文化事业造成了一定后患。"正是由于书商急功近利，邪出正道，编校粗疏，以致图书错误百出，为文化传承留下后患。后人评价明代出版过失说："明人好刻古书而古书亡。"我们应当记住这个历史教训，不能重蹈明人的后辙。要造福文化，不要邪出正道；要认真做好编校工作，不给当代读者提供"错本"、不给后代学子留下后患。只有这样，我国的出版事业才能蓬勃而健康地发展。保障图书编校质量，校对工作者任重而道远。我希望全国出版校对工作者，坚守图书质量保障的最后防线，把一切差错消灭在图书出版之前；同时呼吁出版行业的经营管理者，重视校对工作，善待校对工作者，为校对工作的发展、为校对人才的成长创造良好条件。

质量是出版物的生命线[*]

非常高兴有机会参加由中国出版工作者协会、大学出版社协会、河北省新闻出版局共同主办的"质量与使命"——2007图书质量管理高峰论坛。下面，我想围绕出版物质量建设尤其是编校质量建设谈谈自己的看法。

质量是出版物的生命线。出版产业的编、印、发诸环节都有严格的质量要求，但最集中的还是反映在出版物的质量上。出版物质量的高低，不仅关系到千千万万读者的权益，而且关系到我国出版业的繁荣，关系到社会主义和谐文化的发展。出版工作向人民负责，根本点就是对出版物的质量负责。我们通常所说的出版物的质量，包括内容、编校、设计、印制四个方面，其中设计质量和印制质量是有形的，一书在手，设计和印制质量的好与坏一下子就可以觉察出来；而内容质量和编校质量可以说是无形的，不经阅览难以判断优劣高低。这些年来，为广大读者所诟病的，其实更多的是编校质量。编校质量低劣的出版物会严重地败坏读者的阅读心理，从而使出版物所承载的健康向上的思想内容难以有效传播并发挥应有的作用。2006年6月，新闻出版总署对58种教辅读物的编校质量进行了专项检查，结果不合格品达17种，不合格率为29.30%，差错率最高的达5.3/10000。而《咬文嚼字》编辑部公布的数据则称，对382种出版物的编校质量检查发现，合格率仅为19.37%，而不合格率高达80.63%，其中差错率超过5/10000的有60种，占15.07%，差错率最高的达22/10000。现在社会上用"无错不

　＊　这是于友先同志2007年4月24日在"'质量与使命'2007图书质量管理高峰论坛"上的讲话。此标题为编者所加。

348

成书"来评价图书出版。"无错不成书"只是一个比喻，却反映出我国出版业的一个顽症，反映出广大读者对图书质量的强烈不满。

为此，在 2007 年全国新闻出版局长会议上，新闻出版总署决定把 2007 年定为"出版物质量管理年"，并把它作为全面提升新闻出版管理工作水平的重大举措，列为 2007 年新闻出版 7 项主要工作之一。1 月 29 日，人民出版社、商务印书馆等 36 家出版单位及网站联合发出《致全国编辑工作者的倡议书》，倡议"确保编辑产品质量，奉献优质精神食粮"，为今年"出版物质量管理年"活动吹响了行动的号角。中国版协将开展一系列的活动，彻底纠正和消除出版界目前普遍存在的"无错不成书"的错误思想。今天在这里举办的"质量与使命"高峰论坛，正是响应总署"出版物质量管理年"号召的一项重要活动。我们希望通过这次活动，进一步强化出版人的责任意识和使命意识，切实履行好我们的郑重承诺，把出版物的质量提高到一个新水平，为广大人民群众提供更多更好的优质精神食粮。下面，我讲几点意见：

一、统一思想，提高认识，牢记出版人的神圣使命

近年来，随着出版体制改革的深化、图书市场竞争的加剧，出版单位面临着前所未有的经营和管理压力。经济效益成为出版单位生存与发展的重要课题。但这并不能成为我们不顾社会效益、放松质量管理的理由。出版物是文化产品，是人类文明进步的阶梯，是文化成果记载、传播、积累、传承的重要载体。它通过传播思想文化信息，作用于人的精神世界，发挥着启迪思想、陶冶情操、增长知识、塑造灵魂的作用。而科学的思想文化内容，需要通过正确的文字符号来准确地表达。用字用词的错误，即使是一字一词甚至一个符号的错误，都可能影响图书传播知识和传承文化的功能。因此，每一个编辑工作者都应自觉地把提高图书质量、追求社会效益放在首要位置，为创造民族文化的新辉煌尽职尽责。

我国编辑工作有着严谨、科学、无私、敬业的优良传统，古代就有"校错如校仇"的说法。古代编校家把没有错误或错误很少的书称作"善本"，把

错误较多的书称作"错本"。出"善本"不出"错本"，是古代编校家的道德追求，表现了对后人负责的崇高品德。现代的许多大学问家、大编辑家，也继承了古代编校家对读者、对后代高度负责的传统。鲁迅当年做出版工作，非常重视校对工作，并身体力行，亲自做校对工作，"虽自觉渐渐瘦弱，也以为快乐"。钱钟书的名著《管锥编》初版出版后，发现有500多处差错，其中不少就是一字之误。钱先生在再版时改正了差错，还特地写了《再版识语》，诚恳地说："初版字句颇患讹夺，非尽排印校对之咎，亦原稿失检所致也。"接着，钱先生不禁慨叹："亦知校书如扫落叶，庶免传讹而滋蔓草尔。"钱先生的坦诚自责，表现了对读者、对后人高度负责的精神。

今天，出版界存在着较为普遍的"无错不成书"的思想，许多编辑对差错问题不够重视，认为"有几个错别字不影响阅读"，心浮气躁，"守土"责任意识淡漠。我想，如果当今的编辑工作者都像古代学者和现代大编辑家那样，一丝不苟，真正对读者负责、对社会负责，忠实履行自己的职责，编校质量问题应该是可以彻底解决的。

二、多管齐下，综合管理，建立质量管理保障体系

目前，在一些出版物中，差错常见、语言失范、逻辑混乱的现象已经到了令人瞠目结舌、难以容忍、非下大力气治理不可的程度了。新闻出版工作者肩负着为社会主义和谐文化提供产品的重任，面对如此的产品质量状况，绝不能熟视无睹、袖手旁观。我们必须即刻行动起来，向贻害无穷的差错和不负责任的行为宣战，而且还必须保证战之必胜。在这场战役中，管理部门、行业协会及出版单位要齐心合力、协同配合，用系统工程的方法来抓出版物质量，全面抓、反复抓，多管齐下，综合治理。

经过几年的努力，我国对图书质量的管理有了明确的要求和规定。《出版管理规定》《图书质量保障体系》《图书质量管理规定》等所建立的质量管理规范，是图书质量保障体系的重要组成部分。对管理部门而言，要依法加大监管力度，对图书的生产和流通领域做定期与不定期的检查，以实现惩恶扬善之目的。新闻出版总署每年都对图书质量进行分类专项检查，近几年

来，有针对性地进行了辞书、教材教辅、少儿读物等多次专项质量检查，并将检查结果向社会公布，以接受媒体和公众的监督。对行业协会而言，作为联系政府和出版界之间的桥梁和纽带，既要积极协助和参与政府部门的监管工作，又要在行业中大力倡导自查和自纠。中国版协今年的一项重点工作，就是配合新闻出版总署"出版物质量管理年"，积极推动图书编校质量的提高，为构建和谐出版业做出应有的贡献。为此，我们将有针对性地组织编校质量培训班，开展一系列图书编校业务学习活动，切实实践版协的宗旨。对出版单位而言，要全面、严格执行产品检查制度，采用自查、互查等多种形式，切实将产品质量意识树立在每位编辑心中。只要有了政府、协会和出版单位三方的配合，出版物的整体质量一定能得到比较好的改观。

不言而喻，在政府、协会和出版单位三方之中，出版单位处于关键部位，是质量问题的源头。只有生产方的运作焕然一新，其他问题才会迎刃而解。因此，加强质量管理，建立健全质量管理制度，进而形成完整的质量保障体系，对每个出版单位而言，都是必须落实的首要任务。36家出版单位在新春伊始联合发出的《致全国编辑工作者的倡议书》中宣告，要通过坚持职业资格准入制度、选题论证制度、稿件三审制度、责任编辑制度、责任校对制度、样品检查制度、成品评审制度、次品召回制度、业务学习制度来完善质量管理措施，相信这些措施对于改善图书出版质量、降低图书差错率必将起到积极的作用。

三、利用高新科技，提高出版物编校质量

求新、求变、求发展是出版业永恒的主题。仔细观察，我们发现这些年出版业的变化速度之快大大超乎我们的想像。究其原因，则源自新技术的诞生和推动。因此，可以说，提高出版产业的科技含量和科技贡献率是提升出版产业的整体实力和核心竞争能力的重要手段，是出版产业提高质量、增进效益的根本动力。近十几年来，高新科技的应用极大地提高了传统出版业的经营水平，也极大地拓展了出版的市场空间，并带来了可观的经济效益。因此，我们要高度重视高新科技对出版的影响，使出版业的发展建立在可靠的

技术支持基础之上。

在《新闻出版业"十一五"规划》中，新闻出版总署明确提出要"加强现代科学技术的应用，加快新闻出版业现代化"。同时，"大力推进新闻出版企事业单位信息化建设，在编辑、出版、发行等主要环节，实现信息化管理，提高生产效率和市场竞争能力"。编辑工作是出版工作的中心环节，编校质量的提高对于民族文化的发展、民族精神的培育、国民素质的提高以及国家软实力的提升有着重要的影响。《图书质量保障体系》《图书质量管理规定》已颁布实施多年了，为什么我们的图书编校质量依然存在如此严重的问题？解决这一图书出版顽症的新思路、新途径、新方法在哪里？这些都值得我们出版人深刻反省和深入思考。在当前图书编校质量下降，图书差错率高到令人不能容忍程度的情况下，如何积极利用高新科技，创新图书质量管理机制，提高图书编校质量，是出版界加强出版物质量管理的一件大事。

在这方面，河北省新闻出版局进行了积极的探索和尝试。去年，为提高冀版图书的编校质量，河北省新闻出版局采用国际先进水平的"图书编校质量差错率统计软件"，推出入机结合的审读新模式，即在原来人工审读的基础上，运用软件的自动查找、统计差错、计算差错率等功能，实现图书质量检查的智能化、自动化、标准化和客观化，以此提升冀版图书的管理质量。这是新闻出版管理部门及出版单位采用先进技术创新质量管理机制、提高图书质量的一次很好的探索。

中华文化源远流长，出版工作肩负着传承民族优秀文化的重任。保证和提高出版物质量，是新闻出版界贯彻落实科学发展观，构建社会主义和谐文化的大事情。衷心希望出版界的各位同人携手共进，举全行业之力，按照新闻出版总署"出版物质量管理年"的安排部署，把出版物的质量提高到一个崭新的水平，为构建和谐出版业做出应有的贡献！

三、版权工作

保护和发展民间文学艺术
是我们的责任和义务[*]

　　民间文学艺术法律保护研讨会今天在北京召开，我谨代表国家版权局向大会表示热烈的祝贺，对应邀来华讲学的外国专家和全体与会学者表示热烈欢迎，向支持和促成此次研讨会召开的世界知识产权组织总干事鲍格胥博士和我的前任宋木文先生以及文化部的领导人表示衷心的感谢。

　　中国目前的著作权保护制度起步于 70 年代末，从那时起，我们就得到了世界知识产权组织和其他国际组织以及许多外国朋友的大力支持和有效援助。11 年前的 1982 年，世界知识产权组织帮助中国在北京举办了第一个版权培训班，那个时候，著作权概念对大多数中国人来讲还是陌生的。11 年后，当世界知识产权组织又在北京帮助我们举办第 7 个版权培训班时，我们研讨的问题已经深入到民间文学艺术法律保护的领域了。由此可见，中国在著作权立法和著作权知识普及方面的进步是相当快的，也取得举世瞩目的成就。这些进步与成就，固然是我们自己努力的结果，但也离不开世界知识产权组织和外国朋友的支持和帮助。我愿意借此机会，向世界知识产权组织总干事鲍格胥博士和其他外国朋友表示感谢。作为国家版权局的新任局长，我愿意与鲍格胥博士和诸位外国朋友继续合作，为促进中国著作权制度的完善，和发展国际著作权界的交流与合作，做出应有的贡献。

　　从中国建立著作权制度的经历中，我们深刻体会到，著作权保护的发展

　　*　这是于友先同志 1993 年 9 月 13 日在"民间文学艺术法律保护研讨会"上的讲话。此标题为编者所加。

与社会的全面发展息息相关。中国从 1978 年实行改革开放政策，同一年，我们开始了对著作权立法的准备。进入 90 年代以后，我国改革开放迈出了新的更快的步伐，也给著作权保护制度的发展带来了新的机遇。1991 年 6 月1 日，《中华人民共和国著作权法》正式生效，随后，经过短短 1 年零 4 个月的时间，中国又加入了《保护文学和艺术作品伯尔尼公约》（简称《伯尔尼公约》)、《世界版权公约》和《保护录音制品制作者防止未经许可复制其录音制品公约》（简称《录音制品公约》)。可以说，中国著作权立法的进程与中国改革开放的步伐是一致的，从 1979 — 1993 年，中国在建立著作权制度的过程中迈出了最关键的两步。

众所周知，中国是个历史悠久的文明古国，又是一个由 56 个民族组成的多民族国家，民间文学艺术既是前人留下的灿烂的文化瑰宝之一，又是许多少数民族文化的重要组成部分。中国丰富多彩的民间文学艺术，不仅是中国人民的宝贵财富，也是人类文明的重要成果。保护和发展这些经久不衰、脍炙人口的民间文学艺术，既是我们义不容辞的责任，也是我们对人类文明发展应尽的义务。我们愿意借召开这次研讨会的机会，了解和学习其他国家有关民间文学艺术法律保护的经验，把我们制定民间文学艺术法律保护条例的工作进一步推向前进，为促进各国之间的文化交流与合作、促进人类文明的发展做出更大的贡献。

我相信，在各位学者、专家的共同努力下，这次研讨会必将活跃国际著作权界的学术交流、增进友谊和合作、促进文化科学事业的繁荣和发展。

促进版权产业和科学文化
事业的交流、合作与发展*

今天，中国国家版权局和世界知识产权组织联合举办的"版权和邻接权执法研讨会"在成都召开了。我谨代表国家版权局向参加这次研讨会的世界知识产权组织的总干事鲍格胥博士的代表、助理总干事巴列斯特洛斯先生和由他率领的产权组织的官员和外国专家，以及来自国内司法、行政管理机关和科研教学部门的专家学者表示热烈欢迎；向在百忙中抽出时间前来参加研讨会开幕式的四川省领导表示衷心感谢和热烈欢迎。

在我国，全面系统地研究和保护版权的历史还不长，在建立现代版权制度之初，就引起了国际社会，特别是世界知识产权组织的关注，早在70年代末我们就与世界知识产权组织建立了坦诚、友好和建设性的合作关系，共同举办了多次卓有成效的版权研讨会。其中1989年我们曾经在北京联合举办过有关版权执法的研讨会，那次研讨会是以版权审判为主题的。今天，我们再一次同世界知识产权组织合作，与老朋友巴列斯特洛斯及他的同事就版权和邻接权执法问题做更加广泛和深入的讨论，我们感到非常高兴。在此，我和我的同事向长期关注和支持我国版权保护事业的世界知识产权组织总干事鲍格胥博士、助理总干事巴列斯特洛斯先生和菲彻尔先生等世界知识产权组织专家再次表示衷心的感谢。

版权和邻接权的保护问题，是一个关系到保护知识产权、促进人类文明

---

* 这是于友先同志1996年4月在成都召开的"版权和邻接权执法研讨会"上致的开幕词。此标题为编者所加。

的重要问题。在当今，无论是中国还是其他国家，建立一套完整的版权法律制度固然重要，但如何实施现有的法律和国标准则更加重要。版权法律体系的确立，仅仅完成了版权保护工作的第一步，更艰巨的任务是在实践中执行已制定的法律法规和国际公约，以维护作者和其他版权所有者的合法权益，促进本国版权产业和整个科学文化事业的发展，促进地区间与国家间科学文化的交流和合作，促进人类文明的进步。经过十几年的努力，中国不仅建立了一套与国际接轨的版权法律制度，同时为实施这些法律总结出了一些行之有效的办法，特别是近几年来，中国政府在加大执法力度、打击各种侵权盗版活动方面取得了显著的成绩，世界知识产权组织和国际社会有识之士对此给予了公正客观的评价。当然，也有少数人出于偏见，无视中国政府的努力，在执法问题上不断加难于我们。不管这些人怎么说，我们将按照国家加强知识产权保护的既定方针，继续加大执法力度，进一步做好包括版权在内的知识产权保护工作，以促进国家科学文化事业的发展，促进四个现代化的早日实现。

我们这次讨论版权和邻接权的执法问题，一方面可以总结我国版权执法的经验及其存在的问题，探讨解决问题的好办法；另一方面可以通过同在座的专家的交流，学习其他国家版权执法的先进经验，不断提高我们国家的执法水平。我相信，通过诸位中外专家学者的交流和研讨，这次研讨会将像这金色的秋天一样，结出硕硕成果。我预祝研讨会圆满成功。

最后，祝巴列斯特洛斯先生和所有与会的专家学者工作顺利、生活愉快！

把著作权保护事业继续推向前进[*]

今年 6 月 1 日是《中华人民共和国著作权法》实施 5 周年纪念日。我谨代表国家版权局,向长期关心著作权保护工作的中央领导同志,向多年积极支持和配合国家版权局工作的有关立法、司法、行政机关和教学科研单位的领导同志,向在著作权保护领域辛勤工作的同志和新闻界的朋友表示崇高的敬意!

《中华人民共和国著作权法》实施 5 年以来,我国著作权保护领域与其他战线一样,取得了很大的成就,为推动社会主义精神文明和物质文明建设,为鼓励优秀文学、艺术和科学作品的创作与传播,发展和繁荣我国的文学、艺术和科学事业,促进对外开放,特别是对外经济、文化交流发挥了积极作用。

5 年来,我国的著作权法律制度逐步完善,在立法、司法和依法行政方面都取得了显著的成绩。

在立法方面,继《中华人民共和国著作权法》颁布实施后,我国先后颁布了《中华人民共和国著作权法实施条例》《计算机软件保护条例》《实施国际著作权条约的规定》和《关于惩治侵犯著作权的犯罪的决定》等一系列法律、法规和规章;加入了《伯尔尼公约》《世界版权公约》《录音制品公约》。中国从著作权立法到建立一套比较完备的法律制度,仅用了短短十几年的时间,这是世界各国,包括所有的发达国家通常要用几十年乃至上

---

[*] 这是于友先同志 1996 年 5 月 30 日在纪念《中华人民共和国著作权法》实施 5 周年座谈会上的讲话。

百年才能走完的路程。

在司法方面，我国的著作权审判制度不断加强，部分经济、文化比较发达的省、自治区、直辖市的高中级人民法院成立了包括著作权在内的知识产权审判庭，全国受理和审结的著作权案件逐年上升，1991 年至 1995 年 5 年间，全国各地人民法院共受理著作权案件 1243 起，审判质量明显提高，有效地保护了国内外著作权人的合法权益，有的审判案例达到了较高的水平，受到国际著作权界的高度评价。

在依法行政方面，我们建立健全了中央和省、自治区、直辖市的著作权行政管理机构，国家版权局依法制定了惩治侵犯著作权行为的行政处罚规定和一系列调整使用作品、尊重他人著作权的规章，特别是近一两年，加大了行政执法力度，与新闻出版署一起对全国激光唱、视盘生产线进行了调查和清理，对生产厂重新办理登记注册手续，并向其派驻监督员，对 6 家有严重侵权盗版行为的工厂，在查明事实的基础上，依法吊销了音像制品经营许可证，其后，外经贸部、工商行政管理部门吊销了他们的外商投资企业批准证书和营业执照。对激光唱盘和激光只读存储器实行了片源识别码（SID 码）制度，要求音像复制单位生产激光唱视盘必须使用 SID 码，违者将受到查处。要求所有从事复制、出版，包括用于出口的境外音像制品或激光只读存储器的个人和单位，必须到著作权行政管理机关进行授权合同登记和认证，并为此建立了涉外著作权认证制度，国家版权局现已指定国际唱片业协会、美国电影协会、香港影业协会等境外机构为著作权认证机构。到目前为止，已对境外 500 余部影视作品进行认证，查出近百部作品的假授权问题，有效地保护了境外影视作品著作权人和我方使用者的合法权益。国家版权局接受境外著作权人或权利人协会投诉，对北京、上海、江苏、山东、广东、陕西、辽宁等省、自治区、直辖市的 10 余家音像公司未经授权出版和复制其音像制品给予了行政处罚，并委托地方版权局对 50 多起涉外侵权行为进行了调查处理。各地版权局还配合新闻出版、文化、广电、工商、公安等部门，在全国重点整顿了书刊、音像、软件市场，收缴了大量非法盗版的书刊和音像制品，有力地打击了各种侵害著作权的行为，认真地实施著作权法和国际著作权公约，有效地保护了国内外著作权人的合法权益，促进了著作权产业的健康发展。

此外，在著作权社会保护、法律教学研究和宣传普及方面也取得了可喜的进展。几年来，最高人民法院、司法部、广播电影电视部、文化部、电子部、国家教委、新闻出版署、中国科学院和国家版权局等中央有关部委以及各地著作权行政管理机关集中举办了各种形式的培训班，培养了一大批司法和行政管理人员，并通过报刊、电台和电视台等新闻传媒宣传《中华人民共和国著作权法》，使著作权人的自我保护意识和公众的著作权法律意识有了明显提高。中国作家协会、中国电影家协会、中国戏剧家协会、中国音乐家协会，以及音像、软件等产业部门都成立了著作权人保护协会，"中国音乐著作权协会"和"中国著作权使用报酬收转中心"已为数万名音乐和报刊作者转递了400余万元报酬，中国著作权人保护协会的迅速崛起，在我国著作权保护体制中发挥了越来越重要的作用。我国的著作权代理制度也形成了全方位发展的趋势，极大地推动了我国对外著作权贸易的开展。

著作权保护制度的全面实施，不仅促进了我国新闻出版、教育科技、文化艺术、广播影视、建筑等传统行业的发展，而且对我国电子信息、软件等新兴产业的迅猛发展也产生了积极的影响；不仅繁荣和发展了我国的文学、艺术、科学事业，而且促进了我国与国际的经济和文化交流，为我国的改革开放和社会主义市场经济提供了有效的服务。我国在著作权保护方面所采取的措施和取得的成就，充分表明了中国人民和中国政府对保护知识产权的态度和决心，也说明中国政府是有能力做好知识产权保护工作的。

5年来，虽然我们在著作权保护方面取得了可喜的成就，但是我们应清醒地认识到，我国实施现代著作权保护制度的时间还不长，全社会的著作权法律意识还比较薄弱，著作权法律本身还存在某些缺陷，某些不法分子受经济利益的驱动侵害他人著作权的行为还时有发生。因此，健全和完善我国的著作权保护制度，还任重道远。但我们一定要在党中央和国务院的领导下，在立法、司法、行政部门、各教学科研单位、著作权人保护协会的共同努力和人民群众的积极参与下，努力工作，将我国的著作权保护事业继续推向前进。

认真领会党的十四届六中全会精神，进一步加强版权行政管理*

一

1995 年 4 月，我们召开了首次全国版权局长会议，总结版权行政管理工作的经验，分析面临的形势，提出落实《国务院关于进一步加强知识产权保护工作的决定》的措施，对贯彻《有效保护及实施知识产权的行动计划》、进一步加强版权行政管理和行政执法做出了部署。

两年来，各级版权行政管理部门在国务院和地方人民政府的领导下，认真贯彻全国版权局长会议精神，抓住机遇，努力工作，取得了可喜的进展，版权保护工作开始步入稳定发展时期。

（一）领导重视，版权行政管理机构建设得到加强

《国务院关于进一步加强知识产权保护工作的决定》要求各级知识产权行政执法部门要强化职能、充实力量、提高效率，还特别提出"当前要重点加强各级著作权行政执法机关的力量"。李岚清、李铁映等中央领导同志对版权工作历来很重视，多次指示要充实版权行政管理部门的力量。在中央和国务院领导同志的关心和各地党委、政府的支持下，版权行政管理部门得到不同程度的充实和加强。在国家机关普遍精减机构、压缩编制的情况下，中编办给国家版权局增加了人员编制。为了适应新技术条件下版权管理的需要和加强对版权集体管理和社会管理的监督、指导，国家版权局增设了版权

＊ 这是于友先同志 1997 年 3 月 25 日在全国版权局长会议上讲话的主要内容。

管理二处。北京市将市版权局的人员编制由 8 人增加到 15 人，设置 3 个业务处，配备了专职副局长。江苏省是一个经济、文化、科技比较发达的省份，1995 年以前没设省版权局，版权行政管理工作不太适应本省经济、文化和科技发展的要求，全国版权局长会议后，经过努力，他们做到了机构、编制一步到位，全省各地市也都成立了版权行政管理机构。湖南、湖北、山东、辽宁等省在加强省版权局机构建设的同时，也逐步建立了地市版权行政管理机构。有的地方还建立了专业执法队，有不少地方为版权行政管理部门核拨经费、提供交通和通信设备。所有这些，为做好版权保护工作创造了良好的条件。

（二）加大执法力度，打击侵权盗版活动取得重大进展

遵照"严格贯彻执行法律法规，依法查处并制裁各类侵犯知识产权的行为"① 的精神，版权行政管理部门进一步加大执法力度。两年来，与新闻出版、公安、工商、海关、文化和广播影视等部门，特别是和各地"扫黄打非"办公室密切配合，广泛开展执法检查，坚决查处侵权盗版。先后关闭了有严重侵权盗版行为的 10 家光盘厂。在 1996 年冬季的"扫黄打非"集中行动中，广东省行动坚决、措施得力，包括采取对举报者给予 30 万元重奖的办法，一举挖出了 21 条地下光盘生产线，加上集中行动之前挖出的 8 条，总计 29 条。据不完全统计，这两年内收缴销毁侵权盗版图书、音像和软件制品 1400 余万件，仅版权行政管理部门就查处案件 2000 余起。打击侵权盗版活动，特别是一批地下光盘生产线的成功破获，沉重地打击了境内外不法分子的气焰，铲除了一批危害全国音像市场的祸患，有力地维护了版权所有者的合法权益，树立了我国保护知识产权的良好形象，在国内外引起了强烈反响，为我国版权产业的健康发展、为开展对外经济贸易和科技文化交流创造了良好的法律环境。

（三）加强行政管理，建立规范的版权行政管理制度

根据《国务院关于进一步加强知识产权保护工作的决定》的要求，版权行政管理部门积极强化职能、加强管理，并进一步理顺了管理体制。为了

---

① 《国务院关于进一步加强知识产权保护工作的决定》（国发〔1994〕38 号）。

适应形势发展，保证合法、有序、高效地开展版权行政管理工作，国家版权局进一步完善了出版和复制境外各类作品、制品授权合同的登记制度和认证制度。制定了涉外版权代理机构管理、版权质押合同登记、在报刊年检中查验法定许可使用作品付酬情况、行政处罚实施办法等许多规范性文件。河南、湖北等省结合本省的实际制定了地方版权行政管理办法。两年来，已登记出版、复制境外音像制品 3000 余件、图书 2000 余种，认证境外音像制品 3000 余件，各地办理作品自愿登记 3000 多件。计算机软件登记中心从电子工业部移交国家版权局以来，受理登记量以每年 30% 左右的速度增长。版权行政管理工作的加强和逐步规范，既保护了广大作者和作品传播者的合法权益，为作品的创作与传播创造了良好的环境，又使作者和作品传播者了解了版权行政管理的服务功能，使其树立起了自觉遵守法律、法规，抵制侵权盗版行为的良好风气；不仅保证了版权行政管理部门依法行政、严格执法，而且促进了版权行政管理部门自身的建设与发展。

（四）加强宣传培训，全社会的版权意识逐步提高

宣传普及版权法律知识，提高全社会的版权意识，是实施著作权法的基本保证，对国际社会了解我国保护版权的政策和措施，树立我国保护知识产权的良好国际形象具有重要意义。两年来，在新闻界的支持配合下，通过在报刊上开辟专版专栏、开办广播电视讲座等形式开展广泛的宣传，收到了良好的效果。为了鼓励和表彰在版权宣传方面取得优异成绩的新闻单位和新闻工作者，国家版权局与中国版权研究会联合举办了第二届全国著作权好新闻评选。在著作权法实施 5 周年之际，各地版权行政管理部门举行了形式多样的纪念活动。各级版权行政管理部门还会同其他有关部门多次举办培训班、研讨会和组织知识竞赛等。1996 年中美知识产权谈判期间，针对美国政府的无端指责，国家版权局举行新闻发布会，国家版权局负责同志在中央电视台发表讲话，驳斥美方的不实之词，向世人介绍了我国保护知识产权的真实情况。可以说通过几年的宣传普及工作，版权保护已经为越来越多的人所了解，成为全社会关注的热点之一。

过去的两年，我们在对外版权交流、对外版权贸易、版权理论研究等方面也取得了一定的成绩。

这些成绩的取得，一是靠党中央、国务院和各地党委、政府对版权保护工作的关心和支持，二是靠全国版权工作者的共同努力。但就各地而言，发展也不平衡。我在1994年的全国版权工作会议上曾经讲过，版权行政管理部门要有地位，就得有作为，有了作为才有威信。实践已经证明并将继续证明这一点。哪里的领导重视了，同志们大胆工作、勇于开拓，哪里的版权保护工作就开展得好，版权行政管理部门的威信就高。

在充分肯定成绩的同时，也要清醒地看到，版权保护工作还面临着很多问题和困难。我们的法制还不够完善；侵权盗版现象还时有发生，有的地区还相当严重；版权行政管理部门机构尚不健全，力量也不够充实，还不能适应版权保护工作的要求。版权保护事业还任重道远。

二

在临近世纪之交的1997年，我国将恢复对香港行使主权，召开党的第十五次全国代表大会。它将是对我们党和国家，乃至我国社会主义现代化建设的历史进程具有重大深远影响的一年。我们在这个时机召开全国版权局长会议，就是要坚持以邓小平建设有中国特色社会主义理论和党的基本路线为指针，认真贯彻党的十四届六中全会通过的《中共中央关于加强社会主义精神文明建设若干重要问题的决议》精神，继续加强知识产权保护，推动版权法制的完善，促进社会主义精神文明和物质文明建设，以实际行动迎接香港的回归和党的十五大召开。

在座的版权局长，同时又都是新闻出版局长。新闻出版局长会议1月份已经开过了，今年的出版工作怎么做，大家心中有数了。1997年的版权行政管理工作，在《国家版权局1997年工作要点》里已有安排，我这里不多讲。新闻出版管理部门与版权行政管理部门合署办公，其历史沿革以及客观历史的原因，许多局长同志都了解的。这也可以说是一种中国特色吧。从理顺政府管理部门职能的关系来看，版权行政管理部门应当从新闻出版行政管理部门分离出来，但从目前国家政府部门精减机构的趋势看，版权行政管理部门与新闻出版行政管理部门合署办公这种格局，估计近期内不会有大的变化，也就是说，新闻出版局长同时又是版权局长这样一种双重身份一时也难以改变。对此，同志们要有足够的思想准备。对于一身二任的同志，既要当好新闻出版局长，又要当好版权局长，不仅要二者兼顾，而且还要相得益彰，虽然不容易，但经过努力也是完全可以做到的。在今天的会议上，我想侧重从版权保护的角度，结合贯彻党的十四届六中全会决议精神，就如何既当好新闻出版局长，又当好版权局长，怎样扮演好这两个角色谈一点想法。

（一）充分认识版权保护在社会主义两个文明建设中的作用

版权保护是随着商品经济的发展和"活字印刷"术的发明而产生，伴随着传播技术的发展和文化市场的竞争而发展的。版权保护不但能够激发智力成果创造者创作出大量的精神产品，满足广大人民群众精神生活的需求，而且能促进图书、报刊、音像、电子出版、艺术表演、电影、广播电视、广告、信息软件等传播作品的产业的发展。版权作为一种产业，已逐步被西方发达国家所认可。与版权有关产业的发展，在国民生产总值中的比例和就业人员方面都表现出了强劲的增长势头。以美国为例，1977—1992年，版权产业创造的价值从1635亿美元增加到3474亿美元，所占国内生产总值中的比例由3.0%上升到5.6%，版权产业以高于其他经济门类两倍的速度增长；1977—1993年，就业人员从304万增加到569.1万，其核心版权产业就业人数的年增长率3倍于同期非版权产业。就我国的情况看，近年来图书音像、工艺美术、电影、广播电视等传统版权产业稳步增长，1995年图书销售总额达到370多亿元，生产电影140多部、电视剧800多部近6000集。电子出版、信息软件、广告等新兴版权产业则保持较高的增长速度，信息软件业年产值由1995年的140多亿元增长到1996年的200多亿元，广告业年产值由1995年的280多亿元增长到1996年的360多亿元，两者的年增长率都在30%以上。可以相信，随着我国文学艺术和科学技术的不断发展和版权保护制度的不断完善，版权产业在我国国民经济发展中将占有越来越重要的地位。

邓小平同志早就提出了科学技术是生产力，而且是第一生产力的科学论断。现代社会的竞争，已经不是自然资源的竞争，而是人才和科学技术的竞争，谁拥有大量的高素质人才和先进的科学技术，谁就会在激烈的竞争中立于不败之地，谁就会拥有 21 世纪。版权保护的根本出发点，就是尊重人才、尊重科学技术、保护人类智力成果的创作与传播、促进全民族科学文化素质的提高和社会的文明进步与发展。因此，我们版权工作者，特别是作为版权行政管理部门的领导者，应从祖国的前途、民族的未来这个立足点出发，从历史发展的高度来认识版权保护对促进我国社会主义两个文明建设的重要性，以强烈的责任心和紧迫感做好版权保护工作，为繁荣和发展社会主义文化和科学事业做出贡献，以优异的成绩迎接 21 世纪。

（二）新闻出版和版权保护工作，要两手抓、两手都要硬

如果说落实"以科学的理论武装人，以正确的舆论引导人，以高尚的精神塑造人，以优秀的作品鼓舞人"，为广大人民群众多出版好的作品，是新闻出版管理部门的光荣任务，那么激发作者的创作热情，促进优秀作品的使用和传播，则是版权行政管理部门的神圣责任。版权法律固然保护作品创作者的合法权益，但是，作品如果得不到使用传播，创作者的权益也就得不到实现，所以版权法律也保护作品使用传播者的合法权益，并协调双方的利益关系。就作者与出版者的关系而言，只有创作出优秀作品，才能出精品。而一部好作品可以带来巨大的社会效益和经济效益。出版者尊重作者的合法权益，不是受制于作者，而是开发出版资源。侵权盗版泛滥，不仅侵害了作者、作品传播者的合法权益，扰乱了文化市场秩序，还严重制约了新闻出版、文化、广播影视、信息软件等产业的发展。可见新闻出版和版权保护是一种相互依存、相互促进的关系。那种只注重新闻出版行政管理而忽视版权行政管理的想法和做法是不妥当的，如果把新闻出版工作与版权保护工作对立起来，那就更不对了。

版权行政管理部门是依照著作权法对与版权有关联的活动进行管理。如果要做一个比较的话，版权管理的范围要比新闻出版行政管理宽泛得多，它不仅涉及精神产品的生产，还涉及精神产品的传播和使用，涵盖着新闻出版、文化、广电、科技、教育等诸多领域。调整和管理的范围如此之大，在我国众多的国家行政管理部门中，也是不多见的。有的局长常常认为在版权

管理方面可做的事情不多，我看主要是由于对自己应该履行的职责还不太清楚，有些属于职权范围内的事情还没有纳入工作的视野之中。比如，有些侵权盗版问题，从"扫黄打非"的角度或者从出版管理的角度也可以处理甚至处罚，但从版权的角度处理则更有法可依，而且符合市场经济的规律，又不受条块的制约。要有意识地以版权行政管理部门出面，用版权管理的手段、方法去加强对版权产业从生产到流通每个环节的管理。从发展的观点看，版权行政管理的任务将会越来越重，面临的问题也会越来越多，如果看不到这一点，把自己限制在出版领域内，就打不开局面，我们今后的工作就会被动。

努力做好新闻出版管理工作，我想在座的局长是不会有问题的。但是，能否把版权管理工作也放在与新闻出版工作同样重要的位置，我看不一定每位局长都能做到，至少在目前还没有做到。因此，我们需要重新认识版权行政管理部门在社会主义市场经济条件下的重要作用。李岚清同志在1994年曾经指出，有些在计划经济条件下不十分重要的部门，在市场经济条件下越来越显得重要了，版权行政管理部门就是其中之一。因此，从现在起就应该把版权行政管理工作放在重要位置，各位局长在做好新闻出版工作的同时，应当用相当的精力和时间来关心和考虑版权行政管理工作。如果新闻出版管理工作做好了，但版权管理工作上不去，也是一种工作失职。要当好这个局长，演好两个角色，对新闻出版工作和版权保护工作就要两手抓、两手都要硬起来。

（三）做好对外版权贸易，向世界展示中华民族的优秀文化，抵制西方腐朽思想和文化渗透，是版权管理工作者的光荣职责

"如何在扩大对外开放、迎接世界新技术革命的情况，吸收外国优秀文化成果，弘扬祖国传统文化，消除和防止文化垃圾的传播，抵御敌对势力对我'西化'、'分化'的图谋"是党的十四届六中全会《决议》提出的三大历史性课题之一。对外版权贸易的一项重要任务，是把我们的民族文化推向世界，把境外的好作品引进来。但是，向外推出什么样的作品，对内引进什么样的作品，作为版权管理工作者，要站在有利于国家经济发展和科学进步、有利于社会主义思想道德建设、有利于抵制西方腐朽思想和糟粕文化渗

透的高度来处理。要引导作者和其他版权所有者把我国优秀文化遗产和改革开放的新成就推出去，要指导作品传播者引进有利于社会主义两个文明建设的优秀作品。但是，西方仇视我国社会主义制度的敌对势力，决不会放弃他们对我国实施"西化""分化"的图谋，他们总要千方百计利用我国实行改革开放、加入国际版权公约的政策，打着国际交流的幌子，通过版权贸易这一合法方式来鼓吹、推销宣扬资产阶级价值观的文化产品，以达到"和平演变"我国社会主义制度的目的。我们对此应有高度的警惕，决不能掉以轻心。

据不完全统计，两年来我们通过版权贸易引进和输出图书、音像等作品、制品8000多项，其中仅图书引进和输出就分别达4651项和618项，而且大有继续增加的势头。但从对成交的涉外版权贸易情况看，是进得多，出得少；进美国、港台地区的多，其他国家和地区的少；一般科技作品多，尖端技术著作少；通俗平庸的文艺作品多，严肃高雅的学术著作少。在对外版权贸易中，互相压价卖出、竞相抬价引进，重复出版也相当普遍，这是一个不容忽视的问题。在对外版权贸易问题上，引进和推出什么样的作品，虽然主要是作者、图书音像出版者、艺术表演团体、广播影视组织和新闻出版、文化、广播影视等行政管理部门的事，但是，我们版权行政管理部门作为涉外版权贸易的主管部门，有责任也有义务和其他行政管理部门一道，做好对外版权贸易的组织、引导工作。要积极建议新闻出版、文化和广播电影电视管理部门有计划地组织一批精品向外推荐，向世界展示中华民族的优秀文化和改革成就，对内从数量、质量和内容等方面做好引进作品的规划；要通过合同登记协助新闻出版、文化和广播影视部门把好关，帮助抵制和减少西方不健康作品的引进；要推动和支持有关行业建立和施行有利于发展我国版权产业的行业规范。为促进中外科学文化交流，抵御西方腐朽思想、文化的渗透做出我们的贡献。

（四）贯彻党的十四届六中全会精神，认真做好当前的版权保护工作

党的十四届六中全会是在我国改革开放和社会主义现代化建设的关键时期召开的一次十分重要的会议，会议做出的《中共中央关于加强社会主义精神文明建设若干重要问题的决议》，实事求是地分析了社会主义精神文明

建设面临的新形势，进一步明确了精神文明建设的指导思想、目标任务、基本方针和重要措施，是指导我国社会主义精神文明建设的纲领性文件。党的十四届六中全会《决议》明确提出要保护知识产权。知识产权保护作为精神文明建设的组成部分，对促进社会主义文化事业，鼓励作品的创作与传播，繁荣文化市场有积极的作用。我们要认真学习党的十四届六中全会《决议》，按照《决议》的要求做好版权保护工作。

第一，按照党的十四届六中全会《决议》关于要"建立健全有关的法律、法规和制度"和"保护知识产权"的要求，进一步完善版权保护的法律。我国现行著作权法，对调动广大作者和作品传播者的积极性，鼓励优秀作品的创作与传播，繁荣和发展我国的社会主义科学文化事业发挥了而且仍在发挥着十分重要的作用，不失为一部国际公认的现代化的法律。但是，随着我国社会主义市场经济的发展和加入国际版权公约，以及当今社会科学技术的迅猛发展，我们的著作权法也应该做相应的调整，以适应在社会主义市场经济条件下经济、文化和科学技术发展的要求。因此，修改著作权法的准备工作已经提上日程。我们要认真总结著作权法实施近6年来的经验，运用辩证唯物主义和历史唯物主义的观点，正确评价现行法律，深入实际调查研究，提出修改意见。在修改著作权法的过程中，我们要把握好两条原则：一是要符合我国仍然是一个处在社会主义初级阶段的发展中大国的国情；二是要符合国际版权公约的基本要求。一方面，我们不应简单地说要与国际"接轨"，去适应发达国家的要求，而要立足于我国经济、文化和科学技术的发展状况；另一方面，我们既然加入了国际版权公约，就要履行我们的国际义务，要取信于国际社会。

第二，按照党的十四届六中全会《决议》关于"要靠法制"，"制裁和打击危害社会的不法行为，执法必严，违法必究"的要求，加大执法力度，打击侵权盗版活动，争取在制止侵权盗版行为方面有新的突破。随着我国改革开放的不断深化、经济的快速增长和人民群众生活不断改善，人们对精神产品的需求也在提高，文化产品的市场不断扩大。一些不法分子正是看准了盗版图书、音像、影视、软件等版权产品易复制、成本低、利润高、需求大的特点，大肆进行侵权盗版活动，以牟取非法暴利。我们应从保护民族版权的角度出发，依法打击各种侵权盗版活动。我们要看到打击侵权盗版的任务是非常艰巨的，地方保护主义和部门保护主义仍然是摆在我们面前的两道屏障。我们的政府管理部门也有个别人帮助侵权者说情的，对收缴的侵权复制品不能依法销毁，甚至以不要浪费社会财富为由主张销售侵权复制品。这些做法，实际上助长了侵权盗版行为。我们版权行政管理部门在打击侵权盗版问题上必须旗帜鲜明，特别是要加强对我们自己的经典作品的保护。虽然打击侵权盗版活动有一定的难度，但是只要我们拿出像广东省打击地下光盘生产线的态度和决心来，执法必严、违法必究，打击侵权盗版活动就会收到明显的成效。

第三，按照党的十四届六中全会《决议》关于"依法维护自身的合法权益"的要求，加强对版权集体管理、社会管理的指导、监督，充分发挥权利人在版权保护进程中的作用。版权作为一项民事权利，不可能也不应当光靠政府去管理，要把权利人发动起来、组织起来，要支持他们去行使和管理自己的权利，同时履行法律规定的义务，在版权行政管理部门的指导下，共同做好版权保护工作。集体管理是版权保护制度的重要组成部分，在发挥集体管理作用方面，国外有很多成功的经验值得我们借鉴。我们要继续指导、监督中国音乐著作权协会发放使用作品的许可证和收集版税的工作，支持并帮助他们合法地行使权利；同时积极研究文字、美术、摄影、电影、戏剧、音像等类作品（制品）集体管理机构的设置和启动办法。

第四，按照党的十四届六中全会《决议》关于"要建立健全管理机制"的要求，加强版权行政管理工作，建立规范有序的版权行政管理制度。近年来，各级版权行政管理部门在建立健全版权管理机制方面做了很多工作，制定颁布了大量的规范性文件。但是，由于我国版权保护由政府的一个职能部门管理的历史还不长，国外可借鉴的经验也不多，要建立健全一套适合中国国情的规范、高效、有序的版权行政管理制度，还需做出很大的努力。去年10月全国人大常委会颁布的《中华人民共和国行政处罚法》正式实施了，这对我们建立健全版权行政管理机制、依法行政又提出了新的要求。在这个问题上，有两点我想强调一下：①版权行政管理是一项涉及多领域、跨部门的管理工作，版权行政管理部门不可能包打天下，要做好工作，需要取得各有关部门的支持和配合，因此需要做好与这些部门的协调工作，同时自身也要依法大胆进行管理。在这方面有的地方有成功的经验，版权保护工作开展得很顺利，有的地方就不怎么协调，时有掣肘，希望局长们重视这个问题。②版权行政管理工作，从本质上讲是一项服务性工作，其任务就是引导被管理、被调整对象依法办事，为实施著作权法营造良好的环境。版权行政管理部门不能受利益驱动，不能有利的事就管、没利的事就不管。应该做到，凡是版权法律与行政法规、规章已做出规定的，就必须贯彻执行，不得推诿。

第五，按照党的十四届六中全会《决议》关于"要在全体人民中进行遵守宪法和法律的教育，普及法律常识、增强民主法制观念"的要求，广泛、深入、持久地宣传普及版权法律知识。我国建立版权法律保护制度的时间还不长，全社会的版权观念还比较淡薄，在著作权法已经实施了5年多的今天，仍有相当部分的作品使用者，包括一些国有企事业单位还不能很好地执行，仍然忽视甚至公然侵犯作者的合法权益。因此，我们应看到宣传、普及版权法律知识的长期性和艰巨性。我们的宣传、普及工作，首先要从领导干部和行政管理部门做起，只有领导和管理部门的认识提高了，才能带动全社会版权保护意识的提高。我相信，只要我们坚持不懈地把宣传和普及工作抓下去，全社会一定会出现一个知法守法的良好局面，我们的版权保护事业就大有希望，就会为我国的两个文明建设做出更大的贡献。

李鹏总理在刚刚圆满结束的八届全国人大第五次会议上所做的《政府工作报告》中指出：我们要"完善专利、商标和著作权保护等制度，借鉴国际通行办法，保护知识产权"。李鹏总理还指出："政府执法部门肩负着惩治犯罪、保护人民、维护稳定的政治使命，必须加强自身队伍的建设，提高政治素质和执法水平，严肃纪律，秉公办事，严格执法。"国家版权局和各地版权局，作为国务院和各地人民政府的版权行政管理与行政执法部门，经过10多年的努力，已经初步形成了一支比较精干的管理与执法队伍。但是，与版权管理面临的任务相比，不论从数量上还是质量上，我们这支队伍都需要扩充、需要提高，而且需要保持相对稳定。党和国家的大政方针已定，版权保护的法律法规也在逐步完善，如何正确地执行党和国家的方针政策，如何有效地实施著作权法及其有关的版权法规，决定性的因素就是要造就一支政治思想强、业务水平高、全心全意为人民服务的版权行政管理与行政执法队伍。建议在座的各位领导紧紧地抓住这个决定性因素，采取必要的措施，调整、充实这支队伍；在机构编制一时难以解决的情况下，可先在局内调整，选派符合条件或有培养前途的同志调到版权处工作。对从事版权管理工作的同志，一方面要严格要求他们，另一方面又要主动关心他们思想政治上的进步、业务能力的提高，为他们献身祖国年轻的版权事业创造良好的环境。

贯彻落实依法治国的方略，
加强新闻出版行政执法，
推进新闻出版法制建设[*]

这次全国新闻出版法制工作会议的主要议题是：进一步学习贯彻落实党的十五大精神和九届人大一次会议精神，结合新闻出版法制建设实际，深刻理解依法治国、依法行政的重要性；总结交流新闻出版法制工作的经验，进一步明确当前新闻出版法制工作的任务和加强新闻出版法制建设的措施，着重研究、部署加强和改进行政执法工作，更好地为新闻出版事业向新世纪全面推进服务。下面，我就会议的主题，讲四个方面的问题。

一、党的十四大以来新闻出版法制建设取得重大进展

党的十四大以来的 5 年，与我们国家的社会主义法制建设进程相适应，新闻出版法制建设紧紧围绕全国新闻出版系统认真贯彻落实党的十四大提出的各项要求，定思路、抓导向、建机制、立规矩，"一手抓繁荣，一手抓管理"，精心部署、扎实工作，取得了重大进展，对推进新闻出版业实现"阶段性转移"①，深化出版体制改革，促进中外交流，扩大对外开放，都起到了积极的作用，新闻出版行政机关依法管理的能力明显增强，法制工作提高到了一个新的水平。

＊ 这是于友先同志 1998 年 4 月 15 日在全国新闻出版法制工作会议上讲话的主要内容。
① 见本卷第 5 页注①。

第一，立法工作取得突破性成果。5年来，李鹏总理先后签署颁发了《音像制品管理条例》《出版管理条例》和《印刷业管理条例》等重要行政法规；新闻出版署颁布的行政规章和其他规范性文件达170多件，如《音像制品出版管理办法》《音像制品进口管理办法》《音像制品复制管理办法》《电子出版物管理规定》《出版物印刷管理规定》《内部资料性出版物管理办法》《图书、期刊、音像制品和电子出版物重大选题备案办法》《图书质量保障体系》《出版管理行政处罚实施办法》等；各省、自治区、直辖市也颁布了大量有关新闻出版管理的地方性法规和政府规章，如《北京市图书、报纸、期刊、电子出版物管理条例》《天津市书报刊管理条例》《天津市电子出版物管理条例》《上海市图书报刊市场管理条例》《河北省新闻工作管理条例》等。这些法规、规章的制定和实施，标志着新闻出版的宏观管理体系已经初步建立，新闻出版行政管理已经形成基本的法规体系和出版管理体制的法制框架，新闻出版行政机关已经初步进入依法管理的轨道。

第二，执法工作取得新的进步。几年来，在国务院和地方各级人民政府的领导下，各级新闻出版行政机关通过贯彻实施《中华人民共和国行政诉讼法》《中华人民共和国国家赔偿法》《中华人民共和国行政处罚法》和《中华人民共和国行政复议法实施条例》，即"三法一条例"，不断加强和改善新闻出版行政管理和行政执法工作，全国新闻出版行政系统执法的整体素质和水平不断提高，比较好地完成了管理的各项任务，特别是在"治散治滥""扫黄打非"和深化出版体制改革等方面，有力地促进了机关转变职能，改进和完善了管理机制，增强了管理手段，加大了管理力度。新闻出版行政系统已经建立起比较完备的行政复议制度，许多省局设立了以主管局长为负责人的行政复议领导机构，如黑龙江省新闻出版局局长王宝秀、山东省新闻出版局副局长刘廷銮、广东省新闻出版局副局长廖小勉、天津市新闻出版局党委副书记陈均浩等，都兼作行政复议领导机构的负责人，并明确了办事机构，制定了工作规则。经过认真、仔细、周密的工作，有效地发挥了行政复议在监督和维护行政机关正确依法行使职权方面的作用，促进了法制工作水平的提高。行政应诉工作成绩显著，天津、广东、山东、湖南等不少地方新闻出版局积极参加行政诉讼活动，认真履行法定职责，既宣传了新闻出版管理的法规和政策，又有效维护了行政管理的权威性，体现出新闻出版法制工作依法行政的良好水平。例如，天津市新闻出版局在中美史克公司案和张信案件中，严格执法，积极应诉，在一审、二审中均胜诉，不仅赢得了对方当事人的理解，也受到人民法院的尊重，提高了新闻出版行政管理机关的声誉，在天津市一时传为佳话。在行政执法监督检查方面，新闻出版署和各地新闻出版局开展了多种形式的执法检查活动，达到了预期的目的，在加强执法监督检查工作规范化、制度化建设方面，进行了有益探索，并取得了进展。许多地方新闻出版局在当地人民政府的领导下，对建立行政执法责任制和考核评议制，加强执法队伍管理，做了大量工作，取得了宝贵的经验，如天津市、山东省、河北省、黑龙江省等。这些成绩的取得和法制工作经验的积累，为推动贯彻实施其他法规、规章，创造了有利条件，打下了良好的基础。目前贯彻落实三个条例进展顺利，并已经显现出良好效果。

第三，普法工作成绩显著。依照党中央、国务院和全国人大常委会的决定，按照全国普法办公室和新闻出版署的部署，经过各级新闻出版行政机关和全系统广大干部、群众的积极努力，我们顺利实施了《全国新闻出版系统开展法制宣传教育第二个五年规划》，取得了很大成绩。通过"二五"普法，全系统广大干部、群众的法制观念有了较大提高，增强了依法办事的能力和水平，推进了新闻出版法制建设，从而为发展新闻出版事业起了很好的保障和促进作用。在"二五"普法期间，涌现出了一批先进单位和先进个人，其中受到中宣部、司法部表彰的全国普法先进单位有天津市新闻出版局、河北省新闻出版局，先进个人有天津市新闻出版局的胡全贵同志、广西壮族自治区新闻出版局的肖允康同志；受到新闻出版署表彰的全国新闻出版系统普法先进单位有 47 个，先进个人 40 人。在总结"二五"普法经验的基础上，《全国新闻出版系统开展法制宣传教育第三个五年规划》的实施工作已经全面展开。

总之，党的十四大以来，我们坚持以邓小平理论，特别是邓小平关于民主法制的理论为指导，围绕依法治国，服务新闻出版工作，审慎立法、严肃执法、积极普法，新闻出版法制工作上了一个新的台阶。

二、坚持以党的十五大精神统一思想，深化对依法治国、依法行政的认识，把新闻出版法制工作摆到更加突出的位置

党的十五大以邓小平理论为指导，明确提出"依法治国"是党领导人民治理国家的基本方略，把坚持党的领导、发扬人民民主、严格依法办事统一起来，从指导思想上实现了执政党领导方式和国家政权运作方式的根本转变。依法管理新闻出版事业是依法治国的重要组成部分。

新闻出版工作者，特别是各级领导干部，要继续认真学习贯彻党的十五大精神，用党的十五大的精神统一思想，紧密结合新闻出版法制建设的实际，深刻理解依法治国，是党领导人民治理国家的基本方略，是发展社会主义市场经济的客观需要，是社会文明进步的重要标志，是国家长治久安的重要保障。要深刻地认识到，实现依法治国方略，推进建设社会主义法治国家的进程，对新闻出版法制工作提出了更新、更高的要求。要充分地看到，完成党的十五大提出的"对新闻出版业要加强管理，优化结构，提高质量"的重要任务，已经把新闻出版法制工作摆到更加突出的位置。要从加强管理的全局上把握，进一步加强新闻出版法制建设是全面加强和改进新闻出版工作的关键所在。这里必须强调，着重提高领导干部的法制观念和依法办事能力，不仅是落实党的十五大提出的加强法制建设的一项重要任务，而且是加强新闻出版法制建设的关键问题。对此，我要提出以下几点要求：

第一，各级领导要坚持把法制工作作为统揽全局、狠抓落实的重要内容。要从全局的角度，认识和把握法制工作面临的新矛盾、新问题、新情况，深入调查研究，精心部署工作，始终掌握统揽全局、协调各方的主动权。做好法制工作，关键也在狠抓落实。法制工作尤其是执法工作，直接面对的问题，往往都是复杂的、矛盾集中的问题，工作中的难点、热点问题，因此必须实事求是，脚踏实地、集中精力，扎实工作。事情要一件一件地去做，问题要一个一个地解决，防止和克服主观主义、官僚主义和形式主义，把统揽全局的精心部署与法制工作的各项任务结合起来，真正落到实处。

第二，牢固树立依法行政的观念，带队伍、促管理。一切政府机关都必须依法行政。首要问题是行政领导要牢固树立为人民服务的思想，增强依法办事的能力，以身作则，真正做到不违法、不越权、不以长官意志办事。领导干部要做出表率，带领机关和工作人员认真执行新闻出版的法律、法规和政策，依法管理，忠实履行自己的职责。最近召开的九届全国人大一次会议明确提出了政府机构改革的目标和原则，要求建设高素质的专业化行政管理干部队伍。要按照依法治国、依法行政的要求，提高新闻出版行政管理干部队伍的素质，认真转变机关职能，改进工作作风，提高办事效率，促进管理工作。对此，各级领导干部肩负的责任重大，任重而道远。

第三，适应管理方式变革的需要，努力学习法律知识，熟悉和掌握法律武器。我们的领导干部，在把学习理论放在首位的同时，一定要努力学习法律知识，熟悉和掌握法律这个武器。《出版管理条例》《音像制品管理条例》和《印刷业管理条例》等法规相继颁布施行，是在依法治国的进程中对新闻出版业管理方式的重大变革；《中华人民共和国行政诉讼法》《中华人民共和国国家赔偿法》《中华人民共和国行政处罚法》《中华人民共和国行政复议法实施条例》等法律、法规的普遍施行，要求新闻出版行政管理无一例外地必须进入依法行政的轨道。对这两点，必须有足够的认识。

《音像制品管理条例》《出版管理条例》《印刷业管理条例》构建了新的出版管理体制的法制框架，体现了党的出版工作的方针、政策的定型化、规范化，具有法律的稳定性、权威性，标志着新闻出版管理走向制度化、法律化。条例规定了出版者、印刷者、复制者、发行者的资格、权利和义务，区分了出版活动合法与违法的界限以及相应的法律责任，确定了各级人民政府新闻出版行政部门的职责、权限、管理方法和程序等内容，也就是说，管理者与被管理者都具有了明确的法律地位，两者之间形成了一种新型的法律关系。这种关系不同于上下级之间的行政隶属关系、人身的依附关系，而是具有法律上的对等的权利、义务关系。新闻出版业这种管理与被管理的地位、关系的变化，是近20年来我国政治、经济、社会关系变革的必然反映，也是新闻出版业管理方式发生变革的根源所在和必然结果。随着计划经济体制向社会主义市场经济体制转变，出版体制改革不断深化，新闻出版业主体多元化、利益多元化的趋势在加快、加深，出版活动和利益关系越来越复杂，过去的以直接管理为主的方式已不适应需要，必须向以间接管理为主的方式转变，转向依法管理，靠法制来规范、引导、保障和制约。所以这三个条例是改革的产物，更是对传统管理方式的根本变革。

"三法一条例"确立的行政诉讼制度、行政赔偿制度、行政处罚制度和行政复议制度，已经涉及规范和约束政府机关行政行为的主要方面，行政机关的具体行政行为必须有法定依据、符合法定程序。公民、法人对行政决定不服可以向上级行政机关申请复议，也可以向法院提起"民告官"的行政诉讼，法院经过审理可以依法撤销不合法的行政决定；公民、法人如果受到违法行政侵害，人身权、财产权受损失，可以要求行政赔偿。行政机关有什么权，有多大权，怎样用权，受谁制约和监督，是由法律决定的，这就是依法行政，我们各级新闻出版行政机关都必须进入这个轨道，没有任何法外特权。

适应依法治国、依法行政的需要，适应新闻出版业管理方式变革的要求，我们的领导干部一定要率先更新知识、更新管理观念，规范工作程序，丰富工作方法和手段，增强依法办事的能力。目前，新旧管理方式并存，在行政组织结构上，机关内部机构设置不尽合理、分工还不科学；在管理方法上，重事先审批，轻事中、事后监控、监管；在管理手段上，习惯直接指挥、命令，干预具体事务，使用执法手段意识还不够强……这些问题，需要领导同志结合机构改革实际，深入学习和调查研究，提出解决的思路和办法来。这也是学用结合，熟悉和善于依法管理、依法办事的表现。

以上几点，是我学习党的十五大精神，做好新闻出版法制工作的主要体会，可能有不全面、不准确之处，但愿与同志们共勉。

三、以建立健全行政执法制度、搞好执法队伍建设、加大执法力度为重点，推动新闻出版法制建设

当前，新闻出版法制建设的主要任务是，依照党的十五大和九届人大一

次会议提出的依法治国、依法行政的各项要求，围绕新闻出版工作的中心任务，继续完善立法，以建立健全行政执法制度、搞好执法队伍建设、加大执法力度为重点，推进新闻出版法制建设。在前一个时期新闻出版立法取得突破性进展的基础上，加强和改进行政执法工作，就成为今后一个时期法制工作的一个重点。一方面，我们要围绕《出版管理条例》《印刷业管理条例》《音像制品管理条例》的贯彻落实，继续抓紧各项配套规章和实施办法的制定工作；另一方面，我们更要集中力量在抓好行政执法上下功夫。新闻出版署年前已颁布施行《出版管理行政处罚实施办法》，依法行政，又迈出了重要一步。目前，我国法制建设中的一个突出问题是，法律的权威还没有真正树立起来，一些法律没有得到有效的实施，有法不依、执法不严、违法不究的现象还比较普遍和严重地存在。在新闻出版领域，同样不可忽视这样的问题。因此，我们必须采取切实有效的措施，以建立和实行新闻出版行政执法责任制为中心，加强和改进行政执法工作。

第一，继续完善立法。目前，贯彻落实《出版管理条例》，制定配套的规章和实施细则，还有大量的工作要做。《报纸出版管理规定》《期刊出版管理规定》《出版物进口管理规定》等要抓紧制定出台。进一步重视立法调研工作，要结合深化出版体制改革的实践，确定题目，围绕法规、规章的"立、改、废"深入分析研究，适时提出立法项目和方案。各地新闻出版局也要结合本地实际，根据国务院颁布的三个条例，对地方性立法提出建议和意见。

完善立法工作，要依照党的十五大提出的要求和国务院的部署，着重提高立法质量，增强法规、规章的针对性、严密性和有效性。在我们这个立法层次上，应当自觉地维护社会主义法制的统一和尊严，反对和抵制部门保护主义、地方保护主义，不超越职权立法或对法律、法规擅自解释，不打"规章仗"，决不干扰、冲击法律、法规的正确实施，更不能在国家法律体系之外自搞"部门体系"或"地方体系"。这是重大的政治原则问题，不能含糊。当前要密切注意两个问题：①要与深化出版体制改革相适应，处理好立法与改革的关系，特别是关于建立统一、活跃、有序的出版物市场的立法，决不应有地方保护、分割市场的内容，影响甚至阻碍改革的深入。②要体现机构改革精神，对机关权力自觉加以规范、制约、监督。要在切实转变机关职能的前提下，研究明确机关该管什么、不管什么；要根据精简、统一、效能的原则，简化手续和程序，方便基层、方便群众，立法不能太多太繁；要使权力和利益彻底脱钩，不能搞"权力均等、利益均沾"；要防止滥用权力。此外，立法要坚持讲究立法技术、讲究法理逻辑和条文体例，力求条文言简意赅、通俗明了。立法工作是一项政治性、专业性都很强的工作，立法工作人员一定要不断提高政治素质和业务素质，当好领导的参谋和助手。

第二，建立和实行新闻出版行政执法责任制。党的十五大报告明确提出："一切政府机关都必须依法行政，切实保障公民权利，实行执法责任制和评议考核制。"按照这一要求，新闻出版署在吸收和借鉴各地建立和实行执法责任制经验的基础上，草拟了《关于建立和实行新闻出版行政执法责任制的意见》，经这次会议讨论、修订后，将尽快正式印发各地贯彻执行。

建立和实行执法责任制，是当前加强和改进执法工作，保证新闻出版管理的各项法规、规章有效实施的重大措施，是贯彻落实党的十五大要求，推进依法行政，加强新闻出版业管理的必要步骤和重要举措，对机构改革、转变机关职能、推进新闻出版法制建设和管理方式的变革以及对建立办事高效、运转协调、行为规范的新闻出版行政管理体系都将产生深远影响。目前建立和实行执法责任制，条件具备，时机成熟。我们务必要不失时机地通过这项工作，把行政执法的责任书制度、岗位责任制度、评议考核制度、公开制度、监督检查制度、过错责任追究制度等建立并完善起来，努力使法制工作取得突破性进展，切实做到有法必依、执法必严、违法必究。这次会议上，天津市新闻出版管理局着重介绍了他们推行执法责任制的经验，其他单位的经验也涉及了这方面内容。大家还对《关于建立和实行新闻出版行政执法责任制的意见》进行了认真讨论，广泛交流了意见，对推行执法责任制的基本做法和要领有了进一步的了解。通过这次会议，做好推行新闻出版行政执法责任制的准备，思想认识、行动措施都要到位。署党组非常重视这项工作，把它作为加强和改进执法工作的中心任务来部署，要求年内全面展开，两年初见成果，三年大见成效。各地的领导同志要高度重视，把它作为关系全局的重要工作来抓，统筹安排、精心部署、分步实施。新闻出版署将集中力量督促检查，狠抓落实，坚持不懈，务必抓出成效。

第三，加强执法队伍建设。建设一支高素质的新闻出版行政执法队伍，是推进法制建设的需要，也是加强管理的需要。要以建立和实行执法责任制为契机、以加强执法人员的资格和证件管理为手段、以执法前岗位培训为重点、以全面提高素质为目的，建立高效、廉洁的执法队伍。全国新闻出版行政执法将实行统一的执法证件管理，《中华人民共和国新闻出版行政执法证管理办法》颁布施行后，各地各部门要严格依照规定发放、使用和管理，保证严肃、认真、细致、无差错地完成这项工作。岗位培训要精心组织安排，讲求实效，反对形式主义。举办各类、各种形式的培训班，要厉行节约，反对奢侈浪费。要对执法人员加强党性教育、法制教育，增强其责任心和依法办事的自觉性。所有执法人员都要牢固树立为人民服务的思想，密切联系群众，改进工作作风，提高办事效率，做人民满意的公务员。新闻出版署将在适当时候，组织评选、表彰全国新闻出版系统先进执法单位和先进执法人员，引导和促进执法队伍建设。

第四，深入开展普法教育。普法教育是法制工作的重要组成部分，要一如既往地抓紧抓实这项工作，不能有丝毫放松。《全国新闻出版系统开展法制宣传教育第三个五年规划》自发布施行以来，各地已经积极行动起来了，做了大量工作。目前，要按照普法工作的要求，督促检查"三五"普法规划执行情况，发现问题，及时改进。在今明两年，各级新闻出版行政机关要安排全体干部、群众进一步学习《出版管理条例》《音像制品管理条例》和《印刷业管理条例》，全面掌握其内容，深入理解其精神。同时，要在今年集中安排一段时间组织全体工作人员深入学习《中华人民共和国行政处罚法》和《中华人民共和国国家赔偿法》及《出版管理行政处罚实施办法》，进一步提高依法行政的观念和行政执法的水平，而且还要结合工作实际，把社会主义市场经济的有关法律知识普及好、学习好。新闻出版署政策法规司组织编写的《全国新闻出版系统"三五"普法读本》最近已经出版，可作为我们这个系统普法教育的教材。普法教育工作，任务明确，措施清楚，这里我就不多讲了，一句话：关键在落实。

四、进一步充实法制工作机构的力量，
不断提高法制工作水平

多年来的实践证明，各级新闻出版部门的法制工作机构在新闻出版法制建设过程中，占有重要的位置，具有不可替代的作用。法制建设所取得的成绩与法制工作机构的努力是分不开的。当前，新闻出版法制建设面临新的形势、新的任务，对法制工作机构提出了新的、更高的要求，因此，各级法制工作机构必须充实力量、提高工作水平。

第一，要充实力量，在过去建立健全法制工作机构的基础上，着重把干部配备好。国务院多次强调，加强政府部门法制工作，必须有一支政治素质和业务素质较高的法制工作专业队伍。我们各级领导要继续采取切实有效的措施，坚持选拔思想好、作风正、有丰富的法律知识、专业知识和行政工作经验的同志从事法制工作，并为他们开展工作创造必要的条件，充分发挥他们的作用。法制工作机构的同志要增强责任感，认清形势、振奋精神、增强信心、扎实工作。要努力学习，不断提高自身的政治素质和业务素质。要善于总结工作经验，开拓进取，提高工作水平。

第二，要发挥好法制工作机构的"三个作用"：一是领导的参谋和助手的作用；二是行政执法的监督检查作用；三是行政执法的"助推器"作用。当好参谋和助手，一要领导重视，二要努力工作、积极争取，必须有高度的责任心和高质量的工作水平。执法监督是法制工作机构的一项重要职能，行政复议、行政应诉是一项重要、繁重、复杂的工作，要继续做好；执法的监督检查要按照执法责任制的要求向规范化、制度化的方向努力。另外，法制工作机构虽然不处在执法的第一线，但仍然有指导、协调的责任。执法涉及的问题政策性强、矛盾复杂、程序严格，需要加强指导；执法过程中的某些环节，法制工作机构直接负有协助领导把关的职责；执法工作中所反映出的重大问题，要及时向领导同志提出意见和建议，并按照领导的意见和要求提出行动方案。这些方面的工作归结为一点，就是要发挥好"助推器"的作用。

第三，法制工作机构面临繁重的任务，既要脚踏实地、狠抓落实，又要分清轻重缓急，知关节、得要领，善于举重若轻。要按照基础工作、当前工作、重点工作这三方面进行工作布局，统筹安排力量。基础工作，就是围绕依法治国、依法行政，推进新闻出版法制的程序化、规范化、制度化建设；当前工作，就是围绕新闻出版工作的中心任务，集中力量，着力解决涉及全局的突出问题；重点工作，就是围绕本机关工作前沿的难点、热点问题，及时为领导提供法律咨询，做好法律服务工作。

关于《中华人民共和国著作权法
修正案(草案)》的说明*

我受国务院的委托,现就《中华人民共和国著作权法修正案(草案)》做如下说明:

著作权法自 1991 年 6 月 1 日实施以来,对保护著作权,激发创作积极性,促进经济、科技发展和文化、艺术繁荣,起了积极作用。同时,经济、科技和文化的发展,改革不断深化,也给著作权保护制度提出了一些新问题,主要是:①著作权保护的客体和著作权的权利种类增多,著作权法已经难以完全适应;②盗版之类侵权活动愈演愈烈,需要增强打击力度;③随着我国相继参加一批国际著作权条约并与一些国家或者地区签订著作权协议,如何恰当处理履行国际义务与对国内著作权保护的关系问题较前更加突出。因此,对著作权法进行适当修改,是必要的。

国家版权局和国务院法制办经过总结实践经验、认真调查研究、广泛征求意见并参考有关国际条约,拟订了《中华人民共和国著作权法修正案(草案)》(以下简称草案)。草案已经国务院第十次常务会议通过。

此次修订,始终注意把握三条原则:①正确处理著作权人和作品使用者之间的关系,着眼于鼓励作者的创作积极性,同时有利于文化、艺术、科学作品的传播并强化对侵权行为的打击力度。②正确处理对内与对外的关系。对外国人的作品,按照我国缔结或者参加的国际条约承担国际义务,给予保

＊ 这是于友先同志 1998 年 11 月 28 日向全国人民代表大会所做的关于《中华人民共和国著作权法修正案(草案)》的说明。

护。对我国公民的作品，从基本国情出发，借鉴国际上著作权保护制度的新发展，适当提高保护水平。③对新技术引起的著作权保护问题，凡是看得准的，予以修改；凡是国际上尚在探索、国内各有关方面意见分歧较大的问题暂不修改。

现就草案中的主要问题说明如下：

一、完善著作权中的财产权

著作权包括人身权和财产权。现行著作权法第十条对人身权规定了4项（发表权、署名权、修改权和保护作品完整权），并且对每项权利的基本内涵做了界定；但是，对财产权仅规定了使用权和获得报酬权，这些规定是比较原则性的规定。考虑到著作权中的财产权是著作权人的重要民事权利，法律对此应当做出具体规定。因此，草案借鉴国际上的通常做法，根据各方面达成的共识，将著作权中的财产权规定为10项（复制权、发行权、出租权、展览权、公开表演权、播放权、摄制权、改编权、翻译权、汇编权），并且对每项权利的基本内涵做了界定（草案第四条第三款）。这里，需要说明两个问题：

一是，参照《关贸总协定与贸易有关的知识产权协议》的有关规定，将出租权确定为著作权人的一项独立的财产权利，但是出租权行使的范围仅限于计算机程序和电影作品。草案规定：著作权人享有"出租权，即以有偿方式许可他人临时使用电影作品和以类似摄制电影的方法创作的作品、计算机软件中的程序的权利，计算机软件中的程序本身不是出租的主要标的除外"。

二是，参照《伯尔尼公约》关于著作权人的公开表演权，既包括通过演员的现场表演，也包括通过技术设备公开再现作品或者作品的表演（即机械表演）的规定，草案规定：著作权人享有"公开表演权，即通过演员的声音、表情、动作在现场直接公开再现作品，以及通过放映机、录音机、录像机等技术设备间接公开再现作品或者作品的表演的权利"。

二、在著作权保护的客体中增加数据库等汇编作品

现行著作权法第十四条规定对"编辑作品"予以保护。实践中，所谓"编辑作品"仅指由若干作品或者作品的片断汇集的作品，而没有将由不构成作品的材料汇集成的有独创性的汇编作品如数据等作为保护对象。而数据库恰恰是一种重要的智力劳动成果，如果著作权法不予保护，对信息产业的发展是不利的。因此，草案依据国际条约的要求，将现行著作权法第十四条中的"编辑作品"改为"汇编作品"，将这一条修改为："汇编若干作品、作品的片段或者不构成作品的材料，对其内容的选择或者编排体现独创性的作品，为汇编作品，其著作权由汇编人享有；但是，汇编人行使著作权时，不得侵犯原作品的著作权。"（草案第六条）这样修改，数据库即可涵盖在汇编作品中。

三、增加对版式设计、装帧设计的保护

出版者的版式设计权、装帧设计权属于著作权的邻接权，是与著作权相关的一项独立的民事权利。现行著作权法对版式设计、装帧设计的保护问题未做规定。草案根据有关部门和专家的意见，借鉴国际上的通行做法，增加了版式设计、装帧设计保护的内容，规定："出版者有权许可或者禁止他人使用其出版的图书、报纸、杂志的版式设计、装帧设计。"（草案第十三条）

四、增加编写出版教科书使用他人作品的法定许可

一些国家规定，编写出版教科书使用他人作品属于法定许可的范围，即不经著作权人许可，就可以使用。考虑到教育事业是一项非营利的社会公益事业，全社会都应当给予大力支持，为了实施科教兴国的战略决策，草案增加规定："为实施九年制义务教育和国家教育规划而编写出版教科书，可以不经著作权人许可，在教科书中汇编已经发表的作品片段或者短小的文字作

品、音乐作品或者单幅的美术作品、摄影作品；但是，应当按照规定支付报酬，指明作者姓名、作品名称，并不得侵犯著作权人的其他权利。"（草案第七条）

五、增加著作权的转让

现行著作权法第三章仅对著作权许可使用合同做了规定，没有对著作权的转让做规定。随着社会主义市场经济的发展，著作权人转让财产权的行为势必越来越普遍。草案针对著作权中的财产权转让合同的具体特点，即它约定的可以是全部财产权的转让，也可以是部分财产权的转让，增加规定"转让著作权中的财产权，应当订立书面合同"，并且具体规定了合同的主要内容（草案第十一条）。同时，将第三章章名"著作权许可使用合同"相应地修改为"著作权合同"。

现行著作权法第七条规定："科学技术作品中应当由专利法、技术合同法等法律保护的，适用专利法、技术合同法等法律的规定。"这样规定，存在三个问题：①容易引起专利法、技术合同法等法律的效力高于著作权法的误解；②没有提商标法；③技术合同法即将被纳入全国人大常委会正在审议的统一合同法。因此，为了理顺著作权与商标专用权、外观设计专利权的关系，根据草案上述著作权中财产权转让的规定，将现行著作权法第七条修改为："经著作权人转让，使用其作品并依法取得的商标专用权或者外观设计专利权，受商标法或者专利法保护。"（草案第五条）

六、增加权利人可以通过依法成立的
社会组织行使其著作权

现行著作权法对著作权人和与著作权有关的权利人的权利做了规定，但是没有明确规定如何行使这些权利。这个问题不解决，由著作权中的财产权产生的法定获得报酬权往往会落空，各类作品的作者对此反映很强烈。著作权制度比较完善的国家的成功做法是，权利人通过著作权集体行使组织代为行使权利。目前，我国在这方面的实践经验还很不足，如何通过规范化的用人少、成本低、效率高的制度，切实维护权利人的权利，还需要有一个不断摸索的过程，尚难在著作权法中做出具体规定。因此，草案增加一条原则规定："著作权人和与著作权有关的权利人，可以通过依法设立的社会组织，行使著作权。行使著作权的社会组织，以自己的名义开展业务，并作为诉讼当事人进行与著作权有关的诉讼活动。具体办法由国务院规定。"（草案第三条）

七、增加权利人可以在起诉前向人民法院申请停止侵权

一些主要国家的著作权法规定，权利人如果发现侵权行为，可以在起诉前向法院申请停止侵权。这样规定，旨在及时制止侵权行为。我国现行著作权法未做类似规定。经与全国人大常委会法工委、最高人民法院的同志反复研究，认为：为保护著作权人和与著作权有关的权利人的合法权益，防止侵权后果的进一步扩大，规定权利人在起诉前申请人民法院责令停止侵权是必要的。因此，草案增加规定："著作权人或者与著作权有关的权利人认为他人复制、发行、播放其作品等行为侵犯其著作权，因情况紧急，不予制止将会造成难以弥补的损失时，可以申请人民法院责令停止复制、发行、播放等行为，查封、扣押、冻结有关财物。申请人提出申请，应当提供担保；不提供担保的，人民法院不予受理。""人民法院接受申请后，应当在四十八小时内作出裁定；裁定采取申请人要求的措施的，应当立即开始执行。""申请人在人民法院采取措施后十五日内不起诉的，人民法院应当撤销裁定。"（草案第十五条）

八、增加侵权赔偿的法定数额及侵权人的举证责任

现行著作权法对侵权行为人应当赔偿损失的民事责任做了原则规定。司法实践中，主要是依照民法通则的有关规定，根据被侵权人的实际损失或者

侵权人的非法所得，计算赔偿数额的。当被侵权人的实际损失和侵权人的非法所得都不能确定时，侵权案件就很难处理。经与最高人民法院商议，草案增加规定："在著作权侵权案件中，侵权人应当按照权利人的实际损失给予赔偿；实际损失难以计算的，可以按照侵权人的非法所得给予赔偿。""权利人的实际损失和侵权人的非法所得不能确定的，由人民法院根据侵权行为的社会影响、侵权手段和情节、侵权时间和范围、侵权人的主观过错程度，判决给予 50 万元以下的赔偿。"（草案第十八条）

此外，由于现行著作权法没有关于举证责任的规定，在查处盗版活动中，侵权行为人往往以"无过错"为由逃避法律制裁。因此，草案增加规定："侵权复制品的制作者不能证明其制作有合法授权的，侵权复制品的发行者、出租者不能证明其发行、出租的侵权复制品有合法来源的，应当承担法律责任。"（草案第十九条）

九、强化对损害社会公共利益的
侵权行为的行政处罚

现行著作权法第四十六条规定，侵权行为人除应当承担民事责任外，可以由著作权行政管理部门给予没收非法所得和罚款的行政处罚。近几年来，侵权盗版、盗播屡禁不止，活动猖獗，不仅严重侵犯了著作权人的合法权益，而且严重损害社会公共利益。根据国家关于对侵权制假加大打击力度的精神，草案加大了对社会危害性较大的著作权侵权行为的行政处罚力度，除保留了没收非法所得和罚款的行政处罚外，增加规定著作权行政管理部门或者出版行政管理部门有权没收侵权复制品及主要用于制作侵权复制品的材料、工具、设备等；并明确规定，构成犯罪的，依法追究刑事责任（草案第十七条）。

此外，为了在表述上准确地规定保护外国人作品的著作权的法律适用问题，草案将现行著作权法第二条第二款、第三款合并为一款，并根据我国对待国际条约的法律原则做了修改（草案第一条第二款）。

我的说明完了，请审议。

加强管理，依法行政，全力推动反盗版联盟工作，加快建立有中国特色的著作权保护制度*

在世纪之交的时候，我们召开这次版权工作会议，有着非常重要的意义。过去两年中，在党中央、国务院的领导下，各地版权局按照国家版权局的统一部署，围绕着全党全国的工作大局，努力开拓，做了大量卓有成效的工作，取得了较大的成绩。在此，我代表国家版权局向全国版权战线上的同志们致以崇高的敬意与衷心的问候。

今天我主要讲三个方面的问题：一是对过去两年工作的简要回顾；二是对建设有中国特色版权保护制度的一些思考；三是要加强管理，依法行政，全力推动反盗版联盟工作。这也是我们这次全国版权工作会议的主题。

一、对过去两年版权工作的简要回顾

过去两年里，虽然工作头绪较多，任务繁重，但版权管理工作依然取得了较大的成绩。版权管理机关依法行政明显加强，打击盗版不断取得新战果，反盗版联盟工作向前迈进了一大步；著作权法修改工作全面展开，版权贸易规模不断扩大，宣传普法更加深入，干部素质明显提高。

在过去两年中，各级版权行政机关在依法行政与打击盗版方面都有明显加强。依照我国《行政处罚法》《行政复议法》等法律规定，国家版权局相

---

* 这是于友先同志 2000 年 3 月 22 日在全国版权工作会议上的讲话。

继出台了《著作权行政处罚文书示范格式》等一系列规范行政处罚的文件、规定，开展了行政复议等相关工作。这些工作使版权干部的依法行政水平和办案质量显著提高。各地版权局始终把打击盗版作为一项重要工作来抓，通过各种方式来强化这项工作。两年中，全国各级版权行政管理机关共受理各类版权案件2824件，其中结案2597件，结案率近92%；和其他行政执法部门一道收缴各类盗版制品2706万余件，特别是去年，收缴各类盗版制品数量超过以往最高年份的3倍多，受理案件及收缴盗版制品数量均为历年来最高的一年。自1998年1月国家版权局提出建立反盗版联盟号召以来，上海、江苏、重庆、四川、广东、贵州、安徽、吉林8个省市建立起了本地区的反盗版联盟。这些联盟的成立既为其他地区反盗版联盟的筹建提供了经验，也为国家版权局建立全国反盗版联盟奠定了基础。

过去两年中，国家版权局在国务院的直接领导下，积极协助立法机关修改著作权法，做了大量的、有针对性的意见收集、调研、讨论等工作。国家版权局和全国人大教科文卫委员会、国务院法制办多次联合召开有关修法会议，由国家版权局起草的修法草案反复易稿10余次。通过修法，向各级立法机关、各级领导进行了一次广泛、深入的著作权法宣传工作，在全国都产生了广泛的影响。这也为以后开展著作权法修改工作奠定了基础，意义深远。随着形势的变化，修改著作权法的工作现在又重新启动了。我们过去所做的工作是有价值的，且还将继续产生影响。

过去两年中，我国的版权贸易发展迅速。两年里仅引进图书版权就超过1万种。一大批科技、学术、经济管理类书籍的引进，为我们的现代化建设提供了有力的智力支持。同时，版权贸易运作逐步规范，水平不断提高。为进一步加强对版权贸易的指导与服务，国家版权局召开了"第二届全国版权贸易工作座谈会"，举办了"'98 BIBF全国版权贸易培训班"。上海、天津、北京、广西、江苏、吉林、内蒙古等地也通过各种形式加强了对本地区版权贸易工作的推动。上海成功举办了具有一定规模的"'99上海版权贸易洽谈会"，边远省份如内蒙古自治区的版权贸易工作也已全面启动。为使版权贸易工作走向深入，国家版权局还批准成立了中国版权保护中心，使其对作者的服务范围进一步扩大。中国音乐著作权协会在各地分支机构的建设及工作顺利开展。文字作品的版权集体管理机构即将建立，对其他作品的版权集体管理和表演艺术家权利的集体管理问题也已开始研讨。

过去两年全国的版权宣传普法及培训工作成绩明显。国家版权局的"中国版权保护图片展"、广东省版权局的"著作权法宣传周"、北京市版权局的电视节目宣传及深圳市版权局的版权宣传招贴画评选等活动都曾吸引大量群众，产生了较大的影响。公众版权意识不断加强。两年来，国家版权局通过举办"全国南北片地市级版权局长研讨班""新技术问题版权培训班"及出国培训进修等活动，使一大批版权干部特别是地市版权局干部的专业素质得到加强，使全国版权干部队伍的水平有了总体提高。从而为近两年版权行政执法水平的提高奠定了基础。还有的省局结合本省实际情况，将普法宣传培训与促进版权产业发展联系起来，开始有重点地帮助一些版权产业单位建立相关知识产权保护制度，从而将版权保护工作引向深入。四川、江苏等地是这方面的代表，它们在此方面的工作已取得初步成效，它们的做法值得各地借鉴。

过去两年中，中国与世界知识产权组织等国际组织及一些国家的交往与合作更加密切，版权国际交流进一步加强。国家版权局先后与世界知识产权组织、联合国教科文组织联合在华举办了国际版权研讨会；世界知识产权组织新任总干事依德里斯两次访华，江泽民总书记、朱镕基总理先后会见了依德里斯，北京大学、复旦大学还先后向依德里斯授予了名誉教授与名誉博士称号；世界知识产权组织第三十四届大会通过了制定《伯尔尼公约》中文版本的提案。中国版权代表团应邀访问了世界知识产权组织及美国、俄罗斯、德国、法国等多个国家，相互间的友好合作关系得到进一步加强。

在看到这些成绩的同时，我们也清醒地认识到工作中还有许多不足。我们的著作权法律还不健全，面对计算机与网络等新技术的发展，我们的版权保护在立法、司法等方面都还相对滞后。版权行政机关还缺乏有效的执法手段，打击盗版的力度还不够大，办法较少，经验不足，措施也不够得力，还没能在全国形成有效的合力。由于暴利的驱使，盗版现象仍有进一步蔓延的趋势。当前我们又面临着加入世界贸易组织这样一个新形势。既有机遇，又有挑战，这就是我们所处的环境。

如何迎接这较为严峻的挑战？根本出路在于建设有中国特色的版权保护制度。

二、进一步加强建设有中国特色的版权保护制度

什么是有中国特色的版权保护制度？我的初步理解就是建立一个既与国际版权公约相一致、适应国际版权发展潮流，又适应中国国情需要的版权法律体系，以及在此体系下的有效运行机制。建立并完善这样一个体系与机制，是国家版权局的总体工作思路，是我们在过去及今后相当长一个时期内的奋斗目标。

如果从 1979 年算起，我们已为这一目标奋斗了 20 多年。在这 20 多年的时间里，我们制订并颁布实施了《中华人民共和国著作权法》及部分配套法规，加入了三个主要的国际公约，从而初步建立起了司法与行政执法并行的、具有中国特色的版权保护体系。北京、天津、上海、广东、福建、江苏、四川、辽宁等许多省市的法院系统设立了知识产权审判庭，加强了对侵权案件的审理。全国各省及部分地市也已基本建立了版权行政管理机构，加强了版权行政执法与管理。此外，版权集体管理与代理等服务组织也相继成立，越来越多的公众开始具有版权意识。这些都说明，有中国特色的版权保护制度已具备了雏形，我们在这方面已迈出了一大步。

但这还很不够，这与我国现代化建设的需要，与发达国家相比，都还有相当大的差距。我们必须加快步伐完善目前的版权法律体系，尽快建立相应的运行机制。要做好这项工作，我们必须明确如下三个方面问题：

（一）建设有中国特色的版权保护制度既要积极借鉴发达国家的成功经验，但又不能简单地照搬照抄

发达国家的版权保护历史比我们长，经验也比我们丰富。他们有健全的法律体系，有完善的集体管理、版权代理等服务组织，权利人及一般公众的版权保护意识也普遍较高。英国的版权法已经实施了近 300 年，法国的文人协会（SGDL）、戏剧作者作曲者协会（SACD）等集体管理组织也都有一二百年的历史，由欧洲国家发起的《伯尔尼公约》也已实施了上百年。它们

在版权保护方面已积累了很多有益的经验，值得我们借鉴。但同时又要看到，中国是一个发展中国家，人口众多，各地发展不平衡，还处在社会主义初级阶段。经济发展、意识形态与文化传统等的不同，使我们不能照搬欧美国家的做法，也不能不加分析地、无条件地搞"国际接轨"。如果不加选择地将外国的做法机械地照搬照抄，肯定是行不通的。

在积极借鉴的同时，我们还要有所创造。发达国家走过的路，我们不必亦步亦趋地再重新走一遍，在有些方面我们是可以跳跃式地前进的。有些外国没有的东西我们可以在实践中发展。比如，在建立版权集体组织方面，我们虽没有什么历史、没有经验，但我们也有自己的一些优势。我们可以与中国文联、中国作协等组织密切合作，帮助权利人建立集体管理机构。

只有学会积极借鉴，只有依照中国的实际情况去努力探索，我们的版权保护事业才能健康发展。

（二）建设有中国特色的版权保护制度要与我国的现代化建设及经济发展的进程大体一致

建设有中国特色的版权保护制度需要一个过程，要与我国的现代化建设及经济发展的进程大体一致，而不可能单兵突进。对于有中国特色的版权保护制度的建设，我们既要尽心尽力、加快步伐，又要稳扎稳打、戒急戒躁。在目前的状况下，设想通过某种方式，一个早晨就将我国的版权保护状况彻底改变是不现实的。我们既要防止以初级阶段为由的消极等待、无所作为倾向，也要防止急躁情绪。这两种态度对我们开展版权工作都是有害的。

（三）要始终重视版权法的宣传普及工作

加强版权宣传应当是我们各级版权行政机关长抓不懈的一项工作。如何落实？我看重要的一条就是要不断加强版权相关法律的宣传力度，要探索行之有效的宣传方式，使版权宣传工作既普及又深入。国家提出了"科教兴国"的战略，要发展知识经济，要加入世界贸易组织，这一大背景对我们开展宣传工作是非常有利的，各级版权机关一定要抓住时机，努力做好这项工作。

当然，要做好这项工作的前提是我们自身首先要加强学习，学习好版权法律法规，掌握版权的最新发展动态。1997、1998 年，国家版权局分南北两片对全国各地市级版权局长进行了一次集中培训，取得了较好的效果。类似的培训工作要继续抓好。各省、自治区、直辖市版权局也要做好这项工作，力争在今后一个时期内，能使全社会的知识产权意识有较明显的提高，使中国的版权保护环境有明显的改变。

三、加强管理，依法行政，全力
推进反盗版联盟工作

下面，我着重就今年版权工作的一项重要内容——反盗版联盟工作讲几点意见。

仁干同志在年初的全国新闻出版局长会议上已介绍了国家版权局今年的工作要点。要点共10项，其中的核心就是要加强管理，依法行政，推动反盗版联盟工作，加大打击盗版力度。

加强管理，依法行政，是党中央、国务院向各级政府部门提出的要求，是依法治国的具体体现。国务院将今年作为"管理年"，说明了要抓好这项工作的决心。各级版权行政管理机关必须充分认识加强管理、依法行政的重要性，一切工作都要"严"字当头，结合工作实际，制定具体的措施，将这一要求坚决贯彻到全部工作中去。

依法行政是我们各级版权行政管理机关工作的出发点。就目前的形势需要看，加强打击盗版工作是各级版权行政机关落实依法行政的主要着眼点。国家法律规定了我们打击盗版的责任，我们就必须克服各种困难，千方百计地完成好这项任务。

围绕着打击盗版的一项重要举措就是要全力推动地方反盗版联盟的组建工作，并尽快建立全国反盗版联盟。经过两年左右时间的努力，现在成立全国反盗版联盟的条件已基本具备，国家版权局将在今后几个月内，完成全国反盗版联盟的组建工作。

前面说过，我们要积极探索建设有中国特色的版权保护制度，要依法行政，成立反盗版联盟正是我们在这方面的又一项重要探索。我们为什么要成立反盗版联盟，它的性质是什么，它与行政管理等部门是什么样的关系？这

是我们开展这项工作前必须清楚的几个问题。

（一）打击盗版工作所面临的严峻形势及盗版的危害

目前，严重违反著作权法的侵权现象仍然大量存在，在部分地区甚至还有愈演愈烈之势。这其中又以非法复制发行最为严重，如对图书、报刊、音像制品、软件产品和电子出版物的盗版。部分地区与工业产品有关的侵权盗版现象也很严重。盗版之徒绝大多数是明知故犯，为谋取巨额暴利不惜以身试法、铤而走险。他们利用一些行业尚不发达或处于无序发展的状况，利用某些行业管理上的漏洞，利用一些管理部门行政执法尚不到位，利用消费者愿意购买廉价文化制品的心理，乘虚而入，非法牟利。在 CD、VCD 这些新媒体形式出现和发展过程中，屡屡泛滥的盗版浊流就是如此。目前，迅速发展的 DVD 产业也面临了同样的问题。为了抢占市场，少数盗版者甚至打出了自己的盗版"品牌"。现在，盗版分子的设备越来越先进，资金越来越雄厚，盗版的地下网络越来越广泛与严密，盗版的手段也越来越狡猾和隐蔽。这些都使打击盗版的难度加大。

其次，我们要对信息社会作品创作的新特点及盗版泛滥给社会和民族带来的巨大危害有充分的认识。随着科技的进步、经济的发展和生活水平的提高，人们对文学、艺术和科学作品的要求越来越高；一些作品的创作科技含量越来越高、投资越来越大。这在影视、电子出版物及软件等领域尤其突出。但同时，对这类作品的复制却越来越简单，这就使盗版变得非常容易。于是，就出现了经过艰苦创作及大量投资而成的作品，只要受欢迎，就立即被盗版的现象。盗版使作者的创作无法得到回报，使投资者血本无归，与之相关的众多从业者面临困境。这就从根本上挫伤了作者创作的积极性，一些民族电子产业人士因此才感叹："不怕微软，就怕盗版。"盗版不仅直接削弱了民族的创新性，危及了民族文化科学产业的生存和发展，也严重扰乱了国家的经济文化秩序，损害了我国的国际形象。

面对这一严峻形势，我们既要一如既往地继续与盗版分子进行坚持不懈的斗争，同时也应冷静地分析形势，设法寻找新的解决办法。就目前的管理状况看，版权行政保护在某些方面还不能适应新形势的需要，如普遍存在发现盗版不够及时，信息不够畅通，各地区之间、版权部门与其他部门之间缺乏协调和配合，执法力量不足、执法力度不够等问题，尤其是面对严重复杂的盗版案件，往往显得我们办法不多。

因此，要更有效地打击盗版、依法行政，就必须尽快探索新的解决办法与措施。我们采取的新措施之一就是成立反盗版联盟。从我国目前的实际出发，结合发达国家的一些做法，我们认为通过成立反盗版联盟来配合版权行政机关加强打击盗版，应是一条行之有效的途径。

（二）建立反盗版联盟的有利条件

从目前来看，建立反盗版联盟至少有如下几个有利条件：

第一，成立反盗版联盟符合版权保护的内在规律。这一点已为许多国家的实践所证明。版权保护从根本上讲，应是版权所有者及其他相关权利人对其利益的维护。只有调动起著作权人和有关权利人的自我保护的积极性，让他们行动起来，依法捍卫自己的权益，这一工作才算落到了实处。帮助权利人提高版权保护意识，使他们能够独立或有组织地利用法律来自我保护，既是版权保护的根本出发点，也是权利人行使其权利的有效手段。版权保护先进的国家，除了有完善的法律体系、服务体系外，权利人通过建立自己的专门保护机构或组织，从而达到有效地保护自己权利的目的，是其最显著的一个特点。这些国家的版权企业大多都有专门负责版权的部门或人员，在企业之间有专门的行业保护协会，在国际间则有跨国的国际保护协会。像国际唱片业协会代表着全球几大跨国唱片公司和1000多个中小型唱片公司，美国电影协会代表着好莱坞几大电影制作和发行公司，美国商业软件联盟代表着微软等多家大软件公司，等等。这些组织都设有专项反盗版基金，专门的反盗版人员，其任务就是负责对盗版的调查、鉴定和起诉，维护会员的权益。我们说要积极借鉴国外的一些经验，这一经验就值得我们借鉴。

第二，成立反盗版联盟也是中国版权产业界的需要。近年来，在保护知识产权的大环境下，特别是在我们的努力工作下，权利人的自我保护意识已逐步增强，作者和其他权利人的权利意识加强了，他们的团体保护意识也加强了。有的协会也专门设立了分支机构负责版权工作，如文联、作家协会、软件联盟、出版协会、音像协会等。面对盗版，部分分散行动往往是势单力薄、作为有限，在发现线索、举证等方面都困难重重，所以，它们非常需要有一个真正能帮助它们解决盗版问题的组织。只要能把盗版打下去，它们是愿意出钱出力的。上海、江苏、四川等地反盗版联盟的工作已证明了这一点。我现在还兼着中国出版工作者协会（简称中国版协）的主席，我对出版界感受最深、最直接的一点就是，我们的出版单位要求打击盗版的呼声比任何时候都高，行动比任何时候都积极。从我们已经成立的反盗版联盟的成员中也可以看到，出版社占了很大的比例。

第三，成立反盗版联盟，可以进一步发挥版权行政管理机关的优势。版权行政管理的优势主要有三点：一是有著作权法赋予的行政执法权力，特别是行政处罚权。二是在行政处罚过程中，我们可以依法就侵权的民事赔偿进行调解和责令侵权人赔偿。这是版权管理部门特有的职能。通过为权利人获得赔偿，可以使权利人真正得到实惠，从而进一步激发他们的积极性。三是我们拥有一支有着一定管理经验、素质较高、责任心较强的版权管理队伍。

我们开展打击盗版工作有时之所以出师不利，一个重要原因就是我们不能及时掌握重要信息、线索与证据。如果反盗版联盟能够迅速提供准确的盗版信息，就会使版权行政管理机关迅速做出反应，对盗版者及时地给予打击。

上述这两方面，就是我们提出建立反盗版联盟的根本原因，也是我们全力推动反盗版联盟工作的基本原因。

（三）反盗版联盟的性质与特点

我们提出建立的反盗版联盟与外国的相关权利人组织有同有异。各地的反盗版联盟是在各级版权行政管理机关领导下的权利人自我保护的组织；它由权利人个人、单位和团体组成，同时聘请版权管理部门、其他相关部门和组织以及所有与打击盗版有关的单位与人员参加。反盗版联盟一般应设有专门的工作人员，活动经费自己筹措；它的主要任务是为联盟成员寻找其作品被侵权盗版的线索，取得盗版证据，代表成员向版权管理部门或法院投诉，以求得对侵权人的处罚及向侵权人索赔；它也可以协助版权管理部门对侵权盗版行为进行调查、举证和鉴定，请求版权管理部门调解和责令侵权人赔偿等；同时它还可以进行版权保护的研究、宣传和培训等工作，但根本的一点是帮助权利人打击盗版。

反盗版联盟的名称和组织形式可由各地根据具体情况决定。可以成立新的组织，也可以利用现有的组织加以改造、调整和完善。

建立反盗版联盟，就是要建立一种打击盗版的新机制。即通过反盗版联盟对盗版的快速发现、取证与举报，使版权行政管理机关或司法机关能对盗版给予及时的打击，并使权利人能够得到赔偿的快速反应机制。

（四）要明确与反盗版联盟有关的几个关系

为保证反盗版联盟工作的顺利进行，在开展这项工作时，我们还应明确与反盗版联盟有关的几个关系。

第一，反盗版联盟和版权行政管理部门的关系。这方面，前面已经讲到，这里只强调一点，就是版权管理部门对反盗版联盟是指导关系。反盗版联盟是权利人的组织、社会团体，而版权管理部门是政府机关，是行政执法的主体，这是不能混淆的。我们必须严格依照著作权法和行政处罚法对盗版行为进行行政处罚。

第二，打击侵权盗版和"扫黄打非"的关系及与其他行政管理部门的工作关系。打击侵权盗版和"扫黄打非"既有区别又有联系。区别在于，"扫黄打非"打击的重点是反动的、黄色的出版物及各种非法出版活动。对非法出版物的认定主要依据出版行政管理法规。从表现形式看，是出版物内容或出版程序违法违规。各有关行政部门，如新闻出版、工商、文化等管理部门，在处理非法出版物时，是依据有关出版、工商和文化市场管理方面的法律法规来行使自己的职权。打击侵权盗版和"扫黄打非"又有联系，主要体现在两个方面：①"扫黄打非"包括的范围十分广泛，特别是将"侵犯著作权犯罪的行为"也纳入其中。因此，司法部门可以对有可能构成犯罪的侵权行为进行立案侦查。②有些非法出版物内容不违法，而是在出版程序上违法。这类非法出版物多数又未经著作权人和有关权利人的授权，是侵权盗版制品。所以，对这些非法出版物，版权管理部门和其他行政管理部门可以分别依据不同的法律和法规进行查处。

因此，其他行政管理部门行使职权，并不影响我们版权管理部门依法对侵权盗版行为进行处罚。由于"扫黄打非"也包括了打击盗版活动的内容，反盗版联盟应积极地参与和配合"扫黄打非"工作。同时，要聘请有关部门加入反盗版联盟，在我们开展打击盗版工作时取得他们的支持与配合。

第三，反盗版联盟和权利人组织的关系。反盗版联盟应尽可能多地发展和吸收与版权有关的权利人组织加入，如作家协会和文联下属的有关协会，以及出版协会、音像协会、软件联盟等各种版权产业协会，它们应当是反盗版联盟的中坚力量。

第四，反盗版联盟与版权服务机构的关系。反盗版联盟应广泛地与版权服务机构，包括版权代理机构、版权法律咨询机构和律师事务所等建立联系，利用他们的优势，也可以请他们加入反盗版联盟。

对上述这四个方面，我们必须有清楚的认识。只有具备了这样的认识，我们才能将权利人动员起来，才能说服其他相关部门支持配合这项工作，才能得到社会的理解与赞同。只有具备了这样的认识，反盗版联盟的工作才能持续走向深入，打击盗版才能有广泛的社会基础、才能有成效。

这次会议后，全国反盗版联盟将进入具体、紧张的组建阶段。这期间，希望已经筹备就绪或正在筹备的地区也要加快步伐，尽早建立本地区的反盗版联盟。还没有筹备的地区，要积极创造条件，力争早日组建。各地在筹备和组建中，要注意借鉴兄弟省市的成功经验，结合本地区的实际，建立符合自己特点的反盗版联盟。反盗版联盟犹如打击盗版的一张网，这张网越大越密，盲点越少，打击盗版的威力就越大。这里还要强调一点，就是无论是否成立了反盗版联盟，各地版权行政机关都要认真做好版权行政执法工作。没有成立反盗版联盟的地区，其版权局也要在调查、取证、鉴定及行政处罚等各方面积极配合。各地版权行政管理机关都要为织就这张网做出自己的贡献。

加强管理，依法行政，推动反盗版联盟工作，加快建设有中国特色的版权保护制度是我们今后一个时期工作的重中之重，一定要努力将这项工作做好。

我们今年要做的工作还有很多，除了上述中心工作外，我这里再强调三点，即推动著作权法的修改，帮助版权产业单位建立自身的知识产权保护制度及稳定版权队伍。

推动著作权法的修改，是今年各级版权管理机关的另一项重要工作。在过去两年中，许多地方版权局在这方面也做了相当多的工作，并已取得了一定的效果。今年要继续做好这项工作。国家版权局已将著作权法修改草案征求意见稿印发给大家，希望同志们要拿出一些时间认真阅读、研究一下，提出修改意见。这次修法中的有些条款，就是为了加强打击盗版而制定的，大家应予以特别的留意。各地版权局一定要继续积极参与这项工作，不要错过机会。只有各方面互相协作，修改著作权法工作才能顺利完成。

帮助相关版权企业建立健全自身的版权保护制度，使企业重视并最大限度地发挥知识产权的价值，努力促进版权产业的发展，是知识经济发展的需要，是加入世界贸易组织的需要，也是贯彻落实党的十五大精神的需要。这是近两年地方版权局探索出的一条新路。四川省、江苏省版权局已在此方面做出了有益的尝试。四川省版权局在首批版权保护试点单位的试点，江苏省版权局在南通市志浩轻纺市场建立的版权制度，都已取得初步成效。这两省的做法是创造性的，非常值得其他地区学习。版权工作对我们来讲，还是一个全新的工作，因此，就要有这种创新精神。

最后，我要说一下队伍建设问题。现在各地正在进行机构改革，地方版权局都面临一个人员精简的问题。目前绝大多数省市的新闻出版局（版权局）机构已定下来，下一步主要是局内的处室设置问题。请各位版权局长一定要注意你那里的版权队伍建设。各地版权处本来人数就不足，有的编制还不满，如果再精简，版权局就徒有虚名了。版权局的工作是一个很重要的方面，要做得好，必须有人员数量与素质的保障。如果也简单地一刀切，按比例往下减，我们日益繁重的版权工作就根本无法完成。所以，各地版权局在机构改革中一定要稳定好自己的版权队伍。

四、少儿出版

努力为培养跨世纪人才服务，促进少儿读物出版整体水平再上新台阶*

一、改革开放以来，少儿读物出版工作成绩显著

党的十一届三中全会以来，少儿读物出版事业有了很大发展，成绩有目共睹。我对这 18 年来，少儿读物出版工作的发展，有一个总的概括：方向明确，措施有力；适应读者，重视规划；素质提高，队伍稳定；发展迅速，成绩显著。

18 年来，从少儿读物出版的整体发展特点来看，大致可分为两个阶段：第一个阶段是 70 年代末到整个 80 年代，第二个阶段是 90 年代初到现在。

第一个阶段的重要标志是"庐山会议"。70 年代末到 80 年代初的 4 年里，为发展少儿读物，国家出版局①曾先后主持召开了 3 次全国少儿出版工作会议，即 1978 年的庐山会议、1980 年在北京召开的"进一步加强少年儿童读物出版工作座谈会"和 1981 年在山东召开的"全国少年儿童读物出版工作会议"。

当时的会议着重解决了指导思想问题，使广大少儿出版工作者解放了思想、增强了信心、明确了方向；提出了工作要求，要给少年儿童提供更多更好的精神食粮，少儿读物要有鲜明的少儿特点，要富有知识性、趣味性、多样化；同时制定了《1977—1980 年部分重点少儿读物出版规划》。随后少儿

---

　　* 这是于友先同志 1996 年 10 月在第三次全国少儿读物出版工作座谈会上的讲话。原载《新闻出版报》1997 年 6 月 3 日。

　　① 见本卷第 217 页注①。

出版进入了良性发展阶段。这里特别要提一下庐山会议上制定的 29 种重点图书规划，它的作用不只是出版了 29 种好书，而是通过这些重点书带动了整个少儿读物出版的发展，为少儿读物出版整体格局的形成开了一个好头。到 80 年代末，在全国少儿出版工作者的努力下，全国少儿读物出版的整体格局已基本形成，主要表现在：

队伍建设方面，已初步形成有 29 家少儿专业出版社的出版体系，编辑队伍近 2000 人。

出书方面，品种数量逐年增长，尤其是新书品种增长迅速，在年出书结构中，一般都占 70% 多。到 1989 年年出书已近 3000 种，印数 1.3 亿册。

在形式上，也逐渐摆脱了单一模式，趋向多样化。

虽然这个阶段的发展特点主要是以品种数量增长为主要特征，但好书的比重还是相当大。例如，"少年百科丛书"、《中国通史故事》、"少年自然科学丛书"、《365 夜故事》、《大地之子——周恩来的故事》、《上下五千年》等，在小读者中都产生过巨大影响。

进入 90 年代，少儿读物出版逐步走向全面繁荣发展阶段。其特点可以概括为以下几个方面：

第一，党和国家对少儿出版工作给予了高度的重视和关怀。从加强社会主义精神文明建设，培养跨世纪的接班人的战略高度出发，党中央和国务院对少儿出版工作给予了高度的重视。江泽民总书记和李鹏总理等党和国家领导人对少儿出版工作极为关怀，多次做出重要指示。江泽民总书记在给上海美术电影制片厂的信中提出："少年儿童是中华民族的希望和未来。实现我国社会主义现代化建设第三步战略目标的历史重任，最终将落在这一代少年儿童身上。帮助他们从小树立起为中华民族全面振兴建功立业的远大志向，把他们培养成为有理想、有道德、有文化、有纪律的社会主义新人，是文艺工作者的历史责任。"[①] 江总书记的这些话，不仅是对文艺工作者提出的要求，也是对所有少儿出版工作者的要求。1996 年"六一"前夕，江泽民总

---

① 见共青团中央、中共中央文献研究室编：《毛泽东　邓小平　江泽民论青少年和青少年工作》（增订本），中国青年出版社、中央文献出版社 2003 年版，第 292 页。

书记又题词："出版更多优秀作品，鼓舞少年儿童奋发向上。"李鹏总理在1996 年 9 月 15 日专门为中国少儿出版物成就展题词："繁荣少儿出版事业，培养祖国四有新人。"这些题词成为少儿读物出版事业取得进一步繁荣发展的巨大动力。

第二，少儿读物的质量明显提高。重视质量，狠抓质量是 90 年代少儿读物出版工作的主题。这期间少儿读物出书规模增幅不大，基本保持在 80 年代末、90 年代初的水平，每年略有增减。但整体质量已有所提高，从内容到形式，从创作到编辑，从设计到印装均衡发展，同国家对出版事业的总体发展要求基本适应。

第三，重视少儿读物的出版规划工作，并注意抓落实。按照中央关于加强精神文明建设和繁荣少儿读物出版的指示和部署，中央宣传部和新闻出版署根据调整结构、控制总量、提高质量、增进效益的方针，采取了一系列重要措施，促进少儿读物出版的繁荣。1990 年制定并实施了《"八五"国家重点图书出版规划》，其中包括少儿读物选题 55 种，至 1995 年已基本完成；1993 年新闻出版署提出出版工作实现由以规模数量增长为主要特征阶段向以质量效益为主要特征阶段转移的战略部署；举办了两届"国家图书奖"，其中获奖的少儿读物 20 种，3 届全国少儿读物评奖，获奖图书共 288 种，中宣部举办了 5 届"五个一工程·一本好书"奖，其中获奖的少儿读物共 33 种，从 1994 年到 1996 年，中宣部和新闻出版署连续 3 年联合召开了 3 次少儿出版工作会议，即天津的全国少儿读物出版工作座谈会、北海的全国重点少儿读物出版规划会议和北京的全国少儿读物出版工作会议，这在中华人民共和国成立以来，从未有过；制定《"九五"国家重点图书出版规划》，其中专门设立"少儿读物子规划"；制定并实施了"中国儿童动画出版工程"（"5155 工程"）①；在全国范围内，进行了少儿读物质量大检查；举办了中国少儿出版物成就展和两届国际儿童图书博览会。

第四，少儿出版队伍的建设得到加强。进入 90 年代以来，全国少儿出版单位的总量虽然没有大的增长，但编辑队伍却增加了许多新生力量。各级

①　见本卷第 228 页注②。

新闻出版管理部门和出版单位都加强了对少儿编辑、出版人员的培训工作，使这支队伍的整体素质有了一定的提高。这是我们能够取得明显进步的重要基础。

第五，出版物的形式及媒体样式呈现出多种类、多层次、多角度、多样化的发展格局。客观地讲，90 年代以来，少儿读物出版取得的进步之大、成绩之显著，超过了第一个发展时期。但是如果没有前 10 年的恢复和发展，没有必要的数量规模增长和出版了一大批好书作为基础，也不会有现在的全面繁荣的局面。过去那种一提少儿读物出版就叫"小儿科"的论调可以休矣！少儿出版工作所取得的这些进展，极大地提高了少儿读物出版工作在整个出版工作中的地位，调动了广大少儿读物出版工作者的积极性，促进了少儿读物整体出版质量的提高。总的讲，有这么几个特点：

（1）调整结构，少儿读物出版结构更趋合理。各少儿出版单位在坚持少儿读物出版工作的正确方向、弘扬时代主旋律的同时，注意各学科、各门类选题合理布局，特别重视研究读者多方面和多层次的需求，出版资源得到了较为合理的配置。使少儿读物出版既符合精神文明建设的要求，也符合出版自身的发展规律。

（2）狠抓精品，少儿读物整体质量有所提高。近年来，少儿读物市场竞争日益激烈，要想在竞争中取胜，不仅选题要新颖，质量更要过硬。为此，各少儿社都在实施自己的精品战略，以精品开路，带动整体质量的提高。

思想品德读物，近年又有新拓展。基本改变了过去以我为主，我怎么写你就怎么看，灌输、说教的旧模式，在强调思想性的同时，更加注重趣味性、可读性。例如，对孩子进行思想和行为规范教育的《新三字经》《童规》和"中国少年'五自'丛书"——《跨世纪的一代》等，这些书之所以能在读者中产生巨大影响，是与其新颖的内容分不开的。爱国主义教育读物，如江苏少儿社的"爱我中华丛书"、中少社的《我们的母亲叫中国》、河北少儿社的"赤子丛书"、湖南少儿社的《中国革命史话》、浙江少儿社的《绘画本中国近代史》等，同以往同类书相比，可读性更强；介绍中华传统美德，新蕾社的《中华美德五千年》和21世纪出版社的《中华美德图说》，虽然选题相同，但因角度不同，读者层次不同，手法各异，都受到读者的好评。

知识类读物，尤其是科普读物这些年发展很快，成为90年代少儿读物出版的一个"热点"。这类读物或系统介绍基础科学知识，或介绍新科学新知识，都注意针对不同层次读者的需要，采用不同的编写手法，增强针对性，使孩子们看了，不仅掌握了科学知识，而且树立了热爱科学的精神。例如，上海"少年儿童出版社"的《少年自然百科辞典》、中国少儿出版社的《中国孩子的疑问》、新蕾出版社的"小太阳科学画丛"、海燕出版社的《神奇的南极》、接力社的《小精灵漫游动物世界》、明天出版社的"十分钟开视野丛书"等。

少儿文学作品历来是少儿读物出版工作的重点。但在80年代末、90年代初出现了一些新的情况。一些少儿作家由于尚未适应变化了的情况，难以准确把握当代少年儿童的阅读心理，因此，一时难以出现像《宝葫芦的秘密》《小布头历险记》《大皮靴叔叔》这样曾被争相诵读的作品；另外还由于少数人"闭门造车"，简单模仿或照搬国外的东西，寻求刺激和猎奇，其实并不为广大少儿读者所喜爱。当然也有出版社的原因，在选题开发、市场开拓方面缺乏应有的魄力。改变这种状况需要创作界与少儿出版界的共同努力。这些年来有些出版社在这方面也已经取得了一些可喜的进展。江苏少年儿童出版社的"中华当代少年小说丛书"和安徽少年儿童出版社的"青春风景线丛书"获得了"五个一工程"奖。上海"少年儿童出版社"的"巨人丛书"和《男生贾里》、江苏少年儿童出版社的"中华当代童话新作丛书"、浙江少年儿童出版社的"中国幽默儿童文学丛书"等，在第三届全国优秀少儿读物评奖中分获一、二等奖。在少儿文学处于低谷时，抓出这么多好作品来，很不容易啊！

出好面向农村的少年儿童读物，是少儿读物出版工作的一项重要任务。丁关根同志在参观少儿出版物成就展的时候明确指示："要多开发一些能够面向农村的少儿出版物。"天津会议的纪要里也强调了这一点。这些年经过上下一起努力，有了较大进步。许多出版社都在积极地想办法，争取有所作为。在各社选题结构里，面向农村的少儿读物也都占有一定的比例。例如，已出版的海燕出版社的"农村娃科普丛书"、明天出版社的"农村小学生课外读物丛书"，从内容、篇幅、定价等都充分考虑了农村小读者的需要和接受能力，做到物美价廉。

（3）树立"名牌意识"，形成自己特色。一个企业要有自己的名牌产品，一个出版社也要有自己的"看家书"。这样经过多年积累，这个出版社在出版界、在读者中就会形成独有的特色。这个特色一旦形成，就会成为一笔巨大的无形资产。没有特色的出版社是没有生命力的。近年来，随着"阶段性转移"① 的不断深化，很多少儿社注意发挥自己在人才、地区、资源等方面的优势，形成了一套独特的出版思路。例如，提起《十万个为什么？》、"365"系列，读者自然就想到上海"少年儿童出版社"；要看思想品德类读物，书店的同志会给你推荐中国少年儿童出版社、河北少年儿童出版社、新蕾出版社的书；提起低幼读物，人们会想起明天出版社、湖南少年儿童出版社、浙江少年儿童出版社的一系列精品图书；提起少儿文学，人们会说老有上海"少年儿童出版社"、新有江苏少年儿童出版社；要看中国自己的动画书，小读者会告诉你接力社的《神脑聪仔》、浙江人民美术出版社的《中华少年奇才》。

（4）抓规划、促进长期繁荣。改革开放到现在，我们共搞了3个少儿规划：庐山会议的规划和"'八五'规划"已经完成，"'九五'规划"中的"少儿读物子规划"也已开始实施。抓规划，是促进少儿出版长期繁荣的重要保证。从80年代到现在，少儿出版从一片"废墟"走向繁荣发展，已完成的两个重点规划起到了非常重要的推动作用。那些规划中的重点图书，至今仍然是少儿读物中的精品。重点规划的制定和实施，其意义不仅仅在于出了一批好书，更在于锻炼了编辑队伍，那些以往参与过规划实施的编辑，现在已成为少儿出版队伍中的骨干。抓规划，也锻炼了出版社，使一些刚成立的少儿出版社通过落实规划、抓重点、创牌子，获得了许多宝贵的经验，树立了信心，并逐渐成熟起来。

---

① 见本卷第5页注①。

（5）发展对外合作，参与国际竞争。近年来，少儿出版物的对外合作出版成效显著，在已谈成并出版的对外合作项目中，少儿读物的数量仅次于艺术图书。10多年里，全国少儿社同海外包括港台出版单位合作出版的少儿读物超过100种。同时我们还向110多个国家和地区出口了14种文版的少儿读物近千种，200多万册。对外合作与交流的加强，使我国的少儿读物在国际市场上形成了一定的影响，既弘扬了中华民族文化，也为我们参与国际市场的竞争提供了经验。

二、当前少儿读物出版中存在的若干问题

改革开放以来，少儿出版取得了很大成绩，成绩是主要的，是主流，特别是那些为少儿出版事业的繁荣辛勤工作、呕心沥血的广大少儿出版工作者，对他们的功绩我们要充分肯定、要铭记在心。但是在总结成绩的同时也要看到不足。少儿出版要面向21世纪，要为培养跨世纪人才服务，就要有更高的境界，要把眼光放得更远，要给自己提出更高的要求。只有这样，才能使我们的少儿出版事业在现有成绩的基础上，走向更大的繁荣。当前少儿出版工作中存在的不足，主要表现在：

第一，质量问题。这是出版界都很关心的一个问题，少儿出版尤其不能忽视这个问题，否则误人子弟。1996年新闻出版署组织了一次全国性的少儿读物质量大检查，抽查了15家出版社的少儿读物和中小学教学辅导图书共30种，其中优质品5种，合格品9种，其余16种均不合格，抽查的整体合格率仅为46.67%，从这次抽查的结果看可谓"亦喜亦忧"。喜的是几家老牌少儿社，没有吃老本，确实在质量上下了功夫，成效明显。例如，上海"少年儿童出版社"、中国少年儿童出版社、新蕾出版社及人民教育出版社的8种书的抽查结果均在合格以上。但问题更令人堪忧。其余的11家出版社的22种图书的抽查结果是：合格品以上的仅6种，不合格品竟有16种，其中有7家出版社被抽查的2种书均为不合格品；有2家少儿社分别抽查2种书,各有1种不合格。看了这样一个结果，我心里很难过，无颜以对成千上万的少年儿童啊！他们眼睁睁地期待我们多出好书，结果却是这样差错

411

百出！少年儿童是一张白纸，我们要给他们最新最美的、最正确的东西，千万不能给他们传输错误的知识。

第二，内容问题。1992年，一家美术出版社出版的一本少儿读物，在全国造成了很坏的影响，也给整个出版工作造成了极大的被动和损失。1995年、1996年，又先后有两家出版社不接受以往的教训，出版了同类型的少儿读物，内容比前面的还坏，也受到严肃处理。三家出版社为什么不断地犯着同样性质的错误，这应引起我们的深思。还有引进版卡通书，问题主要有两方面：一是出得太滥；二是有些内容不健康，渲染凶杀、暴力，宣扬早恋、不健康的性意识。还有深层次的问题，许多书宣扬日本人的道德观和价值观，这对少年儿童的健康成长更为不利。

第三，专业分工问题。当前少儿读物存在的内容和质量问题，有的就是由于超专业分工出版所致。天津会议上和会后发的管理规定都明确要求按专业分工出书，但仍有一些出版社不按规定办，结果造成一些非少儿专业出版社抢出的少儿书内容出问题，编校质量也很差。例如，1996年少儿读物质量大检查中，有5家出版社超分工出版的10种少儿读物均为不合格品。

第四，大部头豪华书太多、定价偏高的问题。中央领导同志在参观少儿出版物成就展的时候指出："现在出版物装帧好多了，但还要做一些简装的，价钱要便宜。有些书的价格要降下来。"少儿读物的价格问题已引起各级出版管理部门和出版社的重视。解决的办法主要是要加强经营管理，降低成本，要针对不同的读者层次，有针对性地设计多种版本。一个选题要既有豪华本，又有平装本和简装本，适合农村孩子们看的书最好还要有农村本。我以为，大部头的、豪华本的少儿书作为文化积累和对外交流可以有一些，但根据我们现在的国情不能成为少儿读物的主体。我们一直强调的是要多出那些内容好、质量高、买得起、拿得动、看得完的少儿书。这是中国的国情。我们少儿出版社不能忽视这一客观现实，否则要吃亏的。

第五，发行问题，尤其是面向农村的发行问题。大家常说我国有3.8亿少年儿童，少儿读物市场非常广阔。但要看到这广阔的市场，主要在农村。因此，农村市场开发得如何，直接关系到少儿出版事业在本世纪末和下个世纪能否再有大的作为、取得大发展、再上一个新台阶。从目前情况看，还有很多艰巨的工作要做，还有很多难题要解决。比如：写上"农村"字样的书，在城市不好卖；小薄册子、码洋低的，书店不爱发；还有交通问题、成本问题……这些问题要一一加以研究。我想还是先从我们出版社自身找原因，同时要同有关发行等单位密切协作，共同研究解决的办法。

三、采取有力措施，推动少儿读物 整体质量进一步提高

从党的十一届三中全会到现在，少儿出版工作确实有了很大发展，出了很多好书，积累了很多好的经验，队伍也扩大了、素质也有所提高，经济实力也增强了。在这种情况下，在即将告别 20 世纪、走向 21 世纪的今天，如何使我们的少儿读物出版的整体水平再上一个新台阶？如何更好地为培养跨世纪人才服务？如何使我们的少儿出版工作脚踏实地地走向 21 世纪？需要我们认真地进行一番思考，厘清思路，确定目标，采取有力措施，不达目的绝不罢休。

第一，坚持方向，提高认识。近年来，中央领导同志对少儿出版工作多次做出重要指示。去年党的十四届五中全会通过了《关于制定国民经济和社会发展"九五"计划和 2010 年远景目标的建议》，这是一个非常重要的文件，它不仅对我国社会主义现代化建设规划了跨世纪宏伟蓝图，也对包括少儿读物在内的出版工作更好地为人民服务、为社会主义服务、为全党全国工作大局服务提出了更加具体的要求。

我们要认真学习和领会中央领导同志的重要指示和中央文件的精神，把我们的认识进一步统一到中央的精神上来，时刻不忘肩上担负的重任，在少儿出版实际工作中，把中央的精神切实贯彻落实下去。

第二，狠抓落实，提高质量。从 1994 年到 1996 年，中央宣传部和新闻出版署连续开了 3 次少儿读物出版工作会议，对促进少儿出版的繁荣，不能说决心不够大，不能说措施不有力，也不能说效果不明显。同样，这几年，全国的少儿出版社和少儿出版工作者，为少儿出版的繁荣也是全力以赴，不能说精力投入得不够大，不能说资金投入得不够多，更不能说成绩不够突

出。但是离中央的要求、离广大少年儿童的期望、离少儿出版工作走向 21 世纪的宏伟目标，还有相当大的差距。怎样缩小这一差距？我想关键的关键，是两个字——"质量"。

1994 年，新闻出版署适时地提出了新闻出版业实现"阶段性转移"的战略部署，少儿读物出版如何尽早实现"阶段性转移"，到本世纪末整体质量比照"八五"有一个更大的提高？我想要建立两个体系：一是目标体系，少儿出版要有自己的目标体系，以培养跨世纪人才为宗旨；二是质量保障体系，署里已经制定了图书质量保障体系，各少儿社也要制定相应的保障体系。这样才能使目标落实，措施有保障。

第三，队伍建设、重在素质。这是一个老话题。但随着时代的不断发展，随着少儿出版事业的不断进步，这项工作也不断地被赋予新的内容和意义。我们讲少儿出版工作要面向 21 世纪，这有两层含义：一层是少儿读物不仅要适合现在孩子的需要，也要符合未来孩子的要求；另一层意思是为了我们的事业不断发展、长期兴旺繁荣，要造就一批又一批适应 21 世纪要求的少儿出版人才。从这个意义上讲，要着重强调三点：一要提高少儿出版队伍，特别是领导班子和业务骨干的政治素质，要讲政治。"讲政治"不是"外加"的，是内在的素质、觉悟，要不断增强政治敏感性和政治责任感，这样我们才不至于走错了方向。二要树立高尚的职业道德。少儿读物出版也是一种教育工作，你的思想境界不高，你对自己的工作都不热爱，怎么能出好书，又何谈培养"四有"新人[1]？三要提高业务素质，特别要注意知识的不断更新，同时注意现代技能的掌握。出版业是高智能行业，是知识密集型"产业"，这不是自吹，要有这个自信，如果不是这样想、这样要求，我们的队伍永远是平庸的队伍，我们出的书也永远是平庸的书。

第四，把"'九五'规划"和"中国儿童动画出版工程"的落实，作为进一步提高整体质量、促进繁荣的重要措施。《"九五"国家重点图书出版规划》的"少儿读物子规划"和"中国儿童动画出版工程"是中宣部和新闻出版署"九五"期间重点抓的两项影响少儿出版全局性的规划和工程。

---

[1] 见本卷第 20 页注①。

中央领导也很重视，要求我们抓紧、抓好。我们必须采取有力措施，把这两项工作落到实处。

最后我有两点建议：一是1996年我们成功地举办了第一次"中国少儿出版物成就展"，我希望1999年再举办一次全国少儿出版物成就展。因为1999年是"九五"计划即将完成的一年，我们的少儿读物整体出版水平能否再上一个新台阶，此时已基本见分晓。另外这一年是中华人民共和国成立50周年，同时也是中华人民共和国少年先锋队（简称少先队）创建50周年。在这特别值得纪念的时候，再举办一次全国少儿出版物成就展，向全国人民汇报成绩，意义非常重大。二是会后，全国少儿出版社要认真落实党的十四届六中全会精神，在搞好文化建设的同时，还要加强社会主义道德建设。为人民服务是社会主义道德的集中体现。我们少儿出版工作如何落实这个精神？如何为广大读者特别是少儿读者服好务？我想要在全国出版社中搞好"承诺制度"。希望我们全国的少儿出版社能带头做好"承诺"工作，向全国的读者承诺：不出一本坏书，并经过3—5年的努力，使少儿出版社出版的少儿读物的编校质量都能达到合格品以上。

以1996年中国少儿出版物成就展为标志，我国的少儿出版工作已经进入了一个新的发展时期，无论在少儿出版物的品种和质量上，还是在少儿出版物的媒体多样化和形式的丰富多彩上，我们都已站在了一个新的起点上。希望少儿出版界认真地总结已经取得的经验，认真落实江总书记"出版更多的优秀作品，鼓舞少年儿童奋发向上"题词的要求，出版更多让近4亿少年儿童满意的优秀出版物，把更好的精神食粮奉献给今天的和21世纪的少年儿童！

把儿童文学出版工作再向前推进 *

当代的中国儿童文学出版，是在经历着巨大变革的社会环境以及同样巨大变化的文学和出版环境中发展的。它既接受了新时期儿童文学创作的积极影响，又接受了日新月异的出版业的推动。作为少儿读物出版的一个重要组成部分，也作为少儿读物出版的一个基础性产品，儿童文学出版走过了一条逐渐发展壮大、不断开拓创新、日趋丰富多彩的道路。

中华人民共和国成立以来，儿童文学出版曾出现过两次高峰期。第一次是 50 年代后期和 60 年代初期。这一时期，虽然出版单位少，少儿专业社才两家；出书品种少，一年出版的儿童文学读物不过二三十种；但还是出版了不少好作品，如《宝葫芦的秘密》《小布头历险记》《大皮靴叔叔》等，被小读者争相诵读。

党的十一届三中全会后，通过拨乱反正，解放思想，极大地激发起儿童文学作家的创作热情，加上少儿出版工作者也推波助澜，使儿童文学创作出版进入了崭新的发展阶段。70 多年来，形成前所未有的繁荣局面。以 1977 年和 1996 年相比：

从创作队伍看，1977 年中国的儿童文学作家不过 200 人，1996 年发展到 3000 人，其中中国作协会员 350 多人，省级作协会员 2000 多人，理论工作者 50 多人。

从出版队伍看，1977 年全国只有两家少儿专业出版社，儿童文学编辑三四十人，1996 年少儿专业出版社已发展到 29 家，再加上兼出儿童文学的

---

* 　这是于友先同志 1997 年 6 月 6 日撰写的文章。此标题为编者所加。

出版社共 34 家，儿童文学编辑 300 多人。

从品种数量看，1977 年，儿童文学出版处于从"废墟"上重建的状态，新作很少，主要是名著重编、重印，陆续有些新作，也多为短篇，发表于报刊上。年出版儿童文学读物 50 多种。1996 年，年出版各类儿童文学读物 400 多种、720 多万册，其中原创作品占一半以上。

从创作特点看，创作观念有了很大飞跃。昔日以狭隘功利目的为主导的文学规范被打破，使少年儿童通过作品认识社会、认识生活、认识自身，给孩子们以认识上的启迪，成为这一时期儿童文学作家思考的中心。同时，儿童文学创作，也从认识功能的侧重向教育、认识、审美与娱乐兼备的多维多向发展。

从作品质量看，虽然这期间儿童文学创作出版有起伏，但总的说，创作水平逐渐提高，日趋成熟，佳作不断涌现，数量越来越多。到 80 年代中后期，出版了一大批脍炙人口的优秀作品，形成了儿童文学出版的第二个高峰期。例如，颜一烟的《盐丁儿》、孙幼军的《怪老头儿》、沈石溪的《狼王梦》、曹文轩的《山羊不吃天堂草》、金波的儿童诗《在我和你之间》、张之路的《第三军团》、程玮的《少女的红发卡》以及幼儿童话作品《岩石上的小蝌蚪》、《郑春华童话》等，都是这一时期出版的精品。

进入 90 年代，儿童文学出版一度呈现低迷、徘徊的状态，儿童文学作品一度受到市场的冷落。分析原因是多方面的：

一是一些儿童文学作家尚未适应变化了的情况，难以把握当代少年儿童的阅读心理、生活特点，写出来的东西孩子并不爱看。

二是有些作家不深入生活，闭门造车，凭想象、凭个人感受进行创作，作品成人化倾向严重，孩子们难以理解。

三是少数作家盲目模仿或照搬国外的东西，寻求刺激和猎奇，不符合中国国情。

四是物质生活的过分优裕，各种文化商品充斥市场，带给孩子的诱惑无所不在，分散了儿童的时间，使他们用在阅读儿童文学作品上的时间相对减少，儿童文学读物的销量也面临强大的冲击和威胁。

五是应试教育的沉重压力和畸形的家庭教育方式，使广大少年儿童整天忙于应付大量作业和考试，无暇阅读儿童文学书籍；家长则把有限的费用投入到给孩子报各种补习班、培训班及购买各种文具上，给孩子买儿童文学图书的费用自然就减少了。

六是电视等新的传播手段使电视机前长大的一代少年儿童"童年消逝"，与听故事和读书的时代不同，电视模糊了成人与孩子的界线，孩子崇拜的英雄多数是电视里的"明星"，大多信息来自电视，对电视广告能倒背如流。儿童文学已被电视等传媒挤到极为尴尬的境地。

七是有些出版社在选题开发、扶持创作、下场开拓、评介宣传方面，魄力还不够大、办法还不够多、点子还不够新，面对变化的社会生活，束手无策。

即使在这种情况下，90 年代以来，一些少儿社依然克服种种困难，冒着赔钱的风险，积极设计选题，组织作家精心创作，出版了一批质量相当不错的作品，受到少年儿童、教师、家长和文学界、出版界的好评。例如：湖南少儿社和海南出版社的"黑眼睛丛书"（10 种）、江苏少儿社的"中华当代少年小说丛书"（20 种）、安徽少儿社的"青春风景线丛书"（6 种），分别在前年、去年获得了"五个一工程"奖。上海"少年儿童出版社"的儿童中长篇小说"巨人丛书"（20 种）、江苏少儿社的"中华当代童话新作丛书"（10 种）、"中国幽默儿童文学丛书"（40 种）等，也在去年获得了新闻出版署等八部委联合主办的第三届全国优秀少儿读物奖一、二等奖。此外还有中少社的"儿童现实生活文学丛书"等。其中不乏精品，如《男生贾里》《女生贾梅》《花季·雨季》《我要做好孩子》《宝贝当家》等。

到 90 年代后半期，在全国儿童文学创作界和出版界的共同努力下，儿童文学创作出版开始出现回升。主要表现在：

一是儿童文学原创作品不仅数量增多，而且质量明显提高。

二是题材更加丰富，内容符合儿童特点，形式更趋多样化，特别是反映当代少年儿童现实生活的作品占有突出地位。

三是一大批年轻作者自愿投身到儿童文学创作中来，为儿童文学界增添了新鲜血液，同时，一批正处于创作高峰期的写成人作品的中青年作家纷纷"回归"儿童文学，更加刺激了儿童文学的发展。

四是儿童文学作品在少儿读物市场又逐渐热起来，征订数也明显高于前几年。

以上是当前发展现状。下一步的发展趋势如何呢？

我们对《"九五"国家重点图书出版规划》"少儿读物子规划"中的儿童文学选题进行了分析。列入规划的儿童文学作品共有 16 套、近 200 部，占少儿规划选题总数的 20%。经过对这些选题的分析，可以比较乐观地说，通过"'九五'规划"的实施，到 20 世纪末，儿童文学将出现一个新的出版高潮。例如：在"八五"期间开始出版，已在小读者和儿童文学创作出版界形成影响，创出"名牌"的"巨人丛书""中华当代少年小说丛书""中华当代童话新作丛书""黑眼睛丛书""中国幽默文学丛书"，"九五"期间还将陆续推出 60 多部儿童文学新作。明天出版社和河北少儿社分别以"金犀牛丛书"和"爱心丛书"为名，邀请当代著名中青年作家，如铁凝、张抗抗、肖复兴、毕淑敏、韩少功、张炜、刘醒龙等 20 多位作家专门为少年儿童创作文学作品。这种成人小说作家大批回归儿童文学创作的现象，引起了儿童文学创作界和出版界的关注。据我们向有关出版社了解，目前已有 10 余部交稿了，正在编稿，预计下半年出书。从已交来的稿子看，质量相当不错。此外，还有描写当代少年儿童生活的"红松林丛书"和"青春口哨文学丛书"，描写军事题材的少年军事长篇小说系列"猎豹丛书"，童话作品"太阳鸟童话丛书""猎犬黑呼系列童话""世纪童话"；科幻作品有"中国科幻列车丛书""中华当代科幻小说丛书"等。

应该说当前儿童文学创作出版正处在一个极好的发展时期。为了在这个关键时期把儿童文学出版工作再向前推进一大步，我们准备采取两项措施：

第一，认真抓好"'九五'规划"中儿童文学选题落实，不仅落实好作者、责任编辑、项目领导责任者，还要落实出版资金、出版时间。到年底，进行一次检查、总结，推广好的经验，解决和调整存在的问题。

第二，今年秋季在上海召开一次儿童文学出版研讨会。上海是我国重要的儿童文学创作出版基地，上海的少年儿童出版社是全国建社历史最长的少儿社，近 50 年来，不仅出版了一大批优秀儿童文学读物，还为中国培养了三四代优秀儿童文学作家群体，老一代像陈伯吹、任溶溶、任大霖等，现在正活跃在文坛上的年轻一代像郑春华、秦文君等，既是编辑，又是儿童文学作家，几代相传，为中国儿童文学创作出版做出了特殊的贡献。借这块宝地对 90 年代以来儿童文学创作出版发展经验教训进行总结，请儿童文学作家和全国的少儿出版社的编辑坐在一起，共商繁荣儿童文学创作出版的措施，力争在"九五"期间使儿童文学创作出版的整体水平有一个更大的提高，促进儿童文学走向新的全面的繁荣。

认真贯彻党的十五大精神，进一步做好少儿期刊出版工作[*]

党的十五大确立了邓小平理论的历史地位，对我国的社会主义现代化建设做出了跨世纪的战略部署，具有划时代的意义。江泽民同志在党的十五大报告中明确要求"对新闻出版业要加强管理，优化结构，提高质量"，赋予新闻出版工作光荣而又艰巨的任务。全国新闻出版系统的同志既深受鼓舞和鞭策，又深感责任重大。

江泽民同志在党的十五大报告中还指出："培养同现代化建设要求相适应的数以亿计高素质的劳动者和数以千万计的专门人才，发挥我国巨大人力资源的优势，关系二十一世纪社会主义事业的全局。"在未来世界国与国之间的激烈竞争中，国民素质的竞争无疑是最重要和最具潜力的因素。在科学技术迅猛发展、综合国力竞争日益加剧、和平与发展成为时代主题的今天，全面提高国民素质成为摆在全党和全国人民面前最为艰巨的历史性任务。提高国民素质具有决定意义的是要提高青少年一代的素质，少儿期刊的出版工作事关青少年一代的健康成长，在提高国民素质的系统工程中责任重大。我们一定要从这样的高度来认识做好少儿期刊出版工作的重要性和迫切性。

下面我简单地回顾一下我国少儿期刊的发展状况、存在的问题，并对我国少儿期刊的发展提一些希望和要求。

---

* 此篇原载《中国少儿出版》1998 年第 1 期。

一、中华人民共和国成立以来，特别是改革开放以来少儿期刊的发展状况及主要特点

（一）我国少儿期刊的发展状况

我国少儿期刊的发展，大体上可以分为三个阶段：

第一个阶段是从中华人民共和国成立到 1965 年，这一时期出版的 13 家少儿期刊现在仍然在出版，发挥着自己的作用，其中有 1930 年就创办的《中学生》杂志，还有《小朋友》《儿童时代》《少年文艺》《红领巾》等一批深受小读者欢迎的刊物。这一时期的少儿期刊在向少年儿童进行社会主义教育、革命传统教育方面发挥了重要的作用，对小英雄刘文学、龙梅、玉荣等一批优秀少先队员的宣传，鼓舞和激励了一代少年儿童，对他们树立共产主义理想，培养他们具备德智体全面发展的良好素质起到了重要的作用。这些期刊在新的历史时期继续为小读者们提供着精美的精神食粮。

第二个阶段是 1966 年到 1976 年，也就是"文化大革命" 10 年间，这期间一些少儿期刊停止了出版，也有一些新的少儿期刊创办。

第三个阶段是 1977 年到 1997 年，这 20 年称得上是我国少儿期刊繁荣、发展、兴盛的时期。这一时期，我国少儿期刊无论是从数量上，还是种类上，都大大超过前两个阶段。1977 年到 1979 年，新创办少儿期刊 7 家，还有一批旧的少儿期刊恢复出版；1980 年到 1989 年，新创办少儿期刊 54 家；1990 年到 1997 年，新创办少儿期刊 41 家。也就是说，截至 1997 年 9 月 1 日，我国有少儿期刊 126 家（不包含面向中小学生的 100 多种教学、辅导类期刊），从事少儿期刊编辑工作的专职人员 614 人。目前，我国少儿期刊的期总发行量达到 1590 万册，年总盈利为 2800 万元，无论是社会效益，还是经济效益，在这一阶段都达到了历史最高水平。

少儿期刊的品种也非常丰富，从 0 岁到 18 岁的少年儿童都有可以阅读的刊物。126 家少儿期刊中，科技、科普、科幻类有 12 家，文学类 10 家，漫画卡通类 14 家，文摘类 4 家，艺术类（音乐、美术、书法）6 家，用少数民族文字出版的少儿期刊有 7 家，用维吾尔文、哈萨克文、蒙古文、朝鲜

文出版。可以说，我国少儿期刊富有知识性、趣味性、多样性，呈现出繁荣兴旺的态势。

（二）我国少儿期刊的主要特点

现阶段，我国少儿期刊的出版工作呈现以下主要特点：

1. 党和国家把少儿期刊的出版工作提到事关提高国民素质的战略高度。

未来的国际竞争是国民素质竞争，中华民族能不能在 21 世纪的竞争中立于不败之地，关键取决于这一代和未来几代少年儿童的素质。党的十五大专门提出了提高国民素质的问题，也正是基于这一认识，党中央和国务院对少儿出版工作给予了高度重视，中央政治局常委会议在听取新闻出版署《关于加强和改进新闻出版工作的报告》时，就曾明确指出，新闻出版工作事关青少年一代的健康成长，事关民族素质的提高。中央有关部门把少儿读物的出版与电影和长篇小说这"三大件"作为一个系统工程来统一规划，大力推进。丁关根同志明确要求我们在二三年内抓出成果来。党委宣传部门和新闻出版管理部门也给予少儿期刊一些优惠的政策，支持少儿期刊健康发展，在数次出版业治理整顿工作中，不少门类的期刊的数量都有所减少，而少儿期刊的数量还有所增加。

"5155 工程"① 启动后，在数年基本没有新批期刊的情况下，新闻出版署特别批准创办了 5 个儿童漫画刊物，这 5 个刊物从筹备到面世，始终得到有关部门的关注和支持。

2. 少儿期刊的质量不断提高。

（1）坚持正确的方向。

少年儿童的心灵纯洁如白纸，要由家长、老师和社会去塑造他们、描画他们。少儿期刊也担负着塑造儿童心灵、填充儿童知识结构的重担，在质量问题，特别是政治质量上丝毫不能马虎，必须精益求精，认真负责。我国少儿期刊在办刊过程中，特别注重把好刊物的政治质量关，注重结合儿童特点，对小读者进行爱国主义教育和革命传统教育，从培养少年儿童良好的心理素质和政治素质入手，选择刊发的内容，如在纪念抗日战争胜利 50 周年

---

① 见本卷第 228 页注②。

之际，在香港回归祖国怀抱之际和党的十五大召开以后，许多少儿期刊都刊发了文章，对读者进行爱国主义教育，收到了较好的效果。在这一方面，我们少儿期刊是有着光荣传统的，要继续发扬光大。

（2）定位日益准确，结构逐步优化。

我国少儿期刊在发展中逐步成熟，其表现是不少刊物创办伊始，就为自己找到了一个准确的定位，瞄准了一批相对固定的读者群。相比于50年代、60年代我国少儿期刊内容大多数是综合性的、读者年龄段区分不够严格的情况，80年代、90年代新创办的少儿期刊更注重了刊物鲜明的个性、准确的读者选择和形象定位，在办刊上更注重了科学化、形象化。

特色是少儿期刊生存、发展的关键，我们始终强调少儿期刊要办出特色来。同是科普刊物，《少年科学画报》就以其新颖的内容、精美的插图受到读者的欢迎；同是文学刊物，上海的《少年文艺》就以其高质量的文学作品吸引读者，在同类刊物中发行量居于首位。所以，办好少儿期刊，除了定位准确外，办出特色，形成刊物自己的风格也十分重要。

（3）编校印装质量逐步提高。

我国少儿期刊的编校印装质量总的来说是令人满意的。不少少儿期刊为了保证质量，制定了有效措施，把刊物的差错率降低到最低程度。我国少儿期刊的印制质量也在不断提高，同50年代、60年代的少儿期刊相比，可以明显看出，现在的少儿期刊的装帧、印刷要精美得多，一些刊物完全可以同发达国家的同类刊物相媲美。

3. 少儿期刊适应读者需求，两个效益①的有机结合明显增强。

为数不少的少儿期刊在做好期刊本身的编印发工作的同时，把目光投向社会，通过举办多种形式的活动来扩大刊物的影响，依托刊物举办各种活动，沟通刊物与读者的联系，增强读者对刊物的信任，取得了较好的社会效益和经济效益。

《少先队活动》每年免费为全国1000所希望学校的少先队组织订阅《少先队活动》，并组织贫富地区学校结成"手拉手姐妹学校"，进行有关培

---

① 见本卷第31页注①。

训、研讨、联欢和竞赛活动，通过这些活动扩大刊物在少先队员中的影响，增强刊物的亲和力、凝聚力。《科幻世界画刊》与《科幻世界》一道，借"'97 国际科幻大会"在我国召开之际，举办科幻夏令营，请宇航员与小读者见面、联欢，请世界著名科幻作者与科幻爱好者对话，通过种种活动激发读者探索未来世界的勇气，培养科幻读物的爱好者。《少男少女》杂志从 1995 年起配合希望工程办起"二元助学中心"，以此活动鼓励读者捐助 2 元钱，帮助失学的同学重返校园。这个助学中心已有近 8 万读者参加，捐款近 30 万元，救助了 300 多名失学的孩子，其间发生了不少可歌可泣的动人故事，又成为刊物丰富的稿件来源，这一活动已远远超出了希望工程的范围，培养了读者"助人是快乐之本"的人生观。这样的社会效益是难以用数字来衡量的。

我国少儿期刊的经济效益也是令人满意的。我国 8000 多家期刊中，仅有不到 20% 的刊物盈利经营，而 126 家少儿期刊仅有 10 家经济亏损，占总数的 8%，这 10 家期刊还有一半是新创办尚未打开局面的，运作数年后就会改变亏损的状况，可见少儿期刊可以算得上是经济效益相当好的一类刊物。少儿期刊良好的经济效益主要是由其较大的发行量获得的，这就要求办刊者不断提高刊物的质量，以此来吸引更多的读者。

4. 已经开始出现集团化办刊的趋势。

我国 126 家少儿期刊中，有 67 家是出版社办的，占 53%，也就是说，有一半以上的少儿期刊是出版社办的。其中办得最多的是上海少年儿童出版社，共有 10 个报刊，其次是中国少年儿童出版社，办了 7 个，另外有一些少儿出版社也办有三四个少儿刊物，可以说，少儿期刊走集团化办刊的道路是大有可为的。我们希望出版社不但要出好书，而且要办好刊，我是从办刊到出书的，我认为出版社把书与刊的关系处理好了，相得益彰，可以获得更好的社会效益和经济效益，取得事半功倍的效果。

以出版社为基础集团化办刊的优势主要体现在：

（1）有利于提高刊物质量。

由于出版社实力雄厚，编辑人员素质较高，管理比较科学，对期刊质量要求严格，因此他们办的刊物很少出现编校错误，像《婴儿画报》《幼儿画报》《少年文艺》等都称得上是名牌刊物，发行量大，影响也大。

（2）容易取得较好的经济效益。

中少的 7 个刊物没有一个是亏损的，年总利润为 260 多万元，上少的 10 个报刊有 7 个盈利，1 个持平，2 个亏损；但它可以用盈利的部分补贴亏损的刊物，年总利润为 640 万元，这个数字是相当可观的。集团化办刊相比于每一家刊物都搞个小而全的管理机构，大大减少了各种行政管理、发行等人员的费用，所以经济效益更好一些。

（3）有助于刊物办出特色，不至于重复，造成浪费，有利于刊物健康发展。

集团化办刊，有效地避免了刊物品种重复、质量不高的弊病，是少儿期刊发展的方向。有条件的城市，少儿出版社或少儿期刊，可以与本地区的少儿期刊联合组成集团，少儿出版社要有专门的领导同志分工负责少儿期刊的策划和定位，努力把自己刊物的质量提高上去。在总数不增加的前提下，将一些种类重复、质量不高、发行量不大的少儿期刊重新定位，使之办出特色、扩大影响、填补少儿期刊的某些空白，使我国少儿期刊的结构日趋合理、质量不断提高。

今后 5 年，中国的出版要向集约化发展，以便形成规模，走向世界市场，参与国际竞争。我们要从战略的高度看问题，先行一步，建议大家要好好研究一下这个问题。

（4）有利于出版资源在多种媒体间的有效转换和利用。

集团化办刊，实力雄厚，在刊物的基础之上，可以继续出版图书，出版光盘，拍成动画片，等等。这样一方面多次利用了出版资源，另一方面经济效益也可以翻几番，再则也增强了对作者的凝聚力，为他们长期供稿创造了条件。

（5）有利于技术更新和人员培训。

集团化办刊，经济实力雄厚，可以创造较好的办刊条件，如实现电脑化，上网了解最新的出版动态和各国的信息。戴安娜车祸后不到 10 天，就有人把网上的信息弄下来编成了书，如果少儿期刊有了这样的条件，可以为读者提供更多、更快、更美的内容。集团化办刊，也有条件对读者进行更深入的了解、研究，为编采人员提供更多学习、交流、提高的机会和条件。少儿期刊的负责人要舍得投入资金搞培训，给采编人员提供进行国内外业务交流的机会，开阔眼界，增长见识，发现自己的不足，才能产生危机感和紧迫感，我们不能总是沿用个体经营的模式一家一户地干下去了，要把文章做大。

二、我国少儿期刊出版工作存在的问题与不足

（一）少儿期刊内容陈旧，脱离现实

目前少儿期刊在内容上不同程度地存在着内容陈旧、脱离少儿现状的问题。期刊的印制比以前精美了，画面更美丽了，但许多故事仍是主题陈旧单一。低幼故事画报不断地重复着一些小动物的形象，往往是用一种动物来表现一种性格，形成一种固定的模式，如小兔子的温驯，小猴子的聪明，小熊的憨厚，狼的凶狠，等等；动物缺乏丰满的性格和生动的语言，儿童文学创作语言过于成人化，故事也与时代脱节，引不起小读者的阅读兴趣。产生这些现象的主要原因是少儿期刊编辑人员的素质问题，也有作者的问题。往往过多地考虑了我们要给他们什么，而不是考虑他们需要什么。

教育孩子的前提是了解孩子，探索、研究少年儿童成长发展的规律，真实地贴近孩子们的生活，了解他们的变化，才能在办刊中有的放矢，才能把素质教育及注重少儿的心理健康、人格健康的培养贯穿和渗透到所办的刊物当中去。

（二）少数少儿期刊内容时有误导

少数少儿期刊在其宣传内容分寸的把握上存在一些偏差，主要表现在讨好和迎合小读者的多，有点像目前独生子女的爷爷奶奶、爸爸妈妈一样，而批评和指出他们各种缺点和不足的很少，特别是当前提倡素质教育的时候，对如何通过刊物全面提高小读者的素质研究不够、认识不足。有的刊物把一些心理上还没有成熟的孩子捧上天，一味表扬、娇宠，给他们冠以种种荣誉，动不动就是"佳""歌手""小作家""小画家"等等的美誉加身，我看这样不好，小孩子应该以表扬为主，但不能一味表扬，这并不利于少儿身

心的健康发展，好的孩子更需要关怀、更需要诤友，对他们的缺点和不足也需要批评，一味吹捧并不利于他们的健康成长。

在对少儿中的先进模范人物进行宣传时，也要特别注意掌握好分寸。少年儿童毕竟还处于成长阶段，过多、过分的表扬、吹捧并不利于他们成长，而往往会适得其反。所以，在对正面典型的宣传上一定要把握好分寸，一切从有利于孩子身心的健康出发。

少数少儿期刊迎合了部分城市少儿"贵族化"的倾向，封面上的孩子衣着华美，一些"小帅哥""小靓姐"的形象也时有出现，根本不像中学生，这种做法也不妥当。还有一些刊物在刊载国外一些少儿情况的内容时，没有认真分析，不管是否符合我国国情，把一些观念原封不动地照搬过来，而缺乏必要的引导和教育，结果读者的视野倒是开阔了，却也不加批判地接受了一些错误的东西。这些现象应该注意避免。

少年儿童如同刚刚吐绿的幼芽、含苞欲放的花蕾，我们的少儿期刊要像温暖的春风、柔润的细雨那样去呵护他们、滋润他们，他们才能长成参天的大树，绽开娇艳的花朵。办好少儿期刊需要编辑有着强烈的责任感和事业心，更要有一片对祖国花朵的挚爱之心，绝不能淡然处之，不负责任地去办少儿期刊。

（三）少儿期刊的形象定位及结构失衡的问题

我国目前有 126 家少儿期刊，平均期发行量为 11.8 万册，3.8 亿少年儿童每人每年平均可以看到 4.6 册少儿期刊，如果目前少儿期刊的发行量再增加，完全可以满足读者的需求。目前少儿期刊不是数量少，而是有些期刊的定位不够准确、种类重复和结构失衡的问题。

我国现有的 126 种少儿期刊中，科技、科普类期刊仅有 12 种，占总数不到 10%的比例，对于培养下一代的科技意识，迎接科学技术飞速发展的 21 世纪显然是不够的。其次，我国现有的 126 家少儿期刊中还没有一份专门办给农村孩子的期刊，2 亿多农村孩子被忽略，这是一个惊人的战略失误。不少办刊者把目光投向城市里 6000 多万独生子女，为他们办了不少精美的期刊，却忽略了更加渴求知识、更加需要文化的农村孩子。办一份面向农村孩子的刊物，定价不能高，质量要求却更高，发行难度也大，但是，我们应当把它作为我们新闻出版业的"希望工程"来办，办出让农村孩子们买得起、用得上、喜欢读的少儿期刊。还有，我国少儿期刊中内容是综合性的占了一半以上，有很多重复，这实际上是一种人力、物力、资源的浪费，有条件的少儿期刊，应当经过周密论证后重新定位，办出特色。

少儿期刊发展的不平衡，在某种程度上影响了刊物的发展，使得一些刊物缺乏特色，重复办刊，而另外一些品种如农村类、动植物知识类、体育类等少儿期刊又形成了空白点，这一状况有待于少儿期刊工作者和管理部门相互配合，使我国少儿期刊在发展中不断调整和完善。

（四）少儿期刊发展的外部环境问题

除了上面所说的影响少儿期刊发展的几个内容因素之外，也有一些影响少儿期刊发展的外部因素，主要有以下方面：

1. 少儿期刊尚未引起有关部门的足够重视。

这类期刊经济效益好，内容上又一般不会出现偏差，内容浅显易懂，所以往往被认为是"小儿科"。从历年期刊的评奖，选重点所报送的刊物情况看，少儿类期刊往往被忽略，人们重视的多是在成人中影响较大的刊物，而往往忽略了发行量绝不亚于成人期刊的少儿期刊。还有一种忽略是在某些出版社内部，往往注重了成套的、大部头的、效益好的图书的出版，而认为编少儿期刊投入多、成效小，又很少评奖机会，觉得可办可不办，没有给予足够的支持和投入，致使一些刊物比较困难。

2. 少儿期刊市场存在不公平竞争。

一些单位和部门利用行政手段，在本地区、本系统的幼儿园、中小学摊派发行本部门办的刊物，这种不公平竞争直接影响了少儿期刊的发展。10多年前，上海"少年儿童出版社"出版的《小朋友》《娃娃画报》《少年文艺》《故事大王》的期发行量都超过100万份，但由于这些年地方保护主义的影响，均下降了许多。少儿期刊应当以质量求生存，以自己的高质量参与刊物的竞争，靠种种不正当手段发行的结果最终会给小读者造成损失。这方面的情况，家长、读者都有强烈反映，应当及时予以纠正。

三、对少儿期刊健康繁荣发展的希望与要求

（一）坚持正确的舆论导向，以培养"四有"新人[①]为目标，办好少儿期刊

少儿期刊工作者要认真学习党的十五大的有关文件和决议，认真学习近年来中央领导同志对少儿出版工作的一系列重要指示，不断提高认识、厘清思路，在办刊中落实中央有关精神，坚持正确的舆论导向，为培养"四有"新人努力办好少儿期刊。

（二）在办刊中坚持创新，树立精品意识，不断提高期刊质量

少儿期刊工作者在办刊中要树立精品意识，把自己的每一期刊物努力办成精品，只有这样，我国少儿期刊的质量才能够不断提高，少儿期刊事业才能更加繁荣兴旺。一本精品刊物，应当定位准确、导向正确，生动有趣、不断创新，校对严格、印制精美，具有较大的发行量，真正成为小读者的好伙伴，成为他们成长道路上的良师益友。

（三）加强对少年儿童阅读心理的研究，提高少儿期刊工作者的素质

少儿期刊质量提高的关键在提高办刊人员的素质，特别是期刊主编的素质，有关部门要采取措施，对少儿期刊的主编进行培训、考核。期刊主编要通过对少儿期刊的发展及现状的研究，把握刊物定位，增强竞争意识，提高刊物质量，特别要提高"讲政治"的自觉性。在培养人才方面要舍得投入，加强软硬件建设，提高培训的质量。少儿期刊工作者不能把自己的工作看成"小儿科"，从而忽视了思想提高、业务学习和知识更新，要善于学习，不断提高。要及时了解国内外对少年儿童研究的最新科研成果，特别要结合我国国情，了解我国教育部门的有关教育政策，用以指导自己办刊。要认真学习国内外同行先进的办刊经验，要在办刊的同时善于思考，研究如何办好少

---

① 见本卷第 20 页注①。

儿期刊，把握好少儿期刊的规律，按照少儿的年龄特征、理解能力和阅读兴趣去办刊，要善于总结成功的办刊经验，与同行及时交流、相互促进，不断提高办刊水平。

（四）少儿期刊要在发展中不断优化结构，更好地为素质教育服务

目前我国少儿期刊的数量不算少，但结构尚不够完善，面向农村的少儿期刊还是空白，一些门类的少儿期刊的比例还有待调整，少儿期刊在年龄段的科学划分上，在内容的精心设计上都还存在着一些不足，与国外的同类期刊相比还有较大的差距。少儿研究专家认为，我国儿童存在着两个缺陷：体育意识差，科技意识差。我们少儿期刊在这两方面也同样力量不足。科技期刊的数量偏少，内容也相对滞后，体育类刊物则还是空白。在少儿期刊总的数量不增加的前提下，有关部门要从全面提高我国少年儿童的素质这个前提出发，对一些少儿期刊的形象、定位重新安排、设计，争取早日填补少儿期刊门类上的空白，使我国少儿期刊在发展中不断优化结构、提高质量，真正满足全国近4亿少年儿童的要求，并逐渐缩小与先进国家少儿期刊的差距。

我们处在一个高科技迅速发展的时代，科技的发展为期刊提供了有利的条件，也使期刊面临着新的挑战。目前我国的电脑普及率已经达到1.6%，今后的增长速度会更快，据有关人士预测，2000年时我国电脑的总装机量将达到2500万台，电脑的普及（特别是在城市）和越来越多的家庭接入互联网，使得信息、图片的传播更为迅速、内容更加丰富，这将对刊物，特别是城市孩子喜欢的画刊形成越来越强的冲击，少儿期刊对此要有足够的准备。要在刊物的定位、特色上多动脑子、多加研究、及时调整，把少儿期刊办得具有年龄特色、性别特色、地域特色、民族特色。

少儿期刊担负着托起明天的太阳的光荣使命，少儿期刊工作者任重道远，让我们在党的十五大精神的指引下，踏踏实实、埋头苦干，把更多、更精美的少儿期刊奉献给读者，为提高中华民族的素质做出自己的贡献。

多出优秀少儿读物，为培养跨世纪人才提供更多更好的精神食粮*

今年是党的十一届三中全会召开 20 周年，也是我国出版事业繁荣发展和改革开放的 20 年。当前，全党和全国人民正在贯彻落实党的十五大提出的各项战略部署，全面推进改革开放和社会主义现代化建设，努力实现跨世纪的发展目标。10 月下旬，在北京召开的党的十五届三中全会，通过了《中共中央关于农业和农村工作若干重大问题的决定》，党中央对农村工作和农村社会主义精神文明建设提出了更高的要求。在回顾和总结改革开放 20 年来我国出版事业的发展历程，全面落实党的十五大的战略部署，学习和贯彻党的十五届三中全会精神，探讨如何做好跨世纪新闻出版工作的背景之下，今天我们在这里召开第五次全国少儿读物出版工作会议具有十分重要的意义。这次会议的主题是深入学习和贯彻党的十五大和十五届三中全会的精神，总结近年来少儿读物出版工作的经验，分析当前少儿读物出版工作面临的形势和问题，探讨少儿出版工作深化改革和跨世纪发展的思路，进一步完善多出优秀少儿读物的工作机制，巩固和发展少儿读物出版的好形势。下面，我代表新闻出版署党组就以下几个问题谈一些意见。

---

* 这是于友先同志 1998 年 10 月 28 日在第五次全国少儿读物出版工作座谈会上的讲话。此标题为编者所加。原载《中国少儿出版》1999 年第 1 期。

一、改革开放以来特别是近年来我国少儿 读物出版工作的回顾与总结

党的十一届三中全会以来，少儿读物的出版工作一直受到党中央的高度重视，少儿图书的出版呈现出繁荣、发展、兴盛的局面。1977 年，全国只有两家少儿专业出版社，职工 200 多人；到 1997 年，全国已有少儿专业出版社 30 家，另有 3 家综合性人民出版社设有 3 个少儿读物专业编辑室，共有职工 3020 人。1977 年，有影响的少儿作家、画家只有 20 人左右，现在已发展到近 3000 人的队伍。出版队伍和创作队伍的壮大，为少儿图书的出版繁荣奠定了坚实的基础。1977 年，少儿图书品种不到 200 种，印数 0.26 亿册；到 1997 年，全国共出版少儿读物（不含教材、教辅）5772 种，印数达到 2.43 亿册。在所出图书品种之中，新版图书 2999 种，重版图书 2773 种，重版率为 48%，比当年全国图书重版率高 4 个百分点。从改革开放 20 年少儿图书出版工作的发展来看，1997 年与 1977 年相比，出版队伍的数量增加了 14 倍，创作队伍的数量增加了 149 倍，少儿图书的品种增加了 29 倍，总印量增加了 8.3 倍。20 年来，少儿图书出版的繁荣和发展不仅仅表现在数量的增加、规模的扩大、品种的丰富等方面，而且还体现在优秀图书、精品图书的不断涌现，出版物整体质量的提高和结构的优化，以及少儿读物出版工作良性运行机制的建立等方面。

近几年来，尤其是在党中央提出要抓好优秀少儿读物、长篇小说和电影这"三大件"之后，少儿读物出版事业有了较大的发展，取得了显著的成绩，在整体水平上跃上了一个新的台阶，主要表现在以下几个方面：

（一）弘扬主旋律，编辑出版了一大批反映时代精神、鼓舞少年儿童奋发向上的优秀少儿读物

这类题材的少儿读物，注重革命传统教育、集体主义教育和爱国主义教育，注重思想道德品质的教育，为培养有理想、有道德、有文化、守纪律的"四有"新人服务，为少年儿童小读者提供了一批思想性、艺术性和可读性相统一的精神食粮。这类图书在少儿图书出版中已形成了一定的规模，发挥

了积极的导向作用，受到孩子和家长的好评。例如，河北少年儿童出版社出版的"赤子丛书"，中国少年儿童出版社出版的《中华民族传统美德故事丛书》《光辉的历程——邓小平的故事》，二十一世纪出版社出版的《光辉的旗帜》，湖南少年儿童出版社出版的《精神之火》，江苏少年儿童出版社出版的"爱我中华丛书"，晨光出版社出版的"爱国主义故事丛书"，浙江少年儿童出版社出版的"中华英杰"丛书，等等。这类图书与以往的书相比，具有这样几个特点：一是在丰富内容和素材上下功夫；二是开拓新的思路，从革命历史题材和爱国主义题材的深度和广度上下功夫；三是注重寓教于乐，在增加吸引力、可读性上下功夫，图文并茂，形式多样，真正发挥了对少年儿童的思想教育作用。

（二）重点工程进展顺利，少儿读物精品战略初见成效

与出版界的整体情况相比，少儿图书的出版进入 90 年代中期以后，出书结构优化的问题更为突出。孩子、家长和社会各界盼望我们出版更多、更好的优秀作品。出版事业自身的发展规律，也要求我们改变过去那种"广种薄收"粗放型的经营方式。新闻出版署党组适时地提出了出版业由数量规模增长向质量效益增长转移的工作思路。为了实现这一战略转移，一方面要做好图书品种总量的宏观调控工作，另一方面要努力实施精品战略，积极推进重点出版工程。在少儿图书的出版方面，《"九五"国家重点图书出版规划》"少儿读物子规划"的进展比较顺利，已收到了显著成效。

《"九五"国家重点图书出版规划》共列入图书项目 1200 种，简称"1200 工程"。其中，少儿读物出版规划单列，共列入重点选题 85 种，占规划总数的 7%。这一规划，既包括了少儿文学创作的理论研究和少儿文学作品，又包含了少儿品德教育、素质教育等方面的选题，以及卡通漫画、科普读物等。从现在调查反馈回来的情况看，今年能完成规划的 60% 以上。许多出版单位调集精兵强将，在人力、物力、财力方面给予充分保障，"'九五'规划"的实施进展顺利。例如，接力出版社、浙江少儿出版社、四川少儿出版社、海燕出版社、湖北少儿出版社、新世纪出版社等单位的"九五"重点选题已经完成或接近完成。列入《"九五"重点图书出版规划》的

图书出版之后，在社会上反响较大，两个效益①也很好。例如，接力出版社的"神脑聪仔卡通系列丛书"、河北少儿出版社的"中国人民的朋友丛书"、新蕾出版社的《地球保卫战》、上海少儿出版社的"巨人丛书"、明天出版社的"金犀牛丛书"、江苏少儿出版社的《霹雳贝贝》、甘肃少儿出版社的"少年绝境自救故事丛书"等。

（三）"5155 工程"② 初具规模

1995 年初，中央领导同志在听取新闻出版工作汇报时，对大力发展中国自己的优秀儿童动画读物做出了重要指示。这几年来，少儿出版界在发展中国的动画读物方面下了很大的功夫，在人力、物力、财力等方面给予了重点扶持，出版了一批动画读物。据统计，1995 年到 1997 年，已出版的中国自己的动画（漫画）读物有 364 种，累计印数达 1475.125 万册，每种平均印数 4.05 万册。这些动画读物题材广泛，涉及科普、科幻、文学、思想品德教育等方面的题材。我们重点推出 15 套动画图书，其中前两年陆续出版了《神脑聪仔》（接力出版社）、《中华少年奇才》（浙江人民美术出版社）、《中华五千年历史故事》（人民教育出版社）、《地球保卫战》（新蕾出版社）等，已在社会上形成较大反响。这些动画图书的出版起到了一个示范作用，推动了一大批动画读物的出版。

目前，我国动画图书的出版呈现以下几个特点：①主题鲜明，导向明确，出版了一批较有感染力，注重思想品德教育，弘扬中华传统美德和文化的动画读物。例如，湖南少儿社的《中国历史卡通故事》、河北少儿社的《红孩儿传奇》、海天出版社的《少年英雄卡通故事》、上海少儿社的"孙悟空大战"系列、接力出版社的《一个中国孩子的英雄喜剧》等。②推出了一批原创性的动画形象，具有中国特色的、富有民族风格的动画形象正在形成之中。从已推出的几套产生过较大影响的卡通读物来看，《神脑聪仔》系列中的聪仔形象，《中华五千年历史故事》中的小太极形象，还有《足球小子》《海尔兄弟》《宝贝疙瘩丁呱呱》《三毛大世界》等动画读物中的形象，

---

① 见本卷第 31 页注①。
② 见本卷第 228 页注②。

给中国小读者留下了很深的印象。③注重素质教育,可读性、趣味性较强的卡通漫画类图书深受小读者的欢迎。例如:北京少儿社的《漫画科学史探险》(3册)、宁夏少儿出版社的"新奇趣科学知识童话·卡通系列"、四川少儿社的"大迷宫·系列画册"、新蕾出版社的"大型科学漫画丛书·漫游新科技世界"等。④中国动画读物由单一的书、刊媒体开始向媒体的多元化转变。一些出版社从长远发展战略考虑,努力拓展动画读物的市场,有的投入巨资开始制作我国自己的卡通电视片。例如,接力出版社已开发了系列的《神脑聪仔》录相带、光盘以及电视剧。

在推出一批优秀动画图书的同时,我们5个动画刊物即《北京卡通》《中国卡通》《少年漫画》《卡通先锋》《漫画大王》在短短几年中经受了市场的考验,逐渐站稳了脚跟,得到了相应的发展。

我们的动画读物与自身比,有了长足的进步,取得了显著的成绩。但从目前少儿读者的反映以及市场的占有率来看,与港台地区以及日本、欧美等地相比,还有较大差距。今年7月,我去香港书市,看到许多青少年排着长长的队伍,等候购买卡通漫画书。有的是半夜就赶来排队,每天都有那么多的人排在门外等候,可见少年儿童是非常喜欢卡通漫画书的,同时,也说明港台和日本的卡通漫画书编得有吸引力,受孩子们欢迎。这件事情对我"刺激"很大。因为从整个展场的情况来看,日本、台湾、香港的动画读物展台前排着长队,热闹得很。我们的展台前就显得很冷清。我了解了一下,这种情况已经六七年了,他们年年都是这么"火"。如果从小学生看起,已经培育了一两代读者了。我们怎么办?我们的动画读物的发展有两条路可走:一条是跟着别人走,这很便当。事实证明,跟着别人后面走,总是摹仿他人,这是没有出路的。另一条路是创立中国的卡通形象,走自己的路,这是很艰难的。在这方面,要有使命感,要舍得投入,要争夺卡通图书市场,并要开发市场、培育市场。现在,对引进外国的卡通读物,一般不批,目的是为争取时间发展和扶持我们自己的卡通读物。但是,长期用行政手段不让进恐怕也不行。我们要充分利用目前的有利时期,积极探索中国卡通读物的发展道路。

（四）少儿文学的创作和出版，佳作迭出，成绩突出，初步扭转了重改编、汇编，轻创作、创新的状况

近几年来，一大批原创性少儿文学读物的出版给少儿出版界带来了新的气象。原创性的文学图书数量增加、质量提高。据统计，1996—1997年，全国少年儿童出版社安排出版的原创性少儿文学图书有408种，平均每社出版约14种。各少儿出版社以对少年儿童高度负责的精神，对出版的图书，从选题、编校，到印刷装帧，都力求做到质量上乘。除了卡通漫画的图书选题多是原创性的图书外，还有大量的文学作品，尤其是少儿题材的长篇小说，有了很大的提高，在创作质量上更上一层楼。例如："金犀牛丛书"（明天出版社）、"花季小说丛书"（福建少儿出版社）、"红宝石丛书"（晨光出版社）、"都市少年"系列丛书（北方妇女儿童出版社）、"大幻想文学"丛书（二十一世纪出版社）、"风铃丛书"（湖南少年儿童出版社）、"巨人丛书"（上海少年儿童出版社）等等。有的长篇小说受到评论界的较高评价，认为少儿文学的创作上了一个新的台阶。例如：《男生贾里》和《女生贾梅》（上海少年儿童出版社）、《第三军团》（中国少年儿童出版社）、《草房子》（江苏少年儿童出版社）等等。《草房子》的创作水平很高，受到评论界的好评。这说明，我们的少儿文学创作，将要有一个丰收的季节，这是广大少儿工作者多年努力的结果。

同时，由于出版社的努力和精心组织，少儿文学创作的队伍日益扩大，作者队伍的构成发生了明显的变化。

1997年，在文学领域里，有一句名言，称现在"是一个人人写自己的年代"。北京少儿出版社出版了一套文学丛书："青春自画像丛书"。这套丛书有一个共同的特点，作品都是由年龄十几岁的中学生自己写的；所谓的自己写自己，就是由中学生自己描写自己的青春生活。该套丛书出版后，在社会上引起了强烈反响。从这套书可以看出，现代社会形势下的少儿图书的出版，已经有了新的变化，这就是当代的少年儿童已经不是以前的较为单纯的孩子了，他们成熟得早，对社会和生活都有自己独立的看法。因此，让青少年自己写自己，对少年作者是一个新的尝试。而另一方面，也有一部分成人作家也加入了儿童文学的创作队伍。例如，"金犀牛丛书"（明天出版社）

就是一些当代文坛优秀的年轻作家们写的儿童文学作品。这些作家有：王安忆、刘毅然、张炜、迟子建、毕淑敏、池莉等。这样的儿童文学创作，已成为一种气候，尤其是在 1997 年的儿童文学创作中，大约有 10 余套书都是由在文学界有影响的成人作家创作的。这些作家加盟到少儿文学的创作队伍中来，给儿童文学的园地注入了新的活力。

（五）出书结构得到优化，一般图书和优秀畅销书的比重进一步加大

由于专业分工的原因，许多少儿出版社有教材或教辅读物，这些教材教辅成为出版社的"基本口粮"。在相当一段时间内，有的出版社不注重一般图书的开发，在出书结构上，一般少儿读物的品种少，市场占有率低，经济效益差。近年来，随着教材、教辅类图书竞争的加剧，许多少儿出版社增加了一般图书的出书品种，从长远发展和全面走向市场竞争的战略眼光出发，主动出击，加大市场竞争的力度，收到了显著效果。从最近调查了解 1997 年的出书情况来看，上海少儿出版社新版和重版书共出 485 种，其中，教材教辅类图书仅 40 种，一般图书为 445 种，教材教辅品种仅占总品种的 8.2%。从发行码洋来看，教材教辅为 960 万码洋，一般图书 11040 万码洋，教材教辅仅占总码洋的 8.0%。中国少年儿童出版社、福建少年儿童出版社、内蒙古少年儿童出版社、四川少年儿童出版社、河北少年儿童出版社、湖南少年儿童出版社等许多出版单位一般少儿图书的数量、比重效益已上升到出版的主要地位。当然，从整体情况看，教材、教辅是少儿出版社"基本口粮"的状况仍未得到根本改变。今年初，书刊发行协会评选了 1996—1997 年度全国优秀畅销书，可以看出这两年少儿类优秀畅销图书也逐渐增多。在评出 10 本少儿类全国优秀畅销书中，8 本是少儿出版社出版的。

近几年来，少儿出版工作在深化改革、提高经营和管理水平、扩大对外交流与合作、人才的培养和队伍建设、现代科技手段的应用等方面都取得了显著的成绩。回顾这些年少儿出版事业的发展历程，我们发现，要保持少儿出版工作良性运行的态势，推动少儿出版事业的繁荣和发展，以下几个方面的经验值得我们去总结和思考：

一是要提高认识，统一思想，常抓不懈，落实到位。从 1994 年到 1998

年，5 年中，中宣部与新闻出版署连续召开 5 次全国性的少儿出版工作会议。这些会议贯彻始终的主题就是落实中央的要求、坚持正确的出版导向、促进少儿出版事业的繁荣；每次会议都是围绕这个主题而展开的，都有实实在在的内容。第一次是 1994 年的天津会议。这次会议重点研究和解决在社会主义市场经济体制条件下，少儿读物出版工作的性质、地位和指导思想问题。第二次是 1995 年的广西北海会议。这次会议重点研究和解决在新形势下如何进一步解放思想、大胆创新，为培育跨世纪人才提供素质准备。会议还专门研究如何制定好"九五"期间少儿读物出版规划，在这次会议上我们提出"中国儿童动画出版工程"（"5155 工程"）①的设想。第三次是 1996年的北京会议。会议强调在前两次会议的基础上抓落实，提出力争在本世纪末使我国少儿读物的整体出版质量再上一个新台阶。第四次是 1997 年的北京会议。这次会议是落实党的十五大精神，加强对全国少儿期刊的管理，提高少儿期刊的质量，为少儿期刊的健康繁荣发展提供良好的外部环境。第五次即是这次的郑州会议，总结近年来繁荣发展的经验，分析形势，探讨跨世纪发展思路，完善多出优秀少儿读物的工作机制。从这 5 年来的情况看，我们体会到，只有按照中央的要求，始终不懈地抓下去，少儿出版事业才会有大的起色。

二是搞好规划工作，抓好重点工程，实施精品战略。我们在少儿图书出版方面共搞了 3 次规划。第一次是 1978 年的庐山会议，由国家出版局②牵头，制定了《部分重点少儿读物出版规划》（29 种重点图书选题）。第二次是 90 年代初，制定了《"八五"国家重点图书出版规划》，包括少儿读物选题 55 种，到 1995 年已基本完成。第三次是 1996 年制定的《"九五"国家重点图书出版规划》，其中"少儿读物子规划"列入 85 种重点选题。规划的实施，不仅出版了一批优秀图书和精品图书，而且带动了各部门、各单位的出版规划的制订，促进了整体水平的提高。

三是抓"阶段性转移"，优化出书结构，促进少儿读物整体质量的提

---

① 见本卷第 228 页注②。
② 见本卷第 217 页注①。

高。新闻出版署1994年提出出版业要实现由规模数量增长为主要特征向以优质高效为主要特征的阶段转移，这一战略部署同样适应于少儿读物的出版工作。少儿读物的繁荣和发展，要以质量和效益为前提，无论是一般图书与教材、教辅，还是新版图书与重版图书、重点图书与非重点图书，都存在结构优化的问题。图书的质量，不仅表现在编校质量、印刷装帧质量方面，而且也体现在图书的选题、书稿的内容等方面。实践证明，抓"阶段性转移"、抓优化结构、抓质量管理，目的都是促进出版事业的繁荣。方向是正确的，效果是明显的。

四是建立激励机制和约束机制。在激励机制方面，我们做了这样几项工作：①会同有关部门建立了全国少儿读物出版基金，奖励优秀少儿读物的出版；②搞好全国优秀少儿读物的评奖以及有关少儿图书的评奖；③在评选优秀、良好出版社的工作中，充分考虑少儿出版社的状况。在已被授予的30家优秀出版社中，有3家少儿社（中国少年儿童出版社、上海"少年儿童出版社"、浙江少年儿童出版社）；在1997年150家良好出版社的评定中，有未来出版社、希望出版社等16家少儿出版社被评为良好出版社。在约束机制方面，我们通过年检、质量管理等手段，对出版单位的违规行为和质量内容出问题的书，加强管理和监督，以保证出书的方向和出版的正常秩序。

二、当前少儿出版工作中存在的主要问题

20年来，少儿出版事业有了飞速的发展，特别是近年来少儿出版工作取得了有目共睹的成绩。我们的成绩是主要的，是主流，要充分肯定。但是，我们也要清醒地看到：我们已经取得的成绩同党和人民的要求相比、同广大少年儿童的期望相比、同发达国家和地区相比、同下个世纪少儿出版业的发展要求相比，还有许多不足，还存在一些亟待加以解决的问题。

（一）进一步深化出版改革的问题

李岚清同志在今年到新闻出版署考察工作时，对深化出版体制改革的问题非常关心。他指出：为了适应建立社会主义市场经济体制的需要，新闻出

版业从一个高度计划经济的行业，转变了观念，进行了改革，由生产型转向了生产经营型。这个转变是很大的，当然也还有一定的文章可做。李岚清同志的这一指示非常具有针对性，从全行业整体上讲，这种转变还没有完全到位。有些少儿出版单位由于相当一段时间具有优越的专业分工条件，经营管理水平低、粗放经营、人浮于事等问题往往被暂时较好的经济效益所掩盖。据我们最近对少儿社的调查，在人员结构中，行政勤杂人员就占了23.8%。有一个出版社在岗职工64人，行政人员就有18人，占在岗人数的28.1%（近1/3）。当前，少儿出版单位进一步深化内部改革的问题，情况也各不相同。有的在劳动、人事、分配等方面的改革已先行了一步，但有的还是基本沿袭老的一套。深化出版社内部改革，要根据出版单位或所在地区的实际情况，可以从加强管理、提高经营水平入手，也可以从"三项制度改革"① 入手。我们必须从出版业长远发展的角度，看到问题的严重性，增加紧迫感。

（二）"四多""四少"的问题

前些年讲"四老"的问题，即老面孔、老祖宗、老外、老作家群，这个问题近年来有所好转。但"四多""四少"问题依然存在，即：成套书多，单行本少；重复出版多，原创性少；图画本多，文字本少；适合城市儿童的书多，适合农村孩子的读物少。这些年，我们有的少儿社，书越出越厚、越出越重，而且喜欢出套书、出丛书，动辄10多本，有的一套甚至上百本，好像这样才有分量。这种现象值得探讨。有的书确是内容丰富，有的则是内容单薄，却硬要拼成一套书，认为这样好卖，码洋高。但从实际的效果看，儿童读物太重太厚，不便于儿童阅读。丛书太多，价格高，购买者也不堪重负，总是反映我们的书价太高。我们要多为少儿读者着想，让他们买得起，看起来方便。有需要，才有市场。《小布头奇遇记》《宝葫芦的秘密》《卓娅和舒拉的故事》，都是单本的书，但它们的魅力至今没有失去。这些年有些畅销书，如《第三军团》《男生贾里》《花季·雨季》等，也都是单本书。重复出版的问题仍然很突出，主要是选题

---

① 见本卷第7页注①。

重复，或是改编、汇编，有些书积压严重，浪费资源。农村孩子读物少的问题，当前要更加引起我们重视。我在后面还要专门讲如何做好农村少儿读物出版工作的问题。

（三）图书编辑质量的问题

图书质量既包括选题、内容的质量，也包含编校、印制的质量。我在这里主要讲一讲编校质量的问题。1996 年进行的全国性编校质量的大检查，主要是检查少儿图书和教学用书。抽查的结果是：优质品：5 种，占 16.67%；良好品无；合格品：9 种，占 30.00%；整体合格率为 46.67%。而不合格率占 53.30%。其中，涉及学生学习辅导材料的书差错率较高，有的高达 9.2/10000。可见，图书编校质量的问题还很严重。有些出版社还没有健全审校制度，有的还没有专业的校对人员，有的则是没有按照《图书质量保障体系》的有关要求，建立相应的约束机制。

（四）读者定位问题

从编书和写书的角度来看，我们的少儿图书仍然存在一个读者定位的问题。首先，我们必须更深入地了解和观察现在的少年儿童，即我们的读者对象。现在的孩子是电视机下成长起来的一代，是电脑面前、"网上"成长起来的一代。以前，是孩子们问爸爸妈妈为什么，现在许多东西我们成人不懂了，反过来要问孩子电脑中的学问、网上的事情。我们的服务对象发生了很大的变化，我们读者对象的思维方式、知识水平和技能也大不一样了。这样一来，我们就要认真地研究读者定位的问题。其次，从现在已出的少儿读物来看，知识陈旧的问题也还存在，成人化的倾向比较明显。许多语言是成人的话，让孩子来讲；用成人的逻辑思维代替孩子的形象思维；以成人的心理特点替代孩子的个性特征。在这一点上，国外许多同行比较注重研究孩子的年龄和心理特征，研究孩子们的思维和语言特点，编写的书、设计的封面和版式，更有孩子气。在这个问题上，有这样一个比喻：国外的许多作家和编者是蹲下来看孩子（与孩子一般高），从水平的角度去观察孩子的特点和阅读需要；而我们有些编者和作家是站着往下看孩子（俯视），有些想的和说的不是孩子们所想的和所要说的，所以，有些书孩子们不太乐意看。这个现象值得我们好好去思考。再次，发达国家少儿读物的层次细化比较明显。孩子从婴儿期到幼儿期，区分很细。一岁的读物就适合一岁幼儿，两岁的读物就适合两岁的孩子，年龄层次分明。而我们有的少儿读物，笼而统之，大而化之，读者对象比较宽泛，缺乏针对性。这既有经济原因，也有认识和观念上的问题。

（五）形式多样化的问题

少儿读物形式多样化的问题，主要体现在两个方面：一是从内容上讲，有表现形式、表现手段的多样化，产品开发的多样化。与出版业其他行业相比，少儿读物多媒体化的问题更为突出，我们现在除了纸介质以外，其他载体形式较少。国外的电子出版物，在少儿读物这一领域更有市场。我们要适应现代化科学技术发展的形势和要求，在声、光、电、磁等方面，要积极开发多种媒体的少儿读物，迎头赶上时代发展的潮流。二是少儿图书外形包装形式多样化的问题。从开本上讲，我们的书开本形式还比较单调。16 开、大 32 开、小 32 开、24 开都是比较常见的、普通化的开本。海外有的少儿书开本相当灵活，异形本比较多。孩子们怎么喜欢就怎么设计和制作。比如：把书做成提袋形式，孩子们外出也可以很方便地携带；有的把书做成玩具，边玩边学边动手。又比如：立体书，有声读物，等等。这些都深受孩子们的欢迎。我们的少儿图书在开本、设计形式等方面，要多研究孩子们的心理和需要，同时，也要加大宣传力度、加大市场开发力度，培育市场，让书店的同志，让家长们逐渐接受。

（六）出版社定位与品牌特色的问题

少儿专业出版社全国 30 多家，另有许多教育出版社、美术出版社等也出版各种形式的少儿读物。我们少儿社面临着几个方面的竞争压力：一是国外出版行业打入国内市场的压力；二是少儿出版社自身竞争的压力；三是专业出版社的竞争压力。在这种情况下，我们要从长计议，考虑到未来的发展形势和各种可能出现的复杂情况，从现在起就要找准出版社发展的路子，把位定好。定好位，就要形成本社独具的特色优势、品种优势、品牌优势。有位少儿社社长说得好：与其今日东挖一坑，明日西刨一穴，不如选准井位，深掘一井，打出旷久喷涌的甘泉。

三、少儿读物出版工作要抓住机遇，加快发展，以崭新的面貌迎接新世纪的到来

20世纪即将过去，我们现在已站在21世纪的门前。从人类社会发展的进程来看，也正处于一个重大的历史转折关头。特别需要引起我们极大关注的是人类社会越是向前发展，发展的速度就越迅猛。从人类社会的发展看，农业社会发展了几千年，而工业社会只用了不到500年时间，现在，人类已迈过农业社会、工业社会，在世界范围内开始进入知识经济时代。纵观人类社会发展的历程，社会的进步是以几何级数递增的。这和人类对客观世界认识的进程也是相符合的。知识也是以几何级数递增的。在一些发达国家，如美国，知识的创新和运用，在经济增长中所占的比重已接近60%。这是发达国家。前几天看新闻联播，介绍宁夏回族自治区成立40周年，宁夏是我国西北地区比较偏远落后的地区，近几年科技进步、知识创新在经济增长中所占的份额已达到20%多。这说明，在农业社会和工业社会，社会进步和经济增长主要依靠劳动力、资本和物质资源的时代已经过去，知识特别是科学技术开始成为社会发展中的决定性因素。

这样的一个时代特征对于出版业有什么特殊的意义？对少儿读物出版工作有什么意义、有什么要求？概括起来就是两句话。一句话是：做好出版工作，特别是做好少儿读物的出版工作，是实施科教兴国战略，全面提高国民素质，教育和培养跨世纪接班人的重要方面；是人民的重托、党的要求。党的十四届六中全会明确要求："出版工作要'不断推出思想性、艺术性、可读性高度统一的少儿读物精品，为少年儿童提供更多更好的精神食粮'。"另一句话是：世界范围内的科技革命突飞猛进，知识经济时代的到来，我国跨世纪发展战略目标的实现，为出版工作，特别是少儿读物出版工作提供了良好的发展机遇。可以从以下几点来考虑这个问题：①在实施科教兴国战略过程中，国家已经确立了以知识创新为龙头，知识传播与知识转移并重的"知识创新工程"，而作为知识载体的出版业，在知识

传播和知识转移中将起着极为重要的作用。②和平和发展是当今时代的主题，我国正处于一个持续稳定发展的历史阶段，这样一个良好的社会和经济环境，必然对出版业的进一步发展提供巨大的现实可能性。反过来说，经济和社会的发展，跨世纪战略目标的实现，必然要求出版业有一个很大的发展。③当我国进入小康社会以后，人们的消费结构也将呈现规律性的变化，生活方面的消费支出将下降，而文化、旅游、娱乐方面的消费支出将增长。1965 年，日本每个家庭的阅读、娱乐消费支出为 3400 日元，低于服装、鞋子及住房的消费支出；1985 年，日本每个家庭阅读和娱乐消费的支出增长到 2 万日元，超过了服装和鞋子的消费支出；到 1995 年，日本每个家庭阅读和娱乐的消费支出达到 3.3 万日元，超过了住房的支出。我国 1996 年全国居民消费水平为 2677 元，比 1991 年增加了 1781 元，扣除价格因素，平均年增长 8.6%，随着整体消费水平的提高，文化消费的比例也开始逐渐提高，而物质消费的比例开始缩小。例如：我国农村居民的食品消费支出比例，1991 年为 56.8%，到 1996 年已下降到 46.3%。随着我国经济的健康发展，消费结构还会发生进一步的变化。

总起来说，我们要以崭新的面貌、良好的精神状态迈进 21 世纪，就必须站在时代的高度，对我们当前所处的环境以及出版的关系进行审视。只看到成绩，看不到时代发展的步伐以及客观环境的新变化、新要求，为一点成绩沾沾自喜，安于现状、不思进取，就没有前进和发展的内在动力。在迈向新世纪之际，我们应该有充分的思想准备。

关于今后的少儿读物出版工作，我再具体谈三方面的意见：

（一）关于坚持出版方向的问题

少儿读物的出版工作，是出版工作中有特殊重要意义的一个方面，它担负着教育和培养跨世纪人才的重要任务。在少儿读物出版工作中坚持正确的出版导向，就是要全面贯彻落实江泽民同志"出版更多优秀作品，鼓舞少年儿童奋发向上"的指示精神。具体来说，它包括思想道德导向和科学文化知识导向两个主要方面。少儿读物出版工作，首先要坚持正确的思想道德导向，要坚持不懈地对广大少年儿童进行理想教育、思想品德教育和爱国主义教育。邓小平同志说："现在中国提出'四有'，有理想、有道德、有文化、有纪律。其中我们最强调的,是有理想。"[1] 在世界范围内各种思想文化相互激荡,在我国社会主义建设特别是经济发展过程中,存在一些错误的世界观、人生观、价值观以及一些腐朽堕落的东西,如吸毒、嫖娼、赌博等等。我们的出版工作,特别是对于少年儿童,这方面的工作不但丝毫不能放松,还要进一步加强。

下大气力做好科学文化知识的出版工作是坚持导向的另一个重要方面。由于科学技术在社会经济结构、现代化进程、综合国力的提高中所起到的决定性作用,我们能否实现党的十五大提出的跨世纪的战略目标,关键在于能否培养出一批有理想、有道德并掌握现代科技知识的人才。少儿读物无论是哪种题材、哪种形式,一般来说它都是有一定的思想道德教育和科学文化知识教育的功能,但是要真正让它切实地发挥出作用,必须避免简单的说教和灌输,必须加强对少年儿童阅读心理和认知心理的科学研究,使我们的少儿读物真正达到思想性、艺术性、可读性的高度统一,否则,很可能事与愿违,不但达不到教育的目的,还将增添他们的厌学和逆反心理。这几年来,广大少儿读物出版工作者在这方面花费了很大的心血,出版了一大批少年儿童乐于接受、催人向上的优秀少儿读物,这两天大家在这方面也交流了一些很好的经验和做法,希望通过这次会议,我们的工作再迈进一步、再上一个台阶。

(二) 多出优秀少儿读物,为培养跨世纪人才提供更多更好的精神食粮

多出优秀少儿读物,为少年儿童提供更多更好的精神食粮,这是少儿读物出版工作的永恒主题。我国的少儿读物出版工作,这几年上了几个大的台阶,取得的成绩凝结着广大少儿读物出版工作者的心血与辛劳。但是,从跨世纪的发展和需要来看,是很不够的。从少儿读物的发展和需要来看,也是很不够的。从少儿读物的数量上看,1997 年达到 5772 种,2.43 亿册,7 亿个印张,码洋 11.4 亿元的规模,比较前几年,增长很快。但是一比较就能

---

[1] 邓小平:《用坚定的信念把人民团结起来》,载《邓小平文选》第三卷,人民出版社1993 年版,第 190 页。

看出差距来。前面我讲到在香港书展上的所见所闻，卡通读物我们抓得确实有成效，但也确实存在着较大的差距。全国 3 亿少年儿童读物的总量（课本除外）只有 2.43 亿册，人均不到 1 册，码洋只有 11 个亿，折合一点几亿美元，当然这一块也是没有包括课本和教辅读物在内。从 1997 年的出版情况看，73 亿册图书中，课本和教辅这一块占了一半（38.55 亿册），全国的一般图书只有 38 亿册。一般图书中，少儿读物只有 2.30 亿册，所占比例不到 7%，而 3 亿少年儿童在我国总人口中占 25%，从规模数量方面和少儿读物的结构来看，都还有很大的发展潜力，关键看我们怎样推进少儿读物出版工作多出优秀少儿读物，促进少儿读物出版繁荣。

多出优秀少儿读物既是少儿读物出版工作的目标，又是检验少儿读物出版工作的标准。同时，它又是党和人民对我们的重托，是时代的呼唤。要实现这样的目标，确实很不容易。它绝不是在某一个方面努力一下就可以了，而是要求少儿出版工作这个系统中的每一个环节、每一个链条都配合衔接到位，从而保证这台机器的良好运行。因此，少儿读物出版工作必须全方位地有一个大的提高与发展。

关于这一点，在我们这个座谈会上，上海少儿出版社、湖南少儿出版社、明天出版社、中国少儿出版社、海燕出版社、晨光出版社、北京少儿出版社、江苏少儿出版社、接力出版社等都介绍了它们在这方面的探索努力与实践，特别是大家介绍并总结了一些有共性的好的做法与经验。是不是可以概括为以下几个方面：①高举邓小平理论的伟大旗帜，坚持正确的出书方向，努力为 3 亿儿童出书，通过优秀的少儿读物对少年儿童进行卓有成效的思想道德教育和科学文化知识教育。②在世界范围内各种思想文化相互激荡、相互渗透，世界范围内的竞争与较量已经不可避免，面对这种形势，少儿读物出版工作者必须清醒地认识到当前的形势和发展的态势，要有危机感，要有忧患意识，要赶快行动起来加快自我发展，而途径就在于坚持深化改革，以改革促发展、以发展促繁荣。③实施精品战略，优化图书结构，重点加大一般少儿读物的比重，从市场调查到选题确立，到编辑、校对、印制、发行的整个流程的每一个环节上严格把关，保障少儿读物的质量。由单个精品书扩展到精品群，从而形成出版社的特色与品牌，实现社会效益与经济效益的统一。④严格管理、科学管理，优化资源配置，提高生产效益，并建立行之有效的激励机制与约束机制。⑤各种竞争归根结底是人才的竞争。把搞好少儿读物出版队伍建设，作为各项工作的根本，树立以人为本的观念，建立一支思想境界高、业务技术精、勇于开拓、甘于奉献、能够适应时代要求的少儿读物出版队伍。这是大家在工作中总结出来的好的经验和做法，也是在新世纪到来之际我们特别需要重视并做好的几项工作。其中，每一个方面都有很丰厚的内容，我就不展开来谈了。留一点时间，重点讲一下关于农村少儿读物的出版发行工作。

（三）关于农村图书和少儿读物的出版发行工作

刚刚闭幕的党的十五届三中全会专门研究了我国农业和农村发展的一系列重大问题，全会通过了《中共中央关于农业和农村工作若干重大问题的决定》（以下简称党的十五届三中全会《决定》）。这次全会深刻分析了农业和农村工作在我国现代化建设进程中的地位和作用，指出："贯彻党的十五大提出的战略部署，实现我国跨世纪发展的宏伟目标，必须保持农业和农村经济的持续稳定发展。"党的十五届三中全会《决定》指出："十二亿多人口，九亿在农村，是我国的基本国情。农业、农村和农民问题是关系改革开放和现代化建设全局的重大问题。没有农村的稳定就没有全国的稳定，没有农村的小康就没有全国的小康，没有农业的现代化就没有整个国民经济的现代化。"学习三中全会精神，认真贯彻落实三中全会精神，对于做好出版工作以及少儿读物出版工作都具有十分重要的指导意义和现实意义。我结合党的十五届三中全会《决定》的学习，谈几点体会，供大家参考。

第一，能不能全心全意地做好农村少儿读物的出版发行工作，不仅仅是一个思想感情问题，而是能不能坚持正确的出书方向的大问题。从少儿读物的服务对象来看，全国3亿少年儿童，有2亿多在农村，如果我们把这两亿多的农村少年儿童置于我们出版的视野以外，我们还谈什么为人民服务、为社会主义服务、为广大少年儿童服务？放弃了这一块，就等于放弃了三分之二以上的服务对象，就不能使我们很好地坚持方向，起码是我们在这方面不管主观动机如何，在客观效果上是一个很大的欠缺。

第二，做好农村图书和少儿读物的出版发行工作是实施科教兴国战略，实现党的十五大提出的跨世纪发展战略目标的迫切需要。实现我国跨世纪发展目标，关键在于全面提高国民整体素质，12亿多人口，9亿在农村；3亿少年儿童，2亿多在农村。9亿多农民，2亿多农村少年儿童的素质得不到提高，仅提高了城市人口的素质，就不能说是提高了国民的整体素质，国民的整体素质得不到提高，怎么能够实现跨世纪的战略目标？党的十五届三中全会《决定》说："没有农民的小康，就没有全国人民的小康。"确实如此。从我们出版工作来看，这些年确实扎扎实实地为农民和农村的孩子出了不少好书，提供了一大批优秀的精神食粮，由于历史的原因和经济的原因，城市和农村的差距是客观存在的，但是，我们的社会制度，我国现代化建设的发展进程，都不允许这种情况长期延续下去，要把它放到能不能实现科教兴国战略以及跨世纪的宏伟目标的高度来认识和看待这一问题。我举两个数据：1996年我国农村和城镇人口的图书消费比重分别为25%和75%。就是说在1996年全国图书销售的71.58亿册中，3亿城镇人口拥有53.70亿册，而9亿农民只拥有17.90亿册；在1996年全国图书总销售的266.60亿元中，3亿城镇人口消费199.90亿元，而9亿农民只有66.65亿元。1997年，情况有所改变，农村图书的消费比重增加了4个百分点，由1996年的25%，上升为29%；城镇图书消费的比重由1996年的75%，下降为71%。这是一个可喜的现象，但是，差距还是太大。1997年全国图书销售为74.7亿册，313.2亿元，农村人口是城镇人口的3倍，但图书所占比重不到城镇的1/3。从这两组数据可以看出做好农村出版工作的重要性和紧迫性。

第三，做好农村出版工作和少儿读物的出版发行工作，是出版产业发展自身的需要。做好农村出版工作和少儿读物的出版发行工作，从根本上说也必须既符合精神文明建设的要求，又符合社会主义市场经济和出版自身的规律，还是要按照价值规律办事。脱离了这一点，很难从真正意义上做好这项工作。我们有些出版社，对农民兄弟有深厚的感情，在这方面出书是不考虑赚钱的，而且还要把别的方面赚来的钱力所能及地补贴在农村图书的出版和发行上面。这确实值得我们敬佩。但是，这还很不够，杯水车薪。我们有9亿农民、2亿多农村少年儿童，这种服务远不能满足广大农民和农村少年儿童在读书和文化方面的需求，这不是从根本上解决问题的办法。从另一个角度看，我们如果脱离 9 亿农民、2 亿多农村少年儿童这样大的市场，能够真正实现出版的发展与繁荣吗？随着我国经济与社会的发展，农村经济的持续发展，农村和农民的购买力将不断增强。1996 年农村居民人均消费已达到 1756 元，而 1991 年仅有 621 元，扣除价格上涨因素，平均每年消费增长幅度为 7.2%，在农村人口的消费中，文化方面的消费比重也开始增大。可以预料，在跨世纪目标的实现过程中，农村和城市的图书消费比重必然发生进一步的变化，1996 年农村图书消费占全国消费比重的 25%，1997 年就到了 29%，如果能够达到 50%，也就是说，9 亿农民和 3 亿城镇人口图书消费一半对一半，即使按 1997 年的水平，我国图书也将超过 100 亿册，如果实现了，就是历史性的突破。我们必须从产业发展的角度去研究这个问题，充分看到并估计到农村图书消费的巨大需求和潜力。要认识到农村是出版业发展、繁荣的关键所在。还应看到，农村图书这块巨大的市场，谁先开发，谁将在今后的发展和竞争中立于不败之地。从现在开始，从发展和市场的需要出发，下大力气开拓农村图书市场将是我们当前和跨世纪所面临的重要课题，谁先重视这个问题，谁就可能先受益，解决好这个问题，才能解决出版业进一步发展的问题。可以说，没有农村出版工作的发展与繁荣，就没有出版工作的发展与繁荣，没有农村少儿读物的发展与繁荣，就没有全国少儿读物的发展与繁荣。请大家务必高度重视这个问题，把我们少儿读物出版工作做实做好。

让少儿读物出版在新世纪
有一个很好的开局*

新世纪的第一个春节刚过，中国出版工作者协会少年儿童读物工作委员会（简称中国版协少读工委）在鲁迅的故乡浙江绍兴召开会议，研究今年和今后一个时期的少儿读物出版工作。这是应该受到赞扬的，你们为中国版协各专业协会带了个好头。少年儿童是国家的未来，是人类的未来，如果少儿读物出版在新世纪有一个很好的开局，我们整个出版工作的新的繁荣就大有希望了。很高兴有机会能参加今天的大会，在座的一些同志都知道，我自20世纪70年代调到出版战线，一开始就做少儿出版，从办儿童期刊到编少儿图书，可以说是少儿出版界的一名老兵，是和诸位一块摸爬滚打的战友。所以，凡是少儿出版界的事，我都乐于参与。一是可以和许多新老朋友见面，二是可以向大家了解新情况、学习新知识。

关于2001年的出版工作，石宗源同志在全国新闻出版局长会议上已经做了部署，希望大家认真贯彻实施。这里，我仅就少儿读物出版工作的几个问题，和同志们交换一下意见。需要事先声明的是，今天我只想以一个少儿读物老编辑的身份，从一个编辑的角度和大家交换一些看法；再有，我这些年，没有像大家一样始终工作在编辑出版的第一线，所以，有些意见不一定正确，仅供大家讨论参考。

---

　　* 这是于友先同志在中国版协少读工委第十次主任委员会暨国际儿童读物联盟中国分会（CBBY）理事会上的讲话。原载《中国少儿出版》2001年第1期。

一、加快少儿读物出版的信息化建设步伐

大家知道，20 世纪 90 年代以来，世界各国都加大了建设信息工程的力度。按照我国"十五"计划的要求，中国在今后 10 年，也将建立起健全的、具有相当规模的、先进的国家信息化体系。毫无疑问，新世纪我国出版业势必也将逐步纳入"信息化带动工业化"的发展轨道。我们只有加快出版行业信息化建设的步伐，加大出版数字化、网络化力度，才能实现我国出版生产力的跨越式发展，才能适应经济全球化与国际出版发展的需要。

在出版的信息化建设方面，不少出版社虽然已经在 90 年代建立了自己的 MIS 系统①，但大都不够完善，还需要重新改造、调整与整合。我们有些少儿社，步子迈得比较大，有的已经建成了自己的局域网，并同外域进行了某种联网，初步实现了出版社内部管理及出版的编、印、发、供销等活动的网络化。总之，全国各出版社之间存在着很大差异，总体上看，我们的发展还不够快，与国际出版的差距还比较大。希望我们的少儿出版社认真研究一下，如何在信息化建设方面加大力度、加快步伐。可以考虑通过扩大与国际儿童读物联盟的合作方式来推动我们工作的进程，通过出版的信息化工程建设来加快我国出版技术的更新与发展，不断提高自己的出版生产力水平，从而不断增强我们的出版实力。面临加入世界贸易组织（WTO）在即，我们最根本、最要紧的是抓住机遇，加快发展自己，尽快地做到增强自己的综合实力，使我们自己的出版物从思想内容到表现形式等方面都能进一步增强国际竞争力。所以，现在我们从应对的角度看，要抓紧熟悉和研究 WTO 各种法制规则的适应范围，通过它保护自己，通过它加快发展自己，从而积极主动地参与国际合作与竞争，这是少儿出版界值得考虑的问题。譬如，大家可以考虑抓住同国际儿童读物联盟合作这个题目好好地研究，开拓新的发展渠道，争取尽快地发展自己。

---

① MIS（Management Information System）系统，即管理信息系统，是一个由人、计算机及其他外围设备等组成的能进行信息的收集、传递、存储、加工、维护和使用的系统。

二、扎扎实实做好纸介质少儿读物的出版工作

应该看到，随着高科技、信息化时代的到来，传统的纸介质图书的出版与发行正受到多媒体尤其是互联网的愈来愈强劲的冲击，特别是少年儿童读者，他们天然地喜爱新生事物、天然地喜欢到新奇的领域去冒险，比起成年人，他们往往更容易不加选择地为多媒体所吸引，这就要求我们少儿出版工作者认真做好两方面的工作：

一是要努力促进传统出版向多媒体的渗透与转化，推动传统出版物与多媒体的"联姻"与融合，提高电子音像读物的出版总量，加大互联网上出版网站的建设力度，以丰富多彩、健康有益的多媒体少儿出版物去占领音像市场，去抑制各种网上垃圾。

二是要下大气力，扎扎实实地进一步做好纸介质少儿读物的出版与发行工作。早在80年代后期，就有人讨论纸介质出版物在信息化时代会不会消亡的问题。有两种意见：一种意见是，有人认为纸介质出版物随着互联网的飞速发展，很快就会消亡。特别强调如何加快网上出版的速度，信息化、数字化、网络化的速度。另一种意见是不可能消亡。新世纪与以往的世纪一样，可能会发生许多人们意想不到的巨大变化，出版业当然也会发生巨大变化。但是，从我国实际情况看，传统出版还有很强的生命力，还有继续发展的巨大空间，现在还不能说多媒体出版即将取代传统出版的时代已经到来，少儿读物出版更是如此。这两年英国女作家罗琳的《哈利·波特》系列儿童小说在全世界发达国家热销（据说已销售3500万册）就是证明。在我看来，传统出版必将面临改造与更新，但是，传统出版与传统饮食一样，是不会消亡的，我们大可不必为纸介质出版物的前途而忧心忡忡。

特别值得注意的是，我们是一个12亿多人口的发展中国家，有80%的人口在农村，当然也就有80%的儿童生活在农村。1999年全国共出版少儿读物2.15亿册，3亿左右少年儿童每人每年还摊不到1本。无论何时，我们都要从实际出发，克服浮躁心态，坚定不移地贯彻落实党的为人民服务、为社会主义服务的出版方针，脚踏实地地做好我们的工作。可以负责地说，

在今后相当长的历史时期，纸介质儿童读物的出版仍然应该是我们出版工作中的重中之重，是我们整个出版业的基础。切不可把信息化社会与传统出版对立起来，以至于应对失措，乱了自己的阵脚。

说到这里，我想和大家谈谈少儿读物的定价问题。根据 1996 年开始统计的图书价格资料分析，目前少儿读物的定价一直是持续快速增长，价格在各类图书中处于较高水平。1996 年，全国少儿读物印张单价为 1.44 元，1999 年达到了 1.82 元，增长了 26.4%，与同期一般图书（不含课本）的平均印张单价（1.07 元和 1.32 元）相比，少儿读物分别高出 34.6% 和 37.9%。偏高的价格，必然影响少儿读物在广大农村和城镇低收入群众中的销售量，限制其社会效益的发挥，也降低了出版、发行单位的经济效益，不利于优秀儿读物选题的开发。我是一贯主张少儿读物应采取薄利多销策略的。定价高有很多原因，印装水平越来越高，也是原因之一。印装水平越来越高，这是一个进步。可以搞两种版本：一种是普及本，适合一般读者和农村孩子读的；一种是豪华本，成套书多，定价高。有些出版社把高定价、高折扣看成是营销策略，实际证明，这是短视行为，是自砸招牌行为。高定价最终必将抑制消费，何况我国 80% 的少儿都生活在经济相对落后的农村呢！

我们谈一谈《哈利·波特》这本书。我觉得少儿出版界的同志应该好好读读这本书，研究这个现象。这本书人民文学出版社共印了 25 万套、75 万册，最近又再版 3 万套。国外的孩子甚至成年人都很喜欢，我们这里也很喜欢。这大概有几个原因：①故事性强，而且写得很流畅，没有明显的说教。从儿童理论角度讲，坚持儿童本位原则，写孩子们的生活，以孩子为中心，写孩子的心理感受，而且融化在人物中，融化在故事中，很容易懂。翻译的语言也很好，文字活泼。②尽管这本书属于魔幻小说系列，但是展示了生活中的事情，很真实，实际上就是写学校生活。③写少年儿童的成长。儿童英雄幻想，应该是儿童文学的主题。④魔幻故事。有恐怖形象、恐怖故事，小孩子喜欢魔幻的东西，只要抓住少年儿童的共同心理，掌握一个度的问题，这个题材值得研究。巫师文化是西方文化中的一个重要方面，在一些著名童话作品中都有所反映。

《哈利·波特》这本书在我们国家翻译发行，包括在世界发行这么火的现象，应值得我们重视和研究，纸介质出版物不会消亡，这就是一个证明。再就是我们国家儿童文学发展还不令人很满意，缺乏幻想。儿童文学应该强调幻想，没有幻想，就没有创新。我寄希望于中国的儿童文学作家写出我们自己的《哈利·波特》。搞创作研究的，搞理论的，可以从理论角度研究一下，为什么出现《哈利·波特》现象。现在儿童文学有两大派，一种主张写幻想小说，在儿童文学发展史上也是一条主线。通过研究这个现象，推动中国儿童文学创作往前走一步。

减负之后，大家普遍感到搞儿童文学压力很大，应该看到减负给儿童文学的发展提供了新的机遇。减负把教材、教辅量减少了，要求素质教育，全面提高动手能力，要动脑，会思考、会做，这就使将来儿童阅读课外读物的空间大了，因此儿童文学在这个领域出版的空间也大了。要抓住这个机遇，占领这个空间，把纸介质出版物抓好，大有可为。

三、加强从业人员的业务培训，引进竞争机制，建设一支高素质的少儿出版人才队伍

党和国家一贯重视少儿读物的出版工作，特别是新时期以来，由于江泽民同志的提倡，少儿出版更受到特别的关注。可以说，自从我国出版业实施"阶段性转移"① 以来，少儿出版是出版业中发展最快的门类。据统计，1997 年全国少儿读物总品种突破了 1986 — 1996 年长达 11 年的年均出书3500 种左右的数量，达到了 5772 种。1998 年以来，年出版品种更是突破了6000 种。1999 年，全国共出版少儿读物 6111 种，比 1986 年（3448 种）增长了 77%；出版总印张 6.44 亿印张，比 1986 年（4.18 亿印张）增长了 54%。

在 1986—1992 年和 1993—1999 年两个时期中，年均新书由 2475 种减少到 2380 种，下降了 3.9%；年均出版重版书由 1304 种增加到 2014 种，增长了 54.4%；重版率由 34.5% 增长到 45.8%。

---

① 见本卷第 5 页注①。

少儿读物的选题、印刷、装帧质量都有明显的提高，优秀图书、精品图书不断涌现，对加强少年儿童的思想文化、科技教育，丰富少年儿童的课余生活，提高少年儿童的综合素质发挥了积极作用。

总的来看，少儿读物出版成绩是显著的，发展也是健康的，的确出现了我们多年来追求的繁荣景象。但是，在充分肯定成绩的同时，也应该清醒地看到，我们的少儿读物的传世之作还不太多，特别是原创性的、符合儿童心理、充满儿童情趣、能够使小读者爱不释手乃至反复阅读的儿童读物还不多见。此外，我们的部分少儿读物从选题的开发到内容的编排、装帧形式的选择以至编校质量都还存在不少需要提高和改进的地方。

少儿出版存在的问题，大概有两个方面的原因：原创性的儿童文学传世之作不多，主要是创作队伍失衡造成的；一般读物存在的问题则与我们少儿出版的队伍素质有关。这些年我常常想，中国要出好的儿童文学作品，至少要具备两个条件：一是要有一批立志为儿童写作的作家；二是要有一批立志为儿童出书的编辑家。社会上一直有人瞧不起这两家，常讽之为"小儿科"。其实，家长从来对"小儿科"医生都是敬重的，因为他们知道对儿童这个爱动爱闹的特殊群体，医生负有更大的责任。作家与编辑家又如何呢？鲁迅先生说过："孩子是可以敬服的，他常常想到星月以上的境界，想到地面下的情形，想到花卉的用处，想到昆虫的言语；他想飞上天空，他想潜入蚁穴……所以给儿童看的图书就必须十分慎重，做起来也十分烦难。"① 可见，要为儿童写书与编书，对作家与编辑的要求不是更低而是更高。作家的事我们管不了（但出版社有发现与培养作家的责任），我们可以管好自己的编辑队伍。

当前少儿读物存在哪些问题？可以从不同角度加以分析。这里，我只谈谈读者定位问题。

现在与 20 年前相比，我们的读者对象仍然是少年儿童，似乎没有多大变化；但细细想来，已经发生了太大的变化。现在我们的读者对象是电视机

---

① 鲁迅：《且介亭杂文·〈看图识字〉》1934 年 5 月 30 日，载《鲁迅先生的心里话》，人民出版社 2011 年版，第 194 页。

前成长起来的一代，是电脑面前、互联网上成长起来的一代，有人说是"按鼠标的一代"。西方评价 70—80 年代的少年儿童曾有过"以我为中心的一代"和"垮掉的一代"的说法，现在是"按鼠标的一代"。现在的孩子善于同时做几件事情，右手按着鼠标，左手抓着可口可乐，肩上扛着耳麦，嘴里嚼着口香糖；习惯于上网求购、求学、求职、求医、求偶，上网查询、阅读、聊天、算命……这代人的特征有人概括为：肢体语言在退化，手指功能在进化，大脑细胞在异化，而且日益趋向机械化、程式化、数码化。我们的读者队伍有人说是"巨变"、是"裂变"。我们做少儿出版工作一定要重视，我们的服务对象思维方式在变化，知识水平在变化，技能也大不一样了。现在少儿读物知识陈旧问题、成人化倾向问题等等都与我们未能正确认识我们的读者，没有解决好读者定位问题有关。

发达国家少儿读物的层次细化比较明显，孩子从婴儿期到幼儿期，每一个年龄段都层次分明。而我们有的少儿读物，读者对象比较宽泛，缺乏针对性。

读者定位的另一个问题是如何看待天才少年的问题。近几年来，各地都涌现了一些中学生作家，特别是有些初中生也出版了著作，发行量还很可观，这是很可喜的。发现作者、培养作者，特别是发现儿童作者、培养儿童作者，本来就是我们出版社应尽的职责。但是对于少年作者和对其他有才华的作者一样，我们都要热情支持，同时也要持冷静的科学分析的态度。我们一定不要忘记鲁迅先生的话，人才既可能被打杀，也可能被捧杀，我们切不可再犯前人犯过的错误。

当前少儿读物中还有一个应该特别注意的问题，是有些科普读物存在科学性错误乃至有意无意地宣扬"不可知论"、宣传伪科学的问题。伪科学在和我们争夺下一代，我们少儿出版工作者一定要牢记自己的职责，我们的出版物如果宣传伪科学，便是最大的犯罪。未成年人分辨力低，容易盲从。要关心孩子们精神上的健康成长，不能只偏重于知识、技能、生活质量问题，而忽视了心理健康、道德水准、人格完整等内在问题。要通过各种形式的教育，提高孩子的分辨能力，教给孩子自我保护的能力，使他们能够分辨多样化的社会信息，接受积极健康的信息。

应当特别重视加强少儿读物、少儿出版的理论研究。例如，这些年来大家一直议论的"儿童文学"有没有"教育使命"的问题，儿童文学与成人文学的本质属性有无区别的问题，科幻读物的性质与作用问题，等等，都需要进行深入的研究，都需要给以理论上的说明。现在要努力办好《中国少儿出版》，通过办好这个综合性理论刊物，进一步推动少儿出版理论研究，在培养少儿读物作者的同时，培养我们自己的编辑家、批评家与出版理论家。

我们的少儿出版队伍，总的说是好的。

现在大家都在讨论人才问题，队伍建设根本上是高素质的人才队伍建设问题。是否有业务能力、经营能力，是否懂高科技，特别是复合型人才都是我们急需的。但是在培养与吸纳人才时，千万不要忘记"政治强"这一条，起码要忠于社会主义出版事业，有强烈的事业心、责任感和敬业精神，同时要有一颗永远爱孩子的童心，有甘心做一辈子"小儿科"的献身精神。

当然，队伍建设必须引进竞争机制，特别是加快我们出版社内部劳动、人事、分配三项制度改革的力度，尽快克服平均主义、大锅饭、铁饭碗等计划经济体制下落后的意识对职工队伍所造成的影响，这是进一步提高我国少儿出版生产力水平的必由之路。

与时俱进，做好新世纪
少儿读物出版工作*

到中国版协工作以来，我思考最多的、关注最多的，还是少儿读物出版工作。我很愿意和大家一起讨论、研究现在少儿读物出版工作中的问题。

一、抓住机遇、与时俱进，做好少儿读物出版工作

儿童是人类的未来，提高儿童的文化素质是提高未来整个民族文化素质的基础；少儿出版物的内容与发展方向，不仅会对儿童的健康成长和文化素质的提高有影响，也会影响未来时代社会文化的发展方向。

我们党一向重视出版工作，重视少儿读物的出版工作。改革开放以来，特别是 20 世纪 90 年代以来，中宣部与新闻出版署把少儿读物出版作为专题纳入议事议程，与长篇小说、电影等的繁荣工作并称为"三大件"。在"五个一工程"好书评选中，在"国家图书奖"评选中，都对少儿读物给予专列，在政策上给予倾斜。还曾连续 5 年、每年专门召开全国少儿出版工作会议，研究部署少儿读物的出版工作，这是在其他专业出版领域中没有先例的。

在各省出版管理部门和全国少儿出版社同志们的共同努力下，我国少儿出版工作取得了显著的、长足的进步。图书品种逐年增加，图书质量不断提高，出版社的经济效益也有了较大增长。与此同时，还培养出了一批优秀的

---

* 这是于友先同志在第十六届全国少儿出版社社长年会上讲话的主要内容。

儿童读物作家，培养了一批有成就的少儿读物编辑，少儿读物出版队伍的整体素质有了较大提高。

当然，我们也必须正视存在的问题。这其中，既有我们少儿出版工作中遇到的问题，也有当前少儿出版物中存在的问题。关于少儿出版社面临的新问题，有人归纳了一下，少儿出版社目前面临五大挑战：一是非少儿社"侵入"少儿出版领域；二是书商经手运作的出版物，其内容由社会读物、文艺图书领域向少儿出版领域转移；三是境外资金及其出版物涌入国内图书市场；四是同行业出版社由协力对外转向内部的激烈竞争；五是由中小学生"减负"而带来的出版社效益的滑坡。

我认为，"减负"对少儿出版社来说，是挑战也是机遇。只要我们坚定不移地加大图书结构调整的力度，尽快改变我们有些出版社经济效益构成中过分依靠教辅读物的现状，少儿出版工作一定可以跃上一个新台阶，真正步入良性循环，进入一个新的发展阶段。

这些年在少儿出版领域，常听到有人喊"狼来了"，有的同志把前四个问题形容为"四匹狼"，态势似乎很严重。我认为，"狼来了"未必是一件坏事。有狼追赶，乃至群狼追逼，只会使我们更加清醒，只会使我们兴奋起来，千方百计加快我们事业发展的速度。

我以为，当前少儿出版社遇到的问题，也可能是一般出版社遇到的带有普遍性的问题。我国加入世界贸易组织（WTO）以后，问题可能更尖锐、更突出，需要进行一些前瞻性的研究，需要认真对待。

当务之急是需要我们各家出版社先检阅一下自己的队伍，看看我们自己的战斗力如何；在由计划经济向社会主义市场经济转型过程中，我们适应得怎么样？我们的观念、我们的思想、我们的机制、我们的队伍，是否具备了"与狼共舞"、与"狼"一争高下的实力？

据我看，要适应新世纪市场竞争日益激烈的形势，首先要加大我们出版社内部经营机制改革的力度。改革开放 20 余年来，很多产业的经营机制发生了较大变化，而我们出版社似乎触动相对较小。譬如，我们的内部人事劳动制度、用工制度、分配制度，究竟有多少实质性的变革？能不能加快、加大现在经营机制改革的力度？只要我们出版社内部形成了一套自我激励又能自我约束的机制，能够充分调动从业人员的积极性，能够充分发挥从业人员的创造精神，出版社就可以在任何风浪、任何竞争与冲击中立于不败之地。

二、目前我国少儿出版物中存在的问题

大家知道，少儿读物，国外基本上是按年龄排列的，儿童读物中多在封面标明是几岁（如 3 岁、4 岁、5 岁等）孩子的读物。我国的少儿出版物多数未加细化，大体按约定俗成把少年儿童划分为三个阶段，即：低幼阶段（学龄前幼儿与小学低年级阶段），儿童阶段（小学中年级），少年阶段（小学高年级与初中阶段）。按照这种划分，目前我国少儿读物的现状如何呢？

据我观察，大概存在以下几个问题：

一是无论是图书品种或图书质量，自低幼到儿童到少年，均呈逐渐下降的趋势，或者说，我们存在着重儿童轻少年（儿童中又存在重低幼轻儿童）的倾向。总的来看，低幼读物市场琳琅满目，呈繁荣景象，而少年读物特别是适合小学高年级和初中学生阅读的优秀少年读物则比较缺乏。

二是少年读物中，近年来也涌现了一批优秀作品（例如获得大奖的《男生贾里》《草房子》《不知道的世界》等作品），但数量还嫌太少。近年来出现的不少校园生活作品，特别是一些孩子写自己的作品，大有为传媒追逐炒作之势，其中虽也有一些有价值的作品，但也有不少是平庸之作甚至不健康的东西，已经引起教师、家长和社会的忧虑。

三是卡通出版物的生产仍未形成规模。也是在 20 世纪 90 年代中期，当时鉴于日、美等国卡通读物大举抢滩我国的形势，为了扶持和鼓励我们民族自己的卡通出版事业，决定 5 年内要控制卡通出版物的进口，并特批了 5 个动画出版基地、15 套大型系列儿童动画图书、5 个儿童动画（漫画）刊物，即"5155 工程"，意在通过"打时间差"来加快我国民族卡通事业的发展，现在看来，虽然取得很大成绩，但尚未达到我们预期的目的。

实事求是地说，我国少儿读物与发达国家相比，还有很大差距，为了不断缩小这种差距，我以为应从以下几个方面入手：

第一，发扬"与时俱进"的精神，组织编辑与作者深入实际、深入生

活、深入学校，平等地与孩子们交朋友，努力了解并正确分析当代中国少年儿童的思想、生活状况，了解他们的心理、希望与需求。这是我们创作、出版优秀少儿读物的基础。

我们常说，20 世纪的 100 年，我国少年儿童已由"自读的一代"，发展为"电视机前的一代"，后又成为"电脑荧屏前因特网上冲浪的一代"，倘若我们的编辑和作者仍停留在 80 年代、70 年代乃至 50 年代的思维框架里去认识儿童，那怎么可能创作出为儿童所喜闻乐见的作品呢？

第二，与上述问题相关的是，应该对过去的教育观念与出版观念进行反思。几千年来我们都习惯于"灌输式"的教育，习惯于"师道尊严"下的"我教你听"，习惯于居高临下的说教，而缺乏与儿童的平等交流。因此，我们过去的少儿出版物也总是板着面孔进行说教，至今，某些出版物仍有这种遗风。虽然也提倡"寓教于乐"，但是有个"教育者"立在那里，小读者望而生畏，心情不轻松，怎么乐得起来呢？某些外国作品倒是很聪明，他们总是把"主题思想"隐藏得很深，让孩子们在不知不觉中接受了他们的"教育"。

能够达到古人"随风潜入夜，润物细无声"的境界的作品，才能称得上优秀作品。

第三，认真组织我们自己的美工队伍，借鉴国外先进经验，把我国的卡通事业和少儿读物出版推向一个新的阶段。

图文并茂乃至以图为主，是古今中外世界各国少儿读物的共同特色，它符合人类的认知过程，在被称为"读图时代"的当代，则尤其如此。所以，一个时期、一个国家少儿读物的繁荣程度，总是与美术家的介入规模与介入程度息息相关的。

少儿出版社大可不必抱怨美术社的"入侵"，为什么我们不能主动发出邀请，商量与他们合作呢？能与海外出版商合作出书，为什么国内反而不能合作出版、互惠互利呢？据我所知，有的省的少儿社与美术社就合作得很好，很有成效。这样可以既有竞争又有合作，形成一种合力，更好地发展、壮大自己。

出版社之外，社会上的一些美术工作者也应该主动争取，为我们所用。

总之，少儿出版和其他出版一样，有其深刻的内在规律，更由于少儿读者的特殊性，给我们少儿出版工作者认识、了解和掌握这一规律增加了特殊的难度。也正因为如此，把握少儿读物出版和少儿读物市场的规律具有更为重要的意义。只要我们坚持"三个代表"重要思想①，与时俱进，认清潮流，开拓进取，新世纪的少儿出版就一定能够再创新的辉煌。

---

① 见本卷第 337 页注①。

为青少年办好一份杂志，
也是在建设祖国的未来*

河南是我长期工作过的地方，河南的同志能在工作中做出这么大的成绩，河南教育报刊社能办出《中学生阅读》这样一份有全国影响的杂志，而且居安思危、勇于创新，邀请全国各地新闻出版界的朋友共商大计、共谋发展，我感到特别高兴。河南教育报刊社和《中学生阅读》能够取得这样的成功，与他们这些年来在多方面的努力分不开。在此，我对河南教育报刊社的发展壮大表示祝贺，对《中学生阅读》创刊百期表示祝贺，借此机会，我想谈这样几点：

第一，始终坚持正确的办刊方向。坚持正确的办刊方向，是办好刊物的必须。包括《中学生阅读》在内的河南教育报刊社，能取得今天的成绩，与它所坚持的正确的办刊方向和严谨的工作态度是分不开的。社会主义出版工作是党的宣传思想工作的组成部分，担负着为改革开放和两个文明建设提供智力支持、精神动力、舆论环境的重任。对于教育报刊来说，我们的刊物担负着教育人、培养人的重任，我们努力做到培养什么、鼓励什么，引导什么、反对什么，都要有一个明确的取向。只有做到这一点，我们的工作才能扎扎实实开展，我们教育报刊的质量才能不断提高。

当今时代是一个改革开放的时代，不仅传统观念与现代意识强烈碰撞，东西方文化也是在碰撞中交流的，知识更新周期越来越短，信息传播速度越

---

　　* 这是于友先同志 2001 年 4 月 16 日在"《中学生阅读》初中版创刊百期暨媒体互动恳谈会"上的讲话。

来越快，面对市场经济和即将加入世界贸易组织（WTO）的双重挑战，我们的新闻出版事业究竟该如何应对，确实是一个值得深入研究的问题。教育报刊作为教育宣传工具，必须要为发展教育服务，要遵循国家的教育方针，要符合中学生教育的培养目标和育人要求，为培养能合乎知识经济时代要求的人才贡献力量。

第二，确立以质量求发展的办刊思路。河南教育报刊社是在改革开放中诞生的，改革是以发展为主题的。要发展，就要把社会效益放在第一位，力求社会效益和经济效益双丰收。现在，教育报刊的竞争也是很激烈的。首先，全国（除台湾省外）31个省（自治区、直辖市）都办有自己的教育报刊；其次，随着国家机构改革的进行，教育报刊断奶之后，面临着市场的生存考验；再次，现在发行量超过百万的学生刊物也不少。在这种形势下，教育报刊要在竞争中脱颖而出，就必须不断发展，办出精品，以质量取胜。

我们都知道，质量是报刊的生命，是报刊走向市场、参与竞争的首要前提。社会主义市场经济的建立和发展，对教育报刊来说，一个最明显的现象就是，放在学生、家长面前的教育报刊越来越多，学生自主选择的余地将越来越大，因此，如何让我们的教育报刊成为中学生的良师益友，就是每一个编辑在工作中时刻都不可放松的问题。我们常说，教育刊物要励志、益思，教育刊物的特点应该是知识、哲理、情趣、文采相结合，我觉得《中学生阅读》在这一点上做得很好。《中学生阅读》创刊以来，影响不断扩大，与刊物的质量不断提高是分不开的，与编辑的努力是分不开的。我们办学生刊物，就应该以培养能够负担起建设具有中国特色社会主义的一代新人为目标，以于国家有益、于人生有趣、于学业有得为标准，这样才能出精品，这样才能立于不败之林。

第三，有自己的特色。对《中学生阅读》这个杂志，我也比较了解。它不同于一般的教辅类刊物，不去一味配合教材教学和复习考试，而是旗帜鲜明地以扩大学生的阅读视野、提高学生的阅读能力为宗旨，是一种有特点、有个性、有品位的刊物。分成初中版和高中版以后，针对性更强了，杂志的特色、风格更加明显了。现在的中学生，特别是初中生的课外阅读是一个很突出的问题。《中学生阅读》杂志在这个问题上确实可以发挥很好的作用。我看初中版上有很多好的栏目，有很丰富的阅读材料，传递了大量的图书信息，同时在杂志社和读者之间架起了一座桥梁。这就是杂志的特色。在全国这么多的学生刊物中，《中学生阅读》能够发挥自己的优势，办出特色，也可见教育报刊社的同志和《中学生阅读》的编辑们身上具有勇于竞争的意识，这是很可贵的。

第四，有强烈的读者意识。《中学生阅读》的读者对象是初中生，初中生正处于成长阶段，他们好奇心强，求知欲旺，参与意识强烈，渴望了解广阔无垠的世界。所以，我们的学生刊物就要按照当代中学生的学习、生活实际，为他们开阔视野、陶冶情操、修养品德、发展智力、提高素质、增长才干而努力。《中学生阅读》（初中版）现在的发行量已经超过了 80 万，这是一个很可观的数字，能够赢得这么多读者，是因为我们为少年读者提供了一份不可缺少的精神食粮。青少年是祖国的未来，为青少年办好一份杂志，也是在建设祖国的未来，因此我们的责任非常重大。希望教育社的同志们再接再厉，牢牢树立正确的读者意识，争取把刊物办得更好，让更多的青少年朋友把《中学生阅读》等报刊当作他们成长的良师益友。

当然，办好一种报刊，还要靠一支政治强、业务精、作风正的采编队伍和经营队伍，要有完善的、灵活的、有利于调动大家积极性的管理体制和机制，河南教育报刊社在这方面做过许多努力，今后还要进一步加大改革力度，采取更有效的措施，争取闯出一条事业发展的新路来！

对当前少儿读物出版的几点思考*

2001 年 10 月，中央发布了《公民道德建设实施纲要》。我曾经给一些同志谈过，公民道德建设是全社会的一个系统工程。作为少儿出版工作者，我们是否也应该进行一些反思，在我们的工作中，哪些方面做得好，哪些方面还存在比较多的问题？我们何不借公民道德教育这一契机，来使我们的出版工作更上一个台阶呢？

前不久，我在河南省南阳市参加《碧血千秋——郭庠生烈士传》（解放军文艺出版社 2002 年版）一书的出版发行座谈会。与会的有共青团中央的负责同志、青少年工作者，河南省及南阳市党政部门的同志，还有当地宣传媒体的同志，大家都认为郭庠生①烈士的英勇事迹十分感人，是当前形势下对青少年进行革命传统教育、爱国主义教育与理想信念教育的好教材。

回京前路过郑州，我又到河南省出版少儿读物的海燕出版社，找了一些专门出版少儿读物的编辑座谈，大家在谈到当前的少儿读物时，也都认为存在一些值得关注与研究的新问题。我觉得，有以下八个方面的问题，很值得我们深入思考。

第一，我们曾经出版过不少弘扬主旋律、对少年儿童进行革命传统教育

---

* 这是于友先同志在中国版协少读工委第十一次主任委员会上的讲话。原载《中国少儿出版》2002 年第 2 期。

① 郭庠生，出身于一个封建大家庭，少年聪慧，多才多艺。他本来可以做一名画家——他初习国画，后改油画、漫画，颇有造诣；也可以做一名教师，完全可以衣食无忧地平安度过自己的一生。但他面对旧社会劳动人民深陷水深火热的现实，难能可贵地背弃了封建家庭，毅然决然地实现了世界观的转变，投身到我党领导的革命洪流之中，最后为中华人民共和国的诞生流尽了鲜血，贡献了自己年轻而宝贵的生命——牺牲时年仅 37 岁。

的图书，在这些图书中，有多少是畅销书？又有多少是真正因为小读者喜闻乐见、深受他们喜爱而成为畅销书的？为什么很多立意好的书，印数却不大，原因出在哪里？小读者能不能读到这些书？为什么有的书在读过后会被很快忘记，几乎没有产生什么社会影响？

第二，图书市场上每年都有畅销书、热销书，少儿读物也是如此。有人说，现在孩子们功课负担太重（这当然是事实），根本没有时间读课外书。有的孩子曾尖锐地对父母说："我们现在很痛苦，我们根本没有童年！"那么，这些畅销书、热销书的读者又是谁？难道没有儿童读者的儿童图书反而能成为畅销书？现在的孩子究竟有多少时间在读课外书？他们又喜欢读什么样的书？在畅销流行的图书中，也有一些从思想内容到表现形式都有明显问题的书，为什么这些书能畅销？这个中的原因究竟是什么？

第三，科幻、科普类作品的市场情况如何？总的来看，印量不大。很多出版界的人士对科幻、科普图书的出版没有信心，不抱乐观态度。但有人查阅了一个省会城市图书馆的少儿图书借阅登记资料，表明科幻、科普图书的借阅频率最高。而从借阅的具体情境来看，大多数是由家长向孩子推荐的，或者说，大多数是家长陪着孩子去借阅的。那么，科幻、科普图书在中国图书市场的销售前景到底怎样？我国科幻、科普的创作水准与出版水平又到底怎样？

第四，少儿出版的特殊性在于它的读者对象是少年儿童，不了解少年儿童，就不能生产适销对路、受孩子欢迎的图书。但我们现在对少年儿童的了解究竟有多少？有多深？我这里说的了解，不是教科书上说的那些抽象又教条的东西。我们对小读者现状的评价更应与时俱进，客观而准确。只有真正了解现在孩子们的生理、心理发展状态，了解孩子们所受教育的程度与所处的社会化进程，了解孩子们的精神需求与文学趣味，了解孩子们不断变化的接受外部世界影响的方式与接近文学的途径，才能策划出版真正对他们"有益而有趣"（鲁迅语）的精神食粮。

对孩子整体状态的分析，有这样一种意见，认为今天的孩子，求知欲特别旺盛，独立意识特别强，视野开阔，富有冒险精神。这些都是从正面说的。也有一种负面的意见，认为现在的青少年，不良行为甚至是犯罪行为有愈演愈烈的趋势。还有人说，现在的孩子特别脆弱，对生活中遇到的挫折、困难承受力很差，动辄或迁怒家庭，或迁怒社会，甚至发展到自残、虐杀动物等失去理性的程度；没有理想、没有追求，甚至走向人类与社会的对立面。上述几种说法，都有事实依据。出现这样的情形，有很多方面的原因，譬如社会教育问题、家庭教育问题、学校教育问题等。那么，这其中难道就没有我们少儿出版物的问题？我们不应该思考一下这个问题吗？

第五，实施《公民道德建设实施纲要》的一个重要内容，就是提高少年儿童的道德素质。《公民道德建设实施纲要》把建设中国公民新的道德规范建立在三个基础之上：一是几千年来形成的中华传统美德；二是近现代、主要是长期革命斗争和建设事业中形成的优良革命传统；三是借鉴世界各国进步的美德范畴。作为未来的建设者与接班人，上述三个方面的知识，不仅应该了解，而且应该内化为自己人格品质的一部分。而我们在道德建设方面，还有许多基础性的工作没有做好，又怎么能教育好孩子呢？譬如，我们对道德内涵的认识有简单化倾向。对我国传统道德与西方现代道德的不同与联系，还缺乏深入而实事求是的分析。哪些是精华、哪些是糟粕，哪些应该继承、哪些应该扬弃，不要说孩子，就是我们成年人，也有很多不明白的地方。这样的结果，要么全盘否定，要么全盘肯定，简单化地处理重大的道德问题，最终可能是没有道德可以遵守。又譬如，理想信念教育往往会变成毫无说服力的空谈说教。在向青少年宣传爱国志士、英雄人物时，往往将其拔得过高，甚至拔高到不食人间烟火的非人的高度，让人想学也学不了。把英雄人物的高尚精神境界与其日常行为割裂开来，抽掉了英雄人物的成长过程，在将英雄人物神化的同时，也将他们与孩子的世界割裂开来。与此有关的另一面，是轻视或不重视对一般人良好品质的宣传，缺乏从小处着眼、从日常生活做起的常规性的道德建设。再譬如，对少年儿童道德品质的培养，往往不尊重少年儿童的接受特点，习惯于填鸭式的灌输与家长式的教训。即使是通过少儿读物的途径，仍然多以教训为主，图解概念，既没有文学的趣味，也没有儿童情趣。这样的儿童品德读物，既没有儿童视点，也没有童心，更不能寓教于乐，结果只能是成人与孩子都不需要的东西。成人化倾向是少儿读物的大忌，尤其是品德类读物的"顽疾"。

第六，在儿童读物中涉及社会阴暗面的问题，是一个重大的责任问题。哪些可以暴露，哪些不能暴露；就是可以暴露的，暴露到什么程度，用什么样的方式暴露。对于这些问题都不能不认真地考虑。在儿童读物中如何写光明与黑暗，高尔基对此曾经发表了精辟的意见，他认为，根据儿童尚不能负担过分的悲痛等特征，在儿童读物中"过分急于强调日常生活的黑暗面"，"对于丑恶和黑暗的事物给予太多的注意"，是一种错误的风气。因为对于少年儿童来说，"放在首要地位的，不是在小读者心里灌输对人的否定态度，而是要在儿童们的观念中提高人的地位。不真实是不对的，但是，对儿童必要的并非真实的全部，因为真实的某些部分对儿童的成长是有害的"。所以，儿童读物应该坚持正面引导的原则。这些论述，对我们做好今天的少儿读物，仍然具有现实指导意义，因为在当前的少儿读物中，确实还存在一些值得关注的问题。例如：①不敢涉及社会生活中的假、恶、丑，讲给孩子的都是真、善、美，企图将一个没有矛盾、没有对立、没有斗争的童话般美丽的社会与人生带给孩子，造成孩子心灵与现实社会的严重脱节，这是形成当代孩子性格脆弱、承受力差的重要原因之一。②放弃教育者的职责，不加区分地一味迎合孩子的好奇冒险心理，认为现在的孩子什么都可以接触，甚至在少儿读物中渲染成人社会的假、恶、丑现象，乃至暴力、凶杀、色情等类故事也冠冕堂皇地进入儿童读物，肆无忌惮地毒害青少年。③有的作者与出版者虽然不写、不出坏书，但心态浮躁，不深入生活，不下力气，急于求成，编辑出版了相当多干巴乏味、平庸无聊的图书，大大败坏了小读者的胃口，乃至使孩子们望而生厌。正像"泡沫经济"会给经济的正常运转造成破坏一样，"泡沫图书"势必损害图书市场的繁荣。

第七，加入世界贸易组织（WTO）后，国外少儿读物、卡通音像制品的涌入是一种相当严峻的形势，是挑战，也是机遇，我们如何去迎接挑战，又如何抓住机遇加快发展和壮大自己？去年我提出这个问题，现在似乎更需要我们认真去思考、去切实制定自己的对策。相对于成人读物的出版，少儿出版确实到了一个转折关头。

第八，少儿读物工作委员会是中国版协行业协会中工作开展得最好的部门之一，为中国儿童读物的发展与繁荣做出了不可磨灭的贡献，这是有目共睹的。现在面临新的出版形势，从国内到国外，少儿读物的出版竞争都愈演愈烈。采取什么措施来加强少儿出版社之间的"联合保护"与"协调发展"，很值得少读工委的主任委员们好好研究。我相信，中国少儿出版的前景是广阔的，但发展的道路不会是一帆风顺的，今天就要有足够的思想准备；少读工委应该负起行业领导与管理的责任，促进中国少儿出版走向新的繁荣。

创造原创精品，推动我国
少儿出版走向世界*

从印度出席 2003 年亚太出版商联合会年会归来，很高兴接到了今年全国少儿出版社社长年会召开的请柬。这次年会提出了一个很重要的议题，就是"中国少儿出版如何融入世界潮流"。我觉得，这个问题不仅是因为第三十届国际儿童读物联盟年会将要在中国举办才提出，而且是近年来我国少儿出版界普遍思考的一个重要课题。这个题目很大，需要研究的方面和问题很多，我这里仅就贯彻落实党的十六大提出的"走出去"战略，谈几点意见。

也许有人会说，我们的少儿出版现在已经走向世界了。的确，改革开放 20 多年来，我国少儿出版界已与 50 多个国家和地区的 600 多家出版社建立了友好合作关系。少儿出版版权贸易在我国整个版权贸易中占有重要的份额。我国不少出版社经常参加国际少儿书展。1990 年，我国正式加入了国际儿童读物联盟。2000 年，我国成功地申办第三十届国际少年儿童读物联盟年会，并在中国北京举行。我国还有不少儿童作家和作品在国际上获奖。比如，在 2002 年"国际安徒生奖"评奖中，秦文君、吴带生分别荣获"国际安徒生奖"文学奖、插图奖提名奖；在不久前印度新德里闭幕的 2003 年亚太出版商联合会年会上，我国获得两个金奖，其中一个就是少儿读物——新蕾出版社出版的"小妖怪童话系列"一套 10 本。所有这一切，如果与过去相比，当然可以说，我国少儿出版已经走向世界，这也是我国改革开放后

* 这是于友先同志在第十八届全国少年儿童出版社社长年会上的讲话。原载《中国少儿出版》2003 年第 3 期。

少儿出版方面的一个很大进步。但是，仅仅凭这些还不能算严格意义上的走向世界。

最近，有资料从一个重要方面表明了我国少儿出版走向世界的现状和程度。2003 年上半年少儿畅销书排行榜显示，前 30 位畅销书中，引进版图书保持在 22 位以上，近三个月来更是达到 26 位以上，其中前 10 位畅销书全是引进版图书，包括英国 J. K. 罗琳的《哈利·波特》、美国 R. L. 斯坦的《鸡皮疙瘩》、奥地利托马斯·布热齐纳的《冒险小虎队》等。作者分析说："在这几套引进版图书在国内市场成功营销的启发下，更多的少儿引进版图书将进入少儿图书市场，引进版图书在少儿榜上占据主导地位的状况短时间内是难以改变的。"这个预测是有根据的。引进版图书在我国的畅销，总的来说是好事。这不仅为引进的出版社带来了丰厚的经济效益，为我国广大少儿读者提供了好看的作品，使他们开阔了视野、生动形象地了解世界，而且为我国少儿文学作家提供了借鉴，对我国少儿出版市场有很大的促进作用。然而，引进版图书毕竟是"舶来品"，版权不是我们自己的。恐怕我们不能主要依靠引进版图书去走向世界吧？

不仅要"引进来"，更重要的是要"走出去"，靠什么走出去？最近，日本漫画学院院长木村忠夫给我们上了一课。他在参观 2003 年上海国际城市动漫画展时，"感觉仿佛在参观日本本土的展览"。他还说："中国的动漫画要有大发展，就要有自己的精神内涵和灵感。中国动漫画发展历史比较短，看上去还是个孩子，但中国 5000 年的深厚文化底蕴，应该是孩子的父亲。孩子在成长中，不能离开父亲的养育和滋润。日本的动漫画之所以有今天的成功，也是一步一步走过来的，它在发展中形成了自己的风格，显现了自己的民族文化特色。中国动漫画与日本动漫画相比，很难说哪个好、哪个不好，但是只要有自己民族特色的才是最美的。"他告诫我们："中国动漫画要茁壮成长，必须形成自己的风格，千万不要盲目跟着别人学，这样只能永远吃人家剩的东西。"

木村忠夫说的是事实。近年来我国的动漫画确实发展很快，但受外国的影响太重，尤其是日本的影响。这一点由日本人指出来，特别值得我们反思。一味地模仿他人，无论是少儿出版，还是成人出版，都没有出路。不可否认，模仿性的作品有的在经济上可能暂时有收益，但难以形成自己的品牌，最终会失去竞争力。这样的作品与引进版图书一样，也很难"融入世界出版潮流"。

其实，不仅是日本的动漫画，包括在当前我国畅销的英国 J. K. 罗琳的《哈利·波特》、美国 R. L. 斯坦的《鸡皮疙瘩》、奥地利托马斯·布热齐纳的《冒险小虎队》、比利时的《丁丁历险记》等等，世界出版史上一切成功的出版物，无不植根于自己民族文化的土壤中而具有鲜明的"原创性"。"原创"，换句话说也就是"创新"，江泽民同志指出："创新是一个民族的灵魂，是一个国家兴旺发达的不竭动力。……一个没有创新能力的民族，难以屹立于世界民族之林。"① 胡锦涛同志也曾经指出，人类文明的发展史告诉我们，一个民族要兴旺发达，要屹立于世界民族之林，不能没有创新的理论思维，尤其是当今世界发展变化很快，我们要顺应时代发展潮流，跟上时代前进的步伐，更需要大力推进理论创新、制度创新、科技创新和其他方面的创新。因此，创新是我国出版包括少儿出版走向世界的根本动力，只有创造出一大批富有原创性的精品，我国的少儿出版才能真正走向世界。

创造原创精品需要多种条件，这里我提出五点看法，与大家一起探讨。

第一，原创根植于时代。任何原创作品的产生都离不开自己的时代。我们所处的时代与过去任何时代都不相同。从世界范围看，由于经济全球化日益加快，加之信息技术的进步、交通工具的便利，时空的概念发生了很大变化，世界越来越成为名副其实的"地球村"，人们的交往也越来越频繁。从国内看，我国已从计划经济体制转变成市场经济体制，同时已成为 WTO 的成员国，与世界经济接轨；党的十六大提出的全面建设小康社会的宏伟目标，极大地激发了全国各族人民的奋斗精神。从个体方面看，人们已从"单位人"逐渐变为"社会人"，许多人不仅拥有了自己的住房，还拥有了私人汽车，医疗、失业、退休等社会保障制度逐步建立起来，个人的民主权利也日益扩大……。所有这一切时代变化，不仅对成人的社会生活，而且对少年儿童的思想观念和成长都会发生着深刻的影响。成功的原创作品，既来

① 江泽民：《论科学技术》，中央文献出版社 2001 年版，第 55 页。

源于时代，又是时代的反映。我们的作家、出版家只有把握时代、深入生活，才能创造出原创精品。

第二，原创根植于读者。读者，从文艺学的角度说，是作品的最终接受者，再好的作品如果没有人阅读、欣赏，其意义和作用就无从谈起；从经济学的角度说，是产品的消费者，再有价值的产品，如果没有人问津、购买，生产者就不可能获得经济效益。所以，无论从文艺学的角度，还是从经济学的角度，都应该从读者出发、为读者服务。为此，对少儿出版来说，必须研究少年儿童读者的阅读心理和审美需求。不仅不同时代的少年儿童具有不同的阅读心理和审美需求，而且不同年龄段的少年儿童，其阅读心理和审美需求也各有千秋。发达国家少儿读物的层次细化比较明显，孩子从婴儿期到幼儿期，每一个年龄段都层次分明。而我们的一些少儿读物，读者对象比较宽泛，缺乏明确的针对性。只有适应不同年龄段的少儿阅读心理和审美需求，才能创造出令少儿读者喜爱的原创作品。

第三，原创根植于传统。传统是指民族文化传统。木村忠夫把传统比作"父亲"，借以说明原创作品具有民族文化渊源。我们大家熟悉的《聪明的一休》《铁臂阿童木》《圣斗士星矢》《名侦探柯南》等等，无不有着鲜明的日本民族精神内涵。美国的《花木兰》即使取材于中国历史，也是美国的《花木兰》，不是中国的《花木兰》，深深地打着"美国"的印记。我国有5000多年的文明史，民族文化传统源远流长。原创，是根植于民族传统文化的"原创"。人类文化史表明，越是"民族"的，也越是"世界"的。离开自己的民族文化传统去"创造"，不可能融入"世界的潮流"。正如木村忠夫所说，中国的动漫画很有天赋，画工很好，但没有融入自己的文化内涵。回头看看中国早期的动画片，也是以自己独特的文化底蕴作为发展方向的，如家喻户晓的水墨动画《小蝌蚪找妈妈》、皮影动画《猪八戒吃西瓜》、木偶动画《狼来了》、动画《孙悟空三打白骨精》等等。但可惜这些精彩的中国动画，没有成为目前中国动漫画的主流，没有被很好地继承和发扬。木村忠夫强调，中国文化博大精深，取之不尽、用之不竭，为何中国的动漫画家要捧着金饭碗去要饭呢？木村忠夫谈的虽然是中国的动漫画，但其观点对我国其他种类的少儿出版物同样具有警示价值。

第四，原创根植于借鉴。我这里提倡传统，并不是让人们回到过去，拿出古董去融入世界潮流，而是强调创新的民族之根、文化之源。在民族传统文化的基础上，要面向世界，敞开胸怀，学习、借鉴世界一切对我们有用的东西，但必须指出，借鉴不是模仿，更不是全盘照抄别国的东西，而是通过消化、吸收、融合，创造我们民族自己的原创精品。就当前来说，风靡世界的《哈利·波特》就很值得我们好好学习借鉴。这个作品一上市，就引起了我的高度兴趣和重视，在许多场合我不断向大家推荐这部作品。其实，《哈利·波特》的题材很一般，故事并不复杂，主要人物的相貌也很平平，甚至连主人公和书的名字在欧美都是再普通不过的。但就是这样一部书，不仅引起了几乎整个世界孩子们的喜爱，而且吸引了许多成人的眼球。这种现象值得我们好好研究。我想，《哈利·波特》对我们的启示主要有四点：少儿本位，幻想世界，高科技手段和商业化运作。这四点中的前两点与我们当前少儿出版现状形成鲜明对照。我们许多少儿读物，可以说是"成人本位"，往往用成人的思维、心理来代替孩子的思维、心理，以灌输知识、道德教育为主，很少给读者留下幻想、想象和思考的心理空间。《哈利·波特》的出现客观上是对我国少儿出版成人化的反驳，值得我们好好反思和借鉴。我寄希望于中国的儿童文学作家写出我们民族自己的《哈利·波特》。

第五，原创根植于体制。原创作品最初产生于作者，但它要走向市场和成功，还需要编辑出版、市场营销、媒体传播等一系列环节。其中编辑出版最重要，这个环节决定着原创作品的生与死。由于我国出版社的体制大都是在计划经济时代下建立起来的，不深化改革，不与时俱进，就很难创造具有国际市场竞争力的原创作品，所以，必须深化出版体制改革，借鉴我国经济改革经验，加快建立和健全出版企业法人制度。其中，关键是人才。党的十六大报告指出：要"深化干部人事制度改革。努力形成广纳群贤、人尽其才、能上能下、充满活力的用人机制，把优秀人才集聚到党和国家的各项事业上来。"对我们少儿出版来说，只有积聚一大批既懂政治又懂业务和经济的出版人才，才能创造出具有国际竞争力的原创精品，只有这样，才可以说我们真正走向了世界。令人欣喜的是，我国少儿原创精品正在不断产生，而且越来越多的原创作品跻身于少儿畅销书排行榜。据最新材料,今年7月份,少儿畅销书排行榜一改上半年以来《哈利·波特》《鸡皮疙瘩》《冒险小虎队》三分天下的局面,本土原创作品表现强劲,共有11种榜上有名。此外,许多少儿出版社"原创"与"引进"相结合,开创出双翼齐飞的新局面。我们这次年会的东道主明天出版社就是这样。他们推出的《中国孩子必读童话100个》、"明天原创儿童文学系列"和"袖珍精品图画书·中国卷"3个原创幼儿系列,尝试不同文本的创新,都很有特色。最近《中国图书商报》以《"明天现象"求解》为题,对明天出版社近年来的探索和成就进行了报道,看后很有启发。

中华民族从来就是一个不甘落后的民族,我国少儿出版社也是不甘落后的充满活力的出版社。我相信,通过一批又一批具有国际竞争力的原创精品的创造,我国少儿出版一定能够真正走向世界,做出更大贡献。

美猴王 72 变的启示 *

今年是猴年。猴年不禁使人想到各种各样聪明伶俐的小猴子，更使人常常想到吴承恩笔下的美猴王，那个大闹天空、一个跟头十万八千里的齐天大圣孙悟空。孙悟空聪明、机智、灵活、勇敢、坚强、忠诚、公正、乐观和诙谐。事实上，孙悟空的形象不仅是广大青少年和儿童包括成年人深深喜爱的一个艺术典型，不仅是作家创作灵感取之不竭的重要源泉，而且对于我们今天少儿出版的发展也有着深刻的启示意义。

在我的印象中，孙悟空的一个突出特点就是善变，所谓"72 般变化"。孙悟空在天上可以变成鸟，在山上可以变成树，在水中可以变成鱼，在地上可以变成庙……他手中的武器金箍棒可大可小、能粗能细，变化无穷；他拔下一撮猴毛，用力一吹，就会变出无数与他一模一样的孙猴子。正是通过各种各样的变化，孙悟空历经恶山险水，战胜妖魔鬼怪，渡过九九八十一难，终于护卫唐僧到西天取得大乘三藏真经。

其实，善变不只是孙悟空应对外部环境、克敌制胜的法宝，也是人类一个重要的哲学观念和思维方式。我国古代思想家商鞅说："圣人苟可以强国，不法其故；苟可以利民，不循其礼。"① 吕不韦说："世易时移，变法宜矣。譬之若良药，病万变，药亦万变；病变而药不变，向之寿民，今为殇子矣。"② 韩非说："世异则事异。""事异则备变。"③ 所有这些都是强调人们的思想

---

   * 此篇原载《中国少儿出版》2004 年第 1 期。

   ① 出自《史记·商鞅列传》。

   ② 出自《吕氏春秋·察今》。

   ③ 出自《韩非子·五蠹》。

观念和方式方法要随着时代的发展和客观环境的变化而变化，也就是我们今天常常说的"与时俱进，开拓创新"。

我国少儿出版要获得进一步发展，应该学学孙悟空善变的思维方式。这是由当前整个出版文化环境的变化决定的。其中有三点应当引起我们特别注意：①文化体制改革加速。要坚持解放思想、实事求是、与时俱进，根据新形势下社会主义文化建设的特点和规律，按照文化事业和文化产业的发展要求，不断推进文化体制和机制创新，支持和保障文化公益事业，增强文化产业的整体实力和竞争力。"文化产业"的概念对出版结构的调整和出版体制的变革起着革命性的作用。②出版垄断的格局正在被打破。去年《外商投资图书、报纸、期刊分销企业管理办法》与《出版物市场管理规定》的先后出台和施行，表明外商、民营书业已进入图书分销领域和发行市场。原有单一的图书发行结构已经改变，出版市场竞争加剧。③少儿读者审美趣味日趋多元。面对如此变化的外部环境，我们少儿出版也必须发生相应的变革。

我们不必像孙悟空那样需要"72 般变化"，但至少有 7 大变化应当加快实现：①出版企业结构的变化。大力发展国有资本、集体资本和非公有资本等参股的混合所有制出版企业，实现投资主体多元化，使股份制成为公有制的主要实现形式。②人事制度的变化。建立和完善人才市场配置机制，构建我国少儿出版企业经营者队伍。③管理体制的变化。借鉴经济改革经验，加快建立现代企业制度。④分配制度的变化。彻底打破平均主义，收入分配向业绩倾斜。⑤产品结构的变化。努力出版原创作品，开拓国际国内市场。⑥出版定位的变化。由成人思维彻底向少儿本位转型。⑦经营理念的变化。由重编辑轻营销转向二者兼顾，并加强营销。总之，正如李长春同志所指出的："一切妨碍文化发展的思想观念都要坚决冲破，一切束缚文化发展的做法与规定都要改变，一切影响文化发展的体制弊端都要坚决革除。"这里所说的"文化"当然包括少儿出版。

当然，万变不离其宗，无论如何变化，发展先进文化的方向不能变，为人民服务、为社会主义服务的宗旨不能变，"以科学的理论武装人，以正确的舆论引导人，以高尚的精神塑造人，以优秀的作品鼓舞人"的任务不能变。以此不变应万变，也是最好的变。

毛泽东同志说："金猴奋起千钧棒，玉宇澄清万里埃。"① 猴年，不仅对中国人，甚至对外国人，都是一个充满希望的年份。有预言家称，机智灵敏的猴的到来，西方经济低迷的时代即将结束。新加坡副总理兼国防部长陈庆炎新年初发表讲话时号召新加坡人向猴子学习。他说："我们应该像猴子那样头脑机敏，身手矫健，不怕苦难，随时抓住身边的机会，不被挫折和逆境打倒。"我想，只要我们像孙悟空那样善于应变，猴年也会给我国出版包括少儿出版带来好运。

---

① 出自毛泽东：《七律·郭沫若同志》（一九六一年十一月十七日）。

少儿出版工作者要做未成年人
思想道德建设工作的模范*

少读工委是中国版协所属二级协会中工作最活跃、成果最明显的单位之一。今天大会到了这么多的少儿社老总,共商少儿读物出版的发展大计,感到很高兴。我参加出版工作就是从当河南人民出版社的少儿刊物《向阳花》的编辑起步的,我热爱这个充满童心和爱心的工作,对少儿出版工作有很深的感情,所以今天我推掉别的工作也要和大家一起来参加这个少读工委的年会。

今天我想讲三个问题。

一、深刻认识《关于进一步加强和改进未成年人 思想道德建设的若干意见》的重要意义

2004 年 2 月 26 日,中共中央、国务院专门发出《关于进一步加强和改进未成年人思想道德建设的若干意见》。

我在这里讲一下这个文件发出之前的一些背景情况。2004 年 2 月 10 日,中央精神文明建设指导委员会召开第三次全体会议,深入学习贯彻党的十六大和全国宣传思想工作会议精神,研究部署精神文明建设工作。就在这个会上,中央政治局常委、中央精神文明建设指导委员会主任李长春同志强

---

* 这是于友先同志 2004 年 4 月 29 日在中国版协少读工委 2004 年年会上的讲话。

调指出，要以邓小平理论和"三个代表"重要思想①为指导，从对党的事业、国家的前途和民族的命运极端负责的高度，增强责任感、使命感和紧迫感，坚持求真务实，采取有效措施，进一步加强和改进未成年人思想道德建设。

新形势下未成年人思想道德建设面临着许多新情况、新问题、新挑战。加强未成年人的思想道德建设，是全面建设社会主义物质文明、政治文明、精神文明的迫切需要，是促进经济社会全面协调可持续发展的迫切需要，是实现人民群众安居乐业、家庭幸福和睦的迫切需要，是坚持以人为本、促进人的全面发展的迫切需要。要把弘扬求真务实精神作为加强未成年人思想道德建设的重要指导方针，坚持贴近未成年人思想实际、贴近未成年人生活现实、贴近未成年人群体，准确把握新环境下未成年人思想道德观念出现的新变化，深入探索加强未成年人思想道德建设的新规律，增强工作的针对性和实效性，把培育一代又一代有理想、有道德、有文化、有纪律的中国特色社会主义事业接班人的任务落到实处。

李长春同志指出，加强未成年人的思想道德建设既是长期的战略目标，又是当前极为紧迫的重要任务。要以中小学生为重点对象，全面加强学校教育、家庭教育和社会教育，着力办好几件作用大、影响大的实事，解决一些群众反映强烈的突出问题。要进一步加强和改进学校的德育工作，改进方式方法，做到既生动活泼，又为学生喜闻乐见，落实教书育人。抓紧修订学生守则，健全班主任制度，使学校德育工作进一步制度化、规范化。要以办好电视少儿频道为重点，创作出版各类知识性、趣味性、科学性强的未成年人读物和视听产品，丰富未成年人的精神文化生活，不断满足他们日益增长的精神文化需求。要办好博物馆、图书馆、青少年宫、科技馆等文化事业，为未成年人健康成长服务。各类爱国主义教育基地、科技教育基地、德育基地、法制教育基地等要充分发挥阵地作用，促进未成年人的思想道德建设。要按照取缔非法、加强管理、改革体制、完善自律的要求，抓好对网吧的管理和整顿，继续深入开展"扫黄打

---

① 见本卷第 337 页注①。

非"行动，净化文化市场，为未成年人的健康成长提供良好的社会文化环境。

2004 年 2 月 26 日，中共中央、国务院专门发出了《关于进一步加强和改进未成年人思想道德建设的若干意见》（以下简称《意见》）。《意见》中指出："加强和改进未成年人思想道德建设是一项重大而紧迫的战略任务。未成年人是祖国未来的建设者，是中国特色社会主义事业的接班人。目前，我国 18 岁以下的未成年人约有 3.67 亿人。他们的思想道德状况如何，直接关系到中华民族的整体素质，关系到国家前途和民族命运。高度重视对下一代的教育培养，努力提高未成年人思想道德素质，是我们党的优良传统，是党和国家事业后继有人的重要保证。"《意见》中对未成年人思想道德建设的主要任务一共列出四大项：①从增强爱国情感做起，弘扬和培育以爱国主义为核心的伟大民族精神。②从确立远大志向做起，树立和培育正确的理想信念。③从规范行为习惯做起，培养良好道德品质和文明行为。④从提高基本素质做起，促进未成年人的学习发展。我理解，这些任务也应作为少儿读物出版工作的主要任务，或者说是在相当一个阶段，作为少儿读物出版的导向和航标，要沿着这个方向规划我们的选题，组织这方面的优秀书稿。《意见》对少儿读物出版工作提出了具体要求，文件中提出："面向未成年人的报纸、刊物和其他少儿读物，要把向未成年人提供更好的精神食粮作为自己的神圣职责，努力成为未成年人开阔眼界、提高素质的良师益友和陶冶情操、愉悦身心的精神园地。"

我们要深刻认识中共中央、国务院颁发这个《意见》的重要意义。这个《意见》充分考虑到了当前生存环境对未成年人的影响：

第一，要充分认识当前国际国内形势变化对未成年人带来的影响。国际敌对势力与我争夺接班人的斗争日趋尖锐和复杂，他们利用文化渗透和传播腐朽没落的生活方式加紧对未成年人施加影响。

第二，国内一些领域道德失范、诚信缺失，假冒伪劣、欺骗欺诈活动有所蔓延；一些地方封建迷信、邪教和黄、赌、毒等社会公害沉渣泛起；拜金主义、享乐主义、极端个人主义滋长，以权谋私等消极腐败现象屡禁不止，对未成年人的成长带来负面影响。

第三，互联网的迅速发展对未成年人带来的影响。网络对青少年开发智力有积极作用，同时也存在一些负面影响。网络是无权威、无主导、多元体的世界，各种思想、各种价值观都呈现在网络中，网络信息所反映出来的内容具有多种"二重性"，如：阶级性和非阶级性，世界性和国别性，真假性、善恶性，等等。网络在意识形态领域竞争激烈，以美国为首的西方发达国家基本掌握着网络信息的关键技术，网络正在成为灌输西方价值观的一个基本工具。由于网络虚拟性的特点，缺乏现实性，产生了一些道德伦理误区。由于网络缺乏监控性，一些文化糟粕得以传播。比如，木子美的《遗情书》就是首先从网上传播开来的。有些青少年沉湎于网络游戏，以致走上了违法犯罪的道路。1999 年 4 月 26 日发作的 CIH 病毒就像一场横扫全球的瘟疫，几乎没有一个国家能够幸免于难，亚洲更是 CIH 的重灾区，损失空前惨烈。制造这场灾难的元凶是一个年仅 24 岁、受过良好教育、拥有多种技能的年轻人。还有一个叫杨威的年轻人，曾被称作"1998 年中国十大网民之一"，由于充当黑客触犯法律被逮捕。如果不是东窗事发，他本来将成为复旦大学的硕士研究生。还有许多网吧违法接纳在校的中小学生，结果使学生荒废学业，甚至走上抢劫杀人的邪路，这在报上已有多次报道。所以有些专家学者提出，要建立"网络道德"，把它称为"21 世纪的新道德"。

第四，值得注意的是，一些腐朽文化正在侵入青少年读物的阵地。如今年初被查处的木子美的《遗情书》，书名还加了副标题，叫作"这才是真正的木子美"，内容讲木子美怎么和 61 个男人乱搞，其中有十几处赤裸裸的性描写。这本书竟然是一家专业少儿社出版的，这是令人难以想象的，也是严重违反出版管理规定的不能原谅的错误！有关出版单位和责任人都受到了处分。另外，有的专门写给少年儿童看的书中也竟然出现色情内容，如有一套《中国通史》（彩图本），是一家中央大报出版社出版的。其中有的章节的小标题和内容写的是《朱熹是否私通小尼姑》《皇后诱奸洪承畴》。书中还有几十幅赤裸裸的春宫画。拿这样的书给少年儿童看，不知出版单位的职业道德到哪里去了？在音像出版物中，出现色情、凶杀、暴力的画面更不是个别现象。这是非常值得注意的问题，也是在少儿读物出版工作中必须坚决制止的问题。

从以上情况，我们可以清楚地认识到党中央、国务院为什么要颁发这样一个加强和改进未成年人思想道德建设的文件。这个文件深刻分析了我国未成年人思想道德建设面临的形势，全面阐述了加强和改进未成年人思想道德建设的指导思想、基本原则和主要任务，明确提出了加强和改进未成年人思想道德建设的要求，对于进一步加强和改进未成年人思想道德建设具有十分重要的指导意义。

二、学习文件精神，落实文件要求

《意见》发出以后，在社会上引起很大反响，各行各业迅速行动起来，纷纷提出各自的贯彻落实措施。共青团中央、全国少工委于 2004 年 3 月 30 日专门发出学习贯彻中共中央、国务院《意见》的文件，提出：要"坚持分层次有步骤地正面引导，从增强爱国情感、确立远大志向、规范行为习惯、提高基本素质做起，促进未成年人全面发展。""精心设计和组织开展内容鲜活、形式新颖、吸引力强的道德实践活动，增强教育活动的吸引力和感染力，提高未成年人思想道德教育的针对性和实效性。"少先队组织要继续深化"手拉手""民族精神代代传""中国少年雏鹰行动"等活动。

2004 年 4 月 1 日，北京市"北京教育丛书"编委会专门召开中小学教师代表座谈会，会上一些意见观念比较新，对我们少儿出版工作有启发意义，我在这里向大家简要介绍一些情况。有的代表说：当前教育的兴奋点在课堂改革上，德育如何与课改同步进行，如何融为一体，是一个亟待解决的问题。有的提出：德育必须强调整体构建，形成合力，教育内容要稳定、充实，形式上要创新。道德的基础是信念。要开展"六力"教育，即理想教育的感召力，榜样形象的示范力，法纪教育的规范力，自我教育的内省力，身心健康的和谐力，实践锻炼的躬行力。这六种力合在一起，才能发挥作用。

2004 年 4 月 27 日，我参加了民族出版社一个座谈会，内容是专门研究关于未成年人思想道德建设系列出版物的。会上大家认识到，加强和改进未成年人思想道德建设是一项重大的战略任务，是事关我们党和国家、民族前途命运，事关我国改革开放和现代化建设成败的一件大事，也是出版战线大有作为的一个出版领域。民族出版社已经推出一整套德育系列图书，包括中小学生日常行为规范系列，中小学生诚信教育系列；弘扬和培育民族精神系列，中小学生自我保护教育系列，还准备继续推出家庭教育系列等出版物。

我介绍这些情况，主要是供大家开阔思路，研究我们少儿出版工作如何具体落实党中央、国务院的《意见》精神，为加强和改进未成年人思想道德建设多办一些实实在在的事情。

三、目前少儿读物出版概况和如何改进的建议

据新闻出版总署正式统计，2002 年（2003 年尚未有统计）全国出版少儿读物 7393 种，其中初版新书 4193 种，总印数达到 2 亿 3042 万册，总金额达到 15 亿 1063 万元。从总的趋势看，少儿读物出版是健康向上的，出版了一大批质量很好、深受广大少年儿童和家长欢迎的少儿读物，这个成绩应该充分肯定。但也出现了一些值得注意的问题，和党中央、国务院在《意见》中所提出的要求有相当的距离。据新闻出版总署图书司提供的一份材料，2004 年少儿读物的选题就存在不少问题。第一个问题是选题比例失调。主要表现在：①原创品种和再版品种、国产品种和引进品种、教辅读物和非教辅读物等几个方面。个别出版社选题比例严重失调，绝大部分选题为教辅读物和引进版权，而且是大规模地引进日本等国的卡通作品，自己几乎没有原创的新书选题。长此以往，将形成恶性循环，逐渐失去开发原创作品的兴趣和能力。②原创卡通品种大大少于引进卡通作品，有分量的、体现"三贴近"[1] 原则的优秀原创卡通读物就更少。除少数几家仍然在继续开发原创卡通之外，其他出版社则主要以改编现有作品或者引进国外作品为主。③面向广大农村少儿读者的选题太少，以农村现实生活为题材的原创作品几乎是一片空白。今年全国的一个工作重点，就是"三农"问题。满足"三农"的实际需要，推出贴近农村生活的少儿读物，也是今年出版工作的一个指导

---

① "三贴近"，即贴近实际、贴近生活、贴近群众。

方针。希望各出版社今年能够弥补上这一空白。④教辅读物数量太多，良莠不齐，选题重复，超专业分工安排教辅读物选题的现象仍然十分严重。近几年随着教学大纲的不断改革，各种教学辅助读物层出不穷，很多不具备这方面编辑力量和作者队伍的出版社也纷纷投入教辅读物的出版中，选题内容大量重复，图书质量得不到保证。这些问题都需要尽快得到解决。

存在的第二个问题是，有相当一部分少儿读物定价偏高。据查，2002年全国各类图书每印张平均定价是 1.17 元，而少儿读物每印张平均定价是 2.17 元，比一般图书几乎高 1 倍。有的图书是"货卖一张皮"，封面装帧豪华，内容既没有多少教育意义，又缺少艺术欣赏价值。还有的少儿读物一出就是一大套，定价几十元、上百元，甚至几百元，很多读者买不起。

存在的第三个问题是老问题，就是少儿读物的编校质量有待提高。少儿读物一般字数比较少，有了错别字就特别明显，差错率很容易一下子就突破 1/10000（1/10000 是合格品标准），尤其在加注汉语拼音上常常出错。在学生用的工具书中差错率也很高，在总署抽查的近 50 种语文工具书中，差错率大都超过 10/10000，有的甚至超过 37/10000，这简直是误人子弟！

针对以上存在的问题，结合这次学习，贯彻党中央、国务院《关于进一步加强和改进未成年人思想道德建设的若干意见》，我有几点建议：

第一，必须坚持正确的导向，恪守出版职业道德。这是对所有出版工作者共同的要求，对于我们少儿出版工作者尤其要强调。因为我们面对的是未成年人，他们的世界观、人生观还是一张白纸，往上面画什么颜色，对他们的终身都会刻上深深的烙印。为了孩子的前途、为了祖国的未来，我们肩负的责任更重大，这个道理很清楚，不需要多讲。当前的任务是坚决贯彻落实中共中央、国务院《关于进一步加强和改进未成年人思想道德建设的若干意见》，按照《意见》提出的指导思想和具体任务很好地进行消化，形成自己社里的工作思路和选题重点，一项一项加以落实。建议按照《意见》中的精神，搞一个可操作的少儿读物选题和出版规划，对一些比较大的工程项目，大家分工协作加以完成。

第二，要转变观念，少儿读物的选题要更加注意农村青少年的需要，在发行工作上必须深入农村、深入贫困地区、深入进城务工子弟中。

我国 18 岁以下未成年人有 3.67 亿人，其中农村未成年人占多少？没有见到统计数字，只知道全国 1 亿 3000 万少先队员中，农村少先队员占 9000 万左右，占 69.2%。按这个比例推算，农村未成年人至少有 2 亿 5400 万人左右。还有一批进城务工子弟还不算在内。这是一个庞大的人群，也是一个更加需要关注的弱势人群。少儿读物选题一定要切切实实地关注这些读者，定价一定要想办法降下来。要多出版让他们看得懂、买得起、用得上的出版物。在发行工作上一定要千方百计送到农村去、送到基层去。

第三，少儿读物的内容要按中央提出的"三贴近"要求与时俱进。不能几十年都讲大灰狼的故事，总得有新的知识、新的内容。4 月 27 日我从《北京青年报》上看到一条消息，很值得注意。这条消息说，目前北京市有 600 多所学校进行新课程改革，老式枯燥的授课方式逐渐淡出校园，在这些试点学校上课就像玩游戏。比如：英语课堂没有课桌，有的学生甚至自己编英语小话剧；学生还可以给课文画"插图"；体育课上抖空竹、练武术、翻跟斗也能拿高分。课堂内容还注重学生的动手能力，如让小学生配出保健茶，用生姜、红枣、山楂、牛奶等能配出 12 种保健茶。这些变化都是新鲜事儿。现在教学改革进展很快，从过去一套教材用几十年，早就变成"一纲多本"，现在又在几百所学校进行新教学法试点，这些新鲜事儿对少儿读物必然会有新的要求，教师和学生要扩大知识面，都要寻找新的知识增长点，这是很值得注意的新情况。这也可能是少儿读物新的增长点，也是新的商机。在其他省市有没有类似情况？建议出版单位开些座谈会、调研会，掌握新动向、提出新选题，开创少儿读物出版工作的新局面。

创造独具民族特色的名牌社 *

今天，共青团新疆维吾尔自治区委员会在这里隆重举行新疆青少年出版社成立 50 周年、《新疆少年报》创刊 50 周年庆祝大会，我作为出版界的一位老兵，应邀参加庆祝大会，感到十分高兴。我首先代表中国出版工作者协会，向新疆青少年出版社成立 50 周年和《新疆少年报》创刊 50 周年表示热烈的祝贺，向辛勤工作的两社职工表示亲切的慰问和良好的祝愿。

新疆青少年出版社，是 1956 年 4 月 7 日由时任共青团中央第一书记的胡耀邦同志，为解决少数民族青年读物奇缺而特批的一家出版社。半个世纪以来，新疆青少年出版社在中宣部、共青团中央、新闻出版总署、自治区党委、自治区人民政府的关怀下，在自治区党委宣传部、自治区新闻出版局、自治区团委的正确领导和大力支持下，不断发展壮大，已由一个不知名的边疆小社发展成为一个在全国有一定影响力和占有一定市场份额的出版社，特别是近几年，通过体制创新、试行股份制、推行制度化管理、实行全员聘用和终身职员制，新疆青少年出版社逐步走向现代企业制度，成为新疆出版界首家进行改革的单位。1997 年、1998 年连续两年被评为全国良好出版社，先后被授予自治区级文明单位、银行信誉 AA 甲级单位等。

一个经济欠发达、边远少数民族地区的青少年出版社，为什么能成长发展得这样快？我认为有以下几点至为重要：

一是始终坚持正确的出版方向，在不同历史时期，唱响时代的主旋律。

---

* 这是于友先同志 2006 年 6 月 9 日在新疆青少年出版社成立 50 周年、《新疆少年报》创刊 50 周年庆祝大会上的讲话。此标题为编者所加。

20世纪60年代出版的《军队的女儿》等一批好书，激励全国各地一批有志青年到祖国西部边陲建设新疆；20世纪80年代围绕学雷锋、五讲四美三热爱教育、学赖宁、民族团结教育等活动出版了一系列好书，在社会上产生了较好的影响；20世纪90年代出版的《爱我祖国爱我家乡》《改革潮》《民族团结教育读本》等一系列好书，对青少年进行爱国主义教育发挥了积极作用；进入21世纪以来相继出版的《崇尚科学，坚持无神论》、"写给小读者"系列丛书，引进版权的"贝贝熊系列丛书"也都在社会上产生较大影响；教辅品牌的培育开发，在全国有一定的社会影响力和市场占有率，特别是通过出版"神秘的新疆"之《新疆两千年》、《西域文化的回声》、《大河百川》、"西域烽燧系列小说——新疆两千多年来14名历史人物丛书"、"龟兹文化"系列丛书等，从历史发展、文化特点、历史人物和民族宗教演变等方面，有理有据地证明了新疆自古以来就是祖国不可分割的一部分这一重大命题。新疆青少年出版社50年的发展，虽然经历了风风雨雨，但始终坚持办社宗旨，坚持为新疆的政治稳定、经济发展、社会进步服务，为维护祖国统一和民族团结服务，为提高各民族青少年思想道德素质和科学文化素质服务，实现了社会效益和经济效益的最佳结合。

二是积极探索市场经济条件下少数民族地区出版单位的发展之路。目前全国有570多家出版社，发行码洋过亿元的不到1/3，销售收入接近1个亿的不到1/4。新疆青少年出版社去年发行码洋1.6亿元，销售收入8663万元，实现利税800多万元，特别是维文、哈文出版由依赖国家财政补贴到不依赖国家财政补贴并有了赢利，这在新疆的维文、哈文出版史上是空前的。新疆的哈萨克族有120多万人口，主要分布在山区和草原牧区，在有7家出版社竞争的情况下，新疆青少年出版社哈萨克文出版能有赢利，确实让人敬佩！

三是大胆进行出版改革和机制创新。新疆青少年出版社借改革开放和西部大开发的东风，大胆进行出版改革和机制创新，特别是结合自己的业务特点确立并实施的八方面出版工程，不仅扩大了出版规模、增强了实力，而且通过版权贸易和直销使新青社的图书远销美国、日本、新加坡等国家和台湾、香港地区，使"立足新疆，面向全国"、走向世界的发展战略逐步实现。

《新疆少年报》是维文版我看不懂，听说办得很不错，希望今后办得更好。下面我结合文化体制改革对新疆青少年出版社、新疆少年报社提几点希望：

第一，坚持改革创新，不断提升竞争力。"深化文化企事业单位内部改革，逐步建立有利于调动文化工作者积极性，推动文化创新，多出精品、多出人才的文化管理体制和运行机制"是党的十六大对我国的文化体制改革提出的要求。党中央、国务院新近出台的《关于深化文化体制改革的若干意见》，其核心内容就是改革体制、创新机制。大胆改革创新、有效整合资源、打造强势品牌，最终形成核心竞争力，这是市场法则给我们的启示，也是竞争博弈的必然之势。也只有这样，出版业才能立于不败之地，才能迎来繁荣发展的明天。衷心希望新疆青少年出版社把 50 年社庆作为新的起点，在今后工作中认真贯彻落实中央关于深化文化体制改革的精神和部署，坚持科学发展观，加大改革力度，突出体制、机制创新，充分利用区内外、国内外市场和资源，在市场竞争中做强、在发展中做大、在细节上做优，切实增强实力，不断提升竞争力，努力为我国少数民族青少年新闻出版事业做出新的贡献！

第二，立足本地优势，创名牌出精品。新疆是一块文化宝地，多民族文化在这里交汇，古今文化在这里兼容，中西文化在这里并蓄。过去新疆青少年出版社围绕新疆的政治稳定、民族团结、社会进步和教育各民族青少年树立正确的人生观、价值观，出了不少有地区特点、民族特色的品牌精品。衷心希望新疆青少年出版社立足本地优势，集各方之力，汇各界之智，精心策划、精心组织，大力推动名牌工程建设，培育和打造一批品牌书，创造独具民族特色的名牌社，创造条件打进国际市场，提升新疆青少年出版社在各族青少年和国内外的影响及声誉。

第三，坚持出版原则，促进各民族团结。新疆是一个以维吾尔族为主体的多民族自治区，其中维吾尔、哈萨克、塔吉克、蒙古、回等少数民族占 60%。维护祖国统一、加强民族团结是新疆出版工作必须遵循的基本原则。衷心希望新疆青少年出版社牢记出版原则，多出加强民族团结的作品，多宣传加强民族团结的思想，使广大青少年从小就树立起"汉族离不开少数民族，少数民族离不开汉族"，"各族人民谁也离不开谁"的思想，为增进边疆各族人民大团结、构建社会主义和谐社会、促进新疆经济文化全面繁荣做出新的贡献。

我们坚信，新疆青少年出版社和新疆少年报社在自治区党委宣传部、自治区新闻出版局和自治区团委的正确领导和支持下，在两社员工团结奋斗、共同努力下，一定会焕发出新的活力、新的激情，创造出新的辉煌业绩。

中国民族动漫的发展 *

2008 年 2 月初，广电总局发布《广电总局关于加强电视动画片播出管理的通知》（以下简称《通知》）。《通知》中说："自 2008 年 5 月 1 日起，全国各级电视台所有频道不得播出的境外动画片、介绍境外动画片的资讯节目以及展示境外动画片的栏目的时段，由原来的 17：00—20：00 延长至17：00—21：00。""各动画频道在每天17：00—21：00 必须播出国产动画片或国产动画栏目"。

《通知》意在扶持民族动漫。我们为什么要扶持民族动漫的发展？

发展中国民族动漫的必要性

我国本土原创民族动漫曾经繁荣，在国际上获得多项大奖，并因其鲜明的民族特色和风格，被称为"中国学派"。1926 年，万氏兄弟的《大闹画室》标志着中国动漫的诞生。中国 1941 年便推出亚洲第一部动画长片《铁扇公主》，随后又陆续推出大量富有民族特色并频频在国际上获奖的优秀动画影片，如《大闹天宫》《哪吒闹海》《小蝌蚪找妈妈》《牧笛》《三个和尚》等。这些优秀的作品不仅影响了中国的动漫先行者和青少年，对于日、韩动漫人也具有启蒙启发的意义。除了在 20 世纪 50 年代末到 60 年代中期以及 70 年代末到 80 年代中期经历了两个发展高潮外，之后中国动漫的发展很缓慢。随着美、日动漫大量涌入，中国动漫不再风光。动漫人急功近利，

---

* 此篇原载《中国少儿出版》2008 年第 2 期。

一味模仿美、日，但质量又不尽如人意，无法与美、日动漫争夺 80 后、90 后、00 后的青少年。

目前我国的动漫市场被美、日、韩动漫占领大半阵地。据统计，有 3 亿多的中国孩子是看日本、美国的动漫长大的。在 2005 年中国市场上所有的动画片中，国外产品占据了 89% 的市场，其中欧美占 29%，日本占 60%，中国国产动漫只有 11% 的份额。国内提供的动漫产品远远不能满足巨大旺盛的市场需求，80% 的利润流向美、日等国，中国成为动漫的最大输入国。

这不仅是我们国家巨大的经济损失，同时也导致中华民族传统文化传播不能深入，进而导致当代青少年缺乏民族认同感。据观察，中国城市青少年对日、美动漫已经形成某种程度的审美定势，对于国产动画则普遍表现出"冷感"。

我们处在一个经济全球化时代，整个地球成为一个多元文化共存的地球村，人们互相交流、共享人类的优秀文明成果；同时，这也是一个图像传播时代，文化符号趋于影像霸权，图画、影视渗透到人们的生活中。随着传播手段越来越先进，传播速度越来越快捷，由图画、声音构成的动漫使得传播内容越来越容易理解，越来越多的青少年追捧美、日动漫。我们不禁担忧，看着美、日动漫长大的青少年会不会越来越远离本民族优秀传统文化，长此以往中华民族传统文化在新的时代如何生根发芽、如何屹立于世界民族之林？

英国伦敦大学哥登斯密思学院的伊雷特·罗戈夫在其著作《视觉文化研究》中说，当我们借助生产方式和条件摆脱了历史时期，摆脱了风格上或美学上具有一致渊源的学派，摆脱了民族文化的位置，或者摆脱了阅读对象的局限，我们就要冒着摆脱我们自身位置的危险。正如电视剧《武林外传》中，盗贼姬无命发问："我是谁？谁是我？"由于没有得到答案，绝望自杀。这是一种搞笑调侃，但也颇有深意。也许看着美、日、韩动漫长大，对本民族传统文化、审美风格已经疏离的这个群体某一天也会迷失在美、日、韩动漫所传播的文化氛围中，忘了自己是谁、从哪里来、要到哪里去？

挖掘、传播民族精神，发展民族动漫，使得我们自己的青少年从小认识自己的国家和民族，让世界了解我们，不仅是政治需要、是经济利益，也是国家文化软实力的表现，更是我们生存的重要问题。中国动漫应突出民族文化内涵，肩负起传承民族文化的责任。基于这种考虑，我们必须对扶持、引导、发展民族动漫这个问题给予足够的重视。

如何发展中国民族动漫

要发展中国民族动漫，首先必须鼓励推出具有民族文化与精神的原创动漫作品，其次推动形成完整的产业链。而要做到这些，关键在于培养创意型人才；而扩大消费群是原创动漫生发的土壤和生存空间。

（一）鼓励推出具有民族文化、民族精神的原创动漫作品是中国民族动漫发展的根本

"中国动漫多是模仿日本作品，没有形成自身特点。要发掘传统文化，创造出中国自己的动漫文化和动漫形象。"美国艾美奖得主、动漫专家克里夫·贾布特在湖北科技学院和武汉数字媒体工程公司联合办学仪式上的发言，引起与会专家的共鸣。

原创乏力是我国民族动漫的软肋。近几年，我国民族动漫仍然处在模仿探索阶段。真正的精品不多，大都缺失真正属于民族的东西，在人物形象、故事情节、语言风格、画面质感等方面模仿美、日。要想发展民族动漫，首先我们的动漫产品必须具有自己的民族风格、民族特色。对比美、日、韩三国的动漫产品，我们可以看出，他们都具有鲜明的民族特色和自己的个性。

美国动漫以幽默的情节、夸张的表情取胜，具有美利坚民族的明朗风格，也折射着"美国梦"的影子。美国动漫以迪斯尼为代表，情节曲折，生动有趣，人物性格鲜明，音乐优美动听，而且多以大团圆结局，努力迎合广大观众的心理需求，不断制造和巩固自己的市场和风格。比如，中国的《花木兰》，在中国是一个孝女故事，经过迪斯尼改编，成了一个少女寻求自我价值实现的故事。

日本动漫则具有鲜明的日本哲学文化特点。可爱的人物形象、励志的故事情节是日本动漫的招牌；动漫中的武士、忍者，以及动漫中表现出来的自然神秘主义，若有若无的哀伤的调子，无不流露出日本的民族气息和风格。

虽然日本动漫题材种类包罗万象、层出不穷，有探险、神话类型，有校园生活类、悬疑推理型，也有以欧洲为背景的故事，故事中的人物形象、服饰都是西方的，但是骨子里讲的还是日本的故事。日本动漫充分体现了日本文化感情细腻、唯美、爱好幻想、不服输的民族性。

韩国动漫近几年在崛起。像中国一样，韩国新一代动漫迷们最初也是从看日本动漫起步。然而"让孩子们看自己国家的作品"，这句口号激励韩国动漫创作者和读者创作、阅读、支持本国动漫。韩国动漫获得长足发展，虽然分镜风格上还带有浓烈的日式痕迹，但激越的笔调却透露出这个民族的精神气质。韩国很多作品素材都是来自韩国的民族生活，或者与其相关的民族文化。

在全球化和信息化的今天，没有特色便会被淹没，没有个性便会被同化。中国的动漫要用具有民族特点的原创作品打开国际市场。

民族文化、民族精神是我国原创动漫的内核。挖掘、传承民族文化民族精神是中国原创动漫的使命，同时我国丰厚的传统文化是原创动漫取之不尽的宝库。我们的民族文化为动漫提供了丰厚的题材、可资借鉴的艺术形式。20世纪中后期，中国动漫曾经以浓郁的民族风格、与众不同的艺术形式形成了自己的艺术体系，包括剧本、美术、音乐等都追求中国样式和中国风格，借鉴剪纸、书法、刺绣、水墨画、京剧、二胡等艺术形式，展现出鲜明浓郁的中国风格。

"中庸""和""太极""阴阳"是中国哲学的语言。夸父逐日、孔子列国周游、红军万里长征，这是中国人的精神。我们今天的动漫创作，应深入挖掘民族文化内涵，探寻传统文化的本质，理解中华民族精神，冷静面对多元文化，以博大的胸襟、宽广的视野找到一条自己的、具有自身民族价值的出路。

坚实地扎根于中国文化的沃土，以民族精神为内核，用具有民族特色的艺术形式，塑造我们自己的动漫形象，创造出中国民族动漫的品牌，这是我们民族动漫生存发展繁荣的根本。

（二）推动形成完整的产业链

日本动漫产业年产值在国民经济中列第六位，其中游戏市场每年创造

2万亿日元市值规模，动漫产品出口值远远高于钢铁出口值。作为动漫产品出口大国，日本动漫以其严密的产业链结构、成熟的运营机制，在国际市场上占有重要的地位。

而我国的动漫产业则因为原创缺失导致的动漫产业链断裂，动漫产业始终成不了规模。众所周知，漫画是动漫的源头，只有创作出富有生命力的民族漫画和漫画角色，才有可能开发出衍生产品，完善产业链，从而实现由动漫产品向动漫产业的飞跃。反之，没有自己的东西便要为别人打工，成为别人动漫产业链中的一环，中国动漫现在还是作为"加工者"，在为别人打工。这种"打工仔"的角色，不利于自身发展，制约了民族原创动漫的发展，形成一种恶性循环。

要想改变这种状态，形成本民族原创动漫品牌和产业，就必须在重视原创的基础上推动形成完整的动漫产业链。

完整的动漫产业链包括哪些内容？一个漫画可以衍生出电视、电影，然后是网游，接着是书籍、玩具，并进而衍生出广告、服装、时尚消费等其他更多的产品。各个环节如同一个链条，彼此联结、彼此呼应。这是完整的动漫产业链。如下所示：

漫画发表（包括杂志连载、图书发行等形式）—动漫影视—动漫游戏—动漫衍生产品生产。

这些环节并不一定都是以漫画为源头组成一条简单的线性链条，而是彼此之间都可能会有联系，从而形成网络结构。产业链中任何一个环节都有可能产生引人入胜的创意、主题或构想而成为整个链条的起点，进而带动整个产业链网络的发展。

一个成熟的产业市场，应该有一条完整的产业链。产业内各种资源的整合，使不同企业之间相互配合形成一定的产业链，才能为整个创意产业的发展提供源源不竭的动力。这种产业链的延长依靠的就是产业内部的整合，通过产业链的整合使一个个单独的创意最终形成创意产业链并进而促进整个创意产业的整体发展。

日本动漫产业链是这样形成的：在漫画杂志连载和漫画单行本的推动下形成受欢迎的漫画作品，之后改编为电视版动画，成功后也可以制作剧场版动画在电影院播放。改编时广告公司可以组织若干家希望在片前片后发布广告的企业共同出资，交由电视台作为广告费，电视台把其中一部分费用交给动漫公司作为制作费，实现第二轮增值。同时，动漫的录音、录像制品，动漫形象的使用权、游戏改编权也会将动漫产品的价值带入其他市场，实现又一轮增值。

推动形成完整的产业链是原创动漫发展的必由之路。我们要围绕优秀的民族原创动漫作品和动漫形象，努力开发周边产业，整合产业链，包括图书、期刊、音像制品、玩具、文具、食品、服饰、娱乐设施、游戏产品、动漫展会等。通过衍生产品的综合深入开发，扩大和增加我国民族动漫产业规模，通过市场机制来真正形成我国民族动漫产业完善的产业链。

（三）培养创意型人才是关键

要发展民族的动漫文化，制作技术和产业模式已经不是主要问题，美、日最新动漫技术和完善的产业模式我们拿来就可以借鉴；内容资源也很丰富，中国5000年的历史，已经提供了足够的素材。目前，中国民族动漫文化的发展最缺的是创意型的人才，缺乏能将传统民族文化与现代动漫文明结合、将技术与艺术结合、将创意和市场需求结合的人才。

动漫产业链中的人才是多种多样的，包括作者、编辑、导演、技术人员和营销人员等。产业链的每一环节都需要专业性的、有创意的人才与之适应。国内动漫产业链中，从内容原创、资源整合、宣传运作直至衍生产品推广等环节，都缺乏有创意有经验的专业人员。而缺乏人才的根本原因是缺乏人才培养鼓励机制。

从原创作者来说，国内漫画人一直以来都受到生存和创作压力的困扰，尤其是新人日子过得更艰苦。没有稳定的经济收入一直都是阻碍漫画新人创作的重要因素，大概有60%—70%的新人会为生活所迫而放弃，有些运气好的作者，作品被市场认可，收入会高一点，但为数不多，不成规模。我们需要官方多出台一些鼓励政策，与企业合作，为优秀的原创作者设立一些奖项、基金为他们提供展示个人作品的机会和平台，调动他们的创作热情，扩大原创队伍。

从编辑环节来说，要重视动漫编辑的培养。在日本，动漫编辑非常重要，他们不再是"为他人做嫁衣"。在日本，任何一位漫画家都不是独立作业的，每位漫画家都有一名相对稳定的编辑。许多优秀的漫画是由漫画家和他们的编辑共同完成的，有很多出版社采用编辑、作者共同讨论选题的方式来进行创作。如果编辑负责的漫画家创作出了受读者欢迎的作品，那么他就可以和漫画家一样一夜成名。在韩国，动漫编辑实行终身制，目的在于用稳定的工作环境吸引有才能的人留在这个行业。我们可以考虑借鉴他们的做法。

从产品营销的角度来说，目前缺少动漫创意人才、营销人才。国内动漫专业的教育，大多关注动漫理论或技术，培养方向倾向于技术型人才或理论型人才，而创意才是撬起动漫产业的支点。动漫创意人才，不可能仅靠专业院系的学校教育来培养，更不可能像工业流水线一样推出一批批的"人才成品"，它需要有好的项目来带动才会有发展。在理论学习的基础上，以项目来带动学生的后期开发，让具备一定基础的学生直接进入实践领域中，在工作中学习知识、锻炼能力、激发出好的创意。这样培养出的人才才是受市场欢迎的。

从动漫产业链的原创作者开始，到编辑、市场推广人员，各环节人才的培养激励政策、方法都大有作为空间。

（四）扩大消费群是原创动漫发展壮大的基础

有研究人员统计，87%的日本人喜欢动漫，84%的日本人拥有动漫相关产品。上至四五十岁、五六十岁的中老年人，下至稚气未脱的小学生构成了广泛的漫画读者群。日本有1.2亿人口，即使在不景气的时候，讲谈社的漫画杂志《周刊少年杂志》仍可以每期平均发行400多万册，每月平均发行1600多万册。在景气的时候，集英社的漫画杂志《周刊少年跳跃》每期平均发行600多万册，每月平均发行2400多万册。把《周刊少年跳跃》的读者数量除以日本的总人口数量，等于是每26个日本人当中就有1个人是《周刊少年跳跃》的购买者。

正是这种源源不断、年龄跨度大、呈梯形结构的漫画消费群，推动日本动漫产业持续繁荣发展、不断扩大规模。

而在目前的中国，动漫还只是主要针对低幼儿童群体的作品，在大众中接受度不高，尤其不被大多数中老年人理解和接受。大部分本土民族原创动漫作品、影视针对的读者、观众年龄层次都偏小，大都是儿童，即使针对青年人的动漫作品也不多。另外与动漫相关的活动数量有限，参与者少，范围小，动漫氛围不浓厚。比如，在日本流行几十年的 COSPLAY①，除了每年固定的东京春、秋两季电玩展以及各式的动漫展之外，还有 COSPLAY 嘉年会，其会场内可说是集合了日本全国 COSPLAY 界的精英，提供了一个让他们大扮特扮的机会。日本的 COSPLAY 迷除了年轻人外亦有小朋友参与其中，并且有些儿童更加是和家长一起装扮，实行一家大小齐齐 COSPLAY。此外，在日本，COSPLAY 还是一种职业，有专门的服装店，电台会举行一些 COSPLAY 比赛。而在中国内地，1998 年国内开办动漫展才有了些零星自发的个人 COSPLAY 秀，虽然近几年发展迅速，但仅仅局限在 80 后、90 后的一部分动漫迷中。

综上所述，本土动漫的创作应该拓展思路，创作适合各个年龄层次的作品，培养起更广泛的动漫读者群和市场，使动漫渐渐成为大众文化消费项目，从而推动动漫产业链的完善。

引导更广泛的大众欣赏动漫，培养动漫读者群任重道远。日本的做法值得我们借鉴。日本的第一大报纸《读卖新闻》，发行长期保持在 1500 万份；日本的第二大报纸《朝日新闻》，发行长期保持在 1100 万份。这两家报社都利用发行量的优势，涉足漫画领域，设有漫画部门，让报纸带着漫画作品一起销售。我们的纸介质报纸、图书、期刊等媒体和影视音像产业等可以做一些尝试。

我们要以理智的心态审视动漫文化经济规律，发挥市场的导向作用，整合我国丰富的文化资源，激发大众对动漫作品的兴趣，创作出具有自主知识产权的、具有民族文化特色的动漫作品；培养各个环节的高精尖动漫人才，带动形成完善的动漫产业链，使中国民族动漫发展的路越来越宽，在国际动漫产业格局中占有一席之地。

---

① COSPLAY，指穿上动漫、网络游戏角色的服装进行角色扮演。

把中国优秀少儿图书积极
主动地传播推广出去*

今天非常高兴来参加这个论坛，和同志们共同探讨专业少儿社在新形势下如何"突破"、如何同各渠道间保持合作，互利双赢。前面 7 位嘉宾毫无保留地各抒己见、献计献策，从微观到宏观，既有具体分析，又有前瞻性；既有很大信息量，又有理论高度和深度。都是经验之语，确实让人受益匪浅。

中国版协非常重视少儿出版工作，我们有专门的少读工委，我也经常参加少读工委会、少儿社长年会、各种少儿出版研讨会。但是"十八联"订货会我还是第一次参加。这次 20 余家专业少儿出版社和 100 多家渠道商（经销商）齐聚津门，订货会办得很有规模。这期间还举办了高端论坛，不但内容很扎实，而且还是在新闻出版行业正处于文化体制改革的重要时期举办的，我认为非常有意义。

进入新世纪以来，我国少儿出版全面崛起，已经成为出版界的明星板块，迎来了历史上发展的最好时期。少儿读物的出版总量持续增长，少儿图书出版的阵容不断扩大，原创儿童文学出版形势喜人，产生了一大批优秀的少儿作家队伍和画家队伍，同时还涌现出一大批叫得响、传得开的优秀畅销书，少儿图书内容丰富、形式多样，总体上呈现出注重原创性、注重科普性、注重趣味性、注重爱国主义教育和注重版权贸易的五大特色。很多精品

---

* 这是于友先同志 2010 年 6 月 25 日在中国少儿出版发行论坛上讲话的主要内容。此标题为编者所加。

力作、品牌应运而生。中国少儿图书出版业在出版规模、图书质量、版权贸易、出版工程等各个方面都取得了高速发展。2009 年，全国出版少儿图书的出版社已达 512 家，并有 150 家出版社设有儿童读物编辑室。2010 年申报少儿书选题的达到了 519 家。与此同时，处于全球化竞争中的当代中国少儿图书出版，出版运营的规格不断提升。少儿类出版社平均资产总额、平均销售收入及年利润等各项经济指标总量排在全国各大类出版社前列，平均竞争力可以说排在教育出版社之后，科技、社科类出版社之前。近年来，中国儿童读物海外版权进出口贸易也有了很大的发展，儿童读物版权贸易占全行业版权贸易的比重常年保持较高份额，在中国出版实施"走出去"战略中发挥了重要作用。

当前，出版改革正在不断深化。改革促使少儿图书市场发生了重大重组。新情况带来了一些新问题，如重复出版带来的出版资源浪费、单书出版亟待规范化以及少儿图书出版格局因民营策划机构和国外出版社的介入而发生巨变等问题。38 家专业少儿社出版的少儿图书只占全国少儿图书市场份额的 30%，非专业少儿社出版的少儿图书已经占到 70%。越来越多的非专业少儿社和民营出版机构进军少儿图书市场已经成为一种趋势。现在的少儿出版，早就不是传统专业少儿社一统天下的局面了。很多非专业社，在某一领域的单书出版具有专业社所没有的优势，他们做的甚至更"专业"。比如外语教学与研究出版社，比如人民文学出版社，还有很多的民营书商，他们进军少儿出版，瞄准的就是高端市场，天价签下作者的也屡见不鲜。他们很多出版的专业性和角度都是我们传统专业少儿社应该学习的。面对未来少儿图书出版的激烈竞争，专业少儿出版社要有自己的发展战略及对策，特别是要提高我们的勇气和信心。我们要看到，我们专业少儿出版社具有别人不具备的、令他们无限羡慕的独有优势，在竞争格局中占据着有利位置，我们扬长避短，将保持我们的不败地位。"术业有专攻"，你们也都是在少儿出版领域摸爬滚打了几十年，谙熟少儿出版的规律，掌握的策划经验和资源也是大部分非专业少儿社所没有的；你们出版的少儿书更加有品位、有内容、有深度、有质量。在今年的"全国百种优秀少儿图书推荐活动"的评选过程中，评选办公室发现了这样一些特点和现象，即"百种图书"里最好的图书大部分都是专业少儿社出的，最规范的图书是专业少儿社出的，历届入选最多的前几位几乎都是专业少儿社，最受专家青睐和信任的也是专业少儿社，著名少儿作家的作品也是以专业少儿社出版的版本为最佳，发行量巨大、形成品牌的少儿精品也主要是专业少儿社出版的。可见，专业少儿社在专家学者、创作界和广大读者当中享有很高的声誉和极好的人脉。专业少儿社分享当当网销售额60%以上！这些都是我们巨大的无形资产，是我们难能可贵的本钱。因此，我们应该在未来的大少儿出版市场竞争格局中，采取高品质的经营策略和先进的出版理念，提升我们的出版战略目标，继续巩固我们的现有优势，并将优势化为胜势。下面我谈几点意见：

第一，坚定不移地坚持社会效益和经济效益相统一的原则，坚持高格调的文化品位，克服单纯经济观念，防止粗制滥造，杜绝平庸出版，以优秀的出版物占领市场。

第二，充分发挥专业品质，重视出版的理论性研究，沉下心来全力打造少儿图书的权威品牌。出版是一门科学，少儿出版不光是一门专业性很强的科学，还是一门艺术，艺术境界就是我们少儿出版工作者的专业品质。现代商业界的许多成功案例表明：只有那些具有专业品质的人才能从众多的竞争者中脱颖而出。中国少儿图书市场是一个非常庞大的、持续的市场，而且是刚性需求。我们应该花些时间和精力着力于少儿图书出版的理论研究，还要全面开展青少年阅读特点和阅读科学的研究，全力加强儿童分级阅读方面的研究，努力适应当前社会文化背景下青少年儿童的阅读心理变化所带来的阅读需求的变化，准确把握时代特征，这样才能最大程度地保障少儿图书的原创性和鲜活性。

第三，建立少儿图书规范化的科学标准，建立健全少儿图书质量保障体系，这是一项基础性的但是极其重要的工作，应该由我们专业少儿出版工作者来完成。目前少儿图书出版花样翻新，从内容到装帧形式存在很多不规范的地方，一些书被读者戏称为"山寨版"。规范出版行为、设立行业标准是我们专业少儿出版社当仁不让的职责，我们要在消费者中树立起专业少儿出版社的品牌形象，那就是规范、科学、精致、艺术。我们应该注重少儿出版社无形资产的建设和单品种最大效益化的经营策略，为今日的少儿出版工作开辟一个新天地。

第四，要继续深化改革，培养优秀出版人才，增强综合实力，增强国际竞争力。少儿图书出版曾经是中国出版业中最具活力、发展最快的一支力量。中国少儿图书出版要紧跟国家出版体制改革的步伐，调整产业布局，重组、优化产业结构，发展大型少儿图书出版集团，集中品牌优势、资源优势、资金优势、市场优势，增强综合实力、增强整体竞争力、增强参与国际竞争的能力。

第五，从弘扬中华文化的角度，要继续繁荣和发展中国民族文化图书的出版，继续强化国际合作和海外合作，争取让民族的图书走出国门、走向世界，这不光是全球化背景下中国出版的必然走向和战略布局，更是全球大市场格局的突围，把中国的优秀少儿图书积极主动地传播、推广出去，拓宽国外海外市场。也包括出版社应该更多参与国际竞争，同国外成规模的出版商共同策划一些产品，提升在世界出版业的话语权。让中国出版在世界文化舞台上越来越受到关注，在国际文化的交流、交融、交锋中发挥着越来越重要的作用。

以上几点意见，仅供大家参考。

在这里，我还要以一个老少儿出版工作者的身份特别感谢天津出版传媒集团和旗下的新蕾出版社承办了这次盛会。我对天津是很有感情的，我在南开大学上学、教书、生活了18年，天津的很多地方我都很熟悉，近几年天津发展得非常好，变化很大，每次来都感觉不一样。天津的出版也很有特色，据我了解，去年天津出版传媒集团成立以来，有很多新动作、大手笔。天津有很多知名出版社和名牌刊物，尤其是新蕾出版社。新蕾出版社是国内较早成立的第三家专业少儿社，也有着非常辉煌的历史，特别是在少儿文学领域，出版了不少高品质、有特色的书，也是天津出版的一面旗帜。

抱团发展　与狼共舞[*]

我很高兴来参加中国童书联盟第二届理事会扩大会议，不是客套，这是我的心里话。说实在的，中国童书联盟，既不是中国版协的二级工作委员会，也不是正式的社团组织，也不是大的出版集团企业，是 10 家出版专业不完全相同的出版社结成的松散的同业组织。但正因为这一点，我觉得这个联盟很有自己的特色，它是行业里自发、自愿、自觉发起组织起来的业务合作联盟，是一些非专业少儿出版社结成的童书出版联盟，这完全是一种符合市场经济规律的举措，很有挑战的意味，是创新。所以，我说很高兴来参加这个会议。

我在你们联盟成立会议上说过一句话，希望你们这个联盟成员社"抱团发展，与狼共舞"。联盟就是抱团，抱团是为了发展。我的观点是不要怕狼多，有威胁才会有胆略，有生存危机才会思变、才会开拓；没有必要怕狼，也无法拒狼于行业之外，而是要与狼共舞。成立联盟就是与狼共舞的一个明智举措，10 家出版社联合起来，抱团面对市场、抱团参与竞争、抱团开拓创新。我今天在这里还是要强调，联盟要抱团，抱团求发展，发展才是硬道理。下面我讲三点意见，供大家参考。

一、掌握第一手信息，抱团开拓市场

我们出版业在市场经济条件下发展到今天，大家可能有一个共同的体

---

　　*　这是于友先同志 2010 年 11 月 4 日在中国童书联盟第二届理事会扩大会议上讲话的主要内容。此标题为编者所加。

会：要拓展市场，必须首先掌握市场信息。都说现在是信息爆炸的时代，自从有了因特网，通过搜索引擎，获取信息方便又便捷。但是，这种信息都是公共信息，谁都可查到。要想在自己的专业市场拓展出新的天地，公共信息需要，但更重要的是要靠自己直接从读者那里获取第一手读者需求信息。获取第一手读者需求信息的渠道很多，我看书展书市是一个很好的信息市场。今年我在香港书展和上海书展中感受颇深。现在全世界书展书市很多，但各有不同、各具特色。法兰克福书展、意大利波罗尼亚书展、北京国际图书博览会注重展示和版权贸易，参展单位面对的客户是同业出版商；春季北京图书订货会是展示和订货，参展单位面对的客户是各类书店；全国图书博览交易会是展示、订货、销售，参展单位面对的客户有书商有读者；香港书展则完全不同，开幕前一大早展馆前就排起了长队，他们主要是销售，直接为读者服务，为出版社与读者沟通架设桥梁。上海书展也开始以读者为主要服务对象，也在向销售发展，与香港书展有些相同，参展出版社在书展上可以直接面对读者、直接获得读者需求信息。

真正掌握了读者需求信息，才能有针对性地确立企业产品的目标市场。说白了，出版社知道了读者需要什么图书，就知道了应该出版什么图书，也知道了自己出的书是卖给谁，这样英雄就有了用武之地。有了明确的目标市场，出版经营就不会无的放矢；有的放矢，开拓市场也就有了目标。

一家的信息总是有限，联盟一方面可以组织成员社进行信息交流，集思广益；另一方面联盟应该利用书展书市，重拳出击；联盟甚至可以采取直接与各大书城搞图书联合展销的方式，用展销机会广泛接触读者，获取读者需求第一手信息资料。不断获取信息、不断调整选题、不断求新，才能不断发展。

二、共同研讨探索，抱团创新

现在我国出版业正处在深化改革的关键时期，到今年底全国除人民出版社、盲文出版社、民族出版社少数一些出版社保留事业体制之外，其余在年底前都要完成转企改制工作。同时，新闻出版总署在抓"十二五"规划，提出向世界出版强国迈进的宏伟目标。出版业自身也在发生着变化，数字出版迅猛发展，数字出版物已经成为可与纸质图书平起平坐的出版物，电子书阅读器无疑对传统出版构成了冲击和挑战。

这些变化同时反映出另一个问题，读者的阅读空间扩大，供阅读选择的范围和品种更宽更多。除了图书，还有影视、游戏、玩具等其他娱乐项目，吸引孩子的东西太多。面对这种新形势新情况，联盟应该发挥抱团的功能，共同来研讨探索，寻求新的发展。

历史的经验已经证明，要在竞争中立于不败之地，品牌是第一要素，品牌决胜未来。因此，培育品牌、确立品牌、宣传品牌是出版社头等重要的业务。联盟应该围绕品牌培育和品牌宣传上做些文章，闯出新路。

三、积极引导，抱团培养新的读者群体

人的习惯是培养出来的，一旦养成习惯，一辈子都难以更改。一个孩子，从小让他吃中餐，他长大了肯定还是喜欢吃中餐；假如从小让他吃西餐，吃肯德基、麦当劳，他长大了肯定还是喜欢吃西餐。这就是引导的作用，引导是培养习惯的有效方法。

读书也是如此。对于市场我们要研究、要探索，但研究探索不是一味去迎合市场，而是通过研究探索，确立自己的品牌战略，用品牌来引导阅读、引导市场。

咱们联盟成员，大多不是少儿专业出版社，大部分是初涉少儿出版，是新手。新手自然不能成为专业主流，那些专业少儿出版社已经成立几十年，他们大都有了自己的品牌、有了自己的渠道、有了自己的读者群，要与他们竞争，需要下大气力，也需要时间。但新手有新手的好处，没有那么多条条框框束缚，思想比较活跃，没有那么多顾虑和包袱，况且我们联盟成员社又各自有自己的优势和特色，已有自己的品牌和市场影响。成立联盟就是要把大家联合起来，发挥各自的优势和特点，以集体的阵容和实力参与竞争。为了在市场产生大的影响，不妨可以联合开发大的重要项目，共同培育品牌，以新的品牌确立市场地位，引导读者，用新的品牌培养属于自己的新的读者群体。有了读者群体，就有了市场，就能在竞争中争得更多的份额。

希望大家利用会议机会，开阔思路，研究一些新情况，解决一些实际问题，让童书联盟在少儿图书出版中发挥积极作用。

以童书沟通童心[*]

——少儿出版人的追求

我从青年开始就是出版社的一名编辑，为孩子们出书。当时我认为只有孩子们的心灵是最纯洁的，做童书的过程也是净化自己心灵的过程。所以，我十分看重童书！童书是什么？童书是启蒙孩子智慧、影响其一生的心灵读本。童书，又不仅仅是给孩子看的，其实家长以及教育工作者也是最忠诚的读者，也可能是首先接触童书的读者。因此，出版人策划出版童书，注重对童心的探访，对儿童世界的探秘，有时比教育理论更直观、更有冲击力。作为一个老出版工作者，尤其是一名长期从事少儿图书编辑的工作者，深切体会到：出版人能多出一些优秀童书，并且通过家长、教育工作者推荐给学生，以童书沟通童心，在成人与孩子之间架起一座心灵沟通的桥梁，这也许是当下少儿出版的一个使命追求。

一、做好童书，提供精神营养，从小
培养孩子良好的价值观

价值观是一个人对客观事物（包括人、物、事）及对自己的行为结果的意义、作用、效果和重要性的总体评价，是推动并指引一个人采取决定和行动的原则、标准。要让儿童成才，就要从小培养他们正确的价值观，不仅能让他们认识世界是什么、怎么样和为什么，而且还让他们知道应该做什

＊　这是于友先同志 2013 年 3 月 18 日撰写的文章，原载《中国出版》2013 年第 11 期。

么、选择什么，发现事物对自己的意义，设计自己，确定并实现奋斗目标。一个人的价值观是从出生开始，在家庭和社会的影响下逐渐形成的，作为孩子的启蒙教材，童书在孩子价值观的形成过程中起到非常关键的作用。出版人要提供影响孩子正确价值观形成的读物。

第一，总署推荐优秀少儿图书。每逢"六一"国际儿童节之际，新闻出版总署专门向全国青少年推荐百种优秀图书，着力推出一批关于社会主义核心价值体系建设的优秀少儿读物，至 2012 年已经举行了 9 次，2013 年即第 10 次的推荐通知已经下发。看 2012 年评出的百种少儿优秀图书，"华东六少"① 均榜上有名：浙江少年儿童出版社的"真好！我的第一套励志书"（10 册），江苏少年儿童出版社的"'我知道'幼儿科学童话系列"（6 册）、"周末与爱丽丝聊天"（5 册），二十一世纪出版社的"王晓明心情童话绘本"（4 册）、"皮皮鲁送你 100 条命儿童安全百科"（8 册），明天出版社的《青蛙军团爱地球》《爸爸的灯塔》，福建少年儿童出版社的"王勇英'弄泥的童年风暴'系列"（4 册），安徽少年儿童出版社的《想象的力量》。

第二，出版传统经典的童书，以中华民族的传统美德教育和影响孩子。中华民族有几千年的文化积淀，经典著作不计其数，这是我们教育孩子确立价值观的法宝，也是出版社常出不衰的内容。以往为孩子编传统经典图书大多为两个走向：一是蒙学重印；二是将名家作品中适合孩子阅读的内容筛选出来。我们可以在儿童阅读经典方面尝试创新，跳出已有的框架，通过讲故事、看图片、听声音等各种手段，带领孩子直接步入成人的领地，给他们以耳目一新的感觉。

第三，出版提高民族自信心的童书。民族自信心是指一个民族对自己自立于世界民族之林的能力及其发展前途的信心。要教育我们的孩子树立这种信心。只有让孩子认识到中华民族在世界民族之林中的地位，认识到自己对整个人类发展的崇高价值，因而产生对于本民族进一步生存和发展能力以及光辉灿烂前景的确信。

---

① "华东六少"，即华东六省少儿出版联合体的简称。"华东六少"包括：浙江少年儿童出版社、江苏少年儿童出版社（后称江苏凤凰少年儿童出版社）、二十一世纪出版社、明天出版社、福建少年儿童出版社、安徽少年儿童出版社。

2012 年 11 月 29 日，习近平主席在国家博物馆参观《复兴之路》展览时发表了重要讲话。他指出："每个人都有理想和追求，都有自己的梦想。现在，大家都在讨论中国梦，我以为，实现中华民族伟大复兴，就是中华民族近代以来最伟大的梦想。这个梦想，凝聚了几代中国人的夙愿，体现了中华民族和中国人民的整体利益，是每一个中华儿女的共同期盼。历史告诉我们，每个人的前途命运都与国家和民族的前途命运紧密相连。国家好，民族好，大家才会好。实现中华民族伟大复兴是一项光荣而艰巨的事业，需要一代又一代中国人共同为之努力。……我坚信，到中国共产党成立一百年时全面建成小康社会的目标一定能实现，到新中国成立一百年时建成富强民主文明和谐的社会主义现代化国家的目标一定能实现，中华民族伟大复兴的梦想一定能实现。"①

习近平主席的讲话为我们指出了实现中华民族伟大复兴的中国梦、实现"两个一百年"的伟大目标，需要一代又一代中国人的共同努力。少年儿童是祖国未来的建设者，以优秀的童书培养少年儿童的民族自信心和建设祖国的责任感也是我们出版工作者的责任。当代少年儿童中有一些是"官二代""星二代""富二代"，我们可以通过优秀童书让这些孩子认识到父辈创业的艰辛，了解中华民族自强不息的奋斗史，一步步地培养这些孩子浓厚的爱国感情，让他们形成自己正确的价值观。

二、最大限度地发掘童书作品的市场价值，构建良好的少儿出版生态

要发掘童书作品的市场价值，需要很好地研究作品、研究市场，使作品和市场碰撞，产生出版价值的火花，这最关键的是需要一大批从事童书出版的好编辑来完成这个艰巨的任务。

编辑是出版业的核心人才，是一个出版社的质量符号。童书编辑也是童

---

① 习近平：《中国梦，复兴路》，载《十八大以来重要文献选编》（上），中央文献出版社 2014 年版，第 84 页。

书品牌的符号。我们现在一些品牌童书，就打上了编辑和出版单位的烙印。在出版业全面追求高质量的今天，好编辑则会有一种超越于一般要求之上的责任感。这种责任感所换来的成绩并不能为普通读者所见，大部分读者并不知道一本书的幕后英雄，他们记住的可能只是出版社的品牌。在国外，编辑的姓名甚至都不会出现在书上（不像我们还有"责任编辑"一栏）。但好编辑依然是市场上的一个质量符号，最想寻找这类符号的是作者。对编辑来说，每年经手的图书多则数十种，但对作者而言，每一本书都像自己的孩子，会特别看重，总想选择一个信得过的人。在询价待市的作者眼中，出版社的门槛及编辑修养是最有吸引力的。当然，优秀的编辑还乐于探寻和发现。大部分普通编辑都不愿意承担发掘的风险，而更多地是去追随功成名就者。而好编辑则为发现发掘图书的市场价值做出了最好的努力和奉献。

如果说好作者是作品的质量符号，那么好编辑及其出版社就是产品的质量符号。一个出版社通过好编辑与好作者建立了长期的稳定的联系，就等于构建了良好的出版生态关系。2005 年 10 月 30 日，童话大王郑渊洁与二十一世纪出版社签约，将其所有作品交由二十一世纪出版社出版，此外再无授权。2006 年 1 月，在双方的倾力打造下，"皮皮鲁总动员"诞生了。"皮皮鲁总动员"9 大系列 70 种，不但是中国最大规模的个人作品专辑，也是当今最具影响力的中国本土童书品牌，更是开创了一位作家只与一家出版社互信合作的先例。截至 2011 年 1 月 27 日，全系列累计印数已逾 3000 万册。2011 年，以 30 岁作为一个起点，"皮皮鲁总动员"开始产业化运作，品牌的打造由图书领域延伸到网络游戏、动画等产业。从经营产品到经营作家，二十一世纪出版社实现了自身战略定位上的一次重大转型。

出版人的眼光、决断、坚持和追求，直接决定了出版的水准。在"走市场"的压力下，出版的门槛也在一点点被侵蚀。文化出版是一个长期的"投资"。一个尊重艺术价值的出版社，最终也会赢得市场的敬意。在这样认真的坚守中，或许就能找到艺术价值和市场的共通点。

三、做文化交流的使者，让优秀原创童书走向海外

丰富多彩的儿童读物是中国家长们希望送给孩子的最好礼物。根据第九次全国国民阅读调查，我国未成年人课外书阅读量近年来不断上升，从事少儿读物出版业务的出版社也达到空前的 520 余家。据开卷图书市场调查显示，2011 年全国书店图书零售市场整体码洋规模同比增长 5.95%，而少儿图书的增幅远超平均值，达到 11.60%，是销售增速最快的板块，成为拉动图书市场上行的主力军。在市场繁荣的背后，少儿类图书仍有不少隐忧。主要是我国儿童文学内容同质化、跟风出版现象严重，原创动力不足等问题日益凸显。中国目前已成为儿童文学出版大国，拥有 3 亿多青少年阅读群体，但孩子们的阅读选择仍以"老面孔"居多，在本土原创作品中，还没有出现《哈利·波特》一样具有全球影响力的少儿读物。大型书店的儿童图书专区，推荐图书榜上摆放的大多为进口图书，本土原创少儿图书只占少数，且多为再版图书，真正的原创新书寥寥无几。现在原创儿童文学作品出版市场风险较大，出版社更倾向于直接引进当代国外儿童文学畅销书，或对已有的畅销儿童文学经典进行重组。市场上常常会出现"世界童话故事大全""××作家短篇童话精选"等字样的重组出版图书，这导致大量童书内容同质化，孩子们常常感到"新书不新"。

童书是对外文化交流的重要产品，关键是我们怎么拿自己的原创童书作品"走出去"，感到翻译人才十分重要。2012 年莫言获诺贝尔文学奖，担当莫言作品翻译的译作家们功不可没。文学是门语言艺术，如果翻译者的水平低，自然难体现出原作的水准。亚洲很少有作家获得诺贝尔文学奖，其中一个原因就是作家用的不是英、法等语言，作家的作品需要经过翻译才能被其他国家的人阅读。莫言的大多数作品都由美国著名翻译家葛浩文先生所译，其精准程度令人信服。而翻译的好坏直接决定着外国评委对作家的判断。在如今的英、法主流阅读市场上，莫言作品的翻译读物无疑是中国作家中最多的，也是最精准的。

四、注重内容与形式的完美结合，以超越 读者的期待满足读者的需求

给孩子看的童书要让孩子喜欢，符合孩子的年龄特点，注重内容与形式的完美结合，吸引孩子兴趣和注意力。儿童处于迅速生长发育阶段，除了体格方面不断增长外，心理发展也很快，性格也逐步形成，但易受各种因素的影响。根据过去多年从事少儿读物出版的经验，我一直强调一定要切实了解我们的服务对象。当今世界变化很大，中国也在变化，变化很大！互联网时代已经到来（我国已有5.6亿网民），网络已成为当代人特别是青少年生活的一部分，改变了传统的生活方式，所以，为少儿出书，就要了解少儿的心理特点。目前已经进入向数字出版转型的时代，出版形式也在发生变化，童书要适应这些变化，探索新的出版形式。

第一，设计形式的优美。

孩子看书首先看的是形式设计优美，少儿出版不得不从设计上下大功夫。例如，浙江少年儿童出版社2012年4月出版的中国原创绘本精品系列丛书之一《穿墙术》（董小明画，熊亮文），被评为2012"中国最美的书"，这是此次评选中唯一入选的少儿类图书。这个故事改编自《聊斋志异》的《崂山道士》。本书将视觉、文字、节奏、声音、空间结合在一起来思考，通过翻页阅读，引导出读者自己的想象。画中人的每一个表情和动作，直到进入他们的思想、肢体、口舌中，每一句话都要像正从他们口中发出，每一个动作都要描写得正在发生。一切以突出人物的活动为要点，让读者看书的时候，故事能在头脑中播放。

第二，跨界出版，拓展产业链。

2012年，中国少儿新闻出版总社和中国少年儿童出版社推出的"植物大战僵尸"系列图书引燃了跨界出版风。"植物大战僵尸"系列图书出版仅8个月，销售量就突破了500万册。与以往简单地将网络游戏出版为攻略读物不同，这套读物开创性地邀请了著名儿童文学作家如高洪波、金波、白冰、葛冰、刘丙钧等对"植物大战僵尸"系列图书改编，将游戏转换为故

事书，使孩子完成从指尖游戏到心灵阅读的飞跃，开创了网游故事书这一出版新类型，引领了少儿出版的跨界出版、联合出版风潮。

第三，少儿出版进军数字出版。

2012 年，在实体书店受到多重冲击的情况下，少儿出版积极寻求对策，加大对二三线城市销售开发力度，选择重点地区设立分支机构，成立网络销售部，拓宽销售渠道。市场占有率曾一度达到 8.94% 的浙江少年儿童出版社，在 2012 年创下历史新高，在总体图书市场所有出版社排名中名列第五，为少儿出版迄今为止在总体图书市场中的最佳表现。2012 年被确定为"中国少儿数字出版发展年"，专业少儿出版社纷纷探索进军数字出版。二十一世纪出版社首款网络游戏"魔法仙踪"于年终岁尾上线，实现了纸世界与屏媒体的亲密接触以及线上与线下的多媒体互动，也拉长了作品的价值链。安徽少年儿童出版社集发布、销售、互动功能于一体的优乐阅读平台运营良好。

网络出版有正面的意义，但也不可否认其负面的影响。在当今社会已经进入知识经济的时代，大众传媒的快速发展，一方面丰富了人们的生活，方便了人们的工作，加快了整个社会现代化的进程；另一方面，正像太阳既有阳光又有阴影一样，它也带来了一系列的社会消极问题，通过大众媒体所传播的一些不良信息，如色情、暴力及对社会阴暗面的过分渲露，等等，发酵速度十分惊人，正日益吞噬着正在成长中的青少年的灵魂，严重影响了他们的身心健康，使得一部分青少年走上了违法犯罪道路。我们的童书要关注这一现实问题，要通过网络生发正能量，探索通过网络让孩子既接受正面教育又自觉抵制和批判不良信息的侵扰，最终达到我们的下一代形成正确价值观的目的，使新一代少年儿童有思想、有学养，提升人生境界，追求高远的精神境界。

总之，图书出版最大的意义在于：我们关注的是一代代生命的人格模样，我们在乎的是一个国家的集体目光，我们响应的是民族复兴的伟大渴望！

最后，希望"华东六少"① 继续抱团发展，品牌制胜，共赢天下！

---

① 见本卷第 510 页注①。

于友先
出版工作选集 下

于友先｜著

人民出版社

下

出版建设与发展

一、出版职业道德建设

紧密结合新闻出版工作实际，
深入开展反腐败斗争*

反腐败斗争是一项长期的战略任务，中央的态度非常坚决，人民群众也给予了很高的期望。在新闻出版系统纪检监察战线工作的同志，一定要从事关党和国家生死存亡的高度来认识加强反腐倡廉工作的紧迫性和严峻性。党中央 1993 年做出加大反腐败斗争力度的重大决策以后，每年对党风廉政建设和反腐败工作，通过中央纪委向全党做出部署，国务院每年召开反腐败工作会议，部署工作，提出要求。几年来，新闻出版署和地方新闻出版部门及其各级纪检监察机关，坚持党中央确定的反腐败指导思想、基本原则、领导体制和工作格局，坚持标本兼治、综合治理，党风廉政建设和反腐败斗争保持了健康发展的好势头，各项工作取得了阶段性成果，有些方面成就明显，并积累了一些新鲜经验，这极大地促进了新闻出版业的健康繁荣发展。在这里，我就如何紧密结合新闻出版行业的实际，有针对性地开展反腐倡廉工作的问题讲几点意见。

一、要充分认识和把握新闻出版行业受两种
规律、两种改革制约的影响和特点

毛泽东同志在《改造我们的学习》中曾要求全党同志真正掌握"有的

---

* 这是于友先同志 1998 年 4 月在全国新闻出版系统第四次纪检监察工作会议上讲话的主要内容。

放矢"的思想方法和工作方法。研究行业特点，有针对性地改进和开展工作，正是毛主席所倡导的"有的放矢"的思想方法和工作方法。在今年的全国新闻出版局长会议上，我曾经讲过，新闻出版工作既要遵循精神生产规律，又要遵循物质生产规律；出版体制改革既要受政治体制改革的制约又要受经济体制改革的制约，推进和深化出版体制改革，必须同时兼顾两种规律和两种改革。新闻出版事业的改革与发展同时受两种规律和两种改革的影响和制约，这是一个很大的行业特点。只有把握准了这个行业特点，新闻出版系统的反腐倡廉工作才能提高针对性和有效性，才能把中央提出的反腐倡廉任务真正落到实处。

新闻出版行业是党的意识形态的重要组成部分，为了在改革与发展的转型时期保证党和国家对社会基本舆论的总体把握，根据我国的实际，党和国家确定了对各种大众传媒实行国家垄断经营的基本制度。这就是《出版管理条例》《印刷业管理条例》和《音像制品管理条例》所确定的审批制。正是因为我们现在实行的是审批制，因此，在新闻出版管理体制中表现为权力比较集中，而且审批的事项也非常繁多；在新闻出版行业的运行机制中，则相应地表现为垄断经营的特点。

现在需要各级新闻出版管理机关审批的经营许可有几十项之多。从事物的本质上讲，目前保持这样的审批特许，是保持改革、发展、稳定的政治局面的根本要求。党的十五大报告明确要求新闻出版工作要"加强管理"，其出发点正在于此。正确地、大胆地行使审批权，是新闻出版管理部门加强管理的题中应有之义。在目前的情况下，只能加强，不能削弱和放松，也就是说，在目前政府机构改革、转换职能的形势下，新闻出版管理不存在简政放权的问题，中央也没有提出这样的要求。新闻出版管理工作从某种意义上讲是一种手工活，因为属于专题报批范围的图书和文章要一本一本、一篇一篇地审读，音像节目也要一个一个地审看和审听，一目十行、浏览式的审读是发现不了问题的。权力是和责任紧密联系在一起的。上面讲的是要认真对待和正确行使我们手中所掌握的权力。

由于任何事物都是正反两方面的影响同时存在，因此，当我们在认识到必须为党和人民正确行使权力的时候，也必须时刻警惕手中权力异化的问题。在今天的各种管理部门中，像新闻出版管理部门这样握有许多审批权力的已经不很多了。在市场经济条件下，审批权从一定意义上讲就是审批"钱"。创办一个出版单位，批准一个选题，在市场上就是反映为一种经营许可，是与经济利益紧密联系着的。握有审批权的人实际上已经成为市场经营者的"众矢之的"。与许多行业不同的是新闻出版行业目前还基本上不能由市场对资源起基本的配置作用，因而，审批权就成为市场准入最基本也是唯一的通行证。权钱交易就成为我们这个行业反腐败斗争所面临的一个非常突出的特点。正确行使权力，当然需要权力的掌握者不断提高思想觉悟，增强自我约束力，但由于权力不受制约必然造成腐败，因此，对于新闻出版管理部门来讲，确保反腐败斗争的深入开展，必须把建立有效的制约监督机制放在十分重要的位置，甚至可以说是要放在最突出、最重要的位置上来予以考虑。监督的形式有多种多样，我认为，就我们这个行业的特点而言，目前的岗位轮换制度是非常行之有效的。对那些掌握重要审批权的岗位，必须建立岗位轮换制度，这是真正的爱护干部和保护干部。我们千万不要认为有的干部在一个岗位上很得力，用起来很顺手就舍不得轮换。轮换制度是对事不对人的，最主要的是要建立一种对权力运行的监督制约机制。

从新闻出版行业的运行机制上讲，国家垄断经营的特点也是十分明显的。目前的垄断经营由于符合对社会基本舆论进行总体把握的要求，因此有着相当的历史合理性。但也正是由于垄断经营，新闻出版的经营特许实际上就变成了一种类似于有价证券的东西。大家都知道，中国标准书号、全国统一刊号、中国标准录制号原不过是一种只有使用价值而基本上无价值的数码编列序号，但在市场上确实能够明码标价进行出售，原因就在于这些序号代表的是国家赋予的专有经营权。我们的报社、出版社、期刊社的总编辑都是享受着国家垄断权的经营者，与其他许多行业的经营者不同的是，他们在一定程度上是凭借专有权参与经营活动和市场竞争的。随着社会主义市场经济体制的逐步建立，在今天的市场上，经营者如果要进行权钱交易，已经不像过去那么直截了当，需要通过一定的变通形式，这是因为自身还拥有垄断权的经营者已经不多了。如果说经营者还有权钱交易机会的话，新闻出版行业是比较突出的。

上面所谈到的这些问题，都是与两种规律和两种改革的影响和制约紧密联系在一起的。纪检监察部门的同志们要充分认识到这个特点，深入研究在两种规律和两种改革的影响和制约下，新闻出版行业反腐倡廉工作的特点，从中得出规律性的认识，指导我们更有针对性地开展工作。

二、要特别注意腐败问题"内外勾结" "体外循环"的行业特点

正是由于新闻出版管理部门握有较多的审批权，经营单位拥有较大的垄断权，因此，新闻出版系统的腐败问题比较多地表现出"内外勾结""体外循环"的特点。我们这些年查处了大量书、刊、音像及电子出版单位出版有严重政治问题或淫秽色情出版物的问题，除了一部分属于不法分子假冒出版单位名称进行非法出版活动外，一个重要的特点就是"买卖书号、刊号、版号"。不进行"内外勾结"，出版权的转让就不可能实现；不进行"体外循环"，出版利润、印刷利润和发行利润就不可能转移出去。近年来，在全国查处比较大的案子，如《脑筋急转弯》《乱世鸳鸯梦》《大兵营挽歌》等都是由此而出笼的。"内外勾结""体外循环"表面上是一种出版活动，实际上是权钱交易。只要稍稍认真查一下，就有行贿受贿和不正当经营行为在内。

党的十四大以来，在推动新闻出版业实现"阶段性转移"① 的过程中，新闻出版署和各地新闻出版局制订了一系列宏观管理制度，建立了行之有效的调控机制，其中相当一部分就是针对"内外勾结"和"体外循环"的。应该说，通过加强管理，问题有了一定的改观，"买卖书号、刊号、版号"的活动不再像过去那样猖獗、那样明目张胆了，但我们对情况也不要做太乐

---

① 新闻出版业的阶段性转移包括三个方面：①从发展阶段来说，新闻出版业从实际存在的以规模数量的增长为主要特征的阶段向以优质高效为主要特征的阶段转移；②从管理手段的角度来说，新闻出版业从具体的行政管理为主转向宏观的依法行政为主；③从体制改革的角度来说，新闻出版业从传统的事业管理为主转向产业管理为主，并进一步探索建立现代企业制度。这三个转移的中心，是新闻出版业从规模数量的增长向优质高效的转移。

观的估计。现在，认为只要出版物的内容不出问题，"买卖书号、刊号、版号"就查不出来的想法，在出版单位的老总们那里还是有一定市场的。当然，怕内容出问题牵出买卖出版权问题，也起码是有一种约束了，这相对于过去那种肆无忌惮来也算一种进步吧。但是，只要"买卖书号、刊号、版号"的活动存在，新闻出版工作的隐患就难以消除，一个号卖出去，就如同自己埋下一颗定时炸弹，什么时候爆炸，破坏到何种程度，谁也说不准。书商是些什么人？大部分都是些唯利是图的人。如果谁天真地以为他们会履行与出版单位签定的那些根本拿不到桌面上来的合同，早晚要吃亏上当。这些年的教训难道还少吗？各级管理部门和纪检监察部门绝不能仅仅满足没有在内容上出问题就对"买卖书号、刊号、版号"的活动熟视无睹。要加大管理力度，加强调查研究，对于"买卖书号、刊号、版号"活动的新情况、新特点有所掌握，并采取积极的防范措施，坚决制止这种行业不正之风。

三、要坚决反对"部门保护主义" 和"地方保护主义"

近年来，在查处新闻出版系统的违纪违法案件的时候，常常遇到"部门保护主义"和"地方保护主义"的干扰。有的时候，新闻出版署通知某部门、某省市所辖出版单位的出版物出了问题，管理部门的人明知其中有"内外勾结"的嫌疑，但为了保护自己所属出版单位过关，便偏听偏信或有意将出版物认定为非法出版物。可能一些同志认为反正那书商一时半会儿也找不到，即使找到了也无可对证。有的地方，出了这样那样的问题，本应该按规定向上级主管部门报告而不报告，采取自己处理、私下了结的办法，实际上是捂住盖子。这些都是"部门保护主义"和"地方保护主义"在作祟。这种做法对党、对人民的事业是极为有害的。对犯错误的人和事采取保护主义的态度，会滋长部分人的侥幸心理，他今天过了关，明天又说不定给你生出什么乱子来。希望各级领导同志从党和国家工作大局出发，从新闻出版系统反腐败斗争的实际出发，上下一心，目标一致，防止和克服部门和地方保护主义，坚决查处腐败行为，遏制行业不正之风，为完成党和人民交与的任务而努力工作。

四、要有好的精神状态，切实履行监督职能

今年，或者说相当长一段时间，我们新闻出版战线总的任务就是全面学习宣传、贯彻落实党的十五大精神。对我们纪检监察机关来讲，同时还要认真贯彻落实好十五届中纪委二次全会和国务院第六次反腐败工作会议精神。

党的十五大之后，江泽民同志在两个方面多次强调，希望我们更好地学习落实。

一是要改进工作方法，提高领导水平。最近江泽民同志又讲了领导方法的十六个字："集体领导、民主集中、个别酝酿、会议决定"。一个班子就是要发挥集体领导的作用，不能个人说了算，要认真贯彻民主集中制原则，大事一定要集体研究决定；有些事情要事先酝酿好，再提交会议决定。讲究方式方法，可以避免片面性和简单化，防止负面作用。我们纪检监察机关有责任监督你所在的党组织是否贯彻了这个原则，因为纪检监察部门有对同级党组织监督的职能。最近署党组召开民主生活会，其中重要的一个内容就是落实民主集中制的情况。我们纪检监察部门要注意抓好这个问题的落实。

二是要有一个好的精神状态。这一点在当前对我们党员干部非常重要，纪检监察干部更应如此。纪检监察干部工作任务很重、很艰苦，也容易得罪人，但我们得罪的毕竟是少数人，大多数人是满意的、是高兴的。我们纪检监察工作，虽然容易得罪人，但该得罪的，必须得罪，纪检监察干部要有这种精神，这是党的事业的需要。所以说，我们纪检监察干部要有好的精神状态，出版战线要有好的精神状态。好的精神状态是什么，各个部门都可以总结。但我觉得，好的精神状态最起码的就是要解放思想、实事求是，坚持党的思想路线原则；特别在当前改革开放新的历史时期，没有这样一个好的精神状态是不行的。好的精神状态就是要勤奋学习，扎实工作，把精力放在勤奋学习上。我们正处在新的历史时期，该学要学的东西非常多。我对署机关全体干部讲，新闻出版工作者如果不了解高新技术已在新闻出版这个领域里充分广泛运用的情况，那就失掉了在新闻出版管理部门工作的资格，因为你

不了解，就无法去管理。所以，从去年开始，我们就请专家名人搞业务讲座，让我们的干部不断地学习新知识、掌握新本领。江泽民同志多次强调，干部要加强学习，不仅要学习理论，用邓小平理论武装自己，而且要学习现代科学知识、学高新技术、学历史、学文学、学经贸。要刻苦地学，要扎实地学。好的精神状态就是要廉洁奉公、恪尽职守。作为新闻出版界，既要坚持正确的舆论导向，又要开拓进取。总而言之，就是要把心思和精力用到工作上，要为老百姓办实事、办好事，全心全意为人民服务。有了这样一个好的精神状态，才能把工作做扎实。希望大家能够相互支持，共同把工作做好。这次我向中央领导同志汇报新闻出版工作的情况时，中央领导同志讲，支持你们的工作，你们要大胆工作。这使我们受到了很大鼓舞，中央领导同志对我们的工作这么重视、这么信任，我们一定要更紧密团结在党中央周围，高举邓小平理论的伟大旗帜，解放思想、实事求是，抓住机遇、开拓进取，勤奋学习、廉洁奉公，心系人民、服务大局，坚韧不拔、奋发图强，恪尽职守、扎实工作，更好地完成党和人民交给我们的任务，让领导放心、让中央放心、让人民满意。

遵守职业道德是新闻出版
行业本身特点的必然要求 *

中国出版工作者协会（简称中国版协）第一个《中国出版工作者职业道德准则》（以下简称《准则》）是 1995 年 1 月制定的。1996 年 10 月，党的十四届六中全会通过《中共中央关于加强社会主义精神文明建设若干重要问题的决议》以后，中国版协根据中宣部、新闻出版署的要求，对《准则》做了修订，并于 1997 年 1 月 28 日再次公布施行。那次修订扩大了《准则》的适用范围，涵盖了出版全行业的工作人员。《准则》的内容更加具体，特别是明确提出要树立精品意识，多出好作品、不出坏作品；不得"买卖书号、刊号、版号"；要求各个出版环节把好质量关，反对粗制滥造……。1998 年 5—6 月份，由卢玉忆同志带队，曾专门到广东、浙江、河北和北京等地，召开有 18 个省市版协负责同志及有关出版、印刷、发行单位代表参加的座谈会，检查和交流职业道德建设状况，有些省新闻出版局的负责同志也参加了会议。新闻出版署专门转发了版协关于职业道德教育的检查报告。现在 3 年过去了，从大家的发言中感到，许多省市对这项工作一直是很重视的，有制度、有措施、有专人负责，这几年做了很多工作，取得了阶段性成果。比如：配合政府主管部门制止"买卖书号、刊号、版号"，抓图书质量检查，开展评优评奖，树立先进典型等。在这些工作中，都贯穿着职业道德教育的内容，对已取得的成绩必须充分肯定。但是我们也应该看到，一些深层次的问题并没有解决。比如：变相"买卖书号、刊号、版号"屡禁不止，

---

　* 　这是于友先同志 2001 年 5 月 24 日在部分省市职业道德教育座谈会上的讲话。

这两年有些出版单位因严重违规受到查处，甚至被撤销社号，说明"买卖书号"这个问题仍然是"隐形杀手"；有些印刷厂不管三令五申，仍在搞非法印刷。再如：在发行中有的收受回扣，等等，在出版界反应强烈，这是在市场经济体制中不遵守职业道德的表现，这已经不是个人的问题了。因此，对职业道德教育的成果既要充分肯定，又不能估计过高，还需要我们坚持不懈地努力。

在新世纪开局之年，江泽民同志提出"以德治国"与"依法治国"相结合的重要思想。这是在我国社会经济步入新的发展时期提出的重要治国方略，是在深刻总结国内外治国经验的基础上做出的科学论断。"以德治国"就是要以马列主义、毛泽东思想、邓小平理论为指导，建立适应社会主义市场经济发展的、与社会主义法律体系相配套的社会主义思想道德体系。坚持"以德治国"方略，是一项系统工程，它和从严治党、加强德治教育、开展精神文明创建活动和制定规章民约等工作紧密联系、互相促进。进一步推动职业道德教育是"以德治国"的一个重要方面。结合社会团体的实际，对于职业道德教育，我想提出几点看法，供大家研究。

第一，遵守职业道德是新闻出版行业本身特点的必然要求。新闻出版工作具有强烈的意识形态特点，不管体制改革怎么变化，党对意识形态的领导权不能变，马克思主义的指导地位不能变。新闻出版工作从根本上讲是一项教育工作，世界上不管哪个国家，不管其政治制度如何，都直接间接地牢牢抓住新闻出版工作不放，因为它是影响人们思想的工具、是凝聚人心的工具。毛泽东同志早就讲过，夺取政权和巩固政权要靠两杆子，就是要靠枪杆子和笔杆子。江泽民同志讲过，舆论导向正确，是党和人民之福；舆论导向错误，是党和人民之祸。可见新闻出版工作的重要性。联系我们的新闻出版工作实际，如果从业人员不讲职业道德，把一己私利凌驾于党和人民的根本利益之上，把党和人民赋予我们的神圣权利拱手让给别人，使别有用心的人利用舆论阵地散布错误观点，就会产生严重后果。这几年被查处的一些新闻、出版单位因"买卖书号、刊号、版号"或出卖报纸版面，造成极为严重的后果，就是一个深刻的教训。因此，从事新闻、出版这一行的人员，恪守职业道德，严格执行党的方针政策和各项规章制度，坚持社会效益第一，增强政治责任感，就是必然的要求，违反这一条，就没有从事这一行业的资格。

第二，加强职业道德教育要有制度化的要求。职业道德教育要"虚功实做"，光有号召不行，一定要有制度，要有具体的考核指标。一些省市在这方面都有一些制度和实施细则，要联系这几年的实践不断加以完善，使制度和细则真正能用得上、管得住。职业道德教育必须有专人负责，经常抓、反复抓、抓反复，不能把制度贴在墙上就算完事。

第三，抓职业道德建设要以正面教育为主，树立先进典型，使群众能看到身边的榜样。通过每年的评优评奖工作，总结先进人物在职业道德方面的事迹，是一项比较有效的办法。中国版协在各项评优评奖条件中都有明确规定，如果在职业道德方面有违规违纪行为，就没资格参评，实际上已实行了"一票否决"制度。希望各地在评选活动中也要严格掌握这一条，一定要使评选出来的先进人物在职业道德上是过硬的。建议各地版协结合表彰先进人物，举行报告会、座谈会，宣传先进人物模范遵守职业道德的事迹，树立学习的榜样。

第四，抓职业道德建设，必须紧紧依靠党委领导，和党风廉政建设结合起来。在职业道德建设中，党员干部的表率作用尤为重要。党风不正，民风难扶。要在广大职工中弘扬职业道德，党员干部特别是党员领导干部率先垂范作用很重要，领导干部一定要带头做好。职业道德教育要摆到党委议事日程上，认真加以落实。

第五，"以德治国"和"依法治国"是相辅相成的。道德的人格力量具有感召力和信服力，社会成员的道德素养是执法公正的精神条件和品质保证。因此，"德治"和"法治"是治理国家不可分割的两种手段。进行职业道德教育，做好思想教育固然重要，但光讲大道理不行，还得"言出法随"，有法治手段，使职工明白什么事可以做，什么事不可以做，有一个明确的法制观念。在当前的职业道德教育中，抓住遵纪守法是重要的突破口，比如："买卖书号"，到底还有没有？利用约稿以权谋私，或在经营活动中有没有收取回扣？这些明显的违规违法活动要认真查一查，总能说出个一二三来。这次会议以后，建议有条件的省市，能够对职业道德状况进行一次检查，总结经验，发扬成绩，对目前存在的突出问题，能提出一些具体的解决办法。有些问题一时一地不好解决的，可以反映上来，报请上级主管部门研究解决。出版协会的职责，就是在党和政府与出版工作者中间发挥桥梁、纽带作用，我们有责任向主管部门反映情况，建言献策。出版协会本身没有管理职能，我们的任务是围绕中心，服务大局。出版协会的重大活动，包括职业道德教育如何做，都要在当地党政领导部门领导下进行。希望同志们回去以后向局党委汇报一下，按党委的统一部署做好工作。

诚实守信是职业道德的基础[*]

中国出版工作者协会在调查研究和多方征求意见的基础上，正在着手修订《中国出版工作者职业道德准则》，经新闻出版总署批准后，可望在今年适当时候公布。

职业道德的核心要求是什么？我的理解是，坚定正确的政治方向是职业道德的灵魂；诚信为本、操守为重，是职业道德的基础。离开这两个基本点，职业道德就是无源之水、无本之木。本文着重探讨一下诚信为本的问题。

首先，诚信是一种人格力量。诚实守信是中华民族的传统美德，古代先哲对此有许多精辟的论述。孔子曾说："人而无信，不知其可也。大车无輗，小车无軏，其何以行之哉？"① 北宋哲学家程颐说："人无忠信，不可立于世。"诚信是一个人的立身之本、创业之基。诚信更是社会主义道德规范的本质体现，在《公民道德建设实施纲要》二十字要求中，明确提出了"明礼诚信"是公民基本道德规范之一。作为一个合格公民，诚实守信是最重要的一种道德修养、最基本的行为规范，是人们在社会生活中必须遵守的准则。如果失去诚信，人与人之间只剩下尔虞我诈的关系，整个社会生产关系和生产力将趋于解体，生活质量将严重下降，社会秩序将遭到破坏。为了防止诚信异化和信用滑坡，上海已开始建立"诚信档案"。据《文汇报》2002年3月9日报道，个人信用查询已成为信贷消费不可缺少的环节，今年，上海企业、大学生信贷信用都将纳入其中。如果你有"不良记录"，向

＊ 此篇原载《中国新闻出版报》2002年6月19日。

① 出自《论语·为政》。

银行申请贷款将遭到拒绝。将诚信作为一种制度，这无疑是一种社会进步。

其次，诚信是建立市场经济秩序的必要条件。马克思在《资本论》中指出，竞争和信用是资本集中的两个最强有力的杠杆。而诚信正是信用制度的基础，是社会经济良性循环的条件。我国加入 WTO 以后，恪守法律和契约、诚实守信，是参与国际竞争的必要条件。诚信度越高，产品越精良，竞争力就越强，这是亘古不移的市场法则。不然的话，谁肯与一个不讲诚信的伙伴发展贸易关系呢？

再次，诚信是新闻出版业特性所要求的道德规范。新闻出版业以传承精神文明为己任，从本质上讲，是一项教育事业。新闻出版从业人员是人类灵魂的工程师，担负着引导人、教育人、鼓舞人、塑造人的责任。如果从业者本身没有诚信，他所传播的、制造的精神产品是假冒伪劣产品，是谎言和谬误，必然危害社会、毒害人民，最终被读者所抛弃。应该指出，我国的新闻出版队伍是一支素质较高的队伍，新闻出版业的健康、繁荣、发展充分证明了这一点。但毋庸讳言，在新闻出版业中也存在着一些亟待解决的问题，诸如有偿新闻、虚假报道，"买卖书号、刊号、版号"，有些出版物质量低劣，侵权盗版，以及违规印刷、复制，违规经营，等等。尽管违法违规的情况各有不同，但他们首先违反了职业道德是肯定无疑的，有些从业人员缺少诚信，是产生这些问题的重要原因。要确保新世纪新闻出版业的健康、繁荣、发展，抓住诚信教育、恪守职业道德，是干部教育和行业自律的迫切任务，哪个单位抓好这一条，它在竞争中就能占据有利地位。

党和政府历来非常重视思想道德教育。江泽民总书记在庆祝中国共产党建党 80 周年的重要讲话中提出，"要把依法治国和以德治国紧密结合起来"。朱镕基总理在 2002 年第九届全国人民代表大会第五次会议的政府工作报告中强调指出："切实加强社会信用建设，逐步在全社会形成诚信为本、操守为重的良好风尚。加快建立企业、中介机构和个人的信用档案，使有不良行为记录者付出代价，名誉扫地，直至绳之以法。"他还要求"充分发挥行业协会和中介机构的作用，改革和完善其自律机制，重视广大群众和新闻媒体的监督作用"。我们要认真学习、坚决贯彻党中央、国务院领导同志的重要指示精神，加紧做好职业道德建设工作。

站在高的起点上实现跨越式发展[*]

——沃尔玛对中国书业连锁经营的启示

近期随着我国出版业改革的深入和分销市场的开放，我国许多发行公司和书店纷纷提出要向沃尔玛学习，开展连锁经营。这是一个十分可喜的趋向。连锁经营被认为是 20 世纪流通领域的一大革命，尤其是沃尔玛在连锁经营方面积累了一流的成功经验。我国书业连锁在起步阶段就向沃尔玛学习，可以避免弯路，从而获得快速或"跨越式"发展。

任何企业的成功都包含着丰富而复杂的因素，如企业领袖的基本素质、企业的经营理念、内部管理方式、发展战略和经营措施、员工的构成状况、科学技术的运用、企业文化、当地的产业政策、所处的地理环境和时代条件等等，而且这些因素不是孤立的，而是相互交织在一起，从不同方面、在不同程度上共同制约和影响着企业的生存与发展。沃尔玛的成功也是如此。另一方面，要学习沃尔玛不可能全盘照搬而必须有所侧重，同时要结合自己的实际而有针对性。所以首先我们不能不提出这样一个问题：向沃尔玛学习什么？

沃尔玛快速发展与成功的经验

沃尔玛创办于 1962 年。1969 年成立沃尔玛百货有限公司。1970 年在阿肯色州的本顿维尔镇成立了公司总部和第一家配送中心，1972 年沃尔玛公司股

---

　　*　此篇原载《中国少儿出版》2003 年第 1 期。

票获准在纽约证券交易所上市。1983年在俄克拉何马州的中西部市开设了第一家山姆会员商店。1990年成为美国第一大零售商。1991年沃尔玛商店在墨西哥城开业，沃尔玛开始进入海外市场。2000年在《财富》杂志的"全球最受尊敬的公司"中沃尔玛排名第5位。2001年在《财富》杂志"全美最受尊敬的公司"中沃尔玛排名第3位。到2002年7月，沃尔玛已经将业务拓展到美国、墨西哥、巴西、阿根廷、德国、波多黎各、英国、韩国、加拿大和中国10个国家，拥有4500多家连锁店，员工总数超过130万，销售收入2002年达到2198.1亿美元。仅仅40年间沃尔玛就迅速成长为全球最大的商业零售企业，积累了丰富的成功经验，值得我们好好研究。

（一）"天天平价，始终如一"的市场定位

早在沃尔玛连锁店创办之前，创始人山姆·沃尔顿经营的就是一家廉价商店，店名叫"5—10美分"。这种针对大众消费者的廉价定位，影响和决定了沃尔玛以后40多年的发展。山姆·沃尔顿认为，任何零售商的存在正是为了向顾客提供价值，这不仅意味着要为顾客尽可能地提供优质的商品和服务，同时也意味着尽可能地为顾客省钱。因此他为沃尔玛制定的经营宗旨是"天天平价，始终如一"。他说："不仅一种或若干种商品低价销售，而是所有商品都以最低价格销售；不仅是在一地或一些地区低价销售，而是在所有地区都以最低价销售。"

为了实现"天天平价"，沃尔玛从各个方面千方百计节约开支。美国大公司一般都拥有豪华的办公楼，但沃尔玛的总部一直设在偏僻小镇的平房中。在沃尔玛各级管理人员的办公室里看不到昂贵的办公用品、家具和地毯，也没有豪华的装饰；沃尔玛经常鼓励员工尽力为节约开支出谋献策，并不断奖励和提拔那些在损耗控制、货品陈列和商品促销方面有创意的员工；在美国，很少有两个美国男人出差时住一套房间，但沃尔玛的管理人员却经常如此；作为美国第一富豪，山姆·沃尔顿过着普通人简朴的生活，经常穿着自己商店出售的廉价服装，开着一辆破旧不堪的小吨位货车上下班，车后还安装着关猎犬的笼子，戴着一个折旧的棒球帽，一副十足的"乡巴佬"形象。对这一切，山姆·沃尔顿解释说："每节省一块钱，我们就在竞争中前进一步——而这种进步正是我们梦寐以求的。"

（二）"统一采购，统一配送"的物流模式

"统一采购，统一配送"的物流模式是沃尔玛连锁经营的一个基本特征。店铺销售的所有商品，除了部分生鲜食品考虑到保鲜的要求，由店铺在附近自行采购外，全部由采购部门统一采购，物流部门统一配送。到20世纪80年代末期，沃尔玛配送中心的运行完全实现了自动化。每个配送中心约10万平方米面积。每种商品都有条码，由十几千米长的传送带传送商品，由激光扫描器和电脑追踪每件商品的储存位置及运送情况。到90年代，整个公司销售8万种商品，85%由这些配送中心供应。沃尔玛前任总裁兼首席执行官大卫·格拉斯曾说："配送设施是沃尔玛成功的关键之一，如果说我们比别人干得好的话，那就是配送中心。"

由于与生产厂家直接挂钩，大量集中采购、配送，不仅减少了中间环节，降低了进货成本，而且防止假冒伪劣，保证了商品质量。另一方面，生产厂家面对如此大批量而长期的订货客户，愿意在价格上给予优惠。这也为沃尔玛实现"天天平价"的经营理念创造了条件。因此，沃尔玛购物广场销售的商品比别的商家的同类商品一般要便宜10%左右。山姆会员店由于实行仓储式销售，价格比购物广场还低5%左右，大大增强了沃尔玛的竞争力。

（三）现代化高科技信息系统

沃尔玛拥有世界一流的先进技术，建立了专门的电脑管理系统、卫星通讯系统和电视调度系统。沃尔玛总部有一台高速电脑，同各个配送中心和商店连接。通过商店付款柜台扫描器售出的每一件商品，都会自动计入电脑，当某一货物减少到某一数量时，就会发出信号，使商店及时向总部要求进货。总部安排货源后，送往离商店最近的配送中心，再由配送中心的电脑安排发送时间和路线。在商店发出订单后48小时，所需的货品就会出现在货架上。这种管理方式，使公司既能迅速掌握销售情况，又能及时补充存货不足；既不积压存货，又不使商品断档，加速资金周转，大大降低资金成本的库存费用。1986年，沃尔玛斥资2400万美元发射了专用卫星，用于全球商店的信息传送与车辆的定位与联络。公司5500辆运输卡车全部装备了卫星定位系统。每辆车在什么位置，装载什么货物，目的地是什么地方，总部一

目了然，可以合理安排运量和路程，最大限度地发挥运输潜力，避免浪费，降低成本，提高效率。通过卫星，公司还同时可以与各个商店进行视频通话。这样，总部的会议情况和决策都可以通过卫星传送到各个商店，也可以进行新产品演示。这一先进的高科技信息系统构成了沃尔玛高效管理的基础。

（四）"三米微笑原则"

"三米微笑原则"是沃尔玛服务顾客的一个秘诀，它是由山姆·沃尔顿传下来的。每当山姆·沃尔顿巡店时，都会鼓励员工与他一起向顾客做出保证："……我希望你们能够保证，每当你在三米以内遇到一位顾客时，你会看着他的眼睛与他打招呼，同时询问你能为他做些什么。"他还具体要求员工："请对顾客露出你的八颗牙。"在他看来只有露出八颗牙的程度，才称得上是合格的"微笑服务"。他还教导员工："让我们以友善、热情对待顾客，就像在家中招待客人一样，让他们感觉到我们无时无刻不在关心他们的需要。"

（五）超越顾客期望的行为准则

"作为沃尔玛的员工，我们深知仅仅是感谢顾客光临我们的商场是远远不够的——我们期望竭尽全力、以各种细致入微的服务去表达我们的谢意！我们相信这将是吸引我们的顾客一次又一次光临我们的商场的关键之所在。""沃尔玛·中国"网站提供了一些这样的事例：塞拉冒着生命危险冲到汽车前勇救一个小男孩；菲力斯为一位在商场内突发心脏病的顾客采取了CPR急救措施；卓艾斯为让一位年轻妈妈相信我们的一套餐具是摔不破的，而将一个盘子扔到了地上；安妮特为让一位顾客能为自己的独生子买到称心的生日礼物而放弃了为自己儿子所买的电动骑兵玩具。山姆·沃尔顿曾说："让我们成为最友善的员工——向每一位光临我们商场的顾客奉献我们的微笑和帮助。为顾客提供更好的服务——超越顾客的期望。我们没有理由不这样做。我们的员工是如此的出色、细心周到，他们可以做到，他们可以比世界上任何一家零售公司做得更好。超越顾客的期望。如果你做到了，你的顾客将会一次又一次地光临你的商场。"因为"顾客满意是保证未来成功与成长的最好投资"。

此外，还有"薄利多销"、"一站式服务"、"沃尔玛欢呼"、"仓储式会员制"、"日落原则"、"保证满意"的退换政策以及统一店名、统一服饰、统一管理、统一宣传、统一服务、统一价格、统一核算，等等，也都是沃尔玛成功经验的重要组成部分。然而，如果我们把沃尔玛喻为一棵郁郁葱葱的大树，那么这些经验只是沃尔玛这棵大树上的几束青枝绿叶。根深才能叶茂。向沃尔玛学习，最重要的是要找到沃尔玛经验的"根"。只有将沃尔玛经验之"根"移植到我国书业领域，并加以精心培育，我国才能生长出书业连锁之树，进而形成茂盛的书业连锁之林。

以沃尔玛为借鉴，处理好三个层面的关系

沃尔玛之所以能取得成功，除了上述堪称典范的经营方式外，三种经营理念也是引领沃尔玛走向成功的关键。

（一）三项基本信仰引领沃尔玛走向成功

"沃尔玛·中国"网站上有句话值得我们特别玩味："正如第一家店那样，今天的沃尔玛依然为三项基本信仰所推动。虽然山姆先生已经离我们而去，但他的理念与哲学却将永远引领我们走向成功。"这三项基本信仰也是沃尔玛独特的经营理念、企业文化和核心竞争力，即"尊重个人""服务顾客"和"追求卓越"。这些看来十分简单普通的语句早已渗透到沃尔玛员工日常工作的方方面面；而对我们来说，正是沃尔玛根本经验之所在，蕴含着丰富而深刻的内容，值得我们高度重视。

"毋庸置疑，沃尔玛的成功是基于这样一种坚强的信念：让每一位员工实现个人的价值。"沃尔玛百货有限公司高级副主席唐·索德奎斯说："我们的员工不应只是被视作会用双手干活的工具，而更应该被视为一种丰富智慧的源泉。我们的同事创造非凡。"

沃尔玛尊重每位员工，二者之间不是等级森严的上下级关系而是利益共享的伙伴关系。沃尔玛实行"门户开放"政策，在开放式的气氛中鼓励员工多提问题、多关心公司，努力营造畅所欲言的文化环境。在沃尔玛，任何员工都可以直接向任何一位经理提出改进公司的建议，如果被采纳，将会得

到奖励。经理们被看作"公仆领导"，通过培训、表扬及建设性的反馈意见帮助新的员工认识、发掘自己的潜能。在职位晋升上，以业绩和实干为标准，从创始人山姆·沃尔顿开始，公司约三分之二的经理都是从小时工干起的。在物质待遇上，沃尔玛为全职员工和兼职员工同样提供医疗保障；兼职员工与全职员工一样也能享受诸如激励奖金、购买股票、购物折扣、带薪休假及24小时免费职业咨询热线等服务。在沃尔玛工作了20年的一位货车司机说，他1972年进入公司时，山姆在讲习班上告诉他们，如果你们在公司持续工作20年以上，你们将能领到10万美元以上的利润分享金。而这位司机在20年后拿到的红利是70.7万美元。另一位从1965年到1989年在公司工作了24年的普通售货员，当时在公司领的是最低工资，退休时也得到了20万美元利润分享金。山姆·沃尔顿曾解释说："如果我们把机会、鼓励和奖励给予那些平凡而普通的员工，以使他们尽最大努力，他们的成就绝对是无可限量的。"沃尔玛前总裁兼首席执行官大卫·格拉斯说得更明确："是我们的员工创造了沃尔玛的价值体系。"

走进任何一家沃尔玛商店你都会看到这样一条标语："1. 顾客永远是对的；2. 顾客如果有错误，请参看第一条。"山姆·沃尔顿对此这样解释："所有同事都是在为购买我们商品的顾客工作。事实上，顾客能够解雇我们公司的每一个人。他们只需到其他地方去花钱，就可做到这一点。衡量我们成功与否的重要的标准就是看我们让顾客——'我们的老板'满意的程度。"

正是基于这一理念，沃尔玛以顾客为中心，从各个方面设身处地为顾客着想、为顾客服务，并努力超越顾客对优质服务的期望。"大众阶层"的市场定位本身就是从顾客出发的；"天天平价""薄利多销"是为了让顾客能买到质优价廉的商品；"一站式服务"是指尽量提供齐全的商品，为顾客节约时间；"统一采购，统一配送"既为顾客保证了商品的质量，又可以为顾客节约开支；"保证满意"的退货政策使顾客能在沃尔玛放心购物；"仓储式会员制"有助于让利顾客；"三米微笑原则"是为了给顾客营造一个舒心、满意的购物环境。山姆·沃尔顿常说："我们成功的秘诀是什么？就是每天每个小时都希望超越顾客的需要。如果你想象自己是顾客，你会希望所有的事情都能够符合自己的要求——品种齐全、质量优异、商品价格低廉、服务热情友善、营业时间方便灵活、停车条件便利等等。"

美国商界有句名言:"零售业唯一的差别在于对待顾客的方式。"沃尔玛这种顾客至上、服务周全、超越顾客期望的理念和做法无疑是其成为世界零售业龙头老大的优势。

沃尔玛创建于20世纪60年代,成长于70、80年代,1990年成为美国第一大零售商。1991年,进入海外市场,从此不断开拓。近年来连续位居全球商业企业榜首。沃尔玛之所以获得今天的成功是源于其从不对公司现状自满。公司以沃尔玛(Walmart)的每个字母开头编了一套口号,内容是鼓励员工时刻争取第一。公司每次召开股东大会、区域经理会议和其他重要会议时以及每个商店每天开门营业前,都要高呼这些口号,并配有动作,以振奋精神,鼓舞士气。这也就是"沃尔玛欢呼"的原本含义;"日落原则"也是植根于"追求卓越"理念的一项基本内容,即要求员工有一种急切意识,对当天提出的问题必须在当天予以答复。而拥有世界上第一个私人通讯卫星系统、组建世界上最大的卫星定位运输体系等等,也都是沃尔玛不断"追求卓越"精神在科技运用中的表现。

在经营战略上,沃尔玛正在进行一项大胆的全球扩张,预计5年内将销售额翻番至4800亿美元。公司称,一部分的业绩成长将来自美国以外的市场,但更大的增长将来自美国本土的扩张和销售更多类别的产品。更大、更近是沃尔玛美国扩张计划的重心。预料未来5年内,分店的数量将增至5000家。提供最多项商品的1300家"超级中心",还会变得更大、更多。在超级中心之间,沃尔玛还设立小型的便利商店"邻近市场"(昵称"小沃尔玛")。公司52岁的首席执行官李·斯考特说:"简单地说,我们的长期策略就是广设分店。"此外,为降低成本,沃尔玛去年结束与外包采购伙伴的长期关系,从该公司挖走数百名员工,成立自己的采购中心,同时宣布每年从中国内地直接采购价值60亿美元的各类商品。沃尔玛计划今年把在中国内地的分店从目前的25家增加到40家。

(二)以沃尔玛为借鉴,实现三个关系的根本变革

"尊重个人""服务顾客"和"追求卓越",进一步看,沃尔玛这三个

基本理念表现了三个层面的关系，即公司与员工的关系、公司与顾客的关系和公司与自身的关系，而且这三个层面的关系是相互制约、相互促进的互动关系。员工是公司的主体，只有尊重员工，与员工建立利益共享的伙伴关系，才能最大限度地开掘员工的创造潜力，在各项工作中达到卓越的境界，从而为顾客提供超越期望的服务；顾客是公司的老板，全体员工只有以顾客为中心，从为顾客提供超越期望的服务中获得利润和发展，才能达到卓越的境界；卓越是公司追求的精神高度，只有永不满足，不断追求，才能尊重员工，才能为顾客提供超越期望的服务。所有这些不正是中国书业连锁首先应该学习的根本之所在吗？

中国书业，无论是发行公司，还是书店，像沃尔玛一样，都始终面临着如何处理公司与员工、公司与顾客、公司与自身三个层面的关系问题。而正是在这些问题上中国书业与沃尔玛存在着巨大的差距。在公司（包括出版者、书店等）与员工的关系上，我们在很大程度上是上下级的等级关系；在公司与顾客（我们习惯称为"读者"）的关系上，我们多半是宣传与被宣传的关系；在公司与其自身的关系上，大都处于"等"（指令）、"靠"（上级）、"要"（资金）的思想状态。当然，这是长期以来深受计划经济模式影响而积淀的结果。

如今，在党的十六大之后，我们要大力发展出版产业，为全面建设小康社会提供智力支持，就必须彻底消除计划经济的影响，实现三个关系的根本变革。只有像沃尔玛那样，以不断追求卓越的精神，让每一位员工充分实现个人的价值，为顾客提供超越期望的服务，中国书业连锁才能站在高高的起点上，获得跨越式发展。

行业自律的共同纲领

——《中国出版工作者职业道德准则》颁布感言*

经过两年调研，六易其稿，《中国出版工作者职业道德准则》（以下简称《准则》）2004 年修订稿正式颁布了，这是出版界的一件大事，是全体出版工作者对社会的庄严承诺，也是行业自律的共同纲领。把《准则》落实到行动，需要我们认真地加以宣传、学习、贯彻，并且不断地加以检查、落实。可以预期，随着"三项学习教育活动"①的深入开展，职业道德建设将越来越深入人心，逐步成为出版工作者自觉的行动和行业的规范。

《准则》体现了与时俱进的特色

这次修订的《准则》，有鲜明的时代特色，它表现在以下几个方面：

第一，贯穿了"三个代表"的重要思想②。《准则》第一条"为人民服务，为社会主义服务"，开宗明义地指出："以促进先进生产力和先进文化的发展为己任，坚持正确的政治方向，坚持以民为本，为人民服务、为社会

---

　　* 这是于友先同志 2004 年 2 月 16 日为《中国出版工作者职业道德准则》颁布撰写的文章。

　　① 2003 年 10 月 28 日，中共中央宣传部、国家广播电影电视总局、国家新闻出版总署、中华全国新闻工作者协会联合发出《关于在新闻战线深入开展"三个代表"重要思想、马克思主义新闻观、职业精神职业道德学习教育活动的通知》，简称"三项学习教育活动"。

　　② "三个代表"重要思想是江泽民同志 2000 年 2 月 25 日在广东省考察工作时，从全面总结党的历史经验和如何适应新形势新任务的要求出发，首次对"三个代表"重要思想进行了比较全面的阐述。"三个代表"重要思想的具体内容是：中国共产党要始终代表中国先进生产力的发展要求、中国先进文化的前进方向、中国最广大人民的根本利益。

主义服务、为全党全国工作大局服务。"这就指出了职业道德的最高标准是把"三个代表"重要思想落实到出版工作全过程，重申了出版工作的根本目的和服务宗旨。

第二，把两个效益①最佳结合的目标提高到历史使命感和社会责任感的高度。在出版活动中，随时要考问自己经办的出版物是否经得起历史的考验和社会的检验。按照这两个重大责任去衡量，见利忘义是卑鄙的，坚守民族大义和社会责任是高尚的，如何选择，泾渭分明。

第三，把"诚实守信"作为职业道德的一块基石。这个行为准则不仅是对读者而言，而且对于同行、对于作者同样适用。这好比把"诚实守信"作为出版活动的一个航标，不允许有任何偏离，只有这样，才能把作者、编者、读者紧紧联系在一起，使精神产品通过"诚信"这一关，真正升华为精神财富，而不致偏离方向。

第四，《准则》针对目前出版界行业不正之风中的突出问题约法三章。例如："不买卖书号、刊号和版号。坚持以质取稿，不利用工作之便谋取个人名利。不参与非法出版、印制、发行及其他违法经营活动。"这都是很有针对性的约法，对编、印、发各个岗位的职工都提出了要求。

《准则》的文字比较简明扼要，易记易学，是一篇职业道德的好教材。出版工作者真正献身于出版业，就要遵守这个《准则》，这是起码的要求，也是入行的规矩。

深刻认识新形势下思想道德建设的重要性

加强思想道德建设，是建设有中国特色社会主义的内在要求。邓小平同志谆谆教导我们："在建设有中国特色社会主义时，一定要坚持发展物质文明和精神文明，坚持'五讲四美三热爱'，教育全国人民做到有理想、有道德、有文化、有纪律。"放眼当今世界，国际竞争日趋激烈，我们面临着严重的挑战。民族生存的竞争，说到底是国力之争，是民族素质之争。一个没

---

① 两个效益：指社会效益和经济效益。

有理想和道德的民族是无法自立于世界民族之林的。

加强思想道德建设，是发展经济和社会稳定的必要条件。如果行业不正之风长期盛行，市场交易不守信誉，人们之间缺乏诚信，就会造成经济无序、腐败严重、社会不稳的后果。在这样的环境中，人人都会受害。

加强思想道德建设，对于新闻出版业更显重要。因为这个行业是精神文明的传播者，如果本身缺乏职业道德，生产的精神产品就无人相信，就谈不上以正确的理论武装人，这就从根本上失去了这个行业的教化作用。随着文化出版体制改革的不断深化，今后将有相当一部分出版发行单位转制为企业单位，市场经济法则将会发生更大的作用。如何把握好市场经济规律与意识形态要求之间的尺度，是一个新的课题。除了坚守法律和政策的界线外，职业道德自律是一条重要的准绳。市场经济的各个要素经过社会主义职业道德的过滤后，进入市场经济的轨道，以规范的行为参与经济运行，这才能形成健康、有序的经济体制。谁违反这一条，早晚要受到市场法则的惩罚。在新形势下，自觉遵守职业道德显得更加迫切、更加重要，是繁荣发展出版业的必由之路。

党的十六大提出要切实加强思想道德建设。依法治国和以德治国相辅相成，要建立与社会主义市场经济相适应、与社会主义法律规范相协调、与中华传统美德相承接的社会主义思想道德体系。其中包括以为人民服务为核心、以集体主义为原则、以诚实守信为重点的职业道德建设。2003 年 8 月 8 日，李长春同志在一次会议上强调："切实加强思想道德建设，要坚持贴近实际、贴近生活、贴近群众。要结合当前的中心工作，针对当前存在的突出问题，切实抓好重点工作。"按照党的十六大文件和长春同志的重要讲话精神，我们必须不断提高对思想道德建设重要性的认识，把这项工作抓紧抓实，切实抓出成效。

宣传、学习、贯彻职业道德准则要常抓不懈

2001 年 10 月 20 日刘云山同志在宣传贯彻《公民道德建设实施纲要》电话会议上有一个重要讲话，他对如何宣传贯彻《公民道德建设实施纲要》

提出了四点要求：①要进一步提高思想认识，把道德建设放在突出位置来抓；②要大力宣传，采取多种形式，做到家喻户晓；③要在重点领域取得突破，要注意抓重点人群、抓重点行业、抓关键部位、抓薄弱环节；④要力求取得实实在在的效果，要在"实"字上下功夫。云山同志的讲话完全适用于出版职业道德准则的宣传、学习、贯彻，我们要联系出版业的实际，举一反三，认真执行。

新闻出版总署党组已经明确，今后职业道德准则的贯彻实施工作交给出版协会去做，要求结合正在开展的"三项学习教育活动"，做好《准则》的宣传学习和执行检查工作。中国出版工作者协会将按照这个要求，会同各有关部门制定实施细则，通过学习、宣传、交流、总结经验等形式，整体推进，形成合力，造成声势，在全国出版界开展深入持久地宣传、学习、贯彻职业道德准则的活动，而且要常抓不懈，造就一支政治强、业务精、作风好的出版队伍，为全面建设小康社会做出新的贡献。

结合"三项学习教育活动"，
加强出版职业道德建设[*]

当前，全国出版界根据中宣部、新闻出版总署和中国出版工作者协会2004年4月1日召开的全国新闻出版界电视电话会议的要求，正以求真务实的精神广泛深入地开展"三项学习教育活动"①。中宣部和新闻出版总署要我结合"三项学习教育活动"，讲一讲如何加强出版职业道德建设这个课题。

党的十六大提出，要切实加强思想道德建设，建立与社会主义市场经济相适应、与社会主义法律规范相协调、与中华民族传统美德相承接的社会主义思想道德体系。

出版职业道德是社会主义思想道德体系的重要组成部分。为了进一步加强出版职业道德建设，引导广大出版工作者在遵守《公民道德建设实施纲要》的基础上，追求更高的思想道德目标，2004年2月，中国出版工作者协会颁发了《中国出版工作者职业道德准则》。

在"三项学习教育活动"中，通过开展出版行业自律活动，大力弘扬职业精神，恪守职业道德，自觉维护出版队伍的良好形象，是这次学习活动的主要任务之一。出版职业精神是马克思主义新闻出版观的具体体现，出版职业道德是出版工作者在职业活动中应当遵循的道德规范和行为准则。忠于党和人民，坚持正确的出版方向和为人民服务、为社会主义服务，是出版职

---

* 这是于友先同志2004年4月12日在"加强出版职业道德建设"会议上讲话的主要内容。

① 见本卷542页注①。

业精神和职业道德的核心。弘扬出版职业精神，就要树立出版职业应具备的职业意识、职业态度、职业纪律、职业作风。恪守职业道德，就要努力做到"敬业奉献、清正廉洁、团结协作、严守法纪"，自觉维护出版工作的崇高社会声誉和出版工作者的良好社会形象。

今天我讲的题目是《结合"三项学习教育活动"，加强出版职业道德建设》。围绕这个题目讲四个问题：①当前我国出版行业职业道德状况；②《中国出版工作者职业道德准则》的修订和特点；③诚信的道德价值、法律价值和经济价值；④结合"三项学习教育活动"，加强出版职业道德建设。

一、当前我国出版行业职业道德状况

改革开放以来，我国出版业走上了健康发展的道路，广大出版工作者以促进先进生产力和先进文化的发展为己任，坚持正确的政治方向，坚持为人民服务、为社会主义服务、为全党全国工作大局服务，推出一大批优秀图书，取得了良好的社会效益和经济效益。这几年，我国出版事业和出版产业的发展速度比较快，从总体上看是健康向上的。但毋庸讳言，出版界确实存在一些业内外群众反映强烈的问题，主要有：忽视正确导向，"买卖书号、刊号、版号"，违规出版，内容低俗，摊派发行等问题，这里面有违反宣传和出版纪律的问题，但无一例外都是违反出版职业道德的结果。近些年来，刮起了几股风，在出版导向上有些出版单位没有把握好。为了说明存在的问题，我举一些实际例子：

一是散布唯心史观，出版歪曲历史、戏说历史的作品，甚至出版有严重政治错误的图书。有的打着学术研究和"民间文本"的旗号，违背中央早有正式决议的政治结论，肆意歪曲历史事件和历史人物，甚至进行翻案。前些年查处过一本武侠小说，那是借武侠小说之名攻击中央领导同志。这样的书，怎么能通过责编、编辑室主任和总编几道关口得以出版的？出版社的责任意识和职业道德到哪里去了？令人深思。

二是以反腐败为名，出版宣扬腐朽为官之道的作品。2000年被查处的

《新官场秘经》就是一个典型事例。因为这本书这家出版社被摘了牌子。个别期刊甚至把不正之风和消极腐败现象上升为"官场游戏规则"进行极力渲染。

三是违反涉外政策，对周边国家的历史和现状乱加评论，引起外交纠纷，这样的书不止一本。

四是违反党的宗教和民族政策，伤害兄弟民族感情。以出版民族文字为专业的出版社竟然也出版违反民族政策的图书，而且这样的出版社不止一家。这类问题已多次发生，有的几乎酿成严重的政治事件，教训极为深刻。

五是违背社会主义价值观和伦理道德，出版格调低下的作品。值得注意的是出现一些新的苗头：一个苗头是色情书的黑手伸向少年儿童。有个别少儿专业出版社竟然出版鼓吹性自由的色情作品；有的专门写给少年儿童看的彩图版中国历史书中，竟然出现"朱熹是否私通小尼姑""皇后诱奸洪承畴"这样的内容，而且是作为一个个的小标题出现在书中。另一个值得注意的苗头是描写"一夜情""婚外恋""性解放"等内容的作品很多，这些书不符合民族道德观、家庭观和婚姻观。有的图书中色情描写不仅有了文字版本，而且加上赤裸裸的春宫画，这样的书公开在书店出售，对广大读者特别对青少年的身心健康有很大的危害。

六是编校质量低劣，差错百出。2003年上半年，新闻出版总署曾对辞书出版质量进行过一次专项检查，组织29位专家对22种共约50本辞书做了检查，发现绝大部分存在抄袭剽窃、胡编乱造现象，被查的辞书差错率大都在10/10000以上（合格产品的标准是1/10000）。问题最多的一本书叫《学生必备工具书——多功能学生字典》，差错率竟然达到37.57/10000。这不是谬种流传误人子弟吗？在一般图书中差错率也不低，有一本《双色互动英语》（5本一套），差错率在15/10000以上，把中国出版界的脸丢到了国际上！

七是"买卖书号、刊号、版号"屡查屡犯，屡禁不止。从2000年至2002年，经新闻出版总署查实的就有8家出版社卖书号204种，这些出版社都受到了严肃处理：7家被停业整顿或内部整顿，1家被撤销。今年2月，总署派出检查组到一家出版社，在抽查的11种书当中，发现有5本书是买卖书号出版的，其中包括违规出版"文化大革命"中的手抄本《少女的心》。还有的出版社屡次违反出版管理规定，屡教不改。有一家出版社，已经两次严重违规，2002 年 6 月因出版《小人得志》，受到停业整顿处分，2003 年 7 月又出版格调低下的《天亮以后说分手》等书。2004 年 3 月总署决定该社必须全面整顿，并发出最后警告："如果再出现第三次违规现象，将按照有关规定停止该社的出版资格。"

我讲这些例子，心情是很沉重的。作为一名老出版工作者和在出版战线领导岗位上工作多年的公务员，我深感惭愧！责任重大！感到很难过！党和政府把出版权交给了我们，有的出版单位就是不珍惜这个权利，把出版阵地拱手让人，不但没有为宣传科学理论、传播先进文化贡献力量，反而为错误的东西提供了传播渠道和方便，这种情况令人痛心，也是不能容忍的！我们要通过"三项学习教育活动"，着力查找和解决这些违反党的方针政策，违反宣传纪律和出版管理规定，违反出版职业道德的突出问题，自觉地为全面建设小康社会提供良好的舆论环境和文化条件。

二、《中国出版工作者职业道德准则》的修订和特点

我国第一次颁布出版职业道德准则是在 1995 年，1997 年 1 月进行了第一次修订。1998 年五六月份中国版协曾做过出版职业道德状况专题调查。为了适应形势发展的需要，中国版协于 2001 年 7 月，经请示新闻出版总署同意，决定在调研的基础上，再次修订《中国出版工作者职业道德准则》（以下简称《准则》），先后在上海、甘肃、湖南、吉林联合召开职业道德专题调研会。2002 年 1 月，根据宗源同志指示，总署和版协决定组成工作小组，继续对出版职业道德状况进行调研，并着手修订《准则》。这次修订颁布的《中国出版工作者职业道德准则》是在前两次颁布的《准则》的基础上，深入调查研究，广泛听取意见，最后经中宣部、新闻出版总署出版工作联系会议研究，决定由中国出版工作者协会颁布的。

与 1997 年修订版相比，新修订颁布的《准则》体现了与时俱进的特点。主要表现在六个方面：

第一，把"三个代表"重要思想①写入《准则》。"三个代表"重要思想，既是我们这次《准则》修订的总的指导原则，又是《准则》的重要理论基础。第十届全国人民代表大会第二次会议将"三个代表"重要思想写入了宪法，确立其在国家政治和社会生活中的指导地位，为全党全国各族人民在新世纪新阶段继续团结奋斗提供了共同的思想基础，具有重大的现实意义和深远的历史意义。我们广大出版工作者，作为先进文化的创造者和传承者，更应该自觉学习、宣传和实践"三个代表"重要思想，把"三个代表"重要思想落实到出版工作的全过程。

第二，将"三贴近"② 作为出版行业的指导思想写入《准则》。党的十六届一中全会以来，以胡锦涛同志为总书记的党中央认真贯彻"三个代表"重要思想，坚持以人为本、执政为民，把维护、实现和发展广大人民群众根本利益当作头等大事来抓。针对思想文化和新闻出版战线存在的问题，中央领导同志提出了"三贴近"的指导思想，要求思想文化、新闻出版战线必须坚持"贴近实际、贴近生活、贴近群众"。"三贴近"的提出，不仅为新世纪新阶段加强和改进宣传思想工作指明了方向，而且为新时期出版职业道德提出了新的要求。新《准则》吸收了"三贴近"的思想成果，引导广大出版工作者深刻认识并在实际工作中努力实践"三贴近"，作为我们出版工作者的自觉行动，形成出版行业新的道德风尚。

第三，突出了出版职业道德的特点。1997 年《准则》第一条"为人民服务，为社会主义服务"是这样写的："坚持正确的政治方向，努力为人民服务，为社会主义服务，为全党全国的工作大局服务，为培育有理想、有道德、有文化、有纪律的社会主义公民做出贡献。"这次《准则》修改为："以促进先进生产力和先进文化的发展为己任，坚持正确的政治方向，坚持以民为本，为人民服务、为社会主义服务、为全党全国工作大局服务。解放思想、实事求是、与时俱进、开拓创新，为全面建设小康社会和培育有理

---

① 见本卷第 542 页注②。
② "三贴近"，即贴近实际、贴近生活、贴近群众。

想、有道德、有文化、有纪律的社会主义新人做出贡献。"

这里增加了三个方面的重要内容：①"以促进先进生产力和先进文化的发展为己任"从道德价值的取向上将出版行业的特点凸现出来，明确规定加强出版职业道德建设的目的是"促进先进生产力和先进文化的发展"。②"以民为本"是新一届政府的执政理念。以人为本既是科学发展观的本质和核心，也是出版职业道德的本质和核心。③"解放思想、实事求是、与时俱进、开拓创新"是改革开放以来我们党形成的宝贵思想成果，也是市场经济条件下新的职业道德的内在要求。出版行业是生产精神产品的文化行业，而精神产品的基本品格就是"创新"。要创新，就必须解放思想、实事求是、与时俱进。新《准则》从职业目的、职业本质和职业行为三个方面更加突出了出版职业道德的特点。

第四，把两个效益最佳结合的目标提高到历史使命感和社会责任感的高度。新闻出版是一个特殊行业，既是党的宣传思想阵地，又是先进文化的基本载体之一，也是国民经济的重要产业。新闻出版工作既要符合精神文明建设的要求，始终坚持先进文化的前进方向，又要符合市场经济规律。如何处理社会效益和经济效益的关系是广大出版工作者始终面临的一个严峻问题。在社会主义市场经济条件下，社会效益和经济效益是辩证的统一。

第五，增加了"重视学习，善于学习，终身学习"的要求。学习不仅是一种教育方式，还是一种提高素质、自我完善的道德行为。我们党历来高度重视学习问题，始终把学习作为一项关系党的事业兴旺发达的战略任务来抓。毛泽东同志、邓小平同志、江泽民同志、胡锦涛同志都反复强调全党同志特别是领导干部要坚持和加强学习。当今社会是信息时代，知识更新加快，我们出版工作者，作为知识产品的生产者、创造者，更应该重视学习、加强学习、终身学习。

第六，增加并突出了作者、著作权人的重要地位。1997 年版《准则》对出版者与读者关系以及出版者自身建设问题等做了较充分的道德规定，但对出版者与作者、著作权人关系的道德规定，不是很明确。德国学者汉斯·赫尔穆特·勒林说："作者是任何一家图书出版社的衣食父母，没有了作者，我们大概也就可以忘掉一切了。"没有关于出版者对作者、著作权人合法权益保护的道德要求，作为一个行业道德体系是不完整的，这次修订《准则》，对此提出了完整的、明确的要求，补上了这一课。

三、诚信的道德价值、法律价值和经济价值

《中国出版工作者职业道德准则》是全国出版工作者对社会的庄严承诺和行业自律的共同纲领，《准则》有8项要求，即：①为人民服务，为社会主义服务；②增强使命感和责任感，力求坚持两个效益的最佳结合；③树立精品意识，提高出版质量；④遵纪守法，廉洁自律；⑤爱岗敬业，忠于职守；⑥团结协作，诚实守信；⑦艰苦奋斗，勤俭创业；⑧遵守外事纪律，维护国家利益。《准则》规定的这8项及其包含的具体内容，涵盖了出版活动的各个层面和环节，都很重要，我们应该认真领会、全面掌握、严格遵守。

就当前我国出版职业道德状况而言，"诚实守信"问题尤其显得急切和严峻。当今我国出版行业存在着的种种不正之风，在很大程度上，都与诚信缺失有关。讲信用、重信誉是职业道德的基础，离开了这个基础，职业道德就成了无源之水、无本之木。党的十六届三中全会提出，建立健全社会信用体系。形成以道德为支撑、产权为基础、法律为保障的社会信用制度，是建设现代市场体系的必要条件，也是规范市场经济秩序的治本之策。增强全社会的信用意识，政府、企事业单位和个人都要把诚实守信作为基本行为准则。因此，下面我着重探讨一下诚信为本的问题。

什么是诚信？在我国传统文化中，从语词上看，"诚"与"信"是相通的。"诚""信"合起来其基本含义是守诺、践约、无欺，表里如一、言行一致、诚实守信。通俗地讲，就是说老实话、办老实事、做老实人。人生活在社会中，总要与他人和社会发生关系。处理这种关系必须遵从一定的规则，有章必循，有诺必践，言行一致；否则，人与人之间尔虞我诈、相互欺骗，整个社会生产关系和生产力将趋于解体，社会秩序将遭到破坏，生活质量将严重下降。

诚实守信是中华民族的传统美德，古代先哲对此有许多精辟的论述。诚

实守信被视为"立身之本""为政之本""进德修业之本"。

诚信，在古代社会更多地表现在伦理层面，在现代社会诚信则进一步延伸到经济层面、法律层面。在现代市场经济社会，"诚信"经常与"信用"一词联合使用或相互通用。

市场经济是信用经济，信用是现代市场经济的基石。现代市场经济中的大部分交易都表现为信用交易，信用关系是社会成员之间的基本经济关系。没有信用，就没有秩序；没有规则，市场经济就不可能健康发展。

今年"3·15"（消费者权益保护日）前夕北京市消费者协会在媒体上公开披露了经常侵害消费者权益的十大经营者不诚信行为：①经营者利用广告或其他方法，对商品或服务进行引人误解的虚假宣传的行为；②经营者非法制造、销售不合格商品的行为；③垄断性行业和具有独占地位的经营者，利用自身优势强迫消费者购买商品或接受服务的行为；④经营者采用不公平合同格式条款，加重消费者责任，减免自身义务的行为；⑤经营者之间恶意串通，采用欺骗手段，诱导消费者消费的行为；⑥经营者应明示而不明示商品或服务信息的行为；⑦经营者提供商品或服务中偷工减料的行为；⑧经营者故意违反与消费者合同约定的行为；⑨经营者故意不提供商品或服务的消费凭证等相关资料，逃避法律责任的行为；⑩经营者以赢利为目的，擅自泄露消费者个人信息的行为。在北京市消协系统去年受理的 1.8 万余件消费者投诉中，由于经营者不诚信行为引发的投诉占总量的 85%，不诚信行为已成为全社会关注的热点问题。

出版行业不诚信现象究竟如何还没有人做过统计，但我敢说，并不比物质消费企业有所减轻和减少，只是具体表现不同罢了。据我所了解的情况，出版行业不诚信现象至少有以下 10 多种，比北京消协公布的种类还要多：

1. 与作者签订不平等合同。

2. 编辑向作者索要回扣，还美其名曰"编辑费"，不给好处不发稿。

3. 不征得作者许可，擅自修改作者的文稿，有的已引起著作权纠纷。

4. 擅自出版或改编作者的作品，侵犯著作权人的合法权益。

5. 在别人的作品上署上自己的名字，侵占他人成果。

6. 同行之间恶性竞争。比如，某位作者或名家有一本好书稿，几家出版社一拥而上，相互哄抢拆台，盲目提高稿酬；更有甚者，在对外版权贸易中相互抢选题、哄抬版税，损害国家利益。

7. "买卖书号、刊号、版号"屡禁不止，有的甚至靠卖书号、刊号和版号维持生存。

8. 虚假广告宣传，尤其是在一些"软广告"的书评中存在着夸大其词、欺骗读者的现象。

9. 编校质量低，差错百出，印刷质量低劣。

10. 高定价，低折扣。有的定价2000多元的书竟然可以1.2折出售。

11. 有些出版社隐瞒印数，很多书的版权页上根本查不到印数。

12. 书店长期拖欠出版社书款，有的长达数年，甚至占用出版社的书款给自己盖起了大楼。

13. 书店退货不负责任。有的书店在退货时除了将整包图书原封不动地退回外，还将破损不堪甚至外社的旧书或将盗版书退给出版社当作货款抵押。

14. 与不法分子勾结，参与盗版活动，这种情况出版社和书店都有。

我以上列举的行为，大都是出版行业常见的不诚信现象。

诚信是立身之本，执业之基。同仁堂药店内有一副这样的对联："品味虽贵，必不敢减物力；炮制虽繁，必不敢省人工。"同仁堂正是靠着这份承诺，历经300年风雨而不倒，从一家普通的家族药铺发展为国药第一品牌。海尔集团总裁曾说："一家有前途的企业必须把诚信渗透到企业经营的各个环节，深入到企业文化的核心。"海尔集团之所以由小到大，不断发展也与它的"真诚到永远"的诚信理念有关。同样，商务印书馆、中华书局以"图书信誉"引领中国出版业百年风骚。大家熟知的韬奋先生，堪称我国出版行业诚信道德的楷模，无论对作者，还是对读者，韬奋先生都是以诚相待。对读者，他甚至竭诚满足读者与书刊无关的要求。韬奋先生在他的《事业管理与职业修养》一书中说："我们无一事不是尽我们的心力做去，以最诚恳的心情做去。只需于读者有点帮助。我们从来不怕麻烦，不避辛苦，诚心恳意地服务。"正是这种崇高的诚信品德，为韬奋先生的报刊事业注入了强大的活力，对我们今天的出版行业仍有借鉴意义。所以我们要设韬奋出版奖，大力弘扬韬奋精神。

"人无信不立，业无信不存，国无信不兴。"在市场经济时代，诚信不仅是一种道德品行，而且是一种法律准则，还是一种财富资源。就个人而言，诚信是高尚的人格魅力；就企业而言，诚信是宝贵的精神财富；就社会而言，诚信是现代的生活秩序；就国家而言，诚信是良好的国际形象。新闻出版从业人员是人类灵魂的工程师，担负着引导人、教育人、鼓舞人、塑造人的责任。所以，我们更应该认识诚信价值、增强诚信理念、实践诚信准则、打造诚信行业、铸就诚信文化。

四、结合"三项学习教育活动"，
加强出版职业道德建设

党的十六届三中全会通过的《中共中央关于完善社会主义市场经济体制若干问题的决定》提出："积极发展独立公正、规范运作的专业化市场中介服务机构，按市场化原则规范和发展各类行业协会、商会等自律性组织。"由中国出版工作者协会颁布《中国出版工作者职业道德准则》正是贯彻落实党的十六届三中全会精神、深化我国出版体制改革、发展行业协会、加强行业自律的一个重要表现，也体现了与时俱进的特点。

出版行业协会的任务是什么？石宗源同志在2004年全国新闻出版局长会议上提出："各类行业协会与中介组织要同政府行政管理部门脱钩，改变行政化倾向，按市场化要求进行改革，建立健全自律机制，获得市场认可，在维护会员权益、规划行业发展、制定行业标准、专业资质认证、组织行业交流等方面发挥应有的作用。"这为版协今年和今后一个时期的工作和改革提出了具体任务。其中，"规划行业发展、制定行业标准、专业资质认证"等就包含加强出版行业职业道德建设的要求。

《中国出版工作者职业道德准则》的颁布与实施是新形势下全国出版行业进一步加强思想道德建设的一件大事。宣传、学习、贯彻《中国出版工作者职业道德准则》是中国版协今年工作的一个重点，这项内容已列入"三项学习教育活动"之中。

当前，出版业正面临转制、改制的新形势，是健康发展的最好机遇，我们要以这次"三项学习教育活动"为契机，以求真务实的精神，把出版队伍建设好，为进一步开创我国出版业繁荣发展的新局面做出新的贡献！

铸造诚信　珍惜机遇[*]

新闻出版业是中国特色社会主义的重要组成部分，是先进文化的建设者和传播者。按照党的十六大文件要求，全面建设小康社会，必须大力发展社会主义文化，建设社会主义精神文明。当今世界，文化与经济、政治相互交融，在综合国力竞争中的地位和作用越来越突出。随着文化体制改革的不断深化，进一步解放了文化生产力，我国新闻出版业正处在欣欣向荣、繁荣发展的最好机遇期。

但是在大好形势下，有少数出版单位却出版了一些含有虚假信息的图书。这些图书或伪造外国作者及虚假评论，或盗用国外已有影响或畅销的图书书名及相关信息，或假冒中国著名作者，而内容则任由自己编造。一些出版社与不法之徒相互利用，从盗版、盗印走向造假、欺诈，其行为可耻、可悲，不仅欺骗读者和消费者，而且侵害了相关作者和出版者的权益，严重败坏了中国出版界的声誉，在社会上造成了极坏的影响，引起了公愤，为广大读者所深恶痛绝。出版界同人严厉谴责这种恶劣行径，严肃的出版人（新闻出版工作者）要齐心联手坚决彻底地刹住这股歪风。

新闻出版工作者是传播社会主义精神文明、建设先进文化的劳动者，是人类灵魂的工程师，必须具有崇高的理想和高尚的职业道德。邓小平同志指出："思想文化教育卫生部门，都要以社会效益为一切活动的唯一准则，它们所属的企业也要以社会效益为最高准则。思想文化界要多出好的精神产

---

　　*　这是于友先同志 2005 年 3 月 1 日撰写的文章，原载《中国新闻出版报》2005 年 3 月 3 日。

品，要坚决制止坏产品的生产、进口和流传。"① 邓小平同志又指出："一切企业事业单位，一切经济活动和行政司法工作，都必须实行信誉高于一切，严格禁止坑害勒索群众。"② 我们要认真学习邓小平同志的指示精神，联系实际，提高认识，用实际行动铸造诚信，杜绝虚假图书。

虚假图书的出现，其根本原因是在经济利益的驱动下，有些人不择手段地制假贩假，丧失了诚实守信这个职业道德的基本要求，这是非常危险的。诚信是与市场经济直接联系的道德准则，也是企业宝贵的无形资产，如果丧失诚信，它在竞争中最终必然被逐出市场。出版业作为文化产业，更具有精神产品的特性，如果丧失诚信，危害性较其他物质产品更大，它戕害的是读者的精神世界，损毁的是民族的文化根基。我们必须高度认识虚假图书的危害，用实际行动铸造诚信，维护出版界的声誉，取得读者的信任。当前正处于出版改革的关键时期，一定要珍惜难得的发展机遇期，决不能见利忘义、因小失大、成为出版界的"害群之马"。

中国出版工作者协会坚决支持新闻出版总署《关于对含有虚假信息的图书进行专项检查的紧急通知》。中国版协将和各省、自治区、直辖市版协一起，向出版虚假图书的恶劣行为进行坚决的斗争。为此，中国版协已向出版界发出倡议书，倡议全国出版界制止虚假图书，提倡诚实守信，多出精品，严格遵守国家法律和有关的出版法规，始终把社会效益放在首位，力求实现社会效益和经济效益的最佳结合；坚决反对唯利是图、见利忘义的行为。我们将积极配合出版行政部门依法保护广大读者和著作者、出版者的合法权益，维护正常的出版秩序，促进新闻出版业健康有序的发展。对于个别出版社上了不法书商和工作室的当，出版了虚假图书，我们坚决支持有关出版社依法追诉最初造假者的责任。同时，将接受广大读者监督，在全社会营造一个良好的文化环境，使先进文化植根于群众，为建设和谐社会提供智力支持和精神动力。

---

① 邓小平：《认真重视精神文明建设》，载中共中央文献研究室编：《邓小平论教育》（第三版），第175页。

② 邓小平：《在中国共产党全国代表会议上的讲话》，载《邓小平文选》第三卷，人民出版社1993年版，第145页。

出版业要大力践行社会主义荣辱观[*]

胡锦涛同志提出的以"八荣八耻"为主要内容的社会主义荣辱观在出版业引起了强烈反响。近年来，我国的出版业出版了许多精品力作，呈现出健康发展的良好势头，但也存在一些不容忽视的问题。我们愈来愈感到，作为一个具有成千上万的图书、报纸、期刊、音像、电子与网络等出版机构的出版大国，担负着生产精神文化食粮的重任，更需要社会主义荣辱观的正确引导。出版业具有自身的文化传播优势，应密切结合实际，践行社会主义荣辱观，反对和抵制庸俗、低俗、媚俗之风和消极颓废倾向。

准确把握出版业践行社会主义荣辱观的内涵

社会主义荣辱观是社会主义价值观的充分体现，是科学发展观的重要组成部分，出版业践行社会主义荣辱观具体内涵可从社会主义出版价值观、科学出版发展观和社会主义出版道德观这三个方面进行把握。

第一，社会主义出版价值观。社会主义出版价值观坚持文化价值为出版活动的基本价值，以此作为选择、取舍的标准。坚持"双效"① 统一，以出版有益于社会文明进步的经典传世之作为最高价值目标，从而实现出版者自己的人生目标和价值。

第二，科学出版发展观。科学出版发展观的根本着眼点，在于用新的发

---

* 此篇原载《光明日报》2006 年 9 月 4 日。

① "双效"，即社会效益和经济效益。

展思路实现出版业更快更好的发展。根本要求是统筹兼顾，以科学发展观为指导，辩证地认识和处理与发展相联系的各方面的重大关系，如事业和产业的关系、社会效益和经济效益的关系、主旋律和多样化的关系、平面媒体和多媒体的关系、集团化与集约化的关系、"走出去"与"引进来"的关系、市场机制和宏观调控的关系等，出版业要紧紧抓住和充分用好战略机遇期，顺利实现既定的战略目标。

第三，社会主义出版道德观。出版职业道德是出版人在出版职业活动中应遵循的人与人、个人与集体、个人与社会之间相互关系的行为规范，是人的世界观、价值观在出版职业领域里的具体体现。作为出版人，自始至终应是不折不扣地遵守中华民族传统美德和出版职业道德，做践行社会主义荣辱观的表率。

出版业践行社会主义荣辱观的具体内容

出版业践行社会主义荣辱观的内容，应是以"八荣八耻"为主要内容的社会主义荣辱观在新闻出版业的具体化。新闻出版业的"八荣八耻"可归结如下：

第一，以出版热爱祖国、捍卫和弘扬中华民族灿烂文化的出版物为荣，以出版危害祖国、歪曲中华民族灿烂文化的出版物为耻。出版业所做的是国家的文化大业，理应捍卫和弘扬中华民族文化。文化乃国脉所系。新闻出版在本质上是一种选择，我们有权利选择适合我们民族发展的主流文化构成我们出版内容的主体。

第二，以出版服务人民、"三贴近"① 的出版物为荣，以出版背离人民、质量低劣的出版物为耻。出版业应该在践行"为人民服务"上下功夫。具体一点就是"三贴近"，即贴近实际、贴近生活、贴近群众。有不少出版单位根据"三贴近"来调整自己的出书思路，编辑出版了一系列"以服务人民为荣"的图书。而有一些出版单位，则不顾群众的接受能力和文化程度，

---

① 见本卷第550页注②。

或者不顾各族人民的信仰、生活等习俗，出版了违反民族政策的书，等等，在社会上造成了不良影响。

第三，以出版崇尚科学、健康向上的出版物为荣，以出版愚昧无知、宣扬迷信的出版物为耻。出版业肩负的重要任务之一就是传扬科学知识，介绍中华民族伟大的科学发明和成就，揭示其科学的内涵，反对各种封建迷信、愚昧落后的思想和行为。而有些图书却以算命、风水、巫术等为内容，鼓吹有神论，宣扬封建迷信，毒害读者的身心健康。这种图书在青少年读物中也有发现，如任其泛滥，会贻害无穷。

第四，以辛勤劳动、创制出版高质量的出版物为荣，以好逸恶劳、仿造出版跟风炒作的出版物为耻。但凡受社会欢迎的出版物，无不跟其质量高有联系，离不开出版者的刻苦敬业精神和辛勤劳动。例如，《读者》杂志2006年4月份发行超过1000万份，居中国第一，其成功最根本的是质量为上！出版界的一些前辈如鲁迅、叶圣陶、茅盾、郑振铎等，其刻苦勤奋的编辑精神不断发扬光大，造就了不朽的中国现代出版事业！而如一些出版者热衷于跟风炒作，明显缺乏创新意识，这绝非出版社长久兴旺之计。

第五，以团结互助、出版"双效"的出版物、促进出版物市场兴旺为荣，以损人利己、盗版盗印、恶性竞争、出版低水平重复出版物、扰乱出版市场为耻。有些大书、经典巨作一两个社很难完成，要靠大家团结互助，靠团队精神才能完成，才能创造传世巨品、精品。《中国大百科全书》就是全国各个学科的学者、编辑合作的结晶。但是近年来，有一些出版社为了眼前利益，搞短、平、快，致使选题雷同，低水平重复出版；还有的出版社之间恶性竞争、相互压价，带来市场混乱。

第六，以出版精品出版物、诚实守信做人为荣，以丧失人格、见利忘义、买卖书号、出版伪书为耻。诚信是一种对读者负责的责任心，是编辑出版职业的底线，也是从事编辑出版职业的行为准则。出版精品是出版社诚信、对读者负责的具体表现，也是向读者的一个诚信的宣传。而有一些出版单位，不从自身的图书品牌上做文章，而是"买卖书号"，炮制"伪书"，向读者传递虚假信息，这是可耻的行为。

第七，以遵纪守法、出版舆论导向正确的出版物为荣，以违法乱纪、出版淫秽色情、违反社会公德的出版物为耻。为此，要增强政治意识、阵地意识，严格把关，守土有责，绝不给有政治性错误的思想和言论提供传播渠道。但是，最近看到境外敌对势力将各种政治性有害出版物内容通过互联网进行传播，非法网站通过大肆传播含有淫秽色情、凶杀暴力、赌博迷信内容的互联网出版物，牟取暴利，引发犯罪，危害青少年身心健康，这是不容忽视的问题。

第八，以艰苦奋斗、出版形式简朴、典雅大方的出版物为荣，以骄奢淫逸、出版片面追求形式豪华的出版物为耻。出版工作要坚持普及与提高结合，把着眼点放在普及上，从选题到内容、从装帧到发行，都要从勤俭节约考虑，从定价上考虑，从读者的接受心理考虑。对城市、对机关单位，也要考虑勤俭节约。但相当一段时间，少数出版单位片面追逐利润，不问书的内容质量，一味追求形式，豪华装帧，图书市场上一度出现一定数量的各类"黄金书"。2006年5月1日，新闻出版总署通告禁止"黄金书"出版发行，有效遏止了这股浪费、奢靡之风。

出版业践行社会主义荣辱观的途径

社会主义荣辱观的确立也是一个长期积淀的过程。要把观念形成习惯、规范变为行动，就要做到知与行相统一、教育与实践相结合，不能纸上谈兵。出版业践行社会主义出版荣辱观的最终目的，就是要把"出版业八荣八耻"的具体内容变成每个出版者的行为标准和自觉行动。要立足每个出版单位，着眼实践、注重养成、渗透日常、融入活动、领悟实质、促进全出版行业知荣辱、树新风、促和谐的文明风尚的快速形成。

第一，在出版业以规范化的形式确立社会主义荣辱观。进行社会主义荣辱观教育，仅靠学习教育还不够，还必须与法纪、规章制度相结合，以此做践行保证。我们目前已经建立了出版道德准则，并且出台了若干新闻出版方面的管理规定，这奠定了践行社会主义荣辱观的基础。

第二，在出版业以组织与自省的形式加强社会主义荣辱观。牢固树立和实践社会主义荣辱观是一项重大的系统工程，这项工程要靠全体出版业人士去构建和实现。因此就需要探讨适应出版业特点的教育形式。

第三，在出版业以典型示范的形式弘扬社会主义荣辱观。在出版业建立健全社会主义荣辱观的典型示范机制作用甚大，因此，要选树可亲、可敬、可信、可学的出版者身边的道德楷模，用典型事迹引领广大出版工作者弘扬和实践社会主义荣辱观。

在出版业践行社会主义荣辱观是一个重要的实践课题。我们相信，出版业社会主义荣辱观的践行一定能落到实处，所有出版者将自觉用社会主义荣辱观理论武装头脑，增强做好新形势下出版工作的责任感、使命感和紧迫感，多出版精品力作，创造更加和谐、洁净的出版环境。

诚信发行，和谐出版，打造
出版业的美好境界*

前不久，中国共产党十六届六中全会通过了《中共中央关于构建社会主义和谐社会若干重大问题的决定》，把"和谐"作为奋斗目标，庄严、鲜明地写在了自己的旗帜上。我深感这是历史又一次赋予出版业大发展的机遇。作为出版产业链上一个非常重要的链条环节——图书发行业，怎么抓住这个难得的机遇？怎么为构建社会主义和谐社会、为创建"和谐出版"做出积极贡献呢？

一、和谐出版决定"诚信发行"机制的重构

目前出版业正在大力提倡和建构"和谐出版"。"和谐出版"，可以理解为以和谐为思想内核和出版价值取向，以倡导、研究、阐释、传播、实施、奉行和谐理念为主要内容的出版形态、出版现象和出版境界。其最核心的内容是崇尚社会和谐理念，体现和谐精神，坚持和实行互助、合作、团结、稳定、诚信、有序的出版准则。和谐的思想理念，是人类精神进步的产物，是数千年来人类孜孜以求的一种美好理想，而凝聚和传播这种和谐理念的出版业，也就是以和谐理念贯穿于出版形态和出版现象之中，以和谐作为出版的基本价值取向，并以此影响其他各种文化形式，促进整个和谐社会的建设。

---

* 此篇原载《中国图书商报》2007 年 1 月 12 日。

图书发行是出版业的一个重要组成部分，是出版与社会沟通的桥梁，也应是"和谐出版"理念的具体传播者。多少年来，广大的图书发行工作者把出版的繁荣推向了市场、推向了社会、推向了世界，为中国出版业的大发展做出了卓越贡献。图书发行业的做大，意味着整个出版业发展的前景看好。但是在出版业发展过程中，也不可避免地出现一些不和谐的状况，问题是怎么认识和化解这些不和谐的因素，使之走向和谐。我以为，最根本的是出版与发行之间诚信不够。在计划体制下形成的信用关系正在逐步打破，适应市场经济条件的社店关系还没有形成，折扣、销售信息反馈、结算回款关系还没有形成规范性的可以遵循的制度，影响了出版与发行之间的相互信任、信赖和依存。前几年修订《中国出版工作者职业道德准则》的时候，我曾经提出"诚实守信是职业道德的基础"，并在有关的场合强调它。在这里我提出"诚信发行"机制的重构，是基于这几年对诚信认识理解的不断深化，考虑到应该提升为对出版诚信制度化的确立，也就是说，从原来出版业的诚信道德机制，进而构建一个出版业的诚信制度机制，促使出版业建立全国开放统一、竞争有序的大市场，使书业进入良性循环的轨道，以保证诚信在书业的畅通无阻。这不仅是发行现实的需要，而且更是和谐出版的需要。

（一）要坚持依法经营、合法经营，建立"诚信发行"的良好市场秩序

和谐并非可以忽略法律的作用，相反更需要法律来维护。建设和谐出版，依法经营是前提。合法经营，是企业从事商业经营活动的底线。从事书业经营，必须要取得"三证"——经营许可证、营业执照、税务登记证，有此才算合法。当前出版业的不和谐因素，多数源于未依法经营。例如，超范围经营就是一个大问题。各出版社和各书店都有明确的分工和规定，这种分工，是在企业申办之初就确定好的，由国家管理部门根据政策及可行性确定批准的。因此，各出版社和发行企业，应该严格按照确定的分工许可，在自己的范围内搞经营，不能搞跟风出版、跟风发行。违法的、不合法图书经营，不仅扰乱了出版市场，同时损害行业的利益，影响行业的整体形象和声誉。针对这些问题，行业协会都应

该自觉地监督、抵制和制止，并且协助政府管理部门，逐步建立起一套行业自律的诚信发行的行规行约，以此约束规范发行行业的秩序。

（二）要遵契守约、讲求信誉，建立"诚信发行"的经营合作机制

和谐并非不要制度，相反更需要制度来保障。在经济交往中，合同和契约是合作双方共同遵守、制约各自行为的法律依据。1985 年，我国的图书发行体制，由全国新华书店包销改为订货经销、各出版社自办发行。随着市场经济的发展，社店合作由经销改为主发寄销，而书业的诚信也时打折扣，不能令人乐观。

可以参考借鉴日本书业的寄销制。他们的寄销制是在现代高级经营手段和现代设备条件下运营的，寄销的量由中盘报定，中盘退货有比例限制，出版社随时可以查看全日本每个书店当日的销售量，可以直接参与宏观调控和货源调剂，销售和结算也有固定的期限。由此，我们可以认真思考我国出版业产、供、销三方的关系：出版社应在品牌培育、经营战略、营销宣传、中盘推广上下功夫；中盘商应该在开拓培育渠道、市场调控、下游推广、提高工作效率上下大力；销货店应该在门店经营策略、终端服务、信息反馈等方面做文章。这样才能互惠互利、良性发展，从而形成"诚信发行"的机制。

（三）大胆引进图书发行竞争机制，使"诚信发行"建立在良性竞争制度之上

在"诚信发行"的机制下，我们的一些经营理念要更新升华，以适应市场经济的发展。诚信发行，并不是不要竞争，而是要提倡公平竞争，反对不正当竞争，建立有序的市场竞争机制。从去年天津图书订货会上可以看到一个可喜的现象，即民营书业的异军突起，成为订货会的最大亮点之一，真正形成了国有、民营书业的同台竞争，真正实现了民营书业与国有书业在同一时间、同一地点、同等条件下的公平竞争。这无疑成为中国发行行业历史化进程的标志。

但是，我们也应该充分关注到书业竞争激烈程度在日益加剧的状况。

出版发行企业竞争的意识普遍加强，导致采取一些方法挤压对手，等等。2006 年夏天，在北京两家相邻的书城，发生了打折降价销售的比拼。一家是国营新华书店，一家是民营书业。它对整个出版业的影响，显然是巨大而深远的，有些已经显现出来，有些却要经过一段时间的沉淀之后才能显现出来。在这里，一批中小书店的销售额都有了不同程度的下降，它们中有些已经在坚持一段时间后选择了停业关门。这种影响甚至波及北京的其他地区和北京以外的其他省市。出版发行企业之间的竞争到了一定程度，出版物生产的利润率将会下降，甚至会使绝对利润也下降，将威胁到优势出版社的发展和弱势出版社的生存。这时，如何避免恶性竞争，实施优势互补、企业竞合就显得十分重要。我们提出重构"诚信发行"的机制，对于出版发行业的正确引导、有序管理、公平竞争，将产生重要的现实意义。

二、"诚信发行"要求探索创新经营策略和方法

建构"诚信发行"的机制，是提高"双效"①、促使行业大发展的根本策略。"诚信发行"，需要每一个图书发行商根据自己的实际，研究市场、与时俱进、创新方法，在图书市场上立于不败之地。

（一）打造"诚信发行"品牌

品牌是最大的诚信！一个图书发行单位若在社会上树立起了自己的品牌，就意味着取得了社会的信任，人们就愿意和你交往，愿意和你发生联系，到你的书店里买书。这是因为你的诚信让人们释疑放心。打造"诚信发行"品牌，最基本的方法是发行品牌的有风格特色的出版物。信誉较好的出版单位都具有自己的出版特色和品牌，它是出版社在一种一以贯之的出版思想指导下，通过出版一系列具有自身风格的出版物，经过长期的出版实践和积累逐渐形成的。国外一些著名的出版企业，它们的出版理念和经营方式也许各有千秋，但有一点是共同的，就是它们的出版物都具有鲜

———————————

① 见本卷第 559 页注①。

明的出版特色。

目前出版业开始进入品牌竞争时代，出现了品牌效应，如商务印书馆和三联书店的学术著作，中华书局的古籍类图书，人民文学出版社的中外文学名著，作家出版社的当代长篇小说，译林出版社的外国文学作品，外语教学与研究出版社的外语教学类图书，百花文艺出版社的散文类图书，清华大学出版社的计算机类图书，金盾出版社的实用科技类图书，等等，这些出版社都具有比较鲜明的出版特色，在读者中有很好的声誉，在同类书中销售看好，在社会上也赢得很好的声誉。图书发行商如果经营上述出版社的出版物，就会和这些出版社一样，享受品牌待遇。相反的，若为了一时小利，经营盗版或者伪劣出版物，就会降低在读者中的信誉。和谐出版的天空，很大程度上靠发行业去净化，如果大家都抵制那些盗版或者伪劣出版物，就没有它们存在的市场。

图书市场是靠品牌支撑的！优秀的出版社出版优质图书，优质图书创造品牌，品牌赢得市场，市场又推动着出版社的健康发展。我们出版历史上的一些有名的书店，其经营的理念和策略至今仍能给人以启迪。诚信发行是衡量出版发行单位是否成熟的主要标志。有了它，发行才有了目标、有了竞争力、有了生命力。诚信发行的品牌，仿佛一面鲜艳的旗帜，昭示着书店的存在；仿佛一树美丽的风景，吸引着读者的目光。出版发行思路明晰，读者定位准确，依靠不断推出的具有独特风格的出版物形成品牌，对读者造成强烈的视觉冲击，进而赢得市场、占领市场，这是出版发行特色的竞争力所在，也是它的魅力所在。

（二）掌握运用科学技术，提高发行水平

新技术给出版发行业带来了许多新的机会，增强了出版发行业的竞争能力与竞争优势。高新科技极大地提高了传统出版业的经营水平，数字技术正在通过出版物的载体形式、传播方式、管理手段、营销服务等已经而且正在加速对传统出版业产生革命性影响，如出版发行业的信息化，数字出版、按需印刷、网上书店、网络营销等。传统出版业借助高新科技的手段，降低了成本，扩大了规模，提高了效率，经营水平得到极大提高。

数字技术极大地拓展了出版的市场空间，极大地降低了出版发行的进入门槛，新的传播方式导致传统出版发行角色边缘化。在传统的信息传播格局中，离开出版社的策划、组织，图书的生产工作就无法顺利进行，知识由作者向读者的流动也就没有可能。而数字出版技术出现之后，任何一个具备基本计算机知识和上网条件的人在理论上都可以成为出版者，任何人都可以在网上发表自己的作品，出版社不再是出版流程中不可缺少的环节，书店也不再是图书流通中必然的环节。这无疑使传统出版发行业面临着越来越多的竞争，传统出版业的生存空间被大大挤压。数字出版的发展必将对传统的纸质图书市场构成威胁。随着无线上网技术的发展，网络的检索优势将得到更大程度的发挥。此外还必须注意的是手机技术的发展，在可以预见的未来几年，以查询为主要功能的数字出版物必将会分流相当一部分传统工具书和资讯类图书的市场。

近年来我国出版发行业信息化水平有很大提升。多数出版社在出版资源整合和编、印、发业务管理平台和客户服务方面引进了信息系统。一些领先的出版社还引进了 ERP 系统，把选题、编辑、材料、仓储、印刷、发行、财务等各个环节通过一个综合系统进行管理。绝大多数出版社都建有自己的门户网站，用于网络营销。相对于出版，我国发行领域信息化的步伐更早更快，因为中下游的发行比上游的出版要处理多得多的图书品种，紧迫性更高。如今，大多数书店都配有 POS 系统，而且直复连锁网络技术、现代物流信息技术等都有相当成功的开发与应用，网络书店也非常活跃，网上图书销售每年都以超常的速度在增长。我们对不同出版形态之间相互竞争、冲突及融合的态势，有着十分深刻的体会。因此，我们鼓励传统出版发行业积极应用新技术，积极应对互联网及数字技术的挑战。

（三）发行业"走出去"，到海外拓展市场

近年来，出版业在"走出去""引进来"方面取得了重要成绩，积累了一些经验，有的出版单位做了在境外建立出版或发行分支机构的尝试，但也确实还存在不少问题。今后国家大力实施中国出版物"走出去"战略，通过图书贸易、版权合作、合资联营等多种方式，扩大中国出版物在世界市场的份额，提升中国出版业在国际汉文化圈和西方主流社会的影响力。要灵活运用"借船出海"和本土化战略，支持重要出版单位和骨干发行企业到海外拓展市场。

在"走出去"方面，要着力推进中华文化走向世界。采取多种措施，诸如消除影响"走出去"的体制性障碍，放宽出版物出口权限审批，实行优惠的经济政策，并抓紧国际业务人才的培养，支持和鼓励我国出版物出口。在与国际出版巨头的合作与竞争中，将有一批中国自己的出版企业迅速成长起来，参与国际出版竞争，把中国出版物打到国际市场，从而形成自己的核心竞争力和综合竞争优势，成为国内一流国际知名的出版企业，使中国出版产业在世界上占有一席之地，在成为出版大国的同时成为出版强国。图书发行业要积极创造条件，力争尽快地"走出去"，繁荣发展民族出版业，建设社会主义和谐文化，增强我国出版业的竞争实力。而中国图书发行"走出去"，更要靠"诚信"引路！

三、确立出版荣辱观，创造"诚信发行"新境界

"诚信发行"是通过千千万万个出版发行工作者来完成的，因此出版发行工作者的心理和谐及其内外环境的和谐也是和谐出版的重要标志之一。在建构"诚信发行"和谐出版的过程中，对出版发行工作者也是一个和谐理念的历练和提高。因此，"诚信发行"对调动出版发行工作者的积极创造性，优化出版发行环境，进入和畅优美、群情激奋的出版发行境界具有重要意义。

（一）确立社会主义出版荣辱观，营造"诚信发行"的环境

中央把以"八荣八耻"为主要内容的社会主义荣辱观列入了构建和谐社会的框架之中，作为出版发行业应对"八荣八耻"有一个深刻而全新的认识。出版荣辱观这个题目，我第一次是在 2006 年 8 月召开的出版界部分单位学习胡锦涛总书记"八荣八耻"的座谈会上讲过，修改后在有关媒体上发表。现在结合发行业的实际，把出版荣辱观"八荣八耻"的内容提要如下：

1. 以出版发行热爱祖国、捍卫和弘扬中华民族灿烂文化的出版物为荣，以出版发行危害祖国、歪曲中华民族灿烂文化的出版物为耻。

2. 以出版发行服务人民、"三贴近"① 的出版物为荣，以出版发行背离人民、质量低劣的出版物为耻。

3. 以出版发行崇尚科学、健康向上的出版物为荣，以出版发行愚昧无知、宣扬封建迷信的出版物为耻。

4. 以辛勤劳动、创制出版发行高质量的出版物为荣，以好逸恶劳、出版发行跟风炒作的出版物为耻。

5. 以团结互助、出版发行"双效"的出版物、促进书业市场兴旺为荣，以损人利己、盗版盗印、不正当竞争、出版发行低水平重复出版物、扰乱书业市场为耻。

6. 以互惠互利、诚实守信、恪守出版发行职业道德为荣，以见利忘义、买卖书号、搞商业贿赂为耻。

7. 以遵纪守法、出版发行舆论导向正确的出版物为荣，以违法乱纪、出版发行淫秽色情、违反社会公德的出版物为耻。

8. 以艰苦奋斗、出版发行形式简朴、典雅大方的出版物为荣，以奢侈腐败、出版发行片面追求装帧豪华和高额利润的出版物为耻。

诚信作为一种最基本的精神力量，是繁荣出版发行业的最基本的精神动力。达到出版发行工作者与出版环境的和谐，最关键的是以"八荣八耻"为主要内容的社会主义出版荣辱观的确立，从而为"诚信发行"的建构提供坚实的道德基础。

（二）坚持以人为本，建设出版发行工作者的心理环境

出版发行大业，人才为本。构建"诚信发行"及和谐出版，要更新人才观念和用人观念。要建立一种有利于人才脱颖而出和充分发挥才能的机制，增强出版发行业的竞争能力。《中共中央关于构建社会主义和谐社会若干重大问题的决定》把坚持以人为本作为构建社会主义和谐社会需要遵循的首要原则，这充分体现了我们党和政府的执政理念，体现了社会主义的生产目的，体现了科学发展观的本质要求，这也是构建"诚信发行"和谐出

---

① 见本卷第 550 页注②。

版的根本出发点和落脚点。孟子有句名言："天时不如地利，地利不如人和。"① 我们提出的构建"诚信发行"的机制，实际上就是一个巨大"人和"工程，或者说是出版发行工作者走向出版境界的一面旗帜。

实现发行业人与人之间的和谐，离不开各个发行成员之间的互相认同与接纳，而这种认同与接纳又主要依赖于人们能否用诚信的态度来处理人际关系。发行要有对读者负责、对社会负责的理念。如果发行业人与人之间能够做到相互理解、相互尊重、相互支持、相互合作，心往一处想、劲往一处使，就能形成推进出版发行业飞速发展的强大力量。

诚信发行，还要促进发行工作者的心理和谐。我们强调自身修养、自我完善，塑造健全的人格和良好的意志品质。通过"诚信发行"及和谐出版的熏陶和哺育，必将提高发行工作者的境界、情趣、品位，培育乐观、豁达、宽容的精神，有效调节情感和心理，塑造自尊自信、理性平和、积极向上的发行心态。出版发行业是否和谐，很大程度上取决于全体成员有没有共同的理想信念。共同的理想信念体现共同的奋斗目标，反映着共同的根本利益，激励大家团结一致，为实现共同的和谐出版的目标而奋斗。

党中央构建和谐社会的宏伟目标，给出版业的是机遇，同时又是更新更艰巨的任务。相信广大出版发行工作者满怀诚信、满载精品，在新年的钟声里扬帆起航，一直迈进诚信发行及和谐出版的明媚春天！

---

① 出自《孟子·公孙丑下》。

加强行业自律，建设诚信体系，为促进出版业大发展大繁荣而努力*

一年一度的北京图书订货会，已经成为内地出版界以及港、澳、台地区出版界和海外华文书业界朋友大聚会、大团圆的行业盛会。两岸业界的同人在这里一起交流、探讨华文出版业的发展之路、繁荣之路，共谋中华民族文化的振兴和发展，让华文图书走向世界，这是炎黄子孙继承发扬民族文化的一件十分有意义的事情。在这新年伊始，中华民族的传统节日——春节临近之际，我首先代表中国出版工作者协会、代表北京图书订货会组委会，向与会的出版发行界的朋友，尤其是来自港澳台的同胞和海外的侨胞，致以亲切的问候和崇高的敬意。

"2008 北京图书订货会高层论坛"确定"加强诚信体系建设，促进出版业大发展大繁荣"这个主题，是学习贯彻党的十七大精神的具体体现。胡锦涛总书记在党的十七大报告中突出强调了加强文化建设、提高国家文化软实力的极端重要性，对兴起社会主义文化建设新高潮、推动社会主义文化大发展大繁荣做出了全面部署。因此，建设出版业诚信体系，发展繁荣出版事业，增强我们国家的文化软实力，是摆在我们出版业面前的一个重要课题和新的历史使命。

今天，我在这里，结合个人学习理解党的十七大的精神，从出版行业协会的角度，就如何发挥协会职能，加强行业自律，建设出版业诚信体系，促进出版业大发展大繁荣，谈一点自己的认识和想法。

---

*　这是于友先同志 2008 年 1 月 8 日在"2008 北京图书订货会高层论坛"上的演讲。

一、市场准入规则，确定了诚信体系建设的必然性

我国出版业正沿着社会主义市场经济的道路深入发展，随着出版发行体制改革的深化，出版业的企业化、市场化程度越来越高，这客观上对行业道德和诚信体系建设这个思想前提，提出了更高的要求。在学习贯彻十七大精神中，刘云山同志提出："要深入开展'共铸诚信'活动，加强政务诚信，商务诚信，社会诚信建设，培养诚信观念规则意识，推动建设社会信用体系，形成诚信为本、操守为重、守信光荣、失信可耻的社会氛围。"

新闻出版总署党组对出版业的诚信体系建设非常重视，2007 年 9 月 19日召开了全国出版发行业诚信体系建设电视电话会议，总署做出决定，将按照经济体制的要求，建立以"企业（法人）准入、市场准入、职业准入、岗位准入"为基础的出版业"四大准入"制度，构建公开、公正、平等、规范的行业管理体系，形成出版发行业诚信建设的长效机制，促进行业发展。

行业管理引入"准入"制度，可以说是政府管理职能进入科学化的一个重要标志。这是我国加入世界贸易组织（WTO）后，政府主管部门提高政府职能的举措，也是与世界接轨的举措。

市场准入制度是国家对市场主体资格的确立、审核和确认的法律制度，包括市场主体资格的实体条件和取得主体资格的程序条件，其表现是国家通过立法，规定市场主体资格的条件及取得资格的程序，并通过审批和登记程序来执行。这是国家对市场基本的、初始的干预，是政府管理市场、干预经济的制度安排，是国家意志干预市场的表现，是国家管理经济职能的组成部分。自然人、法人和其他组织从事经济活动的权利能力和行为能力都将由法律特别确认，必须通过一定的程序获得，如登记、许可。

"准入"制度既是对市场主体进入市场的约束，又是鼓励市场主体进入市场的引导。市场准入制度就是公开的法律，它是国家对市场主体资格的态度，明确禁止什么、限制什么、鼓励什么，使欲进入市场的主体能够对政府行为，甚至间接对其他市场主体的性质状况有一定确定的合理预期。

就市场准入而言，它是指商品、劳务与资本进入市场的程度许可。比如，食品质量安全市场准入制度，就是要保证食品的质量安全，具备规定条件的生产者才允许进行生产经营活动、具备规定条件的食品才允许生产和销售。

图书商品将来实行"四大准入"后也是如此，无论是国有企业、集体企业、合资企业或个体企业，若要进入市场，必须取得准入资格。要从事图书出版发行行业，首先必须按政府规定的"准入"制度，取得从事图书出版发行的企业（法人）准入资格；出版企业生产的图书商品要进入市场流通，那么首先必须让欲进入市场的图书商品取得市场准入资格；假如个人要选择图书出版发行这个职业，那么个人必须获得职业准入资格；在图书出版发行行业内就职某种岗位，那个人必须获得这种岗位准入资格。

市场准入以鼓励企业间公平竞争的规则为基础，用管理来实现市场的合理竞争和适度保护。它的作用通过对管理对象资质的制约、对产品质量的制约来体现。公平竞争依赖道德诚信的支持；制度的执行力，同样依赖于道德诚信的支持，离开了道德诚信，公平竞争不可能实现；离开了道德诚信，准入制度的执行也形同虚设。有了诚信，制度仅仅是一种概念，企业和商品就能在制度下自由运营；诚信缺失，制度可能就成为利剑，违规者和不合格商品必然处处受到制度的制裁。常言道："言而无信者不可交。"诚实守信，既是为人之道，也是人与人之间，企业与消费者之间，企业与企业之间，政府与企业之间相互联系、交往、处事的基本原则。孔夫子说："人而无信，不知其可也。"① 一个人不讲信用，他在社会上怎么能立住脚。没有诚信，市场准入规则便无法实行；一个行业，如果没有健全的诚信体系，行业的发展和繁荣便无从谈起。

二、市场竞争规律，决定了诚信体系建设的迫切性

随着市场经济体制的实现与成熟，激励机制、竞争机制的引入，有效地

---

① 出自《论语·为政》。

促进了我国出版业的发展和繁荣。体制改革全面展开，各出版集团相继成立，各省发行集团先后挂牌进入市场运营，继上海新华传媒集团和四川新华文轩连锁公司上市之后，辽宁出版集团也已上市，这标志着我国出版发行体制改革进入了一个新的阶段。出版物无论数量、质量还是销售，都呈现稳步上升的趋势；市场氛围健康，总体竞争秩序良好；全行业出现了认真贯彻落实党的十七大精神，为全面建设小康社会做贡献的可喜局面。但是，市场同样是双刃剑，有利必有弊。竞争愈来愈激烈的国际市场，让我们在发达国家面前更显差距；国内出版发行企业对市场机制仍表现出某种程度不适应，还存在一些不和谐因素，影响着市场的秩序和行业的良性循环。

第一，文化软实力的强弱直接影响国家的整体竞争力。

改革开放以来，相对于我国经济和军事为代表的硬实力，作为国家软实力重要部分的出版业，还没有与硬实力同步发展和加强。最近几年，尽管我国相继在法兰克福、俄罗斯书展举办了"主宾国"活动，今年还将在韩国书展当"主宾国"，但是，比起美国和欧洲的出版业，我们还很弱。多年来我国图书进出口贸易逆差一直在10∶1左右，出口的图书也主要销到一些亚洲国家和我国港、澳、台地区，对欧美的图书贸易逆差则达100∶1以上。仅2004年，我们从美国引进图书版权4068种，输出仅14种；从英国引进2030种，输出只有16种；从日本引进694种，输出也只有22种。2005年，我国对美国版权贸易的逆差是4000∶24。北京国际图书博览会上，国内出版社输出和引进版权的比例约为1∶8。我国图书潜在市场这么大，可我国的图书纯销售，几乎跟国外的一个出版集团的纯销售差不多。

随着数字出版、游戏产业等文化产业日益发展，软技术、文化力也将成为出版产业核心竞争力。技术文化的落后，会直接导致产业的落后。例如，网络游戏市场基本被外国公司开发的软件所占领，DVD的市场节目源也基本依赖海外。

我国出版业在国际市场竞争力的弱势，实际上影响着国家软实力，影响着国家整体竞争力，我必须从这一高度来认识建设诚信体系的迫切性，认识促进出版业发展与繁荣的紧迫感。

第二，市场竞争无序现象多数源自诚信缺失。

书店拖欠出版社书款现象普遍而且严重，有的出版社、出版集团已经对个别一级批发经销商停止供货，虽还没形成台湾界对金石堂那样的联合制裁，但已经表明这个问题的严重程度。反过来，出版社欠纸厂纸款、欠印刷厂印刷费、欠作者稿费的事情已不鲜见。（注：我听到业内不少人说，我们书业这个文化产业，是全国所有行业里诚信最差的一个行业。据说，工商银行早在十几年前就因为我们缺乏诚信，停止为我们出版社代办托收书款的业务。原因是书店常常以"数量不符""经办人出差""图书有损坏"等种种理由拒付，其他行业很少见这种现象，而书业却是普遍现象。现在全国出版社收书款只能带着增值税发票全国跑，今天，我们出版业还在用这种原始的交易方式经营现代图书，这不能不说是一种讽刺。）

高定价、低折扣图书，屡禁不止，已经引起中央领导同志的关注。这事三令五申，但一部分出版单位依然我行我素，继续与民营文化工作室出版高定价低折扣的所谓礼品书、珍藏书。

经销商之间的折扣战不止北京有发生，有的书店对外宣传是让利读者、为出版社减库存排难解忧，但新书上架3个月就打折，这是不是为了降库存？让利全部让出版社承担，自己不让，这是不是公平？同地销售，别人不打折，你搞全场打折，这算不算不正当竞争？逼出版社让利，出版社反过来提高定价，最后损害的是不是还是读者？这些界限都有待认真研究达成共识。还有网络"会员制销售"，贝塔斯曼的会员打折销售，是出版社销售两年以上的库存书和租型专印的"会员版"图书。我们网上打折同步销售新书，是不是同样存在扰乱市场的秩序问题？

第三，内功不硬难以参与市场竞争。

新闻出版总署署长柳斌杰同志，2007年9月19日在全国出版发行业诚信体系建设电视电话会上的讲话中指出："个别单位不是在提高自身实力和竞争力上下功夫，而是在钻政策空子上动脑筋，使得虚假注册、偷税漏税、买卖书号、一号多书、制售盗版、商业贿赂等行为屡禁不止，严重扰乱了市场秩序。"

据我了解，靠卖书号维持生计的出版社不是个别。（注：据了解，靠卖书号过日子的出版社，社长批选题，实际是批书号，全社总编室的权力最大，因为总编室管书号；全社得实惠最多的是编辑，编辑卖书号得的利可以提成15%—20%，一年卖出10个书号，比自己找选题出书挣奖金要保险得多；全社最困惑的是发行部，没有上市场的书，跟书店没有生意做，社里没有业绩，业内没有面子，工资低、奖金少得可怜，生活困难，人心浮动。）

改革只改工资管理制度是不完善的，出版主业不见成效，工资来源依赖于教材、"三产"房租、卖书号甚至卖版号，是无法加入主业的竞争。（注：老总的年薪上去了，年收入好几十万的老板与员工的收入差距拉大了，最高达十几倍，人心却散了。）

第四，合法、依法经营是诚信的最低标准。

出版界抄袭的官司时有发生，个别出版社还出伪书。不法书商盗印、假冒印制畅销书已成顽症，骑三轮车销售10元钱一册畅销书的不法摊贩，大街小巷处处可见，严重地扰乱图书市场的正常秩序。

以上种种，不难看出我们出版业对市场机制表现出一定程度的不适应。竞争与诚信是一对矛盾，它们是对立的统一。竞争是无情的，但不是不择手段，不是可以不讲诚信；诚信是无条件的，但也不是无原则交易，不是放弃竞争。竞争只有在诚信体系的保障下，才能做到公平、公正；反之，诚信也只有在竞争中得以检验和发挥作用。改革开放，目的在解放生产力，上述差距和不诚信行为，是阻碍生产力发展的不和谐因素，都应该在改革和摒弃的范围之列。我们需要强调的是，在诚信的体系保障下竞争，在竞争中建立行业诚信。

三、发挥协会功能，为建设诚信体系办实事

中国出版工作者协会，作为目前的行业社团，将遵照党的十六届六中全会的《中共中央关于构建社会主义和谐社会若干重大问题的决定》提出的"发挥行业协会、学会、商会等社会团体的社会功能，为经济社会发展服务"的要求，在中宣部和新闻出版总署的直接领导和指导下，逐步向行业协会过渡。按照党的十七大和国务院有关文件精神，找准位置，明确责任，充分发挥协会的社会功能，做好政府和企业联系的桥梁与纽带，在行业自

律、规范市场、建设诚信体系方面做几件实事。

一是继续搞好"三项学习教育活动"①。这是新闻出版总署根据中宣部的统一部署，交给协会做的一件大事。加强社会公德、职业道德、家庭美德、个人品德建设，已经写进了胡锦涛总书记的工作报告。"三项学习教育活动"的基本内容和根本目的，就是要强化职业道德教育，增强从业人员的使命感和责任感，它与诚信体系建设是完全一致的，是一项行业建设的长期任务，我们将善始善终继续抓紧抓好。在新的一年里，除了继续搞好培训外，重点抓好典型培养和宣传工作，拟组织先进模范人物进行巡回演讲，巩固"三项学习教育活动"的成果。

二是建立行规行约。企业在市场机制下进行经营活动，其职业道德、经营作风，靠经营者自觉维护和舆论监督是一个方面，行规行约的制约也是不可缺少的一个方面。市场秩序和行业监督，光务虚不行，必须务实。前一段时间在新闻出版总署的直接指导下，中国版协与中国书刊发行业协会（以下简称中国发协）、中国新华书店协会共同起草了《图书公平交易规则》，同时推广使用规范合同文本。这是我国第一个由行业协会来组织制定的行业规则。此规则对从事图书交易的供货商（即出版社、代理总发行企业）和经销商（包括总发行企业、批发企业和零售企业），在图书进入市场交易活动后的方方面面，包括图书宣传、征订、定价、折扣、发货、包装、运输、损耗、上架销售、退货、结算周期等各个环节，分别制定了各自的责、权、利和工作标准，努力做到量化和可操作，有望对规范市场秩序发挥积极作用。行业规则，必须让行业成员当作自己的规则，大家来参与制定，大家来共同遵守，这样才能保证它的群众性、普遍性和约束力。为使这个规则更符合我国出版业的实际，真正具备规范市场、维护秩序、惩戒不良经营行业的制约作用，提高它的权威性、科学性和可操作性，规则在广泛征求各方面意见的基础上，年前，在新闻出版总署出版发行管理司的直接指导下，我们三个协会，召集了全国数十家供货商和经销商来京专题研讨修改这个规则。现在这个规则已经基本成形，还要征求意见，最后经新闻出版总署党组讨论通

① 见本卷第542页注①。

过。不管是以总署名义颁发，还是以三个协会的名义颁布，新闻出版总署都将下文，把它作为企业准入市场的规则来执行。

三是修改完善《中国出版工作者职业道德准则》。《中国出版工作者职业道德准则》是 1995 年 1 月 23 日，中国版协三届二次常务理事会通过，于当年 3 月 28 日公布试行。1997 年 1 月 28 日，新闻出版署、中国版协联合召开全国出版系统电视电话会议，公布了重新修订的《中国出版工作者职业道德准则》。2005—2006 年，中国版协再一次请各地版协协助，自下而上广泛征求意见，重新进行修改，最后经新闻出版总署党组审定，2006 年重新向全国颁布。今年我们将根据党的十七大精神，重新修订《中国出版工作者职业道德准则》，增强它的可操作性，使它真正成为我们行业道德的标尺，有效地培养从业人员的职业道德，营造行业的良好环境。

四是搞好出版发行单位的互评活动。中国版协与中国发协已经成功组织了 2006—2007 年度的"诚信经营、优质服务"出版发行单位社店互评活动，刚才总署领导和协会领导已经向 20 家出版单位和 30 家发行单位颁发了证书和奖牌。这是建设诚信体系的一项重要的活动，也是为《图书公平交易规则》出台做前奏、造舆论、搞声势，同时也是在业内树立榜样，表彰先进。我们将继续与中国书刊发行业协会一起，在总署出版物发行管理司和监察局的指导下，每两年举办一次这项社店互评活动。今后的社店互评，《图书公平交易规则》的执行情况将是评比的一项重要依据。

五是建立出版发行单位的诚信档案。《图书公平交易规则》颁布之后，必须有一个监督核查业内企业执行交易规则情况的机构。中国版协、中国发协和中国新华书店协会，将成立一个核查咨询机构，负责规则执行情况的核查和咨询。将对全国出版单位和发行单位建立诚信档案。对群众和单位检举和举报的违规行为进行核查，核实后记入诚信档案，并同时将问题提交总署主管部门处理。我们还将与行业媒体合作，在媒体曝光违规行为，对行业诚信体系建设进行舆论监督。

让我们按照新闻出版总署关于出版发行业诚信体系建设的统一部署和要求，人人参与、携手共抓，形成行业整体合力，共同抓好出版业诚信体系建设的各项工作，为促进出版业的大发展大繁荣共同努力！

二、出版人才培养

培养跨世纪人才是实现"阶段性转移"的关键性工程[*]

一、培养人才是新闻出版事业健康繁荣发展的根本保证

党的十一届三中全会以来，根据邓小平同志提出的"尊重知识，尊重人才"的重要思想，我们的党和国家把培养人才的问题摆到了前所未有的重要地位，新闻出版部门与全国许多行业一样，在这方面做了大量的工作，取得了显著的成绩。由于新闻出版业是知识密集型的行业，我们在努力体现"尊重知识，尊重人才"精神的过程中，还更加注意了社会主义精神文明建设对新闻出版人才的特殊要求，积累了一些符合新闻出版行业自身发展规律的经验和体会。

社会主义的新闻出版事业既是党的宣传思想阵地，又是服务于人民群众的科学文化工作。它担负着积累和传播科学文化知识，促进科学文化事业繁荣，为实现跨世纪的宏伟目标提供有力的精神动力、智力支持和文化条件的重要使命。要完成好这一光荣而又崇高的任务，没有人才不行，人才少了不行，仅有普通人才也不行。所以，培养一大批高素质、高层次的新闻出版专业人才，应该成为跨世纪人才培养工程的重要目标，培养跨世纪人才是实现"阶段性转移"① 的关键性工程。

---

* 此篇原载《新闻出版天地》1996 年第 3 期。
① 见本卷第 524 页注①。

韩愈说："世有伯乐，然后有千里马。"也就是说，只有有了识才者，人才才能脱颖而出。在出版工作中，编辑就应当成为伯乐式的人物，善于发现有才学、可造就的作者。巴金的处女作《灭亡》是通过叶圣陶编的《小说月报》问世的，而曹禺的剧作《雷雨》则是通过巴金举荐发表的。如果说巴金的成长是靠叶圣陶的栽培，那么曹禺的崭露头角则与巴金分不开，巴金既是"千里马"又是"伯乐"。伯乐能够识别"千里马"，不能不说是人才，甚至是稀有之才，难怪后世感叹道："千里马常有，而伯乐不常有。"

从上述事例中我们可以看出，发现人才、造就人才是我们新闻出版工作者的应尽职责和分内工作，除了要有求贤若渴、甘于奉献的精神，更重要的还是要提高自身的修养和素质，练就识才的慧眼，学会伯乐的本领。各行各业都在呼唤人才，而新闻出版业对人才素质的要求更高，因为以发现和培养人才作为本职工作的行业，必须加倍地重视人才、爱护人才、发掘人才和提挈人才。从这个意义上讲，新闻出版行业启动跨世纪人才培养工程是面向世界、着眼未来的功德之举，对于新闻出版业的持续发展和健康繁荣，对于完成党和人民赋予新闻出版工作的神圣使命，具有深远的意义。

二、跨世纪的新闻出版业呼唤着跨世纪的人才

随着新世纪的临近，新闻出版界的同志们常常谈论着一个话题：我们将把一个什么样的新闻出版业带入 21 世纪？这是行业内外几乎所有关心中国新闻出版业前途和命运的人不容回避而又不懈求索的问题。进入 21 世纪的中国新闻出版业将会是个什么样子？我们今天似乎还难以确切地加以把握，但我们必须依靠跨世纪的一代中国新闻出版工作者来把中国的新闻出版业带入 21 世纪，这是不言而喻的。所以，着力培养和造就一支年轻有为、奋发向上的新闻出版队伍，就成了我们老一辈和新一代新闻出版工作者的共同企盼和现实思考。

重视人才、培养人才是中国近代新闻出版事业发展史，特别是中国革命的新闻出版事业发展史的一个优良传统。明年商务印书馆建馆 100 周年，百年历程可圈可点之处甚多，但尊重知识、重视人才是最值得我们珍视的经

验。商务印书馆是由当时掌握了先进思想的中国人创办的一家掌握现代印刷技术、逐渐具有相当出版规模的出版机构。可以说，商务印书馆的建立，是我国近代出版业诞生的重要标志。商务印书馆所走过的历程，也是中国出版业的百年沧桑、百年求索、百年奋争的真实写照。戊戌变法失败后被清政府革职的张元济先生应商务印书馆的创始人夏瑞芳之请加入了商务印书馆。有感于清政府的腐败和列强的欺辱，张元济先生大声疾呼："时至今日，培养人才最为急务。"至此，重视人才、网罗人才、依靠人才，就成为商务印书馆发展壮大的法宝。商务印书馆能够历经百年磨砺而生存发展，就在于它曾经罗致了沈雁冰、郑振铎、胡愈之、王云五、陈叔通、周建人、竺可桢、叶圣陶、顾颉刚、陈翰生等一批当时中国最杰出的学者和专门人才。我们党最杰出的领导人之一陈云同志革命生涯的初始阶段就是在商务印书馆度过的。商务印书馆不仅大量罗致人才，而且还把优秀人才作为主要的资源予以依靠和发掘。蔡元培、陈衡哲、冯友兰等著名学者都为商务印书馆编写过教科书。在中国近代出版史上，商务印书馆培养人才的功德更是有口皆碑，中华书局的创办人陆费逵、开明书店的创始人章锡琛、世界书局的沈知方等人都曾在商务印书馆工作和学习过。

培养人才，发现人才，更是我国进步和革命新闻出版事业的光荣传统。许广平同志在回忆鲁迅先生重视人才培养的时候说："先生每编一种刊物，即留心发现投稿者中间的可造之材，不惜奖掖备至。稍可录用，无不从宽。"经鲁迅先生培养而成长起来的冯雪峰、张天翼、巴金、欧阳山、沙汀、艾芜、冯至等等，都成为中国革命文化战线的杰出人才。中国革命出版事业的杰出代表邹韬奋同志在开办生活书店等革命实践中，也培养了大批的优秀人才，其中许多成为中华人民共和国出版战线的中坚力量。今天我们提出新闻出版系统跨世纪人才培养工程，正是要承继中国近现代和革命的新闻出版事业的优秀传统，并努力使之在新的历史条件下发扬光大。

新闻出版事业必须重视人才培养工作，是由其所担负的任务和工作性质决定的。近代科技革命所造成的工业社会，使得知识的积累和传播成为社会进步的主要动力，于是新闻出版业在规模、速度方面取得长足的进步和发展。现代科技革命，特别是信息革命使得新闻出版业对社会全面进步的作用和影响更加突出。新闻出版业在努力服务于人类的科技文化进步的同时，自身也在不断地发生革命性的变化。不仅表现在编、印、发、供等技术手段的现代化，而且表现在纸、磁、光、电等出版物载体形式的多样化。多媒体时代的到来，将使我们的思想观念、工作方式发生深刻的变革，这不仅仅是出版介质的革命，更重要的是思想观念的革命。多媒体时代对出版人才的要求越来越高。因为"信息高速公路"上不可或缺的是"交通工具"，然而所有的"交通工具"都必须有合格的"驾驶员"。多媒体出版是融语言、文字、艺术、通讯、影视、计算机等学科群于一身的新兴领域，在学科上具有交叉性、边缘性和综合性，它对人才的知识结构提出了近乎苛刻的特殊要求，无论是搞出版的、搞艺术的，还是从事电脑的，都存在某种缺憾，都不能完全满足和适应多媒体出版工作的要求。未来出版业的各种竞争将更趋激烈，如选题的竞争、技术的竞争、资金的竞争、价格的竞争，但最根本的还是人才的竞争，谁赢得了多媒体出版的人才，谁将赢得出版物的市场，将在 21 世纪的出版业中占领制高点、拥有发言权。多媒体的时代呼唤着复合型的出版人才，这是我们实施新闻出版系统跨世纪人才培养工程时必须正视并回答的历史性课题。

三、"政治强、业务精、纪律严、作风正" 是跨世纪人才的标准

"政治强、业务精、纪律严、作风正"① 全面体现了新时期、新形势对新闻出版队伍建设的总体要求。建设一支"政治强、业务精、纪律严、作风正"的新闻出版队伍，应当成为我们跨世纪人才培养工程的根本任务。

"政治强"，是指我们新闻出版工作者要坚持正确的政治方向，坚持正确的政治立场，树立正确的政治观点，保持清醒的政治头脑，具有较强的政治鉴别力和政治敏锐性。如果我们迷失了方向，就会误入歧途，给党和人民

---

① 江泽民 1996 年 9 月 26 日在视察人民日报社的讲话中提出："努力培养一支政治强、业务精、纪律严、作风正的新闻队伍"。

的事业造成损失。所以"政治强"的核心还在于坚持正确的政治方向。只有把握好办社、办刊、办报、办店、办厂的政治导向，才能在风云变幻的复杂环境中旗帜鲜明，在竞争激烈的市场经济中站稳脚跟。出版行业开展岗位培训和实施持证上岗制度，最重要的一条就是要确保出版人员（尤其是出版单位的领导干部）的政治素质达标合格。

"业务精"包括钻研业务、熟悉业务、掌握业务和精通业务。新闻出版业务知识涉及很宽的范围，既有政策法规知识，又有经营管理知识；既有编、印、发直接相关的知识，又有文、史、哲间接背景的知识；既有对口的专业知识，又有触类旁通的非专业知识。新闻出版工作者只有用专门的业务和相应的科学知识来充实和武装自己，才能胜任其岗位、做好其工作。随着科学技术发展的突飞猛进，随着新闻出版业现代化水平和科技含量的增高，对新闻出版队伍的知识构成、智力要求也在不断地提高。努力精通业务、更新知识，做到博学多才、一专多能，才是进入新世纪的捷径和坦途。

纪律是人们在社会生活中必须共同遵守的行业规则，包括行业团体制定的各种规章制度、条例守则，如社纪社规、厂纪厂规、店纪店规等等。目前我们队伍中的软弱涣散现象、违法乱纪现象还时有发生，建立一支服从大局、纪律严明、自觉遵守党的宣传纪律、模范履行社会主义公民义务的新闻出版队伍是实施跨世纪人才培养工程的一项重要任务。

作风是指人们在学习、工作和生活中表现出来的稳定态度和一贯行为，它包括思想作风、工作作风、生活作风等等。除个人作风之外，每一个组织、单位和团体也都有自己的作风，如党风、团风、社风、厂风、店风等等。良好的作风是人们团结一致、振奋精神、克服困难、完成任务的重要保证。质量是出版物的生命，没有质量的"繁荣"，是虚假的繁荣。质量靠什么去保证，关键一条就是要有一丝不苟、精益求精的作风，严肃认真地对待错误、正视错误、分析错误、消灭错误。这是作风正派的新闻出版工作者的己任，也是职业道德对他们的要求。

总之，我们要在实践中造就一支信念坚定、思想敏锐、知识渊博、学风优良，掌握马克思主义、毛泽东思想，特别是邓小平建设有中国特色社会主义理论，又善于联系实际的新闻出版队伍。

关于我国出版业开展
博士生教育的构想*

一、紧迫性与必要性

入世不仅使我国出版业面临的问题更加复杂化和尖锐化，而且更使其深层次化和集中化了；江泽民同志近日在中央党校省、部级干部进修班毕业典礼上再次强调，要在建设有中国特色社会主义的道路上实现中华民族的伟大复兴。这一切，聚焦到我国的出版业，就是要加速培养我国高层次的出版人才。中国版协应该为培养高水平的出版人才开展工作，做出贡献。

二、可资借鉴的国际经验

世界上出版业比较发达的国家，如美国、德国、英国、法国、荷兰、日本等，尽管其国有大小、实力不等，但有一条经验是相同的，这就是都非常重视出版培训和高学历教育。在这些方面，法国出版业的做法和经验很值得研究与借鉴。

概括起来，法国的出版教育发展经历了以下四个阶段：

第一阶段（20世纪初期）：法国出版教育的形成期。主要体现在书业联合会的出版培训课程设置和出版社内部培训计划上。这首先是由于书商们意识到教育培训的重要性而被确定下来的。

＊ 这是于友先同志2002年6月6日撰写的文章摘要。

第二阶段（20世纪50年代中期）：出版教育的重要性被人们普遍承认，而且得到法国政府正式承认。原先的技术证明演变为出版职业证书。

第三阶段（20世纪60至70年代）：整个出版教育由法国书业联合会主办，进而成为一个完全独立的实体，专门致力于出版教育事业。其经费的半数来自出版社缴纳的社团培训税所形成的培训基金。在迅速发展壮大的情况下，1973年由政府提议，出版商国际联盟、出版培训组织和巴黎第13大学共同签署一项协议，在该大学设置出版专业博士学位。

第四阶段（20世纪80年代至今）：由于出版新技术的发明应用和出版业的国际化，图书贸易人员的培训和高层出版人才的需求引起极大关注。为适应新的情况和要求，原来的博士学位分为两个方向：一是以销售代表、书商、发行商和国际市场销售管理人员为培养对象，专业重点是出版物市场规律的研究与学习；一是高级出版专家研究证书（DESS），这是一项博士后课程计划。旨在培养从事协调、生产、多媒体出版产品消费等各个方面的高级人才。今天，在法国从政府、研究单位到整个出版界形成了如下共识：出版界需要在学术领域开展具体的教育培训工作，这种需求比以往任何时候都更加强烈，尤其是培训各种类型的出版决策人才。

其他如德国、美国、英国等也都十分重视出版业的高学历教育。

三、我国开展出版学博士生教育的初步构想

第一，正确借鉴国际经验和充分吸取我国在培养新闻学博士方面的成功经验。上述法国的做法和经验，有助于增强我们开展出版高学历教育的意识和紧迫感。以中国社科院和人大为代表的培养新闻学博士的经验，在这方面更具直接性和亲切感。此外，武汉大学的信息管理学院、北师大的中文系自去年起，分别从信息管理和国外大学出版社比较研究的角度招取少量博士生，也当关注。

第二，拟开设下列课程与专题研究：①现代传播学前沿理论研究；②现代出版产业研究；③有中国特色的出版产业发展战略研究；④世界名出版集团、名出版家、名出版发行商研究；⑤现代出版产业经营与管理研究；⑥原

创性出版物与品牌研究；⑦中国出版资源综合开发研究；⑧出版网络化、数字化研究；⑨出版传媒集团与管理创新研究；⑩出版的国际化和本土化研究；⑪出版的集约化、多元化、专业化研究等。

第三，尽快制订中国社会科学院新闻研究所和中国出版工作者版协联合招生计划，并尽快落实我国第一届出版学博士生招生计划和相应措施。

德·能·识

——论出版人的三境界*

20世纪是现代出版产业飞速发展的世纪。在这百年岁月中，现代杰出的出版人集德、才识、学识、胆识于一身，参与着现代社会生活的发展与变革，确证着自身存在的巨大价值。

德、能、识——是现代杰出出版人的三个崇高境界，也应该是新世纪出版人努力追求并达到的。

一、从"德"这一品格讲，现代出版人应该把社会道德和职业道德完美地统一于一身

社会道德是衡量一个人承担社会责任自觉程度的砝码。对现代出版人来说，在职业行为和言行举止中自觉地用社会道德来规范自己是十分必要的。

除了受普遍性的社会道德的约束外，现代出版人更要严格恪守出版职业道德。由于出版业肩负着启迪民智、普及教育、传播文化的重要历史使命，所以中西各国历来都很重视出版人的职业道德建设。德国杂志出版业在1956年发布了《德国杂志组织纲领》，其中规定：杂志不得发表可能危害青少年正常教育及可能有碍健康气氛建立的文字与图画，等等。日本1957年发布的《出版伦理纲领》要求出版人做到：①出版物必须有助于学术的进步、文艺的繁荣、教育的普及、人心的高扬。②出版物必须以理性和高尚的

---

* 此篇原载《中国出版》2003年第4期。

情操，为正确地形成民众的生活、丰富民众的生活发挥创意指导作用。……

对于现代出版人来说，他在职业行为中所表现出的职业道德意识应当是理性的和自觉的。出版史表明，那些一心为了读者、一心为了大众，专出健康的、高质量的出版物的出版家总是为广大读者所肯定、所颂扬；而那些出版了不健康、不道德的出版物的出版者不是受到大众舆论的谴责，就是受到法律的严惩。世界各国都制定有禁止淫秽出版物或禁止对青少年有毒害的出版物出版的禁令。当然这已超出了道德所辖的范畴而进入了法律的直接管理。由此也可以看出，道德意识在出版业中必须是自觉的、自为的。

出版道德不仅是一个理论问题，更是一个实践问题。在西方，如纽豪斯集团及一些垄断报团，其出版宗旨完全以赢利为目的而不是以人民的意愿为目的，经常出版一些不讲社会道德的出版物，这种弱化出版道德标准的行为，是有悖于人类整体发展的目标的。当然，出版史上还有无数正派的著名出版人，他们的出版实践已对出版人的道德规范做出诠释，如中国的张元济、邹韬奋，西方的斯坦利·昂温，足以昭示后人。

二、从"能"的方面讲，现代出版人应该是高层次的复合型人才

从出版产业发生发展的规律和趋势以及出版人所担负的社会责任而言，现代出版产业要求现代出版人应具备适应现代出版业发展的各种能力，即应是高层次的复合型人才。这些能力主要体现在如下几个方面：

（一）文化的选择和缔造能力

人类的出版活动首先是一种文化创造、文化传播和文化积累活动，这既是出版业的出发点，也是出版业的归宿。尽管从产业属性上讲，出版活动同时又是一种经济活动，但当它被当作一种经济活动、一种产业来对待时，它的文化属性更明显地凸现出来。这是由出版活动的本质属性所决定的。出版经济属性尽管十分重要，但不能遮蔽出版活动的文化本位。

因此，作为现代出版活动主体的现代出版人首先要具有文化的选择与缔造意识，或曰能力。具体地讲，现代出版人的文化选择与缔造能力似应体现

于如下三个方面：

第一，组织、策划出版物选题的能力。

与传统出版人主要是被动地从事出版活动不同，现代出版人在现代出版活动中更多地表现为主动出击，表现出很强的组织、策划出版活动的能力。从出版活动的文化属性讲，组织和策划是现代出版人在对出版文化的现状和走势有了充分的了解和把握之后，对自身发展方向的一种确定，是一种有头脑、不盲从的表现；从出版活动的经济属性讲，组织和策划是对出版物文化市场规律的一种清醒的认识和把握，是在市场条件下缔造出版文化大厦的必要步骤。因此，围绕着出版活动的文化属性和经济属性之间的关系，现代出版人在组织、策划出版活动时，首先要突出的便是出版物的文化价值。

在市场经济条件下，出版人主宰着出版物的内在质量。美国学者达塔斯·史密斯在他的《图书出版指南》一书中说，出版者是"整个图书出版事业的直接主宰者"。但是，出版物本身所包含的文化属性和经济属性何者占上风，一直是出版人衡量利弊得失的焦点所在。这迫使出版人在对人类出版活动的本质进行思考后达成共识，即出版人是凭其出版物的高文化品位获得声誉和最后利益的。美国出版界的专家约翰·德索尔在他著的《出版学概论》中说：出版者的作用"不仅体现在图书市场上，而且体现在包括出版业在内的文化和文明之中，为文化传统注入生命活力的股股清泉"。英国享有极高声誉的著名出版人斯坦利·昂温在他那本被西方誉为"出版商的圣经"的《出版概论》里也认为，出版人的工作就是"使他们和那个时代的文化生活密切接触"。他还告诫出版人："如果赚钱是你的首要目的，那就不要从事出版业。出版业的报偿远不只是金钱。"这些从出版实践中得出的经验之谈对现代出版人来说可谓是至理名言。

在当今的出版实践中，现代出版人的组织策划能力表现在出版流程的每个环节上。但就出版的文化本位而言，更着重于选题的开发和决策上。出版人在确立选题时不仅要考虑到国情、作者、读者、国内及国际市场各方面的因素，还要考虑到出版物在推进社会文明和文化建设事业中所起到的独特的作用。因此，选题最能体现出版人的文化选择能力，最能说明出版者所要缔造的文化大厦是个什么样子。

在确立选题的同时，组织和策划某项活动还要处理好眼前利益与长远利益的关系。从出版文化的历史时态来讲，它具有泽被后人、绵延长存的社会特性。当出版人面对眼前利益与长远利益冲突时，应从文化的绵延性上来进行分析、判断，至少做到眼前利益不损害长远利益，眼前利益不危害出版道德，眼前需要应包含长远需要，要有预见性和前瞻性。

第二，书稿的选择和判断能力。

书稿的质量直接决定出版物的质量。书稿的选择和判断是继组织和策划之后进行出版活动的又一步骤，对书稿的质量及其他出版有关的指标要做出明智的判断，对书稿的取舍要做出精当的选择，是现代出版人应具备的能力。

一般地说，书稿最初的选择是基层编辑来完成的，无论是对来稿还是约稿，编辑都要以出版人的眼光对照各项出版条件对其做出取舍，然后送决策层进行审查定夺。

就某一选题来说，所选择的作品是不是这一领域内出类拔萃的？所得到的书稿是不是达到了作者的最高水平而不是粗制滥造的？是否是社会效益和经济效益都好的？这些都是现代出版人在选择和判断书稿时应该考虑的问题。

选择内容质量和两个效益都好的书稿不能坐等书稿送上门，而需要出版人采取主动的方式去组稿，并且要让自己的出版思想贯穿其中。美国学者达塔斯·史密斯说："坐等作者和译者送稿上门，然后罗列出一些毫无特点的图书选题清单的出版者是不可能有好的经济效益的。换句话说，出版者既想为公众利益提供良好的服务，同时又想有好的经济效益，就必须出去组稿。"这也就是说，不单是从文化方面考虑，包括社会效益、经济效益都要以此为基础。实际上，出版人亲自组稿的确是选择稿件的较好办法，这样组来的稿件可以直接契合组稿人的出版意图。但出版组稿人在组稿的过程中，对书稿的影响力能达到何种程度是值得探讨的。对书稿的判断主要基于文化和商业两方面的考虑，其中文化是基础。斯坦利·昂温在《出版概论》中强调："正确的判断力是一个理想的审读人应首先具备的主要素质。但同时还要具备一些做买卖的眼光和本领，对必要性和好处也不要过低地估计。"

他还认为，选择书稿并做出正确的判断，得到作家的信任并能保持这种信任是现代出版人成功的重要因素之一。

选择书稿不可避免地和作者打交道，选择书稿的过程就是和作者交朋友、相互了解的过程，就是发现新作者乃至创作天才的过程。出版界一个明智而高尚的传统是，为新的天才提供各种机会，使他们最终能创作出畅销的著作来。发现作者、培养作者是出版人义不容辞的任务，也是二者相依相存的需要。

第三，出版物的销售能力。

销售出版物就是像德国出版者所说的"在合适的时间把合适的出版物送给合适的读者"。西方出版业将销售和传播相提并论，即是说，销售是从经济方面来考虑，传播是从文化方面来考虑。对出版产业来说，这是一个问题的两个方面。出版物只有被读者阅读，才能实现其文化价值；读者购买了出版物，出版者才能达到赢利的目的，并实现再生产和扩大再生产。西方出版人认为，在整体的图书出版活动中，卖书是最难的，它是"一个富于挑战性的永恒的课题"。

现代出版人必须承担这一具有挑战性的永恒课题。在通盘掌握某一出版物的全部出版情况下，还要制定详细的出版物销售计划，并加以实施。对现代出版人来说，其销售能力是由市场意识的强弱来体现的，具有一定的市场意识和实际的销售能力是每一个现代出版人立足出版业的根本。正如斯坦利·昂温所称："最有效地销售出版物"是出版人取得成功的重要因素之一。

（二）出版管理能力

现代出版产业与其他产业一样必须纳入现代管理理论的框架中才能保障其稳定、健康的活力。实践证明，现代出版人掌握了一定的现代产业管理理论，并将其融入出版业的具体实践中，形成一套行之有效的管理方式，对健全现代出版产业的管理制度是大有帮助的。

一般说，现代出版人的出版管理能力主要体现在如下三个方面：

第一，出版质量管理。

出版物的内在质量（文化含量）是由出版人（编辑、审读人员）通过文化的选择与缔造这一过程来决定的。出版物的外在质量（质量、印刷、装订）是由出版人通过对出版物的印装工序来实现的。出版质量的提高有赖于出版物整体质量的提高，但除了出版物质量的提高外，出版人的服务质量和服务意识的提高也是一个很重要的方面。美国的质量管理理论一直领先于世，其理论基础是："高质量产品不是检查出来的，而是设计和制造出来的，企业要站在买方的立场上，为消费者提供质量好、服务好的商品。"日本称此为全面的质量管理模式。把质量管理理论运用到现代出版产业中，就要求出版人要站在读者立场上，变卖方市场为买方市场，精心策划、出版、销售读者真正需要的出版物，并将服务质量提高到一个更好的层次。

第二，出版人才管理。

出版人才管理是现代出版业发展中的一个重要方面，它属于出版人管理出版人的范畴，即高层出版管理人员对低一级的出版人进行管理，从而形成一种有统一制度规范的、层层约束的管理机制。

一个出版机构肯定要分出许多职能不同却又目标一致的部门，每个部门又都有精通本部门业务但又和其他部门相互配合、利益一致的出版人才。其最高管理层为对公司董事会负责的总经理、出版社社长，其下有为各部门所辖的编辑人才、销售人才、设计人才等，还有专门的印刷、装订部门的工作者及统管全盘财务工作的财会人员等。从这些方面看，现代出版人既是一个合体概念，又是一个分体概念。

实际上，出版行业的确是一个人才荟萃的地方，出版业的竞争就是对人才的智力的竞争。日本出版界学者清水英夫先生在其著的《现代出版学》中对出版人才的论述很有针对意义，他认为："对于出版社来说，人是至关重要的，是命脉。""更须强调指出的是，在完全没有一般企业那种生产设备的出版社里，人就是出版社的机器设备。"这与美国出版家约翰·德索尔认为出版社就是一种"人"的企业的看法是相通的。但是，真正指导各类出版人才统一在一个思想原则之下并非易事，因为每个出版人都是"独具个性"的。清水英夫注意到，出版社是个知识分子高度集中的地方，很容易产生特殊的矛盾和人事纠葛，如果这种纠葛和矛盾处理不当，就会给出版社的工作带来致命的影响。这是因为"那些以出版业为己业的出版者是既具有鲜明个性又具有利己主义性格的个人主义者。这种双重性格是世界上所有出版者的共同特点。"因此，他认为，人与人之间的关系是否融洽是一个出版社能否取得成功的首要条件。强调集体协作及出版机构内部人际关系的和睦是世界上，特别是日本出版业管理者的一个法宝。德国的贝塔斯曼出版集团为了巩固内部凝聚力，倡导"内部伙伴式"的合作精神，并把它作为集团经营思想的基石。这是不同干传统命令式管理方式的重要方面。

对任何出版单位而言，人才管理的关键就在合理用才，既能发挥其独特的个性，又能助长他工作的积极性。具体而言，出版人才管理体现在如下几个方面：

其一，知人善用。对挑选的人才，高层管理应知道他们的专长、专业及工作能力，并配以合适的岗位，以做到人尽其才，最大限度地调动其工作的积极性。

其二，责任分明。把工作人员安置在合适的岗位上，就要把该岗位的责任明确下达给出版人个人，并对下属放开权力，给予充分信任。例如，法国鲍达斯出版社的业务活动全部由责任编辑来承担，责任编辑既要负责选题、组稿、审稿，还要负责出版、宣传、发行销售和经济核算等工作。用他们自己的话来说就是："责任编辑是一本书的母亲。"出版社社长只要批准了责任编辑的选题出版计划，就充分放权，一切工作均由责编出面进行。因此，该社的编辑人员必须熟悉和掌握出版有关的商务、财务、法律等全套出版业务。事实上，一个责任编辑就是一个典型的出版商。

其三，激励机制。在西方出版产业内部管理上，采取一定的激励措施来调动全体出版人的积极性是行之有效的办法。激励机制主要表现为利益激励，利益激励又主要体现于赏罚分明和参股均分上。高层管理者对出版人员的功过赏罚是很重视的。此举可以鼓动干劲，增强责任心。法国鲍达斯出版社每年对职工的工作进行考核，并给予奖励。奖金根据工作成就的大小分发，而不搞平均主义，职工不认真工作则随时都有被解雇的危险。而法国的塞伊出版社则让职工人人参股。他们把该社的全部股份分为3份，其中，两位总裁各占股份的1/3，余下的1/3属全体职工所有。年终利润按股份多少分红。为增加透明度，该社设有职工管理委员会，每年对财务工作、股份情况进行调查，实行经济公开、民主管理。

第三，成本与财务管理能力。

出版社的成本和财务管理属于出版经济学范畴，集中体现了出版产业中商业性的一面。出版人还必须有灵敏的商业头脑，因此属于经济领域里的成本和财务管理等理论知识必须在出版领域里得到运用。

其一，成本管理：出版成本管理的目的在于使出版效益最大化。达塔斯·史密斯根据投入与产出的关系认为，图书出版的一项基本原则就是："每册出版物的生产成本应随印数的增加而下降。"这也是在现代大规模生产条件下的一项基本原则，成本是确定出版物定价和印数的基础。在出版物定价市场化条件下，除了预测出版物实际读者规模的大小，定价对于同一种类的出版物来讲，将成为市场竞争的焦点。因此，降低成本、降低价格，将会增强出版物的竞争力。

成本管理是衡量机构经营管理水平的标尺，利润也是衡量出版机构经营管理水平的一个重要方面，但利润若不与社会效益挂钩就难免会出现利润绝对化的倾向。因此，强调成本管理对出版产业有重要的意义。现代出版人从成本管理入手，就能够有效地提高经济效益和社会效益。

其二，财会管理：斯坦利·昂温在《出版概论》中讲到，控制好财务是现代出版商成功的四个因素之一。美国出版商小赫伯特·S.贝利也认为，出版公司财务部应该给经营管理者提供所需要的财务信息和其他有关信息，使高层管理者能有效地控制整体的出版业务活动。以此来看，一个出色的现代出版人，特别是高层管理人，不一定要十分精通财会学科的方方面面（这些尽可以由专业人士去做），但他要能够运用财务上的主要数据来调整、控制、指导出版业发展的方向、速度和规模。

三、从"识"的方面讲，现代出版人应该是集学识、才识、胆识于一身，具有科学精神的创新人才

在"德""能""识"这三个品格中，"识"是最具魅力的。因为"德"

着重于出版人人格境界的分析，"能"着重于出版人实践品质的分析，而"识"则是最具灵性的东西，是给出版人灌注鲜活生机的、使"德""能"两种品格获得丰富内涵的文化智慧系统。

首先是"学识"。这是出版人所秉承的文化知识体系的集中表现。邹韬奋先生说："关于编辑工作，虽然有其特殊的技术，（但）基础仍在写作能力的学识的充分修养。"即是说，"学识"是基础性的东西，是根基。"学识"又分两端，一曰"专"，一曰"博"。"专"是对某一专业学科有深入研究，能从出版的角度断定这一专业的每一发展阶段及过程在人类社会文化发展进程中所处的地位和价值。"博"则在"专"的基础上扩散开去，如对相关的学科的了解和熟悉，对自身文化素养有所促进提高的各类知识的掌握等。"博"从根本上讲更是一个素质问题。在出版业中要求出版人文化知识上的"一专多能"，既是"专家"，又是"杂家"，实际上是让出版人将"专"的能力释放在"博"的容器里。以"博"涵养"专"，使"专"更出类拔萃，"专""博"合一，学识倍增。对现代出版人来说，无论是"专"的知识还是"博"的知识都是干好工作的资本。

其次是"才识"。"学识"是学习和积累的结果。"学然后知不足""学无止境"，即是说，学识的"识"是从"学"处得来。而"才识"却带有天才的超常意味，它和人的生理、心理、个性有着密切的联系。不可否认，有许多天分极高的智者，其见识自与常人不同，其在出版业中展现的才能使出版文化熠熠生辉。但从历史的实践的辩证的观点看，天才得之于勤奋，得之于学识的积累，得之于善思考、善"悟"。可以说，"才识"是对"学识"的提高，"才识"是"悟"的结晶，是在"学识"基础上的举一反三、融会贯通，是一个从量到质的变化过程。

"才识"在实际工作中经常表现出一种非理性的或曰带有强烈个性色彩的东西，这对出版活动有重要的影响。当然，"才识"与"个性化的表现"是两码事。在具体的出版实践中，才识的表现还要以理性原则为指导，要考虑到现实的需要，以决定最终是否付诸行动。

再次为"胆识"。如果说"学识"和"才识"是现阶段出版人进行出版活动的必要条件，那么"胆识"则是把"理论"变为现实的助力器。由于出版产业的市场化，对出版人来说，每投资出版一种出版物都是一种商业冒险。这就要求现代出版人在具体的出版活动中，能充分利用自己的学识和才识，在此基础上，做出果断而正确的决策。

"胆识"是对出版人学识和才识的积极肯定。缺乏胆略、优柔寡断，不仅会丧失发展的机遇，也是对学识与才识的浪费。因此，"胆识"里蕴含着创造的因素、创新的勇气。这种勇气犹如德索尔所说："要信任一位未经考验的作者，并为作者献上自己的才智……着眼于文化发展的未来，为文化知识的进步而勇于创新。"

总的来说，学识、才识、胆识是现代出版人"识"的主体性表现。这种主体性表现既有个人性和理想性的一面，又有理性原则指引的一面。这是遵循出版产业发展规律的体现。

现代出版教育与现代出版人才培养[*]

出版教育是培养现代出版人才的最重要的途径。自 20 世纪 70 年代中叶以来，美、英、法、德、日及我国等许多国家的出版管理部门都先后将出版教育视为现代出版业发展的一个重要组成部分，一些大学相继开设了与出版有关的学位课程，一些出版团体和职业学校举办了各种形式各种内容的出版培训班。联合国教科文组织也发起了对发展中国家的出版人才进行培训的活动。可以说，现代出版教育已在全球范围内广泛兴起。

从 20 世纪 70 年代末到今天，随着社会经济及高新科技的迅猛发展，世界出版产业经历了前所未有的深刻变化。首先，市场化成为连接现代出版活动各个环节的纽带。激烈的市场竞争使出版社，特别是大型出版社的业务活动变得异常复杂。业务量的大幅度增加使现代大型出版社无暇顾及培养新生力量，大大减弱了原有的培训学徒的传统功能。其次，电子计算机技术的广泛运用不仅改变了传统的编、印、发方式，而且增添了新的出版形态——电子出版和网络出版。这样也使得传统的师徒相传的培养出版人才的方式相形见绌。再次，随着经济全球化的发展，出版业的国际化成为时代主流，20世纪 80 年代以来，西方发达国家出版社之间的兼并与联合风起云涌，跨国经营的巨型出版集团不断出现。这样一种现状使得大型出版机构不仅需要大量懂业务的出版人才，更需要大量懂经营、懂销售的专业人才。再者，在当今西方国家，大型出版社往往被一些实力雄厚的非出版企业收购，从而把现代企业制度引进出版社内部管理活动中。这样，被收购的传统出版社内部已

---

*　此篇原载《出版参考》2003 年第 5 期。

经培养不出适应出版产业的现代化、国际化发展所需要的出版人才。

因此，现代出版产业在新的形势下面临的情况是：一方面，传统的从出版社里培养出版人才的途径已经跟不上现代出版业的需求，师徒相传的教育方式逐渐消失；另一方面，出版社内部又迫切需求那些深谙出版产业市场运动规律、明了高新科技发展趋势、有能力推动出版产业向国际化发展的创新型出版人才。这种情况使现代出版教育的形成成为必然。

大学是培养各类高等人才的地方。过去，大学里极少开设出版方面的课程，但在新的形势面前，一些国家的正规大学也开始开设与出版有关的课程。

在美国，纽约大学、纽约霍夫斯拉大学、佩斯大学、芝加哥大学、罗萨斯特工艺学院、雷德克利学院、丹佛大学、赖斯大学、巴尔的摩大学、阿肯色州立大学、斯坦福大学以及加州大学帕克莱分校等高等学府目前都开设有各类出版课程。例如：纽约大学和佩斯大学设有图书、杂志出版的出版学硕士学位。纽约大学的出版硕士班择生标准非常严格，大都在大学里读文科和科学方面的学生中选定，课程安排既包括全面系统的出版专业知识，又注重研究现代出版新科技、当今出版国际化的发展趋势。出版专业的课程特别强调出版业的商业特点，诸如金融、销售、统计、企业法都是必修课。近年来，一些出版专业的学生还直接被送到商学院选修有关现代企业管理、国际国内市场、金融会计、商业法等各种基础理论课程。

在英国，牛津大学从 1961 年起就开设全日制 3 年的出版专业课程，到了 1994 年，随着牛津布鲁克斯大学的成立，开始形成较为完整的出版专业高等教育体系，以培养出版硕士为目标，设置了图书出版和电子媒体、企业管理、教育出版等 4 个专业。英国现在开设有出版专业的高等院校有十几所，每年可为出版界培养 250 多名大学本科毕业生和研究生。

在日本，有 20 多所大学开设有出版课程，如东洋大学社会学部、筑波大学情报文化学科等。筑波大学出版专业课还是硕士和博士研究生的必修课。

除了大学正规出版教育之外，世界上许多国家为了不断提高出版从业人员的素质和技能，还普遍地举办各种各样的职业培训班来对出版人进行多方面的培养。培训班有高等院校开设的，也有出版行业组织及大型出版公司开设的，还有出版职业学校及出版进修教育机构开设的。

美国麻省的雷德克利学院举办的出版培训班历史悠久、成果显著。培训时间一般为6周，培训目标是让学员全面了解出版流程、熟悉各出版环节的基本技巧，同时让学员有充分的机会接触来自出版界的各类专家。学员们听取从书稿判断、编辑加工、设计生产到广告策划、市场推销等有关出版的系统课程。培训班还安排一周时间让学员到"模拟出版社"中担任各种具体职务，并与相应专家结成对子，进行出版演习，从而锻炼了学员的实践能力。

美国、德国、英国、法国、日本等国家的出版行业组织和一些大型出版公司每年也都要举办各种形式的出版培训班。美国出版商协会教育委员会定期举办出版学术研讨班，主要培训对象是出版高层管理者。在德国，凡想跻身出版界的人，必须在政府指定的职业培训学校接受培训，合格后方可进入。法国制定了专门的出版职业培训法规，对培训机构、内容、计划、时间、经费等一系列问题做出了明确的规定。法国出版联合会负责和组织具体的培训工作。

一些大型出版公司也经常举办一些出版培训班，像美国的麦格劳·希尔公司，英国的朗曼出版集团公司、维京企鹅图书公司，日本的讲谈社，都根据自身的业务需要举办各种出版专业培训班或出版知识讲座。

在欧美，还有各种形式的出版进修教育机构，如纽约大学出版教育中心、纽约进修教育学院、法国出版人员培训中心、加拿大的西蒙·弗雷萨大学出版研究中心、邦夫出版培训中心、英国的由斯坦利·昂温基金会资助的图书出版社培训中心等。

面对竞争日趋激烈的现代出版产业来讲，职业培训和大学正规出版教育一起为培养高素质创新型的出版人才做出了巨大的贡献。

时代呼唤大批优秀出版家的出现*

党的十六大报告第一次提出了"文化产业"的重要思想，指出，全面建设小康社会，要"积极发展文化事业和文化产业"。由于出版产业是文化产业的重要组成部分，所以党的十六大报告为我国出版产业的发展指明了方向。"国以人兴，政以才治。"只有建设一支强大的优秀出版家队伍，我国出版产业的发展才能获得可靠保证。

全面建设小康社会需要大批优秀出版家

大批优秀出版家的出现首先是时代进步的呼唤。党的十六大报告提出："我们要在本世纪头二十年，集中力量，全面建设惠及十几亿人口的更高水平的小康社会，使经济更加发展、民主更加健全、科教更加进步、文化更加繁荣、社会更加和谐、人民生活更加殷实。"显然，全面建设小康社会是集经济、政治、文化全面发展于一体的综合性、系统性目标。发达国家的发展道路告诉我们：当一个国家从温饱型向小康型过渡的时期，出版产业往往成为一个新的经济增长点；当一个国家全面进入小康社会并逐步向富裕型社会转变的时候，随着恩格尔系数的降低，文化消费将在人们的消费指数系列表中逐步上升，出版产业会逐渐成为国家的支柱产业。这表明，党的十六大提出的全面建设小康社会的宏伟目标，给我国出版产业的发展提供了前所未有的良好机遇。但是，要抓住机遇，发展出版产业，必须依靠大

---

* 此篇原载《编辑之友》2003 年第 5 期。

批优秀出版家。优秀出版家是出版产业的脊梁。只有大批优秀出版家的出现，我国出版产业才能获得快速发展。这是我国进入全面建设小康社会时代的客观要求。

同时，大批优秀出版家的出现也是我国出版行业变革的需要。长期以来，我国一直把出版工作作为文化事业来管理。如今，我们要把出版工作作为产业来发展。这一认识的变化是我们党对建设有中国特色社会主义理论认识的深化，是我国从计划经济转向市场经济的必然结果，也是全面建设小康社会的内在要求。美国出版家约翰·德索尔指出："图书出版是一项文化活动，又是一种经济活动。书籍是思想的载体、教育的工具、文学的容器，但是书籍的生产和销售又是一种需要投入各种物资、需要富有经验的管理者及企业家参与的经济工作。"出版家既要创造社会价值，更要创造经济价值，要为资产保值增值。由于历史的原因，目前我们十分缺乏出版家。因此，我们要大力发展出版产业，就必须尽快造就大批优秀出版家。

大批优秀出版家的出现更是我国出版产业发展本身的需要。由于我国长期把出版活动作为事业来管理，形成了固有的事业管理体制，这与出版产业发展的要求显然是不适应的。要对出版事业管理体制进行改革，必须依靠出版家。因为出版产业作为国民经济的重要组成部分，有自身的规律。必须拥有大批掌握出版经济规律的出版家，才能切实推动我国出版产业的快速发展。另一方面，我国的出版产业与其他产业相比，它的特点更为突出。它生产的产品是一种精神产品，用法国大作家雨果的话说，是"思想"；它肩负着宣传邓小平理论和"三个代表"重要思想的重任，能够起到"以科学的理论武装人，以正确的舆论引导人，以高尚的精神塑造人，以优秀的作品鼓舞人"的精神作用。要做到这一点，就必须造就大批既懂经济又懂政治的出版家。

另外，大批优秀出版家的出现还是我国出版产业对外竞争的需要。我国已经加入了世贸组织。根据我国加入世贸组织在服务贸易领域里的承诺和《出版管理条例》的规定，图书、报纸、期刊的分销将逐步对外开放。加入世界贸易组织1年内，允许外商从事图书、报纸、期刊的零售业务；加入

3年内，将允许外商从事图书、报纸、期刊的批发业务。由新闻出版总署和原对外贸易经济合作部颁布的《外商投资图书、报纸、期刊分销企业管理办法》已于今年5月1日起施行。可见，国际出版产业的竞争已在我们家门口正式拉开序幕。

尽管竞争的领域现在仅仅限于销售环节，但不可掉以轻心。计划经济模式的特点是以生产决定销售，而市场经济模式的特点则是以销售决定生产。不仅如此，销售还决定着生产关系、管理体制、分配制度、产品内容等一系列环节。外商从销售环节作为进入我国出版产业的突破口正是洞悉市场经济规律的表现。销售环节一旦取得优势，产品内容、分配制度、管理体制，甚至包括企业文化就会相继自然而然地发生变化。当然，变化未必就是坏事，但需要有一个前题，这就是我们必须在竞争中占据主动地位；同时，我们不仅在国内，而且要"走出去"参与国际竞争，这都需要大批懂得出版产业规律的出版家。

出版家的基本素质

什么是出版家？出版家有哪些基本素质？学术界还没有一个统一的界定。在我看来，所谓出版家就是集"德""能""识"于一体的杰出出版人。成功的出版家以崇高的道德、非凡的才能和渊博的学识，通过整合人类的思想文化资源，生产出优质的精神产品，既创造经济价值，又满足人们的精神需要、塑造人们的精神面貌。

出版家的基本素质具体表现为以下几方面：

第一，出版家应该能够把社会道德和职业道德完美地集于一身。

第二，出版家应该是具有组织、策划好的出版物选题能力，具有对书稿质量、社会效益和经济效益做出判断和选择的能力，具有对出版物的推销能力，具有对出版质量、出版流程、出版成本乃至出版人才等的管理能力的高层次复合型人才。

第三，出版家应是集学识、才识、胆识于一身，具有科学精神的创新人才。

出版家是创造精神和物质双重财富的企业家

从产业的角度看，由于出版活动是一种企业行为，所以出版家就是企业家，是创造精神和物质双重财富的企业家。

企业家是企业发展的首要因素。日本松下公司总裁松下幸之助认为，企业的兴衰，70%取决于企业的经营者。美国经济学家、诺贝尔奖获得者萨缪尔逊说："企业家是推动企业发展、推动企业这部机器运转的心脏。"中国社会科学院研究员宋养琰认为："企业管理要以人为本，人就是企业的灵魂，而企业家则是灵魂的核心。"美国第十三任总统约翰·卡尔文·柯立芝甚至认为："美国的事业是企业家的事业。""企业家不仅仅代表着一个创造财富的群体，更代表着一种精神，代表着国家魂、民族魂。"这些对一般企业家的评价，同样适合于出版家。

出版家是通过整合人类思想文化资源从而创造精神财富和物质财富的企业家。由于出版家生产材料和生产目的的特殊性决定着其不是一般的企业家。约翰·德索尔认为，出版家的作用"不仅体现在图书市场上，而且体现在包括出版业在内的文化和文明之中，为文化传统注入生命活力的股股清泉"。

需要强调指出的是，文化产品不同于一般物质产品。它不仅与一般物质产品一样具有经济价值，而且是传播知识、交流思想的载体。它滋养着人的心智，陶冶着人的性情，塑造着人的精神，影响着人的行为。它不是一次性的消费品，可以重复使用；它能突破时间的限制，永远流传；它可以穿越空间的障碍，为全人类所共享。正是由于文化产品的这一特点，今人才能与古人对话，不同民族之间才能相互交流，文明成果才能代代传承，人类进步才能不断实现……只有从这一角度出发，我们才能真正认识到出版家在人类社会经济和文化发展中的特殊地位和作用。

当然，文化产品的创造是一个复杂的工程，作者也是重要的参与者。但是从产业的角度看，二者的地位截然不同。这里举个文学上的例子。美国作家托马斯·沃尔夫的长篇小说《向家乡看吧，安琪儿》，如果没有美国出版家马克斯韦尔·珀金斯的购买，沃尔夫就不可能成为美国文学史上著名的文学家。这一点，沃尔夫的经纪人玛德琳·博依德有着清醒的认识。她不止一次地说："如果没有另一个天才——珀金斯——这个世界将永远不会听说有沃尔夫这个人。"

所以，法国文学社会学家罗贝尔·埃斯卡皮曾比喻说："比较起来，可以说出版商的作用同助产医生的作用相似；并不是他赋予作品以生命，也不是他把自己的一部分血肉给作品并养育它；但是，如果没有他，被构想出来并且已临近创造的临界点的作品就不会脱颖而出"。他还比喻道：出版家"也是产前的顾问，新生儿（甚至包括非法堕胎者）生死的审判官、保健医生、教师、裁缝、指导者……或许还是个奴隶贩子"。这里虽然说的是文学，但其道理也适合其他文化产品（主要指出版物产品）。从这里不难看出，出版家在文化产品创造系统工程中的重要地位。

出版家还是社会就业机会的创造者。这方面与一般企业家十分类似。我国经济改革 20 多年的实践证明，成功的企业家能使企业由小到大，不仅使资产规模逐渐增长，而且不断吸纳就业人员；相反，素质差的企业家往往导致企业由大变小，甚至倒闭。我国出版由"事业"向"产业"的转型刚刚开始，虽然现有出版社的规模都不是很大，但这从另一个方面表明，我国出版产业的成长空间十分广阔。这是一个蕴含着巨大潜力的新的经济增长点。只要我们借鉴经济改革的经验，重视出版家的作用，我国的出版产业就一定能获得跨越式发展，在这个过程中必然会出现大量的就业岗位。对此，我们抱有充分的信心。

积极营造大批优秀出版家脱颖而出的制度环境

不同的人才需要不同的制度，不同的制度造就不同的人才。大批优秀出版家的出现需要与之相适应的制度环境。党的十六大报告指出：要"深化干部人事制度改革。努力形成广纳群贤、人尽其才、能上能下、充满活力的用人机制，把优秀人才集聚到党和国家的各项事业中来。"为了营造大批优秀出版家脱颖而出的制度环境，当前应该加快三个方面的改革：

第一，切实贯彻落实党的十六大精神，加快政事分开的改革步伐。党的十六大报告明确指出："按照政事分开原则，改革事业单位管理体制。"长期以来，我国一直把出版工作纳入事业单位的管理范围，强调它的意识形态性，这有其历史原因。事实上，在市场经济社会，出版活动也是经济活动，出版物也是商品，它的质量也要经市场的检验。所以今天我们要发展出版产业，就必须尊重市场经济规律，按照企业的方式来管理出版活动。这就要求政府部门与出版企业必须分开。否则在市场经济条件下，政府仍沿用事业单位的管理模式，那么出版家就不可能脱颖而出，出版企业的发展也就无从保障。

第二，借鉴经济领域改革成功的经验，大胆引进现代企业制度。《中共中央关于制定国民经济和社会发展第十个五年计划的建议》提出："国有大中型企业要进一步深化改革，建立产权清晰、权责明确、政企分开、管理科学的现代企业制度，健全企业法人治理机构，成为市场竞争的主体。"现代企业制度是我国经济改革的一项重要成果，它的基本原则也适用于我国出版企业。"企业依法自主经营、照章纳税、自负盈亏，以其全部法人财产独立承担民事责任。"这也是国外发达国家出版企业遵循的基本原则。只有建立健全出版企业法人制度，使其成为市场竞争的主体，真正的出版家才能浮出水面。

第三，建立和完善人才市场配置机制，向市场要出版家。这也是我国经济改革的一项重要成果。《2002—2005年全国人才队伍建设规划纲要》指出："适应经济结构战略性调整的需要，充分发挥市场人才资源配置中的基础性作用，加强党和政府的宏观调控，建立人才机构调整与经济机构调整相协调的动态机制。"要求"建设一支职业经理人队伍，逐步实行职业资格制度，加紧研究制定资质认证标准和市场准入规则。参照国际惯例，探索建立符合中国企业实际的首席执行官制度。"这些对我国当前出版改革也都有重要的现实指导意义。

党的十六大报告强调："发展要有新思路，改革要有新突破，开放要有新局面，各项工作要有新举措。"出版工作要实现这"四新"，关键是要在出版家队伍建设的观念和体制上创新。为此，必须破除按照公务员标准来选拔出版家的传统观念，借鉴国有企业职业经理人队伍建设的经验，构建我国出版企业经营者队伍。在方式上，既可以在企业内部民主选举，也可以通过董事会聘任，还可以向全社会公开招聘。只有面向市场，广开才路，公平竞争，一支强大的德、能、识兼备的职业化出版家队伍才能迅速形成，我国出版产业的发展才能出现崭新的局面。

出版产业与出版人才*

来到美丽的苏州大学这所百年老校，有机会能和在座的同学、老师们进行交流，我感到很高兴、很荣幸。大家都是学习、研究新闻传媒和文化出版的，我长期在新闻出版部门工作，因此，我想和大家一起探讨出版产业与出版人才的问题。

党的十六大与刚刚闭幕的十六届三中全会都非常重视人才问题。党的十六大报告指出："必须尊重劳动、尊重知识、尊重人才、尊重创造，这要作为党和国家的一项重大方针在全社会认真贯彻。"十六届三中全会通过的《中共中央关于完善社会主义市场经济体制若干问题的决定》，也要求"营造实施人才强国战略的体制环境。创新人才工作机制，培养、吸引和用好各类人才。以党政人才、企业经营管理人才和专业技术人才为主体，建设规模宏大、结构合理、素质较高的人才队伍。"所以探讨如何培养和造就大批出版人才，同样是贯彻落实党的十六大和十六届三中全会精神的需要。

一、转变出版理念，大力发展出版产业

大家知道，长期以来，我国一直把出版工作作为文化事业来管理。党的十六大报告第一次提出了"文化产业"的重要思想，指出：全面建设小康社会，要"积极发展文化事业和文化产业"。由于出版产业是文化产业的重

---

　　* 这是于友先同志在苏州大学学术报告会上的演讲。原载《苏州大学学报》（哲学社会科学版）2004 年第 1 期。

要组成部分，所以党的十六大报告为我们正确认识出版现象、发展出版产业指明了方向，并内在地要求我们把出版作为产业来发展。这一认识的变化是我们党对建设中国特色社会主义理论认识的深化，是我国从计划经济转向市场经济的必然结果，也是全面建设小康社会的必然要求。与此相适应，出版要为完善我国社会主义市场经济体制服务好，就必须转变出版理念，大力发展出版产品、出版产业的发展水平也是衡量一个国家综合国力和现代化程度的重要标志。那么，从出版事业向出版产业的转变究竟意味着什么？围绕这一问题，我简要讲三点：

第一，意味着我们的出版活动将主要成为一种企业行为，出版的企业化经营将成为出版单位的生存方式。我们过去传统的出版活动主要是一种事业行为，出版单位就是国家事业单位。从20世纪80年代中叶开始，按照"事业单位企业管理""自负盈亏、自主经营"的方针，我国的新闻出版单位逐渐从事业管理体制转换到企业管理体制上来。企业管理体制最重要的一步就是引进现代企业制度，按照党的十六届三中全会最新提法是"建立归属清晰、权责明确、保护严格、流转顺畅的现代产权制度"①。要健全出版企业法人制度，并"依法进行自主经营，照章纳税，自负盈亏，以其全部法人财产独立承担民事责任"②。这一点很重要，是我们今后发展出版产业的基础，也是当前我们出版改革必须进行和正在进行的一项实质性工作。

第二，意味着我们的出版活动将主要按照市场化的原则进行运作，市场机制将成为配置出版资源、优化出版活动的主要手段。今后我们的出版活动将主要向市场要资源、向市场要效益，这一点很关键。

第三，意味着我们的出版活动将向产业化方向发展。不可否认，与发达国家的出版业相比，我国出版业的产业规模还很小，但发达国家的发展道路告诉我们：当一个国家处于从温饱型向小康型过渡的时期，出版产业往往成为一个新的经济增长点；当这个国家全面进入小康社会并逐步向富裕型转变的时候，随着恩格尔系数的降低，文化消费将在人们的消费指数系列中逐步

---

① 引自《中国共产党第十六届中央委员会第三次全体会议公报》。
② 引自《国有大中型企业制度和加强管理的基本规范》（试行）。

上升，出版产业将逐步成为国家的一项重要支柱产业。所以产业化是我们必须突破的一个阶段。

在这里，产业化是一个整合概念，而不是一个孤立的、纯粹的经济学概念。产业化是与一个国家的政治、经济、文化的发展过程既相谐又相容的一个概念，而不能脱离一个国家具体的政治、经济和文化的发展状况。我注意到一些学者在论述我国传媒产业化发展理论时往往脱离我国的实际情况，硬拿外国的一些媒介理论进行对比，这是对中国现实情况缺乏了解。就我国出版产业目前的发展情况来说，我们依照的是在基本保持原有的所有制性质、政治立场和编辑方针不变的前提下，对内进行企业化经营，对外实行市场化运作，从而在整体上按照产业发展规律逐步推进。从另一方面讲，由于出版业本身的特殊性，它生产的产品是精神产品，它既是一项经济活动，又是一项文化活动，所以，我国的出版产业化要以先进文化为指导，要以发展先进文化为目的，这一点又是至关重要的。

需要特别说明的是，出版产业化是一个"过程"，它决不是一蹴而就的，而是要随着出版改革的逐步深入，不断发展、不断完善而完成的。

二、优秀出版人才应具备的基本素质

在出版日益产业化的背景下来考察出版产业对出版人才的要求，就显得尤为必要。现在的出版市场竞争，已经从最初的产品竞争的层面上升到品牌竞争和资源竞争的层面，优秀的出版人才已经成为出版资源竞争的焦点。为什么面对一位著名的作者（专家或作家），有的编辑能组到他的书稿，而有的编辑就组不到。"国以人兴，政以才治"，"得人者昌，用人者兴"。只有得到了优秀的出版人才，才会发掘出优秀的作者、策划出优质的选题，才能打通优质的营销渠道。目前"品牌竞争"已走向机构品牌为副、产品品牌为主（要经过市场的评价）的阶段，而产品品牌是由人造就的。"个人品牌"可以延伸为好的"团队"效应——好的组织、用人机制、激励机制，可以激活、鼓励和提高创新能力。大家也都注意到，这两年出版界的人才流动现象已经受到业界关注，尤其是几个在出版界颇受关注的"重量级"人物的"跳槽",对出版界震动很大。这些不能不引起我们深深的思考。

从整体上说,我国的出版产业将需要什么样的人才,或者说,联系到我们的实际学习情况和工作情况,作为一个优秀的出版人才,应该具备什么样的素质呢?在我看来,一个优秀的出版人才就是集崇高的道德、非凡的才能和渊博的学识于一体的杰出人才。这样的人才既能通过整合人类优秀的思想文化资源,生产出优质的、不断创新的精神产品,又能在满足人们精神需要的同时创造出良好的经济价值。下面,我就优秀出版人才"德""能""识"这三方面的素质要求进行一些分析。

(一)优秀的出版人才是能够把社会道德和职业道德完美地集于一身的人

具有社会道德是一个人立足于社会的基础,恪守职业道德是一个出版人立足于出版行业的前提。出版活动作为一种企业行为,出版人当然要考虑经济效益,但这不应是唯一的目的。他还肩负着启迪民智、普及教育、传播先进文化的重要历史使命;他要在这"双重目的"之间寻求完美的结合,也就是说,他的赚钱是通过出售先进文化产品来实现的,而不是为了赚钱,将危害人类的落后的文化产品甚至是文化垃圾产品兜售出去。美国出版家小赫伯特·S.贝利在《图书出版的艺术和科学》中说:"出版业的不同,首先在于它的文化事业的性质。大部分出版商非常重视各类图书的文化作用,唯利是图而不问其他的出版商是很少的。"英国出版家斯坦利·昂温也认为:出版人的工作就是"使他们和那个时代的文化生活密切接触"。他还告诫人们:"如果赚钱是你的首要目的,那就不要从事出版业。出版业的报偿远不只是金钱。"这些资本主义国家出版家的论述,在现阶段我国发展出版产业的转型时期,值得引起我们注意。从实际情况看,职业道德是内化于优秀出版人精神世界中的理性的、自觉的行为,那些一心为了读者,专注于出版先进的、健康的、高质量的出版物的出版人,不仅总是为广大读者所肯定、所颂扬,而且其所做的出版物也能在市场竞争中获得丰厚的经济回报;而那些出版了落后的、不健康出版物的出版人,不仅会受到大众舆论的谴责,往往得不偿失,甚至会受到法律的制裁。

（二）优秀的出版人才是具有高层次的复合型能力的人才

人类的出版活动首先是一种文化创造、文化传播和文化积累活动，这既是出版产业的出发点，也是出版产业的归宿。从出版经营的角度讲，出版活动是一种经济活动，但当它被当作一种经济活动来对待时，又往往表现出它独特的文化属性，这正是出版产业的特性所在。因此，优秀的出版人才首先要具备高品格的文化选择与创造能力。这具体表现在三个方面：组织策划选题能力，对书稿的选择、判断能力，对出版物的销售能力。

第一，组织、策划出版物选题的能力。我们知道，传统出版人的工作重心主要放在编校质量上，侧重于内容加工，而不是创造者的业务形态，这也就是过去常说的"编辑为别人做嫁衣裳"，是"无名英雄"，对选题的策划含量所占比重不大；而当前对优秀出版人才的要求是：在不放松编校质量的同时，把工作重心更多地放在组织和策划出版物选题上。成功的出版人往往能从文化的绵延性上，从国情、作者、读者、国内及国际市场、眼前利益和长远利益的关系等各方面的因素上来进行分析、判断，使自己的选题策划具有重大理论或实践意义的前瞻性，在推动社会文明和文化建设事业中所起到独特的作用。因此，从选题的组织和策划上往往能分出出版人才功底的深浅。

第二，书稿的选择和判断能力。出版人能否准确地选择质量上乘、社会效益和经济效益都好的书稿，是对出版人判断能力的一种考验。一个优秀的出版人不仅能对送上门的书稿的质量和两个效益做出准确判断，而且能带着特定的出版理念出去组稿，并能得到和保持优秀作家的信任。

第三，出版物的销售能力。图书销售这个环节被西方出版人称为是一个"富于挑战的永恒的课题"；在全部图书出版活动中，卖书是一项相当难的工作。优秀的出版人是能够根据不同出版物的不同读者对象、不同的营销时机等，有针对性地、适时地将出版物有效地推销出去的人才。

从上述三方面能力而言，我国出版史上也不乏这一类杰出人才。举两个例子，一个是赵家璧，一个是孙伏园。赵家璧以策划编辑《中国新文学大系》而名载中国出版史册。这套大系共10集，是集五四运动以来新文学成就的皇皇巨著，在今天看来，其编、印、发的工作量之大可想而知。但赵家璧在承担这么巨大的任务时，才只有25岁。可见他作为一个出版人的心理素质和沟通能力已经是何等优秀！可以说，25 岁的赵家璧已经成为一个全能型的出版人。之后，他又策划了"一角丛书""良友文学丛书""晨光文学丛书""晨光世界文学丛书"等选题，在社会上都产生了良好的影响。1990 年 11 月，第二届"韬奋出版奖"公布，赵家璧排名第一。关于孙伏园，鲁迅先生在记述《阿 Q 正传》的成因时，详细追述了孙伏园作为一个编辑利用其"善于催稿"的艺术促成《阿 Q 正传》写作并发表的全过程。上门催稿并能催出好稿是一门艺术，其中更蕴含了出版人对稿件的选择、判断能力。《阿 Q 正传》后来因换了编辑就草草结束。如果代替孙伏园的那个编辑，也像孙伏园那样善于向鲁迅先生催稿，那么《阿 Q 正传》也许就不是今天这个样子了。

除了上述业务能力外，优秀的出版人才还应该是出版产业各环节、各方面乃至出版人才的管理专家。这主要针对高级出版人才甚或是居于领导地位的出版人而言。

（三）优秀的出版人才是集学识、才识、胆识于一身，具有科学精神的创新人才

首先谈"学识"。在出版业中要求出版人在文化知识上的"一专多能"，既是"专家"又是"杂家"。"专"，即指对某一学科有深入的研究；"博"，指对与所"专"学科的相关知识及其他各方面的知识有所了解和熟悉。只有这样才能为成为优秀的出版人才打下基础，才能"一专多能"。

编辑界有一种提法：要做"学者型编辑"。这一点在当前有必要提倡。现在有些作者、年轻编辑表现出浮躁、急功近利，缺乏深厚的学识素养，这都会对编辑出版工作带来一定的影响。例如，近几年，一些学术著作抄袭多多、硬伤累累，而竟然获得出版。因此，学界有人指责我们的学术编辑群体不成熟，扮演了学术腐败的"帮凶"和"帮闲"的角色。这些指责应引起我们的深思。在我国编辑出版史上，有很多大学问家都从事过编辑出版工作，像鲁迅、茅盾、叶圣陶等先生。中国成熟的出版家，无不是学者型出版家，也有很多编辑出版家成了大学问家，像陈原、周振甫、傅璇琮等，可惜这些学者型编辑后继乏人了。

在这里，我还想重点提一下张元济先生和周振甫先生。1948 年，在首届中央研究院院士选举中，张元济先生以全票当选，是当时新闻出版界的唯一入选者。无疑，他的学术功力与他的编辑出版功底密切相关。他以编辑出版的方式在一定的深度和广度上介入了当时的学术研究，从而赢得了社会的广泛肯定。同样的例子，周振甫先生因为编辑了钱钟书先生的《谈艺录》和《管锥编》而成为学界佳话，自不必多说。周先生自己还成为《文心雕龙》研究领域的专家，显示了其深厚的学术功力。面对这些大学问家，我们在座的，特别是从事大学出版的同志们，都应该有所思、有所学、有所悟。

下面再谈"才识"。"才识"带有天才的非凡意味，它和人的生理、心理、个性等有着密切的联系。

在出版业中，出版人的才识不同往往能带来不同的结果。比如，大家熟知的余秋雨的《文化苦旅》，最初被一家旅游出版社的一个编辑当作一本旅游指导书来编，稿子被改得面目全非，最后也没出版；后来被上海知识出版社（今"东方出版中心"前身）识中出版（1992年3月第1版，1999年11月第13次印刷，2001年4月第2版，2001年9月第4次印刷），开创了现代散文的一种独特形式，受到广大读者的欢迎和文化界的认可，余秋雨先生也因此声名远播。这个例子说明，一个好的选题能否被发现、被抓住，往往与出版人的学识功底和在审美鉴赏力方面才识的高低有关。所以，一个优秀的出版人才，还要在审美鉴赏力的培养上下功夫。

最后谈一下"胆识"。由于出版产业的市场化，对出版人来说，每投资出版一种出版物都是一种商业冒险。因而判断一部书稿敢不敢投资出版，出版后能不能带来好的社会效益和经济效益，不仅是对出版人学识和才识的考验，也是对其胆识的考验。如果缺乏胆略、优柔寡断，就可能会丧失发展的良机。所以，一个优秀的出版人不仅要具有丰富的学识和较高的才识，还要具有一定的胆识。

三、出版人才培养与大学出版产业发展

下面，结合学校出版教育与大学出版现状，简单谈一谈出版人才培养与大学出版的关系问题。

从 20 世纪 80 年代至今，全国不少高校开办了新闻传播与编辑出版专业的本科教育与研究生教育，为新闻出版界输送了大量的人才，功不可没。因为在此前很长一段时间，社会上，包括教育界一些领导都认为"出版无学"。全国恢复评职称时，为争取单列编辑系列是费了很多口舌和很长时间的。这也难怪，就出版来说，我们传统的培养人才的方式是师徒相传式，师父言传身教，徒弟潜心学习，边学边干。我国商务印书馆早期的人才培养方式就是这样。现在，随着出版越来越向产业化、市场化、国际化的趋势发展，出版社内部迫切需要那些既谙熟出版产业运作规律，又有能力推动出版业务的国际化、全球化发展的创新型人才，这样的人才从出版社内部培养已经很费力气，而高校作为一个培养高等人才的地方，有着无可比拟的学科优势和资源优势，这种情况使高校出版教育的形成成为必然。

我认为，高校出版教育应该成为先进出版理念的策源地和高素质出版人才的培养基地，应该成为我国出版产业发展的思想库和智囊团。

什么是出版理念？从学理上说，所谓出版理念就是贯穿于出版机构的认识理念、行为准则、行动纲领和处世信念，是最能代表一个出版机构外在现象的内在精髓，是出版机构活的灵魂。一个出版传播机构从出版定位开始直到出版传播效果的评价都必须从它的出版理念中获得支持，才能确立其生存之道。出版理念是很抽象的东西，但在实际操作中却以具体的、感性的面目出现。美国人德格拉夫创办袖珍图书公司时的出版宗旨是"用大多数人都买得起的低价，出版品种最多的图书"。这就是美国纸皮书开创之初的出版理念。牛津大学出版社始终把出版高水平的学术著作、专业书刊作为自己的出版理念，500 年来始终恪守这一理念。出版理念确定了，就能够准确无误地找到自身的出版定位，形成自己的出版特色，创出自己的出版品牌。

我之所以认为高校出版教育应该成为先进出版理念的策源地，就是因为高校不但具有浓郁的人文精神，而且具有厚重的科学精神，不但能够接受到最先进的知识信息，还可以学习到处理这些新知识新信息的最新方法和手段。学习包括在课堂学习、在编辑实践和出版实践中学习、在社会实践中学习。只要同学们善于学习、勤于学习，就完全可以把自己造就成一名高素质的出版人才和传媒人才。我相信高校出版教育，特别是研究生出版教育，会时刻站在世界出版产业发展的前沿，来推动我国出版产业的发展的。为此，要将理论学习和业务实践结合起来，要将经验学习和创新智慧结合起来，要担当起我国出版产业发展的思想库和智囊团的艰巨任务。

大学出版日益成为我国出版产业的中坚力量，目前全国568家出版社中，大学出版社的数量占到1/5，在综合实力100强的排名中几乎占了半壁江山，成绩喜人。我也注意到，苏州大学出版社建社11年来，出版了很多有影响的图书，像"苏州文化丛书""扬州文化丛书"等，其中"扬州文化丛书"（在北京开过出版座谈会）还在去年获得了第十三届中国图书奖；抗非典时期出了一本《中华民族的脊梁》，反响很好，这说明苏州大学出版社的出版理念是对路的。

大学出版有很多优势，可以出版高校教材、学术专著、地方文化丛书、教辅读物等，选题资源优势十分明显。如何将这些出版优势化为出版效益，是需要花费一番功夫的。大学独特的学术传统和人文精神对社会、对民族的影响力是巨大的。大学的学术成果、科学精神、人文传统需要出版的传播和推广，才能发扬光大。可以说，依托于大学，服务于大学，但又不拘于大学，是大学出版的基本理念所在。

我认为大学出版可以走"品牌经营"的路子。世界知名大学出版社之所以会产生全球性影响，是与他们在品牌经营方面所做的长期努力分不开的。比如，牛津、剑桥、哈佛、霍普金斯等大学出版社，他们都非常注重品牌、注重学术出版，这种历经数百年而一直恪守的出版理念是值得我们借鉴的。要注重品牌，努力开发各类显示高校优势和特色的品牌，要在品牌经营上长期下功夫。我相信大学出版社将会成为我国新一代"学者型出版家"成长的摇篮和基地，因为你们具备这样的环境和条件。当然，"学者型出版家"也要具备现代出版的经营理念和实践经验。有人曾说："有文化的缺乏商业头脑，有商业头脑的缺乏文化。"这种现象再也不能继续下去了。

最后，希望在座的同学们和同志们、朋友们都为实现自己的人生目标，为中国出版产业的腾飞而努力奋斗。

总编辑应增强六大能力[*]

改制、转制，是当前我国深化出版领域改革的一项重要战略决策。它涉及观念的变革、理论的更新、利益的调整、出版资源的重组等重要的理论和实践问题。在这个过程中，总编辑作为编辑工作的决策人、出版社的主要负责人，占据着举足轻重的地位。在改制、转制的新形势下，如何当好总编辑，需要多方面的能力，我认为主要应增强六大方面的能力。

第一，坚持政治方向，创造先进文化的能力。新闻出版是一个特殊行业，既是国民经济的重要产业，也是党的宣传思想阵地，又是先进文化的基本载体之一。党的十六届四中全会通过的《中共中央关于加强党的执政能力建设的决定》指出，要坚持马克思主义在意识形态领域的指导地位，不断提高建设社会主义先进文化的能力。坚持马克思主义在我国意识形态领域的指导地位，是全党全国各族人民加强团结、始终沿着正确方向前进的根本思想保证。这既是对加强党的执政能力建设的要求，也是总编辑应该具备的首要政治素质。转制是一个旧体制向新体制的过渡过程。在这个过程中，既要坚持对外开放、学习国外优秀文化成果，又要坚决抵制各种否定马克思主义的错误观点和腐朽思想，同时坚决抵御西方敌对势力对我实施西化、分化的政治图谋。所以，总编辑要增强政治意识、大局意识和责任意识，牢牢把握先进文化的前进方向，坚持为人民服务、为社会主义服务的方向，坚持百花齐放、百家争鸣的方针，坚持把社会效益放在首位，实现社会效益和经济效益的统一，贴近实际、贴近生活、贴近群众，为全面建设小康社会提供强

---

[*]　此篇原载《中国新闻出版报》2004 年 11 月 10 日。

大的精神动力和智力支持。

第二，把握市场定位，创造品牌的能力。现代经营是品牌经营。改制、转制的过程实际上是从产品经营转向品牌经营的过程。奥美创始人大卫·奥格威曾这样阐述品牌的定义："品牌是一种错综复杂的象征。它是品牌属性、名称、包装、价格、历史、声誉、广告的方式的无形总和。品牌同时也因消费者对其使用者的印象，以及自身的经验而有所界定。"营销专家斯蒂芬·金说得更精辟："产品是工厂所生产的东西，品牌是消费者所购买的东西。""产品可以被竞争者仿造，品牌却独一无二。"品牌具有四大指标：知名度、美誉度、忠诚度与品牌联想。品牌，尤其是名牌，是一个企业获得高额利润、抢占和控制市场的重要保证和手段。因此，总编辑应有强烈品牌意识，努力创造出版社自己的品牌、名牌。只有这样才能在改制、转制过程中领先一步，占领市场竞争的制高点。

第三，重视人才、知人善任的能力。国以人兴，政以才治，品牌要靠人才来创造。随着出版业改制、转制，人才的竞争将会越来越激烈。优秀人才不仅具有创新的思维能力，而且拥有广泛的出版资源，是出版社的核心竞争力。因此，加强人才资源开发，吸引人才、留住人才、用好人才是出版企业创造品牌的根本。总编辑应高度重视人才，知人善任，善于用人，把不同的人才用在最能发挥其各自作用的合适位置上；同时积极营造能发挥全体员工潜能的良好文化环境。汉高祖刘邦说："夫运筹帷幄之中，决胜千里之外，吾不如子房；镇国家，抚百姓，给馈饷，不绝粮道，吾不如萧何；连百万之军，战必胜，攻必取，吾不如韩信。此三者，皆人杰也，吾能用之，此吾所以取天下也。项羽有一范增而不能用，此其所以为我擒也。"[1] 知人善任，任人唯贤，是刘邦之所以得天下的原因。我国改革开放的总设计师邓小平同志曾说："事情成败的关键就是能不能发现人才，能不能用人才。"[2] 因此，总编辑应有识才的慧眼、用才的气魄、爱才的感情、聚才的方法，知人善任，广纳群贤。在当前出版业竞争日益加剧的形势下，总编辑只有延揽一流

---

[1] 出自《史记·高祖本纪》。

[2] 邓小平：《在中央顾问委员会第三次全体会议上的讲话》，载《邓小平文选》第三卷，人民出版社1993年版，第92页。

人才，才能成就出版伟业。

第四，开拓进取，创新机制的能力。创新是一个民族进步的灵魂，是一个国家兴旺发达的不竭动力，也是一个企业永葆生机的源泉。我国出版业转制的过程实际上是体制创新的过程。中共中央政治局常委李长春同志在吉林考察时提出："一切妨碍文化发展的思想观念都要坚决冲破，一切束缚文化发展的做法与规定都要改变，一切影响文化发展的体制弊端都要坚决革除。"这是我们实施转制的理论基础和指导思想。要进行体制创新，不仅要实施人事制度改革、劳动制度改革，关键是要进行分配制度改革。而建立激励机制是当前出版体制创新的中枢和核心。我国从旧体制转向新体制的过程也是"道德人"转向"经济人"的过程。只有改革原有的分配制度，建立适合市场经济规律的激励机制，实现个人利益与企业利益的高度一致，才能充分调动全体员工的积极性，从而真正实现个人与企业的共同发展。

第五，遵纪守法、依法管理的能力。市场经济是法制经济；相应地，新的出版体制也是法制的出版体制。所以，从旧体制转向新体制的过程也是从"人治"转向"法治"的过程。这就要求总编辑在领导方式上科学决策，发扬民主、公正、公开、公平。对涉及出版社重大选题、人事安排、机构设置、利益分配、对外投资、兼并重组、发展战略等重要事项，应通过多种渠道和程序，广泛征求意见，集思广益；建立多种形式的出版决策咨询机制和互联网信息支持系统，使出版决策切实建立在科学、民主的基础之上。同时，总编辑应注重制度建设，带头遵守法律法规，严格执法，依法经营，不断推进出版社法制化、规范化。

第六，更新观念，勤奋学习的能力。从旧体制转向新体制的过程也是知识更新的过程。在市场经济条件下，新的出版体制无论从选题、印刷、装帧、销售到人事管理、岗位安排、薪酬设计等各个环节，都与计划经济时代形成的旧出版体制有着本质的区别。所以，总编辑原有的知识结构、工作经验、思维方式和领导方式就很难适应新的形势。转制的时代趋势迫切要求总编辑必须勤奋学习、更新知识、转变观念、创新领导方式。这也是知识经济时代的需要。国外现代管理学有一个著名公式：L(learning) < C(change) = D(die)，就是说，学习的速度若慢于时代的变化必然被淘汰。因此现代教育

学提出了"终身教育""终身学习"的理论。总编辑从事的职业属于知识产业，更应当重视学习、勤奋学习。当前，应着重学习经济改革经验、现代企业知识和发达国家先进出版管理理念。不仅如此，总编辑还应带领全体员工勤奋学习，将自己领导的出版社，努力建成"学习型出版社"。只有这样，总编辑才能不被时代淘汰，才能成为出版社成功改制、转制的引领人。

青年编辑是出版事业的未来*

今天我们在这里进行了两个奖项的颁奖活动：一是首届"中华优秀出版物奖"的颁奖；二是全国出版社青年编校技能竞赛的颁奖。

"中华优秀出版物奖"是中宣部根据中共中央办公厅、国务院办公厅关于《全国性文艺新闻出版评奖管理办法》的精神，交给中国版协的一项全国性的重要奖项。这一奖项包括图书、音像电子和游戏出版物及论文3个子项奖。两年评选一次，每次评出优秀图书50种，优秀音像电子和游戏出版物50件，全国优秀出版科研论文60篇。

我们这次评选的程序是自下而上，由各单位推荐，专家评审，评委投票确定。评选的原则是公平，公正，公开；评选的标准是好中选好，优中选优，宁缺毋滥。因此，我们这次评选出的获奖作品，虽然数量不多，但水平高，质量优，代表性强。图书类获奖作品，既体现了主旋律和原创性，又体现了内容的多样性，无论是学术价值还是内容质量，不管是技术指标还是装帧水平都比较高。音像电子和游戏出版物类获奖作品，不仅主题明确，导向正确，而且在编导质量、艺术表现、技术运用和知识产权保护上都有大的创新和进步。论文类获奖作品，不仅在理论上有创新，而且注重联系实际，关注当前出版改革的热点难点问题，对实际工作有很强的指导性和很强的操作性。概括起来，我看这次获奖的作品有这样五个特点：一是整体学术水平较高；二是关注时代热点；三是弘扬传统优秀文化；四是注重创新，注重原创

---

*　这是于友先同志2007年9月14日在首届"中华优秀出版物奖"和全国出版社青年编校技能竞赛颁奖大会上讲话的主要内容。

性；五是印制精良，设计独特。一句话，我们首次组织的"中华优秀出版物奖"评奖，是一次高质量的评奖，是一次有影响的评奖，是一次成功的评奖。

组织全国出版社青年编校技能竞赛，是中国出版工作者协会为提高图书编校质量、增强从业人员职业道德、配合新闻出版总署"出版物质量管理年"而进行的又一项大的活动。

我们组织评奖，组织竞赛不是目的，目的是为了提高出版行业人员的素质，提高产品的质量，为满足人们不断增长的物质文化生活的需求而提供更好的精神食粮。我们不是为评奖而评奖、为竞赛而竞赛，而是为了更上一层楼、再上一个新台阶。评奖、竞赛不是终点，而是起点；评奖、竞赛结束不是停车站，而是加油站，是为了向新的更高的目标前进。因此，我希望我们通过这次评奖和竞赛能树立"四种意识"：

一是职业道德意识。任何行业，都有个职业道德问题，出版行业就更不例外。中央在出版行业提出"三项学习教育活动"①，其中一项就是增强职业道德。就出版行业来说，职业道德表现在好多方面，如把握导向、不出坏书、诚信经营、反对商业贿赂等等，都是职业道德问题。那么，编校质量是不是职业道德问题？古代编校家把错误很少的书称作"善本"，把错误很多的书称作"错本"，出"善本"不出"错本"历来是编校家的道德追求。有的同志可能认为，一大本书，出现几个错字、别字、错词、错句，算不了什么，不值得大惊小怪。其实大不然。编校质量问题，是个基本职业道德问题。为什么这样说？因为编辑这一行，和其他的加工制造行业不同。其他的制造行业，如造一个杯子，质量不合格，可以砸掉重来。文字工作就不一样了，它要起传播、传承、教化的作用。一个错词、一个差句，就可能误人一辈子。流传下去，就会贻误子孙后代。因此，我们这次竞赛的宗旨非常明确，就是为了提高出版物的编校质量水平，增强从业人员的职业道德意识。

21世纪，中国出版业正处在一个大转变时期，编辑的职业角色、职业精神在市场经济条件下正在重新定位、重新塑造。编辑的职业道德建设也面

---

① 见本卷第542页注①。

临新的挑战。青年是祖国的未来，青年编辑是出版事业的未来。青年编辑的职业精神、职业技能、职业道德状况如何，对当今及未来中国出版事业和出版产业的繁荣发展会产生重要影响。

一方面，青年编辑富有活力，充满朝气，渴望在编辑职业生涯中发挥才干，创造业绩，实现自身价值；对新鲜事物敏感，有创造潜能；知识结构较好，熟悉外语、电脑。另一方面，他们对编辑行业的规范、编辑工作的难度、面临的新挑战以及要积累的知识与才干还缺乏深入的了解；面对行业转制，没有足够的认识与思想准备。因此，通过多种方式、多种形式来提高业内人员的道德意识、道德水平，这是我们必须高度重视和要长期坚持、认真抓好的一个大问题。

二是规范意识。常言说：没有规矩不成方圆。之所以强调树立规范意识，与四个方面的问题有关：①和我们的文化传统有关。历史上的"善书"之说是指无错无讹之书，这种文化传统是一种文化精神，追求的是一种尽善尽美的境界。如果这样的出版传统在当代断裂的话，是对民族、对历史的一种犯罪。②和编辑的业务素质有关。编辑应具有四个方面的优势：判断的优势，知识的优势，社交的优势，文字的优势。要采取规范措施，提高编辑在这几个方面的能力。③和作者队伍有关。现在的作者存在三种现象：低龄现象，错位现象，断层现象。④和语言环境有关。现在有些人不像过去那样认真地对待文字了，不是敬畏文字，而是游戏文字，胡用乱用的现象比较严重。因此，树立规范意识，是提高出版物质量的一个重要保证，特别是在当前市场化压力不断加大，社会语言环境发生很大变化的情况下，树立规范意识，加强编辑工作规范，对提高编辑工作质量有着重要的现实意义和深远的历史意义。

三是精品意识。我们出版的产品是精神文化产品，具有鲜明的意识形态属性和很强的导向性，对人们的思想道德影响巨大，绝不能粗制滥造、假冒伪劣。无论生产哪种出版物，都要树立强烈的质量意识、精品意识，政治上严格把关，内容上精益求精，包装上用心设计，把每一件产品都打造成经得起群众和历史检验的力作。因此，作为出版界的广大员工，一定要树立精品意识，用质量保证精品、用精品打造品牌、用品牌开拓市场、用市场服务人民，让我们真正走上科学发展的轨道。

四是学习意识。我们出版人是生产精神文化产品的工作者，不断提高综合素质是生产优秀精神文化产品的重要保证。文化人、出版人都是有文化的人，都是有知识的人，都应该是品行端正的人，成为人们的楷模。像鲁迅、邹韬奋、叶圣陶等，不但是大文学家、大编辑家，也是语言文字大家，他们都有奋斗终生、学习终生的精神。我们要通过这次评奖和竞赛，在行业内掀起一个比学赶帮的热潮，形成一个想学习、爱学习、勤奋好学的良好氛围。我们要向鲁迅、邹韬奋、叶圣陶等老前辈学习，向出版界的老同志学习，向同行中的先进学习。各出版单位要采取多种措施，引导和鼓励从业人员掌握现代科学文化知识，提高理论素养，优化知识结构，不断提高业务能力和创造能力，打造一支高素质的从业队伍。我希望我们出版界在 20 年、30 年内，也能够出鲁迅、叶圣陶、邹韬奋这样的名家、大家！

大家知道，文化建设是国家软实力建设的重要内容，对增强国家综合实力具有重要作用，关系党和国家事业发展的全局。加强以文化建设为主要内容的国家软实力建设，是夺取全面建设小康社会新胜利、开创中国特色社会主义事业新局面的必然要求，是增强我国综合国力、赢得国际竞争的必然要求，是巩固民族团结、促进祖国统一的必然要求，是不断满足人民群众日益增长的精神文化需求的必然要求。我们出版行业所从事的工作，所承担的责任，是我国文化建设的一部分，是国家软实力建设的重要内容。我们的担子很重，我们的责任很大。因此，我们要把首届"中华优秀出版物奖"评奖和"全国出版社青年编校技能竞赛"作为一个新契机、作为一个新的起点。希望获奖者谦虚谨慎，戒骄戒躁，再接再厉，发挥导向和示范作用；也希望全体出版工作者向获奖单位和个人学习，努力提高出版物质量，迎头赶上，争取今后评奖、竞赛获得奖项；更希望获奖的和未获奖的主管主办部门能结合这次评奖和竞赛活动，总结经验，查找不足，进一步增强推动社会主义文化建设的责任感和紧迫感，积极发挥自身优势，努力为繁荣社会主义文化做出新的贡献。

加强出版教育的几点思考[*]

将出版作为一门独立的学科进行研究、开展专业教育在我国是近 50 年的事情,主要标志就是 1953 年上海印刷学校的成立。1978 年 12 月,国务院正式批准建立我国第一所高等印刷学院——北京印刷学院。20 世纪 80 年代,在党和国家宣传教育、新闻出版领域的杰出领导人、著名理论家胡乔木同志的大力支持下,我国编辑出版专业的模式基本建立。胡乔木同志曾多次提出在我国高校试办编辑专业的建议。1984 年 7 月 23 日,教育部党组向乔木同志写了《关于筹办编辑专业的报告》。乔木同志第三天就复信教育部,同意高校开设编辑学专业,建议总结我国著名典籍的编辑经验,写出"一门或几门课的教学大纲",还建议编辑专业应设辞书学、目录学、校勘学以及印刷、出版、发行知识等科目。胡乔木所讲的编辑专业,是包括报纸、期刊和图书等编辑在内的各种出版物的编辑基本业务,为编辑出版学的学科建设和专业教育的发展奠定了基础。1985 年,北京大学、南开大学、复旦大学三校招收了编辑学专业本科生。到 20 世纪 90 年代初,全国已有 15 所高校办起了编辑、出版、印刷、发行等不同特色的学科专业。清华大学、武汉大学、河南大学等高校还借相关的老学科、老专业名义,招收培养编辑出版学硕士研究生,有的招收培养了双学士学位生。

1993 年,我调到新闻出版署工作,不时听到出版教育界对设立出版学专业硕士点的强烈呼吁,并希望得到新闻出版署的大力支持。当时我们正是基于出版教育的前瞻性意识,考虑到未来高层次出版人才的需要,而支持出

---

　　* 此篇原载《中国出版》2008 年第 8 期。

版专业硕士点的创办。1995 年，新闻出版署专发 41 号文件，向国家学位委员会正式提出建议。1998 年，国务院学位委员会批准北京印刷学院出版系和河南大学文学院招收传播学硕士研究生，研究方向为编辑、出版、发行。这标志着我国出版专业教育迈出了培养高层次人才的关键一步。2003 年，北京广播学院、复旦大学也在一级学科范围内自主设置了编辑出版学专业的博士点，这是我国编辑出版学专业教育的历史性突破。目前出版专业教育可谓快速发展。我国出版学教育已经取得了相当丰硕的成果，但是，与传统的文学、历史、哲学、社会学、法学等学科相比，出版学学术积淀少，尤其是在学科体系方面，亟待加强建设。早有有识之士提出要建立编辑出版的一级学科，但是，至今尚未得到落实。作为一个长期从事出版工作的老同志，对加强出版教育的问题有以下几点思考：

一、深入对出版学科、出版思想、出版方法的研究

2007 年底，一次主持出版专业研究生论文答辩会，那次研究生答辩的论文显露出目前出版教育不容忽视的问题，促使我思考出版教育的问题。通过那次答辩会我突出地感觉到研究生的一些选题多围绕新闻出版行政管理部门所面临的一些现实问题而展开，过于"行政化"了，与高等教育的发展以及出版市场的经济规律贴得不是太紧密，而且把行政管理部门面临的变化很快的现实问题作为出版专业研究生的研究方向，其研究成果往往很难跟得上实际变化。这就存在着对出版专业人才确立什么样的培养目标和专业方向的问题。国家教委在《普通高校本科专业简介》中明确指出，编辑出版专业的业务培养目标是"具备系统的编辑出版理论知识与技能、宽广的文化与科学知识，能在书刊出版、新闻宣传和文化教育部门从事编辑出版、发行业务与管理工作以及教学与科研的编辑出版学高级专门人才"。而出版专业的研究生更应是在具备本科专业理论的基础上进行高深层次的探索，有更高的培养目标。加强出版教育，要从基础理论抓起，学生的主要任务是学习基础理论；出版专业教育应该建构有利于人才全面发展的合理的教学内容和课程体系，而不是让一些具体的事务性的活动占去学生的学习时间。出版专业

的教育可以从出版学科、出版思想、出版方法这几个方面进行思考：

第一，丰富出版学科内涵。出版专业一级学科的内涵、标准、尺度是什么？这个大家可以继续争论。我提一点看法：出版专业的学科设置是否可参照比较成熟的文学、历史、哲学、社会学、法学等学科的建设，可以从这些学科中受些启发。成熟学科至少有三个方面的内涵：①有著名的人物群体。一个学科的成熟，首要的是有一大批本学科领域的人物，或者说是大师级的人物、名家。这是学科的支撑。②有经典的作品成果。作品是成熟学科的重要标志，一个学科无论怎么标榜成熟，就是拿不出成熟的东西来，怎么令人相信此学科的科学性？③有独自的理论体系。理论体系是成熟学科的关键，它阐明本学科存在的道理，这是其他任何学科所不能替代的。理论体系包括学科对象、属性、范畴、方法等，哪一个方面都独立存在。如果学科的对象游移不定，一会儿是这儿，一会儿是那儿，那就谈不上成熟。这三者决定了学科的成熟，也可以说是学科的基本标准。因此，我们在呼吁设置编辑出版一级学科的时候，不妨多一些自我思考，如学科内容上是否达到一级学科的标准？目前，大家对出版学科建设问题提出很好的意见和建议，并且热烈地讨论，有时进行争论。学术争论历来都有，有比没有好；争论说明了我们学术的自由民主，同时又说明了我们研究的深刻性。但是也需要明确我们的目的。我们的目的是培养合格的高质量的出版人才，关键是把我们的学科内容先做好。内容决定形式，学科内容做好了，究竟批什么一级学科、上什么博士点等，都会顺理成章。

第二，研究出版思想。思想是客观存在反映在人的意识中经过思维活动而产生的结果，属于理性认识，一般也称"观念"。人们的社会存在，决定人们的思想。一切根据和符合于客观事实的思想是正确的思想，它对客观事物的发展起促进作用；反之，则是错误的思想，它对客观事物的发展起阻碍作用。思想是大千世界，什么都有。思想是实践上升到理论的认识，是实践的精华。出版家的人生各异，其出版思想也有不同，要得到也是不易的，需要通过一些复杂的研究探索才能求得。出版教育要研究一些著名出版人物的出版思想，从他们那里得到启发。例如：邹韬奋（1895—1944年）所主编的《生活》杂志，强调出版应该是事业性和商业性的有机结合，要两者的兼顾而不是彼此的对立。可谓得出版认识之真谛，充分体现了他的出版思想。我们今天的出版人，依然可以从中采掘。张元济（1867—1959年），毕生策划、编辑、出版过很多部教材、典籍、译著等。他的出版原则是：有利于提高国民素质的书一定要出，于国民无利甚至有害的书坚决不出。张元济重义轻利、义利兼顾的编辑出版思想，值得我们当代人思考和借鉴。近代著名的报刊活动家、新闻思想家梁启超（1873—1929年），从早年创办《时务报》到晚年主持《庸言》，主编或参与办的报刊有10余种，他在丰富实践经验的基础上撰写出版学论文30余篇，形成独具特色的出版思想。他主张报刊应多刊载那些关心国家大事、民族命运、探求救亡图强之道、唤醒民众、教育民众的文章，主张革新报刊文体，首创通俗易懂的报章文体"新民体"，提出"公、要、周、适"① 四项"论说"的原则，尤其强调报刊编辑应该品德高尚、有奉献精神、有独立人格，敢于主持社会正义、与邪恶做斗争等，无不是他"维新"思想的真实反映。作为文学家、思想家的鲁迅（1881—1936年），在其30多年的文化活动中，不仅原创作品硕果累累，而且编辑的作品也颇为丰硕，也给我们留下了光辉的出版思想。他在出版工作中，坚持正义，抵制渗入出版物中的一切庸俗低级趣味和有害人民身心健康的腐朽思想；一切为读者着想，为读者考虑得非常周到，"宁可折本关门，决不偷工减料"②；编辑工作十分严肃认真，甘心情愿做"呆子""傻子"，甘心做无名英雄。鲁迅的出版思想和创造的出版伟绩，为中国现代出版史树立起一座丰碑。我国著名出版家、教育家陆费逵（1886—1941年），于1912年创办中华书局，从此任局长、总经理达30年之久，使中华书局的业务蓬勃发展。在其主持下，中华书局编辑出版了《中华教科书》等教科书，为普及识字教育和传播文化科学知识做出了重大贡献。陆费逵强调作者和出版家都应对国家、对社会有高度的责任感，对读者要守信用，对此发表了《著作家之宗旨》《书业商之修养》等，呼吁作家和出版家要有高尚的道德品质。这些都给出版界留下了宝贵的思想财富。

---

① "公"，就是要以社会利益为重，不附于一党之见；"要"，就是要拣"一国一群之大问题"，不能用小事来误导读者；"周"，就是要分清主次；"适"就是内容要适合中国国情。

② 出自鲁迅：《集外集拾遗·三闲书屋校印书籍》。

第三，探求出版方法。出版教育要传授给学生方法，让他们得到真经，即得到方便快捷的出版方法，胜任今后的工作。出版工作，需要了解、运用各种学科的普遍方法和相关学科的具体方法，研究这些方法在出版工作中的具体运用。但出版学尤其要研究出版工作的特殊方法或专业方法。这种专业方法来自出版工作的实践经验，反映出版工作的性质、功能、规律和基本原则，具有普遍适用性和专业的特殊性。一定要重视出版方法论的构建，要以出版理论为指导，研究各种出版物是怎样编出来的，结合出版市场上一些典型的案例，研究他们的方法。解决实际问题的具体方法还要靠出版工作者以出版理论为指导，在出版实践中去创造。在一定意义上，方法就是技术，有的方法需要在应用中进一步发展或更新。一部出版史，就是一部方法史、技术史，这就是出版富有生命力的根本原因。方法也在于创新。出版方法论的创立是一项大工程，不是靠少数人在短时间内能够完成的，这也是出版教育需要认真对待的艰巨任务之一。

二、培养复合型出版人才

据统计，目前我国有关编辑出版（含新闻传播）类专业教学点600多个（不包括港、澳、台地区），在校生10多万人，每年毕业生近3万人。学生数量已经不少了，但是，毕业生就业形势却不容乐观。我听到一些在报刊社、出版社工作的同志反映，有时候感觉到我们出版专业的毕业生"上手快，后劲不足"，倒不如中文、历史等学科的毕业生知识扎实。许多出版单位众口一词："我们更愿意选择有某一学科背景知识的毕业生，而不是纯编辑出版专业出身的人才，当然优秀的人才例外。"一般来说，用人单位更愿意选择既有专业知识，又懂出版的复合型人才。

出版产业对新型人才的需求对我国传统的出版人才教育提出了新的挑战。一方面，我国传统的出版人才教育模式不能适应出版产业对新型人才的需求，出版社内部又迫切需求那些深谙出版产业市场规律、明了高新科技发展趋势、有能力推动出版产业向国际化发展的创新型出版人才；另一方面，大量的出版专业的大学生又找不到对路的工作。在这种情况下，出版教育就要及时调整人才培养模式，大力加强复合型人才的培养。

一直以来，出版教育对人才培养模式争论不休，无非是"通才"和"专才"之争。我的理解，"复合型"的出版人才模式应该是"通才"和"专才"二者的有机融合，不能割裂开来。"通才"和"专才"并不矛盾。"专"是在"通"之基础上建立起来的，"通"也包含了"专"。绝对的"专才"是不存在的，"通才"也会有其"专才"之外的一些知识，如鲁迅、张元济、巴金、邹韬奋、叶圣陶等老一辈出版大家，用任何的一两个"专"家去表述他们都是不全面的，他们是"通才"，但你能说他们不是"专才"？我看说他们是"复合型人才"最合适。由此看来，复合型人才并非是什么知识都简单会一点，而是在相关领域里他都要"专"，是许多的"专"垒起来的。出版业是传播知识文化的行业，他要对文化知识鉴定判断，做出能否出版的答复。这样，仅仅会一些编辑的知识是远远不够的，大量需要的是专业领域的知识。编辑是我们出版人必须掌握的工作方法，支撑编辑的是精深的文化理论知识。因此，我们出版人才必须是"复合型"的，而不是单一的。

培养复合型人才也是当今世界大学教育的潮流。去年在南京大学105周年校庆的系列活动之一"国际化创新型人才培养"的研讨会上，来自中、英、法、德、日、挪威、荷兰等国的大学校长各自发表了人才培养模式的独到见解。南京大学校长陈骏的精彩发言耐人寻味，他认为，在经济全球化和信息化的今天，我们培养的学生应当至少具备三方面特点：一是具备宽厚的基础知识；二是具备敢于创新的勇气和善于创新的能力；三是具备面向世界的胸怀和开展国际交流与合作的能力。"我们的目标是到2010年，全面推行通识教育，促进自然科学和人文社会科学的交叉渗透，重视学生全面素质的培养，实现人才培养模式的重大转变。"陈骏校长的话对出版教育人才培养模式的确立有很大的启示。

出版专业是一个涉及面非常宽的专业，其复合型人才的理想要求主要为厚基础、强能力、高素质几个方面。

第一，厚基础。我们要考虑怎样增强"后劲"的问题。我认为没有什么特别好的省劲的办法，关键是"勤学厚养，丰富内涵，全面发展"。"厚养"就是要加厚学生的文化修养、文化底蕴。新闻出版人才还必须有很好的表达能力，这就需要加固文化基础和文化积累。古人说："言之无文，行而不远。"① 纵观中外出版史，凡是杰出的出版人，几乎都是学养丰厚的文化人，如我国的王韬、梁启超、章太炎、张季鸾、王芸生以至邹韬奋、范长江、恽逸群、胡乔木、邓拓、乔冠华等等，个个既是政治家又是有丰厚学养、才华横溢的文化人。就出版讲出版，"营养"单一，知识贫乏，成就必然有限。为了应对这样的市场需求，我们应该有明确的办学思路与教学安排，鼓励学生在大学里先学好编辑出版专业课程，同时选修或辅修其他专业课程，或者鼓励其他专业的高年级学生以双学位或研究生的模式系统学习出版业务知识。这两方面综合培养出来的人才，必将在未来的人才竞争和事业发展中获得优势。

第二，强能力。出版人才的能力有很多方面，我这里主要强调创新能力和新技术掌控能力。全球化的经济发展趋势使产业与整个社会经济发展的关联度不断提高，这无疑给出版业的发展带来了前所未有的机遇，也给出版人才的能力发挥带来更广阔的空间。要走出编辑室，关注市场、关注社会，利用自己的智慧，了解发现一些有价值的信息，从而形成一个创新的思路，然后形成有价值的精神文化产品。这就是出版人才的创新能力素质。随着时代变迁、技术进步，特别是信息技术对人类生活的不断影响和渗透，出版人才要在市场经济运作和高新技术发展的条件下成长，尽可能多地掌握电子计算机技术和网络技术，无论是利用网络及时了解信息、策划选题，还是利用终端对书稿进行审读加工，或是在电子计算机上进行多媒体的组合，在新的竞争模式下，出版人才要胜人一筹，就离不开对计算机和网络出版新技术的掌握和运用，这已成为做好出版工作的一项新的基本功。

第三，高素质。出版业的快速发展把我们带入市场经济，但也存在一些不容忽视的问题，庸俗、低俗、媚俗之风对人们的思想道德和价值取向产生了不良影响。我们愈来愈感到，作为一个具有成千上万的图书、报纸、期刊、音像、电子与网络等出版机构的出版大国，担负着生产精神文化食粮的

---

① 出自《左传·襄公二十五年》。

重任，目前亟须强化落实出版人才的道德规范，我认为这就是出版教育所要培养的出版人才必备的高素质，如热爱祖国、捍卫和弘扬中华民族灿烂的文化，遵纪守法、坚持正确的舆论导向，服务人民、服务作者，团结互助、诚实守信、敬业奉献的精神，靠辛勤劳动创制精品，等等。

出版的复合型人才单在学校里是形不成的，只能就业实践之后才能逐步显露，并通过多岗位交流实践、多种能力兼备才能形成复合型。但学生个人的性格、爱好及其在日常学习、工作、社会活动等方面的表现，能显示出某些综合能力的雏形，在一定程度上看出其未来的发展趋势，学校可因势利导，在社会活动策划能力的训练等方面为学生提供良好条件，学生也可根据自己的实际，自觉参与社会活动和技能训练，为向复合型发展创造条件。

三、结合出版产业的需要培养人才

我国现代出版产业日新月异的现实，告诉我们出版产业是和社会主义市场经济体制相适应的中国特色社会主义的文化产业。建立和发展出版产业，人才是关键，尤其是我国现代出版业处于由传统的生产方式向现代生产方式转变的过程当中，人才问题显得更加紧迫。搞出版教育，也要遵循时代发展规律、遵循出版市场经济规律。若结合出版产业的实际而进行出版教育，会打开出版专业人才培养的一个新天地，铸造"专业化"出版人才的培养模式。过去，出版人才的需求围绕"编、印、发、科、供、贸"几个环节而展开，随着我国出版消费者的文化需求不断提高，出版行业进入了专业化、精细化阶段，出版行业的新型业态层出不穷，人才需求类型也多样化。出版产业对人才的迫切需求有三点可以思考：

第一，出版产业突出人才的"经营"特色。出版经营人才是随着出版产业的发展而逐步显露出来的人才类型，也可以称之为出版经营战略人才，它不是指一般的图书发行销售，而是在市场经济条件下宏观掌握出版市场并自由自如地经营出版市场的人才。其涵盖面较广，具体又可分出版业市场调查人才、出版经纪人、出版产业评价人才、出版业物流人才、图书出版策划人才、版权贸易人才等等，无论哪种"经营"人才，其关键在于策划。策划人是出版业市场化的必然要求，其对出版社现行的内部体制将产生重要的积极作用，甚至成为出版社体制和机制改革的内在动因。一个出版社可能是若干个策划人的联合体。策划人的出现是对传统出版工作的革新和提升，其最大的特点在于强调对市场的把握、强调对出版环节的全程把控，不但策划国内，还要策划国际，走出国门，到世界出版市场去"经营"。我国出版业对外交往与日俱增，版权贸易逐年增长，但目前最紧缺版权贸易专业人才，必须有一批具有国际视野、懂得国际市场竞争规则、熟悉国外企业经营方式的专门人才，同时还需要一批高素质、高水平的翻译人才。而目前我们这几个方面的人才储备明显不足，帅才、将才、专才都比较缺乏。一个职业化的出版经营人才，更是指具有广阔视野和市场意识的策划者。优秀的出版经营人才是出版单位精神与物质财富的象征，可以肯定，他将是出版单位竞争的重点人才。

第二，出版产业强调人才的"内容"创造。出版产业是以内容为产品的行业，虽然随着互联网的发展，出版内容的载体从纸质扩展到了互联网，但"内容"依然是出版物"基础的基础"。内容的优劣决定着能否正确地引导读者，决定着能否引起读者的关注和喜爱，决定着出版物的社会效益和经济效益。因而，拥有对作品的鉴赏力、对作品是否符合读者需要的判断力，对作品内容的再加工再创作能力的人才对出版产业显得尤为重要，我们的出版教育也应该围绕出版产业这方面的需要培养人才。

第三，出版产业渴求人才的"领军"作用。出版领军人才是最近提出来的一种出版业高层次人才类型，很显见，在出版产业的大潮中，需要一批扛旗的弄潮儿。2007 年 4 月，新闻出版总署印发了《全国新闻出版行业领军人才遴选与培养实施办法》，文件认为：新闻出版行业领军人才是全国新闻出版行业各领域最高层次的专家或带头人，在行政管理、经营管理、编辑出版、新闻采编、生产贸易、教学科研等岗位上的骨干人才或拔尖人才，应具有学术、业务、管理、经营、技术等方面的领军能力或潜力。领军人物具有普遍性的要求，现在每个出版管理机构和出版单位都需要。在领军队伍的基础上，还需要一种高层次人才——出版家。出版家是具有渊深学问、编辑出版过许多经典作品，从而得到出版业与社会高度认可的人。像我国老一辈出版家张元济、叶圣陶、巴金、邹韬奋、徐调孚等，就曾经引领了所在时代的编辑出版方向，甚至于文化方向，他们的思想、行动和成就，激励一代又一代后来者追随。出版家也是出版业的品牌，他们的作用在于召唤作者和读者、"组织"和开发所在出版单位的滚滚资源。出版家人才品牌和出版物品牌一样是出版企业最宝贵的资产，从某种意义上说，拥有人才和市场比拥有工厂更重要。拥有市场的唯一办法，就是靠人才开发拥有占市场主导地位的品牌。有人认为出版家不是从学校培养出来的，但不能因此忽略学校教育的长远功能。世界上一些著名的大学，实际就是培养大师的地方，也被称作培养大师的摇篮。我们的出版教育，应给学生创造成为出版领军人物和出版家的环境，打下深厚基础，让他们为之而不懈努力，将来成为出版领军人物和出版家。

当前信息化浪潮席卷全球，文化也处于大变革时期，人才作为文化创造力的核心作用越来越凸显，人才培养是当前最紧迫的任务。出版产业的兴盛在于人才，人才竞争成为决定未来竞争的关键，人才战略提到了最突出的位置。这对于出版教育来说，确实任重而道远，也是一次难得的机遇。出版教育是出版业的一项宏伟工程，它与出版业的联系和呼应已愈来愈不容分割，其成败也影响着出版业的未来命运。因此其教学和研究，不仅仅是接触一些出版行政管理部门所需要的研究课题就算完事，要从根本上给学生传授"渔"，而不是"鱼"。

出版教育处在出版产业发展的关键时刻，实现出版教育现代化的目标，需要重温我们优秀的教育传统，从历史中汲取经验和智慧。为出版业输送人才的出版教育，一定要不负众望，抓住机遇，培养出适合出版市场需求的合格人才来。

出版教育要遵循出版
产业市场经济规律*

很高兴和印刷学院的师生们在一起研究探索出版教育的问题。我们的编辑出版专业教育开展时间仅有 50 多年历史，相对于中文、历史、法律、教育等专业，我们的出版专业显得年轻一些。年轻并非坏事，反而，年轻就是力量、就是活力，给我们带来了更大的探索空间。非常欣喜的是，看到师生们对出版业的倾心关注以及对出版教育积极探索的精神，使这门新兴学科逐步地取得进展。在座的同学们目前处于本科学习阶段，这是一个重要的基础学习阶段。教育当与时代的发展相适应，一个时代有一个时代的教育。对于出版专业的本科生，将来要为建设出版大发展和大繁荣的时代服务，因此，要密切关注时代。

搞出版教育，也要遵循出版市场经济规律，不由再次提起出版产业。几年前，我曾写过一本《现代出版产业发展论》，由苏州大学出版社列入其"现代出版学丛书"。短短几年过去了，国际的出版业发生了深刻变化，中国的出版业迅猛发展，出版产业的内涵也日益渗透。因此，作为一个长期从事出版工作的老同志，对出版产业有了进一步的思考。今天借此机会，就出版产业的实际谈谈出版人才的培养问题。我谈三个方面：①中国出版产业所面临的形势；②出版产业对人才的需求；③大力发展出版教育。

---

* 这是于友先同志 2008 年 9 月 20 日在北京印刷学院讲话的主要内容。

一、中国出版产业所面临的形势

中国改革开放的 30 年，也是中国出版产业迅速发展并引起世人瞩目的 30 年。这 30 年中，中国出版产业的体量增长了几十倍。更加重要的是，其间中国图书市场发生了根本的变化——由卖方市场转向买方市场；出版单位的性质发生了根本的变化——相当多的出版社由事业单位转制为企业；新的出版组织不断涌现，新的出版技术不断运用；出版企业开始走向世界，与国际出版企业的合作越来越频繁，范围越来越大。进入 21 世纪以来，中国出版产业在继续增长的同时，又出现了一些新的问题，过去粗放型发展方式所掩盖的深层次矛盾开始显露，相当多的出版社的主营业务面临增长的极限，有的甚至处于非盈利状态；另一方面，出版产业发展的外部环境也发生了巨大变化，这一巨大变化来自我国加入世界贸易组织以后外国资本的进入和信息技术的革命。内因和外因的变化既意味着中国出版产业面临着巨大的挑战和重大的机遇，同时也成为推动中国出版产业转变发展方式的主要因素。与此同时，中国出版产业是在解决这些问题、战胜各种困难的过程中不断向前发展的。目前，中国出版业所面临的形势主要有以下几个方面：

（一）中国出版体制的改革驶入了快车道

中国经济体制改革是从 1978 年开始的，至今已经 30 年了。新闻出版领域体制改革迈出了新步伐。新闻出版行政体制改革取得重大进展，全国各级新闻出版局基本完成政事分开、政企分开、管办分离。出版发行体制改革从试点向纵深推进，在整体转制、上市和跨地区发展等方面取得一系列重大成果，出版业与同一时期其他领域改革的深度相比有一定差距。这是因为出版业具有意识形态特殊性，既要确保正确舆论导向，确保国家文化安全，又要推进出版业体制改革，这就使改革增加了难度、加大了成本，也无疑延缓了时间。在其他经济领域，早在 20 世纪 80 年代中期就已经开始了资本的多元化整合。很多著名品牌都是民营、私营、合资企业创造的，不少非国有企业进入 500 强，有的成为上市公司。通过改革国有资本有进有退，国有企业焕发活力，大都相继完成股份制改造，或者上市融资，资本实力、生产能力、竞争能力都大大提高。而出版业在这方面则有"滞后"之感，大多数还在计划经济的模式中运行，市场主体、竞争能力尚未形成。如果我们还搞计划经济那一套，连跨地区、跨媒体经营都解决不了，实在无法交待。

党的十六大以后，我国加快了改革步伐，党中央做出加快文化体制改革和文化产业发展的决定，也给新闻出版业体制机制的改革带来机会。2003年，党中央、国务院决定启动文化体制改革试点，在所确定的 35 个文化体制改革试点单位中，新闻出版单位就有 21 家，占了近 2/3。我们从体制创新入手，全面完成了出版、发行、报业改革试点任务，为出版发行体制改革向纵深推进提供了宝贵经验。2005 年，新闻出版总署进一步明确出版发行体制改革的总体思路，重点抓了一批中央部委出版社、一批高校出版社、一批经营性报刊转企改制，推动了已转制企业的上市工作，继续推动所有出版单位深化改革、加快发展。经过 5 年的努力，新闻出版体制机制发生了根本变化。出版方面 23 个集团已经或正在变成企业集团公司，100 多家图书出版社改制到位，上千种经营性报刊转企改制，40 多家报业集团实现企事分开，面向市场经营。29 个省、自治区、直辖市的新华书店系统完成了转企改制，有些已经完成了股份制改造。出版物全国连锁经营企业已达 29 家，23 个省级新华书店实现了省内或跨省连锁经营；全国建成 10 万平方米以上图书物流中心 5 个，年盈利水平千万元以上的 10 个；全国性民营连锁经营企业 8 家，民营发行网点达 10 万个，中外合资、合作或外商投资书报刊发行企业 40 多家；一批网络发行企业快速成长；出版传媒业上市公司 9 家，市值 2000 多亿元，净融资达 180 多亿元。

目前，出版业跨区域、跨行业真正的兼并重组是以企业为主体的市场行为，是有了实质性进展：深圳发行集团与海天出版社、江西出版集团与和平出版社、吉林出版集团与中华工商联合出版社、江苏新华发行集团公司与海南新华书店等兼并重组，都是以资产为纽带的企业重组，市场化了。这样，一些出版发行企业将在激烈的市场竞争中逐步被淘汰，一些出版发行企业通过产权多元化和建立现代企业制度，实现与社会资本乃至外资的逐步融合，就做大做强了。未来几年，以跨地域、跨产业链上下游为代表的兼并重组将成为大势，国外的大集团也是这么发展起来的。上市是企业发展的一种形态，它的前提一定是事业单位转为企业，企业整合内部资源完成股份制改造，有了扩张的原动力，有了资本冲动，然后申请上市。事业单位不能搞股份制，更不可能上市，因为事业单位是服务的办事的，不是市场主体。对出版传媒企业进行股份制改造、上市融资，目的在于通过吸引市场资本参股，建立规范的股份制公司，实现股权结构多元化，壮大资本实力，将企业做大做强。2006 年 10 月 18 日，上海新华传媒股份有限公司成功"借壳上市"，成为我国出版发行企业中第一家上市公司，开创了我国文化企业上市和股权分置改革的先例。2007 年 5 月 14 日，四川新华文轩连锁股份有限公司宣布在香港联合交易所主板挂牌上市，成为继上海新华传媒之后第二家上市的中国图书发行企业。2007 年 12 月 21 日，辽宁出版传媒股份有限公司严格按照资本市场的标准和规则规范运作、精心实施，将多家出版社整体上市，成为第一个正确解决了关联交易和同业竞争问题的出版企业，受到广大媒体和投资者的高度关注，充分显示了在文化体制改革不断推进的背景下，出版产业在资本市场具备良好的发展机遇，对后续上市的出版传媒企业具有重要借鉴意义。目前已有 9 家报业公司和出版发行公司在香港和内地上市；经过改制的新闻出版单位，国有资产的增值每年都保持在 40% 以上，有的产值翻番，利润增长在 30% 以上，大约是没有改制的同类单位的 5 倍左右，效益非常好。在未来的一年，还会有十几家大型出版发行企业上市。

目前我们出版业对外活动只限于单项合作，一本书一个项目可以合作，外资不能进入出版领域。外面的出版社也不能和国内的出版社进行资本方面的合作，这个是国家政策不允许的。目的就是为了保护民族的原创能力，保证民族出版事业顺利发展，这个我们是没有问题的。现在大的问题是什么呢？我们和国外出版集团、传媒集团相比较，我们不大、不强，我们的出版集团比较小。外国一个出版集团生产能力几乎等于我们全国出版单位的总和，这样的集团很多，国际上前十名的传媒集团实力都非常强大。面对这样强大的对手我们要千方百计通过投入、增加资本，通过市场化的改造，组建集团等方式来增强我们自身的实力，只有在那个时候我们才可以同国外的出版集团竞争，使我们出版业的实力足以和他们抗衡。

自改革开放以来，中国的出版业有了突飞猛进的发展。中国的出版业在今后几年将继续呈快速发展态势，这是毋庸置疑的。但出版形势的发展亦已经证明，中国原有的出版市场格局将被打破，一个全新的市场化的出版市场格局正在逐步形成之中。随着出版机构由事业单位向企业单位改制的深入进行，人员安排、工资福利、社会保障以及组织结构、业务结构、产品结构的重新调整都会对传统的经营模式带来冲击。

（二）中国出版产业进入了深度调整期

从国内行业的生产构成看，中国现代出版业是以市场为导向的出版业。因此，分别对应图书产品的三大功能，即娱乐（文化）功能、知识功能和信息功能，产生了大众图书市场、教育图书市场和专业图书市场。这是现代图书市场的基本结构。经过这些年的发展，中国的图书市场也比较清晰地呈现出这三个市场的基本划分。

但是，对这三个图书市场，已经进入了深度调整期。首先，教育图书市场。国家对于中小学教材出版发行的改革，预示着中国出版产业微利时代的到来，这里的"微利"主要是针对中国出版产业以往"低风险、高利润"而言的。随着全国中小学教材出版发行管理体制改革的全面推开，教材出版的竞争程度将大为增加，农村中小学教材将全部实行政府采购、免费供给，同时现行中小学教材中准价下调10%，这些都使得教材在出版物销售总码洋中的比重进一步下降，教育出版利润下滑，出版社从教材出版中稳获"暴利"的时代已宣告结束。其次，大众图书市场。目前大众出版领域中的无序竞争和低水平竞争已经表明现有的盈利模式难以为继，转型的压力非常之大。再次，专业图书市场。由于专业图书的适用范围有限，尤其学术著作，出版的利润空间越来越小，有些出版社靠"买卖书号"出版学术专业著作，今后，国家对书号的发放进一步改革调整，正在讨论《书号实名申领办法》，一旦实行，靠"买卖书号"维系生存的出版状况将一去不返。

图书市场的调整，无疑给出版企业增加压力，但是，目前及以后的一段时间，各项成本全面上涨，更是给出版企业带来挑战。2008年5月，国家统计局公布的全国居民消费价格指数（CPI）显示，4月份CPI同比上涨8.5%。除了通货膨胀，去年开始的纸价上涨、物流费用提高，以及今年新

《劳动合同法》实施带来的人力成本增加，都加大了书业企业运营成本，行业利润正受到来自各方的挤压。纸价上涨带来的一系列问题，已日益显露。今年以来，纸价上涨趋势仍在继续。有业内人士预测，今年纸价还将上涨5%—10%。有人士认为，在目前办公、折旧和管理各项费用上涨的情况下，图书出版的利润率已很难超过10%，特别是许多地方教育社的日子都不太好过。不仅纸张成本，图书印制的人工成本也在上涨。许多印刷厂原来都是采取劳务派遣的形式。今年1月新《劳动合同法》实施后都要自己招工，目前书刊印刷行业工会已经提出印刷工价涨价的要求，当地已经有多家印刷企业倒闭。对于民营书店而言，还面临一个房租的问题。广州学而优书店和北京龙之媒广告书店广州店，去年至今都遭遇到了幅度明显的房租涨价要求，有的涨幅甚至超过50%。面对飞涨的房租，许多实力不济的小型民营书店只好选择关张。新《劳动合同法》加强了对企业员工权益的保护，也加大了书业企业的人力成本。有单位表示，和2003年相比，员工工资已经上升了一倍，但即使是这样，新员工还是比较难找。人力成本是集团目前上升最快的一部分，和往年相比，已经上升了30%—40%。随着能源价格走高，出版业的物流成本也在上升。一家书业有限公司总经理表示，今年物流公司全部提价，物流费用已经上涨10%。

（三）国外资本的进入对中国图书出版产业带来了冲击

加入世界贸易组织（WTO）为中国出版行业打开了一扇通往世界的窗口，中国出版人看到了一个全球性的巨大市场，但同时也面临如影随形的竞争危机。

中国出版业的改革开放30年，也和整个经济社会体制改革一样，将自己放在世界出版格局中去发现问题，寻找解决问题的途径，特别是加入世界贸易组织以来，我们兑现了承诺，整个出版产品市场都已经向世界开放了，与国外同行有了广泛的交流与合作，中外合资合作的印刷、发行、出版企业有2500多家，形成了共谋发展的格局。30年来，在坚持对外开放的同时，我们实现了由"引进来"向"走出去"的转变，参与国际竞争，利用国际资源、国际市场加快自己的发展。如果说1986年我们举办第一届北京国际图书博览会标志着中国出版业正式向世界敞开大门，到现在已经过了20多年。近几年，我们每年参与 40 多个国家或地区的书展、书市，宣传、展示和推介中国图书产品，以产品带动文化走出去，以市场竞争扩大我国文化的国际影响。法兰克福、巴黎、纽约、莫斯科等一些大型书展上，中国都成为最大的亮点之一。版权贸易结构逐年改善，年均增长 58.6%，到今年进出口比例由 10 年前的 15：1 缩小到去年的 5：1；实物出口总量逐年增加，图书出口达 730 多万册，是进口的两倍；报刊出口达到 400 多万份，发行到了 80 多个国家和地区，年均增长 62.4%；"走出去"的渠道日渐多元化，国际书展、国际合作、国际交流、境外办社势头很好，国际竞争实力日益增强。

我国加入世界贸易组织以前，外国出版企业就已经通过各种途径进入了中国出版产业的零售和发行领域，并通过下游市场向上游领域逐步渗透。而随着加入世界贸易组织过渡期的结束，外国资本投资国内书刊发行领域将不受限制。早在 1995 年，世界传媒巨头贝塔斯曼集团与上海的中国科技图书公司就合资成立了上海贝塔斯曼文化实业公司，以读书俱乐部的形式——贝塔斯曼书友会，进入我国图书零售市场，之后又相继在北京、上海成立了6 家相关企业。2005 年 5 月，贝塔斯曼与辽宁出版集团合作成立了图书发行公司，大踏步迈进了图书发行领域。此外，贝塔斯曼目前还在中国开展了网上书店、专业咨询等多项业务。2004 年，中国重要网上图书音像零售商卓越网的股权被全球最大的网上零售商亚马逊公司买断。而培生集团、兰登书屋等出版巨头也都表现出强烈的意向试图曲线进入中国出版领域。比如：培生集团发起的"培生的选择"项目，就是通过教育来带动出版的一项计划；兰登书屋更是试图控制中国优秀的作者群，成为其全球出版资源的一个重要组成部分。另外，也已经有一些国外出版机构如斯普林格、约翰·威立等出版公司开始在中国发展电子图书市场、远程教育体系、电子期刊、数据库等新兴出版业务。国际出版巨头有强大的资金和技术优势，有丰富的市场营销经验和管理水平，他们直接或间接地进入出版领域，必将对我国的民族出版企业构成巨大的挑战。

（四）科学技术的进步给中国出版产业带来了挑战

科学技术的进步带动出版业的深刻革命，由此说，发展出版产业离不开科学技术。1966 年在韩国新罗旧都庆州佛国寺释迦塔内发现了雕版汉译

《无垢净光大陀罗尼经咒》，经专家鉴定为公元704—751年的印刷品，其中使用了4个武则天的"制字"。这说明我国唐代的印刷术此时已传入新罗。这是现存最早的印刷品，现藏韩国。公元11世纪，宋朝科学家沈括在其所著《梦溪笔谈》30卷中，记载了毕昇发明的活字印刷术，比西方早数百年，是我国古代出版史的宝贵资料。

1450年，德国金匠谷登堡在美因茨印刷出版西方第一部印本书《四十二行圣经》。他发明了包括印刷机、油墨、金属活字在内的一整套印刷术，建立了西方第一个印刷所。西方印刷术的发明是外国图书出版的一次革命性发展。仅用短短的30年，就在欧洲取代了抄本书籍。其后印本图书除在字体和体积（开本）上有所改进外，与现代的标准图书并无区别。西方印刷术的发明和传播，使欧洲再次成为世界出版发达的地区。但西方出版业仍然是在经历了艰苦，甚至是流血的斗争后，才取得出版自由的权力。在教育和产业革命带来出版飞速发展的同时，出版业本身的结构也产生了分化与调整，最终形成现代出版业的格局。谷登堡发明活字印刷术的本意，是为了避免书籍抄写中的错误，它一出现，就立即显示了可大大提高出版速度、降低成本的优点，它的推广具有很大的商业价值。不久，德国的斯特拉斯堡和科隆相继出现印刷所。但印刷术得到迅速传播的主要动力，来自教会把它视为扩大基督教影响的有效工具。在教会的鼓励和资助下，印刷术沿着主要城市之间的4条贸易路线成放射状很快传遍欧洲：①向南传入意大利（1463年）和南斯拉夫（1493年）；②向西传入法国（1470年）、西班牙（1473年）、英国（1476年）、葡萄牙（1489年），向北传入荷兰（1470年）、丹麦等北欧国家（1480年左右），向东传入匈牙利（1473年）、波兰（1474年），最后到达俄国（1552年）。到1480年，欧洲已有110余个城市设有印刷所。这些初期的印刷所主要依附于大学或教会，其中1478年设立的牛津大学印刷所即为现今世界上历史最悠久的大学出版社——牛津大学出版社前身。

1946年，世界上第一台计算机在美国宾州大学诞生，肇始于20世纪70年代并迅速席卷全球的信息技术、数字技术和网络技术革命，这又一次给出版业带来革命性的影响。新技术在中国出版业中的利用，初期主要表现在生产手段和管理手段上，新技术触及内容，即出版的数字化，是近年发展起来的，尤其是 2005 年以来，数字出版产业规模不断扩大，数字出版产业链日趋完善，数字出版理念正在形成，数字出版形态更加丰富。中国目前手机用户的数量已经达到 4.2 亿，计算机显示器、阅读器有 1.3 亿，市场上流通的电子书有 30 多万种。2002 年，我国数字出版产业整体规模 15.9 亿元，到 2006 年已经达到了 200 亿元，5 年间产值增长超过了 10 倍，并将跻身今后的出版主流。现在预计，今年我国 50% 以上的网上书店会销售电子图书；到 2010 年，90% 以上的出版社将出版电子图书；2015 年，中国电子图书的销售额会达到 100 亿元，贡献的利润将达到全部图书的 50%。

但是，我们也应该看到，新技术已经对出版产业带来革命性的冲击。信息技术革命是新的技术范式对传统技术范式的革命，并可能从根本上颠覆传统出版产业的商业模式。另外，信息技术革命促进了传统的传媒、电信、出版三大产业出现了融合现象。在产业融合的背景下，三大传统产业可以共用一个运营平台，产业的规模特征发生了根本性变化，由此促进了产业边界的大范围扩展。这种转变使得三大传统产业必然存在资源相互整合的要求，而这种以企业并购重组为主要表现形式的资源整合在发达国家已经表现得淋漓尽致。与更为强势的传媒集团、信息网络集团、电信集团相比，出版企业的规模偏小，势必面临着更大的挑战。值得我们注意的是，经过二三十年的企业重组和业务整合，发达国家传媒、出版业的跨国巨头已经初步完成了这种整合和重组，实现了自身业务发展和经营模式同信息技术革命的有机匹配和契合。而这种整合目前来看在中国出版产业还没有真正发生。从这个意义上说，中国出版产业同发达国家出版产业的差距不是缩小了而是进一步拉大了。

人类正在经历一场全球性的科学技术革命。科技就是出版生产力，新技术在出版业的运用便成为出版业产生突变的杠杆，科技创新是产业结构升级和出版创新的前提条件。产业媒体的换代更新离不开科技进步，科技进步是提高出版业综合竞争力的根本保障。我们注意到，在出版竞争中，科技的分量日益加大，能够代表现代科技走向的出版者将走在竞争的前列，忽视科技者最终将制约其综合竞争力的提升。不仅现代化的智能大楼需要科技作为基础，而且出版产业的发展也需要科技化的高度集中。出版业在为全民族的科技进步做出贡献的同时，也要将自身的科技进步作为一项重要的任务来实现，使自己的行业成为科技程度较高的行业。有些地方在出版创新方面步子不大，一个重要原因就是出版方面的科技人才不多，几乎很少有人去设想出版创新的科技实现途径。在这场技术革命的裹挟下，出版业的科技时代也已到来，出版教育应当走在它的行列中。

（五）中国新闻出版软实力有待不断提高

当今世界的竞争，归根结底，是综合国力的竞争。哈佛大学肯尼迪政府管理学院院长约瑟夫·奈把综合国力分为硬实力和软实力两个方面，军事力量和经济力量都是硬实力，软实力包括文化吸引力、政治价值观吸引力及塑造国际规则和决定政治议题的能力。他强调软实力的引诱和吸引力与硬实力的引诱和威胁力一样重要，约瑟夫·奈还认为：信息革命的发展，使软实力比过去更为重要。

文化软实力是国家的核心竞争力。当前，文化领域已经成为国际政治斗争和意识形态较量的主战场，社会的发展越来越依赖于文化的支撑。因而提高文化软实力是提高国家竞争力的重要方面。提高国家文化软实力，进行国际文化对话，需要提高两个方面的能力：一是吸纳兼容外来文化的能力（请进来）；二是向外辐射民族文化的能力（走出去）。而文化的辐射或传播需要各种形式的载体，新闻出版是文化传播的主要载体，也是一个国家软实力的突出体现。在当前的文化传播格局中，西方发达国家占据着绝对优势，中国传媒的国际传播力仍然比较薄弱。

从文化传播的角度来看，中国虽然是一个拥有13亿人口的大国，客观上拥有一个很大的市场，但由于我们是发展中国家，人民的购买力，特别是农村贫困人口购买力相当低，所以我们的图书，销售人均占有量还达不到一些发达国家的水平；另一方面，我们对市场的发展不平衡，如对偏远地区农村市场供应不足。市场的潜力很大，但是没有完全发挥出来。同国外发达国家图书市场相比较，我们还有一些基本的弱点：一是我们的市场主体不明确，在改革中逐步才形成市场主体。这个和国外不一样，国外的出版单位历来是企业，一些著名的出版社有几百年的历史，市场主体明显。二是我们中国图书市场品牌不响，中国的一些品牌在国内很响亮但在国际上影响不大。

国际上在学术、管理方面的图书品牌，是我们缺少的。三是我们进入国际市场比较晚，占的份额比较少，我们的市场主要集中在中国的城市。目前我们有两大块市场有待进一步开发，一个是国际市场，一个是农村市场。中国读者多、市场大，我们是一个大国而不是一个强国，和发达国家比较我们的新闻出版有相当大的差距，因而我们的新闻出版软实力有待不断提高。

二、出版产业对人才的需求

现代出版产业日新月异的现实，告诉我们这是一条切实可行的中国特色社会主义出版产业，是和社会主义市场经济体制相适应的文化产业。建立和发展中国特色社会主义出版产业，是在市场经济条件下繁荣社会主义文化、全面建设小康社会的重要途径。出版成为产业的一个重要原因还在于它对现代生产力中的最重要要素——人所产生的影响。人才资源是现代生产力的第一资源，出版在人力资源开发中具有特殊功能，它通过对人力资本的哺育，直接进入生产环节，进入经济活动之中，成为生产的核心要素。就出版自身而言，无论是就其总资产、总利润，还是从业人数，都构成了一个不可忽视的产业部门，所以无论从哪个方面说，要发展壮大出版业，人才都是关键，尤其是我国现代出版业处于由传统的生产方式向现代生产方式转变的过程当中，人才问题显得更加紧迫。出版产业的兴盛在于人才，人才竞争成为决定未来竞争成败的关键，人才战略提到了最突出的位置。这对于出版教育来说，确实任重而道远。

柳斌杰同志 2008 年 5 月 7 日在出席出版专业高级职称评审会时这样强调："出版行业是最具创新性的行业，每本书都包含很多创造性劳动，一定要高度重视出版行业高层次人才队伍建设和培养，把人才培养作为出版行业的一项基础性工作来抓好。"柳斌杰在讲话中着重强调了新闻出版业面临新阶段、新形势、新任务，加强人才队伍建设的极端重要性和紧迫性。他指出，当前信息化浪潮席卷全球，文化也处于大变革时期，人才作为文化创造力的核心作用越来越凸显，人才培养是当前最紧迫的任务。从新闻出版业改革发展局势来看，推动改革发展需要思想解放、头脑清醒、能把握局势的领军人才和创新型人才；从传统出版业向现代出版业转型来看，需要高度关注和适应新的出版业态，大力培养新技术人才；从当前复杂的国际形势来看，我国的文化影响力在国际上仍处于弱势地位，要推动中华文化"走出去"，提升我国文化在国际上的地位和竞争能力，需要更多具有国际视野、现代出版理念和深厚文化素养的复合型、外向型人才。

同学们都是未来的出版产业人才，要在目前的学习和研究中寻找自己将来的位置。过去，出版人才的需求围绕"编、印、发、科、供、贸"六个环节而展开，随着我国出版消费者的文化需求不断提高，出版行业进入了专业化、精细化阶段。传统的出版集团一手包办所有出版业务的运作方式已经不能满足消费者的文化需求。在这种情况下，出版行业的新型业态层出不穷，人才需求类型也多样化，大致有以下几种：

（一）图书出版策划人才

策划人既然是出版业市场化的必然要求，其对出版社现行的内部体制将产生重要的积极作用，甚至成为出版社体制和机制改革的内在动因。在这里，我们可以做一点具体分析。对于大多数出版社而言，编辑、出版、发行是传统的组织机构，也被认为是最合理的组织构架，体现着出版社基本的运作模式。这种模式或组织构架看起来十分合理，运用起来也得心应手，而实际上这三个部门具有太强的独立性，它们之间的关联和协调，主要来自于外部的力量，即行政的干预，三个部门只是出版工序上关联，而缺乏内在的有机性、积极性和协调性。策划人的出现打破了这种部门化的局面，自然地把出版的各个环节内在地有机地联系在一起，体现出一个统一的策划意图，每一环节都充分地成为策划者意志的表达。于是部门化的运作模式出现了危机，或者说部门的行政权威被策划人所替代，编、印、发完全纳入了策划人的运作体系，成为了实现策划意图的工具。于是，传统模式下的编、印、发三大部门就显得不那么重要了，它们只是在策划人的运作体系之中才显得价值非凡。所以我们说策划人实际上是一种出版体制，一种市场化的出版体制。那么，只要我们认可市场化的方向，出版社最终都将形成以策划人为中心的内部体制和运作模式。一个出版社可能是若干个策划人的联合体。

策划人的出现是对传统编辑工作的革新和提升，其最大的特点在于强调对市场的把握，强调对出版环节的全程把控；它扩大了编辑工作的视野和职能，突出了编辑工作在整个出版工作的中心地位，使编辑工作成为充满活力的体系。因此，在市场化背景下，对编辑这一职业或岗位的内涵与外延应做新的界定。一个职业化的编辑，不仅是指优秀的文字加工人员，更是指具有广阔视野和市场意识的策划者，策划人应该是编辑的更高境界。我很赞同一种说法，就是"解放编辑生产力"，而让书稿加工者静心于案头，让策划人心无旁骛地游刃于市场，当为"解放"的题中要义。在出版社内实现策划人与文字编辑分工分离，有利于形成大策划、大选题、大运作的局面，这将极大地提高"编辑生产力"，提高出版的效率和效益。可以肯定，优秀的策划人一定是出版业竞争的重点。

出版效益是"策划"出来的。随着图书市场的走俏，"图书出版策划人"成为近几年来人们逐渐默认了的一个职业，它植根于编辑，但事实上从业技能要远远高出一般的编辑。"图书出版策划人"真正作为一个职业，大概只是近几年来被人们所重视，因为在出版专业里实际上没有这个称呼。"图书出版策划人"应该是起源于编辑，后来专业分工细分化，有"策划编辑"和"文字加工编辑"等，现在人们对"文字加工编辑"不太提了，就将这两个职业慢慢分开，并赋予"图书出版策划人"更多的责任，即从选题到制作到宣传以至发行，作为一个整体概念全部由"图书出版策划人"一监到底。目前在一个中型规模出版社，称职的"图书出版策划人"微乎其微。很多人都是作为独立策划人为出版社自由供稿，好的"图书出版策划人"不但能够给出版社带来巨大的经济效益，而且能够给社会带来巨大的价值，推动社会的发展。因此优秀的"图书出版策划人"的确是精神与物质财富的象征，但是目前全行业这方面的人才极其短缺是现实。

（二）出版经营人才

出版经营是随着出版产业的发展而逐步显露出来的人才类型。其涵盖面较广，它具体又可分为以下几种：

出版业市场调查人才。出版物作为一种商品，必须先进行充分的市场调研，在内容、包装、营销推广方面才能具有针对性，才能符合目标消费者群的口味。过去，传统的出版行业很少进行市场调查，有的只是经过出版社资深人士进行分析讨论，由于现代出版物消费者的多元化和消费品味的精细化，对出版物消费市场进行专业调研势在必行。出版业市场调查商应运而生。他们有的是传统的调查公司，如开卷公司、零点公司；有的则是有良好出版网络的机构，如全国出版物发行数据认证中心；还有的则是由原出版社分立出来的独立盈利机构。目前，出版业市场调查商处于发轫之初，服务力、可信度和权威性还有待在实践中形成和提高，但应当说都具有很好的发展前景，目前这方面的人才准备相当不足。

出版经纪人。从出版业发展进程来看，出版经纪公司是图书市场发展到一定阶段的必然产物。我国出版业目前很少看到经纪人。在欧美等国的出版业市场，经纪人已是一个非常重要的职业，这些国家的畅销书一般都由经纪人参与操作，其操作的能力和质量有的甚至超过出版社的营销策划部门。出版经纪人实行双重代理，一方面，经纪公司对作家进行整体包装、宣传，并可以代表作家应付一切繁琐的事情，如与媒体打交道，与出版社讨价还价等，这样可以使作家排除干扰、专心创作；另一方面，经纪公司也可以代表出版社，发掘新的有潜力的作者，而且在把作品推荐给出版社时，往往会连带一整套营销策划方案，可以节省出版社不少力气。随着国内出版市场化、规范化、法制化程度的提高，国内作者一定会催生他们自己的经纪人。

出版产业评价人才。现在大家常说"书评常有，而真正的批评却不常有"。应该产生负责任的、有良好影响的职业书评人，还应该有"产业分析师""书业分析师"。这样的职业目前很难有人承担得起来。我们知道，股市有专业的股票评价师，经济界有专业分析师，与此相应，出版业也需要专业的出版产业评价师。出版评价师对各种出版物进行专业评价，从内容、可读性、包装、社会价值、学术价值等方面对出版物进行专业评价，一方面有利于消费者对出版物的认知和理解，另一方面有利于形成正确的舆论导向。随着我国出版物的日益增多，消费者在选择出版物时，出版产业的专业评价将会作为重要的参考。对于出版企业来说，专业的出版评价将有利于出版物的市场开拓。目前，我国各种媒体上的出版评价（如书评）大多由社会名流或专家学者担任，随着出版行业的发展，专业的出版评价人才将会成为出版评价的主体，人才需求量会越来越大。

出版业物流人才。物流人才是我国 12 类最紧缺的人才之一。我国出版市场的竞争日趋激烈和残酷。有关资料表明，争夺中国图书业这块大蛋糕的主要力量为 500 多家国有出版社，以及 1500 家民营文化公司；有资料表明，新书下架的时间已经从以前的 3 个月缩短为 3 周。在激烈的竞争下，出版行业千方百计加快行业内部物流配置速度、降低物流成本成为一种新的趋势。出版业物流人才的出现，将为出版业在运输、配送、库存管理、流通加工、订单处理、售后服务、信息系统建设、出版计划与采购方面为出版企业服务。出版业物流人才将成为大型出版集团十分紧俏的人才类型。

（三）版权贸易人才

在加入世界贸易组织（WTO）的大背景下，我国出版业对外交往与日俱增，版权贸易逐年增长，出版物出口也不断增加。2003 年中国出版物版权输出 811 种，版权引进 12516 种，输出与引进比为 1∶15；2004 年，中国出版物版权输出 1362 种，版权引进 11746 种，输出与引进比为 1∶8；2005 年这一数字虽有所缩小，但仍高达 1∶7；2006 年中国出版物版权输出 2057 种，引进 12386 种，输出与引进比为 1∶5。这体现出有很大的差距。这个差距要进行科学的分析，第一是我们的实力不强，精品力作向国际输出的不够。第二也是比较客观的，一个国家面对 100 多个国家，一个国家引进几种好的作品就会出现逆差。图书方面的逆差有几个方面要区别对待，中国的一些品牌，正在向好的方向发展。努力地打造精品力作，以我们更多的自身版权输出到其他国家，这是文化创造力的象征。

版权贸易是我们国家文化走出去的战略组成部分，与我们的经济、政治在国际上的影响力来比较，我们的文化现在比较弱，在国际上我们文化传播、传媒的影响力与我们经济地位不相称，与国际政治地位不相称，所以要实施文化"走出去"。通过文化宣传一个改革开放、和谐发展的中国，所以在这个大的框架下，从图书产品的渠道走出去，当时设计"中国图书对外推广计划"，设想把中国最优秀的作品通过推广计划推广到其他国家，然后我们成立了一个推广的机构。一开始是 20 家单位参加，后来发展到 28 家单位参加，大家积极做这个工作。国家财政也拿出一定的资金，资助推广计划的实施。实施以来得到了很好的反响，一年时间就推广了1300多种中国的优秀图书，这都是征求国外的对外机构、外国朋友的意见综合推荐出来的。然后我们同19个国家签订了合作出版的协议，由中国政府资助版权费和翻译的费用，他们国家出版机构主办，这样的图书很容易进入他们国家的主流渠道；我们不是要我们把书卖给他，是他们自己出版书，这个效果很好。现在已经成功的做了210种产品，进入到40多个国家和地区，现在还正在进行。

目前我们版权贸易的质量不够高，最紧缺"走出去"的专业人才。"走出去"，必须有一批具有国际视野、懂得国际市场竞争规则、熟悉国外企业经营方式的专门人才，需要一批高素质、高水平的翻译人才，但是，目前我们这几个方面的人才储备明显不足，帅才、将才、专才都比较缺乏。

搞版权贸易要研究现在外国的读者需要什么，因此语言问题成了中国图书走到世界的重要障碍。因为不解决语言问题，大多数人就会读不懂。要解决语言问题，这就需要翻译。翻译队伍不强这是现在的大问题。我国当代文化中的一些重要人物，像巴金、茅盾、郭沫若等，都从事过翻译，他们都介绍过外国的经典。但是现在我国缺少图书出版翻译方面有影响的大家，这不仅影响了我国的好作品向国外的推广，而且也影响我们更好地将国外的经典作品呈现给国内读者。我们要培养自己的翻译人才，可通过高等学校培养安心从事翻译工作的人才，因为翻译有一个再创作的过程，语言转化工作也不是简单的语言问题，还有一个文化修养、专业修养的问题，也有一些理论知识。翻译尤其是文学翻译需要长时间的积累和沉淀，而且比较有名的翻译家都要耐得住寂寞、反复推敲，才能翻译出好作品。

从历年版权贸易现象和发展趋势说明我国的版权贸易行业有巨大的发展空间，可以预见的是，在知识经济条件下，出版业的引进来和走出去将更加频繁。迅速发展的出版贸易需要大批的即懂出版业务，又熟悉出版国和贸易国语言文化乃至销售与市场知识的复合型外贸人才。

（四）出版内容供应人才

我国当代文化产业已进入一个全面展开的新阶段。这一新阶段的重要标志之一就是内容产业走向新世纪文化经济世界大舞台的中心。近年来，以数字技术为载体的内容文化产业迅速崛起，在世界产业中的比重逐年增加，成为一个高速增长的产业，并引领着当代文化产业发展的新趋势。这种内容产业以创意为动力，将各种"文化资源"与最新数字技术相结合，融会重铸，建立了新的生产和消费方式，产生了新的产业群落，培育出新的消费人群，并以高端技术带动传统产业实现数字化更新换代，创造出了惊人的经济社会价值。内容产业已逐步成为当代社会发展中的主流产业，未来更是前途无量。

在 IT 革命的背景下，数字内容产业已逐渐成为 21 世纪经济舞台上的重要角色。近年来，现代传播媒介的高速发展，宽带技术、多媒体传播、数字化与互联网的兴起，对传统的经济与文化方式产生了巨大的冲击，这种飞速发展的电子数字通讯、信息技术给当代社会产业结构带来了革命性的影响，也产生了巨大的泡沫和成堆的问题。20 世纪 90 年代后半叶，全球知识经济与数字化的狂潮曾使世界欣喜过望，巨量的资金投入了网络业，全世界各行各业都争相到网络业来"烧钱"，结果新经济的泡沫迅速膨胀。在新经济的泡沫破灭之后，人们痛定思痛，深刻地认识到，在科技设施、技术手段和传播交互方式——工具的问题逐步解决之后，传播什么或发送什么就显得极为重要。也就是说，作为"上帝"的消费者们需要什么、消费什么，成了新经济发展的关键。事实证明，正是缺乏内容产业的有力支持，知识经济才落入低谷，面临着严重的危机。同样，正是短信这样最不起眼的"内容"以惊人的力量支持了新经济的复苏，支持了 IT 业的再度崛起。毕竟，一套软件光盘里面 98% 是内容，只有 1% —2% 是程序；几十个电视频道开播了，观众要看的是节目而不是技术。总之，人们想得到的是你所提供的文化内容，而不是内容所依附的介质。因而，从一定意义上说，网络等媒介产业的生存能力取决于"内容"的创造和消费，取决于与广大消费者的日常生活、工作与娱乐、休息的联系。没有千百万人需要或喜爱的文化节目，没有与千百万人的实际生活相关的内容，高新技术与新经济就没有了市场，没有了市场也就失去了持续发展的内在动力。从发展的环节看，内容产业已成为文化经济传播交流的"基础的基础"。

数字内容产业是指将图像、文字、影像、语音等内容，运用数字化高新技术手段和信息技术进行整合运用的产品或服务。数字内容产业即流过那条光纤宽带电缆的所有节目。它涉及移动内容、互联网服务、游戏、动画、影音、数字出版和数字化教育培训等多个领域。未来基于数字技术的信息内容和服务产业边界将会越来越扩大，今天日渐走热的短信、网络游戏和 VOD 点播、音乐下载，甚至 QQ 等都属于这种新兴的数字内容产业。

作为"内容为王"的产业，谁掌握了内容资源优势，谁就掌握了主动权。随着出版行业专业化、精细化程度的不断提高，出版行业出现了专门供应出版内容的供应商和生产商。出版内容供应商可能是资深的作家，他们是自由职业者；也可能是专业的出版内容经纪人，他们能提供具有相当水准的出版内容甚至专业的封面设计。随着我国广大人民对出版物的个性化要求日益提高，专业的出版内容供应人才将成为人才市场的新宠。

（五）网络出版人才

网络出版是在计算机网络上直接组稿、编辑、出版、制作以及销售的一种新型的出版形式，是高科技在出版领域中应用的结果。互联网的发展对传统出版业构成了巨大的冲击。新的媒介革命形式下，原有文化艺术领域内部发生了行业内的大调整、大改组，新的艺术传播媒介如卫星电视、数字电视及网络游戏等高速发展，使得像电影这样一些昔日文化艺术界的"龙头老大"风光不再，转而成为电视业、音像业、网游业的补充。出版技术和流程模式的改变，高科技深入应用于出版工作的各个环节中，约稿、稿件修改、校对、排版、印制以及销售等工作环节的电子化，大大提高了出版速度和出版质量。长期以来形成的"编、印、发"三个彼此独立、各成系统的出版模式，其功能上是相互间不可替代的。网络出版的出现，打破了三者之间的界限，创作与编辑、编辑与出版、编辑与印制以及出版与销售之间开始相互融合。

网络出版是以数字化技术为支撑，以计算机网络为载体的全新的文化生产与传播方式，是信息技术发展的产物。与传统出版比较，它要求编辑出版人员除具备传统出版的知识与技能之外，还必须掌握较高的计算机网络方面的知识与技能，具有更强的创新能力和综合能力。目前国内互联网出版产值已达 40 多亿元，形成了学术文献数据库、网络期刊、网络图书、网络游戏出版物、网络文学读物、网络教育读物、网络音像出版物、网络动漫作品等出版类型。据新闻出版总署人才现状研究课题组的统计，新闻出版业从业人员中硕士、博士只占总数的 10%，而且多数是中文、历史、数学等专业；新兴专业特别是交叉复合型专业，如网络出版、多媒体出版、电子商务和信息管理等方面的人才极少。目前，大型网络出版单位通过近几年的招募，拥有一批计算机网络技术方面的人才，但这批人往往缺乏编辑出版业务的经验，缺少选题策划、编辑把关和宣传营销方面的知识；从事网络出版的另一部分人员是来自传统的编辑出版行业的从业人员，这部分人员往往较为熟悉编辑业务，掌握国家有关出版的法律法规和政策，而计算机网络技术则是其弱项。可见从严格意义上说，我国目前网络出版专业中既懂计算机网络技术，又懂出版经营管理的高层次、高素质人才非常缺乏。这是限制网络出版迅速发展的瓶颈，也意味着网络出版人才竞争的空前激烈。

（六）新闻出版行业领军人才及出版大师

新闻出版领军人物及出版大师是本行业的高层次人才，目前也较为缺乏。虽然高层次人才不是直接从学校产生，但要在学校打好深厚基础。在座的同学们有一部分可能成为这样的高层次人才，至少现在要有思想准备。

关于领军人才，2007 年 4 月新闻出版总署印发的《全国新闻出版行业领军人才遴选与培养实施办法》指出：新闻出版行业领军人才是全国新闻出版行业各领域最高层次的专家或带头人，在行政管理、经营管理、编辑出版、新闻采编、生产贸易、教学科研等岗位上的骨干人才或拔尖人才，应具有学术、业务、管理、经营、技术等方面的领军能力或潜力。

出版大师的层次比出版领军人才又高了一些。所谓出版大师，是具有渊深的学问，编辑出版过许多经典作品，从而得到行业与社会高度认可的人。出版行业曾经产生过出版大师，中国就有像张元济、叶圣陶、巴金、邹韬奋、徐调孚等老一辈出版大家。叶圣陶把编辑出版作为一生的职业，巴金称叶圣陶为自己一生的编辑。接下来的一辈中有周振甫等，还有所谓京城文坛"四大名编"（龙世辉、章仲锷、崔道怡、张守仁）。而今，老的出版大师渐行渐远了，新的出版大师还在人们的呼唤声中。这不由得我们不去思考两个问题：出版大师为什么很难产生？怎样才能产生？有的剖析认为是社会与行业的浮躁心态、职业意识缺乏、职业化程度不高等，但我认为最关键的是知识和能力的缺乏。试想，现在的出版工作者，有哪一个能与张元济、叶圣陶、巴金、邹韬奋等渊博的知识相比？出版大师首先是学问大师，没有学问，怎么能登上"出版大师"的殿堂呢！

原清华大学校长梅贻琦有句名言："所谓大学者，非谓有大楼之谓也，有大师之谓也。"他提醒人们："勿徒注视大树又高几许，大楼又添几座，应致其仰慕于吾校大师又添几人"，怎样拥有众多的大师级教授，这才是清华最应该考虑的问题。当然，他这里主要说的是教师应该是大师级的人物，我们进而阐发理解，任何一个行业都应该有大师级的人物。新闻出版物对读者起着教育、培养和引导等作用，因而新闻出版业更需要有大师级的人物涌现。

三、大力发展出版教育

出版人才的培养、选拔和使用是我国出版业迎接挑战的关键。时代发展要求创新型人才。符合时代需要的人才的培养又依赖于人才培养观念的指导，有着怎样的培养人才观就会培养出怎样的出版人才，所以培养人才的观念也应顺应时代的要求进行更新。面对出版产业对人才的需求，出版教育责无旁贷，可以从以下几个方面考虑大力发展出版教育：

（一）加强编辑出版专业的学科建设

我国编辑出版学研究生教育在实际工作中已经取得了相当丰硕的成果，这是令人高兴的。但是，我们也不能不承认，出版学与传统的文学、历史、哲学、社会学、法学等学科相比，学术积淀少，尤其是在学科体系方面，亟待加强建设。出版教育界总感到"名不正言不顺"。呼吁根本改变目前"借鸡下蛋"的方式即挂靠在其他专业下培养编辑出版学研究生的局面，这种教学方式难以形成规模，得不到应有的重视和资金支持，制约了人才的培养。虽然近年来一些高校利用一级学科的优势，自行设置了编辑出版学的研究生专业，但由于具有一级学科授予权的高校数量太少，大部分高校仍只能在其他相关专业下才能培养编辑出版专业方向的研究生。这种人才培养模式，不易为用人单位所接受，不利于教师开展科研，也不利于该专业的学科建设，极大地影响了编辑出版学教育的发展，更不利于我国出版产业的发展，尤其是面对加入世界贸易组织后出版业面临的新形势。因此，近来有不少有识之士提出要建立编辑出版的一级学科，将编辑出版学列入研究生学科专业目录。但是，至今尚未落实。

（二）对复合型出版人才模式的重构

我们习惯于把人才的特点归于某某"模式"，正是"模式"给培养单位提出了明确要求。培养单位根据"模式"要求制定教学计划，设置安排课程。对于出版专业的人才模式，我们也曾经有过划分和争论，但是随着出版产业的发展，出版业进入了专业化、精细化阶段，其出版人才模式也要进一步明晰认识，这对编辑出版学科建设大有好处。

我的理解，"复合型"的出版人才模式应该是"通才"和"专才"二者的有机融合，不能割裂开来。"复合型"人才并非是什么知识都简单会一点，而是在相关领域里他都要"专"，是许多的"专"垒起来的。

对复合型人才的需求也是有一定范围的，并非所有的工作都需要复合型。一般说来，从事涵盖面较广的综合性的工作，对复合型人才要求更为迫切，这是实际需要，不是强加的。例如，管理人才就不能单单会一些管理知识，他要对其所管理范围的知识通晓，不然，无法行政管理。而出版业是传播知识文化的行业，仅仅会一些编辑的知识是远远不够的，大量需要的是专业领域的知识。因此，我们出版人才必须是"复合型"的，而不是单一的。

培养复合型人才也是当今世界大学教育的潮流。出版专业是一个涉及面非常宽的专业，既要懂文、史、哲、政、经、法，又要涉及数、理、化、天、地、生，还要懂出版物的编、印、发全过程，所以更应该进行专业整合，培养出宽口径、厚基础、高素质的全新人才，这才是理想的培养目标。另一种是强调特色化、专业化的人才，他们认为人不能成为全才，社会对人才的需求是多样的、是有分工的。我们现有的编辑出版专业点也各有不同的背景，也不都设在综合性大学，还有的设在理工科院校、师范院校、民族院校和专业高校，就其隶属的院系也很不相同，有的设在新闻学系或传播学系，有的设在信息管理系，有的设在中文系、科学技术系，还有的设在艺术系和少数民族语言系。每一所院校的编辑出版学专业的学科背景、基础增长点都大不相同，因此应该扬长避短，办出自己的特色，这样才能满足出版界对人才的多种需求，也有利于学生的就业，如果几十所高校都培养一个模式的编辑出版学人才，学生就业势必出现困难。所以要特别强调多样化和特色化，避免模式单一，办出专业特色，方能跨出新天地。

（三）勤学厚养，丰富内涵，全面发展

大家现在的专职是学习，因而对学习要有所研究，研究学习的科学方法。研究怎样才能学得快、学得好、学得有用，怎样才能达到预定的目标。

在报刊社、出版社工作的同志，有时候感觉到我们出版专业的毕业生"上手快，后劲不足"，无论此说是否恰当，都给我们出版教育提了个醒，也引起同学们的思考。

我们上面所谈到的复合型出版人才，在学校就应该创造培养条件。学校可在社会活动策划能力训练等方面为学生提供良好条件，学生也可根据自己的实际，自觉参与社会活动和技能训练，为往复合型发展创造条件。新闻出版教育还应顺应时代需要，积极开发一些新兴课程。当前，我国出版业正处在体制改革的关键时期，同时面临着新技术革命带来的机遇与挑战，无论哪一方面，我们都不敢掉以轻心。应根据现实需要及时增设一些新兴课程，如选题策划与案例分析、图书营销、网络与电子出版、版权贸易、出版经济、现代企业管理等，为面向未来的编辑出版专业教学内容和课程体系注入新的生命力。

另外还要明白的是，目前是多种出版形式并存的时代，学生要全面发展，广泛的学习知识和技术，将来能很好地应对。印刷技术的进步促使出版的革命性进步，带来出版的巨大变化。印刷出版成为文化传播的重要载体，在人类的传播史上发生了 5 次重大的技术革命。其中，德国人谷登堡的印刷技术革命，对人类历史发展产生了重要影响。谷登堡的印刷术一经发明，立即以惊人的速度普及开来，30 年间就传遍了欧洲。印刷种类从宗教文件扩大到自然科学、哲学、文学和教科书，迅速广泛地传播了新的信息和长期被垄断的知识，成为现代社会形成的强大推动力。虽然，以后发生的电子传播和数字传播两次技术革命，使广播、电视以及互联网等新兴媒体广泛普及，但报纸、期刊、图书等印刷出版物仍然是重要的文化传播载体。尽管新技术对传统出版有很大的冲击，由于印刷媒体具有信息量大、携带方便、易于阅读等特点，它成为文化传播的最重要的载体。世界银行统计数据显示，在一些发达国家，印刷出版物的普及率是非常高的。

2007 年，由世界报业协会主办的第六十届世界报业大会传出了令报人乐观的消息。世界报业协会公布最新的"年度世界报业趋势报告"表明，2006 年，世界报纸发行量增长了 2.30%，过去 5 年的增长率达 9.48%。如果算上免费日报的话，去年全球报纸发行量增长了 4.61%，5 年内增长了 14.76%，付费及免费日报的日发行总量达到约 5.56 亿份。中国是全球最大的报业市场，每日销售总量达到 9870 万份。哈里斯互动调查公司与创新国际媒体咨询集团向世界报业协会年会提交的一份调查报告提出这样的结论：未来 5 年，网络新闻和信息将超越电视新闻成为第一新闻来源，但报纸仍将保持其重要消息来源的地位。假如报纸能够成功地整合网络传输信息的优势，它将成为具有统治力的媒体。调查结果表明，报纸通过提供更多的客观报道、更多的深度报道和分析、更多的与读者生活密切相关的信息、更好更多的视觉设计以及更多激动人心的作品，可以大幅提升传统纸质产品的质量。

出版专业学生务必通晓本专业领域的知识和技能，不可偏颇。国家教委在"普通高校本科专业简介"中明确指出，编辑出版专业的业务培养目标是"具备系统的编辑出版理论知识与技能、宽广的文化与科学知识，能在书刊出版、新闻宣传和文化教育部门从事编辑出版、发行业务与管理工作以及教学与科研的编辑出版学高级专门人才"。这要求我们必须以培养目标为出发点，构造素质教育和专业教育有机结合，编辑出版知识与相关其他学科知识有机结合，知识、技能、素质有机结合，理论和应用有机结合，有利于人才全面发展的合理的教学内容和课程体系。

中国的出版教育应该是丰富、烂漫和充满活力的，目前所有的探索和思考都是非常重要的。出版教育处在高等教育发展的关键时刻，怎样拓展自己的道路，实现出版教育现代化的目标，需要重温我们优秀的教育传统，从历史中汲取经验和智慧，进一步探索前进。在全国文化体制改革的进程中，为出版业输送人才的出版教育，一定不负重望，培养出适合市场需求的高质量的人才，从而在构建和谐出版的时代，让出版教育放射出夺目的光彩。

对出版产业高层次人才的思考*

2007 年底，主持北京印刷学院出版专业研究生论文答辩会，从答辩会上看到师生们对出版业的倾心关注以及对出版教育积极探索的精神，让我们看到了出版专业这门新兴学科发展的希望。但那次研究生答辩的论文也显露出目前出版专业研究生教育不容忽视的问题。例如，出版专业研究生的一些选题多围绕新闻出版行政管理部门所面临的一些现实问题而展开，过于"行政化"了，与高等教育的发展以及出版市场的经济规律贴得不是太紧密。把行政管理方面的一些变数很快的问题拿来做长期的研究，往往研究的成果尚未出来，现实又发生了变化，研究的课题很难跟上实际。

在座的同学们目前处于研究生学习阶段，这是一个重要的学习阶段，它赋予我们神圣的任务就是"研究"。怎么研究？研究什么？这是我们必须明确的问题。

任何研究，都脱离不了时代，关键是我们怎么从这个时代中去选择、去研究、去发展。搞出版教育研究，也要符合时代发展的需要、遵循出版市场经济规律。作为一个长期从事出版工作并关注出版产业发展的老同志，我认为我们的研究应从"行政化"转向"专业化"。"专业化"研究即要对与出版产业发展相关的问题进行研究。例如，任何产业的发展都离不开人才，研究出版产业对高层次人才的需要就是一个很好的课题。今天借此机会，我结合出版产业的实际谈谈出版专业培养高层次人才的问题。

---

* 这是于友先同志 2008 年 10 月 20 日给北京印刷学院出版专业研究生讲话的主要内容。

一、现代出版产业对高层次人才的需求

现代出版产业是和社会主义市场经济体制相适应的文化产业。出版产业的兴盛在于人才，人才竞争成为决定未来竞争成败的关键。柳斌杰同志2008年5月7日在出席出版专业高级职称评审会时这样强调："出版行业是最具创新性的行业，每本书都包含很多创造性劳动，一定要高度重视出版行业高层次人才队伍建设和培养，把人才培养作为出版行业的一项基础性工作来抓好。"人才作为文化创造力的核心作用越来越凸显，中国的新闻出版业面临新阶段、新形势、新任务，加强人才队伍建设尤其高层次出版人才建设就显示出极端重要性和紧迫性。

（一）从新闻出版业改革发展局势来看，推动改革发展需要思想解放、头脑清醒、能把握局势的领军人才和出版大师

2007年4月，总署印发了《全国新闻出版行业领军人才遴选与培养实施办法》，首次提出了新闻出版行业领军人才的概念。新闻出版行业领军人才是全国新闻出版行业各领域最高层次的专家或带头人，在行政管理、经营管理、编辑出版、新闻采编、生产贸易、教学科研等岗位上的骨干人才或拔尖人才，应具有学术、业务、管理、经营、技术等方面的领军能力或潜力。总署提出领军人才是非常重要的举措，也是非常及时的，它不但给广大的新闻出版工作者提出较高的要求，而且也给培养出版专业高层次人才的大专院校指明一条道路。

在任何一个成熟的行业，都会有一些行走在前面的大师级人物，他们的层次比出版领军人才又高了一些，他们引领一个时代的行业方向。编辑出版大师就是这样一些人，他们引领了他们所在时代的编辑出版方向，甚至文化方向；他们是具有渊深的学问，编辑出版过许多经典作品，从而得到行业与社会高度认可的人。像老一辈出版大家张元济、叶圣陶、巴金、邹韬奋、徐调孚等，就是这样的出版大师。

世界上一些著名的大学，实际就是培养大师的地方。我们的清华、北大，也被称作大师的摇篮。为什么？因为它们的学生成才率高，走出来的大

师比较多。现在看看我们的出版教育，是否研究培养出版大师的计划？是否为学生创造成为出版大师的环境？是否给学生倾注成为出版大师的基因？如果没有考虑这些，学生成为出版大师的几率就很低。学生质量的高低，关键看我们怎么教育。

（二）从传统出版业向现代出版业转型来看，需要高度关注和适应新的出版业态、大力培养新技术人才

出版行业始终是以技术进步为基础发展的，我们现在处于数字化和互联网这样一个时代，这也是我们出版业现代化的一个关键。数字出版是我们借助于数字技术和互联网技术，是整个出版业发生变革的一个关键时代。就像有了语言，就有了知识面对面的传输，有了文字，就可以把它记录下来，这是一种传播手段。有了印刷，我们在一定范围内就可以加大传播，到了活字印刷的发明，就可以大面积的传播。今天讲到数字化、互联网，这又是一个变革的时代。1978 年以后，中国的印刷出版技术走上了健康发展之路。30 年来印刷技术改造，印刷工业的发展取得了一些重大成就，用电脑排版取代传统的铅活字排版，完成了具有历史意义的由"热排"向"冷排"的转变。这是排版技术划时代的转变，它结束了几百年的"铅与火"的时代，迈进到"光与电"的新时代。这是当代中国出版取得成就最大的历史时期。

近年来国家先后公布了《中华人民共和国国民经济和社会发展第十一个五年规划纲要》《国家中长期科学和技术发展规划纲要》《国家"十一五"时期文化发展规划纲要》，在这三个重要的规划中把数字出版技术，数字化出版印刷、复制和发展新媒体列入了科技创新的重点。例如，在《国家"十一五"时期文化发展纲要》中就明确指出：大力发展以数字化内容、数字化生产和网络化传播为主要特征的新兴文化产业，加快发展民族动漫产业，大幅提高国产动漫产品的数量和质量，积极发展网络文化产业，鼓励扶持民族原创的健康向上的互联网文化产品的创作和研发，拓展民族网络文化发展的空间。《国家"十一五"时期文化发展纲要》强调：大力推进以数字技术和互联网技术为核心的文化生产和传播的新兴行业，加快传统发行业向现代发行业的转换，积极发展电子书、手机报刊、网络出版物等新业态，发展手机网站、手

机报刊、IP 电视、数字电视、网络广播、电视、电影等新兴的传播载体，这是《国家"十一五"时期文化发展纲要》所规划的。此纲要还提出：鼓励自主研发数字内容、数字传播、数字服务终端的产品和装备，开发数据处理、存储、传输、下载、数字互动等数字出版的增值业务，扩大数字出版的产业群体。这些都表明国家已经把数字化的出版和传播当成出版业现代化的关键之一，被列为"十一五"期间的攻坚战。这需要大批的既懂得计算机网络技术，又懂得选题策划、编辑把关和宣传营销等方面知识的复合型的、高层次的出版人才。

（三）从当前复杂的国际形势来看，我国的文化影响力在国际上仍处于弱势地位，需要更多具有国际视野、现代出版理念和深厚文化素养的复合型、外向型人才

我国加入世界贸易组织（WTO）之后，出版业对外交往与日俱增，版权贸易逐年增长。2006 年中国出版物版权引进 12386 种，输出 2057 种，引进与输出比为 5∶1。这体现出有很大的差距。这个差距主要是因为我们的实力不强，精品力作向国际输出的不够。目前我们版权贸易的输出不够高，其中一个主要原因是紧缺"走出去"的专业人才。"走出去"，必须有一批具有国际视野、懂得国际市场竞争规则、熟悉国外企业经营方式的专门人才，需要一批高素质、高水平的翻译人才，但是，目前我们这几个方面的人才储备明显不足，帅才、将才、专才都比较缺乏。

我们要通过加大出版教育和培训的力度，采用多样化的培养方式，培养大批的既懂出版业务，又熟悉出版国和贸易国语言文化乃至销售与市场知识的复合型外贸人才。

（四）从出版企业竞争的实质来看，谁掌握内容资源优势，谁就拥有出版的天下，这就需要更多的高层次的内容供应和策划人才

在出版企业走向市场以后，作为"内容为王"的出版产业，谁掌握了内容资源优势，谁就在市场竞争中掌握了主动权。而如何在内容上取胜、如何拥有内容资源优势，则就需要有高素质、高层次的内容供应和策划人才。

近年来，随着人们对出版物内容水平的要求越来越高，出版行业专业化、精细化程度也在不断提高，出版行业已经出现了以资深作家或专业的出版内容经纪人组成的内容资源提供者，他们能提供具有相当水准的出版内容甚至专业的封面设计。而随着我国广大人民对出版物的个性化要求日益提高，出版行业需要越来越多有创意的高层次内容资源提供者。

除了需要内容资源的提供者外，"图书出版策划人"也是现代出版产业发展所需要的。现代出版产业赋予"图书出版策划人"更多的责任，即从选题到制作到宣传以至发行全部由"图书出版策划人"一监到底。好的"图书出版策划人"不但能够给出版社带来巨大的经济效益，而且能够给社会带来巨大的价值，推动社会的发展。因此优秀的"图书出版策划人"是目前全行业需要的人才。

二、加强出版专业研究生教育

出版人才的培养、选拔和使用是我国出版业迎接挑战的关键，加强对出版人才的培养，特别是高层次人才的培养是时代发展的要求。培养符合时代需要的高层次人才关键在于培养观念的指导，有着怎样的培养人才的观念就会培养出怎样的出版人才，所以培养人才的观念也应顺应时代的要求进行更新。如前所述，我们目前的研究选题过于"行政化"，对一些非常现实的问题，甚至枝节的现象进行长时间的研究，结果不一定理想，时过境迁，发生变化了，研究成果也就过时了。学校对研究生的教育应该结合出版业发展的实际，要跟得上时代发展的需要，而且应该授人以"渔"，不是授人以"鱼"。而研究生学习阶段应该是在学校里学习研究专业理论，通过实践分析掌握解决问题的方法，拿到一把金钥匙，将来打开万把锁。关于研究生教育和研究方向，我提示大家关注几个问题：

（一）在出版产业的背景下拓展研究思路

研究首先要有思路，思路决定出路。我们可以把研究的思路聚焦到出版产业上，因为这是目前中国出版的主导和发展方向。我国出版体制的转企改革促使出版行为的市场化，同时还受到国外资本进入对中国图书出版产业的冲击，我们要思考如何面对当前的新形势。目前我国新闻出版体制机制发生了根本变化。23个出版集团已经或正在变成企业集团公司，100多家图书出版社改制到位，上千种经营性报刊转企改制，40多家报业集团实现企事分开，面向市场经营。29个省、自治区、直辖市的新华书店系统完成了转企改制，有些已经完成了股份制改造。出版物全国连锁经营企业已达29家，23个省级新华书店实现了省内或跨省连锁经营；全国建成10万平方米以上图书物流中心5个，年赢利水平千万元以上的10个；全国性民营连锁经营企业8家，民营发行网点达10万个，中外合资、合作或外商投资书报刊发行企业40多家；一批网络发行企业快速成长；出版传媒业上市公司9家，市值2000多亿元，净融资达180多亿元。

自改革开放以来，中国的出版业有了突飞猛进的发展。中国的出版业在今后几年将继续呈快速发展态势，这是毋庸置疑的。但出版形势的发展已经证明，中国原有的出版市场格局将被打破，一个全新的市场化的出版市场格局正在逐步形成之中。在出版产业的大背景下从事研究，如果考察这些出版单位的运作方式方法，也许能给未来的出版产业发展提供可靠借鉴。

（二）出版专业研究生要重点研究出版物精品的生产

出版产业的目的就是为了创造多元品格的出版物，并且对社会强有力地渗透，我们要把研究重点放在如何生产出版物精品上，这是更深层次体现我们研究的专业水平。

出版产业的发展绝不是一句空话，不是喊喊口号，而是要看其最终的出版成果能否得到社会的广泛认可，从而占领市场、深入人心、产生巨大的社会效益和经济效益。不然，我们所进行的一系列的转制以及运用的高科技出版手段等都失去意义。也就是说，出版物的水平是检验我们出版产业的标准。看一看现在的出版企业，哪一家不想出版好的作品呢？但总是有的行，有的不行。这对我们研究者来说，也是最值得探索的课题。

出版精品是每一个出版社的愿望，也是社会和读者的期待。目前出版业开始进入品牌竞争时代。有的出版社呈跨越式发展，越做越强、越做越大，有的则举步维艰，逐步萎缩。现在的情况是，优秀的出版社出版优质图书，优质图书创造品牌，品牌赢得市场，市场又推动着出版社健康发展。这是一条环环相扣的链条，也可以说是出版竞争的一条规律。就出版社的品牌来说，可以由低到高，一本一本书着手打造出版品牌，到一套一套书的品牌，再到一类书的品牌，最后达到质的飞跃，形成整个出版社的品牌。社以书传，书因社显，对于优秀的出版社来说，二者是良性互动的关系。出版品牌一经形成，是可以进行品牌延伸的。品牌延伸是指利用已经获得成功的品牌来推出新产品，使新产品投放市场伊始即获得原有的品牌优势支持。品牌延伸的目的是实现品牌整合支持体系，从消费者的品牌联想到厂商的品牌技术、服务支持形成一个整合的链条。

近年来，随着文化体制改革的逐步深入，许多重大精品出版工程纷纷涌现，使我国优秀民族文化得以集体呈现和保存。截至 2007 年底，国家重大文化出版工程——《中华大典》已累计出书 49 册，达 1 亿多字。《中华大典》所采集的文献资料涵纳了儒家、诸子百家、佛道诸教等优秀文献资料。它将收入 2 万多种古籍，共 8 亿多字，超过中国所有古代类书字数的总和。1500 则历史故事、1500 名历史人物、3000 幅精美图片，历时 8 年编纂的《话说中国》用最新的理念和形式讲述古老的过去，生动展现了中华民族 5000 年的历史和文化。《中国文学编年史》，上至周秦，下迄当代，共分 18 卷，每卷约 80 万字，总计 1400 万字左右，将数千年中国文学史以编年形式加以立体呈现。出版业正为读者倾力奉献经典而又精彩的篇章，群众喜闻乐见的出版物层出不穷。例如：《兵以诈立——我读〈孙子〉》语言流畅、资料丰富，展示了这部中国古代兵法著作的内涵；《国史十六讲》将纵横上下 5000 年的心得生动呈现。这些出版物在赢得广大读者喜爱的同时，也将优秀民族文化一点一滴地普及给大众。我们看到：王宏甲的报告文学《智慧风暴》，表现了中国科技腾飞的历程；杨黎光的报告文学《SARS——人类的影子》，反映了全民族抗击非典的伟大斗争。我们更看到：党的十六大以来，我国出版界先后围绕纪念红军长征胜利 70 周年、建军 80 周年、香港回归祖国 10 周年等活动，出版了一大批优秀图书、音像和电子出版物，进一步增强了群众对党的信任、对走中国特色社会主义道路的信心。

但是我国的一些在国内很响亮的品牌图书在国际上影响却不大，我们缺少在国际上影响大的品牌类图书。作为出版专业的研究生，如果能对国际上精品出版物从内容到形成过程做出深入的研究，并且找出我们的差距，为我国能出版更多在国际上有较大影响力的精品出版物提出切实可行的解决方案，给世人提供可靠的借鉴，那么，我们的研究就有了分量和价值。

（三）努力成为具有渊博学识的高层次出版人才

出版工作是文化工作、是精神劳动，同时出版工作又是一门渗透力特别强的专业，对于各种学科、各行各业、各个领域，它的触角无所不及，故出版者还必须具备尽可能广博的知识，尤其是要想成为高层次的出版人才，学识必须渊博。在知识日新月异、信息扑面而来的时代，我们要有所前进、有所创新，更应该不断地学习。从事出版工作，要出版高水准的出版物，一方面取决于作者的知识水平、思想水平、实践经验及其所付出的劳动诸因素，另一方面取决于出版者的知识水平、政策水平、实践经验、业务能力及其再创造劳动的成效。因此，一个出版者涉猎的知识越博越好，同时要成为复合型人才。

打铁须得自身硬。出版别人的文章，首先自己要会写文章。因此，在出版工作者复合型的知识架构中，写作实践，即著书立说的功底成了重要的必须的要求。出版是一项创造性的文化活动，它通过对精神产品原作的组织、鉴别、选择、整理、加工和重构等，达到积累和传播人类优秀精神文化产品，促进社会发展和人类进步的目的。出版工作者勤于笔耕，深晓创作之艰苦，才能获得与广大作者共同研讨问题的资格，与作者产生感情上的共鸣。一个具有真才实学的出版工作者在与作者的相互切磋中，往往影响甚至塑造着某些作者，同时也充实提高着自身。

翻开中国现代文学史、文化史，我们会发现许多著名的作家、文艺评论家、语言学家、思想家同时也是卓有成就的资深编辑。例如：中国现代文学的奠基人，文学家、思想家、革命家鲁迅即是这方面的光辉典范，他先后编辑了很多文学刊物，一生著译近1000万字；同时他又是中国新文化运动的旗手，对民主革命和现代文学做出了巨大贡献。大出版家陈原，历任新知书店、生活书店、三联书店、世界知识出版社、人民出版社、中华书局、商务印书馆、国际书店的业务领导，还曾任中国社会科学院语言文字应用研究所首任所长、国家语言文字工作委员会主任、国际科学院院士等职，著有

《陈原出版文集》《语言与社会生活》《社会语言学》《辞书和信息》《在语词的密林里》《记胡愈之》《语言和人》等。巴金，是一位无私奉献的编辑出版家，一位成绩斐然的翻译家，被鲁迅称为"一个有热情的有进步思想的作家，在屈指可数的好作家之列的作家"；他创作的长篇小说《家》《春》《秋》和《抗战三部曲》（又名《火》）等作品曾拥有众多的青年读者。在商务印书馆工作过的茅盾、郑振铎以及创立生活书店的邹韬奋，都是用自己毕生的精力、学识和才干铸就出版事业的辉煌，同时他们也都是勤于笔耕、学术卓著的学者。

（四）研究并掌握出版思想和方法

大家来到这里攻读研究生学位，要明确不仅仅是研究一两个出版案例，或者接触一些行政管理的事务就算完事，那样只能是得到了"鱼"，而没有得到"渔"。我们要宏观地思考。我认为研究生最主要的任务有两条：一是求思想；二是求方法。思想是对客观世界的认识，方法是认识和解决问题的手段。概括地说，思想主要解决世界"是什么"的问题，方法主要解决"怎么办"的问题。人类正是利用各个不同的思想、方法，了解认识了世界，搞出很多的发明创造。近现代有很多仁人志士，正是在学校里接触了解一些科学的进步的思想，从而确立了世界观、人生观。我们求学，实际上是求思想和方法的。是老师、书本教给我们怎么思想、怎么研究。一旦求到，就能走向社会解决实际问题。

先来谈一下求思想：

一提思想，往往感觉到玄妙空洞，看不见摸不着，实际上思想是很现实很具体的东西，没有它我们搞研究寸步难行。思想是客观存在反映在人的意识中经过思维活动而产生的结果，属于理性认识，一般也称"观念"。人们的社会存在，决定人们的思想。一切根据和符合于客观事实的思想是正确的思想，它对客观事物的发展起促进作用；反之，则是错误的思想，它对客观事物的发展起阻碍作用。思想也是大千世界，什么都有，老师就是帮助我们怎么认识和分辨思想，怎么树立正确的进步的思想。

我们要研究一些著名出版人物的出版思想，从他们那里得到启发。思想是实践上升到理论的认识，是实践的精华，出版家的人生各异，其出版思想也有不同，要得到也是不易的，需要通过一些复杂的研究探索才能求得。例如，邹韬奋所主编的《生活》杂志，就充分体现了他的出版思想。作为一个有文化理想的职业出版人，"义"与"利"的关系在邹韬奋身上有着内在的统一性。他强调，出版应该是事业性和商业性的有机结合，要两者的兼顾而不是彼此的对立，可谓得出版认识的真谛。因为重视"事业性"，所以他要求生活书店出版的书刊，讲究内容与方向，讲究创新与质量，讲究文字的平民化与趣味性，讲究对读者的竭诚服务精神；因为重视"商业性"，所以他强调出版计划性和办事效率，强调出版物的个性特色与品位形象，强调人才的物色和业务培训，强调管理体制的创新与民主，通过民主办社和合作社形式，以激发每一位员工的活力。凡此种种，都体现其一脉出版思想，我们今天的出版人，依然可以从中采掘。

再如张元济，是中国近代史上的教育家、社会活动家，但首先是一位出版家。他毕生的事业，是建立在他策划、编辑、出版的一部部教材、典籍、译著等基础之上的。正是这些作品影响了中国几代人，促进了中国文化的新陈代谢。张元济的出版思想，值得我们当代人思考和借鉴。张元济通过对编辑文化功能的认识确立了他的出版宗旨，即"以扶助教育为己任"。他认为，办教育就应当出版编写得体、符合教育教学规律和适合我国国情的教科书。在他的努力下，商务印书馆先后出版了《最新国文教科书》《中国历史教科书》《共和国课本新理科》《最新格致教科书》等一系列教科书。直到解放，商务印书馆的教科书占全国市场的6/10，为普及新知，推动近代中国科学和文化的发展起到了不可磨灭的作用。"昌明教育生平愿，故向书林努力来"成为张元济开启民智、传播新学的编辑宗旨的最好写照。张元济认为出版不应仅局限于顺应潮流，更应有超前的意识。敢为时代先，开时代之先河，这才是开拓创新的真正要义。张元济以出版家敏锐的眼光，看到新式教科书将是时代所需，立即与高梦旦、蔡元培一道编写了《最新教科书》，包括国文、修身、珠算、笔算、格致、理科、农业、中外地理等，风行全国。直至1906年，清政府学部才公布第一批初等小学教科书暂用书目，在公布的102种书目中，商务印书馆版的占54种。新式教科书的编制实为张元济的创举，他开启了近代中国出版新式教科书之先河。身为出版家，必须正确处理好社会效益与经济效益的关系，而这两者往往会发生矛盾。张元济将"义"放在首要位置。他的出版原则十分明确：有利于提高国民素质的书一定要出，于国民无利甚至有害的书坚决不出，即有所为有所不为。既注重图书的学术价值和文化品位，又与市场紧密联系，实现文化追求与商业利益的结合。因此，市场竞争不应成为有些编辑舍弃文化价值的借口，竞争是对编辑提出更高的要求，即编辑要兼具文化意识和市场意识。张元济重义轻利、义利兼顾的出版思想值得我们借鉴。

再来谈一下求方法：

毛泽东同志曾把任务比喻为过河，把方法比喻为船或桥，没有船或桥就过不了河，完不成任务。这是很精辟的论述。沿此思路不难想到，不只是过不过得了河的问题，还有过河是否方便迅捷的问题。出版专业研究生就是要寻找方便快捷的方法。要明确方法论不等于方法。方法论是寻找和构建方法的学问。方法论既要研究有关方法的理论，又要实际构建一系列的方法，还要关注方法的应用，三者缺一不可。方法有没有理论？当然有。我们研究编辑出版方法论，就不得不重视"出版"和"方法"各自的矛盾特殊性，否则就没有特色和针对性。这种理论探索是有相当难度的。不仅要分析已有的出版方法，还得考察历史；不仅需要理论的指导，而且要敢于从实践中提炼，乃至在某种意义上丰富和发展理论。方法论是否就注重于"论"呢？不能这样。一定不能轻视方法的构建，其"论"是方法之论。出版专业的研究生更要讲究方法论，在研究学习出版思想的同时，也关注总结他们的编辑方法。另外，可以结合出版市场上一些典型的案例，研究发现他们的方法。

做出版工作，需要了解、运用各种学科的普遍方法和相关学科的具体方法，如唯物辩证方法、逻辑方法、实证方法、数学方法和系统论、信息论等，出版学自然要研究这些方法在编辑工作中的具体运用。但出版学尤其要研究出版工作的特殊方法或专业方法。这种专业方法来自编辑出版工作的实践经验，反映出版工作的性质、功能、规律和基本原则，具有普遍适用性和专业的特殊性。我们要以编辑出版理论为指导，研究各种出版物是怎样编辑出来的，常用的基本方法是什么。在实际工作中，有时是以一种方法为主，其他方法为辅，有时是在编辑出版工作的各个环节中交替使用不同的方法。使用这些方法时，要根据不同稿件的情况和媒介特点灵活运用，解决实际问题的具体方法还要靠编者以编辑出版理论为指导，在编辑出版实践中去创造。

方法不是从天而降的，都是从实践中来的。在古希腊文里"方法"一词的原意是"顺着直的道路"，即把方法解释为"道路"和"途径"。鲁迅曾说过，其实地上本没有路，走得人多了，也就成了路。因此，特别要重视实践经验的总结。中国典籍《墨子·天志篇》中首先出现"方法"这个词，其意为度量方形的办法。方形是一个抽象的概念，而不是某一具体事物，可见方法是能解决一类通用问题的办法。一些经验中得出的可能只是办法，而不是方法。但方法也是从诸多办法中来的，我们要有意识地去提炼自己的经验，使之具有一般性。我们有些论文常常是经验的描述，缺少理论的揭示，就是缺乏提炼。其实理论并不神秘，这个"提炼"就是向理论的逼近，有了某种"一般性"，也就有了一定的理论。有了方法，还要返回到实践中去应用，接受实践的检验。如果根本没有用，那就算不上是方法。如果拿出来的方法，并不能解决原来解决不了或解决不好的问题，那即使算方法，也不是新方法、好方法，因为有它和没它只是说法上不同，实际上毫无差别。经过检验，有的所谓的方法会被淘汰，写成了文章也会被人遗忘；有的方法需要改进；而有用的方法则会被越来越多的人采纳，并在他们的应用中进一步发展或更新。出版方法论中在不同元方法统帅下的每一个具体的、普适的方法，都是从实践中来并返回实践接受了检验的，这是它还有生命力的根本原因。

方法也在于创新。关于创新，我们的体会主要是要破除迷信。前人能创新，我们为何不能？各行各业可创新，出版为何不能？应该有这个信念与勇气。我以为，出版方法论的创立是一项大工程，不是靠少数人在短时间内能够完成的。因此，殷切期望大家都重视出版方法论的研究，参与出版方法论的研究，很快拿到打开千把出版锁的金钥匙。

还有一个自身学习的方法问题。知识的获取有一个科学的过程与方法，盲目的没有目的的学习不可能成功。我给大家介绍最基本的学习方法，就是记忆。怎么记忆，还有个过程：一是背诵；二是研读。

背诵，也可叫死记硬背，说得好听一点叫背诵。总之，是把知识信息牢牢储存在头脑中的方法。这方法现在可能不大被人喜欢，因为太费精力。试想，如果不费力，怎么能把知识储存在脑子里呢？有时候可以这么说，学问的大小在于脑子里储存知识的多少。我们所接触的一些学问家，不看书本，就滔滔不绝地讲，就因为他脑子里记忆的东西多。人从小上学，就是让记忆储存知识，家长和老师都会让你背诵经典作品。我们弘扬国学的优良传统，其中应该包括弘扬背诵经典。就是数理化的一些常用公式，老师也要求一定要记住，学习外语，全靠背诵。现在是高科技的时代，处处用计算机，去背诵知识的人逐渐少了。但是，不要误解，高科技的时代是有助于人脑的学习，而不是代替人脑学习。相反，高科技对我们的知识学习要求更高了，需要背诵的知识也更多了。背诵就意味着下苦功夫，谁不过这一关，谁就成功不了。

研读，是记忆的又一种方法，它不要求一字一句地背诵下来，但要求通读、分析，直至明白道理。理解知识比背诵更难。要理解，前提是读书，还要多读书。我年轻的时候，家长就不让我买书，而是让到图书馆借书。因为，书一旦买回来，容易束之高阁，万事大吉了。有些书买回来，可能一辈子不会翻它一下。有书不读，更是学习的悲哀。我们是做书的，首先要读书，并且读遍天下书。我们的出版大师们无一不是读书的典范，大家可以汲取他们的经验。

出版强国与人才培养*

在 2010 年全国新闻出版局长会议上，柳斌杰同志代表新闻出版总署提出了实现向出版强国转变的宏伟目标。即到 2020 年，新闻出版产业总产值占当年全国 GDP 的 5% 左右，成为国家经济发展的重要产业；基本实现全国年人均消费图书 6 册、期刊 3.2 册，报纸每千人日 130 份以上；数字媒体等新兴产业的发展达到世界先进水平，形成有利于新闻出版科学发展的新格局。2010 年 7 月 23 日，中共中央政治局进行第二十二次集体学习，胡锦涛总书记在主持学习时强调，深入推进文化体制改革，促进文化事业全面繁荣和文化产业快速发展，关系全面建设小康社会奋斗目标的实现，关系中国特色社会主义事业总体布局，关系中华民族伟大复兴。我们一定要从战略高度深刻认识文化的重要地位和作用，以高度的责任感和紧迫感，顺应时代发展要求，深入推进文化体制改革，推动社会主义文化大发展大繁荣。作为一个新闻出版界的老同志，通过学习领会中央领导同志第二十二次集体学习的讲话精神，深深感到出版强国这一目标非常鼓舞人心。在 10 年内要建成出版强国是非常艰巨而光荣的任务，这需要有一个强大的出版人才队伍来支撑。因此，出版强国的人才队伍培养成为一个十分重要的课题，下面就出版强国的人才培养问题谈谈感想。

一、以用为本，让出版人才脱颖而出

2010 年 5 月 25 日至 26 日，胡锦涛同志在全国人才工作会议上发表重要

---

* 此篇原载《中国出版》2010 年第 9 期。

讲话，特别强调要坚持"以用为本"，体现了人才工作的一个新理念，也是这些年来人才思想的一个重大创新，一个"用"字点出了我国人才工作现状中的问题，同时又指明了我国人才工作今后的方向，"以用为本"蕴含着丰富的内容，对我们迈向出版强国的人才队伍培养具有重要的指导意义。

"以用为本"，其实就是实现"人尽其才"的大方针。用人最难，关键在于用。重要的是根据人才的特点，把他放到能够发挥其特长、作用的位置上。大匠无弃才，就是说在技艺高超的匠人眼里，没有弃置不用的材料，如直木，可以制板做成器具使用；曲木，高明的艺人会因曲制宜，巧以利用，做成珍贵的艺术品。这就是说用人者必须有艺术家高超的眼光，要善于发现人才的可用之处，给他们找到用武之地。量才使用每个人的长处，扬长避短，也是每个人才的迫切心愿。把每个人才都放在合适的位置上，是管理者的重要使命。在新闻出版业，以用为本，就是充分发挥新闻出版人才的作用，围绕用好用活人才来培养人才、引进人才，积极为各类出版人才干事创业和实现价值提供机会和条件。人才作为一种特殊的资源，只有使用才能创造价值。"以用为本"就是有容乃大，不求人才所有，但求人才所用，积极突破身份的障碍，在各类出版人才的协同当中能够促进新闻出版业的持续发展。"以用为本"更能解决我国出版业发展当中的根本性问题，最大限度地激发人才的创造活力，使全行业人才的创新智慧竞相迸发，具有重要的创新意义。

邓小平同志曾经说过："人才，只有大胆使用，才能培养出来。"[①] 新闻出版业要千方百计留住人才，切莫闲置人才。现在一些单位引进人才时要求高学历、有经验、有业绩，但引进后，在使用上视同普通人，论资排辈、按部就班，既不能给人才应有的待遇，也不提供人才施展拳脚的空间，最终导致人才流失。用好人才是留住人才的妙剂良方。用好人才首先要为人才提供发展平台，让人才有施展才能的空间。新闻出版业要立足现有条件，力所能及给人才提供应有的待遇，努力解除人才的后顾之忧。新闻出版行业是人才聚

---

① 邓小平：《前十年为后十年做好准备》，载《邓小平文选》第三卷，人民出版社 1993 年版，第 17 页。

集的地方，"以用为本"就是让我们发现人才、留住人才、用好人才，因此，出版管理者要当好伯乐。金无足赤，人无完人，要客观、辩证地看待人才，发现和引进人才的过程中既要防止失察失误、以偏概全，又要防止吹毛求疵、求全责备。坚持正确的选人用人标准，要看人才是否有能力，是否适合岗位，而不是以亲疏远近来衡量，决不能埋没有能力的人才，更不能让投机取巧、哗众取宠者有机可乘。出版社要制定人才资源管理战略，建立切实有效的人才开发使用及保护机制，培育科学高效的出版人才资源管理链。目前对人才要做好自主培养工作。自主培养需要出版社通过长期培训教育，从原有人员中选拔"有用之才"。一方面，通过在职培训，将工作与学习有机结合起来，使人才获得知识更新的满足感，使其感受到组织对自己的重视，从而产生对组织的归属感和忠诚度，极大地增强出版社内部的凝聚力和向心力；另一方面，作为知识产业的出版社，通过对人才的再教育，可以提升人才资源的整体素质，挖掘杰出人才和潜力型人才，优化人才资源结构。这是出版社积聚人才资源的有效途径，是稳定出版社人才队伍的重要保障。

几年来，我国新闻出版业大力进行体制改革，为出版人才打破了管理体制和机制上的障碍，为人才提供了更加广阔的用武之地。转企改制的变化是跨越性的，我们从一个体制进入到了另一个体制。正是体制转变了，人会发生变化，人的主动性更充分地发挥出来。过去事业单位是编制管理，每年进多少人是定死的，现在则是用工管理，按工作需要用人，更为灵活，整个产业发展焕发出新的活力，从事业到企业，经营权力的明确让企业拥有广阔发展空间。

二、创新出版观念，培养出版人才的创造性

培养和造就一大批创新性人才是建设新闻出版强国的重要支柱。2010年6月6日，中共中央、国务院印发的《国家中长期人才发展规划纲要（2010—2020年）》中对人才定义为："人才是指具有一定的专业知识或专门技能，进行创造性劳动并对社会作出贡献的人，是人力资源中能力和素质

较高的劳动者。"这里指出人才不是一般的人,而是素质较高的劳动者,怎样才算素质较高?"创造性劳动"就是一个关键词。创造性是人才的必备素质。在出版业,很需要这种创造性劳动的人。培养出版人才的创造性,首要的是在市场经济的环境下转变出版观念,在出版观念的引导下培养创造性。我们感到建设出版强国,应创新出版观念,即作者、读者和出版者三者和谐发展以满足人民群众的精神文化需求。

建设出版强国,我们深刻感到创新作者、读者和出版者三者和谐发展观念的迫切性。出版者的根本任务就是创造出更多社会效益与经济效益俱佳的新闻出版产品,有了优秀作品才能满足人民群众的精神文化需求。这就要求出版者既发现和培养不同领域的优秀作者,又开拓和服务不同层面的读者,把这三者结合起来,其作品才优秀,也才能满足人民群众的精神文化需求。长期以来,在出版者的上游——作者和下游——读者的关系中,作者处于主体地位,作者就是出版者的"衣食父母"。随着社会主义市场经济体制的确立和文化体制改革的不断深入,国家出版社、地方出版社以及雨后春笋般兴起的民营书业使得国内出版市场的竞争日益激烈,以及媒介数字化和互联网的迅猛发展使出版业和其他内容产业之间的融合扩大,促使我们的出版观念逐步发生变化,必须更多地为不同的读者群体考虑。美国著名管理学家杜拉克所言:"当前社会不是一场技术上的革命,也不是软件的速度的革命,而是观念的革命。"我们要建设出版强国,必须适应这种时代变化,变革与创新出版观念,促使作者、读者和出版者和谐发展,就是出版者架起作者与读者之间的金桥,是作者、读者与出版者三方的"共谋"。

"以读者为中心"是 20 世纪 90 年代"社会主义市场经济"背景下提出来的,这不失为观念上的革新。思想观念上的变革给出版业带来了新的生机和活力,一时间大量贴近读者、贴近现实的图书纷纷涌现,如外语教学与研究出版社推出大众英语学习读本《许国璋英语》《新概念英语》等,为外语教学与研究出版社创造了十分可观的效益。"以读者为中心"这一符合时代需求的出版理念给出版业带来了空前的繁荣,对出版社开发选题,生产适销对路的产品,更好地打开市场起到了积极的作用。然而,一部分人由于受到经济利益的驱使及自由化思想的错误引导,一味迎合读者的阅读趣味,甚而不惜做出种种违背出版道德、违反国家法律、破坏市场规律的事情，出现了大量的跟风书、垃圾书、伪书、抄袭书等，这些都是极为短视的行为。因而，从长远看，单纯以读者为中心的观念也难以很好满足人民群众日益增长的精神文化需要，必须树立正确的出版观念，以满足人民群众的精神文化需求为出发点，让作者、读者和出版者和谐发展。

从国民阅读的最新数字来看，我们也应树立作者、读者和出版者三者和谐发展出版观念，为不同层次读者服务。中国出版科学研究所第七次国民阅读调查表明，2009年，国民图书阅读率数字为50.1%，成年人中有一半人在图书阅读活动中缺席。那么，50.1%的人读的书又多为快餐式的浅阅读及实用性的功利阅读。当下出版选题存在不平衡的现象，如农民工的书就极为少见。中国有农民工3亿人，占了总人口近1/4。在全民阅读活动中，他们是一个庞大的群体，是基础的读者。然而，出版单位很少以他们为选题。这种缺失无疑会拉大我们与"出版强国"的距离。因此，我们要切实创新出版观念，认真研究不同年龄、不同文化程度、不同层次消费者的阅读需求、阅读类别、阅读方式和阅读习惯，为他们编辑出版一批适合他们阅读的出版物。新闻出版，说到底是在做内容，内容就是在读者的需求下靠作者和出版者共同来完成的。出版者把读者的需求传达给作者，作者围绕不同的读者需求进行艺术创作，其作品就有可能赢得读者、赢得市场，满足人民群众的精神文化需要。

建设出版强国，要确立作者、读者和出版者三者和谐发展的出版观念，出版人才的创造性显得十分重要。在读者本位的时代，出版的使命不只是继承，更重要的在于传播与创造。但在市场经济的环境里，只有着眼于文化的传播和创新，把读者纳入编辑出版的视野，把作为终端消费者的读者提升到和作者一样的整个出版过程的重要地位，围绕读者的阅读需求进行选题策划、装帧，全程营销，适应且引导读者的阅读品味，才能践行传播和创新文化的社会使命。例如，当前受到广大青少年读者喜爱的图文本图书，可读性、趣味性大大增加，一批国学经典如《老子》《庄子》等因为用图"解经"，而变得浅显易懂，大受读者的欢迎，让他们在轻松的阅读中感受到先贤的智慧。转变为不同层面的读者服务的观念，需要一大批富有创造性的出版人才通过扎扎实实的实践来完成。建设出版强国，人才的创造性也在于担当起传播和创造文化的使命，肩负起社会的责任，在适应读者的基础上对读者的需要加以引导，生产创造出社会效益和经济效益俱佳的优质产品。只有这样，才能真正地做到服务读者、赢得读者，进而带来出版业的真正繁荣。

三、出版人才应普遍具有复合型人才的素质

新闻出版人才队伍的规模、结构和质量直接决定着新闻出版业的发展水平。建设出版强国，就必须优化和调整我国新闻出版业现有的人力资源，吸引更多有思想、有抱负、有干劲的人才进入新闻出版行业。出版强国人才的一个重要标志即普遍具有复合型人才的素质，因而，建设出版强国对复合型人才的要求更为迫切，这也给新闻出版业提出了重要任务。

以前对出版人才的理解，一般是围绕编、印、发、科、供、贸等几个环节，但随着我国出版消费者的文化需求不断提高，出版行业进入了专业化、精细化阶段，新型业态层出不穷，人才需求类型也多样化，迫切需要熟悉和掌握现代出版规律，具有国际眼光，善经营懂管理的复合型人才。在这样的出版人才需求下，出版专业人才的培养模式就要进一步重构，不能墨守成规；出版人才的内涵也需要与时俱进、不断丰富和完善。出版作为一门专业，专业知识为其从业者所必备，同时各种学科、各行各业、各个领域、各种技术，它的触角无所不及，故出版人才还必须具备尽可能广博的知识，复合型越强越好。新闻出版的复合型人才在学校里是形不成的，需要在工作中通过采编、经营等多岗位交流实践，多种能力兼备才能形成"复合型"。出版的本质是对出版资源的开发和占有，选题策划和市场策划在其中占有关键地位，因此高水平的选题策划和市场营销复合型人才将成为当前各个出版社人才工作的重中之重。各个出版企业一方面应注意引进人才，另一方面应更为注重人才的储备和培养，优化出版人才结构，按照复合型人才的标准提高出版队伍的整体素质，培养造就一批综合素质高的现代出版人。

四、造就一个出版大师的时代

出版强国的人才必须"强"，这是毫无疑问的。没有强人怎么能建成强国？因此给出版人才提出了最高也是最终的要求，即造就一个出版家或者是出版大师辈出的时代。在任何一个成熟的行业，都会有一些行走在前面的大师级人物，他们引领一个时代的行业方向，出版大师就是这样一些人。

出版大师要有渊博学识和著书立说的功底，他自己首先会写书，并且写出来高质量的书。渊博学识也是高层次出版人才工作的基础，也只有具备渊博学识的出版人，才有可能创制高水准的出版物。我国一些著名的出版人，多是苦练内功，著书立说，并将自己的成果反用于编辑实践，铸就编辑工作的特色和风采。例如：中国现代文学的奠基人，文学家、思想家、革命家鲁迅不仅编辑了很多文学刊物，一生还著译近 1000 万字，在世界各地拥有广大的读者；历任新知书店、生活书店、三联书店、世界知识出版社、人民出版社、中华书局、商务印书馆、国际书店业务领导的陈原，在商务印书馆工作过的茅盾、郑振铎以及创立生活书店的邹韬奋，都是用自己毕生的精力、学识和才干铸就出版事业的辉煌，也都是勤于笔耕、学术卓著的学者；我国还有许多著名的作家、文艺评论家、思想家同时也是卓有成就的资深编辑。

出版大师是具有出版思想的人。一些著名出版人物的出版思想是其出版实践提炼出来的精华。例如：邹韬奋强调出版应该是事业性和商业性的有机结合，要两者的兼顾而不是彼此的对立；张元济认为编辑不应仅局限于顺应潮流，更应有超前的意识。

出版强国不见得是盖几栋出版大楼，而是出现一大批驰名中外的出版大师。出版界一致认为，关注度、国际影响力、大师和经典作品是"强"的标志。尽管孔子等先秦诸子为中国赢得了几世的荣耀，但那只是过去，未来我们拿什么来引领社会、引领消费、引领人才？出版业内也许会思考：现在像张元济、叶圣陶、邹韬奋等出版大师为什么很难产生？怎样才能产生？可喜的是，我国现在已着手造就出版大师的基础工程了，如总署所开展的出版领军人才的培养，就是新近提出来的一种出版业高层次人才类型，它强调出版人才队伍中的带头人才的作用。"领军"是出版人才的表征之一，也是成为出版大师的基础力量。在领军队伍的带动下，会产生我们盼望的人才——出版家或者出版大师。

中国已经迈入了新闻出版大国的行列，建设出版强国更使我们看到了光明的前途。出版强国，正成为雄心勃勃的一代出版人的终极理想。但距离新闻出版强国，依然任重道远。出版人才的培养正处于十分关键的时刻，需要我们重温优秀的出版传统，从历史中汲取经验和智慧，进一步探索迈进。我们这一代出版人，有幸赶上这个建设出版强国难逢的机遇，一定会不负众望，齐心协力完成历史赋予的艰巨而光荣的使命。

三、出版产业

当代世界出版产业发展走向 *

　　"二战"之后的前十几年，世界各国经济都处于重建和复苏期，许多国家特别是发展中的第三世界国家也发生了深刻的社会变革，更多的人有了受教育的机会。美、英、法、德、日、荷等国在战后大力普及高等教育，读书人数的增加和读者素质的提高推动了图书出版业的迅速发展。从20世纪50年代至今半个多世纪的时间里，西方发达国家的出版业已成为国内十大产业之一，是社会经济发展不可忽视的中坚力量。

　　美、英、法、德、日等发达国家的出版产业在战后直到目前的发展，代表了世界现代出版产业的最高水平。其发展趋势表现为如下特点：

受市场法则的制约，出版产业愈来愈向集团化、跨国化（国际化）、垄断化的方向发展

　　美、英、法、德、日、荷等出版强国都拥有出版实力极强的大型出版集团，这些出版集团在国内及国际出版市场上呼风唤雨，显示了雄厚的综合经济实力。一般来说，这些大型出版集团都是通过兼并或联合形成的。为了打入他国出版市场，许多出版集团通过购买他国出版公司的股份或直接兼并，或在他国派驻分支机构来达到其跨国经营的目的。实力强大的出版集团通过某种途径就可以垄断某些专业领域的图书或某种报纸、期刊的生产和销售。这是人类出版活动现代产业化的基本走势。

　　＊　此篇原载《出版经济》2003年第1期。

出版产业之间的兼并现象在第二次世界大战前的美国、法国等国就已经开始。第二次世界大战后，特别是 20 世纪七八十年代，出版业之间的联合和兼并现象更为普遍，兼并金额高达几千万至几亿美元，甚至数十亿美元，可以说是规模空前。

集团化、跨国化、垄断化经营是市场竞争的必然结果。一方面是出版行业和其他行业的竞争，另一方面是出版行业内部的竞争，包括国家之间出版行业的竞争。出版产业的集团化必然引起垄断化，而垄断在达到一定规模后必然不满足于原有的国内市场，而向国际市场扩展。这样就会迫使每个国家的出版产业加强自身实力的扩张，从而在全球范围内形成你中有我、我中有你的互相竞争局面。近半个世纪以来，美、英、法、德、日、荷等出版强国的大型出版集团不仅集中了他们国家的大部分出版资本，也垄断了某些品种图书的生产和销售，如美国的麦格劳-希尔出版集团、时代-沃纳公司、派拉蒙传播公司、读者文摘公司、时报-镜报公司；英国的皮尔逊公司，英、荷联手的里德-埃尔斯曼公司；澳大利亚的新闻有限公司；荷兰的沃尔特斯·克卢沃公司；英、加联办的汤姆森公司；瑞典的伯尼埃公司等。它们的出版活动，对国际出版市场的竞争起着推波助澜的作用。

出版产业内部的组织结构更趋合理，其分工更能适应现代出版产业集团化、规模化发展的要求

20 世纪初，以出版商为中心来组织出版活动的出版方式开始解体。随着出版产业向集团化、大型化、规模化发展，出版机构的内部组织结构也在不断调整。在美国，大型出版公司都设立有编辑部、生产与设计部、销售与发行部、会计部。每个部门都要根据市场逻辑来进行判断和决策，以市场为轴心进行经营管理。日本出版社机构设置的最基本的部分是编辑部和营业部。日本福音馆社长佐藤说，编辑部和营业部就好像一架车上的两个轮子，缺一不可。像日本最大的出版社讲谈社就有 20 个编辑部，其贩卖局（营业部）又包括书籍发行局、发行开发局、流通业务局、杂志营业局、宣传局、书籍业务局、广告局等。

出版产业内部组织结构的现代化是现代企业制度特别是在现代市场经济中居支配地位的公司制度的必然要求，它进一步突出了现代出版人特别是高层管理者在现代出版活动中的主体地位。从 20 世纪近百年的出版实践中可以看到，成功的出版者都在根据读者的需求、市场的变化形成自己的出版特色和经营特色，虽然不乏有突出出版人理想性的一面。出版特色既是传统经验和当前实践的积淀，也是现代出版人特别是高层管理者根据市场法则而做的选择。在西方发达国家，人们按文学书出版业、艺术书出版业、大众纸皮书出版业、专业书出版业、教科书出版业、儿童书出版业、宗教书出版业、工具书出版业以及有声图书出版业、电子书出版业等不同的分类来确定每个出版社的出版特色，而这些出版社也在经营中通过各种手段不断把特色发扬光大。美国的麦格劳-希尔公司被称为全美头号的大学出版商，专门出版各种专业图书。1996 年它从时代-镜报公司和里德-埃尔赛维尔公司那里通过交换得到 5 家大学出版社，这 5 家大学出版社在 1995 年的销售总额为 2.28 亿美元，净盈利 1500 万美元。此举大大加强了它在美国大学出版市场上的地位，使其出书特色更加突出。

发行被称为出版产业的生命线，加强书刊发行和发行渠道的多样化以及开通国际书刊市场成为当今出版产业发展的关键

出版产业愈集中，垄断现象就愈严重，不仅垄断生产，还垄断发行。一般地说，大型出版集团重视发行投资，因为发行量愈大，利润就愈大。大的发行机器的飞速运转也刺激着图书的生产。因此，出版依靠发行已成不可逆转之势。

美、英、法、德、荷等西方出版强国的图书发行渠道多种多样。概括起来，有下列几种：

（1）出版公司→书店→读者

（2）出版公司→批发公司→书店→读者

（3）出版公司→发行公司→书店→读者

（4）出版公司→图书俱乐部→读者

（5）出版公司→直接邮寄→读者

另外，出版公司还可以将图书直接销售给图书馆、学校，图书馆和学校也可以从图书批发公司、发行公司购回他们所需要的图书。但在日本，出版社的图书必须经过批发公司或发行公司才能到零售书店，出版社一般不直接售书。

综观西方各出版强国的图书发行体系，有如下几个环节值得重视：

第一，大型图书批发公司在图书发行及流通体系中起着越来越重要的作用，成为营造图书市场的中坚力量。

美国的图书批发业在 20 世纪 70 年代前还处于小规模经营状态，只能向消费者提供 1000—5000 种图书的选择范围。批发商只能向居住在城市或城镇郊区的客户提供快捷服务。但从 70 年代开始仅 20 多年的时间，美国图书批发业增长了 3000%。有些批发商在各地拥有多家批发中心，大多数批发商还进入国际市场参与国际竞争。今天，如果没有图书批发这一环节，美国的出版将很难满足消费者的需求。其他国家的情况也很相似，这主要是由于图书批发业具有如下优势：

一是图书备货充足。货源充足是图书批发业的立足之本。大型图书批发公司一般备货都在 10 万种以上，如英国的 THE 公司、加德纳斯公司在 1996 年的备货总量就已超过了 15 万种。美国最大的图书批发公司英格拉姆图书公司在 1994 年备货量曾达到 30 万种。在书店方面，现今的存货量要比以前大得多，有的超级书店存货量超过 10 万种。如果从成百上千家出版社直接进书将给管理工作带来难度，但如果从图书批发中心则可以化零为整，满足需要。在出版社方面，每年出书的品种不过几百种到上千种不等，远不能满足今天大型书店及广大读者的需要。况且出版社面对的是零星订单和小规模订货，工作起来效率很低。而批发公司则大批量进货。这样，出版社最终也依靠批发公司来发行图书，特别是一些专业出版社更要依靠批发公司，因为批发公司能够达到出版社凭借自己的销售力量而无法达到的市场。美国的考夫曼出版社是以出版工程类、电子计算机类的教科书以及高层次专业科技书籍而著名的专业出版社，尽管它已有自己固定的读者群，但它每年有相当一部分图书是通过批发公司发行。另外，像美国兰登书屋出版集团这个世界最大的出版通用英语出版物的出版机构，每年将它的上千种出版物全部委托给批发公司经销，这也显示了图书批发诱人的实力。

图书批发公司的品种优势是任何出版社都达不到的。今天，只有图书批发公司的充足的货源才能满足零售书店的全方位、多层次的需求，特别是那些超级大型书店的多品种需求。

二是发货速度快。提高发行效率，缩短流通过程中图书发行环节的目标。今天，图书批发商通过先进的电子计算机控制已经能大幅度缩短发行时间，提高发行效率，以此赢得零售书店和出版社的信任。像英国、美国的图书批发公司的发货速度在国内只隔一天就可送达，对国外发货一般在3—10天。如此快捷的发货速度使出版社自办发行显得力不从心。英国1996年就有许多出版社放弃自办发行，而专一委托给批发商。

三是服务水平高。利用电子计算机控制存货与订单，并源源不断地为出版社提供销售信息是图书批发商提高服务质量的重要一环。图书批发商为书店提供的推销服务包括存货信息光盘、图书的各种信息（包括图书宣传、评论、畅销书信息、新书信息及每月新书目等）、季节性的专业目录和分类目录，为新开书店提供的存货建议等。另外还有免费电话、第二天交货、低成本高速度货物运输等项目。通过和书店的业务往来，批发商又可以将图书的销售信息及时反馈给出版社，帮助出版社制定切实可行的重印计划，保证再版成功。

第二，超级书店、连锁书店正在西方出版强国兴起，并在图书流通体系中占有重要的地位。

所谓超级书店是指营业面积大、售书品种多、服务设施齐全、功能齐全的大型书店。所谓连锁书店是指上设总店，下设分店，使用同一个牌号，统一进货、统一进行经营管理的多家书店的联合。

超级书店兴起于20世纪90年代的美国，有独立型的，也有连锁型的。超级书店的营业面积一般都在几万平方英尺之间，售书品种均在10万种以上。美国最大的独立超级书店是圣路易市的图书馆公司，营业面积达5.3万平方英尺，经销12.5万种图书。美国全国性的连锁书店百万图书公司于

1995 年建成一个营业面积达 5.3 万平方英尺的超级书店，经营 20 多万种图书，并开辟有儿童娱乐区、收看新闻时事的新闻区、只读光盘区、有声图书区等。由于超级书店设备一流、品种齐全、管理先进，营业额和利润都很高，因此，在美国以及西欧出版强国显示出强劲的发展势头。

连锁书店是一种方兴未艾的图书营销体制，也是目前西方服务业的一种流行体制。20 世纪 80 年代，美国最大连锁店是沃尔登图书公司，它沿密西西比河建立了 1210 个连锁书店。总部的库房有 15 万平方英尺，储备图书35 万多种。各连锁店在业务上接受总公司的调整，资源由总公司供应，并实行"分级管理"的级别体制。在 90 年代，美国的连锁风云突起，后来居上。英国目前最大的几家连锁书店是 W. H. 史密斯书店、W. H. 史密斯图书公司、迪龙斯公司、沃特斯通书店、布克斯书店、奥达卡斯书店等。日本最大的连锁书店是纪伊国屋书店，它在日本拥有 50 家书店，被称为"书业界的巨人"。平均每家的营业面积在 800 平方米左右。它在国外还拥有 20 多家书店。其中新宿南店、新宿本店、大孤梅田本店是纪伊国屋书店拥有的3 家超级书店。新宿南店营业面积有 4000 平方米，是全日本最现代化的书店，新宿本店营业面积有 3200 平方米，各自陈列有 40 万种图书。德国最大的连锁店是当代蒙塔纽斯书店，它拥有 15 家书店、45 家火车站书店、110多个书报亭，年营业额达 2 亿马克。

近几年，连锁书店顺应了市场的发展潮流，以其种种为独立书店和中小型书店所不具备的竞争优势占领着图书的销售市场。1994 年，美国全国连锁书店的营业额占全国图书营业总额的 27%，充分说明了连锁经营机制对图书销售市场所具有的影响力。

第三，"图书俱乐部"系统在图书发行体系中发挥着重要作用，是西方出版强国经久不衰的图书销售方式。

"图书俱乐部"是 20 世纪初的产物，在图书出版产业中它的功能性含义是定期向参加俱乐部的会员推荐和推销某些选定的图书出版物的商业区组织。1926 年，美国人哈利·舒尔曼成立了"每月图书俱乐部"，从众多的新书中遴选出一部分有价值的书编成目录供入会会员选购，规定每个会员每年至少要选购 4 本。这种售书方式取得了极大的成功。随后，西欧各国都出现了图书俱乐部。1950 年，德国"贝塔斯曼图书俱乐部"成立；1954 年，会员达 100 万人；1960 年，会员达 300 万人。六七十年代，该俱乐部开始向国外发展。现在，该俱乐部在全球 17 个国家和地区拥有 35 个子图书俱乐部，入会会员达到 3000 余万人。

目前，美国共有 150 多家图书俱乐部，会员人数达 900 多万，最有名的是道布尔戴图书俱乐部、每月图书俱乐部等。英国现有 30 多家图书俱乐部，会员 300 多万人，其中以世界图书俱乐部最为有名。法国共有 40 多家图书俱乐部，会员 600 多万人，最有名的是法兰西娱乐俱乐部。荷兰图书俱乐部的年度营业额占全国图书年度营业额的 20% 左右。瑞典有 40% 的家庭加入了图书俱乐部，全国图书俱乐部营业总额占全国图书年度营业总额的 30% 左右。意大利有图书俱乐部会员 200 多万人，图书俱乐部年度营业总额占全国图书年度营业总额的 70% 左右。

图书俱乐部主要以低廉的价格、便捷的服务取悦于读者。有时，它根据会员的订单可以出版某种书的"图书俱乐部"版，如果订量小，它可以直接向出版社批购，然后邮寄给会员。在出版市场竞争日益激烈的今天，"图书俱乐部"不失为一种很有竞争力的图书销售策略。多种经营将成为大型出版集团今后发展的一个方向

在法国，出版业逐渐向文化产业内的其他领域发展。主要表现为：①向报刊新闻业发展。熙德集团现已是欧洲第一大报业集团。阿歇特集团 1979 年被从事武器、卫星买卖的国际大集团马他集团收购，从而使其经营项目更加多样化。阿歇特集团现为法国第二大报刊生产商。②向视听及电子出版业发展。阿歇特和马他集团联手，曾被法国誉之为"通讯卫星与文稿的第一次结合，将视听与出版结为一体"。在视听及电影业中，阿歇特集团拥有几十家电台和电影公司，现在已成为法国最大的多媒体推广商。熙德集团近年来与德国贝塔斯曼出版集团合作，大力发展录像业、电子出版业及电脑软件的开发。

美籍澳大利亚人鲁伯特·默多克创立的新闻有限公司在 1979 年兼并了美国的《纽约时报》和《纽约》《新西部》两家期刊，80 年代初又兼并了美国的《波士顿先驱报》及《新女性》期刊，还兼并了英国的《泰晤士

报》《星期日泰晤士报》，从而在报刊业方面确立了不凡的实力。1985年，默多克又购入美国20世纪福克斯电影公司50%的股份。1985年9月，他加入美国籍后，兼并了美国6家电视台，确立了他在美国电视、电影业中的地位。1987年默多克兼并了美国哈珀与罗出版公司，1989年他又兼并了英国的柯林斯出版公司，并把这两家出版公司组合成新的"哈珀柯林斯出版公司"，从而证实他在图书出版业上的实绩。这样，鲁伯特·默多克的新闻有限公司就拥有了报刊、图书、影视等诸多文化产业。除此之外，他还在印刷、航空运输、畜牧业、不动产交易等方面显示出一定的经营实力。像这样的多方位经营的巨型出版公司正成为出版产业发展的一个方向。

日本出版社开展多种经营也相当普遍，它们一般是在与出版业相关的文化产业内寻求一种获益较高的项目来经营，实力较强的出版社也直接投资于出版业以外的产业。讲谈社在第二次世界大战后开始投身于杂志出版业务，至今，其杂志年度营业额超过图书。现在，讲谈社有控股企业16家，其中包括纸张印刷、计算机软件开发、房地产经营等项目。日本的小学馆除了正常的书刊出版业务外，还经营有计算机软件批发、建筑等多种项目。

多种经营不仅仅是经营范围的扩大，它还赋予传统出版概念新的含义。例如，在推出一本畅销书时，出版公司考虑的已不仅仅是它在书店里的销量大小，也不仅仅是它的纸皮本及图书俱乐部版的出版，而是该书将来的多种用途：拍电影电视、出版唱片、出版录音录像带等视听读物以及出版电子版和网络版等等。这样一种一书多用、互为发展的出版格局是传统出版业所不具备的，而今天正日益显示出它的独特魅力。

论现代出版产业市场运动规律[*]

现代出版产业最根本的特征就是人类的出版活动日益纳入了现代市场经济的轨道。现代市场经济是市场制度的现代形态。市场制度是人类大智慧的一个结晶，它作为解决各种经济关系的最巧妙、最便捷且又不可替代的工具，遵循着自身的发展规律。市场制度无禁区，它有的只是发育程度的不同和扩展范围的差异。人类的出版活动一旦融入市场制度，便萌发出自身产业的发展规律。

但是，人类出版活动产业化的过程是复杂的，因为它并不单一地靠市场规律来驱动。从根本说，它依凭的是人类自我提升的机能——无论从物质上还是从精神上都要求向更高层次上发展，从而追求一种和物质基础相对应的精神文化品格。因此，现代出版产业市场运动规律具有自身的特殊性，即它一方面要遵循出版文化的发展规律，并且常常受到政治、经济、文化、教育、宗教、军事等诸多外在环境的影响；另一方面又要遵循市场规律，用市场机制来调节出版活动诸环节。

文化性和商业性这两重属性共存于出版产业中，看似矛盾，其实正是出版产业的一个鲜明的特点。这从出版物的使用价值与一般商品的使用价值的不同点即可得到证实。比如，电视机、电冰箱，它直接满足的是消费者的物质享受，而出版物除了实物形式外，它最主要的功能还是满足消费者的精神需求。出版物商品的独特功能决定出版产业必须将文化属性和商业属性协调起来，融为一体。

---

* 此篇原载《出版发行研究》2003 年第 1 期。

出版活动最基础的关系是作者、出版者、读者之间的关系，在这三者之中，出版者一面寻找作者，一面寻找读者，开始了富有挑战性和冒险性的市场之旅。

一、不可缺少的市场调查

市场调查是现代出版产业开始运行的第一步。现代出版产业更注重从市场占有率来进行调研和数据分析，以往那种单靠经验和推测为主的传统意识不再适合大规模生产的要求。出版公司从出版市场的需要出发，更加强调选题的可行性、投入产出的科学性，以及出版信息的可传达性与可接受性。这实际上是一种出版观念的转变。在传统生产状态下，读者的选择范围极为狭窄，不得不适应产品；在今天，通过市场需求的变化来调节生产，读者取得了主动权，产品不得不适应读者。这是一个变卖方市场为买方市场的变化。因此，出版前的市场调查工作必不可少。

市场调查可分为大规模的市场调查与小规模的市场调查两种。大规模的市场调查可以弄清楚整个出版行业的行情以及某一个专业方面的情况；小规模的市场调查可以预测单一出版物的需求情况及盈利情况等。大规模的市场调查一般都有专门的市场调查公司承接。例如，1995年，法国政府资助的欧盟图书市场调查就是由 SOFERS 公司组织操办的。这次调查将欧盟各国图书生产、销售的特点及统一关税、货币对出版市场的影响做了详细的调查。调查表明，在众多的文化传播媒体当中，66%的人认为图书依然是传播知识的主要载体，只有8%的人倾向于多媒体光盘系统。这样的调查能够使政府及出版界把握图书市场的大形势，增强图书出版的信心。

对单个出版机构而言，一般出版人也应该从市场调查人手来确定出版物的生产。例如，读者对象、数量、消费能力及产值预测等，并以此来确定某一选题（图书）或某一特色的报纸和期刊的预定印数、支出及收益等。出版机构自己组织的市场调查都是一些规模较小的市场调查。西方一些大出版公司比较看重这类小规模的市场调查。例如，英国的朗曼公司及美国的时代-华纳公司、西蒙与舒斯特公司等，都与老客户、老读者保持着密切的联系，或上门实地调查，或函电询问，或通过意见征询，以此来确定图书的选题，满足读者的需要。

号称为美国"媒体帝王"，拥有著名的"兰登书屋"出版公司、《纽约客》《浮华世界》等著名杂志以及几十家报纸的纽豪斯家族，更是将"市场调查"作为其出版理念的重要组成部分。纽豪斯报系从 20 世纪 30 年代就将市场调查运用于经营管理中。从 70 年代开始，纽豪斯旗下的康德·纳斯持期刊公司雇用马克·克莱门斯民意测验公司进行市场调查，作为纽豪斯杂志世界的耳目，克莱门斯公司向来以调查精确著称，它针对刊物的不同主题的特写、新闻、图片、设计乃至任何一项与杂志销售有关的问题，都广泛征求读者的意见，以此分析、评定出受众喜欢或不喜欢的等级、比率。纽豪斯公司在市场上就像推销其他任何商品一样推销他们的杂志。和纽豪斯家族密切合作了 20 多年的马克·克莱门斯公司曾认为，纽豪斯集团是最了解民意调查价值的公司，经过调查得出的一个结论是："消费者视他们的刊物如同一般产品，唯一不同的地方在于，编辑必须兼顾到在一期接一期的杂志之间，维持某一种前后风格一致的连贯性——这是杂志类期刊非常重要的特性。"诸如此类的调查结果在某种程度上帮助纽豪斯公司进行了很好的决策。对市场调查的倚重，在纽豪斯公司几近于"宗教信仰般的狂热"。现任纽豪斯出版家族的当家人小缪塞尔·纽豪斯从 70 年代开始就利用电脑这一先进的设备在每月甚至每星期都做读者调查，以此了解整个杂志市场的新趋势。他每天紧盯发行报告，借此了解读者对每一期杂志封面的反应（这是在报摊零售的卖点），以及他们对内页每一篇文章特别喜爱的程度，然后根据反馈信息来决定能够吸引读者的内容。凭借长期市场调查的结果，小缪塞尔·纽豪斯在 1979 年决定创立一份以健康与健美为主题的杂志——《自我》，1983年决定将停刊已久的《浮华世界》复刊，80 年代末期决定将《家与园》更新改版为《HG》。而这些都是纽豪斯通过电脑而侦知到市场讯息后所做出的决策。

除了出版机构自己进行调查外，现在世界上还有 3 万多家专业性的调查组织来为出版业服务。就图书出版业来讲，其调查的范围有：①行业效益。美、英、法等国均有专业公司来对整个图书出版产业的营业额、出口额、利润率、劳动生产率进行调查。②读者市场调查。从性别、年龄、职业、种族、文化层次的角度，对读者的需求及潜在消费水平进行调查。③产品定位调查。出版商借助这种调查调整出版重心，有利于开辟新市场。④对跨国经营或版权交易进行调查。以此作为版权转让与出售版权的依据。

从以上分析可以看出，市场调查是出版业进入市场的前奏，正所谓"知己知彼，百战不殆"，市场调查对出版决策的影响是决定性的。

二、市场竞争对出版产业的发展规模和发展速度进行自主调节

一般地说，出版市场属于垄断市场，这是由于市场上存在着大量的从事出版业务的大大小小的出版商，存在着大量的可以相互替代的出版物商品。出版商参与市场竞争的手段主要表现在出版物的质量竞争（非价格因素）。出版物商品不同于一般商品，它吸引读者的是它的文化属性。但出版物的质量因素（主要指作为商品的外在质量，如品种、风格、版式、出版形式等）不存在绝对的可比性，但相对可比性是存在的。例如，同一品种、内涵相同的出版物，其出版风格、版式、形式就可能因出版机构策划设计的不同，而迎合了不同读者的阅读需求。价格竞争是市场竞争中最常用的手段，但价格竞争主要在不同的市场结构中进行。市场结构不同，出版物的定价也不同。例如，在垄断竞争市场中，出版机构为确保在短期内获得尽可能多的利润，就定出与此利润相符的价格。而在寡头垄断市场上，出版机构一般倾向于追求长期利润最大化的目标，而对于短期利益看得并不是很重。因此，大出版集团就把竞争的重点从价格方面转移到出版物的品种、质量和市场占有份额上，多采取协调定价。例如，在西欧、日本出版市场上，多采取统一定价制。但英国书业在1996年取消了持续近百年的"净价"图书协议，规定图书价格可以自由上下浮动，实际上反映了英国图书出版市场利用价格进行竞争的激烈程度。

通过价格和出版物质量的竞争，一方面使一些在竞争中处于劣势的出版机构破产、消亡，另一方面又使一批新的出版机构创立起来。如此循环正是

市场调节的结果。西方发达国家的出版社数量很多，如美国每年一般保持在5000 家左右，即便是在出版业并不发达的印度，出版社数量也高达 1 万家左右。当然，每个国家一般来讲会有几家大型的出版集团，而一般的出版社规模都比较小。造成出版社数量多、规模小的原因主要在于出版物的非价格竞争因素上（如畅销书出现的可能性机率等）。再者，小出版社规模小、经营灵活、市场敏感度高、资金周转快。当出版过热、供过于求时，小型出版社就可以尽快地将资金投入到其他产业上；当出版市场出现供不应求时，就又把资金投回到出版产业上。可以说，市场这只"看不见的手"在一定程度上决定着出版产业的规模与发展速度。

市场竞争还通过出版产业之间的互相联合与兼并的形式来进行。联合与兼并的主要目的是：

第一，为了扩大出版业的生产规模，加强在原有市场上的竞争优势。例如，德国的贝塔斯曼出版集团、法国的阿歇特出版公司、美国的西蒙与舒斯特出版公司，都是通过兼并其他中小型出版社而达到称霸全球的目的。这些大型出版集团已成为多元化的传媒机构，集书、报、刊及电子出版物于一身，在全球出版领域呼风唤雨、占尽风流。

第二，通过兼并进入新的产业领域，形成多种经营。世界上的几十家大出版公司无不涉及多种经营，从外部经济环境对出版产业的规模进行宏观调控。

第三，由于资金困难或在竞争中处于劣势而自愿被联合或兼并，联合和兼并的结果是出现了出版寡头大规模垄断出版市场的局面。

三、进入市场的关键在于出版选题的文化价值与市场价值

不论是以纸为载体的书、报、刊等传统出版物，还是新兴的电子出版物、网络出版物，必须有以其自身特点引人入胜的文化品位。报纸以快捷的新闻吸引人，期刊以有深度的信息吸引人，图书则以可反复阅读的知识吸引人。因此，开拓文稿选题的工作在出版活动中处于首要位置。选题竞争，在

整个出版产业竞争中处于比较重要的地位。

竞争选题即是争夺读者，因此，弄清楚读者的兴趣所在是最为主要的。现有的书、报、刊市场形势如何？题材趋向于哪一类？读者的现实阅读需求是否得到满足？潜在读者的需求状况如何？哪一类题材是读者真正需要，甚或是急需；还是未来需要，终身需要？……这一切都需要由现代出版人走入市场、认真调研。英国培格曼公司要求图书选题的90%以上都要盈利，因而对市场销售部门提供的热门书信息非常重视。近年来，根据对市场需求的调研分析，培格曼公司的出版选题最集中在技术专业期刊和参考工具书领域，这也是培格曼公司最大的市场。

选题的目的是在研究读者需求的基础上努力培育出版社的个性和特色。这方面日本出版界做得很成功。读者有年龄之差、性别之异、职业之分；读者的层次也有高低之别、雅俗之异。因此，读者的需求是肯定不同的。日本的出版社针对不同读者的不同需求，尽量使选题"小"化、"深"化、"细"化，以便直接满足读者的需求。东洋经济新报社在出版经济辞典时，针对不同读者，将辞目化小分细，出版有24种版本之多。

日本出版社对选题的重视还可以从丸善书店为选题而建立计划会议制度中看出。在选题计划会上，编辑对自己提出的选题，要做出学术价值、实用价值、估计对象、所需成本、定价利润等方面的论证，并进行从内容到技术、从价值到经济的分析。可见，重视选题、积极开拓，是提高质量、促进效益的关键。

四、市场运动规律在出版特色上
得到了最充分的体现

经营方式是出版社经营战略的表现形式。出版产业门类庞杂，一个出版社不可能统揽各个门类的出版业务，而必须"术业有专攻"，才能在市场的竞争中站稳脚跟。根据市场运动规律，发达国家的出版活动都自觉地形成了专业门类的分工，如美国就形成了商业书出版社、教科书出版社、专业书出版社、纸皮书出版社等许多类型。商业书出版社是能够给出版业带来明显盈利的图书出版机构，美国比较重要的商业出版社有400多家，大型的如西蒙与舒斯特公司、哈珀·柯林斯公司、时代-华纳公司、兰登书屋、读者文摘公司、麦格劳-希尔公司、约翰·威利父子公司等。商业出版社又分为综合类商业出版社和专业类商业出版社。综合类商业出版社又进一步分为一般大众类图书出版及专业图书出版等。在市场表现上，一般大众类图书市场变化大，不易把握；而专业书与教科书的读者相对地都很固定，市场较为稳定。大型商业出版公司在美国出版市场上发挥着重要作用，但经营特色上又都有自己的独到之处。当前，除了西蒙与舒斯特出版公司和皮尔森出版公司这些为数不多的大型出版公司还在致力于综合类出版物的出版经营外，美国的大型出版社均专注于具体的出版领域，如兰登书屋、哈珀·柯林斯公司、时代-华纳公司、普特南公司等均致力于一般图书市场；而麦格劳-希尔、汤姆逊等出版公司则将其主要力量投入到专业和教育图书市场。1996年，哈珀·柯林斯出版公司将其教育出版部卖给了皮尔森出版公司，只保留了一般书和宗教书两个专业领域，以便集中力量抢夺专业市场。

在日本，各学科领域都有自己的专业出版社，即便是综合性的出版公司也在长期的出版实践中形成了自己的专业特色。例如，讲谈社的经营重心除杂志类外，还有文学历史类图书；丸善书店是大型的理工专业出版社；日刊工业新闻局是科技专业出版社；彰国社是以建筑专业为主等。

在英国，牛津大学出版社、剑桥大学出版社、培格曼出版公司都有自己的出版领域和范围，以免题材雷同而在竞争中处于不利地位。

新成立的出版社必须寻找出新的市场领域，根据市场需求突出自己的特色。

五、出版物的销售要过市场关

销售是出版流程的一个重要环节，是出版产业的实现环节。综观西方发达国家的出版业，其发行销售有如下特点：

第一，以广告宣传促发行。

利用报纸、期刊、广播、电视、招贴画报等媒介形式对出版物进行宣传

是最为常见的促销手段。在美国，每本书的广告宣传费要占其定价的 15%
左右。出版商和书商开始大多考虑在行业报纸及在全国范围内有影响力的报
纸上做广告，也有考虑在广播及电视上做宣传的。日本的《书评周报》《读
者周报》等刊物都大量刊登书刊广告。美国的出版商都力争在全国广播公
司的"今日"节目里介绍书刊信息，另外还在《纽约时报》《出版商周刊》
《书商周刊》等报刊上刊登图书广告。美国出版社还定期将本社的最新书目
寄给不同类型的读者，还安排作者巡回演讲，参加各种推销活动，如签名售
书等。有时出版商还与书商合作做广告。在法国，出版商每年为文学书做广
告的费用高达 5 亿法郎，其中在报刊上做的广告费占 55%，广播、电视占
35%，招贴画占 8%。在英国，最大的连锁书店 W. H. 史密斯书店于 1994 年
9 月 18 日开辟了一个卫星电视节目，在英国空中卫星频道播出，专门介绍
英国图书出版业的最新动态和有关信息。

随着电子计算机网络技术的突飞猛进，愈来愈多的出版公司通过因特网
发布出版物的信息资料，如图书书目等。由于网络（主要指因特网）用户
在全世界正处于大幅增长的趋势，所以，利用网络进行出版物宣传正在发挥
着越来越重要的作用。

图书宣传除了直接在报纸、广播、电视以及网络上进行宣传外，西方的
一些出版强国还普遍重视图书评论手段。图书评论是一项重要的文化事业，
是促进全民读书活动、提高全民文化素质的一个基础工作。一般地说，在报
纸、广播、电视上被评论的图书，往往得到读者的认可，销量自然上升。因
此，西方出版大国的书评业十分活跃。美国的《纽约时报》星期日版副刊、
《纽约时报书评》、《洛杉矶报书评》星期日版副刊、《洛杉矶时报书评》以
及《华盛顿邮报书评》、《环球报书评》等都是较有权威性的书评专栏；美
国的《时代》《新闻周刊》《美国新闻与世界报道》《哈泼斯杂志》《人物周
刊》等著名期刊设有书评栏目；另外还有《纽约图书评论》《电子出版评
论》《新技术图书》《学校图书馆杂志》《儿童图书通报中心》等专业评论
读物。这些书评媒体对图书杂志宣传都起到了十分重要的作用。

除美国外，日本的《读书人周刊》《青春与读书》《图书》等期刊，英
国的《文汇》《伦敦杂志》《英国图书新闻》，法国的《读书》《新文学》

《新文艺》，德国的《图书评论》等期刊都是在本国内有名的图书评论刊物。

第二，广泛利用书展形式进行宣传与推销。

利用书展形式把图书宣传与图书销售结合为一体，这已经成为世界出版大国普遍推行的图书促销形式。书展按规模的大小可分为国内书展和国际书展。国内书展是由本国出版机构联合举办的，旨在促进图书及各类出版物在本国的宣传与销售。这类书展一般都由各国的出版行业及书商行业组织筹办，一些出版社也可以联合起来举办一些小规模的书展。在美国，美国书商协会每年举办一次年会和书展，展出面积达 2.5 万平方米左右，参展的国内出版公司达 1500 家左右，书店 7000 家左右。同时，各个州也有定期的书展，如纽约的书商每年 9 月都在第五大街联合举办书展。这些不同形式的国内书展促进了美国书业市场的繁荣。在英国，两年一度的爱丁堡图书节最为著名，国内的出版社在这个会上展示新书、宣传推销。在法国，国内书展有南特图书节、利摩日图书博览会等。在加拿大，加拿大书商协会每年举办一次图书博览会，供国内出版公司及书商进行交易、洽谈。

目前，国际书展最为成功、规模也最大的是德国法兰克福图书博览会。这个博览会的宗旨是允许世界上任何出版公司展示任何图书。1995 年 97 个国家和地区的 6400 多家出版公司及发行公司参加了这个博览会，展出图书32.79 万种，展出面积约 13.14 万平方米。另外一些国际图书展览会有伦敦国际博览会、巴黎图书博览会、蒙特利尔图书博览会等。书商们可以在书展过程中看样订货，现场选购。博览会已经成为出版物走向世界、直销全球的一个驿站。

总之，书展形式的重要性已被各国的出版商和书商所认识，书展已成为联系作者、读者、出版者、销售者的一个纽带，为世界图书的交流和销售做出了巨大贡献。

第三，发行网络越庞大，市场的覆盖面就越广。

当前，世界出版业特别是西方出版强国的发行渠道与销售方式多种多样，其环节也较复杂。但总的来说，发行网络越大，其市场的覆盖面就越广。就美国而言，它拥有的发行体系极为庞大，它的图书批发公司超过 1.8万家，书店 2 万多家（其中独立书店 1 万多家、连锁书店几千家、大学书店

3000 多家），此外还有 5 万多家杂货店和 3.8 万多家百货商店和超级商场也销售图书及各类出版物。发达的发行体系使美国书业称霸全球。近几年来，美国的超级书店异军突起，其零售网点遍及全国各地。美国出版界认为，超级书店代表着 21 世纪书店发展的最新模式。

建立和发展中国特色
社会主义出版产业 *

出版活动作为社会主义文化事业和文化产业的重要组成部分，不仅对提高综合国力有巨大的促进作用，而且其自身的发展水平在很大程度上成为一个国家综合国力的重要标志。党的十六大报告指出，要"积极发展文化事业和文化产业"。大力发展中国特色社会主义出版产业是贯彻落实这一要求的重要环节，也是在市场经济条件下繁荣社会主义文化、全面建设小康社会的重要途径。

中国特色社会主义出版产业的主要内涵

中国特色社会主义出版产业是中国特色社会主义文化的重要组成部分。作为中国特色社会主义文化重要组成部分的出版产业，有两个基本的内容必须牢牢把握：一是出版产业不仅是现代化的而且是中华民族的；二是出版产业是社会主义性质的。中国特色出版产业的社会主义性质，决定了必须坚持用邓小平理论和"三个代表"重要思想①指导出版业的发展，坚持为人民服务、为社会主义服务的方向，坚持社会效益第一的原则。

中国特色社会主义出版产业是和社会主义市场经济体制相适应的文化产业。计划经济体制下的传统出版业，容易相对忽视出版业的经济属性、产业

属性。当前，我国已进入全面建设小康社会、加快推进社会主义现代化的新的发展阶段，出版产业的发展必须与时俱进，与经济社会的阶段性发展要求相适应。为此，中国特色社会主义出版产业应努力建立与社会主义市场经济体制相适应的出版体制和运行机制。

出版产业是知识产业、文化产业的重要组成部分。当今时代，知识经济方兴未艾。知识经济最重要的资源是知识，而知识的积累和传播离不开各种出版媒体。因此，包括传统出版媒体和电子出版媒体在内的现代出版产业，必须充分认识自身在知识经济时代的特殊地位，自觉地运用经济规律、产业规律、市场法则来规范自己，努力成为中国特色社会主义文化产业中最具活力的部分。

中国特色社会主义出版产业是对历史悠久的中华出版活动和中华出版人的优良传统在新形势下的继承和发展，也是对世界现代出版产业优良传统的恰当吸收。人类出版史表明，中华出版不仅是前行的，而且是独具特色的。它极富创造性，又极具开创性，对各种出版文化从来都能以一种兼收并蓄、博采众长、熔为一炉的态度来对待，无论古今中外，一切优秀的出版传统都将在建立和发展中国特色社会主义出版产业的过程中被辩证而有机地吸收。

出版产业从产业门类上讲属于第三产业，从产业种类上讲属于信息服务业，因而出版产业自身也具有后发优势。从近年来的发展情况看，我国出版产业并没有完全循着西方发达国家充分发展纸介质出版物的路子，而是在发展纸介质出版物的同时，积极发展多种媒体的出版物，可以说是实现了跨越式的发展。在信息化的环境中，出版产业面临着两个重要任务：一是与信息产业的相关行业一样，需要通过不断培育新的经济增长点来保持较高的发展速度，实施跨越式发展战略；二是要加快从传统信息产业向现代信息产业的转变，最重要之处在于不断提高从业人员的整体素质，提高运用高新技术的能力和水平。

继续深化出版体制改革

党的十六大报告提出，要"根据社会主义精神文明建设的特点和规律，适应社会主义市场经济发展的要求，推进文化体制改革。抓紧制定文化体制改革的总体方案"。并强调"把深化改革同调整结构和促进发展结合起来"。这是对新世纪我国社会主义文化工作包括出版工作提出的基本要求，也是建设和发展中国特色社会主义出版产业必须遵循的重要原则。

把加强管理作为继续深化出版体制改革的重点。出版工作必须坚持正确的政治方向，这是由我国出版工作的社会主义性质和任务决定的。越是强调发展，越是改革开放，越要加强管理，这样才能使出版工作始终坚持正确的方向。

一是加强和完善出版的行政管理工作。从总体上讲，出版管理工作还存在着直接管理多、间接调控少，行政手段运用多、综合手段运用少，微观管理多、宏观管理和分类指导少，制度不落实、管理不到位等问题。这些都需要我们从管理体制、管理规范和管理手段上切实加以改进和完善。

二是加强出版法制建设。在继续加强立法工作的同时，要特别注意依法管理，加大执法监管的力度。

三是加强出版单位内部的经营管理。经营管理水平低、成本高、消耗大是我国书、报、刊、音像及电子出版单位、发行和印制企业的通病。要在出版单位内部全面推行企业化管理，加强内部经营管理，降低成本、减少消耗，切实提高经济效益。要加快人事和分配制度改革的步伐，建立择优录用的制度和能上能下、能进能出的机制。

把优化结构作为深化出版体制改革的关键。优化结构是出版体制改革最本质的要求，是推动新闻出版业实现以规模数量增长为主要特征的阶段向以优质高效为主要特征的阶段转移的重要途径。具体地讲，优化结构包含以下内容：

产业结构的优化。优化出版业的产业结构，要以提高出版集约化程度为出版改革的重点，以促进兼并与联合为突破口。通过结构性调整，建立若干个辐射全国市场或区域市场的出版基地以及依托出版基地的发行中心，培育出若干家销售额达十几亿或几十亿元的大型或超大型出版集团。

产品结构的优化。优化产品结构，要以实现出版物内容丰富多彩、服务对象多层次、品种多样化的新格局为目标，尽快改变图书出版业中教材和教辅读物所占份额比例过大的现状，根据市场需求，加快一般图书出版、发行的步伐，实现出版物市场的最大化。在调整产品结构时，要特别注意积极培育新的经济增长点，盘活存量资产，为出版产业的发展增添后劲。

价格结构的优化。价格结构调整的目标在于建立市场价格体系，通过市场对出版资源及出版生产要素进行定价。除了对大中专教材和中小学课本继续实行国家定价，其他出版物都应由出版单位根据纸张成本、印刷工价和发行册数自行定价，出版物定价向市场放开。

分配结构的调整。要进一步调整出版行业内部利益分配结构，促进印刷行业成为出版产业新的经济增长点。长期以来，我国印刷业一直被作为与出版业配套的服务行业，其附属性大于独立性。加上由于经济政策不配套，我国现有的印刷设备很难进行技术改造，很难改变落后的面貌。因此，调整出版行业内部的利益分配方式，使出版和印刷之间形成既互为关联又互为制约的生产体系，促进印刷设备的技术更新，将会带动出版产业迈上一个新台阶。

资产结构的优化。优化资产结构的目的是为了盘活壮大存量资产，使国有资产增值。优化资产结构要以资本为纽带，通过联合、兼并、股份合作制等形式，使资本向优势出版社集中，形成规模经济、集约经营。通过体制改革建立有效的国有资产管理、监督和运营机制，保证国有资产的保值增值，增强出版产业的综合实力和竞争能力。

出版人才结构的优化。优化出版人才结构，目标是为了提高出版队伍的整体素质，培养一批新世纪的现代出版人，造就一批高层次的出版行政管理干部、业务带头人、经营管理专家和能工巧匠。要充分利用在高校开设与出版产业有关的专业学科的有利条件，培育综合素质高的出版人才。

把提高质量作为推进新闻出版业阶段性转移的重点。提高质量效益、走内涵式发展的道路，是出版产业繁荣发展的一条基本途径，也是继续推进新闻出版业阶段性转移的重点。

质量是出版物的生命线。出版产业的编、印、发诸环节和科、供、贸各门类都有质量的要求，但最集中的还是反映在出版物的质量上。出版物的质量包括政治质量、学术艺术质量和编校印装质量等。政治质量是出版物最重要的质量，但编校印装质量低劣的出版物将严重地恶化读者的阅读心理，从而使出版物所承载的健康向上的思想内容难以有效传播，发挥应有的作用。要用系统工程的方法来抓出版物质量，全面抓、反复抓，多管齐下，综合治理。经过几年的努力，书、报、刊、音像及电子出版物的编辑、印制工作的质量保证或监督体系已经基本确立，《图书质量保证体系》《报纸质量管理标准》《社科期刊质量管理标准》《书刊印刷产品质量监督管理暂行办法》等所建立的质量管理规范，是出版质量保证体系的重要组成部分。

提高出版产业的科技含量和科技贡献率是提高质量、增进效益的根本动力。我国出版产业要用好出版经济政策，按照质量效益优先的原则确定投资方向，为出版产业持续、稳定、快速发展提供后劲。要加大科技投入，提高编采手段的现代化水平，提高印刷设备的技术水平，确保出版物的印装水平。

提高出版从业人员的政治素质和业务素质是提高质量、增进效益的根本保证。加强学习是全面提高素质的基本途径。在深入学习邓小平理论和"三个代表"重要思想的同时，还要学习现代科技、市场经济、法律等知识，研究出版产业在"两个根本性转变"① 过程中结构调整的特点、方式和运行规律。

出版质量的提高最终要落实到社会效益和经济效益上。在不断提高出版物整体质量的同时，要实施精品战略，组织好精神文明建设"五个一工程"中的"一本好书"和"一篇好文章"的出版工作；抓好重点出版工程建设；搞好"国家图书奖"和"中国图书奖"的评奖活动。

积极参与国际出版市场竞争

国际化是当今世界出版产业发展的一大趋势。中国作为世界出版产业大国之一，理应开拓国际出版市场，参与国际出版产业的竞争，促进世界文化

---

① 此处的"两个根本性转变"指党的十四届五中全会提出的"两个根本性转变"：一是经济体制从传统的计划经济体制向社会主义市场经济体制转变；二是经济增长方式从粗放型向集约型转变。

的交流。中国出版产业走向世界，首先是一项严肃的政治任务。通过出版物宣传介绍我国改革开放取得的成就，让世界了解中国，是我们责无旁贷的任务。因此，走向世界是新世纪发展中国特色社会主义出版产业的必然选择和必由之路。

中国出版走向世界，当务之急是我们的出版物要在世界中文出版物市场上占有更加重要的地位。从整体上说，我国出版产业的国际化还处于起步阶段。随着社会主义市场经济体制的建立和加入世界贸易组织，中国出版产业迈向国际市场的步伐会进一步加快。当前，我们要从国际出版贸易最基本的问题开始，认真地制定出一套具体的策略方案。

对国际出版市场进行深入分析。要从国际角度考虑出版业面临的市场竞争问题，着重分析国际对中华文化资源的需求状况、华文出版物的海外读者的阅读需求等。还要考虑到国际间的贸易壁垒、法律制度、经济因素、社会习惯、语言及政治环境、消费结构、文化模式、宗教和道德背景等。如果有可能，可以进行大规模的海外市场调查，以确定海外读者到底需要什么、不需要什么。

研究并掌握进入国际市场的各种手段。这些手段包括参加国际大型书展、在海外建立分支机构及直销机构、广告宣传、定期编印外文出版物征订目录、及时将出书信息传递给国外销售商、进行国际版权贸易、同国外合作出版等等。中国出版走向世界，拓宽发行渠道是当前面临的问题之一。经过这些年的努力，我国出版单位在境外设立分支机构的已有数十家，而且还有进一步发展的趋势。在量力而行的情况下，要尽量在境外多开办一些独资或合资的出版、发行单位，这是拓展发行渠道的有效措施。目前，我国对外合作出版主要以两种方式进行：一是经国家新闻出版总署批准成立合资出版单位；二是以版权贸易的方式进行合作出版，绝大多数是科技期刊。进行合资出版和合作出版，能够为我所用的主要有三条：一是信息；二是管理；三是资金。通过合作，我们可以学习国外同行先进的出版管理经验和运作经验。国外的大出版集团运用大工业的方式运作出版流程，无论在选题策划、印刷装帧还是在发行销售等环节都有独到之处，他们对高新技术在出版产业的运用始终非常敏感和快捷。这些都是我国出版界非常缺乏、急需补课的地方。

对出版业的不同门类和不同环节，由于其意识形态的性质不同，在扩大对外开放方面要特别注意区别对待、分类指导。报刊与图书和音像出版相比，后者可以先行试点；出版与发行、印制相比，发行和印制的步伐可以迈得更大一点。

通过组建大型出版集团、发行集团、销售集团的方式，利用集团的规模效益及集团实力进入国际出版市场。大集团可以以更多的出版物品种，采取更直接的方式，即在外国生产或设置营销分支机构，进入更大的市场。这显然比小型出版企业具有更强的竞争力。

培育更多的面向国际出版市场的现代出版人，特别是高层次的管理人员。中国出版要走向世界，首先就要求中国出版人的出版观念必须走向世界，出版理论和出版实践必须走向世界，并最终在世界出版市场的竞争中创造出巨大的效益。

论出版产业的两重属性与宏观管理*

出版产业的属性定位

国外出版界对现代出版产业的属性有许多不同的观念和看法。有从纯商业的眼光来看待出版的，认为盈利就是出版活动的第一目的；也有从纯文化的观点来定位出版业的，认为出版业是一项文化事业，传播文化是其主要目的；也有从政治文化观念出发看待出版业的，认为出版业的功能在于为政治和文化服务。这些观念和看法虽然都有一定的代表性，但也不可避免地带来极大的偏颇。

从出版产业作为文化知识产业的一个组成部分来讲，从其产业化的历史和现实来看，把文化性和商业性作为出版业的二重属性比较符合现代出版产业的实际，并且也得到了大多数国家出版人的认可。美国出版家约翰·德索尔指出："图书出版是一项文化活动，又是一种经济活动。书籍是思想的载体、教育的工具、文学的容器，但是书籍的生产和销售又是一种需要投入各种物资、需要富有经验的管理者及企业家参与的经济工作。"实际上，对出版业属性的认识不同，就会对出版业实施不同的管理政策——大到一个国家的宏观管理机制，小到一个出版社的微观管理措施。

在纯商业观念的驱使下，无论是政府还是出版社自身都会以价值规律和市场法则作为控制出版业发展的行为准则，这样就把出版业看作是企业门类里的一个分支，完全像对待其他企业一样对其进行管理。美国书商就认为：

＊　此篇原载《编辑之友》2003 年第 4 期。

"凡是生活里有的东西，书上都可以有""有人买就可以卖"。在这种观念的支配下，其经营方针就可能出现不考虑出版物的文化价值的因素，从而不可避免地出版一些严重污染和损害人类精神生活的出版物，这显然不符合出版业存在的目的。

从出版产业发展的历史轨迹看，文化属性和商业属性是占主导地位的产业属性。由于出版人出版观念的不同，文化属性和商业属性也许并不处于同一平行线上，会出现时而这一属性占上风、时而那一属性占上风的状况，从而直接或间接地影响出版社的经营管理方式。第二次世界大战以前，西方出版人对出版业性质的看法就偏重于它的文化属性，因而注重出版物的文化的严肃性及对人的精神的升华作用，相对而言不太重视出版社内部经营管理与经济效益的关系。这也是由当时出版社的规模及组织结构形式等诸多因素决定的。

20 世纪六七十年代以来，由于竞争加剧，产业之间的兼并联合风起云涌，出版业的规模愈来愈大、组织结构日趋完善，于是逐渐采取了现代企业先进的管理制度及管理模式。一些过去从不从事出版活动的大企业也投资于出版业，将企业化的经营机制带入出版业，以管理促效益，从而极大地扩张了出版业的经济实力。

把文化性和商业性作为出版业的二重属性是由出版物的精神文化属性和出版物市场需求这两方面的内容决定的。出版业的显著特点就在于它是文化传播与物质生产的统一，它一方面具有符合人类精神需求的文化品格，另一方面又以实物形式来满足市场需求。这样就给出版管理带来了文化上和商业上的双重要求。而这也符合出版产业特殊的市场运行规律的要求。

实际操作中的复杂性

从文化属性和商业属性两方面来观照和审视一个出版社的经营管理方式是一个较为全面和便捷的方式，但在出版社的实际操作中却复杂得多。200多年前，法国的狄德罗对出版人的劳作有如下描述：

> 年年月月地把整个身心投入于整理文字，有时常常是杂乱无

章、不成系统的文字，这种情况颇似纺织业，也可以说是纺织业的原理在书籍出版业上的应用。出版者不乏烦恼，他们的愿望是想出版那种与销售量成正比例的书籍。因为读者的兴趣经常是出人意料的，今天时兴的东西并不等于明天也时兴，流行情况改变随时都可能出现在他们面前……那些销售服装料子的呢绒绸布商店仓库里，一旦积压下来过时的滞销品，多少还能有点价值，但是出版者手中剩下的压仓书则可能是完全没有用的。通常的情况是，他们每发行10种书，一般只能做到1种是发行情况很好的畅销书，4种是在较长时期里可以大致做到收支相抵的，可称之为"合算的书"，还有5种基本就是属于滞销一类的压仓书了。这类压仓书带给出版者的当然只会是亏损的赤字。

狄德罗这段话表述的状况简直是出版业的一个恒定态，如今在大多数国家的大多数出版社里依然存在。这种状况正是由出版物商品自身的特点决定的，如食品、化妆品、汽车等等商品几乎对所有的人都有用，但出版物只对那些产生需求的读者有用处，并且是不能以别的物品替代的。对具体的读者而言，不能机械地用别种内容的出版物来代替他所要阅读的某种特定内容的出版物，因为人的阅读行为是一种特殊的行为，是一种富有创造性的、不可替代的和不可模仿的特有的探索行为，因此出版商必须把握和研究读者这种特殊的阅读行为。出版产业的确是将文化与市场融于一体的复杂的劳作。出版商靠文化产品吸引读者，而具有阅读能力的读者就是潜在的市场，这样又使文化性和商业性高度统一起来。

不产生社会效益的出版物是方向不明的出版垃圾，是不会有读者的；而不产生任何经济效益的出版物则使出版社很难维持生存，当然也谈不上创造社会效益了。

出版社又是怎样实现社会效益与经济效益相统一的目标呢？美国著名出版家、曾经长期担任普林斯顿大学出版社社长的小赫伯特·S.贝利在其《图书出版的艺术和科学》一书中写道："出版社并不是一部生产图书的机器，也不是把各种具有不同功能的零部件装起来的生产线；它是具有各自的理性和非理性的特点的人组织起来的集体，带着他们的全部理性和非理性，带着他们的热情、困惑、愿望、爱好、习惯和目的，从事一种影响和反映社会的活动。"

贝利提出的是一种宏观管理构想，他抓住了人的管理这一主要矛盾，并以理性与非理性这一对矛盾体来化解出版人在出版活动的各种矛盾。管理即是控制，有效控制比单纯压制更能解决问题。贝利认为出版人的非理性存在常常是出版活动中最具创造性的华章，是出版人个性和才华的显现，无论是身居高位的总编、总经理还是一般的编辑、设计、发行人员，都既要发挥非理性、创造性的一面，又要受到理性法则的制约。

贝利提出的理性与非理性相统一的调控法在日本出版界学者清水英夫那里转换成了理想主义和现实主义法则的对立。清水英夫在他的《现代出版学》中说："出版者是属于个性极强的一类人，在他们中间颇不乏漠视现实，固执地我行我素，坚持走理想主义道路的。但是，在众多的中小型出版社的企业者身上的反应倒是现实大于理想。他们大多从利己的立场出发，在同业中与其说把同行看作是合作的朋友，倒不如说是时常存有戒备心理，把同行视为竞争对手更为确切。很少有那种所谓从大局出发、为了出版业的利益、不惜牺牲本社利益的意识和风格。"

在激烈的市场竞争中，少数出版人在利润最大化与亏损最小化原则面前也许会降低出版标准，愿意出版能赚钱的任何东西；出版商按照自己的标准或者按照被社会接受的就是正当的标准来搪塞社会和解脱责任。但大多数出版人并不这么做，贝利注意到："书出版后，即使他们想回避，也回避不了图书应担负的社会使命，回避不了他们既是出版商又是公民的形象。即使出版社的经营者完全是一个玩世不恭的人，他也不能置自己的形象于不顾。任何出版领域中有水平的编辑必须关心图书的风格和内容，他们是不会满足于把利润作为衡量他的才能的唯一标准的。""大多数出版商是严格地意识到他们的文化使命而且努力追求高标准的，不论是哪个出版领域——小说、诗歌、评论、教育、少儿读物、学术著作、工具书等方面，都是这样。"这两段话是如此中肯，勾勒出出版人性格中光辉的一面。贝利认为："大部分出版社必须创造利润，不过大部分出版社不把他们看作简单的生意人，他们意识到而且满足于他们的社会的和文化的作用。他们不会出版仅仅能赚钱的任何东西。"

从理论上看,文化性与商业性是一个对立统一体。而在现实的出版实践中,其对立性却显得更为突出,特别是当今出版业向规模化、集团化、国际化、垄断化方向发展趋势正猛之时。新的形势下出现许多新问题,如大出版集团的形成对中小出版社就是一种威胁,竞争更加激烈,风险也更大。以往的那种以"编辑为中心"的主观理念就不得不转向为以"市场为中心"的客观意向。

出版社的宏观调控能力

既要有市场效益,又要有文化效益是出版社的最高理念。出版社的经营管理决策都是围绕这一理念进行的。

为文化找市场或以市场来促进文化发展是一个问题的两个方面。

为文化找市场是说出版机构所涉足的某一文化领域是有市场或有市场潜力的。因而开掘这一文化选题之后便自然形成此类选题的出版物市场。这一手段具有一定的自然性,是传统出版观念的一部分。

以市场促文化是说出版机构首先从市场需要出发,通过周密的市场调研来确立选题、建构文化,促进出版产业的发展。在当前的出版产业市场化态势下,以市场促文化来带动出版业的发展是主要趋势。出版机构的管理决策也突出表现在这一方面。

美国纽豪斯出版集团是集报、刊、书传媒工具于一身的传媒大亨。在报纸经营上,纽豪斯家族一贯的手段是实行"地区垄断",在此基础上放开编务、控制财务。因为是垄断经营,所以可以获取巨额利润。在期刊经营上,现今纽豪斯出版集团的总裁小缪塞尔·纽豪斯倒是费尽了心思,他从调查读者市场入手,千方百计地使他的杂志符合相关读者的口味。他手下的杂志《时尚》《浮华世界》《纽约客》都是美国一流的、高雅的、发行量在几十万、上百万份的大型刊物。他不仅控制财务,而且关心编务,甚至精细到每一期刊的封面设计都必须得到他的审核和认可。他还要求业务发行主任级以上的管理人员,都必须在出刊的最后阶段检视编辑排版内容,确定杂志印出来之后能够卖得出去。在用人上他也大胆起用那些对时代精神和读者市场有敏感把握的有识之士，落后时代观念的人则坚决辞掉。在书籍经营上，1980年，纽豪斯集团并购了在美国乃至全球出版界享有盛誉的兰登书屋。兰登书屋创建于1925年，它从创立之初，就将文学格调高的经典作品与老少咸宜的通俗读物兼收并蓄，树立了"书香的天堂"这一传统的独特品味。但就是这样的出版公司，在20世纪七八十年代图书出版事业日趋商业化之时，也被迫转手给纽豪斯家族。纽豪斯公司以自己的经营管理理念赋予兰登书屋新的营销精神，它不再追求以前纽约文化出版界的高雅文艺格调，而是转向追求"好莱坞"式的票房轰动效果。小缪赛尔·纽豪斯要求他的高级主管不论付出多大的代价，也要"出版来头最大的书"；出版新书的销售业务量必须以百万册计算。这种转变是新旧出版观念的一次正面冲突。由于兰登书屋原班人马不能适应这种剧烈的转变，最终导致在1990年大约350多名文学出版经纪人和许多"兰登"编辑们在总部门外高举标语示威游行。美国作家杜特罗曾严厉地说："出版事业是一个高效率的赚钱的机制，并购被整体掌控经营，必将妨碍此一机制的正常运作，品味被改换，应该复杂的被简化，且只雇用唯命是从能赚钱的人士，因而逐渐改变书籍的本质，另外创造出似书非书的印刷品。"这种对出版市场大众化的尖锐批评，并没有改变兰登书屋新主人的经营策略。依靠印数动辄百万乃至千万的畅销书，如《侏罗纪公园》等，纽豪斯公司大发其财。这是将别人的公司依靠自己的理念重新塑造，从而改变美国图书出版事业的基本动力与传统形象的一个范例。

商业性和文化性在实际出版活动操作中的不平衡性是客观存在的。这与整个社会环境及经济环境有关。在这一对立关系中，产业规模在竞争机制的推动下变得愈来愈大，经济性自然占了上风。同时，其他产业的发展也助长了产业经济属性的先导地位。当然，具体到某个出版社而言，有时也会出版明知会赔钱但很有价值的出版物，或是出版那些具有市场潜力但还不为人所知的具有培养前途的新作者的文稿。出版商这时将他拥有的全部可供书目作为一个整体来看待，而不斤斤计较某一种书的得失。但是他知道，赔钱的书绝不能过多。

一个出版社的整体运作是一项复杂的系统工程，不是一般的或单纯的物质运动过程，而是一个富有创造性的精神产品转化为物质形态产品的复杂运动过程。出版社的高层领导必须立足全局对其进行宏观调控。从市场预测到策划选题，从生产设计到印刷装订，从广告宣传到市场销售，将这些环节协调一致，达到最终的目的并非一件容易的事。

最高决策者务必要找出最佳的调控方案才能使其合理运行。就拿机构设置及其运作而言，具有120多年历史的德国弗里德里希·菲韦格出版社的做法就很值得出版人借鉴。这个只有200多人、每年出版300种工程技术类书籍的中型出版社只设立了策划部、编辑部、广告部、销售公司4个部门，由出版社社长全权指挥。机构的运作过程是：首先由策划部负责市场调查，制定选题计划方案和组稿，报主管社长批准；然后由广告部根据批准的选题计划和书稿，负责与图书中间商联系并落实需求数量，同时编印征订目录介绍，信息反馈后提出印数计划，报主管社长审批；最后由编辑部负责书稿技术加工和版式及装帧设计、交印刷厂印制，并将成品入库。销售公司负责图书销售。这一运行模式在西方是很具代表性的，经实践检验是一种高效率的经营模式。

国外一些大型出版社对内部机构各部门并不是一视同仁，而是分有轻重的。这也是出版社宏观调控的一个方面。一般来说，销售和发行部门的地位就比其他部门重要，体现出出版社重销售这一特征。美国出版公司的总裁和副总裁往往从发行部或销售部主任中遴选，而不是从总编辑中提拔。据美国出版商协会的一项调查显示，美国出版社各部门人员配置的比例为：编辑占有15%，设计和生产部人员占10%，推销与发行人员占26%—34%，行政管理人员占15%。从中可以看出其对发行销售的重视。而在工资待遇上，发行与销售人员也明显高于其他部门。在选题决策上，发行与销售部门主任的意见也是必须考虑的。这也是美国及其他西方出版社在规模经营条件下进行宏观调控的结果。

论信息化与出版产业的变革*

信息化越来越成为世界各国共同关心的话题。广义地说，信息化就是信息传播的全球化，成为支持世界经济全球化的一个重要组成部分；狭义地讲，信息化指的是现代信息技术的广泛普及，特别是以电子计算机技术和通信技术紧密结合为特征的高新技术的广泛运用，实现信息传播的自动化。信息技术的广泛运用，加快了信息的传递速度，提高了信息处理效率，提高了人们利用信息的能力。信息传播的全球化意味着不同国家可以同时向全球广为传播信息，从而大大促进世界范围的经济、政治、科技、文化的大交流。

一、信息化环境中的现代出版产业

（一）信息与出版活动

出版活动与信息的关系是鱼和水的关系，是包含与被包含的关系。信息是人类对事物存在方式和运动状态差异的综合反映，它的本质特征在于对事物认识过程中不确定性的消除和减少。任何事物在发展变化中都存在着多种变化的可能性，而信息则为人们指出最有可能发生的变化，从而消除一些不确定性。出版活动以知识和情报的生产传播交流为目的，而知识和情报是信息的一部分，是一种特定的人类信息。由此可以看出，信息是出版活动的主要内容，出版物是知识和情报这种特殊信息与各种出版载体的合一。

---

* 这是于友先同志 2003 年 5 月 22 日撰写的文章，后节选发表于《印刷经理人》2003 年第 9 期。

（二）信息化与现代出版产业

信息化提高了信息在国民经济和社会发展中的地位和作用。信息产业应运而生，将成为社会发展的主导型产业。而出版产业作为生产和传播信息的重要产业部门，具有信息产业的一般特征。但是正如英国著名经济学家保罗·霍肯在其《下一代经济》一书中所说的，任何产品和劳务都包括物质和信息两种属性和成分，一种商品到底是作为物质商品还是信息商品进入市场，主要取决于该商品中物质和信息两种成分的比重。在商品经济不发达的时代，信息只是作为一种潜在的商品在发挥作用，其影响的范围和产生的效果都是很有限的。在现代社会，科技的先导作用使物化于商品中的信息成分的比重逐渐明显增大，因而引起人们的高度重视。在出版领域，信息是出版活动的主体操作部分，直接参与出版物的开发过程。尽管如此，出版物作为商品同时还包括了附属在出版物上的出版产业信息。随着信息技术的发展，这些产业性信息会从直接作为出版物内容主体的知识情报信息中游离出来，而具有独特的价值，从而对出版活动产生巨大的推动作用。

二、出版产业信息化与出版产业管理方式的变革

（一）出版产业信息化的内涵

出版产业的信息化包含两方面的内容：一方面是现代出版人通过掌握与出版活动有关的各种知识与技能，促进自身素质以及出版物质量的提高；另一方面是掌握出版信息并通过电子计算机技术及现代通信技术广泛应用到出版产业的经营和管理中，从而提高出版产业的经济效益和社会效益。由于出版产业属于信息产业的一部分，所以，上述两方面的内容是紧密结合在一起的，并且可以互为转换，没有严格的区别和界限。

出版产业的信息化，极大地拓宽了出版市场。首先，利用电子计算机技术和现代通信技术，使出版市场的范围不再受地域、国界的限制而扩展到全球，从而出现了全球化的出版物大市场。其次，利用计算机技术及现代通信技术，加快了出版信息的传递效率和信息处理速度，提高了出版物的市场流通效率。再次，出版信息成为出版主体——出版社（出版公司）之间进行

竞争的一个重要方面。信息在未来社会发展中不仅代表权力，而且代表了财富。谁拥有的可用信息越多，谁的竞争力就越强。最后，信息技术的高速发展将导致出版市场出现不稳定因素。对失真信息的错误判断会导致巨大的损失，也增加了出版产业的风险因素，这也使出版产业成为带有一定投机成分的产业，如通过一种畅销书就可以"骤富"等等。

出版产业的信息化使信息成为出版产业赖以存在和发展的基础性技术手段。在未来社会里，信息的作用将会无处不在，这无疑对出版产业也是一样的。

（二）出版产业管理方式的变革

出版产业信息化的一项重要内容是将电子计算机技术和现代通信技术运用于出版信息的传递和交流过程，从而引发现代出版产业管理方式的重大变革，大大加强出版产业管理方式的科学化和现代化。

现代管理学认为，管理机构实际就是信息处理机构。企业的管理过程就是信息处理过程。这是由于管理机构中部门之间存在着信息的输入与输出关系，一个部门的信息输出，即是另一个部门的信息输入。同样企业内个人之间也通过信息相互联系。这种相互交叉的信息往来，形成了企业内部的信息系统图。这样，管理工作实际上就是处理信息，管理机构也就成为信息处理机构。

在出版产业内部，每个部门都要根据已设定的目标进入决策、组织和控制诸管理过程。而管理过程实际上就是对市场（供求）信息的输出和输入进行处理的过程。总体上，出版产业的信息化对出版产业管理方式的变革主要体现在三个方面：

第一，决策方式的变革。

决策是出版社进行出版管理的首要职能。传统的决策过程主要是依据出版人的直觉经验知识来进行判断分析，带有很大的盲目性，不适应当今变化迅速的出版市场。美国著名管理学家西蒙因对决策程序进行了开创性研究而获得了1978年诺贝尔经济学奖。他把决策程序分为四个阶段：第一阶段，搜集信息，探察环境，确定目标；第二阶段，拟订可行性方案；第三阶段，从各种可行的方案中选出一种最满意的方案；第四阶段，对已选择的方案进行评价。

对出版业而言，出版机构永远面临着出版或不出版某种图书以及出版多少等决策性问题。因此，西蒙提出的决策程序是可借鉴的。上述四个阶段中，中心还是围绕出版市场的信息处理来做文章。搜集出版物需求信息是第一步，现在通过电子计算机网络技术可以大规模地、大范围地对读者市场进行调查，以了解读者多层次、多样化的需求，以及和出版相关的各种信息，如出版物的品质、价格、市场走势等，从而不断开发出新品种、高档次的出版物，以满足不同读者的不同需求。

围绕出版信息进行决策，还包括用科学的预测手段、定量化的决策研究以及综合的评价体系来对所得到的出版信息进行处理。这些阶段都可以借助电子计算机技术与现代通信技术来实现。

从动态来看，出版市场的信息搜集工作贯穿于整个信息处理过程。出版产业与其他产业相比更具特殊性，出版机构自身就是加工信息、生产信息、传递信息的主体。其收集到的信息不仅仅具有指导生产的目的，信息本身也可能就是出版的主要内容。这种复杂性是知识产业独具的特征。搜集—处理—使用—再搜集—再处理—再使用，这是一个循环往复永不间断的过程。

第二，组织方式的变革。

组织是实施决策的保证。随着社会关系的变化，组织方式也将随之发生变革。马克思曾经指出："生产者相互发生的这些社会关系，他们借以互相交换其活动和参与全部生产活动的条件，当然依照生产资料的性质而有所不同。随着新作战工具即射击灭火器的发明，军队的整个内部组织就必须改变了，各个人借以组成军队并能作为军队行动的那些关系就改变了，各个军队间的关系也发生了变化。"[1] 现代社会正进入一个信息时代，有人认为，信息同组成世界的其他要素物质、能量相比，是更重要的资源；还有人说，信息在现代社会中已成为权力的来源。在这样的环境和条件下，出版产业的组织方式必然会发生变革，从管理的角度来看，信息所起的作用将更加突出。

现代出版机构为了适应市场变化及实现各自的目标，大都放弃了传统直

---

[1]　马克思：《雇佣劳动与资本》，载《马克思恩格斯选集》第一卷，人民出版社 1995 年版，第 344 页。

线式组织结构，而转变为职能式或事业部式的组织结构。职能式组织方式主要是按专业的不同来划分，如编辑部、生产部、销售部等；事业部式主要按出版物的品种或市场属地把出版机构划分为若干个相对独立的单位。每个单位都相当于一个小型出版机构。职能式组织方式在中小型出版机构中比较常见，而事业部式组织方式则为大规模的出版集团所采用。

从出版机构各部门和外部环境的关系来看，信息是各组织部门的生存条件。各出版部门必须围绕与出版有关的社会文化信息和行业信息来制定本部门乃至整个出版机构的出版目标。

从出版社与各部门的内部联系来看，各部门间的协同配合也是通过出版信息来联络的。最高决策层的指示以出版信息的方式下达各部门，各部门的情况及整体情况也以信息的方式传递到最高管理部门。有效的信息传递保证了出版机构出版活动的稳定性、连续性、节奏性。

现在，大多数出版组织管理信息系统采用了高技术支持下的人—机交流系统。计算机及互联网技术、电话网、多媒体技术等已经应用于管理系统，从而在出版事务处理、办公自动化、监控机制等方面明显提高了效率。

第三，控制方式的变革。

所谓控制就是在多种可能性中选择一个目标，排除干扰，不断调整行为方式，并在动态中趋向或达到目标。对多头绪的复杂的现代出版业来讲，良好的控制尤为重要。在出版产业规模较小的阶段，或是在出版机构性能单一、呈线性组织方式的机构中，多采取将出版系统内、外环境中的各种信息全部集中于最高管理层，实行高度集中式管理。但在信息化社会环境中，由于信息存在的广泛性、时效性、可分享性及可处理性、可传递性等特点，高度集中式的管理模式已不适合于现代大型出版集团的管理需要。而对信息化的大环境，出版机构主要采用分层控制和参与式管理两种控制方式。

分层控制方式即把控制权分散到出版集团的各个下属机构的每一层次，每一层都实行自治控制，只把关键问题留给上层处理。这样，最高决策层需要处理的信息量大大减少，其决策效率大为提高。参与式管理方式适合于出版机构的每一层次，其核心思想是，让控制对象也参与计划与控制。因为在社会信息化状态下，让每个出版人积极主动地参与出版计划与控制，会最大限度地开发出版人所得到和占有的出版信息。

三、信息化与出版环节的高效管理

小赫伯特·S.贝利在《图书出版的艺术和科学》一书中写道："在整个出版社中，自始至终存在着信息和影响的双向流动，从编辑部到销售部，又从销售部到编辑部。各部都有影响别的部门的需求和问题。"这里提到的信息当然都是和出版活动有关的信息，如新书信息、行业信息、出版资金情况等。信息的持续流动构成了出版社的生命，而对信息的流动做出决策并加以有效的控制是各部门及各出版环节的具体任务。

美国的出版社一般都由编辑部、设计部、生产部、销售部、会计部、总务部等部门构成。贝利根据出版各部门在出版流程中所起的不同的作用认为，总务部是最高决策层，是对各部传递上来的信息进行最后决策的部门；会计部对其他各部的信息将会做出比较准确的经济上的预测，从而对最高决策层发挥作用；编辑部和销售部是直接和外界信息相关联的两个部，它们传递的信息将首先作用于最高决策层，从而影响到设计部和生产部的工作。

从出版流程看，出版产业的信息化对各出版环节均发生相当的变革性作用：

（一）信息化对采编工作的作用

信息化将改变采编人员被动等稿的传统工作方式，极大地拓宽其工作视野。美国出版家达塔斯·史密斯在其所著的《图书出版指南》一书中说："坐等作者和译者送稿上门，然后罗列出一些毫无特色的图书选题清单的出版者是不可能有好的经济效益的。换句话说，出版者既想为公众利益提供良好的服务，同时又想有好的经济效益，就必须出去组稿。"编辑是和作者直接联系的一个重要环节，对作者来说编辑代表着出版社。编辑获取作者信息的方式很多，诸如阅读报纸、杂志，阅读他们感兴趣的专业报刊，可以通过浏览电子计算机网络信息，注意了解谁正在写哪方面的文章，发表什么观点，以及关注当前公众关心的话题等；也可以通过会见各方面的专家，请他们推荐出书选题和作者。编辑部约定的稿件接收之前，还要参考销售部门和会计部门提供的成本信息及可能影响到销售工作的诸多信息，然后综合起来交给最高决策部门决定。最高决策部门决定后，文稿编辑就可以对文稿进行细致的文字加工及其他技巧文字编辑了。

（二）信息化对设计部门的影响

文稿编辑的工作完成以后，设计部及生产部将依次投入工作。也许会有人认为，设计中的工作是微不足道的，在整个出版环节中不占主导地位。这种观念在出版产业信息化的时代已经过时了。在今天，一张报纸的版式、一种期刊的封面、一本书的封面设计等所透出的信息已超过了设计本身的意义。设计者所遵循的标准有两个，一个是艺术标准，一个是经营标准。他所设计的出版物的外观既要达到艺术上的美观，又要和出版物的主题相协调；既要具有独特的美学效果，又要激发起读者的阅读兴趣。

因此，设计人员在决定对一种出版物进行设计之前，必须弄清这种出版物的性质和目的。除此之外，还要考虑到设计的费用，不能因为过于豪华的设计而抬高了出版物的售价，否则将有损于出版物的发行和销售。同时，设计人员应和编辑、销售人员一样，不仅要具有一流的设计水平，也要具有相当高的经营意识。

在实际出版活动中，出版商对书刊的设计工作非常重视。纽豪斯出版集团总裁小缪塞尔·纽豪斯对其手下的《时代》《纽约客》杂志的封面设计总是亲自过问，有时为了挑选一张封面人物照片而费尽心思。因为好的封面设计本身就是卖点，可以使销售收入大幅上升。

对图书设计者来讲，他常常要考虑到图书的内容及写作风格等因素，力求用一种清晰、易懂和富于吸引力的表达方式和读者的理解欣赏趣味相协调，另外还要考虑到出版社和读者的经济承受能力，以及印刷方面的实际可行性，这些外在信息也是制衡设计者的主要因素。设计成本的降低，对降低出版社的总成本大有帮助，从而可以降低定价，增加印数。

图书设计中最主要的内容是封面。因为封面传达给读者的信息是最直观的。达塔斯·史密斯将图书的封面看作是一本书的"推销员"。他说："一个封面设计，作为一件艺术品本身设计得如何精美并不是最重要因素，考察一个封面设计得是否成功地适用于一本书，取决于读者是否能通过封面正确地判断出图书的种类,而且使读者在书店或展台上一见到它就迫不及待地想拿起来看个究竟。"特别是一些大批量生产的图书,图书封面设计得成功与否将是该书能否成功地批量发行的关键因素。

设计者除了关注出版物本身的各种信息外,还要关注影响到设计工作的一些直接因素,如所用材料及设备方面的信息。现在电子计算机能够支持设计者渐趋复杂的设计理念,印刷工艺也能将设计者的理念变为现实。设计者对设计方面的新潮信息也能在短时间内得到交流,这无疑会使设计水平大大提高。

(三) 信息化对生产部门的作用

出版产业信息化极大地提高了生产部门的生产效率。因为使用计算机排版系统,不仅降低了排版费用,而且保证了质量,缩短了出版周期,加快了出版速度。

按照信息化的前瞻性理论,信息技术打破了出版生产流程中的时间限制。这种理论认为,信息化等于按顾客的要求定制产品,信息化等于在交货地生产。电子计算机技术及网络技术的运用完全可以满足读者对出版物多方面的需求。美国、西欧、日本的一些大型出版社已尝试开办"即印书"系统,即只印出样本供读者选择,如有所需,在半小时至1小时之内即可将书印刷装订完毕。世界一些大型出版集团在国外开办有许多分支或代办机构,他们视国际市场需求的变化,通过电传或网络传输方式将出版物在市场生产出来,这种即时印刷、异地出版方式虽然还不是现代出版物生产的主流,但已给出版产业注入了相当的活力。

(四) 信息化对销售部门的作用

出版社的销售部是和读者联系的又一个部门,它的直接对象可分为单个顾客(读者)、团体机构、零售商、批发商4个类型,其中大型批发集团则又是销售部门工作的延伸。因此,从读者那里搜集需求信息及售书后的反馈信息对销售部来说是至关重要的。销售部的地位在出版社是举足轻重的,它处于决定出版社经营是否成功以及是否能很好地服务于公众利益的关键环节。

根据信息化的理论策略,信息化条件下的直接服务等于更高的服务标准。搜集读者信息也许是出版社所有人员都应该做的事,但销售部的目标更明确、更有针对性。销售部首先要做的就是将出版物的出版信息发布给读者。销售人员要确知所售出版物的内容，并把出版信息传递给需要这种出版物的读者以及经营此类出版物的书业公司。销售部发布信息的方式很多，最直接的就是在有影响的报刊、广播电视上发布广告。另外，还可以向书业公司邮寄书目信息资料，召开销售会议，利用书展进行宣传等。

信息化条件下的出版销售工作克服了传统销售中的盲目性和不确定性，更加符合现代出版产业的科学化发展方向。目前，电子计算机作为一种工具已经广泛应用于出版销售部门，国外一些大中型图书批发公司已经形成了规模性的计算机网络，通过网络信息实现快速供应，提供更好的服务。日本出版社的销售部门还能直接售书，"东贩"和"日贩"这两个大型批发公司起着销售书刊的中坚作用。日本的"东贩"开发了 PICS 出版情报检索系统，输入十几年来出版的书刊资料 30 多万种。"日贩"开发了 NIPS 出版情报系统，存储了自 1975 年以来出版的 40 多万种图书的有关信息。为了迅速处理各种信息及日常业务，"日贩"的中央处理机与 100 多个分支机构、书店、图书馆连接，他们还打算逐步与所有与己有关的单位联网。这样，上自出版社，下至零售书店和读者，都可以快速浏览出版信息，以最快的速度得到所需出版物。

在英国，电传订购系统（Teleordering-System）是信息化条件下的一个创举。电传订购就是利用电传信息的手段来订购书刊。它利用计算机联机检索服务，改变了以往信息情报分散和独立使用的状况，减少了信息的中间传递层次，起到了信息集中、情报检索共享、各取所需的作用，达到了快速、准确、经济的效果。电传订购方式分为三个阶段：

第一，订购者（零售商、图书馆、书店）和供应者（出版社、批发商）打开联网终端，中心计算机的电传订购检测系统自动搜索出订购者传来的需求信息，自动输入出版者发来的新书出版信息，并由专门磁带对其进行存储。存储完成后，该磁带自动进入中央计算系统，等待更高一级的处理。

第二，中央计算机处理系统首先将订购信息分门别类，然后将其输入到中央计算机处理系统的 ISBN 编目数据库。中央计算机处理系统的 ISBN 编目数据库包含有 75 万条英国在版图书的信息记录。被输入的订购书刊的

ISBN 信息在中央计算机处理系统里被转换成它所代表的全部编目内容，包括书名作者、出版社、出版时间、出版价格等等，还包括任何最新的有关价格变动的可能性信息。如果输入的订购信息在中央计算机处理系统里找不到，中央计算机处理系统会对这一"情况"进行存储。然后中央计算机处理系统根据自己所存储的有关出版社、供应商的信息数据库对所收到的订购信息（主要体现为 ISBN 形式）进行分类，归入不同的出版社和批发商，然后产生两个输出磁带，再带回中央计算机的电传订购检测系统中进行处理。

第三，电传订购系统对订购信息进行双向处理。一是将订单发往供应的出版社或批发商，一是将订购信息进行确认后重新返回到订购者的终端。电传订购系统一般都是在夜间启动的。从各终端到中心计算机之间的信息转换是自动进行的，不需人工操作。这是一条简单、准确、快速而且全面的书刊订购途径，是高新技术在出版行业中的实际运用。这一系统在英国及西欧国家已运行了 10 多年。1987 年在英国有 170 多家出版社、50 多家批发中心参加了该系统，年平均处理订单在 1400 万张左右。电传订购系统的高效率和高速度引起各国书业贸易界的广泛关注和兴趣，从而亦为销售部门提供了信息化高效率经营管理方式。

（五）信息化对会计部与总务部的作用

小赫伯特·S.贝利认为，会计部是"某种重要信息的汇集者和源泉"。其中的重要信息不外是资金运行、成本控制、盈亏状况等。会计部做出的数据分析等诸多信息直接参与了出版社的经营管理，虽然它并不总是起决定作用的因素。

会计部和出版社的最高决策层总是密切地工作在一起。这是因为会计部总是不断地从其他各部获取大量的信息，并归之于准确性的数据分析，同时又将分析结果传递给各部及出版社最高领导层（总务部）。

总务部作为一个最高的协调管理机构对于形成整个组织间亲密的工作关系责任重大，这也是出版业信息环境中的一个重要方面。这就要求总务部应立足全局把握出版社的内部及外部环境的各有关信息，做出正确的决策。贝利审慎地总结道："必须记住，出版社不简单地是一个组织——它是一个由不同的人为了共同目标组织在一起的集体。"

现代出版产业内涵简论[*]

通过分析考察，可以看到现代出版产业内涵的如下几个重要方面：①市场化是现代出版产业全部运行活动的纽带；②高科技化是现代出版产业蓬勃发展的加速器；③文化变革所形成的出版物大众化是现代出版产业日趋繁荣的最内在的动力。就出版产业作为一种文化信息产业的属性来讲，出版产业的现代化还肩负着提高人的精神境界、塑造人的优良品质的历史使命，也只有在此种意义上，出版业才能实现其全面的可持续发展。

市场化是现代出版产业全部运行活动的纽带

正如其他产业的发展要靠市场的培育和带动一样，出版产业的发展同样离不开市场的纽带。纵观近千年特别是近百年出版业发展的历史，可以看到，市场化在出版产业现代化的发展过程中居于核心地位。离开了市场，人类的出版活动就只能是一种单纯的文化活动而不可能成一种产业；进入了市场，人类的出版活动才能创造出文化上和经济上的双重效益。然而，必须清醒地认识到，市场是一个优胜劣汰的竞技场，决不是一个充满温情的避风港。市场法则作为调节人类经济活动的最便捷、最灵活的规则要求人们自觉地遵循。对出版业来讲，不论是报纸、期刊还是图书，从它们步入市场的第一天起，就必须关注市场，利用市场，积极投入到市场激烈的竞争中。

---

* 此篇原载《中国新闻出版报》2003 年 6 月 3 日。

近百年来的产业化过程表明，市场化决不是一个空洞的概念。它在出版产业化的每一环节都有着具体的、可操作性的内容。认真、细致、深入地探讨出版产业市场化的道路及其运动规律是出版业在新世纪争取新辉煌的关键。

高科技化是现代出版产业蓬勃发展的加速器

出版技术的每一次革命都使出版产业跃上一个新的发展高度。高新科技开发了出版物新的载体，提高了出版物的制作质量，将人类的出版活动提升到一个前所未有的高度，为出版产业带来了巨大的经济效益和社会效益。可以说，高科技化对人类出版活动的产业化发展起着直接的推动作用。

出版产业是一个集市场调查、文稿编辑、排版印刷（程序制作）、市场销售为一体的系统工程。因此，一项高新技术不论被运用于这个系统工程的哪个环节，都可能使出版产业发生革命性的变化。如果这个系统工程的每个环节都发生技术革新的话，出版产业的变革将会更深刻、更彻底。500 年前德国谷登堡金属活字印刷术的发明开创了一个新的出版纪元。而今，电子计算机在出版产业系统工程中的全面运用正在使谷登堡时代退出舞台。出版产业因为有了电子计算机这些新的出版概念正在改变着人们传统的出版观。人们有理由相信，21 世纪人类的出版活动将因为高新技术的推动而更加有所作为。

在新技术浪潮的涛声中，对出版产业来说，还要弄清两个基本问题：

（一）高科技化使传统出版产业发生了结构性变化

自 15 世纪中叶以来，活字印刷术一直是出版媒介中起关键作用的硬件部分。而电子计算机的加盟却带来了一个"只有文字而无活字"的时代。原来最传统、最基本的印刷流程——拣字、排版、印刷被一整套全新的电子计算机操作程序取代，从拣字到文字编辑，从排版到校对和印刷，这一切在一个电子工作平台上就可以完成。随着高新技术的发展、电子计算机的普及和全球网络化的形成将为时不远。网络中"电子书店"的建立也使出版物的全球化贸易更为便利。出版业除了形成专门的电子出版、网络出版等新的出版形态外，还使出版产业从撰写手稿到编、印、发各环节都发生了相应的改革。这实际上是一次出版结构的大调整。这次大调整的意义绝对不是谷登堡的发明所可比拟的。谷登堡的发明说到底是对传统出版技术的改造和在原有基础上的创新，而当前的高新科技在出版活动中的运用改变了出版的形态，而且也深刻地改变了出版的观念。可以说，现代出版是传统出版概念和电子计算机技术的有机结合，现代出版产业就是依托电子计算机技术而逐步发展、逐步壮大的文化产业。

（二）高科技化使出版媒质发生了分化，但"无纸出版"的时代还很遥远

高新科技使出版业形成了电子计算机为依托的新的出版媒质，如磁、光、电等，以磁盘（带）、光盘、软磁盘等为主体的音像出版物、电子出版物以及以网络传送为媒质的网络出版等代表了现代出版的一大趋势。但应当清楚地看到，电子出版在当前及未来相当长的时间里还远远不能取代传统媒介——纸媒质在出版产业中的地位。因此，对纸张和电子计算机的关系还需有清醒的认识。

大家知道，现代出版是电子计算机和传统出版工艺的有机结合。纸张在传统出版中占主要地位。高新技术可以以新的媒质形成为出版家族增添新成员。但由于电子计算机使用环境的限制，电子出版还远远不能达到其理想化的生产境界，这种客观条件的限制反过来为纸媒质的持续发展提供了更好的机遇。日本东京大学计算机设计家坂材健先生说："自从莎草纸时代以来，纸张一直在讯息媒介中占据主要地位。要想剥夺纸张的地位，从而形成真正的无纸社会只会是一种幻想而已。"这话不一定完全正确，但就出版业发展的现状看，却是符合实际的。

事实上，高新科技并不拒斥传统出版流程和出版媒介，它更强调应用和结合。电子计算机对传统出版流程中的写稿、排版、修订、再版、印刷等环节的变革正是高新科技对现代出版产业强有力的推动。而真正实现"无纸出版"还需要新的更加深刻的科技革命。

由文化变革形成的出版物全球大众化是现代
出版产业日趋繁荣的最内在的动力

一方面，人类的出版活动是以保存和传播文化知识及各种信息为己任的，无论从主观还是客观上讲，都需要得到更多读者的支持。没有读者，"出版"这一概念就没有存在的意义，更无从谈起出版产业。具体而言，出版物读者群的大小是和出版部门的生存状况密切联系在一起的，每个出版机构无不希望自己的出版物读者愈多愈好。为了争夺读者市场，世界大型出版公司在国内及国际市场上都频频出击。这种趋势加快了出版物实现全球化的进程。

另一方面，新世纪全球文化交流，为出版物走向国际市场提供了良好机遇，文化碰撞中的不同文化传统的特点及属性，阅读他方出版物无疑是一个最快捷的途径。这样就产生了出版业中不同语言之间的翻译问题。翻译在出版业中占有重要位置。从全球范围看，每年都有大量的出版物（主要是图书）被翻译出版。通过翻译，可以使语言不通的人们达到相互了解、相互交流的目的。清水英夫在《现代出版学》中提到，1968 年全世界翻译出版图书的种数达到 36817 种，为该年度世界图书出版总种数的 7.6%。被翻译次数最多的图书都是对社会及全人类文化精神建设有着普遍意义、影响极大的名家名著，如列宁的著作在 1968 年被 17 个国家的出版部门翻译了 1564 次，莎士比亚的作品被 23 个国家翻译出版了 1004 次，托尔斯泰的著作被 26 个国家翻译出版了 893 次，凡尔纳的作品被 27 个国家翻译出版了 683 次，马克思的作品被 18 个国家翻译出版了 644 次，等等。另外像勃朗宁、高尔基、恩格斯、马克·吐温、海明威、泰戈尔、斯坦倍克、安徒生、格林、巴尔扎克、狄更斯、契诃夫、杰克·伦敦、萨特等世界知名政治家、文学家、哲学家的著作都成了众多国家首选翻译出版的著作。正是因为这些世界级巨匠们的著作对全人类文化精神的培养与提升所起的不可估量的作用，其作品才真正具有了全球大众化的意义。

从文化的产生与交流、传播与接受的关系看，那些对历史的变革、对全人类的生产及生活方式有着重要揭示乃至做出巨大贡献、影响到人的内在精神塑造的著作也常常是世界出版关注的重点。例如：美国在 1939 年选出 12 部有助于形成现代美国人精神的书籍，它们是弗洛伊德的《梦的解析》、亚当斯的《享利·亚当斯的教育》、特纳的《美国历史上的开拓精神》、萨姆那的《民俗论》、维布伦的《企业工作》、杜威的《伦理学研究》、博厄斯的《原始人的精神》、比耳德的《宪法经济解释》、理查德的《文学批评原理》、帕林顿的《美国思想的主潮流》、列宁的《国家与革命》、施宾格勒的《西方的没落》。1945 年，英国的霍雷兹·希布在《影响世界历史的书》一文中选择了 10 部书：《圣经》、柏拉图的《理想国》、奥古斯汀的《上帝之城》和《古兰经》、但丁的《神曲》、莎士比亚的《莎士比亚戏剧作品》、布尼安的《天路历程》、米尔顿的《言论的自由》、达尔文的《物种起源》、马克思的《资本论》。这虽然涉及对名著的选择标准存在着不同的理解方式的问题，但这些名著确实对历史的某一进程起过相当的影响，或对人类精神的某一方面做过深刻的揭示，以至于在人类过去、现在、未来的发展之路上，都会在文化精神的某一点上成为难以逾越的高峰。这是全人类共同的宝贵出版资源。

与出版物全球化相伴随的也是对出版产业起着重要作用的另一个问题就是国际版权的贸易问题。国际版权贸易由专门的出版法规来规范，即《伯尔尼公约》《世界版权公约》；出版或翻译另一个国家的著作必须按版权贸易规则来进行。通过版权贸易可以为一国出版产业带来巨大的经济效益。例如：1994 年 5 月，美国兰登书屋公司出版的《热点地带》一书畅销后，其翻译版权被日本、德国、法国、意大利、韩国等 10 多个国家的出版商购买后，得到 100 多万美元的版权收入。西蒙与舒斯特出版公司出版的《心灵猎手》一书，卖给意大利、日本、荷兰三国的翻译版权收入就达 42 万美元。现在，世界上最大的版权交易基地就是每年一度的德国法兰克福图书博览会。可以说，因文化交流而产生的出版翻译版权的交易活动为全球出版产业带来了巨大的收益。随着高新技术的发展、电子计算机的普及和全球网络化的形成，网络中的"电子书店"的建立会使出版物的全球化贸易更为便利。随着人们文化知识结构的不断更新，"大教育观念"的逐步形成，人们会在更高的层次上理解出版大众化的含义，也更乐于接受具有全球大众化的文化知识和信息。

产业化

——21 世纪中国出版必由之路 *

回顾中华现代出版业百年历程，可以清晰地看到，中华现代出版人所追求的不仅仅是一个在世界上有影响的出版大国，更是一个在国际上占有重要地位的出版强国。为了实现中华出版强国梦，刚刚进入 21 世纪的中华出版人正在切实付出自己的努力，正在通过自己的思考和行动把这一梦想变为现实。中华出版人从出版业自身发展的历史实践中，从出版业所处的国际经济大环境中，从全面建设小康社会对出版业的要求中，得出了一个结论，这就是：中华出版业要腾飞，就必须走产业化①发展之路。

一、我国出版业目前存在的主要问题

当前，我国的出版业已有相当的规模，出版物品种和数量都居世界前列。但是，与社会主义物质文明与精神文明对出版业的要求相比，与出版产业的国际大环境相比，我国出版产业还存在着许多复杂的矛盾和问题，主要表现在：

　＊　此篇原载《出版经济》2003 年第 6、7 期。
　①　产业化：指"大力发展出版产业"的过程。相对于"出版事业"，"产业化"强调的是"发展"和"变化"。至于"出版产业"与"出版事业"的关系，本文第"二"部分有专门论述。

（一）我国尚未建立起与社会主义市场经济体制相适应的出版产业体制

这在出版产业的结构构成上表现得尤为突出。出版、印刷、发行、物资供应四个环节发展很不平衡，突出表现在低水平书刊印刷生产能力严重过剩、高水平书刊生产能力不足和全国统一大图书市场建设缓慢，特别是城乡图书发行网点建设严重落后于出版事业的发展和人民群众物质文化生活的需求。由于长期受到计划经济的影响，我国出版业的均衡特征十分明显，绝大多数省、自治区、直辖市的出版结构呈现同一模式：规模不大不小，效益不多不少，日子不好不坏。"小而全，大而全"体制下的吃大锅饭的现象仍然很突出。就拿图书出版社来说，许多省区同一个模式：人民社、文艺社、教育社、科技社、少儿社、古籍社、民族社，一应俱全，没有的也强烈要求填空补齐；再加上粗放型经营的经济增长方式，造成低水平的重复出版，出版业的整体水平和效益偏低，产业升级困难。一些出版社至今尚未成为适应出版市场的法人实体，未有一级法人身份；一些出版社虽然转为"事业单位，企业管理"的形式，但未从根本上解决出版社作为市场主体的问题；一些出版单位仍在按计划经济体制下的管理模式、思维方式运行；一些出版社的出书结构还未得到很好的调整，等、靠、要思想严重，出版效益没有得到很好体现。

（二）与国际出版产业相比，我国出版业的综合实力还较弱

从人均占有的出版物品种、册数以及出版物的出口额等指标上看，我们与国际上一些出版产业相比，差距还很大。

（三）我国目前出版物（主要指图书）的流通渠道不畅，发行环节上统一、开放、竞争、有序的图书市场体系还没有形成

传统的计划经济体制造成的条块分割，使非经济因素严重地影响了出版资源的合理和有效利用，市场竞争优胜劣汰的机制不能发挥应有的作用，产品结构好的出版单位难以更有效地集聚生产要素，而一些经营水平很低的出版单位却得到了封闭市场的保护。现今，我国年出书 10 万种左右，但全国最大的书店正常备书不超过 5 万种；而美国年出书五六万种，全国最大的书

店备书为 30 万种。出版物的流通不畅极大地阻碍了出版产业的发展。

（四）我国目前的编、印、发等各出版环节的自动化程度与国外出版机构相比，还显得非常落后

目前我国电脑自动化排版、电子出版、网络出版、多媒体出版的理论和实践都还处在起步期。印刷机构设备老化，出版物发行中的包装、仓储和发货，远未实现机械化、自动化。这些因素都制约着我国出版产业整体发展的速度及生产效益的提高。

（五）我国出版业目前已初步具备了参与国际出版市场竞争的能力，但与发达国家相比，差距还很大

我国出版业目前虽然已初步具备了参与国际市场竞争的能力，但除了在能力上与发达国家相比差距很大外，还存在着竞争意识不够（只处于满足国内市场的阶段）、竞争手段不力（拿不出与国外图书市场相适应的竞争手段）等问题。

（六）目前我国出版业从业人员的素质参差不一

目前我国出版业从总体上讲还缺少高瞻远瞩式的、具有宏大策划决策能力和较高经营管理水平的高层次出版人才，缺乏将出版经营活动各环节融通在一起，并进行通盘考虑的具有现代出版意识的专业人才。

上面的一些问题，都是我国出版业目前在比较繁荣的态势下存在的一些矛盾和不足。承认这些问题、正视这些问题，才能更好地解决这些问题，才能在 21 世纪树立起机遇感和迎接挑战的意识。

二、出版产业与出版事业的关系

长期以来，我国一直把出版业作为事业来管理，并且取得了巨大的成就。现在，我们提出出版体制的改革要走产业化发展之路，这是不是与党的出版事业有矛盾呢？随着我们对建设有中国特色社会主义理论认识的加深，我们认为发展出版产业与建设出版事业是并行不悖的。

出版事业是我们党意识形态工作的重要组成部分，对提高全民族的政

治、文化和科技素质，对形成文明高尚的社会风气，对下一代的健康成长，都有着直接而重要的作用。出版事业在国家现代化建设和社会主义的全面进步中负有十分重要的责任。因此，坚持以邓小平理论和"三个代表"重要思想①为指导，坚持为人民服务、为社会主义服务、为全党全国工作大局服务，坚持"以科学的理论武装人，以正确的舆论引导人，以高尚的精神塑造人，以优秀的作品鼓舞人"是我们在进行出版体制改革过程中必须坚持的基本原则。有中国特色社会主义的出版体制，必须充分地体现党对意识形态工作的要求，充分保证出版工作能够在社会主义精神文明建设的系统工程中发挥更大的作用。

适应社会主义市场经济体制是有中国特色社会主义出版体制的重要特征。改革开放为出版业的健康繁荣发展注入了生机与活力，国家在财政、税收、物价、流通、金融、外贸和外汇等方面的体制改革，为出版产业更好地引进市场经济的有利机制创造了条件。社会主义经济的发展，使得广大读者的阅读需求急剧增长，形成了巨大的出版物市场，出版业的发展有了前所未有的良好机遇。在改革与发展的过程中，我们清醒地看到，如果不积极探索新的思路，改变目前出版单位的部门所有和出版物市场实际上被行政分割的状况，出版体制改革的设想与努力都会成为无本之木和无源之水。

在我国众多的行业中，像出版业这样既要遵循精神生产规律，又要遵循物质生产规律，是不多见的，这是我国出版业的一条重要自身发展规律。有中国特色社会主义的出版体制，必须将两种生产规律有机地统一起来。任何时候都要把社会效益放在首位，这一点绝不能动摇，要牢固树立讲社会效益就是讲政治的观念。在社会主义制度和社会主义市场经济条件下，两个效益②总的来说是能够做到有机统一的："统一"是主流，是普遍现象，但需要主观努力、艰苦工作才能实现。在坚持正确方向的前提下，要最大限度地运用市场经济的有效机制，实现出版产业的经济效益，实现两个效益的有机统一。

---

① 见本卷第 542 页注②。
② 见本卷第 543 页注①。

三、繁荣中国出版产业的必要性、紧迫性

进入 21 世纪中国出版业面临着很好的发展机遇。冷战结束后，东西文化的交流、融合出现了比较活跃的态势，从整体上把握人类文明和文化成果成为世人共识。随着全球信息化及知识经济时代的到来，21 世纪国家综合国力之间的激烈竞争也将体现为对信息和知识的占有上，文化知识将成为竞争的焦点。这样一种态势给各国出版业提供的发展机遇将是均等的。在现代信息社会中，出版产业的发达程度在某种意义上已经成为衡量一个国家现代化程度的重要标志。从发展的角度看，经济发达国家不一定每一个产业都十分发达，但无一例外的是它们都有一个功能齐备、体系完整并与其国力相匹配的出版业。在一些发达国家，如美国、德国、英国，出版产业已经成为国民经济体系中的支柱产业。增强规模经营能力、增强集约化程度，是发达国家发展出版产业的重要通则。中国的出版业要实现长足的发展，在国民经济体系中居于更加引人注目的地位，必须加快经济增长方式的转变。如果我国出版人抓住了这次宝贵的机遇，就有可能从总体上提升我国出版产业的综合实力，极大地提高我国出版业在国际上的地位。因此，出版要走产业化发展之路，并非一时的权宜之计，而是在出版产业的外部经济环境和社会环境已经发生深刻变化的今天所要选择的必然之路。

（一）出版产业化是建设中国特色的社会主义文化事业的需要

出版产业是文化产业的重要的支柱产业，担负着增强中国的文化国力，为经济建设和改革开放提供精神动力、智力支持、舆论环境、思想保障的历史性重任。党的十五大对我国社会主义建设做出了这样的跨世纪部署："第一个十年，实现国民生产总值比 2000 年翻一番，使人民的小康生活更加宽裕，形成比较完善的社会主义市场经济体制；再经过十年的努力，到建党一百周年时，使国民经济更加发展，各项制度更加完善；到世纪中叶建国一百周年时，基本实现现代化，建成富强民主文明的社会主义国家。"2002 年 11 月党的十六大又强调了这一宏伟蓝图，并确立了"全面建设小康社会"的奋斗目标。全面建设小康社会，意味着我国社会的信息流量和流动频率将出

现倍增，意味着我国人民对出版物的需求量和消费量将会出现倍增，这两个倍增一方面为出版产业提供了前所未有的发展良机，另一方面又加强了出版工作的使命感。在这样的环境下，以往的计划出版体制分散化、大而全、小而全的产业模式已非常不适应建设中国特色的社会主义文化事业的需要、不适应亿万人民日益增长的文化需要。而实践表明，出版产业化成为出版改革的突破口，必将带动中国特色社会主义的文化事业的向前发展。

进入 21 世纪，中国出版人面临着建设中国特色社会主义文化事业的严峻挑战。人类出版活动自身的发展表明，出版活动总是要随着时代步伐而前进，它不仅以出版物方式反映时代最新鲜活泼的文化精神风貌，而且以自身所积淀的全部的文化内涵参与时代精神的塑造。我国是社会主义国家，我国现时代的出版人肩负着巩固和发展有中国特色社会主义文化体系的重要使命。面对小康社会人民群众日益增长的文化需求，我国出版产业必须从促进社会主义事业兴旺发达和民族振兴的高度，充分认识到新闻出版工作肩负的艰巨使命。

（二）出版产业化是建立与社会主义市场经济体制相适应的新的出版体制和出版机制的需要

产业化的一个重要内容就是市场化。出版产业的市场化并不是以市场为导向，但要尊重市场规律，而不能违背市场规律。因此，增强市场意识、培育市场观念、适应市场需求，是深化出版体制改革的关键。

（三）出版产业化是出版业自身发展的需要

出版业自产生之日起，虽然常常受到政治的、经济的、社会的、军事的、宗教的、民族的等各种因素的影响和控制，但它作为一个产业部门还是有其自身的发展规律的。一方面，它源源不断地为读者提供他们所需的精神食粮，另一方面，又以商业化的运作方式变精神产品为物质资本，使资产不断增值，从而形成一个良性循环的发展机制。而我国出版业有时人为划定的圈圈太多，出版社进入市场的障碍太多，违背了出版业自身的发展规律。因此，走产业化之路是进一步解放思想、转变观念的契机，是真正把出版作为产业来发展的关键。

（四）出版产业化是应对21世纪出版业面临严峻挑战的需要

首先，从国际环境看，虽然东西方文化的交流、融合、沟通成为不可阻挡之势，但世界范围内各种思想文化相互激荡，不同文化模式之间的矛盾冲突依然很激烈。中国出版产业在与国外出版业增进交往与交流的同时，所面临国外出版资本扩张的挑战将更加严峻。近年来，境外敌对势力从来没有放弃对我国的文化渗透。由于西方霸权势力由来已久，并不甘心在文化领域里让步退却，丝毫也没有放弃运用"西化"的策略来分化和颠覆他国的意识形态和文化阵营。在我国周围的一些地方，已经形成内容反动、淫秽色情出版物的集散地，给我国的社会政治稳定带来危害。相形之下，我国出版业目前无论是抵御渗透、还是参与竞争的能力都还不强，机制和实力还存在有明显的差距。对此，我国出版业应保持高度警惕。

同时，21世纪对知识的竞争将成为焦点。不可否认，西方发达国家有着比我们更优越的条件。这些外部环境对我国出版业来讲都是严峻的挑战。

其次，从国内环境看，虽然我国目前的经济发展势头良好，但还存在许多先天性不足。例如，我国市场经济体系不够规范，产业结构还不够合理，法制还不完善，国民素质的整体水平还不高，综合国力不够强，等等。在这样的条件下，与改革同行的中国出版业，要担负起建设我国现代出版产业的重任，迎接市场大潮的挑战，没有使命感和紧迫感是不行的。

再次，加入世界贸易组织后中国出版业面临着严峻的课题。西方出版大国急于想打进中国出版市场，这给产业规模还很小的中国出版业带来很大的压力。与国际出版市场接轨，直接参与国际市场的激烈竞争，对中国出版业来讲既是一次求发展的机遇，也是一个冒极大风险的行动。但与其被强行接轨，不如采取积极主动的姿态去迎接挑战。中国出版人一方面对加入世贸组织后造成的冲击要有充分的准备，另一方面还要固守国内市场，并为打入国际市场制定切实可行的策略。出版产业国际、国内所遇到的现实挑战明确无误地昭示：在社会主义市场经济条件下，出版产业不可能再按过去的管理体制和运行机制来迎接挑战了。面对国内市场经济总体框架的推动，面对国际图书市场的激烈竞争，要求我们无论从内容到形式，从管理方式到管理程序都要名副其实地按一个产业部门的要求来对出版业进行运作。因此，出版产业化是必由之路。

（五）出版产业化是知识经济时代发展的需要

人们常说，有为才有位。随着知识经济时代的到来和我国全面建设小康社会，出版产业的潜力正在迅速转化为生产力。知识经济时代最重要的资源就是人们所认识和掌握的知识。培根早就说过："知识就是力量。"知识的传播如果没有出版这种手段，知识的研究和积累如果没有出版作为支持系统，知识这种力量就不可能被人们所掌握。人类已经经历过农业经济和工业经济时代，在历次经济形态的交替中，出版业从来都没有被新的经济形态所淘汰，而从来都是被新的经济形态赋予新的功能和新的形式。知识经济时代将有力地证明，如果没有一个功能齐备、体系完善、技术先进、机制灵活的现代出版产业，知识经济就不可能确立和发展。出版产业在知识经济时代已经不再是一种简单的社会支持系统，而正在成为由新的经济形态赋予更加重要社会功能的独立的产业体系。

从发展学的角度看，当一个国家从温饱型向小康型过渡的时期，出版产业往往成为一个新的经济增长点；当这个国家全面进入小康社会并逐步向富裕型转变的时候，随着恩格尔系数的降低，出版消费在人们的消费指数系列表中逐步靠前，出版产业会逐渐成为社会支柱产业。以日本社会在由温饱型向小康型，再由小康型向富裕型的过渡阶段出版物消费指数系序列变化为例是很能说明问题的。1965 年，日本每个家庭的阅读和娱乐消费支出为 3400日元，低于服装、鞋子及住房的支出；1980 年，阅读和娱乐消费支出增长到 2 万日元，超过了服装和鞋子的消费支出；到 1995 年，阅读和娱乐的消费支出达到 3.3 万日元，超过了住房支出，仅次食品、交通和通信的支出。这表明经济越发展、社会越发达，出版物的消费就会越大，需求也会日益旺盛。现阶段，我国的出版产业的发展虽然一直保持着高于国民经济平均增长率的高速度，但出版物的人均消费量依然很低，市场的巨大潜力还远远没有发挥出来。

四、发展和繁荣中国出版产业目前
亟待解决的几个问题

当前乃至今后很长一段时期内，中国出版产业应围绕下列问题展开：

（一）出版市场最大化

出版市场化即是出版产业化的基础，也是出版产业化的主要内容。出版产业化发展必然要求出版市场最大化，出版市场最大化又为出版产业化的发展创造极为有利的条件。

按照经济学理论，市场最大化的含义就是通过市场化行为对各生产要素进行最优化配置，从而产生最大的经济效益。市场最大化从目的上讲是追求利润最大化，从过程上讲是追求生产要素配置和产品销售方案的最优化。对生产要素进行优化配置的切入点应从出版资本开始。因为出版资本是出版资源中最活跃的因素，没有资本，出版经济活动就不能启动。在实际的出版活动中，出版资本表现为资金的形式。在计划经济体制下，资金由国家统一划拨，出版规模由资金数额多少决定。在市场经济条件下，出版企业必须自筹资金、自谋生路、自我扩充、自我发展。这样，允许资本进入出版市场，通过投资、入股、参股等多元化筹资方式，将其他产业的资金吸纳到出版产业的发展中，不仅可以壮大出版产业的实力，也可利用出版产业的诸多优势，向其他产业渗透，形成多元化经营。

我国的出版产业长期处于一种简单再生产的状况，基本上是挣多少钱就花多少钱，既缺乏投资融资的动力，也缺乏投资融资的渠道。这是出版产业集约化程度低的一个重要原因。由于我国实行出版权专有的政策，使得出版产业的利润长期高于社会平均利润率，社会资本向出版产业流动是符合一般经济规律的。但由于种种政策的限制，这种资本的流动虽然一直未曾间断，但实际上处于一种不合法的形式。20世纪80年代中期，出版行业出现了"协作出版"这种形式，当时的名称叫作"利用社会资本发展出版事业"。后来由于管理工作没有跟上，协作出版出一些问题，加之对出版业是否需要利用社会资金的认识还不清晰，协作出版从管理制度上便被停止了。但由于社会资本是按照经济法则在流动的，因此社会资本，包括国有资本、私营资本甚至境外资本一直以各种方式、通过各种渠道向出版业流动和渗透。

我认为，国有资本向出版产业的流动，主要是为了实现资本最大化，而不是要掌握和控制出版权，应该允许和鼓励。现在的电影和电视许多都是由国有大企业赞助的。私营资本和境外资本的投入也是要实现资本最大化，但确实存在与我们争夺出版权的问题，应该有限制地为我所用。协作出版、资助出版、协办报刊等就属于这类问题。现在可以鼓励社会资本在一定的条件下以一定的方式、通过一定的渠道向出版产业流动，使出版产业尽快地形成资本市场，利用多种金融工具增强投资和融资的能力。

利用市场对出版资本进行优化配置是盘活我国出版企业存量资产的最佳途径。长期以来我国出版企业普遍存在存量资产结构不合理、营运质量不高等突出问题。而通过对出版资本的优化配置可以带动存量资产向高效益方向转化。

合理配置出版资本，通过资本市场对出版产业进行重组和扩张，促进出版资本的保值增值，这是更高层次的资源配置，理应成为出版改革的重点。

在培育资本市场发育、成熟的同时，还要对出版人才、出版技术等生产要素按市场化原则进行操作，最终实现出版资源整体的优化配置。

出版市场最大化的另一目标是出版物市场最大化。从市场供需关系看，需求的多样化为出版物市场的最大化提供了有利的条件。《新闻出版业 2000 年及 2010 年发展规划》强调，出版物实物总量的增长要与人民群众物质文化消费水平不断提高相适应。

我国目前的出版物市场还处于小规模状态，布局不平衡、功能不健全，国际市场所占的份额极小，还不能满足广大读者的阅读需求，这就要求按产业化原则对出版物市场进行更深层次的开发、培育和管理。不仅要在全国范围内建立发达的出版物市场流通体系，还要积极参与国际市场的竞争。要按照"产权明晰、权责明确、政企分开、管理科学"的要求，对出版发行机构进行公司制改造，对新华书店进行战略性重组，抓好大的，放活小的，最终推动全国出版物市场流通体系的形成。

（二）出版经营集约化

出版经营集约化是市场条件下出版产业发展的必然趋势，它体现的基本精神是出版规模的经济性。出版规模的经济性是指出版规模的变动而引起收益的变动，反映了因出版能力的提高而使出版成本下降、收益增加的趋势。在现阶段，强调出版规模的经济性，不仅是建立和我国社会主义市场经济体制相适应的出版机制的需要，同时也是同国际市场进行竞争的需要。为此，深化出版体制改革要以提高出版产业集约化程度为重点，以促进兼并与联合为突破口。这是在认真分析和研究了中国出版产业所面临的国际及国内的挑战之后形成的基本思路。

与集约经营相反的经营方式是粗放式经营。由于长期计划经济的影响，我国出版产业均衡发展的特征是很明显的。从产业发展内在规律上讲，由于出版经济和出版消费的不可分割性，布局结构一定是不均衡的。美国、德国、日本就是以几个出版基地辐射区域或全国市场的。我们需要通过结构性调整，推动建立若干个辐射全国市场或区域市场的出版基地，以及依托于出版基地的发行中心；推动培育出若干家年销售十几亿的大型的出版集团。报业集团、出版集团和发行集团不应是行政管理体制的翻版，而要能跨行业、跨地区，直至跨国经营。通过兼并与联合实现低成本扩张是培育大型或超大型出版集团的一个重要途径，既应该进行纵向的兼并与联合，也要进行横向的兼并与联合。出版产业要做大，并不是所有的单位都要做大。要处理好规模效益和效益规模的关系，大有大的优势，小有小的特点。中国出版产业既需要通过强强联合形成大型集团，也需要若干个机制灵活、特点鲜明、小而精、小而优、小而特的出版单位。大多数地区不可能也不应该形成全方位、全门类的出版产业体系，不应该追求自成体系。要以资产为纽带，促进地区间的密切联合，优势互补和互惠互利，实现多层次和多形式的联合。边疆少数民族地区的新闻出版工作承担着维护民族团结、发展民族经济的重任，是党和国家的一项重要事业，需要加大投入，予以扶持，以保证其按照事业发展的规律健康发展。

出版产业在国内、国际所遇到的挑战，明确无误地向我们昭示，在社会主义市场经济条件下，出版业不可能再按过去的管理体制和运行机制来迎接挑战了。其出路就在于坚持深化出版体制改革，坚持通过"阶段性转移"① 实现增长方式的转变，用集约化的经营方式来迎接挑战，用优质高效来迎接挑战。

参照发达国家出版企业集约化经营的模式，我国出版业集约化经营似可采用以下方式：

1. 联合。

联合是资本重组的一种重要模式。联合可以直接带来规模扩张，如我国江西省出版集团组建后成为全国出版系统第一个跨地域最多、成员最多的出版集团。当然出版企业之间的联合并不是片面追求规模的扩大，而是通过规模扩张来追求规模效益。规模扩大后，可以按照专业分工和社会化生产的原则，对出版活动的各个环节进行分工协作，可以将分散的资金集中起来，投入到集团的优效工程或薄弱环节的建设中，使联合体之间形成优势互补、共同发展的态势，从而大幅度降低成本，促进出版效益的增长。

2. 兼并。

兼并是市场竞争的突出表现，对兼并的一个形象的比喻就是大鱼吃小鱼。但我国出版企业之间的相互兼并还少有发生，这里面有地方行政保护的原因，最主要还是没有进入实质性的市场竞争。一旦进入真正意义的市场竞争，那种在竞争中处于优势的企业就可以通过兼并占有劣势企业，对劣势企业的资产进行重新配置，从而取得规模优势，达到盘活劣势出版企业存量资产的目的。

3. 股份制。

江泽民同志在党的十五大报告中指出："股份制是现代企业的一种资本组织形式，有利于所有权和经营权的分离，有利于提高企业和资本的运作效率。"股份公司是现代市场经济中适合于大中型企业经营管理的组织形式。国外许多出版企业实行股份制，如美国《读者文摘》出版公司、法国的阿歇特出版集团等。成立股份制公司的最大优点是，一旦获准在交易所上市，就可以面向社会发行股票，可以进行大规模的筹资，迅速扩展企业规模，增强企业在市场上的竞争力。在我国，成立出版股份公司的理论和实践都正在

---

① 见本卷第 524 页注①。

探索中。由于我国出版业属于国家所有性质，所以有人担心，实行股份制之后，国有资产的公有制地位会受到损害。但正如江泽民同志所指出的："不能笼统地说股份制是公有还是私有，关键看控股权掌握在谁手中。国家和集体控股，具有明显的公有性，有利于扩大公有资本的支配范围，增强公有制的主体作用。"因此，如果股份制确能对出版产业的资本重组、体制改革起到推动作用，就应该鼓励一些出版社实行股份制改组。

4. 股份合作制。

股份合作制主要在出版企业内部实施。凡企业职工都可以投资形式购买本出版机构内部股票，共同劳动、利益共享、风险共担。20世纪30年代邹韬奋创立生活书店时采用的就是股份合作制形式。在国外，股份合作制也有很长的历史，如法国的塞伊出版社就是一个"人人都是股东"的出版社。该社全部股份分为3等份，其中，两位老板各占股份的1/3，全体职工占有余下的1/3。年终利润按占有股份的多少分红，两位老板各得1/3，职工得1/3。职工所得利润分为两部分，一部分作为职工当年的奖金发放，另一部分作为职工的股份投资，参股的多少按职工的资历和工资计算，工资越高、资历越深、参股数目就越大。两位老板也各以相同的资金参股投资，这样该社的股份长期保持3个1/3不变。塞伊出版社实行的股份合作制，虽然是资本主义性质的，但该社把出版经营同职工切身利益结合起来，一定程度上有利于调动职工劳动积极性，并不断扩大企业规模。

5. 建立出版集团。

大型出版集团资本雄厚，具有全球化、多元化的经营意识，能够大规模地拓展国内外出版市场。在今天，欧、美、日等资本主义发达国家的出版市场主要是由若干个大型出版集团来掌控的。美国目前排名在前20位的出版集团如麦格劳-希尔出版集团、西蒙与舒斯特出版集团、读者文摘出版集团、纽豪斯集团等控制了美国出版业总产值的80%以上。

我国《新闻出版业2000年及2010年发展规划》明确指出："为实现新闻出版业的两个根本性转变①，积极进行战略性调整，提高新闻出版行业集

---

① 新闻出版业的"两个根本性转变"：一是出版体制改革；二是推进出版物整体质量。

约化经营能力。要推进组建出版、发行、印刷集团和报业集团的工作，鼓励并扶持跨地区、跨行业、跨所有制，甚至是跨国经营的大型出版集团。"这一"战略性调整"有利于改变目前我国出版业的产业结构和组织结构不合理状况，有利于改变"大而全、小而全"的生产格局，有利于发展社会化、专业化生产协作，实现出版要素的优化组合和出版资源的合理配置，形成规模化经营，有利于出版经营体制和运行机制的转换，有利于提高我国出版业在国际出版市场上的竞争能力，并从总体上提高我国出版产业的实力。

但是，组建大型出版集团在我国是一个新的尝试，也是一项复杂的工作。因为组建大型出版集团要通过联合、兼并或股份制形式进行，必然要突破现有的出版体制。从经济发展的角度讲，集团化是一个出版机构经济自然扩张的社会化过程，但在当前，由于内外部条件的不成熟，我国出版产业集团化还主要依靠行政手段来协调、引导和推动，这是一个相当被动的过程。

事实上，组建大型出版集团应遵循下列原则：一是自愿互利。不能运用行政手段强行组织，不能搞"拉郎配"。二是鼓励竞争。通过竞争提高出版管理水平和经济效益。三是优化组合。可以打破地区、部门、行业和所有制界限，进行横向或纵向的联合，务必使出版结构合理化。四是多元化经营。可以充分运用高新科技，探索出版产业多元化的经营前景，实现出版资源在多种媒体间的有效利用，最大限度地发掘出版资源的内在价值，实现出版业的可持续发展。

总之，组建出版集团要突出资本一体化、出版主营化、经营多样化、技术现代化的特点，力求符合现阶段出版体制改革的要求，并逐渐和国际出版市场接轨。

6. 放开搞活中小型出版企业。

规模经营也有一定的限度，出版集团的规模超过一定限度，生产费用会增加，管理及协调等各方面的费用会上升，其经营效益会适得其反。大有大的好处，小有小的特点，关键是要处理好规模效益和效益规模之间的关系。中国出版产业既需要通过强强联合形成大型集团，也需要若干个机制灵活、特点鲜明、小而精、小而优、小而特的出版单位。大多数地区不可能也不应该形成全方位、全门类的出版产业体系，也不应该追求自成体系。

从西方发达国家出版业来看，除了少数能够在出版市场上呼风唤雨的大型出版集团外，还存在着相当多的中小型出版企业。像美、日、英、法、德等国，它们的出版社总数每年都在三四千家左右，其中大型出版集团有几十家，独具特色的中小型出版社有几百家，剩余的是自生自灭的特小型出版社，这样的结构是符合出版产业自身的发展及运作规律的。

在研究提高集约化程度、促进兼并与联合等问题的时候，我国出版人普遍感到出版单位目前的市场法人地位不明确，缺乏进行兼并与联合、提高集约化程度的基础性的法理条件。我国的出版单位长期属于事业性质，20世纪80年代中期大多数出版单位实行了事业单位企业管理，但就性质的归宿而言，仍然属于事业单位。出版单位目前的这种组织形式不利于实现兼并与联合，不利于提高出版产业的资本集中度。这是兼并联合在实践中遇到的困难。

现在大多数出版单位既要交所得税，又要交增值税，自负盈亏，与工商企业可以说是别无二致；凡是实行事业单位，企业管理的出版社均执行的是企业财务制度，要讲求成本核算，提高经济效益。作为事业单位唯一有实际内容的就是人事制度上与企业有所区别，而这恰恰又是出版单位在促进兼并与联合、提高集约化程度的过程中希望有所突破的方面。财政部曾明确表示，把那些实行事业单位企业化管理的单位逐步变为企业，这是今后发展的一个方向。原国家经贸委曾明确指出，事业单位不能组建集团，更不能进行兼并与资本重组。社会主义市场经济要求确立市场法人地位，书、报、刊、音像及电子出版单位究竟确定为事业法人有利还是确定为企业法人有利？我认为，根据《出版管理条例》使出版单位成为"具有独立承担民事责任的法人"，有利于确立出版单位具有民事权利能力和民事行为能力，更好地利用现代企业制度改革成功经验；有利于提高出版单位集约化程度，促进兼并与联合，增强进行资本运营的能力。出版单位成为企业后，并不妨碍《出版管理条例》的落实。这就像我国电影制片厂都是企业，但并不妨碍电影局对其选题，特别是送审样片有最终决定权，并不妨碍电影制片厂要将社会效益放在首位。解决这个问题，主要是解决一个名与实的问题。《出版管理条例》要求书、报、刊、音像及电子出版单位都要进行工商登记，但到底是作为企业法人登记，还是作为事业法人登记，这个问题已经非常现实地摆在我们面前。

因此，我国出版产业究竟采取何种形式实行集约化经营，经营的规模多大，应该因地制宜，根据各个出版社自身的情况决定。规模经济的特点就是追求效益最大化，对出版产业来讲，既包括社会效益，也包括经济效益。提高效益是出版集约化的根本目的，无论是组建大型集团，还是对现有中型出版企业进行结构优化、资产重组、特色培育，都应以提高效益、盘活壮大资产存量为目的，从而不断促进我国出版产业实力的增强。

（三）出版科技现代化

运用高新科技加快我国出版产业的发展是现阶段的一个重要任务。电子计算机技术及现代通讯技术的迅猛发展为出版产业培育了新的经济增长点，也为加快对原有出版企业的技术改造提供了便利条件。经过我国科研人员的艰苦努力，已经成功地解决了诸如汉字编码、汉字识别、汉字信息压缩存储和快速输送等关键技术。所有这些都表明，在我国大力发展电子出版物的技术问题都已基本解决。在20世纪80年代中期，我国的一些科技开发公司已经能够独立生产软件出版物。进入90年代，我国的电子出版业迅速崛起，许多新闻单位、一些重要的报社以及科技信息咨询服务机构相继建立了自己的数据库，并向用户提供联机服务，同时还出版数据光盘版。

国内已经成立了众多的媒体公司，其中一些公司已具备较强的开发和生产磁带、软磁盘、激光视盘、光盘等电子出版物的能力。现阶段，国内已有多家公司可以编辑加工只读光盘（CD-ROM），若干家公司能够生产此类电子出版物。我国新闻出版署已在中国大百科全书出版社建立"中国百科术语数据库"，同时还出版光盘出版物。这个数据库建立以后，向国际上有关的数据库联网。投入光盘制作的还有《中国大百科全书》《中国美术全集》等多部巨著。科学出版社出版的《汉英中医药词典》（电子版），收集了中医药学20门边缘学科的4万多词条。该词典除有全屏幕查询、检索功能外，还有计算机操作系统一级的词库调用功能。专利文献出版社已定期出版专刊文献数据库光盘和说明书光盘，这些光盘出版物将成为专利文献的主要载体。我国发行量最大的报纸《人民日报》也已经出版了光盘。所有这一切都表明，经过我国科技工作者和出版工作者的共同努力，通过借鉴国外的技术，但更重要的是通过自己的力量，在一个不太长的时间内，中国的电子出版业已经有了一个较高的发展起点，在技术上，特别是在汉字信息处理上，取得了世界领先地位。

总的来说，出版科技现代化是一项系统工程、整体工程，编、印、发各个环节都需要从各自的角度进行科技改造。利用高新技术从整体上提高全行业的装备及管理现代化水平，要通过科技进步推动产业结构的调整和优化，全面提高出版质量和出版生产率。

（四）经营管理科学化

科学化的经营管理方式是出版产业化的重要内容。所谓科学化的经营管理就是依据出版规律和市场法则对出版业进行管理。西方出版家将出版社科学化的管理模式概括为如下几个方面：

1. 经营管理人员具有预见未来、把握未来的能力。这样才能看准市场、赢得读者。

2. 出版社内部环境具有凝聚力、激励力和创造活力。

3. 出版社在同业中要有良好信誉，能够与书商、图书馆等进行良好的合作。

4. 出版社能够吸引和团结一批优秀作者，切实保证优质稿源充足。

5. 成本与财务管理是非常重要的。主要决策人员应及时掌握财务状况，科学投资、确保赢利。

这五个方面，可以拿来作为很好的借鉴。

（五）建立健全出版产业化发展的保障机制

出版产业化发展的保障机制主要包括现代企业制度保障、宏观管理保障、法律法规保障、国家产业政策保障等方面。这些保障措施对于现阶段我国出版产业化的发展是必要的、不可缺少的。

1. 深化改革，加快出版业建立现代企业制度的步伐。

在出版企业内部建立现代企业制度既是出版业转换经营机制的关键性步骤，也是出版产业化发展的重要保障。从产业角度考虑，出版企业要想成为有效率的市场经营主体，必须按照"产权明晰、权责明确、政企分开、管理科学"的原则，对计划经济下出版体制进行规范化的公司制改造，使出版成为真正意义上的独立的法人，在法律上和经济上成为独立自主实体，并拥有自主经营和发展所必需的各种权利。出版企业虽然也要遵守政府的各种规章制度，但在经济上和法律上却是独立于政府之外的。出版企业可以根据自己独立的发展目标做出经营决策，实现出版资源的优化配置，力争出版效益最大化。

2. 转换机制，建立有效的宏观管理体制。

宏观管理机制的建立是保障出版业高效运行、不出偏差的重要环节。党的十四大以来，通过建立和完善新闻出版的宏观管理体系，以及预报机制、监督机制、保障机制、责任机制、约束机制、奖惩机制等的逐步确立，新闻出版的宏观管理水平已有很大提高。但还有许多亟待改进的方面。从总体上讲，新闻出版业要建立多间接调控、少直接管理，多运用综合手段、少运用单一的行政手段的高效灵活的宏观管理机制，努力提高在导向、总量、结构、效益上的宏观调控能力。

3. 依法管理，建立健全与社会主义市场经济相适应的出版物生产、流通的法律法规体系。

市场经济在一定意义上可以说是法制经济。依照已制定的有关出版的各项法规、条例，让出版工作走上依法管理的轨道，则是繁荣和发展我国出版业最有力的保障。

4. 经济政策保障。

根据出版业的作用和特性，制定和出版业相适合的经济政策，对之进行有效的保护和扶持，将为我国出版产业的发展创造良好的经营和发展环境。当前，要从税收、价格、信贷、工商、邮政、进出口等方面对出版业进行倾斜，使出版业在相对宽松的经济条件下运行。要落实好所得税返还和增值税先征后返等优惠政策。要用好出版专项资金、科学技术出版基金和少数民族出版基金，支持重点出版物的出版、印刷技术的进步、技术改造和图书发行网点建设。

文化变革与现代出版产业的发展*

出版产业是以知识、信息的生产和供应为主体的产业，它本身就是文化性和经济性的统一。出版物是记录、传播、积累、发展人类文化知识的载体，形象地说是文明人类自身的阶梯，归根结底是建筑人类文明大厦的脚手架。一方面进入"工艺—社会"结构，推动物质文明前进；另一方面进入"文化—心理"结构，丰富精神文明的积淀。随着社会的进步、科技的发展，人类文化的模式和结构也产生重大的调整和变革，特别是科技的发展使人们在很短的时间内改变了对宇宙、地球、生命、时间、空间乃至人类社会及人类文化的理解，人类自身也不得不调整乃至改变自身生存的、曾引以自豪的文化结构。知识具有了相对独立的性质。这也是"世界3"即包括图书馆、博物馆等全部知识在内的称谓，在20世纪经卡尔·波普尔①提出后获得大家一致认同的缘由所在。

迄今为止，人类历史已发生了冰河的时代末期、河谷文明时期、欧洲文艺复兴时期3次大的文化变革。目前，我们生存的这个社会正发生着一场新的文化变革。这场文化变革以现代科技革命为依托，以信息革命为核心，把

---

* 此篇原载《中国图书评论》2003年第7期。

① 卡尔·波普（Karl Raimund Popper，1902—1994年）是当代西方最有影响的哲学家之一。他原籍奥地利，第二次世界大战期间，为逃避纳粹迫害，他移居英国，入了英国籍。他在1972年出版的《客观知识》一书中，系统地提出了他的"三个世界"的理论。他把物理世界称作"世界1"，它包括物理的对象和状态；把精神世界称作"世界2"，它包括心理素质、意识状态、主观经验等；把人类精神活动的产物，即思想内容的世界、或客观意义上的观念的世界、或可能的思想客体的世界称作"世界3"，它包括客观的知识和客观的艺术作品。构成"世界3"的要素很广泛，有科学问题、科学理论、理论的逻辑关系、自在的论据、自在的问题境况、批判性讨论、故事、解释性神话、工具等等。

人类从 20 世纪的机器工业化时代带入 21 世纪的知识信息时代。这次文化变革在文化观念上的表现是：西方人开始着手对工业文明带来的负面效应展开批评，如让-保罗·萨特①用"人生来自由"，尤尔根·哈贝马斯②用"交往合理性"，批判学派以家庭、劳动性等方面的变革来抵抗工具理性③带来的种种异化；而对其他民族文化，特别是保存完整并还继续发挥活力的中华文化，如阿诺尔德·约瑟·汤因比④乐观预言的那样，是 21 世纪人类的希望。与此相对应的则是我们自己谨慎扬起的"民族复兴"风帆。在实践层面上，随着 20 世纪 80 年代冷战格局的结束，人类的交往真正进入了一个全球化的时代。今天的全球化是指现代人类的生产、经济、科技和文化的发展不断超越国界而面向全球发展的趋势。除了经济的和政治的形式外，文化交往比任何时候都更加突出。而现代出版产业适逢今日文化交往对流盛世，必然会通过自身的出版活动和丰富多彩的现代出版物为当今人类文化的大交流、大传播、大融合提供必要的条件和活力。人类的出版活动也从来没有像今天这样变得如此具有国际性和全人类意义。

---

① 让-保罗·萨特（Jean Paul Sartre，1905—1980 年），法国作家、哲学家、社会活动专家。他在 1943 年出版的《存在与虚无》一书提出："人生来自由，人就是自由，我们被判了自由的刑。"

② 尤尔根·哈贝马斯（Jürgen Habermas，1929 年 6 月 18 日—），德国作家、哲学家、社会学家，批判学派的法兰克福学派的第二代旗手。他在 1981 年出版的《交往行为理论》中通过对生活世界和以语言为媒介的人际交往活动的语用学分析，认为交往行为有三个有效性要求：真实性、真诚性和正确性——理论理性表达真实性，实践理性表达真诚性，审美理性表达正确性。在交往行为中，这三个同样原初的有效性要求体现了一致关联，哈贝马斯将其称之为合理性。

③ 工具理性是法兰克福学派批判理论中的一个重要概念，其最直接、最重要的渊源是德国社会学家马克斯·韦伯（Max Weber，1864—1920 年）所提出的"合理性"概念。所谓"工具理性"，就是通过实践的途径确认工具（手段）的有用性，从而追求事物的最大功效，为人的某种功利的实现服务。工具理性是通过精确计算功利的方法最有效达至目的的理性，是一种以工具崇拜和技术主义为生存目标的价值观，所以"工具理性"又叫"功效理性"或者说"效率理性"。

④ 阿诺尔德·约瑟·汤因比（Arnold Joseph Toynbee，1889 年 4 月 14 日—1975 年 10 月 22 日）是英国著名历史学家。1973 年，汤因比在与日本宗教和文化界著名人士、社会活动家池田大作（1928 年 1 月 2 日— ）关于人类社会和当代世界问题的谈话（《展望二十一世纪——汤因比与池田大作对话录》）中预言：中国文明将照亮 21 世纪。

一、生活方式的变革引起现代出版文化的全面革新

生活方式作为人类文化总体结构的一个最基础的层面对出版文化的影响起着决定性作用。当与远古文明相对应的原始生活方式向与农业文明相对应的传统生活方式转变时，记载原始人生活方式的巫术、神话、图腾以及种种具有原始意象性符号的原始形态的"出版"活动，便让位于记录传统生活方式的具有某种约定的风俗、习惯、常识、经验、戒律、规则以及以血缘关系和天然情感为纽带、自发地进行个体生存和简单再生产的日常生活内容。当与农业文明相对应的传统生活方式向以工业文明相对应的现代生活方式转变的时候，现代出版形态便抛弃了那封闭的、慢节奏的出版生活方式，取而代之的是与现代生活方式相适应的快节奏、大规模的出版生产方式。

从哲学的层面讲，现代生活方式在 20 世纪的一个重要转向就是人类对自身生活的世界不间断地进行审视和反思。一方面，人们把生活世界理解为日常生活世界（以个体的衣食住行、婚丧嫁娶、言行交往为主要内涵）和非日常生活世界（以专门性的学科建设如政治、科学、艺术、哲学、宗教等领域为内涵）的统一。由于现代市场经济打破了传统的封闭的生活方式，越来越多的人们开始走出熟悉的日常生活世界，进入到充满竞争和创造机遇的非日常生活领域。另一方面，理性和人文精神重新纳入现代生活的序列中，人们不再围于传统的经验、常识及习俗，而是以富有创造性的思维和实践参与改变日常生活的重复性单调性，从而在总体上追求一种将日常生活世界与非日常生活世界协调起来、共同发展的理想模式。它的基本精神是：同日常生活分离已久的科学、艺术、哲学、文学等精神生产应"重归故里"，向日常生活领域渗透，为人们提供自由创造和竞争的空间；而日常生活的结构和图式应该为一般的社会生活和精神生产创造相适应的条件，为人类提供安全的家园。但西方已走出"现代"的那些发达国家，则告别"短暂、飞逝、偶然"而走向"后现代"，而中国正大步迈向"现代化"。因此，这"回归"的内容和形式便是很不相同的，但毋庸置疑的是二者有一种互补张力。

从现实层面上看，由于科技革命引发的巨大的社会变革，人类的生活方式已经从传统的封闭性、单一性走向现代的开放性和多样性。在劳动生活方式上，由于自动化程度的提高，原来繁重的体力劳动已不复存在，劳动者由从追求单纯的实惠的物质生活的充裕转向了追求带有浓郁文化色彩、充满丰富精神特质的新的劳动工艺及新的生活价值；在家庭生活方式上，由于高科技的加盟，越来越多的家庭走进了"电子化"的生活方式，家用电子计算机及联网系统使得家庭的文化氛围出现了现代化的特征；在日常交往方式上，由于现代通讯条件的改善，人类的交往方式正由劳动型交往方式向知识型交往方式转变，信息交往成为核心中的核心，人们交往所要处理的信息，无论在质上还是在量上，都远远超过以往任何时代；在个体生活方式上，由于受市场经济法则的制约，"个人性"愈来愈突出，传统的"群体"概念正在被"全球"概念所取代。

二、新的教育模式给现代出版产业注入新鲜血液

教育和出版存在着天然的联系。教育是传播人类文化知识的最佳途径。出版是通过不同的复制手段将各种形式的出版物提供给读者进行阅读的一系列活动。出版物是人类思想与智慧的结晶，它为教育提供必需的资料与信息。受教育的人多了，教育发达了，对出版物的需求量就大了，对出版业的要求也就更高了，如不仅是抽象的符号——文字，而且是生动的图像、画页；不仅是视觉的延伸，而且是听觉的扩大（电视教育），从而促进出版业的发展。而出版业发展了，会为教育的普及提供"物质形式"的保障，从而使全民族的思想道德素质和科学文化水平及生理—心灵—精神都得到更大的提高和培育。这种天然的联系形成了二者之间互生互动的关系。

一个显而易见的事实是：出版业的繁荣和发达总是带动文化教育的快速发展，这也是教育的内部要求使然。每当教育模式向前推进和更新时，出版业较之以往则会更加繁荣和发达；而文化教育的快速发展反过来又推动了出版业的持续繁荣。日本学者清水英夫在《现代出版学》中总结第二次世界大战后出现的全球"出版爆炸"现象时说，"出版爆炸"是和"教育爆炸"

现象同时出现的，并且"直接影响出版的量和质的，只能是教育"。他还引用了美国学者 R. E. 沃尔斯利的《理解杂志》一书中有关美国出版业和教育有关的数据，结果表明，"二战"后美国杂志出版总数的增长率与中、高等教育机构的毕业生人数的增长率基本上是一致的。1940 年美国国民的平均就学年数只有 8.4 年，而到 1956 年，就学年数延长为 11.2 年；而美国 1956年杂志的出版总数也增加了 2.2 倍。这些资料说明了日、美两国"二战"后由于教育的广泛普及特别是中、高等教育的普及使出版业呈现出繁荣的态势。

当前，我们生活的世界正处在一个由传统教育模式向现代教育模式演变的时期。传统教育模式从总体上是和农业文明及机器时代（前工业文明）相对应的，它具有教育地点的集中性、教育标准的统一性、教育空间的封闭性、教育时间的阶段性、教育形式的单一性、教育内容的滞后性、教育手段的传授性等特点，许多在今天看来也可以说是缺点。因此，也越来越不适应于现代社会的需要。在当今世界，知识越来越成为人类生活的重要资源，成为经济发展（知识经济）的主要动力，并逐渐成为人们新的消费基础。面对知识经济的挑战，现代教育必须走出传统教育模式，而勇敢地面向 21 世纪的"大教育"模式。具体说来就是：

第一，由于科技的发展，人类拥有的知识总量正在迅猛增加。现代科技知识不仅呈指数规律增长，而且科技知识的物化期即从发明、发现到应用的时间段也在迅速缩短，科技知识的更新比以往任何时候都快得多。例如，本世纪 60 年代出现的发明和创造，就比以往 2000 年的总和还要多。据国外学者估计，全世界一年新出现的"知识流"（指新名词、新术语等）约有 70亿到 80 亿个，而学校教育提供给一个专门人才的知识却只占他一生所用知识总量的 20%。20 世纪 50 年代，激光从发现到应用的时间是两个月；20 世纪中期以来，科技更新的时间是 5 — 10 年。这些数据表明，传统的教育模式在今天看来只能是一种"启蒙式"教育，已不适应今天科技快速发展的需要。从"大教育"的模式出发，传统的封闭的学校教育理应转变为开放的社会教育，单一的阶段性教育理应转变为终身教育。在当今乃至未来的社会发展中，"活到老，学到老"将成为人们极为现实的生存原则。这种"大教育"模式的建立将直接影响到出版观念的更新。

第二，由于知识和信息带来的现代经济的发展，特别是产业结构的变化，使得人们对自身提出了重新学习的要求。当代经济产业结构的基本趋势是第三产业比重在迅速增长。产业结构的变化对社会的直接影响是导致就业结构和职业结构的变化，越来越多的人从事第三产业。据美国未来学家约翰·奈斯比特统计，1950年美国只有17%的人从事信息工作，目前则已超过60%。劳动者从第一、二产业转向第三产业，自身提出了重新学习的要求，或是为了调整自己的知识结构，或是为了补充自己的知识体系。这样，就势必打破学校教育的狭隘圈子，而不断开展多种形式的继续教育。

第三，由于高新科技及电子计算机的广泛应用，人们的劳动方式、生活方式出现了"智能化"的趋向。这就使得人们的闲暇时间增多，为其接受继续教育提供了时间保障。同时，城乡差别也在进一步缩小，教育的层面在不断扩大。出版产业及现代出版人的出版活动理应顺从教育深入发展的每一动向，不断对其加以研究和分析，以确定出版的思路和方向。

上述三个方面，即科技发展、"三产"繁荣、"智能化"趋向对教育的挑战及对印刷出版业的呼唤已经开始。对发达国家似乎不成问题，但对发展中国家如我国，则是难题。但教育必须面向未来，出版也不能按兵不动。可能的答案似乎可以从以下几个方面寻求：①承认我们与发达国家的差距，研究差距的具体情况；②提出初步改革措施，研究具体途径方法，制订可行性方案；③协调出版与教育，沟通交换意见，达成共识，然后付诸实施，分工合作，齐头并进。

三、价值观念的更新对出版产业的
发展起着重要的推动作用

价值观念是指人的世界观、人生观、道德观、功利观、审美观等等涉及价值判断的综合体。其本质在于是否能满足人的求真、向善、爱美的价值需求，从而达到"自由而全面的发展"。出版活动是人类特有的一种文化活动，它直接受到人的价值观念的影响。价值观念的外在表现是需要，当人们的价值观念决定需要某一类出版物时，出版活动就会满足这一需要。同时，出版所具有的前瞻性、能动性也是出版业的题中应有之义。因此，如何把握价值观念与出版活动之间的互动关系中的主动积极因素成为关键。这就是说，出版活动肩负着选择、传递、保存人类优秀文化的功能，如果腐朽没落的价值观占了上风，人类的出版观也会受到影响，那么出版物从内容到形式都会以不良的面目出现。

从史学的角度讲，因社会变革而导致的价值观念的更新对人类出版活动的影响是主要的。如果说原始人的价值观还处于开化时代的低级状态，那么"开始于铁器的制造，终止于音标字母的发明及用文字于文学作品的写作"①，这一时期则是开化时代的高级形态。铁器的使用使人类进入了农业社会（奴隶社会、封建社会），形成了传统的重血缘、人伦关系及人的地位的新的价值体系。例如，西方古希腊时代提出的"人是万物的尺度"的价值观、文艺复兴时期提出的崭新的人学观以及东方中国商周以降就萌芽的以重血亲，重仁爱，重天时、地利、人和为主体的价值观等。这些价值观对人类出版活动的影响是根本性的。但这种"根本性"是历史而具体的从而是相对的。夸大了这种相对性便走向"自我中心"论，如中国的"华夏本位"、西方的"欧洲中心"等。

但随着历史逐步打破民族界限，这个"中心"就保不住了，而要吸取别的文明的长处发展自己。例如，佛教从汉朝就传入中国，自此，在中国古代出版活动中就留下了大量的佛教典籍；直至唐玄奘印度取经，更是人类史上空前的文化交流盛事，这一盛事以出版形式而留下了永不磨灭的记载。

人类文明进入机器时代时，人类近代价值观才开始形成。人类可以用机器来延伸自己的肢体，借助机器来完成自身体力所达不到的某些劳作。这时，人对自然的认识更加深刻，于是就产生了改造自然、征服自然、面向现实、积极投入、提倡创造、鼓励自我实现的新的价值观。这是西方资本主义社会处于上升时期人类价值观念的总体走向。人类的出版活动在这种新的价值观念的引导下，一扫传统价值观的那种闭塞性、滞后性，使这一时期的出

---

① 出自〔美〕路易斯·享利·摩尔根著：《古代社会·文化上的诸时代》。

版物无论是文学如但丁的《神曲》、哲学如培根的《新工具》，还是科学与自然如哥白尼的《日心说》等都表现出不同以往的进取精神和开拓精神。冲破"神"的藩篱，打碎封建枷锁，人类凭借自身的力量去征服自然，证实自己的存在，这一价值观在这一时期的出版物上留下了众多可资凭依的记录，成为人类启蒙时代宝贵的文化遗产。

越过近代，就迈入了现当代人的历史。但是近代竭泽而渔的"透支"活动，带来了震惊人类的"生态失衡"，由是引发了"天人合一"的"生态平衡"的强力呼吁。"人类中心论"于是悄然兴起，也成为出版业的热点，大批的科学考察、文学诉说、伦理斥责及审美重估兴盛一时。更由于现代化在全球发展的极端的不平衡，从而使现当代人的价值观念呈现出异常复杂的状态。各种观念、思潮此起彼伏。于是，新旧价值观的碰撞更加剧烈。这在出版业上也得到了充分的反映，尤其是文学上"现代派"的崛起，可谓"一叶知秋"。现代艺术，包括兴盛一时的"立体主义""抽象派"的现代艺术主流作品，以看不出具体意义的丑陋的、扭曲的、骚乱的形象情景的场面引起复杂的心理感受。由"美"走向"丑"。至于"黑色幽默"，《二十二条军规》《等待戈多》等，多有介绍，不再多谈，因为太荒诞、离奇。但是，由于自我调节机制的牵制和校正，从内而起的反对力量则从理论上的"智商第一"走向"情商为首"，如《廊桥遗梦》《雨中人》等走向了田园牧歌、世俗人情。

面向未来的当代价值观给现代出版产业的发展带来了千载难逢的良机。如上所述，这良机不仅在于物质发达、信息快速、交流频繁，而且在于价值观中的对流与对抗、互补中的个性差异。竞争里的各领千秋，会衍化为出版物的百舸争流、气象万千、各展风采、蔚为大观的风云际会新景观。

出版产业：市场定位与品牌竞争战略[*]

一、出版产业的分类与出版社的市场定位

对照当前世界各国的图书、报纸、期刊的出版情况，就出版物的阅读对象而言，可以把出版产业笼统地区分为大众读物出版产业和专门读物出版产业两大类。大众读物包括了面向大众市场的书、报、刊出版系统，专门读物主要是为特定专业而出版的书、报、刊体系。围绕这两种类型，西方发达国家的出版机构又分为商业性出版机构、政府出版机构、社团出版机构、大学出版机构等。其中商业性出版公司，其业务范围延伸到现代出版的各个领域。商业出版公司的经营目的就是盈利，这是它区别于政府出版机构及大学出版机构的所在。专业性出版公司只专注于出版领域的一个或多个专业学科，如宗教书、农业书、医学书、法律书、经济书等等。另外还有专门出版大众市场纸皮书的出版社。

由于大学出版机构、社团出版机构、政府出版机构一般不以盈利为目的，所以他们受到的市场压力要小得多。

上述对出版产业所做的分类主要是从出版物作为商品以及不同的读者类型两方面来考察的，对照出版产业的发展轨迹，这样的分类与其说是历史的，不如说是在市场条件下自然发生的。对单个出版机构来说，这样的分类显示了它存在的意义。出版产业的分类不仅具有管理功能，而且影响到出版社的市场定位。一个出版社是向综合性的方向发展，还是向专业性的方向发

---

* 此篇原载《中国图书商报》2003 年 7 月 4 日。

展，这种大的方向的决策除了依靠市场的风向标外，还要考虑到出版产业内部复杂的分工情况。

二、市场定位是出版理念的反映

出版社的市场定位是关系到出版社生存目标的大问题。在市场经济条件下，"面向市场找定位"似乎是一个较为稳妥的说法。殊不知，这一说法本身就包含了许多歧义，给"定位"罩上了一层模糊的阴影。一般地说，"定位"应是长远的而不是短期的，是符合规律和存在目的的，而不能和其他产业部类取相同市场标准。但是，要做出比较符合实际的市场定位却必须对出版市场进行分析、调查和预测，要探究它的过去、现在及未来的发展趋势，以此来对出版社整体发展方向进行决策。

从出版产业的两重属性来考察，出版社的市场定位实际上是出版人出版理念的反映。从商业性和文化性的合一为出发点，既要顾及读者的文化需求，又要顾及出版社自身的商业利益；这是出版社立身之本，也是大多数出版人所必须遵循的。所谓出版理念就是贯穿出版机构的行为准则、哲学纲领、处世信念，是最能代表一个出版机构外在形象的内在精髓，是出版机构的灵魂。一个出版社的出版定位必须从它的出版人的出版理念中获取支持，才能坚持其生存之道。

出版定位与出版理念是很抽象的、精神性的东西，但在实际操作中常以具体的、感性的面目出现。既有很强的实践性，又有一定的理论性，正是出版理念的特征。出版理念一旦付诸实践即形成了出版社的出版定位。

关于出版社的出版理念问题，日本出版学的创始人清水英夫在其《现代出版学》中指出：根据出版界的历史和常识，"出版社并不单纯凭借资本和企业规模的大小程度决定优劣，优劣的关键取决于出版社的出版理念（idea）究竟如何！"他还指出：一般的经商者，只有在功成名就之后才转而谈论"哲学"，"只有出版家，是先谈'哲学'而后才开始经商的"。在日本，岩波书店自1913年由岩波茂雄创立以来，出版的书刊都突出了高品位、高质量的特征，从不随波逐流，被日本书业界公认为"认真的有良心的硬派出版社"。日本大修馆书店主张"出版事业为天下所公有",主张为后世留下好书而进行出版活动。这个出版社出版的 11 卷《原色浮世绘大百科事典》,历经 10 年编辑而成,成为这一领域的代表作。

有了明确的出版宗旨、出版理念,并将其贯穿到出版实践中,这就形成了出版社的出版定位。实际上,出版人的出版理念有时也表现出极端的复杂性,为求生存不得不偏重于商业利润的追求。但是,正如美国出版商小赫伯特·S.贝利在《图书出版的艺术和科学》一书中所说:"出版社并不因为它经营管理的才能出名,而是因它所出版的书出名。"偏于利润而放松了对出版物质量的管理,这样的出版社是没有出版理念的出版社,当然也谈不上什么出版定位了。

三、市场定位是出版产业走向规范化、特色化的切入点

在激烈的市场竞争中,出版社通过自身的出版理念看准市场、找准定位,这既是社会的要求,也是出版产业市场有序竞争的要求。有序竞争就要求出版市场的规范化,而找到定位之后的出版社在进入出版市场之后,能够比较合理地配置出版资源,控制出版资金的流动,合理地调配出版人才资源,使一切出版活动都围绕着确定的出版目标运行。

出版社的市场定位对出版业的又一重要影响就是出版特色的形成。美、英、法、德、日、荷等发达国家的出版社历来重视出版特色的培育,认为出版特色是出版业的生命。因此,在出版社的市场定位确定之后,按照既定的出版理念和出版专业分工,出版社就开始形成自己独有的特色。

美国的麦格劳-希尔出版社是现今世界上最大的综合性专业出版社。这个出版社的主要创始人麦格劳和希尔在 19 世纪末只是合开了一个小型的专业期刊出版局,主要出版铁路工程专业方面的杂志。两人认定了专业出版这条路之后各自成立了图书出版公司,并经过 1909 年、1917 年两次合并,于1917 年正式成立了麦格劳-希尔出版社,专门出版工程、教育、化学、物理、数学、医学、经济、农业、经营等领域的专业书刊。在图书品种上,科

技方面占60%，非小说类的社科和人文著作占40%。出版的期刊以理工专业期刊为主，不出版大众消遣杂志。麦格劳-希尔出版社恪守专业出版这一特色，形成自己的传统定位，并导入现代企业经营方式，不断收购和兼并其他专业书刊出版公司，从而成为今天称雄全球的综合性专业出版公司。

出版既是出版社所刻意追求的，也是出版社融入经营管理的一个重要方面。西方出版界自20世纪30年代开始盛行的纸皮书出版业，经过英国企鹅出版公司、美国班坦出版公司等纸皮书出版公司的大力发展后，形成了出版速度快、成本低、封面精美、开本小、便携带等特色，从而在出版市场上站稳了位置。而出版社更是在相关方面费尽心机，美国的兰登书屋出版公司长期与美国的科研情报机构相结合，出版经济战略方面的研究报告和图书已成为一个传统。这一特色使兰登书屋出版公司身价倍增。

出版社的市场定位并不是一成不变的，随着时代的变化，以及社会、文化、经济环境的变化，特别是出版社最高决策者出版理念的变化，出版社的出版定位也会因之改变。

美国兰登书屋易主于纽豪斯集团后，原来坚持的出版高级硬皮精装本的高文化品位的格调被纽豪斯的走大众化市场路线的定位所取代。原来被公认为"文艺界自由派神圣护卫者"的面目消失了，取而代之的是"夸张的促销手段、低俗的恐怖内容、性爱的刺激"等等。大量生产、大量销售取代了先前品种多印数少但价值高而产销谐调的情况。最有代表性的便是出版《侏罗纪公园》一书，销售量高达几千万册。

四、出版品牌是出版市场竞争的产物

正如其他企业在激烈市场竞争中要靠优质品牌取胜一样，出版社在找到市场定位之后，主要以出版品牌来显示和巩固自己的出版特色。出版品牌，是一个出版社区别于另一个出版社的根本标志。大到一个出版社的出版理念出版定位，小到一个出版社的名称、标识、徽号甚至一类书的出版风格等等，都可以成为一家出版社进入市场的手段。对出版社来说，品牌是一种重要的无形资产。

品牌是市场竞争的产物。在众多的出版物市场中如何使自家出版的书、刊、报从内容到形式处于优势，不仅仅需要出版理念的贯穿、出版定位的确立，更需要将已有的内涵通过醒目的标识设计体现出来。确立了自己的出版品牌，就等于确立了出版社自己的市场范围、市场竞争力，这是至关重要的。

英国企鹅出版公司是出版业实施品牌战略的一个成功范例。"企鹅"之所以曾一度成为纸皮书的同义语，是和英国出版家艾伦·莱恩独特的出版理念、出版定位和独有的出版设计分不开的。

艾伦·莱思用橙白两色的简洁图案做图书封面并配以醒目的"企鹅"社标，立即给人一种超然卓立的独特印象；小开本及精美的版式也成了纸皮书一贯的特色。20世纪70年代以前，以英语为母语的国家的书店、机场、车站、码头随处可见装帧独特的"企鹅"丛书。企鹅公司将小说的封面边缘染成杏黄色，将历史、传记的封面边缘染成蓝色，将科技和经济类图书封面边缘染成浅蓝色，给世界书业带来了一股强劲的冲击波。

品牌竞争战略在国外企业界被称为"赢的战略"，它能在激烈的市场竞争中扩大企业的知名度，树立企业良好的形象。出版产业是文化产业，其品类千差万别、繁荣丰富，但在市场上有竞争力的还是那些能把自己的个性、自己确定的出版理念导入所有出版活动中，并受到读者普遍认同的出版社。大凡出版思路、出版选题、出版风格、出版管理、出版公关活动、出版形象（包括社名、社标、建筑物外观设计、出版物风格设计）等应该以明确的出版定位贯彻下去。除了"企鹅""牛津"等出版公司外，像英国朗曼集团的"三桅帆船"商标，德国施普林格出版社的"马"图案商标以及加拿大专出爱情小说的禾林出版公司对图书的封面尺寸及页数一律规格化，等等，都是利用品牌进行市场竞争的成功范例。

五、追求品牌效益是出版市场成熟的表现

第一，品牌是市场需求的标志。品牌效益已经被出版实践所肯定。通过品牌效应进行出版市场竞争是现代出版产业对现代企业管理思想的一次深层次的领会和导入，是出版市场成熟的表现。

在考察出版品牌效益时，应该注意到，出版品牌是一个整体概念，而不单单是一个空洞的名称，或毫无实际内涵的商标。它至少应该包括出版理念、出版定位、出版形象设计、出版生产实践、出版销售服务在内的几个大的环节。因此，出版品牌效益是一个整体效益。在现代出版环境中，追求品牌效益就是要运用先进的管理经验，出版名牌书、建立名牌出版社，用名牌机制来刺激出版产业的繁荣和发展。

品牌是个性和特色的显现，而个性和特色恰恰是成熟出版社所独有的。许多出版界名人都认为，具有鲜明个性的事业，是独具特色的产业。出版产业使用的原料是靠人的大脑加工出来的精神原料，这就把出版业和其他类型的企业区分开来。出版产业生产出来的产品又是经过不同的出版者的大脑加工出来的别具品位的精神产品，且品种之间绝不雷同，这就使出版业之间的区别彰显出来。而出版品牌则集中了一个出版社所具有的优势品质，最大限度地显示了出版业的个性和特色。

在出版产业日益垄断化、国际化、信息化的今天，出版市场的竞争实际上就是出版品牌的竞争。这是由于在出版品种日益繁多、市场竞争日益激烈的情况下，出版物的质量、外观设计都向较高水准发展，已失去了传统的竞争魅力。读者在繁杂的市场上的选择余地也大为增强，购买行为与传统相比发生了很大的变化。这时，出版社的出版品牌对读者的购买行为就会发生决定性作用。一家有信誉、得到读者信赖的出版社在市场竞争中就会处于优势的地位。

第二，在信息化社会，读者面对丰富的阅读信息资源往往有不知所措之感。此时，那些有明确的市场定位、且保持优质品牌的出版社不仅不会被信息的海洋淹没，反而在读者市场中的印象越发突出，这种反向作用就是出版品牌所起的重要作用。美国《新闻周刊》是主宰美国新闻期刊市场的著名杂志，它的主编理查德·M. 史密斯说："市场的关键在于取得消费者的信任，我们的刊物是每一周都必须把成分和包装进行变换的'产品'。牌子效应可能比你所能想象到的产品的任何其他方面都更为重要。"为了提高知名度，《新闻周刊》采取了流动市场的策略，并明确提出"现在是《新闻周刊》的时代"。结果读者人数直线上升，广告客户大为增加。

第三，出版品牌的树立不是一蹴而就的，是对优秀出版传统积淀的结果，也是历史和时代造就的。因此，在市场竞争中凭借历史积淀下来的"名牌"效应及具有视觉冲击力的企业识别标志就能够牢牢站稳脚跟。

六、出版品牌的生命在于创新

20世纪是现代化的世纪，21世纪则是信息化的世纪、知识经济的世纪。时代在变，人们生存的社会环境诸如生活方式、思维定式、人格模式、教育方式等也在变。高新技术也正以前所未有的力量推动着社会向前发展。在这样的条件下，墨守成规是不可能的。出版产业作为信息产业的前沿，更应求变、求新，以适应变化的市场和读者多样化的需求。

品牌的生命在于创新。由于市场竞争的推动，新的出版品牌层出不穷，品牌的更新期相对缩短。一种品牌只有不断增添新的内涵才能持续吸引读者，才能延长出版物的生命周期。如果不注入新的内容，就会在市场的竞争中失去优势。

美国的纸皮书出版在20世纪30—40年代销售形势极好。但到50年代初期，由于印费提高，纸皮书印刷商开始提高书价，结果造成大批退货，竟出现出版商不得不往运河里倾倒退书的情况。这种情况促使纸皮书出版商决心更新纸皮书出版的内涵。他们采取了两项重要措施：一是纸皮书直接出版初版书，而不是再版书，从而转变了纸皮书的跌势。20世纪80年代以来，出版精装本的"初版出版商"与出版纸皮书的"再版出版商"为争夺"原始版权"展开了竞争。由于纸皮书地位和身价的不断升高，更多的作者愿将初版权提供给财大气粗的纸皮书出版商。二是利用图书封面设计闯市场。封面是品牌的主要标志，封面精美与否直接影响销售。班坦图书公司认为："书的封面像商品的外包装，人们都喜欢包装精美华丽的商品。图书的封面是否能吸引人在一定程度上决定了读者是买还是不买。"这是班坦图书公司经过挫折之后得出的结论。他们不惜工本提高封面印刷质量，别出心裁地设计和绘制出新颖、诱人的封面，首当其冲通过击凸、镂空、烫金等工艺，使封面立体化、豪华化，产生了具有视觉冲击力的全新效果，增添了纸皮书在市场竞争中的活力。

市场全球化：世界华人
出版产业发展态势[*]

香港、澳门、台湾的出版文化活动是华夏民族文化传统的组成部分。1997 年和 1999 年，香港、澳门已先后回到祖国怀抱，近年来，台湾与祖国大陆的文化交流活动也非常频繁。语言文字的同源和文化的同根使香港、澳门、台湾的文化出版业和祖国大陆有着天然的联系。但由于政治、经济、文化制度方面的差异，香港、澳门、台湾的出版产业也各有其自身的特点。因此，探讨港澳台出版产业的现状和前景，有助于全中华出版人加强交流，增进合作，促进统一，为造就中华现代出版巨人创造有利的条件。

一、香港、澳门出版业的现状与走向

香港出版业是在"二战"后逐渐起步，经过几代出版人不懈的努力才发展起来的。"二战"后至 20 世纪六七十年代是香港教育的普及期，这期间香港主要从祖国大陆进口图书，进口量达在港图书流通量的 90%。"文化大革命" 10 年，祖国大陆出版业遭遇空前浩劫，香港也受到巨大影响，书源、稿源枯竭，只好翻印内地受"批判"的图书，也出版一些大众消遣类图书。80 年代，随着教育水平的提高，香港的社会文化呈现上扬势头，香港的出版产业也走上稳步发展的道路。出版社数量增至 500 家左右，年出版图书逾 3000 种。这期间，香港的期刊、报纸业出版也繁荣起来，星岛报业

---

* 本篇原载《中华读书报》2003 年 7 月 9 日。

有限公司成为面向世界华人发行规模最大的中文报业集团。香港出版业作为一支生力军已在国际出版市场初露头角。

90 年代以来，香港出版业面临世界多元文化和全球信息化的冲击开始转型，呈现出新的发展趋势，主要表现在如下几个方面：

第一，随着教育的不断普及和教育水平的提高，香港文化已经走出"沙漠化"，出现了拥有较高文化层次和专业文化的大众。香港出版业乘势而上，出版物内容质量向专业化靠拢，从而在整体上提升了出版物的质量。作为现代化的大都会，香港的文化结构经历了一个由低、中向高层次提升而达到全面发展的阶段性过程。现在，香港不仅已走出了"文化沙漠"的时代，而且已成为东西方文化、现代信息文化的交汇之地。香港出版人在兼顾不同阶层、不同年龄、不同品位读者需要的同时，不惜花费很大精力出版政治、法律、哲学、历史等社会科学和自然科学等各类图书，引导读书新潮流。这些举措说明了香港出版人主体意识的增强。由一般的普及类图书到高深的学术论著，甚至成本大、制作难度高的大型艺术画册如《中国古代服饰》、故宫藏品等，不但有越来越多的出版人敢于出版，并且许多书也能取得较好的经济效益。香港的期刊出版从 20 世纪 80 年代中期开始，不但品种增多了，而且出现了专业化的趋向，形成了多元化的文化格局。

第二，华文出版实力快速增长，中文媒体集团增多，港外出版公司的加入，都使竞争日趋白热化。随着回归祖国，香港的汉语学习风气前所未有，对香港华文出版业产生了极大的推动与促进，为今后的发展奠定了基础。从 20 世纪 80 年代中后期起，香港中文出版的集团化现象越来越明显。星岛日报、明报、壹出版、联合出版集团、博益出版集团等相继成立。这些集团的出现，一方面标志着香港中文出版实力的增强，一方面也标志着中文出版竞争的激烈。90 年代中期前后，台湾的一些出版公司如远流、城邦等开始在香港设立分支机构，在香港的一些出版外文图书的外国出版公司或分公司也开始涉足中文出版，这些都使香港的中文出版竞争进入了白热化。

第三，香港是一个高度发达的国际性城市，是国际贸易和国际信息中心之一，这一特殊地位对香港出版业有很大的影响。现代以信息阅读为主导的取向将代替传统的以修养阅读为主导的取向。在香港，20 世纪 80 年代的读书人所读的出版物内容与 90 年代相比就有很大的不同，80 年代初期，阅读文、史、哲以加强传统文化修养的读书人是最主要的读者；而现在阅读文、史、哲的读者少了，阅读专业性、实用性、资讯性书籍的读者多了。原来文、史、哲类图书是共通性图书，现在电脑知识类图书成了共通性图书。这一转型正反映了香港 90 年代以来出版的新动向。

第四，香港出版产业出现国际化趋势。国际化大都市的地位、国际性的贸易和资讯中心的地位决定了香港的一切都是面向国际的，出版业也不例外。香港有通向世界市场的各种商业渠道，为出版业走向国际化提供了便利的条件。香港出版人抓住这一有利时机，从本土狭小的地域空间向全球市场开拓，国际化态势愈来愈明显。

香港出版人利用这一优势用出版物形式联系着广泛的华人读者。20 世纪 70 年代前后，胡仙领导的中文报纸《星岛日报》创下在世界华文报界的声誉就是典型的一例。《星岛日报》曾是中国人面向全球的最大的报业集团，虽然与国际上某些知名报业相比，还相差甚远，但胡仙在某些方面却做得相当成功。胡仙将《星岛日报》发行到亚洲、欧洲、北美洲和澳大利亚的 7 个主要城市，7 个地区都沿用《星岛日报》这一名称，而每个城市出版的《星岛日报》都拥有本身的印刷、编辑、采访及独立的发行与广告办事处，在业务运作上，中国及国际性的新闻都在香港的编辑部拼版，然后由卫星传送到不同城市的星岛海外办事处，而地方性新闻则由当地的《星岛日报》记者报道。因此，香港、纽约、多伦多、温哥华、悉尼与伦敦等 7 大城市的《星岛日报》都各自具有自身的特点，并且都取得了相当好的经济效益。1988 年，胡仙荣获美国俄亥俄州立大学史克普斯新闻学院颁授的卡尔·范·安达大奖。俄亥俄州立大学史克普斯新闻学院院长伊沙特博士在颁奖时确认，《星岛日报》是"第一份真正的国际性报章"；胡仙是唯一一个适合接受"卡尔·范·安达奖"的外国人，也是"思想与行为国际化"的出版家。胡仙的获奖，说明了香港中文报纸受到国际上的重视，显示了香港出版业巨大的实力。80 年代后期成立的联合出版集团的发展历程，则是华文出版不断走向成功的又一例证。香港有长期的英语教育的历史，现今英语是国际性出版语言，利用英语出版各类出版物在香港有得天独厚的优势，有头脑的香港出版人正在把这些优势变为推动香港出版走向国际化的活力。

第五，越来越多的专业人才进入出版行业，为香港出版业的持续良性发展注入了活力。出版业的广阔前景令一些知识人觉得大有可为，不少文化界的专业人士受到鼓舞加入出版行业。一些出版机构培养了以各类人才为骨干的专业力量和企管阶层，其中一些在获得了发挥才干的良好条件后，勇于创新出版理念，谋求出版领域新的突破，从而提高了出版质量，提高了出版社的品位，改变了出版社的格局分布，成为香港出版业走向新世纪的带头人。总之，今日的香港出版产业已日渐成熟，其出版流程、出版管理、出版人才已自成体系，成为世界出版产业中的一支重要力量。

澳门由于人少地狭等原因，出版业发展有限，无论是出版社数量、出版业规模都非常小。澳门的华文出版业仅由星光出版社、澳门日报出版社与澳门出版社在内的几家出版社组成。但随着澳门回归祖国，中华文化的逐步普及，澳门的华文出版也必然会有所起色。

二、台湾出版业的现状与发展趋势

近年来，台湾出版业发展较快。1953 年，台湾的图书出版社有 138 家；1985 年底，增加到 2671 家；20 世纪 90 年代末，则达到了 6000 多家，年出书 2 万多种。1950 年，台湾有期刊 144 种；80 年代中期，出版期刊有 2869 种；到 90 年代末，期刊数量超过 6000 种。台湾出版业的繁荣一方面是由于台湾经济的高速发展所促成的出版业外部环境的改善；另一方面是由于海峡两岸的文化交流日益频繁，台湾出版社同祖国大陆出版社合作出版的项目增多。两岸的沟通对 80 年代台湾出版业飞速发展起了重要的推动作用。还有，台湾出版人已形成了独具特色的经营管理技术，台湾的出版物的流通体系发达，其发行销售也极有特点。

统观台湾出版产业的发展现状与趋势，可归纳为如下几个特点：

第一，20 世纪 80 年代以来，台湾的书刊出版业开始从单一化走向多元化。

20 世纪 80 年代以前，台湾当局对书刊出版业实行严格的"戒严管制"，书刊出版机构官办者很多。80年代，台湾处于社会、经济、政治变动最剧烈的阶段，台湾当局在各方面的管制日渐松动，书刊出版业也日趋活跃，民办和私营的图书出版机构日渐增多。目前，台湾出版机构类型主要是民营，资金来源包括独资、合资、合办、股份制等多种形式。出版机构的多元化加剧了出版市场竞争，各出版社为了在竞争中立于不败之地，普遍进行出版市场调查，努力贴近读者和社会需求，从而在竞争中找到了自己的位置，形成了专业化分工，形成了自己的出版特色。原来文学书独占市场的局面受到了严重挑战，非文学类书籍，包括经济、语言、医学、园艺、民俗和其他实用性图书异军突起，如80年代新成立的经济与生活出版社紧随台湾经济的发展和人们"想发财"的势头，出版了一批企业管理丛书，掀起了台湾阅读经济书的热潮。

台湾的杂志出版业所呈现的多元化发展势头也很明显。这一方面是由于台湾经济生活的改善导致了民众文化消费水平的提高，另一方面是一批受过专业训练的人才积极投身于杂志出版业，开拓出版了一些成功的新型杂志，如《天下》《远见》《钱》《财讯》等财经、企业管理和高新科技知识类杂志。同时，杂志与音像电子出版相结合日益密切，"有声杂志"出版发展很快，如《突破》杂志等。这是杂志领域的新突破。杂志出版领域的专业化改变了原来由大众消遣类杂志一统天下的局面，从而使台湾的杂志出版业出现了多元化格局。

第二，从20世纪80年代后期开始，台湾的书刊出版业在经营管理上趋于企业化。

企业化的经营管理方式要求出版社合理地配置出版资源，降低出版成本，扩大销售量。台湾出版界从20世纪80年代后期开始，普遍重视用现代企业制度对出版业进行经营管理。远流、新学友、时报文化、光复、牛顿、锦绣等出版社都提出书是一种商品，出版社是以经营为主导的企业体。台湾作为一岛之地，在众多的出版机构争夺有限的市场的条件下，各出版社必须运用高效的经营管理手段来对出版业和各个环节进行合理组织和运作才能立于不败之地。例如：远流出版社抓住台湾人"把酒柜变成书柜"的消费心理，出版了《中国历史演义全集》《胡适作品集》《鲁迅全集》等多种全集、专集、大套书，十分畅销；光复书局出版了《中国古建筑之美》《中国考古文物之美》等系列套书；传记文学出版社大力倡导熔历史与文学为一炉的出版宗旨，先后出版了"传记文学丛刊""传记文学丛书""传记文学集刊""传记文学文史新刊""传记文学史料丛刊"等400多种。

企业化的经营管理方式使出版社努力开拓多渠道的书刊经销网络。在台湾地区，书刊的发行渠道主要有三条：一是出版社——书报发行社（书商）——书店，这是主发行渠道；二是出版社——书店；三是出版社自身发行机构。台湾的书刊经销网络比较发达，金石堂、诚品等书店在世界华人圈中也很有影响。

为了使出版物畅销，台湾图书发行业十分注重书刊的封面设计及整体装帧效果。为了使读者一看到书刊就买，台湾出版社对图刊的用纸和印刷都很考究，印刷质量与欧美不相上下。除此之外，台湾出版社还在报纸、广播、电视等新闻媒体上做广告。台湾图书广告的费用很高，往往占生产成本的10%—20%，有的高达30%。但出版社却舍得花钱，不惜花巨资做广告，以激发读者的阅读兴趣、购买欲望。

第二，从20世纪90年代开始，台湾出版业进入了国际化的发展轨道。

1992年，台湾再次修订"著作权法"，版权保护水平大幅提高，对美国等保护加强，台湾长期低成本、高利润地翻印欧美和日本图书的途径被断绝，版税大幅增加。在此情况下，具有前瞻性眼光的大型出版社主动采取措施不再盗版西文图书，而把经营目标转向对国际市场的开发。

进入20世纪90年代，出版市场全面对外开放。90年代中期，美国出版公司麦格劳·希尔正式在台湾设立了分公司，出版中文版图书。台湾出版市场全面国际化。

第三，集团化加快，电子出版发展迅速，向岛外出击。

20世纪80年代末起，随着台湾出版业的空前繁荣，一批出版集团开始出现。城邦、PCHome、商业周刊、千华等为其代表。进入90年代，随着电子技术、网络的发展，台湾出版业开始迅速向电子出版、网络书业发展。博客来、远流博识、天下书坊等一批网络书店的出现，使台湾的中文网络书业走在了华文书业前面。同时，一些出版公司开始向岛外出击。远流、城邦、皇冠等先后在香港、新加坡、马来西亚等地设立分公司，以拓展国际市场求发展。

三、华文出版市场的一体化与国际化

香港、澳门、台湾的出版业和祖国大陆的出版业联系密切。因为它们都立足于中华民族传统文化的根基上。以此心态观照世界范围内的华文出版市场及华文出版现状，得出一个结论是：华文出版市场亟待整合，现代中华出版人在华文出版这一广阔天地里应该更加有所作为。

现在，包括香港、澳门、台湾在内的华文出版呈现一定程度上的分散格局。在华文出版的国际化方面，祖国大陆改革开放 20 年来的成就引人注目。20 世纪 90 年代中期祖国内地出版机构购进外国图书版权达 3000 多项，超过了卖出版权。2002 年，祖国大陆引进版权数量已超过 1 万种。一些反映国外高新科技动态和内容的图书如《数字化生存》、《时间简史》、"第一推动丛书"、《未来之路》、《微软的秘密》、《爱因斯坦全集》等图书被翻译出版后，掀起国内了解高新科技发展的热潮，电子、语言、财经类书籍成为引进版权中最热门类。香港华文出版业在 80 年代后有了长足的发展，印刷出版业生产总值达全港制造业净生产量的 4%。由于香港是中西文化交流之地，其出版业与文化教育、经济、政治、科技、生活等各个方面息息相关，香港书刊广泛流布海外华人世界，成为华文出版的一个重要的基地。近几年，海峡两岸出版业交流日益增多，台湾作为华文出版的一支重要力量正在世界华文出版市场展示着独特的魅力。

由于历史的原因，香港、澳门、台湾及祖国大陆在世界华文出版市场上都占有一定的优势，也存在一定的缺陷。而香港、澳门相继回归祖国，两岸交流的深入，都为世界华文出版合作创造了良好的前提，为世界华文出版市场一体化提供了有利的因素。

相对来讲，内地有充足的人力优势，无论是创作、翻译、编辑、印制都能够在编写制作期限内完成。这种优势可以弥补港台出版人才资源相对不足的缺陷，可以大大降低出版成本。香港地方虽小，但它有优越的地理位置和独特的历史条件，与世界经济文化有广泛而密切的联系，已经成为世界经济文化交流集散的场所。香港是当今世界上第四大印刷中心，其印制品的数量仅次于美国、德国和日本。香港拥有非常优秀的印刷技术工人，印刷质量高。有很多国家和地区把图书送到香港印刷，质高价廉，包括运费还比台湾低 10%—15%。香港的出版物发行网络发达，运输条件优越，能成为内地通向世界各地的一个中转站。香港书店把经营门市的成功经验推广到新加坡、马来西亚、美国纽约、华盛顿和加拿大等地区，逐步建立起面向全球的行销网络，另外，香港还有充足的出版资讯及企业策划手段，有规划市场的经验，可以设计出不同的版本适合不同地区不同读者的需要。香港有丰富的与国际出版交流的经验，能够运用科学方法对世界出版市场进行预测，还能够发展财产权的边际效应，结合不同行业，共同创造利润。这些优势为祖国大陆出版业向外发展提供了诸多便利的条件。

台湾地区与祖国大陆相比，出版人力资源相对不足，与香港相比，不具备香港出版处于国际经济文化包围圈的便利条件。但台湾华文出版在世界华人圈中的行销能力却相当强大。台湾出版策划人才多、台湾书业在行销网络建设中舍得投资，岛内建有许多现代化、多功能的大型书店。20 世纪 80 年代台湾华文出版的繁荣，使台湾产生了许多大出版公司，而台湾的市场容纳度相对较小，从而使得这些大出版公司只能走外向型发展的路子。

进入 20 世纪 90 年代，香港、澳门、台湾及祖国大陆的华文出版出现了一体化的态势。所谓"华文出版市场一体化"，就是说原来香港、澳门、台湾及祖国大陆的图书市场是各不相通的，而今出现了融通的局面。这主要是由于：①港澳台在祖国大陆可以寻找到更广大的出版资源和出版市场；②在相对宽松的意识形态环境下，文化渊源的相同给华文出版提供了一体化的有利条件；③随着祖国大陆改革开放的进展，港台及祖国大陆的大众化生活、文化需求开始接近，也为华文出版的一体化提供了一个共同的接受场。

华文出版的一体化可以表现在许多方面，诸如文化资源的共享，作者、编辑人员的共用，出版资金的共用等方面，其优点是可以避免重复出版，可以携手参与国际出版大市场的竞争。世界华文出版市场的一体化在某一方面为华文出版市场的国际化发展准备了良好的条件。所谓华文出版市场的国际化是指华文出版市场从整体上进入国际出版市场。从主观上讲，是要运用国际间通行的市场法规去操作具体的出版活动；从客观上讲，随着中国经济全面走向国际化，出版市场也必然走出原来封闭的国内市场，而走向国际化轨道。

另一方面，华文出版市场的一体化吸引着外国出版业进入华文市场，从而加快了华文出版市场国际化的步伐。在祖国大陆，许多海外出版机构纷纷来此设立子公司或办事机构，像德国贝塔斯曼这样的大型出版集团已在上海设立分支机构。在香港，世界许多大出版公司差不多都设有面向亚洲的办事机构。过去由于出版市场分割，再加上祖国大陆市场未开放、港澳台市场狭小等原因，国外出版企业并不热心于华文出版市场。现在，中国的几个地区都已经加入世界贸易组织（WTO），祖国大陆对港澳台正在逐步开放市场，市场相对的一体化使世界华文出版市场扩大，特别是从今年5月开始，祖国大陆正式对外开放书、报、刊分销市场，为港澳台出版人提供了更广阔的发展空间。

国外出版业进入华文市场对我们来说既是挑战，更是机遇。港澳台及祖国大陆的出版机构都认识到，只有利用产业化政策、利用市场策略建构和世界出版接轨的产业体系，组建大型出版集团，努力壮大自我，才能进入国际出版大市场的竞争行列，才能在竞争中处于有利地位。

电子游戏产业需要积极引导 *

    电子游戏产业诞生于 20 世纪 80 年代，目前在全球已形成 1000 亿美元的大市场。自 20 世纪 90 年代以来，我国游戏出版业历经曲折，由最初的艰苦创业，逐步走向成熟。进入新世纪以来，随着个人计算机和互联网的普及，我国电子游戏出版业进入迅速发展期。在国内 6800 多万上网用户中网络游戏用户占 1/3 左右，庞大的用户群培育了一个初具规模的产业链，目前正式注册的游戏研发、运营公司已有 70 多家，销售、服务企业有 20 家，产值已超过 10 亿元人民币，为相关产业带来的效益达 130 亿元人民币。

    游戏出版业是由高新技术发展带来的一项新兴产业。过去我们常说："人生识字糊涂始。"儿童识字都是从方块字开始，顶多有个"看图识字"的画片。现在时代不同了，电子游戏的产生给人们带来了动态的知识，也带来了更多的欢乐。在这个虚拟的世界里，凭着人们的想象，可以产生出许多科幻作品。健康的电子游戏对人有益智作用，它的使用对象包括学龄前儿童到老年人，从开辟鸿蒙到怡情休闲，可以相伴人的一生，对于人们的思想、行为方式和文化修养产生深刻的影响。但目前适合国情的原创电子游戏产品不多，电子游戏市场仍是国外产品唱主角，游戏出版物的内容良莠不齐，有的内容很不健康，宣扬色情、暴力、荒诞、迷信，鼓吹西方的所谓"民主""自由"，有的有明显的种族歧视倾向，个别游戏竟为臭名昭著的法西斯战犯及其侵略行径张目，给广大用户特别是青少年身心健康带来负面影响。电子游戏形式上是一种娱乐，其实质是在潜移默化中传播一种文化。游戏产品

---

    *   此篇原载《中国新闻出版报》2003 年 7 月 29 日。

的导向问题应引起我们的高度关注。

游戏出版业属于整个出版业的一个组成部门，理所当然地要纳入出版行政部门的管理范围。对于游戏出版业，同样需要"一手抓繁荣，一手抓管理"，引导这个新兴出版产业向着健康的方向发展。出版主管部门要加强宏观管理，依法行政，这是政府要管的事情。最近，中国出版工作者协会根据电子游戏行业的强烈要求，成立了游戏工作委员会，它的职责是配合政府主管部门工作，加强行业管理和行业自律，做好行业协调工作，发挥桥梁和纽带作用，真心实意地为成员单位服务，这是行业协会应尽的责任。

电子游戏出版物发行面广、数量大，盗版的问题时有发生。作为行业协会，要配合政府做好保护知识产权和"扫黄打非"工作。比如，最近一个时期，大家非常关心网络游戏中存在"私服""外挂"问题，这些非法行为对游戏出版产业的发展危害极大，游戏工委要配合政府主管部门，加大打击力度。为加强维权工作，可以通过办培训班强化版权知识的学习，还可以做一些调查研究，及时反映业内的情况，向政府建言献策，积极做好行业协调工作。

电子游戏出版业是一项综合性产业，它的繁荣和发展既需要自身的努力，也需要相关行业的支持和配合。因此，中国版协游戏出版物工作委员会要广交朋友、共谋发展，推动游戏出版业多出精品，为建设先进文化、繁荣有中国特色的出版事业做出应有的贡献！

中国印刷产业的现状与发展对策[*]

一、我国印刷产业的现状和存在的问题

印刷术是中国古代四大发明之一。据史书记载，早在公元 2 世纪末中国已流行的拓印是印刷术最早的雏形，这是用纸和墨从石碑上拓下图文的复制方法。雕版印刷发明于 6 世纪末 7 世纪初，在 10 世纪末中国已掌握套色印刷技术。中国是印刷术的故乡，这是确凿无疑的史实。这个史实不仅在中国史书上有记载，美国出版的《简明不列颠百科全书》有关印刷技术的历史和印刷术的条目也是这样记载的。日本人自吹现在除了天上的云彩和流动的河水不能作为印刷载体外，在什么材料上都能印刷，但他们也不得不承认，印刷术的老祖宗是中国。我们珍视历史，更要与时俱进、奋发图强，把我国的印刷产业提升到世界一流水平。

改革开放以来，我国印刷业取得了举世瞩目的成就。以汉字信息处理技术的突破为起点，我国印刷业经历了第二次印刷技术革命，实现了从铅排铅印到激光照排胶印的历史性跨越，生产面貌彻底改变，生产总值以年平均两位数的速度快速增长。2001 年国务院颁布了修订后的《印刷业管理条例》，明确全国印刷行业实行统一监管，结束了我国印刷业延续 50 多年的分散管理的历史；印刷业体制改革逐步深化，多种经济成分共同发展格局已经形成，国有印刷企业的改革正在稳步推进；对外开放步伐不断加快，中国印刷

---

[*] 这是于友先同志 2005 年 8 月 21 日在 2005 年数字印刷技术与印刷管理科学研讨会上的讲话。

业已经融入世界，成为世界印刷之林中的重要一员，而且地位正在不断提高。

经过 20 多年的发展，我国印刷产业有了突飞猛进的发展。据新闻出版总署统计，截至 2004 年 12 月 20 日，全国有各类印刷企业 94282 家，有复印打字业户 85022 家，合计有 179304 家，从业人员 319.70 万人，工业总产值 2775.75 亿元。在 94282 家各类印刷企业中，和我们出版业直接有关的出版物印刷企业有 5753 家，占印刷企业总数的 6.10%；从事包装装潢印刷品印刷的企业 34808 家，占印刷企业总数的 36.92%；从事其他印刷品印刷的企业 50185 家，占印刷企业总数的 53.23%；从事专项排版、制版、装订业务的企业 3536 家，占印刷企业总数的 3.75%。2004 年印刷生产总值约 2600 亿元，占 GDP 2% 左右。印刷作为现代加工服务业，又具有文化产业属性，服务领域不断拓展，在我国社会主义物质文明、精神文明建设中发挥着重要作用，成为我国国民经济重要产业部门。

我国印刷业 20 多年的发展积累了丰富、独特的经验：一是坚持科技自主创新，发挥比较优势，成功开发了具有自主知识产权的汉字信息处理和激光照排技术，探索了以信息化带动印刷产业现代化的新型工业化道路；二是坚持"大印刷观"，以适应国民经济和人民物质文化教育需要为目标，按照系统工程组织印刷、设备、器材协调发展，组织出版印刷、包装印刷和其他印刷等各个印刷行业统筹规划协调发展，组织印刷及设备器材行业科研、生产、经营、服务、人才教育统筹发展。

近年来，我国印刷业的发展很快，呈现出几个显著特点：①区域性印刷产业带正在形成。其中以广东为重点的珠江三角洲和以上海、江浙为重点的长江三角洲两个区域性印刷产业带已初步形成，以京、津为重点的环渤海经济区内印刷业正在快速发展成为区域印刷中心，从全国来看，发展处于不均衡态势。②国际资本进入我国印刷业的步伐加快。2002 年新批印刷三资企业有 98 家，投资总额达 5 亿美元；2003 年又新批 84 家，投资总额超过 5 亿美元。③用高新技术改造传统印刷产业取得突破性进展，以采用计算机直接制版技术（CTP）和商业轮转机为标志的新一轮技术改造在全国展开。④多种经济成分的印刷企业的改革都取得了不同程度的进展。我国印刷业已形成了国有、民营、三资印刷企业齐头并进、共同发展的新格局。跨入新世纪后，我国印刷业的发展势头更趋向好。发展的实践证明，实现全面建设小康社会奋斗目标，不断把中国特色社会主义事业推向前进，必须树立和落实科学的发展观。认真转变职能，从宏观调控、加强监管和提供服务方面做好工作，通过法律的、经济的手段引导企业健康发展。

但是同世界发达国家相比，我们还有很大差距，当前主要问题是：

1. 我国出版业总体上产业规模比较小，在品种迅速增加的同时，总印张增加很少，品种与印张比之间呈现"多品种、小批量"的状况。人均印刷消费量较低，只及发达国家1/10，要适应全面建设小康社会的要求需要做出更大努力。

2. 产业结构不够合理，结构性矛盾比较突出。例如：

在企业结构方面：骨干企业少、实力不强，缺乏世界级大型企业集团；中小企业重复建设比较严重。

在区域结构方面：地区发展不平衡，"珠三角""长三角""环渤海"占全国印刷能力3/4以上，成为地区经济重要产业，东北和中西部地区尚不能适应本地区经济发展的要求；印刷产业呈现"孔雀东南飞"的趋势。

在技术结构方面：激光照排、胶版印刷虽已普及，数字、网络技术还只在少数企业应用。

在生产结构方面：印刷加工总体生产能力相对过剩，而高档产品的印刷能力相对不足，出口比重较低。

3. 科研开发基础比较薄弱，技术创新后劲不足。

4. 改革滞后，印刷市场化进展迟缓。

5. 宏观管理不够有力，基础工作薄弱，缺乏统一信息数据，印刷市场混乱状况仍然比较突出。

另外，值得注意的一个问题是地下印刷业屡禁不止，非法出版活动猖獗，近几年来，不仅无照地下印刷厂搞这种非法出版、非法印刷，一些国营印刷厂，有的甚至是当地的明星印刷厂，在利益驱动下，也卷入了非法出版、非法印刷活动。最近几个月经过全国"扫黄打非"办公室督办而破获的几起大案、要案，就令人触目惊心。现举两个例子：

在法律出版社、北京市海淀区文化市场管理部门的紧密配合下，北京海淀警方经过长达一个多月缜密侦查后，于 2005 年 4 月 27 日深夜至 4 月 28 日凌晨一举抓获涉嫌司法考试教材盗版及交易的宋亮等 9 名犯罪嫌疑人，当场缴获盗版司法考试教材 3072 册，涉案金额达 158720 元，以及用于盗版图书的交通工具、胶片、账本、盗版图书的下游销售商名单等一大批相关资料。4 月 30 日，海淀警方又查抄了宋亮在北京昌平沙河镇的一处库房，当场缴获司法考试教材相关用书 4002 册，涉案金额达 258670 元。在该处库房中，还发现有大量盗用高等教育出版社、中国政法大学出版社、教育部梅迪亚中心等单位名义的各种盗版教材，现场清点的盗用以上几家出版单位名义的盗版出版物涉案金额近 200 万元。在宋亮的住所处还发现了数量惊人的用于盗版的胶片等作案工具。据估计，此次司法考试教材盗版数量至少 1 万套，案值 240 万元。据了解，以宋亮为首的盗版团伙从事盗版已有五六年之久，不仅盗版司法考试教材，而且长期从事各类法律教材、各类考试用书的盗版，估计宋亮团伙长期以来盗版涉案金额数以千万计。

司法考试是国家选拔法官、检察官、律师的重要考试，每年考生超过 10 万人。由司法部司法考试中心组织编写的《国家司法考试大纲》和《国家司法考试辅导用书》（3 卷本），是考生首选的考试辅导用书，在考生中享有极高的威望。但是，最近几年来针对司法考试教材的盗版活动十分猖獗，屡禁不止，且有愈演愈烈之势，盗版司法考试教材的活动不但破坏了正常的图书市场秩序，也极大地损害了司法考试的严肃性。有考生向出版社反映："看到我周围的考生使用盗版辅导教材参加神圣的国家司法考试，有的人以后要成为法官、检察官、律师，我的心中只有悲哀！"

据初步了解，涉嫌参与宋亮盗版团伙盗版 2005 年国家司法考试教材等相关用书的印刷厂为河北省廊坊市三河某印刷厂，这个厂居然还被评为地方的明星企业，光盘厂为河北廊坊市大厂县某公司，装订厂为三河西柳河村某个无照黑厂，还有大量各地销售商进行盗版分销。这个大案还在继续查处中。

2005 年 7 月，有人举报北京市某公司内有一印刷厂（未注册）正在非法盗印《老夫子》和装订非法政治性出版物《真假毛泽东》。7 月 29 日上午，在全国"扫黄打非"办公室的指导下，市"扫黄打非"办公室与市公安局治安总队、通州区"扫黄打非"办公室兵分两路，对位于通州区潞城镇西堡村的一印刷厂和该厂位于通州区胡各庄前北营村的装订厂进行突击检查。执法人员在该印刷厂当场查获了全套《老夫子》胶片，并查获了正在装订的非法政治性图书《真假毛泽东》《华国锋下野内幕》各 3000 册，盗版图书《老夫子》3000 册，《乌龙院》9000 册，其他涉嫌盗版图书 2 万余册，共计 3.8 万册。

7 月 29 日下午，执法人员发扬连续作战精神，继续扩大战果，会同朝阳区"扫黄打非"办公室，在朝阳区某地将该印刷厂的库房查获，共查缴盗版图书 55 万余册。至此，此案共查获盗版图书近 250 种、58.8 万册。由于行动及时，此次查获的非法政治性图书《真假毛泽东》《华国锋下野内幕》尚未装订完成，没有流入市场。

"管不住印刷，就堵不住非法出版活动的源头。"这是 18 年来"扫黄打非"的重要经验教训之一。在新闻出版、公安、工商、文化管理部门的共同努力下，"扫黄打非"活动取得了重大成果，每年都破获许多重大案件，有力地打击了犯罪分子的嚣张气焰。但是非法出版、非法印制活动仍然屡禁不绝。为了整顿出版秩序，保护正当的出版产业的合法权益，2004 年 9 月8 日，中央宣传部召集新闻出版总署、公安部、国家工商行政管理总局、国家版权局、全国整顿和规范市场经济秩序领导小组办公室、全国"扫黄打非"工作小组办公室等部门参加的工作协调会，专题研究部署在全国开展印刷复制业专项整治工作。10 月 8 日，中央宣传部、新闻出版总署等 8 部门联合印发《印刷复制业专项整治工作方案》（以下简称《方案》），全国范围内印刷复制业专项整治工作正式启动。截至 2004 年 12 月 27 日，全国31 个省、自治区、直辖市都联合印发了印刷复制业专项整治工作的《通知》及实施方案，对各部门在专项整治中的职责和分工做了具体明确，提出了整治工作的重点。全国大多数省、自治区、直辖市已进入组织实施阶段，取得了阶段性成果。据对北京等 17 个省、自治区、直辖市 2004 年以来查处案件情况统计，查处违法违规案件 943 起，其中，查办大案要案 25 起，警告 481 家，责令停业整顿 250 家，没收非法印刷品 179 万册，没收非法所得 137 万元，罚款 537 万元，吊销印刷复制经营许可证 64 家，吊销营业执照 56 家，捣毁地下印刷复制窝点 116 家，移送司法机关追究刑事责任 6 起。

从许多案例中，我感到除了运用法律的、经济的、行政的手段加强监管力度外，还要进一步加强印刷行业的职业道德教育。中国版协和中国印协都制定了职业道德准则或公约。只有把职工队伍带好了，印刷行业才能健康发展，不管高新技术多么发展，人的素质都是决定因素，我建议同志们回去以后在这方面多做些工作。

二、关于中国印刷产业发展对策的思考

从铅排铅印到照排胶印的转变，是我国第二次印刷技术革命重要标志，印刷产业实现了从模拟技术时代向模拟与数字技术并存时代的转变。今天，我们正在面临从模拟与数字技术并存的时代向以数字、网络、信息以及多媒体技术为基础的数字时代转变。

印刷媒体产品将不再局限于纸质为主的物理媒体，相同的数字资源可以按照不同的方式输出，成为不同的媒体产品，多媒体和跨媒体将成为印刷产业发展的新领域和新的增长点。

进入 21 世纪，我国印刷业迎来新的历史性机遇：

一是党的十六大确定的 2020 年全面建成小康社会，提出国内生产总值到 2020 年比 2000 年再翻两番，给印刷业提供极好的市场机遇。

二是中国加入世界贸易组织，中国经济全面融入全球经济，中国对外开放进一步扩大，给中国印刷业发展提供了广阔的市场空间。

三是北京申奥、上海申博成功，奥运经济和世博经济中有巨额投资转化成消费需求，将给印刷服务带来巨大市场商机。

我们要抓住这些难得的历史机遇，分两步来实现未来的发展目标：

第一步，力争在 2010 年建成"全球重要印刷基地"。主要目标是：

（1）以科学发展观为指导，促进印刷业快速健康增长，平均年发展速度在 9% 左右，2010 年印刷生产总值达到 4500 亿元左右，占 GDP 2.25%。

（2）在"大珠三角""长三角"和"环渤海"地区建成各具特色、具有先进技术水平的区域印刷生产基地，印刷品出口超过80亿美元，同时推进中部、东北、西部地区印刷业的开发振兴，使全国印刷产业协调发展。

（3）在印刷技术方面继续保持汉字信息处理技术的领先水平，推进汉字信息处理技术与数字化、网络化技术相结合，开发一批具有我国特色和自主创新的印刷技术。

（4）加快产业结构调整，培育一批具有国际竞争力的骨干企业和一批具有世界影响力的著名品牌。

（5）深化国有印刷企业改革，建立起与市场经济发展相适应的多元投资结构和现代企业制度。

第二步，到2020年在我国全面建成小康社会的时候，使我国印刷业从目前的世界印刷大国转变成世界印刷强国，其主要目标是：

（1）我国印刷生产总值达到1万亿元左右，占GDP 2.5%左右，位列世界前三位，跻身于世界先进印刷之林。

（2）我国主要印刷生产企业的技术水平和管理水平达到当时世界先进水平。

（3）建成印刷技术、印刷设备、印刷器材、印刷科研、印刷教育协调发展和比较完整的现代化印刷工业体系。

（4）建立起适应市场经济秩序的全国统一、开放、竞争有序的市场体系。

为了实现发展战略目标，今后印刷产业发展的重点原则是：

一是以科学发展观为指导，坚持发展是第一要务，促进我国印刷业全面、协调、可持续发展。

二是发扬我国第二次印刷技术革命的自主创新精神，在积极引进和采用国际先进适用技术和装备的同时，加强科技开发、力争有所突破。

三是分析世界印刷技术发展趋势，抓住当代印刷发展关键技术，有所为、有所不为。

四是按照大印刷观的指导思想，实现印刷技术、印刷设备、印刷器材协调发展，建立我国完整的印刷产业体系。

五是立足于国际市场，对国外成熟的技术加快引进推广，积极促进外商中国本土化生产。

六是在工作方法上坚持科学试验、典型示范、稳步推广。

为了实现上述目标，必须深化改革，加快推进印刷市场化。

在我国市场经济发展进程中，印刷各个行业市场化程度发展不平衡，包装印刷、社会商业印刷是随着市场经济发展不断壮大起来的，市场化程度相对较高，而出版印刷业由于受体制和某些政策的影响，以及历史遗留下来种种积弊的拖累，市场化进程比较迟缓，国有企业改革困难仍然比较大，不少国有出版印刷企业效益不好，生产经营陷入困境。

解决这个问题，必须坚持深化改革，按市场优化配置资源，让印刷企业真正成为市场主体，尽快建立现代企业制度，转换企业经营机制。

1. 处理好出版业和印刷业的关系。出版和印刷是我国国民经济两大重要产业，两者尤如上游下游般紧密相关、唇齿相依；出版社和印刷厂又都是我国社会主义市场经济中各自独立的经济实体，也是独立的市场主体。除机关文印服务外，出版印刷的经营活动都应按照市场经营的原则，实行招标、应标，按合同组织生产，实行社厂分开，独立核算，规范运营。

2. 印刷企业按照市场配置资源，凡是设备、工艺、技术和管理具备条件可以自主决定经营方向，打破出版物、包装、商业印刷的界限，解放印刷生产力，面向全国印刷市场，公平竞争。出版社可以在全国市场内公开招标，择优选择承印企业。

3. 加快出版印刷企业改制步伐，按照投资主体多元化的原则鼓励引进外资、民资和国有企业之间互相参股，推进股份制改造，出版社和印刷厂作为独立的投资主体可以互相参股、控股，建立符合现代企业制度的体制、机制。

4. 鼓励兼并，发展企业集团。组织企业集团的关键是要转换经营机制，改革企业内部管理制度。兼并是否成功，主要看经济效益是否提高。

5. 改革印刷业行政审批制度，逐步实行登记制。根据我国加入世界贸易组织（WTO）的承诺和《行政许可法》的实施，要逐步减少最终取消印刷企业的行政审批。着力于加强监管，严格依法行政。

6. 进一步扩大开放，鼓励外商投资。对于外资进入我国出版物印刷，关键是要加强监管，要研究加强监管的措施，制定相应法规，严格实施。

7. 开放印刷市场。除从事货币、邮票以及国家安全机密的印务外，全国印刷企业都应面向全国市场，各个地区、部门保护性措施都应取消。要建立公平竞争的市场秩序，防止垄断；教材印刷应实行面向全国招标，取消地区和部门的保护。

8. 支持民营印刷企业进一步发展，改革开放以来，民营经济是我国印刷产业最活跃最积极的力量，特别是在包装和商业印刷方面占有绝对优势。目前民营、集体印刷企业已占全国印刷企业总数的 70%，在新世纪要继续鼓励支持民营印刷企业进一步做大做强，积极参与国有企业改制，鼓励到中西部地区投资，东北和中西部地区要采取积极政策，大力扶植、促进民营印刷企业的发展，尽快适应实施"东北振兴""中原崛起""西部开发"战略对印刷业发展的要求。

长期以来，我国印刷业处于分散管理、各自为政局面，造成盲目重复建设、资源浪费、市场混乱等状况，严重阻碍了我国印刷业的健康发展。2001年国务院颁布了修订后的全国《印刷业管理条例》，明确由新闻出版总署对全国印刷行业实行统一监管，这个历史性的决策，在我国印刷发展史上具有里程碑意义。政府加强监管工作，是印刷产业健康发展的保证。

关于出版产业研究与学科建设 *

今天我的讲话主题是《关于出版产业研究与学科建设》。

研究生的学习有两种教学方式：一种是老师的讲义全面系统、重点突出，让学生去通览专业书；一种是将专业领域最新最前沿的理论进行介绍与评析，并表明自己的观点，提供书目让学生自己去研究、思考，然后答疑。我倾向于后者，就是说，主张用学科问题和前沿理念来启发学生，达到教学相长、共同创新。

一般而言，社会科学领域里的研究包含这样几个要素：问题意识、社会科学资源、方法的利用与整合、研究信念的论证、对问题本身的求解等。在这几个要素中，问题是研究的起点，也是学科发展的生长点。对于人文社会科学，如果问题意识淡漠，脱离时代与社会现实，无异于切断了它们发展的源头，长此以往，必将成为无源之水、无本之木，生命力也将随之枯竭。

现在，大学一些人文社会学科的建设总是与最现实的问题、最有活力的学术思想不相关，总是与当代生活对学科建设的需求脱节。问题意识淡漠，运作性不强，这是制约学科发展的一个突出问题。

20世纪以来的思想学术正在经历一种根本性的转变，即：突破学科化的思想学术方式，回到问题本身，以问题为中心组织当代学术思想。这种问题意识是大学学科建设走出经院化的关键。

进入新世纪新阶段，世界各种思想文化相互激荡，新问题不断涌现，一些旧问题也相继复活。在今天，学术思想的意义和分量不再取决于它是否可

　＊　这是于友先同志 2005 年 12 月在北京印刷学院给出版专业研究生上课的主要内容。

以成为某学科知识的一部分，而在于它是否提出了有意义的问题，或者为解答有意义的问题提供了富于创新的思路。

问题本身也是需要区分的，有现实的问题，也有理论的问题。现实问题与理论问题之间没有原则上的区分，但有表现方式和层次上的差别。现实问题有其偶然性，而理论问题则蕴含着解释现实的问题性，是对现实问题的反映，同时也必须是一种提升，是创造性思维的表征。

对于中国出版学的学术研究工作而言，最重要的问题意识，应是对中国出版产业这个大问题的解答，而研究这个问题首先应该具有坚定的信念和敏锐的政治意识。必须要明确的一点是，我们研究的是有中国特色社会主义的出版产业。有中国特色社会主义出版产业就有着鲜明的意识形态属性，就必须牢牢把握先进文化的前进方向，最根本的是要坚持马克思列宁主义、毛泽东思想和邓小平理论在意识形态领域的指导地位，并坚持用"三个代表"重要思想①统领出版产业的研究和运作。违背了这个前提，我们的出版产业研究将脱离正确的轨道。

我们的研究方向是中国现代出版产业。所谓现代出版产业，简单地说，一是将出版行为纳入现代市场经济，二是出版技术逐步高科技化，三是出版物对现代社会尤其是全球大众生活的广泛渗透。这使得现代的出版程序、出版工艺、出版物及其营销传播诸方面，与传统出版业有很大的不同。

一般来说，人们将出版产业视为文化产业的重要组成部分。其经营活动是为了满足人们精神文化生活的需要，并通过其产品和服务对消费者的思想和行为产生一定影响。

国外理论界对文化产业的界定，学院派理论和应用理论研究有所不同，前者侧重于对文化产品中所包含的内容进行意识形态方面的研究，具有较强的理论思辨性；后者侧重于对文化产业的生产、流通、传播过程等经济运作实际问题的理论研究。至于"文化产业"的定义，一直是一个有争议的话题。联合国教科文组织将文化产业定义为："按照工业标准生产、再生产、储存以及分配文化产品和服务的一系列活动。"在美国，文化产业是指通过

---

① 见本卷第 542 页注②。

工业化和商品化方式进行的文化产品和文化服务的生产、交换和传播。文化产业即生产文化产品和提供文化服务的行业，行业范围包括文化艺术业、影视业、图书业和音乐唱片业。在英国，把"那些出自个人的创造性、技能及智慧和通过对知识产权的开发生产可创造潜在财富和就业机会的活动"，如出版、音乐、表演艺术、电影、电视和广播、软件、游戏软件、广告、建筑、设计、艺术品和古董交易市场、手工业品以及时装在内的 13 个行业，统属于"文化产业"。在加拿大，还增加了信息网络、多媒体等内容。

事实上，随着高新技术的飞速发展，"文化产业"的新形态还在不断涌现，可以说，"文化产业"是一个发展中的概念。《中国文化产业发展蓝皮书》把文化娱乐、新闻出版、广播影视、音像、网络及计算机服务、旅游、教育等看作是文化产业的主体或核心行业，把文学、戏剧、音乐、美术、摄影、舞蹈、电影电视创作甚至工业与建筑设计以及艺术博览场馆、图书馆、广告业和咨询业等也都包括在文化产业的范围内。

出版产业作为文化产业的一部分，改革开放以来，得到了长足发展，在取得明显社会效益的同时，经济效益也比较显著，形成了较为完备的出版产业体系，各类出版物的品种和数量都实现了高速增长。但总的来说，在世界出版产业领域里，我们仍处于初级阶段；对于出版产业的研究更是如此，既缺乏系统性，更缺乏理论深度。随着国家管理体制的改革和社会经济的发展，以及出版体制和机制的创新，"出版产业"的概念也会随之变化。

当前，我国新闻出版改革面临着难得的机遇和有利条件。同时，随着改革的不断深入，也出现了许多新情况、新问题、新矛盾。中国出版学科以及出版产业研究，必须以这些实际问题为出发点，进而对有关出版管理体制和运行机制的一些深层次问题进行探讨和深入研究。

问题意识，是进入科学研究的入口，科学研究一定要有敏锐的问题意识，但不能总是跟着问题跑。问题意识还不能代替实质的学科研究。因此，我主张问题意识与学科意识并重，坚持两者的有机辩证统一。

问题往往是散的、复杂的和流动性的，并且杂陈于不同的层面，而学科研究则带有相对的确定性，敏锐的问题意识是一个重要方面，但更重要的还是驾驭问题、剖析问题并获得实际的解决问题的理论思维能力，而且并不是所有现实问题都可以看成是学科研究的直接前提，现实问题需要经过某种筛选、甄别和提炼，方能成为学科研究的问题意识。提出问题当然十分重要，但坦率地讲，提出问题还只是一个开始，学科研究应当以问题为先导，但更重要的是要提升到一个相对确定的研究领域，并进行相应的理论清理、探讨、分析与思想引导。问题本身只是话题，还不是课题，从话题转化为课题，需要经过一种学术及学科的转换与提升。

"学科"之由来，其实只是为了回应某种特定的社会状况和精神活动。当曾经支撑着某一学科的社会状况不复存在或者已经发生重大变化的时候，该学科的知识必然要被重新建构。在市场经济、信息时代和面临国外传媒产业，特别是出版产业竞争的社会大背景下，出版学科的重新建构是我们面临的重要课题。

但是，把学科建设本身作为目的，或者把创建某种理论视为学科建设的首要目标，都是舍本逐末，最关键的还得看在学科建设过程中，相关的研究对于解决我国出版问题到底起了什么样的实际作用。

现在我国学术界写了许多文章，出版了许多著作，但有些并没有提出新的问题，或者未能解决前人没有解决的问题。缺乏问题意识，当然做不出真的学问来。有了问题意识，是否就可以做出真学问来呢？那也不一定。比如，撇开意识形态的前提研究中国特色社会主义的出版产业就不行。

20多年来，我在国家新闻出版的岗位上，一直十分关注现实问题研究与学科问题研究的有机结合，也十分重视对世界范围内出版产业的现状和前沿理论的了解与分析，繁忙的工作之余，还坚持带研究生，就是希望有机会就有关话题与同学们一起探讨。

以下列举一些中国出版产业发展面临的问题，中国出版学科以及出版产业研究可以以这些实际问题为出发点：

1. 缺乏宏观调控和统一规划。

文化产业在我国已被确立为大力发展的产业，但在相关的组织和工作的力度上仍亟待加强。规划和管理出版文化产业的机构尚未成立，在总体预算中还未专门划出发展出版文化产业的资金。出版文化产业的发展尚未形成一股合力。政府利用税收、贷款、基金辅助等手段来进行宏观调控的运作还需要加大力度。

2. 市场机制的作用没有得到充分体现，产业化程度较低。

文化企业决策行为常常由上级部门掌握，而没有完全根据市场的规律开展经营活动。虽然经过了数年的产业化改革，但仍有相当多的文化事业单位没有彻底实行企业化改革。当然其中确实有一部分单位还难以迅速进入市场，难以做到自负盈亏、自我管理，但有些单位和部门主要是由于思想观念上的保守，忽视自身的发展潜力，而宁愿继续依赖政府的支持，致使许多单位"抱着金盆要饭吃"，进而导致人才的流失和发展后劲不足。

发展水平还不高，增长方式基本上还是属于粗放型、外延型、数量型的。布局分散，产业规模不大，出版物消费水平偏低，在国内文化消费结构中的比重增长不快，巨大的市场潜力和消费潜力尚未充分开发出来，在国际出版物市场中所占的份额太小。

整个行业的产业准备不足，作为进入市场发展基本前提的独立法人主体还不具备。

出版业资本积累有限，导致资本准备同样不足，产业资本运作不起来。

图书市场的条块分割、地区差异，包括整个产业链条的不平衡，到目前为止这些问题没有根本的变化，我们这种产业的链条其实有很大的问题，缺少辐射范围广、能力强的大中盘。

渠道失范，主要表现在区域垄断上，渠道利用区域壁垒，在回款、折扣、退货等问题上挤压出版社的生存空间。

市场推广，很多出版社人员基本上还是在靠运气、靠感觉做书，而不是有一套完整的市场推广方法和针对性极强的销售方式，与现在日新月异的其他行业相比，这一点实在太落后。

3. 出版文化产业经营人才匮乏。

企业家的缺乏已成为我国经济进一步发展的一个瓶颈，国家大力推广工商管理硕士培养的目的正在于解决这一问题，而且取得了很大成果。但文化产业有其自身的特性，需要经营者既精通文化艺术，又有现代经营观念，这与目前工商管理硕士培养中重视工业企业人才存在一定差距。

在我国出版业有一个很奇怪的现象，很多大的出版社，它们的品牌积累是建立在很多个人书商的操作上，某些个人有品牌方面的意识，他跟出版社合作，反而为出版社建立了某种良好的品牌。这也真不是出版业的光荣。

4. 对外开放程度不高。

对外开放表现在两个方面：一方面是引进外国的资金、技术、产品、服务和人才，目前除了在对外文化交流中引进真正受到群众欢迎的文化产品和服务外，可适当考虑引进外资，这有利于培育北京的文化消费市场、满足消费者的需求和了解国外的成功经验；另一方面对外开放则是本地文化企业向国际市场的发展，我国有着无可比拟的丰厚的文化资源，其魅力足以征服世界范围内的消费者，但国内企业仍习惯于坐等顾客上门，不善于主动地向国际市场推广，推销自己的产品和企业，甚至让外国企业抢得先机。

5. 跟风、盗版、伪书以及图书定价虚高等引起的诚信问题。

跟风、低俗现象依然严重，虽然此举不违法，但品位偏低。

虽然各地"扫黄打非"办公室，做了大量的工作，但是盗版市场愈演愈烈，包括在北京我们可以看到很多的3元店、5元店公开地卖盗版书。音像盗版更不用说了，图书盗版这个现象不知道什么时候能够遏制，如何破解盗版问题？这个盗版市场不能够有效的遏制，中国的出版业就很难有大的发展。

自去年至今，整个社会上伪书现象比较严重，引起了整个社会的关注。伪书现象是出版业的耻辱。

图书定价没谱，很多图书定价虚高，与书的质量很不相符。

以上现象恶化了我国出版产业环境，导致产业集中度和产品差别化程度很低、出版社特色淡化。

6. 生产结构的问题。

国外大的出版集团，经营范围很广，有的出版集团涉及书、报、刊、电子出版、影视、娱乐等领域。例如，贝塔斯曼集团的经营范围不仅涉及书、报、刊的出版，还包括广播电视及音乐唱片的出版与发行；另外还从事印刷媒体服务、开办图书和音乐俱乐部等。国外很多跨行业的大型集团，尽管图书出版在其业务中占的比例很小，但它的势力强大，使出版有着雄厚的资金做背景。例如，1999年与美国在线合并的美国时代华纳集团，以经营广播电视和杂志为主，图书只占其营业额的 11%。从规模、效益来看，美国的维阿康姆集团，拥有 11 万员工，1997—1998 年总营业额为 121 亿美元；德国的贝塔斯曼集团，拥有 57 万员工，1997—1998 年总营业额为 257 亿德国马克；而我国目前新闻出版全行业的年营业总额才与国外一个大出版集团的年营业额相当。

在我国，目前成熟的跨媒体经营的出版集团还没有。许多出版单位产品单一，媒体综合利用水平低，相互割裂，新媒体的创利能力不强，难以对出版资源进行全方位的开发利用，资源优势未能转化为产业优势。从图书结构来看，我国现在年出版图书 10 余万种，其中占出书总品种 14.6% 的课本，却占图书总印张数的 48.7%，占出版总码洋的 39.3%。可见，图书结构不合理，对教材特别是对中小学教材的过分依赖，是一个普遍性、全局性的突出问题。

7. 技术问题。

数字化和网络化是当今信息时代的显著特征，随着电子商务的发展，出版社和书店之间在网上传输与交换数据的需求越来越迫切。然而，目前我国各出版发行单位在建设信息管理系统时往往只考虑自己的业务需要，数据著录格式迥异，信息交流因为彼此格式不统一而出现障碍。业界在信息标准化方面存在的问题已严重影响和制约我国出版业信息化建设及行业的进一步发展。

当前我国正大力推进信息化建设，正在不断加速信息数字化进程；数字化进程的表现之一是大型数据库的建立。而就我国出版业而言，目前我国出版业由于网络化、标准化程度偏低，导致科技导入困难，数字化进程缓慢。在全国至今还找不到一个平台，能让客户知道最全面的出版信息，信息时代的出版界仍然是书找人、人找书，无论读者、作者还是经营者，都盼望有一个相对完整全面的信息平台。

此外，书号使用不规范现象的存在，也需要从技术层面上加以规范。目前国内由于政策原因，书号成为"稀缺资源"，不少丛书、套书使用同一个书号的现象已屡见不鲜，更有甚者把一些尚未退出流通领域的旧书号用在新出版物上。书号的不唯一，使 ISBN 在我国逐渐丧失出版物唯一标识的功能。这一方面需要我们加强管理，另一方面要运用技术手段加以规范。

面对出版产业发展的机遇 *

我们应该敏锐地感觉到出版产业发展的大好机遇已经来临。2006 年
3 月28—30 日，全国文化体制改革工作会议召开，以这次会议为标志，新
闻出版改革已由试点（21 个）进入有计划、有步骤全面推进的新阶段！这
就是出版界的"天时"，是出版产业发展的大好机遇。作为从事出版产业
（编、印、发、教育、科研）的同志，怎样面对这场难逢的机遇？

首先，用前瞻性思维认识这场机遇，解读出版产业。

所谓前瞻性思维，就是打破正常的一般性的思维模式，站在出版界的应
有高度，高屋建瓴，雄视天下，选择出版的一个制高点，进行全局扫描之
后，再寻找自己。寻找到自己，才有可能发展。为什么要有前瞻性思维？一
般而言，机遇到来的时候不声不响，并非排山倒海、惊天动地，不大为人所
知；再者，机遇对于每个人、每个企业、每个单位都是平等的，不分前后贵
贱，这关键就看认识能力了。机遇认识不到，就无从抓起，或者彷徨和犹
豫。何况，这次机遇是浩浩荡荡的过来了，大小媒体深有力度的宣传，具有
排山倒海之势，我们没有理由认识不到和无动于衷。这场机遇的态势也提示
出版界的同人要尽早地抓住、抓紧、抓好，谁觉悟得早，谁就发展、谁就成
功。抓不住，没准是致命性的打击。

出版界的这场机遇，最直接最关键的问题是出版产业的发展，抓住这场
机遇要进一步地解读出版产业。10 年前，我曾提出：中国特色社会主义出
版产业是中国特色社会主义文化的重要组成部分，是和社会主义市场经济体

---

　　*　　这是于友先同志 2007 年 6 月 30 日撰写的文章。

制相适应的文化产业。出版产业有两个基本的内容必须牢牢把握：一是出版产业不仅是现代化的而且是中华民族的；二是出版产业是社会主义性质的。中国特色出版产业的社会主义性质，决定了必须坚持用邓小平理论和"三个代表"重要思想①指导出版业的发展，坚持树立和落实科学发展观，坚持为人民服务、为社会主义服务的方向，坚持社会效益第一的原则。目前，中国的出版产业正处在一个新的发展时期，加入世界贸易组织（WTO）和出版产业化是这个历史阶段的新起点。出版产业经营者的历史责任是趋利避害，坚持发展是硬道理这一原则，抓住机遇，努力提高创新能力、应变能力、核心竞争能力和持续发展能力，以适应未来出版产业在出版形态、阅读形式、传播方式、组织形式、产业形式等方面的变化。

要明确"转制"对于出版产业发展的实质性意义。现在可以肯定，出版业的绝大多数要转制为企业，要成为经营性的文化企业单位，如中国出版集团已经按企业改造为中国出版集团公司。必须搞清楚的是，出版业转制就是由所谓事业性质和体制转变为企业性质和体制，由此培育新型的市场竞争主体、独立的企业法人，独立地承担刑事、民事、经营管理等方面的权责，国家不再干预企业的经营管理，而是依法监管。怎么转以及转制以后如何运作？党的十六届三中全会决议说"创新体制，转换机制，面向市场，壮大实力"，这是就大的方面而言的，具体怎样，要专门研究，如产权关系问题、企业体制问题、职工走向问题、融资问题、领导体制问题等等。我的理解，转制后的检验标准，应当是企业的体制比事业的体制更有活力和竞争力，最终要看是否有利于解放和发展文化生产力。将出版单位转制为企业，只是国家改变对于出版业的管理方式，并不是改变它的政治责任和社会责任，更不是改变它的物质产品和精神产品相统一的性质和要求。

其次，共同打造出版产业链。

全球化的经济发展趋势使产业与整个社会经济发展的关联度不断提高，这无疑给出版业的发展带来了前所未有的机遇。出版业的竞争，已经从单一靠自身积累的滚雪球方式进入规模化竞争的时代。新的竞争态势，要求出版

---

① 见本卷第 542 页注②。

业延伸产业链，以共赢的方式扩大合作，在更大的时空中聚敛资源、调集资源、链接资源，在社会资源最大化的配置中生产出更大的社会财富。出版产业的发展已经进入新的竞合时代。与其他实体经济产业相比，出版产业具有明显的边缘性特征，有着独特的产业链，具有与相关产业的"嫁接"优势。出版产业链的优势是出版业核心竞争力的集中体现，它的延伸可以使出版业由主业市场向边缘市场拓展，在边缘性市场的开拓中形成更多的产业支撑点。例如，畅销书的产业链在为出版产业创造获利、就业等商机的同时，还在出版资源多层面、宽领域的整合中不断向相关领域延伸，形成多点支撑、功能互补的产业供应链，而且这个产业链延伸的每个支撑点，都有着巨大的开发潜力，在有效的"化学聚合"反应中，不断"制造"出新的社会需求，培育出新的市场空间，有力地拉动地方经济的发展，在一定程度上成了地方经济发展的"催化剂"。出版产业上的某一个链条在自身发展的同时，有效地拉动着相关产业的发展，并在不断拉动相关产业发展的过程中，为自身的发展开拓出新的市场空间、创造出新的市场机会。

产业链即从一种或几种资源通过若干产业层次不断向下游产业转移直至到达消费者的路径，是一环扣一环的。在出版产业链上，主要的链条环节就是编、印、发、供，这几个环节相互依赖，谁也离不开谁。在打造出版产业链的过程中，链条之间的衔接至关重要，而服务又决定着事业的成败。因此，我们要特别探讨出版产业链和价值链的打造、各个链条之间的链接问题。以下路径可作参考：一是多媒体互动开发，走图书、报刊、广播、电视、数字化产品开发之路，将同样内容用不同媒体形式包装转化，最大限度地推向市场和占领市场；二是一体化产业链，走向是造纸（出版上游）—出版—印刷—发行（出版下游），这是出版上下游相关行业的产业链构造；三是围绕品牌建设，进行相关衍生产品的开发，是以出版主业积累的资本进入投资回报率高的非出版相关行业。尽可能延长产品价值链，覆盖更广泛的市场。在经济增长的过程中，一根富于魅力的文化产业链条，把创意、技术、营销等环节紧紧联系在一起，形成一个上游开发、中游拓展、下游延伸的产业链条，对相关的各种企业和产业形成带动效应，使独创的文化价值逐步转变成为有广阔市场的商业价值。出版就是媒体产业链条中的一个环节，又是一个小链条。孤立地看，它只是一个点，放眼望去，与其他的无数个点相互关联、互动、整合，形成完整的产业链条，而每一次向外的延伸在现时都意味着市场机会。例如，《富爸爸穷爸爸》一书由北京读书人文化艺术有限公司成功策划，在中国成为超级畅销书，发行量已突破 500 万册；一本书的畅销拉动了财商培训的市场需求，反过来，培训又延伸了图书的生命力。再如，新东方大愚文化传播有限公司，其前身为新东方图书事业部和文化事业部，是新东方教育科技集团文化产业链中的重要一环，主要从事图书、期刊、音像及电视节目的编辑、制作、发行工作，其出版事业则是随着出国热潮而成长，新东方的学员规模为新东方图书提供了强有力的支撑，新东方培训打开了 1 亿出版新天地。上述案例以图书出版为起点，向其他相关领域延伸的产业链条具有极强的拓展性。国内外成熟的出版集团或者媒体集团正是为了延长产品的产业链而进行的资源整合，整合的结果是使产品的市场覆盖最大化，适应了市场的多种需求，呈现出"通吃"的态势。成功案例都不是能够简单复制的，但其中蕴含的理念却值得出版人细细品味。

目前，图书出版产业链各环节的链接尚有很大的缺环，其空白必将吸引众多业外产业的触角。出版产业链从理论和实践上宣告了"就书论书"模式的终结。怎么让每个链条都动起来，是十分迫切的问题。一个先进观念可以创造一个商机，一本书可以带动一个产业，这不是痴人说梦，关键要看出版人的梦想以及实现梦想的实力有多大。只要想，梦就不会遥远。

再次，寻求出版产业发展的广阔空间。

出版产业经过这几年的改革，已经取得了长足进展。但也存在一些问题，如：缺乏宏观调控和统一规划问题，市场机制的作用没有得到充分体现及产业化程度较低问题，出版文化产业经营人才匮乏问题，对外开放程度不高问题，跟风、盗版、伪书以及图书定价虚高等引起的诚信问题，生产结构的不合理问题，技术问题，等等。但问题归问题，发展归发展。问题是我们怎么正视问题、研究问题、解决问题。我们同处于一根产业链条上，同时，又各具特色，这就需要大家动动脑筋，切合自己的实际，探寻发展道路。

市场化是出版产业运行的纽带，中国这个大市场的需求也给出版产业提供了广阔的发展空间。据统计，中国在校大学生人数从 1998 年扩招后每年都在稳步增长，现在已经近 2000 万人。3.7 亿人口的青少年更是中国出版业的现实和潜在读者。从绝对数量来看，中国出版业已经达到一定的水平，全国图书、报纸、期刊年总印张超过 2100 亿印张，折合用纸量超过 486 万吨，总量不可谓不大。但是从出版资源人均占有量来看，中国与发达国家之间还存在较大的差距。网络出版潜力也大得惊人。网络出版的应用不仅仅局限于专业的媒体行业，同时网上教育、电子医疗、企事业单位和政府机构的公文处理也将成为网络出版新的拓展领域。据统计，我国音像出版单位近300 家，虽然每年正版音像制品销售额在 30 亿元左右，但真正的市场容量却超过 300 亿元。目前困惑国内出版业纸介质读物阅读率下降的问题，对于出版者，如何加大对新媒体的重视，加快产业链的开发，不能说不是一个提醒。

在市场竞争中，产品能否根据读者的需求，根据新技术新材料的变化不断进行产品创新，也是出版社保持持续发展的关键。在美国电脑行业曾经拥有第 11 把交椅的王安公司，因为在新产品的开发上步伐缓慢，结果被 IBM 等一举打垮。在出版业内，国外并不乏出版社破产与被兼并的先例。国内虽然还没有退出机制，但一些在某些专业曾经领先的出版社，因为产品老化、同质化被同行远远地抛在后面。有些出版社依靠卖书号为生，空壳化的现象十分严重。一个具有一定规模的出版社，要想保持出版社的稳定发展，必须具有几条产品线在支撑着出版社的经济。而在这些产品线中，与同行相比，必须要有一些产品群具有自己的核心竞争力。例如，中华人民共和国成立前的商务印书馆，他们大部分的业务是放在教科书的出版和发行上，另一重点是科学技术书籍的编辑和翻译。商务印书馆能够在中国的出版界产生经久不衰的影响，得益于其完备而合理的产品线。又如，目前在业内发展迅猛而比较稳健的外语教学与研究出版社，他们从外语工具书、教科书发展到少儿类图书的领域，从外语类图书向汉语领域进军，从纸介质媒体向光电介质出版物迈进，形成了自己的覆盖整个外语图书市场的产品线。

既使暂时拥有了一定的产品优势，但也不可掉以轻心，任何产品都是有一定生命周期的。这主要取决于知识的更新、新技术的出现，加上同行的模仿与竞争。按照产品的开发规律，必须生产一批、开发一批、研究一批，形成自己的梯形结构。

一个出版物的畅销，受社会欢迎，无不跟其质量有联系。塑造产品质量需要眼光，需要编辑们的刻苦敬业精神。《读者》杂志今年 4 月份发行超过 1000 万份，居中国第一，世界综合类期刊第四位，被誉为"中国人的心灵读本""中国期刊第一品牌"。这种高速增长、经久不衰的"《读者》现象"也越来越受到社会和各界人士的极大关注。分析《读者》的成功，最根本的是质量为上！他们订阅收集中外成千上万种报刊资料，且让社会广大读者参与推荐，从这么多的资料中选文章，就有可能把好文章选出来，工作量也可想而知。他们要求编辑关注细节、博览群书、关注时事，不断进行自身的知识更新，这些对一个编辑的成长来说至关重要。

产业化发展就要创造发展动力。改革和技术进步是产业发展的两大动力，要深化改革，探索中国出版产业发展的新路子，向改革要生产力。也要大力引进先进的管理理念、技术装备，用高新技术改造传统出版业，提升出版业的核心创造力，进而提高新产品研发能力和新产品市场占有率，实现有效益的可持续发展。我曾到德国贝塔斯曼集团考察，他们生产的产品数量大、成本低，再加上他们全球性的营销网络，其产品很快就普及，这样的生产规模和形势，甚至比盗版的成本还低，来得还快，谁还想去盗版呢？

产业化发展就要造就高素质的产业大军。出版产业是知识经济的组成部分，它需要高素质的人才支持。要千方百计发现人才、培养人才、留住人才，发挥优秀人才的作用。人才竞争将会是出版产业的一大特色，在一定意义上将决定其今后发展的水平。

孙中山先生曾言："世界潮流，浩浩荡荡，顺之者昌，逆之者亡。"中国20 多年发生的巨变，证明了改革是时代潮流，今天，文化体制改革也是"天下大势"、浩浩荡荡，我们只能适应它。出版业改革是文化体制改革的重要组成部分，这么多年来，出版业所取得的改革成就，证明了改革也是我们出版业的大势。古人认为办成一件大事，需要天时、地利、人和，这个天时，就是机遇，是成大事的第一位的条件。十分庆幸的是出版业的"天时"已经到来，望不要失去这次机遇。

大力推动出版产业发展的思考 *

谈出版产业这个话题，比较亲切。因为我在新闻出版署时就曾对它进行过思考和研究，后来在中国版协，有了更多的研究时间，对出版产业进一步调研和思考，发表提出了一些想法和建议，并从实际工作中积极支持促进出版产业的发展，亲历了我国出版产业发生和发展的整个过程。目前，出版产业在我国乃至世界范围内获得迅猛发展，不仅成为国家文化的基本形态之一，而且创造出可观的经济效益，国民经济中所占的比重越来越大，成为重要的支柱产业。可以说目前在向新闻出版强国迈进的过程中，出版产业将发挥重要作用。下面谈谈最近对出版产业的考察研究并深入思考的几个问题。

一、我国出版产业形成的背景

2003 年 5 月，我曾发表文章谈到出版产业的内涵，当时对出版产业做了三个方面的归纳：一是市场化是现代出版产业全部运行活动的纽带；二是高科技化是现代出版产业蓬勃发展的加速器；三是文化变革所形成的出版物大众化是现代出版产业日趋繁荣的最内在的动力。

（一）我国计划经济向市场经济转变促使出版产业萌生

回顾一下我国的出版历程，可以明显看到出版产业发生的重要背景之一是管理体制发生了根本变化，即由计划经济向市场经济转变，没有这一条，出版产业不可能发生。

---

* 这是于友先同志 2011 年 8 月 23 日撰写的文章。

1978 年 12 月召开的党的十一届三中全会，不仅给我们的国家带来了新生，也给出版工作带来了新生。随着全党全国工作重点转移到以经济建设为中心的轨道上来，出版事业在拨乱反正的同时，恢复了"解放思想，实事求是"的思想路线。1978 年 3 月，经中央批准，动用国家储备纸紧急重印了 35 种中外文学名著，并及时出版了一大批读者渴望已久的各种图书，这对于缓解 10 年浩劫造成的严重"书荒"起了非常积极的作用。在新时期出版工作的历程中，1979 年 12 月的长沙会议是值得浓墨重彩书写的。会议明确提出新时期出版工作的基本任务是：宣传马克思列宁主义、毛泽东思想，传播、积累科学文化知识和成果，丰富人民的精神文化生活，为提高整个中华民族的科学文化水平，为社会主义的四个现代化建设服务。会议提出地方出版社出书不受长期形成的地方化、通俗化、群众化的限制，可以"立足本省，面向全国"。这对于解放出版生产力，调动广大出版工作者的工作积极性，形成出版事业新的格局产生了深远的影响。

党的十一届三中全会以后，我国的出版事业以改革为主线，抓繁荣、促发展。在改革开放的进程中，随着市场因素作用的加强，出版改革首先在发行领域展开。1982 年，国家出版局①确定了图书发行体制改革的目标是：在全国组成一个以国营新华书店为主体的，多种经济成分、多种流通渠道、多种购销形式、少流转环节的图书发行网。"一主三多一少"② 对于解决在计划经济条件下形成的图书发行的僵化模式有着很强的针对性，就是到了今天，对图书发行体制改革仍有着现实的指导意义。1983 年 6 月，中共中央、国务院做出了《关于加强出版工作的决定》。这一决定分析了出版工作所面临的形势，指明了出版工作的任务、性质和指导方针，对出版工作已经进行的改革给予了充分的肯定。1984 年在哈尔滨召开了全国地方出版工作会议，提出要适当扩大出版单位的自主权，提高出版单位经营的主动性。要求出版单位从单纯的生产型向生产经营型转变。此后，许多出版单位根据客观条件

---

① 国家出版局，1982 年 4 月后—1987 年 1 月前全称为文化部出版事业管理局。详见本卷第 865—866 页：《发展繁荣我国出版业的几点思考》之《一、简要的历史回顾》。

② "一主三多一少"，即以国营新华书店为主体，多种流通渠道、多种经济成分、多种购销形式，少流通环节。

的变化，加强了内部经营管理，讲求成本核算，引进竞争激励机制，逐步适应了急剧变化的外部环境，形成了新的工作机制和竞争实力。出版改革的成果集中体现在一大批重要的出版物得以问世。1988年4月，中央宣传部和新闻出版署提出了深化图书发行体制改革的要求，即：放权承包，搞活国营书店；放开批发渠道，搞活图书市场；放开购销形式和发行折扣，搞活购销机制；推行横向联合，发展各种出版发行企业和企业集团。通过改革，我国图书发行业逐步形成了国有书店、集体个体书店共同参与市场竞争的局面，方便了广大读者购书，加快了图书的物流和信息流。出版单位的经营机制改革着眼于扩大经营自主权，调动生产积极性。

1992年，邓小平同志视察南方发表重要讲话，极大地促进了全党全国人民的思想解放。党的十四大明确提出建立社会主义市场经济体制的目标，使我国的改革与发展进入到一个新的历史时期。10多年的快速发展，出版业取得了很大的成绩，也积累了一些结构性的问题，随着外部环境中市场经济的因素逐步强化，如果不及时地解决这些结构性的问题，会影响到现实以及长远的发展。1994年初，新闻出版署党组在调查研究的基础上，提出了推动新闻出版业实现从以规模数量增长为主要特征的阶段向以优质高效为主要特征的阶段转移的思路，通过转移，逐步建立符合社会主义精神文明建设要求，适应社会主义市场经济体制，反映出版业自身发展规律的新的出版体制。"阶段性转移"① 从一开始提出，就包含着两个方面的任务：一是要实现体制转轨，一是要实现增长转型。1995年，中央政治局常委会议听取了新闻出版署党组的工作汇报，肯定了"阶段性转移"的工作思路，并对在社会主义市场经济条件下加强和改进出版工作提出了非常重要的指导性和原则性的指示和意见。1996年10月，党的十四届六中全会通过的《中共中央关于加强社会主义精神文明建设若干重要问题的决议》中明确提出："加强对新闻出版业的宏观调控，采取有力措施解决目前总量过多、结构失衡、重复建设、忽视质量等散滥问题，努力实现从扩大规模数量为主向提高质量效益为主的转变。"新闻出版署从深化出版体制改革入手，把优化结构作为出

---

① 详见本卷第524页注①。

版体制改革的主要内容，先后批准建立了广州日报报业集团、南方日报报业集团、羊城晚报报业集团、文汇新民联合报业集团、光明日报报业集团和经济日报报业集团；批准建立了北京出版社出版集团、广东出版集团、上海世纪出版集团，并积极推进出版业的集约化步伐。

市场化是现代出版产业全部运行活动的纽带。正如其他产业的发展要靠市场的培育和带动一样，出版产业的发展同样离不开市场的纽带。纵观近千年特别是近百年出版业发展的历史，可以看到，市场化在出版产业现代化的发展过程中居于核心地位。离开了市场，人类的出版活动就只能是一种单纯的文化活动而不可能成为一种产业；进入了市场，人类的出版活动才能创造出文化上和经济上的双重效益。然而，必须清醒地认识到，市场是一个优胜劣汰的竞技场，绝不是一个充满温情的避风港。市场法则作为调节人类经济活动的最便捷、最灵活的规则要求人们自觉地遵循。对出版业来讲，不论是报纸、期刊还是图书，从它们步入市场的第一天起，就必须关注市场，利用市场，积极投入市场激烈的竞争中。近百年来的产业化过程表明，市场化绝不是一个空洞的概念，它在出版产业化的每一环节都有着具体的、可操作性的内容。认真、细致、深入地探讨出版产业市场化的道路及其运动规律是出版业在新世纪争取新辉煌的关键。

（二）出版新技术的出现加速出版产业的形成

我国出版史上几次大的浪潮都与所使用的介质材料和制作方法有关，此一出现，立即改变了出版界，因之也号称为出版革命。科学技术的进步促进出版产业的发生。细数一下，中国出版历史上已经经历了 3 次大的革命，或者称为浪潮。第一次出版革命是汉代发明的造纸术，这是出版介质材料的伟大革命，它简便易携，很快取代了竹简木牍、石碑等记载和传播文化的介质，至今我们还大量使用纸进行出版。第二次出版革命是宋代发明的活字印刷术，这是在发明纸的基础上一次出版方法的伟大革命，有了印刷术之后，才使得文化作品大批量地复制传播。第三次出版革命就是现在引发的数字出版技术，数字出版结束了纸张作为主要出版载体和活字印刷作为主要复制手段的历史。第三次出版革命可以说是由"748 工程"而引发的，因为国家于 1974 年 8 月正式批准汉字信息处理工程立项。这次革命分为前后两个阶段，第一个阶段是激光照排技术的出现，第二个阶段是数字化技术的出现。

1975年，北京大学教授王选对国家正要开展的汉字激光照排项目发生了兴趣。当时国外已经在研制激光照排四代机，而我国仍停留在铅印时代，我国政府打算研制自己的二代机、三代机。王选大胆地选择技术上的跨越，直接研制西方还没有产品的第四代激光照排系统，开创了汉字印刷的一个崭新时代，引发了我国报业和出版业的印刷"告别铅与火，迈入光与电"的技术革命，彻底改造了我国沿用上百年的铅字印刷技术。国产激光照排系统使我国传统出版印刷行业仅用了短短数年时间，从铅字排版直接跨越到激光照排，走完了西方几十年才完成的技术改造道路。王选两度获中国十大科技成就奖和国家技术进步一等奖，并获1987年我国首次设立的印刷界个人最高荣誉奖——毕昇奖，被誉为"当代毕昇"。1987年，经济日报社率先购进华光III型照排系统，诞生了世界上第一张采用计算机组版、整版输出的中文报纸。1988年7月，经济日报印刷厂卖掉了铅字，全部废除了铅排作业，成为中国第一个甩掉铅字的印刷厂。

激光照排技术的出现，大大提高了印刷出版的效率，摆脱了沿袭1000多年的出版方式，使中国的印刷出版产业一举赶上了世界先进水平。但是，激光照排技术只是对印前技术的改良，根本上仍然沿用了使用纸张存储出版信息，因此在存储、传播、检索等方面还深受纸介质的束缚，对有效利用信息没有实质性的改进。数字技术的出现彻底改变了这种局面。数字信息摆脱了纸张的局限，不但能够永久存储毫不磨损，而且瞬间即可传播到全球每一角落，对中国出版产业产生的影响也更为深远。20世纪90年代初期，数字化技术就开始在我国的出版产业得到广泛应用。数字化光盘的出现使音响业由以模拟存储载体为主开始向以数字载体为主转变，特别是数字化光盘播放机的快速普及，进一步促进了音响出版产业整体水平的提高。进入20世纪90年代中期，由于电脑在工作和生活中的应用不断扩大，从而催生了以数字多媒体为表现形态的电子出版产业，特别是一大批传统书刊出版单位，利用电子出版物这一载体，实现了传统纸媒体向数字媒体的延伸，跨媒体经营渐成潮流。

数字技术的应用极大地拓展了出版的生存空间，加速了出版产业的发展。

数字技术在出版中不再是某种介质的形式与某个领域的专用，它包括了原创内容的数字化，编辑加工的数字化，数字化的生产、营销、服务与消费等一系列数字化内涵。在出版产业发展的历史长河中，技术是推动出版产业发展的决定性因素。汉代造纸术的发明催生了手写本纸质出版，雕版印刷术的发明出现了印本出版业，活字印刷术的发明极大地提高了出版效率，铅活字的发明造就了现代出版业。但是，这些进步并没有使产品形态发生根本变化，无论是抄写、刻板，还是铅印、胶印，最终的产品都是纸质书。直到现代新技术融入出版以后，产品的最终形态才打破纸质出版这个单一的出版形态，出版产品既可以在线阅读，也可以做成形形色色的电子图书或其他阅读产品。

数字出版的发展改变了人们认识世界、获取信息、交流信息的方式与理念，也孕育了不同产业的相互作用与融合，这对于以内容为主的出版产业来说意义重大，它不仅使文字、语音、图像和数据实现了融合，而且使不同形式的载体、不同职能的行业之间的互联性得到加强。数字时代将消除新闻出版业、广播电视业、娱乐业、信息产业等行业的技术壁垒，使众多关联产业整合在内容产业的旗帜下。内容产业的核心是内容的增值服务能力。在国外相对发达的传媒与出版经济环境中，国际大型出版集团利用网络媒体技术发展的契机，实施出版业务结构的调整，通过资本市场的运作将自己的业务领域集中在内容产业，把自己定位为内容提供者、服务者，充分挖掘内容在不同媒体、介质上的出版价值，获得巨大的超额利润。通过信息技术与互联网业务的拓展，成为数字出版的主体。

出版技术的每一次革命都使出版产业跃上一个新的发展高度。出版产业是一个集市场调查、文稿编辑、排版印刷（程序制作）、市场销售为一体的系统工程，一项高新技术不论被运用于这个系统工程的哪个环节，都可能使出版产业发生革命性的变化。如果这个系统工程的每个环节都发生技术革新的话，出版产业的变革将会更深刻、更彻底。

二、出版产业相关的概念及特征

了解上述出版产业形成的背景之后，我们就可以探讨出版产业的特征。

这个特征即：将出版物由孤立的小规模的分散生产经营转变为分工协作的批量化、大规模化的生产，简言之就是把出版物的生产做大做强。

需要明确出版产业与出版业（出版行业、出版事业）、文化产业等几个相关概念的区别与联系。

（一）产业

"产业"一词，在不同的场合和不同的语言环境下存在各种不同的解释。在历史学和政治经济学的理论中，"产业"主要指"工业"，如我们在通常意义上使用的"产业革命""产业工人"等；在法学的角度，它主要指"不动产"，如我们经常所说的"私有产业""私人产业"等，一般指个人所拥有的土地、房产、工厂等具有明确私人产权界定的财产。在传统社会主义经济学理论中，产业主要指经济社会的物质生产部门，一般而言，每个部门都专门生产和制造某种独立的产品，在某种意义上每个部门也就成为一个相对独立的产业部门，如"农业""工业""交通运输业"等。由此可见，"产业"作为经济学概念，其内涵与外延都具有复杂性。

20世纪20年代，国际劳工局最早对产业做了比较系统的划分，即把一个国家的所有产业分为初级生产部门、次级生产部门和服务部门。后来，英国经济学家、新西兰奥塔哥大学教授阿·格·费希尔1935年在《安全与进步的冲突》一书中首先提出来三次产业论。他根据社会生产活动历史发展的顺序和对劳动对象进行加工的顺序将国民经济部门划分为三次产业：产品直接取自自然界的部门称为第一产业，初级产品进行再加工的部门称为第二产业，为生产和消费提供各种服务的部门称为第三产业。英国经济学家、统计学家科林·克拉克在费歇尔的基础上，采用三次产业分类法对三次产业结构的变化与经济发展的关系进行了大量的实证分析，总结出三次产业结构的变化规律及其对经济发展的作用。对"克拉克大分类法"的中文的流行译法为"第一（级）产业""第二（级）产业"和"第三（级）产业"，源自日文对其的翻译，近代又从第三类延伸出第四类产业，也就是本身无明显利润但是可以提升其他产业利润的公共产业。第二次世界大战以后，西方国家大多采用了三次产业分类法。中国所采用的是三次产业分类法，即"克拉克大分类法"。各国分法虽略有不同，但大致相同。

2003 年 5 月 14 日，国家统计局印发《三次产业划分规定》（国统字〔2003〕14 号），这是根据《国民经济行业分类》而制定的。三次产业划分范围如下：

第一产业是指农、林、牧、渔业。

第二产业是指采矿业，制造业，电力、燃气及水的生产和供应业，建筑业。

第三产业是指除第一、二产业以外的其他行业。第三产业包括：交通运输、仓储和邮政业，信息传输、计算机服务和软件业，批发和零售业，住宿和餐饮业，金融业，房地产业，租赁和商务服务业，科学研究、技术服务和地质勘查业，水利、环境和公共设施管理业，居民服务和其他服务业，教育，卫生、社会保障和社会福利业，文化、体育和娱乐业，公共管理和社会组织，国际组织。

在"文化、体育和娱乐业"的细目中，包括新闻出版业，广播、电视、电影和音像业，文化艺术业，体育，娱乐业。

20 世纪 90 年代以来，在出版文件和出版研究文章里可以看到"出版业""出版产业"这两个词，把出版和产业紧密地结合起来。这种结合体现了出版实质性的变化。计划经济时代，"产业"和"工业"属于近义词或同义词，多混合使用来表示同一概念，主要在一定时期、针对的对象表述的差异。计划经济时代的"工业"实际上指单纯意义的"工业生产"，即工厂管生产，销售由商业部门负责，实际没有形成现代产业。实行社会主义市场经济制度以后，生产、经营发生革命性变化，强调公司化经营，产、供、销一体化，工业生产至此渐渐融入市场，从而纳入现代产业。

（二）出版业

出版业，许多论著中称其为出版行业或出版事业，视其为生产传播出版物的各个出版单位及其设施和活动的总称。一些辞书称出版业为"出版事业"，认为它是组织著作物生产或收集整理已有著作物，使之转化为出版物的社会生产部门。还有提出出版事业有广义和狭义之分。广义的出版事业是泛指出版企业单位（包括出版、印刷、发行）、出版事业单位（包括出版教育、研究部门）和出版行政管理机关，即包括了出版企业和管理部门。狭义的出版事业就是指出版企业。西方国家一般称出版行业为"出版业""出版商"等，较少用"出版事业"的说法。日本的《出版事典》中称："出版业是指把出版作为常规经营的营利企业，非营利的不能称为出版业。"英国《不列颠百科全书》认为，出版是一项涉及印刷品的选择、编辑和销售的活动，是一个综合性的行业。基于此，出版业可理解为国民经济中的产业部门。

（三）文化产业

2000年10月9日至11日，中国共产党第十五届中央委员会第五次全体会议在北京举行。党的十五届五中全会关于第十个五计划的建议，在党的文件中首次使用"文化产业"一词，由此文化产业进入国家发展战略视野。在党的十六大报告中，有了"文化事业和文化产业"并重的提法，大会报告中多次使用"文化产业"概念。党的十六届四中全会进而提出"解放和发展文化生产力"的积极主张，提出了中国文化建设和文化产业发展的时代要求。党的十六届五中全会关于第十一个五年规划的建议，在其"丰富人民群众精神文化生活"一段中，提出了文化产业的一系列任务。虽然文化产业在世界上引起关注大致已有约半个世纪的历史，但是至今并没有统一的定义，甚至没有形成统一的称谓：它在美国叫"版权产业"，在英国叫"创意产业"，在西班牙叫"文化消闲产业"，在中国、日本、德国、荷兰、韩国等许多国家叫"文化产业"，还有叫"文化工业""内容产业"的，在我国台湾地区被称为"创意文化产业"。

2004年国家统计局公布我国首个《文化及相关产业分类》，其中定义"文化产业"为：为社会公众提供文化、娱乐产品和服务的活动，以及这些有关的活动的集合。分成3类：①核心层，包括新闻、出版、广播电视和文化艺术等；②外围层，包括网络、娱乐、旅游、广告、会展等新兴文化产业；③相关服务层，包括提供文化用品、文化设备生产和销售业务的行业，主要指可以负载文化内容的硬件产品制作业和服务业。

出版业是文化产业的重要组成部分。文化是人类在社会历史发展进程中所创造的物质和精神财富的总和。文化与经济的有机结合，形成具有不同分工、不同层次的文化产业规模。广义的文化产业是一个集合概念，凡与文化积累、文化传播相关的经济活动都属文化产业的范畴。出版业以积累和传播人类社会的文化财富为己任，以货币交换方式通过市场实现出版生产的目的。与新闻、影视、表演、艺术等专业部门一样，均为文化产业的子部门。当今世界经济增长方式比以往任何时候都更加依赖知识的生产、扩散和利用，整个社会的发展对知识依赖程度日益加强。出版业虽具有较强的文化产业属性，同时包含着经济方面的重要内容。国际上知识巨头们控制下的出版活动已经完全产业化，产业化使出版的文化色彩不断淡化，商业味日益浓烈。在一种图书的出版行为中，作者和编辑不再居高临下，策划和营销专家开始走上前台。在出版社的活动中，资本运作——融资、并购、投资、经营、管理等也走上了前台，而其核心业务——编辑、印刷、发行等则以资本经营的形式出现，赢利成了其核心的目的之一。强化出版的资本化运作，则是在较高的层次上充分发挥与释放出版的文化功能和经济功能，使两者有机地结合、渗透在一起，从而赋予出版业以新的内涵。

（四）出版产业

出版产业至今没有较明确的定义。出版业是对一个行业的称谓，而出版产业是从经济学的角度即从产业分类的角度来阐述这个行业。从出版业与出版产业的特征上看，出版业涵盖了出版产业的所有特征。根据国际上通行的产业划分标准，出版业中的出版、印刷属于第二产业中的制造业，发行属于第三产业中的批发零售业，因此，可以说出版业是一个横跨第二、第三产业的综合性产业。随着经济的发展和产业结构的调整，出版产业的发展速度逐步加快，出版业产值在制造业产值中的比例将不断提高，日渐成为重要的产业部门。

从产业、出版的定义和内涵，同时基于产业经济学的理论方法，结合国内外的理论、实践及我国出版产业发展的实际历程，可以得出：出版产业包括编辑出版、印刷和发行三大基础产业。出版产业是文化产业的重要组成部分，是信息产业的有效组成部分，是充满活力的新兴朝阳产业，是高度关联和影响带动作用较大的产业。

在我国，文化出版领域长期以来是一种"事业"，而非产业。历史上也早就存在以提供文化产品和服务、将文化作为商品来出售的经济活动，只不过早期的文化产品属于精英文化，生产和消费是在分散零星的状态下进行的，文化产品的生产和消费局限在狭窄的范围内，对国民经济的影响微不足道。然而，一定的生产规模是产品生产能否形成产业化的重要标志。继续在原有模式上提供文化产品，不仅生产过程严重依赖个人的劳动技能，而且小规模分散生产方式，根本满足不了社会对文化产品的巨大需求，因此，将出版物这种文化产品由原来孤立的小规模分散生产经营转变为分工协作的批量化、大规模生产，是出版产业化的重要特征。

出版产业是渐进的发展过程。随着社会生产力水平的提高和居民收入的增长，文化消费日益普及。广泛的社会需求为出版产业化提供了市场基础，而生产技术的进步，改变了原有出版物生产和传播方式，提高了出版物的生产力水平和产品的供给能力，使出版物的规模生产成为可能。一旦出版物这种文化产品能够采取工业的模式进行大规模批量化生产，它的主要消费群体将是社会普通民众。规模化生产的高效率，降低了生产成本，使出版企业有能力向社会普通民众提供他们能够承受的价格水平。出版的产业化，是文化发展进程中的巨大变化，它改变了出版物这种文化产品的服务对象，最大限度地扩大了文化的服务范围，它是精英文化的市场化、平民化、通俗化、大众化，使原属于上层社会的精英文化经过通俗化能够为社会普通民众所接受。一旦出版物这种文化产品的生产能够像其他工业产品一样按同一的标准进行批量生产，这也就是文化产品的通俗化，其产品也就不再具有传统精英文化意义上所具有的文化特性，而是根据市场需求，作为市场上普通商品来生产和销售，满足消费者日常消费需求。确实从产业的角度看，小打小闹的出版物的加工生产不属于出版产业，因为在这种模式下，出版文化产品的生产不具有现代社会构成一个产业所需的行业规模，或因出版物的品位质量问题等，社会不愿接受其出版产品；没有需求，出版企业就无法形成规模，也就谈不上形成出版产业。严格意义上的出版产业必须是能够按标准化进行大批量生产。出版产业化必然是对文化产品按市场的原则进行改造，而且通常表现为对文化产品中各种妨碍标准化、批量化的因素进行改造，使其既能以工业的原则进行大批量生产，同时又能满足大众文化消费的需求。

三、目前我国出版产业蓬勃发展的突出表现

前面我们分析了目前我国出版产业的突出特征是批量地、大规模地生产出版物这种文化产品，也就是我国出版产业由原来孤立的小规模的分散生产经营逐步做大做强了，尤其是改革开放 30 年来，我国新闻出版业得到了蓬勃发展，现已形成以图书、报纸、期刊、音像、电子、网络等媒体的出版、印刷、复制、发行、外贸等为主，包括出版教育、出版科研、版权代理、出版物资供应、出版物进出口等附属门类完整的产业体系。目前，我国新闻出版行业已经进入了一个快速发展期，成为发展文化产业的主阵地、国民经济新的增长点和转变经济增长方式的着力点，特别是 2003 年中央启动文化体制改革试点工作以来，新闻出版体制改革攻坚克难、率先推进，塑造了一大批市场主体，它们成为推动新闻出版业快速发展的主力军、生力军。另外，数字技术和网络技术得到广泛应用，新闻出版产业的总体格局在技术进步带动下已发生初步改变。但是，我们对新闻出版业发展总体状况，包括产业结构、地区结构、企业结构等了解得还很不全面、很不深入，影响到对行业总体发展态势的科学判断和下一步的决策。2010 年，在国家统计局的指导下，新闻出版总署统一领导，各省（自治区、直辖市）新闻出版行政部门组织实施并完成了中华人民共和国成立以来首次新闻出版产业调查。新闻出版总署 2010 年 7 月 26 日在京发布《2009 年新闻出版产业分析报告》。2011 年 7 月 22 日，总署主要依据 2010 年新闻出版统计年报数据，对 2010 年新闻出版产业的发展情况进行了分析，并将 2010 年和 2009 年新闻出版产业数据进行了同口径对比分析，发布《2010 年新闻出版产业分析报告》。下面通过总署发布的 2009 年、2010 年这两个新闻出版产业分析报告，总结分析新闻出版产业的六大突出表现。

（一）新闻出版业已具相当规模，成为文化产业的生力军

2009 年，新闻出版业全行业总产出突破 1 万亿元大关，实现增加值超过 3000 亿元，占同期 GDP 的比重接近 1%，各类出版物的出版、印刷、发行及相关活动的行业增加值超过 1660 亿元，占同期文化产业核心层增加值

的 60% 以上，已成为文化产业中的生力军、国民经济中不可忽视的产业部门和重要力量，在推动经济发展方式转变过程中发挥着日益重要的作用。2009 年，就总体经济规模而言，文化大省和东部沿海地区新闻出版业发展优势明显并已形成产业带。全国新闻出版业的一半集中于北京、江浙沪"长三角"地区和广东"珠三角"等文化、经济发达地区，呈现出集聚态势；就具体产业类别而言，图书出版集中于北京和江浙沪"长三角"地区，期刊出版集中于北京，印刷复制集中于广东"珠三角"地区、江浙沪"长三角"地区、北京和山东等地，产业带初具规模。

2010 年，新闻出版产业继续保持平稳增长态势，全国新闻出版、印刷和发行复制业总产出达到 1.27 万亿元，较 2009 年增加 2028.8 亿元，增长 19.0%；实现增加值 3503.4 亿元，较 2009 年增加 403.3 亿元，增长 13.0%。资产利润率较 2009 年增加 0.9 个百分点，收入利润率增加 0.1 个百分点。2010 年，东部经济发达地区新闻出版业发展继续保持领先地位，中西部部分经济欠发达地区新闻出版业异军突起。2010 年，广东、北京、浙江、江苏、上海和山东 6 省市的总体经济规模居于全国前 6 名，其总产出、增加值、资产总额、所有者权益（净资产）、营业收入和利润总额分别占到全国的 61.1%、59.7%、59.7%、56.5%、61.3% 和 57.4%，但与 2009 年相比份额有所下降。安徽、江西等中西部省份的新闻出版业经济规模综合排名高于 GDP 名次，安徽跻身于前 10 名之列，湖南（36.8%）、陕西（23.6%）等省总产出增长速度超过全国平均水平，名列前茅。湖南出版投资控股集团、安徽出版集团有限责任公司、江西省出版集团公司、中原出版传媒投资控股集团有限公司、河北出版传媒集团有限责任公司进入全国出版集团经济规模综合评价前 10 名。

2010 年 1 月，柳斌杰署长在全国新闻出版工作会议上做《改革创新，科学发展，推动我国向新闻出版强国迈进》的主题报告，提出"今后十年我国新闻出版工作的主攻方向和新闻出版业的发展目标确定为：向新闻出版强国迈进！"特别是要使新闻出版业发生质的飞跃，形成有利于新闻出版科学发展的新格局。这也是未来 10 年我国新闻出版业的发展目标。出版强国任务的提出，吹响了从出版大国向出版强国进发的号角，这将是中国出版的一个重大转折。大力推动向新闻出版强国迈进，是我国发展大局的迫切需要，不仅意义重大，而且条件具备。实现出版大国向出版强国的跨越，是中国出版人的梦想，是中国出版人的使命，也是历史的必然和时代的要求。

（二）新闻出版产品日益丰富

新闻出版产品的丰富显示了新闻出版业的空前繁荣，这也是出版产业发展的最有力的证据。2009 年，全国共出版图书 30.2 万种，总印数 70.4 亿册（张）；出版报纸 1937 种，总印数 439.1 亿份；出版期刊 9851 种，总印数 31.5 亿册；出版录音录像制品 25384 种，出版数量 4.0 亿盒（张）；出版电子出版物 10708 种，2.3 亿张。日报出版规模连续 9 年位居世界第一，图书出版品种与销售总额仅次于美国位居世界第二，印刷复制业总产值位居世界第三。一大批弘扬主旋律和社会主义核心价值体系的精品力作，为人民群众奉献了大批优秀的精神食粮，基本满足了人民群众的多样化、多层次、多方面的阅读需求。

2010 年，全国出版图书 32.8 万种、71.4 亿册（张），较 2009 年增长 1.4%，《共和国的脚步》《公众防灾避险应急手册》《首都市民安全用药知识手册》《防震避震常识》等 32 种书籍当年印数超过 100 万册。出版期刊 9884 种，总印数 32.2 亿册，增长 2.0%；《读者》《半月谈》《求是》《青年文摘》等 15 种期刊的平均期印数达到 100 万册以上。出版报纸 1939 种，总印数 452.1 亿份，增长 3.0%；有 23 种报纸的平均期印数超过 100 万份，《人民日报》《广州日报》《参考消息》《环球时报》等党报和由党报主办的报纸占到半数以上。2010 年，全国每百万人均拥有图书品种、人均年拥有图书、期刊量以及每千人日均拥有报纸份数、报纸普及率、千人拥有出版物发行网点数量等指标，较 2009 年均有增长。不过，在上述发行量较大的产品当中，有近半数是面向中小学生的教育类和教辅类的书报刊，面向大众零售市场的产品比重仍待进一步提高。在图书出版、期刊出版、报纸出版、音像制品出版、电子出版物出版和数字出版中，数字出版、报纸出版和图书出版的总产出、增加值和营业收入位居前三位，数字出版占 6 大类出版产业总产出、增加值和营业收入合计的比重分别为 41.5%、32.1% 和 42.1%。

2010 年，新闻出版 3 个项目入选国家科技进步奖。2010 年 1 月 11 日，国家科学技术奖励大会在北京举行。其中，由中国科学院推荐的"《中国植物志》的编研"被授予国家自然科学奖一等奖，由新闻出版总署推荐的"好玩的数学"丛书以及"基于数字版权保护的电子图书出版及应用系统"获国家科技进步奖二等奖。2007 年和 2008 年度，国家自然科学一等奖曾两年出现空缺。经过 4 代科学家 45 年完成的"《中国植物志》的编研"成果摘得了这项荣誉。《中国植物志》是目前世界上最大型、种类最丰富的一部科学巨著，全书 80 卷、126 册，5000 多万字，记载了我国 3 万多种植物，共 301 科 3408 属 31142 种。该书基于全国 312 位作者和 164 位绘图人员 80 年的工作积累才得以最终完成。"好玩的数学"丛书共 10 册，涉及算术、代数、几何、组合学、概率论和微积分等多方面的数学基础知识，多角度、多层次地展示数学的"好玩"，体现数学文化的丰富多彩和数学思想方法的博大精深。"基于数字版权保护的电子图书出版及应用系统"由北京大学计算机科学技术研究所和北大方正集团有限公司于 2000 年开始联合研发。目前，该项目形成了一套完整、系统的电子图书出版与版权保护解决方案，解决了电子图书交易中复本数的控制和"计量"、电子图书数字版权中权利控制的适应性和控制力度、嵌入式系统中的中文流式版面处理等关键问题，是电子图书出版发行领域实用的、功能齐全的系统，在电子图书出版和应用的技术完整性、跨主流平台阅读技术、电子图书 DRM 控制技术的方便性和适应性等方面均居于国际领先水平。

关于出版产品的丰富，还可以参看总署出版管理司在 2010 年底撰写发表的《"十一五"国家重点图书、音像、电子出版物综述》，文章概述"十一五"期间国家重点出版物的出版情况，并总结了九大特点。可以看出，从 2006—2010 年 5 年来，图书、音像、电子出版物无论在数量上和质量上都取得了长足的进步，特别是重点项目的出版产生了显著的社会效益和经济效益，对于提升中国文化软实力具有重要意义。

（三）新闻出版体制改革成效显著，市场主体基本形成

2009 年，企业法人的单位数量占法人单位总数的 96.3%，具有独立法人资格的企业作为市场主体，已在全国新闻出版业活动中占据主导地位。2009 年是总署确定的全国新闻出版体制改革攻坚年、主题年，总署以及中

央有关部门相继出台一批推进改革的文件和支持政策。2009年3月，新闻出版总署印发了《关于进一步推进新闻出版体制改革的指导意见》，明确了进一步推进改革的"路线图"和"时间表"，提出了今后一个时期新闻出版体制改革的8项重点任务和5项保障措施，成为指导今后一个时期新闻出版改革的纲领性文件。2009年4月，中共中央办公厅、国务院办公厅印发《关于深化中央各部门各单位出版社体制改革的意见》，要求中央各部门各单位所有经营性出版社2010年底完成转制任务。要求把中央各部门各单位经营性出版社转制同出版资源整合、结构调整结合起来，实施"三个一批"，即"做强做优一批""整合重组一批""淘汰退出一批"。成立由12个中央部门组成的领导小组，办公室设在新闻出版总署，负责日常工作，为改革提供了组织保障。截至2009年底，103家高校出版社转制任务基本完成，268家地方图书出版社中，除少数拟保留事业性质的地方出版社外，所有地方经营性出版社已基本完成转制任务。所有高校和地方图书出版社所属的音像电子出版社已随图书出版社完成转制。并且有1069种非时政类报刊出版单位完成转制或登记为企业法人，报刊出版单位分类改革试点先行，全面启动的前期工作基本完成。

要做大做强新闻出版企业，实施资源整合、联合重组是必由之路。总署大力支持出版企业实施战略重组。新闻出版体制改革有效推进了出版发行单位现代企业制度的建立，开辟了市场化的投融资渠道，企业跨媒体、跨行业、跨地域、跨所有制的战略重组取得新的进展。2009年，一批改革的先行者开始了联合重组的大胆尝试。在图书出版方面，吉林出版集团有限责任公司和中华工商联合出版社进行了资本的联合重组，江西省出版集团公司与中国和平出版社联合重组成立了中国和平出版社有限公司。发行方面，江苏省新华书店集团有限公司与海南省新华书店共同组建海南新华发行有限责任公司，深圳发行集团有限公司在重组海天出版社基础上组建了深圳出版发行集团有限公司，安徽新华发行集团有限公司兼并了安徽文化音像出版社，浙江、四川、辽宁等发行集团的跨地区经营业务已颇具规模并不断拓展新的业务空间，特别是北方联合出版传媒（集团）股份有限公司与天津出版总社、内蒙古新华发行集团股份有限公司签署了战略合作框架协议，掀起了跨地区重组的巨澜。全国人大常委会办公厅与中国出版集团公司签订协议，正式启动了中国民主法制出版社与中国出版集团公司的联合重组，中国民主法制出版社将在转企改制的基础上并入中国出版集团公司，成为首例实施转企改制并与原主管主办单位脱钩的中央部委出版社。2009 年 12 月 31 日，宁夏回族自治区人民政府与中国出版集团公司签署协议，联合重组黄河出版传媒有限公司，标志着中央出版企业集团与地方出版企业集团跨地区联合重组进入新的阶段。整合资源组建教育、科技和卫生等大型出版传媒集团公司也已经伴随着经营性出版单位转制工作的快速推进而提上日程。新闻出版投融资体制取得突破，出版传媒企业上市融资热点频现。继新华传媒、北青传媒、新华文轩、华闻传媒、出版传媒、时代出版等一批出版传媒企业先后在境内外成功上市后，2009 年的中国新闻出版业再次涌动起重组上市的热潮。中原出版传媒投资控股有限公司重组鑫安股份，江西出版集团公司重组鑫新股份，实现借壳上市；安徽新华传媒股份有限公司成功实现 IPO 上市；中南出版传媒集团股份有限公司、江苏凤凰新华书业股份有限公司、广东省出版集团有限公司等一批出版发行企业上市融资工作已经进入相关程序，正在有序推进。截至 2009 年底，出版、报业、印刷、数字出版等新闻出版上市企业已达 31 家，实现融资 2000 多亿元。

2010 年，新闻出版体制改革继续推进，转企改制进一步深化，从事新闻出版活动的事业法人单位数量较 2009 年下降 15.4%，企业法人单位数量增长 15.1%，占新闻出版法人单位比重由 95.7% 提高到 96.6%。企业法人单位总产出占全行业比重由 2009 年的 83.8% 提高到 87.5%，增加值由 77.0% 提高到 80.4%，营业收入由 84.0% 提高到 87.7%，资产总额占全行业比重由 85.4% 提高到 89.2%；所有者权益（净资产）由 86.8% 提高到 90.7%，利润总额由 68.2% 提高到 71.2%，纳税总额由 80.8% 提高到 84.4%。2010 年是出版体制改革的决胜之年，按照党中央、国务院加大力度、加快进度的要求，出版业在 2010 年全面完成经营性出版单位改革任务，并在重点领域和关键环节取得实质性突破。截至 2010 年 12 月 30 日，中央各部门各单位出版社已全面完成转企任务。在约占我国出版社总数 1/3 的 177 家中央各部门各单位经营性出版社中，除 1 家出版社停办退出，其余

176家都已换了"企业身份证"。中央各部门各单位出版社转企工作按照中央确定的"路线图""时间表"扎实部署，稳妥推进，成效显著，不仅为经营性文化事业单位规范转制树立了典范，而且为文化体制改革工作确立了标杆，同时也为我国事业单位的改革提供了思路和经验。转企改制绝不仅是改名字、换牌子，而意味着打破传统事业单位管理模式，意味着实现跨行业、跨地区、跨所有制合作，意味着现代企业制度逐步完善，发展方式、工作格局发生深刻变化。随着中央各部门各单位出版社转企改制全面完成，一批导向正确、主业突出、实力雄厚、核心竞争力强的大型出版集团公司，以及一批专、精、特、新的出版企业强化内部经营管理，建立资产经营责任制，走上内涵式发展道路，为中国由"出版大国"迈进"出版强国"打下坚实基础。2010年，积极推进非时政类报刊出版单位分类改革，全国1251家非时政类报刊出版单位登记或转制为企业法人。

2010年，积极拓展新闻出版业投融资渠道。新闻出版总署制定并实施了建设中央国有大型出版传媒集团公司的意见，中国出版集团公司进一步做大做强，中国教育出版传媒集团公司正式挂牌成立。全国一批重点企业以资本为纽带开展战略重组，部分新闻出版企业积极利用境外、业外资本进一步做大做强做优新闻出版产业。2010年，皖新传媒、中南传媒、中文天地、天舟文化、当当网等多家新闻出版企业相继通过首次公开募股（IPO）或以"借壳"方式在国内外上市。中南传媒网上申购冻结资金高达3852亿元，超过了在其之前上市的中国农业银行（2974亿元）和光大银行（2095亿元）。截至2010年12月31日，新闻出版业共有44家上市公司，其中在上海证券交易所挂牌交易的12家、深圳证券交易所11家、香港联合证券交易所8家、美国纽约证券交易所1家、美国纳斯达克12家，以当日收盘价计算，44家新闻出版业上市公司总市值达到5010.9亿元人民币。

《新闻出版业"十二五"时期发展规划》（以下简称《规划》）明确提出："进一步培育新闻出版骨干企业，鼓励有条件的新闻出版企业跨区域、跨行业、跨所有制经营和重组，推动新闻出版资源适度向优势企业集中。"对此，新闻出版总署目标也很明确，未来5年将打造一批大型出版传媒"航空母舰"、重组一批大型印刷复制企业、组建一批大型发行物流集团。

做大做强无外乎市场化和并购，在此背景下，可预见未来新闻出版业兼并重组将会提速。据了解，未来 5 年，全国报刊出版单位数量减半，降至 5000 家以下；非独立法人报刊出版单位总量比例由 65% 左右下降到 30% 以下。新闻出版总署表示，将通过兼并、整合、重组推进报刊出版骨干企业和传媒集团建设。柳斌杰署长也曾表示，目前的一个重要改革方向是让已经转制的企业进一步重组、联合，组建中国新闻出版业的"航空母舰"。第一阶段要打造"双 200 亿"的大型出版传媒航母，即这些大型出版传媒集团要达到 200 亿元的固定资产、200 亿元的年销售收入。这一点在《规划》中也有所体现。《规划》中提出"中央国有大型出版传媒集团公司扶持工程"，要求整合中央各部门各单位优质出版资源，建设三四个国有大型出版传媒集团公司。2011 年 7 月 19 日，中国科技出版传媒集团有限责任公司在京成立。这一集团公司是以中国科学出版集团有限责任公司为主体，人民邮电出版社、电子工业出版社共同参股设立。与中国出版集团、中国教育出版传媒集团公司同属中央国有大型文化企业。目前，要组建的三大国家级出版传媒集团中国出版集团、教育出版集团和中国科技出版传媒集团，已经组建完成。

（四）产业转型成效初显，数字出版发展迅速

2009 年，数字出版总产出已达到 799.4 亿元，总体经济规模首次超过图书出版，初步形成了北京、上海、广东等数字出版产业集聚区。新闻出版业的总体格局在技术进步的带动下已发生初步改变。组建国内最大数字出版技术企业：2009 年 12 月 9 日，方正集团与上海张江集团签署合作协议，共同投资 2.85 亿元组建中国数字出版的旗舰企业——中国数字出版技术有限公司，并正式入驻张江国家数字出版基地。这是中国数字出版史上迄今为止投资规模最大、合作层次最高的项目，具有标志性意义。此番合作结合双方优势，在数字复合出版领域展开合作，包括移动阅读终端研发、图书门户运营，以及数字复合出版技术研发 3 个领域的项目。作为目前国内唯一的国家级数字出版基地，张江国家数字出版基地成立一年来取得了较快发展。基地已经聚集 140 余家数字出版及相关企业，2009 年新增数字出版相关企业超过 30 家，新增注册资金超过 1.3 亿元，形成了网络文学、互动教育、网络游戏、艺术典藏、手机出版等特色产业的聚集；产业链上下游之间的沟通与

合作加强，初步形成了以技术为支撑、以内容为重点、以市场为引导，健康有序、良性循环的产业链。

2010 年，我国数字出版产业总产值已超过 1000 亿元，继续保持着高速发展的势头，成为产业增长的重要动力源。数字出版总产出和增加值较 2009 年增长 31.6% 和 23.7%，超过全行业增长速度，在各产业类别中名列前茅。印刷复制的增长速度虽低于数字出版，但同样高于全行业增速。2010 年 8 月 24 日，为推进新闻出版产业升级和向现代数字出版业战略转型，更好地指导各地方新闻出版管理机构和出版单位开展数字出版工作，总署下发了《关于加快数字出版产业发展的若干意见》，提出了数字出版产业发展的战略目标、重点任务和保障措施。作为指导未来一个时期数字出版产业发展的重要文件，引起了业界和媒体的广泛关注。为进一步规范市场，促进电子书产业健康有序发展，2010 年 10 月 9 日，印发了《新闻出版总署关于发展电子书产业的意见》。2010 年，是中国数字出版持续快速发展的一个年头，无论是宏观层面的国家政策引导，新技术的持续更新，还是市场需求的大力推动，都为数字出版的发展创造了优越的条件，因而越来越多的主体加入这一领域，既有以出版社为代表的传统出版单位，又有众多硬件制造商，还有大量互联网、无线通信领域的运营商等的介入，为数字出版注入了无限活力。2010 年 7 月 21 日，总署与中国电信集团公司签署了《关于共同推进数字出版产业发展的战略合作备忘录》。2010 年 9 月 8 日，总署与中国电信集团公司共同组织召开了"天翼数字阅读平台"上线发布会，推进合作备忘录有关事项的落实工作。2010 年 11 月 11—12 日，双方联合在上海举办了数字出版高端培训班，进一步深化了数字出版是内容与技术的结合、行业与行业的融合的认识。2010 年，总署在指导协调上海张江和重庆北部新区两家国家级数字出版基地建设的基础上，对拟作为国家级基地延伸园区的上海虹口大柏树数字出版园区进行了现场考察，同时考察了杭州、湖南、湖北、天津滨海新区和广东等地申请国家级数字出版的基地情况，根据考察情况对各地筹建情况进行了评估，指导各地进一步明确基地建设规划和发展重点，实施错位竞争战略。目前，国家级数字出版基地已经有上海、重庆、杭州、湖南、湖北 5 家，数字出版基地布局和规划正在有序推进。为掌握各地相关管理部门和企业的基本信息、数字出版整体产业发展的基本情况，更好地指导产业发展，做好管理和服务工作，总署提出了《数字出版基础信息数据库》项目，并组织成立课题组进行研发，建立一套科学合理的数字出版企业评估体系和指标，更加科学地梳理企业情况，指导数字出版产业发展。

（五）非公经济成分民营书业获得长足发展

2009年，一个崭新的现象就是民营出版得到了应有的重视，新闻出版总署《关于进一步推进新闻出版体制改革的指导意见》明确提出，"引导非公有出版工作室健康发展，发展新兴出版生产力"，这无疑为书业和经济发展注入了一针强心剂，并且指明了引导和规范以非公有出版工作室为代表的非公有文化机构有序参与图书出版的渠道和方式。2009年，在全国35.7万家新闻出版单位中，包括个体经营户在内的非公有经济单位超过32.4万家，占到单位总数的90.8%；72.0%的企业法人单位为民营企业，另有3.7%的企业法人单位为港、澳、台商投资和外商投资企业。改革开放以来，民营资本开始进入出版物发行领域并逐步介入出版策划领域，经过30年来的发展，已经成为出版业中一支不容忽视的力量。目前，民营书业已逐步形成相对完整的产业链。形成了独立于国有书店之外的产、供、销产业体系，进入图书出版的整个流程。在出版上游环节，形成了一批能够独立策划选题、组稿、编辑加工的工作室和文化公司。在出版下游环节，民营书业主要以零售、批发方式进入发行业，从形态上来分主要包括独立书店、发行集团、连锁书店、网上书店等类别。同时，民营图书装帧、排版、校对的民营工作室等出版服务业刺激整个书业的市场化发展。民营书业已经渗入出版及相关服务业的各个领域，形成相对完整的产业链。2009年，国有出版单位与非公有文化机构的合作已经上升到战略合作，迈向资本层面。2009年4月25日，凤凰出版传媒集团旗下的江苏人民出版社与北京共和联动图书有限公司开展战略合作，共同注资1亿元资金成立了合资公司——北京凤凰联动文化传媒有限公司。4月25日，山东出版集团与志鸿教育集团、签署战略合作协议，志鸿教育集团将在组建山东出版传媒股份公司时称为参股方之一。山东出版集团所属的明天出版社、齐鲁书社将与志鸿教育集团开展深度项目合作。4月26日，时代出版传媒旗下的安徽科学技术出版社与国内著名教育机构星火国际传媒集团就图书合作出版、合作发行、图书版权、期刊合作、编辑发行人员交流等方面签订战略合作协议。2009 年，一批有实力、有影响的非公有文化机构通过与国有出版单位的战略合作深度介入出版，展现了出版生力军的活力。国有与民营出版的合作也上升到一个新的层面。民营书业广涉图书、期刊、数字等出版领域，涉足最大的还是图书出版领域。据统计，畅销书排行榜中新作家 90% 以上的作品均出自民营出版策划机构之手。在教辅图书领域，民营总体销售规模占据了 80% 的市场份额；在少儿图书领域，民营总体销售规模占据了 50% 的市场份额。2009 年 12 月 11 日，和讯网以2009 年各类畅销书排行榜为例列举了民营书业"垄断"畅销书的业绩。

2009 年初，中国版协受中宣部的委托，进行了"民营资本介入出版业"专题调研。2010 年 3 月上旬，我们召集版协所属部门负责人研究制定调研计划、调研提纲和调研方法，成立调研组，并详细分工，要求高质量地完成本次调研任务。通过对民营书业的了解以及书、报、刊等资料的查询，首先向一些典型的民营书业问询情况并索取材料，然后，邀请 13 家国内知名的民营书业老总于 2010 年 3 月 22 日至 24 日在广州召开"民营资本介入出版业座谈会"。与会各民营书业老总踊跃与会，分别介绍其生存现状及存在问题，道出了个中甘苦，并对未来发展提出意见和建议。2010 年 4 月，中国版协撰写了长达 2 万多字的调研报告上报，得到中宣部领导的肯定。

2010 年，民营经济的比重稳步提升，民营企业在全国 13.1 万家新闻出版企业中所占比重由 2009 年的 72.0% 提高到 76.1%。在印刷复制企业中，民营企业总产出、增加值、营业收入和利润总额中所占比重分别由 2009 年的 76.9%、75.5%、76.9% 和 74.8% 上升到 86.4%、84.4%、86.1% 和84.4%，超过 4/5。在出版物发行企业中，民营企业总产出、增加值、营业收入和利润总额中所占比重分别由 2009 年的 60.6%、62.9%、60.5% 和64.4% 上升到 61.1%、63.6%、61.8% 和 66.0%。2010 年发生的一件民营书业大事就是首次上市。2010 年 12 月 15 日，湖南天舟科教文化股份有限公司正式登陆深市创业板（证券简称天舟文化），公开发行 1900 万股，发行价 21.88 元/股。由于该公司业务横跨出版、传媒等领域，天舟文化堪称"民营出版传媒第一股"。当日有 3 家公司登陆深市创业板，天舟文化领涨。天舟文化当日开盘价为32.46元，盘中最高达到35.28元，最后报收于34.40元，相比于发行价，涨幅为57.2%，成交额达4.4亿余元。经过20多年的积累和探索，天舟文化由小到大，从默默无闻发展成为"文化湘军"中的一颗新星。2007年、2008年、2009年和2010年上半年，公司实现主营业务收入分别为5537.52万元、8957.85万元、13031.45万元和9787.26万元，平均年增长率为53.4%。公司在湖南、北京、江苏等地拥有9家控股子公司和分公司，在全国20多个省（自治区、直辖市）拥有300多个合作经销网点，成功参与了湖南、河北、浙江等省的政府公共文化教育招标采购，并成为《读者》《故事会》《人民文学》等著名期刊的发行服务商。

2011年是"十二五"开局之年，也是国有书业与民营书业携手合作风起云涌之年。新一轮的新闻出版业体制改革正在加速推进，跨行业、跨区域、跨媒体、跨所有制的产业兼并重组大幕已经拉开。自年初起，种种迹象表明了图书行业正呈现大竞争态势。2011年1月7日，京版北教控股有限公司挂牌成立，国有民营联手投入2亿元打造大型教育出版公司。2011年1月8日，湖北长江出版传媒集团全资子公司与湖北黄鹤图书发行有限公司合资组建出版发行企业——湖北和谐号传媒有限公司；2011年1月9日，中国民营书业第一股——湖南天舟科教文化股份有限公司与凤凰出版传媒集团强强合作，组建凤凰天舟新媒体发展有限公司，进军动漫产业领域。这种合作不是权宜之计，而是阳光行动、朝阳产业，是多种形式、逐步完善、不断发展的长远规划。为此，双方要真正地融为一体，不分你我、团结合作，确保平稳过渡，并充分发挥各自的优势。国有出版社必须把出版专有权优势、信誉优势、专业人才优势等与民营公司的组稿优势、策划优势、销售渠道优势等结合起来。

（六）对外贸易状况有所改善，"走出去"取得积极成效

2009年，新闻出版业大力实施"走出去"战略，积极开展对外交流与合作，成功举办了法兰克福书展中国主宾国活动；有效利用各种国际出版平台，推动我国出版产品"走出去"；积极开展政府间交流活动，为中外出版企业开展合作创造条件；积极开展对台交流工作，推动两岸出版交流不断取

得新进展。政府投入不断增加，企业"走出去"的活力进一步增强，一个由版权、产品、实体、资本等多种形式和多种载体构成的新闻出版立体"走出去"格局正在成形。2009年，全国版权贸易逆差比例进一步缩小，版权贸易引进品种与输出品种比例降至3.3：1（2002年为15：1，2008年为6.5：1）；实物出口总量不断扩大，出版物进出口经营单位2009年累计出口图书、报纸、期刊885万多册（份），较2008年增长10.4%。

2009年，第六十一届法兰克福国际书展中国主宾国活动取得圆满成功。呈现了规格高、规模大、内容广、时间长、亮点多、标准高等特点。中国是2009年第六十一届法兰克福国际书展的主宾国，党中央、国务院对此高度重视，将主宾国活动定位为继北京奥运会、残奥会之后我国最重要的对外文化展示交流活动，中华人民共和国成立60年来中国出版业在国外举办的规模最大、影响最大的文化交流活动，国家副主席习近平同志出席开幕式，中央政治局委员、国务委员刘延东同志担任组委会名誉主任。主宾国活动组委会领导有力，组委会各部门通力合作，全国新闻出版界共同努力，中国主题馆充分表现了中华文化的魅力，并成功举办了600余项文化活动，广泛展示了当代中国出版的成就。在本届书展上，参展出版单位输出版权2417项，较以往最高年份翻了一番。中国展团采取积极措施，排除各种干扰，面向西方公众、媒体和政界的文化外交赢得了人心，在确保"安全、顺利、尊严"的基础上，实现了"精彩、圆满、成功"的目标，出版界推动中国出版"走出去"的信心和决心进一步增强。2009年，除了法兰克福书展外，总署还组织国内出版单位参加了美国书展、伦敦书展、博洛尼亚儿童书展、东京书展、新加坡书展、香港书展、马来西亚书展等20多个国际书展。

2009年，举办第十六届北京国际图书博览会和首届亚欧文化艺术节图书音像展。这些书展活动成为我们主动搭建、有效推动新闻出版"走出去"的国际平台。第十六届北京国际图书博览会于2009年9月3日至7日在北京举办，书展期间举办了开幕式、招待会、第五届中华图书特殊贡献奖颁奖仪式等重要活动。此次展会共达成中外版权贸易意向12656项，比2008年增长了10.52%；签署版权合同1392项，引进输出比例为1：1.29。来自56个国家和地区的1762家出版单位参加了书展，展示图书和各类出版物16万种，举办了 1000 多场文化出版活动，吸引了 20 万人前来参观。西班牙是今年北京国际图书博览会的主宾国。书展之前，2009 北京国际出版论坛于 9 月 1 日在北京皇家大饭店举办。本届论坛的主题是"全球金融危机下的出版对策"，来自总署、国务院新闻办公室、西班牙文化部、日本小学馆、哈珀·柯林斯、励德·爱思唯尔、中国出版集团、凤凰出版传媒集团的负责人在论坛上发表演讲，共同探讨在金融危机背景下全球出版业的发展。首届亚欧文化艺术节是今年国内举办的一项十分重要的国际文化交流活动，新闻出版总署是首届亚欧文化艺术节主办单位之一，图书音像展是其中的重要项目。"首届亚欧文化艺术节图书音像展"于 9 月 5 日至 8 日在北京举办。"首届亚欧文化艺术节图书音像展"汇聚了亚欧 43 个国家的图书音像展品，共展出图书、音像制品约 6 万种。内容包括文学、艺术（绘画、摄影、建筑设计、音乐、戏剧、电影等）、哲学、美学、历史、地理、教育、语言等多种学科。图书音像展举办了开幕式、招待酒会、外国文化讲座等重要活动，吸引了众多观众参观。

2009 年 3 月，新闻出版总署与国务院新闻办公室在长沙召开了"中国图书对外推广计划"工作小组第五次会议。会后，总署与国新办联合下发了"推广计划"章程、工作办法和奖励办法等有关文件。2009 年 10 月，总署启动了"经典中国国际出版工程"，此项工程与"中国图书对外推广计划"共同成为中国出版物"走出去"的重要项目。该工程的启动得到了出版单位的积极响应，申报项目达到 500 多项。2009 年，总署参与由商务部牵头开展的 2009—2010 年重点文化出口企业和重点文化项目的入选工作，共推荐新闻出版行业 80 家企业和 90 个项目入选 2009—2010 年重点文化出口企业和重点文化项目。安徽时代出版传媒集团等一批大型出版传媒企业在多元化"走出去"方面取得突出成绩，以网络游戏为代表的数字出版产品出口形势良好。出版物对外贸易势头强劲，图书出口约 780 万册以上，是进口数量的 2 倍。中外期刊版权合作中，互换资源、市场的对外合作策略进一步深化。2009 年，版权输出总量突破 3400 项，输出和引进的比例达到 1：3.4，实现历史最好水平。

2010 年，用全球化视野谋划和落实新闻出版"走出去"战略，"走出去"工作取得突破。出版物出口和版权贸易状况有所改善,全国出版物进出口经营单位图书、报纸、期刊、音像制品和电子出版物的出口继续保持增长,尤其是图书出口数量扭转了自 2006 年以来的下滑态势,增长 13.2%。全国版权贸易逆差比例进一步缩小,版权贸易输出品种与引进品种比例由 2009 年的 1:3.3 提高至 1:2.9。不过全国出版物进出口经营单位各类出版物贸易逆差仍较大,累计出口金额仅相当于累计进口金额的 10.1%,尚需进一步改善。

2010 年,制定《新闻出版业"走出去"中长期规划》,全面启动中国出版物国际营销渠道拓展工程,与法国拉加代尔集团签署《国际销售服务协议》,使我国出版物得以在其全球 3100 多家连锁书店发行。该项协议的签定,是中华人民共和国成立以来,我国出版发行业第一次大规模进入国际主流营销渠道的历史性创举,标志着我国新闻出版业进军国际主流营销渠道取得重大突破。与此同时,总署还组织国内主要进出口公司开展了"全球百家海外华文书店中国图书联展活动",反响广泛,产生了良好的效果。以当当网、卓越网、博库网、亚马逊网站为主体的网络渠道拓展项目也取得了很大进展,出版物海外销售数量和金额快速增长。俄罗斯书展中国新闻出版"汉语年"系列活动、希腊萨洛尼卡国际书展中国主宾国活动取得圆满成功,中希文明对话活动成效显著。法兰克福国际书展输出版权 1588 项,第十七届北京国际图书博览会达成版权输出与合作出版协议 1412 项,均有新的增长。

2010 年,狠抓翻译出版工程,加快优秀出版物"走出去"。继续实施"经典中国国际出版工程"。该工程自 2009 年启动以来,得到了社会各界的广泛关注和各地出版单位的热烈响应。2010 年,总署组织专家严格筛选,共 53 家出版社 97 个项目通过终评。该项目已资助图书 712 种,资助总金额达 3769.54 万元。进一步推动"中国图书对外推广计划"。2010 年 3 月,总署与国新办在安徽合肥召开了"中国图书对外推广计划"工作小组第六次会议。2010 年,总署与阿盟秘书处签署《中阿互译典籍出版项目合作备忘录》,根据备忘录,总署将在未来 5 年与阿盟国家互译出版 50 种图书,该项目已经进入实施阶段。

2010 年，与香港、澳门、台湾出版交流更加深入。《读者》杂志繁体字版作为首家获准入岛的大陆期刊在台湾出版发行，第六届海峡两岸图书交易会亮点纷呈，首次向台湾少数民族偏远山区赠书，赢得了台湾民众的好评。"海峡两岸出版交流合作工程"第一批重点项目初步成形，"优秀作品海外繁体字出版项目"扎实推进，海峡两岸暨香港、澳门的出版业务交流更趋成熟。

2010 年，民营书业也努力探索"走出去"的新路径。现在已有越来越多的民营出版人加入投资大陆以外市场的队伍中来，如北京新华先锋文化传媒有限公司和新经典文化股份有限公司是大陆两家以操作引进版图书见长的民营公司，他们已经迈开了坚实的步伐。2010 年，北京新华先锋文化传媒有限公司与中国外文局旗下的香港和平出版社以及新世界出版社，共同出资在香港成立了新华先锋出版传媒公司，这是中国大陆地区第一家由民营出版机构与国有出版社共同在香港地区组建的出版机构。该公司的成立，为国有出版社的体制改革和民营出版业的发展提供了一条崭新的思路。据北京新华先锋文化传媒有限公司执行总裁王笑东介绍，之所以现在在香港成立公司，是该公司具备几方面的实力：不但做外版书是强项，还要有雄厚的经济实力；拥有诚信，能取得版权代理公司的信任；在大陆做出过有文化含量的畅销书，有能力把优秀的作品推广出去。现在，这几方面的要求都达到了。2009 年，新华先锋的销售码洋达到 2 亿；2010 年，陆续推出印度哲学家奥修的一系列作品，以及首部由本·拉登家族成员记录的本·拉登成长史《本·拉登的恐怖世界》和日本著名作家山冈庄八创作的"德川幕府三部曲"的后两部——《德川家光》与《德川庆喜》。目前，该公司已经同很多版权代理公司建立了良好的合作关系。

四、大力推动出版产业发展的思考

近几年来国际出版发行行业持续低迷，一些传统出版强国出现了严重的行业衰退，中国出版业面临严峻挑战和重大机遇，中国出版产业大有可为而任重道远，现对如何推动出版产业大发展谈几点认识。

（一）加快行业整合，打造出版"航母"

出版产业的重要特征就是做大，因此首要考虑的就是出版机构的问题，必须有一个适宜于做大出版产业的出版机构，我国所进行的出版体制改革，也就是为了这个目的。我国新闻出版业的发展成就有目共睹，不过，与世界发达的新闻出版强国相比，还存在很大差距。正如柳斌杰署长所说："与世界强国相比，无论发展规模、发展格局，还是发展方式、发展质量，都存在着很大的差距。"由于行政管理划分的历史性原因，我国的新闻出版业、广播电视电影业以及文化行业分归不同的部门管理。而随着媒介融合的加剧，不同产业之间的边界逐渐模糊。我们需要对新闻出版的范畴进行重新认识。狭义的新闻出版业是指归国家新闻出版总署管辖的图书、报纸、期刊、电子音像的出版、印刷复制和发行业务以及网络游戏、动漫等数字出版业务。广义的新闻出版业与传媒业概念相近，包括图书、报纸、期刊的出版和发行，报刊广告、广播电视新闻和广告，电影、互联网和移动媒体，等等。

美国《出版商周刊》从2007年开始每年发布一次全球出版业强社年度排行榜，榜单上统计了多家全球知名跨国传媒集团当年的销售收入。通过对比，我们可以看到我国的出版传媒集团与国际传媒巨头的差距。2009年的全球出版业50强排名在法兰克福书展公布，业内人士认为这份榜单基本反映了当前全球出版业巨头的竞争格局——前50名里，美国有9家，德国有9家，日本有7家，这三个出版大国就占据了半壁江山；老牌出版强国英国也有9家，法国、西班牙、意大利也各有3—4家上榜，而中国却只有高等教育出版社1家。2009年这份榜单，其中透露出很多值得思索的信息：排名前列的出版集团大都依赖于教材类书籍的庞大销量，这点从高教社的逐年进步就能窥见一斑；出版集团大多不甘于仅仅从事出版相关活动，而是跨媒体运营，甚至涉及资本运作；出版业的主导地位仍然掌握在英语国家的手中；最令记者在意的是，我们的近邻日本有3家出版社进入了排名的前20位。而整个亚洲地区上榜50强的出版社总共9家，除日本的7家之外，中、韩各有1家。小学馆、集英社和讲谈社，这3家的大名，对出版业有所了解的人都听说过。这3家日本出版社都是综合性的出版社，出版内容从漫画、小说到在线读物，几乎无所不包。而这3家出版社所面对的市场，基本上就只是以日语出版为主的日本国内市场。再看看中国的出版市场，无论从市场潜力还是从文化消费者的意愿来说，都找不到技不如人的借口。不能和日本出版社站在同一高度，只能说我们还需要补课，补怎么抓住读者的课。在亚洲市场，我们都未能占据半壁江山，在世界的舞台上，那就只能望洋兴叹了。2009 年全球出版业 50 强排名中，时代华纳集团的销售收入达到 436 亿美元，为全球之冠；威望迪环球集团、迪士尼集团、康卡斯特集团、新闻集团、维亚康姆/CBS、贝塔斯曼集团、汤姆森-路透集团等销售收入均超过百亿美金。培生、励德·爱思唯尔、汤姆森-路透三大集团的出版业务相关销售收入分别达到 77.56 亿美元、73.67 亿美元、54.70 亿美元。我国的出版传媒集团中，第一家"百亿"集团凤凰出版传媒集团 2009 年的销售收入为 120 亿人民币，浙江、湖南两大集团位列其后。

美国《出版商周刊》2011 年 7 月 1 日前公布了 2010 年全球出版业 50 强榜单。培生集团以近 81 亿美元的总收入再次荣登 2010 年全球出版业 50 强榜单榜首。我国的高等教育出版社以 3.9215 亿美元的总收入位列榜单第 40 名，比 2009 年的排名退后一位。50 强榜单中，欧美出版商占据绝大多数席位，前 10 强的名次被两大地域的出版巨头"瓜分"。亚洲出版商共有 11 家入榜，其中日本出版商 7 家、韩国出版商 3 家、中国出版商 1 家。圣智学习出版公司和学乐公司进入前 10 强，反映了教育出版业的增长状况。

透过以上对比数据可以看出：

第一，我国出版传媒集团与世界一流跨国媒体集团的销售收入仍有巨大差距。2009 年我国综合经济规模最大的出版传媒集团——凤凰出版传媒集团的销售收入为 120 亿人民币，仅仅为时代华纳集团销售收入的 1/25，相当于培生集团出版业务相关收入的 1/5（按照 2009 年美元兑人民币 1：6.8 的汇率计算）。高等教育出版社在 2009 年全球出版业 50 强的排名中位列 39 位，销售收入为 3.68 亿美元，仅相当于培生集团的 1/20。行业龙头企业与世界新闻出版大鳄在规模上的巨大差距是我国建设新闻出版强国面临的现实问题，集团化战略、"双百亿"战略，从某种意义上说都是为了弥补这一差距的需要，相信随着我国出版业兼并重组"造大船"步伐的不断加快，规模上的差距会有所缩小。

第二，国外传媒集团都是跨媒介经营，而我国的出版传媒集团图书出版构成其主营业务支撑。多家全球传媒巨头的业务构成较为复杂，最显著的特征莫过于对产业融合大势的清晰把握。不仅泛传媒业内部的图书、报纸、期刊、广播、电视、电影等业务彼此交融，传媒业与电信业、信息服务业等的边界也日益模糊。像时代华纳的业务包括互联网信息服务、有线电视、影视、娱乐、唱片、图书、报纸、期刊以及财经信息服务等，所有的媒介形态无所不包；威望迪环球集团则除了音乐、电视、电影、出版、通信、互联网以及电子游戏等媒介业务外，还涉猎了环境、水务、交通、能源等领域；康卡斯特集团主营业务涉及有线电视、宽带网络、IP 电话服务供应商及内容供应商等；迪士尼集团的产业链中，包括有电影、电视、有线电视网和主题公园四大业务板块；新闻集团的业务涵盖图书、报纸、期刊、网络、音乐、卫星电视、体育等。需要说明的是，国外很多知名的出版集团都隶属于更大的传媒集团，如哈瓦斯出版集团隶属于威望迪环球集团、西蒙-舒斯特出版公司从属于维亚康姆集团、哈珀·柯林斯出版集团属于新闻集团、阿歇特出版集团隶属于拉加代尔集团等等。我国的出版传媒集团主营业务则围绕在图书出版领域，如图书的印刷、出版、发行，少数企业涉足报纸、期刊、网络等，其他销售收入来源多为与传媒主业关联度较低的多元化业务，如房地产、旅游等。

中国新闻出版业目前仍处于快速发展阶段，大多数出版单位规模小、实力弱、竞争力不强，整个产业的产品结构趋同、产业集中度低、创新能力不足、产业结构布局亟待优化。面对金融危机，行业的整体特点促使各单体出版社需要进行资源整合与重组，大量的"小舢板"逐渐组成为"航空母舰"，通过做大做强来增强抵御风险能力和提高发展能力。目前中国出版产业整合在加速，凤凰出版集团等都是很好的例证，取得了很好的效果。当然，我们不能完全以国外媒介集团或出版集团为标准，简单、机械地衡量我国的出版传媒集团的发展。结合中国特有的国情和新闻出版产业发展环境，找准差距，借鉴国外的先进经验，大力发展出版产业，建设具有中国特色的新闻出版强国才是我们的目标所在。我们要打破行业壁垒，培育跨媒体集团。由于新闻出版业的特色，图书、报纸、期刊、广播、电视以及网络等信息服务都围绕着内容这一核心要素，运营模式虽有不同，但却有内在关联性和一致性，跨媒体经营有利于实现规模经济和范围经济效益。只有继续深化改革，打破图书、报纸、期刊、广播、电视、网络、通信等行业间的壁垒，通过市场的手段打造规模庞大的跨媒体产业集团，才能真正提高我国新闻出版业的竞争力。

（二）大力发展数字出版、新媒体等新兴产业，建设数据集成平台

科学技术是促进出版产业发展的动力，已形成业界共识。如果说在传统媒介领域的差距形成有其历史原因和体制原因，那么新兴的数字出版和新媒体则蕴藏着更多赶超的机遇。总署 2010 年发布的《关于进一步推动新闻出版产业发展的指导意见》也提出，未来我国数字出版、网络出版、手机出版等战略性新兴产业领域的发展水平和速度要达到世界先进水平。

从最近两年中国版协的领导和同志们调研的几家数字出版单位的情况来看，看到我国出版业所取得的数字出版的丰硕成果。例如，2010 年 8 月 25 日，我和中国版协常务副主席谢明清等同志到北京平章科技发展有限责任公司进行调研。该公司是由北京九州鼎投资公司发起投资成立的一家专业开发图书行业管理软件的高新技术企业，同时被国家信息产业部认证为双软企业。公司凭借多年出版行业从业经验，成功推出了《中华出版人·平章出版 ERP 综合管理系统 4.0》核心产品，并通过电子商务化的大型 ERP 产品开发经验和多年的出版企业信息化实施经验，真正实现了利用《出版集团综合业务管理平台》《出版社数字化管理平台》《文化公司信息化管理平台》等为出版企业提供完整的信息化解决方案，帮助出版企业实现流畅的项目运作、业务运作，整体提升出版企业的管理平台。我们就该公司在出版转企改制的大背景下，把握机遇，服务出版，积极开发新产品，适应互联网出版、电子出版、数字出版、手机出版等出版新形式，积极面向全媒体，抢占科技创新的制高点，推进资源整合，实施有效兼并和低成本扩张等进行充分研讨。2010 年 12 月 8 日，我和中国版协的副秘书长张振启等同志到方正电子公司调研。近几年方正电子在传媒及印刷领域的技术、市场、商业业态的发展与变化，在国家数字复合出版工程中发挥了建设性作用，"十二五"以

后，在产业升级和资产质量方面，将会更加成熟；同时将以高度的社会责任感，全力扩展字体种类，创新字体商业模式，促进文化的传承与发展。方正电子为出版界做出了有目共睹的贡献，用新技术促进了出版界的变革，在数字出版关键时期，方正电子应该给出版界提供更多先进技术，做出更大贡献。2011 年 2 月 17 日，我和中国版协的常务副秘书长黄国荣、办公室主任陈宝贵等同志到中文在线考察，中文在线董事长兼总裁童之磊向我们演示了中文在线首创并涵盖手机、手持阅读器、互联网、数字图书馆、纸质出版等多种渠道的全媒体出版模式。中文在线全媒体出版"运营至上"，采取"先授权、后传播"原则，经过"机审人读，编校 e 体"的内容管理模式，通过一对一运营，实现内容精准投放。中文在线 2000 年成立于清华大学，是中国网络出版的开创者之一，中文数字出版服务的领导者。通过与国内 300 余家出版机构、逾 1000 名知名作家、2 万余名网络作者的正式签约授权，中文在线每年可提供 7 万—10 万种电子图书，占每年出版图书（纸制）市场的 30%—50%、大众图书（纸制）市场的 70%。在电子图书内容领域占有明显优势，已成为中文电子图书最大的正版内容拥有者，唯一一家获得国家级版权管理机构认证的平台。目前，中文在线的数字图书正通过手机阅读、中小学数字图书馆、互联网等多种渠道服务于教育机构、大众消费等领域，在各个领域中均处于领先地位，为逾千万的读者提供数字阅读服务。2010 年中文在线在业界首推数字出版运营解决方案，全面引领数字出版进入"运营为王"第三季。2010 年中文在线成为国家图书馆"全国县级数字图书馆推广计划"中技术、内容和产品的唯一整合合作伙伴，助力打造国内最大的基础性文化惠民工程。

通过调研分析，我们也客观地看到数字出版前途光明，挑战激烈的现实，面对不断翻新的新技术和不断涌现的新模式，我国的传统出版产业在积极应对的过程中，还存在很多问题需要在发展中解决。热闹的市场难掩仍处于起步阶段的数字出版内在功力不足：优质内容缺乏，同质化严重，让国产电子书纷纷降价打起了价格战，版权保护不力让权利人抱团剑指数字出版商，数字出版领域标准滞后和产业监管不足让数字出版市场隐忧四伏。尤其作为数字出版主要产品的数字图书、数字报刊的收入不到总收入的 3%。成绩和问题同样突出。对此，新闻出版总署信息中心副主任刘成勇指出："如果把数字出版比作京沪高铁的话，标准就像是铁轨，内容就是车身，版权就是火车票，监管就是信号灯。四者必须协调一致、协同配合，只有这样才能合力推动我国数字出版产业进入高铁时代。"结合目前出版业的实际，当务之急是建设具有绝对影响力的数据集成平台。

数字出版产业具有内容的高度集成、技术及运维环境的高度支撑、运营模式的高度商业化的基本特征，这些正是传统出版单位特别是其中的某个部门所难以超越或解决的。还有一些突出的问题和困扰。传统出版业的网络运营能力有限。对于新兴的互联网公司而言，他们目前最大的弱项是优秀的内容版权不足，优秀的资源不足，大部分优秀的编辑还在传统的出版社，资源掌握在出版社手中。一旦网络版权运营商形成一支强大的编辑队伍，对传统出版社来说，会是巨大的威胁。因此，加强多渠道的平台运营能力已是当务之急。看来数字出版产业的发展不宜在单个出版社框架内搞"部门运作"。数字阅读是一个全新的产业，开展数字化阅读必须充分依靠出版机构、内容提供商、电信运营商以及终端硬件商和渠道之间紧密的合作，我们希望产业链的各方，特别是我们的传统出版单位，能够抓住机遇，构建起优质内容的集成平台，共同推进数字出版整个产业链的整合。传统出版社等内容提供商如果要在这个产业链中生存，需要建立起行业同盟，实力大的更需要向产业链的下游渗透，由内容制作商演变为内容聚合商或平台服务商，进一步扩大生存空间。但是，每家出版社不管自己的内容多少，有没有特色，都做独立的平台，搞重复建设，也是不会成功的。与其那样，还不如由几家类似出版社共建一个数字出版和发布平台，各家提供内容，集成打造一个海量内容的强大的平台。这样，还可以减少宣传推广方面的投入，取得更好的效果。在运营上，这几家出版社可以股份制的方式注册一家数字出版公司。内容需要海量，并且不能陈旧，才能实现大规模定制，小而分散做不到这一点。这和做纸书出版完全不同。

透过亚马逊的运营模式可以得知，网络运营商已经被彻底渠道化，仅仅作为内容下载的通路存在，而同时提供终端设备和内容下载平台的亚马逊成为产业的主导者。电子阅读器的竞争不再仅是"硬件竞争"，而是综合了内容、运营和服务的"平台竞争"。近来业界又提出云平台，2010年，是云平台得到认可的一年，也是实实在在的云平台服务之年。云平台，即聚合了海量作品资源的内容资源平台。提供资源的网络被称为"云"，"云"中的资源在使用者看来是可以无限扩展的，并且可以随时获取，按需使用。中国数字出版网是面向全行业、全产业链的开放平台，既面向社会共建"云出版"平台，共享资源，又面向不同服务对象提供专业化的应用服务。通过合作共建的方式搭建一个数字出版平台，聚合云出版内容，面向出版产业链上的内容提供商、销售商、渠道商，提供所需的内容、功能、形态、渠道等数字出版服务。不同服务对象的商家可借助平台，选择文字、图片、视频等不同内容，电子书、电子期刊等不同形态，Web、手机、阅读器、按需印刷等不同渠道，门户、商务、互动等不同功能，形成委托管理、自主管理或拥有个性化自主品牌门户的运营模式，面向终端用户提供相应的服务。业界人士认为，数字出版短期看终端，中期看平台，长期看内容。目前，国内酝酿成立了多个类似的云平台（产业联盟）。中国移动、中国电信、中国联通三大通信运营商推出了各自的手机阅读平台，盛大文学通过OPOB（一人1本）战略搭建云图书馆，汉王力推汉王书城，EDO搭建数字发行平台，方正打造中华数字书苑，北京出版集团发起成立数字出版产业联盟，广东成立数字出版产业联合会，上海新华解放数字阅读传媒有限公司与安徽时代出版传媒股份公司合作搭建数字阅读平台。显然，平台是产业链中各环节力量都希望扮演的角色。平台建设的意义不仅在于对用户阅读需求的把握以及支付方式的搭建，更在于海量内容资源的聚合，可以想见，未来平台建设将会受到进一步的重视。

中文在线关于"书香中国"项目的建设就具有平台建设推广的意义。该项目对于农家书屋和全民阅读工程而言，数字出版可防止工程重复建设。"书香中国"是中文在线2011年主要投入精力的项目之一，该项目主打数字阅读，通过与各省（自治区、直辖市）政府合作，依托数字出版技术打造面向中小学生及教师的公益阅读平台。"书香中国"依托正版的数字图书和教育资源网，建立了省级、地市及区县平台，在各省（自治区、直辖市）中小学建立个性化读书网站。平台建成后，读者可免费获得个性化书房，同时每个学校都能自主建设个性化读书网站，并以学校、年级、班级等为单位组织各种读书活动。该项目的实施有益于大众阅读的普及，并且通过数字化阅读，数字出版在主流文化中也可大显身手。我们由此建议数字出版企业可以搭建起一个共同的数字平台，实现优势互补，帮助全国传统出版社转制成功后快速实现数字化，共同促进中国数字出版产业的发展。

数字出版有其自身的规律与本质要求，主要体现在高度的集约化，包括内容的高度集约化、资金的高度集约化等方面，而其实现的路径，最重要的就是要建立数字出版平台。而中国的传统出版产业格局是小而散，各地整合建立的出版集团实力也很不均衡，开展数字出版更需要进一步的整合与集约。我们看到许多出版集团或出版社都纷纷搭建自有的数字出版平台，实际上又重蹈了传统出版的覆辙；不仅自有内容、资金、技术实力很难支撑起一个平台，而且也很难再引进其他出版单位的数字出版内容与产品。这种一哄而上的做法，不符合数字出版平台对海量内容的要求，提高了投资的风险，导致重复建设而又水平不高；实际上既不利于数字出版产业整体的发展，也不利于自身数字出版工作的进行。可以由国家建设统一的数字出版平台，或者是大型龙头企业自己建设平台，没有实力的出版企业不一定考虑自己建设。因此，国内出版业应该形成联合建立数字出版平台的共识，在政府的指导下，形成几个良性竞争的综合数字出版平台，以及若干专业化数字出版平台。

我们出版企业的平台在哪里？有些出版企业建的就是一些简单的电子商务网站，把书的信息放上去，这不是真正意义的出版平台。我们这些做内容的出版社没有做成平台，很多像移动、电信、百度、方正阿帕比等等其他的非内容的提供商在做自己的平台。这就值得思索。数字出版产业的核心是内容，传统出版企业是生产内容的，发展数字出版，传统出版企业应该承担首要职责。但现在所谓一些知名平台上的内容大部分都是一些公版书，出版社的一些好书、新书等不愿意放上去，因为有版权和利润不合理的种种因素，一些传统出版社自身又没有建设平台的能力。解决这些问题，有赖于政府和大家一起来努力。从政府主管部门这个角度上而言，就是丰富电子书内容资源，支持和鼓励传统出版单位发挥资源优势，应用高新科技，积极开展出版内容资源的数字化加工制作，形成传统出版单位与电子书生产单位及著作权人之间的良性合作机制，促进传统优质出版资源转化为电子书内容资源。并且要搭建电子书内容资源投送平台，推动传统出版单位、发行单位、数字化技术提供商，依托各自资源优势，联合搭建内容丰富、质量优良、版权清晰、使用便捷、服务周到、利益兼顾的国家级电子书内容资源投送平台。目前的平台状况多、散、乱，还是要推动建立国家级的数字内容平台。国家数字出版的"十二五"发展规划里已明确提出要建成 5 家到 8 家集书、报、刊和音像电子出版物为一体的海量内容投送平台，我们期望早日实施建成。

只有抱着合作共赢的态度，建立起公开、公平、开放、互惠的合作模式，将优质内容与先进的技术、强大的渠道有机结合起来，最终以优质的服务去赢得用户，我们的数字出版产业会迎来更加美好的未来。

（三）生产思想性、艺术性和市场化相统一的经典作品

出版产业的重要标志之一就是生产出来大批的高质量的经典作品，如果仅仅生产出来大批的一般化的图书，更甚者是生产文化垃圾，那么出版产业是不成功的。出版产业的发展是在市场调节的方式下进行，因此，企业需要按市场规律开展其日常的生产经营活动。所以，出版产业虽然与文化事业存在一定的联系，但二者的差别还是清楚的。过去，我国的出版一直是作为一项社会事业，文化发展主要靠政府财政扶持，把出版仅仅作为社会公益事业来运作，混淆了出版事业与出版产业之间的关系，既没有采取市场化战略，也没有引进竞争机制，出版产品市场化程度很低，不仅导致出版事业发展缓慢，而且出版产业也难以得到应有的发展。市场化很强的环境下，做出版产品极不容易。我们要求产品不但要满足市场，还应有思想性和艺术性。

以市场需求为导向，面向市场大批量组织出版产品的供给，此时的出版产品就不单纯只是一种文化品，它更是一种商品。至于这种商品还承载多少文化思想内涵，主要取决于市场需求对其的影响。例如，同样是音乐歌舞的图书，不同的文化市场对其却有不同的要求，所谓的高雅艺术、严肃音乐，通常强调作品的思想和艺术性；而大众艺术、流行音乐，强调的是作品的娱乐效果，其所包含的思想和艺术内涵，要符合社会大众潮流，能够为普通民众所接受。当然，文化产品，毕竟是以文化为载体，出版产业的发展，如果

完全脱离了文化出版内涵，也就没有必要冠以文化的字眼。所以，虽然产业化对文化出版产品的思想内涵需要进行世俗化、大众化或市场化改造，但这种改造存在一个最低限度，需要保留其思想的基本内涵。

现代社会，出版产业之所以能够获得快速发展，得益于社会对文化消费需求的增长和文化产品生产方式的改变。出版产业寻找发展突破，首先需要突破出版产品生产的传统方式，适应现代社会广大民众对文化产品的消费需求。文化产品的商业化经营，受市场规律的制约，其发展已经不是严格遵循文化自身内在的发展逻辑，它是通过文化的世俗化，大众化，以开拓市场。所以，出版产业化的路径在于苛求出版的产品思想、艺术或学术等方面的价值，往往更强调文化的消遣娱乐。所以，我们会看到在出版产业化、市场化过程中，严谨的理论、深邃的思想让位给通俗作品，强调文化的思想、学术、艺术通常只能局限在特定范围，而社会普通民众所接受的往往都是通俗化的作品。正因为如此，我们看到目前国内媒体出现的所谓学术明星，并不一定就是学术研究水平最高深的学者，他们中的大多数都是将现有的研究成果通俗化，谈不上深奥的理论，他们用现代通俗的表达方式，快速出版通俗读物，以适应大众图书市场的需要，如易中天《品三国》《王立群读史记》等等；而也只有这种通俗化，才有可能为社会普通大众所接受，成为大众眼中的学术明星。大众文化消费是出版产业发展的主流，所以，像各类学术研究书籍、严肃音乐等精英文化和高雅艺术虽然也有一定的市场，但市场需求毕竟十分有限，通常需要政府财政的支持，属于出版事业而不是出版产业的范围，依靠市场难以维持其健康发展。

由于出版产业通常是满足人们的休闲娱乐需求，产品的感官刺激、听觉视觉效果都对出版产品的消费产生影响，甚至为了追求感观刺激有些出版产品不惜忽视思想内涵和艺术价值，这也就是人们对反对出版产业化的主要原因之一。所以，出版产业的发展，为了适应市场的需求，对产品所内涵的文化和艺术按市场的需要进行改造，特别是在社会发生巨大变革时代，受不同社会思潮的冲击，出版产品有可能因此逐步改变其内在文化内涵，冲击社会核心价值观。然而，出版的产业化，其产品的思想教育的弱化和娱乐功能的增强，容易出现出版产品思想内涵与娱乐休闲的冲突。在产业化进程中，为了满足市场需要对文化产品所进行的市场化改造，容易导致缺乏健康思想内容、没有正面教育意义的出版产品大量出现。因此，出版领域的过度市场化，有可能会不利于社会健康文化的发展。所以，出版产业的发展，需要解决社会核心或社会基本价值与娱乐休闲之间的矛盾，需要寻求二者的统一。如果只强调思想教育，缺少休闲娱乐性，由于缺乏市场的需求基础，这种出版产品是无法在市场上出售；而只有娱乐休闲，单纯追求感官刺激，片面强调经济效益而忽视思想内容，必然导致文化消费市场的畸形发展。市场化由于关注的是出版产品的市场价值，促使大量出版产品表现出娱乐化的价值倾向，注重产品对大众的视听享受，注重形式轻视内容，注重外在的审美而轻视内在深刻的思想阐述，追求商业价值而忽视社会效益。但缺乏思想深度的出版产品，通常只能追求一时的感官刺激，无法产生广泛而持久的影响力，因而也难以获得市场长期的支持。因此，优秀的出版产品，通常是思想性与艺术性的统一，需要二者的相互协调。出版产业化成功与否，取决于出版者能否创造性地将出版与市场结合，充分挖掘文化精神所具有的市场价值。出版产业化是从文化内涵深入挖掘其所存在的商业价值。毕竟出版产品不同于工业品生产，出版产品必须有基本的文化内涵，假如连这个最基本的文化内涵都消失了，那么这种出版产品也就消失，也就不能作为出版产品而存在。实际上，出版产业商业化、市场化过程，只是对出版内涵进行商业化改造，通过这种改造，增加出版内涵的娱乐效果，使其适应市场的需求。如果由于市场化使得该产品完全失去出版的内涵，那该产品也就不能成为出版产业的一部分。所以，推动出版产业的发展，在充分挖掘出版的商业价值的同时，需要寻求出版思想内涵与商业化、娱乐化之间的和谐，实现出版产业的可持续发展。

人们之所以担心产业化会对文化发展产生不利影响，主要是担忧各种不健康的思想通过市场得以传播，冲击人们的思想、败坏社会风气。如果出现这种情况，主要是因此出版企业不能有效处理出版和市场的关系，缺乏将出版市场化的技巧和经验，无法将社会基本价值观通过适当的出版产品方式将其推向市场化，从而导致各种不健康出版产品乘机占领市场，并由此侵蚀人们的思想。出版产业化，虽然不可避免导致各种思想的传播，但社会基本价值和伦理道德恰恰是通过产业化市场化的途径才能得以深入社会大众，巩固其社会地位。因此，解决出版产业化过程可能出现的偏差，并不在于限制出版产业化进程，因为，出版市场的存在是客观现实，社会存在广泛的文化消费需求。消除不健康文化产品的影响，主要是要提高出版产业从业人员的技能，增强健康出版产品市场竞争力，扩大能够代表社会核心价值的出版产品市场占有水平，用市场的力量将不健康出版产品淘汰出局；另外，还可以通过文化事业单位，大力宣传社会核心价值体系，抵制各种不健康思潮的侵袭，利用社会舆论和公共监督，将其影响降低到最小程度，实现出版产业的和谐发展。

出版产业的根本目的是做内容，出好书，发表好文章，展示数字出版作品，等等；出版形式也是服务于出版内容，彰显出版内容。我们把好的出版内容称之为经典。一部中外出版史，几乎就是一部经典创作史。经典必定在重大问题的解决上取得重大突破。这里的"重大问题"，既可以是重大的全球社会问题，也可以是重大的学术问题。对这些人类社会共同问题的真知灼见往往蕴含大作的种子，一旦取得突破即往往具有惊人的效果。《国富论》《资本论》如此，《天体运行论》《物种起源》《相对论》也如此。经典能够突破空间限制，超越国界、超越现实、超越前人，标准之一就是其作品不断翻译成世界各国的社会语言与课堂语言，或者不断为各国学术前沿的同行所参考或引证。《共产党宣言》译成了多种语言，在全球造成影响，它是经典。《园丁集》英文版出版以前，泰戈尔的名字除了印度之外鲜为人知。泰戈尔的著作多由泰戈尔本人译为英文，《园丁集》一出，凡是说英语的民族，与懂得英语的人们，没有不大大地受了惊骇。从价值定位来看，经典必须成为民族语言和思想的象征符号。例如，孔、孟、老、庄之于中国文化及传统思想，伏羲、文王、周公之于最高哲学体系，沙士比亚之于英国和英国文学，普希金之于俄罗斯与俄罗斯文学，他们的经典都远远超越了个人意义，上升成为一个民族，甚至全人类的共同经典。出版产业的发展，无疑是经典作品层出不穷的时代。

数字产品是以内容特色和信息量大为基础的，形成资源优势、品牌优势，占据一席之地。某个传媒品牌一旦在某领域有口碑，业内人士也会被吸引而聚合。如今时代信息来源众多，出版传媒机构肩负着为读者找到作者和为作者找到读者的责任，这在无论什么技术条件下都是有生意可做的。数字出版正适合做大容量的内容信息，克服了纸质载体之不足，对传统出版来说是一个开发新品牌的机遇，无论是传统出版单位和数字出版单位创造品牌产品都是至关重要的。以我们调研的几个单位对数字产品的探索为例，可以窥见品牌数字产品的美好前景。例如，社会科学文献出版社开发的"皮书数据库""列国志数据库"等成熟的数字产品，已经形成了自己的商业模式，并且开始从数字出版中获得收益。"皮书数据库"以该社出版的大型连续性系列图书为基础，保存整理了中国社科院近20年间数千名研究人员的年度报告类科研成果，内容涉及经济、社会、文化、教育、金融、法律、旅游、能源、房地产、区域发展等各个行业、区域和领域，并且该数据库以每年递增百余种皮书、约5000篇专题研究报告的速度扩充。"皮书数据库"推出以来，受到了学界、政府部门等各方面的热烈欢迎，目前已被中国人民大学图书馆、北京师范大学图书馆等很多机构所购买，也使社科文献出版社获得了丰厚的经济回报。"列国志数据库"是该社另一个数字出版的拳头产品。这个产品是在该社出版的140余种"列国志"系列图书的基础上开发的，涉及世界上156个国家和若干重要国际组织，对这些国家政治、经济、外交、军事、科技、教育、法律、环境、资源都有介绍，为从事涉外工作的人士提供了必备的参考资料，也为普通人提供了一个了解世界的重要窗口。这个数据库推出以后，受到政府部门、商务界人士、旅游行业的欢迎。这缘于该社的定位，在数字出版领域，该社定位是内容经营商，而不仅仅是内容提供商，这样与数字公司合作，自己仍然是主导者。实际上，无论是数字出版产业还是上面所说的出版社的内容产业，任何企业都是靠其品牌产品而立世生存的，过去靠品牌产品，现在仍然靠品牌产品，将来还是靠品牌产品，谁的产品好谁就能赢利，不好就亏损，就要被淘汰出局，市场是残酷无情的。数字出版时代，对产品的要求更高了。

（四）传统出版转型为内容经营（服务）者

从出版史的几次转型可以看出，无论出版载体如何变化，但是载体要传播出版内容这一宗旨却是不变的，内容是出版物的内核。如果把知识文化和信息的内核抽掉，剩给大家的就是一台机器，绝不是文化产品。我们的电子书、计算机、MP4等等是以出版内容为内核的，如果没有这个，就谈不上是出版。在现实当中，人们对于出版产品的认可也是从内容这个层面来讲的。

在转型的过程中，传统出版应该认识到内容就是出版的灵魂。有专家提醒业界"失魂"的出版，就免不了"落魄"的结局。出版业现在流行和使用的很多载体和终端也终将会被淘汰和替代。回归到数字出版产业链的原点，在内容提供、技术供应、渠道运营、衍生服务这一数字出版的链条中，内容提供永远是这一链条的发动者，永远是这一产业的源泉。内容品牌力与内容生产力在任何时候都是出版企业做数字出版的核心竞争力。因此，大多数出版企业的工作重心将逐渐后移，在解决好如何使已拥有的内容可以跨媒体服务于更多读者的基础上，再把内容做成产品，作为产品提供商，最后完成信息服务商的角色转变。对于出版工作的主体操作者编辑来说，过去的主要任务是如何找到好内容，并且能够在最短时间内被读者购阅，在数字出版时代，虽然面对选择性更为丰富的海量信息，但这个主要任务是不变的。出版人的核心竞争力，在于对内容的选择和拥有，这些编辑人员对内容的挑选和对选题的把控在数字出版领域同样重要。传统出版的作者、编辑、专家、评论家、译者、名人仍然是"互动阅读"内容的创意源头，他们整理的文字、图片与思考是制作多媒体电子书的原素材。因此，利用现有人员在专业上的优势寻找好的数字出版资源，是各出版单位发展互动阅读的根基。传统出版应该专注于数字内容的研发，只有不断提供高端品质且有规模保证的未来书，通过一次对内容的开发和多次对软件的转换去适应各种渠道的销售，才有可能在新的产业链中找到位置，体现内容为核心的意义。

数字出版的内容是传统出版的内容与现代科技的融合。传统出版业应依靠自己扎实的出版内容，成为占主动地位的数字出版内容的经营者，使自己的出版内容延伸至数字产业链，把传统的图书内容资源销售到数字出版平台之上，或者建立数字图书馆等。传统出版业更可以自己谋求数字出版产业链。如今，传统出版的工作流程也都离不开数字技术的应用，出版社的大量内容资源和多年积累的丰厚知识储备早已数字化了。因此，只要寻找到合宜、合理的路径和专业技术支持，传统出版业也完全可以形成自身的数字出版产业链，使自己在数字出版业中处于主导地位，以实现成功转型。传统出版向数字出版转变的最大难点并不在于技术和资金，而在于能否把握数字出版的本质和特点，进而建立起相应的商业模式及赢利模式。传统出版社所具备的是内容优势。数字出版打破了"物以稀为贵"的传统理念，内容越集中，产品越好销售。传统出版要依托其特色资源，面向不同细分客户，打造专业的知识服务平台，开展按需出版、数据库出版等多元项目，满足大规模定制的要求，促进其收益格局的优化，可以在数字化进程中占据先机。社会科学文献出版社社长谢寿光认为："在数字出版领域，我们的定位是内容经营商，而不仅仅是内容提供商。我认为，如果只以内容提供商的身份与数字公司合作，那么人家仍然是主导者，这对我们是非常不利的。"该社数字产品的销售确实是很费心思的，像"皮书数据库""列国志数据库"都既可以打包出售，也可以为购买者提供定制服务，甚至可以以篇章为单位进行销售，以适应不同类型用户的需求。该社一直坚持以学术图书出版为主，基本不涉足文艺、生活等大众类图书的出版，取得了很好的收益。在数字出版时代，出版社的核心竞争力应该是在内容的掌控和经营商上，这也就是该社近年来致力于学术出版能力建设的原因，也是成功经验，该社社长说："第一，我们每年出版的产品中，90%以上都是学术产品，我们就一心一意做学术、做高端，不太涉足其他的图书领域。第二，我们注重打造自己的品牌，除了皮书的出版之外，我们社会学、近代史等方面的图书出版在国内的地位都是数一数二的。第三，我非常珍视我们拥有的出版和学术资源，因为这是我们在数字时代生存下去并继续发展的命根子。"

多年来，出版业者一直以"内容提供商"的角色自居。不难看出，这是一种以"我"为中心的提供商定位。曾经，出版改革者也提出要以市场为中心来自我定位，以解决面对市场的困境。但所谓以市场为中心的诸多举措，也只是姿态的转变，并非心态的转变。幸运的是，一方面是教材教辅市场的丰厚利润，另一方面是行业资质的政策壁垒，出版业在日新月异的市场发展中缓慢地转着身仍无伤雅致。但数字出版的"狼来了"，这股以互联网内容阅读为铺垫，手机屏幕阅读为先锋，以色彩丰富、内容海量、阅读互动、无线"物流"为主要冲击点的市场浪潮，让出版改革突然提了速、变了向、多了任务。出版转型摆在每一个出版业者面前，已然没有犹豫的时间。而在技术、内容、生产、管理、创新、服务等诸多的市场要素之中，我们要从思想到体制，知识结构到组织架构等维度实现"内容提供商"向"内容经营（服务）商"的转变，正是出版转型的希望之路。

个性化服务是内容订制的下一站。曾经很长一段时间里，编辑们是在现有资源里面选择优秀作品提供给读者，这是一种单向的内容生产和供给过程。虽然近几年来随着出版市场的发展和变革，读者需求越来越受到重视，但这种出版社生产内容、读者选择内容的基本格局并没有变。而今，读者变了，变得挑剔了，它要求出版物的内容考虑到读者具有最大的适配性。比如，两个学生的数学教辅，成绩为 90 分的同学与成绩为 50 分的同学，他希望得到的教辅资料是不同的。再有，同样是一本体育杂志，但有些人希望多些竞技类体育的内容，有些人希望多些休闲类体育的内容。读者要求出版物具有极强的针对性和精准性。据搜索引擎而言，据说在前 10 条信息里，如果没有用户真正想要的内容，用户就会失去耐心。同样地，读者也不会在出版物中漫天去寻找自己想要的那点内容。读者变专业了，它要求出版物的内容具有系统性和全面性。在如今的信息全球化时代，读者需要的是一种专业的、集成性的内容提供。当然，以 RSS① 为代表的互联网出版物，一直在以内容订制的方式去满足读者的个性化内容需求。但产品还远未成熟，市场又有了更严格的要求。在以移动互联网为技术背景的数字出版时代，内容产品的个性化服务要求，要远比内容订制更细腻、更多元。

便捷式获取，紧密跟进市场商业模式更新。虽然这一轮出版变革的核心推动力是技术革新，但其真正的受力点却是在市场商业模式的更新上。大众阅读消费者市场已经发生了重大变化。据调查，2010 年上半年我国手机用户已超过 8 亿。如果手机成为一个阅读的平台，那么，通信运营商已经成为最大的手机阅读产品经销商，这是显而易见的结果。那么，内容生产完成后

---

① RSS 是站点与站点之间共享内容的一种简易方式（也称为"聚合内容"），用以聚合经常发布更新数据的网站。RSS 文件（或称作摘要、网络摘要或视频更新）包含了全文或节录的文字，以及发布者授权的元数据、阅读者订阅的网摘数据，如博客文章、新闻、音频或视频的网摘。

由出版经纪公司实现资源聚集后，经通信运营商或其他在线销售平台，分发或者售卖给读者，已然成为一种新型的数字出版的商业模式之一。也许，这种商业模式已经众所周知，暂不明朗的是自己在其中的角色定位和功能设置。就好像一场马上要开席的盛宴，传统出版业者虽然受邀到场，却不知自己的席位在哪儿，或者说，传统出版业者更应该主动一点进行自我角色定位。在市场竞争的商业环境里，这一轮数字出版的变革，更像是一辆已然启动的列车，只能紧步直追，飞身跃上，才能不被甩在"传统"的故地，才能搭上"转型"的列车，成为新市场的参与者。市场变了，变得路径透明。在曾经的出版物市场上，作者、出版社、书店与读者之间的关系是松散的，出版物的流转路径也是不那么透明的。但新的商业模式让四者间的关系变得非常紧密，空间距离很远，沟通距离却很近。彼此之间的信息交换更频繁，更深入，也更有效率，而且可以非正式化。所以，内容服务商的定位，将为要求内容生产者充分考虑到市场变化的新特点，趋利避害，调整自己的内容生产线和销售宣传模式。有两个模式可以考虑：其一，用好多种渠道，便于读者获取。数字出版带来产业链的变革，是从销售渠道与阅读终端开始的。那么，将来的出版社首先要面对的，就是多元化的渠道。与传统的书店渠道相去甚远，这些渠道大多属于技术公司、互联网公司或者是通信运营商。因此，对于这些渠道的开发与维护，内容服务商的职能要在过往的基础上有所延伸，更多是我们找渠道，而不是渠道找上门。其二，保持专业优势，更快内容更新。曾有评论称，报纸为当天的热点服务，杂志为当月的热点服务，图书为当年的热点服务。此论不无道理。但互联网发展，使得这个时间间隔显得不会这么长。现今，在某些突发性的热点事件之后，精明的出版商也会在极短的时间里推出出版物。但是，时间上可以和新闻与评论集同步。内容的专业优势是不可放弃的。完整、深刻仍旧是出版物区别于其他新闻产品的重要特性。在这个问题上，如何做到和而不同，知易行难。

立体化开发，技术是帮手，内容更给力。应当说，不论技术如何发展，"内容为王"仍是出版社的专业优势所在。但是，技术确实给内容生产方式和生产手段以及产品形式带来了新的突破，所以，相对于时间、精力大部分投在文字编辑工作上的传统出版方式而言，我们的工作重心需要转移。出版物的载体变化，使得出版物有了新的产品形式。比如，市场上可以看到的一些专属阅读器、点读机、电子辞典等产品，把《辞海》、多媒体教材教辅、电子词典等产品装进去，打上包装，作为一个整体卖给用户。那么，对于出版社而言，所谓"全媒体出版"，显然是不够的。数字内容产品形式的丰富，使得出版工作更成为一个技术活儿。当传统的"齐、清、定"完成之后，还要根据不同的产品形式与销售终端进行技术加工，甚至对内容进行必要的改编。总的来说，当今发展趋势，出版转型已势不可当，革新肯定会带来阵痛，发展才是永恒的主题。随着出版改革的不断深入以及出版开放程度的不断提高，应当相信。在不久的将来，通过内容服务商的自我定位，出版业的成功转型定能为经济、政治、文化和社会的全面协调发展提供强有力的智力支撑。值得深思的是，中国出版业的转型不能急于求成，也不可能一蹴而就。进步与革新对于整个出版业来说，一定是生存与发展的必由之路。但对于每一个出版企业来说，唯有识其貌、知其理，审时度势，大环境与小环境兼顾，才能找到真正通往更好未来的转型之路。

内容载体愈多，出版道路愈宽。每一次重大的技术变革，都会带来生活模式的改变。数字时代，网络的便利让每个人都可以成为数字内容的生产者，但前提是必须经过专业编辑的深度加工。传统出版单位最大的优势以及生存之本就是内容，而且是高质量、有竞争力的内容。数字时代，由于载体不同，人们对于内容的需求也有很大不同。例如，读者通过手机阅读时，最受欢迎的内容90%是网络原创文学等。这对出版者而言，除具备专业性外，对市场需求的灵敏性同样重要。据了解，中国目前有40多款手持阅读终端问世，绝大多数缺乏内容资源，尤其是优质的内容资源。为缩短作者与大众的距离，传统出版单位应充分运用数字化带来的互动模式。如果网络、手持装置、手机等都能变成出版界可掌握的内容载体，出版的道路就可以更加宽广。许多出版单位都积极开拓思路、把握时机，力求塑造更深层次的多元出版格局。例如，中小学教材出版领域的龙头老大——人民教育出版社，这些年来在做好中小学教科书编写和出版工作的同时，也在努力探索数字出版业务，充分地利用了自身现有的资源，实现了内容资源的整合与开发、表现形式的创新，以使教材建设进一步立体化、数字化。在网络时代，纸质文本已逐渐被电子文本所取代。在教育领域，多媒体教学、电子化教学、远程教育等先进的教学方式也让教材本身从纸质向网络化迈进。

数字出版产业也是文化创意产业。在信息时代，出版社的角色从产品服务的角色逐步向信息服务商转变。提供知识和服务已经成为出版人的责任和主要任务。渠道对内容的需求决定了内容表现形式的发展趋势，无论是手机、阅读器或者平板电脑，都不再满足于纸质书的数字平移。未来的"电子书"不是"书的电子版"，要想替代纸质书成为一种主流的内容载体，它必须超越纸质书的所有优势，用新思维和新手段提供辅助阅读的更多附加值，而不是仅仅模仿纸质书的使用经验。随着传统出版向数字出版的转型过程，一条新的产业链、价值链和新的赢利模式必将形成。在新的历史机遇前，出版社首先应该从分析数字技术如何影响整个出版产业链做起，在了解背景之后明确自己应以一种什么样的角色参与其中，在专注于主业前提下，不断增强自己的核心竞争力和把握市场机遇的能力。

（五）培养出版产业需要的复合型人才

出版产业的快速发展，需要有一个强大的出版人才队伍来支撑。因此，出版产业的人才队伍培养成为一个十分重要的课题。

人才是制约新闻出版业实现发展转型的关键因素。目前传统出版单位信息技术方面的人才非常缺乏，特别是既懂出版又懂技术研发的人才。而在新媒体出版及制作单位中，数字出版流程及审读规范还不完善，缺乏适应数字出版要求的编辑人才。同时，出版单位的人才管理不规范，制度不健全，对人才的管理仍停留在传统的人事管理模式阶段，阻碍了优秀人才的引进，并造成人才流失。另外，现在的高校很少涉及数字出版专业，且师资力量不足，造成人才培养与数字出版发展不同步。人才的缺乏，导致企业对技术含量高的数字出版新业态无法把握，最后形成恶性循环。有关部门应重视并积极开展数字出版业务、法律法规、编辑加工、市场开拓、数字版权开发和保护等方面的培训，及时补充与数字出版发展相适应的人才队伍。

我国的数字出版产业极快发展的同时，数字出版人才匮乏，为以后的发展埋下了隐患。数字出版技术是计算机技术、多媒体技术、网络技术、通信技术、艺术设计、出版发行、物流经济等的综合体，因此，数字出版编辑应是掌握多种技术的复合型人才。复合型人才主要指的是对传统出版流程、数字技术及经营管理都比较熟悉或精通的人才。目前，数字出版正在从加强认识阶段向实际操作和实施阶段转型，对人才的要求更重要的是要懂得如何操作、如何开发，并进而懂得如何赢利。现实的人才结构多是单一型的，表现在传统出版单位的人员不了解技术开发和数字出版的运营模式，技术提供商不了解传统出版流程，特别是在出版细节上不了解。由于整体上缺乏复合型人才，这就造成了数字出版成本过高、机会把握不准、难以真正实现赢利。前不久盛大文学重点招聘手机阅读编辑、版权管理编辑、签约编辑等内容管理人员，对招聘人员不设上限，主要要求有阅读习惯、熟悉相关终端（手机、电子书、MP4 等）、对网络小说的关注超过两年。除了熟悉终端，招聘要求似乎与传统出版并无不同。传统出版物依靠的是纸，数字出版则依靠各种屏幕，这就对人才有了技术上的要求。在网上也可以发现，招聘数字编辑及相关内容管理人才的各类机构越来越多，如出版社、出版公司、报社、网站等等，招聘要求也往往强调传统的编辑能力和对数字出版的熟悉程度。从历史和社会发展趋势来看，谁拥有更强的创新型人才优势，谁就能在日益激烈的竞争中占据主动地位。数字出版是新生事物，更需要高质量的人才来为之奋斗，可以说人才是数字出版制胜的根本。如何培养数字出版人才，也是时代向我们提出的新课题。

中国已经迈入了新闻出版大国的行列，发展出版产业、建设出版强国更使我们看到了光明的前途。我们距离新闻出版强国，依然任重道远。我们这一代出版人，有幸赶上这个出版产业难逢的机遇，一定会不负重望，齐心协力，完成历史赋予的艰巨而光荣的使命。

四、出版发展

奉献的百年　光荣的百年 *

出版是人类文明史上最重要的发明之一。人类在认识自身、探索自然的过程中，如果没有出版物作为媒介，就不可能达到今天这样的广度和深度。出版是人类文明的推进器，作为一个出版工作者是应该引以为荣幸和自豪的。前不久，我国出版界隆重纪念了商务印书馆建馆 100 周年，江泽民总书记、李鹏总理、乔石委员长和李瑞环主席分别题词予以勉励，给全国出版界、学术界和著译界极大的鼓舞。江总书记在题词中要求我们："承先启后，继往开来。"认真地回顾和总结自商务印书馆建馆以来中国现代出版的百年历程，是非常必要和很有意义的。

我国最早发明了造纸术、雕版印刷和活字印刷术，为人类文明和世界出版业的发展写下了光辉的篇章，做出了杰出的贡献。但由于我国长期的封建统治，严重地束缚了科学技术的发展，因此，没能按照历史的自然发展规律自发地形成具有现代意义的出版业；而在西方随着工业革命的兴起，科学技术迅猛发展，到 19 世纪出现了相当成熟的现代出版业。

中国现代出版业是在鸦片战争之后的中西文化冲突的历史背景中诞生的。梁启超在《清代学术概论》中曾说："鸦片战役以后，志士扼腕切齿，引为大辱奇戚，思所以自湔拔；经世致用观念之复活，炎炎不可以抑。又海禁既开，所谓'西学'者逐渐输入；始则工艺，次则政制。"启超先生的这段话，极其精辟地说明了中国现代出版业产生的历史动因。出版既是一种工艺，又对中国当时社会政治经济的全面发展起着极为重要的推动作用。鸦片

＊　这是于友先同志 1997 年 5 月 29 日撰写的文章。

战争后短短的几十年，由于先进印刷术和出版术的引入，逐渐取代了延续千余年的雕版印刷技术和手工扑刷操作；政府刻书出版、私人集资出版和书坊、书肆等出版形式也越来越不适应新形势对出版的要求。时代呼唤着中国的现代出版业。

1897 年成立于上海的商务印书馆是我国第一家具有现代意义的出版企业。它主要出版现代社会科学、自然科学著作和新式教科书，采用现代印刷技术和纸型出版现代版式和开本的书刊，按现代商业方式发行出版物，在企业内部运用现代企业的管理方式，等等。因此，商务印书馆的建立表明中国有了现代意义的出版企业，为中国的出版事业和印刷事业开创了一个新纪元。

中国现代出版业一问世面临的重大历史性课题就是在激烈的东西方文化冲突中，如何既吸收西方文化中于我有用的精华，又保持中华民族文化的优秀传统。中国现代出版就是肩负着这样的双重使命活跃于中国近现代历史的舞台上的。中国现代出版业的奠基人张元济先生在致蔡元培先生的信中说过："出版之事可以提携多数国民，似比教育少数英才尤为重要。"这话准确而又深刻地道出了出版的社会功效。中国的现代出版业最先从事的就是将西方的学术和科学著作汉译的工作，如严复的《天演论》（商务印书馆版）、《法意》（商务印书馆版）、《近世社会主义》（广智书局版）、《穆勒名学》（商务印书馆版）、《群学肆言》（金粟斋译书处版）等都对开启民智起了极大的作用。出版新式教科书是中国现代出版业的重要任务，商务印书馆一成立即出版了《华英初阶》和《华英词典》，1904 年出版了我国第一部小学教科书《最新初小国文教科书》；中华书局 1912 年创办伊始首先出版了适应共和国民需要的《中华教科书》，其后还出版了《新式教科书》《新学制中等农业学校教科书》，文明书局出版了《蒙学课本》……。中华书局的创始人陆费逵先生说过："我们希望国家社会进步，不能不希望教育进步；我们希望教育进步，不能不希望书业进步。我们书业虽然是较小的行业，但是与国家社会的关系却比任何行业为大。"此语实不谬也。把中国知识分子在科学、文艺诸方面的精神劳动成果通过出版媒介转化为能够为广大读者所掌握的知识集成，在这方面，中国现代出版业是有功于国家民族的。《辞源》

《四角号码词典》、"万有文库"、《饮冰室文集》、"清代笔记丛刊"、"世界少年文库"等都在当时的读者中引起轰动，产生了难以估量的社会影响。

在中国现代出版业的发展史上，我国进步的、革命的出版事业的发展最引人注目。本世纪初，中华民族危机加深，以孙中山为代表的资产阶级民主革命派，为拯救民族危亡，为探求新的革命道路，利用出版媒体进行了广泛的资产阶级革命思想的宣传工作。孙中山先生 1905 年发起创办了同盟会的机关刊物《民报》。我国著名的近代民主革命烈士邹容的《革命军》由上海大同书局出版以后，发行量超过 100 万册，在社会上产生了巨大影响。文章中发出的一连串"我中国今日不可不革命"的呼号振聋发聩，唤起千百万民众，动摇了清政府的统治。

五四运动以后，特别是 1921 年中国共产党成立以后，中国革命知识分子为在中国传播马克思主义，开始创办人民自己的出版机构，这是我国现代出版史上一个划时代的飞跃、最伟大的变革。

我们党历来把出版视为教育、宣传和发动群众的重要工作。党的许多领导人都曾亲自参与了书刊的编辑出版工作。例如：由陈独秀负责的《新青年》杂志，是党组织最早创办的杂志，沈雁冰、李达、陈望道等都参加过编辑工作。1921 年 9 月在上海创办的人民出版社是中国共产党成立以后创办的第一个出版社，成立 1 年多，就翻译出版马克思主义著作和其他革命书籍 17 种。1923 年 11 月成立的上海书店出版发行了《向导》周刊、《中国青年》周刊、《前锋》月刊等。毛泽东同志的革命出版活动早已为人民所熟知，他早期主办过《湘江评论》《新湖南》周刊等，1925 年又主编《政治周报》；他还热情支持《中国农民》月刊，在该刊第一期上发表了他的《中国农村各阶级的分析及其对于革命的态度》一文，在第二期上又发表了《中国社会各阶级的分析》这篇永载史册的文章。邓小平同志在法国留学期间曾做过青年团机关刊《赤光》的编辑；长征期间曾任总政治部机关报《红星》报的主编。陈云同志曾在商务印书馆工作和领导过革命斗争。

中国共产党有了自己的出版机构，为马克思主义著作的大量出版发行创造了极为有利的条件。据统计，仅第一次国内革命战争时期出版的马克思主义著作和社会科学书籍就有 160 多种，如《马克思全书》、《列宁全书》、

"新青年丛书"、"导向丛书"以及斯大林的《列宁主义概论》等。此间，商务印书馆也出版过瞿秋白的《赤都心史》、鲁迅翻译的《工人绥惠略夫》和《阿Q正传》英文版、李大钊的《史学要论》、郭沫若翻译的《社会组织与社会革命》等等。这些出版物唤起民众、激励斗志，在中国人民的革命斗争和解放事业中发挥了巨大的作用。

在中国现代出版史上，不能不提到为之付出毕生心血的鲁迅先生。鲁迅先生革命的一生始终不曾离开写作和书刊的编辑工作，他主编和做过编辑的刊物有10余种，如《莽原》《奔流》《萌芽》《语丝》《北新》等，他创作、翻译了大量著作，为后人留下了极其宝贵的精神财富。

人民出版家邹韬奋的名字，永载我国现代出版事业的史册。他以毕生的精力，为民族解放和社会进步，创办书店、主编刊物、著书立说，做出了杰出贡献。韬奋先生从1926年接任《生活》周刊主编，到1935年11月创办《大众生活》的近10年时间，历经千辛万苦，追随时代步伐，宣扬爱国主义和社会主义，并由一个民主主义者转变成为共产主义者。

中华人民共和国的成立，为中国现代出版业开辟了一条崭新的发展道路。伴随着国家政治、经济、科学、文化、教育等各项事业的发展，出版业迎来了一个前所未有的发展时期。到60年代中期，不仅有一批颇具规模的综合性出版机构，还有相当数量的专业出版社；不仅在北京、上海等经济、文化发达地区有出版社，在新疆、内蒙古等经济、文化相对不发达地区也建立了出版机构。1965年，全国共出版图书2万多种、21亿册。

以新华书店为代表的、统一的全国性的图书发行网络初步建立起来，打破了旧的图书发行模式，使图书的发行不仅可以覆盖城镇，而且还遍及农村、矿山。1966年5月，全国有国营书店4076个，供销社售书点4.8万处。

党的十一届三中全会以来的近20年是中国出版业走向繁荣、走向辉煌的时期，中国出版业取得了令世人瞩目的成绩。1995年底，全国共出版图书101381种，总印数达63.22亿册，总码洋243.66亿元；图书总销售133.40亿册、372.30亿元；书刊排字总量198亿字，工业总产值128亿元；音像出版、电子出版、期刊与报纸出版均有很大发展。

百年来，中国出版业为提高全民族的科学文化水平和整体的文明水平做出了不懈的努力，为我国教育、科技、经济、文艺、国防诸项事业的发展所提供的服务是有质量、有水平的。中国现代出版的 100 年是与中华民族的御辱雪耻、自立自强的历史密切相关的。百年来，广大出版工作者与人民大众同呼吸、共命运，风雨兼程，为使我们的民族重新自立于世界民族之林做出了应有的贡献。出版工作者所做的工作虽不是那样的轰轰烈烈、五光十色，但他们所做出的奉献却是兢兢业业、扎扎实实的。出版工作者是垫轨的枕木、铺路的石子、花丛的绿叶，出版工作对于中华民族重新自立于世界民族之林所做的努力功在当代、福及千秋。

百年来中国出版业传播真理、开启民智、消除愚昧，不仅为民族自强、人民解放做出了应有的贡献，而且也为中国人民的革命事业、科学事业、文化事业培养了难以数计的杰出人才。梁启超、严复、张元济、蔡元培、章炳麟、夏瑞芳、王国维、陈独秀、鲁迅、李达、陈望道、恽代英、叶圣陶、邹韬奋、萧楚女、茅盾、郑振铎、瞿秋白、丰子恺、林汉达、李公朴、冯雪峰、恽逸群、艾思奇、胡乔木、胡愈之、胡绳、陈瀚伯、姜椿芳、梅益等等，不仅是杰出的出版家，而且有许多也是我国 100 年来最杰出的政治家、思想家和文学家。出版业成为百年来培养杰出人才名副其实的摇篮。

中国现代出版所走过的百年历程给我们以深刻的启示，其最主要之点在于：

第一，中国出版必须坚持走有中国特色社会主义之路。中国现代出版的 100 年经历了若干个历史发展阶段，毫无疑问，近 20 年是中国现代出版业发展最迅捷、成就最辉煌的时期。这最生动直观地反映出有中国特色社会主义的伟大道路，的确开辟了中国出版业健康繁荣发展的必由之路。中国出版业要想取得更大的辉煌，必须高举邓小平建设有中国特色社会主义理论的伟大旗帜，更加紧密地团结在党中央周围，遵循中国社会主义现代化建设跨世纪宏伟蓝图对出版工作提出的各项要求，一如既往地努力奋进、努力奉献。

第二，中国出版必须以提高全民族的科学文化素质为其最根本的使命。100 年来，中国进步的、革命的出版业以宣传马克思主义真理、传播科学民主的精神为己任，开启民智，消除愚昧，为中华民族御辱图强、重新自立于世界民族之林做出了不懈的努力，确立了自己在中国社会全面进步中不可或缺的地位。高度发达的现代文明是一个民族、一个国家赖以自强自立的基石，而出版正是文明发展最重要的助推器之一。"以科学的理论武装人，以正确的舆论引导人，以高尚的精神塑造人，以优秀的作品鼓舞人"，是对出版业所担承的历史使命最凝练的概括，中国的出版工作者必须以此为工作的出发点和归结点。

第三，中国出版必须实现两个根本性的转变。建立社会主义市场经济体制为中国的现代化建设开辟了新的道路，为了完成新的历史条件下对出版工作提出的更高的要求，必须努力建立符合社会主义精神文明建设要求、适应社会主义市场经济体制、反映出版业自身发展规律的有中国特色社会主义的出版体制。与此同时，还要在努力完成新闻出版业阶段性转移①的过程中，实现中国出版产业经济增长方式由粗放型向集约型的转变，使中国出版业成为始终坚持正确方向、结构合理、质量上乘、多种媒体均衡发展、综合实力明显提高、在国民经济整体格局中更加引人注目的行业。

第四，中国出版必须用最新的科学技术武装，不断提高现代化程度。随着磁、光、电等新型媒体的出现，出版业已经由单一媒体时代步入了多种媒体综合利用和开发的时代。音像出版、电子出版、网络出版等不仅成为出版业的新的经济增长点，而且也深刻地改变着出版业的形式与面貌。如何利用多种媒体使我国丰富多彩的出版资源得以深度地开发，已成为中国出版业面临的一个重要的课题。中国出版业必须不断提高现代化程度，编辑、印制、发行工作都要更加广泛地运用高新技术，提高工作效率、提高出版物的质量。

中国现代出版业发展的第一个100年已经载入史册，我们正站在第二个百年的起点上，衷心地期待中国出版业在未来的百年中取得更大的辉煌，为社会主义现代化建设再立新功。

---

① 见本卷第524页注①。

成就辉煌　任重道远*

——中华人民共和国新闻出版 50 年

风雨 50 年，奋斗半世纪，我国新闻出版业，作为社会主义事业的重要组成部分，与共和国一道，历经坎坷，不断发展，逐渐步入辉煌。50 年大庆前夕，世纪之交的历史关口，回顾过去，感慨万千，放眼未来，激情满怀。中国新闻出版业由小变大，由弱致强，正在成为令世人瞩目的"朝阳产业"，成为"两个文明"建设的重要方面军。50 年的辉煌激励着新闻出版工作者再接再厉，再攀高峰，把我国的新闻出版业推向新的高度。

50 年来，在党和政府的英明领导和亲切关怀下，新闻出版业取得巨大发展，特别是党的十一届三中全会以来，新闻出版业成就突出，硕果累累。在图书、报纸、期刊、音像、电子出版以及版权贸易诸方面，镌刻出了一系列熠熠发光的数字，业绩骄人；在编、印、发、供以及教学科研诸环节之间建起了一条良好的链节，促进了事业的腾飞。站在 21 世纪的门槛，我们可以毫无愧色地说：中华人民共和国成立 50 年来新闻出版业成就辉煌；新中国几代新闻出版工作者为之付出了不懈的努力，做出了应有的贡献。

图书出版　精品迭出

中华人民共和国成立 50 年来，我国图书出版事业欣欣向荣、蓬勃发展，特别是改革开放 20 年来，我国图书出版社门类齐全，实力逐渐增强，质量

---

* 此篇原载《中国出版》1999 年第 9 期。

明显提高，图书出版规模和品种数量已跻身世界前列，图书出版事业的社会影响日益扩大，进入了辉煌发展时期，呈现出一派繁荣景象。

从中华人民共和国成立初期到 1998 年，图书出版社由 96 家发展到 566 家，增长 4.9 倍；图书品种由 8000 种增长到 13 万种，增长 15.3 倍；图书总印数由 1.05 亿册增长到 72.7 亿册，增长 68.2 倍。

20 世纪 50 年代，我国出版了以《林海雪原》《青春之歌》《红岩》为代表的一大批深受广大读者喜爱的优秀作品。改革开放以来，特别是党的十四大以后，新闻出版工作实施"阶段性转移"，图书出版工作坚持"为人民服务、为社会主义服务"的方针，努力抓质量、创名牌、出精品。一大批具有很高理论思想价值和学术文化水平的重点工程图书和优秀精品图书——新版《毛泽东选集》《邓小平文选》《列宁全集》《中国大百科全书》《中国通史》《汉语大词典》《中国历史地图集》《中华大藏经》《共和国元帅》《中国跨世纪领导集体》《中国百年史》《侵华日军大屠杀》《四库全书》等相继推出。学术著作、古籍整理、民族和外文图书的出版工作取得明显进步。《"九五"国家重点图书出版规划》——"1200 精品图书工程"进展顺利，中国儿童动画出版工程（"5155 工程"）已产生令人瞩目的成就，优秀长篇小说日益增多。图书出版不仅为"两个文明"建设做出了很大贡献，而且极大地丰富了我国的文化宝库。

经过 50 年的努力，我国图书出版已形成了一定规模，积累了一定实力，随着改革开放的不断深入，将向更高的阶段迈进。

报刊出版　丰富多彩

中华人民共和国成立 50 年来，我国报刊业走过了曲折和不平凡的发展历程。伴随着祖国前进的脚步，特别是党的十一届三中全会以后，报刊业逐步成长壮大，种类众多，内容丰富。1998 年与 1949 年相比较：报纸总量由 315 种发展到 2053 种，增长 5.5 倍，报纸年总发行量由 4.12 亿份发展到 300.4 亿份，增长 71.9 倍；期刊品种由 257 种发展到 7999 种，增长 30.1 倍，期刊年总发行量由 0.2 亿册发展到 25.4 亿册，增长 126 倍。

中华人民共和国的报刊业，始终坚持"以正确的舆论引导人"宣传党的路线、方针、政策和国家的法律、法令，突出社会效益，宣传典型，推广经验，提供服务，传递信息，极大地满足了人民群众政治、经济、文化和生活等方面的需要。随着社会主义市场经济的深入发展，我国报刊业实力逐渐增强，经济效益越来越明显。目前，我国期发量超百万份的期刊达 25 家，其中有 11 家进入世界期刊发行量前 50 名行列。1998 年我国报纸广告收入达 115 亿元，其中超亿元的报纸有 40 家，7 亿元的有 3 家。

在党的十五大精神指引下，报刊业改革力度逐渐加大，开始从粗放经营型向集约经营型转变。到 1998 年底，经新闻出版署批准，全国已经建立了广州日报、羊城晚报、南方日报、经济日报、光明日报和文汇新民联合报业集团等 6 家以党报为龙头的报业集团。我国报刊业将通过进一步治理整顿，使布局和结构更加趋于合理，为把一个健康而有活力的报刊业带向 21 世纪创造条件。

音像电子出版　异军突起

中华人民共和国成立初期，我国只有一家唱片公司，改革开放后，我国音像出版事业迅猛发展，截至 1998 年底，已有音像出版单位 293 家，音像复制单位 235 家，在广东、上海、北京建立了光盘生产基地，全国现有各类光盘生产线 120 余条。我国的音像出版业，已从单纯的唱片出版物的出版，发展到录音、录像制品和光盘等多种载体形式出版物的出版，并且拥有国际上较为先进的音像制作及复制加工设备和技术，尤其是数码光盘技术的运用，使音像出版的领域不断扩大，形成了多层次、立体化的发展格局。

1993 年全国共出版录音制品 3150 种、10896 万盒，录像制品 2566 种、350 万盒；1998 年出版录音制品 8148 种、11983 万盒，录像制品 8990 种、5957 万盒，与 1993 年相比，录音制品品种增长 1.6 倍、数量增长 0.1 倍，录像制品品种增长 2.5 倍、数量增长 16 倍。

电子出版业是 80 年代末随着高新技术发展而兴起的行业。1993 年以来，我国电子出版从无到有迅速发展，目前已有电子出版单位64家。5年来，电子出版物品种年增长率连续超过200%，截至1998年底，已出版电子出版物3000余种。电子出版物质量和水平逐渐提高，已逐步掌握并应用了国际上较先进的虚拟现实、非特定语音识别、手写体汉字识别等多媒体制作技术。我国第一个电子出版物五年规划——《"九五"国家重点电子出版物出版规划》的颁布实施，对提高我国电子出版物质量，增强电子出版行业的精品意识，发挥骨干工程和重大项目的导向作用，具有重要意义。《周恩来》、《邓小平》、《中国跨世纪领导集体》、《中国百年史》、《四库全书》、《汉语大词典》、《中国学术期刊》（光盘版）、《中国美术全集》等一大批优秀电子出版物相继出版。《故宫——世界文化遗产》《颐和园》分别获得第六届、第七届"莫必斯"国际多媒体光盘大奖赛最高奖"评委奖"和"文化奖"。我国电子出版业呈现出良好的发展态势。

图书发行　健康繁荣

中华人民共和国成立以来，图书发行事业迅猛发展，特别是改革开放20年来，大力推行发行体制改革，努力培育和规范图书市场，图书发行业逐步摆脱计划经济束缚，突破长期以来产销分割、渠道单一、购销形式僵化的局面。销售网点遍布全国城乡，初步形成了以国有书店为主体，多种经济成分、多种流通渠道、多种购销形式并存的图书流通体系。图书发行业结构布局得到合理调整，以省会城市为中心的批销中心相继建立，区域性批发网络迅速发展，一大批设施先进、功能齐全、环境优雅的图书大厦相继落成并投入使用。图书发行业科技含量不断提高，计算机在发行行业得到广泛运用和推广，出版物网上信息高速公路已经起步，网上书店悄然兴起，图书发行业生产力大大提高。

1950年全国共有图书发行网点742个，从业人员12000人，销售图书2亿册，销售码洋0.5亿元；1978年全国共有图书发行网点86000个，国有发行单位职工58000人，年销售图书33.1亿册，销售码洋9.3亿元，与1950年相比，图书发行机构网点增长114.9倍，职工人数增长3.8倍，年销售图书册数增长 15.6 倍，销售码洋增长 17.6 倍；1998 年全国共有图书发行网点 79869 个，国有发行单位职工 137000 人，年销售图书 77 亿册，销售码洋 347.6 亿元，与 1978 年相比，职工人数增长 1.4 倍，年销售图书册数增长 1.3 倍，销售码洋增长 36.4 倍。

印刷（复制）业　规模空前

我国是发明印刷术的文明古国，历史上曾对人类的文明和进步做出过贡献。但是，自鸦片战争以来，我国内忧外患战争不断，经济落后，民不聊生，严重阻碍了印刷业的发展。中华人民共和国成立前夕，我国印刷技术与生产能力远远落后于世界水平。中华人民共和国成立后，党和国家十分重视我国印刷业的发展，经过 10 余年的努力，建立起了比较完备的印刷工业体系。党的十一届三中全会后，我国出版印刷业进入了高速发展时期。印刷业科技水平不断提高，我国印刷业发生了一场深刻的技术革命，由"铅与火"的时代步入了"光与电"的时代，书刊排字的传统工艺已被激光照排和激光图文排版一体化取代；彩图制版中传统的照相制版技术由电子分色和电脑组合制版技术所替代；装订技术已由手工和单机发展为机械化、联动化。随着印刷技术的进步，印刷业的生产效率和印刷质量空前提高。1998 年与 1949 年相比较，印刷企业由 211 家发展到 18 万家，增长 852.1 倍；书报刊印刷年用纸量由 20 万令增加到 7342 万令，增长 366.1 倍；年排字量由 1.22 亿字增加到 186.5 亿字，增长 151.9 倍；工业总产值由 0.06 亿元（按不变价格计算）增加到 120.24 亿元，增长 2003 倍。

代表 20 世纪八九十年代先进技术的音像电子复制业迅速崛起，1993 年我国有音像复制企业 202 家、光盘制作企业 7 家，复制录音制品 1.6 亿盒、录像制品 300 万盒、光盘 0.12 亿片；1998 年音像复制企业 235 家、光盘制作企业 61 家，复制录音制品 1.2 亿盒、录像制品 5957 万盒、光盘 2.1 亿片。我国的音像电子复制业的生产能力和制作水平不断增强，基本赶上了世界音像电子复制技术发展的步伐。

科技进步　日新月异

中华人民共和国成立以来，党和国家十分重视新闻出版的科技进步工作，在人力、物力、政策规划、技术改造等方面进行周密运筹，经过新闻出版全体从业人员特别是科技工作者长期的艰苦奋斗、团结协作和辛勤耕耘，从根本上改变了出版科技的落后状态。改革开放的 20 年，随着国家科技体制改革进程的不断深化，以及不断引进和消化国外新技术，我国新闻出版科技进步突飞猛进、日新月异，有力地促进和保证了新闻出版事业的发展。

目前，全国公开出版发行的正式报刊全部实现激光照排、胶印印刷，中央级大报多已建立新闻资料数据库，并在卫星通讯、远程传输、新闻采集工具等方面取得突破性进展，进入实用阶段，30％的出版社实现了出版事务管理和编辑业务计算机化。

印刷业告别了"铅与火"，激光照排系统、文图合一的彩色桌面制版系统已普及应用，书籍装订实现机械化、联动化。

图书发行的订、发货业务基本实现计算机管理，覆盖全国的图书发行计算机网络即将建成，图书条形码计算机销售结算已在全国各大中心城市率先应用。

以新闻出版管理信息网络、全国新华书店出版物发行网络、中国百科术语数据库、图书在版编目数据库、新闻出版政策法规数据库、新闻出版新闻采编信息处理系统等为骨干的"金版工程"全面启动，新闻出版信息化工程已进入实用阶段。"金版工程"的实施以厚重的科技内涵和崭新的管理观念为跨世纪的中国新闻出版业的发展建构了一个新的起点。

人才教育培训　形成完备体系

中华人民共和国成立 50 年来，我国的新闻出版队伍伴随着新闻出版事业的蓬勃发展不断壮大，特别是党的十一届三中全会以来，我国已形成较为完备的人才队伍教育培训体系，培养出了一支数量充足、素质较高、结构合理，讲政治、有知识、懂业务的新闻出版队伍。

1978 年经党中央、国务院批准，我国成立了第一家以培养印刷工程技术人员为主的高等学府——北京印刷学院。随后，国家教委又批准成立了上海出版印刷高等专科学校，4 所大学设立了印刷工程专业，清华、北大等 15 所著名大学设立了编辑学或图书出版发行学专业。目前我国已经形成了出版行业编、印、发各类人才的教育培训体系。新闻出版系统连续实施以提高队伍素质为目标的各种业务培训，出版行业从业人员整体素质明显提高。1994 年全国出版行业开展岗位培训、实施持证上岗制度以来，已培训出版行业领导干部和业务骨干 25000 余人；1996 年全国出版行业开始实施跨世纪人才工程。

法制建设　突破进展

改革开放以来，新闻出版法制建设逐步走向正轨，国务院先后颁布了《音像制品管理条例》《出版管理条例》《印刷业管理条例》，明确了出版者、印制者的权利和义务，规定了各级管理部门的权利和职责，改变了过去出版法规等级偏低、系统性不强、执法力度不够的状况。新闻出版署先后制定颁布了一系列管理规章和规范性文件，仅党的十四大以来就有 200 余件，新闻出版的诸多环节，管理行为的各个方面都有了比较明确的规范，形成了较为完备的新闻出版法规规章体系，为新闻出版业的发展创造了一个比较健全和良好的法制环境。

著作权保护　日臻完善

改革开放以后，我国进入了社会主义现代化建设新时期，依法治国成为我国的基本国策，包括著作权在内的知识产权法律保护制度在我国迅速建立。1990 年以后，我国相继颁布了《中华人民共和国著作权法》《著作权法实施条例》《计算机软件保护条例》《实施国际著作权条约的规定》《全国人大常委会关于惩治侵犯著作权犯罪的决定》等法律法规，加入了《保护文学和艺术作品伯尔尼公约》《世界版权公约》和《保护录音制品制作者防止未经许可复制其录音制品公约》，建立起了比较完备的著作权法律保护制度，为促进社会主义文化和科学事业的繁荣与发展提供了法律保障。

《著作权法》颁布实施以来，全国各省、自治区、直辖市相继设立版权局，北京、上海等中心城市成立包括著作权在内的知识产权审判庭。著作权集体管理和代理等中介机构开始建立。我国已建立具有集体管理、代理性质的中国音乐著作权保护协会和中国版权保护中心。目前，我国共有版权代理机构 20 余家，形成了全国版权代理网络，为中外优秀作品的输出与引进起到了纽带和桥梁作用。据统计，1998 年我国从海外引进图书版权逾 5000 种，输出超过 500 种。

对外交流　遍布全球

改革开放以来，新闻出版对外交往日益频繁，我国先后加入了联合国教科文组织、世界知识产权组织、国际书商联盟等 10 多个国际政府、非政府间组织和条约；与日本、俄罗斯、埃及、美国、澳大利亚等世界五大洲近百个国家和地区建立了友好交往关系。频繁的对外交流，促进了与海外出版界的了解与合作，展示了我国新闻出版业的繁荣新貌，提升了中国出版界的国际形象，为构建中外文化交流的桥梁做出了贡献。

改革开放 20 年来，我国成功举办北京国际图书博览会、北京国际儿童图书博览会、北京国际电子暨多媒体展览等国际大型博览会，参加了法兰克福国际图书博览会等一系列国际书展，每年出口中文书刊约 2 万种，《中国珠算》《中国古代寓言》《颐和园》等一大批图书、音像电子出版物在国际上获奖，向世界展示了我国新闻出版业取得的成就。

加强管理　净化市场

新闻出版工作坚持"一手抓繁荣，一手抓管理"，积极开展"扫黄打非"专项斗争。在党中央、国务院的高度重视下，各级党委、人民政府和有关部门，从维护全党全国工作大局出发，本着标本兼治的方针，不断加强"扫黄打非"力度。从 1994 年起，在全国范围内连续 5 年开展大规模的"扫黄打非"集中行动和专项治理工作，并取得明显成效。据不完全统计，这 5 次集中行动，全国共收缴非法书刊 3000 多万册，非法音像制品和电子出版物 3500 多万张（盒），取缔非法出版物集散地 1900 多个，查处案件近万起，收缴非法光盘生产线 79 条，缴获走私光盘 2000 多万张。这不仅维护了法律尊严，为保护知识产权，保障出版物市场的健康、繁荣发展创造了条件，而且对青少年的健康成长、社会风气的根本好转，保障科教兴国战略的顺利实施和维护社会稳定发挥了积极作用。

成绩属于过去，未来任重道远。党的十五大对新闻出版业提出了"加强管理，优化结构，提高质量"的总体要求，江泽民同志号召我们肩负起"以科学的理论武装人，以正确的舆论引导人，以高尚的精神塑造人，以优秀的作品鼓舞人"的历史重任。重任在肩，作为社会主义现代化建设事业大厦中的精神生产者，面对神圣使命，我们要坚定不移地以党的十五大精神为指导，深化改革，建立健全适应社会主义市场经济体制、符合社会主义精神文明建设要求、反映新闻出版工作自身规律的管理体制和运行机制；要进一步增强我国新闻出版业的实力和竞争力，提高各类出版物的质量，以满足人民群众对出版物不断增长的需要；要坚持"一手抓繁荣，一手抓管理"，进一步净化出版物市场，努力创造健康繁荣发展的新局面。

波澜壮阔的 20 世纪即将过去，更加美好的 21 世纪即将到来。我们新闻出版工作者，应当发扬成绩，再接再厉，抓住新的机遇，迎接新的挑战，在新世纪的更加宏伟阔大的历史舞台上，创造更加辉煌的成就！

解放思想，研究问题，
探索新路，勇于实践[*]

改革开放以来，随着出版体制改革的不断深化、改革实践的不断丰富，出版理论研究逐渐深化、理性化、系统化。这不仅在全国已经初步形成了一支出版理论研究队伍，在座的同志就是其中的一部分代表；而且在理论上也出了不少成果。多年来，许多同志努力探索有中国特色的出版理论，对出版规律、政策、导向、体制、市场、两个效益①的关系等等热点以及如何应对加入世界贸易组织的难点问题做了有益的研究，发表了大量有深度、有见地的论文，为出版繁荣、为推动出版事业的发展，做出了重要贡献。

在新世纪新形势下，出版理论的研究也必须与时俱进，要有新的进展、新的建树。我想结合党的十五届六中全会精神，对今后出版理论研究讲一点意见，和同志们一起学习、研究。我想了四句话：解放思想永无止境，研究问题与时俱进，探索新路把握导向，勇于实践身体力行。

第一，坚持解放思想、实事求是，反对因循守旧、不思进取。

坚持解放思想、实事求是的思想路线和思想作风，是引导社会前进的强大力量，是党顺应时代潮流、永葆先进性的根本要求。解放思想、实事求是永无止境。出版正在跨过原有的概念。新的科学技术的发展，给出版带来了许多新的变化，媒体的多样化，出版式样的多样化，电子、网络的介入出版，为出版提出了许多新的问题。改革在不断深化，旧的矛盾解决了，新的

---

* 　这是于友先同志在 2001 年出版理论研讨会上致的开幕词。原载《中国新闻出版报》2001 年 10 月 25 日。

① 　见本卷第 543 页注①。

矛盾又不断产生。比如：鼓励出版集团跨地区经营；发行集团经批准可吸收国有资本、非国有资本和境外资本，由本集团控股……这些都是以前从未遇到过的新问题，如果不解放思想，不实事求是对待新的形势，面对这些新情况新问题就束手无策，难以应对。理论植根于实践，同时又是政策的先导，如果不认真进行理论研究，就无法制定完善的政策，也难以很好地指导实践。

第二，研究问题必须与时俱进。

与时俱进就是要按照实践是检验真理的唯一标准，坚持用三个"有利于"① 判断各方面工作的是非得失，自觉地把思想认识从那些不合时宜的观念、做法和体制的束缚中解放出来，从主观主义和形而上学的桎梏中解放出来。要按时代的特点，不断发展和丰富马克思主义，要按照马克思主义的实践观点和发展观点，研究新情况、解决新问题。随着出版体制改革的深化和中国加入世界贸易组织（WTO）后的新形势，根据新闻出版业的特点和加强管理的需要，将要出台新的法律法规，修改和废止不相适应的法规。在出版业的体制、机制上也将有许多新的变化。我们的出版理论研究要从这些新形势、新变化、新格局中寻找新的切入点，从理论上回答新的问题。

第三，探索必须坚持党性原则，把握正确导向。

新闻出版业既有一般行业属性，又有意识形态特殊性；既是大众传媒，又是党的思想宣传阵地，事关国家安全和政治稳定，负有重要的社会责任。按照江总书记的要求，新闻出版工作者是"人类灵魂的工程师"，无论在什么情况下，党和人民喉舌的性质不能变，党管媒体不能变，党管干部不能变，正确的舆论导向不能变。这是党中央对新闻出版业提出的要求，出版理论研究也必须遵循这个要求，在这些大是大非问题上必须坚持党性原则，和党中央保持高度一致。我们出版理论研究的内容必须把握住正确的导向，从

---

① 三个"有利于"是1992年初邓小平视察南方时提出的。他针对一段时期党内和国内不少人在改革开放问题上迈不开步子，不敢闯，以及理论界对改革开放性质的争论，指出："要害是姓'资'还是姓'社'的问题。判断的标准，应该主要看是否有利于发展社会主义社会的生产力，是否有利于增强社会主义国家的综合国力，是否有利于提高人民的生活水平。"从此，三个"有利于"成为人们衡量一切工作是非得失的判断标准。

中国的国情出发。比如，我国新建出版社必须实行审批制，不实行登记制等，这些基本政策不能违反，违反了就会走偏方向。

第四，坚持理论联系实际，勇于实践，身体力行。

理论联系实际，是党一贯坚持的马克思主义学风，是党具有旺盛创造力的关键所在。党的十五届六中全会《决定》中指出："学习的目的全在于应用。全党同志特别是领导干部要开动脑筋，以改革开放、现代化建设和我们正在做的事情为中心，着眼于马克思主义的运用，着眼于对现实问题的理论思考，着眼于新的实践和发展，切实解决本地区、本部门存在的实际问题。"这个精神正是进行理论研讨的指导方针。我们开展出版理论研讨，目的在于为繁荣出版事业提供新的思维，为出版管理部门建言献策，研究的目的全在于服务。离开了这一条，我们的研究就成了无源之水、无本之木，就失去了实践的品格，也就没有什么价值。有了好的研究成果，还要注意宣传，并用实践加以检验，我们不但要做一个与时俱进的理论工作者，还要努力做出版改革的带头人，勇于实践，身体力行。

发展繁荣我国出版业的几点思考 *

一、简要的历史回顾

出版工作是宣传思想战线的重要组成部分，在社会主义现代化建设的新时期，肩负着重大历史责任。

早在 1949 年 2 月，我国就十分注重出版业的发展，成立了中共中央宣传部出版委员会；中华人民共和国成立后不久，为了更好地发展和管理出版业，国家又于 1949 年 11 月成立了中央人民政府出版总署，由胡愈之担任署长。中央人民政府出版总署是我国有史以来的第一个专门的政府出版管理机构，主要承担建立及经营国家出版、印刷、发行事业，管理国家出版物的编辑、翻译和校订工作，指导全国各方面的编译出版工作，调整国营、公私合营及私营出版事业的相互关系等任务。

1954 年，根据《中华人民共和国国务院组织法》的规定，国务院不设出版总署，1954 年 11 月出版总署撤销，所有出版行政管理业务归文化部。同一时期，在文化部内成立了出版事业管理局，管理全国的出版事业。后来，出版事业管理局的编制和内部设置也经过一些变动，但一直是文化部的内部机构，直到"文化大革命"开始。

1966 年 5 月"文化大革命"开始后，北京及各地的出版工作者纷纷被下放到"五七干校"，出版行政管理机构陷于瘫痪。直到 1973 年 7 月，才成立了国家出版事业管理局，归国务院领导，主要任务是统一管理全国的出

---

* 这是于友先同志 2002 年 12 月 20 日撰写的文章。

版、印刷、发行、物资供应及印刷科研、教育部门的工作，内部建制为三部二室，即政治部、出版部、印刷部，办公室、计财室。

1982年4月，根据五届人大常务委员会第二十三次会议的决议，国家出版事业管理局再次并入文化部，改称文化部出版事业管理局。1985年7月，国务院批准文化部设立国家版权局，同时文化部出版事业管理局改称国家出版局。

1986年10月，国务院决定国家出版局和国家版权局脱离文化部，恢复为国务院直属机构的建制。

此后，又经过了几次调整，到了1987年1月，国务院才正式成立新闻出版署，负责全国新闻出版事业的管理工作。国家版权局保留，与新闻出版署为一个机构、两块牌子，一直延续到现在。

在近40年的时间里，出版管理机构虽经过无数的分分合合，却一直把发展出版业当作工作重心（"文化大革命"时期除外），在新闻出版署等机构的管理和规划下，我国的出版事业取得了很大的发展。中华人民共和国成立仅1年的时间，我国的图书种数就突破了万种，居世界第五位。在10年浩劫中，出版业遭受前所未有的打击，图书出版业、报纸业、期刊业的各项指标都在下降，全国的图书种数、报纸种数、期刊种数都跌至谷底。

党的十一届三中全会后，我国确立了建设有中国特色社会主义的道路，使得中华民族和国家的伟大复兴的梦想得以从理想转变为现实。在这高歌奋进的20年中，我国的出版业经历了由传统的计划经济向社会主义市场经济的转变，各出版单位基本实现由事业单位向自主经营、自负盈亏的事业单位企业管理方式转变，出版市场正在大力规范和努力建设之中，提高质量，增进效益，实力明显增强，一个具有中国特色的出版业初步形成。

20世纪90年代初，全国出版社资产在5000万元以上的不足70家，现在已经超过200家。现在销售收入1亿—5亿元的有50家；5000万—1亿元的有90家。从出版社的总体实力和经济效益来看，出版业已经成为一个名副其实的重要产业部门。

出版业的发展取得了可喜的成绩，但是随着高新技术的发展和广泛应用，特别是我国加入世界贸易组织（WTO）后，对外进一步扩大，我国的出版业面临着前所未有的机遇和挑战。进入 21 世纪以来，如何增强我国的出版业的综合实力，是摆在我国出版人面前的重要任务。

二、入世后的总态度

面对入世后的总形势，我们的总态度应是坚持党的十六大报告中所强调的先进文化的前进方向，增强我国文化产业包括出版产业的整体实力和竞争力，以结构调整为主线，做好"发展"这篇大文章。根据我国出版业的现状，应大力推进报业集团、出版集团、发行集团建设，积极调整产业结构，利用兼并、联合等手段，推动新闻出版业的分化与重组，建设全国统一、开放、竞争、有序的出版物市场体系，拓宽利用外资的渠道，主动参与国际竞争。

尽管我们在要求加入世界贸易组织（WTO）之时，并未承诺要放开图书出版业，但我们确实许诺 1 年放开图书零售业，3 年放开图书批发业。这些都将或多或少地影响我国的出版业。虽然国家采取了一定的保护措施，但各出版单位却不能安于现状、不思进取。我参加国务院组织的应对小组，对入世后出版业的发展问题思考已久。总的想法是：中国的出版业不能消极地等待；国家的保护政策只是缓解出版业的压力，而不能完全消除压力，出版业要发展，必须以积极的态度，主动迎接挑战。

迎接挑战，首先要从壮大自身做起。只有自身的实力增强了，我们才有可能与国外的出版巨头抗衡，才能有机会走出国门，开拓国际市场。因而必须发展出版业的核心竞争力、提高出版业的综合实力，这是繁荣和发展中国出版产业的第一关键。

然而，我国出版业存在许多根深蒂固的弊端。要想迅速推动出版业的发展，必须变被动为主动，认真研究和运用现代出版产业发展的客观规律。所谓现代出版产业，一是出版行为纳入现代市场经济；二是出版技术逐步高科技化；三是出版物对现代社会，尤其是全球大众生活的广泛渗透。其最根本的特征就是人类的出版活动日益纳入了现代市场经济和全球化的轨道。

而我国出版产业的结构长期受计划经济体制影响，形成了特殊的市场环境，给发展带来很多不便。因此，发展出版业应以国情为出发点，建设有中国特色的出版业。在这个大前提下，我们应该发扬优势，趁着入世的机会，来发展自己。中国出版业长期以来形成的结构性矛盾，严重阻碍了出版业的发展。党的十五大对新闻出版业明确提出了"加强管理，优化结构，提高质量"的总要求，因此，当时新闻出版署把优化结构作为深化出版体制改革的重点。现阶段的出版体制改革主要是进行结构整合之题。整合就是要对不适应建立社会主义市场经济体制的出版结构进行战略性调整和重新组合。

优化结构要坚持不均衡的发展战略，优化资源配置，推进国有资产合理流动和重组，形成以试点集团为骨干，既有竞争又能互补、既能立足国内又能走向世界的产业格局。我们要以现代出版所具有的集约化和规模化经营作为新闻出版产业所追求的目标，通过以市场为基础的资产重组和资源优化配置，改变地区间、部门间产业结构和布局趋同的状况，改变"大的不强，小的不活"这种传统出版的产业结构失衡现状。

"入世"带来挑战的同时，也带来了机遇，我国出版业应该趁此机会大力发展自己。一个出版社要在经济全球化的背景下有竞争力，必须有一定的规模，否则就无法形成竞争的优势。近几年来，我国出版界一直呼吁构建出版集团，可以说组建出版集团是中国出版业发展的必然选择。从经济学的角度讲，当产业发展到一定阶段，如果从一种分散状态通过重组化为集中，从小规模过渡到大规模，将会产生一种规模效益递增现象。而且，集团化发展符合国际出版业发展的趋势。国际大型的出版集团都是经过激烈的市场竞争和一系列的兼并、收购而最终形成的。从1998年贝塔斯曼集团收购美国著名的兰登书屋，到时代华纳公司与美国在线的合并成功，无不显示了集团化的发展趋势。此外，随着现代文明的发展，人类社会的隔阂越来越小，各国、各地区之间的政治、经济、文化交流日益增多，尤其是文化方面，越来越呈现出融合的趋势。出版业是典型的文化产业，作为文化的传播主体之一，出版社必须通过兼并和重组来不断发展壮大自己，为文化的传播交流和融合创造条件。

组建出版集团，是加快产业结构调整的需要，有利于编、印、发的协调。随着现代科学技术的发展，出版社要想在激烈的竞争中取胜，更加需要先进的技术和雄厚的资金的支持，形成规模经营。出版集团可以将出版系统内有限的人力、财力、物力资源集中起来，避免重复建设和人、财、物的浪费，有利于调整产业结构、优化资源配置。同国外的出版巨头相比，我国出版社就像一支支小舢板，经不起大风浪，集团化就是要将"小舢板"集中起来，形成一艘大船，充分发挥 1+1>2 的整体优势。

中、小出版社同样可以进行资产重组，寻求新的发展空间。集团以规模取胜，而中、小出版单位则以灵活取胜。大船小船各有各的优势，大小并存，优势互补，相互竞争，才能把市场搞活。

大、中、小出版社情况不同，发展方式也不同，关键在于走一条特色发展之路。目前，出版单位的经营管理水平较低，同国外著名出版社相比，我国出版业在管理方面存在巨大的差距，管理形式比较粗放，管理制度不够完善，整个管理体系缺乏科学性，存在不少漏洞和问题。更新管理理念、掌握新的管理方法、形成新的管理体制，不仅是提高出版社核心竞争力的需要，也是党和国家对新闻出版工作的基本要求。此外，我们在进行出版改革的过程中，要不断冲破旧体制的束缚，建立新的体制和新的规范，更需要较高的管理水平与之相适应。

三、相关的几个重要问题

出版社是文化单位，其市场竞争力体现在产品上，即体现在出版物的内容质量、选题质量上。内容和选题质量的提高主要依靠对市场的把握。把握市场就要进行全面的市场调查，市场调查是现代出版产业运行的第一步。以往那种单靠经验和推测为主的传统意识不再适合大规模生产的要求。出版界从出版市场的需要出发，更加强调选题的可行性、投入产出的科学性以及出版信息的可传达性与可接受性。这实际上是一种出版观念的转变。在传统生产状态下，读者的选择范围极为狭窄，不得不适应产品；在今天，通过市场需求的变化来调节生产，读者取得了主动权，产品不得不适应读者。这是一个变卖方市场为买方市场的变化。因此，出版前的市场调查工作必不可少。

入世以后，我国出版社也可以很方便地向外扩展，因此在研究市场的时候要兼顾国内、国外两个市场。出版社应根据不同国家、不同地区的不同特点、不同的风俗习惯，有针对性地出版适合他们需要的出版物。开拓国际市场要注意两个问题，其中语言问题是关键，现在英语已成为世界上的通用语言，所以做好英语出版应是进军国际的第一步；另一个重要问题是如何开发海外华人市场，海外华人具有广泛的市场需求，中华民族拥有5000年的文明，历史、地理、人文、自然、科学等方面的出版资源极为丰富，正所谓"越是民族的，就越是世界的"，出版社应积极利用、挖掘这些资源，创造性地发展和丰富华人的现代文化资源，将我国的先进文化推广到国外。

品牌是一家出版社的形象，也是其安身立命的根本。在出版产业日益垄断化、国际化、信息化的今天，出版市场的竞争实际上就是出版品牌的竞争。这是由于在出版品种日益繁多、市场竞争日益激烈的情况下，出版物的质量、外观设计均向高水准发展，读者认同的出版社在市场竞争中就会处于有利的地位。品牌建设要从基础抓起，每家出版社都要发挥自身的比较优势，下大力气开发自己的出版资源，追求品牌效益是出版市场成熟的表现。

在信息化社会，读者面对丰富的阅读信息资源，往往有不知所措之感。此时，那些有明确市场定位、且保持优质品牌的出版社不仅不会被信息的海洋淹没，反而在读者中的印象越发突出，这种双向作用就是出版品牌所起的重要作用。出版品牌是一个整体概念，包括出版理念、出版定位、出版形象设计、出版生产实践、出版销售服务在内的几个大的环节。品牌是个性和特色的显现，而个性和特色恰恰是成熟的出版社所独有的。出版产业使用的原料是靠人的大脑加工出来的精神原料。

加快中国出版产业发展步伐，还应该建立更加完备的出版法制体系。市场经济是法制经济，运作规则的法制化是出版产业运作的根本保证。从建立完备的法制环境的角度看，新闻出版立法工作仍然没有完成。严格执法是建立完备法制体系的重要内容，建立出版产业的法人体制是出版产业发展的基本前提。我国加入世界贸易组织后，更应按照国际惯例，遵循国际准则，因此我们不仅要学习WTO的基本法律、法规，而且要使本国的出版法律与国际接轨。只有依法办事，才能为我国的出版工作提供活动依据。

入世后，要想进一步发展出版业，除了遵守国际公约，加强法制建设外，还要加强道德建设。面对入世的压力，我们不能坐以待毙，而是要积极地参与国际竞争。竞争离不开"公平"，商业离不开诚信。诚信是企业的生命，我国的传统文化一直将诚信视为人类的美德。孔子说："人而无信，不知其可。"孟子说："诚者天之道也，思诚者人之道也。"诚、信，是国家、个人的形象，当然也是企业的重要形象。出版业绝对不能轻视诚信。现在出版业存在一种"浮夸风"，各媒体为了争广告份额，虚报发行量、收视率，这样做无异于饮鸩止渴，因为失去了诚信，媒体的生存就成了问题。只有重视诚信，才是出版业长久发展的保证。

迅速发展出版业，不只是中国入世后抵御外国出版业进入的一种应急措施，更是全面建设小康社会、实现中华民族伟大复兴的重要组成部分。我国的出版工作者应该自觉肩负起这一神圣使命。

党的十六大报告指出"综观全局，二十一世纪头二十年，对我国来说，是一个必须紧紧抓住并且可以大有作为的重要战略机遇期。"我想，出版业一定要紧紧抓住 21 世纪头一二十年这个"重要战略机遇期"。坚持"发展是硬道理"，真正把发展作为"第一要务"，与时俱进，开拓创新，实行开放式发展战略。为 21 世纪的长远发展创造广阔的空间和机遇。

取精用宏　博览群书[*]

　　读书无定法，贵在有恒中。法国有一位女作家、编辑家安妮·弗朗索瓦酷爱读书，她的朋友说她"看书就像伐木工人砍树一样快"。这位作家看书快的秘诀何在？据她自己说："我的左眼比右眼累得快，于是我便用一只眼睛看书，直到精疲力竭。"用一只眼快读，称得上是一个奇人奇事。我也是一个喜欢读书的人，自然是用两只眼睛。不过几年以前已经用四只眼睛了，因为年过花甲，只好借助眼镜了。尽管如此，与书籍零距离接触，仍是我最大的乐趣。

　　屈指算来，我从小学一直读到研究生、进修生，在学校里正式坐班读书就有 22 年半。此后在大学里教书，在出版社编书，在政府机关里管书，直到现在还在出版界工作，可以说一辈子与书结下不解之缘。俄国出版家绥青曾写过一本书，名叫《为书籍的一生》，讲述了他如何经营出版社，据说任何一部书稿，他只要瞄上一眼，在手上掂掂分量，就知道能不能畅销。我真佩服他这一手，如果我能学到这个绝招，也许此生能为读者多奉献几本好书。为了弄懂世事的奥妙，我一直孜孜不倦地读书，取法于上，仅得乎中，但我仍乐此不倦。

　　古今中外，关于读书的格言有很多，诸如"书籍是人类进步的阶梯""开卷有益"等等，人们耳熟能详。但我以为说得最痛快淋漓的要数我国近代教育家杨贤江先生的一段话："一个人不爱读书，不爱与书做伴，是真贫穷，是真孤独，是真堕落，是真偷懒。而且，因不知利用现代文明，也难免

　　* 这是于友先同志 2003 年 1 月 18 日为《人民政协报》撰写的文章。

成为非现代人。"① 进入 20 世纪中叶以后，随着电视和多媒体的产生，人们接受知识和信息的渠道趋向多元化，但读书仍然是人们求知和研究的主要方式，没有听说光看电视就能成为学者的。

我国是一个书籍生产大国，有着悠久的读书传统。从隋唐出现纸质书到现在，至少已出版了 200 多万种图书。2002 年我国出版图书超过 17 万种，其中初版新书就有 9 万多种。一个人即使穷毕生之力，也看不了多少种书。假如每天坚持读 2 万字（这是很不容易的），坚持看 70 年，总共只能看 5.1 亿字，只相当于 4.2 部《中国大百科全书》（等于 306 卷大百科单卷本）。人生有限，知识无涯，因此读书必须有所选择，才不致浪费光阴。老一辈革命家、教育家徐特立说得好："有关国家书常读，无益身心事莫为。"这是一个重要的提示。我认为，在竞争激烈的现代社会，要想做一个有益于社会的人，首先要选择读一些基础理论著作，树立革命的人生观和世界观。否则糊涂一生、庸碌一世，很难有作为，甚至可能误入歧途。这应该是读书的基本态度。

有了一定的理论基础，还要结合自己的工作和爱好，博览群书，尽可能扩大知识面。据最近有媒体报道说，有 80% 的高校毕业生不会写求职信。这除了暴露应试教育的弊端外，很重要的原因是学生没有真正养成读书的习惯，而且读书与社会脱节，导致"高分低能"的后果。

对于读书还要防止另一种倾向，那就是只允许读正面的读物，不让接触"闲书"，更不允许接触有负面影响的书。我历来主张要以平常心对代读书，在达到一定年龄，有了一定分辨能力的时候，除了读有正面教育意义的书以外，还应该看一点有负面影响的书，以增强免疫力。14 世纪优秀的人文主义作家薄伽丘在《十日谈》中讲了一个有趣的故事。有一个从小与世隔绝的青年，跟着父亲下山进城，这才生平第一次看到一群女人。父亲是个死心塌地皈依天主的教徒，不许儿子去看一眼女人，吓唬他说，这群人不叫人，叫"绿鹅"，是祸水。谁知儿子看了一眼以后怦然心动，说："亲爸爸，让我带一只绿鹅回去吧！"这就是禁锢主义教育的后果。毛泽东同志 1957 年

① 中央教育科学研究所、厦门大学合编：《杨贤江教育文集》，教育科学出版社 1982 年版。

1月在省、市、自治区党委书记会议上的讲话中曾深刻地指出："我劝在座的同志，你们如果懂得唯物主义和辩证法，那就还需要补学一点它的对立面唯心主义和形而上学。康德和黑格尔的书，孔子和蒋介石的书，这些反面的东西，需要读一读。不懂得唯心主义和形而上学，没有同这些反面的东西作过斗争，你那个唯物主义和辩证法是不巩固的。我们有些共产党员、共产党的知识分子的缺点，恰恰是对于反面的东西知道得太少。读了几本马克思的书，就那么照着讲，比较单调。讲话，写文章，缺乏说服力。你不研究反面的东西，就驳不倒它。"① 就在这次讲话中，毛主席决定扩大发行《参考消息》，从2000份扩大到40万份，使党内党外都能看到。毛主席的这些言论和举措，表现了无产阶级革命家博大的胸怀。这也就是为什么我们每年都要有选择地出版一批西方资产阶级政治、经济、文化方面学术著作的缘由。"唱响主旋律，提倡多样化"，这是正确的文化方针。我建议有心的同志能把这类书找来读一读，与马克思主义著作一起认真阅读，这种对比将使我们开阔眼界，更深刻地理解我们党是如何吸取古今中外有益的历史经验，找到一条有中国特色的社会主义道路的。当然，我并不主张毫无批判地阅读有负面影响的书，更反对阅读反社会、反科学以及色情、淫秽的读物，那只能是戕害人性、危害身心健康，毫无益处可言。除了读书本上的书，还要读通社会这本大书，这是另一个更大的话题，不是一篇短文所能说清楚的。

在全面建设小康社会的伟大征程中，我们应该提倡认真读书。"取精用宏，博览群书"，这是我的读书观，也是毕生努力的目标，愿以此与书友们共勉！

---

① 毛泽东：《在省市自治区党委书记会议上的讲话》，载中共中央文献研究室编：《毛泽东文集》第七卷，人民出版社1999年版，第193页。

21世纪：电子出版的世纪[*]

科学技术是第一生产力。正如历史上每一次产业革命都得益于科技的新发展一样，出版产业的每一次革新，科学技术在其中也起着重要的作用。

从 20 世纪中叶开始，以微电子技术和计算机技术为标志的新的科技革命，从根本上改变了人类的生产劳动方式。目前，这场新的科技革命正呈现出蓬勃发展的态势，并向更加广泛的领域挺进。人类的出版活动顺应了现代高新科技发展的潮流，积极将微电子技术、计算机技术应用于出版领域，从而掀起了人类出版史上的第三次革命。高新科技与传统出版相结合而产生的音像出版，电子出版和网络出版被誉为出版领域的"朝阳产业"。

20 世纪 50 年代以来，随着高新技术在出版行业的不断采用，"出版"的概念发生了很大的变化。这种变化主要体现在载体的变化上，除了以纸为载体的图书、报纸、期刊等印刷出版物之外，新的出版物载体不断涌现，出现了以磁胶带为载体的音像出版物，计算机网络传输也被纳入了出版业的范畴。并且，随着微型计算机的迅速普及，大容量光盘存储设备的出现，以及多媒体技术的开发与应用，电子出版得以迅速发展，电子出版物开始走入千家万户，电子出版物以计算机技术为依托，通过数据库进行储存，利用光、电、磁等物理性能，具有传统纸介质所不具备的许多优点：体积小，信息载量大，检索便捷，交互性强，可用多种介质作为载体等，它一经问世，就受到了读者的广泛欢迎。30 多年来，新科技革命中出版载体与技术手段的结合取得了丰硕的成果。

---

* 　此篇原载《数码印艺》2003 年第 7 期。

现代出版产业的高科技化特征

概括地说，现代出版产业的高科技化特征主要表现在如下几个方面：

第一，从狭义上讲，利用计算机进行排版使出版业告别"铅与火"，进入"光与电"的时代。

人们先是利用计算机进行文字处理，继而发展到电子排版（即将图形、文字输入计算机进行版面处理），再转入文字和数字化的图像处理，最后进入电子排版系统，其中包括打样、校对、审核及版面存储等多项传统工序。定稿后，通过激光照排机输出胶片，用胶片晒制可上机印刷的印版，再进行印刷。为了能与当今的设备配套，各国出版界都在传统印刷与电子出版的"结合部"上做文章，设法改造传统的印刷技术，相继开发出大量的新型电子设备，如图文合一的电子组版系统，数码打样系统，彩色桌面出版系统，彩色专业拼版系统，直接制版系统，在机直接制版并可重复成像的系统以及可通过卫星快速传输、交换的综合电子系统等。利用计算机技术可以省去印刷前期繁重的拣字、制图、排版、印样等手工操作工序，减轻了劳动强度，提高了工作效率，体现出高新科技极大的解放功能。

第二，从广义上讲，利用计算机技术进行的出版活动突破了传统的符号信息记录方式和模拟信息记录方式，从而使人类文明进入数字化信息记录时代。

符号信息记录方式的外在表现是"白纸黑字"，它的技术基础是代表农业文明时代的造纸术和印刷术；符号信息记录方式突破了时空的局限性，使人类第一次比较准确地记录下所要表达的信息。到目前为止，人类知识中有90%都是以符号方式记录下来的。但符号记录方式并不能直接演示表现对象，只能用词汇和语言进行间接的描述和形容，这种以抽象思维为特征的局限性不可能在它自身得到实质性的突破，因而，模拟信息记录方式随着电子技术的采用应运而生。

模拟信息记录方式是19世纪末20世纪初西方第三次工业革命的结果，其在出版领域的主要表现是运用了光、电、磁等新技术，制造出照片、电影胶片、唱片、录音带、录像带等全新的记录人类文化信息的媒介，这些媒介可以把客观事物较为直接地记录下来，克服了符号记录方式的抽象性。但它也有自身的缺陷，即记录的不精确性，无论是声音还是图像，经过技术处理后，总不能完整地传达原来的信息。这种缺陷不可能在模拟信息记录方式内部得以克服，必须寻找一种新的技术方式，这就是目前风靡全球的数字化记录方式。

数字化记录方式利用计算机对客观事物进行高度复杂的数字化处理，可以得到比以往任何信息记录方式都要精确的声音、图像和色彩。现在全球正在逐步实现网络化，社会发展的前景就是网络化世界，在这种大趋势面前，人们必须学会数字化生存和网络化生存；而电子出版作为数字化信息记录方式的集中体现，必然受到世人青睐。

第三，利用高新技术将输入到计算机里的信息存储起来，可以随时提取，并可据此复制出大量的全息电子出版物和多媒体出版物。

全息电子出版物是相对于多媒体电子出版物而言的，它利用书、报、刊等现成的信息资源，不经过重新创意和审校，直接将所存储的印刷版的全部版式、信息制成光盘，读者读取全息版和日常读取印刷版的习惯相同，只能与读物进行单向交流。而多媒体电子出版物是指利用光、电、磁等综合技术对所得资料、信息重新进行加工、编辑、审校，从而复制出各种形式的"电子"出版物，如软磁盘（FD）、只读光盘（CD-ROM）、交互光盘（CD-I）、照片光盘（PHOTO-CD）、高密度只读光盘（DVD-ROM）、集成电路卡（IC-CARD）等。由于多媒体技术、超媒体技术、远媒体技术及智能化电子技术等高新技术的介入，电子出版打破了简单的单向交流模式，人机之间可以进行双向交流，极大地丰富了电子出版物的内涵。

第四，利用计算机、互联网进行出版活动，使电子出版如虎添翼。

网络出版是与光同速的远媒体技术和联机数据库在电子出版中的应用。网络又称为信息高速公路，它通过数字传输系统把电话、电视、计算机、传真机等高性能的现代通信工具连成一体，瞬间即可实现信息交流。现在覆盖全球的因特网（Internet）就代表着人类应用电子计算机技术的最高成就。对出版产业来讲，顺应这一趋势已是势在必行，出版公司只要注册上网，即可通过网络发行电子版读物、开办网络书店。美国哈珀柯林公司从 1994 年开始将一些小说书稿直接制成只读光盘，通过因特网向全球发行。美国拜伦·普瑞斯多媒体出版公司与美洲互联网接通，发行幽默连环画的电子版。1996 年获利 300 多万美元。在我国，作家出版社和瀛海威信息通讯公司合作，于 1997 年 2 月将一部长篇小说《钥匙》送上因特网。可以说，网络出版是真正的无纸出版，随着电子计算机的普及，高新技术的进一步发展和全球网络化时代的来临，网络出版必将走进千家万户，形成出版产业的一道新景观。

树立全新的出版观念

正如人们所预言的那样，信息技术领域的竞争将成为 21 世纪世界经济竞争的核心。现在以信息技术为基础的产业已占发达国家国内生产总值的一半以上。据有关专家统计，信息产业在 2000 年已成为世界第一大产业，占全球贸易额的 50％以上。据此，现代出版产业作为现代知识信息产业中的一员，应当充分估计到电子出版对出版产业自身的影响及在未来信息化社会中所起的作用。

就目前世界出版现状而言，电子出版已形成一定的格局，世界各大出版公司都已开始生产电子版图书及其他电子形式的出版物，有的出版公司已经利用计算机网络对电子出版物进行快速传递，这必然对人类社会的经济、政治、军事、文化、医疗、科技、教育、商务、娱乐等各个领域产生巨大的影响，从而加速人类文化的传播进程。

可以这样说，电子出版是信息时代的必然产物，它从许多方面改变了人们对"出版"含义的理解，创造了一种全新的出版观念。这种全新的出版观念主要表现在以下几个方面：

第一，电子出版是高新科技与传统出版技艺相结合的结晶。

电子出版在出版方式上和传统出版有极大的不同。传统出版以纸为介质，以人工操作的编、印、发一条龙模式为主干；而电子出版则充分应用电子计算机技术提供的各种手段进行编校、印刷乃至发行，从技术条件上讲，

"出版"不仅仅只限于出版公司，任何个人只要拥有一台电子计算机以及与此连接的激光打印机，出版活动即可付诸实践，而出版公司的职能将侧重于策划与监督，编辑将只以编校、审校为核心。著作者也完全可能集著、编、制作、发行于一身，在法规许可的范围内，独立完成个人的出版过程，在此意义上考察出版的含义，可以看到电子出版更新了传统出版概念的内涵，拓宽了出版概念的外延。

第二，电子出版物的兴起，丰富了人们对出版物内涵的理解。

传统出版物主要是以纸为介质的图书、报纸、期刊，而电子出版物如电子图书、电子报纸、电子期刊等则主要利用光、电、磁等物理性能进行存储，并且在阅读方式上也不同于纸质出版物，必须借助于计算机或其他电子阅读器才能进行。

第三，电子出版物体积小、容量大，这为保存和收藏出版物提供了极大的便利，因而对图书馆的概念和作用也产生了相应的影响。

图书馆是保存人类文化知识信息的重要基地，衡量图书馆作用大小的标准应该是藏书量的多少，藏书内容的丰富程度以及书刊利用率的高低。在高新科技加盟的电子出版时代，图书馆的规模将不再以藏书的多少来确定，而是直接以电脑数据库里储藏的文化信息含量的丰富程度为依据。在此条件下，图书馆和出版机构的关系将变得更加密切。同时，依靠网络的作用，个人所拥有的电子信息资源也会成为图书馆的附加馆藏，因此，未来图书馆作为出版产业的支持力量也将充分利用高新科技带来的一切便利条件，不断开发新的服务功能。

第四，高新科技支持下的电子出版和网络出版，打破了传统出版的发行常规。

因为电子出版与传统出版在出版方式上存在着差异，所以其发行体系与传统的书、报、刊的发行方式亦不尽相同，除了一些光盘出版物可以通过传统发行渠道流通外，电子出版还可以直接利用电子计算机参与传统发行的各个环节，而对于网络出版来说，出版发行机构的主要作用将集中于如何扩展"发行"的联机数据库，增加新的库存和提供全新的出版物目录信息等。另外，预约出版、定向出版、即时出版将会成为电子出版发行的新业务。

第五，与传统出版物的版权保护方式相比，保护电子出版物版权的手段还不够多，这个问题亟待解决。

版权是出版的生命，对新兴的电子出版产业来说更是如此。就当前电子出版物版权保护的实际情况看，下列方法已被考虑或正在运用：①通过对已有的国际版权公约进行修改和补充，添加电子出版物版权保护条文；②对公益性的电子出版物版权要统筹管理，尽可能实行一次性付酬即可进入"共享"领域；③开发更加先进的"加密—解码"系统，最大限度地保护电子出版物版权。

总　　结

目前，出版业已经由单一纸媒体时代步入多种媒介综合开发利用的新时代，电子出版、网络出版作为出版产业新的经济增长点正在全球兴起，深刻地改变着传统出版的面貌。这场出版革命的伟大意义，在 21 世纪信息与知识经济时代将会被越来越多的人认识到。

纵览出版业的发展历程及各次技术革命，迄今为止，还没有能像电子出版、网络出版这样能够彻底改变传统出版的技术与手段。据有关专家对未来科技发展预测，有关电子出版的各种技术，像超级芯片、超级存储口、兆兆位光文件、自动翻译系统等。如果把将来能够加以利用并完善化的指数定为 100 的话，目前也只不过开发了 5—15，还有极为可观的潜力可挖。这一目标其实并不遥远，有关专家估计，在 2030 年前后即可变为现实。从这个意义上完全可以这样说：21 世纪是电子出版的世纪。

让精神食粮更丰美*

——答记者问

有的人居功不自傲，修炼平常心，"取精用宏，博览群书"，一生的理想就是勇闯善创，与时俱进，力求出版人的最高境界；

有的人已过耳顺之年，没有去颐养天年，为让精神食粮更丰美，为建立和发展中国特色社会主义出版产业，而殚精竭虑，不懈地努力，在不到一年的时间里就发表了十几篇他潜心构思的论文，有些被《新华文摘》《人大复印资料》全文转载……

我们有幸采访到了这样的人，他就是中国出版工作者协会主席、原新闻出版署署长于友先。一走进他的办公室，满眼尽是书籍和报刊，缕缕书香沁人心脾。于友先敞开心扉："我这辈子和书结缘，从小学一直到南开大学研究生、中国社会科学院、中共中央党校培训班，读书就有22年半。我还在大学教书，在出版社编书，在新闻出版署管书，如今仍然为出好书、用好书而努力工作。我经常有一种书人合一的感觉。"

学习借鉴赖创新

记者：从您的名片上，我知道您是中国出版工作者协会主席，还是亚太

---

　　* 此篇是记者王永亮、徐蕾2003年10月在新闻出版总署对于友先同志的采访记录。载"人民网——与中国传媒高层权威对话"之《于友先：让精神食粮更丰美》，2004年10月15日，见http：//www. people. com. cn/GB/14677/22114/37734/39505/2922852. html。

出版商联合会副主席。从刚才和您的攀谈中我了解到，前不久您去印度参加了亚太出版商联合会年会，在会上为争取加入世界出版工作者协会做了积极努力。请您纵论一番当代世界出版产业发展动向，并对发达国家可资借鉴的经验进行剖析。

于友先：从 20 世纪 50 年代至今半个多世纪的时间里，西方发达国家的出版业已成为国内十大产业之一，是社会经济发展不可忽视的中坚力量。英、美、德、法、日等发达国家的出版产业代表了世界现代出版产业的最高水平。其发展趋势表现这样几个特点：

首先，受市场法则的制约，出版产业愈来愈向集团化、跨国化（国际化）、垄断化的方向发展。这是市场竞争的必然结果。出版业的竞争一方面是出版业和其他行业的竞争，另一方面是出版行业内部的竞争。出版产业的集团化必然引起垄断化，而垄断在达到一定规模后必然不满足于原有的市场，而向国际市场扩展。这样就会迫使每个国家的出版产业加强自身实力的扩张，从而在全球范围内形成你中有我、我中有你的互相竞争的局面。近半个世纪以来，英、美、德、法、日、荷等出版强国的大型出版集团不仅集中了他们国家的大部分出版资金，也垄断了某些品种图书的生产和销售。它们的出版活动，对国际出版市场的竞争起着推波助澜的作用。

其次，出版产业内部的组织结构更趋合理，其分工更能适应现代出版产业集团化、规模化发展的要求。20 世纪初，以出版商为中心来组织出版活动的出版方式开始解体。随着出版产业向集团化、大型化、规模化发展，出版机构的内部组织结构也在不断调整。在美国，大型出版公司都设有编辑部、生产与设计部、销售与发行部、会计部。每个部门都要根据市场逻辑来进行经营管理。日本出版社机构设置的最基本的部分是编辑部和营业部，就像一架车上的两个轮子，缺一不可。出版产业内部组织结构的现代化是现代企业制度特别是在现代市场经济中居支配地位的公司制度的必然要求，它进一步突出了现代出版人特别是高层管理者在现代出版活动中的主体地位。

再次，多种经营将成为大型出版集团今后发展的一个方向。多种经营不仅仅是经营范围的扩大，它还赋予传统出版概念新的含义。例如，在推出一本畅销书时，出版公司考虑的不仅仅是它在书店里的销量大小，还有该书将来的多种用途:拍电影电视、出版唱片、出版录音录像带等视听读物及出版电子版和网络版等等。这样一种一书多用、互为发展的出版格局是传统出版业所不具备的,而今天正日益显示出它的独特魅力。

最后,发行被称为出版产业的生命线,加强书刊发行和发行渠道的多样化以及开通国际书刊市场成为当今出版业发展的关键。英、美、德、法、荷等西方出版强国的图书发行渠道多种多样,很值得我们学习借鉴。

另外,出版公司还可以将图书直接销售给图书馆、学校,图书馆和学校也可以从图书批发公司、发行公司购回它们所需要的图书。但在日本,出版社的图书必须经过批发公司或发行公司才能到零售书店,出版社一般不直接售书。

记者:通过您的讲解我得出一个结论:大的发行机器的飞速运转也刺激着图书的生产,因此,出版依靠发行已成为不可逆转之势。我穿插提问一个问题:纵观西方各个出版强国的图书发行体系,有哪些环节值得重视?

于友先:这个问题提得好!我着重介绍一下西方出版强国的图书发行环节:

第一,大型图书批发公司在图书发行及流通体系中起着越来越重要的作用,成为营造图书市场的中坚力量。举例来说,美国的图书批发在20世纪70年代前还处于小规模经营状态,只能向消费者提供1000—5000种图书的选择范围。批发商只能向居住在城市或城镇郊区的客户提供快捷服务。但从70年代开始仅20多年的时间,美国图书批发业增长了3000%。有些批发商在各地拥有多家批发中心,大多数批发商还进入国际市场参与国际竞争。今天,如果没有图书批发这一环节,美国的出版将很难满足消费者的需求。其他欧美国家情况也很相似,这主要是由于图书批发业具有图书备货充足、发货速度快、服务水平高等优势。

第二,"图书俱乐部"系统在图书发行体系中发挥着重要作用,是西方出版强国经久不衰的图书销售方式。目前,美国共有150多家图书俱乐部,会员人数高达900多万人。法国和英国各有会员600多万和300多万人。在瑞典,有40%的家庭加入了图书俱乐部,全国图书俱乐部营业总额占全国图书年度营业总额的30%左右。图书俱乐部主要以低廉的价格、便捷的服务取悦于读者。有时，它根据会员的订单可以出版某种书的"图书俱乐部"版，如果订量小，它可以直接向出版社批购，然后邮寄给会员。在出版市场竞争日益激烈的今天，"图书俱乐部"不失为一种很有竞争力的图书销售策略。

第三，超级书店、连锁书店正在西方出版强国兴起，并在图书流通体系中占有重要的地位。超级书店兴起于20世纪90年代的美国，有独立型的，也有连锁型的。超级书店的营业面积一般都有数万平方英尺，售书品种均在10万种以上。由于超级书店设备一流、品种齐全、管理先进，营业额和利润额都很高，因此，在美国以及西欧出版强国显露出强劲的发展势头。连锁书店是一种方兴未艾的图书营销体制，也是目前西方服务业的一种流行体制。近几年，连锁书店顺应了市场的发展潮流，以其种种为独立书店和中小型书店所不具备的竞争优势占领着图书的销售市场。1994年，美国全国连锁书店的营业额占全国图书营业总额的27%，充分说明了连锁经营机制对图书销售市场所具有的影响力。

记者：您刚才提到的美国连锁书店让人精神为之一振。据我所知，近来，随着我国出版业改革的深入和分销市场的开放，我国许多发行公司和书店纷纷提出要向美国的沃尔玛学习，开展连锁经营。您认为沃尔玛有哪些成功的经验？

于友先：连锁经营被认为是20世纪流通领域的一大革命，沃尔玛在这方面积累了成功的经验，确实值得我们学习。我国书业连锁经营尚在起步阶段，在起步伊始就向沃尔玛学习，可以少走或不走弯路，从而获得快速或"跨越式"发展。

在仅仅40年的时间里，沃尔玛迅速成长为全球最大的商业零售企业，积累了丰富的成功经验，我总结主要有："天天平价，始终如一"的市场定位，"统一采购，统一配送"的物流模式，现代化高科技信息系统，"三米微笑原则"，超越顾客期望的行为准则。此外，还有"薄利多销"、"一站式服务"、"沃尔玛欢呼"、"仓储式会员制"、"日落原则"、"保证满意"的退换政策，以及统一店名、统一服饰、统一管理、统一宣传、统一服务、统一价格、统一核算，等等，也都是沃尔玛成功经验的重要组成部分。然而，如果我们把沃尔玛喻为一棵郁郁葱葱的大树，那么这些经验只是沃尔玛这棵大树上的几束青枝绿叶。根深才能叶茂，向沃尔玛学习，最重要的是要找到沃尔玛经验的"根"。只有将沃尔玛经验之"根"移植到我国书业领域，并加以精心培育，我国才能生长出书业连锁之树，进而形成茂盛的书业连锁之林。

记者：那么，请您为我们探寻何谓沃尔玛经验的"根"？有了"根"，怎样嫁接到符合我国国情的实践中去？对于中国书业连锁经营有哪些启示和值得借鉴的地方？

于友先："沃尔玛·中国"网站上有句话值得我们特别玩味："正如第一家店那样，今天的沃尔玛依然为三项基本信仰所推动。虽然山姆先生已经离我们而去，但他的理念与哲学却永远引领我们走向成功。"这三项基本信仰也是沃尔玛独特的经营理念、企业文化和核心竞争力，即"尊重个人""服务顾客"和"追求卓越"。这些看来十分简单普通的话语早已渗透到沃尔玛员工日常工作的方方面面。而对我们来说，这些正是我们需要认真学习的沃尔玛的根本经验之所在。

我觉得，只有把借鉴沃尔玛经验落到实处，才能实现三个关系的根本变革。"尊重个人，服务顾客，追求卓越"，沃尔玛的这三个基本理念表现了三个层面的关系，即公司与员工的关系、公司与顾客的关系和公司与自身的关系。这三个层面的关系是互相制约、互相促进的互动关系。员工是公司的主体，只有尊重员工，与员工建立利益共享的伙伴关系，才能最大限度地开掘员工的创造潜力，使他们在各项工作中达到卓越的境界，从而为顾客提供超越期望的服务；顾客是公司的"老板"，全体员工只有以顾客为中心，从为顾客提供超越期望的服务中获得利润和发展，才能达到卓越的境界；"卓越"是公司追求的精神高度，只有永不满足、不断追求，才能尊重员工，才能为顾客提供超越期望的服务。所有这些不正是中国书业在连锁管理和经营中首先应该学习的根本之所在吗？

记者：中国书业与沃尔玛存在哪些差距？如何用好机遇？

于友先：中国书业，无论是发行公司还是书店，像沃尔玛一样，都始终面临着如何处理公司与员工、公司与顾客、公司与自身三个层面的关系问题。而正是在这些问题上中国的很多书店或图书公司与沃尔玛存在着巨大的差距。在公司（包括出版者和书店）与员工的关系上，在很大程度上还是上下级的等级关系；在公司与顾客（我们习惯称为"读者"）的关系上，还多半是宣传与接受宣传的关系；在公司与其自身的关系上，大都处于"等"（指令）、"靠"（上级）、"要"（资金）的思想状态。这是长期以来深受计划经济模式的影响而积淀的结果。当然也有不少图书营销单位在改革创新，创造出类似沃尔玛的营销体制或全新的营销体制。

如今，在党的十六大之后，我们要大力发展出版产业，为全面建设小康社会提供智力支持，就必须彻底消除计划经济的影响，实现三个关系的根本变革。只有像沃尔玛那样，以不断追求卓越的精神，让每一位员工充分实现自己的价值，为顾客提供超越期望的服务，中国书业连锁才能站在高高的起点上，获得跨越式发展。

记者：对外国的先进经验，重在学习、借鉴，贵在创新、超越。中国作为世界出版产业大国之一，理应开拓国际出版市场，参与国际出版产业的竞争，促进世界文化的交流。通过出版物宣传介绍我国改革开放取得的成就，让世界了解中国，是我们责无旁贷的任务。请您谈谈怎样积极参与国际出版市场竞争？

于友先：中国出版走向世界，当务之急是我们的出版物要在世界中文出版物市场上占有更加重要的地位。从整体上说，我国出版产业的国际化还处于起步阶段。随着社会主义市场经济体制的建立和加入世界贸易组织，中国出版产业迈向国际市场的步伐会进一步加快。当前，我们要从国际出版贸易最基本的问题开始，认真地制订出一套具体的策略方案。

首先，对国际出版市场进行深入分析，要从国际角度考虑出版业面临的市场竞争问题，着重分析国际对中华文化资源的需求状况、华文出版物的海外读者的阅读需求等。还要考虑到国际间的贸易壁垒、法律制度、经济因素、社会习惯、语言及政治环境、消费结构、文化模式、宗教和道德背景等。如果有可能，可以进行大规模的海外市场调查，以确定海外读者到底需要什么，不需要什么。

其次，研究并掌握进入国际市场的各种手段。这些手段包括参加国际大型书展、在海外建立分支机构及直销机构、广告宣传、定期编印外文出版物征订目录、及时将出书信息传递给国外销售商、进行国际版权贸易以及同国外合作出版等等。中国出版走向世界、拓宽发行渠道是当前面临的问题之一。经过这些年的努力，我国出版单位在境外设立分支机构的已有数十家，而且还有进一步发展的趋势。在量力而行的情况下，要尽量在境外多开办一些独资或合资的出版、发行机构，这是拓展发行渠道的有效措施。目前，我国对外合作出版主要以两种方式进行：一是经新闻出版总署批准成立合资出版单位；二是以版权贸易的方式进行合作出版，多为科技期刊。进行合资出版和合作出版，能够为我所用的主要有三条：一是信息；二是管理；三是资金。通过合作，我们可以学习国外同行先进的出版管理经验和运作经验。国外的大出版集团运用大工业的方式运作出版流程，无论在选题策划、印刷装帧还是在发行销售等环节都有独到之处，他们对高新技术在出版产业的运用始终非常敏感和快捷。这些都是我国出版业非常缺乏、急需补课的地方。对出版业的不同门类和不同环节，由于其意识形态的性质不同，在扩大对外开放方面，要特别注意区别对待，分类指导。报刊与图书和音像出版相比，后者可以先行试点；出版与发行、印制相比，发行和印制的步伐可以迈得更大一点。

再次，通过组建大型出版集团、发行集团、销售集团的方式，利用集团的规模效益及集团实力进入国际出版市场。大集团可以以更多的出版物品种，采取更直接的方式，即在外国生产或设置营销分支机构，进入更大的市场。这显然比小型出版企业具有更强的竞争力。

最后，培育更多的面向国际出版市场的现代出版人，特别是高层次的管理人员。中国出版要走向世界，首先就要求中国出版人的出版观念必须走向世界，出版理论和出版实践必须走向世界，并最终在世界出版市场的竞争中创造出巨大的效益。

记者：让我们接着刚才的问题继续谈下去，您指出了我国书市与沃尔玛存在的差距，那么再进一步说到我国出版业，它主要存在哪些矛盾呢？

于友先：当前，我国的出版业已有相当的规模，出版物品种和数量都居世界前列。但是，同社会主义物质文明、精神文明对出版业的要求相比，与出版产业的国际大环境相比，我国出版产业还存在着许多复杂的矛盾和问题。主要表现在：我国尚未建立起与社会主义市场经济体制相适应的出版产业体制；与国际出版产业相比，我国出版业的综合实力还比较弱；我国目前出版物（主要指图书）的流通渠道还不很通畅，发行环节上统一、开放、竞争、有序的图书市场体系还没有完全形成；我国目前的编、印、发等各出版环节的自动化程度与外国出版机构相比，还有不小的差距；我国出版业目前已初步具备了参与国际出版市场竞争的能力，但与发达国家相比，差距还很大；目前我国出版业从业人员的素质参差不一，亟待提高。

记者：请允许我打断一下，现在聆听您的论述，加上以前拜读您的文章，我产生了一个疑问：要解决我国出版业存在的矛盾与问题，出版体制的改革就要走产业化发展道路，这是不是与党的出版事业有矛盾呢？

于友先：你的疑惑也是很多人的疑惑，这也是我想深入调研的问题。随着我们对建设有中国特色社会主义理论认识的加深，我认为发展出版产业与发展出版事业是并行不悖的。

出版事业是我们党意识形态工作的重要组成部分，对提高全民族的政治、文化和科技素质，对形成文明高尚的社会风气，对下一代的健康成长，都有着直接而重要的作用。出版事业在国家现代化建设和社会主义的全面进步中负有十分重要的责任。有中国特色社会主义的出版体制，必须充分地体现党对意识形态工作的要求，充分保证出版工作能够在社会主义精神文明建设的系统工程中行使更重要的使命。

改革开放为出版业的健康发展注入了新的生机与活力，国家在财政、税收、物价、流通、金融和外汇等方面的体制改革，为出版产业更好地引进市场经济的有利机制创造了条件。在改革与发展的过程中，我一直在想，如果不改变目前出版单位的部门所有和出版物市场实际上被行政分割的状况，出版体制改革的设想与努力都会成为无本之木和无源之水。

在我国众多的行业中，像出版业这样既要遵循精神生产规律，又要遵循物质生产规律，是不多见的，这是我国出版业的一条重要的自身发展规律。有中国特色社会主义的出版体制，必须将两种生产规律有机地统一起来。任何时候都要把社会效益放在首位，这一点绝不能动摇，要牢固树立讲社会效益就是讲政治的观念。在坚持正确方向的前提下，要最大限度地运用市场经济的有效机制，实现出版产业的经济效益，实现两个效益的"双赢"局面。

记者：谢谢您廓清了我心头的疑惑！据我所知，在国内您最早呼吁：中国出版业要腾飞，就必须走产业化发展之路。您认为，发展和繁荣中国出版产业目前亟待解决哪几个问题？

于友先：我个人认为在当前乃至今后很长一段时期内，中国出版产业的发展应围绕以下五个方面展开：

第一，出版市场最大化。出版市场化即是出版产业化的基础，也是出版产业化的主要内容。出版产业化发展必然要求出版市场最大化；出版市场最大化又为出版产业化的发展创造了有利的条件。我认为，国有资金向出版产业的流动，主要是为了实现资本最大化，应该允许和鼓励私营资本和境外资本的投入也是要实现资本最大化，但确实存在谁掌握出版权的问题，应该有限制地使用，也就是说，要以国有资本为主。协作出版、赞助出版、协办报刊等就属于这类问题。现在可以鼓励社会资本在一定的条件下以一定的方式，通过一定的渠道向出版产业流动，使出版产业尽快地形成资本市场，利用多种金融工具增强投资和融资的能力。

我国目前的出版物市场还处于小规模状态，布局不平衡、功能不健全，国际市场所占份额极小，还不能满足广大读者的阅读需求，这就要求按产业化原则对出版物市场进行更深层次的开发、培育和管理。不仅要在全国范围内建立发达的出版物市场流通体系，还要积极参与国际市场的竞争。要按照"产权明晰、责权明确、政企分开、管理科学"的要求，对出版发行机构进行公司制改造，对新华书店进行战略性重组，抓好大的、放活小的，最终推动全国出版物市场流通体系的形成。

第二，出版科技现代化。运用高新科技加快我国出版产业的发展是现阶段的一个重要任务。电子计算机技术及现代通讯技术的迅猛发展为出版产业培育了新的经济增长点，也为加快对原有出版企业的技术改造提供了便利条件。进入20世纪90年代，我国的电子出版业迅速崛起，许多媒体以及科技信息咨询机构相继建立了自己的数据库，并向用户提供联机服务，同时还出版数据光盘版。总的来说，出版科技现代化是一项系统工程，编、印、发各个环节都需要从各自的角度进行科技改造。利用高新技术从整体上提高全行业的装备及管理现代化水平，要通过科技进步推动产业结构的调整和优化，全面提高出版质量和出版生产率。

第三，经营管理科学化。科学化的经营管理方式是出版产业化的重要内容。所谓科学化的管理就是依据出版规律和市场法则对出版进行管理。西方出版家将出版科学化的管理模式概括为五个方面：经营管理人员具有预见未来、把握未来的能力，以便看准市场、赢得读者；出版社内部环境具有凝聚力、激励力和创造活力；出版社在同行业中要有良好信誉，能够与书商、图书馆等进行良好的合作；出版社能够吸引和团结一批优秀作者，切实保证优质稿源充足；另外成本与财务管理也是非常重要的。主要决策人员应及时掌握财政状况，科学投资、确保赢利。这五个方面，所有这些我们都可以拿来作为借鉴。

第四，建立健全出版产业化发展的保障机制。出版产业化发展的保障机制主要包括现代企业制度保障、宏观管理保障、法律法规保障、国家产业政策保障等方面。这些保障措施对于现阶段我国出版产业化的发展是必要的，不可缺少的。

第五，出版经营集约化。出版经营集约化是市场条件下出版产业发展的必然趋势，它体现的基本精神是出版规模的经济性。出版规模的经济性是指出版规模的变动而引起收益的变动，反映了因出版能力的提高而使出版成本下降、收益增加的趋势。在现阶段，强调出版规模的经济性，不仅是建立和我国社会主义市场经济体制相适应的出版机制的需要，同时也是同国际市场进行竞争的需要。为此，深化出版体制改革要以提高出版产业集约化程度为重点，以促进兼并与联合为突破口。这是在认真分析和研究了中国出版产业所面临的国际及国内的挑战之后形成的基本思路。

参照发达国家出版企业集约化经营的模式，我国出版业集约化经营可以采用：联合、兼并、股份制、股份合作制、放开搞活中小型出版企业、建立大型出版集团等方式。

记者：您谈到了出版经营集约化可以采用建立大型出版集团的方式，这使我想到，从20世纪90年代中期开始，中国的企业和传媒机构纷纷走向集团化道路，到现在形成一股势头强劲的潮流，出版集团是一支新锐。然而不可否认，无论是传媒集团化还是出版集团化，并不像企业集团化那样取得了预料中的成效。您认为，关于组建出版集团有哪些政策支持以及应该遵循的原则？

于友先：你问的这个问题也是大家普遍关注的。我觉得，大型出版集团资本雄厚，具有全球化、多元化的经营意识，能够大规模地拓展国内外出版市场。在今天，欧、美、日等发达国家的出版市场主要由若干个大型出版集团来掌控的。美国排名在前20名的出版集团如希尔出版公司、西蒙与舒斯特出版集团、《读者文摘》出版集团、纽豪斯集团等占了美国出版业总产值的80%以上。

我国《新闻出版业2000年及2010年发展规划》明确指出："为实现新闻出版业的两个根本性转变，积极进行战略性调整，提高新闻出版行业集约化经营能力。要推进组建出版、发行、印刷集团和报业集团的工作，鼓励并扶持跨地区、跨行业、跨所有制，甚至是跨国经营的大型出版集团。"这一"战略性调整"有利于改变目前我国出版业的产业结构和组织结构不合理状况，有利于改变"大而全、小而专"的生产格局；有利于发展社会化、专业化生产协作，实现出版要素的优化组合和出版资源的合理配置，形成规模化经营；有利于出版经营体制和运行机制的转换；有利于提高我国出版业在国际出版市场上的竞争能力，并从总体上提高我国出版产业的实力。

从经济发展的角度讲，集团化是一个出版机构经济自然扩张的社会化过程。但在目前，由于内外部条件的不成熟，我国出版产业集团化还主要依靠行政手段来协调、引导和推动，这是一个相当被动的过程。事实上，组建大型出版集团应遵循这样几个原则：一是自愿互利；二是鼓励竞争；三是优化组合，可以打破地区、部门、行业和所有制界限，进行横向或纵向的联合，务必使出版结构合理化；四是多元化经营，可以充分运用高新科技，探索出版产业多元化的经营前景，实现出版资源在多种媒体间的有效利用，最大限度地发掘出版资源的内在价值，实现出版业的可持续发展。总之，组建出版集团要突出资本一体化、出版主营化、经营多元化、技术现代化的特点，力求符合现阶段出版体制的要求，并逐渐和国际出版市场接轨。

记者：您的这些分析正像党的十六大报告提出的：要"根据社会主义精神文明建设的特点和规律，适应社会主义市场经济发展的要求，推进文化体制改革。抓紧制订文化体制改革的总体方案"。并强调"把深化改革同调整结构和促进发展结合起来"。所以，继续深化出版体制改革成为当务之急，对此您有哪些思路？

于友先：你引述的党的十六大报告中的这段话，是对新世纪我国社会主义文化工作包括出版工作提出的基本要求，也是建设和发展中国特色社会主义出版产业必须遵循的重要原则。这个问题我考虑了很长时间，正想和学界、业界进行交流。今天，借这个机会，讲讲我个人的一些想法。

我认为，应该把加强管理作为继续深化出版体制改革的重点。出版工作必须坚持正确的政治方向，这是由我国出版工作的社会主义性质和任务决定的。越是强调发展，越是改革开放，越要加强管理，这样才能使出版工作始终坚持正确的方向。

一是加强和完善出版的行政管理工作，改变一些地方出版管理工作直接管理多，间接调控少；行政手段运用多，综合手段运用少；微观管理多，宏观管理和分类指导少，制度不落实、管理不到位等现象。

二是加强出版法制建设。在继续加强立法工作的同时，要特别注意依法管理，加大执法监管的力度。

三是加强出版单位内部的经营管理。经营管理水平低、成本高、消耗大是我国书、报、刊、音像及电子出版单位、发行和印制企业的通病。要在出版单位内部全面推行企业化管理，加强内部经营管理，降低成本，减少消耗，切实提高经济效益。要加快人事和分配制度改革的步伐，建立择优录用的制度和能上能下、能进能出的机制。

记者：您曾在《人民日报》著文《建立和发展中国特色社会主义出版产业》，在业内引起良好反响。我看到您在文章中把提高质量作为推进出版业阶段性转移的重点，为什么这样论述呢？

于友先：提高质量效益，走内涵式发展的道路，是出版产业繁荣发展的一条基本途径，也是继续推进出版业阶段性转移的重点。

质量是出版物的生命线。出版产业的编印发诸环节和科工贸各门类都有质量的要求，但最集中的还是反映在出版物的质量上。出版物的质量包括政治质量、学术艺术质量和编校印装质量等。政治质量是出版物最重要的质量，但编校印装质量低劣的出版物将严重地败坏读者的阅读心理，从而使出版物所承载的健康向上的思想内容难以有效传播并发挥应有的作用。要用系统工程的方法来抓出版物质量，全面抓，反复抓，多管齐下，综合治理。经过几年的努力，我国书、报、刊、音像及电子出版物的编辑、印制工作的质量保证或监督体系已经基本确立。《图书质量保证体系》《报纸质量管理标准》《社科期刊质量管理标准》《书刊印刷产品质量监督管理暂行办法》等所建立的质量管理规范，是出版质量保证体系的重要组成部分。

提高出版产业的科技含量和科技贡献率是提高质量、增进效益的根本动力。我国出版产业要用好出版经济政策，按照质量效益优先的原则确定投资方向，为出版产业持续、稳定、快速发展提供后劲。要加大科技投入，提高编采手段的现代化水平，提高印刷设备的技术水平，确保出版物的印装水平。

提高出版从业人员的政治素质和业务素质是提高质量、增进效益的根本保证。加强学习是全面提高素质的基本途径。在深入学习邓小平理论和"三个代表"重要思想的同时，还要学习现代科技、市场经济、法律等知识，研究出版产业在两个根本性转变过程中结构调整的特点、方式和运行规律。

出版质量的提高最终要落实到社会效益和经济效益上。在不断提高出版物整体质量的同时，要实施精品战略，组织好精神文明建设"五个一工程"中的"一本好书"和"一篇好文章"的出版工作；抓好重点出版工程建设；搞好"国家图书奖"和"中国图书奖"的评奖活动。

记者：您以上论述了把加强管理作为继续深化出版体制改革的重点，把提高质量作为推进出版业阶段性转移的重点，那么，您认为深化出版体制改革的关键在哪里？

于友先：优化结构是出版体制改革最本质的要求，是推动出版工作实现由以规模数量增长为主向以质量效益提高为主的阶段性转移的重要途径。具体地讲，优化结构包含以下内容：

产业结构的优化。优化出版业的产业结构，要以提高出版集约化程度为出版改革的重点，以促进兼并与联合为突破口。通过结构性调整，建立若干个辐射全国市场或区域市场的出版基地以及依托出版基地的发行中心，培育出若干家销售额达十几亿或几十亿元的大型或超大型出版集团。

产品结构的优化。优化产品结构，要以实现出版物内容丰富多彩、服务对象多层次、品种多样化的新格局为目标，尽快改变图书出版业中教材和教辅读物所占份额比例过大的现状，根据市场需求，加快一般图书出版、发行的步伐，实现出版物市场的最大化。在调整产品结构时，要特别注意积极培育新的经济增长点，盘活存量资产，为出版产业的发展增添后劲。

价格结构的优化。价格结构调整的目标在于建立市场价格体系，通过市场对出版资源及出版生产要素进行定价。除了对大中专教材和中小学课本继续实行国家定价，其他出版物都应由出版单位根据纸张成本、印刷工价和发行册数自行定价，出版物定价向市场放开。

分配结构的调整。要进一步调整出版行业内部利益分配结构，促进印刷行业成为出版产业新的经济增长点。长期以来，我国印刷业一直被作为与出版业配套的服务行业，其附属性大于独立性。加上由于经济政策不配套，我国现有的印刷设备很难进行大规模的技术改造，很难改变相对落后的局面。因此，调整出版行业内部的利益分配方式，使出版和印刷之间形成互为关联又互为制约的生产体系，促进印刷设备的技术更新，将会带动出版产业迈上一个新台阶。

资产结构的优化。优化资产结构的目的是为了盘活壮大存量资产，使国有资产增值。优化资产结构要以资本为纽带，通过联合、兼并、股份合作制等形式，使资本向优势出版社集中，形成规模经济、集约经营。通过体制改革建立有效的国有资产管理、监督和运营机制，保证国有资产保值增值，增强出版产业的综合实力和竞争能力。

出版人才结构的优化。优化出版人才结构，目标是为了提高出版队伍的整体素质，培养一批新世纪的现代出版人，造就一批高层次的出版行政管理干部、业务带头人、经营管理专家和能工巧匠。要充分利用在高校开设与出版产业有关专业的有利条件，培育高素质出版人才。

今天谈的这些，是我从新闻出版署署长位置上退下来以后的学习心得体会，也算是一家之言吧！其中的许多看法还不很成熟，权做引玉之砖。最后，我要说的是，谢谢你们对我的采访，谢谢你们对我近来发表的那几十篇文章的关注。这些文章多数是从我准备出版的一部书稿中抽出来，略做修改而成的。目的之一是广泛听取意见以便改好书稿。

记者：一提起书，人们通常会引用古语说"书中自有黄金屋，书中自有千种粟，书中自有颜如玉"。正如您刚才所说，您这一辈子读书、教书、编书、管书、写书，浑然步入了书人合一的至高境界，您能否谈谈对书的理解和感受？

于友先：古今中外，关于读书的格言有很多，诸如"书籍是人类进步的阶梯""书犹药也，善读之可以医愚""开卷有益"等等，人们耳熟能详。但我以为说得最痛快的要数我国近代教育家杨贤江先生的一段话："一个人不爱读书，不爱与书做伴，是真贫穷，是真孤独，是真堕落，是真偷懒。而且，因不知利用现代文明，也难免成为非现代人。"进入 20 世纪中叶以后，随着电视和多媒体的发展，人们接受知识和信息的渠道趋向多元化，但是读书仍然是人们求知、解惑的主要方式，没有听说光看电视就能成为学者的。

但是，读书要防止另一种倾向，那就是只准读正面的读物，不让接触"闲书"，更不允许接触有负面影响的书。我历来主张要以平常心对待读书，在达到一定年龄，有了一定分辨能力的时候，除了读有正面教育意义的书以外，还应该看一点有负面影响的书，以增强免疫力。毛泽东同志 1957 年 1 月在省市自治区党委书记会议上的讲话中曾经深刻地指出："我劝在座的各位同志，你们如果懂得唯物主义和辩证法，那就还需要补学一点它的对立面唯心主义和形而上学。康德和黑格尔的书，孔子和蒋介石的书，这些反面的东西，需要读一读。不懂得唯心主义和形而上学，没有同这些反面的东西做过斗争，你那个唯物主义和辩证法是不巩固的。我们有些共产党员、共产党的知识分子的缺点，恰恰是对于反面的东西知道太少。读了几本马克思的书，就那么照着讲，比较单调。讲话，写文章，缺乏说服力。你不研究反面的东西，就驳不倒它。"就在这次讲话中，毛主席决定扩大发行《参考消息》，从 2000 份扩大到 40 万份，使党内党外都能看到。毛主席的这些言论和举措，表现了无产阶级革命家博大的胸怀。这也就是为什么我们每年都要有选择地出版一批西方资产阶级政治、经济、文化方面学术著作的缘由。"唱响主旋律，提倡多样化"，这是正确的文化方针。

在全面建设小康社会的伟大征程中，我们应该提倡认真读书。"取精用宏，博览群书"，这是我的读书观，也是毕生努力的目标。

记者：您工作在浓郁的书香氛围中，生活中一定有很多充满浪漫主义的色彩，可以这样说吗？

于友先：一辈子除了和书打交道，练习书法是我的业余爱好。书法是我国一门独特的传统艺术。它以特殊的审美方式与客观世界进行心灵交流与对话，蕴含着情思，也体现着一种"道"，表现出一种人格力量乃至对生命宇宙的体验。这里面学问非常大，对于我来说只能说是业余爱好，通过练习书法，当作一种修身养性的方式，深感受益匪浅。说实话，我的一生没有什么浪漫主义，只想严肃的工作和本分的生活，修炼一颗平常心。我的理想就是活到老，学到老，革命到老，做一个与时俱进的人。

记者：2001年初，您从政府工作岗位上退下来以后，在中国出版工作者协会第四次会员代表大会上接任新一届出版协会主席时曾说："现在接力棒交到了我的手里，我要努力跑得更好一些。"如今一晃快4年了，您形成了怎样的工作指导思想？

于友先：通过适应、探索和创新，对版协的工作思想，我归结为六个字，即学习、研究、服务。

"学习"就是要认真学习贯彻党的基本路线、方针政策，用毛泽东思想、邓小平理论、"三个代表"重要思想作为统揽全局的指导思想。要使版协系统的党组织成为学习、贯彻"三个代表"重要思想的推动者、组织者、实践者。

"研究"就是要研究新情况、新问题，向政府建言献策，当好党和政府联系出版界的桥梁和纽带。

"服务"就是全心全意为出版界服务，努力为出版界办实事、办好事。这是版协工作的出发点和归宿点。为此，这几年版协在理论研讨、行业自律（职业道德建设）、干部培训、沟通产销（订货会）、对外及对台港澳交流方面做了大量工作，取得了显著成效。

记者： 您领导下的版协具有哪些具体的功能？

于友先： 2002年7月30日中央"两办"转发了《中央宣传部、新闻出版总署关于进一步加强和改进出版工作的若干意见》的通知，其中一章专门讲到要"发挥出版行业协会和中介服务组织作用"。文件指出："出版行业协会是自愿联合、实行民主管理的群众团体，是党和政府联系广大出版工作者的桥梁和纽带。要自觉贯彻执行党的路线方针政策，加强行业自律，维护行业权益，开展对外交流。完善出版的专业化服务体系，建立版权代理、广告经营、市场调查、信息咨询、资质认证等中介服务机构，逐步实现中介服务的市场化和社会化。"

记者： 身为中国出版工作者协会主席，您需要和现代出版人打交道。20世纪是现代出版产业飞速发展的世纪，涌现出许多杰出的现代出版人，他们以其超群的素质参与现代社会生活的发展与变革，昭示着自身存在的巨大价值。为此，您曾著文《德·能·识——论出版人的三境界》，在业界、学界产生强烈共鸣，您能深入论述一番吗？

于友先： 我认为，德、能、识是现代杰出出版人的三个崇高境界，也是新世纪出版人努力追求并应该达到的境界。

先说"德"。从"德"这一品格境界讲，现代出版人应该把社会道德和职业道德完美地统一于一身。中外出版史表明，那些一心为了读者，一心为了大众，专出版健康的、高质量的出版物的出版家总是为广大读者所肯定、所颂扬；而那些出版了不健康、不道德的出版物的出版者都会受到舆论的谴责，有的还会受到法律的严惩。

出版道德不仅是一个理论问题，更是一个实践问题。在西方，如纽豪斯集团以及一些垄断报团，其出版宗旨完全以赢利为目的而不是以人民的意愿为目的，经常出版一些不讲社会道德的出版物，这种弱化出版道德标准的行为，是有悖人类整体发展的目标的。当然，出版史上还有无数正派的著名出版人，他们的出版实践已对出版人的道德规范做出诠释，如中国的张元济、邹韬奋；西方的斯坦利·昂温，足以昭示后人。

记者： 最近一段时期，全社会都很关注新闻出版界的职业道德建设问题，中国版协从中做了哪些工作？

于友先：党的十六大报告提出，要把依法治国和以德治国结合起来，这是精神文明建设的一项重要战略方针。中国版协正在修订《出版工作者职业道德准则》，有望在年内与新闻出版总署联合颁发。

毋庸讳言，新闻出版界中确实存在一些令人痛心的现象，诸如有偿新闻、虚假新闻，"买卖书号、刊号、版号"，有些出版物质量低劣，侵权盗版，以及违规印刷、复制，违规经营，等等。我认为，抓职业道德基础是诚信，但根本是要提高人的素质。素质不提高，诚信无从谈起。"素质"的基本内容就是培养有理想、有道德、有纪律、有文化的"四有"新人。

记者：对不起，打断了您的思路，请您接着向下论述。是不是该进入"能"和"识"的境界了？

于友先：再说"能"。我认为，从"能"的方面讲，现代出版人应该是高层次的复合型人才。这些能力主要体现在两个方面：一方面是文化的选择和锻造能力，主要包括组织、策划出版物选题的能力；书稿的选择和判断能力；出版物的销售能力。另一方面是出版管理能力，体现在出版质量管理能力、出版人才管理能力和成本与财务管理能力。

最后说"识"。我认为，从"识"的方面讲，现代出版人应该是集才识、学识、胆识于一身，具有科学精神的创新人才。因为"德"着重于出版人人格境界的分析，"能"着重于出版人实践品质的分析，而"识"则是最具灵性的东西，是给出版人灌注鲜活生机的，使"德""能"两种品格获得丰富内涵的文化智慧系统。

记者：听您说到这儿，我感觉在"德""能""识"这三个品格中，"识"是最具魅力的，可以这样理解吗？您能展开阐述现代出版人"识"的几个主体性表现吗？

于友先：你这样理解是对的。我首先讲讲"学识"。这是出版人所秉承的文化知识体系的集中表现。"学识"可分两端：一曰"专"，一曰"博"。"专"是对某一专业学科有深入研讨，能从出版的角度断定这一专业的每一发展阶段及过程在人类社会文化进程中所处的地位和价值。"博"则是在"专"的基础上扩散开去，如对相关的学科的了解和熟悉，对自身文化素养有所促进提高的各类知识的掌握等。"博"从根本上讲更是一个素质问题。在出版业中要求出版人文化知识上的"一专多能"。既是"专家",又是"杂家",实际上是让出版人将"专"的能力释放在"博"的容器里。以"博"涵养"专",使"专"更出类拔萃,"专""博"合一,学识倍增。对现代出版人来说,无论是"专"的知识还是"博"的知识都是干好工作的资本。

其次,我讲讲"才识"。"学识"是学习和积累的结果。"学然后知不足""学无止境",就是说,学识的"识"是从"学"处得来的。而"才识"却带有天才的超常意味。它和人的生理、心理、个性有着密切的联系。不可否认,有许多天分极高的智者,其见识自与常人不同。其在出版业中展现的才能使出版文化熠熠生辉。但从历史的实践的辩证的观点看,天才得之于勤奋,得之于学识的积累,得之于善思考,善"悟"。可以说,"才识"是对"学识"的提高,"才识"是"悟"的结晶,是在"学识"基础上的举一反三、融会贯通,是一个从量到质的变化过程。

当然,"才识"在实际工作中经常表现一种非理性的或者说带有强烈个性色彩的东西,它对出版活动有重要的影响。但是,"才识"与"个性化的表现"是两码事。在具体的出版实践中,才识的表现还要以理性原则为指导,要考虑到现实的需要,才决定最终是否付诸行动。

我最后讲讲"胆识"。如果说"学识"和"才识"是现阶段出版人进行出版活动的必要条件,那么"胆识"则是把"理论"变成现实的助推器。由于出版产业的市场化,对出版人来说,每投资出版一种出版物都是一种商业冒险。这就要求现代出版人在具体的出版活动中,能充分利用自己的学识和才识,在此基础上,做出果断而正确的决策。

进一步说,"胆识"是对出版人学识和才识的积极肯定。缺乏胆略、优柔寡断,不仅会丧失发展的机遇,也是对学识与才识的浪费。因此,"胆识"里蕴含着创造的因素、创新的勇气。

总的说来,学识、才识、胆识是现代出版人"识"的主体性表现。这种主体性表现既有个人性和理想性的一面,又有理性原则指引的一面,这是遵循出版产业发展规律的完美体现。

百舸争流　大浪淘沙

——中国出版物市场在竞争中前进*

　　我国出版体制改革是 1982 年从发行体制改革开始的。经过 22 年的风雨历练，我国出版物市场发生了根本性的变化，新华书店的转制和股份制改造虽然刚起步，但已初见端倪，使这个有着 68 年光荣历史的老字号又焕发了青春，增强了活力；一批具有出版物总发行权的股份制公司的建立，产生了"鲶鱼效应"，激活了出版物市场；跨媒体和跨地区经营实体的出现打破了原先的"围城"。外资逐步进入中国出版物分销市场，截至 2004 年 12 月底，外商投资中国图书、报纸、期刊分销企业已有 13 家。在出版物市场上出现了群雄逐鹿、百舸争流的局面，初步形成了出版物大市场、大流通的格局。

　　2004 年 12 月 11 日，是中国加入世界贸易组织的第三年，书、报、刊批发市场全面向外资开放。2006 年，中国图书市场将全面开放。在新形势下，出版物市场竞争将更加激烈，必然出现大浪淘沙、优胜劣汰的局面。对此，无论是国有发行企业还是民营书业必须有充分的思想准备和实力准备。如何使我国本土发行业做大做强？出路在改革，关键在自身。出版物市场改革的目标是逐步建立现代市场营销体系，按照现代企业制度要求，在国有资本控股的前提下，对发行集团和省级新华书店等，实行股份制改造，多渠道吸收国有和非国有资本进入出版物分销领域，培育新型市场竞争主体，增强活力，发挥国有发行渠道的主导作用。在网店建设上，将本着规范、有序、

---

　　*　这是于友先同志 2005 年 1 月 31 日撰写的文章。

便民、多元的原则，健全市场规则，规范竞争行为，形成统一规范、竞争有序的出版物大市场。巩固和发展农村连锁经营网点，拓展农村市场，将受到更多的关注。

我们高兴地看到，在深化改革中，我国发行业市场已经改变了几十年"千店一面"的老面孔，进入了波澜壮阔的"大书城"业态。10 年前，从广州购书中心屹立神州为一个标志性产物，至今全国已有 23 家经营面积超过 1 万平方米、经营品种达到 10 万种以上的大书城，其规模已直追国外的大型书城。大书城的出现影响和引领着中国书业快速发展。据统计，2003 年全国仅 23 家万米以上大书城的销售总额达到 25 亿元人民币左右，占全国当年出版物零售总额的 6%。其中北京图书大厦更以年销售 3 亿多元雄踞大书城销售之首。这从一个方面说明中国出版物市场正朝着做大做强的方向努力。当然，出版物市场建设不是越大越好，也不能要求大书城遍地开花，还是应当本着因地制宜的原则，规划和建设与当地经济、文化水平和购买力水平相适应的书城，该大就大、该小就小、该专就专，这样才能体现可持续发展的科学发展观。为了固本强身，作为国有书店当务之急是要在转制为企业的基础上，加快股份制改造的步伐，壮大实力，增强活力。只要"软件"做好了，"硬件"建设并不难。

民营书业这几年有了相当的发展，有人说已占到出版物发行总量的半壁江山，有人说是"三分天下有其一"，总之已是一支不可缺少、不可忽视的力量。我始终认为，民营书业要想健康发展，强势不在于资本，而在于经营理念是否正确。必须认识到，出版物是一种精神产品，它最终起作用的是它的"文化功能"，而不是"物化功能"。出版物市场定位是文化产业，第一位是文化，第二位才是产业，把两者紧密结合起来才能完美地实现自己的市场价值。民营书业中一批有远见的企业家已在摸索中驾驭着文化产业的巨轮破浪前进，在经营理念、经营方式上创造了很好的经验，值得重视、值得学习。希望更多的民营书业成为市场竞争中一支积极的力量，不要成为大浪淘沙中的出局者。

出版物分销要积极引进境外资本和社会资本，这是既定的政策，开辟安全有效的融资渠道，是我们积极争取的目标。这项工作政策性很强，必须严格按照政策和规定程序积极稳妥地进行。我认为，引进外资不在于吸纳多少资金，我们所缺乏的也许不是资金，而是操控市场的经验。为此，需要更多地借鉴国外先进的经营理念、经营方式和科学的操控能力，使国外先进的东西为我所用，并使它与本土文化产业和谐发展，形成统一有序的文化市场，这才是引资的目的。

党的十六大明确提出，发展文化产业是社会主义市场经济条件下繁荣社会主义文化的重要途径。我们有充分的信心，通过不懈的努力，一个以国有经济为主体、多种经济成分参与的出版物市场将更加健康有序地发展，先进文化将成为全面建设小康社会的重要元素。

弘扬韬奋精神，不断提高建设社会主义先进文化的能力*

中宣部领导让我讲一讲弘扬韬奋精神这个题目，这对于我也是一次很好的学习机会。我这一辈子可以说与书有缘，从读书、教书、编书、管书，到现在还在出版行业做点服务工作，一直与书打交道，感到其乐无穷。

今天我讲话的题目叫《弘扬韬奋精神，不断提高建设社会主义先进文化的能力》。共分三个部分：①韬奋精神的实质是什么；②从出版界的现状，看提倡和弘扬韬奋精神的重要性、必要性；③弘扬韬奋精神，争当新时期的编辑家、出版家，不断提高建设社会主义先进文化的能力。

一、韬奋精神的实质是什么

在中国现代新闻出版史上，邹韬奋是一个光辉的名字，一面鲜红的旗帜；他是杰出的新闻战士，又是毕生为建设进步文化而奋斗的出版家。2005年11月5日，恰逢韬奋同志诞辰110周年纪念日，我们将怀着崇敬的心情，纪念这位杰出的文化战士。

邹韬奋（1895年11月—1944年7月），生于忧患，在抗日的烽火中，使他在政治上、思想上发生剧烈的转变，由一个深受西方文化熏陶的民主主义者成长为一个坚强的爱国主义者。他以如椽大笔宣传抗日，面对日寇的暴

　＊　这是于友先同志 2005 年 5 月 28 日在中宣部关于弘扬韬奋精神会议上讲话的主要内容。

行和国民党反动派的白色恐怖，进行了不屈不挠的斗争，虽经流亡、坐牢，不改初衷。他坚持民族大义，主编《生活》周刊，宣传抗日，坚持为民众利益呼号，他不愧是爱国志士、民主先锋。

韬奋毕生为创建进步出版事业而奋斗。1932年7月，他创办的生活书店①在上海成立，这就是三联书店（生活·读书·新知书店）的前身，三联书店正式成立是1945年11月20日，那时韬奋同志已经逝世1年多了。这是现代出版史上有重要意义的事件。生活书店是在民族矛盾和阶级矛盾交织着的复杂环境下诞生的，它置身于国家民族大局，为民族解放、为争取民主政治，为在黑暗中引导民众前进做出了很大贡献。在极端困难的条件下，出版了马列著作《雇佣劳动与资本》《反杜林论》《"左派"幼稚病》《辩证唯物论与历史唯物论》和毛泽东同志的《论持久战》。在1937—1938年两年中，出版各种进步书籍270种，为中国人民播撒了革命的文化火种。

（一）韬奋精神

韬奋同志全心全意为民众服务的精神，贯穿了他的一生。在韬奋同志领导下，生活书店始终坚持"努力为社会服务，竭诚谋读者便利"的宗旨，从初期朴素的群众观点，逐步形成正确的阶级观点，由此决定了生活书店正确的政治方向和高尚的职业道德，形成了生生不息的韬奋精神。在长期的革命生涯中，韬奋从一个民主主义者转变为坚定的共产主义者。周恩来同志为纪念邹韬奋逝世5周年题词："邹韬奋同志经历的道路是中国知识分子走向进步走向革命的道路。"准确地概括了韬奋同志的一生。

中华人民共和国成立以后，韬奋精神得到了进一步的弘扬。生活书店老职工把韬奋精神传播到中华人民共和国成立以后新建的出版单位，为出版队伍建设做出了贡献。为了学习和弘扬韬奋精神，中国出版工作者协会在1987年设立了韬奋出版奖，从第二届开始，与韬奋基金会联合主办，成为中国出版界个人最高奖项。至2003年已评选8届，有88位出版界先进代表获此殊荣。还有王益、陈原、许力以、王仿子、叶至善等5位德高望重的资

---

① 1932年7月，在邹韬奋主编的《生活》周刊社的基础上成立了"生活出版合作社"，对外称生活书店。

深出版家获得了"中国韬奋出版荣誉奖"。这些获奖代表在弘扬韬奋精神、恪守职业道德方面堪称模范，是全国出版界学习的榜样。为了进一步弘扬韬奋精神，中国版协在 2004 年 4 月编辑出版了《沿着韬奋的足迹》（中国韬奋出版奖获奖者风采录）上、下册，印发给全国出版界学习。

为适应转变政府职能和文化体制改革的新形势，改变目前全国性文艺、新闻、出版评奖过多过滥的状况，更好地发挥全国性评奖在引导和推动优秀精神文化产品创作生产方面的重要作用。今年 3 月 1 日，中办、国办印发了《全国性文艺新闻出版评奖管理办法》；3 月 24 日，中宣部又印发了《全国性文艺新闻出版评奖整改总体方案》。这两个文件中把全国性出版评奖原有奖项 31 个，减至 3 个，其中授权中国出版工作者协会评选的有 2 项，分别是"中国优秀图书奖"和"韬奋出版新人奖"。"韬奋出版新人奖"由"中国韬奋出版奖""全国优秀中青年图书编辑奖""全国百佳出版工作者"等合并而成，评选先进个人，每两年评选一次。这是全国出版界个人最高荣誉奖项。以韬奋命名这个出版界的奖项，是对韬奋精神的肯定，也是对新时期继承和发扬韬奋精神的一种期许，中国版协将按照文件精神认真做好评奖工作，使韬奋精神与时俱进，不断发扬光大。

最近，我查到一条很有意义的出版史料，发现韬奋出版奖并不是现在才有，早在 1944 年 10 月 11 日，周恩来同志在延安召开"邹韬奋同志追悼会筹委会"，拟出了"纪念和追悼韬奋先生办法"，其中有一条就提出："向边区政府提议，设立韬奋出版奖金，专用以奖励对办杂志、报纸及出版发行事业有特别成绩之人；专设委员会主持，其委员和办法另定之"。1944 年 10 月 16 日，毛主席批示："照此办理。"限于历史条件，中华人民共和国成立前韬奋出版奖的评选结果如何，什么人曾获过奖，现在还没有发现更多的史料，但仅从以上纪念办法中就可以看到，早在 60 多年前，党中央对弘扬韬奋精神和奖励出版界先进人物非常重视，这种精神一直贯穿到现在。这条史料记载在俞润生写的《邹韬奋传》里，这本书 1994 年由天津教育出版社出版，大家有时间可以去看一看。

（二）韬奋精神的实质

现在我们探讨一下韬奋精神的实质是什么？毛主席在为邹韬奋同志题写

的挽词中写道："热爱人民，真诚地为人民服务，鞠躬尽瘁，死而后已，这就是邹韬奋先生的精神，这就是他之所以感动人的地方。"这段话概括了韬奋精神的精髓。这就是韬奋精神实质所在。在抗日战争的艰难岁月里，在国民党文化围剿的白色恐怖中，邹韬奋同志将文化火种播向了全国，广大民众都知道生活书店、都知道有一个为民众呼号的邹韬奋、都知道有一张为民请命的《生活日报》。邹韬奋同志为了传播先进文化，真是费尽了心血，为了向广大民众供应最需要的精神食粮，他总结了三条原则：①最重要的是要有创造的精神，使主办的书报刊有自己鲜明的特色；②是内容力求精练，不但内容要精彩，而且要用最生动、最经济的笔法写出来；③要顾到一般读者的需要，要用敏锐的眼光、深切的注意和诚挚的同情，研究当前一般大众读者所需要的是怎样的精神食粮。邹韬奋同志对于如何将生活书店办成进步的文化企业，有很多精辟的见解，他提出要正确处理"事业性与商业性问题"，用今天的话来讲，就是要正确处理两个效益①问题。他还提出，干部队伍的素质是事业成功的重要因素。在干部政策上，他提出要物色人才，用人唯贤。对干部实行岗位培养和组织管理，要关心职工生活，珍重同人情谊。这些意见对于今天从事新闻出版工作的同志，仍然有很好的启示意义。

韬奋精神内涵很丰富，根据我的体会，他的一生始终贯彻全心全意为人民大众服务的宗旨，按照党的意志全身心地献身于进步文化事业，鞠躬尽瘁、矢志不渝，对工作极端的认真负责，以自己的言传身教创造了"生活精神"，带出了一支政治强、业务精、作风好的骨干队伍，这是韬奋精神实质之所在，也是今天我们要继承和发扬韬奋精神的主要内容。

二、从出版界的现状，看提倡和弘扬韬奋 精神的重要性、必要性

当前新闻出版业总体态势是积极、健康、向上的。围绕中心，服务大局的自觉性进一步增强；深化改革、加快发展的势头良好；法制建设和宏观管

---

① 见本卷第 543 页注①。

理力度明显加大；出版物市场秩序进一步改观，这是主流方面。但是，我们也要清醒地看到，由于国际、国内复杂的形势，反映在文化安全方面不容乐观，一些出版单位在出版导向上没有认真把好关，以至出现了这样那样的问题，有些是值得注意的倾向性问题。去年，在"三项学习教育活动"① 中，我在中宣部和新闻出版总署举办的干部培训班讲话中，着重就职业道德方面的问题讲了许多事例，这里不再重复。现在再举一些例子：

（一）违反政治纪律、宣传纪律的现象依然存在

一是有些图书对近代史上一些问题过于纠缠，观点明显片面、偏激、偏执，如《往事并不如烟》《记忆：往事未付红尘》《禅机：1957 年苦难的祭坛》等，有些内容对党的政策、对党和国家领导人、对我党与民主党派的关系妄加评论。有的还涉及大量党的历史上的重大事件和重要历史人物，其评论基本与党的"两个历史决议"相悖。还有的大做翻案文章。例如，最近有一家出版社收到一部书稿，作者打着研究鲁迅的旗号，全面否定鲁迅的革命精神，从人格、品行、文风、作品的思想性和艺术性方面处处贬损鲁迅。相反的，却百般吹捧以胡适、陈西滢为代表的资产阶级政客和右翼文人，进而在政治上肯定胡适的理念，否定鲁迅所代表的先进文化的前进方向，完全颠覆了真实的历史。在终审时，这部书稿被出版社领导卡住，没有安排出版。

二是一些图书歪曲历史、戏说历史，误导读者。这类书大都"借古喻今"，以戏说历史为由头，以针砭时政为目的，容易误导读者，如《潜规则》《血酬定律》《隐蔽的秩序》《追问历史》《闲看水浒》《不死的光芒》等等。有一本书中竟然反对旧社会是"三座大山"压迫人民的政治结论。有的甚至对中华民族族源和中华文明的来源做出轻率论断，态度很不严肃，容易产生负面影响。

（二）违反党的民族宗教政策

一些伤害民族情感、危害国家统一的出版物屡禁不绝，有些错误甚至进入了正式的教科书。这类出版物有《西藏笔记》《绛红色的地图》《世界五

---

① 见本卷第 542 页注①。

千年图典》等等。有些编辑缺乏起码的宗教常识，伊斯兰教是没有偶像崇拜的，而书中却出现了穆罕默德肖像，违背伊斯兰教教义。还有的影印英语教材里出现了达赖的照片和"藏独"言论。

（三）违背社会主义价值观和伦理道德，出版内容格调低下的作品

这类书五花八门、品类很杂，有的书简直不堪入目。

有一本名叫《最后的贞节牌坊》的中篇小说，以清末民初为背景，描写一个商会会长一妻五妾互相争风吃醋和两个儿子与两个姨娘乱伦的故事。这部小说既没有认识价值，又没有美学价值，居然由一家老牌出版社出版，还加了插图。

近年来，出版物市场上关于性和性爱的作品明显增多，有些出版物格调低下，思想颓废，有些书里有几十幅甚至100多幅中外古今的春宫画，如《世界娼妓史》《世界性文化史》《娼妓的历史》《中国古代性史》《中国古代性文化史》《中国情色史》等等，已发现的这类书有几十种之多。尤其值得注意的是，含有色情内容的描写已侵入一些少儿读物中，如有的图画本《中国通史》中，竟然出现"朱熹是否私通小尼姑""皇后诱奸洪承畴"等内容，对青少年读者造成很坏的影响。

今年的文艺图书，最突出的热点就是"80后"写的青春小说选题安排过多，已发现的至少有20多种；一些非专业的社科类出版社也安排了此类小说，超范围出书。图书内容大都是男欢女爱、校园恋情。有的书名就很怪诞，如《猪样年华》《妖言无忌》《当我站在狗尾巴尖上》《坏小子苏立风流记》《他们叫我小妖精》《让飞猪爱上桔子头吧》等等。从已出的青春小说的内容看，可说是良莠不齐，有的内容低俗下流，导向很不好。例如《他们叫我小妖精》这本小说，是一个小女生写的，内容说一个17岁的女孩已经做过人工流产，她整天想做爱。这种畸形的恋爱观向青年人灌输什么？

有的书宣扬吹牛拍马的升官秘籍，如有一本看相书《命在左，运在右》中写道："揣测上司意图，调转自己主张，以取得尊贵之生活。"

还有的书胡编乱造，有一本名叫《宋江日记》中写道：本书"揭示及

时雨宋江从押司升到草莽枭雄的权术秘笈，展现优秀领导者的管理智慧"。

一部《狼图腾》的面世，引发了以"狼"说事的出版大战。在1年左右的时间里，几十种以"狼"为主题的出版物纷纷入市，在沈阳市一家大型书店里，竟把18种有关狼性的图书集中陈列推荐给读者。这些图书对狼的习性奉若神明、推崇备至、赞扬有加，甚至把狼的凶残本性也当成学习的优点。在这些书中有这样一些说法："狼的智慧和谋略永远是我们学习的榜样，从狼的一系列行动中，我们看到的是强者与智者的完善结合"，"学习狼的战略、战术，学习狼的精神、意识，对市场人士来说，已经成了一门重要的必修功课"。"人应当向狼学习，并以狼为师。因为狼是富有智慧的，在某些方面甚至比人更强。"把"狼性"作为一种人生观和世界观，是对人性的扭曲，对广大群众特别是对青少年是有害的。

（四）出版物编校质量问题仍然相当严重

去年与今年，总署先后对辞书与教材教辅进行了质量专项检查。检查发现，一些图书编辑质量问题相当严重。主要表现为粗制滥造与抄袭剽窃。按照总署颁布的《图书质量管理规定》，差错率超过1/10000为不合格图书的标准，许多书属于不合格之列，一些书甚至差错率在10/10000以上。

图书编校质量不合格，特别是辞书、教材教辅与未成年人读物三类图书严重不合格，不仅贻害读者，更是贻害文化、贻害民族。

还有的书编辑水平低劣，错误百出。例如，有一家出版社新编了一本所谓的《唐诗三百首》，实际上只收录了213首古典诗歌，其中有23首不是唐诗，编者甚至连汉乐府诗及龚自珍、朱熹、李清照等人的诗词也算成了唐诗。这种低级错误的出现，确如读者来信批评的："一本《唐诗三百首》，误人子弟万万千。"

（五）从盗版盗印发展到公然造假欺诈

今年2月18日，新闻出版总署针对近一段时期以来有少数出版单位出版含有虚假信息的图书发出紧急通知，进行专项检查。这类图书或伪造外国作者及虚假评论，或盗用国外已有影响或畅销的图书书名及相关信息，或假冒中国著名作者（如周国平、贾平凹等），在图书市场上形成一股浊流。这些伪书都由正式出版社出版，具有很大的欺骗性，有的书印量很大，如《没有任何借口》一书，共印 153 万册，发货 142.4 万册，实际回款册数 63 万册（码洋约 995.4 万元）。尤其恶劣的是，在 2004 年 10 月，这本伪书被一家报纸从畅销书排行榜上撤下来，这家出版社市场部竟然倒打一耙，写信给报社，责问报社"不知其中有何隐情，希望能够尽快回函释疑"。自己知假造假，还要责问报社为什么不能把他们一手制造的伪书上榜，出版社的职业道德不知到哪里去了。中国版协对总署查处伪书表示坚决支持，为此专门发了"倡议书"。我在反对伪书的座谈会上说，中国版协在反伪书工作中愿意当"黑脸"，对这种公然造假欺诈的行为要坚决予以揭露，中国版协将联合各省版协一道，支持政府部门进行彻底的查处。今年 5 月 20 日，总署专门发出《关于停止销售 19 种含有虚假信息图书的通知》，这项工作受到社会各界的广泛关注，出版界人士也表示要坚持诚信出版的理念，抵制"讲金不讲心"的不正之风。这件事应该说有了一个好的开头，还要认真和深入地做下去。

对于出版界存在的一些问题，广大读者感到痛心和关切。华东政法学院一位 70 岁的退休教师不久前给新闻出版总署来信，指出一些出版单位只顾经济效益、忽视社会责任的问题。这封信有的言辞比较尖锐，但指出了出版界值得注意的问题，值得我们深思，我在这里把这封信摘要转告大家。

来信说："中央制定的《关于进一步加强和改进未成年人思想道德建设的若干意见》，关系到中华民族兴旺发达，它是一个系统工程，更是学校、社会与家庭造就新人的行动纲领。但是，现在不少出版单位光喊口号，而行动不力，如有的出版社坚持'什么赚钱就出什么'的原则，追随社会上'游戏人生'的不正之风，热衷于抛出不健康的甚至是有害的书刊，而将一些主流社会急需的、有利于未成年人思想道德建设的精神食粮说成是'赚不到钱的东西'，把它们拒之于出版社的门外。"这位老教师在来信中还说，他在近三四年写了近百余篇指导未成年人在社会上学会做人的童话故事，去年将已完稿的 80 多篇作品先后送到 3 家出版社，相关编辑都认为作品内容好、形式新，符合出版条件，但又说现在出书都由负责发行的领导说了算，而这些领导几乎异口同声地说这类励志类读物"赚不到钱"而不愿意出版。他问:"中央提出要进一步加强和改进未成年人的思想道德建设,出版社怎能无动于衷?"得到的回答是:"中央管中央说,我们管我们说。"这位老教师在信中还一针见血地指出:"这些出版社的掌权人不讲职业道德,把出版社当作了个人和小团体的敛财工具,再多的金钱也填不满他们贪婪的无底洞!他们忙着数钱却忘了自己的社会责任。他们奉行'什么赚钱出什么',不顾孩子和家长的真正需求;他们认为'严肃作品赚不到钱',但不去做调查研究,不去了解真实情况,更不愿去引导市场和开拓市场。这些人拥有权力,但缺少道德和社会责任,更不受制约,一切都是为了钱,不管国家和民族的未来。"如果用人民满意不满意来衡量我们的工作,这封读者来信确实为我们敲响了警钟。

有些期刊和音像、电子出版物中,也不同程度地存在着违反《出版管理条例》的问题,限于时间,我就不一一举例了。

针对出版界出现的问题,有关领导同志曾多次提出批评,对出版物市场监管力度在不断加强,并深刻地分析了产生这些问题的原因,主要是:

第一,一些单位政治意识淡薄,唯利是图,"讲金不讲心",不注意社会效益。比如,一家出版社负责人,在别人劝阻、兄弟单位不同意合作出版的情况下,仍坚持出版木子美的《遗情书》,反映出目前出版界一些人心境浮躁,急功近利,放弃起码的责任与义务的倾向。

第二,出版制度不健全,不落实,甚至有章不循。有一家出版社出版的《心藏大恶》,除编辑环节外,将出版、印刷、发行权交给作者本人,导致连编辑权在内的出版环节全程失控。某文艺出版社出版的《边缘》之所以夹杂色情内容,也是因为出版社将印刷、发行权交给了作者,作者又把编辑删掉的色情内容恢复过来,而责编知情不报、丧失职责。还有一家出版社将出版大权承包给外省一个出版集团下属酒店的老总,加上自身管理不善,造成了一系列严重问题。

第三,"买卖书号"。边远地区、少数民族地区出版单位出版资源、人才有限,大多经营困难,导致卖书号现象严重。有的书商拿到书号后,擅自违约,出版格调低下、质量低劣的出版物。

第四，选题打"擦边球"。有的出版单位唯利是图、不讲格调、跟风炒作，只要市场有销路的就盲目出版。

我在这里还想着重补充一点，发生这些问题还有一个重要原因，这就是一些编辑敬业精神和职业道德缺失、职业水准低下。有些人一脚门里一脚门外，与不法书商勾结。近年，出版社需求人才迅速增加，大量的新编辑进入，给出版界增添了新鲜血液，这当然是好事，但也有一些人虽然有高学历，却不见得有高水平，对出版业务的特殊性掌握不多，对出版的使命感较弱。某大学出版社影印出版的英文版教材出现问题，一个重要原因就是青年编辑缺乏基本的政治常识，不知达赖是何人，加上编辑室主任以上人员不履行把关责任，最终没能消除隐患。有的出版社"三审制"形同虚设，一些有严重错误的书稿竟然无人审稿、无人把关，直到闯下大祸才后悔莫及。还有些出版社把校对科撤了，把校样分给职工，有些人根本不懂如何校对，也来校书，这样做怎么能保证质量？凡此种种都是严重的教训。

从以上事例中，我们深切地认识到，在新形势下弘扬韬奋精神，坚持以人民的根本利益为出发点，是出版界急迫的任务。韬奋精神并没有过时，而是出版工作者必须坚守的职业操守和职业道德。

三、弘扬韬奋精神，争当新时期的编辑家、出版家，不断提高建设社会主义先进文化的能力

2004年9月19日，党的十六届四中全会通过《中共中央关于加强党的执政能力建设的决定》（以下简称《决定》），其中专门有一章讲到："坚持马克思主义在意识形态领域的指导地位，不断提高建设社会主义先进文化的能力。"《决定》中指出："党要带领人民推进中国特色社会主义伟大事业，必须大力发展社会主义文化，不断巩固全党全国人民团结奋斗的共同思想基础。要牢牢把握先进文化的前进方向，坚持为人民服务、为社会主义服务的方向和百花齐放、百家争鸣的方针，贴近实际、贴近生活、贴近群众，创新内容、创新形式、创新手段，努力铸造中华文化的新辉煌，为激励人民奋勇前进提供强大的精神动力和智力支持。"加强先进文化建设是加强党的执政

能力的一个重要内容，也是凝聚人心，同心同德建设和谐社会的重要条件。党中央的《决定》是一个纲领性文件，对于推进中国特色社会主义伟大事业和党的建设新的伟大工程，具有十分重大的意义。

在新形势下，弘扬韬奋精神必须与时俱进，把握好几个要点：

（一）始终把坚持正确导向作为首要任务，确保文化安全

导向是旗帜，导向是航标，导向是出版工作的生命线。党和国家的长治久安，需要由正确的理论来指导，需要由主流意识形态来引领。坚持正确导向绝不是一句空话。当年生活书店、三联书店在那样困难的条件下，坚持出版了马列著作、毛泽东著作和进步文艺作品，许多读者正是读了这些好书才心向延安、投奔革命的。今天我们讲坚持正确导向，就是看你为建设先进文化做了什么？在弘扬主旋律、提倡多样化的方针指导下，你这个出版社提倡什么？反对什么？这是很具体的，是可以检验的东西。导向正确是人民之福，导向错误是人民之祸，我们要切记这个经验教训。在座的都是出版界的骨干，绝大部分同志还担任着出版单位的领导职务，是出版界的领军人物。在很大程度上，你们决定着一个单位的导向，责任重大。

（二）始终把促进出版繁荣、实施精品战略作为工作目标

党的十六届三中全会明确提出，要全面树立和落实科学发展观；党的十六届四中全会进一步提出，要以人为本，构建社会主义和谐社会。出版业作为建设先进文化的一个重要方面军，承担着重要的责任。必须以邓小平理论和"三个代表"重要思想为指导，以高瞻远瞩的眼光审视出版事业和出版产业发展的前景，抓住繁荣和发展这个根本任务不放松。实施精品战略要靠出版社的领导来落实，领导干部的任期有长短，但出版社的繁荣健康发展是永恒的目标，因而出版社的领导干部要一任一任接好棒、领好路，千万不要有急功近利的短视行为。同时，一个出版社要想长远发展就要树立自己的品牌，而品牌的树立要靠更多的出版人一代一代的努力，要靠过硬的出版质量。例如，人民出版社、中央文献出版社的政治理论书品牌，商务印书馆、上海辞书出版社的辞书品牌，人民文学出版社的文学名著品牌，中华书局的古籍书品牌，外语教学与研究出版社的外语书品牌，等等，无不是经过了10年、20年甚至更长时间树立起来的。品牌的树立很难，而要毁掉一个品

牌却很容易，最近发现有的几十年的老社竟然出伪书，这种自毁品牌的行为令人痛心，也是大家应当记取的教训。

（三）紧紧抓住体制机制创新这个关键，进一步发展文化生产力

出版业目前正面临着转制的关键时刻，这是 50 多年来最深刻的一场体制改革。在这场改革中必须树立和落实科学发展观，既要根据社会主义精神文明建设的特点和规律，又要符合社会主义市场经济的要求，难度是很大的。现在在一部分业内人士中有一些片面的认识，认为转为事业单位后，主要抓社会效益，对经济效益如何不必多考虑；转为企业单位后，考虑的重点又倒过来了，目前比较容易发生问题的还是后者。这两种认识都是不全面的，不管体制机制怎么转，"两手抓，两手都要硬"这一条是不能变的。在两个效益发生矛盾时，仍然要把社会效益放在首位。这是邓小平同志谆谆教导的要求。出版单位的领导水平和领导艺术，也表现在如何正确处理好两个效益上。两个效益抓得好不好，最终应该体现在是不是进一步发展了文化生产力，我认为这是检验两个效益的唯一标准。当年在邹韬奋同志和徐伯昕同志的精心策划下，白手起家，正确处理"事业性与商业性"的关系，使生活书店业务不断扩大，从上海一个店扩大到全国 55 个分支店，还开办了"远东图书公司"等 21 个化名的书店，成为传播进步文化的阵地。这种革命精神和经营管理的经验值得我们认真研究。

（四）率先垂范，弘扬韬奋精神，带出一支政治强、业务精、作风好、纪律严的好队伍

邹韬奋同志领导的生活书店以服务好、效率高而著称，这和它的干部素质和管理水平有密切关系。邹韬奋说过："事业的发展要靠人才。"他非常注意抓干部、职工的学习。他说："学习是进步的源泉，进步可以增加工作的效率。"邹韬奋特别注重以身作则，他说像我们这样的苦干，之所以能得到朋友们的信任，"最大的原因还是因为我始终未曾为着自己打算，始终未曾梦想替自己捞一些什么"。清正廉洁，一身正气，这是韬奋精神中又一个可贵的品质。

今天，我们党是执政党，要提高执政能力，对各级干部当然有更高的要求。加强队伍建设，关键在领导班子，尤其是第一把手，要自觉树立政治意识、阵地意识、大局意识、责任意识，要率先垂范，做出榜样。为了新闻出版业永葆革命本色，不断开拓创新，要注意培养一批社会主义的编辑家、出版家，形成一个特别能战斗的团队，只有这样才能完成党交给我们的任务。

上面所讲的一些意见，是我对于弘扬韬奋精神，不断提高建设社会主义先进文化能力的一点体会。我离开出版管理岗位已经 5 年多，情况了解不多，看法可能有不妥当的地方，今天讲了这些意见，是一个老出版工作者的一些学习心得，提出来供大家参考。

最后，我想借周恩来同志 1945 年 9 月 12 日写给邹韬奋夫人沈粹缜一封慰问信中的两句话作为结束："韬奋先生的功业在中国人民心目中永垂不朽，他的名字将永远是引导中国人民前进的旗帜。"

中国出版业的改革现状与发展趋势 *

中华民族和法兰西民族都是有着优秀文化传统的伟大民族。早在公元5世纪末，已经出现了法兰克人的王朝，这是法兰西王国最早的雏形。而公元842年写成的《斯特拉斯堡盟约》，被称为法国文学起源的第一个标志。从中世纪到近代，法国文学在每一个历史时期都产生过伟大的作家和伟大的作品，如拉伯雷、孟德斯鸠、伏尔泰、狄德罗、莫里哀、巴尔扎克、福楼拜、莫泊桑、左拉、罗曼·罗兰、凡尔纳等著名作家在中国读者中耳熟能详，许多作品都有中译本，100年来深深打动了中国人民的心。今天中法文化交流更加深入和广泛，中法出版论坛的举行是两国文化交流中一项重要的活动，我祝愿这项活动今后有更多的发展。

中国出版工作者协会（简称中国版协）成立于1979年12月，至今已有25年，是中国出版界成立最早的社团，是政府联系出版业者的中介组织，是组织行业自律和为行业服务的民间团体。关注中国出版业的改革和发展是中国版协的第一视点，离开这个中心点，中国版协就失去了服务对象。因此，我把今天讲话的主题定为《中国出版业的改革现状与发展趋势》，原因就在于此。

中国出版体制改革从1982年开始，已走过了23年的历程。2004年在出版体制改革方面迈出了关键性的步伐，取得了突破性的进展，这主要体现在以下几个方面：

＊ 这是于友先同志2005年9月1日在中法出版论坛上的讲话。

一、根据中国政府的统一部署，新闻出版系统的改革试点工作顺利展开

政府确定 21 家试点单位，分成 3 种类型进行改革尝试：① 4 家报业集团以机制创新、增强活力为主，将采编与广告、发行、印刷等分开，将经营性业务组建为企业；② 7 家出版集团和 4 家报社以体制改革、机制创新为主，从事业转变为企业；③ 6 家发行集团以建立现代企业制度、培育新型市场竞争主体为目标，进行股份制改造和现代物流、连锁经营的试点。新华书店已开始由统一的国有制逐步改制为股份制。一些非公有制企业取得了出版物总发行权，这是前所未有的。

二、着力提高全社会著作权法律意识，坚决打击侵权盗版行为

以查处大案要案为突破口，大力开展打击盗版专项行动。进一步加大扫除黄色出版物和打击非法出版活动的力度，取缔非法、违规出版物集散地约 2000 个，取缔无证照和违规的店档摊点 26000 个，查处违规印刷复制企业约 5000 家，取缔非法印刷企业 1700 余家，破获各类非法出版案件 25000 余起，收缴各类非法出版物 1.71 亿件，破获非法光盘生产线 21 条。这些活动说明中国是一个重视著作权保护的国家。

三、改革促使中国新闻出版业繁荣发展

据不完全统计，全国新闻出版系统 2004 年总资产超过 2000 亿元，市场总销售额达到 1600 亿元。互联网出版业直接产值达 50 亿元，比上一年增长 70%，成为出版业新的经济增长点。可录类光盘生产线有 550 余条，年生产能力约为 29 亿片，约占全球可录类光盘市场总量的 20%。

与改革开放初期 1978 年相比，中国出版业的发展非常迅速。1978 年时

全国只有 105 家出版社，每年出书 1.5 万种，37.7 亿册。2004 年全国有出版社 572 家，年出书 21 万种，68 亿册。每年引进海外版权有 1 万余种，其发行金额占一般图书的 15%。版权贸易呈逐年上升趋势。

四、中国出版工作者协会成立 25 年来，有了很大发展，工作内容更加丰富

现在中国版协会员单位遍及全国，其中中央各部门出版单位是直属团体会员，省级出版单位通过各省版协（除青海省以外，各省、自治区、直辖市都建立了省级版协）间接成为中国版协团体会员。中国版协的会员单位中不但包括图书出版社，还包括电子、音像、复制、复录单位以及期刊社、书店、出版外贸和出版科研单位。

中国版协除本部外，还设立 31 个工作委员会，近年来在 6 个方面加强了工作，以适应行业自律和行业服务的需要。①举办多种培训班（如编辑、校对、计算机、财务会计、经营管理等等），培训干部。②主办优秀图书和先进人物评奖、评选活动。③加强维护出版单位合法权益行动。2005 年配合政府部门打击伪书，取得很大效果。④举办全国性图书订货会，为产销双方搭建平台。例如，2005 年图书订货会，五天成交额达到 30.5 亿元。⑤制订《中国出版工作者职业道德准则》，提倡诚实守信，加强行业内部自律工作。⑥加强对外及对台湾、香港、澳门出版界的合作交流活动。现大陆每年到台湾举办图书展览，台湾参加大陆举办的图书博览会和各种书展。2005 年 7 月底在厦门首次举办两岸图书交易会，台湾原版书首次在大陆展场公开销售。中国现在是亚太出版商联合会副主席单位，正在申请加入国际出版商协会。

在中国，新闻出版业是朝阳产业，有着广阔的前途。按照政府的统一规划，将要进一步推动新闻出版事业全面繁荣和出版产业健康发展。其发展趋势主要体现在以下几个方面：

第一，进一步发展新闻出版生产力。

中国新闻出版总署近期正在制定 2006—2010 年新闻出版业发展规划，以适应中国全面建设小康社会的需要。从 2005 年起，用 5—10 年时间，将

中华人民共和国成立以来已出版的各类学术著作和发表的学术论文进行分类整理，形成"中国网络学术文献出版总库"，这是一个超大规模的网络学术文献数据库。

发展新闻出版生产力的目标是提高综合竞争能力，支持和鼓励有条件的新闻出版单位做大做强，加快集团化建设；同时鼓励中小新闻出版单位突出自己的优势，形成自己的特色，从整体上提高出版物的质量和效果。

第二，积极稳妥地推进新闻出版改革。

2005年，全国事业单位的改革要全面展开。最大的一项改革是推动新闻出版业的转制，社会公益性较强的新闻出版单位，实行新的事业体制，其他新闻出版单位转制为经营性企业。有条件的要进一步加快产权制度改革，实行投资主体多元化。原来由国家独资经营的新华书店将进行股份制改造，北京、上海已开始试点。出版物分销企业和印刷复制企业允许外资和社会资本的进入。要进一步整顿和规范市场秩序，加快建立统一开放、竞争有序、健康繁荣的出版物市场体系。

第三，进一步转变政府职能。

这方面的工作主要包括理顺新闻出版行政管理体制，形成高效、通畅、权威的政府工作机制。简政放权，改革行政审批制度，实行政事分开、政企分开。政府的主要职能将转为社会监管工作。

第四，加强版权保护，严厉打击侵权盗版行为。

将把强化监管、严格执法作为版权工作的重点。支持鼓励版权产品"走出去""引进来"，引导版权相关产业健康发展。

第五，进一步发挥行业协会和中介组织的作用。

今后将进一步重视发挥各行业协会的作用，积极发展独立公正、规范运作的专业化市场中介服务机构。行业协会将依照法律法规和自身章程，履行市场协调、监督、服务、维权等职责，发挥行业自律、行业管理、行业服务的作用。这是转变政府职能中一项目标，将在相当一段时间内逐步实现这一目标。

由于时间关系，我只能非常粗略地勾画出中国出版业改革的概貌和发展趋势。法国和中国同为世界出版大国，我们非常希望中法两国出版界加强交流和合作，为传播人类文明做出新的贡献！

展开"和谐出版"的壮丽图景*

中国共产党十六届六中全会通过了《中共中央关于构建社会主义和谐社会若干重大问题的决定》（以下简称《决定》），把"和谐"作为奋斗目标庄严地、鲜明地写在了自己的旗帜上。作为一个长期从事新闻出版工作的老同志，深感这是历史又一次赋予出版业大发展的机遇。出版业怎么抓住这个机遇？怎么为构建社会主义和谐社会做出积极贡献？我就最近思考创建"和谐出版"的问题谈一些体会。

和谐出版可以理解为以和谐为思想内核和出版价值取向，以倡导、研究、阐释、传播、实施、奉行和谐理念为主要内容的出版形态、出版现象和出版境界。其最核心的内容是崇尚社会和谐理念，体现和谐精神，坚持和实行互助、合作、团结、稳定、诚信、有序的出版准则。本文拟从出版物、出版载体和出版人三个方面分述，以展开"和谐出版"的壮丽图景。

和谐出版：一个出版物精品纷呈的时代

在建构社会主义和谐社会这个总目标下，出版业建构的和谐出版，其显要标志就是多出和谐、"双效"①的出版物，形成一个出版物精品纷呈的时代，这是建构和谐出版的落脚点。

（一）和谐出版的价值取向决定"双效"出版物的诞生

《决定》提出了"社会主义核心价值体系是建设和谐文化的根本"这个

＊　此篇原载《中国出版》2007 年第 2 期。

①　见本卷第 559 页注①。

重大观点，那么，和谐出版的价值取向应在社会主义核心价值体系中生成。和谐出版的价值观坚持文化价值为出版活动的基本价值，以此作为选择、取舍的标准。同时，正确处理自我价值和社会价值的关系，发挥自己的聪明才智，以出版有益于社会文明进步的经典传世之作为最高价值目标，从而实现自己的人生目标和价值。

和谐出版所讲的精品出版物应是社会效益和经济效益即"双效"相统一的作品。当二者发生矛盾冲突时，经济效益要坚决服从社会效益，决不能以一己之利、一时之利而损害人民、国家和社会的利益。

（二）"和而不同"，即不同的出版物风格构成和谐出版的时代

孔子在两千多年前曾提出"君子和而不同"的思想。和谐而又不千篇一律，不同而又不相互冲突。和谐以共生共长，不同以相辅相成。和谐出版，不能理解为多家出版单位追求一个格调，千书一面、千部一腔，这样，作品没有个性，谈不上精品。和谐出版是共性和个性辩证法精髓的有机体现，强调的是不同出版物的相映生辉。"和而不同"，所谓"不同"的出版物，正是指事物的个性即特殊性，所谓不同出版物的"和"，正是指事物的共性即事物的一般性。我们一方面应当注重从不同出版物中发掘其共通点，另一方面应当注重"和"必须贯穿到不同的具体出版物和具体环境中去，即把一般性融入特殊性之中，具体情况具体分析，绝对不能搞统一标准式的一刀切。即使在相同的题材下，也可以做出不同的出版物精品。正是这些多样和"不同"的出版物精品才带来了出版业的丰富多彩与"和谐"。

（三）铸造和谐出版物，应挖掘和凸显中华民族优秀的文化资源

铸造和谐出版物，应立足于中华民族的优秀文化资源，这是我国构建和谐社会的必然要求，也是建设和谐出版的前提条件。出版业要深入挖掘我国传统文化中有利于促进社会和谐的内容，汲取其合理的思想内核，使优秀传统文化得以传承，优秀民族文化得以新生。继承不是墨守成规，对体现和谐思想的传统文化资源，必须赋予新的时代内涵，体现新的时代精神，使之与当代社会相适应、与现代文明相协调，焕发新的生机与活力。

继承和汲取中华民族优秀传统文化，并非不要外国的优秀文化，我们要

面向世界和现代化的前沿，既借鉴和学习外国包括管理经验在内的先进文化，也向世界推广中华民族文化。每一个国家和民族的文化都有自己的优势和长处，不同文化的相互学习和借鉴是文化发展的必要条件。建设和谐文化，离不开与世界文化的交流与对话，离不开对各国有益文化成果的学习与借鉴。要以更加开放的心态、更加开阔的视野，充分借鉴一切有利于促进我国和谐文化建设的有益经验，充分吸收一切有利于增强人们和谐精神的文化成果，使和谐文化不仅深深植根于中华文化的沃土，而且适应世界发展进步的潮流。

和谐出版：营造多种出版载体及其产业链竞相发展、共同繁荣的美景

多种出版载体与其产业链竞相发展、共同繁荣是和谐出版的重要标志之一。《决定》说："使各类新兴媒体成为促进社会和谐的重要阵地"，指明了包括出版业在内的各种媒体在建设和谐社会中的重要作用。因此，构建和谐出版全部出版载体应围绕着和谐而展开。

（一）各种出版载体应有一个共同追求——"内容为王"

出版业是以"内容为王"的文化行业，无论是纸质出版、音像出版、电子出版，还是网络出版、数字出版，尽管具有互不相同并在不断发展的外在形态，但都具有共同的内在形态，即载于其中的以语言文字为形式，以交流思想、传递信息为目的的一定的文化内容。这种语言文字有的是有声的，有的则是无声的，有的表现为文字语言、形体语言，有的则表现为音像语言。但无论以什么形式出现，所包含的文化内容都是一脉相承的，而且都是整个出版及其出版物的核心组成部分。

作为以内容为产品的出版产业，不仅要有更大的文化投资，还要有更多的文化内容上的创新，唯此才符合产业规律并进入市场轨道，才能进入和谐出版的境界。文化产业内容生产的资源发掘与咨询服务使其产品元素具有创意经济的教育功能、传播功能、消费功能与审美功能、娱乐功能，然后才能进入内容再生产的出版产业。如果没有资源发掘与咨询服务的产业元素与创

新元素，只是刻录、复制业的非物质制造，就只能成为传统制造业的翻版与延伸，而不是文化制造业的内容创新。内容决定形式，每种出版载体都应在内容创新上大做文章，以优质的内容彰显其形式。

（二）各种出版载体应在竞争中优势互补，相互促进提高

和谐出版即各种出版载体利用其优势寻求发展的广阔空间，这要处理好各种载体之间的关系。改革开放以来，随着中国经济的繁荣，中国出版业获得了长足的发展。包括图书、报纸、期刊、音像、电子、网络六大出版和发行、印刷、光磁储存三大行业的出版行业，总体发展态势良好。图书、报纸、期刊三大传统出版业持续发展，特别是品种增长很快，我国书、报、刊出版总量已居世界首位。音像、电子和网络出版增长迅猛，已形成较为完整的产业体系，并具备了一定的产业规模。但目前我国出版产业中产品的结构问题值得重视，即平面出版载体比重很大，新兴出版载体比重很小，图书、报纸、期刊的产值规模远远大于多媒体的产值规模。但进一步分析发现，平面载体近年来发行量和销售额在增长，增长的速度却在下降，而音像、电子出版物、网络出版物新兴出版载体增长的速度却相当快。从产业长远发展来看，要处理好平面载体与新兴载体的关系，促进各出版载体的和谐发展。

各种出版载体还应在竞争中优势互补、相互促进、和谐发展。科学技术给出版业带来了许多新的机会，增强了出版业的竞争能力与竞争优势。高新科技极大地提高了传统出版业的经营水平。数字技术正在通过出版物的载体形式、传播方式、管理手段、营销服务等方面，已经而且正在加速对传统出版业产生革命性影响。我们应对不同出版载体之间相互竞争、冲突及融合的态势投以"和谐"的目光，不仅鼓励传统出版业积极应用新技术，积极应对互联网及数字技术的挑战，还应出台系列产业政策和法规来促进和规范新兴的互联网出版的发展。例如，图书产业各环节都在"转型"，把各种载体结合起来，相互借鉴，谋求发展。近年来，全国有几百家出版社开展网络出版，结果显示，出版电子书不仅获得了收益，纸书销量也没有太大的下降。各载体之间优势互补、相互促进，是走向和谐出版的发展之路。

（三）激活出版载体及编、印、发、供各个链条，构建和谐出版产业链

出版产业的发展已经进入新的竞合时代。新的竞争态势，要求出版业延伸产业链，以共赢的方式扩大合作，在更大的时空中聚敛资源、调集资源、链接资源，在社会资源最大化的配置中生产出更大的社会财富。出版产业上的某一个链条在自身发展的同时，有效地拉动着相关产业的发展，并在不断拉动相关产业发展的过程中，为自身的发展开拓出新的市场空间，创造出新的市场机会。在出版产业链上的编、印、发、供这几个环节相互依赖，谁也离不开谁。因此，和谐出版，要特别探讨出版产业链的打造，使各个链条之间的链接和谐发展。

和谐出版：出版人确立出版荣辱观，形成良好出版风气

和谐出版是通过出版人来完成的，因此新闻出版工作者的心理和谐及其环境的和谐也是和谐出版的重要标志之一。出版不仅是人类文化交流与传播的有效组织者，而且是人类文化创造与积累的积极参与者。正因为有了一代又一代的新闻出版工作者对人类社会文化创造成果进行组织、选择与加工，并在这个过程中融入自己的创造性劳动，使之物化成为代代相传、不断创新的社会文化产品，人类文化才得以不断向前发展。因此，和谐出版对调动新闻出版工作者的积极创造性，优化出版环境，进入和畅优美、群情激奋的出版境界具有重要意义。

（一）出版人要确立社会主义出版荣辱观

《决定》把以"八荣八耻"为主要内容的社会主义荣辱观列入了构建和谐社会的框架之中，作为出版业应结合本行业的实际对"八荣八耻"有一个深刻而全新的认识，树立出版人的荣辱观。现把出版荣辱观"八荣八耻"的内容提要概括如下：①以出版热爱祖国、捍卫和弘扬中华民族灿烂文化的出版物为荣，以出版危害祖国、歪曲中华民族灿烂文化的出版物为耻；②以出版服务人民、"三贴近"的出版物为荣，以出版背离人民、质量低劣的出

版物为耻;③以出版崇尚科学、健康向上的出版物为荣,以出版愚昧无知、宣扬迷信的出版物为耻;④以辛勤劳动、创制出版高质量的出版物为荣,以好逸恶劳、仿造出版跟风炒作的出版物为耻;⑤以团结互助、出版"双效"的出版物、促进出版物市场兴旺为荣,以损人利己、盗版盗印、恶性竞争、出版低水平重复出版物、扰乱出版市场为耻;⑥以出版精品出版物、诚实守信做人为荣,以丧失人格、见利忘义、买卖书号、出版伪书为耻;⑦以遵纪守法、出版舆论导向正确的出版物为荣,以违法乱纪、出版淫秽色情、违反社会公德的出版物为耻;⑧以艰苦奋斗,出版形式简朴、典雅大方的出版物为荣,以骄奢淫逸、出版片面追求形式豪华的出版物为耻。以社会主义荣辱观为指引的出版荣辱观是一场道德实践,对每一个出版者来说,就是磨炼自己的荣辱、是非、美丑、义利、生死等一系列道德价值观念的艰巨过程。关键是用实际行动脚踏实地地践行、探寻出版荣辱观的实现途径。

（二）打造出版业公平有序的竞争环境

出版业靠竞争发展。这里有出版单位之间的竞争,有人才之间的竞争。问题是如何避免恶性竞争,这就需要正确引导、有序管理,以达到公平竞争。所以必须大胆引进出版竞争机制,使和谐出版建立在良性竞争制度之上。出版单位要增强创新意识和品牌建设意识,以创新引导和开拓市场,避免在平庸的重复出版中失去发展的机遇。只有通过创新,不断树立在读者心目中的品牌形象,用自己的出版物精品去和对手竞争,才能将读者牢固地吸引在自己周围,建立自己在市场竞争中的优势,永远立于不败之地。

谋出版在人,提高出版竞争力关键在人。改革开放以来,我国出版业呈现出繁荣发展的良好局面,出版人才工作也取得了显著成绩。但是,相对出版业繁荣发展的需要,出版业的人才资源建设还存在一些不足,同时也面临着新的挑战。和谐出版,要更新人才观念和用人观念,开阔视野,努力培养出版业的领军人物。既要重视有成就的人才,也要关注具有潜能的人才;既要重视业内人才,也要积极吸引业外学有专长的优秀人才。建立一种有利于人才脱颖而出和充分发挥才能的机制,增强出版社的竞争能力,让新闻出版行业的各类人才以全新的面貌,积极主动地迎接挑战,都能从内心感到有干头、有劲头、有甜头、有奔头,真正把新闻出版业作为他们建功立业、实现自我价值的理想场所。

（三）坚持以人为本，创建和谐出版的良好环境

和谐出版，实际上就是一项浩大的"人和"工程。《决定》中把坚持以人为本作为构建社会主义和谐社会的首要原则，就是出版人走向新境界的一面旗帜。

创建和谐出版的良好环境就要促进出版业人与人之间关系的沟通。和谐出版包括人与人之间的和谐、人与出版环境的和谐、人的身心之间的和谐、社会诸要素之间的和谐等等，其中的一个基本方面是人与人之间的和谐。人是社会的主体，人与人之间融洽相处是出版和谐的基础。由于出版业经济条件、社会地位、个体背景的差异，各出版单位之间，乃至人与人之间不可避免地会发生一些矛盾和冲突。创建和谐出版的良好环境就要在全出版业大力倡导和谐理念、培育和谐精神，引导出版人用和谐的思想认识事物，用和谐的态度对待问题，用和谐的方式处理矛盾，使崇尚和谐、维护和谐内化为人们的思维方式和行为习惯。出版人如果人与人之间能够做到相互理解、相互尊重、相互支持、相互合作，心往一处想、劲往一处使，就能形成推进出版发展的强大力量。

创建和谐出版的良好环境是为出版业描绘的一张壮丽图景，下一步出版人就要尽快制定时间表，让图景变成现实，以必胜的信心走进一个光辉灿烂的和谐出版的未来。

加大政府对文化建设和
"走出去"的支持力度 *

近年来我国在文化建设和"走出去"方面已取得了不少成绩。随着我国经济的发展、综合国力的增强，让中国文化进一步"走出去"，取得应有的地位，已是大势所趋。下面，我就加大政府对文化建设和"走出去"的支持力度谈一些思考和意见。

一、建议政府制定国家文化发展战略和规划，维护中华民族文化的安全

把中华民族自己的优秀文化先建设好，是"走出去"的前提条件。多年来的改革开放，外国的文化不断涌进来，对我们的文化生活产生了很大影响，也浸润了我们的观念和文化。这种影响有正面的，也有负面的；负面影响在某种程度上危及了我们的文化安全。你看我们的大街上遍挂"麦当劳""肯德基"的招牌，节日也越来越外国化，"圣诞节""情人节""愚人节"等一年比一年红火；我们自己的节日，譬如过去最为热闹的传统节日"春节"却一年比一年淡化，不少年轻人不大懂"元宵节""清明节""端午节"的含义。这两年有民俗学者提出"保卫春节"，还有不少政协委员提出把"元宵节""清明节""端午节"作为法定节日，表达了保卫中华民族文化的愿望。国家的文化发展战略，是站在历史和未来

---

* 这是于友先同志 2007 年 7 月 10 日撰写的文章。

的高度，让人民群众认识到自己文化的价值，从而自觉为宣传、保卫和创造自己的文化做出贡献。以美国为代表的西方国家在借助国家激励性的文化推广政策和系统的推广战略中，将自己的影视文化产品连同其中蕴含的价值观念和意识形态内容也推销到世界各地。在中国的对外文化传播中，应当突出社会主义的核心价值观，将其纳入国家形象构建的整体战略中，一以贯之，使我们的价值观念和发展模式在更大范围内产生影响、获得认同。

二、建议政府强力支持打造文化品牌，
提高"走出去"的能力

我们有一些名牌文化产品在国际上产生了很好反响，为中华民族增光添彩。例如：2007 年 6 月 27 日晚在莫斯科演出的"魅力北京"，整台文艺节目是中华民族光辉灿烂的文化精髓与北京传统地方特色的一次完美融合；由21 位聋哑舞蹈演员表演的舞蹈《千手观音》，中国古琴曲《关山月》与昆曲《长生殿》，曾荣获法兰西共和国总统奖的《女子集体空竹——俏花旦》等，以其独特的艺术魅力让观众们叹为观止。这些品牌首先是民族的，再者是艺术的，是二者的高度结合。而目前我们的文化虽说"走出去"了，但有些"走出去"的作品显得内涵不够，没有多少文化价值，因而就没有占领国际市场的能力。在报纸、杂志、电子音像和网络出版方面，由于我们输出的产品本来就少，能产生一定影响的更为鲜见。我认为"走出去"的文化产品靠的就是品牌，品牌就是能力、就是质量、就是效益、就是竞争力、就是生命力，只有品牌才能走向世界。文化品牌，是文化产业品牌化的结果，是文化的经济价值与精神价值的双重凝聚。市场就是这样残酷无情，根本无法用行政命令左右。因此，要更好地"走出去"，政府应该尽量避免"为交流而交流"的浅层活动，可以选择一部分文化企业，加大投入人力、物力、财力，加快培育更多世界级企业和世界级品牌，用品牌出去说话。我们的投入要有重点，不是遍地开花。只有抓住重点，把有限的钱用在刀刃上，才能明显见到效果。

三、建议政府充分利用我们现有的文化交流
优势，打造"走出去"的平台

要明确"走出去"的真正意义，不仅仅是到国外去考察，搞图书版权贸易，或是参加什么展会，而是把我们中华民族的优秀文化介绍到国外，让更多的人了解中国文化，在国际上产生广泛影响。因而要改变一个观念，不一定非要"出国"才能办成事，也可以在我们的本土上举办有意义的文化活动，吸引世界关注的目光。建议政府加大力度支持此类活动。例如，我们的"北京图书博览会"（以下简称"图博会"），自 1986 年创办以来，坚持"把世界图书引进中国，让中国图书走向世界"的办会宗旨，经过 20 多年的创新发展，已成功举办了十三届，第十四届"图博会"将于 2007 年 8 月 30 日至 9 月 3 日举办。图博会已成为我国涵盖图书、期刊、音像、电子多媒体出版物、新兴出版产业等行业和集版权贸易、图书贸易、文化活动、展览展示、信息交流、业界沟通为一体的唯一的大型国际出版交流盛会，是亚洲最大的国际书展，并已跻身于世界最具影响力的四大国际书展。政府及有关部门大力支持图博会的举办，如中宣部加强图博会宣传报道方面的支持，北京市政府从交通、广告、安全等方面多给予保障，还有有关部门对来往客人出入手续的办理提供更大的方便，等等。总之，让人家感觉到北京好、中国好，愿意到这里来投资经营，把钱往中国花，这也同样提高了"走出去"的质量。

四、建议政府合理使用和造就
"走出去"的专业人才

"走出去"，必须有一批具有国际视野、懂得国际市场竞争规则、熟悉国外企业经营方式的专门人才，需要一批高素质、高水平的翻译人才。但是，目前我们这几个方面的人才储备明显不足，帅才、将才、专才都比较缺乏。建议政府创新有利于人才脱颖而出的机制，这里有使用人才和造就人才

两个方面。使用人才是让现有工作岗位上的具备一定素质的人才真正发挥作用，打破论资排辈的观念，不分亲疏远近，形成一个良好的用人机制。这样用好人才不仅大大节约培养成本，而且还调动广大群众"走出去"的积极性。造就人才是通过加大教育和培训的力度，通过宏观布局的调控与市场需求的引导，多层次、多样化地培养具有全球性眼光的高素质的创新型人才、培养文化事业与产业所需要的各级各类专业人才，形成科学合理的文化事业与产业的人才结构。中国文化"走出去"，与其说是品牌的竞争，毋宁说是人才的竞争。人才和品牌才是文化企业最宝贵的资产，拥有人才和市场比拥有工厂更重要。拥有市场的唯一办法，就是靠人才开发拥有占市场主导地位的品牌。

深领"十六字"方针内涵，助推
新闻出版业大发展大繁荣*

2008 年 1 月 22 日，胡锦涛同志在全国宣传思想工作会议上提出的"高举旗帜、围绕大局、服务人民、改革创新"的"十六字"方针，给我们很多的启发。这十六字总要求，是党中央对新形势下宣传思想文化工作的战略性思考，体现了党的主张和人民要求的统一，体现了把握内在规律与反映时代特征的统一，体现了理论指导性和现实针对性的统一，是当前和今后一个时期新闻出版工作必须遵循的基本方针。2008 年 1 月 27 日，柳斌杰署长在全国出版工作会议上做了《高举中国特色社会主义伟大旗帜，全力推进新闻出版业大发展大繁荣》的报告，要求新闻出版战线的全体同志站在时代的高起点上，继续解放思想，坚持改革开放，实现科学发展，进一步推动中国特色社会主义新闻出版业繁荣发展，奋力开创我国新闻出版和版权工作新局面。

结合中国出版工作者协会（简称中国版协）的工作实际学习领会胡锦涛同志提出的"十六字"方针，我们会发现很多潜在的价值和意义。从中国版协在出版工作中的地位和作用来说，我们要在国家推动新闻出版业大发展大繁荣的进程中努力争取做到"助推"二字，帮助分析情况、调查研究、预测走势，为新闻出版业大发展大繁荣建言献策，力所能及地做出应有的贡献。就此谈谈自己的学习心得和体会。

---

* 这是于友先同志 2008 年 3 月 12 日撰写的文章。

一、高举中国特色社会主义的伟大旗帜

高举旗帜，旗帜是什么？旗帜就是方向、就是召唤、就是力量、就是聚集更多的人为了实现一个共同认定的目标到一起来。旗帜是党的灵魂，是把全党和广大人民群众凝聚在自己周围齐心协力共同奋斗的强大精神力量。胡锦涛同志在全国宣传思想工作会议上强调：高举旗帜，就是要把深入学习宣传贯彻党的十七大精神作为首要政治任务，高举中国特色社会主义伟大旗帜，坚持以邓小平理论和"三个代表"重要思想①为指导，深入贯彻落实科学发展观，把坚持马克思主义基本原理同推进马克思主义中国化结合起来，用党的理论创新成果武装头脑、指导实践、推动工作，巩固马克思主义在意识形态领域的指导地位。非常明白，高举中国特色社会主义伟大旗帜，关键词就是"中国特色社会主义"。

中国特色社会主义的伟大旗帜，是中国共产党人通过几代努力实践而得出来的思想的光辉结晶，包含了马克思列宁主义、毛泽东思想、邓小平理论、"三个代表"重要思想和科学发展观等一系列内容，形成了一个完整的理论体系。党的十七大报告对马克思主义中国化的最新成果做了总括性的命名，指出中国特色社会主义理论体系，就是包括邓小平理论、"三个代表"重要思想和科学发展观等重大战略思想在内的科学理论体系。这个理论体系，坚持和发展了马克思列宁主义、毛泽东思想，凝结了几代中国共产党人带领人民不懈探索实践的智慧和心血，是马克思主义中国化的最新成果，是党最宝贵的政治和精神财富，是全国各族人民团结奋斗的共同思想基础。

中国特色社会主义道路和中国特色社会主义理论体系，是历史的选择，经历了长期的不断探索的过程。1840 年鸦片战争以来，中华民族面临着两大历史性课题：一是要求得民族独立和人民解放；二是要实现国家繁荣富强和人民共同富裕。也就是要救亡图存、奋发图强。中华民族的志士仁人为解决这两大历史性课题，前仆后继，英勇奋斗，一直到找到马克思主义，并把

---

① 见本卷第 542 页注②。

马克思主义与中国实践结合起来，才使中国革命的面貌为之一新。1921 年 7 月召开的党的一大，宣布了中国共产党的诞生。以党的七大的胜利召开为标志，实现了第一次理论飞跃，创立了新民主主义理论。新民主主义理论的主要创立者是毛泽东同志。他从半殖民地半封建社会的基本国情出发，找到了具有中国特色的革命道路，揭示了从新民主主义到社会主义转变的历史必然性。中国革命的胜利，社会主义制度的建立，为党探索中国特色社会主义奠定了政治和社会的基础。更重要的是，在创立新民主主义理论的过程中，毛泽东同志提出了"马克思主义中国化"的任务，我们党形成了实事求是的思想路线。事实上，这正是我们后来创立中国特色社会主义理论最重要的思想武器。

中国的社会主义建设是在经济文化比较落后的基础上起步的，在这样的基础上搞社会主义必然是起点低、难题多。落后的起点使社会主义在中国的发展很难在短时期内完全实现其目标追求，过多的封建残余也会渗透到社会生活的各个领域，对社会造成一定的污染和扭曲。在一个经济文化比较落后的国家，如何巩固、建设和发展社会主义，是一个历史性的新课题。早在 20 世纪 50 年代中期，我国社会主义制度刚刚确立不久，毛泽东同志就提出了"以苏为鉴"、走自己的道路的问题。毛泽东同志在探索过程中提出的关于社会主义建设的正确思想，对于人们加深对社会主义的理解、把握建设和发展社会主义规律发挥了重要作用，也为中国特色社会主义理论体系的形成提供了重要的思想基础；他在探索中产生的失误，也为后来的探索留下了深刻的启迪和重要的借鉴。

1982 年 9 月，邓小平在党的十二大开幕词中提出："把马克思主义的普遍真理同我国的具体实际结合起来，走自己的道路，建设有中国特色的社会主义。"这是第一次明确提出"中国特色社会主义"，开始了我党历史上的第二次理论飞跃，创立了中国特色社会主义理论。这一理论的主要创立者是邓小平同志。以党的十一届三中全会为标志，他继承毛泽东同志的未竟之业和思想财富，恢复了解放思想、实事求是的思想路线，深刻总结中国和世界社会主义运动的历史经验，以大无畏的革命胆略和科学精神，领导了改革开放这场新的革命，带领全党全国人民开辟了中国特色社会主义道路，创立了以中国特色社会主义为主题的邓小平理论。

这是我国改革开放后，邓小平领导全党开启了对中国特色社会主义的全新探索的标志。这个时期的探索，是在和平与发展成为世界主题的时代背景下开始的，是从总结我国社会主义建设的历史经验和其他国家社会主义兴衰成败的历史经验入手的。党的第二代中央领导集体面对"文化大革命"的惨痛教训和社会主义事业的重大挫折，迫切需要回答社会主义道路到底怎么走的问题。他们在党的第一代中央领导集体艰辛探索社会主义建设规律取得初步经验的基础上，坚持解放思想、实事求是，彻底否定"以阶级斗争为纲"的错误理论和实践，做出把党和国家工作中心转移到经济建设上来、实行改革开放的历史性决策，抓住社会主义的本质，搞清了中国社会主义社会的发展阶段，制定了社会主义初级阶段的基本路线，下决心根本改变资源配置方式，在重新确立了解放思想、实事求是的思想路线的基础上，邓小平同志领导全党破除了思想上和体制上的禁锢，实现了国家的建设和发展从以阶级斗争为纲到以经济建设为中心、从僵化半僵化到全面改革、从封闭半封闭到对外开放的历史性转变，全面深化了对中国国情和社会主义的认识，提出并明确了走自己的路、建设有中国特色社会主义的时代主题。这是中国共产党人结合当代中国国情探索社会主义建设规律的一个新的历史阶段，是党领导人民开创中国特色社会主义的一个阶段。邓小平是中国特色社会主义道路的开创者，也是中国特色社会主义理论的创立者。在这个时期形成的邓小平理论，第一次比较系统地初步回答了在中国这样的经济文化比较落后的国家如何建设社会主义、如何巩固社会主义的一系列基本问题。在这一理论基础上，我们党形成了"一个中心、两个基本点"的基本路线，开辟了主张发展、倡导和平的中国特色社会主义建设道路，制定了以实现社会主义现代化为目标的发展战略，使社会主义在中国的发展充满了生机和活力。

以江泽民同志为核心的党的第三代中央领导集体，受命于国内严重政治风波和苏东剧变的重大历史关头，经历了重大自然灾害和经济风险等严峻考验，迫切需要回答共产党怎样才能立于不败之地的问题。他们高举邓小平理论伟大旗帜，坚持改革开放、与时俱进，沿着中国特色社会主义道路继续进行积极的探索。在推进中国特色社会主义事业过程中，江泽民同志把执政党的建设与社会主义建设问题联系起来进行思考，进一步明确了中国特色社会主义建设和执政党建设的一致性，明确了中国特色社会主义的未来走向和中国共产党的历史使命。创建社会主义市场经济新体制，开创全面开放新局面，推进党的建设新的伟大工程，形成了建设中国特色社会主义的基本纲领和一整套思路、方针、政策，创立了"三个代表"重要思想。实践上有了新的突破，理论上也有了新的发展。"三个代表"重要思想在改革发展稳定、内政外交国防、治党治国治军等各个方面提出了一系列紧密联系、相互贯通的新观点、新论断，进一步回答了什么是社会主义、怎样建设社会主义的问题，创造性地回答了建设什么样的党、怎样建设党的重大问题，将我们党关于中国特色社会主义的理论体系发展到新阶段。

以胡锦涛同志为总书记的党中央以邓小平理论和"三个代表"重要思想为指导，发扬求真务实、开拓进取精神，坚持理论创新和实践创新，立足社会主义初级阶段这个最大的实际，科学分析我国全面参与经济全球化的新机遇新挑战，全面认识工业化、信息化、城镇化、市场化、国际化深入发展的新形势新任务，深刻把握我国发展面临的新课题新矛盾，总结我国发展实践，借鉴国外发展经验，适应新的发展要求，提出了科学发展观等一系列重大战略思想，回答了中国特色社会主义发展中面临的新情况、新问题。党的十六大以后，中国特色社会主义发展进入深化改革、加快发展、全面建设小康社会的关键时期。随着社会转型、体制转换的推进，我们的社会结构发生深刻变动，产生了不同群体和阶层；利益格局发生深刻调整，产生了不同的利益矛盾和冲突；人们的思想观念发生深刻变化，产生了不同的价值追求。我们面临着前所未有的发展机遇，也面对前所未有的挑战。科学发展观等一系列战略思想，是在邓小平理论和"三个代表"重要思想的基础上提出的，既体现了对邓小平理论和"三个代表"重要思想的贯彻落实，也体现了在贯彻落实中的经验总结和理论升华，是我们党在新世纪新阶段治国理政的新理念、富民安邦的新纲领。在发展中国特色社会主义过程中，贯彻落实科学发展观等一系列战略思想，实际上就是对邓小平理论和"三个代表"重要思想最好的坚持和最好的实践。

中国特色社会主义理论体系是不断发展的开放的理论体系。从邓小平同志在党的十二大开幕词中宣告"建设有中国特色的社会主义"之后,我们党历次代表大会的主题都是围绕中国特色社会主义展开的。党的十三大报告的题目是《沿着有中国特色的社会主义道路前进》,党的十四大报告的题目是《加快改革开放和现代化建设步伐,夺取有中国特色社会主义事业的更大胜利》,党的十五大报告的题目是《高举邓小平理论伟大旗帜,把建设有中国特色社会主义事业全面推向二十一世纪》,党的十六大报告的题目是《全面建设小康社会,开创中国特色社会主义事业新局面》,党的十七大报告的题目是《高举中国特色社会主义伟大旗帜,为夺取全面建设小康社会新胜利而奋斗》。这无可置疑地表明,建设和发展中国特色社会主义,已经成为我们党和国家全部工作的主旋律、成为当代中国的最强音、成为13亿中国人民的主心骨、成为引领我们道路的光辉旗帜。这是中国共产党人和中国人民经过几十年的曲折探索,付出了巨大代价得来的最宝贵的精神财富,其中也吸取了许多国家共产党兴衰成败的经验教训。

中国特色社会主义的旗帜是中国共产党人和中国人民经过半个多世纪的摸索总结出来的,是经历了反复和曲折乃至失败才逐步得以树立起来的,是当代中国发展进步的旗帜,是全党全国各族人民团结奋斗的旗帜。高举旗帜,不是喊口号,而是体现在我们的助推新闻出版业务中。我们首先必须确立旗帜意识,要深入学习宣传和贯彻落实党的十七大精神,把深入贯彻落实科学发展观、建设社会主义和谐社会等战略思想作为新闻出版工作重点,以社会主义核心价值体系引领社会思潮,把中国特色社会主义伟大旗帜举得更高。

二、在人民群众的需求中探讨大发展大繁荣

党的十七大和中央领导同志的讲话,区别于以往的一个显著标志,是站在时代的新起点上,明确提出和完善了一系列推动社会主义文化大发展大繁荣的战略思想,尤其是把"服务人民"提到一个重要的高度,坚持以人为本,贴近实际、贴近生活、贴近群众,充分发挥人民主体作用,把人民是否满意作为根本标准,尊重差异、包容多样,努力满足人民多层次、多方面、

多样化的精神文化需要，让人民共享文化发展成果，促进人的全面发展。

从改革开放之初邓小平同志指出"坚持社会主义的发展方向，就要肯定社会主义的根本任务是发展生产力，逐步摆脱贫穷，使国家富强起来，使人民生活得到改善"，到江泽民同志提出坚持执政为民，始终代表中国最广大人民的根本利益，再到贯彻落实科学发展观，坚持发展为了人民、发展依靠人民、发展成果由人民共享这三个阶段，历时 29 年。在 29 年的改革开放中，"人民"始终是贯穿于中国特色社会主义道路的中心词，中国特色社会主义的蓬勃发展也始终根源于人民群众的伟大创造。这反映了中国人民对社会进步的根本价值诉求，是中国特色社会主义道路越走越宽广最为坚实的基础。人民群众在中国特色社会主义实践中，得到了丰厚实惠，看到了美好前景，激发出巨大的积极性和创造性，形成了团结奋斗的理想信念。走这条道路，是人民的选择和意愿，是全国各族人民的共同利益所在。人民期待着，在努力推进中国特色社会主义伟大事业中，全面建设惠及十几亿人口的更高水平的小康社会，使人民群众的生活更加幸福美好；人民期待着，从新的历史起点出发，我们党团结带领亿万人民用理论和实践的不断创新，书写更加激荡人心的中国故事，开拓中国特色社会主义更为广阔的发展前景。

近年来，新闻出版业贯彻落实党中央的指示精神，坚持贯彻科学发展观，以人为本，服务人民，加强公共服务，关心国计民生，特别是要在实现人们的基本文化需求上下功夫。为实现这样的目标，目前正实施三项大工程：

第一是农家书屋工程，计划总投资 180 亿—200 亿元，在全国每一个行政村建立一个农家书屋，其中备有 1500 册以上的图书、30 种报刊、100 种音像制品，满足基层人民群众文化权益。现在城里人和乡下人最大的差距是文化，而不在吃饭、住房、穿衣的方面。农民改变自己的命运也要靠知识，其他的救济只能救一时而不能救一世，也是不长远的。只有拥有了知识的力量，才可以根本改变贫困的状况。中央政府对农家书屋工程支持力度很大，各级政府都行动起来了，专家也提出了很好的建议，从书目的选择、书刊的配送到管理使用，都形成了一整套的办法，并付诸实施。我们有信心做好这项利民惠民的德政工程。

第二是东风工程，就是少数民族语言、文字出版的问题。这项工作受到中央的高度重视，胡锦涛总书记一年内做出了两次重要批示。我们要落实好中央领导的指示，让少数民族地区群众有书、有报、有刊，能听懂、看懂我们的广播、电视、网络。这就需要组织翻译出版大量的民族文字出版物。已经开始实施的东风工程，就是着眼于解决少数民族群众的阅读等文化生活的问题，它起始于新疆、西藏，现正向所有少数民族地区推广。

第三是全民阅读活动，以提高公民素质为目的的读书活动广泛开展起来了。在全民阅读活动中，各省市都确定了读书日、读书周、读书月，对群众读书的热情加以引导，形成了全民读书的局面，推动了广大公民素质的提高。放眼世界，英国、俄罗斯的公民都有最低限度的读书目录，任何一个公民都要阅读这些图书。我们国家有没有这样的书目？有的人一生一本书都没有读过，这个问题对我们公民素质的提高有很大的影响。民工进城了，有人常常说他们的素质差，但如果他们文化素养提高了，不管是在城里、乡下，还是在别的什么地方，他们都会有一个好的精神面貌，这是一个大问题。所以我们今年把这项工作作为大事来抓。现在中央非常强调丰富人民群众的精神文化生活，领导同志有许多指示，农民的文化生活主要靠政府提供产品和服务，我们出版界要不负重托，不辱使命。

毛泽东同志曾说过，群众是真正的英雄。现在我们探讨新闻出版业大发展大繁荣的路径，应该在人民群众的需求中去寻找。群众中蕴藏着极大的活力。业内这些年普遍感觉到报纸发行的艰难，尤其是党报，发行更难摆脱窘境。原因是多方面的，除了现在媒体形式多之外，内容的枯燥也是重要因素。但最近几天的一个现象给人以启发思考：

2008年2月16日，《昆明日报》用4个整版公布了从市委书记、市长到5区、1市、8县及市直各部门党政领导班子成员的联系电话，同时详细刊登了各领导的职务分工情况。这一专号在市民中引起强烈反响，报纸很快被一抢而空；在对此进行转载的彩龙中国网里，这一内容也成了被收藏、复制得最多的贴子。为了使更多的市民获得这份报纸，《昆明日报》对专刊进行了再版印刷，全市各报刊亭都有销售。这一专号成为当天开幕的政协昆明市第十一届三次会议政协委员们热议的话题，许多委员认为这是"政府阳光政务的具体体现"。"公布官员的办公电话，有利于促使政府更好地履行职责，自觉接受人民监督，使领导干部更有使命感、责任感和紧迫感。""公布电话在某种程度上会给工作带来一定压力，但只要工作做到家，就不怕人骚扰。相信我们的老百姓都是善良的，如果你以真诚的心相待，他们也会还你同样的真诚。""公布电话号码，不仅有利于老百姓直接反映问题，也有利于上级对下级工作的监督，这样做可能会使一些官员不舒服，但官员太舒服了，老百姓就不舒服，所以关键是看你站在什么样的立场上。"但也有委员认为，这一做法可能会带来一些负面影响，特别是骚扰电话，会给机关或领导的正常工作带来一定麻烦。

该不该公布官员们的电话号码，可能会一直争论下去，结束不了，但不管怎么说，这一天的《昆明日报》是大大畅销了！为什么？就是它登载了老百姓最想得到的东西，贴近了人民群众的实际，对路了，也就不难发行。新闻出版业什么时候贴近人民，什么时候就会事业成功；什么时候远离人民、忘记人民，事业就注定要失败。由此更加感觉到胡锦涛同志提出"服务人民"的深奥和伟大。

三、运用前瞻性思维模式酝酿思路，思路决定出路

胡锦涛同志在党的十七大报告中发出了"推动社会主义文化大发展大繁荣""提高国家文化软实力"的号召，对文化战线提出了建设社会主义核心价值体系，增强社会主义意识形态的吸引力和凝聚力，建设和谐文化，培育文明风尚，弘扬中华文化，推进文化创新，增强文化发展活力的具体要求。作为文化的基础产业和主要传播行业的新闻出版业，在文化建设中担负着重要责任，应以解放思想、改革开放、科学发展、服务小康的实际行动，推动新闻出版业的大发展大繁荣。如何推动新闻出版业的大发展大繁荣，我觉得最关键的是思路，思路决定出路。

运用前瞻性的思维模式至关重要。思维是什么？思维是在表象、概念的基础上进行分析、综合、判断、推理的过程。由于个人所处的情况不同，其思维模式也自然不同。模式是表现出来的一种方法、一种路径，它展示的是

怎么进行思考的形态。运用前瞻性思维模式，就是把眼光放得更长远一些，放到一般人不可能看到或者是容易忽略的地方，这样才有可能成功。前瞻性的思维模式就是一种预测，是"向前看"的行为。"运筹帷幄之中，决胜千里之外"① 实际上是一种大智谋。凡事有预测有计划有准备，才能立于不败之地。这种思维模式，先贤们已经表达得十分透彻。《孙子兵法》中说："夫未战而庙算胜者，得算多也；未战而庙算不胜者，得算少也。多算胜，少算不胜，而况于无算乎！吾以此观之，胜负见矣。"要求战争指导者，战前首先认真比较敌我双方各方面的情况，做到"未战而庙算胜"。对于一场战争来说，作战之前的规划是整个战争的关键，而搜集情报和作战指挥预测则是作战规划之前的关键。《孙子兵法》进一步指出要不惜重金使用间谍，以充分掌握敌情。只有做好信息搜集和预测，才能"料敌机先，先发制人"，进而达到"未战先赢"的终极目的。我们所说的前瞻性思维如同作战用兵，其前提是对情报信息收集，而是否及时收集到充分、相关的信息是决策的关键。一个出版选题没有足够的信息研究便匆匆决定，能否占领市场很难确定。如果追求时髦、赶浪潮，未细加规划与分析便盲目投资推出产品，都有可能导致失败。

近来在调查中了解到，有些同志讲现在条件是具备了，关键在于思路、机制、政策等问题没有解决，用几句话来说就是："不缺资源缺思路"，中国文化创作不缺资源，5000 年的历史，那么多有知识的人参加文化创作，哪里是缺资源，但是缺少思路；"不缺人才缺机制"，中国的文化人才有的是，但是缺少一个机制，把他们推向应有的岗位；"不缺资金缺政策"，愿意投入文化发展的资金多得很，但是我们没有政策，他们进不到我们这个行业里来，显得好像是资金不多，其实是政策问题；"不缺市场缺精品"，13亿人的市场不比哪个国家大？但是现在市场为什么打不开局面？就是缺少精品。为什么外国的一些畅销书，在中国大行其道，一发行就是几百万？就是因为我们还没有这样的作品，能够引起广大读者关注。

好的思路才有好的出路，思路来自于前瞻性思维。一般性思维总是摆脱

---

① 出自《史记·高祖本纪》。

不了现实的困扰，常常束手无策。前瞻性思维，要有打破常规、超常性的胆略和勇气，需要全力地投入。

例如，《读者》杂志是甘肃人民出版社主办的一份综合类文摘杂志，1981年3月创刊。从创刊时月发行量3万册，至今月发行量已达千万册，居中国第一，世界综合类期刊第四位，在海内外亿万读者中产生了深远的影响，具有很高知名度和美誉度，被誉为"中国人的心灵读本""中国期刊第一品牌"。《读者》在海外华文期刊市场中也占有很大份额，行销世界90多个国家和地区，在美国、日本、澳大利亚、新加坡、香港等国家和地区拥有众多读者，可以说，有华人的地方就有《读者》，具有广泛的影响力。这种高速增长、经久不衰的"《读者》现象"也越来越受到社会和各界人士的极大关注。读者杂志社的领导和编辑们具有不同凡俗的超常的思路，多年以来，他们始终以弘扬人类优秀文化为己任，坚持正确的舆论导向，坚持"博采中外、荟萃精华、启迪思想、开阔眼界"的办刊宗旨，遵循"选择《读者》，就是选择了优秀的文化"这一办刊理念，发掘人性中的真善美，体现人文关怀。在刊物内容及形式方面与时俱进，追求高品位、高质量，力求精品，并以其形式和内容的丰富性及多样性，赢得了各个年龄段和不同阶层读者的喜爱。

又如，金盾出版社的农业图书已经覆盖了全国90%以上的县级新华书店。多年来金盾出版社将"用优秀的出版物为广大农村全面建设小康社会提供全方位的精神动力和智力支持"作为自己的目标，坚持立足"三农"，服务"三农"，20年来出版了"三农"图书上千种、近亿册，成了他们响当当的"金字招牌"。他们编辑出版了农民一看就懂，一学就会的图书，这在出版界也是一种超常的思维。为了让农民能及时看到急需的图书，金盾的发行人员不辞劳苦，一年中有250多天在基层奔波。靠自己的脚，让金盾的出版物与农村基层群众之间有了畅通的渠道。

再如，上海文艺出版总社从阅读者的习惯中找到思路，他们考虑到阅读者的年龄、学历、环境等层次，编辑适应不同的人阅读的出版物。如中国历史，有多少人在编写，有多少家在出版，而"话说中国"丛书的编写却独具匠心，这套书用1500余则故事、1500位历史人物、3000幅以上图片、

7500 条历史文化百科知识串起了泱泱中华 5000 年的历史；它以故事为经、以图片为纬的编排形式，让普通大众乃至青少年读者在阅读一个个故事、观赏一幅幅图画的过程中，轻松愉快地认知了中华 5000 年的灿烂文明。该丛书系中华民族历史、文化、人物和故事为主线，形成集思想性与艺术性为一体的历史普及读本，所蕴含的中国历史文化的宝贵财富，具有超越时空、绵延不绝的永恒价值与魅力。因此，这套丛书的策划者具有超常的前瞻性的思维模式。

我们目前一些办得好的出版社、报刊社，无一不是从思路中得到了出路，这是我们应该大力宣传推广的经验。

四、中国特色社会主义的出版产业应是内容提供商

中国特色社会主义出版产业是中国特色社会主义文化的重要组成部分，是和社会主义市场经济体制相适应的文化产业。当代中国处于一个改革开放的伟大时代，在中华民族发展的历史上可以说是空前伟大的时代，怎样记录这个时代的伟大创造，也是我们出版的重大责任。为什么我们这么伟大的时代，出不来伟大的作品、出不来伟大的作家、出不来伟大的学者？这就是没有做好内容，是值得我们深思的问题。按道理我们这个时代，应该产生伟大的文学家、艺术家、理论家，这也应该是文化大发展大繁荣的标志之一，但现实却没有产生，与我们文化出版事业的发展形成一个悖论。这也是中国特色社会主义出版产业所要研究解决的艰巨任务。

我国出版产业已经发展几年，人们一直认为出版体制改革是出版产业发展的瓶颈，所以把政策与战略的重心放在文化体制改革上，甚至有认为只要市场化了就等于产业化了。实际上，出版产业是"内容为王"的产业，必须在内容创新生产上下大功夫，才能进入产业规律与市场轨道。内容决定形式。每种出版载体都应在内容上大做文章，以优美的内容彰显其形式。

中国特色社会主义文化渊源于中华民族 5000 年文明史，植根于建设中国特色社会主义的实践。中国特色社会主义出版产业是对历史悠久的中华出

版活动和中华出版人的优良传统在新形势下的继承和发展，也是对世界现代出版产业优良传统的恰当吸收。人类出版史表明，中华出版不仅是前行的，而且是独具特色的；它极富创造性，又极具开创性，对各种出版文化从来都能以一种兼收并蓄、博采众长、熔为一炉的态度来对待。一切优秀的出版传统都将在建立和发展中国特色社会主义出版产业的过程中被辩证而有机地吸收。出版产业是知识产业、文化产业的重要组成部分，实际上是内容产业。当今时代，科技飞速发展，各种出版媒体形式不断出现。知识的积累和传播离不开各种出版媒体，但最终归结为一点，即都必须做内容，以内容取胜。我国一些知名的出版社，如商务印书馆、中华书局、人民出版社等，之所以知名，最根本的就是它们做出了大批的内容好的书籍，它们实际上推销的是内容。

目前的文化体制改革与出版产业实践及相关文化产业理论研究，缺乏的恰恰是对"内容"的关注，这几年出版界出现的"伪书"和"买卖书号"等现象，都不从内容上下功夫，结果导致对载体形式发展的消极影响，甚至会走向消亡。

从数字化时代出版的实质性认识"内容产业"。一方面，我们深深地感到互联网带给我们的种种便利，同时也感受到我们对互联网来说也越来越重要了；另一方面，我们又清醒地感到互联网归根结底只是一种工具，它本身既不能增加新的知识和思想，也不能产生新的创意和设计；相反，它的功能越强大，速度越快、覆盖面越广，对内容更新、容量增加的需求就更迫切。出版人作为内容提供商却不会被取代，反而会更加凸显其重要性。在互联网时代，由于信息的海量存储和无界传播，使得整合信息的工作成为绝对必要不可缺少。信息的泛滥会使人无所适从、无法驾驭，因而，必须有专业的人员和机构，把大量无序的信息资料依照一定的目的和要求、按照一定的规则加以梳理和组合，才能成为有价值的产品。今天的出版人将会加入将来的网络信息的整合者队伍，为新一代的读者和信息需求者提供更有效率和价值的服务。转变是必须进行的。但无论工具形式多么先进、怎样变化，都取代不了内容，仍需要更加新鲜、深刻、丰富的内容来主导。这也就是演绎千古的内容决定形式的定律。和传统出版并驾齐驱的网络出版必将成为出版业的重要经济支柱，这一点不以出版人的意愿为转移。数字出版或曰网络出版会迅速出其右开拓出传统纸质期刊无法深入和延伸的广阔领域，最大的受益者是广大的读者。因此，出版业面对数字出版的时代呼唤，不需要害怕数字出版抢去了自己的市场，实际上如果要做强做大，最根本的是把内容的质量搞上去。有了优秀的内容，数字出版和传统出版就是双翼。随着 3G 等网络技术的发展，随着网上支付手段的完善，未来的互联网将是优质内容的天下。在知识经济中，知识将成为主体。不但成为创造财富，而且成为支配财富、建立和谐社会的主体。

五、让每一根链条生动起来

出版产业是文化产业的一个重要组成部分，在各国对文化产业概念的表述上，可以看出其内涵，反映出国家的文化战略，我们也更深刻地感受到打造出版产业链的价值。关于文化产业美国通常使用版权产业来表述，英国使用创意产业来表述，日本使用内容产业来表述，中国使用文化产业来表述。为什么呢？就是因为不同的国家在这个领域中自己国家的战略利益在起作用。美国为什么提版权产业？因为文化产业是一个完整的产业链，从创意，到生产、到销售、到社会服务是一个完整的过程，但总的来说先是产权。发达国家在产权创意方面占有优势，它可以把产品在全世界生产，但是只要把握产权就可以了。所以美国更多提出、更多关注的是产权。英国提出创意产业，原话是：以个人创造力、技能和智能为基础，通过知识产权的行为进行开发和生产，并创造显著财富和就业机会的行业。这是 1998 年英国政府提出来的，英国在创意产业占有先导，英国在广告设计、时尚设计、工艺品交易、音乐表演、博物馆等方面都是强项，所以英国做创意产业。日本在媒介上的内容特别的发达，日本 2003 年的一个数据说，内容产业的市场规模是12.8 兆率，占亚洲内容产业市场的 50% 强。所以，日本比较强调内容产业，日本的动漫在全世界占有相当的优势。中国使用文化产业这个词是从联合国教科文卫组织来的，联合国教科文卫组织在一个报告中说，所谓文化产业概念是指包含创作、生产、销售内容的产业。中国政府跟大多数联合国教科文卫组织成员国都接受文化产业链，我们原来的产业是文化行政管理部门管辖下的文化产业，主要是市场，而今天不一样，在 2004 年国家统计局印发的《文化及相关产业分类》中对中国的文化及相关产业的范围做了规定，除了含有部分文化活动的行业外，大体上包括新闻服务，出版发行和版权服务，广播、电视、电影服务，文化艺术服务，网络文化服务，文化休闲娱乐服务，其他文化服务，文化产品、设备及相关文化产品的生产，文化用品、设备及相关文化产品的销售这样几大类。从这样的分类当中，我们可以看出，中国的文化产业从文化行政管理部门管理的范围到国民经济的很多相关行业。

产业链，即从一种或几种资源通过若干产业层次不断向下游产业转移直至到达消费者的路径，是一环扣一环的，不是孤立存在的。出版产业链上，具体链条就是编、印、发、供，这几个环节相互依赖，谁也离不开谁。因此，我们要特别强调团结协作，让每一根链条都生动起来。随着各类媒体纷纷成立集团建制，产业链也成为一个代表了与时俱进精神的词汇。业务发展战略确定后，出版集团建设的一个重要问题就是，紧紧围绕内容的生产和提供，形成合理有效的产业链和价值链，以求对市场的全程覆盖，争取效益最大化。在打造出版产业链方面，全国各大出版集团都进行了有效的探索，这方面的事迹非常多。

六、思想再解放一点

邓小平同志南方谈话有一句至今仍在耳边：胆子再大一点，步伐再快一点。我们要进行新闻出版大发展大繁荣的事业，能否再重温小平同志南方谈话，思想再解放一点！

解放思想，就要改革创新，就是要用时代要求审视我们的出版工作，以改革精神推动出版工作，积极创新内容形式、方法手段、体制机制，增强吸引力和感染力，努力做到体现时代性、把握规律性、富于创造性。党中央之所以这么重视解放思想的问题，要从党的思想路线本身来考虑，要和解放思想在党的工作全局中的重要作用和地位联系起来考虑。实际上，胡锦涛同志提出了今后若干年中，我们要继续高举解放思想的大旗，坚持解放思想的路线，这是一个必须坚持的方针和遵循的原则。这个问题解决得好，这个方针坚持得好，其他问题就好办了。思想路线端正了，就不会迷失方向。

中国特色社会主义这个理论的提出本身就是解放思想的结果。恰恰是因为解放思想，邓小平才在总结社会主义建设和苏联经验的基础上得出了一个重要结论，即：什么是社会主义、怎样建设社会主义。在这个问题上，我们过去的认识不是很清楚。邓小平在"文化大革命"后临危受命，他首先从思想路线上找原因，拨乱反正。他认为，根本问题在于我们对什么是社会主义、怎样建设社会主义理解错了。问题的根本是思想根源，是思想路线上的、认识上的问题。邓小平把我们对社会主义的传统认识扭转到首先认识到社会主义的本质是解放生产力，发展生产力，消灭剥削，消除两极分化，最后达到共同富裕。阶级斗争是必要的，但不是我们的目的。我们搞无产阶级专政也好，搞阶级斗争也好，都是为了保证社会主义能够取得胜利。社会主义条件下要使经济发展，人民群众过上美好、幸福的生活。这个根本认识上的转变，是我们从党的十一届三中全会以来，直到今天没出现大的波折的重要思想保证。这就是思想路线的威力。科学发展观是党中央在继承和发展党的三代中央领导集体关于发展的思想，解决和回答新世纪新阶段出现的新情况新问题的基础上提出来的重大战略思想，是解放思想的成果。把科学发展观落到实处，必须破除阻碍科学发展的不合时宜的观念，进一步解放思想。

改革创新实际上也是大发展大繁荣的前提。我们的繁荣和发展，不仅仅是继承，继承、接受、引进都是需要的，对传统的继承，对国外先进文化的吸收，但这都不够。我们要建构属于我们自己这代的文化形态、文化产品。文化和经济、政治、社会联系得非常紧密。经济发展给文化的发展提供了可能性，政治发展给文化的发展提供了可行性，社会发展给文化的发展提供了必然性。在今天我们才能够提出文化的大发展大繁荣，因为文化作为一种软实力，是国家综合国力的体现。

一个出版社只有保持不断的创新精神，才能在读者中确立它的良好形象。商务印书馆编译所成立的最初动机，是夏瑞芳有感于当时他们印刷的新书质量不高，无人购买，亏本将近万元，因此决心成立自己的编译所来编写新式教材。这说明编辑部门在现代出版工作的各环节中具有极其重要的地位。但选择什么样的人来主持编辑部门的工作，却因出版观念的不同而有不同的选择标准。当时在各书局编校机构主持工作的都是翰林出身的文士，多数不懂新学，如果以这样的旧派人物主持商务编译所，显然与正在蓬勃兴起的启蒙运动极不相适应。夏瑞芳在张元济的推荐下邀请蔡元培出面主持工作，蔡元培虽是翰林出身却是主张革命的新派人物，他接手编译所即制定了编写国文、历史、地理三种教科书的体例和要求，彻底转变了我国早期教科书依赖翻译日本现成教材的局面，这一选题的制定也顺应了当时人们对传统教育改革的要求。但蔡元培因《苏报》案发而不得不离开上海，张元济任所长后将蔡元培的构想付诸实施，将原来兼职的编辑直接聘为专职编辑，加快了教科书的编辑进度，也保证了教科书的编辑质量，这一最新教科书出版后在当时教育界产生了巨大的反响。

作为先进文化一部分的精品出版物，是一个国家一个民族时代精神的集中体现。精品的本质是创新与突破。从严格意义上讲，精品应是首创的。在新世纪这个创新的时代，出版业要永葆青春和活力，必须与时俱进，在继承和借鉴的基础上创新。出版是一种创造性劳动，推出精品尤其如此，模仿是没有生命力的。在知识经济时代，科技创新的速度大大加快。出版业历来是对科技进步非常敏感、运用高新技术非常迅捷的行业。中国古代四大发明中，就有造纸和印刷术。当今世界，高新科技深刻地改变着传统出版业的面貌，印刷摆脱了"铅与火"，进入了"光与电"的时代，出版资源正在多种媒体间有效转换，它提醒人们要特别注意以广泛应用计算机技术、网络技术和数字技术为标志的出版业的发展趋势，注重新型媒体的出版，增强技术更新与多种媒体综合开发和经营的能力。注重创新，出版业才会有蓬勃生机，才能孕育出精品出版物。我们必须紧跟科技与文化前进的步伐，在观念、能力上不断创新，多出精品，提高中国出版业参与国际市场竞争的能力。

七、营造品牌　树立形象

大凡出版人，无不想把自己的出版物推向社会，让更多的读者所接受。比较好的出版单位，一般都有自己的阅读群体，"双效"[1] 就是靠阅读群体的关注和支持。但是，面对目前这个文化多元的时代，多媒体竞相发展，可供读者选择的机会很多，因而，固有的阅读群体也在这个文化氛围中进行思考和转变，处于再选择的关头。作为现代出版产业，更多的应该考虑怎么培育新的阅读群体，促使新的阅读群体的形成。靠什么？靠的是出版物的特色、品牌，是品牌的出版物放射出来的巨大磁力！好的出版物就像是一块磁铁，吸引着读者向你靠拢。因此，出版业就要想办法编印高质量的出版物，用好的产品去影响人、凝聚人。这使我想起了那些感动中国的历代不朽的经典作品，虽然时过境迁，但作品的力量仍在继续产生。先秦诸子百家，如《论语》《老子》《庄子》等，至今仍在我们的精神世界里发生影响。唐诗、宋词，四部古典（《三国演义》《水浒》《西游记》《红楼梦》），仍是妇孺诵读。这些经典作品，培育了中国历代的阅读群体，世世代代都要读它、离不开它。经久不衰的奥秘，就在其深刻的内容，在于对中华民族精神的艺术揭示。

现代出版产业，要做出成效，最好的办法莫过于铸造经典。这有两个含义：一是阐释经典。把历代经典名著经过整理加工，让更多的读者认识理解接受，不少出版社在这方面做了很大贡献。例如，1992 年开始编纂的大型类书《中华大典》，选录上自秦汉下迄辛亥革命期间的文献典籍中最有价值、最具代表性的原始资料，以传统类书的经纬目交织框架的模式，以现代科学的学科、目录分类方法，分门别类汇编而成。全书涵盖社会科学和自然科学，分为 24 典、116 个分典，将收录各类汉文古籍 3 万多部，共约 8 亿字，是《永乐大典》的 2 倍，《古今图书集成》的 4 倍，超过中国所有古代类书字数的总和。《中华大典》先后被列入国家"十一五"文化

---

[1]　见本卷第 559 页注①。

发展纲要和"十一五"国家重点图书出版规划，目前《中华大典》的编纂出版工作取得了实质性的进展：24 个典的编纂出版工作已全部启动，各典已制定了符合本学科特点的框架体系。2007 年大典共完成了 26 册 5300 多万字的出版，至此累计完成了 49 册 1 亿多字的出版，为下一步全面完成编纂出版工程奠定了坚实的基础。二是原创经典。编辑出版现当代人的经典作品，这要靠我们去了解、去发现。现当代文学史上涌现出很多大家，如鲁迅、郭沫若、茅盾等，其作品也深深影响着一代人，打造了一个庞大的阅读群体。当今时代的经典作品，在很大程度上要靠出版业做出来！因为党和国家赋予了新闻出版业重任，一切作品只有通过我们出版部门才能问世、才能走向社会。因而当今的出版业，要彻底认清这样一个道理，下大功夫去策划经典、发现经典、出版经典，用经典来凝聚新的阅读群体。

内容引发社会需求，内容具有原创性和不可替代性。因为今天我们出版的文化产品是需要用户自己掏钱购买。用户掏不掏钱就能够决定你的文化产品有没有市场，能不能够达到传播效果，不管是图书、报纸、期刊，还是广播、电视，都是一样。那么，能够吸引用户掏钱的，也就是它判断事物的价值，我觉得是在于其原创性和不可替代性。我不可能花更多钱去买相同的东西，所以同质化的文化产品肯定在市场上是站不住的。在很长一个时间段内，我们的报纸内容千篇一律、版面相同，出版的图书选题雷同、千书一面，没有自己的特色，结果销路出现了问题，发行量锐减，就在于它不具备产品的不可替代性。市场是检验出版产业的标准。这些年来，已经有了一些改变。有些报纸，包括党报，它现在一年的广告额大概达到多少亿，而且订户并不都是机关企业，大多数还是个人订户。原因在于它具有不可替代性信息服务功能，是老百姓心目中的品牌。

做出版产业，是要讲究投入产出。所谓投入有有形资本的投入，也有无形资本的投入。有形资本的投入是一种看得见的投入，如钞票、真金白银的投入；无形资本的投入是一种是看不见的投入，如知识产权、品牌、形象等。我们新闻出版业的很多老字号品牌，其本身就具有一定的价值。形象也是有价值的，并且是很高的价值。可以这样说：形象就是金钱、就是财富、就是生命力。我们经常看到一些合作者，有的就是以智力或者说形象入股，这个形象就变成了实际的价值。例如，香港迪士尼的建设，香港方面在迪士尼乐园投了290亿港币，美国迪士尼公司投了35亿。但美国迪士尼公司占了整个香港迪士尼乐园产权的43%？什么原因？就是知识产权无形资本在里面起作用。所以在文化领域里，我们不仅要关注有形资本，更要关注无形资本。中国的企业在经济领域里，有些对自己的无形资本估计甚少，曾经在和外方合作当中是吃过大亏的，特别是在知识产权领域。有的只看到了别人的融资，钱的投入，却忘记了自己本身的品牌形象的价值。

要想实现自我价值，首先就得营造品牌、树立形象。那么要问品牌是怎么来的？这是一篇大文章。品牌不只是一个名称或符号，其中包含着出版社的经营理念和良好服务，包含着品牌与众不同的个性。只有被市场和读者认可，品牌才具有意义。由此可见，品牌的产生是一个双向互动的过程。读者认同是品牌形成的重要因素，这也给出版社一个警示：在这样一个以品牌竞争为主的市场上，模仿是没有任何生命力的。有些出版社缺乏创意，看着别的出版社一个个都推出了成功的品牌，也打算推出类似这些品牌的图书，事实上这种做法只会适得其反。因为一旦读者接受了一个品牌，市场上突然又出现了类似的品牌，除非是同一出版社的延伸物，否则读者会感到厌烦，并且认为这是跟风。因而品牌的创建一定要创新，要有自己的个性。品牌意味着高品质，好的品质来源于编辑对读者高度负责的态度，来源于编辑对读者的诚信，因而也可以说品牌就是诚信。图书是一种品牌差异较大的产品，读者在选购过程中，很难迅速判断出同类而不同品种图书内容质量的优劣，更多的读者往往是借助品牌来选购图书。可以说，图书的品牌形象越高，被读者选购的概率就越高。例如，当读者选购辞书或汉译名著时会选商务印书馆的，选购古籍书时会选中华书局的，选购文学作品时会选人民文学出版社的，选购计算机图书时会选清华大学出版社的，选购外语工具书时会选外语教学与研究出版社的等，读者之所以选择这家出版社这一品牌的书，是因为他们对这家出版社有信任感。品牌的一半是读者赋予的，为读者提供高质量的书，便是品牌给予读者的回报；同时品牌是出版社一笔无形的资产，有了良好的品牌，可以不断扩大出版社的声誉，提高出版社在读者心目中的地位，从而稳固和扩大出版社图书的市场份额。

如果说过去只要办出版社就可以赚钱，那么现在的出版社出现亏损已非天方夜谭。在日趋激烈、残酷的书业竞争中，有的出版社呈跨越式发展，越做越强、越做越大；有的则举步维艰，逐步萎缩。可以说，出版社的品牌效应起了关键的作用。目前出版业开始进入品牌竞争时代。

出版社品牌的形成大致经历单本（或单套）书品牌→丛书品牌→类别书品牌→出版社整体品牌的过程。从一本一本书着手打造出版品牌，是品牌建设的基础。推而广之，到一套一套书的品牌，再到一类书的品牌，最后达到质的飞跃，形成整个出版社的品牌。社以书传，书因社显，对于优秀的出版社来说，二者是良性互动的关系。单本书或者单套书可以成为品牌。前者如上海辞书出版社的《辞海》，后者如浙江教育出版社的《中国少年儿童百科全书》（全4册）。这类品牌图书必须质量上乘，必须是常销产品，必须有一定的"块头"。单本书或者单套书成为品牌，看似一枝独秀，实则是以一批精品图书群为依托的。独木不成林，万紫千红才是春。而丛书品牌，有更大的包容性，更具有开放性，更有利于系列化、规模化。打造品牌，就必须有所为有所不为，一步一个脚印，出版社最终会走向整体品牌的目标。出版品牌一经形成，是可以进行品牌延伸的。品牌延伸是指利用已经获得成功的品牌来推出新产品，使新产品投放市场伊始即获得原有的品牌优势支持。品牌延伸的目的是实现品牌整合支持体系，从消费者的品牌联想到厂商的品牌技术、服务支持形成一个整合的链条。出版业中品牌延伸的例子比比皆是：商务印书馆对权威辞书《新华字典》进行延伸，推出《新华词典》《新华成语词典》《新华正音词典》《新华拼写词典》《新华写字字典》等系列辞书，对"新华"品牌做深度开发、扩展延伸。期刊界的类似例子亦不少见。湖北省的大型通俗文学刊物《今古传奇》是全国知名的品牌期刊，原来只有一个版本，两月一期，如今除了传统版，又陆续推出了"纪实版""故事版""武侠版"，形成了"一拖四"的格局。一些知名期刊在其名下延伸发展品种，办成了庞大的期刊集团，如《读者》集团、《家庭》集团、《知音》集团等。

出版品牌也在于策划和运作。社会的高度信息化，知识创新和技术创新的融合，成为推动社会经济持续发展的动力。出版物在公众传播过程中，处于主导地位的是它的信息功能、宣传功能、教育功能、娱乐功能等。社会在接受它的过程中必然有自己的理解，切合于一个社会的大到政治和经济需要，小到街头巷尾、风物民情，出版物的某一种或几种功能必定更容易为社会认同，产生共鸣，并借此去开发、生产新的信息。这种出版→认同（共鸣）→开发→再生产的过程便是一种典型的社会运作，它为品牌的营造提供了孕育的温床。《哈利·波特》便是这样一个典型例子。它从一个不被大多数出版社看好的奇幻小说，到取得全球累计发行突破亿册的骄人业绩，恐怕更多的是借力于社会运作而树立了这样一个品牌，大多数读者更容易接受的是这本书所给予的娱乐与奇幻功能。出版物作为信息的载体，突出地体现在它本身便是一种传播的介质。以优秀选题为基础进行人为策划，依赖于制作、营销、宣传等各个环节的紧密配合，定会使出版物与社会大众更有效地进行对话。《学习的革命》就是一个人为运作的例证，它创造了靠市场化运作短时间内销售 500 多万册的业绩。

这几年我们提"走出去"，也要靠打造文化品牌，提高"走出去"的能力。我们的文化虽说"走出去"了，但多流于形式，仅仅是多一些领导出国考察的数量；"走出去"的作品也显得内涵不够，没有多少文化价值，因而就没有占领国际市场的能力。例如，在图书方面，我们的出口产品还没有出现像《哈利·波特》《新概念英语》一样的名牌产品。在报刊、电子音像和网络出版方面，由于我们输出的产品本来就少，能产生一定影响的更为鲜见。我认为"走出去"的文化产品靠的就是品牌，品牌就是能力、就是质量、就是效益、就是竞争力、就是生命力，只有品牌才能走向世界。文化品牌，是文化产业品牌化的结果，是文化的经济价值与精神价值的双重凝聚。市场就是这样残酷无情，根本无法用行政命令左右。

出版品牌不是拿钱买的，需要营造。民族文化实际上是一个民族的魂、是一个民族的根。出版产业做品牌，就要做我们中华民族的品牌，中华民族灿烂的文化史，实际是中华民族智慧的品牌史。只有品牌才能上我们的历史！

八、诚信合作，实现双赢

完成新闻出版业大发展大繁荣神圣的使命，需要全体的新闻出版工作者的共同参与，需要全社会的大力支持。胡锦涛同志提出的"服务人民"又赋予我们新的含义，那就是我们在与广大的新闻出版工作者服务的同时，获得他们的支持，加强紧密合作，在合作中实现双赢。这里我主要谈三个问题：

第一，走出目前对合作认识的误区，应实现双赢。

目前是信息社会，是合作的社会。一个单位的生存需要与外界广泛联系合作，合作也是出版产业的必需。例如，一些大的出版项目工程，靠一两个出版单位是不够的，需要更多的单位通力合作，要有合作意识。和谐出版，首先要搞好我们出版业内部的和谐。团结互助对于出版是十分重要的。有些大书、经典巨作一两个社很难完成，这里有时间问题，有资金问题，还有编辑力量问题，等等。总之，要靠大家共同完成，要有团队精神。《中国大百科全书》就是全国各个学科的学者、编辑合作的结晶。多年来，对重大文化出版，一般都由党政机关主导并负责组织协调，在现行体制下，则由自愿组合的社会团体和单位操办这些大型出版工程，靠的是各参与单位的协调共进！例如，《中国美术分类全集》300 卷，在中国艺术史上史无前例，参与全集编撰出版的，全国有 30 多家出版社。每社都把承担图集的任务列为工作重点，调集最有经验的编辑参与编撰。参与工作的编辑、专家、摄影家、设计家和有经验的校对共计 3000 人以上。这座宏大艺术殿堂的建造，是一项时代伟业。再如，构筑千卷本的重大出版工程"中国文库"第一辑、第二辑已经推出，参与编辑出版的出版机构包括中国出版集团所属的人民出版社、人民文学出版社、商务印书馆、中华书局、三联书店、人民美术出版社、人民音乐出版社、中国大百科出版社等 10 余家资深老社，以及集团之外的中国青年出版社、中国科学出版集团等诸多大社名社。"中国文库"的书目由其编辑委员会审定，中国出版集团与各有关出版机构按照集约化的原则集中出版经营，确保"中国文库"这一浩繁的出版工程高质量地进行下去。这些宏大的出版工程，没有团结互助的精神是不成的。

合作是双向的，对任何一方都要有利，这叫双赢，而不是单赢。有些合作者，总是对自己的利益考虑得多，对别人的利益考虑得少，结果适得其反，自己也无利可图。有竞争，也要公平公正，不能互相拆台。诚信是贯穿合作始终的。大胆引进出版竞争机制，使"诚信"建立在良性竞争制度之上。这里我主要强调的是诚信，并不是不要竞争，而是要提倡公平竞争，反对不正当竞争，建立有序的市场竞争机制。我们也应该充分关注到书业激烈程度在日益加剧的状况。出版发行企业竞争的意识普遍加强，导致采取一些方法挤压对手，等等。2006年夏天，在北京两家相邻的书城，发生了打折降价销售的比拼。一家是国营新华书店，一家是民营书业。而它对整个出版业的影响，显然是巨大而深远的，有些已经显现出来，有些却要经过一段时间的沉淀之后才能显现出来。直接受到打击的，是位于海淀区的一大批中小书店。在这里，所有书店的销售额都有了不同程度的下降，它们中有些已经在坚持一段时间后选择了停业关门。这种影响甚至波及北京的其他地区和北京以外的其他省市。出版发行企业之间的竞争到了一定程度，出版物生产的利润率将会下降，甚至会使绝对利润也下降，将威胁到优势出版社的发展和弱势出版社的生存。这时，如何做到优势互补、企业竞合，避免恶性竞争就显得十分重要。我们提出重构"诚信"的出版发行机制，对于出版发行业的正确引导、有序管理、公平竞争，将产生重要的现实意义。

第二，加强与民间团体的合作。

党的十七大报告中明确指出："坚持和完善公有制为主体、多种所有制经济共同发展的基本经济制度，毫不动摇地巩固和发展公有制经济，毫不动摇地鼓励、支持、引导非公有制经济发展，坚持平等保护物权，形成各种所有制经济平等竞争、相互促进新格局。"法律上的"平等"保护和经济上的"平等"竞争这"两个平等"是党的十七大在非公有制理论上的最大亮点。这给发展民营书业增添了信心。国家更加重视文化产业发展，对有志于从事图书策划出版的人来说，意味着一个更大更好的发展空间。中国书业必将会出现各种所有制的图书发行企业在同一政策范围下公平竞争的繁荣局面。从前年天津图书订货会上可以看到一个可喜的现象，即民营书业的异军突起，成为订货会的最大亮点之一。真正形成了国有、民营书业的同台竞争，真正实现了民营书业与国有书业在同一时间、同一地点、同等条件下的公平竞争。这无疑成为中国发行行业历史性进程的标志。

民营书业是新闻出版业的一支重要力量，发展非常迅速。近年来，国家全面规划并抓紧建设国家、省、市、县、农村乡镇和城市社区乃至行政村六级公共文化设施，很多民营书业企业为此也做了不少努力。例如，山东世纪天鸿书业有限公司是国内首家同时获得"出版物国内总发行权"和"出版物全国连锁经营权"两项图书发行资质的民营企业，是出版发行业第一家获得 ISO 9001 质量体系认证的单位。世纪天鸿秉承"继承文明、传播文化、严谨务实、追求完美"的企业精神，始终以"为受教育者提供优质产品"作为企业经营和发展的第一追求。该公司经过 10 年潜心经营，成功塑造了"志鸿优化"书业第一品牌的形象，形成了"优化设计""全优设计""志鸿导学"等 15 个子品牌和一部分补充品牌，已基本满足了中、小学同步学习及复习备考的需求。同时积极向电子产品、教育网站等信息化领域发展，旨在为广大师生提供先进的教学方式和教育信息。世纪天鸿以市场为先导，致力于图书营销模式的创新和市场营销网络的开发、建设，创造了"双赢模式""AC 营销模式"，形成了全新的经营理念和管理机制。目前该公司已建立起遍布全国各地的由 IT 网络支撑的 1500 多家代理经销网点和一支 400 多人的服务队伍，构建了布局合理的服务网络。他们正在规划建设中的现代物流基地，将使全国各地的客户能在更大程度上享受高效的、"零距离"的优质服务。他们在不断发展壮大的同时，牢记"教书育人"的本源性、公益性和教育服务机构的社会责任，以"产业报国"为使命，积极参与和组织社会公益活动，他们的"志鸿优化爱心万里行"大型公益助学已在全国 20 个省捐助图书和现金价值 3000 万元。像这样的民营书业具有很强的实力，我们利用优势要与他们合作，共同打造和谐的书业生态环境。

第三，"走出去"，到海外拓展市场。

国际化是当今世界出版产业发展的一大趋势。中国作为世界出版产业大国之一，理应开拓国际出版市场，参与国际出版产业的竞争，促进世界文化的交流。中国出版产业走向世界，首先是一项严肃的政治任务。通过出版物宣传介绍我国改革开放取得的成就，让世界了解中国，是我们责无旁贷的任务。因此，走向世界是新世纪发展中国特色社会主义出版产业的必然选择和必由之路。近年来，出版业在"走出去""引进来"方面取得了重要成绩，积累了一些经验，有的出版单位做了在境外建立出版或发行分支机构的尝试，但也确实还存在不少问题。今后国家大力实施中国出版物"走出去"战略，通过图书贸易、版权合作、合资联营等多种方式，扩大中国出版物在世界市场的份额，提升中国出版业在国际汉文化圈和西方主流社会的影响力。要灵活运用"借船出海"和本土化战略，支持重要出版单位和骨干发行企业到海外拓展市场。近年来我国在文化建设和"走出去"方面取得了不少成绩，版权贸易结构逐年改善，进出口比例缩小到 6∶1；实物出口总量逐年增加，图书出口达 730 多万册，是进口的 2 倍；"走出去"的渠道日渐多元化，实力日益增强。印刷加工贸易出口增长迅猛，成效显著。驻外新闻出版机构的数量不断增加，落地情况势头很好，一些已进入良性运转阶段。与外国当地公司合作开展的新闻、出版与发行业务成果显著。积极参加境外大型国际书展，努力打造北京国际图书博览会等展会平台，使其成为"走出去"的助推器。100 多家国际知名出版集团、传媒集团纷纷与中国出版企业或作者密切合作，合作成果达到几百项。但也仍然面临着很多问题。随着我国经济的发展，综合国力的增强，让中国文化进一步"走出去"，取得应有的地位，已是大势所趋。

"十六字"方针是在我国现阶段高速发展的形势下提出的，对推动新闻出版业大发展大繁荣具有重大的现实意义。未来中国新闻出版业的发展应当是科学发展，是靠各自发挥优势来发展的，这就要求我们必须物尽其力，人尽其才，各尽所能，开拓进取。我们有理由相信，一个具有中国特色社会主义的新闻出版业的大发展大繁荣的时代必将如期到来。

编辑工作要努力适应
新闻出版的新时代*

在庆祝中华人民共和国诞生 60 周年之际，作为一名老编辑工作者，回顾几十年来编辑工作的发展变化，深感我们的编辑工作应更好地与时俱进，适应新闻出版的新时代，现就多年从事编辑工作的实践谈一谈体会。

一、编辑工作从中华人民共和国成立就
受到党和国家的高度重视

编辑工作是出版工作的一个重要组成部分，是出版物内容质量的关键所在。中华人民共和国成立 60 年来，编辑出版工作始终是在国家政治、经济、文化的需要下开展，并且受到党和国家领导的高度重视，从而使编辑工作的制度不断建立和完善，传承中华民族优秀文化的优秀的编辑传统不断发扬光大。

建立编辑出版制度，提高出版物质量。中华人民共和国成立前期，党和国家就十分重视出版业的发展，1949 年 2 月就成立了中共中央宣传部出版委员会；中华人民共和国成立之时，政务院下设的机构就包括新闻总署、出版总署，并任命胡乔木为新闻总署署长，范长江、萨空了为副署长，胡愈之为出版总署署长，叶圣陶、周建人为副署长。1949 年 10 月在北京举行的全国新华书店出版工作会议，毛泽东为大会题词："认真作好出版工作。"朱德为大会题词："加强领导，力求进步"，并出席开幕式讲了话，他号召全

---

* 此篇原载《中国编辑》2009 年第 5 期。

国出版工作者准备迎接随着经济建设高潮而到来的文化建设高潮，勉励大家把《中国人民政治协商会议共同纲领》中"发展人民出版事业，并注重出版有益于人民的通俗书报"这一条变成事实，团结一切愿意和可能为人民的出版事业服务的人共同工作。1950年10月，政务院发布了《关于改进和发展全国出版事业的指示》，明确提出书籍、期刊的出版、发行、印刷是三种性质不同的工作，原则上应当逐步实现科学的分工。

中华人民共和国成立初期，出版总署用了很大力量来统一全国的出版事业，逐步做到了统一书籍编校制度、统一版本格式、统一书刊定价、统一书刊字体和版本记录、统一书刊稿酬、统一书刊进出口工作。对编辑工作也有高度的质量要求，这从编辑出版《毛泽东选集》的工作中看得出来。1951年10月《毛泽东选集》第一卷由人民出版社出版后，胡愈之在出版总署召开的庆祝会上说，希望从今天起，出版界开辟一个新时代，以这次《毛泽东选集》的出版工作为标准，不断提高质量，做到十分认真严肃，没有任何错误。其后，《毛泽东选集》第二、三、四卷，分别于1952年4月10日、1953年4月10日、1960年9月30日出版发行。1952年9月8日，出版总署发出的《关于执行〈关于公营出版社编辑机构及工作制度的规定〉的指示》指出，为保证国家出版物的政治质量和技术质量，公营出版社必须严格遵守以下规定：①设立总编辑为首的编辑部，并组成包括社外专家参加的编委会；②做出全年的选题、编辑、发稿、出书计划，并拟定每季每月的计划；③向著作人约稿应订立合同；④一切期刊、丛书的出版必须有编辑计划，并经出版行政机关审查批准；⑤每一书稿从采用到印制成书，应实行编辑初审、编辑主任复审、总编辑终审和社长批准的编审制度，以及编辑加工、设计、校对、印成后校读等基本程序；⑥编辑部对每一书稿都应负政治上与技术上的责任。这是我国第一次明确提出出版社对书稿应实行"三审制"。1954年1月16日，中共中央批发出版总署党组的报告指出：各级党委宣传部应经常检查和指导出版社的工作，帮助其充实必要的编辑出版干部，督促其改进编审出版制度，注意调查国家和人民对各类出版物的需要状况，正确地制定选题计划和出版计划。批语还针对今后加强并有重点地发展国营出版业指出，书籍出版不仅要有较高的质量而且要有适当的数量。1959年3月，中共中央发出《关于报刊书籍出版发行工作几个问题的通知》指出，各地增办了许多报刊和出版社，应着重整顿巩固，提高质量，办得不合理的应加调整，无力办好或不需要的应收缩；销售出版物，决不许强迫摊派。

重视教材和儿童读物的编辑出版工作。1959 年，中共中央和国务院发出《关于中小学和师范学校课本供应工作的通知》，要求中央和各地教育部门，凡有编辑课本任务的，都必须抓紧做好课本的编稿、审稿和定稿工作，使出版发行部门有 5 个月以上的印刷和发行时间。全部课本都要用洁白的纸张印刷，轻工业部必须在纸张供应的数量、质量、规格、时间等方面切实保证。在纸张供应发生困难时，一般出版物应当让路。1960 年 2 月，文化部党组、共青团中央书记处向中共中央上报《关于进一步改善少年儿童读物的报告》，提出四点建议：尽快建立一支强大的少年儿童读物创作和编辑队伍；加强领导，制订规划，大力提高质量，适当发展数量；有计划地改善纸张质量，逐步做到少年儿童读物，首先是中小学教科书全部使用好纸；做好农村发行工作，城市增添少年儿童的阅读场所。1962 年 5 月，周扬①向中央书记处并周恩来总理写了《关于高等学校文科教材编选情况和今后工作意见的报告》（以下简称《报告》），对如何组织编选教材的工作提出下列意见：①必须坚持党内外新老专家合作的原则。②在编书过程中必须保证学术争论的自由。③集体编书必须实行主编负责制度，以保证每本教材观点的一贯性和完全性。集体人数不能过多，一般三五人，至多 8 人、10 人；凡集体编选的书都要有主编，对全书的编选和争论的问题，主编有最后决定权；主编和所有写作的人都在书内列名，以尊重编选人的劳动，明确责任。④必须建立由专家组成的专业组，分别领导各专业的教材编选工作。⑤需要统一计划和调动组织全国的学术力量。《报告》还汇报了各组组长名单。这个报告经中共中央同意批转全国贯彻执行。

世世代代的编辑们为记载和传承中华民族的优秀文化做出了不朽的努力，从流传下来的一部部典籍来看，浸润了编辑们的无比智慧。也就

---

① 周扬（1908—1989 年），原名周运宜，字起应。作家，现代文艺理论家、文学翻译家、文艺活动家。历任数职，当时任中国科学院哲学社会科学学部委员、中共中央宣传部副部长。

是说，无论时代风云怎么变换，而编辑记载和传承中华民族的优秀文化的责任没有变，有时候编辑工作可能受到一定的挫折和影响，但编辑的优秀传统不会丢。持续 10 年的"文化大革命"给我国的出版事业带来了严重的摧残和破坏，出版管理机关基本瘫痪，许多出版工作者被下放劳动，书刊结构严重失衡。但在那个年代，我们的编辑工作也没有停止，编辑出版工作主要是毛泽东著作各种专集、汇编本、单篇本，另外也开始编辑出版一些历史典籍和群众急需的《新华字典》。

1958 年，毛泽东指示吴晗①、范文澜②，标点出版"二十四史"中的"前四史"（《史记》《汉书》《后汉书》和《三国志》）。经古籍整理出版规划小组研究，决定扩大为点校全部"二十四史"。1959 年作为国庆 10 周年献礼，《史记》出版发行。到 1966 年，《汉书》《后汉书》和《三国志》先后出版，其余各史也程度不同地做了点校或整理的必要准备工作。"文化大革命"开始后，整理出版工作停顿。1971 年 5 月，在毛泽东同意、周恩来的布置下，"二十四史"恢复整理出版工作，并口头指示：不要割断历史，要批判地继承研究，不单是"二十四史"问题，并增加《清史稿》的整理。中华书局再次调集白寿彝③、刘大年④、翁独健⑤、唐长孺⑥、启功⑦、周振甫⑧等一批专家学者，参加"二

---

① 吴晗（1909 年 8 月 11 日—1969 年 10 月 17 日），原名吴春晗，字伯辰，笔名语轩、酉生等，中国著名历史学家、社会活动家、现代明史研究的开拓者和奠基者之一。历任数职，当时任中国科学院哲学社会科学学部委员、国务院科学规划委员会委员。

② 范文澜（1893 年 11 月 15 日—1969 年 7 月 29 日），初字芸台，后改字仲澐（另一说字仲潭），历史学家。历任多职，当时任中国科学院中国近代史研究所所长、中国史学会副会长。

③ 白寿彝（1909—2000 年），中国著名的历史学家、教育家、社会活动家，《光明日报》的创办者之一。

④ 刘大年（1915 年 8 月 1 日—1999 年 12 月 28 日），历史学家。历任数职，当时任中国科学院近代史研究所副所长、中国科学院哲学社会科学部学部委员。

⑤ 翁独健（1906—1986 年），原名翁贤华，著名的史学家、教育家。历任数职，当时任中国科学院民族研究所副所长、中国科学院历史研究所研究员。

⑥ 唐长孺（1911—1994 年），教授。历任国家文物局古文献研究室主任，武汉大学中国三至九世纪研究所所长，中国科学院历史研究所研究员等。

⑦ 启功（1912—2005 年），字元白，也作元伯，号苑北居士。中国当代著名书画家、教育家、古典文献学家、鉴定家、红学家、诗人、国学大师。

⑧ 周振甫（1911—2000 年），原名麟瑞，笔名振甫。著名学者，古典诗词、文论专家，资深编辑家。

十四史"和《清史稿》的整理工作。到 1978 年,点校本"二十四史"和《清史稿》全部出版。

1970 年 9 月,科教组根据周恩来的指示,组织商务印书馆、北京大学中文系和北京市教育局等单位抽调专人组成"《新华字典》修订小组",周恩来在送审稿上亲自动手修改字典内容,还于 1971 年 4 月 12 日和 6 月 24 日两次接见了《新华字典》修订小组的代表,指示出版部门要千方百计降低成本,以减少群众负担,并特别嘱咐对边远地区群众购买字典要尽可能提供方便、满足要求。在周恩来的关怀和推动下,《新华字典》(1971 年修订版),终于在 1971 年 6 月正式出版,全国征订数高达 8482 万册。

二、编辑工作在党的十一届三中全会以后更加焕发青春活力

1978 年召开的党的十一届三中全会,不仅给我们的国家带来了新生,也给编辑出版工作带来了新生。1978 年 3 月,经中央批准,动用国家储备纸紧急重印了 35 种中外文学名著,并及时出版了一大批读者渴望已久的各种图书,这对于缓解十年浩劫造成的严重"书荒"起了非常积极的作用。同年 10 月,在江西庐山召开了全国少儿读物出版工作座谈会,对突破出书内容和出书方针上的禁锢、繁荣少儿读物方面起了重要的作用。我参加了这次会议,深受教益。在新时期出版工作的历程中,1979 年 12 月的长沙会议对于解放出版生产力,调动广大出版工作者的工作积极性,形成出版事业新格局产生了深远作用。1983 年 6 月,中共中央、国务院做出了《关于加强出版工作的决定》。该决定分析了出版工作所面临的形势,指明了出版工作的任务、性质和指导方针,对出版工作已经进行的改革给予了充分的肯定。1984 年在哈尔滨召开了全国地方出版工作会议,要求出版单位从单纯的生产型向生产经营型转变。此后,许多出版单位根据客观条件的变化,加强了内部经营管理,讲求成本核算,引进竞争激励机制,逐步适应了急剧变化的外部环境,形成了新的工作机制和竞争实力。

出版改革的成果集中体现在一大批重要的出版物得以问世。从 1989 年至 1993 年,《邓小平文选》一至三卷出版,为全党全国人民学习邓小平理论提供了最重要的教材,也是我国出版史上的一件大事。《邓小平文选》第三卷共发行 2000 多万册,成为新时期发行量最大的图书。在社会科学、文学艺术、科学技术等方面,也有大批精品与读者见面。《中国大百科全书》《汉语大字典》《汉语大词典》《中国美术全集》《机械工程手册》《中国医学百科全书》《中国农业百科全书》《英汉大词典》等都具有极高的学术价值和阅读价值。

改革开放 15 年之后,新闻出版事业在党的新闻出版工作方针的指引下,进行了深入的改革,新闻出版体制逐步摆脱计划经济的模式,已基本上完成了由生产型向生产经营型的转变。新闻出版业的实力大为增强,在社会主义物质文明和精神文明建设中发挥着越来越重要的作用。新闻出版业的大力发展也出现了一些新的矛盾,透视出需要解决的问题。例如:新闻出版单位增长过快、过猛,缺少合格的经营管理和编辑专业人员,致使书、报、刊出版质量参差不齐的现象日益突出,等等。于是,1994 年全国新闻出版局长会议开始提出了"阶段性转移"①,即推动新闻出版业由规模数量增长阶段向优质高效阶段转移的一个重要的工作思路,这一工作思路得到全国新闻出版界的普遍拥护和中央领导的支持;此后七八年,新闻出版署一直把"阶段性转移"作为一项重要工作来抓;实践证明了"阶段性转移"符合党中央、国务院改革开放的政策精神,顺应我国新闻出版业的繁荣发展的潮流。"阶段性转移"关键是编辑出版优质的出版物,这实际上是要求编辑工作有一个根本性的转变。

开展图书质量检查,努力提高图书编辑质量。图书出版以提高出版物质量为中心,真正达到优质高效,一个重要的措施就是图书质量大检查。通过检查发现问题、解决问题、提高质量。图书质量大检查时刻都没有放松。从 1993 年 10 月到 1994 年 1 月,对在京的 20 家出版社的 23 种图书编校质量进行检查,结果除 3 种图书是合格品外,其余 20 种均为不合格品,占被检查

---

① 见本卷第 524 页注①。

图书的 87.00%。1994 年 3—4 月，对 9 家出版社的 9 种大型古籍今译图书进行检查，结果均为不合格品，实在令人震惊。之后，对新闻出版署 16 家直属出版社出版的 32 种图书质量进行检查，结果是 22 种为不合格品，占被查图书总数的 69.00%。这说明图书质量问题十分严重。1995 年 4 月 11 日，新闻出版署发出《关于进行全国图书质量大检查的通知》。这次图书质量检查的重点是图书的编校质量。在这次检查工作的普查阶段，共检查出版社 520 家，占全国出版社总数的 92.70%，普查 1407 种图书的整体合格率为 59.35%。在抽查阶段，新闻出版署共检查了 5 个省、自治区的 10 家出版社和北京地区的 25 家中央级出版社的 35 种图书，整体合格率为 20.00%。检查结果说明，由于没有严格坚持必要的编校制度或编校工作不够认真，新闻出版署直属出版社的大多数被查图书的编校质量不合格，问题十分严重。新闻出版署 1995 年 3 月 2 日发文决定对 16 家直属出版社出版的 32 种图书，分别不同情况给予表扬、批评和处罚。

加强出版物审读工作，在全国建成审读网络。图书质量问题，更重要的是内容质量。为此，努力抓好导向，加强审读，多出内容健康向上的好书，是图书编辑出版的根本目标。图书出版管理确立了主要从审读入手抓质量的原则。建立健全审读制度，加强审读工作，表扬好的、批评坏的，并尽可能及早发现问题，将其制止在萌芽状态。1994 年 4 月，新闻出版署召开全国图书审读工作会议，建立了全国图书审读网。2000 年进一步采取措施，健全有关制度，调整和充实了审读队伍。

1998 年，是加强期刊审读、加强期刊出版管理力度最大的一年。当年期刊审读采取了两条措施：一是提高审读的综合分析能力；二是根据期刊出版的新情况，把市场调查与对有关期刊进行重点审读结合起来。抓"大"管"小"，建章立制，切实解决期刊出版的倾向性问题。

完善管理制度，建立质量保障体系。1997 年出台两项重要管理措施：一是《图书质量保障体系》。经过两年多的调研、起草和讨论、征求意见，《图书质量保障体系》于 1997 年 6 月 27 日批准实施。《图书质量保障体系》前后共修改 10 余稿，这是在全面总结和听取了中华人民共和国成立以来，特别是改革开放以来，图书出版、行政管理工作的经验、教训的基础上，第一次全方位、系统地从图书出版、行政管理、社会监督的全过程，对有关保障图书质量的法规、规定、制度、办法等进行清理、归纳，使之更趋规范化、科学化和系统化。《图书质量保障体系》的颁布与实施，对于提高图书出版整体水平，促进社会主义出版事业长期繁荣、健康地发展具有重要意义。二是实行重大选题备案制度。根据《出版管理条例》中"重大选题备案制度"的要求以及授权新闻出版署具体解释的情况，《图书、音像制品、电子出版物重大选题备案办法》下达实施。这个制度的出台，有效地扼制了滥出重大选题的现象，规范了出版秩序。

评选和表彰优秀出版单位，发挥先进典型的示范和引导作用。1994 年，中宣部和新闻出版署表彰了 30 家优秀出版社，推广他们的经验，起到了良好的示范作用。1993 年开始评选的"国家图书奖"，是中华人民共和国成立以来规模最大、规格最高的图书奖。有 400 家出版社申报 1105 种图书参评，评选结果有 135 种图书获奖。这些书体现了党的十一届三中全会以来我国图书出版业所取得的巨大成绩。与此相衔接的不同类别图书专项评奖也在进行，如少儿读物评奖、科技图书评奖，"五个一工程奖"中的图书评奖，首届"国家电子出版物奖"，以及首届"国家期刊奖"、第二届全国百种重点社科期刊评比工作等也受到极大的重视。1996 年举办了"中国出版成就展"和"中国少儿出版物成就展"两次大型展览，以此总结出版成就，影响和促进"阶段性转移"的深入开展。

催化编辑体制改革，促进编辑队伍建设。出版物的内容质量关键在编辑。"阶段性转移"的实施，对出版社的编辑体制是一个很大的冲击，使得各社不得不重视出版物的编校质量，面对严峻现实对编辑人员进行改革调整，使一些缺乏编辑知识功底、靠买卖书号而混日子的编辑无法再进行下去。各项出版法规的出台实施，促进编辑机制的改革，编辑的成分大致划分成策划编辑和文字编辑两类；有的社成立了策划部，瞄准了市场。不称职的编辑或改换部门，或调离岗位，整体来说提高了编辑队伍的素质，树立了新的编辑理念。

三、编辑工作在数字出版技术的渗透和出版新格局的重构中产生质的飞跃，应加快编辑整合，为新闻出版的大发展大繁荣做出历史贡献

中华人民共和国成立 60 年一个重大的出版贡献就是数字出版技术的发生，这是号称中国出版史上的第三次出版革命。我国古代曾经历了两次大的出版革命，或者称为浪潮。第一次是汉代发明的造纸术，这是出版介质材料的伟大革命，它简便易携，很快取代了竹木简牍、石碑等记载和传播文化的介质。第二次是宋代毕昇发明的活字印刷术，这是在发明纸的基础上一次复制方法的伟大革命，有了印刷术之后，才使得文化作品大批量地复制传播。现在的数字出版结束了纸张作为主要出版载体和活字印刷作为主要复制手段的历史。1975 年，北京大学王选教授对国家正要开展的汉字激光照排项目发生了兴趣，大胆选择技术上的跨越，直接研制西方还没有产品的第四代激光照排系统，终于 20 世纪 80 年代开创了汉字印刷的一个崭新时代，引发了我国出版业"告别铅与火，迈入光与电"的技术革命。数字出版包括传统出版业的数字化和新兴的数字出版媒体两方面的主要内容。事实上，在今天纯粹意义上的传统出版已不复存在，即使纸质出版物，其编辑出版流程也都离不开数字技术的应用。第三次出版革命已经进入了新闻出版领域的各个角落。

经过 30 年的改革发展，中国的出版业也经历了历史性变化，产品丰富、产业发展、实力增强。新闻出版总署于 2009 年 4 月初制定并出台了《关于进一步推进新闻出版体制改革的指导意见》，提出了重构出版新格局五大任务：一是全面完成所有经营性出版单位的转制任务，完善法人治理结构，建立现代企业制度，初步形成一套有效率、有活力、有竞争力的微观运行机制；二是以市场为手段，以资本为纽带，推动跨地区、跨行业、跨媒体、跨所有制的战略重组，开拓新的融资渠道，培育一批大型骨干出版传媒企业，打造新型市场主体和战略投资者；三是深化公益性出版单位的改革，按照增

加投入、转换机制、增强活力、改善服务的要求，真正建立以政府为主导、以公益性单位为主体的出版公共服务体系，更好地实现和保障广大人民群众的基本文化权益；四是进一步加快出版传播渠道建设，规范出版产品物流基地建设，形成统一开放、竞争有序、健康繁荣的现代出版物市场体系；五是深化行政体制改革，加快政府职能转变，真正形成党委领导、政府管理、调控有力、监管到位、依法行政、服务人民的宏观管理体制。对中国出版业来说，重构新格局必将带来新的前景，实现出版业大发展大繁荣有了新的动力，人民群众的基本文化权益得到有力保障，新闻出版体制改革的"一个体制、两个格局、三个体系"① 目标基本实现。给编辑工作也提出了新的要求。

出版科技的发展和出版新格局的重构使编辑工作产生质的飞跃，对编辑工作提出了更高的要求，编辑必须加快转型，以适应这个日新月异的出版新时代。我以为可以从知识、能力、技术、信息、意识、心理等几个层面提出编辑"整合"的基本要求，以作为提高编辑队伍素质的参考。

第一，知识层面的整合。知识是编辑工作的基础。古代编辑大多是集学者、作者、记者、编辑于一身的文化综合专家。今天，随着科技的发展和社会的分工，编辑作为一种独立的职业也随之产生。每一种传播方式都造就了一种新的媒体，每一种新媒体又造就了一种新类型的编辑，但无论何种媒体编辑，都是对人类知识信息进行选择、优化和加工，在这个层面上都具有同一性。媒体的融通与交互成为必然，多媒体复合型的编辑成为编辑行业发展的新趋势。渊博的学识是编辑工作的基础。纵观新闻出版史，凡是杰出的编辑，几乎都是学养丰厚的文化人，如瞿秋白、邹韬奋、范长江、恽逸群、胡乔木、邓拓等等，个个都既是政治家，又是有丰厚学养、才华横溢的文化人。编辑工作又是一门渗透力特别强的专业，各种学科、各行各业、各个领

---

① "一个体制"即：党委领导、政府管理、行业自律、企事业单位自主经营的宏观管理体制。"两个格局"为：以国有为主导，多种经济共同发展的产业格局；以民族文化为主，吸收人类优秀文化共同发展的开放格局。"三个体系"是：一个统一开放、竞争有序、健康繁荣的市场体系；一个以人为本、面向基层、惠及大众的公共服务体系；一个技术先进、传输快捷、覆盖广泛的传播体系。

域，它的触角无所不及，编辑还必须具备尽可能广博的知识，涉猎的知识越博越好。在这个数字出版的新时代，编辑的知识结构亟须整合。

第二，能力层面的整合。现在是市场经济社会，编辑需要有驾驭市场的能力。策划能力是出版业市场化的必然要求，其对出版社现行的内部体制将产生重要的积极作用。编辑、出版、发行是传统的出版组织机构，体现着出版社基本的运作模式。策划编辑的出现把出版的各个环节内在地有机地联系在一起，编、印、发完全纳入了策划人的运作体系，成为实现策划意图的工具。策划编辑植根于编辑，但事实上从业能力要远远高出一般的编辑，它扩大了编辑工作的视野和职能，突出了编辑工作在整个出版工作的中心地位，使编辑工作成为充满活力的体系。

第三，技术层面的整合。数字出版时代，编辑最关键的是掌握先进的出版技术。编辑要在市场经济运作和高新技术发展的条件下成长，必须掌握电子计算机技术和网络技术，无论是利用网络及时了解信息策划选题，还是利用终端对书稿进行审读加工，或是在电子计算机上进行多媒体的组合，这已成为做好编辑工作的一项新的基本功。作为新时代的编辑，熟练运用计算机和网络是编辑在原有基础上有所作为的基本阶梯，我们只有精通了这些，才能赶上信息时代的步伐。

第四，信息层面的整合。编辑工作是对知识信息的处理和选择，也可以称为把关。在信息爆炸时代，更要求编辑人员敏锐地透过纷繁复杂的信息表面把握时代的脉搏，抓住本质的东西，对信息进行一定的建构、整合、加工，对精神产品进行整合和优化，从而给文化传播带来生机。面对一个没有疆域的巨大的信息海洋，网络时代的编辑主体必须对信息进行整合、建构，为各层次的受众提供有价值的信息，开拓信息传播的绿色空间，实现信息的有机平衡，达到质与量的和谐统一。

第五，意识层面的整合。处在市场经济条件下的编辑，必然具有市场竞争意识。编辑所面对的是一个特殊的文化市场，编辑在文化市场中的功利性竞争表现为尽最大可能推出满足人的精神需求的文化产品，从中得到最大的物质回报。这需要与中国编辑的传统美德意识相整合。在市场经济中，编辑仍然需要强烈的社会责任感。社会责任感与市场竞争意识相结合，就使得编辑在市场经济条件下，能够驾驭文化市场沿着正确的方向前进。编辑的传统美德意识与市场意识应当是统一和谐的，应当成为新的更高层次的组合。

第六，心理层面的整合。数字出版时代，快捷方便，但也会遇到各种各样的干扰和麻烦，给编辑增加心理负担，这就要求编辑进行心理层面的整合，顶住各种压力和干扰，全身心地投入工作。编辑选择稿件处理信息的过程是一个寻觅科学真理的过程，各种不同理论、不同观点、不同学派交叉碰撞、相互竞争是不可避免的，这时编辑要站在科学公正的立场上看问题，允许百花齐放、百家争鸣。编辑以发展的眼光、科学的态度对待学派间的理论争鸣，为争鸣者提供均等的机会和条件。能否排除干扰，坚持科学态度，用科学的方法从事编辑活动，往往是对编辑心灵的考验。

中华人民共和国的编辑工作已经走过光辉的 60 年。如今，数字出版浪潮汹涌澎湃，出版新格局的重构迫在眉睫，作为编辑只有自强不息，重塑自我，努力适应新闻出版的新时代，才能够为人类文化建设事业做出历史性的贡献。

阅读的未来[*]

今年 4 月 23 日是世界第 15 个读书日，我国的读书日虽然至今还未确定，但第二十届全国图书交易博览会选择在 4 月 24 日开幕，显然旨在推动我国全民阅读活动。

关于全民阅读，温家宝总理已经发出"全社会都读书"的号召，并提出"愿意看到人们在坐地铁的时候能够手里拿上一本书"的期望。中央和国家十几个部委也于 2006 年向全国联合发出通知，号召掀起全民阅读的热潮。全国有 26 个城市扎扎实实开展了"读书月"活动，各界学者、专家纷纷撰文为开展全民阅读活动鼓与呼。自 1999 年开始，新闻出版总署委托中国出版科学研究所开展全民阅读调查，每 2 年进行一次；从 2007 年开始，调查改成 1 年一次。国家每年投入 200 万元经费，这足以证明政府对全民阅读的重视。调查随样本采集，数据分析规范，这项调查活动的影响不断扩大，越来越得到行业和社会的关注。纵观 6 次调查结果，可以清楚地看到我国国民阅读率呈现持续走低态势，1999 年为 60.40%，2001 年为 54.20%，2003 年为 51.70%，2005 年为 48.70%，2007 年 48.80%。2009 年 4 月 23 日前，发布了第 6 次全民阅读调查的主要数据，2008 年我国全民阅读率为 52.45%，尽管比上次调查增长 3.65%，但比 1999 年的 60.40% 还是下降了 7.95 个百分点。我国国民年人均阅读图书 4.5 本（人均图书消费 1.75 本），远低于韩国的 11 本、法国的 20 本、日本的 40 本、以色列的 64 本。法国只有 6000 万人口，图书销售量近 5 亿册。我国 13 亿人口，销售图书却只有 60

---

　　* 此篇原载《第 20 届全国图书交易博览会特刊》2010 年 4 月。

多亿册。

尽管我们有一些地方性的读书节、读书月之类的活动，但全民性的国家"读书节""读书日"仍然是空缺。建立国家的"读书节""读书日"，是提高全民文化素质的迫切需要。今天，我国综合国力不断提高，人民群众生活不断改善，但国民阅读情况却不尽如人意，改革开放至今天，国民阅读率比11 年前仍降低近 8 个百分点。

世界由物质构成，但精神是物质的客观反映，又反作用于物质，促进物质变化与发展。这是普通的唯物史观。今天，我们国家正在全面建设小康社会，物质生活的丰富与提高，必然促使精神世界发生变化，而精神世界的变化又反过来作用于物质世界的建设与发展。物质文明建设与精神文明建设相辅相成，物质文明发展必将对精神文明建设提出与之相适应的客观要求，精神文明建设的程度同时也必将对物质文明建设产生影响。目前，我国经济的高速发展和国际地位的日益提高，更显露出我国社会文明程度和国民文化素质不相适应的差距。GDP 增长与全民阅读率下降形成分叉升降趋势，这不能不引起大家的高度重视。

阅读是传承文明、更新知识、提高民族素质的基本途径，读书是提高人的文化素质的基本方法。社会文明程度依赖于国民文化素质的高低，也就是说，国民文化素质直接影响社会精神文明的建设，国民素质若不能与经济发展同步提高，终究要制约阻碍经济的发展。在我国，近"半数国人不读书"的调查数据，使社会各界深感不安，不少专家、学者利用各种场合高呼"拯救阅读"！

民族要发展、国家要振兴，全民文化素质必须提高。因此，提倡全民阅读是一项长期工程、基础工程、国家工程。在美国，各社区都有图书馆，任何人都可以进图书馆阅读，各大型图书馆和大学图书馆，都无条件向公众开放。德国、法国、英国，都设有国家阅读基金，通常由国家领导人担任主席或名誉主席，有的由总统夫人担任国家阅读促进会的主席。要实现党的十七大报告提出的："建设全民学习、终身学习的学习型社会"的目标，需各界共同努力。

当前，除了阅读率下降外，阅读方式也呈现出数字化、多元化、个性化趋势，这可说是阅读的未来方向。在线阅读大规模发展和流行，网络阅读、手机阅读、阅读器阅读、数据库搜索、博客图书、电子期刊等新兴媒体不断涌现，这对传统的阅读模式是一个冲击，必然促使阅读方式发生变化。互联网提供的阅读内容越来越海量，阅读载体也越来越环保、经济。据悉，2007年中国网民达 1.82 亿人，2008 年网民数量达 2.44 亿人，网络阅读还将迅速增长。让我们担忧的不是由此带来的阅读习惯的改变，而是以"浏览"替代"阅读"，有可能造成国民思维能力弱化的趋势。当然，电子网络阅读的兴起和盛行是不可逆转的趋势，我们应该支持。值得我们重视的是，网络阅读与传统阅读之间不能替代，时间上的替代，可能造成内容上的缺失，造成"阅读泡沫"的假象。

阅读有深浅之分。纸质图书阅读是线性的、连续的，它的优势在于可以进行深入研读、品味细节、交流学术思想，同时也有助于培养阅读者的抽象思维能力；而网络阅读侧重于形象思维，它具有快餐式、浏览式、随意性、跳跃性、碎片化等特征。虽然浅阅读也存在于传统阅读之中，但是它的问题在网络阅读中更加明显突出。假如只满足于网上便利的超链接，忽略细致深入的思考，思维会趋向平面化；过多地依赖搜索引擎，习惯于寻找现成信息答案，势必纵容思想懒惰，久而久之，思维能力必定弱化。

另一个不可忽视的问题是阅读的功利性、实用性倾向。据统计，在全国有限的人均购书中，8 成是课本教材。在各大书店的销量统计中，教材参考、考试辅导类书籍占了很大比重。一种新的"读书有用论"正在悄然流行，非"有用"的书不读，"有用"的定义在这里变得十分狭窄。

浅阅读的盛行和功利性阅读的泛滥是未来阅读的敌人，它折射了世风的浮躁、浮华。阅读，决定着一个民族思维的深度和高度，对文化传承、国家发展有着重要的意义。阅读传统的丢失如果发展下去，国人将失去精神归依，整个民族会沦为浅薄、无根。浅薄、无根的民族是不能强大的。大家行动起来，积极倡导全民阅读，深扎 5000 年文明之根，让中华民族永葆智慧、青春，巍然屹立于世界民族之林。

一鉴尽览新闻春秋　卅年精塑出版经典

——写在《中国出版年鉴》创刊 30 周年之际*

2010 年，《中国出版年鉴》创刊 30 周年。在中国的改革开放刚刚走过 30 年光辉历程的时候，今年我们迎来了《中国出版年鉴》创刊 30 周年，很容易看到《中国出版年鉴》与中国改革开放的密切关系。

《中国出版年鉴》是我国改革开放的产物。我国整个年鉴事业的勃兴发展也是从党的十一届三中全会以后才开始。1979 年，邓小平同志在拨乱反正、百废待兴之时曾经指出："编辑出版年鉴，很有必要，这是国家的需要，四化建设的需要。"也正是在 1979 年 12 月 20 日，中国出版工作者协会宣告成立，根据当时国家出版局①领导决定，由国家出版局研究室具体负责，以中国版协的名义编辑《中国出版年鉴》。当时担任中国版协副主席的陈原先生在筹备编辑《中国出版年鉴》创刊号的过程中做出了很大贡献，原国家出版局代局长陈翰伯同志对创办《中国出版年鉴》的工作给予大力支持和帮助。《中国出版年鉴》于 1980 年创刊。中国版协名誉主席胡愈之写了发刊词。《中国出版年鉴》创刊之后，由商务印书馆和中国书籍出版社先后出版，1993 年开始使用国际标准刊号、国内统一刊号出版。每年 1 卷，至今已出版 30 卷。

---

* 这是于友先同志 2010 年 10 月为庆祝《中国出版年鉴》创刊 30 周年撰写的文章。原载《中国出版年鉴》2010 年卷。

① 国家出版局，当时的全称是国家出版事业管理局，直属国务院；1982 年 4 月再次并入文化部，称文化部出版事业管理局，1985 年 7 月改称国家出版局。详见本卷第 865 — 866 页；《发展繁荣我国出版业的几点思考》之《一、简要的历史回顾》。

《中国出版年鉴》的创刊可以说是新闻出版业的一件大事，它是业内最早的一部年鉴，至今也是业内唯——一部综合性的年鉴。中宣部出版局、新闻出版总署和中国版协对《中国出版年鉴》的工作都给予了热情的关怀和支持。《中国出版年鉴》的编辑和领导力量业也在发展过程中不断充实加强，总署各司局负责同志以及各省、自治区、直辖市新闻出版局和版协的领导同志出任《中国出版年鉴》的编委。《中国出版年鉴》经过30年的建设发展，忠实记录了我国新闻出版事业改革开放、发展繁荣的全部历程，成为中国新闻出版历史发展的里程性的文献实录，也成为世界了解中国新闻出版业的一个窗口，同时，年鉴也与时俱进，逐渐形成了自己的风格和特点，树立了一个年鉴品牌，在业内外享有很高声誉。

《中国出版年鉴》创刊30周年之际，也是给我们一个认真总结和思考的大好时机。作为一个长期在新闻出版业工作，尤其现在进行本年鉴管理研究工作的老同志，对《中国出版年鉴》有着深厚的情感，和大家的心情一样，时刻关心《中国出版年鉴》的未来发展，因此，借此机会就本年鉴的发展谈谈感想。

一、博——博望内外，坚持导向，承载迈向新闻出版强国的史实

《中国出版年鉴》多年来坚持正确的舆论导向，为党和国家的大政方针以及出版业的中心任务服务。同时通过栏目设置、文章选择、观点提炼等，实现年鉴的导向价值，发挥决策参考作用。这直接从年鉴的《特载》《专论》和《法律法规》等栏目里可以看得出来，有些卷虽说没有标明《特载》和《专论》等栏目名称，但在内容里都反映出来了。

《中国出版年鉴》的《特载》栏目全部置于各卷卷首，以显示其特殊性和重要性，尤其最近几年的年鉴都有《特载》的专栏。《特载》的内容主要反映党和国家领导人有关新闻出版方面的重要讲话和活动，它体现党和国家对新闻出版的重视，又告诉人们国家对新闻出版的方针政策和导向。《中国出版年鉴》从创刊号1980卷开始至今，先后刊载了胡耀邦、江泽民、朱镕

基、胡锦涛、温家宝、习近平等领导同志的讲话和活动,给新闻出版业以极大的振奋和鼓舞。《特载》的内容还反映了中宣部、新闻出版总署领导同志的重要讲话和活动,尤其对每年的全国宣传部长会议和全国新闻出版局长会议都做了详细报道。《特载》栏目加强了《中国出版年鉴》的导向性,不唯《特载》栏目,其他栏目也同样具有导向性。所选入文章的作者多为从事新闻出版的管理者和专门研究这个领域的专家学者,同时也有一些富有力度深度的文章,内容都体现了导向性,卷卷给人耳目一新的感觉。

《中国出版年鉴》今后更要坚持并加强导向性,把坚持导向性作为一个优良传统。《中国出版年鉴》今后的导向性已经十分明确了,柳斌杰同志在2010年全国新闻出版工作会议上做的主题报告《改革创新,科学发展,推动我国向新闻出版强国迈进》中提出:"今后十年我国新闻出版工作的主攻方向和新闻出版业的发展目标确定为:向新闻出版强国迈进!"他又具体谈到今后10年我国建设新闻出版强国的发展目标是:到2020年,新闻出版产业总产值占当年全国GDP的5%左右,成为国家经济发展的重要产业;基本实现全国年人均消费图书6册、期刊3.2册,报纸每千人日130份以上,数字媒体等新兴产业的发展达到世界先进水平,特别是要使新闻出版业发生质的飞跃,形成有利于新闻出版科学发展的新格局。这是一个振奋人心的目标和导向,更激发我们《中国出版年鉴》前行的信心。毫无疑问,《中国出版年鉴》要承载全面反映新闻出版强国史实的重任,进入一个动人心魄的新闻出版新境界,给从事年鉴编辑工作的同志提出了很高的期待。

博望内外的含义:一是内,新闻出版行业内的情况,我们都要看到,现在新闻出版业的发展速度很快,形式也多样化,无论怎么千变万化,年鉴都要反映出来,尤其我们是一部综合性的年鉴,在业内的涵盖力要强,不能留下历史的遗憾。二是外,就是介绍国外的新闻出版信息,为我国参考借鉴。向新闻出版强国迈进,学习一些新闻出版强国的经验是很直接的,十分必要的。《中国出版年鉴》最初几卷就有比较宽广的国际视野,1981年卷专设《国外出版资料》一栏,介绍了多个国家的出版情况。1984年卷《纪事》栏的"国际出版交流"中有《莫斯科国际书展见闻》等文章,1985年卷也有日本、英国、北美出版情况的介绍,1989年卷有《美国出版业考察观感》一文,等等。最近几卷设置了《世界出版》栏目，介绍一些外国的新闻出版情况，内容也逐步增多，今后还应该加强，扩大分量，开拓出版年鉴的宏观视野。

二、大——大量信息，方便实用，更好地为新闻出版业服务

《中国出版年鉴》是一部全面反映中国新闻出版领域各方面的发展、变化的年度工具书，因此说它应有更加广泛的实用价值。有没有实用价值，要看它在业内的查阅利用情况。如果在业内被广泛地使用，人们离不开它，那么这部年鉴就拥有了很高的实用价值，年鉴也就是为新闻出版业很好地服务了。年鉴要实用是业内的共识。年鉴所收集和提供的信息具有双重的价值，一是保存史料，一是服务现实发展。因此，在年鉴工作中，要正确处理好为现实服务和存史的关系。过去总认为，年鉴是史册，主要是为后人编史修志和研究历史积累史料服务的。而现在，在年鉴工作的指导思想上，首要强调的是为现实发展服务，也就是通过服务大大增加年鉴的实用价值。胡愈之同志在发刊词中讲道："通过这部年鉴的出版，让全国读者、作家、编辑、出版工作者、印刷工作者、发行工作者同心同德，奋发图强，改进我们的出版工作，加强我们的出版工作。"这也就是《中国出版年鉴》的出版目的和历史使命。"改进"和"加强"，把这部年鉴提到应有的高度，说明了老一辈出版家对这部年鉴所寄予的厚望。通观《中国出版年鉴》这30年的奋斗历程，其改进和加强出版工作的要义就是树立努力为新闻出版业服务的意识，有了服务意识，就会处处为新闻出版业的实际着想，导引思考，提供查阅利用的方便，其改进和加强出版工作的功能就越发挥得到位。

《中国出版年鉴》是一部综合性的年鉴，系统汇辑上一年度重要的出版业的文献信息，逐年连续出版，既是标示中国新闻出版历史发展的里程性的实录，又具有纵横参照的可比性，集万卷于一卷，缩一年为一瞬，成为中国新闻出版业知识密集、信息密集、时间密集和人才密集的权威性、资料性工具书。它综合了新闻出版业各个方面的信息，如图书出版、报纸出版、期刊出版、音像电子网络出版和数字出版、动漫出版和网络游戏出版、印刷复

制、出版物发行、版权工作、出版队伍建设与出版学教育、新闻与传媒、编校、设计、广告、出版文献与出版史研究、各地出版，还有新闻出版总署各司局、中国版协及各有关专业协会、学会、委员会，各省、自治区、直辖市新闻出版局或版协的年度工作综述分析，全国新闻出版年度统计数据，等等，是我们业内信息的大容量器。不少同志说一册《中国出版年鉴》在手，全国出版一览无余，也正道出了这部年鉴的大信息的优势特点。

《中国出版年鉴》创刊30年来，在如何方便读者、更好地为新闻出版业服务方面进行了不懈的探索努力。资料收集在不断扩大，尽量提供详细的信息。例如，在2009卷各地出版栏目中，增加了出版社、报社、期刊社等出版单位名称与统计资料，以此一览该地区新闻出版的规模概况。同样在本卷《新闻出版机构名录》栏目中，增加各省所辖有关地市新闻出版局信息，以促进更广泛的地域出版交流。又如，《记事》栏目从1983年卷到2001年卷，一直保持年度出版纪事、年度重要出版纪事、专业性大事记三部分的格局。"年度出版纪事"采用编年体的写法，按时间先后逐月逐日记载出版界大事、要事、新事，次序分明、简洁明了。"年度重要出版纪事"记载业内一年中的重大、特大事件，往往以事件为中心编辑成一个个小专题，内容全面，手法灵活。"专业性大事记"以工作门类划分为"业界动态""表彰评奖""报纸期刊"等多个部分，各部分内事件记载的前后顺序一般不以时间为序，而是以事情大小重要程度为序。随着新闻出版形式、内容的不断丰富，《记事》栏目从2002年卷至2008年卷按出版门类分类处理，记事条目前后安排一般以时间先后为序，并在总目录上一一标注各记事小标题。从2009卷开始，综合了以上年鉴各卷记事的优点，记事分为按月记事和专类记事，按月记事以时间先后为序，每事记载简明扼要，且涉及面较宽、信息量大。专类记事则拣重要事记，一般的事情就略去，叙述内容稍多，但仍欠详细。到2010卷则又做改进，专类记事中，特别重要的资料如一些重点出版项目、重要事情经过等详细载录，极大地方便阅读和查考。

国外许多畅销的年鉴多从实用性上着笔。例如，《世界年鉴》每年销量100多万册，最多达150余万册，畅销原因主要是该书信息量大，资料丰富，有时设置50个篇目，约3000个栏目，近万个条目，一般读者在这本书里面都可查到所需的最近年度的信息和相关历史资料。再是资料本身受众面广、贴近生活、贴近读者，为大众所喜爱，同时也刺激读者的消费需求，扩大年鉴的发行量。今后年鉴仍要继续探索解决实用性的问题。信息量大、资料性强不一定就是实用性强。一部年鉴，成千上万个资料数据，数千条史实信息，资料收录是否合适，编排是否科学得当，最终要靠读者检验。作为年鉴的编辑者要考虑方便检索信息，读者拿到年鉴是想尽快获取对自己有用的信息资料，如果太费时费力，读者就不要它了。有些内容编排是需要继续探索的。例如，《中国出版年鉴》的《每社一书》《推荐书目》栏目，条目繁多，目前的顺序是以出版社的名称编排。但是，作为图书介绍，是否按图书类别排序实用性更强一些？读者所需要的图书，很快就能查出来，不用从头看到尾了。

三、精——精选提炼，佳构内容，厚重新闻出版业的年鉴品牌

《中国出版年鉴》相当一部分内容是从全国各种媒体上选摘出来的。当今是知识爆炸、高速增长的时代，把一年里极为海量的新闻出版信息内容熔铸到一册之内，确实不易。我们深刻认识到，做年鉴实际就是做内容，把各种信息有机联系在一起，做成一部使内容更新颖的年鉴大书，要看编辑的水平。现在社会上有一些轻视文选编辑的思想，认为这无非是把别人的文章选编到一块，随便编编就行了，体现不出学术水平。其实，文选之类的书籍，编成一般的较为容易，但要编好却很难。

年鉴是很富于学术品位的。学术是行业研究的最高表现，年鉴具有这个特点。年鉴的学术性有两点：一是把年度最好最高的研究信息成果等记载下来；二是年鉴的编排体现出学术性。没有学术性，就不深，不会流传下来。编年鉴，就是编信息、编学术。年鉴本身就是学术的象征，而不是简单的资料堆砌。年鉴的选文分类，就很有学术品位。年鉴的内容有没有学术性，要看编辑们的慧眼提炼。孔子编辑先秦典籍，体现了那个时代的文化价值，至今仍放着光华。例如，清代吴楚材、吴调侯编选的《古文观止》，较之其他

选本，阅读方便，查看快捷，使读者对清代之前的散文史认识清楚、印象深刻。所以，其权威性至今难以动摇，仍影响巨大。我们期望《中国出版年鉴》能够很好地做出学术水平，像《古文观止》的编选者一样，选出新闻出版界叹为观止的佳作来。

《中国出版年鉴》创刊 30 年来，在选文、编辑方法上等都做了积极探索，取得了一定的收获，总的看是采取全文、摘编和索引相结合的编辑方法处理信息。这三种方法，只不过是在年鉴相对的阶段有所侧重罢了。最近两卷，索引较多，每卷索引论文 1 万多篇，每篇均提示文章篇名、作者、出处、出版时间，文章摘编次之，每卷摘编文章 300 篇左右，每篇摘编 500—1000 字，全文再次，每卷有几十篇。究竟什么样的篇章结构合适，可以继续探讨。《中国出版年鉴》在栏目构建上也不断思考和探索，根据中国新闻出版业的发展态势调整和增设栏目，不断创新编辑理念，力求年鉴的权威性、系统性和实用性，努力做到全面展示中国新闻出版业的崭新面貌。目前基本形成了固定的有特色的栏目，如《卷首语》《总类》《特载》《专论》《综述》《记事》《重点关注》《出版会展》《军队出版》《各地出版》《部门规章与规范性文件》《理论与实践》《出版文献与出版史研究》《出版人》《出版物》《每社一书》《推荐书目》《编辑出版学著作》《世界出版参考》《新闻出版资料统计》《新闻出版机构名录》《新闻出版界巡礼》等等。忠实记载中国新闻出版的年度发展历程，新闻出版时代风云，一鉴尽收。

《中国出版年鉴》办了 30 年，在新闻出版界已经初步形成自己的品牌，这个品牌也是全国新闻出版人团结协作的成果。我们的编辑工作始终在新闻出版总署、中国版协领导的精心指导下进行。总署各司局，各有关专业协会、学会、委员会，各省、自治区、直辖市新闻出版局或版协，都认真总结和研究工作，切实提供信息及统计数据。中央和各地出版单位提供了《每社一书》和《推荐书目》的信息资料。这些都从各个角度对《中国出版年鉴》给予高度支持。各地出版编辑组的同志，按照编辑部的组稿要求，认真撰写本地的概述，同时又向各个出版单位收集资料，不厌其烦，这种精神非常感人。各地出版栏目一年比一年办得好、办得活，从地域的角度对《中国出版年鉴》进行全景式的建构，进一步提高了年鉴的编辑出版质量。

我们不会忘记，全国一批实力雄厚、改革进取、思路超前的出版单位对《中国出版年鉴》工作的鼎力支持，他们用辉煌的业绩为《中国出版年鉴》增添光彩，实践也越来越证明新闻出版单位的形象展示是提高年鉴质量的一个重要方面。

《中国出版年鉴》的品牌正在形成，今后需要我们的加倍呵护和厚重，我们树立品牌意识，加快实施品牌战略，重视品牌形象的培育，把这个品牌做大做强。

四、深——深度分析，不断创新，
铸造传世的新闻出版编年史

《中国出版年鉴》创刊 30 年来，组织了一些对新闻出版综合分析的文章，颇有见地，在业内产生了深刻影响。年鉴的《综述》栏目《各地出版》栏目就是对全国新闻出版某一方面、某一地域管理工作的总结分析，有理有据，具有权威性。另外还有对有关出版现象的分析，给业内以深刻启示。深度分析的文章今后应再进一步做下去。《中国出版年鉴》于 1994 年卷开辟《出版工作论点摘编》栏目，坚持到 2001 年卷时又增加《出版热点视角》专栏。这两个栏目都以摘要形式出现，均反映出版改革探讨中出现的新见解、新观点、新思路，以及出版界广泛关注的文章。这些文章都为《中国出版年鉴》增添了时代气息，扣住了出版改革的脉搏。后来，2002 年卷开辟的《新闻出版工作论坛》栏目，将文章、文摘、报刊文论编目合为一体，更增强了栏目功能。2003 年卷之后开辟《理论与实践》栏目，其中细目更多。

《中国出版年鉴》不断创新，与时俱进，对业内新生事物给予关注，把具有发展意义的新生事物总结出来，放到突出位置。例如：《中国出版年鉴》2008 年之后的几卷，就把动漫出版和网络游戏出版以及数字出版等发展性的事物专设栏目，加大选录分量，表现了对出版新生事物的关照。并且设置了《重点关注》栏目，把一年来的出版新动向、创新事物以及重要的新闻出版活动单列出来，勾勒一年内开展的重大出版活动，彰显年度出版特

色，突出新闻出版的年度重点、热点、亮点；2009 年卷设置《奥运主题出版》《纪念改革开放 30 周年专题出版》《抗震救灾专题出版》《新闻出版体制改革》《出版产业》《农家书屋与三农出版》《全民阅读》《走出去》等专题栏目；2010 年卷除了年度的新发生的现象如纪念中华人民共和国成立 60 周年专题出版、民营书业、民族出版等之外，对一些重大的连续性的新闻出版工作如新闻出版体制改革、出版产业、农家书屋与三农出版、全民阅读、走出去等专题也在《重点关注》栏目中再次出现，这些内容都跳动着时代的脉搏，具有创新意义。

年鉴的创新充分体现在栏目的设计、内容的取舍上。一个"鉴"字容含了年鉴工作者的创新精神。不"鉴"的材料是不能入围年鉴的。以"年"为时间单位记载事情是十分繁杂的事情，一年的时间不算太短，做过的事情不计其数，都记载下来没有可能，也没有必要。怎么记这一年的事情？于是我们采用了"鉴"。《说文》曰："鉴，大盆也"，是大型盛水器，一个重要作用是盛水以为镜子之用；《广雅》就说"鉴谓之镜"。《新唐书·魏徵传》中曾载，（唐太宗）叹曰："以铜为鉴，可正衣冠；以古为鉴，可知兴替；以人为鉴，可明得失。"所谓"以史为鉴"即其功能性作用的引申。鉴有鉴别、鉴戒、鉴定之意。年鉴是编年史的一种文体，就是对这一年发生的事情鉴别取舍，把有价值的信息集中记载下来，作为一面镜子照给后来。年鉴所选的每个材料都应该是有用的、不多余的，能够作为后来的镜子所用。对所选材料的归类架构也可以看出来编者对事物的认识水平和创新精神。例如，《史记》是西汉司马迁撰写的史学名著，其《本纪》栏目是帝王的传记，司马迁却把项羽放入《本纪》，以非常饱满的热情来写这位失败英雄；《世家》是记载诸侯国之事的，司马迁把孔子和陈涉也列入《世家》，反映了作者进步的历史观。司马迁在选取人物时，并不是根据其官职或社会地位，而是以其实际行为表现为标准，如他写了许多诸如游侠、商人、医生、倡优等下层人物的传记。在司马迁心目中，这些人都有可取之处。一部《史记》贯穿了司马迁的创新精神！《中国出版年鉴》要学习古人修史的方法和精神，不断创新，力争铸造传世的中国新闻出版编年史。

《中国出版年鉴》已经走过了 30 年的光辉道路，它是中国新闻出版改革发展的一个缩影，给新闻出版业留下了无价之宝。《中国出版年鉴》有了30年建设的较好基础，基础好固然是优势，但同时也提升了进步的高起点，未来任务更加艰巨而光荣。我们只有珍视和利用这个基础继续努力，进一步提高办刊质量，促使《中国出版年鉴》进一步发展，给这个万众一心向新闻出版强国迈进的轰轰烈烈的时代一个美好交代。我衷心希望同志们在30年的基础上继续前行，努力奋斗，创造年鉴新的业绩。

一位同志在《中国出版年鉴》工作会议上所说的一句话至今深情绕梁："中国新闻出版业的车轮滚滚向前，而留下的唯有年鉴！"因此，也请业内一如既往地关心支持年鉴。祝《中国出版年鉴》兴旺昌隆，再上新台阶！

共同促进亚太各国间的出版合作[*]

尊敬的布汉主席：

尊敬的各位代表：

女士们、先生们：

大家好！

很荣幸来到文莱参加本届亚太出版商年会并在论坛和各位进行交流，我发言的题目是《共同促进亚太各国间的出版合作》。

我们都知道，亚太地区出版市场发展速度很快，潜力巨大。亚太地区有世界人口大国中国、印度等发展中国家，也有日本、韩国等掌握高新技术的出版发达国家。我们如果从经济发展的大背景来观察，则更会一目了然。2000 年以来，亚洲国家生产总值年均增长超过 6%，对世界经济增长的贡献率平均达到 20%。目前，亚洲经济总量占全球的 1/4，贸易总额占全球的 1/3，外汇储备占全球的 3/4，是当今全球经济最具活力和潜力的地区之一。前不久，中国的温家宝总理在访问印度时指出：21 世纪是亚洲的世纪。美国微软公司董事长比尔·盖茨也曾预言，下一个成功的"盖茨"将来自亚洲。

下面，我从四个方面介绍中国出版业的近况，中国与亚太部分国家和地区版权交易和这些图书在中国市场的销售情况，以及对于出版合作的思考和建议。

＊　这是于友先同志 2011 年 2 月 24 日在文莱举行的亚太出版商联合会（APPA）年会上致的开幕词。

一、中国出版业迅猛发展

如同亚洲经济与全球经济的关系一样，亚太出版业也是全球出版业非常重要的组成部分，而且是最有活力、发展最快的部分。以中国为例，多年来，图书市场的增幅为两位数，最近 3 年每年的增幅也有 5% 左右。在新兴的出版领域和业态方面，中国市场更是生机勃勃。到 2009 年底，中国的数字出版总体规模为 790 亿人民币，90% 的出版机构在尝试电子书业务，中国数字出版业的增长速度为 50%。随着 3G 时代的来临，中国的移动阅读和出版业务也迅猛发展。迄今为止，中国已有 3.6 亿网民，有 8.7 亿手机用户，利用手机上网的人数近 2 亿。其中 15.7% 的人通过网络在线阅读，12.7% 的人利用手机阅读。

自 1978 年以来，尤其是 2001 年中国加入世界贸易组织（WTO）以后，中国出版业的改革开放和市场化进程加快。2010 年底，除少数被确定为公益出版单位的机构外，中国的出版社绝大部分都完成了转企改制，成为真正的商业企业。现在，中国有近 30 家出版传媒集团，其中一些集团的年销售收入超过了 100 亿人民币。中国出版业已有 8 家上市公司，其中一家在香港上市，一家在美国纽约证券交易所挂牌上市。中国鼓励出版业深化改革，做大做强，并走向国际。中国与亚太各国的出版合作会有更广阔的前景。

二、中国与部分亚太国家和地区版权贸易的情况

亚太国家和地区引进版图书的销售品种和销售册数在中国图书零售市场的比例越来越高，到 2010 年分别为 20.0% 和 6.3% 左右，其销售额略占整个图书零售市场总销售额的 30.0% 左右。

亚太国家和地区中，日本、韩国、中国台湾是中国引进版权的主要来源，其次是中国香港、澳大利亚和新加坡。其他如越南、泰国、缅甸东盟各国也开始有所增加。

从亚太国家和地区引进的图书中，生活休闲类所占比例最大，为 45%

以上，且呈现不断增加的趋势。其中的强势品种为旅游类图书，其次是美容、健康类图书。从销售额来看，科技、社科、生活休闲类近 3 年有所上升，少儿类逐年下降，文艺类基本持平。

少儿类引进版图书，最近 3 年亚太国家和地区的品种约占所有引进版少儿图书的 22% 左右。

在文艺图书领域，引进版作品一般为国外知名作家作品，包括经典名著以及畅销新作。作者的知名度是影响图书引进表现的重要因素。

三、上述国家和地区引进版图书在中国的销售情况

首先，日本图书在中国的销售情况：日本是亚太地区中国引进图书最多的国家，年引进品种数逐年递增，最近 3 年的引进品种数分别为 822 种、1134 种、1261 种。其中引进最多的是生活类图书，其次是少儿书，再其次是文学书。

其次，韩国图书在中国的销售情况：几年前中国的青春文学市场，最受欢迎的是来自韩国的小说，近几年，随着中国本土青春文学作家的崛起，从韩国引进图书的强势品种变成了少儿图书、社科图书、生活休闲类图书和语言类图书。

再次，澳大利亚图书在中国的销售情况：近几年，中国从澳大利亚引进图书的品种略有上升，两国的版权贸易呈现更加活跃的态势。从澳大利亚引进的图书中，生活休闲类所占比重较大。一些经典文学作品长期受到中国读者的喜爱，少儿书、旅游书、百科类图书的市场表现也不错。

四、关于出版合作的思考和建议

第一，亚太各国和地区之间的文化有相似性和相近性。从历史上看，亚太国家和地区之间文化的互相影响和借鉴，远比其他国家和地区明显。中国版协愿与亚太出版商联合会（APPA）共同努力，促进亚太国家和地区的出版商互惠互利的版权交流与合作。我们赞成并期待大家通过合作出版或翻译

的形式结成合作伙伴的关系，积极促成 APPA 成员之间有更多的好作品出版。历史上，出版与其他行为不一样的是，它带有更多的人文色彩和社区性质。何况我们正生活在一个网络时代，网络让传媒业鼻祖和伟大的思想家麦克卢汉的观点得到证实，即地球如同一个个村庄。这个时代虽然给传统出版带来了很多挑战，但也让社区建设及未来的合作有了更多便利。中国、日本、韩国、中国香港和中国台湾的出版组织和出版人，已经行动起来，策划的"东亚文库"有了良好的开端。他们的目标是要建立"东亚阅读共同体"。那么，APPA 各成员国之间是否能够合作，建立一个"亚太阅读共同体呢"？亚太出版在世界出版的版图中，应该而且能够发挥更大的作用，发出更强的声音。

第二，中国版协同意"出版物的优质、低价是促成亚太国家间出版合作和翻译图书的重要因素"之一的观点。我们认为，这些出版物应具有积极、健康、向善、向上的内容，还应尊重不同国家、民族的信仰、习俗，并在语言、风格、需求、爱好方面宜于本土化。

第三，中国版协希望亚太国家特别是 APPA 成员国家之间加强交流与合作，充分发挥各国的优势，形成优势互补，共同促进亚太各国间的出版合作。版权贸易只是 APPA 成员国之间合作的方式之一，我们期待在出版培训、出版教育、出版理论、数字出版、联合面对网络时代的新挑战、共同解决数字时代出版的新问题等等方面，能够有更多的交流与合作。

让我们携起手来，共同促进亚太出版业的合作和发展。

在此，我们要特别感谢 APPA 主席布汉先生和文莱主办方为本届年会及论坛所做的卓有成效的工作和热情周到的安排！

谢谢大家！

迎接数字出版的时代 *

1974 年 8 月，由四机部（今电子工业部）、一机部（今机械工业部）、中科院、新华社、国家出版局①5 家单位联合向国务院、国家计委提出报告，把汉字的信息处理系统工程作为国家重点科研项目。周恩来总理曾亲自听取汇报，国家计委批准立项，命名为"748 工程"。"748 工程"启动了中国印刷技术的革命，使中国的新闻出版事业告别了铅与火的时代，为汉字进入现代信息社会做出了不可磨灭的贡献。经过 30 多年的发展，如今中国新闻出版业进入了数字出版时代。凭借方便快捷、受众面广、绿色环保等特性，数字出版已经成为新闻出版业增长的重要动力和新的经济增长点，并且代表着出版业未来发展的趋势和潮流。据新闻出版总署统计，2009 年我国数字出版产值已达到 799.4 亿元，首次接近传统出版的产值，有预测 2010 年中国数字出版产值将突破千亿元。面对汹涌澎湃的数字出版大潮，特别是越来越多的技术商和 IT 厂商的热情参与，有一些传统出版单位表现出对投入数字出版的观望犹豫。

中国出版工作者协会从 1979 年成立到现在的 2011 年，见证了我国新闻出版业从弱到强、出版技术不断进步、出版业对人民生活的影响的全过程。作为一个老出版工作者，不仅为当前数字出版的发展而振奋，而且感到这是新闻出版人千载难逢的大机遇，我们应以开放的襟怀，加强出版新技术的学习调研，探究数字出版的经验和教训，为业界提供可参考的材料，为数字出

　＊　这是于友先同志 2011 年 3 月撰写的文章，原载《中国出版》2011 年第 7 期。
　①　见本卷 972 页注①。

版的发展尽一份力量。于是，最近一段时间，我们学习查阅了数字出版的相关资料，围绕数字出版开展了一系列的展示和研讨活动，并实地到社会科学文献出版社、北京平章科技发展有限责任公司、北大方正、中文在线等单位进行专题调研。事实让我们感到数字出版的强劲势头，前途光明，出版业应以饱满热情迎接这个朝气蓬勃的数字出版时代。下面谈谈我们对数字出版的学习研究以及调研的情况和认识。

一、数字出版是时代大势所趋

不管愿不愿意，数字出版是不以人们的意志为转移扑面而来了，并且是新闻出版业的大势所趋，代表着出版业的未来。我们主要看到了数字出版产品丰富、产业变革和产值新高这三个方面的突出表现。

（一）数字出版技术创新加快，数字阅读产品不断丰富

科技进步创新与应用是数字出版发展的根本动力。近年来，以搜索引擎、移动终端、电子阅读器等为主的数字出版技术创新日新月异，推动数字阅读终端产品不断升级，带动新型阅读方式不断涌现。目前，我国数字出版产品的形态日渐丰富，主要包括电子图书、数字报刊、网络原创文学、网络教育出版、数据库出版物、手机出版物等，不仅覆盖了传统出版物的所有种类，还衍生出许多新产品。用户的数字化阅读习惯逐步养成，包括在线阅读、手机阅读、手持阅读器阅读等方式，已经进入寻常百姓的日常生活。人们阅读习惯的改变，电子阅读终端已经发起对传统纸张书籍阅读的挑战，并将改变整个出版业的格局。

在移动终端方面，随着电子阅读器市场的日益火爆，国内越来越多的企业开始投身于电子阅读器产业。中国移动已于 2009 年 5 月联合汉王科技、华为等 4 家国内电子阅读器生产厂商，推出了 G3 电子书阅读器，面对电子阅读器市场。2010 年，为了打通整个产业链，内容提供商也纷纷推出拥有自主品牌的电子阅读器，上海世纪出版社、中国出版集团公司、重庆出版集团、读者杂志社等内容提供商纷纷推出自己的阅读器终端。目前，国内市场同时存在几十个具有自主知识产权的电子阅读器品牌，生产电子书的"山

寨厂"则高达数百家,竞争可谓激烈。

平板电脑 iPad 的出现,成为 2010 年电子阅读终端最不可忽视的角色。2010 年 1 月,苹果发布 iPad。iPad 拉动中国平板电脑市场的同时,也带动了移动阅读产业。对于传统出版来说,iPad 为其提供了渠道。随着 iPad 用户群的扩大,国内诸多出版社都在密切关注 iPad 的进展,针对 iPad 开展相应的研发,并且有不少的出版单位已经付诸实践。为了抢占移动阅读这一块市场,国内多家企业开始提供数字化解决方案,以精美的原版阅读方式展现在 iPad 终端上。在与苹果公司的品牌高度、服务质量方面达到最大程度的契合。从 2010 年元旦起,人民军医出版社的每一本纸质新书,都同步出版网络版跨媒体智能数字图书,该数字图书具有数据库深度查询功能,代表着数字出版进入新阶段。

手机出版异军突起。随着 3G 时代的到来,手机从单纯的通信工具向移动媒体发展已是大势所趋,手机出版已成规模最大的数字出版类型。虽然中国手机出版起步较晚,但由于移动通信已经形成了相对成熟的收费模式,使得手机出版的盈利水平后来居上,已经成为规模最大的数字出版类型。手机阅读已经成为在线阅读的主要方式。据中国互联网络信息中心(CNNIC)数据显示,截至 2010 年 12 月底,中国网民规模达到 4.57 亿人,一年时间增加 7330 万人,手机网民规模达到了 3.03 亿人。全球著名的咨询公司麦肯锡在最近发布的一份报告中指出,到 2015 年,中国网民总数将达到 7.5 亿人。中国手机出版市场潜力巨大,未来二三年市场将进入高速成长期,前景无限。电信运营商将手机阅读看成是继手机音乐之后下一个潜力无限的增值业务。中国移动浙江阅读基地 2010 年 5 月 5 日正式运营。中国联通手机阅读业务自 2010 年 6 月 3 日推向全国市场。2010 年 9 月 8 日,中国电信集团宣布天翼数字阅读基地出版投送平台建成,并正式推出平台应用。手机阅读基地也加大了出版产业链各方的合作,内容提供商为运营商积极提供内容。中国移动当前已与作家出版集团、浙江出版集团、长江出版集团、中信出版社、中国图书馆、中国作家协会、中国编辑学会等展开了合作。中国联通已经签约 50 家内容合作伙伴,签约内容超过 5 万本,打造了一种全新的图书发行模式。

988

数字出版经过几年的快速发展，这一趋势在今后不会消减。对于电子书而言，经过了2010年的井喷式发展，预计在2011年，其移动阅读功能将进一步得到加强，使读者能够做到随时、随地、随心地阅读，多媒体技术将有新的突破。新问世的彩色电子书显示屏将和多媒体技术有效结合，带给我们图文声像并茂的全新阅读体验。另外，由卫星直接投送的数字出版物传播平台建设也将在2011年提上日程。通过上游数字出版物内容的标准化编码与加密、中游卫星广播传输与网络回传信息处理、下游终端用户版权认证应用以及行业监管平台，最终建成一个覆盖全国城市和乡村，具有自主知识产权创新技术，服务于广大民众的数字出版物传播平台系统。由此催生新业态，推出新产品，带来新体验。同时，上述技术发展在推动数字出版发展的同时，也会更好地带动传统出版单位寻求新的内容传播渠道和新的盈利模式，加快向数字化转型。

（二）数字出版推动出版产业迅速变革

新闻出版总署2010年1月印发的《关于进一步推动新闻出版产业发展的指导意见》及柳斌杰署长关于《加快新闻出版业发展方式转变》的讲话都明确提出，加快发展数字出版等非纸介质战略性新兴出版产业，运用信息技术、数字技术等高新技术促进产业升级，推进新闻出版产业发展方式转变和结构调整。数字出版得到了政府主管部门的高度重视，国家数字复合出版系统、数字版权保护技术平台、国家知识资源数据库等重点工程都在积极推进。在全国，以部分省市合作方式建立的上海张江国家数字出版基地、重庆北部新区国家数字出版基地、杭州国家数字出版基地、湖北华中国家级数字出版基地等积极利用政策，在推动本地区数字出版产业发展方面发挥了重要作用。此外，北京、上海、广东、湖南和湖北等省市设立了网络文化建设基金支持数字出版发展，湖北、广东等省设立专项课题研究本省的数字出版产业发展规划。2010年8月16日，新闻出版总署下发《关于加快我国数字出版产业发展的若干意见》，就推动数字出版产业发展提出了新的要求和目标：以数字化带动新闻出版业现代化；形成一批数字出版龙头企业；打造具有国际影响力的数字出版产品和品牌；构建数字出版产业发展新格局，把数字出版产业打造成新闻出版支柱产业。

数字出版改变了出版产业的概念，数字技术的应用极大地拓展了出版的生存空间。随着新技术与新闻出版产业的加速融合，新技术对传统新闻出版产业的武装以及对新兴产业的催生正在呈加速度发展，催生了一系列新的出版业态和出版形式，如内容集成商、技术提供商、网络运营商、电信运营商、电子数据库、网络出版、按需印刷、图书电子商务、电子图书、手机报纸、电子期刊等等。一方面，彻底改变了传统的编辑出版方式，极大地提高了编辑生产能力；另一方面，新产品、新业态层出不穷，并为越来越多的人所接受、喜爱甚至依赖，为新闻出版产业的发展提供了众多机遇。长期以来，库存和过量印刷耗费大笔资金一直是困扰出版业的难题，但数字出版按需印刷就可以解决这一问题。

在国内专业出版领域，数字出版的优势已初步显现。国内学术出版领域数字化进程加快，形成了新的运营模式。网络学术期刊上网出版总数已达7486种，99%的学术期刊已经实现了网上出版。数字化的网络出版具有平台开放、检索快捷、收费低廉、个性化服务等特点，促进了学术期刊、著作的网上出版与发行，激发了学术信息的内在价值，极大地满足了相关的消费需求。这就是新技术带来的革命性变化，它不断地催生新产品、新媒体、新企业和新行业，带动了传统产业结构调整和经济增长方式的转变。可以想象，在新技术应用之下，未来新闻出版业载体形式、阅读形式、编辑方式、营销手段等方面的变化，将是一个光彩夺目的世界。

（三）数字出版产值屡创新高

这几年我国数字出版产业的产值增长率继续保持高增长速度。据统计，2009年我国数字出版产值为799.4亿元，其中数字期刊收入6亿元，电子书收入达14亿元，数字报（网络版）收入达3.1亿元，网络游戏收入达256.2亿元，网络广告达206.1亿元，手机出版（包括手机音乐、手机游戏、手机动漫、手机阅读）则达到314亿元。网络游戏、网络广告和手机出版成为数字出版产业名副其实的三巨头。近几年来我国数字出版产值一路攀升，据《中国出版年鉴》记载，2006年数字出版产值213亿元（图书出版资产总额649.12亿元），2007年数字出版产值达362.42亿元（图书出版资产总额676.71亿元），2008年数字出版产值达530.64亿元（图书出版资产总额 802.44 亿元)，2009 年数字出版产值达 799.40 亿元（图书出版资产总额 848.03 亿元）。2009 年数字出版产值比 2008 年增长 50.6%，是 2006 年产值的 3.75 倍，年均增长率超过 55.0%，大大高于其他行业增长率。据中国出版科学研究所发布的《2010 年中国数字出版年会年度报告》指出，2010 年数字出版业的发展仍将保持快速增长态势，整体收入将突破千亿元大关。

2010 年是数字出版蓬勃发展的一年，有关数字出版的新技术、新产品、新模式不断涌现，数字出版产业链条日趋完整，产业融合度逐渐加深，产业规模日益扩大，表现出持续发展的好势头。未来以数字技术为主要手段的数字出版将继续壮大，掀起现代出版产业市场格局的又一狂潮。

二、传统出版应积极转型投入数字出版

在中国，数字出版对传统图书出版的冲击已成为不争的事实。我国目前的 580 家出版社，以出版纸质图书为主，被称为传统出版。数字化转型无疑也成为众多纸质出版机构最迫切的时代命题。作为内容经营商的各类出版社已经开始觉醒，不少出版机构，特别是专业类出版社结合自身丰富的专业内容资源，纷纷开始寻找并探索数字出版的新模式、新突破，初期的数字出版探索也取得了成功，成为近两年来整个中国出版业的新突破。

（一）传统出版单位纷纷投入数字出版

面对数字出版迅猛发展的势头，传统出版单位积极主动地转型涉足数字出版，并取得了一定成果。我国 580 家图书出版社中有 90% 开展了各种形式的数字出版业务，多家机构成立了专门的数字出版公司，开展了规模化、商业化运作，并与技术提供商、运营商合作推动产业发展。还有多家出版社自行推出了数字产品。当前，中国大部分出版集团均已组建了专门的数字出版运营机构，各大出版集团的数字出版战略、规划纷纷上马。例如，上海世纪出版股份有限公司推出全球首款由出版机构出品的电子阅读器"辞海悦读器"，凤凰集团上马电子书包业务，读者集团推出自由品牌电子书等。传统出版机构纷纷叩响数字出版的大门。

传统出版社进入数字出版的关键，在于根据自身的定位和内容资源的特性寻求合适的技术支持、产品形态、销售路径和盈利模式。每个社进入数字出版的路径各有不同。例如，知识产权出版社是国内较早涉足数字出版领域的专业出版社之一，搭建了中外专利数据库服务平台。数字出版使他们不仅完成依法出版专利文献的任务，还发展起文献数字化能力、内容加工能力、网络出版能力、技术开发能力。他们建起了国内第一个数字化印制工厂，引进了第一套连续纸数码印刷设备，开发出图书数字化印制的流程管理系统，于2004年在国内率先启动了按需出版工程。经过几年发展，建成了知识产权出版社亦庄数字出版基地。再如，社会科学文献出版社认为，当数字时代来临，出版业的生产方式、运营方式必然要跟着转变，晚转不如早转。大约10年前，当很多出版社还在犹豫不定或仅仅略做尝试的时候，社科文献出版社已经形成了面向数字时代的一整套架构；他们注重对读者需求进行细分，并提供适合其阅读的数字产品。近年来，社科文献社的传统图书销售码洋保持着20%左右的增长速度。该社十分注重根据自身的定位和内容资源特点，坚持对核心资源的自主开发。除了出版社自己进行数字产品销售，该社还与四川新华文轩连锁股份有限公司等重点发行集团洽谈合作，让电子书产品进入其网络销售平台。由于出版社的数字平台建设效果明显，不仅让社内资源得到有效利用，也吸引了许多合作者。

出版业经过不断竞争和发展，特别是众多商业资本投入到数字出版产业后，大众化阅读市场已经进入白热化竞争的格局，而专业细分市场的知识服务产品非常匮乏。这也给专业出版社和相关数字技术商提供了机遇。例如：科学出版社已经正式上线的"科学文库"图书包资源是科学出版社与方正阿帕比共同合作，为高校图书馆、科研院所等机构用户打造的一款基于互联网的在线检索、在线阅读及下载借阅服务产品；中国水利水电出版社也与数字技术服务商签约，双方就水利水电方面的专业资源的信息网络传播达成协议，共同打造"数字水电"。数字出版在专业出版方面展现了巨大潜力，专业出版社成为数字出版发展的突破口。事实上，很多专业出版社在长期的图书出版竞争中，已经形成了自身的特色出版领域。专业出版社进入数字出版的关键，在于根据自身的定位和内容资源的特性寻求合适的技术支持、产品形态、销售路径和盈利模式。例如，法律出版社、中国财政经济出版社等专业出版社都纷纷投入数字出版领域，展开相关领域资源的数字内容加工、数字版权保护和渠道发行等项目，而人民军医出版社、石油工业出版社、气象出版社等也均在各自领域内开展了数据库服务。

传统出版机构也逐渐从理念转型到业务转型。2010年前后，技术厂商、平台运营商和终端设备厂商等参与数字出版的积极性开始持续走高。传统出版的数字化转型已经成为中国数字出版的关键问题。因为传统出版领域积累了丰富的内容资源和编辑人才，拥有大量热心于深度阅读的读者。2010年，大百科出版社的百科在线收益达100万元，浙江大学出版社2010年数字出版收益超过1000万元。中原出版集团旗下的戏曲出版网，推出了戏曲动漫和戏曲彩铃等产品，在移动、电信等平台热销，连年实现盈利。中南出版集团投资2000万元成立了北京天闻数媒科技公司。一些出版社在业务流程再造和数字出版平台建设方面走在了前列。例如：人民邮电出版社新近推出全媒体出版平台，并以手机杂志《尚漫》为龙头，全力开拓手机阅读市场；时代经济出版社成立了时代先博多媒体科技有限公司，搭建了多媒体数字出版平台。大众出版领域有些商业模式的价值也已经显现，如轻工出版社的《瑞丽》手机杂志，中信出版社的中信飞书网。据此不难预见，更多出版机构的数字化转型将从被动转入主动，从尝试发展到系统行动。

（二）传统出版应进一步认识优势和机遇，加快数字出版转型

数字出版是当前新闻出版业的战略重点，数字化转型无疑成为传统出版社最迫切的时代命题。然而，出版社在数字出版的洪流中，却并非都有着鲜明的理念和清晰的布局，存在一些亟待解决的问题，这里我主要谈对数字出版的认识不足问题，这也是当前转型的一个障碍。

传统出版社数字出版进程时至今日仍然显得缓慢而随意，而这首先归结于理念认识上的被动。一些出版社的数字出版理念并不是自发形成、主动树立的。现在传统出版社在数字出版方面，一部分还停留在口头上，并没有站在整个数字出版产业链上思考问题，只是在内容数字化板块上做一些工作。把建自己的网站推介新书，或者做成网上书店售书售资源等当成所谓的数字出版战略，这也使得传统出版社的数字化沦为被网站的境地。

我们要分析思考转型的实质意义以及传统出版的优势。转型是出版载体形式的转变。出版的每次转型变化的都是载体，需要转型的是出版物由一个载体向另一个或者多个载体形式转变，以适应一个时代技术发展和阅读需求的变化，无论是数字出版、传统出版还是其他方式的出版，都是将文字、声音、图像经过编辑、加工以后，并以相应的物质载体进行复制，传播科学文化和信息，进行思想交流的一种活动。所以出版的本质是对精神文化成果，包括文字、声音、图像等作品进行编辑加工的活动，也就是对内容的编辑加工活动。它的功能是传播科学文化、信息和进行思想交流。出版转型也就是用更加先进的科学技术形式达到传播的目的。

目前来势迅猛的数字出版与传统出版并不矛盾，它是传统出版的媒介延伸，是传统出版在传播媒介层面的发展。新生的数字出版物较之传统出版物，在整合信息、出版媒介、发行和销售方面具有独特优势。较之传统出版，数字出版也未必会完全取代传统出版，数字出版实际上只是传统出版业在现代数字科技手段推动下的传播媒介的延伸。传统出版要顺应这一延伸趋势，向数字出版转型，配合数字出版的延伸。数字出版不是传统出版的终结，倒是传统出版的新生发展机遇。传统出版是数字出版发展的基石，二者相互促进、共同发展。数字出版实际是技术革新带给出版业的又一进步，是出版传播途径的扩大，大大提升了传统出版的传播力与影响力，从而延伸了整个产业链。发展数字出版，传统出版商未来有着巨大的生存空间和成长空间。

（三）传统出版应转型为内容经营者，打造完整的产业链

从出版史的几次转型可以看出，无论出版载体如何变化，但是载体要传播出版内容这一宗旨却是不变的，内容是出版物的内核。在现实当中，人们对于出版产品的认可也是从内容这个层面来讲的。

内容载体愈多，出版道路愈宽。数字时代，网络的便利让每个人都可以成为数字内容的生产者，但前提是必须经过专业编辑的深度加工。传统出版单位最大的优势以及生存之本就是内容，而且是高质量、有竞争力的内容。传统出版业应依靠自己扎实的出版内容，成为占主动地位的数字出版内容的经营者，使自己的出版内容延伸至数字产业链，把传统的图书内容资源销售

到数字出版平台之上。例如：在出版中小学教材方面具有优势的人民教育出版社，这些年来在做好中小学教科书编写和出版工作的同时，也在努力探索数字出版业务，2010 年 6 月 18 日，人民教育出版社经营性学习网站人教学习网正式上线，据统计，该网开通首日，仅一下午视频点击率就达到 13 万人次之多；清华大学出版社历时两年时间，开发了一个数字出版平台，并在出版社成立 30 周年社庆的时候正式开通了一个名字叫"文泉书局"的网站，上线图书以出版教材和学术著作为主；而浙江少年儿童出版社和盛大文学"全媒体出版"战略合作，是国内传统少儿出版社首次与网络数字媒体联姻；安徽少年儿童出版社与幸星数字娱乐科技（北京）有限公司，联合推出股神巴菲特授权并亲自配音的动画片《巴菲特神秘俱乐部》同名图书等。这些都表明在出版业日益加快的变局中，不同出版单位都在寻求联合，期待优势互补，打造美好的现实。

三、给力数字出版时代的思考和建议

通过调研分析，我们也客观地看到数字出版前途光明，挑战激烈的现实，面对不断翻新的新技术和不断涌现的新模式，我国的传统出版产业在积极应对的过程中，还存在很多问题需要在发展中解决。我们要积极主动给力这个数字出版的时代，试提出几点思考和建议。

（一）建设具有重大影响力的数据集成平台

随着传统出版产业升级换代步伐的加快和互联网、手机、阅读器等新兴媒体形态的不断涌现，我国数字出版产业迅猛发展。硬件制造商、电信运营商都开始大规模进军移动阅读领域。据媒体报道有超过 100 家 IT 企业投产了电子书阅读器，中国移动、中国电信也纷纷成立手机阅读基地，谋划布局数字阅读产业。应该说，阅读终端的日趋丰富和多样化，为出版物的传播提供更为广阔的渠道，为新时期出版业的发展拓展了前所未有的新空间，但就具体的出版单位而言，对数字出版该怎么起步并寻求突破，是迫在眉睫的问题。事实上，数字出版产业具有内容的高度集成、技术环境的高度支撑、运营模式的高度商业化的基本特征，这些正是传统出版单位特别是其中的某个部门所难以超越或解决的。还有一些突出的问题和困扰：

首先，传统出版和数字出版二者的产业取向各有侧重。出版单位着眼于数字出版，首先应力促传统出版的过程和行为实现全流程数字化革命。从这个意义上来说，数字技术主要是为传统出版提供了一个机会或一种手段，更重要的是应借此机会实现传统出版观念的转化和内容资源管理能力的提升。这种"转化"和"提升"主要是针对传统出版业对数字技术的利用而言的，并不意味着要求数字出版作为一种新的业态取代传统出版业态。而作为全新业态的数字出版，从一开始就是要利用技术手段释放内容资源优势，延伸增值服务，两者的产业发展的取向各有侧重。传统出版与数字出版因为赢利模式和销售方式的显著不同，势必导致传统出版领先条件下数字出版技术难以延伸到位、市场拓展难以有效推进的局面。以部门的专业力、专注度以及抗风险力，不足以支撑数字出版产业发展的大局，数字出版难免在传统出版单位成为应景文章。

再者，传统出版业的网络运营能力有限。在线出版才是真正意义的互联网出版。在互联网出版这块，目前的互联网公司在从事内容的搜集、制作、运营和发行，对他们看好的作者，除了线下出版，还有影视、游戏周边授权和其他周边的经营渠道开发。这些互联网公司最大的特点是，拥有多种渠道的互联网平台、良好的网络运营模式，这恰恰是传统出版社目前不具备的。但新兴的互联网公司目前最大的弱项是优秀的内容版权不足、优秀的资源不足，优秀的资源掌握在传统出版社手中，大部分优秀的编辑还在传统出版社。一旦网络版权运营商形成一支强大的编辑队伍，对出版社来说，会是巨大的威胁。因此，对传统出版社来说，加强多渠道的平台运营能力已是当务之急。

数字阅读是一个全新的产业，开展数字化阅读必须充分依靠出版机构、内容提供商、电信运营商以及终端硬件商和渠道之间紧密的合作，共同推进数字出版整个产业链的整合。传统出版社等内容提供商如果要在这个产业链中生存，需要建立起行业同盟，实力大的更需要向产业链的下游渗入；传统出版社由内容制作商演变为内容聚合商或平台服务商，进一步扩大生存空间。但是，每家出版社不管自己的内容多少，有没有特色，都做独立的平台，搞重复建设，也是不会成功的。几家类似的出版社可以共建一个数字出版和发布平台，各家提供内容，集成打造一个海量内容的强大的平台。这样，还可以减少宣传推广方面的投入，取得更好的效果。在运营上，这几家出版社可以股份制的方式注册一家数字出版公司。

数字出版产业链各环节的出版机构和运营商只有抱着合作共赢的态度，建立起公开、公平、开放、互惠的合作模式，将优质内容与先进的技术、强大的渠道有机结合起来，最终以优质的服务去赢得用户，我们的数字出版产业才会迎来更加美好的未来！

（二）进一步保护数字版权

相比传统出版，数字出版在版权等制度问题方面，显得更为急迫和关键。目前的版权情况，作者、出版社、网站、读者等多方均有意见。

电子阅读器确实方便，它便携、储存量大，可存上千本书，重量不过几百克，并且能在几秒钟内就完成搜索。它还代表高科技、新时尚。但面对铺天盖地的网站和防不胜防的网络盗版，一些作家著作权人感到既茫然又无措，觉得数字出版不像传统出版那样，有多少印册都能有直观感受，在网络上看不见摸不着，这让版权保护成为很严重的问题。面对电子阅读，我们缺少监控手段，甚至连电子书到底发行多少都无从统计。根据有关调查，目前国内 1400 多家电子网站中真正拥有版权的只有 4.3%。有说现今文学盗版网站的数量约为 53 万家，每年盗版市场总规模高达 50 亿元。除了盗版，网络版权的低廉更令人吃惊，数字出版的版税连传统出版的 1% 都不到，在版税收入方面，电子阅读这一块几乎可以忽略不计。这几乎就是当下数字出版的不良生态，正在危害着正规网站和传统作家的权益。盗版令传统作家对数字出版望而却步，又使文学创作的价值难以通过版税合理归位。即便是对出版冠以"数字"的华丽外衣，"内容"仍然是出版的核心竞争力。如果无法让作家这一内容创作群体感到尊重与信赖，恐怕数字出版不论技术上多么优势，都难赢得出版的明天。

目前电子书版权经营方面的困扰，与我国法律对数字版权界定不清晰有密切关系。按现有法律，与一本完整的纸质出版物完全对应的电子书，其信息网络传播权归作者与出版社共同所有，而未经出版社编辑加工的作者原稿，其信息网络传播权归作者所有。这种版权的分离，为强势内容分销平台抢占传统出版资源提供了便利。与出版社生存发展利益相关的版权问题，还有定价和分成模式，这对传统出版商非常不利。

互联网的特征使得版权的保护难度较大，读者上网免费阅读的意识强烈，现行规则的制约等都成了版权问题的难点。有提出建议完善和修订知识产权法律法规，特别是将《互联网出版暂行条例》和"数字出版""数字发行"等概念进一步分开，并称"只要突破数据版权的瓶颈，将会取得数字出版的跨越式发展"。这既要靠政府在知识产权保护环境的建立上承担更大的作用，也需要产业界的同人不断加强内容产业运作水平，引导和掌握用户需求，不断奉献更具商业潜力的作品。数字版权保护会持续发展，并成为数字出版的利益护航者之一。同时还需要政府推动法律环境建设、企业诚信环境建设。

（三）加强数字出版的标准化建设

新技术的广泛应用，不仅改变了出版业的工作方式，拓展了产业链，还对出版标准化工作提出了新的挑战。我国在手机出版、互联网出版、动漫出版、网络游戏出版、数据库出版等新型出版领域的标准化工作刚刚起步，国家标准、行业标准缺位，企业标准缺乏协调，出版业的数字化转型正面临标准化的屏障。缺乏统一的行业标准，特别是缺乏电子出版产业的整个标准体系，成为业界人士的共识。行业标准以及一些基础性和观念性的标准仍然缺乏，数字出版的质量仍然堪忧。数字出版相关行业技术标准的缺失在一定程度上局限了数字出版技术的创新与应用，导致数字出版产品的兼容性差、系统依赖性高，很难满足大众消费的普及便利要求。在互联网领域，中文标准严重缺失，4000项国际标准中只有3项由中国制定。除了互联网基础性标准，数字出版产业的标准化还包括出版元数据的标准化、网络出版的标准化、出版物流系统的标准化等。然而，我国目前数字出版的技术系统和装备系统缺乏行业的总体标准，缺乏统一的标准和文本格式，各技术提供商生产的电子阅读设备在文本格式上不能兼容，导致用户必须使用不同的阅读器，增加了用户的阅读成本，无形中也造成数字图书用户的不断流失。

数字出版标准化有利于数字出版链条上的参与各方实现利益均衡，分工合作，整体降低成本，利用有限的资源实现效益的最大化，实现技术兼容、数字内容的互联互通和共享。当前我国数字出版产业存在的一个普遍性的问题是：数字技术提供商内部垂直系统多，难以关联和复用，无法敏捷应对用户需求的变化；数字技术提供商之间缺少统一的标准和相应的汇接机制，难以互联互通、强强联合、共享客户资源，从而形成产业竞争优势。以元数据为例，在出版产业的很多环节都存在各自定义的元数据标准，不同环节之间的元数据信息无法相互兼容和共享。这不仅影响了产业的整体利益，也为政府的监管带来了诸多不利影响。

在国外，不少大出版集团很早就认识到了标准化的重要性，在产业转型和升级的过程中发起和主导了多项数字出版相关标准的制定。例如，epub电子书格式就是由兰登书屋和哈珀·柯林斯等多家出版商联合美国出版商协会、国际数字出版论坛制定的。反观国内，技术商一直是数字出版的主导力量，对标准化的热情也明显高于传统出版单位。上海世纪出版集团的做法值得传统出版单位借鉴。该集团的辞海悦读器不是简单地把内容资源固化到终端上，而是采用了与国际接轨的 epub 格式标准，章节、标题、图、表、检索一个都不少，就是希望阅读器带给读者的体验尽可能地接近纸书，从而体现传统出版在介入数字出版时的优势。建议出版单位更多、更深地参与标准的制定，从内容开发、应用角度提出更好的想法。

2007—2008 年，新闻出版总署就加大了标准化的研究力度。在 2010 年初，斌杰同志提出未来 10 年中国新闻出版业向新闻出版强国迈进这一目标的实现，需要有各种支撑条件，标准化就是其中之一，并强调要加快推动新闻出版标准体系，特别是新业态标准体系建设。我国新闻出版行业现有的出版、印刷、发行和信息标准化技术委员会都在各自领域积极开展数字出版标准化工作，并取得了一些初步成果。而由总署牵头负责的"国家数字复合出版系统"等 4 个国家级重点数字出版工程项目，都包括了基于数字出版工程标准的研制，这将有利于推动行业标准和国家标准的制定，也可以吸取外国的一些先进经验，根据中国的国情，研究制定有我们特色的标准。现阶段可以找准一些最急需的突破口，先出台几个标准，带动产业良性、规范发展。下一步应当联合行业组织、龙头企业、科研院所、大专院校等各方力量，在政府部门的指导下，加快数字出版领域各种国家标准和行业标准的制定，以促进新闻出版行业的技术进步与发展。

（四）出版教育和出版产业结合起来培养数字出版复合型人才

数字出版的核心竞争力是数字技术创新能力和管理能力，而提升数字技术创新能力和管理能力的关键是人才。

数字出版的发展趋向要求出版从业者不但具备传统出版业所需的扎实的文化功底和熟练的业务技能，更重要的是具备"融合型"的专业能力，即具有多种媒介技术操作运用的能力，对数字出版产业链增值环节的快速反应、对海量数字化内容资源进行整合分析利用的能力，对跨媒体内容定制并扩大其效应的市场运作能力。为适应数字出版产业的需要，出版专业必须探求基于素养、情境与技术三位一体的出版人才教育模式。2010 年，武汉大学、华中科技大学、浙江传媒学院、上海理工大学等高校纷纷开设数字出版专业方向，北京印刷学院倡议成立了国内高校数字出版专业方向联盟，力求创新教育，培养出适应产业发展的数字出版专业人才。

数字出版人才的培养是高等院校和出版单位共同的责任。但是反观我们的专业人才培养模式，由于对数字出版的准备严重不足，出版教育与出版产业严重脱节，却不能满足实际需求。认识到问题所在，才能为高等教育适应市场需求、培养急需的复合型人才提供充分的发展空间，为出版人才培养模式带来创新。数字出版人才培养要注重加强实践创新教育。数字出版是应用性比较强的学科，这需要高校创立校内实践创新体系。高校要为教学体系提供充足的项目创新实践机会，要挖掘专业内部资源，强化实践教学资源的开发，指导优秀学生到出版社去实习学习，并且高校还要借助自身其他学科优势，采取跨学科联合培养的方式对学生进行全方位的合力打造培养。通过加强实践创新教育才能够培养出符合产业发展要求的复合型人才。高校与出版单位结合培养人才的步伐已经迈开。2010 年 9 月 8 日，为促进大学生就业及出版社专业人才培养与引进，社会科学文献出版社与北京大学、北京印刷学院、中国传媒大学签约成立"青年就业创业见习基地"。社科文献出版社通过与高校合作建立实习基地，全年安排实习生人数超过 60 人。实习岗位包括社会学、经济学、法学、历史学、国际关系、编辑出版、数字出版、市场营销、会计学、传媒学、新闻学、外语、人力资源等专业，这不仅为大学生就业奠定了一个良好的基础，而且很好地提升了出版社在高校中的影响力。此举标志着社科文献出版社与院校合作进入到制度化层面，来实习的学生不仅可以在此了解生产流程、学术规范，还有机会直接接触到一流的学者，可填补学生在学习上的空白。

除了加强出版教育对数字出版人才的培养外，出版单位自身也要加强数字出版知识的学习熏陶，或者吸纳引进数字人才。数字出版与传统出版同样以内容为基础，于是出版社会自然而然地认为，传统编辑懂得传统出版内容，就可以平移至数字出版，成为开展数字出版业务的主力。传统编辑如不具备市场化能力和互联网理念，不清楚数字版权运营和数字出版的经营模式，难以转型或兼顾数字出版。这些制约因素对于绝大多数传统编辑来说，不可能在短期内就成为数字出版业务的主力。对于出版社来说，想要克服人才掣肘，一方面应当积极从IT、互联网、民营数字出版企业吸引有经验、懂技术、会运营、善管理的高端人才，另一方面应当大胆并精心挑选一些非传统出版编辑出身的年轻人，全新投入到数字出版的工作中去。

从历史和社会发展趋势看，谁拥有更强的创新型人才优势，谁就能在日益激烈的竞争中占据主动地位。数字出版是新生事物，更需要高质量的人才来为之奋斗，可以说人才是数字出版制胜的根本。如何培养数字出版人才，也是时代向我们提出的新课题。

（五）打造数字出版品牌，在政府导引支持下共同发展

传统出版社在数字出版中要占取大量份额，一个重要因素就是打造自己的数字出版品牌。

数字出版品牌是以内容特色和信息量大为基础的。数字出版克服了纸质载体之不足，对传统出版来说是一个开发新品牌的机遇。

任何企业都是靠其品牌而立世生存的，无论过去、现在还是将来，都要靠品牌。谁的产品好谁就能盈利；产品不好就亏损，就要被淘汰出局。数字出版时代，对品牌的要求更高了，因而传统出版社在数字出版领域更应该注

重打造和树立自己的品牌。

每一项工程，都期望一项事业能实现技术进步，但技术进步只是一项事业成功的推动力，如果不能实现普及应用，这项事业就不能真正发展。从市场经济的观点看，市场的需求能够促进技术变成生产力，因此市场的需求是一种强大的吸引力，吸引力的大小是一项事业发展的关键。由于数字出版具有很大的市场，势头强劲，所以这项工程才能够迅速地成为出版的产业，今后还将得到高速发展。一项大型工程，特别是费时较长的工程，没有政府的号召支持，是不可能坚持下去的，政府不断地给予指导和支持，是工程成功的保证。建议政府部门加强数字出版的引导，在众多出版部门犹豫观望的状态下，推广先进数字出版品牌的典型经验，甚至投入资金引导出版行业，给他们树立信心，让他们真正跨入数字出版领域。

数字出版的发展还要靠我们业内外的大力协作。成功的数字出版企业不仅要当领跑者，而且要当助跑者，带动全行业的发展。国内数字出版同行应该本着开放、专注而且耐心的态度去培养中国的数字出版与电子图书市场，秉承务实发展的宗旨开展行业内以及与产业链上下游的合作，共同探索和实施真正符合国内市场需求的商业模式，一起将中国的数字出版产业做大做强。一花独放不是春，百花盛开春满园。数字出版时代是大家共有的时代，只有大家都达到数字出版水平了，才能称为数字出版的时代。真诚希望所有出版单位齐心协力，迎接属于我们的数字出版时代。

民营书业"走出去"的优势*

看到今天民营书业发展的盛况确实令人振奋。我作为一个民营书业发展的见证人，由衷地感到，从当初个体所有制的书店、书亭、书摊、书贩"二渠道"，到现在的"新兴出版生产力"，业内对民营书业的认识发生了很大变化。民营书业经历了风风雨雨，最终还是挺立在出版的历史舞台上。我们也欣喜地看到，一批民营书业和国有出版一道，尝试"走出去"的道路，置身于国际的大环境中，开阔视野，为中国出版业赢得了骄傲和光荣。民营书业"走出去"是一个新鲜的课题，需要认真研究探索。最根本的还是借鉴"走出去"的先进经验，总结民营书业自己的优势，发挥并发展自己的优势，把"走出去"工作扎实做好。受古代成大事者必有"天时""地利""人和"三个条件之启发，我觉得民营书业"走出去"也要靠这三个优势，现谈一些感想。

一、民营书业的天时，即充分利用
国家对民营书业的政策优势，
抓住"走出去"发展的有利时机

现在民营书业"走出去"可以说遇到了天赐良机。

首先，是国家给民营书业的有关政策支持以及业内对民营书业认识的不断转变升华。这个天时来之不易。业内对民营书业的认识过程是逐渐深入，并且随着思想的解放和产业的发展，还在继续发展。1980 年 12 月，国家出

＊　此篇原载《文化产业导刊》2011 年第 7 期。

版局发出《建议有计划有步骤地发展集体所有制和个体所有制的书店、书亭、书摊和书贩》的通知，这是改革开放以来关于民营书业的第一份文件。1982 年，文化部出版管理局召开了全国图书发行体制改革座谈会，并在《关于图书发行体制改革问题的报告》中，提出了"一主三多一少"①，即以新华书店为主，多种经济成分、多种购销形式、多条流通渠道，少流通环节。此阶段的改革，重在拓宽发行渠道，积极提倡发展集体书店，适当发展个体书店，促使出版发行业开始摆脱计划经济的束缚，转型转轨。1988 年，中宣部、新闻出版署联合印发《关于当前图书发行体制改革的若干意见》，提出了"三放一联"②的改革思路，此阶段的改革，重在放开搞活，立足于改革企业内部管理机制，面向市场增强企业活力，并为集、个体书店的发展提供了有利契机。1993 年 5 月，根据中央决定，我调任新闻出版署署长、党组书记兼国家版权局局长，亲眼看到民营书业发展的过程。1996 年，新闻出版署发出《关于培育和规范图书市场的若干意见》，提出建立全国统一开放、竞争有序的出版物大市场，打破地方保护，提倡集约化经营。此阶段的改革，重在宏观调控，加强管理，实行"阶段性转移"③。2003 年，《出版物市场管理规定》修改后出台，第一次取消了设立出版物总发行单位及批发单位的所有制限制，同时降低了设立出版物零售单位的准入门槛，从而在出版物发行业实现了彻底的准入平等，长期困扰民营企业发展的市场准入问题得到了解决，民营书业摆脱了"二渠道"的帽子。民营发行企业从此获得了国民待遇，和国有图书发行企业站到了同一个起跑线上。进入 21 世纪，中央连续出台一系列促进非公有制经济的政策。2004 年宪法修正案明确指出："国家保护个体经济、私营经济等非公有制经济的合法的权利和利益。"2005 年初，国务院通过《关于鼓励支持和引导非公有制经济发展的若干意见》（简称"非公 36 条"），这是我国第一部以促进非公有制经济发展为主题的中央政府文件。2009 年 4 月，新闻出版总署印发了

---

① 见本卷第 799 页注②。

② "三放一联"，即放权承包，搞活国营书店；放开批发渠道，搞活图书市场；放开购销形式和发行折扣，搞活购销机制；大力发展横向联合。

③ 见本卷第 524 页注①。

《进一步推进新闻出版体制改革的指导意见》，第一次把民营出版业提高到一个"新兴出版生产力"的高度。改革开放 30 年来，社会主义文化产业和文化事业取得长足发展，市场空前繁荣。在此期间，非公有出版工作室在文化创作、文化生产、文化推广等方面做出了很大的贡献，在出版产业中占据了相当一部分市场份额，切实解放和发展了生产力。

"十一五"的 5 年中，新闻出版业不断扩大对内对外开放，非公有资本和外资已经开始进入印刷和发行领域，以公有制为主体、多种所有制共同发展的产业格局已经开始形成，以民族文化为主导，吸收外来有益文化共同繁荣的开放格局也在建立。总署"十二五"新闻出版业发展规划中，"走出去"是一个重要的部分。这也给民营书业"走出去"创造了很好的机遇。

其次，国家实施出版"走出去"的工程需要更多的出版力量参与。"中国图书对外推广计划"是一项大的"走出去"工程，实施 3 年多来，其工作小组成员单位输出版权总数均占到当年全国版权输出总量的一半以上。参加"中国图书对外推广计划"工作小组的成员单位从最初的 20 家到现在的几十家，目前还有许多出版集团、出版社要求加入。这充分说明，出版集团、出版社的市场主体意识逐渐增强，中国出版"走出去"战略不断深化。

努力做好国家出版"走出去"的工程，要把握住此契机，还需政府和出版企业进一步解放思想，丰富"走出去"的方式，引导广大民营书业积极参与，加大推动"走出去"的工作力度。实际上，民营书业很有"走出去"的热情，早在 2007 年法兰克福书展上，大陆一家民营出版公司曾受法兰克福主办方的邀请参加书展。据统计，从民营书业渠道输往海外的项目，一年在 5000 种左右。从民营渠道输往海外的图书产品，一年也在上亿码洋。有些有远见的民营书业，不仅自费参加各国的书展，而且也活跃在各国的出版论坛中。民营书业已经成为"走出去"的重要力量。支持民营出版企业开拓国际市场，政府亟须创新管理思路。国家近年来对出版"走出去"的支持力度不断加大。从政策到资金、到组织领导，出版界无不把出版"走出去"看成是国家的一项重要战略措施。政府对出版单位"走出去"的支持不能仅限于国有出版单位，应扩大政策扶持范围，加强对"走出去"的指导。随着世界出版环境和中国出版"走出去"

阶段的变化，政府需扩大政策扶持的覆盖面，激发不同出版企业以不同方式开拓海外市场的积极性，并对出版企业"走出去"提供更多更细致的指导和帮助。对于主动"走出去"的民营书业也应该给予支持。动员各方面力量，不仅要支持大社、名社"走出去"，还要将实力较弱的出版社、民营出版企业等纳入政策扶持范围。

在支持民营书业"走出去"方面，政府可以成立一个协调机构，组织民营书业参加各国书展，展示中国出版的实力；支持民营书业在其他国家兴办出版机构，宣传中国文化；鼓励民营书业输出版权，并为之提供必要的资金支持。同时，在国家税收政策上，与国有出版企业一样享受有关优惠。

二、民营书业的地利，即不断丰富发展自身优势，探索"走出去"的新路径，选择有利地势"走出去"

近年来，我国出版业对"走出去"的认识发生了很大的变化，各出版单位不拘泥于原有的方法途径，根据自身的条件和特点，积极实践、努力探索、开拓创新，在"走出去"的方式、途径等方面均形成了许多新亮点。民营书业"走出去"还要很好发挥"地利"之实力优势，且不断丰富发展自身，探索"走出去"的新路径，选择恰当时机、有利地势"走出去"。

首先，民营书业具有自身发展的实力优势。

民营书业"走出去"更需要实力说话。从新闻出版总署有关统计数字表明，目前民营书业的实力规模已相当惊人。非国有发行企业无论是企业数量、网点数目，还是销售份额、从业人员数量，都已超过国有发行单位，成为出版发行业的重要力量，对书业的发展起了很大的作用，为中国发行业的繁荣发展做出了贡献。2009 年，新闻出版产业分析报告数据显示，在 35.7 万家新闻出版单位当中，包括个体经营户在内的非公有经济单位超过 32.4 万家，占单位总数的 90.8%，从资产总额、增加值、营业收入和利润总额这 4 个重要的指标来看，在印刷业非公有企业资产总额占到了 82.3%，营业收入占到 84.1%，增加值占到 83.2%，利润总额占到 84.7%；在出版物发行企业当中，非公有企业资产总额占 69.0%，增加值占 76.2%，营业收入占到 69.3%，利润总额占 80.5%。这些数据可以看出，民营企业在印刷和发行领域已经成为一支非常重要的生力军，无论是企业规模、市场份额还是企业经营能力，民营书业都具有明显优势，凸显了不断增强的竞争力。据一份报告说，在教辅图书零售市场中，民营书业占有 90% 以上的份额，多家公司销售码洋超过 10 亿元，还有几十家公司销售码洋超过 5 亿元。

目前，民营书业已逐步形成相对完整的产业链。形成了独立于国有书店之外的产、供、销产业体系，进入到图书出版的整个流程。在出版上游环节，形成了一批能够独立策划选题、组稿、编辑加工的工作室和文化公司；在出版下游环节，民营书业主要以零售、批发方式进入发行业，从形态上来分主要包括独立书店、发行集团、连锁书店、网上书店等类别。同时，民营图书装帧、排版、校对的民营工作室等出版服务业刺激整个书业的市场化发展。民营书业已经渗入到出版及相关服务业的各个领域，形成相对完整的产业链。

其次，民营书业应努力探索"走出去"的新路径。

各家"走出去"的目标是一致的，但路径各有不同，应各自发挥优势选择有利地势稳步而行。在传统的版权输出和实体书出口之外，民营书业在"走出去"方面迈出了更大的步子。现在已有越来越多的民营出版人加入到投资大陆以外市场的队伍中去。例如，新华先锋和新经典是大陆两家以操作引进版图书见长的民营公司，他们已经迈开了坚实的步伐。

2010 年，北京新华先锋文化传媒有限公司与中国外文局旗下的香港和平出版社以及新世界出版社，共同出资在香港成立了新华先锋出版传媒公司，这是中国大陆地区第一家由民营出版机构与国有出版社共同在香港地区组建的出版机构。该公司的成立，为国有出版社的体制改革和民营出版业的发展提供了一条崭新的思路。香港作为中国的经济金融中心，其高度发达的经济来自于先进、科学的管理思想与理念，尤其在文化出版方面，也拥有大陆出版业所没有的优势与特色。因此，在香港地区成立的新华先锋出版传媒公司，为学习和借鉴香港及国外先进的出版管理经验提供了难得的契机。据北京新华先锋执行总裁王笑东介绍，之所以现在在香港成立公司，是该公司具备几方面的实力：不但做外版书是强项，还要有雄厚的经济实力；拥有诚信，能取得版权代理公司的信任；在大陆做出过有文化含量的畅销书，有能力把优秀的作品推广出去。现在，这几方面的要求都达到了。2009年，新华先锋的销售码洋达到2亿元；2010年，陆续推出印度哲学家奥修的一系列作品，以及首部由本·拉登家族成员记录的本·拉登成长史《本·拉登的恐怖世界》和日本著名作家山冈庄八创作的"德川幕府三部曲"的后两部——《德川家光》与《德川庆喜》。目前，该公司已经同很多版权代理公司建立了良好的合作关系。

选择在香港建立一家新公司也是北京新华先锋从长远竞争角度来考虑的。同该公司合作的外文局下属的出版社"走出去"的很多，但这次成立的公司是以商业为主体。而选择台湾、香港地区认为是最能成功的，目标读者主要来自香港、台湾地区以及新加坡、马来西亚的华语地区。为什么不选择加拿大呢？那儿也有很多华人，有华语地区。但国外的华语地区产量有限，且成本太高，最主要的是做不到给当地华人提供他们需要的文化。该公司香港办事处人员不会太多，会派一些商业代表，其他翻译、制作、印刷工作都在内地进行。主要方式就是拿下海外畅销书简体字版和繁体字版的版权，繁体版的印刷、制作设在深圳。其方式有点类似"一鸡两吃"。现在大家买版权，都是分为简体字和繁体字两种，都要投入翻译费用，该公司这么做，只要翻译一次，就可以两次出书，省了一部分的成本，而且印刷、制作全部在大陆完成，成本低，经过核算，完全是可以赚钱的。

进军港台，抢占大华语文化圈的市场和资源，已成了很多大陆出版业资本"走出去"的第一站。新经典文化总编辑陈明俊认为"未来的出版是大华文格局"。基于这样的判断，北京新经典文化有限公司首先成立了台湾新经典文化出版社，于2010年7月底推出第一本书——《山楂树之恋》的繁体字版。香港新经典文化出版社也已经成立，于2011年开始出版图书。而陈明俊则明确表示，将搭建一个海峡两岸暨香港、澳门、新加坡、马来西亚相互交流的出版平台。

对于非华语区的文化输出，一直是"走出去"的难点。作为民营出版"造船出海"并深入欧美腹地的第一人——北京求是园文化传播有限公司总经理黄永军的实战经验则显得更为可贵。2008年11月，黄永军在英国伦敦成立新经典出版社（New Classic Press），开始海外"探险"。经历一年多的时间，黄永军认识到作为投资拓展海外市场的民营出版人，必须要考虑市场，要考虑赢利点，要做好卖的书。经过市场调研，黄永军发现一个最佳的切入点是商务图书。外国读者对中国商业类图书的兴趣浓厚，而国外出版社在这方面基本上是一个空缺。黄永军找到了一个英国的老出版人——卫克安加盟。卫克安是中国国务院聘请的海外出版专家顾问之一。卫克安加盟后，为公司联系了专业的商业图书销售商，进一步开拓了欧美主流图书市场；同时，也策划了一系列国际选题，如在 2010 年法兰克福书展上亮相的《中国有生意的城市》《稀土：中国未来的关键资源》等。由在国际上很有声望的研究中国问题、中国战略、中国经济的汉学家，策划、写作有关中国的选题，这样做虽然成本很高，但这是进入国外主流出版的必经之途。目前，这家只拥有一个出版顾问、二三名员工的小出版社已经出版了 54 本图书，都是中国题材，其中以商务图书为主，也包括旅游、养生、传统文化类图书。黄永军的计划是今后每年出版七八十种中国题材图书。在已经出版的图书中，2009 年 4 月亮相伦敦书展的《想考中国》《投资中国》《赢在中国》《财富中国》的市场表现最好，总发行量达到了 1.5 万册。黄永军对于海外市场的前景深信不疑："我发现我们的潜力很大，国有企业不和我们竞争，英国也不和我们竞争，只有我们一家在做，越做市场越大，越做越有信心。关键就在于要做好坚持的准备。"在黄永军心中，还有一个更大的计划：在英国公司的框架搭建好了以后，还想在美国、德国、法国等地开设独立运作的分公司。在未来他的出版版图中，国内的求是园公司是依托，大约占到 60%左右，而海外出版则将占到 40%左右。

三、民营书业的人和，即利用优秀出版人才策划 优质作品之优势，与业内出版人团结合作， 取长补短，共同发展，壮大力量"走出去"

民营书业能够发展，一个重要的因素就是有出版人才的优势。民营文化公司的经营者大多对图书市场、营销运作有比较专业的认识，图书经营方式也比较灵活，人员构成相对自由，个人的主动性很强。与国有出版社相比，民营书业公司有着明显优势。民营书业没有体制遗留下的过剩人员，在决策的机制上可以最简单快捷的方式确定项目和策略，没有出版分工的制约，可以随时根据国家政策或市场情况调整经营方向，运作方式比较接近市场规律。与国有出版社相比，民间出版人的发行渠道广而快。"走出去"更加需要大批的优秀出版人才，制作大批的优质图书。

首先，民营书业聚集了大批优秀出版人才，几乎垄断了畅销书，并且制作了一流的"走出去"的图书。

2010年3月18日《中国图书商报》报道的《北京民营书业发展报告》中可知，北京地区的图书工作室大约有1万多家。北京是民营文化工作室分布最为集中的地区。北京聚集了全国最多、最优秀的出版精英人才，也成为全国图书工作室聚集的地区，无论从所策划图书的市场影响还是从经营规模和实力来看，工作室都是全国新闻出版业的有生力量，对于图书市场具有巨大的辐射和吸引作用。例如，民营出版工作室"梁晶工作室"以及金丽红、黎波两位著名图书策划人合作的"金黎组合"等，策划出版了一大批好书。

正因为民营书业聚集了大批的优秀出版人才，其策划出版的图书几乎垄断了畅销书。在2009—2010年一年多时间里的所有大众类图书总榜单中，排名前5位的，100%为民营策划出品，第6—10位的，80%为民营策划出品。放眼书市，近些年销售火爆的图书，几乎都由民营出版商操作。九久的《达·芬奇密码》2004年上架，仅4个月就突破百万册；博集天卷的《杜拉拉升职记》2008年的销量突破70万册。2008年全国出版新书27万余种（新书约为15万种），民营策划出版图书品种约8万左右，占全国出版品种的33%。根据《出版商务周报》2009年3月份开卷全国畅销书排行榜数据，在虚构类图书的前15名中，有11名为民营策划，占总数的73%；非虚构类图书的前15名中有11名为民营策划，占73%；而且多年来一直保持此比例。据统计，畅销书排行榜中新作家90%以上的作品均出自民营出版策划机构之手。在教辅图书领域，民营总体销售规模占据了80%的市场份额，在少儿图书占据了50%的市场份额。2010年3月17日《北京晨报》称"畅销书九成出自民营书业"。在2009年国内图书市场上，除教材由国有出版社专营外，在其余品种里，民营书企占据了 50%—80% 的市场份额。在畅销书上，民营出版商和带有民营色彩出版商的份额超过 90%。

在"走出去"的过程中，民营书业没有忘记发挥自己的优势，知道自己能干什么，不盲目做自己做不好的事。2010 年，新华先锋就砍掉了少儿图书项目，只保留外版图书、社科经典以及文学原创三大板块。做出这样的决定也是从曾经的失败中总结出来的。他们曾经与美国迪士尼签约，出过一些少儿卡通书，但是并不是很成功，市场反映平平，后来发现做少儿图书并不是自己的强项。在他们擅长的外版书中，曾签下 22 种"007 系列"图书的版权，但是推出了 10 种之后就不再做了。自此，他们还坚持了一项原则，任何项目，做不到一流就放弃。在现有的三个板块中，新华先锋十分看重对作者的包装，争取每本书都是精品，都能赢利。

今后，民营书业更要解决好"走出去"的人才问题，使这个优势能长期持续下去。除了策划人才、编辑人才之外，还要注意翻译人才和版权人才的吸引和培养。中国出版"走出去"中间存在的一个基础问题，就是翻译编辑问题和版权编辑的问题。目前针对我们出版业实用的翻译人才十分稀缺，尤其是这些翻译的译文能让外国读者看得懂、喜欢读的译者更是缺之又缺。至于版权编辑，能够直接和外国出版商沟通，洽谈版权，版权人才需要懂外语，需要口语好，需要懂出版，需要懂市场，不仅要懂中国的市场，还要了解外国的市场。

其次，民营书业与业内出版人团结合作，取长补短，共同发展，壮大力量"走出去"。

民营书业发展也还是存在一些问题，如发展不平衡，两极分化现象比较明显，达到规模经营的企业太少。民营发行企业虽然数量众多，但大部分企业规模很小，集约化程度低，总的看，缺乏能够对行业产生影响的大批发商和大零售商，仍然没有摆脱小、散、乱的状态，很多都是家庭作坊式的，真正做到很大很强很有实力很规范的并不是很多。因此，民营书业需要探索合作的路径，取长补短，共同发展。

在国际书展的大舞台上，民营书业的"合作"表现非常出色。北京国际图书博览会已经成为亚洲最大的国际出版盛会，它还是世界四大国际书展之一。近 10 年来，该展会呈现的一个重要特点就是民营化。在许多出版社的展台上都遍布着与民营合作出版的书，而且它们往往更能吸引外国书商的眼球。例如，2009 年，中国国际出版集团海豚出版社输出版权，与民营合作的书就占去了 2/3 的份额；2010 年，该社又为合作板块设立了专门的展台。这种国有出版社与民营企业的合作，可以使双方在优势互补中实现双赢，能够实现"1+1>2"的效应。中文传媒出版股份有限公司董事长曾少雄认为，出版上市企业与民营书业企业所处的竞争环境，为二者的合作提供了新的机遇和条件，出版上市企业与民营书业的联合，具有比出版上市企业与国有出版企业合作更加独特的产权清晰、治理规范的优势。"走出去"的作品必须是一流的。优秀民营书业企业家们对文化的坚守与追求，使得优秀民营书业在创意策划、渠道建设、文化积累、品牌经营等方面都具有重要的投资价值。在文化"走出去"的进程中，民营的介入与合作一定会在资金上、资源上以及市场化的意义上，带来文化产品的数量与质量的整体提升。

民营书业"走出去"，除了强调输出中国文化的影响力外，商业诉求也更加强烈，"走出去"是去开拓一片真正的"蓝海"。包括民营书业在内的中国出版业走出国门到海外办社办店，反映了我国出版业的实力在不断增强，反映了我国出版人的国际视野在不断扩大，反映了中外出版业的联系更加紧密，这是实施"走出去"战略取得的重要成果，在中国出版发展史上具有重要的象征意义。

精品力作是出版的文化标志*

党的十七届六中全会通过的《中共中央关于深化文化体制改革 推动社会主义文化大发展大繁荣若干重大问题的决定》（以下简称《决定》），第一次提出了建设社会主义文化强国战略目标。作为一个长期从事出版工作的老同志，感到《决定》发布的非常及时，同时也赋予了新闻出版业神圣的历史使命。新闻出版只有在出版物中充分体现文化的含量和价值，即让精品力作不断涌现，才能为推动社会主义文化大发展大繁荣贡献力量。下面谈谈认识体会。

一、文化对于出版的标志性意义

《决定》要求全党必须深刻认识到，社会主义先进文化是马克思主义政党思想精神上的旗帜，文化建设是中国特色社会主义事业总体布局的重要组成部分。没有文化的积极引领，没有人民精神世界的极大丰富，没有全民族精神力量的充分发挥，一个国家、一个民族不可能屹立于世界民族之林。没有社会主义文化繁荣发展，就没有社会主义现代化。文化是民族的血脉，是人民的精神家园，也是政党的精神旗帜。

（一）发挥出版引领文化的重要作用

我们党从创建至今，在革命、建设、改革各个历史时期，都高度重视文化建设，充分运用文化引领前进方向、凝聚奋斗力量、推动事业发展。出版

---

　*　此篇原载《中国出版》2011 年第 24 期，《出版业》2012 年第 3 期转载。

物在引领文化方面将发挥重要作用。近年来，我们党充分发扬广大人民群众和文化工作者的创造精神，大力推动文化产品创作生产，丰富了人民群众精神文化生活，但文化产品的数量和质量都还不能满足人民群众需求，有影响的精品力作还不够多。有一些出版单位以经济利益为主要目的，不关注社会效益，因此所出版的产品相当一部分文化内涵欠缺，连一般的出版物文化标准都难以达到，更不要说出版精品力作了。这个时候《决定》的发布很有现实意义。

出版能更好发挥引领文化思潮和导向的作用，早在五四时期就表现得非常突出。五四时期是中国思想文化发展中的一个重要转折时期，先进知识分子和爱国人士总是希望通过出版来参与国家政治变革、引领社会思潮、为改造社会制造舆论。当时的报刊以刊载新文学、创造新文学为己任，成为发表新文学作品的主要园地。书籍也是当时新文学重要的传播媒介之一。许多新文化人、作家、出版家如鲁迅、沈雁冰、叶圣陶、郭沫若等给出版业注入了生机勃勃的时代精神，主导了出版业和出版物的发展方向。五四时期的出版物广泛传播了马克思列宁主义，出版了一大批精品力作。

在建设社会主义文化强国的过程中，新闻出版要靠打造精品力作来增强文化引导能力。新闻出版处在意识形态领域的前沿，对社会精神生活和人们思想意识有着重大影响。做好新闻出版工作，关系党和国家工作全局，关系改革和经济社会发展大局，关系国家长治久安。我们必须坚持以马克思主义为指导，推进马克思主义中国化、时代化、大众化，用中国特色社会主义理论体系武装头脑、指导实践、推动工作，坚持正确政治方向和舆论导向，创新观念、内容、形式、方法和手段，提高新闻出版引导的及时性、权威性和公信力、影响力，更好地发挥新闻出版引领文化的重要作用。精品图书既要有反映重大社会发展和文化传承的宏篇巨著、大选题、大作品，也要有老百姓喜闻乐见、完善自我、娱乐休闲类的图书。不断出版精品佳作，增强新闻出版的亲和力、吸引力、感染力。

（二）出版的文化符号价值

精品力作之所以是出版的文化标志，就在于出版反映了一个时代文化的最高成果。中华民族历史上流传下来的经典就是一个个鲜明的文化标志符号，如甲骨文、金文，孔、孟、老、庄，唐诗、宋词，等等，成为民族语言和思想的象征符号,都远远超越了个人意义,从而上升成为一个民族,甚至是全人类的共同经典。

出版的文化符号是独创性与时代性交融表现的结果。精品力作通过个人独特的世界观和不可重复的创造,凸显出丰厚的文化积淀和人性内涵,提出一些人类精神生活的根本性问题。它们与特定历史时期鲜活的时代感以及当下意识交融在一起,富有原创性和持久的震撼力,从而形成重要的思想文化传统。例如,孔子的儒家文化思想是春秋时代的文化符号,对中国和朝鲜半岛、日本、越南等地区有深远的影响;现在孔子学院在世界上雨后春笋般的发展,有力地促进了世界多元文明的交流,使汉语言文化传播出现了历史上从未有过的大好局面。孔子代表其所在时代的文化符号,后代对孔子的传播只是对孔子文化思想的阐释运用,而改变不了孔子文化产生的时代。一个文化符号的生命力越强,越证明其文化思想的深刻远大。出版的根本任务就是创造生产这样标志符号性的作品。

成为文化符号的经典作品必定在重大问题的解决上取得重大突破。这里的"重大问题",既可以是重大的全球社会问题,也可以是重大的学术问题。例如,《国富论》《资本论》《天体运行论》《物种起源》《相对论》等等出版物便是如此,记载了当时的光辉文化思想。再如,我们五四时期的出版物从内容和形式上都是一个伟大的创新,是那个时代的文化符号。五四以来,中国文坛上相继出现一些文化符号性的作品,如鲁迅的《阿Q正传》、茅盾的《子夜》、巴金的《家》、老舍的《骆驼祥子》,以及中华人民共和国成立后出版的《红岩》《青春之歌》《林海雪原》等优秀图书都成为新时代的文化标志符号。

最近几年也出版了一大批具有时代色彩的文化标志性的系列著作,特别是围绕一些重大活动而组织的出版选题。例如:2008年,中国出版界精心策划出版了一大批纪念改革开放30周年、第二十九届奥运主题的图书图书;2009年出版了全面反映中华人民共和国成立60年来理论和经验总结专著,也有一大批科学研究、重要典籍等方面的出版成果;2010年紧密配合上海世博、纪念抗战胜利65周年和抗震救灾等重大活动,策划组织出版了一大批优秀出版物,产生了深远影响。

(三) 出版对文化的时空超越

超越就是进步。好的文化作品在存在形态上具有开放性、超越性和多元性的特征，能够突破空间限制，超越国界、超越现实、超越前人。一个明显的标准就是其作品不断翻译成世界各国的社会语言与课堂语言，或者不断为各国学术前沿的同行所参考或引证。《共产党宣言》译成了多种语言，在全球造成影响，它是经典。鲁迅的作品包括杂文、短篇小说、评论、散文、翻译作品，被译成英、日、俄、西、法等50多种文字，超越国界，广泛传播；鲁迅成了五四时代中国文化的标志性符号。能够超越的作品就要经受时代的考验，获得永恒的价值。不仅要经受历史的考查，还要面临未来的检验，因为不存在终极的知识泉源。经过历史的大浪淘沙，数十年乃至数百年、上千年前的经典作品至今仍然为世人传诵，显示精品力作蕴含着跨时代的重大意义。文化一旦成为标志符号，那就为全人类所共仰，成为共有的财富。

出版物的时代性是对作品原创性的根本要求。文化的最高价值就在于创造，一部中外学术史，几乎就是一部文化经典创作史。文化思想大师即如闪烁的巨星，其思想的锐利光芒与道德勇气总是透过其作品照耀着大众，为人类引来光明，阐扬真理。唯有文化的经典力作才是出版的根本标志。古今中外，各个知识领域中那些典范性、权威性的著作，就是经典，尤其是那些重大原创性、奠基性的著作，更被单称为"经"，如"四书五经"。有些甚至被称为经中之经，位居群经之首，如中国的《易经》，就有此殊荣。

出版的文化符号都是由其时代创造的，从而影响后代。这样，倒不如说出版物是时代的文化符号。如果后代仅仅在不断地复述解读前代的经典文化符号之作，只能说明前人文化符号创造力的强劲和永恒，对后代的影响之大，但说明不了当代的原创力。出版要求的是创造当代的文化符号。从前几年开始，新闻出版总署已经着手抓原创出版工程的工作，到2011年已经开展了3届，效果较好。今后做好原创出版工作的意义十分重大，它是贯彻落实党的十七届六中全会精神、创造我们时代出版文化符号的重要举措，是发挥出版功能的基本要求，是开展国际交流、增强中华文化国际影响力的重要方面，是满足人民群众日益增长的精神文化需求的客观要求。

中华民族历史上经历过许多创造文化经典的辉煌时代，诗经、楚辞、先秦诸子百家、汉赋、唐诗、宋词、元曲、明清小说等等，这是历史上经过大浪淘沙留下来的珍贵的文化遗产。每个时代都有每个时代的精品，有些千百年前的文化精品，今天仍然能够打动我们、震撼我们。古希腊的神话、贝多芬的交响乐、巴尔扎克的小说、达芬奇的油画、米开朗基罗的雕塑、莎士比亚的戏剧等等，这些不同时代的中外文化精品至今为人们所钟爱、学习和欣赏，就是它们都是某一时代的具有创新精神和独创性的经典作品。党的十七届六中全会《决定》开启了创造文化经典的新时代，我们一定要用自己创造的文化经典树立本时代的标志，去影响后代。

二、出版精品力作文化标志的思考

《决定》指出的到 2020 年文化改革发展奋斗目标之一"适应人民需要的文化产品更加丰富，精品力作不断涌现"非常具体明确，新闻出版业只有在出版物中倾注文化的内涵，努力打造文化标志性的作品，才是本行业对建设文化强国的最好回答。

（一）增强文化内容的创新能力

出版业就是要出版大批的高质量的文化经典产品。现代社会，出版产业之所以能够获得快速发展，得益于社会对文化消费需求的增长和文化产品生产方式的改变。优秀的出版产品，通常是达到文化的高度、思想性与艺术性的统一。

出版人必须树立一种精益求精的精神，克服浮躁、毛糙、急功近利的现象。当我们谈到人民出版社、人民文学出版社、商务印书馆、中华书局、三联书店等出版单位的时候，眼前都会浮现出它们出版的图书的形象，这就是品牌的力量。出版单位的品牌要靠标志性产品以及精品图书群来支撑。把科学领域最前沿的发现和发明创造，把文化领域最新的创作与成果以出版物的形式积累与传播，这是出版业最主要的功能，是出版者出书选题的最大的来源。精品力作必须具有文化思想精深的内涵，不在规模的大小和精装豪华。一部图书只要言之有物、有深刻内涵，具有时代性、科学性、思想性和艺术性，规模小也无碍其成为精品。

（二）规划并实施文化出版战略

要把出版文化精品图书作为一个发展战略来做。现在出版社完成了从事业单位向企业的转变，如何将出版社的企业属性与文化单位特有的社会责任有机地结合起来，是亟待进一步探索和解决的问题。出版社的文化特色是出版社的生命，如果出版社多样性缺失，不但精品力作将无从谈起，长此以往，其创新能力也将逐渐磨损，其产品将湮没于图书市场，其自身生存也将受到威胁。

规划实施文化精品战略，并通过精品战略和国家重点出版工程来带动各地各部门各出版单位形成精品战略规划体系，发挥政府规划的导向和杠杆作用，带动高水平、高质量出版物的出版，是迈向出版强国打下坚实的基础。"十一五"期间，我国累计出版图书 138.8 万种、339.7 亿册，是"十五"时期的 2 倍。数量大幅提升的同时，精品力作不断涌现。"十二五"国家重点图书、音像、电子出版物规划已列入 2030 个出版项目，有一大批具有重大文化传承价值、弘扬时代精神、体现国家水准并能传之久远的骨干工程。精品力作是一个出版社的立身之本，代表着国家水平和民族文化形象。抓精品力作的生产，就是抓住了出版业的核心。精品力作是需要规划设计的，打造精品力作需要出版人的创新精神和文化自觉。

打造出版文化的第一品牌，实施长远文化精品战略规划，也要与《决定》提出的"完善文化产品评价体系和激励机制"的要求结合起来。近年来，不少出版社以重大图书项目为支撑，制定了许多支持措施，并把重大项目建设纳入编辑部门的考核体系，这些措施有力地推动了精品力作的出版。在快速发展的同时，也存在着主要依靠品种实现增长的问题。因此丰富与完善出版业评价体系至关重要。出版从本质上说是一种内容产业，负有文化积累、文化传承的社会责任。这样的产业特性决定了它和其他消费产业有本质的不同。因此，对出版业的评价就不能仅仅以产值和经济指标为标准，还要考虑它的内容品质、文化价值与传播影响力等真正文化意义上的内在指标。只有把文化价值、文化影响力和经济收益结合起来，才是真正的"双效"① 统一。

---

① 见本卷第 559 页注①。

（三）弘扬中华民族文化

中国文化是中华文明演化而汇集成的一种反映民族特质和风貌的民族文化，是民族历史上各种思想文化、观念形态的总体表征，它是中华民族几千年文明的结晶。《决定》强调建设优秀传统文化传承体系意义十分深远。

出版应把弘扬中华民族传统文化作为打造精品力作的主要内容。出版业是社会主义文化建设的一部分，是文化体制改革的先行者。出版工作者是社会主义文化建设的主力军，出版工作者应该而且必须要做文化自觉和文化自信的表率。当今世界不同文化的交流、交融、交锋比任何时候都要频繁，这需要我们以更加科学理性和更加积极的态度充分认识中华文化的独特优势和发展前景，坚持中华优秀传统文化，弘扬改革开放以来形成的新思想、新观念、新风尚，也要勇于摒弃传统文化中的糟粕，吸收一切有利于我国文化建设的经验和成果，推动中华文化的繁荣兴盛。

弘扬中华民族文化，要注意借鉴和吸收国外先进文化。先进文化具有人类的相通性。20 世纪以来，中国的学者、作家、艺术家、出版家都十分注意吸收外来文化的营养。多年来，我们也出版了一些具有国际视野和世界眼光的图书。今天，我们实施文化精品战略，就要注重汲取不同文明、不同社会制度的文化成果，提高我们出版物的质量，打造自己原创的具有世界眼光和国际视野的文化精品图书。党的十七届六中全会提出增强国家文化软实力、中华文化国际影响力，体现了党的战略远见和世界眼光。出版工作要强调中外文化的双向交流，积极实施"引进来""走出去"发展战略。一方面要反对固守传统、反对抱残守缺，另一方面也要反对全盘西化、妄自菲薄。既要把国外好的东西引进来，也要把国内好的东西推出去。要让弘扬中华传统文明与传播当代优秀文化成果的图书"走出去"，让中华文化得到更多的了解和欣赏。

在这样一个历史时刻，《决定》发出了建设社会主义文化强国的动员令。中华民族伟大复兴正展现出光明前景。这就要求我们出版业加快推进文化改革发展，肩负着前所未有的历史重任，在弘扬优秀传统文化的基础上奋力开拓创新，创造出文化新辉煌的标志。

努力追寻"出版梦"*

党的十八大以来，习近平主席提出并深刻阐述了实现中华民族伟大复兴的中国梦。他在十二届全国人大一次会议闭幕会上说："生活在我们伟大祖国和伟大时代的中国人民，共同享有人生出彩的机会，共同享有梦想成真的机会，共同享有同祖国和时代一起成长与进步的机会。有梦想，有机会，有奋斗，一切美好的东西都能够创造出来。"作为一个老出版人，我在几十年的出版工作经历中深刻体会到了这一点。实现"中国梦"需要我们每一个人在各自的岗位上为之付出辛勤的劳动和不懈的努力。出版工作是生产文化产品的工作，文化产品对人有教育、引导和陶冶心灵的作用，因此出版工作具有实现出版人"出版梦"的意义，也具有点亮读者"中国梦"的意义。

一、编辑工作点亮了我的"出版梦"

我的"出版梦"是从人口大省河南开始做起的。1974 年我在河南人民出版社编《向阳花》儿童刊物的时候，正值"文化大革命"期间。当时中国少儿出版和其他图书出版一样，受到严重摧残，广大少年儿童几乎无书可看。改革开放前的 1977 年，有着 2 亿少年儿童读者的一个偌大中国，全国只有两家专业少儿出版社，200 多人的少儿出版专业编辑队伍，200 多人的儿童文学作者队伍，共编辑出版了 192 种少儿图书。全国闹书荒。河南省当时也只有《向阳花》这一种少儿刊物，并且刊期不固定，每期印发 1000 册，这与全国第一人口大省的河南也是极不相称的。于是，我就萌发了一个

---

* 此篇原载《中国出版》2014 年第 11 期。

梦想：让全省的孩子都有书读！为了实现这个梦想，我和同事们艰苦努力，在《向阳花》的内容、作者队伍、版式设计等方面下功夫，并将不定期发行改为定期发行，不断变换开本，使得《向阳花》逐步成为普遍受孩子和其家长们欢迎的少儿期刊，发行量期期攀升，竟达到每期印发42万余册。现在的一些著名儿童文学作家，如儿童文学评论家、诗人樊发稼，童话大王郑渊洁等，当年都在《向阳花》上发表过作品。后来河南人民出版社恢复了少儿编辑室，我从《向阳花》的编辑到少儿编辑室的副主任、主任，又到河南人民出版社当副社长、副总编，社长、总编。

难忘的是1978年10月11日，我参加了国家出版局①在江西庐山召开的全国少年儿童出版工作座谈会。这次"庐山会议"是一次解放思想、拨乱反正的会议，是迎接少儿读物出版春天的标志性会议。会议制订了1978—1980年3年重点少儿读物的出版规划，提出了到1979年"六一"儿童节前出版1000种少儿读物，3年内出版29套丛书的振奋人心的奋斗目标。在全国少儿出版工作者的努力下，这一目标最后顺利实现。我的出版梦也随着国家出版事业春天的到来而扩大，进而梦想让全国的孩子都有好书读！

二、"阶段性转移"发展提升"出版梦"

1993年5月，我调任国家新闻出版署署长兼国家版权局局长，后又兼任署党组书记，工作岗位和职位的变动不仅给我实现让全国孩子有好书读的出版梦想带来机遇，而且我的工作目标也向为更多的读者提供高质量的读物延伸。

当时已经改革开放15年，新闻出版体制逐步摆脱计划经济的模式，已基本上完成了由生产型向生产经营型的转变，新闻出版业的实力大为增强。至1993年，全国出版社已由1978年的105家变为543家，全国公开发行的报纸种数由1978年的186种发展到2040种，期刊由1978年的930种发展到7596种。但是，新闻出版业的大力发展也出现了一些新的矛盾，透视出需要解决的问题。例如：新闻出版单位增长过快、过猛，书、报、刊出版质量参差不

---

① 见本卷第972页注①。

齐的现象日益突出；出版社追逐经济效益，以致出现"买卖书号""有偿新闻"等行为。这些现象在有的少儿出版社也存在。我曾深入思考，童书是启蒙孩子智慧、影响其一生的心灵读本，如果出版单位不负责任，给孩子提供质量很差的读本，那将毁了孩子的一生，我们这一代出版人就无法给下一代交代、无法给中华民族交代、无法给历史交代。所有出版物都是一样，质量关系着新闻出版业的生命！由此我产生了提高质量、创造精品，让出版单位都出好书的梦想，这具体体现在实施"阶段性转移"① 的工作中。

在 1994 年 1 月召开的全国新闻出版局长会议上，我们推出了"阶段性转移"！我当时在大会上做的工作报告题目就是《坚持方向，深化改革，实现新闻出版业的阶段性转移》，旨意就是新闻出版业的发展要从以规模数量增长为主要特征的阶段向以优质高效为主要特征的阶段转移。这一工作得到了党中央、国务院的肯定与支持。1994—2000 年，我们围绕"阶段性转移"建章立制，采取措施，不断调整、不断创新，实实在在、卓有成效地开展"阶段性转移"工作。一是狠抓了出版物质量，在全国范围内开展了几次大规模图书质量大检查，加大了图书质量检查力度，增强了出版工作者的质量意识；二是坚持"一手抓繁荣，一手抓管理"，遏制了书号买卖；三是出台图书、报刊、音像和电子出版工作管理措施，集中治理散、滥现象；四是举办大型书展，评选和表彰优秀出版单位，发挥先进典型的示范和引导作用；五是狠抓编辑队伍建设和编辑职业道德建设。经过几年的努力，"阶段性转移"思想深入人心，取得了重要成果。新闻出版法制建设取得突破性进展，新闻出版持续繁荣发展，新闻出版管理得到有效加强，新闻出版体制改革不断深入，新闻出版业运用高新技术的能力明显增强，新闻出版队伍建设成绩明显，出版生产力得到空前解放。2000 年 1 月 18 日，中央政治局常委、国务院副总理李岚清对新闻出版工作近年来的发展和成绩给予充分肯定，并做出重要指示。我们更深刻认识到，在具有中国特色的社会主义市场经济条件下，新闻出版机构承担着"一手抓繁荣，一手抓管理"的重要任务，承担着为改革开放和现代化建设提供思想舆论保障的政治责任。实践证明，"阶段性转移"战略口

---

① 见本卷第 524 页注①。

号的提出，不是权宜之计，更不是"临时性转移"，它是中国出版业克服弊端、有序发展，实现真正繁荣、走向世界这一终极目标的必经之路。

三、继续追寻"出版梦"的美好境界

2000 年 10 月，我从新闻出版署署长任上退下来专职于中国版协主席工作。2011 年 5 月，中国版协换届，我从主席任上退下来任中国版协顾问。在版协工作 11 年，也一直为"出版梦"而继续努力。现在有了更多的时间思考和研究出版，我的"出版梦"一直在延续，梦想今后建成出版强国，让中国出版"走出去"、走向世界！而要实现这些目标需要从多方面加以努力。

首先，打造出版文化品牌，提高"走出去"的能力。出版强国的主要标志之一就是出版物质量整体水平提高，精品力作不断涌现。"走出去"的出版文化产品靠的就是品牌，品牌就是能力、就是竞争力、就是生命力，只有品牌才能感动世界、影响世界、走向世界。出版社的品牌是一本一本书打造出来的，循序渐进，最后达到质的飞跃，形成整个出版社的品牌。目前国内的一些出版社已经形成了自己的品牌，如商务印书馆的辞书、汉译名著，中华书局的传统典籍，三联书店的人文科学图书，人民文学出版社的文学作品，百花文艺出版社的散文，金盾出版社的农村读物，清华大学出版社的计算机图书，外语教学与研究出版社的外语工具书，人民大学出版社的考研书，等等，在读者中有很好的声誉。但我们"走出去"的作品内涵及文化价值尚需进一步提高，要加强占领国际市场的能力。因此，应该加快培育更多世界级企业和世界级出版文化品牌的作品，靠品牌"走出去"，靠品牌提高中华民族立于世界民族之林的能力及其发展前途的信心，靠品牌创造更加光辉灿烂的前景。

其次，传播中华民族的优秀文化经典。中华民族有几千年的文化积淀，经典著作不计其数，这是我们确立出版文化"走出去"的雄厚基础。中国传统文化是中华民族世世代代所继承发展的、具有鲜明民族特色、历史悠久、内涵博大精深的文化，是民族历史上各种思想文化、观念形态的结晶，尤其是那些重大原创性、奠基性的著作，如《道德经》《易经》《老子》《论语》等等，它们能够突破空间限制，超越国界、超越现实，不断被翻译成多国语言向国外推广，并为国外读者所喜爱。中华民族文化在历史上很长时期一直居于世界文化的前列，对中国和东方产生了深远的影响，也为整个人类文明进步做出了不可磨灭的贡献，现在和将来仍将对中国和世界的发展进程产生重大影响。一个不尊重自己的历史、不能发扬光大自己文化传统的民族是没有未来的民族。出版界应把扣时代脉搏，通过各种形式大力弘扬优秀的民族传统文化。在文化的多样性日益受到重视的今天，我们必须重新审视中华民族传统文化的意义和价值，采取切实可行的对策提高中华文化的影响力，增强我们国家的文化竞争力。

再次，要造就大批高素质高水平的编辑出版人才。编辑是出版业的核心人才，是一个出版社的质量符号；出版工作是文化工作，是精神劳动，只有具有渊博学识的编辑，才有可能创制高水准的出版物。我国著名的出版家，多是苦练内功，著书立说，并以自己的成果铸就出版工作的特色和风采，如鲁迅、巴金、茅盾、郑振铎、邹韬奋、陈原等就是出版人的光辉典范。在知识日新月异、市场不断变化的时代，我们要出能在市场上占主导地位的品牌产品，要使中国文化更好地"走出去"、要建设出版强国，就必须培养和造就大批高素质、高水平的编辑人才，以及具有国际视野、懂得国际市场竞争规则、熟悉国外企业经营方式的专门人才。

最后，加快出版数字化进程。数字技术的应用给人们带来了阅读方式的改变，极大地拓展了文字载体和出版的生存空间，也带来了编辑方式、营销手段等方面的变化。如今世界已经加速出版数字化的进程，2013 年 7 月，受数字出版的强烈影响，美国的两大出版巨头兰登书屋和企鹅出版集团宣布合并。数字出版代表着出版业未来的发展趋势和潮流，中国的新闻出版业也进入了数字出版时代，中国出版也只有在技术上不断更新和提高，才能融入世界。

中国梦是国家富强、民族振兴、人民幸福，归根到底是人民的梦，全体中华儿女要同心共圆中华民族伟大复兴的中国梦。中国梦是和平、发展、合作、共赢的梦，不仅造福中国人民，而且造福世界人民。中国梦是中华民族近代以来最伟大的梦想，这个梦想"一定能实现"。有了梦想，就能不断唤起奋进的力量，进入人生的美好境界。每个人的梦想也只有与中国梦紧紧联系在一起，才能实现人生梦想的真实价值。

全民阅读的实质是"经典阅读"*

　　"全民阅读"活动日益深入人心。但是，通过联合国教科文组织的一项调查数据引发思考：全世界每年阅读书籍数量排名第一的是犹太人，他们平均每人一年读书 64 本，北欧国家 24 本，欧美国家年人均阅读量约为 16 本，而我国年人均阅读量仅为 6 本，扣除教科书，平均每人一年读书 1 本都不到。我国国民阅读能力与国际社会尤其是发达国家相比，国内无论在人均阅读数量、阅读习惯等方面都普遍存在着较大差距。通过考查还发现：犹太人不止读书数量多，而且读书质量也很高。犹太人对孩子的教育有一套成功的模式，称为"教子三宝"：第一是熟读经典。从小就培养孩子诵读乃至背诵经典的好习惯，他们认为在孩子很小的时候就要给他们灌输代表了民族最高智慧的经典，为其一生的发展打下坚实的人文基础。许多犹太孩子从二三岁就开始背诵经典。世界首富比尔盖茨也是犹太人的后裔，他 7 岁的时候就能熟背 3 万多字的《圣经·马太福音》，并且在后来的生活中深受其启发。第二是保护孩子的创造力。犹太人认为创造力是人一生中最重要的能力，这种创造力自幼就应得到精心的呵护。第三是培养良好的习惯。犹太人认为好习惯必须从幼小就开始培养，注重道德心灵和品格的塑造。在上述的犹太人教子三宝中，熟读经典被列为首要的教育内容，他们认为经典是智慧和经验的结晶，任何教育只有深深地扎根于本民族的优秀文化中才能显现出生机与活力。因此，犹太民族只占世界人口的 0.2%，却获得过 29% 的诺贝尔奖，且在各领域都大师辈出、群星灿烂，如心理学家、精神分析学派创始人西格蒙

---

　　* 这是于友先同志 2017 年 2 月 25 日撰写的文章，原载《中国出版》2017 年第 8 期。

德·弗洛伊德，现代物理学之父阿尔伯特·爱因斯坦，著名航天工程学家冯·卡门，"原子弹之父"尤利乌斯·罗伯特·奥本海默，凝聚态物理学奠基人列夫·达维多维奇·朗道，链霉素的发现者赛尔曼·A.瓦克斯曼，全世界无产阶级和劳动人民的伟大导师卡尔·马克思，等等，不胜枚举。其原因就是犹太人把经典阅读作为传承教育的主要手段，被誉为"读书的民族""教育的民族""记忆的民族"以及"学习和思考的民族"。

中华民族也有"经典阅读"的优秀传统。春秋战国时期是一个阅读经典的时代，把中华文化推上巅峰。当时出现了百家争鸣的局面，各种诸子学说如《论语》《孟子》《墨子》《老子》《庄子》《荀子》《韩非子》等等，均具有中华文化的元典价值，成为全人类的文化瑰宝。我国科举制度、古代私塾等均曾推起经典阅读高潮。我国古今杰出人才的成长也都经过经典的熏陶。仅看19世纪末20世纪初中国诞生的一大批文化巨人，如蔡元培、梁启超、严复、毛泽东、李大钊、鲁迅、张元济、于右任、胡适、郭沫若、茅盾、巴金、老舍、田汉、曹禺、齐白石、徐悲鸿、马寅初等人，他们都学贯中西，交汇融通中国传统文化和现代世界文化，因其受到了经典教育。2015年10月获得诺贝尔生理学或医学奖的屠呦呦，获奖理由是她发现了青蒿素，青蒿素的发现是从阅读古籍经典东晋葛洪《肘后备急方》"青蒿一握，水一生渍，绞取汁，尽服之"记载中得到启示，生发灵感，用低沸点的溶剂去提取青蒿素，终于获得成功，获得中国医学界迄今为止的最高奖项。

经典是对客观事物规律的揭示，是贯穿历史的文化符号，是可以让人们反复阅读并指导实践的真理。文化的传承、普及、发展是与"经典阅读"分不开的，人们通过"阅读"接受"经典"影响，进而再创造形成新"经典"，由此不断地进行"阅读—经典—再阅读—新经典"的螺旋式上升，推动文化向前发展。历史上一个"经典"的形成必有"阅读"之基础，一个"阅读"的形成也必须有"经典"，二者相辅相成，没有"经典"的阅读就不是"阅读"。"阅读"实际是"经典"化入心灵而再生"经典"的升华过程，是"经典"的延续发展。观察中国历史上的"经典"道路，诸如汉赋、唐诗、宋词、元曲等等，无不标志着那个时代阅读的繁荣，都是通过阅读经典而又再生经典的结果。全民阅读读什么？总局在发布的《全民阅读"十三五"时期发展规划》中指出："坚持重在内容，提升质量。全民阅读的核心是阅读内容。"其意在于提升内容质量，在于读经典。作为一个老出版工作者，感到全民阅读是唤起中华民族每一分子的读书激情，每个人把阅读作为一种生活方式，把它与工作方式相结合，增加发展的创新力量和社会的道德力量。全民阅读迫切需要经典的输送。因此，出版业要努力为全民阅读生产经典，为建设文化强国做出应有贡献。

首先，用现代化元素表达中华优秀传统文化。

2017 年春节前夕，中共中央办公厅、国务院办公厅印发了《关于实施中华优秀传统文化传承发展工程的意见》，这是第一次以中央文件形式专题阐述中华优秀传统文化传承发展工作，提出了建设社会主义文化强国的重大战略任务，并明确指导思想："坚持创造性转化、创新性发展，坚守中华文化立场、传承中华文化基因，不忘本来、吸收外来、面向未来，汲取中国智慧、弘扬中国精神、传播中国价值，不断增强中华优秀传统文化的生命力和影响力，创造中华文化新辉煌。"我们出版工作者要充分认识到中央实施中华优秀传统文化工程的重要意义，这是新闻出版工作的指导性纲领性的文件，要根据这个文件制定我们的发展战略、产品战略，深度挖掘传统文化对于现代社会价值，用通俗化、社会化、大众化的形式阐释传统文化，筑造当代新经典。这给出版业带来了大好机遇，我们有了方向。新闻出版及相关部门也应该出台一些政策，给予资金等方面的大力支持，鼓励创新，鼓励出版经典作品。

出版业落实《关于实施中华优秀传统文化传承发展工程的意见》精神要从娃娃抓起、从文化基因考虑，用中华优秀传统文化构建经典阅读体系。我年轻的时候曾在河南人民出版社主办的一份儿童文艺刊物《向阳花》当编辑，对出版有着深刻体会。儿童就像一张白纸，画什么图案、上什么色彩，就呈现什么样的风景。儿童时期汲取的精神营养、塑造的价值观念，决定着一生的发展方向。所以，我们所期待的儿童阅读，应是一种经典的阅读，应该把我们美好的文化基因倾注进去，通过一本本优秀的图书来实现。优秀的图书能滋养孩子的心灵，这种滋养可能胜过千万次说教。优秀的图书能让孩子们视通四海、思接千古，给孩子们带来新鲜的生命体验。但是，现在市面上的一些儿童读物，粗制滥造者时有出现。让孩子远离经典，拿低劣的读物让孩子学习，从小给孩子一些错误的数据概念，他们长大后能做成什么？后果是都能预想得到的。这只能是误人子弟，摧残幼小心灵，破坏文化基因，给民族带来灾难。因此，经典阅读从娃娃抓起，从儿童出版做起，让孩子多读书、读好书，让经典阅读给他们涂上生命底色。把"经典"注入民族文化基因，就能滋育其代代发展壮大。

人类历史上，凡智慧的民族都努力培养保护并发展自己的文化基因，并引导世世代代阅读经典。但是，我国近来有些地方受西方文化影响过多，竟轻视中华传统文化教育，甚至删除一年级课本里的全部古诗，这引起了很大争议。习近平总书记对此曾指示："我很不希望把我们一些非常经典的古代的诗词文化、散文都给去掉，加入一堆什么西方的东西，我觉得去中国化是很悲哀的。这些诗词都好。从小就嵌在学生的脑子里，成为终生的民族文化基因。"① 中华传统文化作为一种文化基因，已经留存在中华民族的血液里。优秀的传统文化，具有永恒的魅力，是中华民族宝贵的精神财富，应当得到当代人的尊重与珍视。文化基因承载着一个民族赖以生存的语言、艺术、思想、历史和科学智慧，丢掉她还会重返积贫积弱、落后挨打的局面。我们应该吸取教训，小学、中学、大学教育都应该有传统文化这一块。古今中外的事例雄辩证明，一个人、一个民族、一个国家，要取得成就、地位必须靠"经典"起家。在大力发展物质文明的同时，要重建精神文明家园，很有必要从娃娃抓起，保留课本上的传统文化因素，让这份民族的文化基因得以代代相传。

其次，出版原创经典作品。

经典承载着人类文明中恒定向上的价值观，传承着历经时光淘洗仍熠熠生辉的知识和经验，指导和影响着一代又一代的人们。现在阅读的经典，大多要从历史上去找，我国的如诸子百家，《诗经》《楚辞》《汉赋》《黄帝内经》《本草纲目》《西游记》《红楼梦》等等，都是中华民族历史上创造的光耀千秋的不朽之作。世界的经典如《共产党宣言》《物种起源》《神曲》

---

① 此段话是 2014 年 9 月 9 日习近平总书记在北京师范大学看望一线教师时所讲的。

《乌托邦》《堂·吉诃德》《一千零一夜》《红与黑》《巴黎圣母院》《高老头》《死魂灵》《呼啸山庄》《战争与和平》等等，都成为全人类的历史文化符号。我们现在号称出版大国，是说出版图书的数量之大，尚不能说是出版强国。从总局发布的数据看，我国的图书出版总量逐年在上升，但从整体上看图书经典价值尚待提升。总局为鼓励原创出版曾采取过多项措施，如组织实施"三个一百"原创图书出版工程、中国文艺原创精品出版工程等，这些活动必将促进出版社更加重视开发原创选题、编辑出版原创精品图书，源源不断地供应全民阅读。

出版业只有紧扣时代脉搏、全面为读者着想，才能创造出当代的经典来。例如，《十万个为什么》是少年儿童出版社在20世纪60年代初编辑出版的一套青少年科普读物，堪称我们当代的经典。1956年，中央发出"向科学进军"的号召，少年儿童出版社的编辑们很受鼓舞，一心想为孩子们出一些科普好书，打破当时科普读物非薄即少的现状。后来逐步确立了突破教科书和课堂教学框框的编辑思路，为编辑工作定了调。这本起初只有32开大小的丛书，一经问世就引起轰动。《人民日报》用"不胫而走"来形容畅销的场面。到了第二版时，仅仅是审稿人就网罗了各个领域的大家李四光、竺可桢、华罗庚、茅以升、钱崇澍、苏步青等。1995年，中央确立了科教兴国为基本国策，编辑们就直接将目标朝向"新世纪"，全面更新老版本。从"向科学进军"到"科教兴国"，虽然时代背景不同了，但是紧扣时代发展的脉搏，洞悉读者对科学教育的需求变化，却成为少儿社的编辑们赋予《十万个为什么》不变的使命。这套书现在已经出版几十年了，先后出版了6个版本，累计发行量超过1亿册，仍然需求旺盛，是我国几代青少年的科学启蒙读物，已经成为我国原创科普图书的第一品牌。受其影响，冠以"十万个为什么"的图书层出不穷，成为少儿科普类图书的代名词。该书荣获了"国家科技进步二等奖"和首届"中国出版政府奖"。中华人民共和国成立50周年前夕，这套书被千千万万的读者推选出来，成为"感动共和国的50本书"中的一种。

经典阅读是我国一脉相承的优秀传统。出版界应该看到实施中华优秀传统文化传承发展工程给我们带来的大好发展机遇，通过出版经典作品营建全民阅读的氛围，为古老的中国文化基因薪火相传做出应有贡献。

再次，编创出版经典。

古代产生的经典大都与"编"有关，他们对中华民族浩如烟海的典籍加工整理，编创出适合当时阅读的经典作品，流传万世。孔子在晚年主要精力是校勘整理典籍，从卜官的材料中编撰成《易》，从史官的材料中编撰成《春秋》，还从文献材料中整理出《乐》《诗》《礼》等书，对学生进行传授。正是孔子对经典书籍的编辑整理，经过加工创造，为阅读提供了经典范本。《古文观止》是自清代以来最为流行的古代散文选本之一，入选之文皆为语言精炼、短小精悍、便于传诵的经典佳作；体例一改前人按文体分类的习惯，而是以时代为经，以作家为纬，值得肯定。《唐诗三百首》的编选者选诗既好又易诵，以体裁为经，以时间为纬编辑，成为屡印不止的最经典的唐诗选本之一。《三字经》《百家姓》《千字文》并称为中国传统蒙学三大读物，合称"三百千"，是经典编创之典范。《三字经》取材典范，包括中国传统文化的文学、历史、哲学、天文地理、人伦义理、忠孝节义等，在格式上，三字一句朗朗上口，短小精悍，千百年来，家喻户晓。背诵《三字经》的同时，就了解了常识、传统国学及历史故事，以及故事内涵中的做人做事道理。基于历史原因，《三字经》难免含有一些精神糟粕、艺术瑕疵，但其独特的思想价值和文化魅力仍为世人所公认，被历代中国人奉为经典并不断流传，这种编创经典的方法可为借鉴。《百家姓》采用四言体例，对姓氏进行了排列，而且句句押韵，虽然它的内容没有文理，但对于中国姓氏文化的传承、中国文字的认识等方面都起了巨大作用，这也是能够流传千百年的一个重要因素。《千字文》是由 1000 个汉字组成的韵文，梁武帝命人从王羲之书法作品中选取 1000 个不重复汉字编纂成文，全文为 4 字句，对仗工整，条理清晰，文采斐然。《千字文》语句平白如话，易诵易记，并译有英文版、法文版、拉丁文版、意大利文版，是中国影响很大的儿童启蒙读物。

今天要学习借鉴古人编创经典的方法，并对传统文化认真整理，取其精华，弃其糟粕，编创出超越"三百千"的经典作品来。

最后，开展经典融媒活动。

经典阅读也要跟随时代。"互联网+"的数字化时代,"书"的含义已然多元,互联网技术使信息传播成本大大降低,而且信息传播速度非常快捷,受众范围非常广泛,社会参与的几率很高。但据一些调查显示,有些人并没有利用数字化这个优势去阅读经典,而是利用其消遣娱乐——打游戏、高频转发微博段子、心灵鸡汤或者是所谓职场成功学等,出现了"读书质量"问题。目前,怎样把经典融入多媒体是把全民阅读引向深入的创新课题。媒体多样化应该给传播经典带来方便,不管是什么媒体形式,在任何时代,都不应满足于浅层的信息获取,而应在经典阅读中打牢人生地基,引领全民阅读的潮流。经典永远是阅读的根本,永不过时。近几年我们从电视上欣喜地看到有的地方正在进行经典融媒的探索,受到广大人民群众的热烈赞誉。2017 年的春节,《中国诗词大会》《中国成语大会》等文化类综艺节目的火爆刷屏就证明了这一点,让观众感到这个春节富有经典阅读的意味,成为延续中华文脉、全面提升人民群众文化素养的节日,民族文化基因在吟诵的平仄韵律间绽放出新的生机和活力。

《中国诗词大会》是央视科教频道推出的一档以"赏中华诗词、寻文化基因、品生活之美"为宗旨的大型文化类演播室益智竞赛节目。创作组在诗词题目的甄选上注重普及性和专业性并重,邀请诗词领域的专家学者历时近 1 年组建诗词题库。入选诗词题目几乎全部出自中小学课本,涵盖豪放、婉约、田园、边塞、咏物、咏怀、咏史等各个类别,聚焦忠孝、仁义、爱国等中华优秀传统文化主题,带领观众在"熟悉的陌生题"中领会中华诗词文化精髓,透过诗词之美传承和弘扬社会主义核心价值观。参赛者来自各行各业,年纪最大的 55 岁,最小的只有 7 岁,其中还有外国朋友。节目设计很有创意,主持人董卿和 4 位点评嘉宾王立群、康震、蒙曼、郦波妙语连珠,每场比赛都有一首特别设计的开场诗词,百人团齐声朗诵名诗佳作,在声光舞美的配合下,别有韵味。节目通过对诗词知识的比拼及赏析,带动全民重温那些曾经学过的古诗词,分享诗词之美,感受诗词之趣,从古人的智慧和情怀中汲取营养、涵养心灵。同时央视又分别推出《中国汉字听写大会》《中国成语大会》《中国谜语大会》等节目,在选题内容上根植传统文化沃土,以弘扬中华传统文化,实现"中国梦"为主题,充分挖掘和运用中国历史、社会、人文、自然方面的文化元素，主题思想鲜明、立意新颖、格调高雅，内容健康、积极向上、喜闻乐见，在传播手段上发力全媒体传播，打造了人气爆棚的全民阅读平台。

总之，以上这些经典融媒的可贵探索富有启示意义。这可谓是经典阅读的较好形式，值得肯定、大加推广，也说明了中华优秀传统文化在数字化时代的道路越走越宽广。我们如何利用新媒体的优势寓经典于娱乐之中，调动全民阅读的积极性，吸引全民参与，促使中华文化基因逐渐苏醒，是出版文化工作者的光荣任务。我们可以继续不懈地探索，筑造全民阅读的美好文化"经典"风景。

高质量发展是新时代
出版的必由之路*

习近平总书记在党的十九大报告中指出："我国经济已由高速增长阶段转向高质量发展阶段，正处在转变发展方式、优化经济结构、转换增长动力的攻关期。"这不但是对我国经济发展阶段变化和现在所处关口做出的一个重大判断，而且为出版业今后的发展指明方向、提出任务，具有重大现实意义和深远历史意义。作为一个全程经历 40 年改革开放的老出版工作者，深刻体会到由高速增长阶段转向高质量发展阶段，这是我国出版业在改革开放多年高速增长之后实现更高质量发展的必然选择，也是我国新时代中国特色社会主义出版繁荣发展的必由之路。

一、出版改革开放 40 年奠定了
出版高质量发展的基础

1978 年，党的十一届三中全会隆重揭开了中国改革开放的序幕，至今，改革开放已走过了 40 个光辉的春秋。这是中国的第二次革命，它不仅深刻改变了中国，也深刻影响了世界！在这 40 年间，改革为中国发展提供了源源不断的动力，使中国发生了翻天覆地的变化，出版业透过改革开放一个个重要时刻、一幅幅壮美的画面，标注改革开放鲜明的印记，创作出一大批思想精深、艺术精湛、制作精良的精品力作，产生了一大批足以载入中华文明

---

* 此篇原载《中国出版》2018 年第 17 期。

史册的经典著作，为改革开放做出了不可磨灭的贡献。孔子在总结其人生经历时说："三十而立，四十而不惑。"40 年的节点也就是到了总结经验、明白规律的时候，经历这 40 年改革开放的出版人会清楚地感悟到，出版业改革开放 40 年的一条基本经验应该是坚持不懈地探索追求高质量发展的道路。

改革开放释放了出版业的巨大能量。1978 年全国仅有出版社 105 家，年出书品种 1 万多种；有报纸 186 种；期刊 930 种。到 1993 年，全国已有出版社 543 家，年出书品种 9 万多种；报纸种数已达 2040 种，此外还有内部报纸 6400 余种；全国公开发行的期刊有 7596 种，此外还有内部期刊约 1 万种。15 年的时间，出版社增速就达 5.17 倍，报纸增速达 10.97 倍，期刊增速达 8.17 倍。新闻出版事业的高速度增长满足了社会经济、科学、文化和教育事业高速增长的需要，这是对党的十一届三中全会前不正常发展的一种补偿，是 15 年来新闻出版事业对于改革开放做出的重大贡献。但由于规模数量发展太快，当时配套的政策法规跟不上、管理跟不上、体制转变跟不上，组织精神生产的其他条件也跟不上，如缺少优秀的经营管理和编辑专业人才等，在一定程度上影响了出版物的质量和效益。此外，当时还出现了一些出版单位只注重追逐数量、追求经济效益，不重视质量的情况。根据当时的工作实际情况，通过召开多种座谈会及到全国部分出版单位调研，结合中央关于建立社会主义市场经济体制的精神，我逐渐产生了"阶段性转移"[1] 的工作思路，几经新闻出版署党组讨论、统一认识，终于在 1994 年 1 月召开的全国新闻出版局长会议上把这一思路推了出来。

"阶段性转移"是新闻出版业在改革开放十几年的迅猛发展之后所经历的重大转折，具体包含三个方面：①从发展阶段来说，新闻出版业正从实际存在的以规模数量增长为主要特征的阶段向以优质高效为主要特征的阶段转移；②从管理手段的角度来说，新闻出版业正从具体的行政管理为主转向宏观的依法行政为主；③从体制改革的角度来说，新闻出版业正从传统的事业管理为主转向产业管理为主，并进一步探索建立现代企业制度。这三个方面的转移，都是很艰难的，是一个复杂的工程，会有先后，各有侧重，却又是

---

[1] 见本卷第 524 页注①。

内在地联在一起的，互相制约、互相影响。这三个转移的中心，就是第一方面：新闻出版业从规模数量增长向优质高效的转移。特别提出以改革的精神，全面贯彻落实"加强管理，优化结构，提高质量"三句话的要求，大力推进新闻出版业战略性整合。从 1994 年至 2000 年，前后 7 年时间。全国广大新闻出版工作者，在党中央、国务院改革路线的正确指引和大力支持下，展开了轰轰烈烈的"阶段性转移"工作，我们采取了一系列的举措，如：建章立制，集中治理散、滥现象，采取切实措施提高图书质量，加大质检审读力度，对全国图书编校质量进行大检查，对出版社进行年检登记，宏观调控书号；停办质次报纸，微调报业结构；基本停批期刊，清理内部期刊，抓"三刊工程"（即"百刊工程""社刊工程""署刊工程"）建设；执行国务院颁布的《音像制品管理条例》，加强知识产权保护；深化图书发行体制改革，加强图书市场管理；提高出版物整体质量，举办"中国出版成就展"和"中国少儿出版物成就展"；典型引路，开展"国家图书奖""中国图书奖"和"五个一工程"好书奖评奖；组建报业集团、出版集团、图书发行集团……。广大新闻出版工作者在党中央、国务院的关心和新闻出版署的正确领导下，开拓创新、努力拼搏，真正实现了"阶段性转移"。这个转移，可贵的是思想的"转移"，即普遍有了追求繁荣、追求优质产品的美好意识。

改革开放给出版业带来了繁荣。直到 40 年前改革开放启动，一个"阅读饥渴"的时代才终于结束，精神禁锢被渐渐打开，思想文化的洪流激荡澎湃，出版业给改革开放 40 年留下了光辉的印记，做出了突出贡献。通过改革开放 40 年前后出版机构及出书种量的几个关键阶段的对照，可以看到出版调控的突出成效：出版机构，1980 年，全国有出版社 192 家，期刊 2191 种，报纸 188 种；1990 年，全国有出版社 501 家，期刊 5751 种，报纸 1444 种；2000 年，全国出版社 565 家，期刊 8725 种，报纸 2007 种；2010 年，全国有出版社 581 家，期刊 9884 种，报纸 1939 种；2016 年，全国有出版社 584 家，期刊 10084 种，报纸 1894 种。出版机构数量调控后基本趋于稳定，这是一条出版业在改革开放中致力探索优质出版的可靠路径，为新时代高质量发展提供借鉴。出书种量，改革开放 40 年来一直处于上升趋势。改革开放前 1977 年全国出书 1.2886 万种，改革开放后的 1978 年全国出书 1.4987 万种，1979 年出书

1.7212万种，1980年出书2.1621万种，1990年出书8.0224万种，2000年出书14.3376万种，2010年出书32.8387万种，2016年出书49.9884万种。近来出书的增速是1978年的33.35倍，是1990年的6.2倍，是2000年的3.5倍，是2010年的1.5倍。近些年出版业在出书增速中也不断进行调整，采取各种措施加强管理、提升质量，出版了不少精品力作，说明了出版业为文化发展做出的重大贡献。但由于出书种量之多，不可避免地出现了部分图书内容质量方面的问题。习近平总书记在文艺座谈会上的讲话中指出："在文艺创作方面，也存在着有数量缺质量、有'高原'缺'高峰'的现象，存在着抄袭模仿、千篇一律的问题，存在着机械化生产、快餐式消费的问题。"这种状况在出版界同样存在，特别是在同质化出版、跟风出版等方面更为严重。我们应该汲取出版改革开放40年探索的宝贵经验，迈向新时代出版高质量发展之路。

二、"必须提供丰富的精神食粮"是新时代出版高质量发展的必然要求

习近平总书记在党的十九大报告中指出："文化是一个国家、一个民族的灵魂。文化兴国运兴，文化强民族强。没有高度的文化自信，没有文化的繁荣兴盛，就没有中华民族伟大复兴。要坚持中国特色社会主义文化发展道路，激发全民族文化创新创造活力，建设社会主义文化强国。"在谈到推动文化事业和文化产业发展时又强调："满足人民过上美好生活的新期待，必须提供丰富的精神食粮。"中国特色社会主义进入新时代，这是一个由富起来到强起来的时代，是中华民族走向伟大复兴的时代，这个时代的基本要求就是习总书记所讲的各项事业要进入高质量发展，结束数量型、粗放型的发展。出版业要进入高质量发展的新时代，必须有文化使命担当，归根结底是为人民群众提供丰富的精神食粮，为建设社会主义文化强国而努力奋斗，这就是我们出版高质量发展的根本动因和新时代要求。

中国要成为小康社会，人们消费水平大大提高，需要高质量的消费品，包括生产、生活、文化各个方面。进入新时代，人民美好生活需要日

益广泛，对物质文化生活提出了更高要求。当下，文化消费需求空前高涨，在恩格尔系数持续降低的背景下，人民群众对文化娱乐产品的有效需求不断提升。传统产业与文化的关联度日益增高，物质产品开始承载更多的精神文化内容。互联网的兴起，使文化的生产方式、传播方式和消费方式都发生了深刻变化，各类新型文化业态层出不穷。文化建设更应该呼应这个时代的召唤、呼应人民的需要。这些年，出版业在不断变化，就是因为人民群众的需求在变化，业态、形态、产品上都在提高质量、适应社会。当前我国进入了精神消费、品质消费的时代，然而精神产品不足、品质产品缺乏是文化产业面临的突出问题。我们号称出版大国，有世界上规模最大的出版业，近些年每年出版图书产品 50 万种，数字出版产品 30 多万种，销售产品已经达到 200 多万种，但是能够成为经典的作品相对较少。中国在国际社会上提供智慧、思想和精神产品这方面还远远不够，每年影响世界的 100 本图书或 25 本图书，至今没有中国出版的图书，今年公布的 25 本名单中有 3 本中国的书，但不是中国出版的，也不是中国人写的，中国出版在国际的真正影响力是远远不够的。在这样的背景下，我们必须以全新的意识对出版发展谋篇布局，并使之成为高质量发展中的重要支撑点和发力点，为人民群众提供丰富的精神食粮。

用丰富的精神食粮引领和满足全民阅读需要。全民阅读观念自提出以来，受到人民群众的热烈欢迎，目前已经上升为国家战略。2016 年 2 月，国家新闻出版广电总局根据国务院立法工作计划起草了《全民阅读促进条例》（征求意见稿）向社会公布，广泛征求社会各界意见，这意味着以法律形式保障"全民阅读"建设已经进入实质性阶段，将对国民阅读产生重要的推动作用。推进全民阅读立法是众多文化发达国家将阅读提升为国家意志、进行制度化保障的重要措施。2016 年 12 月，《全民阅读"十三五"时期发展规划》正式发布，这是我国首部关于"全民阅读"的国家级规划，意义深远。阅读的重要性已成共识，不仅帮助我们祛除蒙昧、获得知识，还能够帮助我们提升个人素质；阅读对于一个人、一个家庭、一个社会、一个民族和一个国家的发展都产生着持久而深远的影响。当每年发布国民阅读情况时，都会引起一些专家学者和普通民众的担忧，尤其是当这个数据在与世界发达国家相比较时，人们对这种情况的焦虑更是有所扩大。每年发布的全国国民阅读调查，只是反映了我国国民人均图书阅读数量较少，而更让人焦虑的是阅读的质量。全民读的什么书，从大量的阅读信息和实际情况来看，不容乐观。全民阅读，如果只是读一些知识浅薄、平庸低俗的作品，玩玩游戏，这会起到什么阅读作用？怎么建设出版强国、文化强国？由此可以看出，国民阅读质量情况不仅关系到民众自身的文化水平和素质提升，而且还影响着我们国家的文明程度和国际形象。"必须提供丰富的精神食粮"是新时代出版高质量发展的必然要求。

三、多创作生产经典是新时代出版
高质量发展的重要标志

新时代出版高质量发展核心是思想内容。在历史的长河里，在时光的流转中，真正的经典永不褪色，永远散发出作品自身的魅力。历史至今，科学技术的进步促进出版形式的变革，有时甚至是颠覆性的，但无论出版形式怎么变化，出版形式的创新发展是为内容服务的，其目的还是为了多快好省地传播思想内容。先秦诸子百家之所以被人们奉为经典，全因内容，而非形式，此后无论用什么出版形式制作，其内容永远不会变。现在无论是报、社、台，还是网、端、微，内容永远是根本。媒体一直提到的"内容为王"，其实是强调在新媒体格局下内容更加为王，无论是过去、现在还是将来，用户消费的是内容，媒体真正的议价能力仍然来源于优质内容。因此，新时代出版只能以优质内容赢得天下，编辑出版划时代的千古绝唱，可以从以下几个方面考虑。

第一，做好代表新时代思想内容的主题出版。每一个时代都有自己的主题，当前我们进入了新时代，主题出版是对于新时代最强音的传播，这是出版业责无旁贷的使命。近些年主题出版都是努力服务党和国家工作大局、巩固壮大主流思想舆论阵地，动员全社会团结一心、谱写实现中华民族伟大复兴中国梦的历史新篇章。我们出版了一大批宣传习近平总书记系列重要讲话精神、治国理政新理念新思想新战略新时代的主题图书。党的十九大胜利召开以来，全国新闻出版战线切实将学习宣传贯彻习近平新时代中国特色社会主义思想和党的十九大精神作为首要政治任务，全力以赴做好相关文件文献、权威读本、理论专著等的出版印制发行和学习宣传工作，为深入学习宣传贯彻习近平新时代中国特色社会主义思想和党的十九大精神营造浓厚的思想文化氛围，引领全社会明确我们这一代人的光荣使命，为实现党的十九大确立的目标任务而奋斗。我们出版了阐释歌颂中国共产党英明领导的主题图书。这批图书形成以党为核心的主题出版传播的热点和亮点，给人民一个十分信服的事实数据答案，有力地服务党和国家工作大局。在迎接十九大召开之际，出版界推出《中国共产党的九十年》《不忘初心砥砺奋进》《砥砺奋进的五年——从十八大到十九大》《时代大潮与中国共产党》《百炼成钢——中国共产党如何应对危局和困境》《伟大也要有人懂：小目标大目标中国共产党的历史》等一大批优秀出版物，在这个重要节点背景下，推起了主题出版的一个高潮。为深入学习宣传贯彻党的十九大精神，出版界策划了《新时代中国共产党的历史使命》、"新时代党的建设丛书"、《不忘初心——马克思主义在中国早期传播》、《党的十九大全面从严治党精神十二讲》、《重温入党誓词》、《新时代面对面》等一大批主题出版物，紧密联系习近平新时代中国特色社会主义生动实践和干部群众思想实际，对党的十九大精神做了深入浅出的解读；观点权威准确，文风清新简洁，既讲怎么看又讲怎么办，展现出强大的真理力量和理论魅力，有力阐述了中国共产党在新时代的历史使命。

第二，总结和介绍中国道路。习近平总书记在党的十九大报告中指出：中国特色社会主义进入新时代，意味着近代以来久经磨难的中华民族迎来了从站起来、富起来到强起来的伟大飞跃，迎来了实现中华民族伟大复兴的光明前景；意味着科学社会主义在 21 世纪的中国焕发出强大生机活力，在世界上高高举起了中国特色社会主义伟大旗帜；意味着中国特色社会主义道路、理论、制度、文化不断发展，拓展了发展中国家走向现代化的途径，给世界上那些既希望加快发展又希望保持自身独立性的国家和民族提供了全新选择，为解决人类问题贡献了中国智慧和中国方案。新时代出版就是总结并告诉世界"中国道路"，如《复兴之路——中国改革开放四十年回顾与展望》、"中国发展道路丛书"、"读懂中国"系列丛书、"'中国梦·中国道路'系列图书"、"改革开放研究丛书"、"新时期出版人改革亲历丛书"

等勾勒改革开放以来中国前进发展的步伐以及中国崛起的艰辛历程和经验，在全面深化改革的历史新起点上，研究探讨未来改革开放的重大问题。这些丛书几乎囊括了改革开放所有领域，从哲学、历史、外交、经济、文化等多个维度，以理性的分析、翔实的数据、雄辩的事实、生动的故事谈中国、论世界，介绍中国道路，传播中国声音、塑造中国负责任大国的形象。还有不少图书专门研究论述中国改革为什么能成功，以宏大的历史视野和深邃的哲学思维透视中国改革，把握中国改革成功的逻辑，中国改革开放酝酿和启动的历史过程，揭示改革开放启动中重大历史事件的影响和意义，总结改革开放的基本经验，回答读者中国为什么会走上、怎样走上改革开放，中国改革开放为什么能够成功和社会主义现代化建设之路的历史必然性和历史本身的发展进程。既为构建中国话语体系、增强中国的国际话语权做出有益贡献，也为下一步全面深化改革提供更丰富的视角和思路，帮助读者精准把握新时代大趋势。

第三，反映我国人民新时代创造的辉煌成就。实现中华民族伟大复兴，是一场震古烁今的伟大事业，需要振奋人心的伟大作品，出版界努力用精品力作筑就中华民族伟大复兴的出版高峰。一批反映哲学和社会科学、自然科学及工程技术领域创新成果的重点出版物与读者见面。天宫、蛟龙、天眼、悟空、墨子、大飞机等重大科技成果①相继问世，出版全面记载了这些科技

---

① 天宫：空间实验室，天宫一号是中国自主研发的第一个空间实验室，天宫二号是中国第一个真正意义上的空间实验室。天宫二号主要开展地球观测和空间地球系统科学、空间应用新技术、空间技术和航天医学等领域的应用和试验，包括释放伴飞小卫星，完成货运飞船与天宫二号的对接。

蛟龙：蛟龙号载人潜水器是一艘由中国自行设计、自主集成研制的载人潜水器，也是863计划中的一个重大研究专项。2017年5月23日，"蛟龙"号完成在世界最深处下潜，潜航员在水下停留近9小时，海底作业时间3小时11分钟，最大下潜深度4811米。

天眼：世界最大的单口径球面射电望远镜（FAST），又被形象的称作中国"天眼"。

悟空："悟空"是中国科学卫星系列的首发星——暗物质粒子探测卫星。2015年12月17日8时12分，我国在酒泉卫星发射中心用长征二号丁运载火箭成功将暗物质粒子探测卫星"悟空"发射升空。它具有能量分辨率高、测量能量范围大和本底抑制能力强等优势，将中国的暗物质探测提升至新的水平。墨子：指的是墨子号量子科学实验卫星。于2016年8月16日1时40分，在酒泉用长征二号丁运载火箭成功发射升空。此次发射任务的圆满成功，标志着我国空间科学研究又迈出重要一步。大飞机：大飞机一般是指最大起飞重量超过100吨的运输类飞机，包括军用大型运输机和民用大型运输机，也包括一次航程达到3000千米的军用或乘坐达到100座以上的民用客机。

成就，如"大飞机出版工程"丛书、"载人航天出版工程"丛书、《决战崛起——中国超算强国之路》、"中国第一条长大高速铁路干线（武广高铁）技术创新工程丛书""改变世界的科学"丛书、《百名院士专家讲科普》、"北斗系统与应用出版工程丛书"、《空间微系统与微纳卫星》"中国高铁丛书"等，从中真实感受到中国创造、中国速度。改革开放40年，出版工作大力弘扬中国优秀传统文化，以实施国家古籍整理出版规划为主导，以优秀传统文化图书推荐为重点，推动中华优秀传统文化创造性转化和创新性发展。一批具有文化引领作用的标志性出版物如《辞源》《大辞海》《中国大百科全书》《中华大典》等时代经典陆续出版。同时也大量吸收引进外来文化，如"汉译世界学术名著丛书"，所收书目均为一个时代、一个民族、一个国家学术史和思想史上具有里程碑意义的经典著作，该丛书为我国现代出版史上规模最为重要的学术翻译工程，成为改革开放时代的出版标志。

第四，用媒体融合优势创造更多的经典产品。由于互联网技术的飞速发展，现代化数字技术使新旧媒体之间的融合成为未来出版传媒发展的主要趋势。从"铅与火""光与电"到"数与网"，这是一个前所未有的传播技术变革时代、这是一个媒体创新发展的重要历史关口。习近平总书记在讲话中曾多次强调坚持传统媒体和新兴媒体优势互补、一体发展，指出要推动媒体融合发展，借助新媒体传播优势，要从"相加"到"相融"，着力打造新型主流媒体。于是，中央和地方各主要媒体一齐发力，逐步缩短从"相加"到"相融"的距离。各媒体密切追踪新技术，热情拥抱互联网，在内容、渠道、平台、经营、管理等方面加快推进深度出版融合，改革体制机制，再造生产流程，一批形态多样、手段先进、具有竞争力的新型主流媒体先后涌现，一批拥有强大实力和传播力、公信力、影响力的新型媒体集团初具雏形，一个新的传播体系和媒体格局正在形成。可以欣喜地看到各个媒体对出版融合的探索成果。但是，应该清醒认识到网络和数字技术裂变式发展，带来媒体格局的深刻调整和舆论生态的重大变化，让传统媒体站到了创新发展的重要关口。新兴媒体的发展从未像今天这样迅猛，传统媒体面临的挑战从未像今天这样严峻，推进媒体深度融合的任务从未像今天这样迫切。媒体融合不是形式、不是口号，而是大势所趋，是媒体发展的必由之路。思想解放的程度，决定了融合发展的力度，思想认识的高度，决定了融合发展的深度。要借助媒体融合机遇大力研发新时代出版内容，激发全民族文化创新创造活力，不断把新时代出版推向高质量发展的坦途。

改革永无止境，创新永不停息。新时代出版高质量发展，在出版业面前是一条全新的起跑线，是一次坚定的再出发。正如习近平总书记所说，在新时代，中国人民将继续自强不息、自我革新，坚定不移全面深化改革，逢山开路，遇水架桥，敢于向顽瘴痼疾开刀，勇于突破利益固化藩篱，将改革进行到底。党的十九大为新闻出版工作标定了新方位、新坐标、新维度，要求我们进一步认清目标所在、责任所在、担当所在，始终坚持高质量发展，努力在新时代创造新气象、实现新作为。当代出版业应该而且一定能够担负起新时代的文化使命。

后　记

　　1993 年 5 月我到新闻出版署工作，在署长岗位上干了近 8 年，又担任中国出版工作者协会主席 11 年多。我退休后，一些工作在出版行业一线的同志、出版教育工作者，以及一些研究出版业发展的学者多次促请我，让我将我任职期间的文字整理出版，为中国出版业留下一些史料。作为一个大半生都致力于出版工作、在新闻出版业主事岗位上任期较长的工作者，我也认为这是我该做的事。

　　但因多年的累积庞杂，无法一一呈现出来，只能有所选择地收录本书，目前选入本书的文章都是在各个方面有代表性和史料价值的。希望本书能给出版业后来者、给关注和研究出版业发展的人们提供借鉴和参考。

　　本书在资料收集时得到了新闻出版署办公厅同志们的帮助，中国出版年鉴杂志社社长郝文勉同志为本书资料的收集和整理付出了很多精力，人民出版社周果钧编辑为书稿的编辑加工和一些内容的补充和调整等付出了辛勤的劳动；本书的出版得到了人民出版社领导同志的支持。在此一并向为本书的出版做出贡献的同志以及人民出版社的领导同志表示衷心的感谢！

于友先

2020 年 9 月 30